Hans-Peter Rechel
Die Aufsicht des Insolvenzgerichts
über den Insolvenzverwalter

Schriften zum deutschen,
europäischen und internationalen
Insolvenzrecht

S-INSO Band 15

Schriften zum deutschen, europäischen und internationalen Insolvenzrecht

Herausgegeben von

Professor Dr. Stefan Smid, Kiel
Rechtsanwalt Dr. Mark Zeuner, Hamburg
Rechtsanwalt Michael Schmidt, Berlin

S-INSO Band 15

De Gruyter Recht · Berlin

Hans-Peter Rechel

Die Aufsicht des Insolvenzgerichts über den Insolvenzverwalter

„Aufsicht" als Erkenntnisprozess –
„Aufsichtsmaßnahme" als Vollzug

De Gruyter Recht · Berlin

Dr. jur. *Hans-Peter Rechel*, Rechtsanwalt FAInsR, WZR Wülfing, Zeuner & Rechel, Hamburg

∞ Gedruckt auf säurefreiem Papier,
das die US-ANSI-Norm über Haltbarkeit erfüllt.

ISBN 978-3-89949-615-4

Bibliografische Information der Deutschen Nationalbibliothek

Die Deutsche Nationalbibliothek verzeichnet diese Publikation in der Deutschen Nationalbibliografie; detaillierte bibliografische Daten sind im Internet über http://dnb.d-nb.de abrufbar.

Printed in Germany
Umschlaggestaltung: Christopher Schneider, Laufen
Datenkonvertierung/Satz: jürgen ullrich typosatz, Nördlingen
Druck und Bindung: Hubert & Co., Göttingen

Vorwort

Die vorliegende Arbeit wurde im Sommersemester 2008 von der juristischen Fakultät der Christian-Albrecht-Universität zu Kiel als Dissertation angenommen. Literatur und Rechtsprechung wurden bis Sommer 2008 berücksichtigt.

Mein Dank gilt an erster Stelle meinem verehrten Doktorvater Prof. Dr. Stefan Smid, der mich ermutigt hat, mir mit dieser Arbeit einen lang gehegten Wunsch zu erfüllen, der mir stets wertvolle Anregungen gab und für fruchtbare Gespräche zur Verfügung stand sowie mich unnachgiebig extrinsisch motivierte, wenn die intrinsische Motivation nachließ. Herrn Prof. Dr. Werner Schubert gilt mein Dank für die zügige Erstellung des Zweitgutachtens.

Meinem Partner und Freund Dr. Mark Zeuner danke ich herzlich dafür, dass er mir jederzeit mit Rat und Anregungen zur Seite stand und dass er es ertrug, wenn ich die Doppelbelastung aus Beruf und Dissertation nicht immer mit stoischer Gelassenheit bewältigen konnte.

Diese Arbeit widme ich meiner Frau Simone, die – wiewohl gewöhnt an eine intensive und zeitraubende berufliche Tätigkeit als Rechtsanwalt und Insolvenzverwalter – doch akzeptierte, dass ich meine wenige Freizeit diesem Projekt widmete, die mir stets großen Rückhalt gab und den gemeinsamen Jahresurlaub auf die Korrektur dieser Arbeit verwandte.

Hamburg, im April 2009 Hans-Peter Rechel

Inhaltsübersicht

Inhaltsverzeichnis

A. Einleitung

„Der Insolvenzverwalter steht unter der Aufsicht des Insolvenzgerichts." (§ 58 Abs. 1 Satz 1 InsO[1]). Die Auswahl des Insolvenzverwalters hat *Jaeger* als „die Schicksalsfrage des Konkurses" bezeichnet.[2] Zu Recht, denn der Erfolg des Insolvenzverfahrens für die Insolvenzgläubiger und die Erreichung der Insolvenzzwecke hängt maßgebend vom Geschick und den Fähigkeiten des Insolvenzverwalters ab.[3] Der Aufsicht des Insolvenzgerichts über den Insolvenzverwalter kommt deshalb eine wesentliche Bedeutung für das Gelingen des Insolvenzverfahrens zu.

I. Anlass der Untersuchung

Der seit dem Jahre 2004 festzustellende Rückgang der für die Insolvenzverwalter lukrativen Unternehmensinsolvenzen[4] und eine Zunahme der Zahl der tätigen Insolvenzverwalter[5] hat einen zunehmenden Wettbewerbsdruck[6] unter den Insolvenzverwaltern zur Folge.[7] Die zahlenmäßig ungleiche Verteilung[8] der Insolvenzverfahren birgt die Gefahr eines auslastungsbedingten Anstiegs der Fehleran-

---

1 Insolvenzordnung vom 5. 10. 1994, BGBl. I, 837, 851, gem. § 359 InsO i. V. m. Art. 104 EGInsO in Kraft getreten am 1. 1. 1999.

2 *Jaeger*, 6. u. 7. Aufl., § 78 KO Anm. 7.

3 MK-*Graeber*, § 56 InsO Rdnr. 1

4 Nach Erreichen eines Höhepunktes in den Jahren 2003 und 2004 mit rund 40.000 Unternehmensinsolvenzen geht die Zahl der Unternehmensinsolvenzen seitdem Jahr für Jahr zurück. Im Jahr 2006 wurde mit 31.300 Unternehmensinsolvenzen das Niveau des Jahres 2000/2001 erreicht (Quelle: Creditreform). Eine aktuelle Prognose geht für das Jahr 2007 von nur noch 27.300 Unternehmensinsolvenzen aus (Pressemeldung der Euler Hermes Kreditversicherungs-AG vom 11. 6. 2007). So wird für Mai 2007 ein Rückgang der Unternehmensinsolvenzen gegenüber dem Vorjahr von 11,7% berichtet. (Auskunft des Statistischen Bundesamts, laut dpa-AFX vom 8. 8. 2007).

5 Die Zahl der bundesweit bestellten Insolvenzverwalter hat nach einer Branchenerhebung von 1.221 im Jahre 2000 auf 1.836 im Jahre 2006 um rund 85% zugenommen. Von diesen wurden im Jahr 2006 zwei Insolvenzverwalter mit 416 bzw. 391 Fällen am häufigsten bestellt (Erhebung der WBDat GmbH, Köln, abrufbar unter www.indat.info). Nach Auffassung von *Uhlenbruck* übersteigt die Zahl der Bewerber für das Insolvenzverwalteramt bei weitem die Zahl der eröffneten Verfahren, in: Hohe Qualitätsanforderungen an Insolvenzverwalter, KSI 2007, 268.

6 *Uhlenbruck*, Aus- und Abwahl des Insolvenzverwalters, KTS 1989, 229, 232 (Fn. 10).

7 Es kann derzeit nicht abgesehen werden, ob diese Entwicklung durch einen Anstieg der Unternehmensinsolvenzen im Jahre 2009 als Folge der Finanzkrise aufgehalten oder gar umgekehrt werden wird. Vgl. hierzu die Pressemitteilung der Creditreform, in ZInsO 2008, Heft 23, S. III.

8 Im Jahr 2006 wurden zwei Insolvenzverwalter mit 416 bzw. 391 Fällen am häufigsten bestellt (Erhebung der WBDat GmbH, Köln, abrufbar unter www.indat.info). Zur Illustration: im November und Dezember 1930 wurden 2522 Konkursverfahren eröffnet und auf 1795 verschiedene Konkursverwalter verteilt; lediglich 323 Konkursverwalter wurden mit mehr als einer Konkursverwaltung betraut, vgl. *Levy*, Umschau, KuT 1930, 15.

fälligkeit in sich.[9] Wenn die Zahl der zu vergebenden Insolvenzverfahren weiter abnimmt, ohne dass sich im gleichen Maße die Zahl der Bewerber um das Insolvenzverwalteramt reduziert, wird der Verteilungskampf unter den Insolvenzverwaltern härter werden und zu befürchten sein, dass professionelle Insolvenzverwaltertätigkeit in Deutschland vernichtet wird.[10]

Der Wettbewerb um das Insolvenzverwalteramt hat zunächst die Diskussion um das insolvenzgerichtliche Auswahl- und Bestellungsverfahren für Insolvenzverwalter entfacht und zu zwei grundlegenden Entscheidungen des *BVerfG* geführt.[11] In jüngster Zeit haben jedoch „ungetreue Insolvenzverwalter" die Wirksamkeit der insolvenzgerichtlichen Aufsicht in den Mittelpunkt der juristischen Diskussion gerückt und gesetzgeberischen Aktionismus zur Wiederherstellung des „gefühlten" Rechtsfriedens ausgelöst.[12]

Schrieb Levy noch im Jahre 1927: „Der ungetreue Konkursverwalter gehört glücklicherweise der Vergangenheit an. Einige ältere Reichsgerichtsurteile erzählen von ihm. Die Gegenwart kennt ihn nicht."[13], hatte die Weltwirtschaftskrise eine Zunahme der Fälle ungetreuer Konkursverwalter zur Folge, die zu einer gewissen Beunruhigung der interessierten Kreise führte, die in einer Entschließung des preußischen Landtages mündeten, mit der die Regierung veranlasst werden sollte, Maßnahmen gegen Missstände im Konkurswesen zu treffen.[14] Auch in neuerer Zeit haben einige spektakuläre Fälle gezeigt, dass der „ungetreue Insolvenzverwalter" durchaus von praktischer Relevanz für die Aufsicht des Insolvenzgerichts ist. So wurde ein Konkursverwalter aus dem Amt entlassen, nachdem er wegen Untreue zu Lasten der von ihm verwalteten Masse rechtskräftig verurteilt worden war, weil er – kollusiv zusammenwirkend – von einem externen Rechtsanwalt nicht erforderliche Rechtsgutachten erstellen ließ und sich persönlich im Wege des sog. „kick-back" 95% des aus der Masse bezahlten Honorars zurückzahlen ließ.[15] Ende des Jahres 2002 verabschiedete sich ein Hamburger Insolvenzverwalter von seinen Mitarbeitern auf eine Geschäftsreise nach Hongkong, nachdem er Veruntreuungen zu Lasten der Insolvenzmassen in Millionenhöhe begangen hatte[16], und konnte erst Anfang des Jahres 2007 in Kanada von Zielfahndern aufgespürt wer-

---

9 *Fürst,* Prüfungs- und Überwachungspflichten, DZWiR 2006, 499.

10 *Klaas,* Offene Bewerberlisten contra professionelle Insolvenzverwaltung, AnwBl. 2006, 404.

11 Mit der Rspr. des *BVerfG* zum (Vor-)Auswahlverfahren befasse ich mich ausführlich in Kap. F.I.1.1.

12 Siehe hierzu auch: *Uhlenbruck/Mönning,* Listing, Delisting und Bestellung von Insolvenzverwaltern, ZIP 2008, 157.

13 *Levy,* Der ungetreue Konkursverwalter, KTS 1927, 170; durch Erfahrung geläutert bereits im Folgeheft KTS 1927, 188.

14 *Levy,* Mehr Aufsicht, KuT 1928, 74.

15 Fallgestaltung, für die das *LG Konstanz,* Beschl. v. 15. 9. 1999 – 6 T 38/99 – ZInsO 1999, 589 ff., die Verwirkung des Vergütungsanspruches des Konkursverwalters festgestellt hat.

16 Spiegel Nr. 30/03 v. 21. 7. 2003 „Griff in die Masse Die Flucht eines Hamburger Anwalts wirft Schatten auf die gesamte Branche: statt zu retten, was zu retten ist, schlachten einige Juristen Pleitefirmen aus und lotsen Millionen in die eigene Tasche."

den.[17] Ein Aachener Konkursverwalter hatte sich nach Veruntreuungen in einer Größenordnung von rund € 10 Mio. ins Ausland abgesetzt und wurde im März 2003 verhaftet. Mitarbeiter eines Insolvenzverwalters in Stuttgart sollen massezugehörige Grundstücke zu einem günstigen Preis erworben und anschließend mit erheblichem Aufpreis weiterveräußert haben. Im Juni 2005 wurde ein Aachener Insolvenzverwalter in 112 Verfahren aus seinem Amt entlassen, nachdem sich Anhaltspunkte für Veruntreuung von erheblichen Beträgen ergeben hatten. Der Insolvenzverwalter ist flüchtig. Geschädigte erheben Vorwürfe gegen das zuständige Insolvenzgericht, da gegen den Insolvenzverwalter bereits in den 80er Jahren wegen wirtschaftlicher Unregelmäßigkeiten ermittelt worden sei.[18] Im Sommer 2005 legte der Hannoveraner Insolvenzverwalter Reinhard Mühl sein Amt als Insolvenzverwalter in mehreren hundert Insolvenzverfahren „aus gesundheitlichen Gründen“ nieder und beantragte die Eröffnung des Insolvenzverfahrens über sein Vermögen. Dieser ist im Jahr 2007 wegen Veruntreuung von Massegeldern in Höhe von insgesamt € 45 Mio. zu 8,5 Jahren Freiheitsstrafe verurteilt worden.[19]

Neben diesen spektakulären Fällen der Masseveruntreuungen machen immer wieder Insolvenzverwalter von sich reden, denen erhebliche Pflichtwidrigkeiten bei der Masseverwaltung und -verwertung vorgeworfen werden. So wirft die Initiative Zukunft in Brand e. V. – Verein der CargoLifter-Aktionäre und – Befürworter dem Insolvenzverwalter der „CargoLifter AG“ eine erhebliche Masseschädigung vor, weil dieser es u. a. unterlassen haben soll, die unwetterbedingte Zerstörung eines Luftschiffes zu verhindern (angeblicher Schaden: € 10,0 Mio.). Dem Insolvenzverwalter der "Aero Lloyd Flugreisen GmbH & Co. Luftverkehrs KG" wird in einem Gutachten des Sonderverwalters vorgeworfen, durch eine insolvenzzweckwidrige Vereinbarung mit der Bayerische Landesbank als Mehrheitsgesellschafterin seine Pflicht zur optimalen Masseverwaltung und -verwertung verletzt zu haben, indem Ansprüche gegen die Bayerische Landesbank in Höhe von € 320 Mio. durch Zahlung von € 50 Mio. an die Insolvenzmasse vergleichsweise erledigt wurden. Der zuständige Insolvenzrichter beim Amtsgericht Bad Homburg erklärte sich für befangen, als bekannt wurde, dass seine Tochter bei dem Insolvenzverwalter beschäftigt ist. Ein neuer Richter setzte einen Sonderverwalter ein, um Schadenersatzansprüche gegen den Insolvenzverwalter prüfen zu lassen.[20]

Die in diesen Insolvenzverfahren neu bestellten (Sonder-)Insolvenzverwalter werden neben der Geltendmachung von Schadensersatzansprüchen gegen die (bisherigen) Insolvenzverwalter auch die Begründetheit von Staatshaftungsansprüchen wegen einer Verletzung der Aufsichtspflicht durch die Insolvenzgerichte zu prüfen haben. Diese Einzelfälle pflichtwidrig und ungetreu handelnder Insolvenz-

---

17 Inzwischen ist dieser ungetreue Verwalter zu einer Haftstrafe von 3,5 Jahren verurteilt worden, siehe Ostsee-Zeitung vom 20. 9. 2007.

18 Aachener Zeitung vom 18. 11. 2005.

19 *Molitor*, Sterbe-Hilfe, brand eins, Heft 4/2008, 127, 130.

20 http://www.focus.de/auto/unterwegs/flugverkehr-geplante-bauchlandung_aid_212980.html

verwalter werden von den Medien populistisch vermarktet[21] und sind deshalb nicht geeignet, das – eher negative[22] – Bild des Insolvenzverwalters zu verbessern.[23] Zutreffend kommentierte ein Hamburger Insolvenzrichter[24] die Presseberichterstattung mit den Worten: „audacter calumniare, semper aliquid haeret."[25]

Als Antwort auf die Fälle erheblicher Masseschädigung durch „ungetreue" Insolvenzverwalter hat die Bundesregierung am 21. 11. 2007 gem. Art. 76 Abs. 3 GG den vom Bundesrat in seiner 837. Sitzung am 12. 10. 2007 beschlossenen Entwurf eines „Gesetzes zur Verbesserung und Vereinfachung der Aufsicht in Insolvenzverfahren (GAVI)" in den Bundestag eingebracht.[26] Dieser Tendenz zu mehr staatlichem Dirigismus versuchen die Interessenvereinigungen der Insolvenzverwalter das Modell einer Selbstregulierung und -überwachung entgegenzustellen, indem ihre Mitglieder in Verhaltenskodizes im Sinne von Governance-Regelungen[27] zur unabhängigen und objektiven Ausübung der Verwaltertätigkeit verpflichtet werden. So haben die Mitglieder des VID-Verbandes der Insolvenzverwalter Deutschland e.V. (VID) für sich verbindliche Berufsgrundsätze zur Wahrung und Förderung eines hohen Qualitätsstandards der Insolvenzabwicklung beschlossen.[28] *Kassing*[29] hat „Grundsätze ordnungsgemäßer Insolvenz- und Treuhandverwaltung – GoI" als Diskussionsentwurf vorgelegt, mit denen im Wege der freiwilligen Selbstverpflichtung Qualitätsstandards für die Art und Weise der Abwicklung von Insolvenzverfahren eingeführt werden sollen, um das Vertrauen aller Beteiligten in die Professionalität und Integrität der Insolvenzverwalter zu stärken (oder wieder herzustellen). Diese Überlegungen sind nicht neu: *Levy* formulierte bereits im Jahre 1928 folgende Aufforderung an den Berufsstand der Insolvenzverwalter: *„Im*

---

21 So auch das an sich für seine seriöse Berichterstattung bekannte Manager-Magazin in seiner Ausgabe 01/09, S. 44 ff.: *„Inkompetente Abwickler und findige Abzocker verursachen Millionenschäden. Die Branche muss dringend reformiert werden."*

22 Siehe hierzu den Medienüberblick bei *Uhlenbruck*, Das Bild des Insolvenzverwalters, KTS 1998, 1, 12 f.

23 So schon: *Levy*, Umschau, 1929, 176. Vgl. auch: Neues Deutschland vom 12. 10. 2005, „Insolvenzverwaltung gerät in Verruf Richter für den lukrativen Fall bestochen".

24 *Dr. Andreas Schmidt*, in: INDat Report 07/2005, Seite 8 ff.

25 „Verleumde nur dreist, etwas bleibt immer hängen." Dieses Zitat geht nach Büchmanns Vermutung auf eine Stelle bei Plutarch, *Die Unterscheidung des Schmeichlers vom Freunde 24* zurück und wurde zuerst wohl von Francis Bacon zitiert (www.lateinforum.de).

26 BT-Drucks. 16/7251 v. 21. 11. 2007. Dieser Gesetzesentwurf ist auf den Diskussionsentwurf einer Arbeitsgruppe des Justizministeriums des Landes Nordrhein-Westfalen vom 22. 8. 2006 zurückzuführen, der von den Ländern Nordrhein-Westfalen und Niedersachsen am 25. 8. 2007 als Gesetzesantrag in den Bundesrat eingebracht worden ist (BR-Drucks. 566/07). Das GAVI wird noch in Kap. H.I. eingehender diskutiert.

27 **Governance** bezeichnet generell das Steuerungs- und Regelungssystem einer politisch-gesellschaftlichen Einheit, wie z.B. die Corporate Governance als die Kontroll- und Steuerungsstruktur innerhalb privatwirtschaftlicher Unternehmen.

28 Berufsgrundsätze des VID vom 4. 11. 2006; Download über www.vid.de. In die gleiche Richtung geht die Initiierung der *„Uhlenbruck-Kommission"* zu den Qualitätsanforderungen für Insolvenzverwalter auf Initiative der Arbeitsgemeinschaft Insolvenzrecht und Sanierung im Deutschen Anwaltsverein auf einer Podiumsdiskussion am 18. 5. 2006 in Köln. Die *„Uhlenbruck-Kommission"* hat ihre Arbeit am 7. 7. 2007 abgeschlossen.

29 Vortrag am 25. 11. 2005 in der Bucerius Law School, Hamburg.

Interesse eines gesunden Berufsstandes der Konkursverwalter gilt es, Fehler freimütig zu bekennen und Mißstände schonungslos auszurotten.“[30] Zur Zeit wird die Zertifizierung der Insolvenzverwalter[31] und das Benchmarking der an einem Insolvenzgericht tätigen Insolvenzverwalter[32] als Instrument zur Ermittlung und Überwachung der Qualität der Insolvenzverwalter und deren Insolvenzverwaltertätigkeit diskutiert. Die politischen Äußerungen lassen eine gesetzlich geregelte Berufsordnung der Insolvenzverwalter nicht erwarten.[33]

Ungeachtet dieser gesetzgeberischen und berufsständischen Bemühungen sind im Hinblick auf den Normbefehl in § 58 Abs. 1 Satz 1 InsO vor allem die Insolvenzgerichte gefordert. Wie Levy bereits im Jahre 1928 zutreffend bemerkte: „*In einer Zeit voller Mahnungen und Warnungen ist es die Pflicht der Behörde, auf der Hut zu sein.*“[34] Dabei darf die insolvenzgerichtliche Aufsicht nicht auf die Verhinderung von Untreuehandlungen des Insolvenzverwalters fokussiert werden, sondern muss allgemein die Sorge um eine ordnungsgemäße Verfahrensabwicklung durch den Insolvenzverwalter umfassen.

Der Insolvenzpraktiker weiß, dass ein einheitliches „Aufsichtsprofil“ nicht existiert. So überprüfen manche Insolvenzrichter und -rechtspfleger systematisch die Verfahrenshandlungen des Verwalters, während andere weitgehend auf jegliche Dokumentation der Verfahrensabwicklung verzichten und sich auf die Prüfung der jeweils letzten Seite eingereichter Berichte oder Gutachten bzw. einer Prüfung der zusammengefassten Empfehlung beschränken.[35]

II. Ziel und Gang der Untersuchung

In der aktuellen Diskussion um die Aufsicht des Insolvenzgerichts über den Insolvenzverwalter fällt auf, dass die rechtlichen Grundlagen und die Reichweite der Aufsicht, aber auch deren Handhabung in der Insolvenzpraxis literarisch bisher noch nicht aufbereitet sind. Der Zweck der insolvenzgerichtlichen Aufsicht gem. § 58 Abs. 1 InsO erschöpft sich nicht in der Verhinderung und Ahndung von Pflichtverletzungen des Insolvenzverwalters, wie z.B. der Veruntreuung von Massegeldern, sondern ist auf die Ordnungsmäßigkeit der Insolvenzverwaltertätigkeit und deren Orientierung an der Erreichung des Insolvenzzweckes (§ 1 InsO) während des gesamten Insolvenzverfahrens gerichtet.

---

30 *Levy*, Mehr Aufsicht, KuT 1928, 74.
31 Siehe Kap. F.I.2.3.4.
32 Siehe Kap. F.I.2.3.5.
33 Die Bundesjustizministerin Brigitte Zypries (SPD) lehnte die Einführung einer solchen Berufsordnung auf der Tagung des Verbands der Insolvenzverwalter Deutschlands (VID) am 7. 11. 2008 in Potsdam ab, weil diese mit dem Europarecht vermutlich nicht vereinbar sei (Pressemitteilung der beck-aktuell-Redaktion, Verlag C.H. Beck, vom 10. 11. 2008). Siehe auch Kap. H.II.1.
34 *Levy*, Mehr Aufsicht, KuT 1928, 74.
35 MK-*Haarmeyer*, § 22 InsO, Rdnr. 213.

Mit dieser Arbeit sollen deshalb Anstöße nicht nur für die rechtliche Diskussion über die insolvenzgerichtliche Aufsicht, sondern auch für deren Handhabung im Alltag der Insolvenzgerichte gegeben werden. Der Versuch einer literarischen Bewältigung der Aufsicht des Insolvenzgerichts über den Insolvenzverwalter als *terra incognita* mag die in dieser Arbeit enthaltenen Querverweise und Exkurse hinreichend entschuldigen.

Nach der Bestimmung der gesetzlichen Grundlagen der Aufsicht des Insolvenzgerichts durch eine Darstellung der einschlägigen insolvenzrechtlichen Vorschriften und der Zuständigkeitsverteilung zwischen Insolvenzrichter und Insolvenzrechtspfleger (Kap. B.) soll der Inhalt der Aufsicht bestimmt werden (Kap. C.). Hier gilt es, die Reichweite der Aufsicht zu untersuchen, nämlich ob es sich bei dieser um eine reine Rechtsaufsicht oder auch um Kontrolle der Zweckmäßigkeitserwägungen des Insolvenzverwalters im Rahmen der Masseverwaltung und -verwertung, die im öffentlichen Recht als Fachaufsicht bekannt ist, handelt. In diesen Zusammenhang gehört auch die Frage nach dem Bestehen einer Aufsichtspflicht und eines Ermessens des Insolvenzgerichts bei der Ausübung der Aufsicht (Aufsichtsermessen).

Besteht eine Aufsichtspflicht, dann führt deren Verletzung unmittelbar zu der Frage nach einer Staatshaftung gem. § 839 BGB i. V. m. Art. 34 GG. Es sollen daher die Voraussetzungen der Staatshaftung für pflichtwidrige Handlungen oder Unterlassungen der Insolvenzrichter und Insolvenzrechtspfleger im Rahmen der Aufsicht über den Insolvenzverwalter dargestellt werden (Kap. G.).

Das Insolvenzgericht kann die Aufsicht über den Insolvenzverwalter nur ausüben, wenn es Kenntnis von aufsichtsrelevanten Sachverhalten erhält. In Kap. E. werden die Voraussetzungen für diesen Erkenntnisprozess und die dem Insolvenzgericht zur Verfügung stehenden Erkenntnisquellen dargestellt. Die Aufsicht des Insolvenzgerichts kann nur dann wirksam sein und ihren Zweck erfüllen, wenn die im Rahmen der Aufsicht gewonnenen Erkenntnisse auch Konsequenzen für den Insolvenzverwalter und seine Insolvenzverwaltertätigkeit haben. Es werden deshalb die dem Insolvenzgericht möglichen Aufsichtsmaßnahmen untersucht und deren Handhabung in der Insolvenzpraxis dargestellt (Kap. F.).

Die aktuelle Diskussion um die Verbesserung der insolvenzgerichtlichen Aufsicht hat zu dem Entwurf eines „Gesetzes zur Verbesserung und Vereinfachung der Aufsicht in Insolvenzverfahren (GAVI)“ geführt, den der Bundesrat im November 2007 in den Bundestag eingebracht hat.[36] Dieser soll darauf untersucht werden, ob er eine Verbesserung der Aufsicht gegenüber der bestehenden Rechtslage bewirken kann. Damit verbunden ist auch die Frage nach einem weitergehenden gesetzgeberischen Regelungsbedarf (Kap. H.).

Diese Arbeit endet mit dem Versuch, die Erkenntnisse des unternehmerischen Risikomanagements für die insolvenzgerichtliche Aufsicht nutzbar zu machen, um

---

36 Fn. 26.

deren Wirkungsgrad angesichts begrenzter personeller und sachlicher Ressourcen bei den Insolvenzgerichten und unter Vermeidung einer bürokratischen Überfrachtung der Insolvenzabwicklung zu erhöhen (Kap. I.).

III. Begriffsbestimmungen

Das in dieser Arbeit in Bezug auf den „Insolvenzverwalter" Ausgeführte gilt aufgrund insolvenzgesetzlicher Verweisungsnormen grundsätzlich auch für die übrigen Funktionsträger des Insolvenzverfahrens[37], nämlich gem. § 21 Abs. 2 Nr. 1 InsO für den vorläufigen Insolvenzverwalter[38], gem. § 274 Abs. 1 InsO für den im Rahmen der Eigenverwaltung gem. § 270 InsO an Stelle des Insolvenzverwalters bestellten Sachwalter, gem. § 313 Abs. 1 Satz 3 InsO für den Treuhänder im vereinfachten Insolvenzverfahren und gem. § 292 Abs. 3 Satz 2 InsO für den Treuhänder der Wohlverhaltensperiode[39], der mit der Ankündigung der Restschuldbefreiung gem. § 291 Abs. 2 InsO durch das Insolvenzgericht bestimmt wird.[40] Mit der Bestimmung des der insolvenzgerichtlichen Aufsicht unterworfenen Personenkreises wird zugleich der Beginn und das Ende der Aufsicht beschrieben.[41]

---

37 Der gem. § 5 Abs. 1 Satz 2 InsO bestellte Sachverständige wird vom Verfasser nicht als (originärer) Funktionsträger des Insolvenzverfahrens angesehen, da dieser lediglich die Funktion einer „Hilfsperson" des Insolvenzgerichtes im Rahmen der Amtsermittlungspflicht gem. § 5 Abs. 1 Satz 1 InsO innehat.

38 Der vorläufige Insolvenzverwalter mit Zustimmungsvorbehalt gem. § 21 Abs. 2 Nr. 2 2. Alt. InsO wird als „schwacher" vorläufiger Insolvenzverwalter und der vorläufige Insolvenzverwalter, auf den gem. § 22 Abs. 1 Satz 1 InsO die Verwaltungs- und Verfügungsbefugnis über das Schuldnervermögen übergeht, als „starker" vorläufiger Insolvenzverwalter bezeichnet.

39 Unter „Wohlverhaltensperiode" versteht der Verfasser das im Achten Teil der InsO, in den Vorschriften der §§ 286 ff. InsO geregelte Restschuldbefreiungsverfahren im eigentlichen Sinne, das erst mit dem Tage der Rechtskraft des Beschlusses über die Ankündigung der Restschuldbefreiung gem. § 291 Abs. 1 InsO beginnt. Ebenso: Uhlenbruck-*Vallender*, § 295 InsO, Rdnr. 1. Nach der Rspr. des *BGH*, Beschl. v. 18. 12. 2003 – IX ZB 60/03 – NZI 2004, 156, 157, bildet das Restschuldbefreiungsverfahren nach §§ 286 ff. InsO einen besonderen Verfahrensabschnitt und ist von dem Insolvenzverfahren zu unterscheiden.

40 Die soeben genannten Funktionsträger werden nach dem unmittelbar geltenden Art. 2 b) EuInsVO mit Anh. C. unter den Begriff „Verwalter" subsumiert.

41 Ausführlich hierzu: Kap. D.III.

B. Die gesetzlichen Regelungen der Aufsicht des Insolvenzgerichts

Einer näheren Befassung mit der Aufsicht des Insolvenzgerichts über den Insolvenzverwalter muss notwendig die Ermittlung und Darstellung der rechtlichen Grundlagen vorausgehen, die die Aufsicht des Insolvenzgerichts bestimmen. Dieser Darstellung soll im Folgenden ein Rückblick auf die aufsichtsrechtlichen Vorschriften des Konkurs- und Gesamtvollstreckungsrechts (I.) vorangestellt werden (II.). Der Regelung der Zuständigkeitsverteilung zwischen Insolvenzrichter und Insolvenzrechtspfleger ist ein gesonderter Abschnitt (III.) gewidmet.

I. Gesetzeslage bis zur Einführung der InsO

Mit der Einführung der InsO zum 1. 1. 1999 wurde das bis dahin geltende Konkursrecht, nämlich die Konkursordnung vom 10. 2. 1877 (KO), die Vergleichsordnung vom 26. 2. 1935 (VglO) sowie die Gesamtvollstreckungsordnung (GesO) und das Gesetz über die Unterbrechung von Gesamtvollstreckungsverfahren (GUG) vom 23. 5. 1991[42], aufgehoben.[43]

1. Die Aufsicht über den Konkursverwalter

Die Aufsicht des Konkursgerichtes über den Konkursverwalter wurde – vergleichbar zum geltenden Recht – in § 83 KO geregelt, wo es hieß: *„Der Verwalter steht unter der Aufsicht des Konkursgerichtes."* Das Konkursgericht war gem. § 84 Abs. 1 KO ermächtigt, im Rahmen der Ausübung der Aufsicht gegen den Konkursverwalter ein zuvor anzudrohendes (§ 84 Abs. 2 Satz 1 KO) Zwangsgeld festzusetzen und diesen nach vorheriger Anhörung (§ 84 Abs. 2 Satz 2 KO) von Amts wegen aus dem Amt zu entlassen, und zwar vor der auf dessen Ernennung folgenden Gläubigerversammlung, hiernach nur auf Antrag der Gläubigerversammlung oder des Gläubigerausschusses.

---

42 Diese Vorschriften galten nach dem Einigungsvertrag auf dem Gebiet der ehemaligen DDR.
43 Diese Rechtsvorschriften gelten nur in dem durch die Art. 2, 103 EGInsO beschriebenen Umfang fort.

B. Die gesetzlichen Regelungen der Aufsicht des Insolvenzgerichts

Die Vorschrift des § 78 Abs. 1 KO über die Ernennung des Konkursverwalters normierte, anders als nunmehr § 56 Abs. 1 InsO, keine Kriterien für die Auswahl des Konkursverwalters.[44]

Nach § 86 Satz 1 KO[45] hatte der Konkursverwalter bei der Beendigung seines Amtes einer Gläubigerversammlung Schlussrechnung zu legen. Zwar war Prüfung und Beanstandung dieser Schlussrechnung nach dem Gesetzeswortlaut (§ 86 Satz 3 KO) ein Recht des Gemeinschuldners und der Konkursgläubiger, doch gehörte nach überwiegender Auffassung die amtswegige Schlussrechnungsprüfung zur allgemeinen Aufsichtspflicht des Konkursgerichts.[46]

Die Aufsicht des Konkursgerichtes über einen nach § 106 Abs. 1 Satz 2 KO bestellten Sequester war – anders als nunmehr gem. §§ 21 Abs. 2 Nr. 1, 58 InsO für den vorläufigen Insolvenzverwalter – gesetzlich nicht geregelt und wurde mit einer entsprechenden Anwendung der Vorschriften der §§ 83, 84 KO begründet.[47]

2. Die Aufsicht über den Vergleichsverwalter

Mit der Vergleichsordnung vom 26. 2. 1935 setzte der Gesetzgeber die aus der damaligen Diskussion um die Reformbedürftigkeit der Konkursordnung und des Gesetzes über den Vergleich zur Abwendung des Konkurses aus dem Jahre 1927 gewonnenen Erkenntnisse um. Nach § 41 Abs. 1 VglO stand der Vergleichsverwalter unter der (allgemeinen) Aufsicht des Vergleichsgerichtes. Er hatte gem. § 41 Abs. 2 Satz 2 VglO dem Vergleichsgericht jederzeit auf Verlangen Auskunft zu erteilen. In Ausübung der Aufsicht war das Vergleichsgericht gem. § 41 Abs. 2 Satz 1 VglO zur Festsetzung eines vorher anzudrohenden (§ 41 Abs. 3 Satz 1 VglO) Zwangsgeldes gegen den Vergleichsverwalter sowie – nach vorheriger Anhörung (§ 41 Abs. 3 Satz 2 VglO) – zu dessen Entlassung aus wichtigem Grund von Amts wegen ermächtigt.

3. Die Aufsicht über den Gesamtvollstreckungsverwalter

Der mit dem Einigungsvertrag vom 31. 8. 1990 vereinbarte Beitritt der Länder der DDR zur Bundesrepublik Deutschland mit Wirkung zum 3. 10. 1990 führte auf dem Gebiet des Insolvenzrechts nicht zu einer Rechtsvereinheitlichung. Nach An-

---

44 In der Begründung des Entwurfes der KO heißt es hierzu: *„Der Entwurf hat sich deshalb für (...) System vollständiger Freiheit der Auswahl (...) entschieden, (...).“*, vgl. *Hahn*, Die gesamten Materialien zu den Reichs-Justizgesetzen, Bd. 4 Materialien zur Konkursordnung, S. 279.

45 Diese Vorschrift ist identisch mit § 66 Abs. 1 InsO.

46 *Kuhn-Uhlenbruck*, § 86 KO, Rdnr. 7. Eine Prüfungspflicht des Insolvenzgerichtes ist durch § 66 Abs. 2 Satz 1 InsO gesetzlich festgeschrieben worden, ausführlich hierzu: Kap. E.II.4.5.4.

47 *Kuhn-Uhlenbruck*, § 106 KO, Rdnr. 25, nach dessen Auffassung die gerichtliche Kontrolle über den Sequester strenger zu handhaben war als beim Konkursverwalter, da es im Rahmen der Sequestration an den Kontrollorganen eines eröffneten Konkursverfahrens fehlte.

lage II, Kap. III, Abschn. II Nr. 1 galt die im Juli 1990 in Kraft getretene Gesamtvollstreckungsordnung der DDR mit einigen Modifikationen in den fünf neuen Bundesländern sowie im Ostteil Berlins fort.

Die Vermögensverwaltung durch den Gesamtvollstreckungsverwalter unterstand gem. § 8 Abs. 3 Satz 1 GesO der Aufsicht des Gesamtvollstreckungsgerichtes. Der Gesetzeswortlaut, der nur die Vermögensverwaltung der Aufsicht des Gesamtvollstreckungsgerichtes unterstellte, wurde in der Literatur als ungenau angesehen und deshalb die Auffassung vertreten, dass sich die Aufsicht des Gesamtvollstreckungsgerichtes auch auf die Masseverwertung durch den Gesamtvollstreckungsverwalter erstreckte.[48] Nach einer Literaturmeinung entsprach die Regelung des § 8 Abs. 3 Satz 1 GesO derjenigen in § 83 KO[49] und galt entsprechend auch für den nach § 2 Abs. 3 GesO eingesetzten Sequester.[50]

Das Gesamtvollstreckungsgericht war gem. § 8 Abs. 3 Satz 2 GesO ermächtigt, den Gesamtvollstreckungsverwalter aus wichtigem Grund abzuberufen und einen anderen zu bestellen. Eine Ermächtigung zur Anordnung eines Zwangsgeldes im Rahmen der Ausübung der Aufsicht war gesetzlich nicht vorgesehen.[51]

II. Die Regelung der Aufsicht in der Insolvenzordnung (InsO)

Der Gesetzgeber der InsO hat sich nach einer langjährigen und umfassenden Reformdiskussion für eine Beibehaltung der wesentlichen Grundsätze des früheren Konkurs- und Gesamtvollstreckungsrechts entschieden. Das Insolvenzverfahren ist daher ein Vollstreckungsverfahren besonderer Art in der Zuständigkeit der Insolvenzgerichte.[52] Die Gläubigerautonomie wird gestärkt, indem bedeutsame Verfahrensentscheidungen bis zum Berichtstermin aufgeschoben werden und eine von der Regelinsolvenz abweichende Verfahrensdurchführung im Insolvenzplanverfahren möglich ist. Der Insolvenzverwalter hat eine wichtige Funktion für den Erfolg der Verfahrensabwicklung inne.

Die Überwachung des Insolvenzverwalters und seiner Tätigkeit durch das Insolvenzgericht wird allgemein in § 58 InsO geregelt und in den Vorschriften über die Ernennung und Entlassung des Insolvenzverwalters, durch Zustimmungserfordernisse für bestimmte Verwaltungs- und Verwertungsmaßnahmen und durch Rechnungslegungspflichten des Insolvenzverwalters konkretisiert (besondere Auf-

---

48 *Hess/Binz/Wienberg*, § 8 GesO, Rdnr. 22.
49 *Kilger/Schmidt*, § 8 GesO, Anm. 3).
50 Smid-*Rattunde*, § 8 GesO, Rdnr. 380.
51 Eine analoge Anwendung des § 84 KO wurde überwiegend abgelehnt, vgl. *Haarmeyer/Wutzke/Förster*, § 8 GesO, Rdnr. 26; *Hess/Binz/Wienberg*, § 8 GesO, Rdnr. 31; *Kilger/Schmidt*, § 8 GesO, Anm. 3; dahingestellt lassend: *BGH*, Urt. v. 27. 4. 95 – IX ZR 102/94 – ZIP 1995, 932, 934.
52 Nach h.M. ist das Insolvenzrecht Bestandteil des Vollstreckungsrechts, mithin des Zivilprozeßrechts: Jaeger-*Gerhardt* § 2 InsO, Rdnr. 11; Kübler/Prütting-*Prütting*, Einl. Rdnr. 69; einschränkend: MK-*Ganter* vor §§ 2–10 InsO, Rdnr. 5; a.A. *Smid*, Grundzüge des Insolvenzrechts, § 1 Rdnr. 58, 64 ff., der das Insolvenzrecht der freiwilligen Gerichtsbarkeit zuordnet.

sichtsnormen). Von diesen, die Aufsicht des Insolvenzgerichts unmittelbar ausgestaltenden Vorschriften sind die nur mittelbar die insolvenzgerichtliche Aufsicht berührenden Normen zu unterscheiden, die lediglich Handlungspflichten für den Insolvenzverwalter definieren, deren Beachtung Gegenstand der Aufsicht des Insolvenzgerichts ist.

1. § 58 InsO als allgemeine gesetzliche Anordnung der insolvenzgerichtlichen Aufsicht

Der Gesetzgeber hat die Aufsicht des Insolvenzgerichts über den Insolvenzverwalter allgemein in § 58 InsO wie folgt geregelt:

> *(1) [1]Der Insolvenzverwalter steht unter der Aufsicht des Insolvenzgerichts. [2]Das Gericht kann jederzeit einzelne Auskünfte oder einen Bericht über den Sachstand und die Geschäftsführung von ihm verlangen.*
> *(2) [1]Erfüllt der Verwalter seine Pflichten nicht, so kann das Gericht nach vorheriger Androhung Zwangsgeld gegen ihn festsetzen. [2]Das einzelne Zwangsgeld darf den Betrag von fünfundzwanzigtausend Euro nicht übersteigen. [3]Gegen den Beschluss steht dem Verwalter die sofortige Beschwerde zu.*
> *(3) Absatz 2 gilt entsprechend für die Durchsetzung der Herausgabepflichten eines entlassenen Verwalters.*

Die Vorschrift des § 58 InsO befindet sich im 3. Abschnitt des 2. Teils der InsO, in dem nach dem Willen des Gesetzgebers die „Akteure“ des Insolvenzverfahrens – der Insolvenzverwalter, der Gläubigerausschuss und die Gläubigerversammlung – vorgestellt werden, die unter der Aufsicht des Insolvenzgerichts den Ablauf des Insolvenzverfahrens aktiv gestalten oder dabei mitwirken.[53] Nach der Entstehungsgeschichte sollte der Insolvenzverwalter wie nach dem früheren Konkurs- und Vergleichsrecht (§ 83 KO, § 41 Abs. 1 VerglO, § 8 Abs. 3 Satz 1 GesO) der Aufsicht des Gerichts unterstehen. Die Berichtspflicht gem. § 58 Abs. 1 Satz 2 InsO soll das Insolvenzgericht in die Lage versetzen, sich zur sachgerechten Ausübung der Aufsicht stets über den Stand des Insolvenzverfahrens und die Geschäftsführung des Insolvenzverwalters informieren zu können.[54] Mit der Konzentration der örtlichen Zuständigkeit der Insolvenzgerichte gem. § 2 InsO sollen die organisatorischen Voraussetzungen für eine Verbesserung der Aufsicht des Insolvenzgerichts gegenüber dem bisherigen Konkursrecht geschaffen werden.[55]

2. Besondere Regelungen zur insolvenzgerichtlichen Aufsicht

Die allgemeine gesetzliche Anordnung der Aufsicht des Insolvenzgerichts in § 58 InsO wird durch Vorschriften ergänzt, die die Aufsicht des Insolvenzgericht, wie

---

53 Begrd.RegE Vor § 56 InsO, zit. n. *Balz/Landfermann*, Die neuen Insolvenzgesetze, S. 133.
54 Begrd.RegE zu § 58 InsO, zit. n. *Balz/Landfermann*, Die neuen Insolvenzgesetze, S. 137.
55 *Naumann*, Die Aufsicht des Insolvenzgerichts über den Insolvenzverwalter, KS-InsO, 2. A., S. 431 ff., Rdnr. 8; ausführlich zur Zuständigkeitsverteilung: Kap. B.III.

z.B. durch die Möglichkeit zur Entlassung des Insolvenzverwalters (§ 59 InsO), konkretisieren.

2.1. Bestellung und Entlassung des Insolvenzverwalters

Mit dem Beschluss über die Eröffnung des Insolvenzverfahrens ernennt das Insolvenzgericht zugleich den Insolvenzverwalter (§ 27 Abs. 1 Satz 1 InsO)[56] bzw. im vereinfachten Insolvenzverfahren den Treuhänder (§ 313 Abs. 1 InsO). Nach § 56 Abs. 1 InsO hat das Insolvenzgericht eine im Einzelfall geeignete, insbesondere geschäftskundige und von den Gläubigern und dem Schuldner unabhängige natürliche Person zum Insolvenzverwalter zu bestellen.

Demgegenüber ermächtigt die Vorschrift des § 59 Abs. 1 InsO das Insolvenzgericht zur amtswegigen Entlassung des Insolvenzverwalters aus wichtigem Grund.[57] Diese Vorschrift verbessert das aufsichtsrechtliche Instrumentarium des Insolvenzgerichts gegenüber dem bisherigen Konkursrecht, da nach § 84 Abs. 2 Satz 2 KO die amtswegige Entlassung des Konkursverwalter nur bis zu der auf dessen Ernennung folgenden Gläubigerversammlung zulässig war und anschließend eines Antrages der Gläubigerversammlung oder des Gläubigerausschusses bedurfte.[58]

2.2. Die Bestellung des vorläufigen Insolvenzverwalters

Die Generalklausel des § 21 Abs. 1 InsO ermächtigt das Insolvenzgericht im Eröffnungsverfahren alle zur Sicherung des Schuldnervermögens vor nachteiligen Veränderungen erforderlichen Maßnahmen zu treffen. Ein bedeutender Eingriff in die Rechtsstellung des Insolvenzschuldners liegt in der Bestellung eines vorläufigen Insolvenzverwalters gem. § 21 Abs. 2 Nr. 1 InsO begründet, die mit der Anordnung eines Zustimmungsvorbehaltes für Verfügungen des Insolvenzschuldners (sogen. „schwache" vorläufige Insolvenzverwaltung) oder einem allgemeinen Verfügungsverbot (sogen. „starke" vorläufige Insolvenzverwaltung) verbunden werden kann.[59] Bei ersterer bestimmt das Insolvenzgericht zugleich die Pflichten des „schwachen" vorläufigen Insolvenzverwalters, die jedoch nicht über diejenigen eines „starken" vorläufigen Insolvenzverwalters hinausgehen dürfen (§ 22 Abs. 2 InsO), bei letzterer geht gem. § 22 Abs. 1 Satz 1 InsO die Verwaltungs- und

---

56 Im Falle der Eigenverwaltung wird an Stelle des Insolvenzverwalters ein Sachwalter bestellt (§ 270 Abs. 3 Satz 1 InsO).

57 Die Amtsentlassung wird ausführlich noch in Kap. F.XI. behandelt. Die Ermächtigung des Insolvenzgerichtes zur Entlassung eines Gläubigerausschussmitgliedes aus wichtigem Grund von Amts wegen ergibt sich aus § 70 InsO.

58 Nach der Begründung des Regierungsentwurfes hatte die alte Regelung den Nachteil, dass ein Konkursverwalter nicht generell bei schweren Pflichtverletzungen oder offensichtlicher Amtsunfähigkeit von Amts wegen sofort abberufen werden konnte oder die in unredlicher Weise vom Konkursverwalter begünstigten Gläubiger einen Entlassungsantrag des Gläubigerausschusses bzw. der Gläubigerversammlung verhindern konnten (Begrd.RegE zu § 59 InsO, zit. n. *Balz/Landfermann*, Die neuen Insolvenzgesetze, S. 139).

59 MK-*Haarmeyer*, § 22 InsO, Rdnr. 14.

Verfügungsbefugnis über das Schuldnervermögen auf den „starken" vorläufigen Insolvenzverwalter über. Dieser hat gem. § 22 Abs. 1 Satz 2 Nr. 2 InsO das Schuldnerunternehmen bis zur Entscheidung über die Eröffnung des Insolvenzverfahrens fortzuführen, wenn nicht das Insolvenzgericht, zur Vermeidung einer erheblichen Minderung des Schuldnervermögens, der vorzeitigen Betriebsstilllegung zustimmt. Die Rechnungslegungspflichten des vorläufigen Insolvenzverwalters ergeben sich aus §§ 21 Abs. 2 Nr. 1; 66 Abs. 1 InsO. Das Insolvenzgericht hat die Schlussrechnung des vorläufigen Insolvenzverwalters zu prüfen (§ 66 Abs. 2 Satz 1 InsO),[60] und mit den Belegen zur Einsicht der Beteiligten auszulegen (§ 66 Abs. 2 Satz 2 InsO).

2.3. Die Aufsicht über die Masseverwaltung und -verwertung

Die InsO normiert für das eröffnete Insolvenzverfahren in vielfältiger Weise die Pflicht zur Beteiligung des Insolvenzgerichts bei Verwaltungs- und Verwertungshandlungen des Insolvenzverwalters:

- Der Insolvenzverwalter hat bei Beendigung seines Amtes der Gläubigerversammlung Rechnung über seine Verwaltungstätigkeit zu legen (§ 66 Abs. 1 InsO). Diese Schlussrechnung hat das Insolvenzgericht gem. § 66 Abs. 2 Satz 1 InsO zu prüfen. Die Prüfungspflicht trifft auch einen bestellten Gläubigerausschuss (§ 69 InsO). Das Insolvenzgericht kann dem Gläubigerausschuss gem. § 66 Abs. 2 Satz 2 2. Hs. InsO eine Frist zur Stellungnahme zur Rechnungslegung des Insolvenzverwalters setzen und hat die Schlussrechnung mit den Belegen und der Stellungnahme eines bestellten Gläubigerausschusses zur Einsicht der Beteiligten auszulegen (§ 66 Abs. 2 Satz 2 InsO). Diese Regelungen gelten auch für Zwischenrechnungen des Insolvenzverwalters, die dieser nach der Auflage der Gläubigerversammlung vorzulegen hat, wenn diese ihm dies aufgibt (§ 66 Abs. 3 InsO).[61]
- Eine besondere Rechnungslegungspflicht des Insolvenzverwalters gegenüber dem Insolvenzgericht besteht gem. § 211 Abs. 2 InsO hinsichtlich dessen Verwaltungs- und Verwertungstätigkeit im Anschluss an die Anzeige der Masseunzulänglichkeit gem. § 208 InsO.[62]
- Gem. § 149 Abs. 1 Satz 2 InsO kann das Insolvenzgericht die Hinterlegungsstelle für Geld, Wertpapiere und Kostbarkeiten bestimmen, wenn nicht ein bestellter Gläubigerausschuss oder die Gläubigerversammlung (§ 149 Abs. 2 InsO) von ihrem Bestimmungsrecht Gebrauch machen.[63]
- Will der Insolvenzverwalter das Schuldnerunternehmen vor dem Berichtstermin (§ 156 InsO) stilllegen, hat er die Zustimmung eines bestellten Gläubigerausschusses einzuholen (§ 158 Abs. 1 InsO) und zuvor den Insolvenzschuldner zu unterrichten (§ 158 Abs. 2 Satz 1 InsO). Auf Antrag des Insolvenzschuldners

---

60 Nach allgemeiner Meinung ist hierfür der Rechtspfleger zuständig (Fn. 111).
61 Die Schlussrechnungslegung wird ausführlich in Kap. E.II.4.5 behandelt.
62 Siehe Kap. E.II.4.5.2.1.3.
63 Siehe hierzu Kap. H.I.2.6.

kann das Insolvenzgericht unter den Voraussetzungen des § 158 Abs. 2 Satz 2 InsO die Stilllegung untersagen.[64]

- Nach § 160 InsO genehmigungspflichtige Rechtshandlungen des Insolvenzverwalters kann das Insolvenzgericht gem. § 161 InsO auf Antrag des Insolvenzschuldners oder des in § 75 Abs. 1 Nr. 3 InsO definierten Gläubigerquorums vorläufig untersagen, bis eine vom Insolvenzgericht einberufene Gläubigerversammlung über die Vornahme dieser Rechtshandlung beschlossen hat. Gem. § 163 Abs. 1 InsO gilt dieses auch für eine vom Insolvenzverwalter geplante Betriebsveräußerung, wenn der Antragsteller glaubhaft macht, dass die Veräußerung an einen anderen Erwerber für die Insolvenzmasse günstiger wäre.[65]
- Für die Schlussverteilung nach vollständiger Verwertung der Insolvenzmasse bedarf der Insolvenzverwalter der Zustimmung des Insolvenzgerichts (§ 196 Abs. 2 InsO).
- Über den Vollzug einer vom Insolvenzgericht gem. § 203 InsO angeordneten Nachtragsverteilung hat der Insolvenzverwalter gem. § 205 Satz 2 InsO gegenüber dem Insolvenzgericht Rechnung zulegen.
- Die Gläubigerversammlung kann den Insolvenzverwalter beauftragen, einen Insolvenzplan auszuarbeiten. Gem. § 218 Abs. 2 InsO hat dann der Insolvenzverwalter den Insolvenzplan binnen einer angemessenen Frist dem Insolvenzgericht vorzulegen. Das Insolvenzgericht hat den vom Insolvenzverwalter vorgelegten Insolvenzplan gem. § 231 Abs. 1 InsO von Amts wegen zurückzuweisen, wenn die Vorschriften über das Recht zur Vorlage und den Planinhalt nicht beachtet sind und der vorlegende Insolvenzverwalter diesen Mangel nicht beheben kann bzw. nicht innerhalb einer angemessenen vom Insolvenzgericht gesetzten Frist behebt.[66]
- Wird die Durchführung eines vorgelegten Insolvenzplanes durch die Fortsetzung der Verwertung und Verteilung der Insolvenzmasse gefährdet, kann das Insolvenzgericht auf Antrag des Insolvenzschuldners oder des Insolvenzverwalters die Aussetzung der Verwertung und der Verteilung anordnen (§ 233 InsO).
- Sieht der Insolvenzplan dessen Überwachung durch den Insolvenzverwalter vor, dann besteht das Amt des Insolvenzverwalters und die Aufsicht über diesen insoweit fort (§ 261 Abs. 1 Satz 2 InsO). Während der Dauer der Überwachung hat der Insolvenzverwalter dem Insolvenzgericht jährlich über den jeweiligen Stand und die weiteren Aussichten der Planerfüllung zu berichten (§ 261 Abs. 2 Satz 1 InsO).[67]

---

64 Siehe Kap. C.I.6.2.
65 Siehe Kap. C.I.6.3.
66 Die Vorschriften des § 231 Abs. 1 Nr. 2 und Nr. 3 InsO sind für den Gegenstand dieser Untersuchung nicht von Bedeutung, da diese nur die Zurückweisung bei einem vom Insolvenzschuldner vorgelegten Insolvenzplan regeln.
67 Siehe Kap. D.III.2.5.

2.4. Die Aufsicht im Rahmen der Eigenverwaltung

Der Gesetzgeber der InsO hat nach einem amerikanischen Vorbild[68] erstmals im deutschen Insolvenzrecht das Institut der Eigenverwaltung geregelt (§§ 270–285 InsO). Im Rahmen der Eigenverwaltung ist der Insolvenzschuldner berechtigt, unter der Aufsicht eines Sachwalters die Insolvenzmasse zu verwalten und über diese zu verfügen.[69] Die Eigenverwaltung hat[70] das Insolvenzgericht in dem Beschluss über die Eröffnung des Insolvenzverfahrens anzuordnen (§ 270 Abs. 1 Satz 1 InsO)[71], wenn diese vom Insolvenzschuldner beantragt worden ist und – bei Insolvenzantragstellung durch einen Gläubiger[72] – dieser der Eigenverwaltung zustimmt und nach den Umständen zu erwarten ist, dass die Eigenverwaltung nicht zu einer Verfahrensverzögerung oder sonstigen Nachteilen für die Gläubiger füh-

---

68 Die Eigenverwaltung ist unter der Bezeichnung „*debtor in possession*" schon lange das Regelverfahren für die Abwicklung eines U.S.-amerikanischen Chapter 11-Insolvenzverfahrens, vgl. *Wehdeking*, Masseverwaltung durch den insolventen Schuldner, S. 32, Rdnr. 5; MK-*Wittig*, Vorbem. vor §§ 270–285 InsO, Rdnr. 11.

69 In der Reformdiskussion wurde kritisiert, dass der Insolvenzschuldner durch das Rechtsinstitut der Eigenverwaltung die Möglichkeit erhält, sich in der Insolvenzverwaltung selbst zu verwalten und so der „Bock zum Gärtner" gemacht würde, vgl. *Grub*, Überjustitialisierung und Eigenverwaltung des Pleitiers, WM 1994, 880, 881; *Smid*, Grundzüge des Insolvenzrechts, § 28 Rdnr. 7, 9; *Smid*, Zu einigen Fragen der Eigenverwaltung, DZWiR 2002, 493. Das Institut der Eigenverwaltung widerspricht nach Ansicht von *Häsemeyer*, InsR, Rdnr. 2.04, auch den konzeptionellen Grundzügen des deutschen Insolvenzrechts, nach denen die umfassende Beschlagnahme des Schuldnervermögens zum Zwecke der Verwertung und Verteilung an die Gläubiger der Versachlichung und Verrechtlichung der Beziehungen unter allen Verfahrensbeteiligten dient, während es zu einer bloßen Überwachung des Schuldners erst kommen kann, wenn die Gläubiger dessen Sanierung durch Insolvenzplan beschlossen haben. Das ist wohl auch ein Grund dafür, dass entgegen der Prognose von *Grub*, a. a. O., die Eigenverwaltung seit Einführung der InsO nicht zum Regelinsolvenzverfahren für mittlere und größere Wirtschaftsunternehmen geworden ist, vgl. *Häsemeyer*, InsR, Rdnr. 8.02. Die Eigenverwaltung ist in den Verfahren über die Kirch-Mediengruppe (*AG München*, Eröffnungsbeschluss v. 9. 9. 2002 – 1502 IN 879/02) und im Verfahren „Babcock-Borsig" (*AG Duisburg*, Eröffnungsbeschluss v. 1. 9. 2002 – 62 IN 167/02 – NZI 2002, 556ff.) bekannt geworden. Zu weiteren Großverfahren: HK-*Landfermann*, Vor § 270 InsO Rdnr. 10ff.

70 Dem Insolvenzgericht ist bei Vorliegen der Voraussetzungen des § 270 Abs. 2 InsO kein Ermessensspielraum hinsichtlich der Anordnung der Eigenverwaltung eingeräumt, *Prütting*, Insolvenzabwicklung durch Eigenverwaltung, FS-Kirchhof, S. 433, 436; a. A. *AG Duisburg*, Eröffnungsbeschluss v. 1. 9. 2002 – 62 IN 167/02 – NZI 2002, 556, 559f., das die Anordnung der Eigenverwaltung nicht mit der Erfüllung des Tatbestandes des § 270 Abs. 2 InsO, sondern mit der „*faktischen Präjudizierung durch das Verhalten des Ministerpräsidenten in den ersten Tagen nach der Stellung des Eröffnungsantrags und durch das hieran anknüpfende Auftreten des Vorstands der Schuldnerin gegenüber den Arbeitnehmern und den bisherigen und künftigen Geschäftspartnern*" begründet.

71 Eine „vorläufige" Eigenverwaltung mit einem „vorläufigen" Eigenverwalter ist unzulässig, *Häsemeyer*, InsR, Rdnr. 8.07.

72 Nach zutreffender Auffassung von *Wehdeking* (in: Behandlung „nachfolgender" Fremdanträge nach Eigenantrag des Schuldners und Antrag auf Anordnung der Eigenverwaltung, DZWiR 2005, 139, 141; ebenfalls in: Masseverwaltung durch den insolventen Schuldner, S. 111, Rdnr. 20f.) ist die Vorschrift des § 270 Abs. 2 Nr. 2 InsO verfassungskonform dahingehend einzuschränken, dass die Gläubiger die vom Insolvenzschuldner beantragte Eigenverwaltung nicht durch einen nachfolgenden Insolvenzantrag und der Verweigerung der Zustimmung zur Eigenverwaltung „aushebeln" können.

ren werden (§ 270 Abs. 2 InsO).[73] Hinsichtlich letzteren muss das Insolvenzgericht angesichts des Ausnahmecharakters der Eigenverwaltung zu der gesicherten Prognose kommen, dass bei Berücksichtigung aller entscheidungserheblichen Umstände[74] die hohe Wahrscheinlichkeit dafür besteht, dass die Eigenverwaltung nicht zu Verzögerungen, Vermögensentwertungen oder Verstößen gegen den Grundsatz der Gläubigergleichbehandlung führen wird.[75] Hatte das Insolvenzgericht die vom Insolvenzschuldner beantragte Eigenverwaltung zunächst abgelehnt, hat es diese nachträglich anzuordnen, wenn die Eigenverwaltung von der ersten Gläubigerversammlung aufgrund eines Mehrheitsbeschlusses gem. § 76 Abs. 2 InsO beantragt wird (§ 271 Satz 1 InsO).[76] Aus den Vorschriften der §§ 270 Abs. 2 Nr. 2, 272 Abs. 1 Nr. 1 u. Nr. 2 InsO ergibt sich, dass der Insolvenzschuldner die Eigenverwaltung nicht gegen den Willen der Gläubiger durchsetzen kann.[77] Die Anordnung der Eigenverwaltung und die Zurückweisung eines Antrages auf Eigenverwaltung sind mangels gesetzlicher Rechtswegeröffnung nicht anfechtbar (§ 6 Abs. 1 InsO).[78]

Aus dem Blickwinkel der insolvenzgerichtlichen Aufsicht erweist sich die Struktur des Verhältnisses zwischen Insolvenzschuldner, Sachwalter und Insolvenzgericht im Rahmen der Eigenverwaltung als eine „gestaffelte Aufsicht". Auch in der Eigenverwaltung wird das pfändbare Schuldnervermögen (§§ 35, 36 InsO) mit der Verfahrenseröffnung vom Insolvenzbeschlag erfasst.[79] Dieses wird aber vom Insolvenzschuldner selbst verwaltet, der insoweit ein „Amtswalter in eigenen Angelegenheiten"[80] ist und über Befugnisse verfügt, die, wie die Erfüllungsablehnung (§ 279 InsO), die Entscheidung über die Aufnahme von durch die Verfahrenseröffnung unterbrochenen Prozessen (§§ 85, 86, 180 Abs. 2 InsO)[81] und das Recht zum Forderungsbestreiten gem. § 283 Abs. 1 InsO, genuin insolvenzrechtlicher Art[82]

---

73 Nach Ansicht von *Häsemeyer*, InsR, Rdnr. 8.05, ist die gesetzliche Regelung der Voraussetzungen für die Anordnung der Eigenverwaltung lückenhaft und unübersichtlich.

74 Diese sind gem. § 5 Abs. 1 InsO vom Insolvenzgericht von Amts wegen, z.B. mit Hilfe des Insolvenzgutachters, zu ermitteln, MK-*Wittig*, § 270 InsO, Rdnr. 33.

75 *Häsemeyer*, InsR, Rdnr. 8.06; MK-*Wittig*, § 270 InsO, Rdnr. 35.

76 Zu Recht weist *Häsemeyer* (in: InsR, Rdnr. 8.08) auf die Fragwürdigkeit dieser Regelung hin, da durch die nachträgliche Anordnung der Eigenverwaltung z.B. Absonderungsgläubiger, die gem. §§ 74 Abs. 1 Satz 2, 76 Abs. 2 InsO stimmberechtigt sind, eine Besserstellung, z.B. durch die Aufwertung der Sicherheiten im Wege der Ausproduktion, erreichen können. Das gemeinsame Interesse der Insolvenzgläubiger kann in diesem Fall nur auf Antrag gem. § 78 Abs. 1 InsO gewahrt werden.

77 *BGH*, Beschl. v. 11. 1. 2007 – IX ZB 10/05 – NZI 2007, 240, 241 (Tz. 12, 16).

78 *BGH*, Beschl. v. 11. 1. 2007 – IX ZB 10/05 – NZI 2007, 240 (Tz. 4). Dieses gilt auch für den Fall, dass das Insolvenzgericht den Abweisungsantrag mit dem – gem. § 34 Abs. 1 InsO selbständig anfechtbaren – Beschluss über die Abweisung des Insolvenzantrages mangels Masse zusammengefasst hat, *BGH*, Beschl. v. 11. 1. 2007 – IX ZB 85/05 – NZI 2007, 238, 239. Gem. § 270 Abs. 2 InsO ist dem Gläubiger gegen die Zurückweisung seines Antrages auf Aufhebung der Eigenverwaltung gem. § 271 Abs. 1 InsO die sofortige Beschwerde eröffnet.

79 *Wehdeking*, Masseverwaltung durch den insolventen Schuldner, S. 107, Rdnr. 9.

80 *Häsemeyer*, InsR, Rdnr. 8.13; *Wehdeking*, Masseverwaltung durch den insolventen Schuldner, S. 109, Rdnr. 12.

81 *BGH*, Beschl. v. 7. 12. 2006 – V ZB 93/06 – NJW-RR 2007, 629; *Häsemeyer*, InsR, Rdnr. 8.14.

82 *Wehdeking*, Masseverwaltung durch den insolventen Schuldner, S. 108, Rdnr. 11.

sind. Kraft seiner Amtsstellung hat der Insolvenzschuldner die grundsätzliche Befugnis zur Abwicklung des gesamten Verfahrens[83] und haftet bei Pflichtverletzungen den Gläubigern entsprechend §§ 60, 61 InsO.[84] Die Gläubigerversammlung kann die Abwicklungsbefugnis des Insolvenzschuldners beschränken, indem das Insolvenzgericht veranlasst wird, einen Zustimmungsvorbehalt anzuordnen (§ 277 Abs. 1 InsO).[85] Der Insolvenzschuldner steht im Rahmen der Eigenverwaltung nicht unter der Aufsicht des Insolvenzgerichts, sondern unter derjenigen des mit der Anordnung der Eigenverwaltung an Stelle des Insolvenzverwalters bestellten Sachwalters (§ 270 Abs. 3 Satz 1, 271 Satz 2 InsO), der wiederum aufgrund der Verweisung in § 274 Abs. 1 InsO auf § 58 Abs. 1 InsO der Aufsicht des Insolvenzgerichts unterliegt. Im Gegensatz zum Insolvenzverfahren unterliegt deshalb die Masseverwaltung bei der Eigenverwaltung nicht der unmittelbaren Aufsicht durch das Insolvenzgericht, vielmehr wird diese über den Sachwalter vermittelt. Die Rechtsstellung des Sachwalters ist deshalb durch eine umfassende Aufsichtspflicht geprägt,[86] die durch speziell geregelte Anzeige- und Berichtspflichten ergänzt wird. Im Hinblick auf die Aufsicht des Insolvenzgerichts im Rahmen der Eigenverwaltung sind folgende spezielle Berichts- und Auskunftspflichten des Sachwalters gegenüber dem Insolvenzgericht geregelt worden:

- Stellt der Sachwalter Umstände fest, die erwarten lassen, dass eine Fortsetzung der Eigenverwaltung für die Gläubiger zu Nachteilen führt, so hat er dieses unverzüglich dem Insolvenzgericht und dem Gläubigerausschuss, wenn ein solcher nicht bestellt ist, andernfalls den Insolvenzgläubigern und den Absonderungsgläubigern, anzuzeigen (§ 274 Abs. 3 InsO).
- Die vom Insolvenzschuldner zu erstellenden und vorzulegenden Verzeichnisse gem. §§ 151 bis 153 InsO (§ 281 Abs. 1 Satz 1 InsO) hat der Sachwalter zu prüfen und jeweils zu erklären, ob Einwendungen gegen diese zu erheben sind (§ 281 Abs. 1 Satz 2 InsO). Dieses gilt auch für die vom Insolvenzschuldner zu erstellenden Verteilungsverzeichnisse (§ 283 Abs. 2 InsO).
- Der Sachwalter hat zu dem vom Insolvenzschuldner selbst der Gläubigerversammlung im Berichtstermin (§ 156 InsO) zu erstattenden Bericht (§ 281 Abs. 2 Satz 1 InsO) Stellung zu nehmen (§ 281 Abs. 2 Satz 2 InsO).
- Der Sachwalter hat die vom Insolvenzschuldner zu erstellende Schlussrechnung zu prüfen und gegen diese bestehende Einwendungen mitzuteilen (§ 281 Abs. 3 Satz 2 InsO).
- Die Masseunzulänglichkeit gem. § 208 InsO hat der Sachwalter dem Insolvenzgericht anzuzeigen (§ 285 InsO).

---

83 *Häsemeyer*, InsR, Rdnr. 8.14, 8.15; MK-*Wittig*, § 270 InsO, Rdnr. 68.

84 *Häsemeyer*, InsR, Rdnr. 8.14. Die Haftung des Sachwalters nach §§ 60, 61 InsO bestimmt sich demgegenüber nach dessen gegenüber dem Insolvenzverwalter reduzierten Pflichtenkreis, *Häsemeyer*, InsR, Rdnr. 8.20.

85 Auf diese Weise soll der Gefahr begegnet werden können, dass der Schuldner während des laufenden Verfahrens für die Gläubiger nachteilige Rechtshandlungen vornimmt und ihre Befriedigungsaussichten dadurch verschlechtert, vgl. MK-*Wittig*, § 277 InsO, Rdnr. 1.

86 *Häsemeyer*, InsR, Rdnr. 8.19; MK-*Wittig*, § 274 InsO, Rdnr. 2.

- Der Sachwalter hat jederzeit gem. § 58 Abs. 1 Satz 2 InsO dem Insolvenzgericht Einzelauskünfte oder Berichte über den Sachstand und die Geschäftsführung zu geben.[87]

2.5. Die Aufsicht über den Treuhänder der Wohlverhaltensperiode

Das im Achten Teil der InsO (§§ 286 bis 303 InsO) geregelte Rechtsinstitut der Restschuldbefreiung dient der Umsetzung des in § 1 Satz 2 InsO definierten Verfahrenszieles, dem redlichen Schuldner Gelegenheit zu geben, sich von seinen restlichen Verbindlichkeiten zu befreien.[88] Mit der Ankündigung der Restschuldbefreiung gem. § 291 Abs. 1 InsO, die auf entsprechenden Antrag des Insolvenzschuldners und nach Anhörung der Insolvenzgläubiger sowie des Insolvenzverwalters im Schlusstermin durch Beschluss erfolgt (§ 289 Abs. 1 InsO), bestimmt das Insolvenzgericht zugleich den Treuhänder, auf den die pfändbaren Bezüge des Insolvenzschuldners nach Maßgabe der Abtretungserklärung gem. § 287 Abs. 2 InsO übergehen (§ 291 Abs. 2 InsO).

Der Treuhänder hat die Aufgabe, die aus der Abtretung gem. § 287 Abs. 2 InsO vereinnahmten Bezüge und die sonstigen Leistungen des Insolvenzschuldners oder Dritter getrennt von seinem Vermögen zu halten und einmal jährlich aufgrund des Schlussverzeichnisses an die Insolvenzgläubiger zu verteilen (§ 292 Abs. 1 Satz 2 InsO). Eine Verpflichtung zur Überwachung der Obliegenheitserfüllung durch den Insolvenzschuldner hat der Treuhänder nur, wenn ihm diese Aufgabe von der Gläubigerversammlung übertragen worden ist (§ 292 Abs. 2 InsO).

Der Treuhänder steht aufgrund der Verweisung in § 292 Abs. 3 Satz 2 InsO in gleicher Weise wie der Insolvenzverwalter unter der allgemeinen Aufsicht des Insolvenzgerichts (§ 58 InsO) und kann bei Vorliegen eines wichtigen Grundes von Amts wegen oder – wegen der Einschränkung in § 292 Abs. 3 Satz 2 2. Hs. InsO – auf Antrag nur eines Insolvenzgläubigers aus seinem Amt entlassen werden.[89] Bei Beendigung seines Amtes hat der Treuhänder gem. § 292 Abs. 3 Satz 1 InsO dem Insolvenzgericht über seine Treuhandschaft Rechnung zu legen.

Der Treuhänder hat gem. § 293 Abs. 1 InsO einen Anspruch auf eine angemessene Vergütung und auf Erstattung seiner angemessenen Auslagen, der sich bei einer Stundung der Verfahrenskosten gem. § 4a InsO gegen die Staatskasse richtet (§§ 293 Abs. 2, 63 Abs. 2 InsO). Die Festsetzung der Vergütung und Auslagenerstattung erfolgt gem. §§ 293 Abs. 2, 64 InsO durch das Insolvenzgericht auf Antrag des Treuhänders auf der Grundlage der §§ 14 bis 16 InsVV (§§ 293 Abs. 2, 65 InsO).

---

87 MK-*Wittig*, § 274 InsO, Rdnr. 16.

88 Vgl. Uhlenbruck-*Vallender*, vor § 286 InsO, Rdnr. 20. Das Restschuldbefreiungsverfahren setzt voraus, dass der Insolvenzschuldner einen entsprechenden Antrag gestellt (§ 287 Abs. 1 InsO) und diesem die Abtretungserklärung gem. § 287 Abs. 2 InsO beigefügt hat.

89 MK-*Ehricke*, § 292 InsO, Rdnr. 65.

3. Gesetzliche Regelung der Handlungspflichten des Insolvenzverwalters

Die insolvenzrechtlichen Vorschriften regeln neben der genuinen Pflicht zur bestmöglichen Masseverwertung (§ 1 Satz 1 InsO) eine Vielzahl von Handlungspflichten für den Insolvenzverwalter, die in der Summe unter dem Begriff „Insolvenzverwaltung“ zusammengefasst werden können.[90] Diese „Regieanweisungen“ sind erforderlich, weil die Insolvenzverwaltung in ihrem Kern eine fremdnützige Treuhand ist[91], die durch einen Hoheitsakt angeordnet wird. Deren Beachtung durch den Insolvenzverwalter hat das Insolvenzgericht im Rahmen seiner Aufsicht (§ 58 InsO) zu überwachen. Im Folgenden werden die für die Aufsicht (§ 58 InsO) relevanten Handlungspflichten des Insolvenzverwalters benannt.

3.1. Pflichten des vorläufigen Insolvenzverwalters

Der „starke“ vorläufige Insolvenzverwalter hat
- das Vermögen des Insolvenzschuldners zu sichern und zu erhalten (§ 22 Abs. 1 Satz 2 Nr. 1 InsO),
- ein Schuldnerunternehmen bis zur Entscheidung über die Verfahrenseröffnung fortzuführen (§ 22 Abs. 1 Satz 2 Nr. 2 InsO),
- zu prüfen, ob die Verfahrenskosten gem. § 54 InsO aus dem Schuldnervermögen gedeckt werden können (§ 22 Abs. 1 Satz 2 Nr. 3 InsO).

Die Pflichten des „schwachen“ vorläufigen Insolvenzverwalters bestimmt gem. § 22 Abs. 2 InsO das Insolvenzgericht. Diese dürfen jedoch nicht über diejenigen des „starken“ vorläufigen Insolvenzverwalters hinausgehen (§ 22 Abs. 2 Satz 2 InsO).

3.2. Pflichten des Insolvenzverwalters

Zum Aufgabenbereich des Insolvenzverwalters gehört die gesamte verwaltende und geschäftsführende Tätigkeit im Rahmen der Abwicklung eines Insolvenzverfahrens, wie diese in der InsO und in anderen gesetzlichen Bestimmungen definiert ist[92], insbesondere:
- die sofortige Inbesitznahme und Verwaltungsübernahme des gesamten zur Insolvenzmasse gehörenden Vermögens nach Eröffnung des Insolvenzverfahrens (§ 148 Abs. 1 InsO);[93]
- die Bestimmung der Hinterlegungsstelle gem. § 149 InsO nach pflichtgemäßem Ermessen, wenn nicht das Insolvenzgericht, der Gläubigerausschuss oder die Gläubigerversammlung von ihrem Bestimmungsrecht Gebrauch machen;

---

90 *Smid*, Der Kernbereich der Insolvenzverwaltung, DZWiR 2002, 265, 266.
91 *Smid*, Der Kernbereich der Insolvenzverwaltung, DZWiR 2002, 265, 267.
92 Vgl. Uhlenbruck-*Uhlenbruck,* § 80 InsO, Rdnr. 100.
93 Notfalls hat sich der Insolvenzverwalter den Besitz mittels Herausgabevollstreckung gegen den Insolvenzschuldner aus dem Eröffnungsbeschluss gem. § 148 Abs. 2 InsO zu verschaffen.

- die Siegelung der Insolvenzmasse (§ 150 InsO);
- die Erstellung der Verzeichnisse nach §§ 151, 152, 153 InsO und deren Niederlegung gem. § 154 InsO;
- die Erfüllung der handels- und steuerrechtlichen Buchführungs- und Rechnungslegungspflichten des Insolvenzschuldners, so weit es um die Insolvenzmasse geht (§ 155 Abs. 1 InsO);
- die Einholung der Zustimmung eines bestellten Gläubigerausschusses und die Unterrichtung des Insolvenzschuldners vor einer Stilllegung des Schuldnerunternehmens (§ 158 InsO);
- die Berichterstattung gegenüber der Gläubigerversammlung im Berichtstermin (§ 156 Abs. 1 InsO);
- die Eintragung der gem. § 174 InsO angemeldeten Forderungen in die Insolventabelle und deren Niederlegung mit den Forderungsanmeldungen innerhalb der Frist des § 175 Abs. 1 Satz 2 InsO auf der Geschäftsstelle des Insolvenzgerichts zur Einsicht der Beteiligten (§ 175 Abs. 1 InsO);
- die unverzügliche Verwertung der Insolvenzmasse im Anschluss an den Berichtstermin und nach Maßgabe der Beschlüsse der Gläubigerversammlung (§ 159 InsO) und die Beachtung der Zustimmungserfordernisse der §§ 160ff. InsO;
- die Verwertung mit Absonderungsrechten belasteter Massegegenstände unter Beachtung der Vorschriften der §§ 166, 167ff. InsO (insbesondere: Anzeige der Veräußerungsabsicht gem. § 167 InsO und Erlösauskehrung gem. §§ 170, 171 InsO);
- die Anzeige des Eintritts der (voraussichtlichen) Masseunzulänglichkeit gegenüber dem Insolvenzgericht (§ 208 Abs. 1 InsO;
- die Vornahme von Abschlagsverteilungen (§ 187 InsO) und der Schlussverteilung (§ 196 InsO);
- die Hinterlegung der im Rahmen der Schlussverteilung gem. §§ 189 Abs. 2, 190 Abs. 2 Satz 2, 191 Abs. 1 Satz 2 InsO zurückzubehaltenden Beträge;
- die Auskehrung eines nach Durchführung der Schlussverteilung verbleibenden Übererlöses an den Insolvenzschuldner (§ 199 InsO).

3.3. Pflichten des Eigenverwalters

Wie bereits dargestellt,[94] hat der Sachwalter in der Eigenverwaltung im Vergleich zum Insolvenzverwalter nur einen eingeschränkten Aufgaben- und Pflichtenkreis. Über die für die insolvenzgerichtliche Aufsicht bedeutsamen Anzeige- und Berichtspflichten hinaus, sind für den Sachwalter folgende spezielle Pflichten normiert, deren Beachtung durch das Insolvenzgericht zu überwachen ist:
- Die Prüfung der wirtschaftlichen Lage des Schuldners und die Überwachung dessen Geschäftsführung und Ausgaben für die Lebensführung (§ 274 Abs. 2 Satz 1 InsO).

---

94 Siehe Kap. B.II.2.4.

- Die Insolvenzgläubiger haben ihre Forderungen beim Sachwalter anzumelden (§ 270 Abs. 3 Satz 2 InsO). Im Übrigen gelten für die Forderungsanmeldung und Forderungsprüfung gem. § 270 Abs. 1 Satz 2 InsO die Vorschriften der §§ 174ff. InsO, sodass der Sachwalter die Tabelle bis zur Hinterlegung gem. § 175 InsO zu führen hat.
- Ausarbeitung eines Insolvenzplanes aufgrund eines entsprechenden, von der Gläubigerversammlung erteilten Auftrages (§ 284 Abs. 1 Satz 1 InsO).
- Die Überwachung der Planerfüllung gem. (§ 284 Abs. 2 InsO).

3.4. Pflichten des Treuhänders in der Wohlverhaltensperiode

Die allgemeinen Pflichten des Treuhänders in der Wohlverhaltensperiode werden durch die Vorschrift des § 292 InsO definiert. Hiernach hat der Treuhänder
- den zur Zahlung der Bezüge Verpflichteten (i.d.R. den Arbeitgeber oder den Sozialleistungsträger) über die Abtretung gem. § 287 Abs. 2 InsO zu unterrichten und diesen aufzufordern, die pfändbaren Bezüge des Insolvenzschuldners nur noch an den Treuhänder zu zahlen (§ 292 Abs. 1 Satz 1 InsO);
- die vereinnahmten Beträge von seinem Vermögen getrennt zu halten (§ 292 Abs. 1 Satz 2 InsO) und
- diese einmal jährlich auf der Grundlage des Schlussverzeichnisses an die Insolvenzgläubiger zu verteilen, sofern die gem. § 4a InsO gestundeten Verfahrenskosten bezahlt sind (§ 292 Abs. 1 Satz 2 InsO).

III. Die funktionale Zuständigkeit für die Aufsicht über den Insolvenzverwalter

Die im Zusammenhang mit dem Insolvenzverfahren stehenden Aufgaben des Insolvenzgerichts werden vom Insolvenzrichter oder vom Rechtspfleger wahrgenommen. Die Aufgabenverteilung innerhalb des Insolvenzgerichts, d.h. die funktionale Zuständigkeit von Insolvenzrichter und Rechtspfleger, regelt abschließend das Rechtspflegergesetz in den Vorschriften der §§ 3 Abs. 2 lit. e, 4, 18 RPflG. Grundsätzlich ist ersterer für das Insolvenzeröffnungsverfahren und letzterer für das eröffnete Insolvenzverfahren funktionell zuständig.[95] Für die Bestimmung der funktionellen Zuständigkeit ist auf den Zeitpunkt der Entscheidung über den Eröffnungsantrag abzustellen. Bis zur Entscheidung über den Eröffnungsantrag ist grundsätzlich der Insolvenzrichter gem. § 18 Abs. 1 Nr. 1 RPflG funktionell zuständig. Der Insolvenzrichter trifft seine Entscheidungen und Maßnahmen als Einzelrichter (§ 22 Abs. 1 GVG).[96] Mit der Entscheidung über den Eröffnungsantrag wird der Rechtspfleger funktionell zuständig. Dabei findet der Übergang der

---

95 Die Zuständigkeit des Rechtspflegers in Konkurssachen wurde erstmals durch die §§ 3 Abs. 1 Nr. 3c, 21 Abs. 1 des RPflG vom 8. 2. 1957 eingeführt, zuvor bestand eine Alleinzuständigkeit des Konkursrichters. Vgl. zur Historie: Jaeger-*Gerhardt*, § 2 InsO, Rdnr. 46ff.
96 *Häsemeyer*, InsR, Rdnr. 6.02.

funktionellen Zuständigkeit auf den Rechtspfleger unabhängig davon statt, ob dem Eröffnungsantrag stattgeben oder dieser mangels einer die Kosten deckenden Masse abgewiesen wurde.[97]

1. Funktionelle Zuständigkeit des Insolvenzrichters

Bis zur Einführung der §§ 3 Abs. 1 Nr. 3c, 21 Abs. 1 RPflG vom 8. 2. 1957[98] war der Konkursrichter für die Geschäfte des Konkursgerichtes, insbesondere die Aufsicht über den Konkursverwalter, allein zuständig. Mit diesen Vorschriften wurden einzelne, ursprünglich konkursrichterliche Aufgaben auf den Rechtspfleger übertragen, wie die Prüfung der Schlussrechnung nach § 84 KO.[99] Durch §§ 21 Abs. 2, 22 Abs. 2 RPflG 1957 war dem Konkursrichter das Recht eingeräumt worden, dem Rechtspfleger das Konkursverfahren nach Verfahrenseröffnung ganz zu übertragen. Zugleich hatte der Konkursrichter ein Evokationsrecht.[100] Erst mit dem am 1. 7. 1970 in Kraft getretenen RPflG 1970 wurde die heutige Aufgabenverteilung zwischen Richter und Rechtspfleger eingeführt, wobei die Entscheidung über den Eröffnungsantrag und die Bestellung des Konkursverwalters als Kernbereich entscheidender Richtertätigkeit dem Konkursrichter vorbehalten blieb.[101] Zweck dieser Zuständigkeitsverteilung – auch nach neuem Recht – ist es, den Insolvenzrichter von Massegeschäften und den Angelegenheiten der Vermögenssorge zu entlasten und dessen Zuständigkeit auf Angelegenheiten mit besonderer rechtlicher Schwierigkeit oder Schwere des Eingriffs in Rechtspositionen zu beschränken.[102]

Nach § 18 Abs. 1 RPflG sind dem Insolvenzrichter vorbehalten:
- die Leitung des Eröffnungsverfahrens, insbesondere die Bestellung des vorläufigen Insolvenzverwalters, die Anordnung von Sicherungsmaßnahmen gem. §§ 21, 22 InsO, die Zustimmung zur Betriebsstilllegung gem. § 22 Abs. 2 Nr. 2 InsO, die Entscheidung über den Eröffnungsantrag[103] und die Bestellung des Insolvenzverwalters[104];

---

97 *Fuchs*, Die Zuständigkeitsverteilung zwischen Richter und Rechtspfleger im Insolvenzeröffnungs- und eröffneten Insolvenzverfahren, ZInsO 2001, 1033, 1034.

98 BGBl. I 1957 S. 18.

99 *Franke/Burger*, Richter und Rechtspfleger im Insolvenzverfahren – Zur Zuständigkeitsabgrenzung insbesondere bei der Vergütungsfestsetzung, NZI 2001, 403, 404.

100 *Borchers*, Die funktionelle Zuständigkeit von Richter, Rechtspfleger und Geschäftsstelle im Insolvenzverfahren am Beispiel des „Hamburger Modells“, KS-InsO, 1. A., S. 1269, 1273, Rdnr. 23, berichtet, dass von diesem Evokationsrecht im Zuständigkeitsbereich des AG Hamburg keinen Gebrauch gemacht wurde; *Wimmer*, Der Rechtspfleger im neuen Insolvenzrecht, InVo 1997, 316.

101 Jaeger-*Gerhardt*, § 2 InsO, Rdnr. 47.

102 *Franke/Burger*, Richter und Rechtspfleger im Insolvenzverfahren – Zur Zuständigkeitsabgrenzung insbesondere bei der Vergütungsfestsetzung, NZI 2001, 403, 404, 405; Zweiter Bericht der Kommission für Insolvenzrecht, Begründung zu Leitsatz 2.2.

103 Dem Richtervorbehalt unterliegt die Entscheidung über den Eröffnungsantrag, d. h. auch die Antragsabweisung mangels Masse gem. § 26 InsO, die Anordnungen gem. §§ 28, 29 InsO sowie deren Änderung, Ergänzung oder Berichtigung (Jaeger-*Schilken*, § 27 InsO, Rdnr. 6).

104 In die funktionale Zuständigkeit des Insolvenzrichters fallen auch alle späteren Anordnungen betreffend die Ernennung des Insolvenzverwalters, wie die nachträgliche Ernennung eines In-

- das Schuldenbereinigungsverfahren gem. §§ 305–310 InsO;
- die Neufestsetzung des Stimmrechts in der Gläubigerversammlung gem. § 18 Abs. 3 RPflG;
- die Entscheidung über den im Schlusstermin von einem Insolvenzgläubiger gestellten Antrag auf Versagung der beantragten Restschuldbefreiung gem. § 289 InsO;
- die Entscheidung über die Vollstreckungserinnerung gem. § 766 ZPO (§§ 89 Abs. 3, 148 Abs. 2 Satz 2 InsO, §§ 3 Nr. 3a, 20 Nr. 17 Satz 2 RPflG);
- alle wesentlichen Entscheidungen im Restschuldbefreiungsverfahren, wie die Entscheidung über Versagung der Restschuldbefreiung gem. §§ 296, 297 InsO, über deren Erteilung gem. § 300 InsO und deren Widerruf gem. § 303 InsO;
- Entscheidungen in einem anerkannten ausländischen Insolvenzverfahren gem. §§ 344 bis 346 InsO;
- wegen § 4 Abs. 2 RPflG die Anordnung der Maßnahmen nach § 98 InsO.

Gem. § 18 Abs. 2 RPflG kann sich der Insolvenzrichter mit Verfahrenseröffnung die Leitung des Insolvenzverfahrens ganz oder teilweise vorbehalten oder diese im eröffneten Insolvenzverfahren wieder an sich ziehen, wenn und solange er dieses für geboten erachtet (Evokationsrecht). Auf diese Weise können Aufgaben und Belastungen in dem konkreten Insolvenzverfahren angemessen und mit Außenwirkung verteilt werden.[105] Da der Richtervorbehalt zeitlich nicht begrenzt ist, kann das Insolvenzverfahren auch durch den Richter bis zu seiner Beendigung alleinverantwortlich betrieben werden.[106] Die Ausübung des Vorbehalts bedarf keines formellen Beschlusses und ist unanfechtbar. Eine dagegen gerichtete Beschwerde ist unzulässig. Die Ausübung des Richtervorbehalts des § 18 Abs. 2 RPflG kommt insbesondere dann in Betracht, wenn das eröffnete Verfahren besonders umfangreich ist, das Verfahren für die Betroffenen, die Region oder die Wirtschaft von besonderer Bedeutung ist oder das Verfahren mit besonderen rechtlichen Schwierigkeiten verbunden ist.[107]

Die nach § 18 Abs. 1 RPflG in der funktionellen Zuständigkeit des Insolvenzrichters liegenden Geschäfte sind nicht auf den Rechtspfleger übertragbar und können von diesem auch nicht mit Zustimmung des Insolvenzrichters wahrgenommen werden. Ändert beispielsweise der Rechtspfleger die Entscheidung über die Bestellung des Insolvenzverwalters in Abstimmung mit dem Insolvenzrichter ab, so bedarf der abgeänderte Text des Bestellungsbeschlusses zu dessen Wirksamkeit der erneuten

---

solvenzverwalters bei Nichtannahme des zunächst bestellten, oder die Ernennung des Sachwalters bei nachträglicher Anordnung der Eigenverwaltung gem. § 271 InsO (Jaeger-*Schilken*, § 27 InsO, Rdnr. 6; MK-*Schmahl*, §§ 27–29 InsO, Rdnr. 140; a.A. Jaeger-*Gerhardt*, § 56 InsO, Rdnr. 28). Die funktionale Zuständigkeit für die Bestellung und Auswahl des Insolvenzverwalters war eines der umstrittenen Themen im Rahmen des Reformprozesses (Uhlenbruck-*Uhlenbruck*, § 57 InsO, Rdnr. 1 f.). Umstritten ist auch die funktionale Zuständigkeit bei der Bestellung eines Sonderinsolvenzverwalters (ausführlich hierzu: Kap. F.X.3.1).

105 *Häsemeyer*, InsR, Rdnr. 6.02.

106 *Haarmeyer/Wutzke/Förster*, Hb. InsO, Kap. 2 Rdnr. 106.

107 *Haarmeyer/Wutzke/Förster*, Hb. InsO, Kap. 2 Rdnr. 105 ff.; *Frind*, Gültigkeit von thematischen Teil-Richtervorbehalten gem. § 18 Abs. 2 RPflG, ZInsO 2001, 993, 994.

Unterzeichnung durch den Insolvenzrichter. Denn mit der für den Rechtsverkehr gebotenen Sicherheit und Klarheit ist es nicht vereinbar, die Wirksamkeit eines nicht vom Insolvenzrichter unterzeichneten Beschlusses ausschließlich danach zu beurteilen, ob dieser die vom Rechtspfleger vorgenommenen Änderungen konkludent gebilligt hat.[108]

2. Funktionelle Zuständigkeit des Rechtspflegers

Die funktionelle Zuständigkeit des Rechtspflegers im Insolvenzverfahren ist gem. § 3 Abs. 2 e) RPflG insoweit gegeben, als die Geschäfte des Insolvenzgerichts gem. § 18 RPflG nicht vom Insolvenzrichter wahrzunehmen sind oder in Ausübung des Evokationsrechtes (§ 18 Abs. 2 RPflG) wahrgenommen werden. Im Rahmen dieser Zuständigkeit hat der Rechtspfleger alle Maßnahmen zu treffen, die für die ordnungsgemäße und gesetzmäßige Abwicklung des Insolvenzverfahrens erforderlich sind (§ 4 Abs. 1 RPflG). Dabei nimmt er die ihm übertragenen Aufgaben selbstständig und weisungsfrei wahr. Hiervon ausgenommen sind die in § 4 Abs. 2 RPflG aufgeführten, dem Insolvenzrichter vorbehaltenen Maßnahmen, insbesondere die Anordnung von zwangsweiser Vorführung und Haft gem. § 98 InsO. Hält der Rechtspfleger Entscheidungen für geboten, für die er nach § 4 Abs. 2 RPflG nicht zuständig ist, so legt er deswegen die Sache dem Richter zur Entscheidung vor (§ 4 Abs. 3 RPflG). Ebenso ist er nach § 5 RPflG gehalten, ihm übertragene Geschäfte dem Richter vorzulegen, wenn sich bei der Bearbeitung rechtliche Schwierigkeiten ergeben, ausländisches Recht zur Anwendung kommt oder ein enger Sachzusammenhang mit einer dem Richter vorbehaltenen Entscheidung besteht.[109] Gibt der Richter eine vorgelegte Sache an den Rechtspfleger mit einer bestimmten Rechtsauffassung zurück, so ist der Rechtspfleger gem. § 5 Abs. 2 Satz 3 RPflG an diese Auffassung gebunden.

Zu den Aufgaben des Rechtspflegers im Insolvenzverfahren zählen daher insbesondere:
- die Festsetzung der Vergütung des vorläufigen Insolvenzverwalters;[110]
- die Prüfung der Schlussrechnung des vorläufigen Insolvenzverwalters;[111]
- die Aufsicht über den Insolvenzverwalter (§ 58 InsO) und dessen Entlassung (§ 59 InsO);[112]

---

108 *BGH*, Urt. v. 17. 10. 1985 – III ZR 105/84 – ZIP 1986, 319, 321.
109 *Haarmeyer/Wutzke/Förster*, Hb. InsO, Kap. 2 Rdnr. 112.
110 H.M., *OLG Köln*, Beschl. v. 18. 8. 2000 – 2 W 97/00 – ZIP 2000, 1993, 1995; *OLG Zweibrücken*, Beschl. v. 23. 5. 2000 – 3 W 58/00 – ZIP 2000, 1306, 1307; *LG Düsseldorf*, Beschl. v. 23. 11. 1999 – 25 T 937/99 – NZI 2000, 182; *AG Düsseldorf*, Beschl. v. 24. 11. 1999 – 502 IN 76/99 – ZInsO 2000, 54; *Franke/Burger*, Richter und Rechtspfleger im Insolvenzverfahren – Zur Zuständigkeitsabgrenzung insbesondere bei der Vergütungsfestsetzung, NZI 2001, 403, 406; *Haarmeyer/Wutzke/Förster*, § 8 InsVV, Rdnr. 14; Kübler/Prütting-*Lüke*, § 64 InsO, Rdnr. 9; a. A. Zuständigkeit des Insolvenzrichters: *AG Köln*, Beschl. v. 21. 1. 2000 – 72 IK 69/99 – ZInsO 2000, 118.
111 Zum Diskussionstand: Kap. E.II.4.5.4.1.
112 Hinsichtlich der Entlassung umstritten, siehe Kap. F.XI.1.

- die Bestellung eines Sonderverwalters;[113]
- die Bestellung des gem. § 57 InsO gewählten Insolvenzverwalters und deren Versagung gem. § 57 Satz 3 InsO;[114]
- die Einberufung und Leitung der Gläubigerversammlung (§§ 74 Abs. 1, 76 Abs. 1 InsO);
- die Stimmrechtsentscheidung gem. § 77 Abs. 2 Satz 2 und 3 InsO;[115]
- die Einsetzung eines vorläufigen Gläubigerausschusses (§ 67 Abs. 1 InsO);[116]
- die Entscheidung über die Pfändbarkeit bzw. Massezugehörigkeit von Arbeitseinkommen gem. § 36 Abs. 4 Satz 1 InsO;[117]
- die Entscheidung über Einwendungen gegen Zwangsvollstreckungsmaßnahmen nach Verfahrenseröffnung gem. § 89 Abs. 3 InsO,[118]
- die Untersagung der Betriebsstilllegung vor dem Berichtstermin (§ 158 Abs. 2 InsO);
- die Untersagung bedeutsamer Rechtshandlungen (§§ 161, 163 InsO);[119]
- die Durchführung von Prüfungsterminen (§§ 176ff. InsO);
- die Prüfung der vom Insolvenzverwalter vorgelegten Schlussrechnung (§ 66 Abs. 2 Satz 1 InsO);
- die Zustimmung zur Schlussverteilung (§ 196 Abs. 2 InsO);
- die Festsetzung der Vergütung des Insolvenzverwalters (§ 64 Abs. 1 InsO);
- die Ankündigung der Restschuldbefreiung und die Bestimmung des Treuhänders (§ 291 InsO);[120]
- die Prüfung des Insolvenzplanes und die Entscheidung über die Zurückweisung des Insolvenzplanes (§ 231 InsO);
- die Durchführung des Erörterungs- und Abstimmungstermins über den Insolvenzplan (§ 235 InsO);
- die Bestätigung des Insolvenzplanes (§ 248 InsO);
- die Überwachung der Planerfüllung (§ 268 InsO).

---

113 Zum Diskussionstand: Kap. F.X.3.1.

114 Zum Diskussionstand: Kap. C.III.3.2.3.4.

115 Unter den Voraussetzungen des § 18 Abs. 3 RPflG kann der Insolvenzrichter das Stimmrecht neu festsetzen und die Wiederholung der Abstimmung anordnen.

116 Sofern dieser nicht bereits vom Insolvenzrichter mit der Entscheidung über die Verfahrenseröffnung eingesetzt worden ist. Neben dem Einsetzungsrecht steht dem Insolvenzrechtspfleger auch das Recht zur Entlassung eines Gläubigerausschussmitglieds (§ 70 InsO) und zur Festsetzung der Vergütung des Gläubigerausschusses (§ 73 InsO) zu.

117 *OLG Stuttgart*, Beschl. v. 23. 10. 2001 – 8 W 483/01 – NZI 2002, 52, 53; *AG Göttingen*, Beschl. v. 2. 4. 2003 – 74 IK 81/99 – NZI 2003, 333, 334; *Vallender*, Die bevorstehenden Änderungen des Verbraucherinsolvenz- und Restschuldbefreiungsverfahrens auf Grund des InsOÄndG 2001 und ihre Auswirkungen auf die Praxis, NZI 2001, 561, 562.

118 *AG Hamburg*, Beschl. v. 26. 9. 2006 – 67c IN 278/04 – NZI 2006, 646; MK-*Breuer*, § 89 InsO Rdnr. 38; HK-*Eickmann*, § 89 InsO, Rdnr. 6; a. A. *AG Hamburg*, Beschl. v. 29. 9. 1999 – 68d IK 12/99 – ZInsO 2000, 172 (Zuständigkeit des Insolvenzrichters).

119 Smid-*Smid*, § 161 InsO, Rdnr. 7; § 163 InsO Rdnr. 4.

120 *AG Göttingen*, Beschl. v. 22. 11. 2004 – 74 IN 137/02 – NZI 2005, 117; *Wimmer*, Der Rechtspfleger im neuen Insolvenzverfahren, InVo 1997, 316, 319.

Diese Aufzählung verdeutlicht, dass die insolvenzgerichtliche Aufsicht über den Insolvenzverwalter im wesentlichen Aufgabe des im eröffneten Insolvenzverfahren funktionell zuständigen Rechtspflegers ist.[121]

Umstritten ist funktionale Zuständigkeit für die Bestellung eines Insolvenzverwalters, wenn diese im Verlaufe des Insolvenzverfahrens, z.B. nach der Amtsentlassung des ursprünglich ernannten Insolvenzverwalters, erforderlich wird oder für die Bestellung eines Sachwalters nach § 271 InsO.[122]

3. Wirksamkeit einer Entscheidung des funktionell unzuständigen Organs?

Handelt der funktionell unzuständige Insolvenzrichter, indem er ein gem. § 3 Abs. 2 e) RPflG dem Rechtspfleger übertragenes Geschäft wahrnimmt, so bleibt diese Maßnahme gem. § 8 Abs. 1 RPflG wirksam.[123] Im umgekehrten Fall, wenn der funktionell unzuständige Rechtspfleger eine Maßnahme trifft, die ihm nach dem Gesetz weder übertragen ist, noch übertragen werden kann, so ist dieses Geschäft gem. § 8 Abs. 4 RPflG unwirksam. Ein grundsätzlich auf den Rechtspfleger übertragbares Geschäft bleibt wirksam, auch wenn die Übertragung nicht erfolgt ist (§ 18 Abs. 2 RPflG). Auch wenn der Rechtspfleger bei der Vornahme einer Handlung gegen die Vorlagepflicht des § 5 RPflG verstößt, bleibt diese Handlung wirksam, soweit es sich nur um ein dem Rechtspfleger übertragenes Rechtsgeschäft handelt (§ 8 Abs. 3 RPflG).

---

121 *Wimmer*, Der Rechtspfleger im neuen Insolvenzverfahren, InVo 1997, 316, 317.

122 Siehe Fn. 104.

123 *OLG Köln*, Beschl. v. 18. 8. 2000 – 2 W 97/00 – NJW-RR 2001, 559, 560 (für die Festsetzung der Vergütung des vorläufigen Insolvenzverwalters durch den Insolvenzrichter); *LG Göttingen*, Beschl. v. 4. 7. 2003 – 10 T 37/03 – NZI 2003, 1353, 1354 (Im Fall einer Entlassung des Insolvenzverwalters gem. § 59 Abs. 1 InsO durch den Insolvenzrichter); Gottwald-*Klopp/Kluth*, § 17, Rdnr. 14.

C. Der Inhalt der Aufsicht des Insolvenzgerichts

Gegenstand der insolvenzgerichtlichen Aufsicht gem. § 58 Abs. 1 InsO ist der Insolvenzverwalter und dessen Verwaltungs- und Verwertungstätigkeit.[124] Für das Insolvenzgericht als Aufsichtsorgan und für den der Aufsicht unterworfenen Insolvenzverwalter stellt sich in diesem Zusammenhang die Frage, ob nur die Rechtmäßigkeit oder auch die Zweckmäßigkeit der Insolvenzverwaltertätigkeit der insolvenzgerichtlichen Aufsicht unterliegt, diese daher nicht nur als Rechtsaufsicht, sondern auch als Fachaufsicht zu verstehen ist. Es geht daher um die Frage, ob das Insolvenzgericht im Rahmen der Aufsicht (§ 58 Abs. 1 InsO) seine Beurteilung der Zweckmäßigkeit einer Verwaltungs- oder Verwertungshandlung an die Stelle derjenigen des Insolvenzverwalters setzen kann. Hieran schließt die weitere Frage an, ob und in welchem Umfang die Aufsicht im Ermessen des Insolvenzgerichts liegt.

I. § 58 InsO: Rechts- oder auch Fachaufsicht?

Der Aufsicht des Insolvenzgerichts gem. § 58 Abs. 1 InsO unterliegt die gesamte Amtsführung des Insolvenzverwalters. Als Rechtsaufsicht ist diese auf die Rechtmäßigkeit der Geschäftstätigkeit des Insolvenzverwalters, insbesondere die ordnungsgemäße Verwaltung der Insolvenzmasse und die Wahrung der insolvenzspezifischen Verfahrensvorschriften und Zustimmungserfordernisse, gerichtet. Dagegen wäre eine auch als Fachaufsicht verstandene insolvenzgerichtliche Aufsicht weitergehend auf die Kontrolle der Zweckmäßigkeit einzelner Verwalterhandlungen ausgerichtet und stünde in Konflikt zu der Frage, ob dem Insolvenzverwalter ein aufsichtsfreier Kernbereich eigenverantwortlicher Zweckmäßigkeitserwägungen eingeräumt ist. Der Insolvenzverwalter hat im Rahmen der Insolvenzabwicklung regelmäßig eine Vielzahl von Zweckmäßigkeitserwägungen anzustellen, z.B. bei der Entscheidung über die Erfüllung oder Nichterfüllung der vom Insolvenzschuldner begründeten Vertragsverhältnisse (§§ 103 ff. InsO), bei der Begründung und Befriedigung von Masseverbindlichkeiten (§ 55 InsO), bei der Freigabe eines Massegegenstandes zur Vermeidung einer Kostenbelastung der Insolvenzmasse gem. § 55 Abs. 1 Nr. 1 InsO, bei der Bestimmung des günstigsten Verwertungszeitpunktes für ein Massegrundstück oder bei der Entscheidung, ob das Ratenzahlungsangebot eines Schuldners der Insolvenzmasse angenommen oder die Masseforderung tituliert werden soll. Denkbar ist auch der Fall einer Ablösung der Grundpfandrechte an einem Massegrundstück aus Mitteln der Insol-

124 Siehe Kap. D.II.1.

venzmasse, um freier und flexibler bei der Grundstücksverwertung agieren zu können. Es soll daher die Frage untersucht werden, ob Zweckmäßigkeitserwägungen und -entscheidungen der insolvenzgerichtlichen Aufsicht unterliegen oder dem Insolvenzverwalter insoweit ein aufsichtsfreier Entscheidungsspielraum verbleibt. Es geht also um die Frage, ob das Insolvenzgericht in Zweckmäßigkeitsfragen das Ermessen des Insolvenzverwalters durch bindende Handlungsanweisungen beschränken kann.

1. Versuch einer Auslegung des § 58 Abs. 1 InsO

Eine Antwort auf die Frage nach dem Inhalt der insolvenzgerichtlichen Aufsicht soll zunächst durch eine Bestimmung des normativen Gehalts der Vorschrift des § 58 Abs. 1 InsO versucht werden. In der Jurisprudenz als „verstehende Wissenschaft"[125] erfolgt diese Sinnermittlung durch Auslegung, verstanden als das vermittelnde Tun, durch das sich der Auslegende den Sinn eines Textes, der ihm problematisch geworden ist, zum Verständnis bringt.[126]

1.1. Wortlaut des § 58 Abs. 1 Satz 1 InsO

Gegenstand der Auslegung ist der Gesetzestext als Träger des in diesem niedergelegten Sinnes.[127] Eine Gesetzesauslegung hat daher mit dem Wortsinn zu beginnen, der zugleich auch die Grenzen der Auslegung definiert. Der Wortsinn umfasst den allgemeinen Sprachgebrauch, wenn nicht ein besonderer Sprachgebrauch des Gesetzes festzustellen ist.[128] Der Gesetzgeber hat in § 58 Abs. 1 Satz 1 InsO lediglich normiert, dass der Insolvenzverwalter *„unter der Aufsicht des Insolvenzgerichts"* steht, ohne jedoch den Inhalt der insolvenzgerichtlichen Aufsicht näher zu normieren. Sprachwissenschaftlich bedeutet *„Aufsicht"* das Achten darauf, dass bestimmte Vorschriften eingehalten werden, dass nichts passiert.[129] Etymologisch enthält der Begriff *„Aufsicht"* die Präposition *„auf"*, die sich in der mittelhochdeutschen Sprache als *„uf"* wiederfindet und die Lage an der Oberfläche eines Gegenstandes oder die Richtung zur Oberfläche hin bezeichnet.[130] Der Wortstamm lässt sich auf das mittelhochdeutsche Substantiv *„Siht"* – das Sehen, Ansehen, der Anblick – zurückführen.[131] Folglich lässt sich die Aufsicht des Insolvenzgerichts über den Insolvenzverwalter sprachlich zutreffend als „dem Insolvenzverwalter auf die Finger sehen" umschreiben.

---

125 *Larenz*, Methodenlehre, S. 85, als Überschrift des 3. Abschnittes des 2. Kapitels.
126 *Larenz*, Methodenlehre, S. 85.
127 *Larenz*, Methodenlehre, S. 195.
128 *Larenz*, Methodenlehre, S. 195, 219.
129 Siehe Erläuterungen im Duden, zum Stichwort *„Aufsicht"*.
130 Siehe Erläuterungen bei Pfeffer, Etymologisches Wörterbuch des Deutschen, zum Stichwort *„auf"*.
131 Siehe Erläuterungen bei Pfeffer, Etymologisches Wörterbuch des Deutschen, zum Stichwort *„Sicht"*.

Aus dem Wortsinn des § 58 Abs. 1 Satz 1 InsO ergibt sich für den Inhalt der Aufsicht nur der allgemeine Normbefehl, dass die Insolvenzverwaltertätigkeit der Kontrolle durch das Insolvenzgericht unterworfen ist, diese vom Insolvenzgericht überwacht wird, nichts jedoch für ein Verständnis der Aufsicht als Rechts- und/oder Fachaufsicht.[132]

1.2. Bedeutungszusammenhang des § 58 Abs. 1 Satz 1 InsO

Ausgehend von der Erwartung, dass verschiedene Normen derselben Regelung sachlich übereinstimmen[133], erschließt sich der Sinn eines einzelnen Rechtssatzes erst dann, wenn man ihn als Teil der Regelung ansieht, der er zugehört.[134] Gegenstand der systematischen Auslegung ist der unmittelbare Kontext der auszulegenden Norm, deren sachliche Übereinstimmung mit anderen Normen innerhalb einer Regelung und – von begrenztem Wert – die äußere Anordnung des Gesetzes und der ihr zugrunde liegenden begrifflichen Systematik.[135] Es ist daher zu untersuchen, ob sich aus dem Kontext der Vorschrift des § 58 Abs. 1 InsO etwas für deren Regelungsgehalt herleiten lässt.

1.2.1. Gesetzessystematik

Die Vorschrift des § 58 Abs. 1 InsO befindet sich im Dritten Abschnitt des Zweiten Teils der InsO, der mit *„Insolvenzverwalter. Organe der Gläubiger“* tituliert ist. In diesem Abschnitt werden nach dem Willen des Gesetzgebers die Akteure des Insolvenzverfahrens, der Insolvenzverwalter, der Gläubigerausschuss und die Gläubigerversammlung, vorgestellt, die unter der Aufsicht des Insolvenzgerichts den Ablauf des Insolvenzverfahrens gestalten oder an diesem mitwirken.[136] Für den Inhalt der insolvenzgerichtlichen Aufsicht ergibt die Gesetzessystematik jedoch keinen Aufschluss.

1.2.2. Normkontext

Der Normbefehl des § 58 Abs. 1 Satz 1 InsO steht in einem unmittelbaren Normkontext zu den Vorschriften der §§ 58 Abs. 2 und 3, 59, 66 InsO. Eine Konkretisierung des Normbefehls in § 58 Abs. 1 Satz 1 InsO erfolgt zunächst durch die Vorschrift des § 58 Abs. 1 Satz 2 InsO, die den Insolvenzverwalter zur jederzeitigen Einzelauskunft und Berichterstattung über seine Geschäftsführung gegenüber dem Insolvenzgericht verpflichtet. Ob die Rechenschaftslegung des Insolvenzverwalters einer Rechtmäßigkeits- oder auch einer Zweckmäßigkeitskontrolle durch

---

132 „Verstehen“ wird hiermit in Anlehnung an *Larenz* gebraucht, der die Jurisprudenz als „verstehende“ Wissenschaft bezeichnet hat, in der es um das Verstehen sprachlicher Äußerungen und des ihnen zukommenden normativen Sinns ankommt (Methodenlehre, S. 85).
133 *Larenz*, Methodenlehre, S. 219.
134 *Larenz*, Methodenlehre, S. 200.
135 *Larenz*, Methodenlehre, S. 203.
136 Begrd.RegE, Vor § 56 InsO, zit. n. *Balz/Landfermann*, Die neuen Insolvenzgesetze, S. 133.

das Insolvenzgericht dienen soll, lässt diese Norm unbeantwortet. Die Vorschriften der §§ 58 Abs. 2 und 3 InsO betreffen ebenso wie die Vorschrift des § 59 InsO nicht den Inhalt der insolvenzgerichtlichen Aufsicht, sondern nur den Aufsichtsvollzug im Fall der Nichterfüllung oder Verletzung der Insolvenzverwalterpflichten. Mit § 66 Abs. 2 Satz 1 InsO hat der Gesetzgeber lediglich eine Pflicht des Insolvenzgerichts zur Prüfung der Schlussrechnung normiert, nicht jedoch Inhalt und Umfang der Schlussrechnungsprüfung definiert.

Festzuhalten bleibt, dass der unmittelbare Normkontext der Vorschrift des § 58 Abs. 1 Satz 1 InsO für ein Verständnis der insolvenzgerichtlichen Aufsicht als Rechts- oder Zweckmäßigkeitsaufsicht keinen Aufschluss gibt.

1.3. Historisch-teleologische Auslegung des § 58 Abs. 1 Satz 1 InsO

Die bisherigen Auslegungsbemühungen haben zu keinem eindeutigen Ergebnis geführt. Es soll daher untersucht werden, welche Deutungsmöglichkeit der Regelungsabsicht und den Normvorstellungen des Gesetzgebers am nächsten kommt.[137]

Ein historischer Rückblick zeigt, dass das Konkursrecht des Römischen Reiches durch den Übergang von der Personalexekution nach dem *leges duodecim tabularum* (Zwölftafelgesetz) von 451 v. Chr.[138] zur Realexekution, der *missio in bona*, der Einweisung der Gläubiger in das Schuldnervermögen durch den *Prätor*, sowie der *cessio bonorum*, der freiwilligen Vermögensabtretung durch den Schuldner gekennzeichnet war. Die Rolle des Staates war eine Geringe und beschränkte sich auf die Besitzeinweisung, die Bestellung des *curator bonorum*[139] und die Gestattung des Vermögensverkaufes per Dekret.[140] Eine Aufsicht des *prätor* über den *curator bonorum* sah das römische Konkursrecht nicht vor. Vielmehr herrschte eine weitreichende Selbstverwaltung der Gläubiger.[141] Auch das mittelalterliche Statutarrecht[142] der ober- und mittelitalienischen Handelsstädte sah die Verwaltung und Verwertung des Schuldnervermögens durch einen gerichtlich eingesetzten *curator bonorum*, der

137 *Larenz*, Methodenlehre, S. 203.

138 *„(Mehrere Gläubiger) sollen (den Schuldner) am dritten Markttag in Stücke schneiden, und wenn der einzelne mehr oder weniger schneidet (als ihm gebührt), soll es kein Unrecht sein."* zitiert nach *Meier*, Die Geschichte des deutschen Konkursrechts insbesondere die Entstehung der Reichskonkursordnung von 1877, S. 3.

139 Der *curator bonorum* wurde auf Vorschlag der Gläubiger vom *Prätor* bestellt und hatte die Aufgabe, das Schuldnervermögen zu verwalten und Forderungen des Schuldners einzuklagen. Die Verwertung des Schuldnervermögens als Ganzes erfolgte durch öffentliche Versteigerung; der *curator bonorum* war lediglich zu einem Einzelverkauf berechtigt, wenn dieser von den Gläubigern beschlossen worden war.

140 *Meier*, Die Geschichte des deutschen Konkursrechts insbesondere die Entstehung der Reichskonkursordnung von 1877, S. 17.

141 *Meier*, Die Geschichte des deutschen Konkursrechts insbesondere die Entstehung der Reichskonkursordnung von 1877, S. 18.

142 Die Anzahl der Statuten wird auf über 10.000 geschätzt, vgl. *Meier*, Die Geschichte des deutschen Konkursrechts insbesondere die Entstehung der Reichskonkursordnung von 1877, S. 19.

lediglich im Hinblick auf die Inventarisierung der gerichtlichen Kontrolle und im Übrigen der Gläubigerselbstverwaltung unterstand.[143] Gegenläufig zum von der Gläubigerautonomie geprägten Konkursverfahren des italienischen Statutarrechts des 13. bis 16. Jahrhunderts entwickelte das Spanische Konkursrecht des 17. Jahrhunderts, maßgebend beeinflusst von *Salgado de Somoza*[144], ein obrigkeitliches Verfahren, in dem das Konkursgericht alle Aufgaben während des Konkursverfahrens selbst zu erfüllen hatte.[145] Der Schuldner hatte sein Vermögen in die Verwaltung des Gerichtes zu geben, das für dessen Verwertung einen Verwalter bestellte, der als Organ des Gerichtes nur dessen Weisungen Folge zu leisten hatte.[146] Ein deutsches Konkursrecht entwickelte sich seit Mitte des 12. Jahrhunderts zunächst in den Städten und war mit der *missio in bona* und der *cessio bonorum* vom römischen Recht beeinflusst.[147] Zentrale Bedeutung hatte die Gläubigerautonomie, jedoch erfolgte die Verteilung des Erlöses an die Gläubiger durch das Gericht, so dass sich die Aufgabe des *curator bonorum* auf die Verwaltung des Schuldnervermögens beschränkte.[148] In Deutschland entwickelte sich außerhalb der Städte ein Konkursrecht – hauptsächlich als richterliches Gewohnheitsrecht – erst Ende des 16. Jahrhunderts.[149] Dieses war in Anlehnung an das spanische Konkursrecht von einer umfassenden Herrschaft des Gerichts gekennzeichnet, von der amtswegigen Verfahrenseinleitung bis zur Verwertung des Schuldnervermögens und zur Erlösverteilung an die Gläubiger. War ein *curator bonorum* für die Verwaltung des Schuldnervermögens eingesetzt worden, unterlag dieser der Aufsicht des Gerichts.[150]

---

143 *Meier*, Die Geschichte des deutschen Konkursrechts insbesondere die Entstehung der Reichskonkursordnung von 1877, S. 25.

144 Dessen Werk „*Labyrinthus creditorum concurrentium ad litem per debitorem communem inter illos causatam*" im Jahre 1646 erschienen ist, vgl. *Uhlenbruck*, Aus- und Abwahl des Insolvenzverwalters, KTS 1989, 229, 235. Nicht so berühmt wurde die bereits im Jahre 1616 erschienene, umfassende Darstellung des spanischen Konkursrechts von Amador Rodriguez „*Tractatus de concursu et privilegiis creditorum in bonis debitoris er de praelationibus eorum atque de ordine et gradu, quo solutio fieri debet, cum debitor solvendo non est, et bona eius publice vendentur*", *Meier*, Die Geschichte des deutschen Konkursrechts insbesondere die Entstehung der Reichskonkursordnung von 1877, S. 26.

145 *Meier*, Die Geschichte des deutschen Konkursrechts insbesondere die Entstehung der Reichskonkursordnung von 1877, S. 27.

146 *Meier*, Die Geschichte des deutschen Konkursrechts insbesondere die Entstehung der Reichskonkursordnung von 1877, S. 30. Bei diesem Verständnis von der Rechtsstellung des Verwalters ist es nur für das Vertrauen der Gläubigerschaft nicht für deren Einflussmöglichkeit von Bedeutung, dass die Gläubiger einen Verwalter vorschlagen konnten und diesem Vorschlag in der Praxis regelmäßig entsprochen wurde, vgl. *Meier*, Die Geschichte des deutschen Konkursrechts insbesondere die Entstehung der Reichskonkursordnung von 1877, S. 30.

147 *Meier*, Die Geschichte des deutschen Konkursrechts insbesondere die Entstehung der Reichskonkursordnung von 1877, S. 45.

148 *Meier*, Die Geschichte des deutschen Konkursrechts insbesondere die Entstehung der Reichskonkursordnung von 1877, S. 53.

149 *Meier*, Die Geschichte des deutschen Konkursrechts insbesondere die Entstehung der Reichskonkursordnung von 1877, S. 57, mit dem Hinweis auf die Reichspolizeiordnung von 1577 und den Reichsabschied von 1671 als Bespiele für die wenigen geschriebenen Rechtsquellen.

150 *Meier*, Die Geschichte des deutschen Konkursrechts insbesondere die Entstehung der Reichskonkursordnung von 1877, S. 74.

C. Der Inhalt der Aufsicht des Insolvenzgerichts

Da das obrigkeitliche Konkursverfahren als schwerfällig und unwirtschaftlich angesehen wurde, ersetzte die sich an den französischen Code de commerce[151] anlehnende preußische Konkursordnung von 1855 die nach dem Gemeinen Konkursrecht starke Stellung des Konkursgerichts durch eine weitreichende Gläubigerautonomie.[152] Ein nach § 213 preuß.KO auf Vorschlag der Gläubiger bestellter Verwalter hatte die Aufgabe, das Schuldnervermögen zu verwerten und die Gläubiger aus dem Erlös zu befriedigen (§ 215 preuß.KO). Er verwaltete das Schuldnervermögen eigenständig (§ 221 preuß.KO) und bedurfte nur für bestimmte Maßnahmen der Zustimmung durch den Verwaltungsrat[153], den Kommissar[154] oder das Gericht.[155] Der Verwalter der preußischen KO arbeitete nicht mehr als Gehilfe des Gerichts sondern als Vertreter der Gläubiger.[156]

Die deutsche Konkursordnung vom 10. 2. 1877 geht auf den vom preußischen Justizministerium erarbeiteten Entwurf einer Deutschen Gemeinschuldordnung von 1873 zurück, der am 1. 12. 1873 dem Bundesrat vorgelegt wurde. Die Entwurfsverfasser sahen die Kontrolle des Verwalters als Aufgabe des obligatorischen Gläubigerausschusses und nicht des Gerichts an, weil man den Richtern die hierfür nötigen Erfahrungen und Kenntnisse absprach. Deren Einfluss auf den Verwalter sollte sich auf dessen Ernennung und Entlassung sowie die Verhängung von Ordnungsstrafen beschränken.[157] In der Beratung der vom Bundesrat eingesetzten Sachverständigenkommission ging es vorrangig um das Verhältnis zwischen Gericht und Gläubigerausschuss, nicht aber um die gerichtliche Aufsicht über den Verwalter.[158] Wie den Gesetzesmaterialien zu § 83 KO zu entnehmen ist, sollte der Konkursverwalter zwar der Aufsicht des Konkursgerichtes unterliegen, diese sich aber auf die Kontrolle der Rechtmäßigkeit des Verwalterhandelns beschränken.[159] Damit wurden das Amts- und das Selbsthilfeverfahren zu einem Verfahren staatlich überwachter Gläubigerselbstverwaltung zusammengefügt.[160] Der historische Ge-

---

151 Das französische Insolvenzrecht ist auf das in den italienischen Stadtrechten des 13. bis 16. Jahrhundert entwickelte Selbsthilfeverfahren der Gläubiger zurückzuführen, vgl. *Uhlenbruck*, Zur Geschichte des Konkurses, DZWiR 2007, 1, 3.

152 *Meier*, Die Geschichte des deutschen Konkursrechts insbesondere die Entstehung der Reichskonkursordnung von 1877, S. 102.

153 Der Verwaltungsrat wurde gem. § 212 preuß.KO von den Gläubigern zur Wahrung deren Beteiligungsrechte eingesetzt und entspricht dem Gläubigerausschuss der InsO.

154 Der Kommissar (im französischen Konkursrecht des Code de commerce: *juge commissaire*) wurde gem. § 127 preuß.KO aus den Reihen des Gerichts bestellt und hatte das Verfahren zu leiten, selbständig zu überwachen und wesentliche Verwaltungsmaßnahmen zu entscheiden (vgl. *Meier*, Die Geschichte des deutschen Konkursrechts insbesondere die Entstehung der Reichskonkursordnung von 1877, S. 97).

155 *Meier*, Die Geschichte des deutschen Konkursrechts insbesondere die Entstehung der Reichskonkursordnung von 1877, S. 100 f.

156 *Meier*, Die Geschichte des deutschen Konkursrechts insbesondere die Entstehung der Reichskonkursordnung von 1877, S. 105.

157 *Meier*, Die Geschichte des deutschen Konkursrechts insbesondere die Entstehung der Reichskonkursordnung von 1877, S. 147.

158 *Meier*, Die Geschichte des deutschen Konkursrechts insbesondere die Entstehung der Reichskonkursordnung von 1877, S. 173.

159 Siehe Fn. 164.

160 *Uhlenbruck*, Zur Geschichte des Konkurses, DZWiR 2007, 1, 4.

setzgeber hielt eine in die alleinige Verantwortung des Gläubigerausschusses gelegte Aufsicht über den Konkursverwalter nicht für ausreichend, sah die Lösung aber im Unterschied zum Amtsverfahren eines *Salgado de Somoza* nicht in einer umfassenden, sondern in einer auf die Rechtmäßigkeitskontrolle beschränkten konkursgerichtlichen Aufsicht. Der das frühere Konkursrecht beherrschende Grundsatz der Gläubigerautonomie wurde vor allem im Bereich der formellen Verfahrensabwicklung eingeschränkt.[161]

Die Wurzeln des deutschen Insolvenzrechts liegen in dem gerichtsfreien Gläubigerselbsthilfeverfahren der italienischen Stadtrechte des 13. bis 16. Jahrhundert. Mit der KO von 1877 ist das Insolvenzverfahren durch die Einführung der konkursgerichtlichen Aufsicht an das Amtsverfahren des *Salgado de Somoza* angelehnt worden, ohne zugleich die Eigenverantwortlichkeit des Konkursverwalters und die Gläubigerautonomie aufzugeben. Die Aufsicht des Konkursgerichtes sollte als reine Rechtsaufsicht nur den ordnungsmäßigen und gesetzmäßigen Verfahrensverlauf und die gesetzmäßige Masseverteilung sicherstellen. Die Begründung des Regierungsentwurfs zu § 58 InsO besagt, dass der Insolvenzverwalter wie nach geltendem Konkurs- und Vergleichsrecht der Aufsicht des Gerichtes unterstehen soll.[162] In der Beratung durch den Rechtsausschuss wurde der Regierungsentwurf lediglich um die Möglichkeit von insolvenzgerichtlichen Zwangsmaßnahmen zur Durchsetzung der Pflichten des Insolvenzverwalters ergänzt (vgl. § 58 Abs. 2 und Abs. 3 InsO). Verweist der Gesetzgeber der InsO auf die Rechtslage nach dem Konkursrecht, so sind die Gesetzesmaterialien zu § 83 KO[163] zu befragen. In der Begründung zu § 75 des Entwurfes der KO, der § 83 KO entsprach, ist zu lesen: *„Da der Verwalter von dem Gericht ernannt wird, ist es folgerichtig, ihn auch der Aufsicht und der Disziplin desselben zu unterwerfen (§§ 75, 76). Die Uebertragung derselben auf den Gläubigerausschuß würde weder dem wesentlich koordinirten Verhältnis zwischen diesem und dem Verwalter, noch der offiziellen Stellung des letzteren entsprechen. Keineswegs ist indessen beabsichtigt, das Gericht durch Beilegung von Disziplinarbefugnissen indirekt zu einer oberen Instanz in Verwaltungssachen zu machen. Der bezeichnende Unterschied liegt darin, dass dasselbe niemals die Zweckmäßigkeit, sondern nur die Pflichtwidrigkeit der Handlungen oder Unterlassungen des Verwalters zu prüfen hat. Direkte Verstöße gegen die gesetzlichen Vorschriften, grobe Vernachlässigkeit der Amtspflichten etc. können von dem Gericht ohne Einmischung in die eigentliche Verwaltung sehr wohl geahndet werden.“*[164] Nach dem Willen des historischen Gesetzgebers beschränkte sich die allgemeine Aufsicht des Konkursgerichtes auf die Rechtmäßigkeit der Geschäftstätigkeit des Konkursverwalters. Eine Fachaufsicht wurde dem Konkursgericht nur ausnahmsweise, in den durch

---

161 *Uhlenbruck*, Aus- und Abwahl des Insolvenzverwalters, KTS 1989, 229, 236.

162 Begrd.RegE zu § 58 InsO, zit. n. *Balz/Landfermann*, Die neuen Insolvenzgesetze, S. 137.

163 Diese Vorschrift entspricht § 58 Abs. 1 Satz 1 InsO und besagte: *„Der Verwalter steht unter der Aufsicht des Konkursgerichtes.“*

164 Zit. n. *Hahn*, Die gesamten Materialien zu den Reichs-Justizgesetzen, Bd. 4 Materialien zur Konkursordnung, S. 281 f.

die §§ 99[165], 130 Abs. 2[166], 135 Abs. 2[167] und 160[168] KO geregelten Fällen eingeräumt.

Sowohl ein historischer Rückblick als auch der Verweis in den Gesetzesmaterialien zu § 58 InsO auf das frühere Konkursrecht lassen nur den Schluss zu, dass der Gesetzgeber der InsO die insolvenzgerichtliche Aufsicht als eine Rechtmäßigkeitskontrolle verstanden wissen wollte und es der Entscheidung der Gläubiger überlässt, die Aufsicht über den Insolvenzverwalter durch die Bestellung eines Gläubigerausschusses mit den besonderen Befugnissen des § 69 InsO zu intensivieren.

1.4. Zwischenergebnis

Eine Auslegung der Vorschrift des § 58 Abs. 1 Satz 1 InsO kommt zu dem Ergebnis, dass sich weder aus dem Wortlaut dieser Vorschrift noch aus deren systematischen Stellung oder deren Normkontext etwas für die hier zu untersuchende Frage nach dem Inhalt der insolvenzgerichtlichen Aufsicht über den Insolvenzverwalter herleiten lässt.

2. Einheit der Rechtsordnung

Ein Rückschluss auf das Verständnis vom Inhalt der insolvenzgerichtlichen Aufsicht lässt sich möglicherweise aus der Regelung der Aufsicht im öffentlichen Recht und im Nachlass- und Vormundschaftsrecht gewinnen. Nach dem Grundsatz der Einheit der Rechtsordnung kann davon ausgegangen werden, dass dem geltenden Recht eine innere Ordnung innewohnt, die versucht, eine übereinstimmende Antwort auf die Rechtsprobleme zu geben.[169] Zwar kann nach Ansicht von *Larenz* diese innere Systematik der Rechtsordnung nicht exakt bewiesen werden, aber zumindest dadurch deutlich gemacht werden, dass man den Sinnzusammenhang aufdeckt.[170]

Der Insolvenzverwalter wird – auch im Falle seiner Wahl gem. § 57 InsO[171] – durch ein staatliches Organ, das Insolvenzgericht, bestellt und unterliegt gem. § 58 Abs. 1 Satz 1 InsO staatlicher Aufsicht. Im gesetzlich beschriebenen Rahmen hat

165 Vetorecht des Konkursgerichtes gegenüber der Ausführung von Beschlüssen der Gläubigerversammlung, die dem gemeinsamen Interesse der Konkursgläubiger widersprachen.
166 Das Recht des Konkursgerichtes zur Untersagung der Geschäftsschließung, wenn der Gemeinschuldner einen Zwangsvergleichsvorschlag eingereicht hat.
167 Untersagung einer Rechtshandlung des Konkursverwalters auf Antrag des Gemeinschuldners vor entsprechender Beschlussfassung durch die Gläubigerversammlung.
168 Aussetzung einer Abschlagsverteilung bei Vorschlag eines Zwangsvergleiches durch den Gemeinschuldner.
169 *Larenz*, Methodenlehre, S. 124 f.
170 *Larenz*, Methodenlehre, S. 359.
171 Siehe C.III.3.2.3.

der Insolvenzverwalter das ihm übertragene Geschäft eigenverantwortlich zu besorgen. Es liegt daher nahe, das Verständnis der Aufsicht im öffentlichen Recht, insbesondere im Verhältnis zu selbständigen Selbstverwaltungsträgern, zu beleuchten. Bei Vormundschaft und Pflegschaft handelt es sich ebenso wie bei der Insolvenzverwaltung um eine staatlich angeordnete Vermögensverwaltung durch eine bestellte Person, die der Aufsicht durch das bestellende Gericht, in diesem Fall dem Vormundschaftsgericht, untersteht. Auch dort stellt sich die Frage nach dem Inhalt der vormundschaftlichen Aufsicht als Rechts- oder auch als Fachaufsicht.

2.1. Aufsicht im öffentlichen Recht

Im öffentlichen Recht bezeichnet „Aufsicht" die Kontrolle im Bereich der Verwaltung. Wird der Begriff der „Kontrolle" vorwiegend für den aus Sicht der kontrollierenden Stelle eigenen Verwaltungsbereich inklusive der nachgeordneten Behörden verwendet, so bezeichnet der Begriff „Aufsicht" die Überwachung selbständiger, außerhalb des Aufsichtsorgans stehender Verwaltungsstellen.[172]

2.1.1. Allgemeine Bemerkungen zur Staatsaufsicht

Unter öffentlich-rechtlicher Aufsicht versteht man im Wesentlichen die Staatsaufsicht, die im engeren Sinne als Verwaltungsaufsicht bezeichnet wird und im weiteren Sinne noch die völker- und gemeinschaftsrechtliche Aufsicht, die Bundesaufsicht, die Behördenaufsicht und die Dienstaufsicht umfasst.[173] Verwaltungsaufsicht ist die Aufsicht des Staates über rechtsfähige Selbstverwaltungsträger, insbesondere Körperschaften, Anstalten und Stiftungen des öffentlichen Rechts, oder auch über gesetzlich bestimmte Unternehmen von öffentlicher Bedeutung.[174] Diese zielt innerhalb eines dezentralisierten Verwaltungsaufbaus auf die Beachtung von Entscheidungsgrundsätzen und -richtlinien durch selbständig handelnde, dem Staatswesen als ganzes jedoch ein- und untergeordnete Verwaltungsträger und unterstellt die beaufsichtigten Verwaltungsträger dem Zugriff des Aufsichtsorgans zum Zwecke der Berichtigung von Abweichungen.[175] Dezentrale Verwaltung bedeutet Autonomie im Rahmen der Gesetze. Die Aufsicht stellt insofern das Gegenstück zu den garantierten Rechten der Selbstverwaltungsträger dar, sie ist das Korrelat der Selbstverwaltung.[176]

---

172 *Knemeyer*, Staatslexikon, „Aufsicht", Spalte 401.
173 *Kahl*, Die Staatsaufsicht: Entstehung, Wandel und Neubestimmung unter besonderer Berücksichtigung der Aufsicht über Gemeinden, S. 364.
174 Brockhaus Enzyklopädie, Band 17, S. 805; Meyers Enzyklopädisches Lexikon, Band 22, S. 392.
175 *Kahl*, Die Staatsaufsicht: Entstehung, Wandel und Neubestimmung unter besonderer Berücksichtigung der Aufsicht über Gemeinden, S. 30; Isensee/Kirchhof-*Krebs*, Hdb. d. StaatsR, Bd. III, § 69 Rdnr. 41.
176 *BVerfG*, Urt. v. 23. 1. 1957 – 2 BvF 3/56 – in: BVerfGE 6, 104, 118 (für die kommunale Selbstverwaltung); *Knemeyer*, Staatsaufsicht über Kommunen, JuS 2000, 521, 522.

Die Staatsaufsicht richtet sich in ihrem Inhalt und in den Mitteln zur Durchsetzung nach der Regelungsdichte der zu Grunde liegenden Entscheidungsgrundsätze und -richtlinien, nach der Reichweite der Zugriffsmöglichkeiten der Aufsichtsbehörde und nach der Rechtsstellung des beaufsichtigten Verwaltungsträgers.[177] Als Grundsatz gilt das Prinzip des geringstmöglichen Eingriffs.[178]

Im Bereich der Verwaltungsaufsicht oder Staatsaufsicht i.e.S. wird dem Inhalt nach zwischen der Rechtsaufsicht einerseits und der Fachaufsicht, bzw. der Sonderaufsicht als deren Unterfall, andererseits unterschieden.[179] Dabei greift die Rechtsaufsicht i.d.R. bei der Wahrnehmung von Selbstverwaltungsaufgaben des zu beaufsichtigenden Verwaltungsträgers, die mit weitergehenden Aufsichtsbefugnissen verbundene Fach- bzw. Sonderaufsicht dagegen bei der Wahrnehmung staatlich übertragener Aufgaben ein.[180]

2.1.2. Staatsaufsicht bei kommunalen Selbstverwaltungsträgern

Die Angelegenheiten der kommunalen Selbstverwaltungsträger, z.B. Gemeinden, Landkreise und kommunale Gebietskörperschaften, umfassen die Selbstverwaltungsangelegenheiten, d.h. die innerhalb des verfassungsrechtlich durch Art. 28 GG geschützten Selbstverwaltungsbereichs im eigenen Namen und unter eigener Verantwortung zu erfüllenden Gemeindeaufgaben, und die Auftragsangelegenheiten, d.h. die weisungsgebunden zu erfüllenden Staatsaufgaben.[181] Die Staatsaufsicht über Kommunen (Kommunalaufsicht[182]) umfasst die präventive und die repressive Rechts- und Fachaufsicht.[183]

Im Selbstverwaltungsbereich sind die Kommunen eigenverantwortlich tätig, unterliegen aber gleichzeitig den Bindungen der staatlichen Ordnung, die letztlich durch die staatliche Aufsicht[184] garantiert wird. In diesem Bereich ist die Kommunalaufsicht nur eine Rechtsaufsicht und darauf beschränkt, die Erfüllung der gesetzlich festgelegten oder übernommenen öffentlich-rechtlichen Aufgaben und Verpflichtungen und die Gesetzmäßigkeit seiner Verwaltungstätigkeit zu überwachen[185], wie beispielhaft für das nordrheinwestfälische Kommunalrecht in § 106 Abs. 1 GO-NRW[186] geregelt. Die Rechtsaufsicht ist als das natürliche Gegenstück

---

177 Isensee/Kirchhof-*Krebs*, a.a.O., § 69, Rdnr. 41.
178 *Knemeyer*, Staatsaufsicht über Kommunen, JuS 2000, 521, 523.
179 *Kahl*, Die Staatsaufsicht: Entstehung, Wandel und Neubestimmung unter besonderer Berücksichtigung der Aufsicht über Gemeinden, S. 401.
180 Isensee/Kirchhof-*Krebs*, a.a.O., § 69, Rdnr. 42.
181 *BVerfG*, Urt. v. 23. 1. 1957 – 2 BvF 3/56 – in: BVerfGE 6, 104, 116.
182 Für *Knemeyer* (in: Staatsaufsicht über Kommunen, JuS 2000, 521, Fn. 8) ist dieser Begriff missverständlich.
183 *Knemeyer*, Staatsaufsicht über Kommunen, JuS 2000, 521.
184 Diese steht ausschließlich dem Land zu; es gibt keine Bundeskommunalaufsicht (*BVerfG*, Urt. v. 30. 7. 1958 – 2 BvG 1/58 – NJW 1958, 1341, 1343).
185 Steiner-*Seewald*, Besonderes Verwaltungsrecht, § 1 Rdnr. 352; *Knemeyer*, Staatsaufsicht über Kommunen, JuS 2000, 521, 523.
186 Gemeindeordnung für das Land Nordrhein-Westfalen in der Fassung der Bekanntmachung vom 14. Juli 1994, zuletzt geändert durch Art. 1 LebenspartnerschaftsanpassungsG vom 3. 5. 2005 (GV. NRW. S. 498).

zu der den Kommunen garantierten Selbstverwaltungsautonomie zu verstehen.[187] Diese soll so gehandhabt werden, dass die Entschlusskraft und Verantwortungsfreudigkeit der Gemeinden nicht beeinträchtigt wird.[188]. So heißt es in § 11 GO-NRW, dass die Aufsicht des Landes die Gemeinden in ihren Rechten schützt und die Erfüllung ihrer Pflichten sichert. In der Praxis erfolgt die Rechtsaufsicht vielfach auf informellem Wege durch Beratung, Anregung oder Korrekturvorschläge.[189] Als formelle Aufsichtsmittel ist in den Gesetzen über die Organisation der Landes- und Gemeindeverwaltung ein Informationsrecht (z. B. § 121 GO-NRW)[190], ein Beanstandungsrecht (z. B. § 122 GO-NRW)[191], ein Anordnungsrecht (z. B. § 123 Abs. 1 GO-NRW)[192], die Ersatzvornahme (z. B. § 123 Abs. 2 GO-NRW)[193] und die Bestellung eines Beauftragten zur Wahrnehmung einzelner oder aller Aufgaben der Gemeinde, sofern eine geordnete Verwaltung durch die Gemeinde nicht mehr gewährleistet ist und die vorangehenden Befugnisse der Aufsichtsbehörde nicht ausreichen (z. B. § 124 GO-NRW), vorgesehen. In einigen Bundesländern sind darüber hinaus noch weitere Aufsichtsmaßnahmen für schwere Rechtsverstöße der Gemeinden vorgesehen, beispielsweise die Auflösung eines Gemeinderats (z. B. § 125 GO-NRW) oder die Amtsenthebung eines Bürgermeisters.[194]

Eine Fachaufsicht ist in Selbstverwaltungsangelegenheiten ausgeschlossen, da diese mit der gemeindlichen Selbstverwaltungsgarantie gem. Art. 28 Abs. 2 GG nicht vereinbar wäre.[195] Die Fachaufsicht beschränkt sich deshalb auf die Überwachung der recht- und zweckmäßigen Ausführung der übertragenen oder pflichtmäßigen Aufgaben (sogen. „Auftragsangelegenheiten“[196], z. B. § 3 Abs. 2 GO-NRW) und geht als „Zweckmäßigkeitsaufsicht“ insoweit über die Rechtsaufsicht hinaus.[197] Deren rechtliche Grundlage findet sich überwiegend in den einschlägigen Fachgesetzen, in denen die der Kommune übertragenen Aufgaben bestimmt werden.[198] Zentrales – und in der Regel einziges – Aufsichtsmittel der Fachaufsicht ist die

187 *BVerfG*, Urt. v. 23. 1. 1957 – 2 BvF 3/56 – in: BVerfGE 6, 104, 118; *VGH Mannheim*, Urt. v. 25. 4. 1989 – 1 S 1635/88 – NJW 1990, 136, 138.

188 *BVerfG*, Urt. v. 30. 7. 1958 – 2 BvG 1/58 – NJW 1958, 1341, 1343; *Knemeyer*, Staatsaufsicht über Kommunen, JuS 2000, 521, 522.

189 *Schmidt-Aßmann*, Besonderes Verwaltungsrecht (11. A.), 1. Abschn., Rdnr. 42.

190 Dieses erlaubt es der Aufsichtsbehörde, über einzelne Vorgänge die Vorlage von Akten, die Erstellung von Berichten und die Einsichtnahme in Bücher zu verlangen.

191 Die Aufsichtsbehörde kann rechtswidrige Handlungen der Gemeinde beanstanden und deren Korrektur von der Gemeinde verlangen.

192 Dieses berechtigt die Aufsichtsbehörde, der Gemeinde – so diese ihren gesetzlichen und rechtlichen Pflichten nicht nachkommt – die Vornahme der notwendigen Maßnahmen innerhalb einer angemessenen Frist anzuordnen.

193 Das ist die Befugnis der Aufsichtsbehörde, im Falle einer Weigerung der Gemeinde zur Umsetzung der vorstehenden Verlangen innerhalb einer bestimmten Frist die notwendigen Maßnahmen an Stelle und auf Kosten der Gemeinde selbst vorzunehmen.

194 *Schmidt-Aßmann*, Besonderes Verwaltungsrecht (11. A.), 1. Abschn., Rdnr. 42.

195 *Gern*, Deutsches Kommunalrecht, Rdnr. 806.

196 *Knemeyer*, Staatsaufsicht über Kommunen, JuS 2000, 521, 524.

197 Steiner-*Seewald*, Besonderes Verwaltungsrecht, § 1, Rdnr. 361; *Smollich*, § 127 NGO, Rdnr. 22; *Knemeyer*, Staatsaufsicht über Kommunen, JuS 2000, 521, 524.

198 Die zuständige Aufsichtsbehörde bestimmt sich nach dem entsprechenden Fachgesetz.

Weisungsbefugnis der Aufsichtsbehörde[199], die sich unter dem Gesichtspunkt der Zweckmäßigkeit auf die Handhabung des Ermessens in Bezug auf Sachentscheidungen des Verwaltungsträgers erstreckt. In einigen Fällen ist der Aufsichtsbehörde spezialgesetzlich neben dem Weisungsrecht noch ein Informationsrecht[200], ein Selbsteintrittsrecht oder eine Ersetzungsbefugnis eingeräumt. Wegen repressiver Aufsichtsmaßnahmen muss sich die Fachaufsichtsbehörde an die kommunale Rechtsaufsichtsbehörde wenden.[201]

2.1.3. Zwischenergebnis

Als Ergebnis dieses Exkurses in das öffentliche Recht kann festgehalten werden, dass die staatliche Aufsicht grundsätzlich als Korrelat zur Selbstverwaltung zu verstehen ist. So wirkt die Rechtsaufsicht im Kommunalrecht immer als ein Korrektiv zu den Selbstverwaltungsrechten der selbständig handelnden Verwaltungsträger, ohne die dem Selbstverwaltungsträger eingeräumte Autonomie zu beschränken. Dem gegenüber wahrt die weitergehende Fachaufsicht die staatlichen Einwirkungsmöglichkeiten auf die Erfüllung der originär staatlichen, d.h. nicht zum Kernbereich der kommunalen Selbstverwaltung gehörenden, und nur aus Zweckmäßigkeitsgründen den Kommunen übertragenen Auftragsangelegenheiten.

2.2. Die Aufsicht beim Vormund

Der Vormund wird gem. §§ 1774, 1779, 1791 BGB vom Vormundschaftsgericht bestellt, das gem. § 1837 Abs. 1 Satz 1 BGB[202] über die gesamte Tätigkeit des Vormunds und des Gegenvormunds die Aufsicht zu führen und gegen Pflichtwidrigkeiten durch geeignete Gebote und Verbote einzuschreiten hat.[203] Das Vormundschaftsgericht hat dabei die gesamte Tätigkeit des Vormundes auf allen diesem anvertrauten Gebieten der Personen- und Vermögenssorge daraufhin zu überwachen, ob diese im Einklang mit den gesetzlichen Schranken oder mit den Anordnungen des Vormundschaftsgerichts steht. Neben allen Aspekten der Personen- und Vermögenssorge unterfällt auch das privatrechtliche Verhältnis zwischen Mündel und Vormund der Aufsicht des Vormundschaftsgerichtes.[204] Gem. § 1839 BGB hat der Vormund dem Vormundschaftsgericht jederzeit auf Verlangen Auskunft über seine Vormundschaftstätigkeit zu erteilen.

Ebenso wie beim Insolvenzverwalter gilt auch für den Vormund das Prinzip der Selbständigkeit und Eigenverantwortlichkeit in der Ausübung der Personen- und

---

199 *Franz*, Die Staatsaufsicht über die Kommunen, JuS 2004, 937, 942.
200 Püttner-*Knemeyer*, Band I, S. 277.
201 *Knemeyer*, Staatsaufsicht über Kommunen, JuS 2000, 521, 524.
202 MK-*Wagnitz*, § 1837 BGB, Rdnr. 1: bei § 1837 BGB handelt es sich um die Grundnorm der vormundschaftlichen Aufsicht.
203 Über die Verweisungen in § 1908i Abs. 1 BGB und § 1915 Abs. 1 BGB auf § 1837 BGB unterliegen der bestellte Betreuer und der Pfleger in gleicher Weise der Aufsicht durch das Vormundschaftsgericht wie der Vormund.
204 MK-*Wagenitz*, § 1837 BGB, Rdnr. 16; Staudinger-*Engler*, § 1837 BGB, Rdnr. 17.

Vermögenssorge.[205] Hieraus folgt, dass ein Eingriffsrecht des Vormundschaftsgerichts nicht gegeben ist, solange der Vormund das ihm eingeräumte Ermessen nicht überschreitet oder missbraucht, mithin nicht pflichtwidrig handelt.[206]

Im Gegensatz zur insolvenzgerichtlichen Aufsicht hat das Vormundschaftsgericht nach § 1837 Abs. 1 BGB den Vormund auch zu beraten und in seine Aufgaben einzuführen. Mit dieser Vorschrift soll nach dem Willen des Gesetzgebers die Fürsorge des Vormundschaftsgerichts vor dessen Aufsicht gestellt werden,[207] denn die Vormundschaft, einschließlich derjenigen über Volljährige, ist seit Jahrhunderten ein Teil der öffentlichen Fürsorge.[208] Erfüllt der Staat seine Fürsorgepflicht durch private Vormünder, so wird hierdurch nach der Rechtsprechung des *BVerfG* eine Doppelgleisigkeit der Vormundschaft begründet, nämlich der öffentlich-rechtlichen Tätigkeit der Obervormundschaft und der privatrechtlichen Tätigkeit des Vormundes, auf die durch die verschiedenen Formen vormundschaftsgerichtlicher Überwachung eingewirkt wird.[209] Es ist anerkannt, dass sich die Beratung des Vormundes durch das Vormundschaftsgericht auch auf die Unzweckmäßigkeit oder Pflichtwidrigkeit einer beabsichtigten Maßnahme erstreckt.[210]

Zweckmäßigkeitsentscheidungen des Vormundes sind vom Vormundschaftsgericht nur auf Pflichtwidrigkeit oder Missbrauch zu überprüfen.[211] Es hat hierzu, soweit seine eigene Sachkunde nicht reicht, einen Sachverständigen hinzuzuziehen.[212] Die Pflichtwidrigkeit wird – über den reinen Gesetzesverstoß hinaus – unterschiedlich definiert. Für *Wagnitz* ist ein Verhalten des Vormundes pflichtwidrig, durch das wichtige Mündelinteressen in einem solchen Grade beeinträchtigt werden, dass zum Schutz des Mündels ein gerichtliches Eingreifen erforderlich ist.[213] Nach der Rechtsprechung des *BayObLG* handelt der Betreuer bzw. Vormund pflichtwidrig, der gegen Gesetze oder gerichtliche Anordnungen verstößt, seinen

---

205 *OLG Düsseldorf*, Beschl. v. 29. 8. 1980 – 3 W 147/80 – RPfleger 1980, 471; *LG Köln*, Beschl. v. 27. 4. 1992 – 1 T 117/92 – NJW 1993, 206, 207; BeckOK-*Bettin*, § 1837 BGB, Rdnr. 2; Jauernig-*Berger*, Vorbem. §§ 1773 ff. BGB, Rdnr. 8; MK-*Wagenitz*, § 1837 BGB, Rdnr. 3.

206 *BGH*, Beschl. v. 30. 3. 1955 – IV ZB 23/55 – NJW 1955, 867, 868; *BayOblG*, Beschl. v. 8. 9. 1999 – 3 Z BR 260/99 – FamRZ 2000, 565 (für den Betreuer); *BayOblG*, Beschl. v. 19. 5. 1999 – 3 Z BR 38-99 NJW 1999, 3205; *OLG Düsseldorf*, Beschl. v. 29. 8. 1980 – 3 W 147/80 – RPfleger 1980, 471 (Einschreitensschwelle ist erreicht, wenn der Vormund Unterhalts- und Erziehungskosten verschwenderisch in völlig unangemessener Höhe festsetzt.); *LG Köln*, Beschl. v. 27. 4. 1992 – 1 T 117/92 – NJW 1993, 206, 207 (Einschreitensschwelle ist erreicht, wenn der Betreuer den Rahmen dessen, was ein vernünftiger Mensch für zweckmäßig oder vertretbar hält, verletzt.); Staudinger-*Engler*, § 1837 BGB, Rdnr. 1, 22; MK-*Wagenitz*, § 1837 BGB, Rdnr. 20; a. A. wohl: Jürgens-*Klüsener*, § 1837 BGB, Rdnr. 11.

207 BT-Drucks. 11/4528 S. 113; kritisch: Staudinger-*Engler*, § 1837 BGB, Rdnr. 11.

208 *BVerfG*, Beschl. v. 10. 2. 1960 – 1 BvR 526/53, 29/58 – NJW 1960, 811, 812.

209 *BVerfG*, Beschl. v. 10. 2. 1960 – 1 BvR 526/53, 29/58 – NJW 1960, 811, 812.

210 *BayObLG*, Beschl. v. 19. 5. 1999 – 3 Z BR 38-99 – NJW 1999, 3205; Staudinger-*Engler*, § 1837 BGB, Rdnr. 22; MK-*Wagnitz*, § 1837 BGB, Rdnr. 11.

211 *OLG Schleswig*, Beschl. v. 2. 5. 1996 – 2 W 106/95 – MDR 1996, 935 (für den Betreuer); *OLG Düsseldorf*, Beschl. v. 29. 8. 1980 – 3 W 147/80 – Rpfleger 1980, 471.

212 *BGH*, Urt. v. 22. 5. 1986 – III ZR 237/84 – NJW 1986, 2829, 2830, für eine Genehmigung nach § 1821 BGB.

213 MK-*Wagenitz*, § 1837 BGB, Rdnr. 20.

Ermessensspielraum überschreitet oder sich zum Nachteil des Betreuten von unsachlichen Erwägungen leiten lässt.[214] *Engler* weist zutreffend darauf hin, dass sich mit diesen Formeln nicht eindeutig bestimmen lässt, ob der Vormund pflichtwidrig gehandelt hat. Vielmehr wird das Vormundschaftsgericht bei der Prüfung der Pflichtwidrigkeit aufgrund der Umstände des Einzelfalles und – bei zukunftsweisenden Entscheidungen – mittels einer Prognose der zukünftigen Entwicklung zu einem Ergebnis gelangen.[215]

Es bleibt festzuhalten, dass das Vormundschaftsgericht im Rahmen der Aufsicht gem. § 1837 Abs. 2 BGB eine dem Vormund obliegende Zweckmäßigkeitsentscheidung nicht mittels gerichtlicher Anordnung durch eine eigene Zweckmäßigkeitsentscheidungen ersetzen darf. Gleichwohl ist das Vormundschaftsgericht befugt, solche Zweckmäßigkeitsentscheidungen des Vormundes auf ihre Pflichtwidrigkeit zu überprüfen und den Vormund präventiv zu beraten (§ 1837 Abs. 1 BGB) oder repressiv durch Verbote und Gebote zu pflichtgemäßem Handeln zu veranlassen (§ 1837 Abs. 2 Satz 1 BGB). Folglich ist im Hinblick auf Zweckmäßigkeitserwägungen oder -entscheidungen des Vormundes die Aufsicht des Vormundschaftsgerichts auf die Kontrolle der pflichtgemäßen Wahrnehmung des dem Vormund zustehenden eigenen Verantwortungs- und Ermessensbereichs gerichtet und damit im Ergebnis als Rechtsaufsicht zu verstehen.

2.3. Die Aufsicht beim Nachlassverwalter

Die Haftung der Erben für die Nachlassverbindlichkeiten gem. § 1967 BGB wird gem. § 1975 BGB durch die gerichtliche Anordnung der Nachlassverwaltung (Nachlasspflegschaft) auf den Nachlass beschränkt. Die Nachlassverwaltung wird gem. § 1981 Abs. 1 BGB auf Antrag der Erben[216] oder – unter den Voraussetzungen des § 1981 Abs. 2 BGB – eines Nachlassgläubigers vom Nachlassgericht angeordnet. Gem. § 1984 Abs. 1 Satz 1 BGB verlieren die Erben mit der Anordnung der Nachlassverwaltung die Befugnis, den Nachlass zu verwalten und über diesen zu verfügen. Diese Verfügungsbeschränkung ist derjenigen, die gem. § 80 Abs. 1 InsO durch die Eröffnung des Insolvenzverfahrens ausgelöst wird, vergleichbar, weshalb durch § 1984 Abs. 1 Satz 2 BGB die insolvenzrechtlichen Vorschriften der §§ 81, 82 InsO auf die Nachlassverwaltung für entsprechend anwendbar erklärt werden.[217] Der Nachlassverwalter ist wie der Insolvenzverwalter nicht gesetzlicher Vertreter, sondern ein amtlich bestelltes Organ zur Verwaltung einer fremden Vermögensmasse mit Parteistellung.[218] Er hat gem. § 1985 Abs. 1 BGB den Nach-

---

214 *BayOblG*, Beschl. v. 8. 9. 1999 – 3 Z BR 260/99 – FamRZ 2000, 565 (m.w.H.); Beschl. v. 21. 8. 1984 – 1 Z 46/84 – Rpfleger 1984, 466, 467.
215 Staudinger-*Engler*, § 1837 BGB, Rdnr. 25.
216 Bei mehreren Erben kann der Antrag nur von den Erben gemeinschaftlich gestellt werden und ist nach Teilung des Nachlasses ausgeschlossen (§ 2062 BGB).
217 Nach *RG*, Urt. v. 26. 5. 1916 – III 51/16 – RGZ 88, 264, ist die Nachlassverwaltung entsprechend der Konkursverwaltung gestaltet.
218 MK-*Siegmann*, § 1985 BGB, Rdnr. 2.

lass zu verwalten und die Nachlassverbindlichkeiten aus dem Nachlass zu berichtigen. Er ist in der Erfüllung dieser Aufgabe den Erben und gem. § 1985 Abs. 2 BGB auch den Nachlassgläubigern gegenüber verantwortlich.

Die Vorschriften über die Nachlassverwaltung (§§ 1981ff. BGB) enthalten keine Regelungen zur gerichtlichen Aufsicht über den Nachlassverwalter. Nach allgemeiner Meinung ist die Nachlassverwaltung ein Unterfall der Nachlasspflegschaft, so dass die allgemeinen Regeln über die Pflegschaft auf die Nachlassverwaltung Anwendung finden.[219] Für diese Ansicht spricht der Wortlaut des § 1975 BGB (*„eine Nachlasspflegschaft zum Zwecke der Befriedigung der Nachlassgläubiger (Nachlassverwaltung) angeordnet"*). Für die Nachlasspflegschaft gelten gem. § 1915 Abs. 1 BGB wiederum die für die Vormundschaft geltenden Vorschriften, so dass für die Aufsicht über den Nachlassverwalter auf die Rechtslage zum Vormundschaftsrecht verwiesen werden kann.

Somit untersteht der Nachlassverwalter wie der Vormund gem. § 1837 Abs. 2 BGB der Aufsicht, für die das Nachlassgericht zuständig ist (§§ 1975, 1915, 1962 BGB). Er erhält eine Bestallung (§ 1791 BGB) und ist förmlich zu treuer und gewissenhafter Führung seines Amtes zu verpflichten (§ 1789 BGB). Der Nachlassverwalter führt sein Amt grundsätzlich unabhängig und eigenverantwortlich und unterliegt hinsichtlich der Zweckmäßigkeit seiner Amtsführung solange keinen gerichtlichen Weisungen, als die Interessen derjenigen, für die die Nachlassverwaltung angeordnet worden ist, nicht berührt werden.[220] So hat auch der *BGH* entschieden, dass die Frage der Zweckmäßigkeit einer Verwaltungsmaßnahme allein Sache des Nachlassverwalters ist, der sich bei einem damit verbundenen Pflichtverstoß persönlich schadensersatzpflichtig macht.[221] Da der Nachlassverwalter jedoch nach § 1915 BGB mittelbar dem Vormundschaftsrecht unterliegt, hat er zur Vornahme von Verwaltungsmaßnahmen, die die in den §§ 1821, 1822 BGB aufgeführten Rechtsgeschäfte betreffen, die Genehmigung des Nachlassgerichtes einzuholen. Grundstücksgeschäfte, Miet- oder Pachtverträge bedürfen daher beispielsweise der Genehmigung des Nachlassgerichtes (§§ 1828–1831 BGB).

Zum Zwecke der Kontrolle der Amtsgeschäfte des Nachlassverwalters, hat dieser gem. § 1839 BGB dem Nachlassgericht auf dessen Verlangen jederzeit Auskunft über die Führung seines Amtes zu geben. Außerdem hat der Nachlaßverwalter gemäß § 1802 BGB ein Verzeichnis des Nachlasses einzureichen. Ferner hat der Nachlassverwalter gem. §§ 1840, 1841 BGB jährlich Rechnung zu legen. Das Nachlassgericht hat die Rechnung nach § 1843 BGB rechnungsmäßig und sachlich zu

---

219 *RG*, Urt. v. 6. 12. 1909 – VI 215/09 – RGZ 72, 260, 263; Urt. v. 26. 5. 1916 – III 51/16 – RGZ 88, 264; *OLG Karlsruhe*, Beschl. v. 11. 4. 1989 – 4 W 128/88 – NJW-RR 1989, 1095*OLG Frankfurt a.M.*, Beschl. v. 5. 1. 1998 – 20 W 431/96 und 456/96 – NJWE-FER 1998, 116, 117; MK-*Siegmann*, § 1975 BGB, Rdnr. 3.
220 *OLG Frankfurt a.M.*, Beschl. v. 5. 1. 1998 – 20 W 431/96 und 456/96 – NJWE-FER 1998, 116, 117; Palandt-*Edenhofer*, § 1985 BGB, Rdnr. 2.
221 *BGH*, Urt. v. 26. 10. 1967 – VII ZR 86/65 – BGHZ 49, 1, 4.

prüfen. Führt die Prüfung zu Zweifeln oder Bedenken, so hat das Gericht den Nachlassverwalter die Rechnung berichtigen und ergänzen zu lassen.[222]

Das Nachlassgericht kann den Nachlassverwalter durch Festsetzung von Zwangsgeld zur Befolgung seiner Anordnungen anhalten (§ 1837 Abs. 3 BGB). Arbeitet der Nachlassverwalter trotzdem nicht mit dem Nachlassgericht zusammen, kommt als äußerste Maßnahme auch die Entlassung des Nachlassverwalters in Betracht. Ein Verschulden des Nachlassverwalters ist nicht erforderlich. Vielmehr ist die Entlassung eines Nachlassverwalters bereits dann gerechtfertigt, wenn die Fortführung des Amtes, insbesondere wegen pflichtwidrigen Verhaltens, das Interesse der Erben oder der Nachlassgläubiger gefährden würde.[223] Eine zur Entlassung berechtigende Gefährdung der Interessen der Erben und Nachlassgläubiger liegt insbesondere dann vor, wenn der Nachlassverwalter es versäumt die fälligen jährlichen Rechenschaftsberichte und Rechnungslegungen vorzulegen[224] oder es beharrlich unterlässt beim Nachlassgericht das Nachlassverzeichnis einzureichen.[225]

Die Aufsicht des Nachlassgerichtes umfasst damit nicht nur die bei Pflichtwidrigkeiten einschreitende Rechtsaufsicht, sondern auch die bei fehlender Interessenwahrnehmung greifende Fachaufsicht.

2.4. Ergebnis

Als Ergebnis dieses Exkurses in das öffentliche und das Nachlass- und Vormundschaftsrecht kann festgehalten werden, dass die Aufsicht über die der Insolvenzverwaltung vergleichbare Tätigkeit des Vormundes und des Nachlassverwalters als reine Rechtmäßigkeitskontrolle verstanden wird. Wollte man hieraus ein generell für die Vermögensverwaltung geltenden Grundsatz ableiten, so stünde dem nicht entgegen, dass der Vormund einer auch die Zweckmäßigkeitskontrolle einschließenden Aufsicht durch das Vormundschaftsgericht unterliegt, da diese auf die Kontrolle der pflichtgemäßen Wahrnehmung des dem Vormund zustehenden eigenen Verantwortungs- und Ermessensbereichs gerichtet und damit im Ergebnis als Rechtsaufsicht zu verstehen ist. Ein für die Bestimmung der Reichweite der insolvenzgerichtlichen Aufsicht bedeutsames Kriterium lässt sich dem Verständnis von der Staatsaufsicht entnehmen. Bei dieser ist die Fachaufsicht ein Korrelat dafür, dass die vom beaufsichtigten Organ zu erfüllenden Aufgaben eigentlich dem Rechts- und Verantwortungsbereich des Aufsichtsorgans zuzurechnen sind. Dagegen ist die Staatsaufsicht auf eine Rechtsaufsicht in den Bereichen der Selbstverwaltung oder eigenverantwortlichen Aufgabenerfüllung beschränkt. Die Tätigkeit

---

222 Palandt-*Diederichsen*, § 1843 BGB, Rdnr. 1.

223 *OLG Frankfurt*, Beschl. v. 17. 11. 2004 – 20 W 387/04 – BeckRS 2005 00331; *BayObLG*, Beschl. v. 18. 12. 1987 – Breg. 1 Z 61/87 – FamRZ 1988, 543 (im Fall eines Nachlassverwalters, der sich weigerte, Rechenschaftsberichte vorzulegen); diese Entscheidung zitierend: *OLG Frankfurt*, Beschl. v. 5. 1. 1998 – 20 W 431/96 und 456/96 – NJWE-FER 1998, 116, 117.

224 *BayObLG*, Beschl. v. 18. 12. 1987 – Breg. 1 Z 61/87 – FamRZ 1988, 543.

225 Palandt-*Edenhofer*, § 1985 BGB, Rdnr. 2; MK-*Siegmann*, § 1985 BGB, Rdnr. 2.

des Insolvenzverwalters dient aber nicht der Erfüllung staatlicher Aufgaben, sondern dem Interesses der beteiligten Gläubiger an einer optimalen Befriedigung ihrer Forderungen (§ 1 Satz 1 InsO). Dieses spricht dafür, dass die Insolvenzverwaltung im Bereich des eigenverantwortlichen Entscheidungsbereichs des Insolvenzverwalters nicht einer Zweckmäßigkeitskontrolle durch das Insolvenzgericht unterliegt.

3. Kontinuität der Diskussion der Aufsicht zur KO und InsO

Bei der Darstellung des Meinungsstandes zum Inhalt der Aufsicht über den Insolvenzverwalter (§ 58 InsO) kann auf den Stand der Diskussion zu § 83 KO zurückgegriffen werden, da der Insolvenzverwalter nach der Entstehungsgeschichte des § 58 Abs. 1 InsO ebenso wie der Konkurs- und Vergleichsverwalter (§ 83 KO, § 41 Abs. 1 VerglO, § 8 Abs. 3 Satz 1 GesO) der Aufsicht des Gerichts unterstehen sollte.[226]

3.1. Judikatur

Die – soweit ersichtlich – überwiegende Rechtsprechung versteht die Aufsicht des Insolvenzgerichts als Rechtsaufsicht. So hat das *RG* bereits im Jahre 1892 in einer Entscheidung über einen Fall, in dem es um die Wirksamkeit des Kaufs einer Konkursforderung durch den Konkursverwalter mit den Mitteln der Konkursmasse ging, zu der damals in §§ 75, 76 KO geregelten Aufsicht des Konkursgerichtes grundsätzlich festgestellt und ausgeführt: *„Ebenso hat die Aufsicht des Konkursgerichtes über den Konkursverwalter (§§ 75, 76 KO) nicht die Bedeutung, dass dasselbe die Zweckmäßigkeit und Ersprießlichkeit der Verwaltungsakte des letzteren zu prüfen hätte, sodass solche im Falle des Einspruches des Konkursgerichtes nichtig wären; nur pflichtwidrigen Handlungen und Unterlassungen des Verwalters kann und soll das Konkursgericht, ohne Einmischung in die Verwaltung ahnden.“* Zur Begründung verwies das *RG* auf die Motive des Gesetzgebers, die *„die grundsätzlich unabhängige Stellung des Verwalters in der Disposition über die Konkursmasse, wonach er alles zu thun berechtigt sei, was mit dem Zwecke vereinbar ist, behufs der Befriedigung der Konkursgläubiger die Masse zu verwerten“* betonten. Das Korrektiv zur weitgehenden Handlungsfreiheit des Konkursverwalters sieht das *RG* in der gesetzlich geregelten Haftung des Konkursverwalters gegenüber den Konkursgläubigern.[227] Das *OLG Rostock* hat mit Urteil vom 20. 10. 1898 die Klage von Konkursgläubigern gegen den Konkursverwalter auf Inbesitznahme angeblich zur Konkursmasse gehörender Gegenstände mit der Begründung abgewiesen, dass wenn bereits das Konkursgericht die Zweckmäßigkeit der Handlungen des Konkursverwalters nicht prüfen darf und den Konkursverwalter nicht zur Vornahme

226 Begrd.RegE zu § 58 InsO, zit. n. *Balz/Landfermann*, Die neuen Insolvenzgesetze, S. 137.
227 *RG*, Urt. v. 30. 5. 1892 – Rep. VI 336/91 – RGZ 29, 80, 83 f., zugleich die Unwirksamkeit eines (im zu entscheidenden Fall nicht vorgelegenen) reinen Spekulationsgeschäftes des Konkursverwalters wegen Konkurszweckwidrigkeit ausdrücklich dahingestellt lassend.

solcher zwingen kann, auch ein im Prozessweg durchsetzbares Weisungsrecht der Konkursgläubiger auf Vornahme bestimmter Verwaltungshandlungen nicht gegeben ist.[228] Das *OLG Celle* hat in einem Beschluss vom 8. 6. 1929 über den Befangenheitsantrag eines Konkursgläubigers gegen den Konkursrichter festgestellt, dass für diesen höhere Hürden als in einem Zivil- oder Strafprozess aufgestellt sind, weil die Aufgabe des Konkursrichters im wesentlichen darin besteht, *„die Beobachtung der gesetzlichen Förmlichkeiten zu überwachen."*[229]

Dagegen hat das *LG Kaiserslautern* in einer Entscheidung aus dem Jahre 1959 über die Beschwerde eines Konkursgläubigers, der ein Einschreiten des Konkursgerichtes gegen eine als unzweckmäßig angesehene Prozessführung durch den Konkursverwalter gefordert hatte, eine inzidente Zweckmäßigkeitskontrolle für zulässig gehalten.[230] Wenn das Landgericht feststellt, dass im zu entscheidenden Fall die Klageerhebung durch den Konkursverwalter noch nicht so unzweckmäßig war, dass sie als pflichtwidrig anzusehen wäre,[231] kann daraus nur gefolgert werden, dass das Landgericht eine Zweckmäßigkeitskontrolle des Konkursgerichtes zur Feststellung von Pflichtwidrigkeiten für zulässig erachtet.

Demgegenüber einschränkend hat das *LG Wuppertal* eine Aufsichtspflicht des Konkursgerichtes zur Nachprüfung der Zweckmäßigkeitsentscheidung eines Konkursverwalters nur auf deren Rechtmäßigkeit angenommen.[232] Der Entscheidung lag der Fall einer mit Zustimmung des Gläubigerausschusses durchgeführten Betriebsfortführung zugrunde, die das Landgericht für unrechtmäßig erachtete, weil diese lediglich die Erhaltung der Erwerbstätigkeit des Gemeinschuldners bezweckte, ohne dass eine Massemehrung zu erwarten war. Interessant an dieser Entscheidung ist, dass das Landgericht das Konkursgericht für verpflichtet hält, bei einer Betriebsfortführung die Ertragslage und die Rentabilität des Konkursbetriebes zu überprüfen, um Staatshaftungsansprüchen vorzubeugen.[233] In die gleiche Richtung geht die Entscheidung des *LG München I* vom 29. 9. 1964 über einen im Rahmen der Schlussrechnungsprüfung zwischen Rechtspfleger und Konkursverwalter aufgekommenen Streit über die Behandlung von Mitarbeitervergütungen als Masseschulden. Das Gericht führt aus, dass die Aufsicht des Konkursgerichtes für die Gesetzmäßigkeit der Konkursverwaltung, nicht für die Notwendigkeit und Zweckmäßigkeit von

---

228 *OLG Rostock*, Urt. v. 20. 10. 1898, Seufferts Archiv 55 Nr. 59, S. 126, zugleich auf die Rechtsstellung des Konkursverwalters als Organ hinweisen, weshalb dieser nicht weisungsgebundener Vertreter der Konkursgläubiger ist.

229 *OLG Celle*, Beschl. v. 3. 6. 1929 – 2 F W 51/29 – JW 1929, 565.

230 *LG Kaiserslautern*, Beschl. v. 23. 1. 1959 – 1 T 174/58 – KTS 1960, 45, 46, wohl verkennend, dass sich vor der Frage nach der Zulässigkeit von aufsichtsrechtlichen Sanktionen die Frage nach der Erstreckung der konkursgerichtlichen Aufsicht auch auf die Zweckmäßigkeitsentscheidungen des Verwalters stellt.

231 *LG Kaiserslautern*, Beschl. v. 23. 1. 1959 – 1 T 174/58 – KTS 1960, 45, 46.

232 *LG Wuppertal*, Beschl. v. 29. 9. 1957 – 6 T 514 und 578/57 – KTS 1958, 45, 47; im Ergebnis ebenso: *AG Osnabrück*, Beschl. v. 2. 2. 1965 – 9 N 28/52 – KTS 1965, 181, 182, wenn festgestellt wird, dass sich das Konkursgericht im Rahmen seiner Aufsicht von Zeit zu Zeit über das Ergebnis der Betriebsfortführung zu informieren und aufsichtsrechtlich einzuschreiten habe, wenn sich diese als Rechtsmissbrauch darstelle.

233 *LG Wuppertal*, Beschl. v. 29. 9. 1957 – 6 T 514 und 578/57 – KTS 1958, 45, 47.

Einzelhandlungen Sorge zu tragen habe. Letztere sind lediglich auf ihre Rechtmäßigkeit hin überprüfbar.[234] Mit dieser Begründung gab das *LG Freiburg* mit Beschluss vom 20. 3. 1980 der Beschwerde eines Konkursverwalters gegen eine konkursgerichtliche Anordnung zur Rückzahlung eines aus der Konkursmasse an einen (dritten) Rechtsanwalt gezahlten Honorars statt. Das *AG Duisburg* hat in einem Streit zwischen dem Insolvenzverwalter und dem Insolvenzschuldner über die Massezugehörigkeit eines Vermögensstandes ein Recht des Insolvenzgerichts zum Tätigwerden im Rahmen der insolvenzgerichtlichen Aufsicht grundsätzlich abgelehnt und nur ausnahmsweise, für den Fall der unmittelbaren und offenkundigen Rechtswidrigkeit des Verwalterhandelns angenommen.[235]

Das *AG Hamburg* hat in Bezug auf die Zweckdienlichkeit des Vorgehens eines vorläufigen Insolvenzverwalters eine Fachaufsicht des Insolvenzgerichts mit dem Ziel angenommen, zu prüfen, ob eine Schädigung der Gläubiger vermieden wird.[236]

Der Entscheidung lag der Fall zugrunde, dass ein „schwacher" vorläufiger Insolvenzverwalter beim Insolvenzgericht im Hinblick auf § 181 BGB die Genehmigung beantragte, ihm zu Gunsten der durch den Lastschriftwiderruf möglicherweise geschädigten Gläubiger ein echtes Treuhandkonto einzurichten, welches mit den Geldern der Rückbuchungen gespeist werden soll und von welchem nach genauerer Prüfung während des eröffneten Verfahrens ungerechtfertigte Rückbuchungen erneut voll befriedigt werden würden.[237] Dabei sah sich das *AG Hamburg* im Rahmen seiner Rechtsaufsicht nur verpflichtet, für die Transparenz des Vorgangs um die Einrichtung eines Treuhandkontos zu sorgen, nicht jedoch dessen wirksame Anlegung zu garantieren.[238]

3.2. Schrifttum

Im Schrifttum wird die Diskussion der Frage, ob die Aufsicht des Insolvenzgerichts auch die Fachaufsicht umfasst, teilweise nicht konsequent und widersprüchlich geführt.

---

234 *LG München I*, Beschl. v. 29. 9. 1964 – 13 T 314/64 – KTS 1965, 243, 245.

235 *AG Duisburg*, Beschl. v. 9. 5. 2000 – 60 IK 23/99 – ZInsO 2000, 346, 347, das zutreffend erkannt hat, dass es auch in diesem Ausnahmefall keine für alle Beteiligten verbindliche Entscheidung treffen kann. Ebenso das *AG Regensburg*, Beschl. v. 5. 3. 2003 – 2 IK 419/02 – ZVI 2003, 178, 179, in dem Streit zwischen Insolvenzverwalter und Insolvenzschuldner über die Pfändbarkeit des Schuldnerfahrzeuges, und das *AG Köln*, Beschl. v. 28. 2. 2005 – 71 IN 25/02 – ZVI 2005, 139, 140, in einem Streit zwischen dem Insolvenzschuldner und dem Insolvenzverwalter über die Erfüllung der im Berichtstermin gem. § 100 InsO beschlossenen Unterhaltsgewährung.

236 *AG Hamburg*, Beschl. v. 22. 4. 2004 – 67c IN 46/04 – NZI 2004, 386, 388.

237 Nach der Rspr. d. *BGH*, Urt. v. 20. 9. 2007 – IX ZR 91/06 – NJW-RR 2008, 295, 296, wird das Guthaben auf einem vom vorläufigen Insolvenzverwalter eingerichteten Treuhandkonto mit der Eröffnung des Insolvenzverfahrens auch dann nicht Bestandteil der Insolvenzmasse, wenn die Fortführung dieses Treuhandkontos als Hinterlegungsstelle von der Gläubigerversammlung beschlossen worden ist.

238 *AG Hamburg*, Beschl. v. 22. 4. 2004 – 67c IN 46/04 – NZI 2004, 386, 388. Inzwischen hat der *BGH*, Urt. v. 21. 9. 2006 – IX ZR 173/02 – NZI 2006, 697 ff., die Rechtsunsicherheit hinsichtlich der Zulässigkeit des Lastschriftwiderrufs bzw. der Genehmigungsverweigerung durch den vorläufigen Insolvenzverwalter beseitigt.

Nach einhelliger Auffassung in der Literatur ist die insolvenzgerichtliche Aufsicht gem. § 58 InsO zunächst eine Kontrolle der Rechtmäßigkeit des Verwalterhandelns.[239] Teilweise wird vertreten, dass sich die insolvenzgerichtliche Aufsicht hierauf beschränkt.[240] Zur Begründung wird darauf verwiesen, dass die fachliche Überprüfung des Verwalterhandelns, insbesondere dessen wirtschaftlichen Entscheidungen, das Insolvenzgericht überfordern würde[241], und dass nach der Konzeption der InsO die Zweckmäßigkeitskontrolle des dem Insolvenzverwalter zugewiesenen weiten Entscheidungsspielraums Aufgabe des Gläubigerausschusses ist, der als ständiges und kleines Organ viel beweglicher als die Gläubigerversammlung ist und den Insolvenzverwalter deshalb enger begleiten kann.[242] In diesem Sinne ist wohl auch *Pape* zu verstehen, der eine Pflicht des Insolvenzgerichtes zur Prüfung von Haftungstatbeständen (§§ 60, 61 InsO) im Rahmen der Schlussrechnungsprüfung ablehnt und die Prüfung der Zweckmäßigkeit des Verwalterhandelns allein in die Verantwortung der Gläubiger stellt.[243]

Nach einer zum Konkursrecht von *Levy*[244] und zum Gesamtvollstreckungsrecht von *Rattunde*[245] vertretenen Auffassung soll die Aufsicht des Insolvenzgerichts auch die Zweckmäßigkeitskontrolle umfassen. *Levy* verweist zur Begründung seiner Auffassung darauf, dass ein Verwalter, der offenbar unzweckmäßige Handlungen vornimmt, damit auch pflichtwidrig handelt.[246] Er hielt das Konkursgericht bereits im laufenden Verfahren zur Prüfung der gesamten Geschäftsführung des Konkursverwalters verpflichtet. Die laufende Beaufsichtigung des Verwalters

---

239 HK-*Eickmann*, § 58 InsO, Rdnr. 3; *Haarmeyer*, Hdb. InsO, Kap. 5 Rdnr. 46; *Binz/Hess*, Der Insolvenzverwalter, Rdnr. 994; *Naumann*, Die Aufsichtspflicht des Insolvenzgerichtes über den Insolvenzverwalter, KS-InsO, 2. A., S. 431 ff. Rdnr. 26; MK-*Schmidt-Burgk*, § 69 InsO, Rdnr. 11; *Smid*, Grundzüge des Insolvenzrechts, § 9 Rdnr. 48; Uhlenbruck-*Uhlenbruck*, § 58 InsO, Rdnr. 2, 5.

240 Andres/Leithaus-*Andres*, § 58 InsO, Rdnr. 7; *Delhaes*, Im Überblick: Der Insolvenzverwalter im eröffneten Insolvenzverfahren, NZI 1999, 47, 49; *Förster*, Verwalterkontrolle durch „harte" Inhaltskriterien – oder geht es um ein Problem der Justiz, ZInsO 2006, 865; HambK-*Frind*, § 69 InsO, Rdnr. 1, wenn dieser das Insolvenzgericht als *„Rechtsüberwachungsorgan"* bezeichnet; *Häsemeyer*, InsR, Rdnr. 6.32; FK-*Hössl*, § 58 InsO, Rdnr. 5; *Kind*, Anmerkung zu BGH, Beschl. v. 21. 9. 2006 – IX ZB 128/05, FD-InsR 2006, 198181; Kübler/Prütting-*Kübler*, § 69 InsO Rdnr. 2; *Pape/Schmidt*, Kreditvergaben und Gläubigerausschuss, ZInsO 2004, 955, 959; MK-*Schmidt-Burgk*, § 69 InsO, Rdnr. 11; wohl auch: *Wellensiek*, Die Aufgaben des Insolvenzverwalters nach der Insolvenzordnung, S. 403, 409 Rdnr. 23; ebenso zu § 8 GesO: *Hess/Binz/Wienberg*, § 8 GesO, Rdnr. 29; *Haarmeyer/Wutzke/Förster*, § 8 GesO, Rdnr. 97 (jeweils ohne nähere Begründung); zu § 83 KO bereits: *Jaeger/Weber*, 6./7. A., § 83 KO, Anm. 1.

241 MK-*Schmidt-Burgk*, § 69 InsO, Rdnr. 11.

242 Kübler/Prütting-*Kübler*, § 69 InsO, Rdnr. 2; *Pape/Schmidt*, Kreditvergaben und Gläubigerausschuss, ZInsO 2004, 955, 959; MK-*Schmidt-Burgk*, § 69 InsO, Rdnr. 11.

243 *Pape*, Stärkung der Gläubigerrechte und Verschärfung der Aufsicht im Insolvenzverfahren, ZVI 2008, 89, 95.

244 *Levy*, Die Aufsicht über den Konkursverwalter; KuT 1928, 149; *Levy*, Umschau, KuT 1931, 142. *Levy* befasste sich als Konkursrichter am Konkursgericht in Berlin-Charlottenburg in mehreren Aufsätzen mit der Aufsicht des Konkursgerichtes über den Konkursverwalter und die Anforderungen an dessen Rechnungslegung.

245 Smid-*Rattunde*, § 8 GesO, Rdnr. 379, unter ausdrücklicher Aufgabe der noch in der 2. Aufl. vertretenen, einschränkenden Ansicht.

246 *Levy*, Umschau, KuT 1931, 142; ebenso: Allgemeine Verfügung des preußischen Justizministers vom 25. 6. 1931, JMBl., S. 223 (Ziff. II.1.).

wurde dabei als eine frühzeitig begonnene Prüfung der Schlussrechnung verstanden.[247] Auch die allgemeine Aufsicht nach § 58 InsO schließt nach Auffassung von *Graeber*[248] und *Smid*[249] die Zweckmäßigkeitskontrolle mit ein.[250] Zwar soll das Insolvenzgericht die Handlungen des Insolvenzverwalters nur eingeschränkt auf ihre Zweckmäßigkeit hin überprüfen, da es nach der Aufgabenverteilung zwischen Insolvenzgericht und Insolvenzverwalter allein Aufgabe des Insolvenzverwalters ist, die Zweckmäßigkeit einer konkreten Handlung oder Unterlassung zur Erreichung des Verfahrensziels zu beurteilen.[251] Aufgabe des Insolvenzgerichts ist die Aufsicht und nicht die Leitung des Insolvenzverwalters, der insoweit nicht Gehilfe des Insolvenzgerichts ist.[252] Andererseits hat das Insolvenzgericht seine Aufsicht auch auf die Prüfung der Sachgerechtheit der Handlungen des Verwalters auszudehnen, weil der Übergang zwischen Unzweckmäßigkeit und Pflichtwidrigkeit fließend ist.[253] Das Insolvenzgericht ist im Rahmen seiner Aufsicht verpflichtet, masseschmälernde Maßnahmen des Insolvenzverwalters zu verhindern und muss hierzu eine auch Zweckmäßigkeitsgesichtspunkte einschließende Prognose anstellen.[254]

In die gleiche Richtung argumentiert auch *Uhlenbruck*. Zwar betont dieser unter Berufung auf den allgemeinen Grundsatz, wonach der Staat, wenn er fremdes Vermögen durch eine von ihm bestellte Person verwalten lässt, diese auch zu überwachen hat,[255] dass die insolvenzgerichtliche Aufsicht grundsätzlich als Rechtsaufsicht zu verstehen ist.[256] Das Insolvenzgericht sei deshalb im Wesentlichen Hüter der Rechtmäßigkeit des Insolvenzverfahrens und habe die Verfahrensbeteiligten vor einem rechtswidrigen und Schaden stiftenden Verhalten des Insolvenzverwalters

---

247 *Levy*, KuT 1928, 149, 150; noch einschränkend zur Aufsichtspflicht: *Levy*, KuT 1927, 170.
248 MK-*Graeber*, § 58 InsO, Rdnr. 39ff.
249 *Smid*, Praxishandbuch Insolvenzrecht, § 9 Rdnr. 93; *Smid*, Grundzüge des Insolvenzrechts, § 9 Rdnr. 48; anders wohl noch in: Anmerkungen zum Verhältnis der §§ 57 und 78 Abs. 1 InsO, InVo 2001, 81, 83, wo die zutreffende Ansicht, dass die Bestellung des gem. § 57 InsO gewählten Insolvenzverwalters nicht mit dem Kostenargument versagt werden kann, damit begründet wurde, dass das Insolvenzgericht „*grundsätzlich keine amtswegige Fachaufsicht und Fachleitung des Verfahrens*" ausübt, *Smid*, Auswahl und Bestellung des Insolvenzverwalters durch das Insolvenzgericht als Rechtsfrage betrachtet, DZWIR 2007, 485, 489.
250 Ebenso: Jaeger-*Gerhardt*, § 58 InsO, Rdnr. 7.
251 MK-*Graeber*, § 58 InsO, Rdnr. 39.
252 *Smid*, Grundzüge des Insolvenzrechts, § 9 Rdnr. 48; *ders.*, Auswahl und Bestellung des Insolvenzverwalters durch das Insolvenzgericht als Rechtsfrage betrachtet, DZWIR 2007, 485, 487.
253 MK-*Graeber*, § 58 InsO, Rdnr. 40.
254 *Smid*, Grundzüge des Insolvenzrechts, § 9 Rdnr. 48; a.A. ausdrücklich: Uhlenbruck-*Uhlenbruck*, § 58 InsO, Rdnr. 3.
255 Zu diesem Grundsatz: *BGH*, Urt. v. 12.7. 1965 – III ZR 41/64 – BeckRS 30400811 (Ziff. 4.); Andres/Leithaus-*Andres*, § 58 InsO, Rdnr. 1; HK-*Eickmann*, § 58 InsO, Rdnr. 1; *Levy*, KuT 1928, 149; *Kuhn-Uhlenbruck*, § 83 KO, Rdnr. 1; Uhlenbruck-*Uhlenbruck*, § 58 InsO, Rdnr. 1; *Uhlenbruck*, Aus- und Abwahl des Insolvenzverwalters, KTS 1989, 229, 237; siehe auch die Begründung zu § 75 des Entwurfes der KO, zit. n. *Hahn*, Die gesamten Materialien zu den Reichs-Justizgesetzen, Bd. 4 Materialien zur Konkursordnung, S. 281.
256 Uhlenbruck-*Uhlenbruck*, § 58 InsO, Rdnr. 2, 5, 6; *Kuhn-Uhlenbruck*, § 83 KO, Rdnr. 6, wenn nicht durch Gesetz – vgl. §§ 99, 130 Abs. 2, 135 Abs. 2, 160 KO – ein Untersagungsrecht aus Zweckmäßigkeitsgründen eingeräumt worden ist.

zu schützen.[257] Auch setze die effiziente Verfahrensabwicklung eine weitgehend eigenverantwortliche Tätigkeit des Insolvenzverwalters voraus, die nicht durch eine kleinliche Überwachung beschnitten werden sollte. Eine „übertriebene Gerichtsaufsicht" könnte das Insolvenzverfahren als Instrument der Gläubigerselbstverwaltung in ein administratives Verfahren, verbunden mit erheblichem Arbeitsaufwand und Haftungsrisiken für das Insolvenzgericht, wandeln.[258] Dagegen wandelt sich die Rechtsaufsicht des Insolvenzgerichts nach Ansicht von *Uhlenbruck* in eine Zweckmäßigkeitsaufsicht um, wenn der Insolvenzverwalter im Einzelfall seinen Ermessensspielraum überschreitet oder ein Ermessensmissbrauch vorliegt.[259] Der gleichen Auffassung ist *Naumann* unter Hinweis auf die Eigenverantwortlichkeit des Insolvenzverwalters bei der Verfahrensabwicklung und dessen Haftung nach §§ 60, 61 InsO.[260] *Uhlenbruck* und *Naumann* beschränken die aufsichtsrechtlichen Sanktionen bei Vorliegen einer Ermessensüberschreitung oder eines Ermessensfehlgebrauch im Ermessensbereich des Insolvenzverwalters auf dessen Entlassung gem. § 59 Abs. 1 InsO und halten das Insolvenzgericht für nicht befugt, den Insolvenzverwalter gem. § 58 Abs. 2 InsO durch Androhung und Festsetzung eines Zwangsgeldes zu einem bestimmten Handeln oder Unterlassen anzuhalten.[261] Für *Eickmann* ist die Aufsicht des Insolvenzgerichts grundsätzlich nur eine Rechtsaufsicht und die Zweckmäßigkeit des Verwalterhandelns nur in den Fällen der §§ 149 Abs. 1, 151 Abs. 1, 158 Abs. 1; 161, 163, 198, 314 InsO nachzuprüfen. Die Grenze zwischen Rechtsaufsicht und Zweckmäßigkeitskontrolle sei jedoch fließend, d.h. ein Verwalterhandeln kann so unzweckmäßig sein, dass es zugleich rechtswidrig ist.[262] Dieser Auffassung folgen *Binz/Hess* und *Haarmeyer* unter Bezugnahme auf die Rechtslage nach früherem Konkursrecht (§ 83 KO) sowie auf die Notwendigkeit einer weitgehend eigenverantwortlichen Tätigkeit des Insolvenzverwalters zum Zwecke der erfolgsorientierten Abwicklung des Insolvenzverfahrens.[263] Ein Einschreiten des Insolvenzgerichts ist nach dieser Auffassung nur zum Zwecke der Gefahrenabwehr, d.h. gegen masseschädigendes Verwalterhandeln,[264] oder bei einem Ermessensmissbrauch zulässig.[265] Für die als schwierig erkannte Abgrenzung zwischen einer zulässigen Aufsichtsmaßnahme und einem unzulässigen Eingriff in die Eigenverantwortlichkeit des Insolvenzverwalters hat sich das Insolvenzgericht am Zweck des Insolvenzverfahrens, nämlich die Erhaltung und

---

257 Uhlenbruck-*Uhlenbruck*, § 58 InsO, Rdnr. 2; *Kuhn-Uhlenbruck*, § 83 KO, Rdnr. 1.
258 Uhlenbruck-*Uhlenbruck*, § 58 InsO, Rdnr. 2; *Pape/Uhlenbruck*, Rdnr. 151.
259 Uhlenbruck-*Uhlenbruck*, § 8 InsO, Rdnr. 6; ebenso zu § 83 KO: *Kuhn-Uhlenbruck*, § 83 KO, Rdnr. 6; ebenso: Kilger/*Schmidt*, § 83 KO, Anm. 1); Kilger/*Schmidt*, § 41 VglO Anm. 1) (für die Aufsicht über den Vergleichsverwalter).
260 *Naumann*, Die Aufsichtspflicht des Insolvenzgerichtes über den Insolvenzverwalter, KS-InsO, 2. Aufl., Rdnr. 26, 27; ebenso: *Haarmeyer*, Hdb. InsO, Kap. 5 Rdnr. 44.
261 *Naumann*, Die Aufsichtspflicht des Insolvenzgerichtes über den Insolvenzverwalter, KS-InsO, 2. A., Rdnr. 28; Uhlenbruck-*Uhlenbruck*, § 58 InsO, Rdnr. 6.
262 HK-*Eickmann* § 58 InsO, Rdnr. 3, ebenso: Braun-*Kind*, § 58 InsO, Rdnr. 4; *Häsemeyer*, InsR, Rdnr. 6.32.
263 *Binz/Hess*, Der Insolvenzverwalter, Rdnr. 994; *Haarmeyer*, Hdb. InsO, Kap. 5 Rdnr. 44.
264 *Binz/Hess*, Der Insolvenzverwalter, Rdnr. 1000.
265 *Haarmeyer*, Hdb. InsO, Kap. 5 Rdnr. 46.

Mehrung der Insolvenzmasse zu orientieren.[266] Für *Frind* ist die Sinnhaftigkeit der Verwaltermaßnahme Differenzierungskriterium für eine insolvenzgerichtliche Aufsicht über die bloße Rechtsaufsicht hinaus. Grob sinnlose Verwaltermaßnahmen können insolvenzzweckwidrig sein und ein aufsichtsrechtliches Einschreiten des Insolvenzgerichts erforderlich machen.[267] Darüber hinaus ist dem Insolvenzgericht eine Zweckmäßigkeitskontrolle dort eröffnet, wo Mitwirkungs- und Anordnungsrechte des Insolvenzgerichts geregelt sind, wie z.B. bei der Entscheidung gem. § 22 Abs. 1 Nr. 2 InsO (Einstellung des Schuldnerunternehmens) oder bei Einzelermächtigungsbeschlüssen gem. § 21 Abs. 2 InsO.[268]

3.3. Zwischenergebnis

Nach einhelliger Ansicht hat das Insolvenzgericht gem. § 58 Abs. 1 Satz 1 InsO die Rechtmäßigkeit der Verwaltungs- und Verwertungstätigkeit des Insolvenzverwalters zu überwachen (Rechtsaufsicht), nämlich einerseits die Einhaltung von Verfahrensvorschriften, wie z.B. die Erstellung der Verzeichnisse gem. §§ 151–154 InsO, die Führung der Insolvenztabelle und die Forderungsprüfung (§§ 174ff. InsO), die Erfüllung der Berichtspflichten (§§ 156 Abs. 1, 69, 79, 66, 179 InsO), die Inbesitznahme und Siegelung der Insolvenzmasse (§§ 148 Abs. 1, 149, 150 InsO), die Erlösverteilung (§§ 187ff., 203ff. InsO), und andererseits die Beachtung der Zustimmungserfordernisse, wie z.B. bei der Betriebseinstellung (§§ 22 Abs. 1 Nr. 2, 158 InsO) oder der Verwertung der Massegegenstände (§§ 160ff. InsO). Hierbei ist von Bedeutung, dass der InsO-Gesetzgeber den Handlungs- und Ermessensspielraum des Insolvenzverwalters durch eine im Verhältnis zum früheren Konkursrecht umfassendere Regelung seines Aufgaben- und Pflichtenkreises sowie der von ihm zu beachtenden Zustimmungserfordernisse stärker reglementiert[269] und so die Rechtsaufsicht durch das Insolvenzgerichts verstärkt hat.

Demgegenüber zeigt die Diskussion zu einer Fachaufsicht des Insolvenzgerichts ein uneinheitliches Bild. Während teilweise eine Zweckmäßigkeitskontrolle des Insolvenzverwalters abgelehnt wird, ist eine solche nach anderer Auffassung Bestandteil der Aufsicht des Insolvenzgerichts gem. § 58 Abs. 1 InsO. Eine vermittelnde Ansicht lässt Aufsichtsmaßnahmen des Insolvenzgerichts auch im eigenverantwortlichen Entscheidungsbereich des Insolvenzverwalters zu, wenn das auf Zweckmäßigkeitserwägungen beruhende Verwalterhandeln rechtswidrig oder insolvenzzweckwidrig ist.

---

266 *Binz/Hess*, Der Insolvenzverwalter, Rdnr. 1001.
267 *Frind*, Die Öffentlichkeitsarbeit des (vorläufigen) Insolvenzverwalters – Nutzen, Grenzen, Gefahren, NZI 2005, 654, 657, am Beispiel der Pressearbeit des (vorläufigen) Insolvenzverwalters.
268 *Frind*, Die Öffentlichkeitsarbeit des (vorläufigen) Insolvenzverwalters – Nutzen, Grenzen, Gefahren, NZI 2005, 654, 658.
269 *Naumann*, Die Aufsichtspflicht des Insolvenzgerichtes über den Insolvenzverwalter, KS-InsO, 2. A., Rdnr. 24. Siehe auch Kap. B.II.

4. Die Zweckmäßigkeitskontrolle als Erkenntnisprozess zur Ausübung der insolvenzgerichtlichen Aufsicht

Aus Sicht der Insolvenzverwalterschaft ist der Wunsch nach einer Beschränkung der insolvenzgerichtlichen Aufsicht auf die reine Rechtsaufsicht verständlich, da eine weitreichende insolvenzgerichtliche Aufsicht mit einem Mehraufwand für Rechnungslegung und Berichterstattung verbunden ist und die Gefahr eines überbordenden insolvenzgerichtlichen Aufsichtsbürokratismus in sich trägt.[270] Auch führt das Argument, dass die Gläubiger die Kontrolldichte durch die Bestellung eines Gläubigerausschusses autonom bestimmen können,[271] nicht weiter, da es die in der Insolvenzpraxis festzustellende, geringe oder gar nicht vorhandene Gläubigerbeteiligung[272] außer Acht lässt. In diesem Zusammenhang stellt sich die noch zu untersuchende Frage, ob die Bestellung eines Gläubigerausschusses die insolvenzgerichtliche Aufsicht verdrängt oder nur erleichtern soll.[273] Zwar wirkt die persönliche Haftung des Insolvenzverwalters gem. §§ 60, 61 InsO als Korrektiv, jedoch greift diese erst ein, wenn der Insolvenzmasse bzw. Gläubigergesamtheit durch eine Pflichtwidrigkeit des Insolvenzverwalters bereits ein Schaden entstanden ist. Das für eine Beschränkung der insolvenzgerichtlichen Aufsicht auf die Rechtsaufsicht vorgetragene Argument, dass die Insolvenzgerichte bei einer Zweckmäßigkeitskontrolle überfordert seien,[274] mag zutreffen, ist aber für die Feststellung der materiellen Rechtslage irrelevant. Außerdem hat der Gesetzgeber hier durch die Konzentration der örtlichen Zuständigkeit gem. § 3 InsO gerade Abhilfe schaffen wollen.[275] Auf der anderen Seite spricht der Grundsatz, dass der Staat, wenn er durch die Auswahl des Insolvenzverwalters den Verlauf und das Ergebnis des Insolvenzverfahrens entscheidend bestimmt, sich nicht seiner (haftungsrechtlichen) Verantwortung entziehen kann,[276] für eine weitreichende Aufsicht des Insolvenzgerichts über den Insolvenzverwalter.

Bei genauerer Betrachtung weist die Diskussion über Rechts- oder Fachaufsicht des Insolvenzgerichts nur vordergründig auf einen Gegensatz hin. Denn die Prüfung von Zweckmäßigkeitsentscheidungen des Insolvenzverwalters ist von deren Beeinflussung durch das Insolvenzgericht im Rahmen seiner Aufsicht zu unterscheiden. Erstere ist Bestandteil eines aufsichtsrechtlichen Erkenntnisprozesses mit dem

---

270 *Pape/Uhlenbruck*, Rdnr. 151; Uhlenbruck-*Uhlenbruck*, § 58 InsO, Rdnr. 2. Nach Auffassung des Verfassers trägt die Reaktion auf den „Mühl-Fall" im Hinblick einen angeblichen legislativen Reformbedarf Facetten politikerhaften Profilierungsgehabes in sich, verkennend, dass dieser Fall allein wegen einer nicht ausreichenden Kontrolle des Verwalters durch die Aufsichtsorgane und nicht wegen deren Machtlosigkeit möglich wurde. Das Ergebnis der, im Hinblick auf § 839 Abs. 1 Satz 2 BGB mit Verzögerung, auf den Justizfiskus „zurollenden" Amtshaftungsprozesse bleibt anzuwarten.

271 So Kübler/Prütting/*Kübler*, § 69 InsO, Rdnr. 2; MK-*Schmid-Burgk*, § 69 InsO, Rdnr. 11.

272 *Pape*, Ungeschriebene Kompetenzen der Gläubigerversammlung versus Verantwortlichkeit des Insolvenzverwalters, NZI 2006, 65.

273 Siehe Kap. C.III.5.1.

274 So MK-*Schmid-Burgk*, § 69 InsO, Rdnr. 11.

275 Siehe Kap. E.I.1.

276 Siehe Fn. 255.

Ziel, festzustellen, ob eine Verwaltungs- oder Verwertungsmaßnahme des Insolvenzverwalters so unzweckmäßig ist, dass diese als rechtswidrig angesehen werden muss. In diesem Fall übt das Insolvenzgericht aber eine Rechtsaufsicht aus. Von einer Fachaufsicht kann dagegen nur gesprochen werden, wenn das Insolvenzgericht im Rahmen des Aufsichtsvollzuges Zweckmäßigkeitserwägungen des Insolvenzverwalters durch eigene ersetzt. Ein so weitgehendes Verständnis von der insolvenzgerichtlichen Aufsicht gem. § 58 Abs. 1 InsO findet sich auch nicht bei den Befürwortern einer Zweckmäßigkeitskontrolle. Denn diesen geht es letztlich nur um die Prüfung, ob der Insolvenzverwalter seinen Ermessens- und Entscheidungsspielraum rechtmäßig ausnutzt, indem die Verwertungs- und Verwaltungsmaßnahmen identifiziert werden, die eine Masseschädigung zur Folge haben[277], in pflichtwidriger Weise sinnlos[278] oder unzweckmäßig[279] sind. Bei der Diskussion über die insolvenzgerichtliche Aufsicht als Rechtsaufsicht oder (auch) Fachaufsicht geht es daher im Grunde nur darum, im Rahmen des aufsichtsrechtlichen Erkenntnisprozesses die Grenze zwischen der zulässigen und der rechtswidrigen Ausnutzung eines dem Insolvenzverwalter eingeräumten Ermessens- und Entscheidungsspielraums bei einer konkreten Verwaltungs- oder Verwertungsmaßnahme zu bestimmen. Erst bei deren Überschreiten wird die Frage nach dem erforderlichen und geeigneten Aufsichtsvollzug aufgeworfen. Folglich kann die Aufsicht des Insolvenzgerichts im Hinblick auf Zweckmäßigkeitsentscheidungen des Insolvenzverwalters nur als ein Erkenntnisprozess zur Prüfung der Notwendigkeit aufsichtsrechtlicher Maßnahmen verstanden werden, der sich erst bei Erreichen der Rechtswidrigkeits- bzw. Zweckwidrigkeitsschwelle zu einem der Rechtsaufsicht zu verortenden Aufsichtsvollzug wandelt.

Zweckmäßigkeitserwägungen des Insolvenzverwalters müssen sich an ihrer Geeignetheit zur Erreichung der Insolvenzziele des § 1 InsO messen lassen. Hiernach dient das Insolvenzverfahren der gemeinschaftlichen Gläubigerbefriedigung, indem das Schuldnervermögen verwertet und der Verwertungserlös verteilt wird oder in einem Insolvenzplan eine abweichende Regelung getroffen wird. Ungeachtet der durch das Insolvenzplanverfahren nach §§ 217 ff. InsO eröffneten Möglichkeit zur gläubigerautonomen Verfahrensgestaltung liegt dem Insolvenzverfahren nach dem Willen des Gesetzgebers ein einheitliches Hauptziel zugrunde, nämlich „die bestmögliche Befriedigung der Gläubiger."[280] Die Vermögensorientierung des Insolvenzverfahrens gilt auch für die Sanierung des Schuldners oder seines Unternehmens, die vom Gesetzgeber als eine investive Verwertung des Schuldnervermögens angesehen wird.[281] An diesen Zwecken haben sich die Abwicklungstätigkeit des Insolvenzverwalters und die Aufsichts- und Eingriffsbefugnisse des

---

277 *Binz/Hess*, Der Insolvenzverwalter, Rdnr. 1000.
278 *Frind*, Die Öffentlichkeitsarbeit des (vorläufigen) Insolvenzverwalters – Nutzen, Grenzen, Gefahren, NZI 2005, 654, 657.
279 HK-*Eickmann* § 58 InsO, Rdnr. 3; MK-*Graeber*, § 58 InsO, Rdnr. 40; Braun-*Kind*, § 58 InsO, Rdnr. 4; *Levy*, Umschau, KuT 1931, 142; *Smid*, Grundzüge des Insolvenzrechts, § 9 Rdnr. 48.
280 Begrd.RegE zu § 1 InsO, zit. n. *Balz/Landfermann*, Die neuen Insolvenzgesetze, S. 70.
281 Allg. Begrd. d. RegE, Ziff. A. 4. a) bb), zit. n. *Balz/Landfermann*, Die neuen Insolvenzgesetze, S. 19.

Insolvenzgerichts „in erster Linie“ auszurichten.[282] Werden diese Insolvenzzwecke verfehlt, z.B. weil die Insolvenzmasse mit vermeidbaren Abwicklungsausgaben belastet wird oder eine günstigere Verwertungsmöglichkeit ungenutzt bleibt, dann liegt ein pflichtwidriges Verhalten des Insolvenzverwalters vor, dessen Feststellung und Ahndung der (Rechts-)Aufsicht durch das Insolvenzgericht (§ 58 Abs. 1 Satz 1 InsO) unterliegt. Dient aber eine im Rahmen seines eigenverantwortlichen Entscheidungsspielraums vom Insolvenzverwalter getroffene Abwicklungsmaßnahme der Erreichung der Insolvenzzwecke und ist auch nicht aus anderen Gründen als rechtswidrig anzusehen, dann kann das Insolvenzgericht nicht mit Aufsichtsmaßnahmen seinen eigenen Zweckmäßigkeitsvorstellungen Geltung verschaffen.

Diese Differenzierung zwischen der insolvenzgerichtlichen Aufsicht als ein auch die Kontrolle der Zweckmäßigkeitsentscheidungen umfassender Erkenntnisprozess und dem aufsichtsrechtlichen Einschreiten gegen rechtswidriges oder insolvenzzweckwidriges Verwalterhandeln findet eine Entsprechung in der Systematik des § 58 InsO. Während durch § 58 Abs. 1 Satz 2 InsO ein umfassendes, d.h. auch Zweckmäßigkeitsvorstellungen einschließendes Auskunftsrecht des Insolvenzgerichtes gegenüber dem Insolvenzverwalter normiert wird,[283] sind nach § 58 Abs. 2, 3 InsO aufsichtsrechtliche Zwangsmaßnahmen gegen den Insolvenzverwalter nur bei pflichtwidrigem Verwalterhandeln („*Erfüllt der Verwalter seine Pflichten nicht, ...*“) zulässig.

5. Die Aufsicht zwischen staatlicher Aufgabe und Gläubigerautonomie

Das so gefundene Ergebnis einer Differenzierung zwischen der Zweckmäßigkeitskontrolle des Insolvenzverwalters als Bestandteil des Erkenntnisprozesses der insolvenzgerichtlichen Aufsicht und des Aufsichtsvollzuges erst bei insolvenzzweckwidriger und damit rechtswidriger Ausnutzung des Spielraumes eigenverantwortlicher Insolvenzverwaltertätigkeit soll daraufhin überprüft werden, ob es mit den Vorstellungen des InsO-Gesetzgebers zum Verhältnis zwischen der staatlichen Aufsicht durch das Insolvenzgericht einerseits sowie der eigenverantwortlichen Verwaltungs- und Verwertungstätigkeit des Insolvenzverwalters und der gläubigerautonomen Selbstverwaltung andererseits vereinbar ist.

5.1. Stärkung der Gläubigerautonomie durch die InsO

Ausdrückliches Reformziel der InsO ist die Deregulierung der Insolvenzabwicklung. So heißt es in der Allgemeinen Begründung des Regierungsentwurfes: „*Die marktwirtschaftliche Ordnung beruht auf der durch Erfahrung gewonnenen Einsicht, dass privatautonome Entscheidungen ein höheres Maß an wirtschaftlicher Effizienz verbürgen als die*

---

282 Begrd.RegE zu § 1 InsO, zit. n. *Balz/Landfermann*, Die neuen Insolvenzgesetze, S. 71.
283 Siehe Kap. E.II.3.

hoheitliche Regulierung wirtschaftlicher Abläufe.“[284] Ein weiteres Reformziel war die Stärkung der Gläubigerautonomie im Hinblick auf die Form und Art der Masseverwertung, die Gestaltung des Insolvenzverfahrens, insbesondere die Fortführung des Schuldnerunternehmens und die Verfahrensdauer. *„In der Marktwirtschaft muss grundsätzlich das Urteil derjenigen Personen maßgeblich sein, deren Vermögenswerte auf dem Spiel stehen und die deshalb die Folgen von Fehlern zu tragen haben.*“[285] Aus diesem Grunde sollten im Insolvenzverfahren die Interessen Außenstehender, wie z.B. der Gewerkschaften oder Gebietskörperschaften, nicht berücksichtigt werden.[286] Lediglich den Berufsvertretungen des Insolvenzschuldners kann trotz ihrer fehlenden unmittelbaren Verfahrensbeteiligung Gelegenheit zur Äußerung im Berichtstermin (§ 156 Abs. 2 Satz 2 InsO)[287] oder zum Insolvenzplan (§ 232 Abs. 2 InsO) gegeben werden.[288] Der Stärkung der Gläubigerautonomie sollen auch die Vorschriften des § 21 Abs. 2 Satz 1 Nr. 5 GAVI-InsO[289] über die Einsetzung eines vorläufigen Gläubigerausschusses bereits im Eröffnungsverfahren, des § 18 Abs. 1 GAVI-InsVV über die Erhöhung der Vergütung des Gläubigerausschusses und des § 75 Abs. 1 Satz 2 GAVI-InsO über die Reduzierung des Quorums für die Einberufung einer Gläubigerversammlung dienen.[290]

Aus der Zielbestimmung der gemeinschaftlichen Gläubigerbefriedigung in § 1 Satz 1 InsO folgt *„insbesondere der starke Einfluß, der den Gläubigern auf den Beginn, den Ablauf und die Beendigung des Verfahrens eingeräumt wird.*“[291] Die Gläubigerautonomie zählt somit zu den prägenden Prinzipien des deutschen Insolvenzrechts.[292] Dieser Begriff beschreibt das Zurücktreten allgemeiner wirtschaftlicher, sozialer und staatlicher Belange hinter die ausschließlich vermögensrechtlich orientierten Privatinteressen der Gläubiger[293] und das Recht der Gläubiger, nach Maßgabe der in-

---

284 Allg. Begrd. d. RegE, Ziff. A. 3. a) cc), zit. n. *Balz/Landfermann*, Die neuen Insolvenzgesetze, S. 12. *Smid*, Praxishandbuch Insolvenzrecht, § 1 Rdnr. 43, bezweifelt, dass der Gesetzgeber der InsO das Deregulierungsziel erreicht hat.

285 Allg. Begrd. d. RegE, Ziff. A. 3. a) kk), zit. n. *Balz/Landfermann*, Die neuen Insolvenzgesetze, S. 14.

286 Allg. Begrd. d. RegE, Ziff. A. 3. a) ll), zit. n. *Balz/Landfermann*, Die neuen Insolvenzgesetze, S. 15.

287 Nach MK-*Görg*, § 156 InsO, Rdnr. 42, soll dieses der Objektivierung des Urteils über die Erhaltungsfähigkeit des Schuldnerunternehmens dienen.

288 Aus dem Gesetzeswortlaut – *„kann“* – folgt, dass es im Ermessen des Insolvenzgerichtes liegt, den Berufsvertretungen Gelegenheit zur Äußerung zu geben, vgl. MK-*Breuer*, § 232 InsO, Rdnr. 6; MK-*Görg*, § 156 InsO, Rdnr. 41.

289 Fn. 26.

290 *Pape*, Stärkung der Gläubigerrechte und Verschärfung der Aufsicht im Insolvenzverfahren, ZVI 2008, 89, 95 f.

291 Begrd. RegE zu § 1 InsO, zit. n. *Balz/Landfermann*, Die neuen Insolvenzgesetze, S. 71.

292 Allg. Auffassung, *Häsemeyer*, InsR, Rdnr. 4.05, 6.09 a; MK-*Stürner*, Einl. InsO, Rdnr. 83; Uhlenbruck-*Uhlenbruck*, § 1 InsO, Rdnr. 9, 13; kritisch zur Umsetzung des Grundsatzes der Gläubigerautonomie durch den InsO-Gesetzgeber: *Smid*, Praxishandbuch Insolvenzrecht, § 1 Rdnr. 43, § 13 Rdnr. 1 ff.

293 *Uhlenbruck*, Aus- und Abwahl des Insolvenzverwalters, KTS 1989, 229, 235.

solvenzrechtlichen Vorschriften den Verfahrensgang mitzubestimmen.[294] Das pfändbare Schuldnervermögen wird durch seine Beschlagnahme (§§ 80, 148 InsO) der Gläubigergemeinschaft zum Zwecke der Haftungsverwirklichung zugewiesen.[295] Deren Einflußnahme auf das Insolvenzverfahren wird durch die Gläubigerversammlung (§§ 74ff. InsO) und den Gläubigerausschuss (§§ 67ff. InsO) organisiert.[296] Die Gläubigerautonomie findet in den insolvenzrechtlichen Vorschriften einen vielfältigen Ausdruck.[297] Für den Verfahrensverlauf zentrale Entscheidungen, wie die Wahl des Insolvenzverwalters (§ 57 InsO), über die Betriebsfortführung (§ 157 InsO), bedeutsame Verwertungshandlungen (§§ 160ff. InsO), eine vom Gesetz abweichende Verfahrensregelung (Insolvenzplan gem. §§ 217ff. InsO) und die Wiederherstellung der Verfügungsbefugnis des Insolvenzschuldners (§§ 270ff. InsO – Eigenverwaltung), haben die Gläubiger zu treffen. Die Gläubigerautonomie ist in ihrem Kernbereich – Mitwirkung bei der Verwalterbestellung und Überwachungs- und Mitspracherechte der Gläubigerversammlung oder des Gläubigerausschlusses – durch Art. 2, 14 GG verfassungsrechtlich verbürgt.[298]

Neben den Mitwirkungs- und Mitspracherechten können die Gläubiger – vermittelt über den Gläubigerausschuss (§ 69 InsO) – die Überwachung der Insolvenzverwaltertätigkeit beschließen. Damit geht aber keine Einschränkung des Maßes der Aufsicht des Insolvenzgerichts über den Insolvenzverwalter einher.[299]

5.2. Rechtsstellung des Insolvenzverwalters

Die Rechtsstellung des Insolvenzverwalters ist wesentlich durch das Postulat der Unabhängigkeit von allen Verfahrensbeteiligten gekennzeichnet.[300] Nach h.M. handelt der Insolvenzverwalter als Partei kraft Amtes und ist als solcher Inhaber eines eigenen privaten Amtes.[301] Als Sachwalter über fremdes Vermögen übt er seine, insbesondere durch §§ 80, 148 InsO begründeten Befugnisse fremdnützig aus (fremdnützige Treuhand).[302] Da die Beschlagnahme des Schuldnervermögens (§ 80

---

294 *Marotzke*, Gläubigerautonomie – ein modernes Missverständnis, FS-Kirchhof, S. 321, 322, zugleich mit einer Kritik an dem Missverhältnis zwischen Herrschaft und Risikobeteilung der Gläubiger (S. 337ff.).

295 *Smid*, Praxishandbuch Insolvenzrecht, § 13 Rdnr. 1.

296 Die Gläubigerversammlung umfasst alle Insolvenzgläubiger und die Absonderungsgläubiger (§ 74 Abs. 1 Satz 2 InsO), dagegen sind die Massegläubiger gem. § 55 InsO von der aktiven Teilnahme an der Gläubigerversammlung ausgeschlossen, N/R-*Delhaes*, § 77 InsO Rdnr. 9; *Smid*, Praxishandbuch Insolvenzrecht, § 13 Rdnr. 1.

297 Vgl. nur: *Häsemeyer*, InsR, Rdnr. 6.09a, 6.09b; *Marotzke*, Gläubigerautonomie – ein modernes Missverständnis, FS-Kirchhof, S. 321, 322–324.

298 MK-*Stürner*, Einl. InsO, Rdnr. 83.

299 Siehe Kap. C.III.5.1.2.

300 *Uhlenbruck*, Aus- und Abwahl des Insolvenzverwalters, KTS 1989, 229, 230.

301 *Häsemeyer*, InsR, Rdnr. 15.06; *Kluth*, Die Rechtsstellung des Insolvenzverwalters oder die „Insolvenz" der Verwaltertheorien, NZI 2000, 351, 353, instruktiv auch zur aktuellen Theoriendiskussion; *Smid*, Praxishandbuch Insolvenzrecht, § 7 Rdnr. 47; Smid-*Smid*, § 80 InsO, Rdnr. 17, 19, 21ff. zum Theorienstreit; Uhlenbruck-*Uhlenbruck*, § 80 InsO, Rdnr. 53; Jaeger-*Windel*, § 80 InsO, Rdnr. 15, 19.

302 *Häsemeyer*, InsR, Rdnr. 15.06.

InsO) der gleichmäßigen Gläubigerbefriedigung und das Insolvenzverfahren somit der Gesamtvollstreckung dient, kann man den Insolvenzverwalter auch als „Exekutivorgan“ der Gläubigergesamtheit bezeichnen.[303]

Grundsätzlich ist die gesamte wirtschaftliche Abwicklung des Insolvenzverfahrens, die Erfassung und Verwertung der Insolvenzmasse und die Erfassung und Befriedigung der Insolvenzforderungen, Aufgabe des Insolvenzverwalters und nicht eine solche des Insolvenzgerichts.[304] Nach allgemeiner Ansicht steht dem Insolvenzverwalter wegen der mit seinem Amt verbundenen vielfältigen und schwierigen Aufgaben bei der Ausübung seiner Tätigkeit grundsätzlich ein weiter Ermessensspielraum zu.[305] Dieser Ermessensspielraum ermächtigt den Insolvenzverwalter aber nicht zu rechtswidrigen Verwaltungs- und Verwertungshandlungen. Jener wird nach ständiger Rechtsprechung des *BGH* zudem durch den Insolvenzzweck begrenzt, weshalb Rechtshandlungen des Verwalters, die der vornehmsten Aufgabe des Insolvenzverfahrens – die gleichmäßige Befriedigung aller Insolvenzgläubiger – klar und eindeutig zuwiderlaufen, unwirksam sind.[306] Die Eigenverantwortlichkeit des Insolvenzverwalters wird dadurch unterstrichen, dass nach allg. Meinung der Insolvenzverwalter rechtlich nicht an die gem. § 160 InsO getroffenen Beschlüsse der Gläubigerversammlung gebunden ist,[307] da Mehrheitsentscheidungen der Gläubigerversammlung nicht zwingend den Verfahrenszielen dienen müssen. Umgekehrt führt die erforderliche Zustimmung des Gläubigerorgans nicht zu einer vollständigen haftungsrechtlichen Entbindung des Insolvenzverwalters,[308] sondern kann lediglich als ein Indiz für eine wirtschaftlich sinnvolle Entscheidung angesehen werden.[309] Anders als bei Beschlüssen der Gläubigerversammlung kann der Insolvenzverwalter nicht gem. § 78 Abs. 1 InsO die Aufhebung eines Beschlusses des Gläubigerausschusses betreiben. Der Insolvenzverwalter kann daher seiner Haftung nur entgehen, wenn er sich über das eine

---

303 *Kluth*, Die Rechtsstellung des Insolvenzverwalters oder die „Insolvenz“ der Verwaltertheorien, NZI 2000, 351, 353.

304 Vgl. nur *OLG Koblenz*, Beschl. v. 12. 10. 1970 – 4 W 228/70 – KTS 1971, 220, 221.

305 Vgl. nur: *BGH*, Urt. v. 25. 4. 2002 – IX ZR 313/99 – NJW 2002, 2783, 2785; *Kluth*, Die Rechtsstellung des Insolvenzverwalters oder die „Insolvenz“ der Verwaltertheorien, NZI 2000, 351, 353.

306 Allg. Meinung: *BGH*, Urt. v. 25. 4. 2002 – IX ZR 313/99 – NJW 2002, 2783, 2785; Urt. v. 13. 1. 1983 – III ZR 88/81 – NJW 1983, 2018, 2019; *OLG Celle*, Urt. v. 29. 2. 1984 – 6 U 196/83 – ZIP 1984, 471, 472; *Spickhoff*, Insolvenzzweckwidrige Rechtshandlungen des Insolvenzverwalters, KTS 2000, 15, 16; einschränkend für insolvenzzweckwidrige Handlungen des vorläufigen Insolvenzverwalters und insoweit die Anfechtung bevorzugend: *Binder*, Zur Insolvenzbeständigkeit masseschädigender Rechtshandlungen unter Mitwirkung des vorläufigen Insolvenzverwalters, KTS 2006, 1, 36. Danach ist Voraussetzung für die Unwirksamkeit der Rechtshandlung des Insolvenzverwalters nicht nur die objektive Evidenz der Insolvenzzweckwidrigkeit, sondern auch deren subjektive Erkennbarkeit, die gegeben ist, wenn sich dem Geschäftspartner auf Grund der Umstände des Einzelfalls ohne weiteres begründete Zweifel an der Vereinbarkeit der Handlung mit dem Zweck des Insolvenzverfahrens aufdrängen mussten, wobei grobe Fahrlässigkeit erforderlich aber auch ausreichend ist.

307 MK-*Görg*, § 160 InsO, Rdnr. 27; Uhlenbruck-*Uhlenbruck*, § 160 InsO, Rdnr. 9. Folglich besteht auch kein Weisungsrecht der Gläubigerversammlung gegenüber dem Insolvenzgericht, siehe Kap. F.V.3.3.

308 *BGH*, Urt. v. 22. 1. 1985 – VI ZR 131/83 – ZIP 1985, 423, 426.

309 MK-*Görg*, § 160 InsO, Rdnr. 27.

rechtswidrige oder insolvenzzweckwidrige Verwertungsmaßnahme fordernde Votum des Gläubigerausschusses hinwegsetzt.

Es ist also festzuhalten, dass der Insolvenzverwalter im Rahmen seine Verwaltungs- und Verwertungstätigkeit zwar eigenverantwortlich und nach eigenem Ermessen zu handeln berechtigt ist, dieses Ermessen aber nicht frei ist, sondern an das materielle Recht und die Zwecke des Insolvenzverfahrens (§ 1 InsO) gebunden ist.

5.3. Ergebnis

Zwar war es ein Reformziel der InsO, die Gläubigerautonomie zu stärken und das Insolvenzverfahren zu deregulieren, insbesondere dem Insolvenzverwalter bei der Erfüllung seiner Aufgaben grundsätzlich einen weiten, haftungsbewehrten (§§ 60, 61 InsO) Ermessensspielraum zu lassen, jedoch nicht um den Preis einer Befreiung des Insolvenzverwalters von der Überwachung durch das Insolvenzgericht.

6. Zweckmäßigkeitskontrolle des Insolvenzgerichts bei Betriebsstilllegung, -veräußerung und Reorganisation im Insolvenzplanverfahren

Es sollen nunmehr die Auswirkungen des hier gefundenen Verständnis einer Aufsicht des Insolvenzgerichts (§ 58 InsO) als Prüfung der Zweckmäßigkeitsentscheidungen des Insolvenzverwalters auf deren Rechtmäßigkeit und Vereinbarkeit mit den Insolvenzzwecken einerseits und als Aufsichtsvollzug bei Feststellung der Rechtswidrigkeit oder Insolvenzzweckwidrigkeit des Verwalterhandelns andererseits anhand der Ausübung gesetzlich normierter Zustimmungserfordernisse dargestellt werden. Die insolvenzgerichtliche Aufsicht ist bei der Stilllegung oder Veräußerung des Schuldnerunternehmens und im Insolvenzplanverfahren durch §§ 22 Abs. 1 Satz 2 Nr. 2, 158 Abs. 2 Satz 2, 163 Abs. 1, 231 Abs. 1 InsO konkretisiert worden.

6.1. Die Zustimmung zur Betriebsstilllegung gem. § 22 Abs. 1 Satz 2 Nr. 2 InsO

Nach § 21 Abs. 1 Satz 1 InsO hat das Insolvenzgericht alle für erforderlich gehaltenen Maßnahmen zur Sicherung der Insolvenzmasse zu treffen.[310] Das Insolvenzgericht kann hierzu gem. § 21 Abs. 2 Nr. 1 InsO einen vorläufigen Insolvenzverwalter bestellen, der – über die Verweisung in § 21 Abs. 2 Nr. 1 InsO – der Aufsicht des Insolvenzgerichts gem. § 58 InsO unterliegt. Diese dient im Eröffnungsverfah-

---

310 Der Insolvenzschuldner kann sich hiergegen mit der sofortigen Beschwerde wenden (§ 21 Abs. 1 Satz 2 InsO). Zur Unzulässigkeit eines Fortsetzungsfeststellungsantrages im Insolvenzverfahren: *BGH*, Beschl. v. 11. 1. 2007 – IX ZB 271/04 – NZI 2007, 231, 232; Beschl. v. 17. 1. 2008 – IX ZB 41/07 – NZI 2008, 179 (Tz. 4.), jedoch im Hinblick auf Art. 13 GG mit der Ausnahme für eine insolvenzgerichtliche Anordnung zur Durchsuchung der Schuldnerräume.

ren dem Schutz des Schuldnervermögens, weil im Insolvenzeröffnungsverfahren über den Eröffnungsantrag noch nicht abschließend entschieden ist, so dass auch die Feststellung der Unbegründetheit des Insolvenzantrages oder die Antragsrücknahme als möglich in Betracht gezogen werden müssen. Zum anderen hat die Aufsicht des Insolvenzgerichts bei einer Betriebsfortführung die vom vorläufigen Insolvenzverwalter in Aussicht genommenen Vertragspartner vor klar erkennbaren Schäden zu schützen[311] und dient dem Schutz der Gläubiger, die auf die Auswahl des vorläufigen Insolvenzverwalters keinen Einfluss haben und auch nicht durch einen Gläubigerausschuss[312] vertreten sein können.[313]

Die insolvenzgerichtliche Aufsicht über den vorläufigen Insolvenzverwalter wird durch das besondere insolvenzgerichtliche Zustimmungserfordernis in § 22 Abs. 1 Satz 2 Nr. 2 InsO intensiviert. Nach dieser Vorschrift hat der „starke" vorläufige Insolvenzverwalter das Schuldnerunternehmen grundsätzlich fortzuführen[314], wenn nicht das Insolvenzgericht dessen (Teil-)[315] Stilllegung zustimmt.[316] Es handelt sich hierbei um eine gesetzlich angeordnete Sicherungsmaßnahme zum Zwecke des Erhalts des Schuldnerunternehmens als Vermögensgegenstand.[317] Ein eigenes Ermessen steht dem vorläufigen Insolvenzverwalter bei der Entscheidung über die Betriebsfortführung nicht zu.[318] Aus der besonderen Sicherungsaufgabe des vorläufigen Insolvenzverwalters folgt, dass dieser zur Einholung der Zustimmung gem. § 22 Abs. 1 Nr. 2 InsO verpflichtet ist, wenn die Betriebsfortführung eine erhebliche Vermögensminderung i.S.d. § 22 Abs. 1 Nr. 2 InsO zur Folge

---

311 *Kirchhof*, Begründung von Masseverbindlichkeiten im vorläufigen Insolvenzverfahren, ZInsO 2004, 57, 59.

312 Die Einsetzung eines vorläufigen Gläubigerausschusses im Eröffnungsverfahren wird überwiegend als unzulässig angesehen, so Uhlenbruck-*Uhlenbruck*, § 67 InsO, Rdnr. 5f.; a.A. *AG Köln*, Beschl. v. 26. 9. 2000 – 72 IN 178/00 – NZI 2000, 443, 444; Smid-*Smid*, § 67 InsO, Rdnr. 2. Durch § 21 Abs. 2 Satz 1 Nr. 6 GAVI-InsO (Fn. 27) soll die Möglichkeit zur Einsetzung eines vorläufigen Gläubigerausschusses als Sicherungsmaßnahme eröffnet werden.

313 Jaeger-*Gerhardt*, § 22 InsO, Rdnr. 145.

314 Vgl. Begrd.RegE zu § 21 InsO, zit. n. *Balz/Landfermann*, S. 98; HambK-*Schröder*, § 22 InsO, Rdnr. 57; Smid-*Smid*, § 22 InsO, Rdnr. 101 („regelmäßige Aufgabe"); *Vallender*, Die Anordnung der vorläufigen Insolvenzverwaltung, DZWiR 1999, 265, 270. Hinsichtlich Betriebsfortführung oder -stilllegung steht dem vorläufigen Insolvenzverwalter ein eigenes Ermessen nicht zu, *Ampferl, Der „starke"* vorläufige Insolvenzverwalter in der Unternehmensinsolvenz, Rdnr. 352f.; a.A. wohl N/R-*Mönning*, § 22 InsO, Rdnr. 73, der von „Zweckmäßigkeitsermessen" spricht. Bereits im früheren Konkursrecht entsprach es der h.M., dass der Sequester nicht berechtigt war, das Schuldnerunternehmen einfach stillzulegen, vgl. *Feuerborn*, Rechtliche Probleme der Unternehmensfortführung durch den Sequester und den vorläufigen Insolvenzverwalter, KTS 1997, 171, 173.

315 Vgl. Begrd.RegE zu § 21 InsO, zit. n. *Balz/Landfermann*, S. 98; MK-*Haarmeyer*, § 22 InsO, Rdnr. 111; Braun-*Kind*, § 22 InsO, Rdnr. 12; HK-*Kirchhof*, § 22 InsO, Rdnr. 29; N/R-*Mönning*, § 22 InsO, Rdnr. 169.

316 Nach h.M. zum früheren Konkursrecht war der Sequester grundsätzlich nicht berechtigt, das Schuldnerunternehmen stillzulegen. Vgl. *BGH*, Urt. v. 11. 4. 1988 – II ZR 313/87 – NJW 1988, 1912, 1913; *Kuhn-Uhlenbruck*, § 106 KO, Rdnr. 13a.

317 Jaeger-*Gerhardt*, § 22 InsO, Rdnr. 77.

318 *Ampferl*, Der „starke" vorläufige Insolvenzverwalter in der Unternehmensinsolvenz, Rdnr.352f.; a.A. wohl N/R-*Mönning*, § 22 InsO, Rdnr. 73, der von „Zweckmäßigkeitsermessen" spricht.

hat.[319] Andernfalls handelt der vorläufige Insolvenzverwalter pflichtwidrig und macht sich persönlich nach § 21 Abs. 2 Nr. 1 InsO i.V.m. §§ 60, 61 InsO schadensersatzpflichtig.[320] Mit dem insolvenzgerichtlichen Zustimmungserfordernis[321] soll durch Erhaltung der Unternehmenseinheit die durch § 157 InsO der Gläubigergesamtheit eingeräumte Entscheidungskompetenz gewahrt werden.[322] Zugleich soll der mit einer voreiligen Betriebsstilllegung regelmäßig einhergehende, irreversible und erhebliche Wertverlust des Schuldnervermögens vermieden werden.[323] Deshalb ist eine Betriebsstilllegung ohne Zustimmung des Insolvenzgerichts als schwerwiegende Pflichtverletzung des vorläufigen Insolvenzverwalters zu werten.[324] Ist die die Zustimmung gem. § 22 Abs. 1 Satz 2 Nr. 2 InsO erteilt worden, dann hat der vorläufige Insolvenzverwalter in eigener Verantwortung alle zur Betriebsstilllegung geeigneten und notwendigen Maßnahmen zu treffen.[325] Ergeben sich Zweifel am Vorliegen der Stilllegungsvoraussetzungen, hat das Insolvenzgericht vom vorläufigen Insolvenzverwalter Aufklärung zu verlangen.[326]

Das Insolvenzgericht hat den Antrag[327] des vorläufigen Insolvenzverwalters auf Erteilung der Zustimmung zur Betriebsstilllegung selbständig zu prüfen.[328] Mangels gesetzlicher Ermächtigung ist eine Stilllegungsanordnung von Amts wegen unzulässig.[329] Der Prüfungsumfang hängt von der Qualität des Antrages und seiner Begründung ab.[330] Da die vorzeitige Betriebsstilllegung gem. § 22 Abs. 1 Satz 2 Nr. 2 InsO vom Gesetzgeber als Eilmaßnahme angesehen wird, ist eine intensive Prü-

---

319 Braun-*Kind*, § 22 InsO, Rdnr. 13; *Pohlmann*, Befugnisse und Funktionen des vorläufigen Insolvenzverwalters, Rdnr. 140; Uhlenbruck-*Uhlenbruck*, § 22 InsO, Rdnr. 22.

320 Dagegen entfällt die verschärfte Haftung gem. § 61 InsO bei bis zur rechtzeitig eingeholten Zustimmungsentscheidung begründeten Masseverbindlichkeiten, MK-*Haarmeyer*, § 22 InsO, Rdnr. 125; *Kirchhof*, Rechtsprobleme bei der vorläufigen Insolvenzverwaltung ZInsO 1999, 365, 367.

321 Für die Zulässigkeit einer Generalermächtigung zur Betriebsstilllegung durch das Insolvenzgericht: N/R-*Mönning*, § 22 InsO, Rdnr. 181; a.A. MK-*Haarmeyer*, § 22 InsO, Rdnr. 116, jedoch mit der Einschränkung für den „schwachen" vorläufigen Insolvenzverwalter, der gem. § 22 Abs. 2 InsO mit der Betriebsfortführung beauftragt worden ist, vgl. MK-*Haarmeyer*, § 22 InsO, Rdnr. 88.

322 *Ampferl*, Der „*starke*" vorläufige Insolvenzverwalter in der Unternehmensinsolvenz, Rdnr. 344 ff.; Braun-*Kind*, § 22 InsO, Rdnr. 14 („Schlüsselvorschrift des Eröffnungsverfahrens"); N/R-*Mönning*, § 22 InsO, Rdnr. 71 („Kernpunkt der Insolvenzrechtsreform"); *Vallender*, Die Anordnung der vorläufigen Insolvenzverwaltung, DZWiR 1999, 265, 270.

323 MK-*Haarmeyer*, § 22 InsO, Rdnr. 111; N/R-*Mönning*, § 22 InsO, Rdnr. 169.

324 MK-*Haarmeyer*, § 22 InsO, Rdnr. 116.

325 MK-*Haarmeyer*, § 22 InsO, Rdnr. 120; HK-*Kirchhof*, § 22 InsO, Rdnr. 28; N/R-*Mönning*, § 22 InsO Rdnr. 185. Die Zustimmung des Insolvenzgerichtes zur Betriebsstilllegung ist keine Voraussetzung für die Wirksamkeit der vom vorläufigen Insolvenzverwalter ausgesprochenen Kündigung eines Arbeitsverhältnisses, *BAG*, Urt. v. 27. 10. 2005 – 6 AZR 5/05 – NZI 2006, 310, 311 (Tz. 14); a.A. *LAG Düsseldorf*, Urt. v. 8. 5. 2003 – 10/11 Sa 246/03 – ZInsO 2003, 819 f.

326 MK-*Haarmeyer*, § 22 InsO, Rdnr. 115; N/R-*Mönning*, § 22 InsO, Rdnr. 179.

327 Nach allg.M. besteht ein Antragserfordernis: *MK-Haarmeyer*, § 22 InsO, Rdnr. 113; *N/R-Mönning*, § 22 InsO, Rdnr. 170; HambK-*Schröder*, § 22 InsO, Rdnr. 67; Uhlenbruck-*Uhlenbruck*, § 22 InsO, Rdnr. 29. *Mönning* hält darüber hinaus auch die verfahrensbeteiligten Insolvenzgläubiger und den Insolvenzschuldner berechtigt, die Stilllegung des Schuldnerunternehmens anzuregen, wenn der vorläufige Insolvenzverwalter untätig bleibt (N/R-*Mönning*, § 22 InsO, Rdnr. 172).

328 MK-*Haarmeyer*, § 22 InsO, Rdnr. 115.

329 Uhlenbruck-*Uhlenbruck*, § 22 InsO, Rdnr. 29.

330 N/R-*Mönning*, § 22 InsO, Rdnr. 179.

fung, insbesondere durch Einholung eines Sachverständigengutachtens im Rahmen der Amtsermittlung gem. § 5 Abs. 1 InsO, weder geboten noch zulässig. Aus dem gleichen Grunde kann die Prognose des Ergebnisses der weiteren Betriebsfortführung vom vorläufigen Insolvenzverwalter nur auf leicht und zuverlässig feststellbare Kriterien gestützt werden.[331] *Mönning* ist darin zuzustimmen, dass sich die Prüfungspflicht des Insolvenzgerichts bei einem erfahrenen und qualifizierten vorläufigen Insolvenzverwalter auf die summarische Prüfung der Antragsunterlagen und einer rechnerischen Kontrolle der beigefügten Planrechnungen beschränkt.[332]

Der vorläufige Insolvenzverwalter hat anhand einer Plan-Ertragsrechnung und Liquiditätsbedarfsrechnung schlüssig nachzuweisen, dass die weitere Betriebsfortführung zu Verlusten führt, die eine Vermögensminderung zur Folge haben.[333] An diese Planrechnungen sind hinsichtlich Art und Genauigkeit nicht die Anforderungen des § 229 InsO an einen Insolvenzplan zu stellen, jedoch kann man auf diese nur verzichten, wenn eine Fortführungsmöglichkeit bereits a priori verbaut ist, z.B. weil die Hauptkunden bereits abgewandert sind.[334] Eine Betriebsfortführung ohne jegliche Planrechnung ist im Hinblick auf das Haftungsrisiko gem. §§ 60, 61 InsO als grob fahrlässig einzustufen.[335] Wenn diese Unterlagen nicht bereits mit dem Insolvenzantrag vorlegt worden sind, müssen diese vom vorläufigen Insolvenzverwalter erarbeitet werden. Für die Ermittlungszeit müssen Verluste aus der Betriebsfortführung hingenommen werden.[336]

Aus dem Erfordernis einer „erheblichen" Vermögensminderung folgt, dass den Gläubigern nach dem Willen des Gesetzgebers ein „Opfer" zugemutet werden kann, d.h. Massemittel durch die Betriebsfortführung in einem gewissen Umfang verbraucht werden dürfen.

Dieser unbestimmte Rechtsbegriff bedarf der Ausfüllung im Rahmen der Rechtsanwendung.[337] Über das Moment, wann die „Opfergrenze" erreicht ist, besteht in der Literatur Uneinigkeit. Nach wohl h.M. ist dieses der Fall, wenn sich die Befriedigungsaussichten der Gläubiger durch eine weitere Betriebsfortführung um 25% verschlechtern.[338] Dagegen zieht *Kirchhof* die Opfergrenze bereits bei einer Minde-

---

331 HK-*Kirchhof*, § 22 InsO, Rdnr. 22.

332 N/R-*Mönning*, § 22 InsO, Rdnr. 179; ebenso: MK-*Haarmeyer*, § 22 InsO, Rdnr. 115.

333 *Ampferl, Der „starke"* vorläufige Insolvenzverwalter in der Unternehmensinsolvenz, Rdnr. 800 f.; Braun-*Kind*, § 22 InsO, Rdnr. 13; N/R-*Mönning*, § 22 InsO, Rdnr. 173, 174.

334 *Heni*, Funktion und Konzeption von Planbilanzen, ZInsO 2006, 57.

335 MK-*Brandes*, §§ 60, 61 InsO, Rdnr. 23, 37; *Heni*, Funktion und Konzeption von Planbilanzen, ZInsO 2006, 57.

336 Braun-*Kind*, § 22 InsO, Rdnr. 13; HambK-*Schröder*, § 22 InsO, Rdnr. 61.

337 Für *Haarmeyer* führt der Verzicht des Gesetzgebers auf eine objektive Bestimmung der Zustimmungsvoraussetzungen zu einer erheblichen Rechtsunsicherheit (MK-*Haarmeyer*, § 22 InsO, Rdnr. 112).

338 Jaeger-*Gerhardt*, § 22 InsO, Rdnr. 84; MK-*Haarmeyer*, § 22 InsO, Rdnr. 114; N/R-*Mönning*, § 22 InsO, Rdnr. 178; HambK-*Schröder*, § 22 InsO, Rdnr. 62, gleichwohl eine Einzelfallbetrachtung für erforderlich halten.

rung der Befriedigungsaussichten um 10%.[339] Für *Ampferl* ist die Stilllegung geboten, wenn die voraussichtlichen Verluste bis zur Eröffnungsentscheidung die positive Differenz zwischen Fortführungswert und sofortigem Liquidationswert des Schuldnerunternehmens übersteigen.[340] Teilweise wird für die Zustimmung zur Betriebsstilllegung neben dem Tatbestandsmerkmal der erheblichen Vermögensminderung auch eine negative Sanierungsprognose gefordert.[341] Das *AG Aachen* hat eine Betriebsstilllegung für geboten erachtet, wenn die prognostizierten Verluste aus der Betriebsfortführung den Betrag der freien Insolvenzmasse übersteigen und keine konkrete Aussicht auf Sanierung besteht.[342] Für *Smid* ist maßgebend, ob im Einzelfall die hinsichtlich ihrer Erheblichkeit zu beurteilenden Verluste voraussichtlich nicht aus den Fortführungserlösen ausgeglichen werden können.[343]

Auf der Grundlage der vom vorläufigen Insolvenzverwalter vorgelegten Unterlagen hat der Insolvenzrichter nach § 22 Abs. 1 Satz 2 Nr. 2 InsO lediglich zu prüfen, ob das prognostizierte Ergebnis einer fortgesetzten Betriebsfortführung den Tatbestand einer erheblichen Vermögensminderung erfüllt.[344] Bei der betriebswirtschaftlichen Beurteilung der Betriebsfortführung hat der Insolvenzrichter einen Prognosespielraum.[345] Damit sind aber nicht Zweckmäßigkeitserwägungen zugelassen, d.h. der Insolvenzrichter ist nicht berechtigt, der vom vorläufigen Insolvenzverwalter für zweckmäßig erachteten Betriebsstilllegung trotz Vorliegens des Tatbestandsmerkmals einer erheblichen Vermögensverminderung die Zustimmung zu versagen, nur weil es die Betriebsstilllegung, z.B. um eine teilweise Fortbeschäftigung der Arbeitnehmer zu ermöglichen, für nicht zweckmäßig erachtet. Die Beurteilung der vom vorläufigen Insolvenzverwalter angestellten betriebswirtschaftlichen Prognose durch das Insolvenzgericht dient daher allein der Subsumtion, d.h. der Feststellung, ob das Tatbestandsmerkmal der erheblichen Vermögensverminderung vorliegt.[346] Das Zustimmungserfordernis nach § 22 Abs. 1 Satz 2 Nr. 2 InsO dient daher im Ergebnis der Verwirklichung der Rechtsaufsicht des Insolvenzgerichts.

---

339 HK-*Kirchhof*, § 22 InsO, Rdnr. 24.

340 *Ampferl, Der „starke“* vorläufige Insolvenzverwalter in der Unternehmensinsolvenz, Rdnr. 801.

341 Braun-*Kind*, § 22 InsO, Rdnr. 12; *Vallender*, Die Anordnung der vorläufigen Insolvenzverwaltung, DZWiR 1999, 265, 271.

342 *AG Aachen*, Beschl. v. 29. 3. 1999 – 19 IN 53/99 II – NZI 1999, 279.

343 Smid-*Smid*, § 22 InsO, Rdnr. 111.

344 Für die nach § 5 Abs. 1 InsO zulässige Einholung eines betriebswirtschaftlichen Fachgutachtens wird regelmäßig die Zeit fehlen, ebenso: *Ampferl*, Der „starke“ vorläufige Insolvenzverwalter in der Unternehmensinsolvenz, Rdnr. 803; MK-*Haarmeyer*, § 22 InsO, Rdnr. 114; *Vallender/Fuchs/Rey*, Der Eigenantrag und seine Behandlung bis zur Eröffnungsentscheidung, NZI 1999, 140, 142.

345 *Ampferl, Der „starke“* vorläufige Insolvenzverwalter in der Unternehmensinsolvenz, Rdnr. 802; HambK-*Schröder*, § 22 InsO, Rdnr. 62; *Vallender/Fuchs/Rey*, Der Eigenantrag und seine Behandlung bis zur Eröffnungsentscheidung, NZI 1999, 140, 142 spricht insoweit von „Ermessen“; MK-*Haarmeyer*, § 22 InsO, Rdnr. 115; a.A. *Pohlmann*, Rdnr. 147, der die volle richterliche Überzeugung vom Vorliegen der Voraussetzungen des § 22 Abs. 1 Nr. 2 InsO fordert.

346 Auch wenn in der Beurteilung des Sachverhalts – wie *Larenz* (Methodenlehre, S. 153) zutreffend feststellt – in Wahrheit der Schwerpunkt der Gesetzesanwendung liegt, sind hierbei keine Zweckmäßigkeitserwägungen anzustellen.

6.2. Betriebsstilllegung und -veräußerung im eröffneten Insolvenzverfahren

Für das eröffnete Insolvenzverfahren hat der Gesetzgeber ein § 22 Abs. 1 Satz 2 Nr. 2 InsO vergleichbares Zustimmungserfordernis zu einer Betriebsstilllegung nicht vorgesehen.[347] Eine Beteiligung des Insolvenzgerichts bei einer vom Insolvenzverwalter geplanten Betriebsstilllegung oder -veräußerung[348] ist nur auf Antrag des Insolvenzschuldners vorgesehen (§ 158 Abs. 2 Satz 2 InsO).

Im eröffneten Insolvenzverfahren ist es nach dem in § 157 Satz 1 InsO zum Ausdruck kommenden Willen des Gesetzgebers eine Angelegenheit der Gläubigerversammlung, im Berichtstermin die Entscheidung über die Fortführung oder Stilllegung des Schuldnerunternehmens zu treffen. Will der Insolvenzverwalter das Schuldnerunternehmen vor dem Berichtstermin gem. § 156 InsO stilllegen, bedarf er gem. § 158 Abs. 1 InsO[349] der Zustimmung eines bestellten Gläubigerausschusses, andernfalls kann er – ohne die Gläubigerversammlung befragen zu müssen[350] – in eigener Verantwortung über die Betriebsstilllegung entscheiden. Das gleiche gilt für den Fall einer Betriebsveräußerung.[351] In jedem Fall hat er zuvor den Insolvenzschuldner über seine Absichten zu unterrichten (§ 158 Abs. 2 Satz 1 InsO). Dieser kann beim Insolvenzgericht gem. § 158 Abs. 2 Satz 2 InsO die Untersagung der Stilllegung oder Veräußerung bewirken, wenn diese ohne eine erhebliche Verminderung der Insolvenzmasse bis zum Berichtstermin aufgeschoben werden können. Zweck dieser Regelung ist, die nach § 157 InsO von den Gläubigern im Berichtstermin über die Betriebsfortführung oder Stilllegung bzw. Betriebsveräußerung zu treffende Entscheidung nicht zu präjudizieren.[352]

Der Gesetzgeber hat in § 158 Abs. 1 InsO die Zulässigkeitsvoraussetzungen für die vorzeitige Betriebsstilllegung nicht definiert. Angesichts der Entscheidungskompetenz der Gläubigerversammlung gem. § 157 InsO müssen hierfür jedoch zwingende rechtliche und wirtschaftliche Gründe gegeben sein.[353] Eine vorzeitige Stilllegung ist aus rechtlichen Gründen geboten, wenn dem Insolvenzverwalter die aufgrund rechtlicher Vorschriften für eine Betriebsfortführung im konkreten Fall

---

347 In der Mehrzahl der Fälle wird die Entscheidung über die Stilllegung aus wirtschaftlichen Gründen bereits im Eröffnungsverfahren getroffen, MK-*Görg*, § 157 InsO, Rdnr. 5.

348 Insoweit ist § 158 Abs. 1 InsO durch das Gesetz zur Vereinfachung des Insolvenzverfahrens vom 13. 4. 2007 (BGBl. I S. 509) ergänzt worden, um die Möglichkeit zur Ausnutzung einer günstigen Verwertungsmöglichkeit noch vor dem Berichtstermin zu geben (Begrd.RegE, BT-Drucks. 16/3227, S. 20).

349 Diese Vorschrift ist an §§ 129 Abs. 2, 130 Abs. 2 KO angelehnt (Begrd.RegE zu § 158 InsO, zit. n. *Balz/Landfermann*, Die neuen Insolvenzgesetze, S. 266).

350 Braun-*Gerbers*, § 158 InsO, Rdnr. 4; HK-*Flessner*, § 158 InsO, Rdnr. 3.

351 HambK-*Decker*, § 158 InsO, Rdnr. 7; Braun-*Dithmar*, § 158 InsO, Rdnr. 1; HK-*Flessner*, § 158 InsO, Rdnr. 3; MK-*Görg*, § 158 InsO, Rdnr. 8.

352 Begrd. RegE zu § 158 InsO, zit. n. *Balz/Landfermann*, Die neuen Insolvenzgesetze, S. 266; für N/R-*Balthasar*, § 157 InsO, Rdnr. 1, ist dieses der deutlichste Ausdruck des mit Inkrafttreten der InsO bewirkten Paradigmenwechsels zur Gläubigerautonomie.

353 N/R-*Balthasar*, § 158 InsO, Rdnr. 12.

geforderte besondere fachliche Qualifikation oder Zulassung fehlt.[354] Aus § 158 Abs. 2 Satz 2 InsO ist zu folgern, dass die vorzeitige Stilllegung aus wirtschaftlichen Gründen eine erhebliche Minderung der Insolvenzmasse bei andauernder Betriebsfortführung voraussetzt. Eine geringfügige Minderung der Insolvenzmasse soll nach dem Willen des Gesetzgebers den Insolvenzgläubigern, ebenso wie im Rahmen der vorläufigen Insolvenzverwaltung, zumutbar sein.[355] Das Tatbestandsmerkmal der „erheblichen Verminderung der Insolvenzmasse" in § 158 Abs. 2 Satz 2 InsO entspricht demjenigen in § 22 Abs. 1 Satz 2 Nr. 2 InsO.[356] Entscheidend ist die Auswirkung der weiteren Betriebsfortführung auf die Befriedigungsquote,[357] worüber das Insolvenzgericht vor der Untersagungsentscheidung eine betriebswirtschaftliche Prognose anzustellen hat. Nur wenn das Insolvenzgericht in seiner Beurteilung zu dem Ergebnis kommt, dass ein Aufschub der Betriebsstilllegung bis zum Berichtstermin ohne einen erheblichen Masseverzehr möglich ist, und nicht aus anderen Erwägungen, kann es die Betriebsstilllegung untersagen. Im Fall der Betriebsveräußerung darf nicht die Sorge begründet sein, dass sich eine günstige Verwertungsmöglichkeit bei einem Zuwarten bis zur Gläubigerversammlung zerschlagen könnte.[358]

Im Fall einer Betriebsstilllegung oder -veräußerung vor dem Berichtstermin dient die insolvenzgerichtliche Aufsicht der Wahrung der Gläubigerautonomie und der Erreichung des Insolvenzzwecks der optimalen Gläubigerbefriedigung. Die Zweckmäßigkeit der vom Insolvenzverwalter beabsichtigten Betriebsstilllegung oder -veräußerung unterliegt nur insoweit der insolvenzgerichtlichen Kontrolle, als es zu prüfen gilt, ob die Entscheidungsautonomie der Gläubiger nach § 157 InsO ohne den Preis eines erheblichen Masseverzehrs gewahrt werden kann. Wird dem Antrag des Insolvenzschuldners auf Untersagung der Betriebsstilllegung oder -veräußerung entsprochen, dann nur, weil der Gläubigerautonomie ohne die Gefahr eines erheblichen Masseverzehrs Geltung verschafft werden kann. Dagegen erfolgt eine Zurückweisung des Untersagungsantrages des Insolvenzschuldners zur Wahrung der Befriedigungsaussichten der Gläubiger. Erhält das Insolvenzgericht von Tatsachen Kenntnis, die den Schluss auf eine solche pflichtwidrige Betriebsfortführung zulassen, kann aus § 58 Abs. 1 Satz 1 InsO eine Pflicht des Insolvenzgerichts hergeleitet werden, die Ertragslage und Rentabilität des fortgeführten Schuldnerunternehmens sowie die Rechtmäßigkeit der Betriebsfortführung zu prüfen.[359] In diesen Fällen dient die insolvenzgerichtliche Aufsicht der Überwachung der Rechtmäßigkeit der Insolvenzverwaltertätigkeit in Bezug auf

---

354 *OLG Kiel*, Beschl. v. 4. 11. 1933 – 4 W 243/33 – KTS 1935, 28 (zur Fortführung einer Apotheke bei Widerspruch des konzessionierten Gemeinschuldners); N/R-*Balthasar*, § 158 InsO, Rdnr. 15 f.

355 N/R-*Balthasar*, § 158 InsO, Rdnr. 14.

356 Braun-*Gerbers* § 158 InsO, Rdnr. 7.

357 HK-*Flessner*, § 158 InsO, Rdnr. 4.

358 Begrd.RegE zu § 158 InsOÄndG 2007, BT-Drucks. 16/3227, S. 20.

359 So bereits zu § 83 KO: *LG Wuppertal*, Beschl. v. 29. 9. 1957 – 6 T 514 und 578/57 – KTS 1958, 45, 47 (im Fall einer Betriebsfortführung, die erst auf Beschluss der Gläubigerversammlung wieder aufgenommen wurde); *AG Osnabrück*, Beschl. v. 2. 2. 1965 – 9 N 28/52 – KTS 1965, 181, 182 (im Fall einer bereits 13 Jahre andauernden Betriebsfortführung).

dessen Pflicht zur Wahrung der Gläubigerautonomie einerseits und zur Erreichung des Insolvenzzweckes der optimalen Gläubigerbefriedigung andererseits.

6.3. Untersagung der Betriebsveräußerung gem. § 163 InsO

Ein Sonderfall der Untersagung einer Betriebsveräußerung durch den Insolvenzverwalter ist in § 163 Abs. 1 InsO normiert worden.[360] Hiernach kann das Insolvenzgericht auf Antrag des Insolvenzschuldners oder eines Gläubigerquorums[361] anordnen, dass eine geplante Unternehmens- oder Betriebsveräußerung nur mit Zustimmung der Gläubigerversammlung zulässig ist. Normzweck ist die Verhinderung von Nachteilen für die Insolvenzmasse dadurch, dass bestimmten Beteiligten auf Kosten anderer ein wirtschaftlicher Wert zufließt.[362] Voraussetzung ist, dass eine Beschlussfassung der Gläubigerversammlung über die Betriebsveräußerung noch nicht erfolgt ist.[363] Ist ein Gläubigerausschuss bestellt und hat dieser der Betriebsveräußerung zugestimmt, dann kann der Insolvenzschuldner bzw. ein Gläubigerquorum unter den Voraussetzungen des § 163 Abs. 1 InsO die Zuständigkeit der Gläubigerversammlung durch einen entsprechenden Anordnungsbeschluss des Insolvenzgerichts wiederherstellen.[364] Der Insolvenzschuldner selbst kann eine zustimmende Beschlussfassung der Gläubigerversammlung, die mit seinen Vorstellungen von einer optimalen Unternehmensveräußerung nicht im Einklang steht, mit einem Antrag nach § 163 Abs. 1 InsO nicht verhindern.

Formelle Verfahrensvoraussetzung für ein Vorgehen des Insolvenzgerichts nach § 163 Abs. 1 InsO ist, dass der Insolvenzverwalter beabsichtigt, das schuldnerische Unternehmen zu veräußern. Der Antragsteller muss eine konkrete andere Veräußerungsmöglichkeit – mit Angaben zur Person des potentiellen Erwerbers und zum Angebotsinhalt – darlegen und dann mit den Mitteln des § 294 ZPO[365] glaubhaft machen, dass diese für die Insolvenzmasse günstiger ist.[366] Dabei muss die Veräußerungsmöglichkeit hinreichend konkret sein.[367] Erforderlich ist, dass der Antragssteller den alternativen Interessenten und dessen Angebotskonditionen

---

360 Uhlenbruck-*Uhlenbruck*, § 163 InsO, Rdnr. 1.
361 Zum Antragserfordernis: Uhlenbruck-*Uhlenbruck*, § 163 InsO, Rdnr. 4.
362 Begrd.RegE zu § 163 InsO, zit. n. *Balz/Landfermann*, Die neuen Insolvenzgesetze, S. 272. Im RegE war noch vorgesehen, dass die Unternehmensveräußerung auf Antrag nur im Wege des Insolvenzplanverfahrens erfolgen dürfe. Von diesem Erfordernis ist man im Rahmen des Beratungsverfahrens im Interesse der Gerichtsentlastung und der Verfahrensvereinfachung abgewichen. Nach Ansicht von Smid-*Smid*, § 163 InsO, Rdnr. 9, ist die Vorschrift des § 163 InsO deshalb unsinnig, weil sich das Zustimmungserfordernis bereits aus § 160 Abs. 2 Nr. 1 InsO ergibt.
363 HambK-*Decker*, § 163 InsO, Rdnr. 5.
364 HK-*Flessner*, § 163 InsO, Rdnr. 1.
365 Andres/Leithaus-*Andres*, § 163 InsO, Rdnr. 5; HambK-*Decker*, § 163 InsO, Rdnr. 4; Kübler/Prütting-*Onusseit*, § 163 InsO, Rdnr. 5; Smid-*Smid*, § 163 InsO, Rdnr. 6; Uhlenbruck-*Uhlenbruck*, § 163 InsO, Rdnr. 5.
366 HK-*Flessner*, § 163 InsO, Rdnr. 2 f.; Braun-*Gerbers*, § 163 InsO, Rdnr. 4.
367 HK-*Flessner*, § 163 InsO, Rdnr. 1; Braun-*Gerbers*, § 163 InsO Rdnr. 4; Kübler/Prütting-*Onusseit*, § 163 InsO, Rdnr. 6; Uhlenbruck-*Uhlenbruck*, § 163 InsO, Rdnr. 2.

angibt.[368] Zweckdienlich ist hierfür die Vorlage eines Sachverständigengutachtens, dessen Erstellungskosten unter den Voraussetzungen des § 163 Abs. 2 InsO von der Insolvenzmasse getragen werden.

Das Insolvenzgericht hat eine umfassende, vergleichende Betrachtung der besseren Verwertungsmöglichkeit unter allen in Frage kommenden Gesichtspunkten vorzunehmen.[369] Maßgeblich sind die Höhe des Masseerlöses und der Befriedigung der Gläubiger, aber auch Kriterien wie der Zahlungstermin, das Stundungsrisiko, die Haftungsregelungen, sowie die Struktur und die Solvenz des Erwerbers.[370] Auf dieser Grundlage hat das Insolvenzgericht vergleichend eine rechtliche Beurteilung, z.B. der Vertragskautelen, anzustellen und eine wirtschaftliche Analyse vorzunehmen, um beurteilen zu können, welches der alternativen Veräußerungsmöglichkeiten die Erreichung der Insolvenzzwecke, insbesondere die bestmögliche Gläubigerbefriedigung, eher gewährleistet. Für die Glaubhaftmachung ist es ausreichend, dass die vorgestellte anderweitige Veräußerung möglicherweise günstiger ist.[371]

Zweck der Vorschrift des § 163 Abs. 1 InsO ist die Wahrung der Gläubigerautonomie, nicht die Kontrolle der Zweckmäßigkeitskontrolle des Verwalterhandelns. Denn das Insolvenzgericht entscheidet nicht selbst über die Betriebsveräußerung, sondern stellt die Gläubigerautonomie wieder her, in dem es die Entscheidung über die vom Insolvenzverwalter beabsichtigte Betriebsveräußerung in die Verantwortung der Gläubigerversammlung gibt.[372] Der Antragsteller kann nicht verhindern, dass der Insolvenzverwalter die ursprünglich beabsichtigte Betriebsveräußerung nach einer Anordnung gem. § 163 Abs. 1 InsO mit der Zustimmung der Gläubigerversammlung vornimmt. Läßt der Insolvenzverwalter eine nach § 163 Abs. 1 InsO ergangene Anordnung unbeachtet, dann kann das Insolvenzgericht eine Veräußerung nur entsprechend § 161 Satz 2 InsO untersagen.[373]

6.4. Planzurückweisung gem. § 231 Abs. 1 InsO

Das Insolvenzgericht hat einen Insolvenzplan gem. § 231 Abs. 1 InsO von Amts wegen zurückzuweisen, wenn die Vorschriften über das Recht zur Vorlage (§ 218 InsO) und den Inhalt des Planes (§§ 217, 219 bis 230 InsO) nicht beachtet worden sind (§ 231 Abs. 1 Nr. 1 InsO)[374] oder – nur bei einem vom Insolvenzschuldner vor-

---

368 HambK-*Decker*, § 163 InsO, Rdnr. 3; MK-*Görg*, § 163 InsO, Rdnr. 9.
369 Begrd.RegE zu § 163 InsO, zit. n. *Balz/Landfermann*, Die neuen Insolvenzgesetze, S. 272.
370 HambK-*Decker*, § 163 InsO, Rdnr. 3; HK-*Flessner*, § 163 InsO, Rdnr. 3; Braun-*Gerbers*, § 163 InsO, Rdnr. 5; Uhlenbruck-*Uhlenbruck*, § 163 InsO, Rdnr. 7.
371 HK-*Flessner*, § 163 InsO, Rdnr. 4, der eine überwiegende Wahrscheinlichkeit angesichts des damit verbundenen zeitlichen und sachlichen Prüfungsaufwandes für nicht geboten erachtet; Uhlenbruck-*Uhlenbruck*, § 163 InsO, Rdnr. 7.
372 HK-*Flessner*, § 163 InsO, Rdnr. 5.
373 Kübler/Prütting-*Onusseit*, § 163 InsO, Rdnr. 6; Uhlenbruck-*Uhlenbruck*, § 163 InsO, Rdnr. 9.
374 Aus der Begründung des RegE zu § 231 InsO geht hervor, dass das *„und“* hier als *„oder“* zu lesen ist (zit. n. *Balz/Landfermann*, Die neuen Insolvenzgesetze, S. 346).

gelegten Insolvenzplan[375] – wenn dieser offensichtlich keine Aussicht auf Annahme durch die Gläubiger gem. §§ 235 ff. InsO oder auf Bestätigung durch das Insolvenzgericht gem. §§ 248 ff. InsO hat bzw. wenn die nach dem gestaltenden Teil des Insolvenzplanes den Beteiligten zustehenden Ansprüche offensichtlich nicht erfüllt werden können (§ 231 Abs. 1 Nr. 2 u. 3 InsO).

Bei der Prüfung der Voraussetzungen der Zurückweisungsgründe der § 231 Abs. 1 Nr. 2 u. 3 InsO hat das Insolvenzgericht durchaus Zweckmäßigkeitserwägungen – *„offensichtlich keine Aussicht auf Annahme"* oder *„offensichtlich nicht erfüllt werden können"* – anzustellen, jedoch sind diese gesetzlichen Tatbestände für die Aufsicht über den Insolvenzverwalter (§ 58 InsO) nicht relevant, da diese nur den vom Insolvenzschuldner und nicht den vom Insolvenzverwalter vorgelegten Insolvenzplan betreffen. Dabei ist es nach Ansicht von *Wimmer* nicht Aufgabe des Insolvenzgerichts, im Rahmen einer umfassenden ökonomischen Analyse die Erfolgsaussichten des dem Insolvenzplan zugrunde liegenden Sanierungskonzepts zu bewerten.[376] Bei der Prüfung, ob der für alle Insolvenzpläne geltende Zurückweisungsgrund des § 231 Abs. 1 Nr. 1 InsO gegeben ist[377], und bei der Prüfung der Sachgerechtigkeit der Gruppenbildung (§ 222 Abs. 2 Satz 3 InsO)[378] übt das Insolvenzgericht eine auf die Einhaltung der gesetzlichen Formalien gerichtete Rechtmäßigkeitskontrolle aus.

An diese Gruppenbildung sind strenge Anforderungen zu stellen, da diese die Mehrheitsverhältnisse für die Abstimmung festlegen kann.[379] Neben der durch § 222 Abs. 1 InsO zwingend vorgeschriebenen Gruppenbildung zwischen Gläubigern mit unterschiedlicher Rechtsstellung, ist durch § 222 Abs. 2 InsO die Möglichkeit zur (fakultativen) Gruppenbildung aus den Gläubigern mit gleicher Rechtsstellung und mit gleichartigen wirtschaftlichen Interessen eröffnet. Die Abgrenzung gegen andere Gruppen aus Gläubigern der gleichen Rechtsstellung muss sachgerecht sein (§ 222 Abs. 2 Satz 2 InsO)[380] und im darstellenden Teil des Insolvenzplanes begründet werden (§ 222 Abs. 2 Satz 3 InsO). Der Gesetzgeber stellte sich vor, mit dem Erfordernis der Sachgerechtigkeit der Gruppenbildung, Manipulationen zur Beschaffung von Mehrheiten vermeiden zu können. Ist die Gruppenbildung sachgerecht, dann unterliegt die Angemessenheit der für die einzelnen Gruppen vorgesehenen Regelungen nicht einer mit einem Zurückweisungsrecht ausgestat-

---

375 In der Begrd. des Rechtsausschusses wird ausgeführt, dass bei einem vom Insolvenzverwalter vorgelegten Plan davon ausgegangen werden kann, dass dieser nicht offensichtlich oder unerfüllbar ist (Vgl. Ausschussbericht, zit. n. *Balz/Landfermann*, Die neuen Insolvenzgesetze, S. 346).

376 *Wimmer*, Der Rechtspfleger im neuen Insolvenzrecht, InVo 1997, 316, 318; vgl. zur Prognoseentscheidung des Insolvenzgerichts nach § 245 InsO: *LG Traunstein*, Beschl. v. 27.8. 1999 – 4 T 2966/99 – ZInsO 1999, 577 ff.

377 Vor der Zurückweisung hat das Insolvenzgericht den Planvorlegenden unter Fristsetzung zur Mängelbeseitigung aufzufordern.

378 Laut MK-*Eidenmüller*, § 222 InsO, Rdnr. 8, gehörte die Vorschrift des § 222 InsO zu den am heftig-sten kritisierten Vorschriften des Insolvenzplanverfahrens.

379 HK-*Flessner*, § 231 InsO, Rdnr. 4.

380 Zu der Frage, ob neben dem Tatbestandsmerkmal *„gleichartige wirtschaftliche Interessen"* immer auch das Tatbestandsmerkmal *„sachgerecht … abgegrenzt"* für die Gruppenbildung erfüllt sein muss: MK-*Eidenmüller*, § 222 InsO, Rdnr. 72 f.

teten Prüfung durch das Insolvenzgericht, sondern der Abstimmung der Insolvenzgläubiger.[381]

Folglich hat das Insolvenzgericht nach § 231 Abs. 1 Nr. 1 InsO bei einem vom Insolvenzverwalter vorgelegten Insolvenzplan nur eine reine Rechtmäßigkeitskontrolle vorzunehmen.

6.5. Ergebnis

Eine Untersuchung ausgesuchter Fälle gesetzlich normierter Zustimmungserfordernisse zugunsten des Insolvenzgerichts bestätigt die hier vertretene Auffassung, dass die Kontrolle der Zweckmäßigkeitsentscheidungen des Insolvenzverwalters durch das Insolvenzgericht nur der Feststellung deren Rechtswidrigkeit oder Insolvenzzweckwidrigkeit dient, mithin nur Bestandteil des insolvenzgerichtlichen Erkenntnisprozesses im Rahmen der Aufsicht (§ 58 InsO) ist und nicht der Vorbereitung des Aufsichtsvollzug, z.B. durch Handlungsanweisungen an den Insolvenzverwalter, dient.

II. § 58 InsO: Besteht ein Aufsichtsermessen des Insolvenzgerichts?

Nachdem festgestellt worden ist, dass die Aufsicht gem. § 58 Abs. 1 InsO als Rechtsaufsicht zu verstehen ist und dem Insolvenzverwalter bei der Beurteilung der Zweckmäßigkeit einer Verwaltungs- und Verwertungsmaßnahme ein grundsätzlich aufsichtsfreier Kernbereich eigenverantwortlicher Entscheidungen eingeräumt ist, der nur bei insolvenzzweckwidriger und damit pflichtwidriger Ausnutzung ein Einschreiten des Insolvenzgerichts im Rahmen der Aufsicht (§ 58 InsO) zuläßt, ist zu untersuchen, ob das Insolvenzgericht bei Feststellung einer rechtswidrigen oder insolvenzzweckwidrigen Verwaltungsmaßnahmen im Rahmen der Aufsicht (§ 58 Abs. 1 InsO) einzuschreiten hat, oder ob diesem insoweit ein Ermessen eingeräumt ist. Dabei kann sich das Ermessen sowohl auf das Ob des aufsichtsrechtlichen Tätigwerdens (Entschließungsermessen) als auch auf das Wie des aufsichtsrechtlichen Tätigwerdens (Auswahlermessen) erstrecken. Die Beantwortung dieser Frage ist z.B. für die Festlegung der Eintrittsschwelle der Staatshaftung bei einer Verletzung der Aufsichtspflicht durch die Organe des Insolvenzgerichts oder für das Bestehen eines Anspruches der Verfahrensbeteiligten auf ein aufsichtsrechtliches Einschreiten des Insolvenzgerichts bedeutsam.

1. Vorbemerkungen zur Terminologie

Der Verwaltungsrechtler wird bei der Frage nach der Intensität der Gesetzesbindung immer zugleich an die Termini „Ermessen", „unbestimmter Rechtsbegriff"

---

381 Begrd.RegE zu § 222 InsO, zit. n. *Balz/Landfermann*, Die neuen Insolvenzgesetze, S. 335.

und „Beurteilungsspielraum" denken. Diese Termini werden in Rechtsprechung und Literatur zur insolvenzgerichtlichen Aufsicht nicht immer zutreffend oder konsistent verwandt.[382] Im Verwaltungsrecht spricht man von Ermessen, wenn die Verwaltung bei Verwirklichung eines gesetzlichen Tatbestandes zwischen verschiedenen Verhaltensweisen wählen kann. Gesetzestechnisch erfolgt die Ermessensermächtigung meist durch Ausdrücke wie *„kann"*, *„darf"*, *„ist befugt"*, gelegentlich sogar durch ausdrücklichen Hinweis auf das *„Ermessen"*.[383] Mit der Ermessensermächtigung wird der Verwaltung ein behördlicher Handlungs- und Gestaltungsspielraum eingeräumt. Dieser ist jedoch nicht unbeschränkt, sondern durch die Gesetze, insbesondere durch § 40 VwVfG, eingegrenzt. Die Verwaltung schuldet eine pflichtgemäße Ermessensausübung[384] entsprechend dem Zweck der gesetzlichen Ermächtigung und im Rahmen der gesetzlichen Grenzen.[385] Das Ermessen kann sich dabei darauf beziehen, ob die Behörde eine zulässige Aufsichtsmaßnahme überhaupt treffen will (Entschließungsermessen) oder darauf, welche von mehreren zulässigen Aufsichtsmaßnahmen es ergreifen will (Auswahlermessen).[386]

Knüpft demnach das Ermessen an die Rechtsfolgenseite einer Rechtsnorm an, betreffen der unbestimmte Rechtsbegriff und der Beurteilungsspielraum deren Tatbestandsseite.[387] Von einer Beurteilungsermächtigung wird im Allgemeinen gesprochen, wenn eine Rechtsnorm auf der Tatbestandsseite der zuständigen Behörde bei der Auslegung von unbestimmten Rechtsbegriffen einen Spielraum eigenverantwortlicher Entscheidungen überlässt. Ausgangspunkt solcher Beurteilungsspielräume sind also zunächst die sog. unbestimmten Rechtsbegriffe.[388] Hierunter sind Gesetzesbegriffe zu verstehen, deren Sinngehalt nicht offenkundig ist und die der Auslegung bedürfen.[389] Es handelt sich hierbei um ein Problem der Erkenntnis, da die Anwendung des unbestimmten Rechtsbegriffes im Einzelfall eine Wertung oder Prognose erfordert.[390] Beispiele aus dem Insolvenzrecht für unbestimmte Rechtsbegriffe sind die Eignung i.S.d. § 56 Abs. 1 InsO und der wichtige Grund i.S.d. § 59 Abs. 1 InsO. Aus der Feststellung des Vorliegens eines unbestimmten Rechtsbegriffes folgt jedoch nicht notwendig, dass der Verwaltung auch

---

382 Vgl. z.B. bei MK-*Görg*, § 158 InsO, Rdnr. 22: „(…) *eröffnet dem Gericht aber einen Beurteilungsspielraum, der im Ergebnis einem Ermessen weitgehend gleichkommt.*" Beurteilungsspielraum und Ermessen schließen sich gegenseitig aus, da ersteres an den Tatbestand einer Gesetzesnorm und letzteres an deren Rechtsfolge anknüpft.

383 Stelkens/Bonk/Sachs-*Sachs*, § 40 VwVfG, Rdnr. 21 ff.

384 Fehling/Kastner/Wahrendorf-*Schwarz*, § 114 VwGO, Rdnr. 37; *Ziekow*, Verwaltungsverfahrensgesetz, § 40 VwVfG, Rdnr. 24 f.

385 *BVerfG*, Beschl. v. 16. 2. 1965 – 1 BvL 15/62 – NJW 1965, 741, 742.

386 *Maurer*, Allg. Verwaltungsrecht, § 7 Rdnr. 7.

387 Allg. M., *BVerwG*, Urt. v. 25. 7. 1985 – 3 C 25.84 – NJW 1986, 796, 799; Stelken/Bonk/Sachs-*Sachs*, § 40 VwVfG, Rdnr. 32 ff.

388 Zur verfassungsrechtlichen Zulässigkeit „unbestimmter Rechtsbegriffe": *BVerfG*, Beschl. v. 12. 11. 1958 – 2 BvL 4, 26, 40/56, 1, 7/57 – NJW 59, 475, 476 f.

389 Stelken/Bonk/Sachs-*Sachs*, § 40 VwVfG, Rdnr. 147. Zur verfassungsrechtlichen Zulässigkeit der unbestimmten Rechtsbegriffe: *BVerfG*, Beschl. v. 26. 9. 1978 – 1 BvR 525/77 – NJW 1978, 2446, 2447.

390 *Maurer*, Allg. Verwaltungsrecht, § 7 Rdnr. 29.

ein Beurteilungsspielraum im Sinne einer gerichtlich nicht überprüfbaren Letztentscheidungskompetenz eingeräumt wird.[391] Solche Beurteilungsspielräume können nur ausnahmsweise zuerkannt werden und bedürfen einer besonderen Rechtfertigung, weil sie das Grundrecht auf effektiven Rechtsschutz (Art. 19 Abs. 4 GG) einschränken.[392] Der Beurteilungsspielraum hat Grenzen, deren Einhaltung im Hinblick auf Art. 19 Abs. 4 GG gerichtlich nachzuprüfen ist. Die den Gerichten verbleibende Kontrolle muss bei berufsbezogenen Prüfungen für einen wirkungsvollen Schutz der Berufsfreiheit zweckgerichtet, geeignet und angemessen sein.[393] Die Regeln über die eingeschränkte Kontrolle des Verwaltungsermessens gelten jedoch nicht für die Auslegung und Anwendung unbestimmter Rechtsbegriffe.[394]

Daher ist nach Sinn und Zweck der zugrunde liegenden Rechtsvorschrift und unter Berücksichtigung der maßgeblichen Verfahrensvorschriften zu untersuchen, ob der Gesetzgeber die Letztentscheidungskompetenz der Verwaltung übertragen wollte.

2. Die Aufsicht als Amtspflicht

Nach allg. M. ist die dem Insolvenzgericht nach § 58 Abs. 1 InsO auferlegte Aufsicht über den Insolvenzverwalter eine Amtspflicht.[395] Es handelt sich hierbei nach einer Entscheidung des *BGH* vom 12. 7. 1965 um eine vorbeugende Aufsichtspflicht, die keines Anlasses zu Misstrauen gegenüber dem Insolvenzverwalter bedarf.[396] Diese rechtliche Einordnung ist die Konsequenz daraus, dass der Staat durch die Anordnung der Verwaltung fremden Vermögens durch eine von ihm bestellte Person in die verfassungsgemäßen Rechte des Vermögensträgers eingreift und sich deshalb seiner (haftungsrechtlichen) Verantwortung nicht entziehen kann.[397] Obwohl der Gesetzgeber der InsO das Reformziel verfolgte, die Gläubigerautonomie zu stärken[398], sind die Leitentscheidungen des Verfahrens dem In-

391 *BVerfG*, Beschl. v. 17. 4. 1991 – 1 BvR 419/81, 1 BvR 213/83 – NJW 1991, 2005, 2006; *Kopp/Ramsauer*, § 40 VwVfG, Rdnr. 73; Stelken/Bonk/Sachs-*Sachs*, § 40 VwVfG, Rdnr. 147.

392 *BVerfG*, Beschl. v. 28. 6. 1983 – 2 BvR 539, 612/80 – NJW 1984, 33, 35; *BVerwG*, Urt. v. 1. 3. 1990 – 3 C 50/86 – NVwZ 1991, 568, 569; *BVerwG*, Urt. v. 13. 12. 1979 – 5 C 1.79 – BeckRS 1979 30426590.

393 *BVerfG*, Beschl. v. 17. 4. 1991 – 1 BvR 419/81, 1 BvR 213/83 – NJW 1991, 2005, 2007.

394 *BVerfG*, Beschl. v. 17. 4. 1991 – 1 BvR 419/81, 1 BvR 213/83 – NJW 1991, 2005, 2006.

395 *OLG* Stuttgart, Urt. v. 5. 9. 2007 – 4 U 205/06 – ZIP 2007, 1822, 1825; *LG München I*, Beschl. v. 29. 9. 1964 – 13 T 314/64 – KTS 1965, 243, 245, für die Pflicht des Konkursgerichtes zur Prüfung der Schlussrechnung des Verwalters; Andres/Leithaus-*Andres*, § 58 InsO, Rdnr. 1; HK-*Eickmann*, § 58 InsO, Rdnr. 1; *Frind*, Die Öffentlichkeitsarbeit des (vorläufigen) Insolvenzverwalters – Nutzen, Grenzen, Gefahren, NZI 2005 654, 657; *Graeber*, Die Wahl des Insolvenzverwalters durch die Gläubigerversammlung nach § 57 InsO, ZIP 2000, 1465, 1473; MK-*Haarmeyer*, § 22 InsO, Rdnr. 213; *Haarmeyer/Wutzke/Förster*, Hdb. InsO, Kap. 5 Rdnr. 41; *Häsemeyer*, InsR, Rdnr. 6.32; *Naumann*, Die Aufsichtspflicht des Insolvenzgerichtes über den Insolvenzverwalter, KS-InsO, 2. A., S. 431 ff., Rdnr. 25.

396 *BGH*, Urt. v. 12. 7. 1965 – III ZR 41/64 – BeckRS 30400811 (Ziff. 4.).

397 Fn. 255.

398 Siehe Kap. C.I.5.1.

solvenzgericht vorbehalten.[399] Mit der rechtlichen Einordnung der insolvenzgerichtlichen Aufsicht als Amtspflicht ist aber noch nichts darüber ausgesagt, dass das Insolvenzgericht bei Kenntnis von Pflichtverletzungen des Insolvenzverwalters handeln muss oder diesem hinsichtlich des Ob eines Tätigwerdens im Rahmen der Aufsicht ein Entscheidungsermessen und hinsichtlich des Wie ein Auswahlermessen eingeräumt ist.

3. Versuch einer Auslegung

Zunächst soll im Wege der Auslegung der Vorschrift des § 58 Abs. 1 InsO versucht werden, Aufschluss darüber zu erhalten, ob dem Insolvenzgericht ein Aufsichtsermessen eingeräumt ist. Die Auslegung dient in der Jurisprudenz als „verstehende Wissenschaft"[400] der Ermittlung des Sinnes eines Textes.[401]

3.1. Wortlaut

Der Wortsinn einer Norm ist zunächst mit dem allgemeinen Sprachgebrauch zu erfassen und beschreibt auch die Grenzen der Auslegung.[402] Der Wortlaut des § 58 Abs. 1 Satz 1 InsO – *„Der Insolvenzverwalter steht unter der Aufsicht des Insolvenzgerichts."* – besagt nur, dass der Insolvenzverwalter der Aufsicht durch das Insolvenzgericht unterworfen ist. Eine Eingriffsschwelle für das aufsichtsrechtliche Tätigwerden des Insolvenzgerichts, also ein Ermessen, ist dagegen nicht normiert worden.

3.2. Bedeutungszusammenhang

Wie bereits festgestellt worden ist, ergibt sich aus der äußeren Anordnung des Gesetzes und der ihr zugrunde liegenden begrifflichen Systematik nichts für den Inhalt der Aufsicht.[403]

In § 58 Abs. 2, 3 InsO sind Sanktionsmöglichkeiten des Insolvenzgerichts für den Fall geregelt, dass der Insolvenzverwalter seine Pflichten nicht erfüllt.[404] Hieraus lässt sich ableiten, dass eine Pflichtwidrigkeit des Insolvenzverwalters die Eingriffsschwelle für das Zwangsgeldverfahren ist. Der Wortlaut des § 58 Abs. 2 Satz 1 InsO – *„kann"* – lässt zunächst den Schluss zu, dass eine Sanktionierungspflicht des Insolvenzgerichts nicht besteht, mithin dem Insolvenzgericht ein Entschließungsermessen, vergleichbar dem öffentlichen Recht, eingeräumt ist. Zugleich kann dieser Wortlaut dahingehend verstanden werden, dass das Insolvenzgericht

---

399 MK-*Ganter*, Vor §§ 2 bis 10 InsO, Rdnr. 10.
400 *Larenz*, Methodenlehre, S. 85, als Überschrift des 3. Abschnittes des 2. Kapitels.
401 *Larenz*, Methodenlehre, S. 85.
402 *Larenz*, Methodenlehre, S. 195, 219.
403 Siehe Kap. C.I.1.2.1.
404 Ausführlich zu diesen Aufsichtsmaßnahmen: Kap. F.VIII. und F.IX.

auch eine andere Zwangsmaßnahme als die Androhung und Festsetzung eines Zwangsgeldes ergreifen kann, wenn es dieses zur Wiederherstellung der pflichtmäßigen und rechtmäßigen Insolvenzverwaltung für erforderlich hält, folglich dem Insolvenzgericht in Bezug auf die Sanktionierung des Insolvenzverwalters ein Auswahlermessen[405] eingeräumt ist.

Nichts anderes lässt sich aus dem Wortlaut – „*kann*“ – der Vorschrift des § 59 Abs. 1 Satz 1 InsO herleiten.[406]

Eine Besonderheit im Hinblick auf das Ermessen des Insolvenzgerichts ergibt sich bei der Auswahl des Insolvenzverwalters gem. § 56 Abs. 1 InsO. Hier ist, was noch gesondert dargestellt werden soll, zwischen dem Beurteilungsspielraum des Insolvenzgerichts bei der Feststellung der grundsätzlichen Eignung eines Prätendenten um das Insolvenzverwalteramt[407] und dem Auswahlermessen bei der Bestellung eines für den Einzelfall geeigneten Insolvenzverwalters zu differenzieren.[408]

3.3. Historisch-teleologische Auslegung

Der Gesetzgeber der InsO verweist auf die Rechtslage nach dem früheren Konkurs- und Vergleichsrecht.[409] In den Materialien zu § 83 KO ist zu lesen: „*Keineswegs ist indessen beabsichtigt, das Gericht durch Beilegung von Disziplinarbefugnissen indirekt zu einer oberen Instanz in Verwaltungssachen zu machen. (...) Direkte Verstöße gegen die gesetzlichen Vorschriften, grobe Vernachlässigkeit der Amtspflichten etc. können von dem Gericht ohne Einmischung in die eigentliche Verwaltung sehr wohl geahndet werden.*“[410] An diesen Erläuterungen wird deutlich, dass sich der KO-Gesetzgeber grundsätzlich eine in das Ermessen des Konkursgerichtes gestellte Aufsicht über den Konkursverwalter vorgestellt hatte. Diese Vorstellung ist angesichts der historischen Gegebenheiten, unter denen die deutsche Konkursordnung vom 10. 2. 1877 eingeführt wurde, verständlich. War doch das Konkursrecht in dem sich einigenden Deutschland durch das Gläubigerselbsthilfeverfahren gekennzeichnet, das eine Verfahrensleitung durch ein staatliches Organ ausschloss. Mit der Einführung der KO sollten nur Auswüchse des unter ausschließlicher Gläubigerselbstverwaltung stehenden Insolvenzverfahrens beseitigt werden, ein grundsätzlicher Wechsel zum Amtsverfahren eines *Salgado de Somoza* wurde jedoch nicht verfolgt.[411] Ein Reformziel der InsO war die Stärkung der Gläubigerautonomie.[412] Dieses Ziel steht aber einer stär-

405 Zum öffentlichrechtlichen Verständnis dieses Terminus: Kap. C.II.1.
406 Siehe Kap. C.II.6.4.
407 Siehe Kap. F.I.1.3.
408 Siehe Kap. F.I.3.2.1.
409 Siehe Kap. C.I.1.3.
410 Zit. n. *Hahn*, Die gesamten Materialien zu den Reichs-Justizgesetzen, Bd. 4 Materialien zur Konkursordnung, S. 281 f.
411 Siehe Kap. C.I.1.3.
412 Siehe Kap. C.I.5.1.

keren Reglementierung des Insolvenzverfahrens durch eine Intensivierung der insolvenzgerichtlichen Aufsicht entgegen.

3.4. Zwischenergebnis

Eine Auslegung der allgemeinen gesetzlichen Anordnung der Aufsicht in § 58 Abs. 1 InsO und der zu dieser in unmittelbarem Zusammenhang stehenden Vorschriften der §§ 56 Abs. 1, 58 Abs. 2, 59 Abs. 1 InsO ergibt, dass dem Insolvenzgericht bei der Bestellung des Insolvenzverwalters oder bei der Auswahl der aufsichtsrechtlichen Sanktion gegenüber einem rechtswidrig oder insolvenzzweckwidrig handelnden Insolvenzverwalter ein Auswahlermessen eingeräumt ist.

4. Einheit der Rechtsordnung

Der Beantwortung der Frage nach einem Aufsichtsermessen des Insolvenzgericht soll eine Untersuchung der Regelungen der Aufsicht in anderen, vergleichbaren Rechtsbereichen, nämlich der Kommunalaufsicht und der Aufsicht bei den beratenden Berufen, den staatlich bestellten Funktionsträgern, wie z.B. bei Notaren und Wirtschaftsprüfern, sowie den Fällen der staatlich angeordneten Vermögensverwaltung, wie z.B. beim Vormund und Nachlassverwalter, vorangestellt werden. Diese Regelungen sollen darauf untersucht werden, ob sich die in das Ermessen gestellte Aufsicht als Strukturelement erkennen lässt. Das hierbei gewonnene Ergebnis kann dann nach dem Grundsatz der Einheit der Rechtsordnung[413] für das Verständnis der insolvenzgerichtlichen Aufsicht (§ 58 InsO) herangezogen werden.

4.1. Die Kommunalaufsicht

Die kommunalen Selbstverwaltungsträger unterstehen in ihren Selbstverwaltungsangelegenheiten nur einer Rechtsaufsicht,[414] die nach wohl herrschender Meinung sowohl ein Entschließungsermessen als auch ein Auswahlermessen umfasst.[415] Im Rahmen dieses Ermessensspielraums ist die Aufsicht so auszuüben, dass die Rechte der Gemeinde geschützt und ihre Pflichten gesichert werden, wobei die Entschlusskraft und Verantwortungsbereitschaft der Gemeinden zu fördern sowie Erfahrungen bei der Lösung kommunaler Aufgaben zu vermitteln sind. Es gelten dabei die Gebote der Zurückhaltung bei der Anwendung repressiver Aufsichtsmittel, des gemeindefreundlichen Verhaltens, des Einschreiten nur im öffentlichen Interesse und der Wahrung des Verhältnismäßigkeitsgrundsatzes.

---

413 Siehe Kap. C.I.2 vor C.I.2.1.
414 Siehe Kap. C.I.2.1.2.
415 *BVerfG*, Urt. v. 30. 7. 1958 – 2 BvG 1/58 – NJW 1958, 1341, 1343; *VGH Mannheim*, Urt. v. 25. 4. 1989 – 1 S 1635/88 – NJW 1990, 136, 138; *Schmidt-Aßmann*, Besonderes Verwaltungsrecht, 1. Abschn., Rdnr. 43.

Im Einzelfall, z.B. bei eindeutigen und schweren Rechtsverletzungen kann sich das Entschließungsermessen reduzieren und eine Pflicht zum Einschreiten bestehen.[416] Da die Kommunalaufsicht ausschließlich dem öffentlichen Interesse dient, haben weder Private noch der Gemeinderat einen Anspruch auf ein Einschreiten der Kommunalaufsicht.[417]

4.2. Die Aufsicht bei den Kammerberufen

Für die Berufsstände der Rechtsanwälte, Patentanwälte und Steuerberater ist die Aufsicht über die Erfüllung der diesen durch Gesetz übertragenen Aufgaben als Aufgabe der berufsständischen Selbstverwaltung geregelt. Dabei sind die Berufskammern als Träger von Staatsgewalt anzusehen.[418]

Der Patentanwalt und der Rechtsanwalt sind innerhalb des diesen gesetzlich zugewiesenen Aufgabenbereichs unabhängige Organe der Rechtspflege (§ 1 PatAnwO[419], § 1 BRAO[420]) und bedürfen als solche grundsätzlich der Zulassung durch die zuständige Landesjustizverwaltung (§ 4 BRAO) bzw. des Präsidenten des Patentamtes (§ 15 Abs. 1 PatAnwO). Die Zulassung ist zu erteilen, wenn nicht einer der gesetzlich definierten Versagungsgründe gegeben ist (§ 6 Abs. 2 BRAO; § 13 Abs. 2 PatAnwO). Die Zulassungsbehörde ist auch zuständig für den Widerruf der Zulassung (§ 16 Abs. 1 BRAO; § 23 Abs. 1 PatAnwO). Gem. § 54 PatAnwO haben die Patentanwaltskammern – neben der Wahrung und Förderung der Belange des Berufsstandes – die Aufgabe, die Einhaltung der Berufspflichten (vgl. §§ 39ff. PatAnwO) zu überwachen; bei den Rechtsanwaltskammern übt diese Überwachungspflicht der Kammervorstand aus (§ 73 Abs. 2 Nr. 4 BRAO). Die Patentanwaltskammer (§ 54 PatAnwO) bzw. der Vorstand der Rechtsanwaltskammer (§ 73 Abs. 2 BRAO) ist zuständig für die Ahndung von schuldhaften Verstößen gegen die Berufspflichten (§ 95 PatAnwO, § 113 BRAO). Die Rechtsanwalts- und Patentanwaltskammern unterliegen gem. § 57 PatAnwO[421], § 62 Abs. 2 BRAO[422] der Staatsaufsicht.

Die Steuerberater erhalten die gem. § 32 Abs. 2 Satz 1 StBerG[423] erforderliche Bestellung[424] durch die Steuerberaterkammer (§ 40 StBerG), die die Nichterfüllung der den Mitgliedern obliegenden Berufspflichten zu rügen und zu ahnden haben (§ 76 Abs. 2 Nr. 4 StBerG). Die Steuerberaterkammern unterliegen gem. § 88 Abs. 1

416 *Franz*, Die Staatsaufsicht über die Kommunen, JuS 2004, 937, 938.
417 *Franz*, Die Staatsaufsicht über die Kommunen, JuS 2004, 937, 938.
418 *Ehlers/Lechleitner*, Die Aufgaben der Rechtsanwaltskammern, AnwBl. 2006, 361.
419 Patentanwaltsordnung vom 7. 9. 1996, zuletzt geändert durch Art. 2 Abs. 7 des Gesetzes vom 12. 8. 2005, BGBl. I 2005, 2354.
420 Bundesrechtsanwaltsordnung vom 1. 1. 1964, zuletzt geändert durch Art. 4 des Gesetzes vom 21. 12. 2004, BGBl. I 2004, 3599.
421 Aufsichtsbehörde ist gem. § 57 PatAnwO der Präsident des Patentamtes.
422 Aufsichtsbehörde ist gem. § 62 Abs. 2 BRAO die Landesjustizverwaltung.
423 Steuerberatungsgesetz vom 16. 8. 1961, zuletzt geändert durch Gesetz vom 21. 12. 2004, BGBl. I 2004, 3599.
424 Steuerberatungsgesellschaften bedürfen gem. § 32 Abs. 3 Satz 1 StBerG der Anerkennung.

StBerG der Staatsaufsicht durch die für die Finanzverwaltung zuständige oberste Landesbehörde.

Die Aufsicht über die berufsständische Selbstverwaltung beschränkt sich gem. § 88 Abs. 3 Satz 1 StBerG, § 57 PatAnwO[425], § 62 Abs. 2 BRAO auf die Einhaltung der satzungsmäßigen und gesetzlichen Vorschriften, insbesondere auf die Erfüllung der den Kammern übertragenen Aufgaben. Eine unmittelbare Staatsaufsicht über den Berufsträger ist gesetzlich nicht vorgesehen, da dieser der Aufsicht des berufsständischen Selbstverwaltungsorgans unterliegt. Diese setzt jedoch voraus, dass die Berufskammern Kenntnis von einer Berufspflichtverletzung ihres Mitgliedes erhält. Ein dem § 58 Abs. 1 InsO vergleichbares, eigeninitiatives Aufsichtsrecht ist den Kammern nicht eingeräumt worden. Ebenso wenig besteht eine § 66 Abs. 1, 3 InsO vergleichbare, regelmäßige Berichtspflicht der Mitglieder über die Erfüllung ihrer Berufspflichten.

4.3. Die Aufsicht bei Notaren und Wirtschaftsprüfern

Von der Aufsicht bei den beratenden Berufen abweichend ist die Aufsicht über die öffentlich bestellten Notare und Wirtschaftsprüfer geregelt. Gem. § 1 BNotO werden die Notare als *„unabhängige Träger eines öffentlichen Amtes“* bestellt. Die Bestellung erfolgt gem. § 12 BNotO durch die Landesjustizverwaltung nach Anhörung der Notarkammer. Als Träger eines öffentlichen Amtes untersteht der Notar einer Dienstaufsicht.[426] Aufsichtsbehörden sind gem. § 92 BNotO die Präsidenten des Landgerichtes und des Oberlandesgerichtes sowie die Landesjustizverwaltung. Ausdrücklich heißt es in § 93 Abs. 1 Satz 1 BNotO, dass die regelmäßige Prüfung und Überwachung der Notare den Aufsichtsbehörden *„obliegt“*. Demgemäß hat der *BGH* festgestellt, dass § 93 BNotO die Prüfung und Überwachung der Amtsführung der Notare den Aufsichtsbehörden zur Pflicht macht.[427] Innerhalb des durch § 93 BNotO beschriebenen Gegenstandes der Aufsicht und deren Grenzen haben die Aufsichtsbehörden die Aufsicht nach pflichtgemäßem Ermessen auszuüben und sich hierzu geeigneter Aufsichtsmittel zu bedienen.[428] Dabei ist die Aufsicht präventiver Natur, so dass die Aufsichtsbehörde nicht den Eintritt des bösen Scheins amtswidrigen Verhaltens abwarten muss.[429] Zwischenprüfungen und Stichproben sind ohne Anlass zulässig.[430] Das Aufsichtsermessen ist gem. § 111 Abs. 1 Satz 3 BNotO nur daraufhin gerichtlich überprüfbar, dass die gesetzlichen Grenzen des Ermessens überschritten sind oder von dem Ermessen in einer dem Zweck der Ermächtigung nicht entsprechenden Weise Gebrauch gemacht worden ist.

---

425 Aufsichtsbehörde ist gem. § 57 PatAnwO der Präsident des Patentamtes.

426 *Vetter*, Funktion und Entwicklung des notariellen Standesrechts, DNotZ 1986, 50, 60.

427 *BGH*, Beschl. v. 9. 1. 1995 – NotZ 29/93 – juris-Nr. KORE312369500.

428 *BGH*, Beschl. v. 29. 11. 1999 – NotZ 9/99 – NJW 2000, 1342; Beschl. v. 9. 1. 1995 – NotZ 29/93 – juris-Nr. KORE312369500 (Tz. 5).

429 *BGH*, Beschl. v. 12. 7. 2004 – NotZ 3/04 – ZIP 2994, 1741, 1742.

430 *Vaasen*, Zur Reform des notariellen Berufsrechts, DNotZ 1998, 661, 686.

Die Wirtschaftsprüfer bedürfen gem. § 1 Abs. 1 Satz 1 WPO[431] ebenfalls der öffentlichen Bestellung, die von der Wirtschaftsprüferkammer vorgenommen wird (§ 15 WPO), die insoweit in mittelbarer Staatsverwaltung tätig wird (§ 4 Abs. 1 WPO). Die Wirtschaftsprüferkammer ist eine Körperschaft des öffentlichen Rechts (§ 4 Abs. 2 WPO), der die selbständigen Wirtschaftsprüfer und die Mitglieder des Vorstands, die Geschäftsführer oder persönlich haftenden Gesellschafter der anerkannten Wirtschaftsprüfungsgesellschaften per Gesetz als Mitglieder angehören (§ 58 Abs. 1 WPO). Ihr obliegt neben der Wahrung der beruflichen Belange auch die Kontrolle bzw. Berufsaufsicht über die Wirtschaftsprüfer (§ 57 Abs. 1 WPO). Diese umfasst insbesondere, die Erfüllung der den Mitgliedern obliegenden Pflichten zu überwachen und gegebenenfalls eine Rüge auszusprechen (§ 57 Abs. 2 Nr. 4 WPO i.V.m. § 63 WPO) sowie ein System der Qualitätskontrolle zu betreiben (§ 57 Abs. 2 Nr. 14, §§ 57a ff. WPO). Im Rahmen der Überwachungsfunktion hat die Wirtschaftsprüferkammer das Recht und die Pflicht, gegen Verfehlungen ihrer Mitglieder vorzugehen; als Sanktionsmittel steht ihr dazu neben der Rüge noch die mildere Belehrung (§ 57 Abs. 2 Nr. 1 WPO) zur Verfügung. Darüber hinaus kann die Kammer die Einleitung eines berufsgerichtlichen Verfahrens beantragen, wenn bei der Pflichtverletzung eines Mitgliedes dessen Schuld nicht mehr nur so gering ist, dass eine Belehrung oder Rüge zur Ahndung ausreichte.[432] Im berufsgerichtlichen Verfahren kann eine Verwarnung (§ 68 Abs. 1 Nr. 1 WPO) oder ein Verweis (§ 68 Abs. 1 Nr. 2 WPO) erteilt oder eine Geldbuße von bis zu 100.000 Euro (§ 68 Abs. 1 Nr. 3 WPO) verhängt werden oder dem Betroffenen für die Dauer von einem bis zu fünf Jahren verboten werden, auf bestimmten Tätigkeitsgebieten tätig zu werden (§ 68 Abs. 1 Nr. 4 WPO). In letzter Konsequenz kommt ein Berufsverbot von bis zu fünf Jahren (§ 68 Abs. 1 Nr. 5 WPO) oder sogar ein Berufsausschluss in Betracht (§ 68 Abs. 1 Nr. 6 WPO). Eine präventive Aufsicht der Wirtschaftsprüferkammer ist nicht vorgesehen.[433] Gem. § 61a Satz 1 Nr. 1 WPO ermittelt die Kammer nur, soweit konkrete Anhaltspunkte für einen Verstoß gegen Berufspflichten vorliegen. Eine Pflicht zur Einleitung von Aufsichtsmaßnahmen ist nicht normiert (§§ 61a Satz 2, 62a Abs. 1 Satz 1, 63 Abs. 1 Satz 1 WPO). Die Wirtschaftsprüferkammern unterliegen ihrerseits der Staatsaufsicht durch das Bundesministerium für Wirtschaft und Arbeit, das über die Erfüllung der gesetzlichen und satzungsmäßigen Aufgaben zu wachen hat (§ 66 Satz 1 WPO). Nach dem Gesetzeswortlaut besteht insoweit eine Aufsichtspflicht der Aufsichtsbehörde. Dabei handelt es sich jedoch lediglich um eine Rechtsaufsicht. Das Bundesministerium kann in einer Aufsichtssache weder eine andere Entscheidung als die Kammer treffen und durchzusetzen, noch kann es der Kammer eine entsprechende Weisung erteilen.[434] Bei der Aufsicht über die Wirtschaftsprüfer handelt es sich im

431 Gesetz über die Berufsordnung der Wirtschaftsprüfer vom 24. 7. 1961, zuletzt geändert durch Art. 1 des Gesetzes vom 27. 12. 2004, BGBl. I 2004, 3846.

432 *Müßig*, Glaubwürdigkeit des Jahresabschlusses: Brauchen wir eine Kontrolle der Kontrolleure und wenn ja, welche?, NZG 2004, 796, 797

433 Hiervon ausgenommen sind gem. § 61a Satz 1 Nr. 2 WPO die Abschlussprüfer der Unternehmen gem. § 319a Abs. 1 Satz 1 HGB.

434 WP-Handbuch, Abschnitt B, Rdnr. 54.

Endeffekt um eine kontrollierte Selbstkontrolle, die auf das Selbstregulierungspotenzial der Wirtschaft setzt und aufgrund von Bilanzierungsskandalen in der jüngeren Zeit Gegenstand von Diskussionen geworden ist.[435]

4.4. Die Aufsicht beim Vormund und Betreuer

Über die Verweisung in §§ 1908i Abs. 1, 1915 Abs. 1 BGB auf § 1837 BGB unterliegt der bestellte Betreuer und der Pfleger in gleicher Weise der Aufsicht durch das Vormundschaftsgericht wie der Vormund selbst. Nach dem Wortlaut des § 1837 Abs. 2 Satz 1 BGB – *„Das Vormundschaftsgericht hat über die gesamte Tätigkeit [...] die Aufsicht zu führen und gegen Pflichtwidrigkeiten durch geeignete Gebote und Verbote einzuschreiten."* – besteht für das Vormundschaftsgericht eine Pflicht zur Aufsicht über den Vormund. Dabei sind Aufsicht und Kontrolle jedoch kein Selbstzweck, sondern (ausschließlich) dem Betreuten geschuldet[436], so dass ein Rechtsanspruch Dritter auf ein aufsichtsrechtliches Tätigwerden des Vormundschaftsgerichtes nicht gegeben ist[437]. Wie bereits dargelegt[438], ist im dem Vormund eingeräumten Ermessensbereich, soweit dieser nicht überschritten oder missbraucht wird, ein Eingriffsrecht des Vormundschaftsgerichtes im Rahmen seiner durch § 1837 Abs. 2 Satz 1 BGB definierten Aufsicht nicht gegeben.

Von dem Ermessen des Vormundes ist das Ermessen des Vormundschaftsgerichtes im Rahmen seiner Aufsicht gem. § 1837 Abs. 2 Satz 1 BGB zu unterscheiden. Für *Wagnitz* besteht ein Ermessen des Vormundschaftsgerichts nicht bei der Feststellung des Vorliegens einer Pflichtwidrigkeit (also das „ob" des Eingreifens) sondern nur bei der Auswahl der Sanktion gegen den Vormund (also das „wie" des Eingreifens).[439] Stellt das Vormundschaftsgericht ein gesetzeswidriges oder pflichtwidriges Verhalten des Vormundes fest, so hat es hiergegen im Interesse des Mündels einzuschreiten.[440]

4.5. Zwischenergebnis

Der Blick auf das Berufsrecht der beratenden Berufe, Wirtschaftsprüfer und Notare ergibt kein einheitliches Bild der Aufsicht. Zwar ist den Berufskammern der Rechtsanwälte, Patentanwälte und Steuerberater die Aufsicht über die Erfüllung der Berufspflichten als Selbstverwaltungsaufgabe zugewiesen.[441] Eine regelmäßige

---

435 *Müßig*, Glaubwürdigkeit des Jahresabschlusses: Brauchen wir eine Kontrolle der Kontrolleure und wenn ja, welche? NZG 2004, 796; vgl. auch: *Westhoff*, Glaubwürdigkeit des Jahresabschlusses, DStR 2003, 2086–2092 (Teil I) und 2132–2136 (Teil II).

436 *Dodegge*, Die Auswahl und Kontrolle des Betreuers, FPR 2004, 665, 670.

437 *OLG Zweibrücken*, Beschl. v. 17. 2. 2003 – 3 W 23/03 – NJW-RR 2003, 870.

438 Siehe Kap. C.I.2.2.

439 MK-*Wagnitz*, § 1837 BGB, Rdnr. 22.

440 Staudinger-*Engler*, § 1837 BGB, Rdnr. 1.

441 Das *BVerfG*, Beschl. v. 14. 7. 1987 – 1 BvR 537/81 – NJW 1988, 191, 192, hat festgestellt, dass die Standesrichtlinien keinen normativen Charakter haben, sondern nur die Aufgabe erfüllen, die

Kontrolle der Berufstätigkeit der Mitglieder durch die Berufskammern ist aber nicht vorgesehen. Die staatliche Aufsicht über die Berufskammern beschränkt sich auf die Einhaltung der diesen zugewiesenen Selbstverwaltungsaufgaben. Demgegenüber unterliegen die Wirtschaftsprüfer einer strengeren Aufsicht durch die Kammer. Die Aufsicht der Wirtschaftsprüferkammern über die Berufstätigkeit ihrer Mitglieder ist ebenfalls als eine Pflicht definiert (§ 57 Abs. 1 WPO), die zu Ermittlungsmaßnahmen erst bei Vorliegen von Verdachtsmomenten verpflichtet, wobei hinsichtlich der bei einer Pflichtverletzung zu verhängenden Sanktion ein Entschließungs- und Auswahlermessen besteht. Bei der Aufsicht über die Notare hat der Gesetzgeber die Aufsichtsbehörde zur Prüfung und Überwachung der Amtsführung der Notare verpflichtet (§ 93 BnotO). Diese Amtspflicht ist nach pflichtgemäßem Ermessen und mit hierzu geeigneten Aufsichtsmitteln auszuüben. In vergleichbarer Weise unterliegt der Vormund mit seiner gesamten Tätigkeit einer weitgehenden Aufsicht durch das Bestellungsorgan, die ausdrücklich als Aufsichtspflicht geregelt ist. Erst bei Pflichtwidrigkeiten des Vormunds besteht eine Pflicht des Vormundschaftsgerichts zum aufsichtsrechtlichen Einschreiten (§ 1837 Abs. 1 BGB).[442]

Ein Vergleich der Systeme der Aufsicht bei den Kammerberufen einerseits und den staatlich bestellten Organen wie die Notare und Vormünder andererseits lässt erkennen, dass Intensität und Umfang der Aufsicht mit der staatlichen Einflussnahme auf die Berufsausübung zunimmt. Hier manifestiert sich der allgemeine Grundsatz, dass der Staat, wenn er fremdes Vermögen durch eine ihm bestellte Person verwalten lässt, diese auch zu überwachen hat. Gleichwohl steht in diesen Fällen die Ausübung der Aufsicht im pflichtgemäßen Ermessen der Aufsichtsbehörde. Insoweit ist ein Unterschied zur Regelung der Ausübung der Kommunalaufsicht nicht erkennbar.

5. Stand der Diskussion

Zum Konkursrecht ist in einer Allgemeinen Verfügung vom 25. 6. 1931 des preußischen Justizministers zu lesen, dass eine Aufsichtspflicht des Konkursgerichtes nicht im Allgemeinen, sondern nur bei besonderem Anlass besteht. Der Konkursrichter ist aber auch ohne einen solchen Anlass zur Kontrolle der Verwaltertätigkeit berechtigt.[443]

Die Judikatur hat, soweit ersichtlich, ausnahmslos, die Aufsicht über den Insolvenzverwalter in das pflichtgemäße Ermessen des Insolvenzgerichts gestellt.[444]

---

allgemeine Auffassung über Fragen der Ausübung des Anwaltsberufes in Richtlinien „festzustellen".

442 Fn. 206.

443 Allgemeine Verfügung des preußischen Justizministers vom 25. 6. 1931, JMBl., S. 223 (Ziff. II.2.); ebenso: *RG*, Urt. v. 7. 4. 1937 – V 290/36 – KuT 1937, 143.

444 *AG Bonn*, Beschl. v. 5. 9. 2001 – 98 IN 196/99 – ZInsO 2002, 641; zur KO/GesO: *BGH*, Urt. v. 27. 5. 1995 – IX ZR 102/94 – ZIP 1995, 932, 934; *LG Stuttgart*, Beschl. v. 8. 9. 1989 – 2 T 859/89 – ZIP

Das *RG* hat einen Anlass zur Prüfung der Geschäftstätigkeit des Konkursverwalters durch das Konkursgericht, insbesondere die Vornahme einer Kassenprüfung, nicht nur bei Verdacht der Unredlichkeit, sondern auch bei Fehlen eines Gläubigerausschusses oder bei langer Verfahrensdauer angenommen.[445] Der *BGH* hat noch zu § 8 Abs. 3 GesO entschieden, dass Auswahl und Einsatz der gebotenen Aufsichtsmaßnahmen grundsätzlich im Ermessen des Gesamtvollstreckungsgerichts liegen, das jedoch nach Sachlage so eingeschränkt sein kann, dass bei pflichtgemäßer Ausübung der Aufsichtspflicht nur noch eine Handlung in Betracht kommt.[446] Für den Fall der Unternehmensfortführung hat das *LG Köln* entschieden, dass die Aufsicht nicht zu einer kleinlichen Überwachung führen und die Entschlussfreudigkeit und Eigenverantwortlichkeit des Insolvenzverwalters nicht beeinträchtigen darf.[447]

In der Literatur wird allgemein die Auffassung vertreten, dass die Aufsicht nach Art und Weise sowie nach ihrem Umfang im Ermessen des Insolvenzgerichts steht.[448] Für *Naumann* besteht eine Aufsichtspflicht des Insolvenzgerichts, wenn konkreter Anlass zu Misstrauen besteht oder von dritter Seite zu Handlungen oder Unterlassungen des Insolvenzverwalters Beanstandungen vorgetragen werden, die schlüssig ein pflichtwidriges Verhalten darlegen.[449] Demgegenüber ist *Uhlenbruck* der Auffassung, dass Misstrauen oder Verdachtsmomente nur Fälle sind, in denen eine besondere Vorsicht und verstärkte Aufsicht geboten ist, während die Aufsichtspflicht zu einem früheren Zeitpunkt einsetzt.[450] Für *Pape* hat sich die Aufsichtspflicht des Insolvenzgerichts angesichts der Gläubigerbeteiligung und der Gefahr der Majorisierung durch gesicherte Gläubiger unter der Geltung der InsO erhöht.[451]

6. Aufsichtsermessen und gesetzlich geregelte Fälle der Aufsicht

Die allgemein vertretene Auffassung, dass die Aufsicht gem. § 58 Abs. 1 Satz 1 InsO grundsätzlich im Ermessen des Insolvenzgerichts steht, soll im Folgenden anhand ausgesuchter, gesetzlich geregelter Fälle der insolvenzgerichtlichen Aufsicht über

---

1989, 1595, 1596 (zur Einberufung einer Gläubigerversammlung von Amts wegen); *BGH*, Urt. v. 12. 7. 1965 – III ZR 41/64 – BeckRS 30400811 (Ziff. 4.); *RG*, Urt. v. 7. 4. 1937 – V 290/36 – KuT 1937, 143.

445 *RG*, Urt. v. 7. 4. 1937 – V 290/36 – KuT 1937, 143.

446 *BGH*, Urt. v. 27. 5. 1995 – IX ZR 102/94 – ZIP 1995, 932, 934.

447 *LG Köln*, Beschl. v. 29. 12. 2000 – 19 T 148/00 – NZI 2001, 157, 158, noch zur Aufsicht des Konkursgerichtes.

448 N/R-*Delhaes*, § 58 InsO, Rdnr. 6; HK-*Eickmann*, § 58 InsO, Rdnr. 6; MK-*Graeber*, § 58 InsO, Rdnr. 13; Kübler/Prütting-*Lüke*, § 58 InsO, Rdnr. 13; *Naumann*, Die Aufsichtspflicht des Insolvenzgerichtes über den Insolvenzverwalter KS-InsO, 2. A., S. 431 ff., Rdnr. 32; Uhlenbruck-*Uhlenbruck*, § 58 InsO, Rdnr. 5.

449 *Naumann*, Die Aufsichtspflicht des Insolvenzgerichtes über den Insolvenzverwalter, KS-InsO, 2. A., S. 431 ff., Rdnr. 32.

450 Uhlenbruck-*Uhlenbruck*, § 58 InsO, Rdnr. 1.

451 *Pape*, Aufhebung von Beschlüssen der Gläubigerversammlung und Beurteilung des gemeinsamen Interesses nach § 78 InsO, ZInsO 2000, 448.

den Insolvenzverwalter überprüft werden. Denn im Rahmen der Auslegung ist die Annahme zulässig, dass verschiedene Normen derselben Regelung sachlich übereinstimmen.[452]

6.1. Massesicherung durch Bestellung eines vorläufigen Insolvenzverwalters

Nach § 21 Abs. 1 Satz 1 InsO hat das Insolvenzgericht alle für erforderlich gehaltenen Maßnahmen zur Sicherung der Insolvenzmasse zu treffen. Die Katalogmaßnahmen des § 21 Abs. 2 InsO sind nur beispielhaft und nicht abschließend aufgeführt.[453] Jede insolvenzgerichtliche Anordnung hat sich an dem Schutzzweck der §§ 21, 22 InsO, nämlich dem Schutz der Gläubiger vor einer Verschlechterung der Vermögenslage des Insolvenzschuldners, und – angesichts der Eingriffswirkung in die Rechtsstellung des Insolvenzschuldners – auch an den verfassungsrechtlichen Grundsätzen der Erforderlichkeit und Verhältnismäßigkeit zu orientieren.[454] Hierbei hat das Insolvenzgericht zu prüfen, ob die ins Auge gefasste Sicherungsmaßnahme überhaupt zur Erreichung des Gläubigerschutzes erforderlich und geeignet ist, und erst hiernach deren Verhältnismäßigkeit (i.e.S.) zu prüfen.[455] Der Erlass eines allgemeinen Verfügungsverbots für den Insolvenzschuldner und die Bestellung eines „starken" vorläufigen Insolvenzverwalter, auf den die Verfügungsbefugnis des Insolvenzschuldners übergeht, kommt daher als schärfster Eingriff in dessen Rechte nur dann in Betracht, wenn keine milderen und im Einzelfall gleich geeigneten Maßnahmen in Betracht kommen.[456] Zudem spielt bei dem Verzicht auf die Bestellung eines „starken" Insolvenzverwalters auch der Gesichtspunkt der Vermeidung zusätzlicher Belastung der Insolvenzmasse durch die Begründung neuer Masseverbindlichkeiten nach § 55 Abs. 2 InsO eine wesentliche Rolle.[457] Eine völlige Entmachtung des Insolvenzschuldners durch eine Anordnung der „starken" vorläufigen Insolvenzverwaltung ist regelmäßig auch nicht bei

---

452 *Larenz*, Methodenlehre, S. 219.

453 Begrd.RegE zu § 21 InsO, zit. n. *Balz/Landfermann*, S. 96.

454 *BGH*, Urt. v. 18. 7. 2002 – IX ZR 195/01 – NZI 2002, 543, 545; Beschl. v. 20. 3. 1986 – III ZR 55/85 – NJW-RR 1986, 1188, 1189; *Grit/Prager*, Keine Begründung von Masseverbindlichkeiten durch vorläufigen schwachen Verwalter – Kann ein Betrieb nur noch von vorläufigen starken Verwaltern fortgeführt werden?, NZI 2002, 653, 654; *Haarmeyer*, Verfahrensrechtliche Voraussetzungen für die Anordnung von Sicherungsmaßnahmen, ZInsO 2001, 203, 206, jedoch mit der verfassungsrechtlich bedenklichen Einschränkung, dass bei einem „lebenden" Unternehmen die Anordnung der „starken" vorläufigen Insolvenzverwaltung *„zwangsläufig"* sei; *Prager/Thiemann*, Die Aufhebung der vorläufigen Verwaltung und sonstiger Sicherungsmaßnahmen, NZI 2001, 634, 635; *Smid*, Gesetzlich zulässige Reichweite der Entmachtung von Schuldner und schuldnerischen Gesellschaftsorganen und der Ermächtigung des vorläufigen Insolvenzverwalters durch insolvenzgerichtliche Anordnung nach §§ 21, 22 InsO, DZWiR 2002, 444, 445.

455 Bei der Prüfung der „Erforderlichkeit" und „Verhältnismäßigkeit i.e.S." einer Sicherungsmaßnahme gem. §§ 21, 22 steht dem Insolvenzgericht kein Ermessen auf der Rechtsfolgenseite, sondern ein Beurteilungsspielraum auf der Tatbestandsebene zu, vgl. *Kirchhof*, Begründung von Masseverbindlichkeiten im vorläufigen Insolvenzverfahren, ZInsO 2004, 57, 59.

456 *BGH*, Urt. v. 18. 7. 2002 – IX ZR 195/01 – NZI 2002, 543, 545; *Kirchhof*, Begründung von Masseverbindlichkeiten im vorläufigen Insolvenzverfahren, ZInsO 2004, 57.

457 *Prütting/Stickelbrock*, Befugnisse des vorläufigen Insolvenzverwalters – aktuelle Entwicklungen in der Rechtsprechung, ZIP 2002, 1608, 1609.

einem laufenden Geschäftsbetrieb erforderlich, zumal der „starke“ vorläufige Insolvenzverwalter Gefahr läuft, die Masse, die er bei Amtsantritt noch nicht kennt, sofort mit Masseverbindlichkeiten zu überlasten und damit – entgegen der gesetzgeberischen Intention – eine Verfahrenseröffnung zu gefährden.[458] Aus dem Wortlaut des § 21 Abs. 1 Satz 1 InsO („*hat*“) folgt, dass das Insolvenzgericht bei Erforderlichkeit einer Sicherungsmaßnahme kein Entschließungsermessen hat, sondern die zur Erreichung des Sicherungszwecks notwendige Anordnung treffen muss.[459] Folglich hat das Insolvenzgericht jederzeit von Amts wegen zu prüfen, ob die angeordneten Sicherungsmaßnahmen noch erforderlich sind, um eine nachteilige Änderung der Vermögenslage des Insolvenzschuldners bzw. der Insolvenzmasse zu vermeiden, und diese aufzuheben, soweit sie zur Erreichung des Sicherungszwecks nicht mehr erforderlich sind.[460] Einen gesetzgeberischen Ausdruck in der InsO findet dieser Grundsatz nur in den §§ 21 Abs. 3, 89 Abs. 3 Satz 2 InsO für den Haftbefehl. Ist ein Sicherungsbedürfnis nicht mehr gegeben, dann entfällt auch die Legitimation für eine Beschränkung der Verwaltungs- und Verfügungsbefugnis des Insolvenzschuldners. Dieses gilt z.B. auch für den Fall, dass die Glaubhaftmachung der Gläubigerforderung oder des Insolvenzgrundes erschüttert wird.[461] Die Anordnung oder die Aufrechterhaltung einer unverhältnismäßigen Sicherungsmaßnahme nach §§ 21, 22 InsO kann eine Amtshaftung begründen.[462]

6.2. Betriebsstilllegung durch den vorläufigen Insolvenzverwalter

Wie bereits dargelegt[463], bedarf der vorläufige Insolvenzverwalter zu einer Stilllegung des Schuldnerunternehmens gem. § 22 Abs. 1 Satz 2 Nr. 2 InsO der Zustimmung des Insolvenzgerichts, wenn dieses zur Vermeidung einer erheblichen Vermögensminderung erforderlich ist (Opfergrenze). Nach dem Gesetzeswortlaut wird dem Insolvenzgericht – ebenso wie bei der Anordnung von Sicherungsmaßnahmen nach § 21 Abs. 1 InsO – ein Entschließungsermessen nicht eingeräumt. Das Insolvenzgericht hat nur die Plausibilität der Einschätzung und Prognose des vorläufigen Insolvenzverwalters zu prüfen, ohne aber die Zustimmung bei Vorliegen einer erheblichen Vermögensminderung nach eigenem Ermessen verweigern zu dürfen.[464] Für *Smid* hat die Betriebsstilllegung bei Überschreiten der „Opfergrenze“ zu erfolgen, da andernfalls eine Amtshaftung des Insolvenzgerichts

---

458 *Grit/Prager,* Keine Begründung von Masseverbindlichkeiten durch vorläufigen schwachen Verwalter – Kann ein Betrieb nur noch von vorläufigen starken Verwaltern fortgeführt werden?, NZI 2002, 653, 654

459 *Ampferl, Der „starke“* vorläufige Insolvenzverwalter in der Unternehmensinsolvenz, Rdnr. 32 („Anordnungsgebot“); *Haarmeyer,* Verfahrensrechtliche Voraussetzungen für die Anordnung von Sicherungsmaßnahmen, ZInsO 2001, 203, 20; N/R-*Mönning,* § 21 InsO, Rdnr. 14 („gesetzliche Sicherungspflicht“).

460 Siehe Fn. 904.

461 MK-*Haarmeyer,* § 25 InsO, Rdnr. 12.

462 *BGH,* Urt. v. 18. 7. 2002 – IX ZR 195/01 – NZI 2002, 543, 545.

463 Siehe Kap. C.I.6.1.

464 Jaeger-*Gerhardt,* § 22 InsO, Rdnr. 84; *Vallender/Fuchs/Rey,* Der Eigenantrag und seine Behandlung bis zur Eröffnungsentscheidung, NZI 1999, 140, 142.

droht.[465] Gegen ein Entschließungsermessen des Insolvenzrichters im Hinblick auf die Erteilung der Zustimmung gem. § 22 Abs. 1 Satz 2 Nr. 2 InsO spricht § 21 Abs. 1 InsO. Nach dieser Vorschrift *„hat“* das Insolvenzgericht alle zur Sicherung des Schuldnervermögens erforderlichen Maßnahmen anzuordnen, ohne dass ihm ein Entschließungsermessen eingeräumt ist. Wenn also eine vom Insolvenzgericht aufgrund des vom vorläufigen Insolvenzverwalters vorgelegten Datenmaterials anzustellende Prognose zum Ergebnis kommt, dass die weitere Betriebsfortführung zu die „Opfergrenze“ übersteigenden Verlusten führen wird, dann handelt es pflichtwidrig, wenn es die Zustimmung zur Betriebsstilllegung nicht erteilt. Ebenso wenig dürfte es die Zustimmung zu einer Betriebsstilllegung erteilen, die nicht der Vermeidung einer erheblichen Vermögensminderung dient, sondern vom vorläufigen Insolvenzverwalter lediglich für zweckmäßig angesehen wird.

Liegen die Voraussetzungen des § 22 Abs. 1 Satz 2 Nr. 2 InsO vor, dann ist dem Insolvenzgericht bei der Erteilung der Zustimmung kein Entschließungsermessen eingeräumt.

6.3. Untersagungsentscheidung nach § 161 InsO

Auf Antrag des Insolvenzschuldners oder des Gläubigerquorums gem. § 75 Abs. 1 Nr. 3 InsO kann das Insolvenzgericht dem Insolvenzverwalter die Vornahme einer nach § 160 InsO zustimmungspflichtigen Rechtshandlung bis zur Entscheidung der Gläubiger vorläufig untersagen (§ 161 Satz 2 InsO).[466]

6.3.1. Verwertungspflicht des Insolvenzverwalters

Der Insolvenzverwalter hat gem. § 159 InsO unverzüglich nach dem Berichtstermin gem. § 156 InsO die Insolvenzmasse – unter Beachtung der Zustimmungserfordernisse der §§ 160ff. InsO – zu verwerten, wenn und soweit die von der Gläubigerversammlung getroffenen Beschlüsse nicht entgegenstehen. Nach früherem Recht (§ 117 Abs. 1 KO, § 8 Abs. 2 GesO) war der Konkurs- bzw. Gesamtvollstreckungsverwalter bereits mit der Verfahrenseröffnung zur Masseverwertung verpflichtet.[467] Die Verschiebung des Zeitpunkts des Einsetzens der Verwertungspflicht des Insolvenzverwalters auf den Zeitraum nach dem Berichtstermin ist notwendige Folge des insolvenzrechtlichen Grundsatzes der Gläubigerautonomie, der durch das in § 157 InsO niedergelegte Recht der Gläubigerversammlung, über das Verfahrensziel und damit über den Beginn und die Modalitäten der Masseverwertung zu beschließen, konkretisiert wird.[468] Bis zum Berichtstermin besteht

---

465 Smid-*Smid*, § 22 InsO, Rdnr. 111, 112.

466 Hinsichtlich des Antragsrechts des Insolvenzschuldners ist die Vorschrift des § 161 Satz 2 InsO an § 135 KO angelehnt, Begrd.RegE zu § 161 InsO, zit. n. *Balz/Landfermann*, Die neuen Insolvenzgesetze, S. 269.

467 *Delhaes*, Im Überblick: Der Insolvenzverwalter im eröffneten Insolvenzverfahren, NZI 1999, 47.

468 Uhlenbruck-*Uhlenbruck*, § 159 InsO, Rdnr. 1.

somit ein „Verwertungsmoratorium".[469] „Unverzüglich" i.S.d. § 159 InsO bedeutet in Anlehnung an § 121 Abs. 1 Satz 1 BGB ohne schuldhaftes Zögern,[470] so dass der Gesetzgeber, anders als nach früherem Recht,[471] den Zeitpunkt und die Dauer der Verwertungshandlungen weitgehend in das pflichtgemäße Ermessen des Insolvenzverwalters gestellt hat. Der Insolvenzverwalter hat nach pflichtgemäßem Ermessen den geeigneten Zeitpunkt für eine optimale Verwertung zu wählen und soll nicht durch eine übereilte Verwertung das Schuldnervermögen verschleudern. Der gesetzliche Verwertungsauftrag des Insolvenzverwalters erfasst die gesamte durch §§ 35, 36 InsO definierte Insolvenzmasse, also das gesamte Vermögen des Schuldners im Zeitpunkt der Verfahrenseröffnung und den Neuerwerb während des Verfahrens.[472] Der Insolvenzverwalter hat die Insolvenzmasse so günstig wie möglich zu verwerten,[473] um den Hauptzweck des Insolvenzverfahrens, die bestmögliche Befriedigung der Gläubiger (§ 1 InsO), zu verwirklichen.[474]

Die Verwertungspflicht wird haftungsrechtlich durch § 60 Abs. 1 InsO flankiert.[475] Der Insolvenzverwalter ist zum Ersatz des Quotenschadens verpflichtet, wenn er pflichtwidrig eine optimale Verwertungsmöglichkeit nicht wahrnimmt oder pflichtwidrig die Verwertung von Massegegenständen, z.B. die Geltendmachung von Ansprüchen gegen die Gesellschafter, unterlässt.

6.3.2. Beteiligungsrechte der Gläubiger

Die §§ 160 bis 163 InsO normieren ein Zustimmungserfordernis für bedeutsame Rechtshandlungen, insbesondere für die Veräußerung des Schuldnerunternehmens an besonders interessierte Personen und unter Wert.

Der Insolvenzverwalter hat gem. § 160 Abs. 1 Satz 2 InsO vor der Vornahme von Rechtshandlungen, die für das Insolvenzverfahren von besonderer Bedeutung sind, die Zustimmung des Gläubigerausschusses, wenn ein solcher nicht bestellt ist, der Gläubigerversammlung einzuholen.[476] Die in § 160 Abs. 2 InsO aufgeführ-

---

469 *Häsemeyer*, InsR, Rdnr. 13.34.
470 HambK-*Decker*, § 159 InsO, Rdnr. 5; Uhlenbruck-*Uhlenbruck*, § 159 InsO, Rdnr. 2.
471 In § 117 Abs. 1 KO hieß es noch: „sofort".
472 MK-*Görg*, § 159 InsO, Rdnr. 4; einschränkend, für den Fall der Geltendmachung von Ansprüchen gegen die Gesellschafter einer GmbH, deren Erlös zur vollständigen Tilgung der Konkursforderungen nicht benötigt wird: *RG*, Urt. v. 18.3.1899 – Nr. 353/98 I. – JW 1899, 305 Nr. 15. Diese auf den *dolo petit*-Grundsatz gestützte Rechtsprechung ist im Hinblick auf § 39 InsO nur noch eingeschränkt anwendbar.
473 HK-*Flessner*, § 159 InsO, Rdnr. 8; MK-*Görg*, § 159 InsO, Rdnr. 6. Keine Strafbarkeit des Insolvenzverwalters wegen Untreue (§ 266 StGB) bei einer Abweichung von 20% zwischen für einen Massegegenstand vereinbarten Kaufpreis und dessen Marktwert: *BGH*, Urt. v. 11.7.2000 – 1 StR 93/00 – ZInsO 2000, 662, 664.
474 Siehe Kap. I.IV.1.
475 *BGH*, Urt. v. 22.1.1985 – VI ZR 131/83 – ZIP 1985, 423, 425 (Haftung bei übereilter Unternehmensveräußerung); Urt. v. 26.1.2001 – IX ZR 209/98 – ZIP 2001, 1376; *OLG München*, Urt. v. 21.3.1997 – 14 U 520/96 – ZInsO 1998, 401; *Bork*, Verfolgungspflichten – Muss der Insolvenzverwalter alle Forderungen einziehen? ZIP 2005, 1120, 1121.
476 Nach *RG*, Urt. v. 31.1.1935 – VI 491/34 – HRR 1935, Nr. 809, entfällt die Pflicht zur Einholung der Zustimmung des Gläubigerausschusses für Rechtsstreitigkeiten über die persönliche Haftung der Mitglieder des Gläubigerausschusses gegenüber der Insolvenzmasse.

ten Einzeltatbestände sind, wie der Wortlaut – *„insbesondere erforderlich“* – zeigt, nur vom Gesetzgeber definierte Beispiele der Zustimmungspflichtigkeit und bedürfen nicht mehr der zusätzlichen Prüfung auf ihre Bedeutsamkeit.[477] In den Fällen des § 160 InsO hat der Insolvenzverwalter den Insolvenzschuldner vor Einholung der Zustimmung durch die Gläubiger zu unterrichten, wenn dieses ohne nachteilige Verzögerung möglich ist (§ 161 Satz 1 InsO).

Die Zustimmung durch die Gläubigerversammlung – und nicht nur durch einen bestellten Gläubigerausschuss – hat der Gesetzgeber gem. § 162 InsO auch für die Betriebsveräußerung an besonders Interessierte vorgesehen. Bei einer Betriebsveräußerung unter Wert sieht § 163 Abs. 1 InsO auf Antrag des Schuldners oder des Gläubigerquorums gem. § 75 Abs. 1 Nr. 3 InsO die Möglichkeit vor, dass das Insolvenzgericht die Zulässigkeit der geplanten Veräußerung von der Zustimmung der Gläubigerversammlung abhängig macht.[478] Liegen die Voraussetzungen des § 163 Abs. 1 InsO vor, entscheidet das Insolvenzgericht nach vorheriger Anhörung des Insolvenzverwalters über die Einberufung der Gläubigerversammlung. Dem Insolvenzgericht ist dabei ein Ermessensspielraum eingeräumt.[479]

6.3.3. Untersagungsbeschluss nach § 161 InsO

Sowohl der Wortlaut des § 161 InsO – *„vor der Beschlussfassung des Gläubigerausschusses oder der Gläubigerversammlung“* (§ 161 Satz 1 InsO) und *„Sofern nicht die Gläubigerversammlung ihre Zustimmung erteilt hat“* (§ 161 Satz 2 InsO) – als auch dessen Zielrichtung rechtfertigen es, ein Antragsrecht des Insolvenzschuldners und des Gläubigerquorums auch für den Fall einzuräumen, dass ein Gläubigerausschuss nicht bestellt worden ist. Dem Insolvenzschuldner soll durch § 161 InsO die Möglichkeit eingeräumt werden, seine eigene Auffassung zu der bedeutsamen Rechtshandlung gegenüber dem Insolvenzverwalter darzulegen und anstelle eines bestellten Gläubigerausschusses die Gläubigerversammlung über deren Zweckmäßigkeit entscheiden zu lassen.[480] Durch das Antragsrecht des Gläubigerquorums i. S. d. § 75 Abs. 1 Nr. 3 InsO sollen die Rechte der Gläubigerversammlung gegenüber dem Gläubigerausschuss gestärkt werden.[481]

Fraglich ist, ob das Insolvenzgericht berechtigt ist, von Amts wegen eine nach §§ 160ff. InsO erforderliche Zustimmungsentscheidung der Gläubiger herbeizuführen. Das Insolvenzgericht ist nach den insolvenzrechtlichen Vorschriften nicht befugt, eine Sitzung des bestellten Gläubigerausschusses einzuberufen, damit dieser die Zustimmungsentscheidung trifft. Denn der Gläubigerausschuss ist ein ge-

---

477 HK-*Flessner*, § 160 InsO, Rdnr. 3.

478 Siehe Kap. C.I.6.3.

479 MK-*Görg*, § 163 InsO, Rdnr. 12.

480 Begrd.RegE zu § 161 InsO, zit. n. *Balz/Landfermann*, Die neuen Insolvenzgesetze, S. 269; ebenso zum früheren Konkursrecht: § 135 KO: *Hahn*, Die gesamten Materialien zu den Reichsjustizgesetzen, Vierter Band, Materialien zur Konkursordnung, S. 321; *Uhlenbruck*, § 135 KO Rdnr. 1.

481 Begrd.RegE zu § 161 InsO, zit. n. *Balz/Landfermann*, Die neuen Insolvenzgesetze, S. 269; kritisch zur Zweckerreichung angesichts des fehlenden Unterrichtungspflicht des Insolvenzverwalters gegenüber den Gläubigern: N/R-*Balthasar*, § 161 InsO, Rdnr. 5.

genüber dem Insolvenzgericht unabhängiges Gläubigerorgan, das deshalb keinen Weisungen des Insolvenzgerichts unterliegt.[482] So wird eine entsprechende Anwendung des § 78 InsO auf Beschlüsse des Gläubigerausschusses abgelehnt.[483] Das Insolvenzgericht ist jedoch berechtigt, den Gläubigerausschuss über bevorstehende zustimmungspflichtige Rechtshandlungen zu informieren, insbesondere wenn zu besorgen ist, dass diese vom Insolvenzverwalter ohne Einbindung des Gläubigerausschusses vorgenommen werden. So ist anerkannt, dass der Insolvenzrichter oder der Insolvenzrechtspfleger an Sitzungen des Gläubigerausschusses teilnehmen dürfen.[484] Angesichts des in § 161 InsO normierten Antragserfordernisses ist ein Tätigwerden des Insolvenzgerichts von Amts wegen ausgeschlossen.[485]

In der Literatur wird vertreten, dass dem Insolvenzgericht bei der Untersagungsentscheidung nach § 161 Satz 2 InsO ein Ermessen zusteht, in dessen Rahmen es auch die wirtschaftliche Plausibilität des Antrages und die Folgen der vorläufigen Untersagung abzuwägen hat.[486] Für diese Auffassung spricht nicht nur der Gesetzeswortlaut – *„kann"* –, sondern auch die Pflicht des Insolvenzgerichts zur vorherigen Anhörung des Insolvenzverwalters. Diese macht jedoch nur Sinn, wenn dem Insolvenzgericht ein eigenes Prüfungsrecht eingeräumt werden sollte. Durch die Anhörung des Insolvenzverwalters soll das Insolvenzgericht in die Lage versetzt werden, die Plausibilität des Antrages und die Konsequenzen einer Untersagung zu prüfen.[487] Auch hat das Insolvenzgericht nach § 161 Satz 2 InsO nur eine vorläufige Entscheidung mit dem Zweck zu treffen, dem Insolvenzschuldner und dem Gläubigerquorum die Möglichkeit zu geben, vor der Realisierung von für den weiteren Verfahrensverlauf besonders bedeutsamen Maßnahmen gem. § 160 InsO der Gläubigerversammlung Bedenken und eigene Vorschläge zu unterbreiten.[488]

Dem Insolvenzgericht wird demnach durch § 161 Satz 2 InsO ein Entschließungsermessen eingeräumt. Ein Entschließungsermessen ist dem Insolvenzgericht auch bei der Untersagungsentscheidung nach § 163 Abs. 1 InsO eingeräumt.[489]

6.4. Entlassung des Insolvenzverwalters, § 59 InsO

Die Vorschrift des § 59 Abs. 1 InsO ermächtigt das Insolvenzgericht zur Entlassung des Insolvenzverwalters von Amts wegen oder auf Antrag des Insolvenzverwalters, des Gläubigerausschusses oder der Gläubigerversammlung. Das Vorliegen eines

---

482 HK-*Eickmann*, § 69 InsO, Rdnr. 8; *Frege*, Die Rechtsstellung des Gläubigerausschusses nach der Insolvenzordnung (InsO), NZG 1999, 578, 580; Kübler/Prütting-*Kübler*, § 69 InsO, Rdnr. 9; MK-*Schmid-Burgk*, § 69 InsO, Rdnr. 12.
483 *Frege*, Die Rechtsstellung des Gläubigerausschusses nach der Insolvenzordnung (InsO), NZG 1999, 578, 580; MK-*Schmid-Burgk*, § 69 InsO, Rdnr. 12.
484 MK-*Schmid-Burgk*, § 69 InsO, Rdnr. 12.
485 Für die Betriebsveräußerung unter Wert: Uhlenbruck-*Uhlenbruck*, § 163 InsO, Rdnr. 4.
486 N/R-*Balthasar*, § 161 InsO, Rdnr. 16; HambK-*Decker*, § 161 InsO, Rdnr. 5; Braun-*Dithmar*, § 161 InsO, Rdnr. 7; MK-*Görg*, § 161 InsO, Rdnr. 11; Kübler/Prütting-*Onusseit*, § 161 InsO, Rdnr. 5 ff.
487 MK-*Görg*, § 161 InsO, Rdnr. 12.
488 Begrd.RegE zu § 161 InsO, zit. n. *Balz/Landfermann*, Die neuen Insolvenzgesetze, S. 269.
489 MK-*Görg*, § 163 InsO, Rdnr. 12.

wichtigen Grundes als materiellrechtliche Voraussetzung für die Entlassung hat das Insolvenzgericht im Rahmen der allgemeinen Aufsicht gem. § 58 Abs. 1 Satz 1 InsO und der Amtsermittlungspflicht gem. § 5 Abs. 1 InsO aufzuklären.[490] Ist aber der Tatbestand des § 59 Abs. 1 InsO erfüllt, dann stellt sich auf der Rechtsfolgenseite die Frage, ob das Insolvenzgericht verpflichtet ist, den Insolvenzverwalter aus seinem Amt zu entlassen, oder ob ihm hier ein Entscheidungsermessen eingeräumt ist. Die Antwort hierauf ist im Hinblick auf das Risiko der Amtshaftung bedeutsam, wenn durch die Beibehaltung eines ungeeigneten Insolvenzverwalters die Insolvenzmasse und die Insolvenzgläubiger geschädigt werden.[491] Der Gesetzeswortlaut – *„kann“* – spricht dafür, dass die Entscheidung über die Entlassung des Insolvenzverwalters im (pflichtgemäßen) Ermessen des Insolvenzgerichts liegt.

6.4.1. Stand der Diskussion

Für *Eickmann* ist die Entscheidung über die Entlassung des Insolvenzverwalters in das pflichtgemäße Ermessen des Insolvenzgerichts gestellt.[492] Das Ermessen soll jedoch in dem Fall reduziert sein und zur Entlassung verpflichten, wenn der wichtige Grund in der Ungeeignetheit des Insolvenzverwalters besteht und deshalb bereits dessen Ernennung nach § 56 Abs. 1 InsO ausgeschlossen hätte.[493] Nach Auffassung von *Graeber* hat das Insolvenzgericht nach pflichtgemäßem Ermessen zu prüfen, ob eine zweckgemäße und gesetzestreue Verfahrensdurchführung durch den Insolvenzverwalter nicht mehr möglich oder wahrscheinlich ist oder den Insolvenzgläubiger ein Risiko weiterer Fehler des Verwalters nicht zugemutet werden kann. Kommt es zu dem Ergebnis, dass eine pflichtgemäße Tätigkeit vom Insolvenzverwalter nicht mehr zu erwarten oder das Risiko weiterer Pflichtverletzungen für die Insolvenzgläubiger nicht mehr zumutbar ist, dann hat es den Insolvenzverwalter allein schon angesichts des Amtshaftungsrisikos aus seinem Amt zu entlassen.[494] *Gerhardt* unterscheidet zwischen der Feststellung eines wichtigen Grundes i.S.d. § 59 Abs. 1 InsO und dem hinsichtlich der Entlassungsentscheidung dem Insolvenzgericht zusätzlich eingeräumten Ermessensspielraum. Nach dieser Ansicht kann das Insolvenzgericht auch bei Vorliegen eines wichtigen Grundes im Einzelfall von einer Amtsentlassung absehen.[495]

Der *BGH* hat im Jahre 1955 zu einer nach MilRegG 52 angeordneten treuhänderischen Verwaltung festgestellt, dass kein Ermessen sondern eine Verpflichtung zur Entlassung des Treuhänders besteht, wenn die zutage getretene Ungeeignetheit dessen Bestellung entgegengestanden hätte.[496] Im Jahre 2005 hat der *BGH* entschieden, dass das Insolvenzgericht bei einer Pflichtverletzung des Insolvenzver-

---

490 Andres/Leithaus-*Andres*, § 59 InsO, Rdnr. 8; HK-*Eickmann*, § 59 InsO, Rdnr. 10.
491 Vgl. *OLG München*, Urt. v. 18. 7. 1991 – 1 U 2199/89 –, NJW-RR 1992, 1508.
492 HK-*Eickmann*, § 59 InsO, Rdnr. 4, 7; ebenso: Smid-*Smid*, § 59 InsO, Rdnr. 4.
493 *HK-Eickmann*, § 59 InsO, Rdnr. 5.
494 MK-*Graeber*, § 59 InsO, Rdnr. 46.
495 Jaeger-*Gerhardt*, § 59 InsO, Rdnr. 6.
496 *BGH*, Urt. v. 21. 4. 1955 – III ZR 203/53 – BGHZ 17, 141, 145.

walters, die zugleich einen wichtigen Grund i.S.d. § 59 Abs. 1 InsO darstellt, nicht deswegen von einer Entlassung absehen darf, weil die geschädigten Gläubiger den Insolvenzverwalter auf Schadensersatz in Anspruch nehmen können. Zur Begründung wird darauf verwiesen, dass eine Pflichtverletzung nur dann einen wichtigen Grund darstellt, wenn angesichts ihrer Auswirkungen auf den Verfahrensverlauf und die berechtigten Belange der Beteiligten ein Belassen des Insolvenzverwalters im Amt sachlich nicht mehr gerechtfertigt ist.[497] Das *AG Bonn* nahm bei dem begründeten Verdacht masseschädigenden Verhaltens des Insolvenzverwalters bereits eine Pflicht zur Vornahme von Aufsichtsmaßnahmen an. Bei nicht nur sehr geringfügigen Verdacht bestünde sogar einer Pflicht zur Amtsentlassung.[498]

6.4.2. Stellungnahme

Das Tatbestandsmerkmal „wichtiger Grund" des § 59 Abs. 1 Satz 1 InsO weist eine erhebliche Variationsbreite aus. Seine Bedeutung erschließt sich nicht zuletzt aus seiner Stellung in dem Rechtssatz und aus dem gesamten Sinnzusammenhang, innerhalb dessen es an dieser Stelle steht.[499] Für die Auslegung dieses Tatbestandsmerkmals ist daher auch die mit dessen Vorliegen verknüpfte Rechtsfolge bedeutsam. Es verstieße aber gegen den „Syllogismus der Rechtsfolgebestimmung"[500] nur den Sachverhalt unter den „wichtigen Grund" zu subsumieren, den man als entlassungswürdig einschätzt.

Ergibt sich aus dem Subsumtionsschluss das Vorliegen eines „wichtigen Grundes" i.S.d. § 59 Abs. 1 Satz 1 InsO so folgt aus dem Gesetzeswortlaut – *„kann"* – nicht zwingend als Rechtsfolge die Amtsentlassung. Vielmehr ist dem Insolvenzgericht ein Ermessen eingeräumt. Dafür sprechen auch die Gesetzesmaterialien, die besagen, dass durch § 59 InsO die *„Befugnis"* zur Amtsentlassung geregelt wird.[501] Mit Befugnis wird aber nicht eine bestimmte Rechtsfolge gesetzlich zwingend angeordnet.

Das Insolvenzgericht hat bei seiner Prüfung auch dem Umstand Rechnung zu tragen, dass die Amtsentlassung einen erheblichen Eingriff in die Berufsausübungsfreiheit des Art. 12 Abs. 1 GG darstellt, weshalb dieser vor dem verfassungsrechtlichen Gebot der Verhältnismäßigkeit Bestand haben muss. Das Gericht hat daher von der Amtsentlassung trotz Vorliegens eines wichtigen Grundes i.S.d. § 59 Abs. 1 Satz 1 InsO abzusehen, wenn zu erwarten ist, dass sich der Insolvenzverwalter zukünftig pflichtgemäß verhält, mithin die Amtsentlassung nicht zur Vermeidung einer Schädigung der Insolvenzmasse erforderlich ist (Entschließungsermessen), oder andere Sanktionen, wie z.B. das Zwangsgeld gem. § 58 Abs. 2 InsO,

---

497 *BGH*, Urt. v. 8. 12. 2005 – IX ZB 208, 04 – ZIP 2006, 247, 248 (Tz. 10); ebenso wohl: *AG Hamburg*, Beschl. v. 23. 11. 2004 – 67c IN 1/02 – ZInsO 2004, 1324, 1325.
498 *AG Bonn*, Beschl. v. 5. 9. 2001 – 98 IN 196/99 – ZInsO 2002, 641.
499 *Larenz*, Methodenlehre, S. 87: die Auslegung des Tatbestandsmerkmals erfolgt dann in einem Verstehensprozess, der als „hermeneutischer Zirkel" bekannt ist.
500 *Larenz*, Methodenlehre, S. 150 f.
501 Begrd. RegE zu § 59 InsO, zit. n. *Balz/Landfermann*, Die neuen Insolvenzgesetze, S. 139.

ebenso geeignet sind (Auswahlermessen). Andererseits kann eine verhältnismäßig geringe Masseveruntreuung angesichts des damit verbundenen Vertrauensverlustes es für die Insolvenzgläubiger unzumutbar erscheinen lassen, den Insolvenzverwalter weiter im Amt zu belassen. In diesem Fall läge eine Ermessensreduktion vor.

6.5. Prüfung der Schlussrechnung

Der Insolvenzverwalter hat bei Beendigung seines Amtes über seine Tätigkeit Rechnung zu legen, § 66 Abs. 1 InsO. Diese Rechnungslegung hat das Insolvenzgericht gem. § 66 Abs. 2 Satz 1 InsO zu prüfen und mit den Belegen zur Einsicht der Beteiligten auszulegen (§ 66 Abs. 2 Satz 2 InsO). Nach dem Gesetzeswortlaut „*hat*" besteht eine Prüfungspflicht des Insolvenzgerichts, d.h. diesem ist insoweit ein Entschließungsermessen nicht eingeräumt.[502] Lediglich die Bestimmung von Art und Umfang der Prüfungshandlungen steht nach allg. M. im pflichtgemäßen Ermessen des Insolvenzgerichts. So wird eine Stichprobenprüfung für zulässig und ausreichend erachtet, wenn nicht Verstöße oder Fehler festgestellt werden.[503]

6.6. Zwischenergebnis

Die untersuchten, gesetzlich geregelten Fälle der insolvenzgerichtlichen Aufsicht zeigen, dass der Gesetzgeber im Einzelfall Ausnahmen von dem Grundsatz eines Aufsichtsermessens des Insolvenzgerichts geregelt hat. So hat sich die Entscheidung des Insolvenzgerichts über die Anordnung einer Sicherungsmaßnahme nach §§ 21, 22 InsO, insbesondere die Anordnung der vorläufigen Insolvenzverwaltung und die Bestellung eines vorläufigen Insolvenzverwalters, daran zu orientieren, ob die Sicherungsmaßnahme überhaupt zur Erreichung des Gläubigerschutzes erforderlich, geeignet und verhältnismäßig (i.e.S.) ist. Unter diesen Voraussetzungen hat der Insolvenzrichter kein Entschließungsermessen, sondern hat die zur Erreichung des Sicherungszwecks notwendige Anordnung zu treffen. Umgekehrt ist die angeordnete Sicherungsmaßnahme aufzuheben, wenn der Sicherungszweck entfällt oder die angeordnete Sicherungsmaßnahme unverhältnismäßig wird. Ebenso ist auch die Zustimmung zur Betriebsstilllegung gem. § 22 Abs. 1 Satz 2 Nr. 2 InsO bei Vorliegen der gesetzlichen Voraussetzungen oder die Prüfung der vom Insolvenzverwalter vorgelegten Schlussrechnung (§ 66 Abs. 2 Satz 1 InsO) nicht in das Ermessen des Insolvenzgerichts gestellt. Demgegenüber stehen die Untersagungsentscheidung gem. § 161 InsO und Art und Umfang der Schlussrechnungsprüfung im pflichtgemäßen Ermessen des Insolvenzgerichts. Zwar gilt dieses grundsätzlich auch für die Amtsentlassung des Insolvenzverwalters gem. § 59 Abs. 1 InsO, jedoch doch kann das Entschließungsermessen im Einzelfall, in

---

502 Siehe Kap. E.II.4.5.4.
503 Siehe Kap. E.II.4.5.4.3.

Abhängigkeit von der Art und der Schwere der Pflichtverletzung des Insolvenzverwalters, auf Null reduziert sein.

7. Zusammenfassung

Die Auslegung, insbesondere des Normkontexts und des Regelungszusammenhanges des § 58 Abs. 1 Satz 1 InsO, hat ergeben, dass entscheidende aufsichtsrechtliche Maßnahmen, wie die Amtsentlassung des Insolvenzverwalters und das Zwangsgeldverfahren, in das pflichtgemäße Ermessen des Insolvenzgerichts gestellt sind. Dieses Auslegungsergebnis wird durch eine vergleichende Betrachtung der Regelung der Aufsicht über die Notare und den Vormund bestätigt. Diese Vorschriften manifestieren den allgemeinen Grundsatz, dass der Staat, wenn er fremdes Vermögen durch eine ihm bestellte Person verwalten lässt, diese auch zu überwachen hat. Folglich ist auch die Aufsicht gem. § 58 InsO als eine Aufsichtspflicht des Insolvenzgerichts zu verstehen. Deren Ausübung ist grundsätzlich in das pflichtgemäße Ermessen des Insolvenzgerichts gestellt. Das Reformziel der InsO, die Stärkung der Gläubigerautonomie, steht einer stärkeren Reglementierung des Insolvenzverfahrens durch eine Intensivierung der insolvenzgerichtlichen Aufsicht entgegen. Folglich stehen die Entscheidung für ein aufsichtsrechtliches Tätigwerden gegenüber dem Insolvenzverwalter und die Wahl der Aufsichtsmaßnahme, soweit nicht gesetzlich z.B. durch §§ 22 Abs. 1 Satz 2 Nr. 2, 66 Abs. 2 Satz 1 InsO vorgeschrieben, im pflichtgemäßem Ermessen des Insolvenzgerichts. Damit stellt sich jedoch die weitergehende Frage, ob dieses Ermessen ungebunden oder rechtlichen Beschränkungen unterworfen ist.

III. Grenzen des Aufsichtsermessens

Es ist festgestellt worden, das das Insolvenzgericht die Aufsicht über den Insolvenzverwalter grundsätzlich nach pflichtgemäßem Ermessen auszuüben hat. Es sollen nunmehr die Grenzen und Beschränkungen dieses Aufsichtsermessen untersucht werden. Diese können sich allgemein aus der Grundrechtsbindung (Art. 1 Abs. 3 GG) und dem verfassungsrechtlichen Gleichheitssatz (Art. 3 Abs. 1 GG), aber auch aus insolvenzrechtlichen Vorschriften ergeben.

1. Verfassungsrechtliche Grenzen des Aufsichtsermessens

Wenn die Tätigung als Insolvenzverwalter von der Grundrechtsgarantie der Berufsfreiheit in Art. 12 Abs. 1 GG erfasst wird, haben die Insolvenzgerichte bei der Ausübung der Aufsicht diese verfassungsrechtliche Schutzwirkung zugunsten des Insolvenzverwalters zu berücksichtigen.

1.1. Schutzbereich des Art. 12 Abs. 1 GG

Art. 12 Abs. 1 GG schützt das einheitliche Grundrecht der Berufsfreiheit, d.h. die freie Wahl und Ausübung eines Berufes.[504] Beruf ist generell jede (erlaubte) dauerhafte Tätigkeit, die auf Schaffung und Erhaltung einer Lebensgrundlage ausgerichtet ist, und sich nicht in einem einmaligen Erwerbsakt erschöpft.[505] Dabei ist es für die Eröffnung des Schutzbereiches grundsätzlich unerheblich, ob eine Tätigkeit einen eigenständigen Beruf darstellt, oder es sich lediglich um eine Ausübungsmodalität eines übergeordneten Berufes handelt.[506]

Die Insolvenzverwaltung ist kein Ehrenamt, das freiwillig oder auf Grund einer Verpflichtung wahrgenommen wird, sondern eine vergütete Tätigkeit, die von Rechtsanwälten, Steuerberatern, Kaufleuten, etc. in Ergänzung oder auch an Stelle ihrer eigentlichen Tätigkeit ausgeübt wird. Sie ist deshalb darauf ausgelegt, zu der Schaffung und Erhaltung einer Lebensgrundlage jedenfalls beizutragen. Damit handelt es sich grundsätzlich um eine von Art. 12 GG geschützte Tätigkeit.

Die Tätigkeit als Insolvenzverwalter erfüllt auch das Merkmal der Dauerhaftigkeit. Zwar erfolgt die Verwalterbestellung für jedes Verfahren einzeln, doch sind die als Insolvenzverwalter tätigen Personen durch eine entsprechende Büroausstattung und qualifiziertes Personal in aller Regel darauf ausgerichtet, laufend oder zumindest regelmäßig Insolvenzverfahren zu übernehmen. Darüber hinaus kann sich die Abwicklung eines Verfahrens über mehrere Jahre hinziehen, so dass auch bei der Abwicklung einiger weniger Verfahren nur schwer von einem einzelnen Erwerbsakt gesprochen werden kann. Dies vor allem in Hinblick darauf, dass der Schutzbereich des Art. 12 GG grundsätzlich weit zu verstehen ist.[507]

Art. 12 Abs. 1 GG sichert lediglich die Teilhabe am Wettbewerb nach Maßgabe seiner Funktionsbedingungen, begründet jedoch keinen Anspruch auf Bereitstellung und auf Erhalt eines Arbeitsplatzes oder – für einen selbstständig Berufstätigen – auf Sicherung seiner Erwerbsmöglichkeiten.[508] Der Marktteilnehmer muss daher auf dem Wandel der Marktverhältnisse beruhende Veränderungen seiner Wettbewerbssituation sowie seiner Umsatz- und Ertragslage hinnehmen.[509]

---

504 *BVerfG*, Beschl. v. 26. 6. 2002 – 1 BvR 558/91 – NJW 2002, 2621, 2622; Jarass/Pieroth-*Jarass*, Art. 12 GG, Rdnr. 1; *Pieroth/Schlink*, Rdnr. 808.

505 *BVerfG*, Beschl. v. 26. 6. 2002 – 1 BvR 558/91 – NJW 2002, 2621, 2622; Jarass/Pieroth-*Jarass*, Art. 12 GG, Rdnr. 4; Schmidt-Bleibtreu/Klein-*Hofmann*, Art. 12 GG, Rdnr. 25 ff.

506 Auch der Doppel- oder Nebenberuf fällt in den Schutzbereich des Art. 12 Abs. 1 GG, vgl. Jarass/Pieroth-*Jarass*, Art. 12 GG, Rdnr. 5.

507 *BVerfG*, Beschl. v. 3. 8. 2004 – 1 BvR 135/00 – ZinsO 2004, 913, 915; Jarass/Pieroth-*Jarass*, Art. 12 GG, Rdnr. 4; Schmidt-Bleibtreu/Klein-*Hofmann*, Art. 12 GG, Rdnr. 26.

508 *BVerfG*, Beschl. v. 4. 12. 2006 – 1 BvR 1198/06 – NZI 2007, 181, zur Verfassungsmäßigkeit des Ausschlusses von Betreibern einer „geeigneten Stelle" i.S.d. § 305 Abs. 1 Nr. 1 InsO, die nicht Rechtsanwälte oder Kammerrechtsbeistände sind, von der Beratungshilfe (§ 3 BerHG); *BVerfG*, Beschl. v. 13. 6. 2006 – 1 BvR 1160/01 – NJW 2006, 3701, 3702 (Tz. 60); Beschl. v. 26. 6. 2002 – 1 BvR 558/91 – NJW 2002, 2621, 2622.

509 *BVerfG*, Beschl. v. 13. 6. 2006 – 1 BvR 1160/01 – NJW 2006, 3701, 3702 (Tz. 60); Beschl. v. 26. 6. 2002 – 1 BvR 558/91 – NJW 2002, 2621, 2622.

1.2. Insolvenzverwaltung als eigenständiger Beruf

Die Unterscheidung zwischen einem eigenständigen Beruf und einer Berufsmodalität ist erst für die Frage nach der verfassungsrechtlichen Rechtfertigung einer Einschränkung bedeutsam.[510] Überwiegend wird die Tätigkeit als Insolvenzverwalter inzwischen als eigenständiger Beruf angesehen.[511]

Art. 12 GG gewährt grundsätzlich ein Berufserfindungsrecht, so dass auch untypische Tätigkeiten einen Beruf im Sinne von Art. 12 GG darstellen können. Die Einordnung einer Tätigkeit als eigenständigen Beruf oder nur als Berufsmodalität, richtet sich danach, ob es sich bei der Tätigkeit um ein eigenes Berufsbild handelt. Es fehlt an einem selbstständigen Beruf, wenn eine Tätigkeit ausgeübt wird, „die nur als Bestandteil eines umfassenderen oder als Erweiterung eines anderen Berufes ausgeübt werden und deren Regelung die eigentliche Berufstätigkeit als Grundlage der Lebensführung unberührt lassen".[512] Dem Gesetzgeber steht das Recht zu, Erscheinungsformen und Ausübungsmodalitäten eines Berufes durch die rechtliche Fixierung von Berufsbildern zu regeln.[513] Im Falle des Insolvenzverwalters ist der Zugang zwar abhängig von der Bestellung durch das Insolvenzgericht, jedoch hat der Gesetzgeber bislang keine Regelungen getroffen, in denen konkrete Anforderungen an Bewerber um das Insolvenzverwalteramt gestellt werden. Die in §§ 56, 57, 59 InsO normierten Kriterien der Geeignetheit, der Ge-

---

510 Jarass/Pieroth-*Jarass*, Art. 12 GG, Rdnr. 4.

511 *BVerfG*, Beschl. v. 30. 3. 1993 – 1 BvR 1045/89, u. a. – NJW 1993, 2861 (obiter dictum); Beschl. v. 3. 8. 2004 – 1 BvR 135/00, 1 BvR 1086/01 – ZInsO 2004, 913, 915; *OLG Koblenz*, Beschl. v. 27. 6. 2005 – 12 VA 1/05 – ZVI 2005, 607, 608; *Deckenbrock/Fleckner*, Berufsgerichtliche Verfahren gegen mehrfach qualifizierte Berufsträger – Insolvenzverwaltung durch Wirtschaftsprüfer, NJW 2005, 1165, 1167; *Gaier*, Verfassungsrechtliche Aspekte der Auswahl und der Abwahl des Insolvenzverwalters, ZInsO 2006, 1177; *Haarmeyer/Wutzke/Förster*, Handbuch zur Insolvenzordnung, InsO/EGInsO, Kap. 5, Rdnr. 14 f.; *Henssler*, Das Berufsbild des Insolvenzverwalters im Wandel der Zeit, ZIP 2002, 1053, 1054 f., 1065; *Kesseler*, Rechtsschutz des „übergangenen" Verwalters, ZIP 2000, 1565, 1570; *Kesseler*, Das Grundrecht auf Bestellung zum Insolvenzverwalter, ZInsO 2002, 201, 204; *Levy*, Umschau, 1929, 176, spricht von „Berufsverwalterstand"; *Mönning*, Die Auswahl des Insolvenzverwalters als Problem der Qualitätssicherung, in: KS-InsO, 2. A., S. 375, 395 f.; *Smid*, Praxishandbuch Insolvenzrecht, § 9 Rdnr. 2; *Smid*, Auswahl und Bestellung des Insolvenzverwalters durch das Insolvenzgericht als Rechtsfrage betrachtet, DZWIR 2007, 485, 487; ebenso der Abschlussbericht der Bund-Länder-Arbeitsgruppe, S. 29, abrufbar unter http://www.rws-verlag.de/volltext-2002/1_7_02_b.pdf gem. Zugriff v. 21. 6. 2007. Zur Ausbildung eines *„berufsmäßigen Konkursverwalterstandes"* nach dem „Gründerkrach" der Jahre 1873–1875 und einer Erhebung in den Jahren 1905 bis 1907: *Baade*, Zur Auswahl der Konkurs- und Vergleichsverwalter, KTS 1959, 40, 41. Ein eigenständiges Berufsbild verneinen: *Beutler/u. a.*, Gutachterliche Gegenstellungnahme von dreizehn Mitgliedern des Gravenbrucher Kreises zur Frage der Bestellung des Insolvenzverwalters, ZInsO 2001, 730, 733 f. *Frind*, Brauchen wir die „automatisierte" Verwalterauswahl?, ZInsO 2001, 481; Kübler/Prütting-*Lüke*, § 56 InsO, Rdnr. 7; *Schick*, Der Konkursverwalter – berufsrechtliche und steuerrechtliche Aspekte, NJW 1991, 1328, 1329. Zur Rechtstatsächlichkeit im Jahre 1928: *Häberlin*, Zulassungsscheine für Konkursverwalter und Vertrauenspersonen?, KuT 1928, 116, 117 f.; *Uhlenbruck/Mönning*, Listing, Delisting und Bestellung von Insolvenzverwaltern, ZIP 2008, 157, zur Entwicklung des Insolvenzverwalters vom „Leichenfledderer" zum „Heilpraktiker der deutschen Wirtschaft".

512 *BVerfG*, Beschl. v. 3. 8. 2004 – 1 BvR 135/00 – ZinsO 2004, 913, 915.

513 Jarass/Pieroth-*Jarass*, Art. 12 GG, Rdnr. 29.

schäftskunde und der Unabhängigkeit stellen gerade kein konkretes Anforderungsprofil auf, welches von einem Prätendenten zu erfüllen wäre, sondern sind offen für Mitglieder aller Berufsrichtungen. Es gibt insbesondere keine besondere Ausbildung oder Prüfung, die zur Tätigkeit als Insolvenzverwalter berechtigen würde, noch sind sonstige konkrete Anforderungen aufgestellt worden. Insofern besteht kein gesetzlich typisiertes Bild des Insolvenzverwalters.[514]

Allerdings könnte sich aus der faktischen Entwicklung der Tätigkeit als Insolvenzverwalter und deren steigender wirtschaftlicher Bedeutung sowohl im Allgemeinen als auch für die einzelnen Verwalter ergeben, dass es sich nicht mehr nur um eine Berufsmodalität handelt, sondern um einen selbstständigen Beruf. Dies jedenfalls dann, wenn die Insolvenzverwaltung nicht nur gelegentlich übernommen wird. Die Arbeit als Insolvenzverwalter (bzw. früher als Konkursverwalter) wurde früher vorwiegend als Nebentätigkeit ausgeübt, jedoch beschränken sich inzwischen viele der regelmäßig bestellten Verwalter auf die Insolvenzverwaltung.[515] Die Insolvenzverwaltung hat sich auf Grund der technischen Entwicklung, insbesondere durch die Verbreitung des Internets und der Entwicklung leistungsfähiger EDV-Programme zur Tabellenführung und Rechnungslegung innerhalb eines Insolvenzverfahrens,[516] seit Mitte der achtziger Jahre mehr und mehr professionalisiert.[517] Dies hatte zur Folge, dass die Insolvenzverwaltung in diesen Fällen einen erheblichen Teil des jeweiligen Einkommens erwirtschaftet und damit Hauptbestandteil für die Schaffung einer Lebensgrundlage ist. Darüber hinaus hat die gesamtwirtschaftliche Bedeutung der Insolvenzverwaltung in den letzten Jahren erheblich zugenommen und ist zu einem eigenständigen Wirtschaftssektor geworden. Diese Entwicklung hat zur Einführung des Fachanwalts für Insolvenzrecht geführt.

Aus diesen Gründen handelt es sich bei der Insolvenzverwaltertätigkeit nicht mehr nur um eine Modalität des Anwalts-, Wirtschaftsprüfer- oder Steuerberaterberufes, sondern um einen eigenständigen Beruf im Sinne von Art. 12 Abs. 1 GG.[518] Dem steht nicht entgegen, dass der Insolvenzverwalter der Bestellung durch das Insolvenzgericht bedarf, denn auch die staatlich gebundenen Berufe, wie z.B. der Notar, werden vom Schutzbereich des Art. 12 Abs. 1 GG erfasst, der für diese im Hin-

---

514 *Mönning,* Die Auswahl des Insolvenzverwalters als Problem der Qualitätssicherung, KS-InsO, 2. A., S. 375, 396.

515 *Haarmeyer/Wutzke/Förster,* Hdb. InsO, § 5 Rdnr. 19f.; *Kesseler,* Rechtsschutz des „übergangenen“ Verwalters, ZIP 2000, 1565, 1570.

516 Diese technischen Möglichkeiten wurden vom Gesetzgeber aufgegriffen, wie die Regelungen in § 9 InsO über die amtliche Bekanntmachung durch ein elektronisches Informations- und Kommunikationssystem und in § 5 Abs. 3 InsO über die maschinelle Erstellung von Tabellen und Verzeichnissen zeigt. Gleichzeitig wird dadurch die Ausstattung der Insolvenzverwalterbüros mit einer entsprechenden Spezial-Software zum Muss.

517 Vgl. *Haarmeyer/Wutzke/Förster,* Hdb. InsO, § 5 Rdnr. 18; *Henssler,* Das Berufsbild des Insolvenzverwalters im Wandel der Zeit, ZIP 2002, 1053, 1054f.; *Kesseler,* Rechtsschutz des „übergangenen“ Verwalters, ZIP 2000, 1565, 1570.

518 Ebenso für den „Anwaltsvormund“: *BVerfG,* Urt. v. 1. 7. 1980 – 1 BvR 349/75, 378/76 – NJW 1980, 2179, 2180.

blick auf Art. 33 Abs. 5 GG leichter einzuschränken ist.[519] Da auch das *BVerfG* die Tätigkeit des Insolvenzverwalters als eigenständigen Beruf anerkannt hat[520], muss angesichts der Bindungswirkung bundesverfassungsgerichtlicher Entscheidungen von einem Berufsbild des Insolvenzverwalters in Deutschland ausgegangen werden.[521]

1.3. Ergebnis: Schutz der Insolvenzverwaltertätigkeit durch Art. 12 Abs. 1 GG

Die Tätigkeit des Insolvenzverwalters stellt inzwischen ein eigenständiges Berufsbild dar, auch wenn diese von Rechtsanwälten, Steuerberatern und Wirtschaftsprüfern ausgeübt wird, die zugleich ihrem ursprünglichen Beruf nachgehen. Sie unterfällt daher der Grundrechtsgarantie der Berufsfreiheit nach Art. 12 Abs. 1 GG. Diese verfassungsrechtliche Garantie begründet aber kein subjektives Recht auf Bestellung zum Insolvenzverwalter,[522] verpflichtet jedoch das Insolvenzgericht, vor Anwendung einer Aufsichtsmaßnahme deren Eingriffswirkung in die verfassungsrechtlich geschützte Berufsausübungsfreiheit des Insolvenzverwalters in ein Verhältnis zu Zweck und Ziel der Aufsichtsmaßnahme zu setzen, mithin den aus dem Rechtsstaatsprinzip abgeleiteten Grundsatz der Verhältnismäßigkeit zu beachten.

2. Allgemeine Beschränkungen des Ermessens

Aus dem Allgemeinen Gleichheitsgrundsatz des Art. 3 Abs. 1 GG folgt, dass unsere Rechtsordnung kein freies, sondern nur ein gebundenes Ermessen kennt.[523] Deshalb ist das Insolvenzgericht im Rahmen seiner Ermessensentscheidung zuvorderst an die Grundrechte und höherrangiges Recht gebunden(Art. 1 Abs. 3 GG). Weitere Grenzen des Ermessens lassen sich aus den Ermessensvorschriften des Verwaltungsrechts ableiten. Hier ist insbesondere § 40 VwVfG von Relevanz, in dem es heißt: *„Ist die Behörde ermächtigt, nach ihrem Ermessen zu handeln, hat sie ihr Ermessen entsprechend dem Zweck der Ermächtigung auszuüben und die gesetzlichen Grenzen des Ermessens einzuhalten."* Soweit sie diesen Anforderungen nicht Genüge leistet, handelt sie ermessensfehlerhaft und damit rechtswidrig.[524] Dabei kann von einem Ermessensfehler im hier verwandten Sinne nur gesprochen werden, wenn bei der

---

519 *BVerfG*, Beschl. v. 21. 12. 1995 – 1 BvR 41/90 – NJW 1996, 1463; Schmidt-Bleibtreu/Klein-*Hofmann*, Art. 12 GG, Rdnr. 16, 31 ff.

520 *BVerfG*, Beschl. v. 3. 8. 2004 – 1 BvR 135/00 – ZinsO 2004, 913, 915; wohl auch schon im Beschl. v. 30. 3. 1993 – 1 BvR 1045/89, u. a. – NJW 1993, 2861.

521 *Smid*, Auswahl und Bestellung des Insolvenzverwalters durch das Insolvenzgericht als Rechtsfrage betrachtet, DZWiR 2001, 485, 487.

522 Die Auswahl und Bestellung des Insolvenzverwalters ist Gegenstand zweier grundlegender Entscheidungen des *BVerfG* gewesen, die in Kap. F.I.1 noch eingehend erörtert werden sollen.

523 *BVerfG*, Beschl. v. 26. 9. 1978 – 1 BvR 525/77 – NJW 1978, 2446, 2447.

524 Erichsen/Ehlers-*Jestaedt*, Allgemeines Verwaltungsrecht, § 10 V 3, Rdnr. 60; *Maurer*, Allgemeines Verwaltungsrecht, § 7, Rdnr. 17.

Ermessensentscheidung rechtliche Bindungen nicht beachtet wurden, dagegen werden lediglich unzweckmäßige Entscheidungen, bei denen eine andere Entscheidung besser oder sinnvoller gewesen wäre, nicht erfasst.

2.1. Arten der Ermessensfehler

Ermessensfehler können in unterschiedlichen Formen auftreten. Es werden in der Regel folgende Ermessensfehler unterschieden, wobei die Terminologie im Einzelnen nicht ganz einheitlich ist:

2.1.1. Ermessensüberschreitung

Ein Ermessensfehler in Form der Ermessensüberschreitung liegt vor, wenn die Behörde die gesetzlichen Grenzen des Ermessens nicht einhält, indem die Entscheidung von der angewandten Ermächtigungsnorm nicht gedeckt ist und die Behörde somit mehr Entscheidungsfreiheit für sich in Anspruch nimmt, als ihr nach den gesetzlichen Bestimmungen überhaupt zusteht.[525] Eine Ermessensüberschreitung liegt auch vor, wenn die Grundrechte oder sonstigen rechtlichen Bindungen, insbesondere Verfassungsgrundsätze wie das Willkürverbot[526], der Grundsatz des Vertrauensschutzes[527] und der Grundsatz der Verhältnismäßigkeit[528], missachtet werden. Gerade die unverhältnismäßige Ausübung des Ermessens ist eine typische Fallgestaltung der Ermessensüberschreitung.[529] Eine solche unverhältnismäßige Ermessensausübung liegt immer dann vor, wenn die Rechtsbeeinträchtigung beim Adressaten der behördlichen Maßnahme nicht durch gegenläufige öffentliche Interessen zu rechtfertigen ist. Bei einer Ermessensentscheidung ist vor allem der Gleichheitssatz (Art. 3 Abs. 1 GG) zu beachten. Dieser gebietet eine gleichmäßige Handhabung des Ermessens. Die Behörde darf den durch die Ermessensermächtigung eröffneten Spielraum nicht völlig systemlos, sprunghaft oder gar willkürlich ausfüllen.[530] Eine Verletzung des Gleichheitssatzes liegt vor, wenn von einer bisher bestandenen Verwaltungspraxis ohne sachlichen Grund abgewichen wird.[531]

Eine Ermessensüberschreitung ist beispielsweise gegeben, wenn das Insolvenzgericht ein höheres Zwangsgeld als durch § 58 Abs. 2 Satz 2 InsO festgelegt, festsetzt.

---

525 Obermayer-*Liebetanz*, § 40 VwVfG, Rdnr. 33 f.; Fehling/Kastner/Wahrendorf-*Schwarz*, § 114 VwGO, Rdnr. 50.
526 *BVerfG*, Beschl. v. 26. 2. 1985 – 2 BvR 1145/83 – NStZ 1985, 283, mit der Erläuterung, dass die verfassungsgerichtliche Feststellung von Willkür keinen subjektiven Schuldvorwurf beinhaltet, sondern in einem objektiven Sinne verstanden sein will.
527 *BVerfG*, Beschl. v. 26. 9. 1978 – 1 BvR 525/77 – NJW 1978, 2446, 2448.
528 *BVerfG*, Beschl. v. 26. 9. 1978 – 1 BvR 525/77 – NJW 1978, 2446, 2448; Beschl. v. 18. 7. 1973 – 1 BvR 23, 155/73 – NJW 1974, 227.
529 Vgl. Fehling/Kastner/Wahrendorf-*Schwarz*, § 114 VwGO, Rdnr. 51.
530 Stelkens/Bonk/Sachs-*Sachs*, § 40 VwVfG, Rdnr. 92.
531 Vgl. *Kopp/Ramsauer*, § 40 VwVfG, Rdnr. 66; Stelkens/Bonk/Sachs-*Sachs*, § 40 VwVfG, Rdnr. 128.

2.1.2. Ermessensunterschreitung

Ein weiterer Ermessensfehler ist die sog. Ermessensunterschreitung. Die Einräumung von Ermessen geht grundsätzlich mit der Pflicht einher, das Ermessen auch zu betätigen. Daher ist ein Ermessensfehler gegeben, wenn die Behörde von der Möglichkeit der Ermessensbetätigung überhaupt keinen oder nur unzureichend Gebrauch macht.[532] Häufig tritt in der Praxis die Konstellation auf, dass die Behörde keinerlei Ermessenserwägungen anstellt, da sie irrtümlich annimmt, in ihrer Entscheidung gesetzlich gebunden zu sein.[533] Eine Ermessensunterschreitung liegt weiter dann vor, wenn die Behörde im Rahmen der Ermessensentscheidung keine eigenen Erwägungen anstellt.[534]

Als Beispiele für eine Unterschreitung oder einen Fehlgebrauch des insolvenzgerichtlichen Aufsichtsermessen können dauernde Auskunfts- und Sachstandsanfragen (§ 58 Abs. 1 Satz 2 InsO) oder die Einberufung einer Gläubigerversammlung (§ 74 Abs. 1 Satz 1 InsO)[535], ohne dass hierzu die Geschäftstätigkeit des Insolvenzverwalters oder die Umstände des Insolvenzverfahrens Anlass geben, angeführt werden.

2.1.3. Ermessensfehlgebrauch

Anders als bei der Ermessensunterschreitung übt die Behörde beim Ermessensfehlgebrauch ihr Ermessen in ausreichendem Umfang aus, verfehlt jedoch bei ihrer Entscheidung den Zweck der Ermessensermächtigung. In diesem Zusammenhang wird auch von einem „inneren" Ermessensfehler gesprochen.[536] Anders als die Überschreitung der gesetzlichen Grenzen des Ermessens, lässt sich der Verstoß gegen die „inneren" Ermessensgrenzen nicht am Entscheidungsergebnis erkennen, denn die Entscheidung hätte mit anderen Erwägungen oder aus anderen Motiven rechtmäßig ergehen können. Ein Ermessensfehlgebrauch liegt insbesondere dann vor, wenn die Entscheidung auf sachfremden Erwägungen beruht.[537] Hierzu gehören persönliche Motive wie Antipathie, Sympathie, Voreingenommenheit, Eigennutz, Laune, Willkür oder Schikane. Weiterhin besteht auch im Rahmen von behördlichen Ermessensentscheidungen das sog. Kopplungsverbot, nach dem die Behörde ihr Handeln nicht von Gegenleistungen abhängig machen darf, die nicht im sachlichen Zusammenhang mit ihrer Leistung stehen und nicht in ihre Zuständigkeit fallen.[538] Auch die Berücksichtigung ressortfremder Gesichtspunkte ist regelmäßig ermessensfehlerhaft.[539] Ein Ermessensfehlgebrauch liegt außerdem vor, wenn die Behörde ihrer Entscheidung unlogische, widersprüchliche oder unzu-

532 Erichsen/Ehlers-*Jestaedt*, Allgemeines Verwaltungsrecht, § 10 V 3, S. 325, Rdnr. 61.
533 *Kopp/Ramsauer*, § 40 VwVfG, Rdnr. 59.
534 Fehling/Kastner/Wahrendorf-*Schwarz*, § 114 VwGO, Rdnr. 45.
535 So z.B. im Fall des *LG Stuttgart*, Beschl. v. 8. 9. 1989 – 2 T 859/89 – ZIP 1989, 1595 f.
536 Vgl. Stelkens/Bonk/Sachs-*Sachs*, § 40 VwVfG, Rdnr. 62, Obermayer-*Liebetanz*, § 40 VwVfG, Rdnr. 27.
537 *Hofmann/Gerke*, Allgemeines Verwaltungsrecht, S. 168, Rdnr. 430.
538 Knack-*Henneke*, § 40 VwVfG, Rdnr. 50 m.w.N.
539 Obermayer-*Liebetanz*, § 40 VwVfG, Rdnr. 31.

treffende Erwägungen zugrunde gelegt, für ihre Entscheidung eine Scheinbegründung abgibt, die die wahren Gründe offenkundig verdeckt, oder bei ihrer Entscheidung wesentliche Abwägungsgesichtpunkte außer acht lässt (sog. Abwägungsdefizit).[540] Die Rechtsprechung fordert deshalb in zahlreichen Entscheidungen, dass bei einer pflichtgemäßen Ausübung des Ermessens die wesentlichen Gesichtspunkte, die für oder gegen eine Maßnahme sprechen, gegeneinander abgewogen werden müssen oder dass eine Ermessensentscheidung aufgrund einer Abwägung der für oder gegen die Maßnahme sprechenden Umstände ergehen muss.[541]

2.2. Ermessensreduktion

In bestimmten Situationen kann das Ermessen so stark durch die Ermessensgrenzen eingeengt sein, dass nur noch eine Entscheidung richtig (rechtsfehlerfrei) ist. Hier spricht man von einer Ermessensreduktion auf Null. Eine solche Beschränkung des Ermessens kann nur unter sehr engen Voraussetzungen angenommen werden. Andernfalls würde die Zielsetzung des Gesetzgebers unterlaufen, der mit einer Ermessensermächtigung gerade einen Entscheidungsspielraum eröffnen will.[542] Liegt eine Ermessensreduzierung auf Null vor, so kann ein Verwaltungsgericht prozessual die Verpflichtung der Behörde, die beantragte Amtshandlung vorzunehmen, eigenhändig umsetzen (sog. Spruchreife). Eine Ermessensreduzierung auf Null kann sich unter anderem durch die Einwirkung von Grundrechten und sonstigen Verfassungssätzen ergeben. Im Einzelfall kann in Anwendung des Verhältnismäßigkeitsgrundsatzes nur eine einzige Entscheidungsmöglichkeit ermessensfehlerfrei sein, weil alle übrigen zu unzulässigen, weil unverhältnismäßigen oder unzumutbaren Ergebnissen führen.[543] Weiterhin kann eine Ermessensreduzierung auch aus einer entsprechenden Verwaltungspraxis und der mit dieser einhergehenden Selbstbindung der Verwaltung (Art. 3 Abs. 1 GG) resultieren[544] oder sich aus der vorherigen Abgabe einer behördlichen Zusicherung oder Zusage ergeben.[545]

Beispielsweise kann eine Pflichtverletzung des Insolvenzverwalters so schwerwiegend sein, dass nur noch eine aufsichtsrechtliche Sanktion – die sofortige Entlassung des Insolvenzverwalters gem. § 59 Abs. 1 InsO – ermessensfehlerfrei ist. Dieses kann insbesondere bei der Veruntreuung von erheblichen Massegeldern angenommen werden. Das *AG Bonn* nahm bei dem begründeten Verdacht masseschädigenden Verhaltens des Insolvenzverwalters bereits eine Pflicht zur Vornahme von Aufsichtsmaßnahmen an. Bei nicht nur sehr geringfügigem Verdacht be-

---

540 Vgl. *Hofmann/Gerke*, Allgemeines Verwaltungsrecht, S. 168/169, Rdnr. 431.
541 *BVerwG*, Urt. v. 26. 2. 1980 – 1C 90.76 – NJW 1980, 2656.
542 Stelkens/Bonk/Sachs-*Sachs*, § 40 VwVfG, Rdnr. 57; Obermayer-*Liebetanz*, § 40 VwVfG, Rdnr. 50.
543 *Kopp/Ramsauer*, § 40 VwVfG, Rdnr. 31 a.
544 *BVerwG*, Urt. v. 10. 12. 1969 – VIII C 104/69 – NJW 1970, 675.
545 Fehling/Kastner/Wahrendorf-*Schwarz*, § 40 VwVfG, Rdnr. 21; *Maurer*, Allgemeines Verwaltungsrecht, § 7, S. 143, Rdnr. 25.

stünde sogar einer Pflicht zur Amtsentlassung.[546] Eine Ermessensreduktion mit der Folge einer intensiveren Aufsichtspflicht des Insolvenzgerichts wird beispielsweise angenommen, wenn bereits Pflichtwidrigkeiten des Insolvenzverwalters bekannt geworden sind[547], bei Fehlen eines Gläubigerausschusses und langer Verfahrensdauer[548], wenn dem Insolvenzgericht eine erhebliche Arbeitsbelastung des Insolvenzverwalters bekannt geworden ist[549] oder bei noch unerprobten Insolvenzverwaltern während deren ersten Verfahren[550].

2.3. Abgrenzung zwischen Ermessensfehler und Beurteilungsfehler

Neben Ermessensfehlern können auch sog. Beurteilungsfehler bei der Gesetzesanwendung auftreten. Anders als Ermessensentscheidungen betreffen Beurteilungsentscheidungen nicht die Rechtsfolgenseite, sondern die Tatbestandsseite einer Rechtsnorm.[551] Ausgangspunkt solcher Beurteilungsspielräume sind sog. unbestimmte Rechtsbegriffe, deren Sinngehalt nicht offenkundig ist und die der Auslegung bedürfen. Allein das Vorliegen eines unbestimmten Rechtsbegriffes hat jedoch nicht notwendig zur Folge, dass bei der Auslegung und Anwendung solcher unbestimmten Rechtsbegriffe ein gerichtlich nicht überprüfbarer Beurteilungsspielraum besteht. Insbesondere die Rechtsschutzgarantie des Art. 19 Abs. 4 GG gebietet es, dass grundsätzlich auch die Auslegung und Anwendung unbestimmter Rechtsbegriffe gerichtlich überprüfbar sein muss. Ein gerichtlich nicht überprüfbarer Beurteilungsspielraum kann demnach nur dann angenommen werden, wenn der Gesetzgeber erkennbar selbst die normative Entscheidung darüber getroffen hat, dass die Gerichte oder die Verwaltung über das Vorliegen eines Tatbestandsmerkmals letztverbindlich entscheiden dürfen.[552] Dabei müssen hinreichende Gründe die Einschränkung der Rechtsschutzgarantie durch den Gesetzgeber legitimieren.[553] In Fällen, in denen die Rechtsprechung an ihre Funktionsgrenzen stößt, da sie zu einer vollständigen Nachprüfung der Verwaltungsentscheidung nicht in der Lage ist, kann beispielsweise ein hinreichender Grund für einen gerichtlich nicht überprüfbaren Beurteilungsspielraum vorliegen.[554] Weitere Anhaltspunkte dafür, dass der Gesetzgeber einen entsprechenden Beurteilungsspielraum einräumen wollte, sind etwa die besondere Qualifikation der mit der Beurteilung betrauten Amtsträger, die besondere pluralistische Zusammensetzung und Sachkunde eines mit der Entscheidung betrauten weisungsfreien Gremiums,

546 *AG Bonn*, Beschl. v. 5. 9. 2001 – 98 IN 196/99 – ZInsO 2002, 641.
547 Kübler/Prütting-*Pape*, § 58 InsO Rdnr. 9.
548 *BGH*, Urt. v. 12. 7. 1965 – III ZR 41/64 – BeckRS 1965, 30400811.
549 *AG Potsdam*, Beschl. v. 30. 11. 2001 – 35 IN 677/01 – ZInsO 2002, 90, 91.
550 MK-*Graeber*, § 58 InsO, Rdnr. 18.
551 Siehe Kap. C.II.1.
552 *BVerfG*, Beschl. v. 17. 4. 1991 – BvR 419/81 u. 213/83 – NJW 1991, 2005, 2006; *Ziekow*, § 40 VwVfG, Rdnr. 47; *Bamberger*, Behördliche Beurteilungsermächtigungen im Lichte der Bereichsspezifik des Verwaltungsrechts, VerwArch 2002, 217, 226.
553 Ziekow-*Wolff*, § 114 VwGO, Rdnr. 295.
554 *BVerfG*, Beschl. v. 17. 4. 1991 – 1 BvR 419/81, 213/83 – NJW 1991, 2005, 2006.

die Maßgeblichkeit von persönlichen Erfahrungen und Eindrücken, sowie die Unwiederholbarkeit einer entscheidungserheblichen Situation.[555] Eine solche Letztentscheidungskompetenz der Verwaltung hat die Rechtsprechung etwa bei staatlichen Prüfungsentscheidungen[556], beamtenrechtlichen Beurteilungen[557] und bei Entscheidungen durch weisungsfreie Gremien und Ausschüsse, die nach bestimmten Kriterien mit Vertretern besonderen Sachverstandes oder spezifischer gesellschaftlicher Gruppen zusammengesetzt sind[558], angenommen.

2.4. Exkurs: Bindungswirkung von Richtlinien des Insolvenzgerichts?

Verschiedentlich regeln die Insolvenzgerichte ihre Anforderungen an die Insolvenzverwaltertätigkeit in teilweise veröffentlichten, allgemeinen Richtlinien.[559] Dieses entspricht einer langen Tradition, wie die „Neufassung" der *„Richtlinien für Konkursverwalter"* des Amtsgerichts Berlin-Mitte vom 11. 2. 1929[560] belegt.

2.4.1. Rechtscharakter

Fraglich ist der Rechtscharakter solcher Richtlinien. Die Verfasser der *„Richtlinien für Konkursverwalter"* des Amtsgerichts Berlin-Mitte aus dem Jahre 1929 erklärten ausdrücklich, dass *„diese Richtlinien keine rechtsverbindliche Kraft haben. Sie binden nicht die Konkursrichter, weder untereinander noch den Verwaltern gegenüber; sie binden auch nicht das Beschwerdegericht."*[561] Es handelte sich bei diesen Richtlinien um *„den Niederschlag einer jahrzehntealten Tradition"* die *„das größte deutsche Konkursgericht (...) besetzt mit einer Mehrheit erfahrener Richter und ausgestattet mit einem Stamm bewährter Berufskonkursverwalter"* verfasst hat.[562]

Frind und *Schmidt* sehen in Richtlinien für das Insolvenzeröffnungsverfahren eine *„Art Generalverfügung i.S.d. § 22 II 1 InsO"*, durch die von vorneherein als nicht adäquat angesehene Abwicklungshandlungen des Insolvenzverwalters ausgeschlossen werden sollen.[563]

---

555 Vgl. Kopp/Ramsauer, § 40 VwVfG, Rdnr. 72a m.w.N.
556 *BVerwG*, Urt. v. 7. 5. 1971 – VII C 51.70 – NJW 1971, 1956, 1958f.; Urt. v. 20. 9. 1984 – 7C 57.83 – NVwZ 1985, 187, 189.
557 *BVerwG*, Urt. v. 20. 10. 1983 – 2C 11.82 – NJW 1984, 1248.
558 *BVerwG*, Urt. v. 3. 3. 1987 – 1C 16.86 – NJW 1987, 1429.
559 Vgl. nur die „Hamburger Leitlinien zum Insolvenzeröffnungsverfahren", in NZI 2004, 133f. und die „Arbeitshinweise des AG Duisburg für Insolvenzsachverständige im Eröffnungsverfahren", in: NZI 1999, 308ff.
560 Abgedruckt in: KuT 1929, 69ff.
561 Abgedruckt in: KuT 1929, 69. Für *Levy*, Die neuen Richtlinien des Amtsgerichts Berlin-Mitte für die Konkursverwalter (Besprechung), KuT 1929, 85, waren die *„Richtlinien für Konkursverwalter"* des AG Berlin-Mitte anderen Konkursgerichten nicht uneingeschränkt zur *„Nachachtung"* zu empfehlen.
562 *Jaeger/Weber*, 6./7. A., § 78 KO, Rdnr. 14a.
563 *Frind/Schmidt*, Insolvenzverwalterbestellung: Auswahlkriterien und Grenzen der Justiziabilität in der Praxis, NZI 2004, 533, 535.

Gegen diese rechtliche Einordnung spricht, dass es an der erforderlichen gesetzlichen Ermächtigung zur Schaffung einer allgemeinverbindlichen Regelung für die Insolvenzabwicklung durch den Insolvenzverwalter mangelt. Die Vorschrift des § 22 Abs. 2 InsO ermächtigt das Insolvenzgericht lediglich dazu, in einem konkreten Insolvenzverfahren die Pflichten des „schwachen" vorläufigen Insolvenzverwalters zu bestimmen. Der Insolvenzverwalter hat eigenverantwortlich für die Erreichung der Insolvenzzwecke Sorge zu tragen und seine insolvenzspezifischen Pflichten zu erfüllen. Die Ausübung der Aufsicht durch das Insolvenzgericht gem. § 58 Abs. 1 InsO ist, auch wenn dieses in der funktionalen Zuständigkeit des Insolvenzrichters erfolgt, als Ausübung öffentlicher Gewalt i.S.v. Art. 19 Abs. 4 GG anzusehen.[564] Nach dem Gewaltenteilungsprinzip des Grundgesetzes fällt im Verhältnis zur Exekutive allein der Legislative die verfassungsrechtliche Aufgabe der Normsetzung zu.[565] Folglich können durch insolvenzgerichtliche „Richtlinien" weder gesetzlich nicht vorgesehene Pflichten des Insolvenzverwalters noch eine Beschränkung der Haftungsregelungen der §§ 60, 61 InsO normiert werden.[566]

Die Richtlinien des Insolvenzgerichts dienen daher lediglich der Verständigung zwischen den Insolvenzrichtern und/oder den Rechtspflegern auf eine einheitliche Behandlung von immer wieder im Insolvenzverfahren auftretenden Sachverhalten und Fragestellungen. Der Inhalt dieser Richtlinien erhält dabei seine Legitimation nicht durch die Verfasstheit in einer „Richtlinie", sondern aus der Übereinstimmung mit den gesetzlichen Vorschriften. Denn die Erfüllung der insolvenzgerichtlichen Richtlinie darf vom Insolvenzverwalter nicht einen Gesetzesverstoß oder eine zur Erreichung der Insolvenzzwecke des § 1 InsO ungeeignete Maßnahme verlangen.[567]

2.4.2. Selbstbindungswirkung

Die Richtlinien des Insolvenzgerichts können jedoch die Wirkung haben, dass das Insolvenzgericht sich in seinem Ermessen gebunden hat. Aus dem Verwaltungsrecht ist die Rechtsfigur der Selbstbindung der Verwaltung als Kategorie der Ermessensreduktion auf Null bekannt.[568] Danach verpflichtet der allgemeine Gleichheitsgrundsatz des Art. 3 Abs. 1 GG die Verwaltung, das ihr eingeräumte Ermessen in gleichgelagerten Fällen in gleicher Weise auszuüben und bindet diese an eigene Entscheidungen und selbst gesetzte Maßstäbe. Eine solche Selbstbindung kann

---

564 *BVerfG*, Beschl. v. 23. 5. 2006 – 1 BvR 2530/04 – NZI 2006, 453, 454 (Tz. 23f.); Beschl. v. 3. 8. 2004 – 1 BvR 135/00, 1 BvR 1086/01 – ZInsO 2004, 913, 915, für das (Vor-)Auswahlverfahren.

565 Vgl. nur *BVerfG*, Beschl. v. 10. 10. 1972 – 2 BvL 51/69 – NJW 1973, 451.

566 *Jaeger/Weber*, 6./7. A., § 78 KO, Rdnr. 14a, für die *„Richtlinien für Konkursverwalter"* des Amtsgerichts Berlin-Mitte aus dem Jahre 1929.

567 Vergleicht die Kritik an der Insolvenzpraxis des AG Charlottenburg zur Einbeziehung der „notwendigen" Masseverbindlichkeiten in die Frage nach der Verfahrenskostendeckung bei *Haarmeyer*, Berliner Sumpf oder: Wie das Insolvenzgericht Charlottenburg sich vor Arbeit „schützt" und die Rechte tausender Gläubiger dabei auf der Strecke bleiben, ZInsO 1999, 449, 450.

568 Siehe Kap. C.III.2.2.

auch durch ermessenslenkende Verwaltungsvorschriften begründet werden.[569] Diese enthalten zwar nur Verhaltensmaximen an die behördlichen Entscheidungsträger und haben keine unmittelbare Rechtswirkung nach außen.[570] Über Art. 3 Abs. 1 GG und die Rechtsfigur der Selbstbindung der Verwaltung binden sie jedoch die Verwaltung in ihren Ermessensentscheidungen und sind insoweit einer gerichtlichen Kontrolle zugänglich (sog. mittelbare Außenwirkung).[571] Richtet die Verwaltung ihre Entscheidungen ständig an einer solchen Verwaltungsvorschrift oder Richtlinie aus, verstößt sie gegen den Gleichheitsgrundsatz, wenn sie davon in einem vergleichbaren Sachverhalt ohne sachlichen Grund abweicht.[572]

In diesem Sinne können auch Richtlinien über die Anforderungen an die Insolvenzverwaltertätigkeit die Insolvenzgerichte in ihren Entscheidungen binden, wenn diese ihre Entscheidungen in ständiger Praxis an diesen Richtlinien ausrichten. Denn die Insolvenzgerichte haben die Aufsicht nicht nur im Einklang mit dem Verhältnismäßigkeitsgrundsatz, sondern auch mit dem in Art. 3 Abs. 1 GG verankerten Gleichbehandlungsgebots auszuüben. Eine Abkehr von den in der Richtlinie festgelegten Grundsätzen im Einzelfall ohne einen sachlichen Grund verstößt somit gegen Art. 3 Abs. 1 GG und stellt eine Ermessensüberschreitung dar.

Diese Rechtsfolge entspricht dem Sinn und Zweck der von den Insolvenzgerichten entwickelten Richtlinien, nämlich in der Schaffung von Rechtssicherheit für die Insolvenzverwalter im Verhältnis zum aufsichtsführenden Insolvenzgericht. Deshalb liegt für *Mönning* der Wert dieser Richtlinien vor allem in ihrer Verpflichtung zur Transparenz im Hinblick auf Beziehungen und persönliche Bindungen zu Verfahrensbeteiligten.[573] Insolvenzgerichtliche Richtlinien können aber auch der Arbeitsentlastung dienen. Die steigende Zahl der Bewerber um das Insolvenzverwalteramt und das Ende der closed shop-Vergabepraxis der Insolvenzgerichte als Konsequenz der neueren Judikatur des *BVerfG*[574] führt zu einer größeren Arbeitsbelastung der Insolvenzgerichte bei der Einarbeitung „neuer" Insolvenzverwalter, insbesondere bei der Synchronisation der Schnittstelle zwischen Insolvenzgericht und Insolvenzverwalter. Werden die Vorstellungen des Insolvenzgerichts über

569 *BVerwG*, Urt. v. 10. 12. 1969 – VIII C 104/69 – NJW 1970, 675, dies gilt jedoch nicht für norminterpretierende Verwaltungsvorschriften, da die Befugnis zur letztverbindlichen Gesetzesauslegung nach Art. 19 Abs. 4 GG ausschließlich den Gerichten vorbehalten ist; Stelkens/Bonk/Sachs-*Sachs*, § 40 VwVfG, Rdnr. 6.

570 *VGH Kassel* Urt. v. 4. 8. 2004 – 5 UE 680/04 – NVwZ-RR 2005, 304; *VGH Mannheim*, Urt. v. 16. 6. 1998 – 2 S 1806-96 – NVwZ-RR 1999, 547; Fehling/Kastner/Wahrendorf-*Unruh*, § 47 VwGO, Rdnr. 40; *Ziekow*, § 40 VwVfG, Rdnr. 31.

571 *BVerwG*, Urt. v. 10. 12. 1969 – VIII C 104/69 – NJW 1970, 675; *VGH Kassel*, Urt. v. 4. 8. 2004 – 5 UE 680/04 – NVwZ-RR 2005, 304; *VGH Mannheim*, Urt. v. 16. 6. 1998 – 2 S 1806-96 – NVwZ-RR 1999, 547; *Ziekow*, § 40 VwVfG, Rdnr. 31; Stelken/Bonk/Sachs-*Stelken*, § 35 VwVfG, Rdnr. 111.

572 *BVerwG*, Urt. v. 10. 12. 1969 – VIII C 104/69 – NJW 1970, 675; *VGH Kassel*, Urt. v. 4. 8. 2004 – 5 UE 680/04- NVwZ-RR 2005, 304; *VGH Mannheim*, Urt. v. 16. 6. 1998 – 2 S 1806-96 – NVwZ-RR 1999, 547.

573 *Mönning*, Die Auswahl des Verwalters als Problem der Qualitätssicherung, KS-InsO, 2. A., S. 375, 395 (Rdnr. 67f.).

574 Siehe Kap. F.I.1.1.

eine ordnungsgemäße Verfahrensabwicklung und dessen Anforderungen an den Insolvenzverwalter in Richtlinien gefasst und dadurch transparent gemacht, erhalten potentielle Bewerber Auskunft über das geforderte Leistungsprofil. Auf jeden Fall führen die Richtlinien zu einer Arbeitsentlastung für die Insolvenzgerichte.[575] Verständigen sich die verschiedenen Dezernate eines Insolvenzgerichts dagegen nicht auf eine Richtlinie, so haben unterschiedliche Richtlinien keinen Entlastungseffekt auf Seiten des Insolvenzgerichts und erschweren die Zusammenarbeit mit den Insolvenzverwaltern.[576]

2.5. Ergebnis

Grenzen des insolvenzgerichtlichen Aufsichtsermessens lassen sich nicht nur aus den Grundrechten und dem höherrangigen Recht, sondern auch aus den allgemeingültigen Ermessensvorschriften des Verwaltungsrechts ableiten. So ist eine insolvenzgerichtliche Aufsichtsmaßnahme wegen einer Ermessensüberschreitung rechtswidrig, wenn die gesetzlichen Grenzen des Ermessens überschritten oder die Grundrechte, insbesondere der Gleichheitssatz (Art. 3 Abs. 1 GG) verletzt wird. Auch muss sich jede aufsichtsrechtliche Maßnahme gegen den Insolvenzverwalter an Art. 12 Abs. 1 GG, an dem Allgemeinen Gleichheitssatz (Art. 3 Abs. 1 GG) und an dem Verhältnismäßigkeitsgebot messen lassen. Die Aufsichtsmaßnahme darf selbst nicht unverhältnismäßig sein.

Kann das Insolvenzgericht für diese Aufsichtsmaßnahme keinen Grund benennen, so liegt ein Fall der Ermessensunterschreitung vor, dagegen ist von einem Ermessensfehlgebrauch auszugehen, wenn sich das Insolvenzgericht von sachfremden Erwägungen, z.B. Antipathie gegenüber dem Insolvenzverwalter, hat leiten lassen. Das Aufsichtsermessen des Insolvenzgerichts kann auch in der Weise beschränkt sein, dass nur ein aufsichtsrechtliches Tätigwerden oder nur eine Aufsichtsmaßnahme als pflichtgemäß anzusehen ist (Ermessensreduzierung auf Null).

Von den Ermessensfehlern ist die fehlerhafte Auslegung und Anwendung von unbestimmten Rechtsbegriffen bei der Gesetzesanwendung zu unterscheiden. Solche Beurteilungsentscheidungen betreffen, anders als Ermessensentscheidungen,

---

575 Das *AG Göttingen*, Beschl. v. 19. 3. 2004 – 74 IK 74/02 – ZVI 2004, 198, 199 hat entschieden, dass wegen der Arbeitsüberlastung Insolvenzverfahren nur noch schematisch nach möglichst einfachen Regelungen abgewickelt werden können. Aus rechtsstaatlichen Erwägungen ist die weitere Erwägung des Gerichts mehr als bedenklich, dass wegen der Arbeitsüberlastung auch die Umsetzung von Gerechtigkeitsüberlegungen nicht mehr Aufgabe der Insolvenzgerichte sein kann, sondern Aufgabe des Gesetzgebers ist. Zum Glück für den Rechtssuchenden ging es in diesem Fall um den Streit zwischen dem Insolvenzschuldner und dem Treuhänder im Restschuldbefreiungsverfahren über die Erstreckung der Abtretungserklärung nach § 287 Abs. 2 InsO auf einen Steuererstattungsanspruch in Höhe von € 117,56.

576 Teilweise können sich die Dezernate eines Insolvenzgerichtes nicht auf eine einheitliche Rechtsauffassung einigen, wie sich an der Divergenz des AG Hamburg in der Beurteilung der funktionalen Zuständigkeit für die Entscheidung nach § 89 Abs. 3 InsO zeigt: *AG Hamburg*, Beschl. v. 26. 9. 2006 – 67c IN 278/04 – NZI 2006, 646 (Insolvenzrechtspfleger) gegen *AG Hamburg*, Beschl. v. 29. 9. 1999 – 68d IK 12/99 – ZInsO 2000, 172 (Insolvenzrichter).

nicht die Rechtsfolgenseite, sondern die Tatbestandsseite einer Rechtsnorm. Als Beispiel eines unbestimmten Rechtsbegriffes können die Eignungskriterien des § 56 Abs. 1 Satz 1 InsO angeführt werden. Bei der Feststellung des Vorliegens eines unbestimmten Rechtsbegriffes hat das Insolvenzgericht keinen Ermessens- sondern einen Beurteilungsspielraum.[577]

3. Besondere Beschränkungen des Ermessen des Insolvenzgerichts am Beispiel der Auswahl des Insolvenzverwalters

Nach der Rechtsprechung des *BVerfG* hat das Insolvenzgericht bei der Bestellung eines Insolvenzverwalters gem. § 56 Abs. 1 InsO ein Auswahlermessen.[578] Wie noch dargelegt werden soll, sollte im Zusammenhang mit der Prüfung der Eignung eines Bewerbers für die Aufnahme in die Vorauswahlliste richtigerweise von einem Beurteilungsspielraum gesprochen werden,[579] während dem Insolvenzrichter ein Auswahlermessen im eigentlichen Sinne erst bei der Auswahlentscheidung gem. § 56 Abs. 1 InsO eingeräumt ist.[580] Da der Insolvenzrichter mit der Auswahlentscheidung nach § 56 Abs. 1 InsO zugleich die Eignung des bestellten Insolvenzverwalters für die im konkreten Insolvenzverfahren – *„jeweiligen Einzelfall"* – gestellten Anforderungen festgestellt hat, ist damit zugleich das voraussichtliche Maß der zu leistenden Aufsicht (§ 58 InsO) definiert worden. Die Auswahlentscheidung gem. § 56 Abs. 1 InsO kann deshalb auch als Maßnahme einer antizipierenden Aufsicht verstanden werden. Angesichts deren Bedeutung für den Insolvenzverwalter aber auch für die Verfahrensbeteiligten wird verständlich, dass hierbei in vielfältiger Weise versucht wird, auf diese Einfluss zunehmen. Es soll untersucht werden, ob und welche Faktoren das in der Bestellungsentscheidung nach § 56 Abs. 1 InsO zum Ausdruck kommende Auswahlermessen des Insolvenzgerichts in zulässiger Weise determinieren können.

3.1. Einflussnahme auf die Auswahl des Insolvenzverwalters

Häufig versuchen Gläubiger oder der Insolvenzschuldner Einfluss auf die Auswahl des Insolvenzverwalters zu nehmen, in dem im Insolvenzantrag oder in einem persönlichen Gespräch mit dem Insolvenzrichter eine bestimmte Person als Insolvenzverwalter vorgeschlagen wird. So konnten der Ministerpräsident von Nordrhein-Westfalen, Gläubiger und Arbeitnehmervertreter im Insolvenzverfahren der Babcock Borsig AG mit Erfolg einen ihnen genehmen Insolvenzverwalter durchsetzen, indem dieser zum Vorstand der Insolvenzschuldnerin bestellt und der Insolvenzrichter zur Anordnung der Eigenverwaltung gem. § 270 InsO veranlaßt wurde. Dieser bewertete die politische Einflußnahme auf seine Entscheidung als

577 Siehe Kap. C.II.1.
578 Siehe Kap. F.I.1.1.
579 Siehe Kap. F.I.1.3.
580 Siehe Kap. F.I.3.2.1.

eine objektive Missachtung der gesetzlichen Zuständigkeit und der Unabhängigkeit des Insolvenzgerichts.[581] Aber auch von Seiten der Insolvenzgerichte wird, wie z. B. das „Detmolder Modell“[582] zeigt, die Einbindung der Insolvenzgläubiger oder des Insolvenzschuldners in das Auswahlverfahren betrieben. *Leithaus* hat in einem Editorial die Frage aufgeworfen, ob sich das Insolvenzgericht bei der Auswahl des Insolvenzverwalters über ein vor der Bestellungsentscheidung von einer für die Neuwahl des Insolvenzverwalters gem. § 57 InsO erforderlichen Mehrheit geäußertes Votum der Insolvenzgläubiger hinwegsetzen kann, und dieses sogleich mit dem Hinweis auf das Amtshaftungsrisiko verneint.[583] Hiernach wäre die Amtspflichtverletzung in einer Missachtung der Gläubigerautonomie zu sehen; der Schaden in dem mit der Wahl eines anderen Insolvenzverwalters begründeten Vergütungsanspruch des bisherigen Insolvenzverwalters sowie auch in der nicht gehörigen Verfahrensabwicklung durch einen Insolvenzverwalter, der weiß, dass er auf einem „Schleudersitz“ sitzt.[584]

Der von einem Großgläubiger oder einer Gläubigergruppe vorgeschlagene Insolvenzverwalter weckt regelmäßig Zweifel an seiner Unabhängigkeit und damit an seiner Geeignetheit i. S. d. § 56 Abs. 1 InsO, weil diesem der „Makel der Befangenheit“ anhaftet.[585] Zugleich wird das Vorliegen einer Interessenkollision indiziert.[586] *Uhlenbruck* hat in diesem Zusammenhang grundsätzlich infrage gestellt, dass die Gläubigergesamtheit angesichts der bestehenden Gruppenegoismen überhaupt zu einer wirtschaftlich sinnvollen Willensbildung in der Lage ist.[587]

Für das erhebliche Interesse der Gläubiger an einer Einflussnahme auf die Auswahl des Insolvenzverwalters wird ins Felde geführt, dass die Gläubigerpositionen erheblich durch die Geltendmachung von Anfechtungsansprüchen beeinträchtigt werden können.[588] Diese Begründung zeigt, dass eine Gläubigerbeteiligung bei der Auswahlentscheidung immer von Partikularinteressen geleitet sein wird, die im Widerspruch zu den Grundsätzen der optimalen Masseverwertung (§ 1 InsO) und der par conditio creditorum stehen.

Die Zulässigkeit einer Einflussnahme der Verfahrensbeteiligten auf die Auswahlentscheidung des Insolvenzrichters ist angesichts der in den Vorschriften der §§ 56, 57, 288 InsO zum Ausdruck kommenden gesetzgeberischen Wertung zu verneinen. Gläubigerautonome Verfahrensentscheidungen setzen die sichere Feststellung der überhaupt stimmberechtigten Insolvenzgläubiger voraus. Hierzu hat

---

581 *AG Duisburg*, Beschl. v. 1. 9. 2002 – 62 IN 167/02 –, NZI 2002, 556, 559.
582 *Busch*, Die Bestellung des Insolvenzverwalters nach dem „Detmolder Modell“, DZWiR 2004, 353, 358; zustimmend: *Uhlenbruck/Mönning*, Listing, Delistung und Bestellung von Insolvenzverwaltern, ZIP 2008, 157, 162.
583 *Leithaus*, Haftungsfalle Verwalterbestellung?, NZI 2007 V.
584 *Leithaus*, Haftungsfalle Verwalterbestellung?, NZI 2007 V.
585 *Bales*, Einflussmöglichkeiten von Banken bei der Auswahl des Insolvenzverwalters, BKR 2003, 967, 968; Jaeger-*Gerhardt*, § 56 InsO, Rdnr. 49; MK-*Graeber*, § 56 InsO, Rdnr. 123, 133.
586 *Uhlenbruck*, Aus- und Abwahl des Insolvenzverwalters, KTS 1989, 229, 245.
587 *Uhlenbruck*, Aus- und Abwahl des Insolvenzverwalters, KTS 1989, 229, 233 f.
588 Vgl. *Bales*, Einflussmöglichkeiten von Banken bei der Auswahl des Insolvenzverwalters, BKR 2003, 967.

der Gesetzgeber in den §§ 174ff. InsO ein formalisiertes Forderungsfeststellungsverfahren vorgesehen. Im Eröffnungsverfahren und vor der ersten Gläubigerversammlung kann der Insolvenzrichter die verfahrensbeteiligten Insolvenzgläubiger nach Zahl und Höhe der Insolvenzforderungen noch gar nicht kennen und damit nicht feststellen, ob die für eine bestimmte Person als Insolvenzverwalter erforderliche qualifizierte Mehrheit bereits vorhanden ist.[589] Ein bei Antragstellung oder im Eröffnungsverfahren von Gläubigern geäußerter Vorschlag ist daher für den Insolvenzrichter nicht bindend,[590] da dieser nicht als Votum der Gläubigergesamtheit verstanden werden kann. Dem Insolvenzrichter kann auch nicht ein Verstoß gegen die Gläubigerautonomie vorgeworfen werden, weil diese sich nicht ad infinitum sondern nur innerhalb gesetzlicher Grenzen und in einem gesetzlich geregelten Verfahren entfalten kann. Vielmehr gilt es, jeden Zweifel an der Unabhängigkeit des bestellten Insolvenzverwalters zu vermeiden, ein Eignungskriterium, das der Gesetzgeber in § 56 Abs. 1 InsO im Hinblick auf das par conditio creditorum (§ 1 Satz 1 InsO) gleichwertig neben der Geschäftskunde normiert hat.

3.2. Das Wahlrecht gem. § 57 InsO

Die Insolvenzgläubiger haben gem. § 57 Satz 1 InsO das einmalig[591] auszuübende Recht, statt des gem. § 27 Abs. 1 Satz 1 InsO vom Insolvenzgericht im Eröffnungsbeschluss ernannten Insolvenzverwalters[592] in der ersten[593], auf die Bestellung des Insolvenzverwalters folgenden Gläubigerversammlung eine andere Person zum Insolvenzverwalter zu wählen.[594] Diese Wahlmöglichkeit besteht auch nach vor-

---

589 Gerade dieses Argument war bereits Anlass für den Gesetzgeber der KO, die Gläubiger erst in der ersten Gläubigerversammlung nach der Bestellung des Konkursverwalters in das Auswahlverfahren einzubeziehen, vgl. *Hahn*, Die gesamten Materialien zu den Reichsjustizgesetzen, Vierter Band, Materialien zur Konkursordnung, S. 278.

590 Jaeger-*Gerhardt*, § 56 InsO, Rdnr. 26.

591 Nach allg.M. besteht kein erneutes Wahlrecht, wenn die Bestellung des zunächst Gewählten versagt wird: HK-*Eickmann*, § 57 InsO, Rdnr. 4; Jaeger-*Gerhardt*, § 57 InsO, Rdnr. 8; Uhlenbruck-*Uhlenbruck*, § 57 InsO, Rdnr. 11; differenzierend: *Kesseler*, Probleme der Verwalterwahl nach § 57 InsO, KTS 2000, 491, 498ff.; befürwortend: MK-*Graeber*, § 57 InsO, Rdnr. 18.

592 Dieses Wahlrecht gilt aufgrund der eingeschränkten Verweisung in § 292 Abs. 3 Satz 2 InsO nicht für den gem. § 292 Abs. 2 InsO bestimmten Treuhänder der Wohlverhaltensperiode.

593 *OLG Celle*, Beschl. v. 23. 7. 2001, 2 W 41/01 – ZInsO 2001, 755, 765; Andres/Leithaus-*Andres*, § 57 InsO, Rdnr. 2; Jaeger-*Gerhardt*, § 57 InsO, Rdnr. 7; MK-*Graeber*, § 57 InsO, Rdnr. 17; *Kesseler*, Probleme der Verwalterwahl nach § 57 InsO, KTS 2000, 491, 493 und 497 (auf die Zulässigkeit einer Vertagung der ersten Gläubigerversammlung hinweisend); Kübler/Prütting-*Lüke*, § 57 InsO, Rdnr. 4. Folglich ist eine Neuwahl in einer späteren Gläubigerversammlungen unstatthaft, in dieser kann nur die Entlassung des Insolvenzverwalters gem. § 59 Abs. 1 Satz 2 InsO aus wichtigem Grund betrieben werden, Jaeger-*Gerhardt*, § 57 InsO, Rdnr. 7.

594 Der in der Insolvenzpraxis (vgl. nur *AG Holzminden*, Beschl. v. 1. 12. 2000 – 10 IN 20/00 – DZWiR 2001, 82) häufig anzutreffende Terminus *„Abwahl des Insolvenzverwalters"* ist mit Wortlaut und Zweck der Vorschrift des § 57 InsO nicht vereinbar. Aus dem Gesetzeszusammenhang der §§ 27 Abs. 1 Satz 1, 56, 57 InsO folgt, dass die Bestellung eines Insolvenzverwalters durch das Insolvenzgericht bis zur Neuwahl eines anderen Insolvenzverwalters gem. § 57 Satz 1 InsO grundsätzlich eine Vorläufige ist. Dem Terminus *„Abwahl des Insolvenzverwalters"* kommt sinnbildlich nur eine Bedeutung im Zusammenhang mit der Entlassung auf Antrag der Gläubigerversammlung gem. § 59 Abs. 1 InsO zu.

angegangener Masseunzulänglichkeitsanzeige gem. § 208 InsO[595] sowie in dem Fall, dass nach Ableben, Amtsniederlegung oder Entlassung gem. § 59 Abs. 1 InsO des bisherigen Verwalters vom Insolvenzgericht ein anderer Insolvenzverwalter bestellt worden ist.[596] Es stellt sich daher die Frage, in welchem Umfang das Auswahlermessen des Insolvenzgerichts[597] bei der Bestellung des Insolvenzverwalters gem. § 56 Abs. 1 InsO durch das Wahlrecht der Insolvenzgläubiger aus § 57 InsO beschränkt wird.

3.2.1. Normzweck

Die Vorschrift des § 57 InsO geht auf die Vorschrift des § 80 KO zurück, die die Konkursgläubiger ebenfalls zur Wahl eines anderen Konkursverwalters ermächtigte. Der Gesetzgeber der InsO hat in einem Verfahren, dessen vorrangiges Ziel die Befriedigung der Gläubiger ist, deren Mitbestimmung bei einer entscheidenden Frage wie der Auswahl des Insolvenzverwalters für erforderlich angesehen[598] und diesem Erfordernis durch Einräumung des Wahlrechts nach § 57 Satz 1 InsO Rechnung getragen. Mit diesem wird die im Eröffnungsverfahren fehlende Einflussnahmemöglichkeit der Gläubiger auf die Bestellung des (vorläufigen) Insolvenzverwalters kompensiert.[599] Bei dem Recht aus § 57 InsO handelt es sich um ein echtes Wahlrecht und nicht nur um ein Vorschlagsrecht der Insolvenzgläubiger.[600] Für *Smid* wird durch § 57 InsO die endgültige Entscheidung über die Person des Insolvenzverwalters den Gläubigern zugewiesen.[601]

Die Sorge vor einer Majorisierung des Insolvenzverfahrens durch wenige Großgläubiger[602] hat der Gesetzgeber zum Anlass genommen, die Stimmrechtsrege-

---

595 *BVerfG*, Beschl. v. 9. 2. 2005 – 1 BvR 2719/04 – ZVI 2005, 132, 133.
596 Allg. Ansicht: HK-*Eickmann*, § 57 InsO, Rdnr. 3; MK-*Graeber*, § 57 InsO, Rdnr. 17; *Kesseler*, Probleme der Verwalterwahl nach § 57 InsO, KTS 2000, 491, 493; Uhlenbruck-*Uhlenbruck*, § 57 InsO, Rdnr. 5. Für die entsprechende Anwendung des § 57 InsO auf den vom Insolvenzgericht bestellten Sonderinsolvenzverwalter: *Kesseler*, Probleme der Verwalterwahl nach § 57 InsO, KTS 2000, 491, 495.
597 Siehe Kap. F.I.3.2.1.
598 Begrd.RegE, zu § 57 InsO, zit. n. *Balz/Landfermann*, Die neuen Insolvenzgesetze, S. 136; vgl. zu der kontroversen Reformdiskussion: *Uhlenbruck*, Aus- und Abwahl des Insolvenzverwalters, KTS 1989, 229, 246 ff.
599 Jaeger-*Gerhardt*, § 57 InsO, Rdnr. 4; MK-*Graeber*, § 57 InsO, Rdnr. 1; *Graeber*, Die Wahl des Insolvenzverwalters durch die Gläubigerversammlung nach § 57 InsO, ZIP 2000, 1465, 1466. Nach Ansicht von *Wild*, (in: Versagung und Ernennung des gewählten Konkursverwalters durch das Konkursgericht gem. § 80 KO, KTS 1982, 63, 64) kann die Selbstverwaltungsbefugnis der Gläubiger nur dann einen Sinn haben, wenn die Gläubiger den Konkursverwalter haben, den sie haben wollen, und nicht den, den das Gericht haben will.
600 Kübler/Prütting-*Lüke*, § 57 InsO, Rdnr. 4; zu § 80 KO: *LG Baden-Baden*, Beschl. v. 5. 6. 1997 – 1 T 34/97 – KTS 1997, 675.
601 *Smid*, Auswahl und Bestellung des Insolvenzverwalters durch das Insolvenzgericht als Rechtsfrage betrachtet, DZWIR 2007, 485, 486.
602 So z. B. *Kessler*, Probleme der Verwalterwahl nach § 57 InsO, KTS 2000, 491 f.; *Marotzke*, Gläubigerautonomie – ein modernes Missverständnis, FS-Kirchhof, S. 321, 329. Dagegen bezweifelt *Graeber* (in: Die Wahl des Insolvenzverwalters durch die Gläubigerversammlung nach § 57 InsO, ZIP 2000, 1465) die empirische Belegbarkeit der Notwendigkeit dieser Gesetzesänderung mit den Argumenten, dass die Auswahl des Insolvenzverwalters durch das Insolvenzgericht regelmäßig sach-

lung in §§ 76, 77 InsO für die Abstimmung gem. § 57 InsO nachträglich durch Art. 1 Nr. 8 InsOÄndG 2001 an eine qualifizierte Mehrheit – Forderungs- und Kopfmehrheit – zu knüpfen.[603] Für die Einführung des qualifizierten Mehrheitserfordernisses spricht auch, dass der Insolvenzverwalter die Interessen aller Gläubiger gleichermaßen zu vertreten hat.[604] Marotzke weist auf die durch die Eigenverwaltungsvorschriften der §§ 271, 272 InsO begründete Inkonsistenz (oder: „halbe" Arbeit des Gesetzgebers) hin, die es den Inhabern der Summenmehrheit erheblich leichter macht, ein fremdverwaltetes Normalverfahren in ein eigenverwaltetes Verfahren zu verwandeln, als nach § 57 InsO einen ihnen genehmen Insolvenzverwalter zu installieren, um so unter Umgehung des § 57 InsO letztlich den Masseverwalter zu bestimmen.[605]

3.2.2. Bestätigung des bestellten Insolvenzverwalters

Wird in der ersten Gläubigerversammlung i.S.d. § 57 InsO kein anderer Insolvenzverwalter gewählt[606] oder sind Gläubiger nicht anwesend, stellt sich die Frage, ob damit die Bestellung des Insolvenzverwalters gem. §§ 27, 56 Abs. 1 InsO eine endgültige wird oder ob diese noch der Bestätigung durch die Gläubigerversammlung bedarf. Die durch Gesetz zur Vereinfachung des Insolvenzverfahrens vom 13. 4. 2007 eingeführte gesetzliche Zustimmungsfiktion des § 160 Abs. 1 Satz 3 InsO kann im Fall der fehlenden Gläubigerbeteiligung nicht herangezogen werden, weil diese sich erkennbar nur auf die nach § 160 InsO zustimmungspflichtigen Rechtshandlungen bezieht. Gegen das Erfordernis der Bestätigung durch die Gläubigerversammlung spricht der Wortlaut des § 57 Satz 1 InsO – *„können die Gläubiger an dessen Stelle eine andere Person wählen."* Das Gesetz normiert ein Wahlrecht und keine eigene Bestellungskompetenz der Gläubigerversammlung.[607] In der Literatur wird deshalb die Auffassung vertreten, dass der Verzicht der Insolvenzgläubiger auf die Wahl eines anderen Insolvenzverwalters als stillschweigen-

---

gerecht und in der ersten Gläubigerversammlung nach der Bestellung des Insolvenzverwalters im Eröffnungsbeschluss die wesentlichen Verfahrensentscheidungen bereits getroffen seien. Auch für *Lüke* (in: Kübler/Prütting, § 57 InsO, Rdnr. 3) spielt das Wahlrecht der Gläubiger aus § 57 InsO eine unbedeutende Rolle. Auch wenn keine häufige Erscheinung in der Insolvenzpraxis, so ist die Abwahl des bestellten Insolvenzverwalters bedeutsam für die weitere Verfahrensabwicklung und damit für die Aufsicht des Insolvenzgerichtes.

603 *Schumann* hat zu diesem Zweck im Jahre 1935 vorgeschlagen, das Konkursgericht zu ermächtigen, die Bestellung des gewählten Konkursverwalters zu versagen, wenn es dieses für unzweckmäßig hält (in: Gedanken über eine Reform der Konkursordnung, DJ 1935, 1210, 1215).

604 HK-*Eickmann*, § 78 InsO, Rdnr. 1, unter Hinweis auf das Aufhebungsrecht gem. § 78 InsO; Uhlenbruck-*Uhlenbruck*, § 57 InsO, Rdnr. 1.

605 *Marotzke*, Gläubigerautonomie – ein modernes Missverständnis, FS-Kirchhof, S. 321, 331.

606 Ein konstruktives Misstrauensvotum, d. h. die bloße Abwahl des bisherigen Insolvenzverwalters, während die Bestellung eines anderen Insolvenzverwalters dem Insolvenzgericht oder einer späteren Gläubigerversammlung überlassen wird, sieht das Gesetz nicht vor, *Kesseler*, Probleme der Verwalterwahl nach § 57 InsO, KTS 2000, 491, 498.

607 Die teilweise in der Insolvenzpraxis festzustellende Verfahrensweise, mangels Gläubigerbeteiligung dem vom Insolvenzgericht bestellten Insolvenzverwalter das „Vorläufigkeitsattribut" bis zu einer Gläubigerversammlung mit Gläubigerbeteiligung zu belassen, in dem der Tagesordnungspunkt „Wahl des Insolvenzverwalters" vertagt wird, dürfte angesichts der eindeutigen gesetzlichen Regelung entbehrlich sein.

de privatautonome Bestätigung des vom Insolvenzgericht bestellten Insolvenzverwalters anzusehen ist.[608] Die Insolvenzpraxis beseitigt die rechtlichen Zweifel dadurch, dass der Rechtspfleger die anwesenden Insolvenzgläubiger im Berichtstermin auffordert, einen anderen Insolvenzverwalter zu wählen oder den mit der Verfahrenseröffnung Bestellten zu bestätigen.

3.2.3. Bestellung des gewählten Insolvenzverwalters

Aus dem Wortlaut des § 57 Satz 3 InsO – *„kann die Bestellung des Gewählten nur versagen"* – folgt, dass der von der Gläubigerversammlung gewählte Insolvenzverwalter noch der Bestellung durch das Insolvenzgericht bedarf.[609] Im Folgenden soll die Versagungsprüfung des Insolvenzgerichts gem. § 57 Satz 3 InsO beleuchtet werden.

3.2.3.1. Versagungsgründe

Nach § 57 Satz 3 InsO kann das Insolvenzgericht die Bestellung des gewählten Insolvenzverwalters versagen, wenn dieser für die Übernahme des Amtes nicht geeignet ist. Mit dieser Regelung hat der Gesetzgeber der InsO gegenüber der Vorschrift des § 80 Satz 2 KO die Versagung auf den Grund der fehlenden Eignung des Gewählten beschränkt.[610] Der Versagungsgrund *„nicht geeignet"* bedarf als unbestimmter Rechtsbegriff der Auslegung.

Aus dem Gesetzeszusammenhang ergibt sich, dass die fehlende Eignung i.S.d. § 56 Abs. 1 InsO ein Versagungsgrund gem. § 57 Satz 3 InsO darstellt.[611] Diese Auslegung entspricht dem Willen des Gesetzgebers: Im Gesetzgebungsverfahren hat die Bundesregierung auf einen entsprechenden Einwand in der Stellungnahme des Bundesrates darauf hingewiesen, dass die in § 56 Abs. 1 InsO manifestierten Eignungskriterien als allgemeiner Grundsatz *„ohne weiteres"* bei der Auslegung des Wortes *„geeignet"* in § 57 Satz 3 InsO heranzuziehen seien.[612] Die Bestellung des Gewählten ist deshalb zu versagen, wenn dieser nicht geschäftskundig[613], im Einzelfall nicht geeignet oder von den übrigen Verfahrensbeteiligten nicht unabhängig[614] ist.

---

608 Jaeger-*Gerhardt*, § 57 InsO, Rdnr. 6, 17.

609 N/R-*Delhaes*, § 57 InsO, Rdnr. 5; Jaeger-*Gerhardt*, § 57 InsO, Rdnr. 13; *Graeber*, Die Wahl des Insolvenzverwalters durch die Gläubigerversammlung nach § 57 InsO, ZIP 2000, 1465, 1467; MK-*Graeber*, § 57 InsO, Rdnr. 22; *Kesseler*, Probleme der Verwalterwahl nach § 57 InsO, KTS 2000, 491, 495; Uhlenbruck-*Uhlenbruck*, § 57 InsO, Rdnr. 14.

610 Die Versagung der Bestellung nach § 80 Satz 2 KO wurde nicht nur auf die fehlende Eignung sondern auch auf das Vorliegen eines triftigen Grundes gestützt, vgl. *Kuhn/Uhlenbruck*, § 80 KO, Rdnr. 2.

611 Jaeger-*Gerhardt*, § 57 InsO, Rdnr. 14; *Graeber*, Die Wahl des Insolvenzverwalters durch die Gläubigerversammlung nach § 57 InsO, ZIP 2000, 1465, 1468; MK-*Graeber*, § 57 InsO, Rdnr. 26; *Muscheler/Bloch*, Abwahl des vom Gericht bestellten Insolvenzverwalters, ZIP 2000, 1474, 1477.

612 Gegenäußerung d. BReg, zit. n. *Kübler/Prütting*, Das neue Insolvenzrecht Bd. I, S. 230.

613 *LG Neuruppin*, Beschl. v. 19. 10. 2005 – 5 T 165/05 – DZWiR 2006, 258: nicht geeignet ist der Gewählte, der nur theoretische und keine praktischen Erfahrungen in der Abwicklung von Insolvenzverfahren ausweisen kann.

614 *LG Hechingen*, Beschl. v. 8. 6. 2001 – 3 T 79/01 – ZIP 2001, 1970.

Fraglich ist, ob damit die Versagungsgründe abschließend beschrieben sind oder ob die Versagung der Bestellung des gewählten Insolvenzverwalters auch auf über dessen Eignung i.S.d. § 56 Abs. 1 InsO hinausgehende Umstände gestützt werden darf.[615] *Muschler/Bloch* argumentieren unter Hinweis auf § 59 Abs. 1 InsO, dass es zu einem unsinnigen Ergebnis führen würde, dürfte das Insolvenzgericht die Bestellung des gewählten Insolvenzverwalters aus außerhalb der Eignung i.S.d. § 56 Abs. 1 InsO liegenden Gründen nicht versagen, diesen jedoch nach der gem. § 57 Satz 3 InsO zu erfolgenden Bestellung unter Berufung auf § 59 Abs. 1 InsO aus wichtigem Grunde von Amts wegen wieder entlassen.[616] Für *Graeber* sind solche außerhalb der Eignung i.S.d. § 56 Abs. 1 InsO liegende Versagungsgründe die wirtschaftlich ungeordneten Verhältnisse oder gar die Insolvenz des Gewählten, dessen Ungeeignetheit zur Ausübung eines Geschäftsführeramtes (§ 6 GmbHG), der Verlust der bürgerlichen Ehrenrechte und die fehlende Eignung, Vormund oder Pfleger zu sein.[617] Die Gesetzesmaterialien lassen erkennen, dass der Gesetzgeber die Versagung der Bestellung des gewählten Insolvenzverwalters auch bei Fehlen von Zuverlässigkeit oder Vertrauenswürdigkeit des Gewählten für gerechtfertigt ansah.[618]

Das Insolvenzgericht kann folglich die Bestellung des gewählten Insolvenzverwalters nicht nur bei fehlender Eignung i.S.d. § 56 Abs. 1 InsO, sondern auch bei Vorliegen außerhalb der Eignung i.S.d. § 56 Abs. 1 InsO liegender Umstände, insbesondere einem Entlassungsgrund i.S.d. § 59 Abs. 1 InsO[619], versagen. Diese Umstände müssen aber in der Person des gewählten Insolvenzverwalters liegen[620], so dass die Versagung der Bestellung nicht mit verfahrensökonomischen Gründen, wie z.B. die Nachteile aus der notwendigen Einarbeitung des gewählten Insolvenzverwalters und die zusätzlichen Kosten des Verwalterwechsels[621], mit dem Verhältnis zwischen Insolvenzgericht und gewähltem Insolvenzverwalter oder mit einem Vergleich mit dem bisherigen Insolvenzverwalter begründet werden kann.[622] Ebenfalls kein Versagungsgrund ist die Wahl des Insolvenzverwalters

---

615 Ablehnend wohl: *AG Göttingen*, Beschl. v. 11. 3. 2003 – 74 IN 137/02 – NZI 2003, 267.

616 *Muscheler/Bloch*, Abwahl des vom Gericht bestellten Insolvenzverwalters, ZIP 2000, 1474, 1477.

617 *Graeber*, Die Wahl des Insolvenzverwalters durch die Gläubigerversammlung nach § 57 InsO, ZIP 2000, 1465, 1471 f.; MK-*Graeber*, § 57 InsO, Rdnr. 35.

618 Begrd.RegE, zu § 57 InsO, zit. n. *Balz/Landfermann*, Die neuen Insolvenzgesetze, S. 136.

619 ebenso: Uhlenbruck-*Uhlenbruck*, § 57 InsO, Rdnr. 15, der alle Entlassungsgründe nach § 59 InsO für einschlägig hält.

620 *KG*, Beschl. v. 16. 10. 2001 – 7 W 130/01 – ZIP 2001, 2240.

621 *OLG Naumburg*, Beschl. v. 26. 5. 2000 – 5 W 39/99 – NZI 2000, 428, 429; *KG*, Beschl. v. 16. 10. 2001 – 7 W 130/01 – ZIP 2001, 2240; Jaeger-*Gerhardt*, § 57 InsO, Rdnr. 14; Smid-*Smid*, § 57 InsO Rdnr. 6.

622 So bereits die Gesetzesmaterialien: Begrd.RegE, zu § 57 InsO, zit. n. *Balz/Landfermann*, Die neuen Insolvenzgesetze, S. 136; aber auch: *Graeber*, Die Wahl des Insolvenzverwalters durch die Gläubigerversammlung nach § 57 InsO, ZIP 2000, 1465, 1472; MK-*Graeber*, § 57 InsO, Rdnr. 33; Uhlenbruck-*Uhlenbruck*, § 57 InsO, Rdnr. 17; ebenso zu § 80 KO: *OLG Schleswig*, Beschl. v. 27. 5. 1986 – 1 W 110/86 – ZIP 1986, 930, 931; *LG Baden-Baden*, Beschl. v. 5. 6. 1997 – 1 T 34/97 – KTS 1997, 675; a. A. *Muscheler/Bloch*, Abwahl des vom Gericht bestellten Insolvenzverwalters, ZIP 2000, 1474, durch einen oder wenige Großgläubiger.[623] Vor allem bei einer Fortführung des schuldnerischen Unternehmens muss der Insolvenzverwalter das Vertrauen der beteiligten Kreditinstitute besitzen oder kurzfristig gewinnen, um diese zur Gewährung notwendiger Massekredite bewegen zu können.[624] Der Gefahr einer Majorisierung des Insolvenzverfahrens durch einen oder mehrere Großgläubiger wird durch das qualifizierte Mehrheitserfordernis gem. § 57 Satz 2 InsO und durch das Versagungsrecht aus § 57 Satz 3 InsO bei begründeten Zweifel an der Objektivität und Unabhängigkeit des gewählten Insolvenzverwalters begegnet.

3.2.3.2. Versagungsprüfung

Es ist nunmehr zu fragen, ob und in welchem Umfang das Insolvenzgericht von Amts wegen zur Ermittlung von Umständen, die die Versagung der Bestellung des gewählten Insolvenzverwalters rechtfertigen, verpflichtet ist.

Eine Ermittlungspflicht des Insolvenzgerichts wird teilweise mit dem allgemeinen Amtsermittlungsgrundsatz des § 5 Abs. 1 Satz 1 InsO begründet.[625] Für diese Auffassung spricht, dass das Wahlrecht gem. § 57 InsO die Gläubigerselbstverwaltung stärken und nicht die Qualität des Insolvenzverwalters in das Belieben der (wählenden) Insolvenzgläubiger stellen soll. Der gem. § 57 InsO Gewählte steht in gleichem Maße unter der Aufsicht des Insolvenzgerichts wie der gem. § 27 Abs. 1 Satz 1 InsO bei Verfahrenseröffnung ernannte Insolvenzverwalter. Die Wahrnehmung der allgemeinen Aufsicht gem. § 58 InsO ist aber eine Amtspflicht des Insolvenzgerichts.[626] Der entscheidenden Bedeutung der Auswahl des Insolvenzverwalters für die Erreichung der Insolvenzzwecke wird eine repressive, erst bei Vorliegen eines Entlassungsgrundes i.S.d. § 59 Abs. 1 Satz 1 InsO eingreifende Aufsicht des Insolvenzgerichts nicht gerecht.

Das Insolvenzgericht ist deshalb von Amts wegen verpflichtet, das Nichtvorliegen eines Versagungsgrundes i.S.d. § 57 Satz 3 InsO zu prüfen. Teilweise wird die Auffassung vertreten, dass das Insolvenzgericht hierzu den gewählten Insolvenzver-

---

1479, die angesichts der Nachteile den Nachweis der besseren Eignung des gewählten Insolvenzverwalters fordern, da eine gleiche Eignung keinen Nutzen mit sich bringt.

623 *Haarmeyer*, Die Abwahl des Insolvenzverwalters – actus contrarius zur Bestellung oder Gläubigerselbsthilfe, ZInsO 2000, 447; zu § 80 KO: *OLG Karlsruhe*, Beschl. v. 5. 8. 1997, KTS 1998, 205 (Ls.); *LG Baden-Baden*, Beschl. v. 5. 6. 1997 – 1 T 34/97 – KTS 1997, 675 (Vorinstanz); *OLG Schleswig*, Beschl. v. 27. 5. 1986 – 1 W 110/86, ZIP 1986, 930, 931; a. A.: MK-*Graeber*, § 57 InsO, Rdnr. 30, nach dessen Auffassung die im Falle der „Durchsetzung" eines Verwalters durch mehrere Großgläubiger entstehenden Zweifel an dessen Unabhängigkeit bereits für eine Versagung genügen.

624 *Bales*, Einflussmöglichkeiten von Banken bei der Auswahl des Insolvenzverwalters, BKR 2003, 967, 968.

625 Andres/Leithaus-*Andres*, § 57 InsO, Rdnr. 7; Kübler/Prütting-*Lüke*, § 57 InsO, Rdnr. 5. Nach *AG Duisburg*, Beschl. v. 8. 10. 2007 – 62 IN 32/07 – NZI 2007, 728, 729, erstreckt sich die Amtsermittlungspflicht auch auf Feststellung der Wirksamkeit der Wahl, z.B. auf die Prüfung des Bestehens von Stimmrechtsverboten aufgrund schwerwiegender Interessenkollision.

626 Siehe C.II.2.

walter vor seiner Bestellung zu seiner Eignung, insbesondere im Hinblick auf mögliche Interessenkollisionen, zu befragen hat.[627]

Von der Frage nach der Pflicht des Insolvenzgerichts zur amtswegigen Eignungsprüfung ist diejenige nach dem für eine Versagungsentscheidung gem. § 57 Satz 3 InsO erforderlichen Grad der Überzeugung des Insolvenzgerichts von der Nichteignung des gewählten Insolvenzverwalters, zu unterscheiden. Der Wortlaut des § 57 Satz 3 InsO – *„nicht geeignet ist“* – verlangt die Feststellung der Nichteignung des gewählten Insolvenzverwalters zur Rechtfertigung einer Versagungsentscheidung. Das Insolvenzgericht darf die Versagungsentscheidung nicht lediglich auf einen eigenen, unbewiesenen Verdacht oder Verdächtigungen anderer Verfahrensbeteiligter stützen. Die die Nichteignung begründenden Tatsachen müssen vielmehr offenkundig sein oder zur Überzeugung des Gerichtes feststehen.[628] Ein geringerer Grad der Überzeugungsbildung wird der durch § 57 InsO bezweckten Stärkung der Gläubigerselbstverwaltung nicht gerecht.

3.2.3.3. Versagungsentscheidung

Kann das Insolvenzgericht einen Versagungsgrund nicht feststellen, hat es den gewählten Insolvenzverwalter durch Beschluss zu bestellen. In der Literatur wird vertreten, dass mit dem Bestellungsbeschluss automatisch das Amt des bisherigen Insolvenzverwalters endet.[629] Nach der u. a. von *Uhlenbruck* vertretenen Auffassung bedarf es hierzu noch eines förmlichen Aufhebungsbeschlusses.[630] Das Insolvenzgericht wird angesichts dieser rechtlichen Unsicherheit gut daran tun, den bisherigen Insolvenzverwalter formell abzuberufen, auch wenn dieser Beschluss nur deklaratorische Bedeutung haben könnte. Die Entscheidung über die Versagung der Bestellung ergeht von Amts wegen und bedarf im Gegensatz zum Bestellungsbeschluss einer Begründung, in der die zur Versagung führenden Erwägungen des Insolvenzgerichts genannt werden.[631]

Hat dagegen das Insolvenzgericht einen Versagungsgrund festgestellt, stellt sich die Frage, ob es in der Entscheidung über die Versagung der Bestellung des gewählten Insolvenzverwalters gebunden ist oder ob dem Insolvenzgericht insoweit ein Ermessen eingeräumt ist. Der Gesetzeswortlaut des § 57 Satz 3 InsO – *„kann“* – spricht für ein Ermessen und zwar in Gestalt des Entschließungsermessens. Ande-

---

627 *OLG Celle*, Beschl. v. 23. 7. 2001 – 2 W 41/01 – ZInsO 2001, 755, 757; *Haarmeyer*, Die Abwahl des Insolvenzverwalters – actus contrarius zur Bestellung oder Gläubigerselbsthilfe, ZInsO 2000, 447, zugleich hinweisend auf die Möglichkeit zur Vertagung der Gläubigerversammlung, damit sich das Insolvenzgericht ein abgerundetes Bild von dem gewählten Insolvenzverwalter verschaffen kann.

628 Uhlenbruck-*Uhlenbruck*, § 57 InsO, Rdnr. 15; *MK-Graeber*, § 57 InsO, Rdnr. 30

629 HK-*Eickmann*, § 57 InsO Rdnr. 10; Jaeger-*Gerhardt*, § 57 InsO, Rdnr. 16; MK-*Graeber*, § 57 InsO, Rdnr. 36; *Graeber*, Die Wahl des Insolvenzverwalters durch die Gläubigerversammlung nach § 57 InsO, ZIP 2000, 1465, 1472; *Muscheler/Bloch*, Abwahl des vom Gericht bestellten Insolvenzverwalters, ZIP 2000, 1474, 1475.

630 Uhlenbruck-*Uhlenbruck*, § 57 InsO, Rdnr. 14; ebenso ohne Begründung: N/R-*Delhaes*, § 57 InsO, Rdnr. 5.

631 *Graeber*, Die Wahl des Insolvenzverwalters durch die Gläubigerversammlung nach § 57 InsO, ZIP 2000, 1465, 1472; MK-*Graeber*, § 57 InsO, Rdnr. 38.

rerseits folgt aus § 56 Abs. 1 Satz 1 InsO, dass eine geeignete Person zum Insolvenzverwalter zu bestellen ist. Die Bestellung eines ungeeigneten Insolvenzverwalters kann Amtshaftungsansprüche nach sich ziehen. Folglich kommt dem Insolvenzgericht kein Ermessen dahingehend zu, einen gewählten Insolvenzverwalter zu bestellen, von dessen Ungeeignetheit es überzeugt ist. Hier muss das Insolvenzgericht zwingend eine Bestellung des gewählten Insolvenzverwalters versagen.

3.2.3.4. Zuständigkeit

Zur funktionalen Zuständigkeit – Insolvenzrichter oder -rechtspfleger – für die Bestellung des gem. § 57 Satz 3 InsO gewählten Insolvenzverwalters bestehen unterschiedliche Auffassungen.

3.2.3.4.1. Stand der Diskussion

Die funktionale Zuständigkeit des Insolvenzrichters wird damit begründet, dass bereits die Bestellung des Insolvenzverwalters im Zusammenhang mit der Verfahrenseröffnung gem. § 18 Abs. 1 Nr. 1 RPflG zu den Vorbehaltsaufgaben des Insolvenzrichters zählt, weshalb dieses auch für die Bestellung des nach § 57 InsO gewählten Insolvenzverwalters gelten muss.[632] *Lüke* verweist darauf, dass der Bestellung des gewählten Insolvenzverwalters ebenso wie der Bestellung nach § 56 InsO eine Eignungsprüfung vorausgeht und deshalb beide Fälle in die funktionale Zuständigkeit des Insolvenzrichters fallen.[633] *Delhaes* vertritt demgegenüber eine modifizierende Auffassung, wonach der Versagungsbeschluss gem. § 57 Satz 3 InsO in die Zuständigkeit des Rechtspflegers und die Bestellung des gewählten Insolvenzverwalters in die Zuständigkeit des Insolvenzrichters fällt.[634]

Die eine funktionale Zuständigkeit des Rechtspflegers bejahende Gegenansicht, beruft sich auf die durch §§ 4 Abs. 1, 18 Abs. 1 RPflG normierte, umfassende Kompetenzzuweisung für die Angelegenheiten des eröffneten Insolvenzverfahrens an den Rechtspfleger.[635] *Graeber* weist darauf hin, dass die Insolvenzverwalterbestellung bei Verfahrenseröffnung regelmäßig ohne Gläubigerbeteiligung erfolge und daher mit einem erheblich höheren Risiko einer fehlerhaften Auswahl verbunden sei, als die Entscheidung nach § 57 InsO, weshalb letztere auch von dem Rechtspfleger getroffen werden könne.[636]

---

632 *LG Hechingen*, Beschl. v. 8. 6. 2001 – 3 T 79/01 – ZIP 2001, 1970; *LG Traunstein*, Beschl. v. 25. 9. 2002 – 4 T 2064/02 – NZI 2002, 664, 665; *AG Göttingen*, Beschl. v. 11. 3. 2003 – 74 IN 137/02 – NZI 2003, 267 (ohne Begründung); N/R-*Delhaes*, § 57 InsO, Rdnr. 6; *Häsemeyer*, InsR, Rdnr. 6.27; Kübler/Prütting-*Lüke*, § 57 InsO, Rdnr. 9.

633 Kübler/Prütting-*Lüke*, § 57 InsO, Rdnr. 9.

634 N/R-*Delhaes*, § 57 InsO, Rdnr. 6.

635 HK-*Eickmann*, § 57 InsO, Rdnr. 11; Jaeger-*Gerhardt*, § 57 InsO, Rdnr. 13; *Graeber*, Die Wahl des Insolvenzverwalters durch die Gläubigerversammlung nach § 57 InsO, ZIP 2000, 1465, 1467; MK-*Graeber*, § 57 InsO, Rdnr. 23; *Haarmeyer*, Die Abwahl des Insolvenzverwalters – actus contrarius zur Bestellung oder Gläubigerselbsthilfe, ZInsO 2000, 447; Smid-*Smid*, § 57 InsO, Rdnr. 7; Uhlenbruck-*Uhlenbruck*, § 57 InsO, Rdnr. 14, 19; ebenso zum Konkursrecht: *Kuhn/Uhlenbruck*, § 80 KO, Rdnr. 2 a. E.

636 *Graeber*, Die Wahl des Insolvenzverwalters durch die Gläubigerversammlung nach § 57 InsO, ZIP 2000, 1465, 1467; MK-*Graeber*, § 57 InsO, Rdnr. 23.

3.2.3.4.2. Stellungnahme

Gegen die funktionale Zuständigkeit des Insolvenzrichters spricht die Gesetzeslage. Die vom Gesetzgeber in § 4 Abs. 2 RPflG normierten Ausnahmen von der funktionalen Universalzuständigkeit des Rechtspflegers im eröffneten Insolvenzverfahren erfassen die nach § 57 InsO zu treffende Entscheidung gerade nicht. Es kann hierin auch nicht eine gesetzgeberische „Unachtsamkeit" gesehen werden, weil sich der Gesetzgeber zuletzt im Jahre 2003 mit der Zuständigkeitsverteilung innerhalb des Insolvenzgerichts befasst und mit Art. 4 des Gesetzes zur Neuregelung des Internationalen Insolvenzrechtes vom 14. 3. 2003[637] eine Änderung des § 18 Abs. 1 RPflG beschlossen hat. Es bestand somit Gelegenheit, die Zuständigkeit des Insolvenzrichters auch auf die Entscheidungen nach § 57 InsO zu erweitern, wenn dieses vom Gesetzgeber gewollt war.

Die Zuständigkeit des Insolvenzrichters für die Bestellung des Insolvenzverwalters im Kontext zur Verfahrenseröffnung wird mit der Eingriffswirkung in verfassungsrechtliche Rechtspositionen des Insolvenzschuldners begründet. Diese wird durch die Bestellung des gem. § 57 InsO gewählten Insolvenzverwalters qualitativ nicht verstärkt, so dass eine funktionale Zuständigkeit des Insolvenzrichters verfassungsrechtlich nicht geboten ist.

Damit ist eine Beteiligung des Insolvenzrichters am Entscheidungsprozess nicht ausgeschlossen. Dieser kann, um besonderen tatsächlichen und rechtlichen Schwierigkeiten des Einzelfalles Rechnung zu tragen, von seinem Evokationsrecht nach § 18 Abs. 2 RPflG Gebrauch machen.[638] Auch der Rechtspfleger kann – einem Vorschlag von *Smid* folgend[639] – die Angelegenheit analog § 5 Abs. 1 Nr. 2, Abs. 2 RPflG dem Insolvenzrichter vorlegen.

Es sprechen daher die überzeugenderen Argumente dafür, dass die nach § 57 Satz 3 InsO vom Insolvenzgericht zu treffende Entscheidung in die funktionale Zuständigkeit des Rechtspflegers fällt.

3.2.3.5. Rechtsmittel

Gegen die Versagung der Bestellung des gewählten Insolvenzverwalters durch das Insolvenzgericht steht jedem Insolvenzgläubiger[640] die sofortige Beschwerde zu

---

637 BGBl. I S. 345.
638 Nach *AG Duisburg*, Beschl. v. 8. 10. 2007 – 62 IN 32/07 – NZI 2007, 728, 729, muss in diesem Fall der Insolvenzrichter nicht selbst an der Gläubigerversammlung teilnehmen, sondern er kann den Vorbehalt auf die anschließende Entscheidung nach § 57 Satz 3 InsO beschränken und die Versammlungsleitung dem Rechtspfleger überlassen. In diesem Fall ist er nicht an die vom Rechtspfleger in der Gläubigerversammlung abgegebenen Erklärungen gebunden, sondern kann dessen Fehler bei der Feststellung des Abstimmungsergebnisses oder der Beschlussfassung korrigieren.
639 Smid-*Smid*, § 57 InsO, Rdnr. 7; a. A. ohne Begründung: HK-*Eickmann*, § 57 InsO, Rdnr. 11.
640 Einschränkend nehmen *AG Göttingen*, Beschl. v. 11. 3. 2003 – 74 IN 137/02 – ZIP 2003, 592; N/R-*Delhaes*, § 57 InsO, Rdnr. 12; MK-*Graeber*, § 57 InsO, Rdnr. 43; eine Beschwer nur für die Insolvenzgläubiger, die den Insolvenzverwalter, dessen Bestellung versagt worden ist, gewählt haben, an; a. A.: *Kesseler*, Probleme der Verwalterwahl nach § 57 InsO, KTS 2000, 491, 511.

(§ 57 Satz 4 InsO),[641] nicht jedoch der Gläubigerversammlung, dem Gläubigerausschuss oder dem Insolvenzschuldner.[642]

Der „abgewählte" Insolvenzverwalter hat nach h.M. gegen die Wahlentscheidung bzw. den Entlassungsbeschluss kein Beschwerderecht.[643] Da er kein subjektives Recht auf dauerhafte Amtsausübung besitzt[644] und nach der Regelung in § 57 InsO die Bestellung durch das Insolvenzgericht bis zur ersten Gläubigerversammlung nur vorläufigen Charakter hat[645], fehlt es insoweit an einer Beschwer im Rechtssinne. Eine analoge Anwendung des § 59 Abs. 2 Satz 1 InsO scheidet aus, da diese Vorschrift nur die Abberufung durch das Insolvenzgericht und nicht durch eine Entscheidung der Gläubigerversammlung im Rahmen der Gläubigerautonomie erfasst.[646] Der Auffassung, dass der bisherige Insolvenzverwalter bis zur Bestellung des Gewählten die Aufhebung der Wahlentscheidung der Gläubigerversammlung gem. § 78 Abs. 1 InsO beantragen kann[647], ist der *BGH* und die überwiegende Meinung mit dem Argument entgegengetreten, dass die Vorschrift des § 57 Satz 2 InsO eine Spezialvorschrift zu § 78 Abs. 1 InsO ist.[648]

---

641 Mit der Beschwerde kann nur die Bestellung der in der Gläubigerversammlung gewählten, nicht die Bestellung einer anderen Person zum Insolvenzverwalter betrieben werden, *LG Göttingen*, Beschl. v. 29. 4. 2003 – 10 T 57/03 – NZI 2003, 441.

642 Allg.M., vgl. Andres/Leithaus-*Andres*, § 57 InsO, Rdnr. 10; N/R-*Delhaes*, § 57 InsO, Rdnr. 12; Jaeger-*Gerhardt*, § 57 InsO, Rdnr. 18; Kübler/Prütting-*Lüke*, § 57 InsO, Rdnr. 8 a; *Graeber*, Die Wahl des Insolvenzverwalters durch die Gläubigerversammlung nach § 57 InsO, ZIP 2000, 1465, 1472; MK-*Graeber*, § 57 InsO, Rdnr. 43; Uhlenbruck-*Uhlenbruck*, § 57 InsO, Rdnr. 23; Kessler, Probleme der Verwalterwahl nach § 57 InsO, KTS 2000, 491, 510, 511, für den die Frage nach der Beschwerdeberechtigung der Gläubigerversammlung eher akademischen Wert hat, weil die Konstituierung der Gläubigerversammlung innerhalb der 2-wöchigen Beschwerdefrist nicht zu erwarten ist. In diesem Sinne die Gesetzesmaterialien: Begrd.RegE, zu § 57 InsO, zit. n. *Balz/Landfermann*, Die neuen Insolvenzgesetze, S. 136.

643 *BVerfG*, Beschl. v. 9. 2. 2005 – 1 BvR 2719/04 – ZVI 2005, 132, 134, der Rechtsmittelausschluss für den „abgewählten" Insolvenzverwalter ist verfassungsgemäß; OLG *Zweibrücken*, Beschl. v. 30. 1. 2001 – 3 W 276/00 – NZI 2001, 204; Beschl. v. 19. 10. 2000 – 3 W 198/00 – NZI 2001, 35; HK-*Eickmann*, § 57 InsO Rdnr. 13; *Gaier*, Verfassungsrechtliche Aspekte der Auswahl und Abwahl des Insolvenzverwalters, ZInsO 2006, 1177, 1182; Jaeger-*Gerhardt*, § 57 InsO, Rdnr. 19; MK-*Graeber*, § 57 InsO, Rdnr. 45; *Kesseler*, Probleme der Verwalterwahl nach § 57 InsO, KTS 2000, 491, 516; *Smid*, Auswahl und Bestellung des Insolvenzverwalters durch das Insolvenzgericht als Rechtsfrage betrachtet, DZWIR 2007, 485, 492; zu § 80 Satz 1 KO: *OLG Hamm*, Beschl. v. 19. 6. 1990 – 15 W 234/90 – ZIP 1990, 1145, 1146; a.A. *OLG Karlsruhe*, Beschl. v. 5. 8. 1997 – 10 W 23/97 – WM 1998, 47, 48.

644 HK-*Eickmann*, § 57 InsO, Rdnr. 13.

645 MK-*Graeber*, § 57 InsO, Rdnr. 45.

646 Ebenso mit anderer Begründung: MK-*Graeber*, § 57 InsO, Rdnr. 46; *Muscheler/Bloch*, Abwahl des vom Gericht bestellten Insolvenzverwalters, ZIP 2000, 1474, 1475.

647 *AG Holzminden*, Beschl. v. 1. 12. 2000 – 10 IN 20/00 – DZWiR 2001, 82, 83; dahingestellt gelassen von *LG Hildesheim*, Urt. v. 15. 3. 2001 – 5 T 904/00 – WM 2001, 1164, 1165, das jedoch das Recht des Insolvenzgerichtes zur Aufhebung des Beschlusses der Gläubigerversammlung – in unzulässiger Weise – auf § 57 InsO stützt; *Muscheler/Bloch*, Abwahl des vom Gericht bestellten Insolvenzverwalters, ZIP 2000, 1474, 1476; a.A. *OLG Naumburg*, Beschl. v. 26. 5. 2000 – 5 W 30/99- NZI 2000, 428, 429; MK-*Ehricke*, § 78 InsO, Rdnr. 14; *Kesseler*, Probleme der Verwalterwahl nach § 57 InsO, KTS 2000, 491, 515; unentschieden *Röder-Persson*, Gläubigerrechte bei der Wahl eines neuen Insolvenzverwalters, DZWiR 200, 489, 492.

648 *BGH*, Beschl. v. 17. 7. 2003 – IX ZB 530/02, NZI 2003, 603; Beschl. v. 7. 10. 2004 – IX ZB 128/03 – ZInsO 2004, 1314; *LG Hechingen*, Beschl. v. 8. 6. 2001 – 3 T 79/01 – ZIP 2001, 1970; *KG*, Beschl. v. 16. 10. 2001 – 7 W 130/03 – ZIP 2002, 2240; *OLG Naumburg*, Beschl. v. 26. 5. 2000 – 5 W

Auch dem gewählten Insolvenzverwalter steht im Falle der Versagung seiner Bestellung wegen der klaren gesetzlichen Regelung in § 57 Satz 2 InsO i.V.m. § 6 InsO kein Rechtsmittel zu.[649]

3.2.4. Rechtsfolgen der Neuwahl gem. § 57 InsO

Mit der Bestellung des gem. § 57 InsO gewählten Insolvenzverwalters durch das Insolvenzgericht geht mit ex nunc-Wirkung[650] die Verwaltungs- und Verfügungsbefugnis über die Insolvenzmasse gem. § 80 Abs. 1 InsO und das Besitzrecht gem. § 148 Abs. 1 InsO auf den gewählten Insolvenzverwalter über. Der bisherige Insolvenzverwalter hat die in Besitz genommenen Massegegenstände, insbesondere die Geldbestände auf den Massekonten, unverzüglich herauszugeben.[651] Zugleich hat dieser nach § 66 Abs. 1 InsO Schlussrechnung über seine Verwaltungstätigkeit zu legen. Die Rechtshandlungen des bisherigen Insolvenzverwalters in Bezug auf die Insolvenzmasse bleiben wirksam,[652] jedoch werden anhängige Prozesse nach § 241 Abs. 1 ZPO unterbrochen.[653]

Der gewählte Insolvenzverwalter unterliegt wie der bisherige gem. § 58 InsO der Aufsicht des Insolvenzgerichts. Nach Auffassung von *Graeber* trifft das Insolvenzgericht im Hinblick auf den gewählten Insolvenzverwalter eine intensivere Aufsichtspflicht, wenn ihm der durch Gläubigerentscheid oktroyierte Insolvenzverwalter unbekannt ist.[654] Besonders ist die Unparteilichkeit des Insolvenzverwalters zu überwachen, wenn dieser durch die Gläubigerversammlung majorisierende Großgläubiger gewählt wurde.[655]

3.2.5. Zwischenergebnis

Mit Vorschrift des § 57 InsO hat der Gesetzgeber der InsO seine Absicht zur Stärkung der Gläubigerautonomie umgesetzt. Dadurch wird die bei Bestellung des Insolvenzverwalters getroffene Auswahlentscheidung nicht korrigiert, weil diese

---

39/99 – NZI 2000, 428, 429; *LG Traunstein*, Beschl. v. 25. 9. 2002 – 4 T 2064/02 – ZInsO 2002, 1045, 1046 (auch wenn die Neuwahl durch einen einzigen anwesenden Gläubiger mit dem Ziel der Abwehr von Anfechtungsansprüchen des bisherigen Insolvenzverwalters erfolgte); Jaeger-*Gerhardt*, § 57 InsO, Rdnr. 20; MK-*Graeber*, § 57 InsO, Rdnr. 47; Kübler/Prütting-*Lüke*, § 57 InsO, Rdnr. 7; im Ergebnis auch *Smid*, Anmerkungen zum Verhältnis der §§ 57 und 78 Abs. 1 InsO, InVo 2001, 81, 83, der aber einen Antrag nach § 78 Abs. 1 InsO aufgrund der Unterschiedlichkeit der verfahrensrechtlichen Voraussetzungen und der Entscheidungsgegenstände für zulässig hält, wenn dieser von einem Gläubiger der in § 78 Abs. 1 InsO genannten Gruppen gestellt wird; *Smid*, Auswahl und Bestellung des Insolvenzverwalters durch das Insolvenzgericht als Rechtsfrage betrachtet, DZWIR 2007, 485, 492.

649 Jaeger-*Gerhardt*, § 57 InsO, Rdnr. 21; MK-*Graeber*, § 57 InsO, Rdnr. 44.

650 Smid-*Smid*, § 57 InsO, Rdnr. 5.

651 Jaeger-*Gerhardt*, § 57 InsO, Rdnr. 16.

652 Jaeger-*Gerhardt*, § 57 InsO, Rdnr. 16; Uhlenbruck-*Uhlenbruck*, § 57 InsO, Rdnr. 21.

653 Jaeger-*Gerhardt*, § 57 InsO, Rdnr. 16.

654 *Graeber*, Die Wahl des Insolvenzverwalters durch die Gläubigerversammlung nach § 57 InsO, ZIP 2000, 1465, 1473; MK-*Graeber*, § 57 InsO, Rdnr. 39.

655 *Graeber*, Die Wahl des Insolvenzverwalters durch die Gläubigerversammlung nach § 57 InsO, ZIP 2000, 1465, 1474.

angesichts des Wahlrechts gem. § 57 InsO von vornherein nur eine Vorläufige sein kann. Diese Vorläufigkeit betrifft aber nur die Person des Insolvenzverwalters, nicht jedoch die Eignung i.S.d. § 56 Abs. 1 InsO, da das Insolvenzgericht die Bestellung des gewählten Insolvenzverwalters versagen kann, wenn es diesen für ungeeignet i.S.d. § 56 InsO hält. Folglich geht das Auswahlermessen des Insolvenzrichters hinsichtlich der Geeignetheit eines Insolvenzverwalters i.S.d. § 56 InsO bei der Verfahrenseröffnung weiter als das Ermessen bei der Versagung der Bestellung des gewählten Insolvenzverwalters wegen einer Ungeeignetheit i.S.d. § 56 InsO. Insoweit kann man von einer nachträglichen Beschränkung des Auswahlermessens des Insolvenzgerichts durch eine gläubigerautonome Entscheidung sprechen.

3.3. Vorschlagsrecht nach § 288 InsO

Der Insolvenzschuldner und die Insolvenzgläubiger können gem. § 288 InsO dem Insolvenzgericht für die Wohlverhaltensperiode einen für den Einzelfall geeigneten Treuhänder vorschlagen.[656] Der Gesetzgeber hat dieses Vorschlagsrecht mit dem Kostenargument begründet, das insbesondere dann greift, wenn eine Person bekannt ist, die das Amt des Treuhänders in der Wohlverhaltensperiode auch unentgeltlich ausüben will.[657]

3.3.1. Geltungsbereich

Das Vorschlagsrecht gem. § 288 InsO gilt zunächst für den Treuhänder der Wohlverhaltensperiode, der gem. § 219 Abs. 2 InsO mit der Ankündigung der Restschuldbefreiung (§ 291 Abs. 1 InsO) bestimmt wird. Für die Bestellung des Treuhänders der Wohlverhaltensperiode im vereinfachten Insolvenzverfahren bestimmt § 313 Abs. 1 Satz 2 InsO: *„Dieser wird abweichend von § 291 Abs. 2 InsO bereits bei der Eröffnung des Insolvenzverfahrens bestimmt."* Dieser Regelung liegt die Vorstellung des Gesetzgebers zu Grunde, dass im Verbraucherinsolvenzverfahren im Interesse der Verfahrensökonomie nur eine Person als Treuhänder fungiert.[658] Zugleich mit der Regelung des § 313 InsO ist durch Beschlussempfehlung des Rechtsausschusses auch das Vorschlagsrecht gem. § 288 InsO eingeführt worden. Dieses kann im vereinfachten Insolvenzverfahren sinnvoll nur vor der Verfahrenseröffnung und Bestellung des Treuhänders ausgeübt werden, um nicht ins Leere zu laufen. Teilweise wird deshalb vertreten, dass das Vorschlagsrecht des § 288 InsO auch für die Auswahl und Bestellung des Treuhänders im vereinfachten Insolvenzverfahren gem. § 313 Abs. 1 Satz 2 InsO Anwendung findet.[659]

---

656 Der Vorschlag unterliegt keinen Form- und Fristanforderungen, vgl. MK-*Ehricke*, § 288 InsO, Rdnr. 7 ff.
657 Ausschussbericht zu (§ 346b InsO =) § 288 InsO, zit. n. *Balz/Landfermann*, Die neuen Insolvenzgesetze, S. 407.
658 Ausschussbericht zu (§ 357j InsO =) § 313 InsO, zit. n. *Balz/Landfermann*, Die neuen Insolvenzgesetze, S. 436.
659 Braun-*Buck*, § 313 InsO, Rdnr. 4; HK-*Landfermann*, § 313 InsO, Rdnr. 4.

Dagegen spricht aber, dass das Restschuldbefreiungsverfahren gem. §§ 286ff. InsO und das vereinfachte Insolvenzverfahren gem. §§ 311ff. InsO zwei gesetzessystematisch getrennt geregelte und aufgrund ihrer strukturellen Ungleichheit getrennt zu regelnde Verfahren sind.[660] Dieses gilt insbesondere für die Anforderungen an die Eignung des Treuhänders gem. § 292 InsO (Restschuldbefreiungsverfahren), die – wie aus der Nichtberücksichtigung der Vorschrift des § 56 InsO in der gesetzlichen Verweisung des § 292 Abs. 3 Satz 2 InsO zu folgern ist – geringer sind als diejenigen an den Treuhänder im vereinfachten Insolvenzverfahren. Dieser muss nach §§ 313 Abs. 1 Satz 3, 56 Abs. 1 InsO in gleicher Weise wie der Insolvenzverwalter im Regelinsolvenzverfahren geeignet sein, nämlich eine *„für den jeweiligen Einzelfall geeignete, insbesondere geschäftskundige und (...) unabhängige natürliche Person"*, während zum Treuhänder der Wohlverhaltensperiode bereits eine *„für den jeweiligen Einzelfall geeignete natürliche Person"* (§ 288 InsO) bestellt werden kann. Das Vorschlagsrecht des § 288 InsO hat folglich praktische Bedeutung nicht im Verbraucherinsolvenzverfahren, sondern nur bei Selbständigen und Freiberuflern, die nach § 304 InsO nicht die Voraussetzungen für das vereinfachte Insolvenzverfahren erfüllen.[661] Dieses Ergebnis überrascht auf den ersten Blick, weil beide Vorschriften im Gesetzgebungsverfahren mit dem Hinweis auf die Verfahrensökonomie Eingang in das Gesetz gefunden haben. Warum sollte folglich nicht auch im vereinfachten Insolvenzverfahren die Möglichkeit bestehen, eine Person zum Treuhänder der Wohlverhaltensperiode vorzuschlagen, die das Amt unentgeltlich ausüben will. Anderseits ist zu bedenken, dass den Gläubigern im vereinfachten Insolvenzverfahren durch Ausübung des Wahlrechts gem. §§ 313 Abs. 1 Satz 3, 57 InsO die Möglichkeit eröffnet ist, auf die Person des Treuhänders der Wohlverhaltensperiode Einfluss zu nehmen, während dieses den Gläubigern im Regelinsolvenzverfahren erst durch das Vorschlagsrecht gem. § 288 InsO eröffnet wird.[662]

Angesichts der eindeutigen gesetzlichen Regelungen, deren Sinnhaftigkeit im Hinblick auf die Rechtfertigung mit dem Kostenargument bezweifelt werden kann, ist eine Erstreckung des Vorschlagsrechts aus § 288 InsO auf den Treuhänder im vereinfachten Insolvenzverfahren nicht begründbar.[663]

3.3.2. Keine Bindungswirkung eines Vorschlages nach § 288 InsO

Der Gesetzgeber hat die Auswahlkriterien für den Treuhänder der Wohlverhaltensperiode gesetzlich nicht normiert,[664] so dass dem Insolvenzgericht bei der Auswahl des Treuhänders der Wohlverhaltensperiode gem. § 291 Abs. 2 InsO ein grundsätzlich freies, durch das Vorschlagsrecht des § 288 InsO beschränktes Er-

---

660 MK-*Ehricke*, § 288 InsO, Rdnr. 5; Kübler/Prütting-*Wenzel*, § 291 InsO, Rdnr. 3.
661 *Fuchs*, Verbraucherinsolvenzverfahren und Restschuldbefreiung, KS-InsO, 2. A., S. 1679, 1744.
662 MK-*Ehricke*, § 288 InsO, Rdnr. 5.
663 MK-*Ehricke*, § 288 InsO, Rdnr. 3, *Fuchs*, Verbraucherinsolvenzverfahren und Restschuldbefreiung, KS-InsO, 2. A., S. 1679, 1744.
664 Auf die Vorschrift des § 56 InsO wird in § 292 Abs. 3 Satz 2 InsO gerade nicht verwiesen.

messen eingeräumt ist.[665] Eine Beschränkung dieses insolvenzgerichtlichen Auswahlermessens setzt voraus, dass von dem Vorschlag gem. § 288 InsO eine rechtliche Bindungswirkung ausgeht. Die Gesetzesmaterialien geben keinen Aufschluss über den rechtlichen Charakter des Vorschlagsrechts.[666]

Für eine Bindungswirkung kann angeführt werden, dass den Insolvenzgläubigern und dem Insolvenzschuldner auch ohne die Vorschrift des § 288 InsO Anregungen zur Person des Treuhänders möglich sind, weshalb nicht davon ausgegangen werden kann, dass der Gesetzgeber Selbstverständliches normieren wollte. Ein Bestimmungsrecht des Insolvenzschuldners würde auch dem Verfahrenszweck nicht zuwiderlaufen, da der Treuhänder der Wohlverhaltensperiode nicht nur die pfändbaren Einkünfte zu vereinnahmen hat, sondern zugleich auch Berater des Insolvenzschuldners sein und diesen psychologisch stützend durch die schwierige Zeit der Wohlverhaltensperiode begleiten soll[667].

Die überwiegende Auffassung lehnt eine Bindungswirkung des Vorschlages gem. § 288 InsO ab.[668] Für diese Auffassung spricht der Gesetzeswortlaut. Eine Gesetzeslücke, die eine analoge Anwendung des § 57 InsO rechtfertigen könnte, ist nicht erkennbar, da der Gesetzgeber eine entsprechende Regelung für den Treuhänder der Wohlverhaltensperiode vorsehen könnte, wenn er einen bindenden Charakter des Vorschlages gem. § 288 InsO gewollt hätte. Es kann jedoch davon ausgegangen werden, dass der Gesetzgeber mit der Regelung in § 288 InsO nicht eine bloße Selbstverständlichkeit normieren wollte. Aus diesem Grunde ist die Bedeutung des § 288 InsO darin zu sehen, dass dem Insolvenzgericht bei der Bestellung des Treuhänders die Möglichkeit genommen ist, den Vorgeschlagenen nicht in seine Erwägungen einzubeziehen. Vielmehr trifft das Insolvenzgericht die Pflicht zur Begründung seiner Auswahlentscheidung in dem Bestellungsbeschluss gem. § 291 Abs. 2 InsO, wenn von dem Vorschlag gem. § 288 InsO abgewichen wird.[669] Eine Beschränkung des Auswahlermessens des Insolvenzgerichts geht mit einem Vorschlag gem. § 288 InsO nicht einher.

---

665 So ganz deutlich die Gegenäußerung der BReg zur Stellungnahme des BRat, zit. n. *Balz/Landfermann*, Die neuen Insolvenzgesetze, S. 413. Dieses Ermessen ist jedoch nicht ungebunden, sondern hat sich an den Aufgaben des Treuhänders im Restschuldbefreiungsverfahren zu orientieren, vgl. nur: MK-*Ehricke*, § 288 InsO, Rdnr. 13, 25; N/R-*Römermann*, § 288 InsO, Rdnr. 9; MK-*Stephan*, § 291 InsO, Rdnr. 17.

666 Die Regelung des § 288 InsO wurde im Beratungsprozess vom Rechtsausschuss des Bundestages aufgenommen. Dem Insolvenzschuldner sollte die Möglichkeit gegeben werden, die Verfahrenskosten gering zu halten, wenn ihm eine Person bekannt ist, die das Amt des Treuhänders unentgeltlich ausübt. (Ausschussbericht zu (§ 346b InsO =) § 288 InsO, zit. n. *Balz/Landfermann*, Die neuen Insolvenzgesetze, S. 407).

667 MK-*Ehricke*, § 288 InsO, Rdnr. 2.

668 *AG Göttingen*, Beschl. v. 22. 11. 2004 – 74 IN 137/02 – NZI 2005, 117; Braun-*Buck*, § 288 InsO, Rdnr. 3; MK-*Ehricke*, § 288 InsO, Rdnr. 12; Smid/*Haarmeyer*, § 288 InsO, Rdnr. 4; HK-*Landfermann*, § 288 InsO, Rdnr. 2; N/R-*Römermann*, § 288 InsO, Rdnr. 9; MK-*Stephan*, § 291 InsO, Rdnr. 17; Kübler/Prütting-*Wenzel*, § 288 InsO, Rdnr. 3; Uhlenbruck-*Vallender*, § 288 InsO, Rdnr. 2.

669 MK-*Ehricke*, § 288 InsO, Rdnr. 13; N/R-*Römermann*, § 288 InsO, Rdnr. 9; MK-*Stephan*, § 291 InsO, Rdnr. 17.

3.3.3. Rechtsmittel

Ein Rechtsmittel gegen die Bestellung des Treuhänders gem. § 291 Abs. 2 InsO ist mangels gesetzlicher Normierung nicht gegeben (§ 6 Abs. 1 InsO). Wird die Bestellungsentscheidung vom Rechtspfleger getroffen, dann ist die Möglichkeit der Rechtspflegererinnerung gem. § 11 Abs. 2 RPflG eröffnet.[670] Durch § 288 InsO wird den Vorschlagsberechtigten auch kein Recht zur Stellungnahme zu dem vom Insolvenzgericht ausgewählten Treuhänder eingeräumt.[671] Ebenso wenig ist die Wirksamkeit des Bestellungsbeschlusses davon abhängig, dass dem Insolvenzschuldner und den Insolvenzgläubigern ausreichend Gelegenheit zur Ausübung des Vorschlagsrechts gegeben wurde.[672] Die Beschwerdemöglichkeit lässt sich auch nicht auf § 289 Abs. 2 InsO stützen, da diese Vorschrift nur die sofortige Beschwerde gegen den Beschluss über die Ankündigung der beantragten Restschuldbefreiung oder über dessen Versagung auf Antrag eines Insolvenzgläubigers eröffnet.[673]

3.4. Ergebnis

Zusammenfassend ist festzustellen, dass die Verfahrensbeteiligten das Ermessen des Insolvenzgerichts bei der Auswahl des Insolvenzverwalters nicht determinieren können.

Der Vorschlag gem. § 288 InsO bindet das Insolvenzgericht nicht, sondern ist nur bei der Bestellungsentscheidung zu berücksichtigen. In der Insolvenzpraxis hat das Vorschlagsrecht aus § 288 InsO kaum eine Bedeutung. Folglich wird im Regelinsolvenzverfahren regelmäßig der Insolvenzverwalter auch zum Treuhänder der Wohlverhaltensperiode bestellt.[674]

Erst durch Ausübung des Wahlrechts gem. § 57 InsO wird die vom Insolvenzrichter mit der Bestellung des Insolvenzverwalters getroffene Auswahlentscheidung ersetzt. Die Gläubigerautonomie wirkt hier aber nicht unbegrenzt, sondern unterliegt im Hinblick auf die Eignung des Gewählten gem. § 57 Satz 3 InsO ihrerseits der insolvenzgerichtlichen Aufsicht. Wobei zu berücksichtigen ist, dass die Anforderungen an die Eignung des Insolvenzverwalters im Rahmen des § 57 InsO in gewissem Umfang der Gläubigerdisposition unterliegen,[675] weil die Qualifikation des gewählten Insolvenzverwalters das Insolvenzgericht erst bei Ungeeignetheit i.S.d. § 56 Abs. 1 Satz 1 InsO zur Versagung der Bestellung berechtigt, so dass über diese höhere „Eingriffsschwelle" die Vorstellungen des Insolvenzgerichts und der

---

670 *AG Göttingen*, Beschl. v. 20. 7. 2006 – 74 IK 211/04 – BeckRS 2006 08705 (II.1), zugleich eine Beschwerdebefugnis des nicht zum Treuhänder bestellten, bisherigen Insolvenzverwalters bzw. Treuhänders gem. § 313 Abs. 1 InsO ablehnend.
671 MK-*Ehricke*, § 288 InsO, Rdnr. 1.
672 Uhlenbruck-*Vallender*, § 291 InsO, Rdnr. 11.
673 *AG Göttingen*, Beschl. v. 22. 11. 2004 – 74 IN 137/02 – NZI 2005, 117, 118.
674 Braun-*Buck*, § 288 InsO, Rdnr. 4; HambK-*Streck*, § 288 InsO, Rdnr. 1.
675 MK-*Graeber*, § 57 InsO, Rdnr. 27; a.A. *Muscheler/Bloch*, Abwahl des vom Gericht bestellten Insolvenzverwalters, ZIP 2000, 1474, 1478.

Gläubigerschaft über die Eignung nach § 56 Abs. 1 Satz 1 InsO divergieren können. In Anlehnung an die öffentlich-rechtliche Terminologie ist die Feststellung der Eignung i.S.d. § 56 Abs. 1 Satz 1 InsO keine Frage des Aufsichtsermessens, sondern der richtigen Ausnutzung eines Beurteilungsspielraums.[676]

4. Besteht eine Pflicht zu Aufsichtsmaßnahmen auf Antrag?

Das Aufsichtsermessen des Insolvenzgerichts könnte eine Beschränkung durch das Recht der Verfahrensbeteiligten auf ein aufsichtsrechtliches Einschreiten gegen den Insolvenzverwalter erfahren.

Ein Rechtsanspruch Dritter auf aufsichtsrechtliches Tätigwerden wird in anderen Fällen der staatlich angeordneten Vermögensverwaltung, wie z.B. in der Vormundschaft[677] oder bei der Nachlassverwaltung[678], abgelehnt. Aber auch den am Insolvenzverfahren Beteiligten wird ein subjektives Recht auf aufsichtsrechtliches Tätigwerden des Insolvenzgerichts gegenüber dem Insolvenzverwalter nicht eingeräumt,[679] weil es hierzu an der erforderlichen gesetzlichen Regelung fehlt.[680]

Richtigerweise haben die Verfahrensbeteiligten nur die Möglichkeit, das Insolvenzgericht über mögliche Pflichtverletzungen durch den Insolvenzverwalter zu informieren und aufsichtsrechtliche Maßnahmen anzuregen, nicht jedoch einen Anspruch gegen das Insolvenzgericht auf aufsichtsrechtliches Einschreiten. Eine Beschwerde über den Insolvenzverwalter ist deshalb lediglich als Anregung zu verstehen, die das Insolvenzgericht zwar nicht förmlich bescheiden muss, jedoch im Rahmen seines Aufsichtsermessens zu prüfen hat.[681] Lehnt das Insolvenzgericht, z.B. nach Prüfung des vorgetragenen Sachverhaltes, aufsichtsrechtliche Maßnahmen gegen den Insolvenzverwalter ab, ist den Verfahrensbeteiligten mangels entsprechender gesetzlicher Regelung ein Rechtsmittel nicht eröffnet (§ 6 Abs. 1 InsO).[682] Denn ohne diese Rechtsmittelbeschränkung könnten die Verfahrensbeteiligten alle – nach deren Auffassung pflichtwidrig – vorgenommenen oder unter-

676 Siehe Kap. C.III.2.3 und C.III.2.5.
677 *OLG Zweibrücken*, Beschl. v. 17. 2. 2003 – 3 W 23/03 – NJW-RR 2003, 870.
678 *OLG Frankfurt a.M.*, Beschl. v. 5. 1. 1998 – 20 W 431/96 und 456/96 – NJWE-FER 1998, 116, 117 (für die Entlassung des Nachlassverwalters); a.A.: *OLG Karlsruhe*, Beschl. v. 11. 4. 1989 – 4 W 128/88 – NJW-RR 1989, 1095.
679 *BGH*, Beschl. v. 21. 9. 2006 – IX ZB 128/05 – BeckRS 2006 12010; *LG Münster*, Beschl. v. 2. 5. 2002 – 5 T 426/02 – KTS 2002, 732, 733; *LG Karlsruhe*, Beschl. v. 4. 11. 1980 – 11 T 329/80 – ZIP 1980, 1072; *OLG Schleswig*, Beschl. v. 11. 1. 1984 – 1 W 68/83 – ZIP 1984, 473; *LG Düsseldorf*, Beschl. v. 11. 2. 1983 – 25 T 52/83 – ZIP 1983, 972, 973; MK-*Graeber*, § 58 InsO, Rdnr. 12; Uhlenbruck-*Uhlenbruck*, § 58 InsO, Rdnr. 14.
680 *BGH*, Beschl. v. 21. 9. 2006 – IX ZB 128/05 – BeckRS 2006 12010.
681 Jaeger-*Gerhardt*, § 58 InsO, Rdnr. 32; MK-*Graeber*, § 58 InsO, Rdnr. 12; Smid-*Smid*, § 58 InsO Rdnr. 12; Uhlenbruck-*Uhlenbruck*, § 58 InsO, Rdnr. 14.
682 *BGH*, Beschl. v. 21. 9. 2006 – IX ZB 128/05 – BeckRS 2006 12010; Beschl. v 13. 6. 2006 – IX ZB 136/05 – NZI 2006, 593; *LG Göttingen*, Beschl. v. 15. 5. 2000 – 10 T 42/00 – NZI 2002, 491; Jaeger-*Gerhardt*, § 58 InsO, Rdnr. 32; MK-*Graeber*, § 58 InsO, Rdnr. 59; ebenso bereits zum Konkursrecht: *LG Düsseldorf*, Beschl. v. 11. 2. 1983 – 25 T 52/83 – ZIP 1983, 972, 973.

lassenen Verwaltungs- und Verwertungshandlungen des Insolvenzverwalters einer Prüfung durch das Insolvenzgericht und das Beschwerdegericht unterziehen, so dass eine ordnungsgemäße und effektive Insolvenzabwicklung nicht mehr möglich wäre.[683] Eine Ausnahme hat der Gesetzgeber nur für den Fall der Ablehnung eines Entlassungsantrages geregelt (§ 59 Abs. 2 Satz 2 InsO).

5. Insolvenzgerichtliche Aufsicht und Gläubigerbeteiligung

Ein Reformziel der InsO ist die Stärkung der Gläubigerautonomie im Insolvenzverfahren.[684] Diese wird verfahrensrechtlich durch die Gläubigerversammlung und den Gläubigerausschuss mediatisiert. Der Gläubigerausschuss bzw. die Gläubigerversammlung sind verpflichtet, gerichtliche Aufsichtsmaßnahmen anzuregen, wenn sie Kenntnis von den Pflichtverstößen des Insolvenzverwalters erhalten.[685] Die Insolvenzpraxis zeigt jedoch, dass die Insolvenzgläubiger regelmäßig eine sehr geringe oder gar keine Mitwirkung zeigen.[686] Dieses gilt zunehmend auch für die institutionellen Gläubiger wie die Finanzämter und Sozialversicherungsträger. Mutmaßlich hat sich auch dort eine wirtschaftliche Betrachtungsweise durchgesetzt, die den Zeit- und Personalaufwand in ein Verhältnis zur Quotenerwartung setzt. Es stellt sich daher die Frage, ob die Intensität der insolvenzgerichtlichen Aufsicht in ein Verhältnis zum Grad der Gläubigerbenachteiligung gesetzt werden kann, d.h. eine gesteigerte Aufsicht über den Insolvenzverwalter auszuüben ist, wenn die Gläubigerschaft kein oder nur ein geringes Interesse an der Verfahrensabwicklung durch den Insolvenzverwalter zeigt.

5.1. Aufsicht und Gläubigerausschuss

Bei Bestellung eines Gläubigerausschusses könnte eine Reduzierung der Aufsichtspflicht des Insolvenzgerichts angenommen werden. Hierfür könnte sprechen, dass der Gläubigerausschuss den Insolvenzverwalter bei seiner Geschäftsführung zu überwachen und zu unterstützen, sich über den Gang der Geschäfte zu unterrichten sowie die Bücher und Geschäftspapiere einzusehen hat (gem. § 69 InsO). Deshalb, und im Hinblick auf die besondere Sachkunde des Gläubigerausschusses, wird dessen Bestellung gerade bei größeren Insolvenzen für geboten angesehen.[687] Für die Gläubigergesamtheit bedeutsam ist dabei, dass sich die Mitglieder des Gläubigerausschusses bei einer Verletzung der Aufsichtspflicht gegenüber den Gläubigern schadensersatzpflichtig machen (§ 71 InsO).[688]

---

683 *LG Karlsruhe*, Beschl. v. 4. 11. 1980 – 11 T 329/80 – ZIP 1980, 1072.
684 Ausführlich zur Gläubigerautonomie: Kap. C.I.5.1.
685 Uhlenbruck-*Uhlenbruck*, § 160 InsO, Rdnr. 10.
686 Vgl. nur *Pape*, Ungeschriebene Kompetenzen der Gläubigerversammlung versus Verantwortlichkeit des Insolvenzverwalters, NZI 2006, 65.
687 *Uhlenbruck*, Grenzen der Mitwirkung von Gläubigerausschuss und Gläubigerbeirat im Insolvenzverfahren, BB 1976, 1198.
688 Vgl. hierzu: *OLG Rostock*, Beschl. v. 28. 5. 2004 – 3 W 11/04 – ZInsO 2004, 814ff.; *LG Schwerin*, Urt. v. 10. 2. 2006 – 1 O 120/04 – ZIP 2006, 720ff.; zur KO: *RG*, Urt. v. 31. 1. 1935 – VI 491/34 –

5.1.1. Rechtsstellung des Gläubigerausschusses

Der Gläubigerausschuss hat im Verhältnis zum Insolvenzverwalter eine besondere Überwachungs- und Unterstützungsfunktion wahrzunehmen. Das Insolvenzgericht kann nach § 67 Abs. 1 InsO nach pflichtgemäßem Ermessen[689] bereits mit der Verfahrenseröffnung einen vorläufigen Gläubigerausschuss bestellen, über dessen endgültige Besetzung die nachfolgende Gläubigerversammlung zu entscheiden hat (§ 68 Abs. 1 Satz 2 InsO). Umstritten ist die Zulässigkeit der Bestellung eines vorläufigen Gläubigerausschuss bereits im Insolvenzeröffnungsverfahren.[690] Im Übrigen wird die Entscheidung über die Einsetzung eines Gläubigerausschusses gem. § 68 Abs. 1 Satz 1 InsO grundsätzlich von der Gläubigerversammlung getroffen.[691] Die Entscheidung hierüber, die einer Bestätigung durch das Insolvenzgericht nicht bedarf, ist fakultativ und steht im pflichtgemäßen Ermessen der Gläubigerversammlung. Diese kann nur unter den Voraussetzungen des § 78 Abs. 1 InsO aufgehoben werden.

Der Gläubigerausschuss ist neben der Gläubigerversammlung das zentrale Organ der Gläubigerautonomie.[692] Während die Gläubigerversammlung die Verfahrensstrategie bestimmt, soll der Gläubigerausschuss den ständigen Einfluss der Gläubiger auf den Ablauf des Insolvenzverfahrens sicherstellen.[693] Der Gläubigerausschuss ist Weisungen der Gläubigerversammlung nicht unterworfen und untersteht auch nicht der Aufsicht durch das Insolvenzgericht.[694] Abstimmungen erfolgen – anders als in der Gläubigerversammlung (§ 76 Abs. 2 InsO) – mit der Kopfmehrheit (§ 72 InsO).[695] Nach der allgemeinen Aufgabenzuweisung in § 69 InsO[696] hat der Gläubigerausschuss den Insolvenzverwalter bei seiner Geschäftsführung zu unterstützen und zu überwachen, sich über den Gang der Geschäfte zu unterrichten, die Bücher und Geschäftspapiere einzusehen und den Geldverkehr

HRR 1935, Nr. 809, im Fall der Haftung wegen unterlassener Kassenprüfung nach § 88 KO; *OLG Königsberg*, Urt. v. 13. 3. 1934 – 2 U. 267/33 – KuT 1934, 104 f.; *Vortmann*, Die Haftung von Mitgliedern des Gläubigerausschusses, ZInsO 2006, 310 ff.

689 Vgl. MK-*Schmidt-Burgk*, § 67 InsO, Rdnr. 6.

690 Kübler/Prütting-*Kübler*, § 67 InsO, Rdnr. 11; MK-*Schmid-Burgk*, § 67 InsO, Rdnr. 2; Smid-*Smid*, § 67 InsO, Rdnr. 2; ablehnend: *Pape*, Die Gläubigerautonomie in der Insolvenzordnung, ZInsO 1999, 675, 676; *Uhlenbruck*, Ausgewählte Pflichten und Befugnisse des Gläubigerausschusses in der Insolvenz, ZIP 2002, 1373, 1384. Durch § 21 Abs. 2 Satz 1 Nr. 6 GAVI-InsO (Fn. 27) soll das Insolvenzgericht zur Bestellung eines vorläufigen Gläubigerausschusses im Eröffnungsverfahren ermächtigt werden.

691 Hierzu wird regelmäßig erstmals im Berichtstermin gem. § 156 InsO Gelegenheit bestehen.

692 HambK-*Frind*, § 69 InsO, Rdnr. 1, bezeichnet den Gläubigerausschuss als *„zentralen, unabhängigen Sachwalter der Gläubigerinteressen zwischen dem Basisorgan Gläubigerversammlung (…) und dem Rechtsüberwachungsorgan Gericht."*; MK-*Schmidt-Burgk*, § 69 InsO, Rdnr. 9; Smid-*Smid*, § 69 InsO, Rdnr. 3.

693 Begrd.RegE § 67 InsO, zit. n. *Balz/Landfermann*, Die neuen Insolvenzgesetze, S. 148.

694 *Frege*, Die Rechtsstellung des Gläubigerausschusses nach der Insolvenzordnung (InsO), NZG 1999, 478, 479 f., 483.

695 Für *Marotzke*, in: Gläubigerautonomie – ein modernes Missverständnis, FS-Kirchhof, S. 321, 325, ergibt sich das Kopfmehrheitsprinzip bereits aus der Natur der Sache.

696 Spezielle Aufgaben ergeben sich z. B., aus den Vorschriften der §§ 59 Abs. 1 Satz 2, 75 Abs. 1 Nr. 2, 149, 158 Abs. 1, 160 Abs. 1 Satz 1, 214, 215 InsO.

und Geldbestand prüfen zu lassen[697]. Diese Pflichten sind jedem Ausschussmitglied individuell und nicht nur dem Gläubigerausschuss als Kollektivorgan auferlegt.[698] Dabei steht die Wirtschaftlichkeits- und Zweckmäßigkeitskontrolle des Verwalterhandelns durch den Gläubigerausschuss im Vordergrund.[699] Der Gläubigerausschuss oder seine Mitglieder haben gegenüber dem Insolvenzverwalter kein Weisungsrecht.[700] Umstritten ist, ob der Gläubigerausschuss nur die Interessen der Insolvenzgläubiger und Absonderungsberechtigten[701] oder auch die Interessen des Insolvenzschuldners wahrzunehmen hat.[702]

5.1.2. Reduzierung der Aufsicht durch den Gläubigerausschuss?

Die weitreichende Überwachungsaufgabe des Gläubigerausschusses könnte als Argument für eine geringere Intensität der Aufsicht des Insolvenzgerichts über den Insolvenzverwalter in Insolvenzverfahren, in denen ein Gläubigerausschuss bestellt ist, sprechen.

5.1.2.1. Stand der Diskussion

In Rechtsprechung und Literatur ist die Frage einer Reduzierung der insolvenzgerichtlichen Aufsichtspflicht bei Bestellung eines Gläubigerausschusses nur vereinzelt erörtert worden. Noch zum Konkursrecht hatte der preußische Justizminister in einer Allgemeinen Verfügung vom 25. 6. 1931 festgestellt, dass die laufende Überwachung der Kassenführung des Konkursverwalters in erster Linie Sache eines Gläubigerausschusses ist.[703] Der *BGH* hat in der Entscheidung vom 12. 7. 1965 über eine Amtshaftungsklage, die auf eine Aufsichtspflichtverletzung durch den Konkursrichter bei einem ungetreuen Konkursverwalter erhoben wurde, festgestellt, dass die Tätigkeit des Gläubigerausschusses selbständig neben der Aufsicht des Konkursgerichts über den Konkursverwalter steht und diese nicht mindert, sondern nur erleichtert. Das Konkursgericht kann die Beaufsichtigung des Konkursverwalters durch einen Gläubigerausschuss aber dann nicht mehr als ausreichend ansehen, wenn jener in mehreren Verfahren tätig ist, weil sich eine wirksa-

---

697 Zum Umfang der Kassenprüfung: *BGH*, Beschl. v. 29. 11. 2007 – IX ZB 231/06 – BeckRS 2008, 00652 (Tz. 10)

698 *BGH*, Beschl. v. 29. 11. 2007 – IX ZB 231/06 – BeckRS 2008, 00652 (Tz. 6); N/R-*Delhaes*, § 69 InsO, Rdnr. 4, 5; MK-*Schmidt-Burgk*, § 69 InsO, Rdnr. 4; Smid-*Smid*, § 69 InsO, Rdnr. 4.

699 N/R-*Delhaes*, § 69 InsO, Rdnr. 19; *Pape/Schmidt*, Kreditvergaben und Gläubigerausschuss, ZInsO 2004, 955, 958; MK-*Schmidt-Burgk*, § 69 InsO, Rdnr. 11.

700 N/R-*Delhaes*, § 69 InsO, Rdnr. 11; HambK-*Frind*, § 69 InsO, Rdnr. 2.

701 So wohl der in § 67 InsO zum Ausdruck kommende Wille des Gesetzgebers, bei der Besetzung des Gläubigerausschuss nur diese beiden Gläubigergruppen zu berücksichtigen, Begrd.RegE § 67 InsO, zit. n. *Balz/Landfermann*, Die neuen Insolvenzgesetze, S. 148.

702 Vgl. zum Meinungsstand: *Uhlenbruck*, Ausgewählte Pflichten und Befugnisse des Gläubigerausschusses in der Insolvenz, ZIP 2002, 1373, 1377.

703 AV. d. JM. V. 25. 6. 1931, JMBl. S. 223, 224 (Ziff. 5.), unter Hinweis auf die Pflicht des Konkursgerichtes, die Mitglieder des Gläubigerausschusses entsprechend zu instruieren und diese bei Pflichtverletzung ggfls. zu entlassen; zustimmend: *Levy*, Umschau, KuT 1931, 142; ebenso: *RG*, Urt. v. 7. 4. 1937 – V 290/36 – KuT 1937, 143.

me Kontrolle auf sämtliche Verfahren zugleich erstrecken muss.[704] In der Literatur wird eine weitergehende Aufsichtspflicht des Insolvenzgerichts in Insolvenzverfahren ohne Gläubigerausschuss angenommen, während bei Insolvenzverfahren, in denen ein Gläubigerausschuss bestellt wird, die Aufsichtspflicht des Insolvenzgerichts durch die sorgfältige und intensive Überwachung des Insolvenzverwalters durch den bestellten Gläubigerausschuss eingeschränkt werden kann.[705] Den Insolvenzrichter trifft nach Ansicht von *Haarmeyer* im vorläufigen Insolvenzverfahren eine strengere Aufsichtspflicht, weil die Kontrolle und Überwachung des Insolvenzverwalters durch die Gremien der Gläubigerselbstverwaltung noch nicht greift.[706] Ist ein Gläubigerausschuss bestellt, kann das Insolvenzgericht angesichts des Grundsatzes der Gläubigerautonomie davon ausgehen, dass solange kein Grund zum aufsichtsrechtlichen Einschreiten besteht, als ein solcher nicht vom Gläubigerausschuss vorgetragen wird. In diesem Fall beschränkt sich die Aufsicht des Insolvenzgerichts gem. § 58 Abs. 1 InsO auf die Überwachung der Rechtmäßigkeit der Verfahrensabwicklung.[707] Denn das Insolvenzgericht muss sich in Einzelfällen ohnehin auf die Sachkunde und Sachnähe des Gläubigerausschusses verlassen.[708]

Die Gegenansicht wendet ein, dass die Einsetzung eines Gläubigerausschusses gerade in intransparenten Großverfahren die Kontrolle über den Abwicklungsverlauf erhöhen und nicht auf den Gläubigerausschuss verlagern soll.[709] Das Insolvenzgericht soll nach Auffassung von *Delhaes* seine Aufsichtspflicht nicht auf den Gläubigerausschuss abwälzen und sich auf dessen Kontrolle verlassen. Zulässig sei jedoch, dass das Insolvenzgericht Prüfungsergebnisse des Gläubigerausschusses zur Grundlage eigener Kontrolle macht.[710] Für *Häsemeyer* wird die Aufsichtspflicht des Insolvenzgerichts durch die Existenz eines Gläubigerausschusses nicht berührt, vielmehr sollen sich die Mitglieder des Gläubigerausschusses an das Insolvenzgericht wenden können, um erforderliche Maßnahmen zu veranlassen, die die Kompetenzen des Gläubigerausschusses übersteigen.[711]

---

704 *BGH*, Urt. v. 12. 7. 1965 – III ZR 41/64 – BeckRS 30400811 (Ziff. 4.).

705 HK-*Eickmann*, § 58 InsO, Rdnr. 6, der davon ausgeht, dass die allgemeine Überwachungstätigkeit des Gerichts regelmäßig weniger umfangreich sein wird, als in einem Verfahren ohne Gläubigerausschuss; Kübler/Prütting-*Lüke*, § 58 InsO, Rdnr. 7; MK-*Haarmeyer*, § 22 InsO, Rdnr. 213; *Pape/Schmidt*, Kreditvergaben und Gläubigerausschuss, ZInsO 2004, 955, 958; Uhlenbruck-*Uhlenbruck*, § 58 InsO, Rdnr. 1, 4.

706 MK-*Haarmeyer*, § 22 InsO, Rdnr. 213. De lege ferenda soll aber das Insolvenzgericht durch § 21 Abs. 2 Satz 1 Nr. 6 GAVI-InsO (Fn. 26) zur Bestellung eines vorläufigen Gläubigerausschusses im Eröffnungsverfahren ermächtigt sein.

707 Kübler/Prütting-*Lüke*, § 58 InsO, Rdnr. 7; *Pape/Schmidt*, Kreditvergaben und Gläubigerausschuss, ZInsO 2004, 955, 958; Uhlenbruck-*Uhlenbruck*, § 58 InsO, Rdnr. 4.

708 Kübler/Prütting-*Lüke*, § 58 InsO, Rdnr. 8.

709 Andres/Leithaus-*Andres*, § 58 InsO, Rdnr. 5; N/R-*Delhaes*, § 58 InsO, Rdnr. 4; MK-*Graeber*, § 58 InsO, Rdnr. 16; *Häsemeyer*, InsR, Rdnr. 6.32; Smid-*Smid*, § 58 InsO, Rdnr. 4.

710 N/R-*Delhaes*, § 58 InsO, Rdnr. 4.

711 *Häsemeyer*, InsR, Rdnr. 6.32; ebenso: Jaeger-*Gerhardt*, § 58 InsO, Rdnr. 6.

5.1.2.2. Stellungnahme

Aus der Tatsache der gleichgerichteten Verantwortlichkeit mehrere Organe für ein bestimmtes Ergebnis kann nicht automatisch auf eine Reduzierung des Maßes oder der Intensität der Verantwortung eines der Organe gefolgert werden. Die insolvenzrechtlichen Vorschriften zur Aufsicht des Insolvenzgerichts sehen eine Reduzierung der Aufsichtspflicht bei Existenz eines Gläubigerausschusses nicht vor. Die Aufsichtspflicht des Insolvenzgerichts (§ 58 InsO) folgt aus dem allgemeinen Grundsatz, dass der Staat, wenn er fremdes Vermögen durch eine von ihm bestellte Person verwalten lässt, diese auch zu überwachen hat,[712] und nicht aus dem Fehlen eines Gläubigerausschusses. Das Maß der Überwachung durch den Gläubigerausschuss kann nicht von der Qualifikation der Mitglieder des Gläubigerausschusses abhängen.[713] Zudem sind Zweifel angebracht, ob diese, angesichts der eigenen Gläubigerstellung, ihre Tätigkeit ausschließlich auf das Gesamtinteresse der Gläubigerschaft ausrichten werden.[714] Eine Einschränkung der insolvenzgerichtlichen Aufsicht ist auch nicht für den Fall vorgesehen, dass von der Gläubigerversammlung gem. § 57 InsO ein anderer Insolvenzverwalter gewählt worden ist.[715] Schließlich folgt aus § 66 Abs. 2 InsO, dass das Insolvenzgericht die Schlussrechnung des Insolvenzverwalters ungeachtet der Bestellung eines Gläubigerausschusses zu prüfen hat. In der Organverfassung der InsO ist der Gläubigerausschuss ein Instrument zur Verwirklichung der Gläubigerautonomie. Die Aufsicht des Insolvenzgerichts soll jedoch auch die Wahrung der Interessen des Insolvenzschuldners sicherstellen. Wie auch die persönliche Haftung des Insolvenzverwalters gem. § 60 InsO nicht durch die Zustimmung des Gläubigerausschusses zu zustimmungspflichtigen Verwaltungs- und Verwertungsmaßnahmen ausgeschlossen ist[716], wird auch das Maß und die Intensität der insolvenzgerichtlichen Aufsicht durch die Existenz eines Gläubigerausschusses nicht gemindert, sondern allenfalls erleichtert.

---

712 Fn. 255.

713 *Pape/Schmidt*, Kreditvergaben und Gläubigerausschuss, ZInsO 2004, 955, 959, weisen darauf hin, dass in der Insolvenzpraxis das Niveau der Gläubigerausschüsse wie auch die Bereitschaft zur Installation eines Gläubigerausschusses abzusinken droht.

714 *Uhlenbruck*, Grenzen der Mitwirkung von Gläubigerausschuss und Gläubigerbeirat im Insolvenzverfahren, BB 1976, 1198, 1199, der sich auch mit der Frage einer Interessenkollision des Gläubigerausschussmitglieds befasst.

715 Nach MK-*Graeber*, § 58 InsO, Rdnr. 19, hat in diesem Fall die Aufsicht des Insolvenzgerichtes sogar intensiver zu sein.

716 *BGH*, Urt. v. 22. 1. 1985 – VI ZR 131/83 – ZIP 1985, 423, 425: die Zustimmung des Gläubigerausschusses hat nur insoweit entlastende Wirkung, als der Zustimmungsvorbehalt reicht und es darum geht, ob eine vom Insolvenzverwalter vorgeschlagene zustimmungsbedürftige Maßnahme vertretbar ist. Gleichwohl bleibt eine persönliche Haftung des Insolvenzverwalters aufgrund besonderer Umstände, wie die schuldhaft unrichtige Darstellung der Sach- und Rechtslage gegenüber dem Gläubigerausschuss oder dessen sonstigen Handlungen, durch die dem Gläubigerausschuss eine vorteilhaftere Entscheidung unmöglich gemacht wird, bestehen; *LG Kaiserslautern*, Beschl. v. 23. 1. 1959 – 1 T 174/58 – KTS 1960, 45, 46.

5.2. Aufsicht und Beschlüsse der Gläubigerversammlung

Zentrales Instrument der Gläubigerautonomie ist die Gläubigerversammlung.[717] Diese hat die von der InsO zur Gewährleistung der Gläubigerautonomie normierten Zustimmungserfordernisse zu Verwaltungs- und Verwertungshandlungen des Insolvenzverwalters (§§ 157, 160ff. InsO) wahrzunehmen. Die Gläubigerversammlung kann sich durch Nichteinsetzung eines Gläubigerausschusses oder die Abberufung eines bereits vom Insolvenzgericht gem. § 67 Abs. 1 InsO bestellten Gläubigerausschusses die diesem vorbehaltenen Kompetenzen sichern. Es wird sogar vertreten, dass die Gläubigerversammlung dem Gläubigerausschuss vorbehaltene Kompetenzen auch bei dessen Existenz an sich ziehen und über diesen Gegenstand neu beschließen kann.[718] Angesichts dieser weitreichenden Kompetenzen stellt sich die Frage, ob die Aufsicht des Insolvenzgerichts im autonomen Entscheidungsbereich der Gläubigerversammlung zurückgedrängt wird.

Hiergegen spricht zunächst die mangelnde Teilnahme der Gläubiger an den Gläubigerversammlungen in der Insolvenzpraxis.[719] Dieser Umstand hat den Gesetzgeber dazu veranlasst, mit dem Gesetz zur Vereinfachung des Insolvenzrechts vom 13. 4. 2007 die Vorschrift des § 160 Abs. 1 InsO zu präzisieren, so dass die Zustimmung zu zustimmungspflichtigen Rechtshandlungen als erteilt gilt, wenn die Gläubigerversammlung nicht beschlussfähig ist. Mit dieser Gesetzesänderung hat sich der Streit über die Frage erledigt, ob das Insolvenzgericht befugt ist, bei Beschlussunfähigkeit der Gläubigerversammlung nach pflichtgemäßem Ermessen deren Beschlüsse zu ersetzen.[720]

Noch weniger als im Verhältnis zu einem Gläubigerausschuss ist eine Reduzierung der insolvenzgerichtlichen Aufsicht im Hinblick auf Verwaltungs- und Verwertungsmaßnahmen des Insolvenzverwalters, die einen Beschluss der Gläubigerversammlung umsetzen oder die mit Zustimmung der Gläubigerversammlung erfolgen, gerechtfertigt.[721] Die Gläubigerversammlung hat kein dem Aufsichtsrecht des Gläubigerausschusses gem. § 69 InsO vergleichbares Einsichts- und Auskunftsrecht. Die Gläubiger können lediglich unter den Voraussetzungen der §§ 74, 75 InsO die Einberufung einer Gläubigerversammlung beantragen, in der der Insolvenzverwalter über seine Geschäftstätigkeit Bericht zu erstatten hat (§ 79 InsO).

---

717 *Ehricke*, Beschlüsse einer Gläubigerversammlung bei mangelnder Teilnahme der Gläubiger, NZI 2000, 57.

718 HK-*Eickmann*, § 72 InsO, Rdnr. 7; Uhlenbruck-*Uhlenbruck*, § 67 InsO, Rdnr. 22; a.A. *Marotzke*, Gläubigerautonomie – ein modernes Missverständnis, FS-Kirchhof, S. 321, 323.

719 RegBegrd. zu Nr. 22 des Entwurfes eines Gesetzes zur Vereinfachung des Insolvenzverfahrens, BT-Drucks. 16/3227.

720 Zum Meinungsstand und eine solche Ermächtigung des Insolvenzgerichts ablehnend: *Ehricke*, Beschlüsse einer Gläubigerversammlung bei mangelnder Teilnahme der Gläubiger, NZI 2000, 57, 60ff., 62.

721 MK-*Graeber*, § 58 InsO, Rdnr. 17.

6. Verhältnis der insolvenzgerichtlichen zur berufsständischen Aufsicht

Die Insolvenzverwaltertätigkeit umfasst regelmäßig typische Tätigkeiten der Angehörigen der kammergebundenen freien Berufe, so dass in der Insolvenzpraxis überwiegend Insolvenzverwalter aus diesen Berufsgruppen bestellt werden.[722] Diese unterliegen aufgrund ihrer Kammerzugehörigkeit bereits einer berufsständischen Aufsicht.[723] Auf der anderen Seite wird zunehmend die Schaffung einer eigenen berufsständischen Verfasstheit der Insolvenzverwalter diskutiert.[724] Es soll deshalb untersucht werden, ob von berufsständischen Aufsichtsmaßnahmen eine Bindungswirkung oder eine Sperrwirkung im Sinne des Verbotes einer Mehrfachahndung für die insolvenzgerichtliche Aufsicht ausgeht. Eine besondere Gemengelage ergibt sich, wenn der Insolvenzverwalter z.B. als Rechtsanwalt und Steuerberater ein mehrfach qualifizierter Berufsträger ist, der durch sein Verhalten zugleich Verhaltenspflichten mehrerer Berufsgesetze oder -ordnungen verletzen kann.[725]

6.1. Stand der Diskussion

Die Frage einer Maßgeblichkeit berufsrechtlicher Maßnahmen gegen einen Insolvenzverwalter für die Aufsicht gem. § 58 Abs. 1 InsO ist – soweit ersichtlich – noch nicht diskutiert worden.

In der Literatur wird vertreten, dass die berufsständische Aufsicht durch die Aufsicht des Insolvenzgerichts oder des Gläubigerausschusses nicht verdrängt wird,[726] d.h. die Pflichtwidrigkeit eines Insolvenzverwalters bei gleichzeitigem Verstoß gegen Standesrecht auch nach den berufsständischen Vorschriften geahndet werden kann. *Uhlenbruck* begründet dieses damit, dass sich oftmals eine schuldhafte Verletzung von Insolvenzverwalterpflichten mit dem Verstoß gegen berufliche Standespflichten deckt.[727] Nach Ansicht von *Prütting* ist die Insolvenzverwaltung genuine Ausübung des Berufes des Steuerberaters, Wirtschaftsprüfers oder Rechtsanwalts.[728] Nach Einschätzung von *Henssler* entspricht dieses auch der „communis opinio“ in der Anwaltschaft.[729] Dieser Auffassung ist der *BGH* in einer be-

---

722 *BGH*, Urt. v. 12. 10. 2004 – WpSt (R) 1/04 – NJW 2005, 1057, 1058.
723 Siehe Kap. C.II.4.2 und C.II.4.3.
724 Die Bundesjustizministerin Brigitte Zypries (SPD) lehnte die Einführung einer solchen Berufsordnung auf der Tagung des Verbands der Insolvenzverwalter Deutschlands (VID) am 7. 11. 2008 in Potsdam ab, weil diese mit dem Europarecht vermutlich nicht vereinbar sei (Pressemitteilung der beck-aktuell-Redaktion, Verlag C.H. Beck, vom 10. 11. 2008).
725 Siehe hierzu: *Deckenbrock/Fleckner*, Berufsgerichtliche Verfahren gegen mehrfach qualifizierte Berufsträger – Insolvenzverwaltung durch Wirtschaftsprüfer, NJW 2005, 1165 ff.
726 N/R-*Delhaes*, § 58 InsO, Rdnr. 3; HambK-*Frind*, § 58 InsO, Rdnr. 2; *Henssler*, Das Berufsbild des Insolvenzverwalters im Wandel der Zeit, ZIP 2002, 1053, 1064, 1065; *Prütting*, Die Unabhängigkeit des Insolvenzverwalters, ZIP 2002, 1965, 1968; Uhlenbruck-*Uhlenbruck*, § 58 InsO, Rdnr. 19.
727 Uhlenbruck-*Uhlenbruck*, § 58 InsO, Rdnr. 19.
728 *Prütting*, Die Unabhängigkeit des Insolvenzverwalters, ZIP 2002, 1965, 1968.
729 *Henssler*, Das Berufsbild des Insolvenzverwalters im Wandel der Zeit, ZIP 2002, 1053, 1064, 1065.

rufsrechtlichen Entscheidung über einen auch als Insolvenzverwalter tätigen Wirtschaftsprüfer gefolgt und hat unter Berufung auf § 83a Abs. 1 WPO, § 110 StBerG, § 118a BRAO zunächst festgestellt, dass bei eindeutiger Zurechenbarkeit eines pflichtwidrigen Verhaltens nur zu einer Berufsordnung auch nur diese gilt, dagegen alle in Betracht kommenden Berufsordnungen gelten, wenn die Pflichtwidrigkeit mehreren Berufsordnungen zuzurechnen ist. Der Berufsträger hat daher im Einzelfall den Vorschriften der strengsten Berufsordnung zu folgen.[730] Da nach Auffassung des *BGH* die insolvenzrechtlichen Vorschriften zur Aufsicht über den Insolvenzverwalter keine den berufsrechtlichen Organisationsstrukturen der Wirtschaftsprüferordnung vergleichbare Regelungen enthalten, werden diese auch nicht verdrängt.[731] Einer schematischen Übertragung der Berufspflichten des Wirtschaftsprüfers auf dessen Tätigkeit als Insolvenzverwalter steht die Berufsausübungsfreiheit (Art. 12 Abs. 1 GG) und das Verhältnismäßigkeitsprinzip entgegen. Deshalb muss bei Tätigkeiten außerhalb des berufsspezifischen Kernbereichs die Anwendbarkeit der berufsständischen Verhaltensregelung unter Berücksichtigung deren Zwecks und mit Bedacht auf entgegenstehende Rechtspositionen und Ordnungsvorschriften bereichsspezifisch ausgelegt werden.[732]

6.2. Stellungnahme

Die Antwort auf die Frage nach dem Verhältnis der Aufsicht gem. § 58 Abs. 1 InsO zu der durch die Berufszugehörigkeit des Insolvenzverwalters begründeten berufsständischen Aufsicht ergibt sich aus dem Zweck der jeweiligen Regelungen der Aufsicht. Die insolvenzgerichtliche Aufsicht ist darauf gerichtet, zu gewährleisten, dass die Insolvenzzwecke gem. § 1 InsO im konkreten Insolvenzverfahren unter Einhaltung der insolvenzrechtlichen Verfahrensvorschriften erreicht werden. Dagegen ist die berufsständische Aufsicht der Rechtsanwälte, Patentanwälte und Steuerberater ganz allgemein auf die Erfüllung der diesen durch Gesetz übertragenen Aufgaben sowie auf die Einhaltung der berufsrechtlich geregelten Verhaltenspflichten gerichtet, sie ist mithin Wahrer einer „allgemeinen Berufsstandshygiene". Es kommt also auf den jeweiligen Einzelfall an, ob die Ahndung einer Berufspflicht in einem berufsrechtlichen Verfahren zugleich aufsichtsrechtliche Maßnahmen des Insolvenzgerichts erforderlich macht. Eine solche Maßgeblichkeit kann sich z.B. bei einer Ahndung der Berufspflicht zur treuhänderischen Verwahrung von Mandantengeldern (§ 43a Abs. 5 BRAO, § 39a Abs. 5 PatAnwO) oder bei der zur Unterhaltung einer angemessenen Berufshaftpflichtversicherung (§ 51 BRAO, § 45 PatAnwO, § 52 Abs. 2 Satz 1 WPO i.V.m. § 139 WPO, § 323 Abs. 2 Satz 1 HGB) ergeben. Hierbei handelt es sich um Umstände, die von grundlegender Bedeutung für die Beurteilung der Eignung zur Verwaltung fremden Vermö-

---

730 *BGH*, Urt. v. 12. 10. 2004 – WpSt (R) 1/04 – NJW 2005, 1057, 1058.

731 *BGH*, Urt. v. 12. 10. 2004 – WpSt (R) 1/04 – NJW 2005, 1057, 1058.

732 *BGH*, Urt. v. 12. 10. 2004 – WpSt (R) 1/04 – NJW 2005, 1057, 1058, zur Zulässigkeit eines auswärtigen Büros, in dem der Wirtschaftsprüfer nur Insolvenzabwicklung betreibt und keine berufsspezifischen Kerntätigkeit anbietet und ausübt.

gens sind und Anlass für ein aufsichtsrechtliches Tätigwerden des Insolvenzgerichts geben können. Auf der anderen Seite mag die Nichtbeantwortung von allgemeinen Sachstandsanfragen durch rechtsanwaltliche Gläubigervertreter an einen Rechtsanwalt-Insolvenzverwalter berufsrechtliche Verhaltenspflichten verletzen; eine Verletzung der Informationspflichten des Insolvenzverwalters ist darin nicht zu sehen.[733]

Umgekehrt rechtfertigt die aufsichtsrechtliche Maßnahme gegen einen Insolvenzverwalter, wie z.B. die Entlassung gem. § 59 Abs. 1 InsO aus wichtigem Grund, nur dann eine berufsständische Ahndung, wenn deren Anlass zugleich die Verletzung einer Berufspflicht darstellt.

733 Uhlenbruck-*Uhlenbruck*, § 58 InsO, Rdnr. 19.

D. Der Umfang der Aufsicht des Insolvenzgerichts

Im Anschluss an die Ermittlung des Inhalts der insolvenzgerichtlichen Aufsicht über den Insolvenzverwalter, soll nachfolgend versucht werden, die insolvenzgerichtliche Aufsicht hinsichtlich ihres Adressaten, des Gegenstandes und der Dauer zu beschreiben. Gerade letzteres ist für die Eingrenzung des Staatshaftungsrisikos bei einer Verletzung der Aufsichtspflicht bedeutsam.

I. Adressat der insolvenzgerichtlichen Aufsicht

Mit der Bestimmung des Adressaten wird der Umfang der insolvenzgerichtlichem Aufsicht hinsichtlich des ihr unterworfenen Personenkreises eingegrenzt. Als Adressaten kommen neben dem Insolvenzverwalter auch der gem. § 5 Abs. 1 Satz 2 InsO bestellte Sachverständige in Betracht.

1. Der (vorläufige) Insolvenzverwalter, der Treuhänder und der Sachwalter

Neben dem ausdrücklich in § 58 Abs. 1 InsO benannten Insolvenzverwalter sind aufgrund gesetzlicher Verweisungen in §§ 21 Abs. 2 Nr. 1, 274 Abs. 1, 292 Abs. 3 Satz 2; 313 Abs. 1 Satz 3 InsO im gleichen Masse auch der vorläufige Insolvenzverwalter, der Sachwalter, der Treuhänder im vereinfachten Insolvenzverfahren und der Treuhänder der Wohlverhaltensperiode der insolvenzgerichtlichen Aufsicht unterworfen.

2. Die Aufsicht über den Sachverständigen gem. § 5 Abs. 1 Satz 2 InsO

Nach Eingang eines Insolvenzantrages hat sich das Insolvenzgericht von Amts wegen (§ 5 Abs. 1 InsO) durch Einsatz der zur Verfügung stehenden Erkenntnisinstrumente zuverlässige Informationen über das Vorliegen der Insolvenzgründe und – im Hinblick auf § 21 Abs. 1 Satz 1 InsO – über die Erforderlichkeit von Sicherungsmaßnahmen zu beschaffen. Regelmäßig bedient sich der funktionell zuständige Insolvenzrichter hierzu eines gem. § 5 Abs. 1 Satz 2 InsO zu bestellenden Sachverständigen (Insolvenzgutachter).[734]

---

734 *BGH*, Urt. v. 5. 11. 1956 – III ZR 139/55 – WM 1957, 67ff.; *Bollig*, Aufgaben, Befugnisse und Entschädigung des gerichtlichen Sachverständigen im Konkurseröffnungsverfahren, KTS 1990, 599, 604; MK-*Ganter*, § 5 InsO, Rdnr. 34 „häufig"; Jaeger-*Müller*, § 16 InsO, Rdnr. 13, jedenfalls bei

Die nach dem Wortlaut des § 5 Abs. 1 Satz 2 InsO vorgesehene Vernehmung des Sachverständigen wird üblicherweise durch die Erstattung eines schriftlichen Gutachtens ersetzt.[735] Bestellt das Insolvenzgericht einen „starken" vorläufigen Insolvenzverwalter, hat dieser nach dem Wortlaut des § 22 Abs. 1 Satz 2 Nr. 3 InsO die Verfahrenskostendeckung zu prüfen. Zusätzlich kann das Insolvenzgericht, den vorläufigen Insolvenzverwalter als Sachverständigen mit der Prüfung beauftragen, ob ein Insolvenzgrund vorliegt und ob dem Schuldnerunternehmen eine Fortführungsprognose gestellt werden kann (§ 22 Abs. 1 Nr. 3 InsO). Zu Recht hat *Uhlenbruck* darauf hingewiesen, dass der Gesetzeswortlaut missverständlich ist.[736] Durch die Einfügung der Worte „als Sachverständiger" wollte der Rechtsausschuss lediglich klarstellen, dass der vorläufige Insolvenzverwalter, der mit den besonderen Aufgaben des § 22 Abs. 1 Satz 2 Nr. 3 InsO betraut wird, hierfür auch eine Vergütung nach dem Gesetz über die Entschädigung von Zeugen und Sachverständigen beanspruchen kann.[737] Die Hilfe eines Sachverständigen kann das Insolvenzgericht aber auch bei der Prüfung der Schlussrechnung gem. § 66 Abs. 1 InsO in Anspruch nehmen.[738]

Es soll im Folgenden untersucht werden, ob und nach welchen rechtlichen Vorschriften der gem. § 5 Abs. 1 InsO bestellte Sachverständige der Aufsicht durch das Insolvenzgericht unterstellt ist.

2.1. Auswahl und Bestellung

Als Sachverständigen hat der nach § 18 Abs. 1 Nr. 1 RPflG funktionell zuständige Insolvenzrichter nach pflichtgemäßem Ermessen[739] durch Beschluss eine im konkreten Fall geeignete und von den Verfahrensbeteiligten unabhängige Einzelperson auszuwählen (§§ 5 Abs. 1 Satz 2, 4 InsO, § 404 Abs. 1 ZPO). Die fehlende fachliche Eignung des ausgewählten Sachverständigen stellt im Zivilprozessrecht einen unverzichtbaren Verfahrensfehler dar.[740] Die Auswahlkriterien lassen sich nicht einheitlich bestimmen und sind an der dem Sachverständigen gestellten Aufgabe zu orientieren. Nach der Definition von *Bleutge* ist der Sachverständige eine Person, die auf einem bestimmten Gebiet der Geistes- oder Naturwissenschaft, der Wirt-

---

„komplexen Sachverhalten"; *Rendels*, Probleme der Gutachtertätigkeit im Insolvenzeröffnungsverfahren, NZG 1998, 839, 840, eine strenge Ermittlungspflicht des Insolvenzrichters annehmend; *Wessel*, Der Sachverständige im Insolvenzeröffnungsverfahren nach § 5 InsO, DZWIR 1999, 230, 231; *ders.*, Der Sachverständige im Konkurseröffnungsverfahren, S. 33.

735 MK-*Ganter*, § 5 InsO, Rdnr. 34; HambK-*Rüther*, § 5 InsO, Rdnr. 16.

736 *Uhlenbruck*, Die Haftung des vorläufigen Insolvenzverwalters als gerichtlicher Sachverständiger, ZInsO 2002, 809, 810.

737 Ber. d. RechtsA zu § 22 InsO, zit. n. *Balz/Landfermann*, Die neuen Insolvenzgesetze, S. 99. Die gesonderte Sachverständigenvergütung kann demnach nicht für die Feststellung der Verfahrenskostendeckung beansprucht werden: *Ampferl*, Der „starke" vorläufige Insolvenzverwalter in der Unternehmensinsolvenz, Rdnr. 840; HK-*Kirchhof*, § 22 InsO, Rdnr. 33; a. A. *Uhlenbruck*, Die Haftung des vorläufigen Insolvenzverwalters als gerichtlicher Sachverständiger, ZInsO 2002, 809, 810.

738 Siehe Kap. E.II.4.5.4.4.

739 Zöller-*Greger*, § 404 ZPO, Rdnr. 1; Musielak-*Huber*, § 404 ZPO, Rdnr. 3.

740 Zöller-*Greger*, § 404 ZPO, Rdnr. 1.

schaft, der Technik oder eines anderen Sachbereichs überdurchschnittliche Kenntnisse und Erfahrungen hat und diese besondere Sachkunde in Ausübung eines Gewerbes oder eines freien Berufes jedermann, persönlich, unparteiisch, unabhängig und objektiv zur Verfügung stellt.[741] Der Sachverständige im Insolvenzeröffnungsverfahren hat das Vorliegen eines Insolvenzgrundes und der Massekostendeckung zu prüfen. Dieser wird in der Insolvenzpraxis regelmäßig zum vorläufigen Insolvenzverwalter oder bei Verfahrenseröffnung zum Insolvenzverwalter bestellt.[742] Es liegt daher nahe, an diesen die Anforderungen zu richten, die auch ein vorläufiger oder endgültiger Insolvenzverwalter zu erfüllen hat.[743] Nach § 404 Abs. 1 Satz 1 ZPO können auch mehrere Sachverständige bestellt werden, regelmäßig erfolgt indes die Bestellung einer Einzelperson.[744]

Die Bestellung des Sachverständigen nach § 5 Abs. 1 Satz 2 InsO kann von den Verfahrensbeteiligten nicht mit der sofortigen Beschwerde gem. § 6 Abs. 1 InsO angefochten werden, weil die Vorschrift des § 5 InsO den Rechtsweg nicht eröffnet.[745] Eine Anfechtbarkeit des Bestellungsbeschlusses lässt sich auch nicht aus den über § 4 InsO anwendbaren Vorschriften der ZPO ableiten, da auch nach § 355 Abs. 2 ZPO eine Anfechtung des Beschlusses über die Bestellung eines Sachverständigen ausgeschlossen ist.

Umstritten ist, ob der vom Insolvenzgericht bestellte Sachverständige gem. § 4 InsO i. V. m. §§ 406 Abs. 1, 42 ZPO wegen Befangenheit abgelehnt werden kann.[746] Gegen ein solches Ablehnungsrecht spricht, dass der Sachverständige im Insolvenzverfahren – anders als im Zivilprozess – Instrument der insolvenzgerichtlichen Amtsermittlung ist. Als solcher ist er eher mit dem vorläufigen Insolvenzverwalter als mit dem Sachverständigen im Zivilprozess vergleichbar.[747] Der der Verfahrensbeschleunigung dienende Grundsatz der Unanfechtbarkeit der Bestellung des Sachverständigen würde ausgehöhlt werden, könnte der Insolvenz-

---

741 Landmann/Rohmer-*Bleutge*, § 36 GewO, Rdnr. 11.
742 Vgl. nur *Frind*, Brauchen wir die „automatisierte" Verwalterauswahl?, ZInsO 2001, 481, 482; *Neubert*, Auswahl der (vorläufigen) Insolvenzverwalter/-walterinnen durch das Gericht, ZInsO 2002, 309, 313.
743 Uhlenbruck-*Uhlenbruck*, § 5 InsO, Rdnr. 11.
744 Zöller-*Greger*, § 404 ZPO, Rdnr. 6; Musielak-*Huber*, § 404 ZPO, Rdnr. 2.
745 Allg. M.: *BGH*, Beschl. v. 20. 9. 2007 – IX ZB 37/07 – NZI 2008, 100 (Tz. 4.); Beschl. v. 4. 3. 2004 – IX ZB 133/03 – ZVI 2004, 240, mit Ausnahme für den Fall, dass durch die Anordnung des Insolvenzgerichtes in das Grundrecht aus Art. 13 GG eingegriffen wird; Beschl. v. 16. 10. 2003 – IX ZB 133/03 – ZVI 2003, 590, 591; Beschl. v. 2. 7. 1998 – IX ZB 33/98 – ZIP 1999, 319; MK-*Ganter*, § 5 InsO, Rdnr. 61; Jaeger-*Gerhardt*, § 5 InsO, Rdnr. 5; HK-*Kirchhof*, § 5 InsO, Rdnr. 22; Uhlenbruck-*Uhlenbruck*, § 5 InsO, Rdnr. 26.
746 Bejahend: *OLG Köln*, Beschl. v. 6. 12. 1989 – 2 W 173/89 – ZIP 1990, 58, 60 (zur Ablehnung eines Schlussrechnungsprüfers); *LG Ulm*, Beschl. v. 22. 10. 2004 – 3 T 76/04 – NZI 2005, 117; *Bollig*, Aufgaben, Befugnisse und Entschädigung des gerichtlichen Sachverständigen im Konkurseröffnungsverfahren, KTS 1990, 599, 604; Jaeger-*Gerhardt*, § 5 InsO, Rdnr. 14; ablehnend: *AG Göttingen*, Beschl. v. 26. 5. 2007 – 74 IN 180/07 – ZVI 2007, 315; Beschl. v. 23. 3. 2000 – 74 IN 22/00 – ZInsO 2000, 347; *LG Frankfurt*, Beschl. v. 22. 12. 2005 – 3.1 IN 250/05 – ZinsO 2006, 107, 108; MK-*Ganter*, § 4 InsO, Rdnr. 42; Uhlenbruck-*Uhlenbruck*, § 4 InsO, Rdnr. 14.
747 MK-*Ganter*, § 4 InsO, Rdnr. 42.

schuldner oder ein Insolvenzgläubiger eine Befangenheitsrüge erheben.[748] Die Interessen der Verfahrensbeteiligten an einer unvoreingenommenen, gutachterlichen Tätigkeit des Sachverständigen werden angemessen dadurch gewahrt, dass dieser der Aufsicht des Insolvenzgerichts unterliegt und von Amts wegen entlassen werden kann, sollten Zweifel an dessen Unvoreingenommenheit und Sachbezogenheit bestehen.

2.2. Rechtsstellung des Sachverständigen

Die Rechtsstellung des gem. § 5 Abs. 1 Satz 2 InsO bestellten Sachverständigen bestimmt sich nach den über die Verweisung in § 4 InsO entsprechend[749] anwendbaren Vorschriften der §§ 144, 402 ff. ZPO.[750] Grundsätzlich ist dieser nicht zu aktiven Maßnahmen, wie der Übernahme von Geschäftsführungsaufgaben oder der Verwertung von Massegegenständen, berechtigt, sondern hat eine reine Ermittlungsaufgabe zu erfüllen.[751] Der Sachverständige hat keine über die §§ 402 ff. ZPO hinausgehende Rechtsstellung und deshalb keine hoheitlichen Zwangsbefugnisse gegenüber den Verfahrensbeteiligten oder Dritten.[752] Etwas anderes gilt für den zugleich zum vorläufigen Insolvenzverwalter bestellten Sachverständigen, dessen Befugnisse sich dann aus dem gem. §§ 21, 22 InsO gefassten Bestellungsbeschluss ergeben.

Eine Ermächtigungsgrundlage für die Ausstattung des Sachverständigen mit Eingriffsbefugnissen gegenüber dem Insolvenzschuldner oder Dritten kann § 4 InsO i. V. m. § 404 a Abs. 1 ZPO nicht entnommen werden. Nach dieser Vorschrift hat das Insolvenzgericht den Sachverständigen zu leiten und ist diesem gegenüber weisungsbefugt. Nach Ansicht von *Rendels* wird das Insolvenzgericht durch § 21 Abs. 1 InsO ermächtigt, den gem. § 5 Abs. 1 InsO bestellten Sachverständigen mit Eingriffsbefugnissen auszustatten.[753] Dabei ist die Sperrwirkung des § 22 Abs. 3 InsO zu beachten, d. h. dem Sachverständigen dürfen nicht weitergehende Rechte verliehen werden, als diese dem vorläufigen Insolvenzverwalter eingeräumt sind.[754] Nach der Gegenansicht gehen die Ermittlungsbefugnisse des gem. § 5 Abs. 1 InsO

---

748 *LG Frankfurt*, Beschl. v. 22. 12. 2005 – 3.1 IN 250/05 – ZinsO 2006, 107, 108.
749 Mit dem Tatbestandsmerkmal „entsprechend“ sollen insolvenzspezifische Besonderheiten bei der Anwendung der Vorschriften der ZPO Berücksichtigung finden, vgl. *Rendels*, Probleme der Gutachtertätigkeit im Insolvenzeröffnungsverfahren, NZG 1998, 839, 841.
750 Jaeger-*Gerhardt*, § 5 InsO, Rdnr. 15; ausführlich *Rendels*, Probleme der Gutachtertätigkeit im Insolvenzeröffnungsverfahren, NZG 1998, 839, 841.
751 *Bollig*, Aufgaben, Befugnisse und Entschädigung des gerichtlichen Sachverständigen im Konkurseröffnungsverfahren, KTS 1990, 599, 608; *Rendels*, Probleme der Gutachtertätigkeit im Insolvenzeröffnungsverfahren, NZG 1998, 839, 841, spricht von der „schwachen“ Rechtsposition eines ZPO-Sachverständigen.
752 *Bollig*, Aufgaben, Befugnisse und Entschädigung des gerichtlichen Sachverständigen im Konkurseröffnungsverfahren, KTS 1990, 599, 608; HK-*Kirchhof*, § 5 InsO, Rdnr. 13; Jaeger-*Gerhardt*, § 5 InsO, Rdnr. 15.
753 *Rendels*, Probleme der Gutachtertätigkeit im Insolvenzeröffnungsverfahren, NZG 1998, 839, 842.
754 *Rendels*, Probleme der Gutachtertätigkeit im Insolvenzeröffnungsverfahren, NZG 1998, 839, 843.

bestellten Sachverständigen nicht über die in den §§ 402ff. ZPO geregelten hinaus.[755] *Ganter* führt an, dass die Ausstattung mit Auskunfts-, Einsichts- und Betretensrechten den Sachverständigen zu einer Art *„dritten Variante des vorläufigen Insolvenzverwalters"* machen würde, wofür § 5 InsO keine Grundlage bietet.[756] Nach der Rechtsprechung des *BGH* können die in den §§ 21, 22 InsO vorgesehenen Maßnahmen nur zugunsten eines vorläufigen Insolvenzverwalters angeordnet werden. Hierdurch wird die Amtsermittlungstätigkeit des Insolvenzgerichts nicht unzumutbar beschränkt, da dieses bei einer Behinderung der Arbeit des Sachverständigen durch den Insolvenzschuldners einen vorläufigen Insolvenzverwalter mit weitergehenden Befugnissen bestellen kann.[757] Diese Auffassung überzeugt. Die Generalklausel des § 21 Abs. 1 InsO ermächtigt zu Sicherungsmaßnahmen zur Abwehr einer *„den Gläubigern nachteiligen Veränderung in der Vermögenslage"* des Insolvenzschuldners und stellt nicht eine Rechtsgrundlage für die in § 5 Abs. 1 InsO normierte Amtsermittlungsbefugnis des Insolvenzgerichts dar. § 5 Abs. 1 InsO enthält jedoch keine Ermächtigung des Insolvenzgerichts, die Ermittlungen des Sachverständigen mit Eingriffsbefugnissen zu flankieren. Der Gesetzgeber hat der Sachverhaltsaufklärung dienende Eingriffsbefugnisse erst dem vorläufigen Insolvenzverwalter verliehen (§ 21 Abs. 3 InsO). Der (Nur-)Sachverständige ist daher darauf verwiesen, im Falle der Auskunftsverweigerung des Insolvenzschuldners dem Insolvenzgericht die Vornahme von Beweisaufnahmen[758] oder gar die Anordnung der vorläufigen Insolvenzverwaltung und seine Bestellung zum vorläufigen Insolvenzverwalter zu empfehlen.

2.3. Verhältnis zwischen Insolvenzgericht und Sachverständigen

Gem. § 404a Abs. 1 ZPO hat das Gericht die Tätigkeit des Sachverständigen zu leiten und kann diesem Weisungen erteilen. Das Insolvenzgericht bleibt damit auch bei Bestellung eines Sachverständigen Herr des Verfahrens, während letzterer nur weisungsgebundener Gehilfe des Gerichtes ist.[759] Der Sachverständige übt keine richterlichen Funktionen aus.[760] Aus diesem Grunde hat das Gericht den Grund, Inhalt und Zweck des Gutachtenauftrages dem Sachverständigen vollständig und unmissverständlich mitzuteilen und diesem auf Verlangen den Auftrag zu erläutern (vgl. § 404a Abs. 2 ZPO). Der Sachverständige ist gem. § 407 Abs. 2 ZPO zur

---

755 *BGH*, Beschl. v. 4. 3. 2004 – IX ZB 133/03 ZVI 2004, 240, 241; MK-*Ganter*, § 5 InsO, Rdnr. 36.
756 MK-*Ganter*, § 5 InsO, Rdnr. 36.
757 *BGH*, Beschl. v. 4. 3. 2004 – IX ZB 133/03 – ZVI 2004, 240, 241; offengelassen: *BGH*, Beschl. v. 20. 9. 2007 – IX ZB 37/07 – NZI 2008, 100 (Tz. 7)
758 Braun-*Kießner*, § 5 InsO, Rdnr. 22.
759 Wohl h.M., vgl. *OLG Nürnberg*, Beschl. v. 20. 2. 2006 – 2 W 267/06 – ZInsO 2006, 761, 762 (gegen die Konstruktion eines „starken" Gutachters, der zur Einziehung von Außenständen und zur Verwertung von Massegegenständen berechtigt ist); *Bollig*, Aufgaben, Befugnisse und Entschädigung des gerichtlichen Sachverständigen im Konkurseröffnungsverfahren, KTS 1990, 599, 600; Zöller-*Greger*, § 404a ZPO, Rdnr. 1; *Rendels*, Probleme der Gutachtertätigkeit im Insolvenzeröffnungserfahren, NZG 1998, 839, 841 (ebenfalls einen „starken" Gutachter ablehnend).
760 *Bollig*, Aufgaben, Befugnisse und Entschädigung des gerichtlichen Sachverständigen im Konkurseröffnungsverfahren, KTS 1990, 599, 600, 602.

Erstattung des Insolvenzgutachtens höchstpersönlich verpflichtet (Delegationsverbot). Er hat dem Insolvenzgericht gem. § 407a Abs. 1 ZPO unverzüglich anzuzeigen, dass er aus fachlichen Gründen oder wegen eines Zeugnisverweigerungsrechts (§ 408 Abs. 1 ZPO) an der Erledigung des Gutachtenauftrages gehindert ist. In diesem Fall kann das Insolvenzgericht gem. § 4 InsO i.V.m. § 412 Abs. 2 ZPO einen anderen Sachverständigen bestellen. Gem. § 411 Abs. 1 ZPO kann das Insolvenzgericht anordnen, dass der Sachverständige das Insolvenzgutachten schriftlich abzufassen hat und ihm hierzu eine Frist setzen. Für *Bollig* besteht eine Aufsichtspflicht des Insolvenzgerichts, dafür Sorge zu tragen, dass der Sachverständige das Insolvenzgutachten innerhalb angemessener oder diesem gesetzter Frist erstellt.[761] Bei Fristversäumnis kann der Sachverständige gem. § 409 Abs. 1 ZPO mit einem Ordnungsgeld belegt werden. Das Insolvenzgericht darf auf den Inhalt des Insolvenzgutachtens keinen Einfluss nehmen,[762] hat dessen Feststellungen aber kritisch zu prüfen.[763] Eine Abweichung von den gutachterlichen Feststellungen bedarf einer Begründung. Diese muss erkennen lassen, dass die abweichende Beurteilung nicht durch einen Mangel von Sachkunde beeinflusst ist.[764] Kommt das Insolvenzgericht im Rahmen freier Beweiswürdigung zum Ergebnis, dass das Gutachten untauglich ist, kann es ein neues Insolvenzgutachten – auch bei einem anderen Sachverständigen – in Auftrag geben (§ 412 Abs. 1 ZPO).

2.4. Ergebnis

Der gem. § 5 Abs. 1 Satz 1 InsO bestellte Sachverständige unterliegt nach den gem. § 4 InsO anwendbaren Vorschriften der §§ 402ff. ZPO, insbesondere nach § 404a Abs. 1 ZPO, der Aufsicht und den Weisungen des Insolvenzgerichts. *Ganter* kommt zum gleichen Ergebnis durch analoge Anwendung der §§ 21 Abs. 2 Nr. 1, 58, 59 InsO.[765]

Die gesetzlichen Anforderungen an den gerichtlichen Sachverständigen, nämlich Geeignetheit und Geschäftskunde, Unabhängigkeit und Einzelperson, entsprechen denjenigen, die nach § 56 Abs. 1 InsO an den Insolvenzverwalter zu richten sind. Durch § 4 InsO wird das Konkurrenzverhältnis zwischen den Vorschriften der ZPO und denjenigen der InsO zugunsten Letzterer gelöst, so dass sich die Auswahl des Sachverständigen gem. § 5 Abs. 1 Satz 1 InsO vorrangig an der Vorschrift des § 56 Abs. 1 InsO zu orientieren hat. Angesichts einer allgemeinen Übung, dass der Sachverständige gem. § 5 Abs. 1 Satz 1 InsO regelmäßig im eröff-

---

761 *Bollig*, Aufgaben, Befugnisse und Entschädigung des gerichtlichen Sachverständigen im Konkurseröffnungsverfahren, KTS 1990, 599, 602.

762 Vgl. nur *Bollig*, Aufgaben, Befugnisse und Entschädigung des gerichtlichen Sachverständigen im Konkurseröffnungsverfahren, KTS 1990, 599, 602.

763 So ausdrücklich für die gutachterlichen Feststellungen zur Verfahrenskostendeckung: *AG Hamburg*, Beschl. v. 20. 12. 2005 – 67c IN 387/05 – ZInsO 2006, 51, 52; die Prüfung hat sich an dem Primat der geordneten Abwicklung der Insolvenzschuldnerin zu orientieren.

764 Musielak-*Huber*, § 402 ZPO, Rdnr. 12.

765 MK-*Ganter*, § 4 InsO, Rdnr. 42; ebenso: *LG Frankfurt*, Beschl. v. 22. 12. 2005 – 3.1 IN 250/05 – ZinsO 2006, 107, 108.

neten Insolvenzverfahren zum Insolvenzverwalter bestellt wird, ist es sinnvoll, jenen ebenso der allgemeinen Aufsicht gem. § 58 Abs. 1 Satz 1 InsO zu unterwerfen. Schließlich ist zu berücksichtigen, worauf *Wessels* zutreffend hinweist, dass der Tätigkeit des Sachverständigen im Eröffnungsverfahren eine besondere Bedeutung zukommt, weil diese nicht nur der Sachverhaltsermittlung, insbesondere im Hinblick auf das Vorliegen der Insolvenzgründe, sondern auch der Feststellung der Notwendigkeit von Maßnahmen zur Sicherung der Insolvenzmasse dient.[766] Diese Bedeutung wird dadurch unterstrichen, dass die Eröffnung des Insolvenzverfahrens aufgrund fehlerhafter Ermittlungen zum Vorliegen eines Insolvenzgrundes eine Verletzung der Amtsermittlungspflicht darstellt, die Staatshaftungsansprüche zur Folge haben kann.[767]

Mit guten Argumenten lässt sich die Aufsicht des Insolvenzgerichts über den Sachverständigen gem. § 5 Abs. 1 Satz 2 InsO aus der Vorschrift des § 58 Abs. 1 InsO herleiten.

II. Gegenstand der insolvenzgerichtlichen Aufsicht

Der Aufsicht durch das Insolvenzgericht unterliegt zunächst die gesamte Geschäftstätigkeit des Insolvenzverwalters. Angesichts – teilweise spektakulärer – Veruntreuungsfälle unter Insolvenzverwaltern und dem gestiegenen Bewerbungsdruck um die Insolvenzverwaltertätigkeit haben die Insolvenzgerichte damit begonnen, Auskünfte über außerhalb der eigentlichen Verfahrensabwicklung und der persönlichen Befähigung liegenden Verhältnisse des Insolvenzverwalters bzw. des Bewerbers einzuholen. Es muss daher der Gegenstand bestimmt werden, auf den sich insolvenzgerichtliche Aufsicht in zulässiger Weise erstrecken darf.

1. Die Verfahrensabwicklung des Insolvenzverwalters

Nach allgemeiner Meinung erstreckt sich die Aufsicht des Insolvenzgerichts auf das gesamte Handeln des Insolvenzverwalters im Zusammenhang mit der Ausübung seiner insolvenzrechtlichen Pflichten bei der Verwaltung und Verwertung der Insolvenzmasse.[768] Dabei hat das Insolvenzgericht die Aufsicht in jedem Verfahren einzeln auszuüben.[769]

---

766 *Wessels*, Der Sachverständige im Insolvenzeröffnungsverfahren nach § 5 InsO, DZWiR 1999, 230, 231.

767 *BGH*, Urt. v. 5. 11. 1956 – III ZR 139/55 – WM 1957, 67 ff. Eine persönliche Haftung des Sachverständigen bei unrichtigem Insolvenzgutachten kann sich aus § 839 a BGB ergeben; vgl. hierzu auch: *Blankenhorn*, Die Neuregelung der Haftung des gerichtlichen Sachverständigen durch § 839 a BGB, S. 57; *Bollig*, Aufgaben, Befugnisse und Entschädigung des gerichtlichen Sachverständigen im Konkurseröffnungsverfahren, KTS 1990, 599, 612 f.; *Wessel*, Der Sachverständige im Konkurseröffnungsverfahren, S. 125

768 Jaeger-*Gerhardt*, § 58 InsO, Rdnr. 8; *Häsemeyer*, InsR, Rdnr. 6.32; Smid-*Smid*, § 58 InsO, Rdnr. 6.

769 MK-*Graeber*, § 58 InsO, Rdnr. 9.

D. Der Umfang der Aufsicht des Insolvenzgerichts

Die Aufsicht ist dabei nicht auf die Vermögensverwaltung im engeren Sinne beschränkt.[770] Für Umfang und Ausübung der Aufsicht sind die insolvenzrechtlichen Pflichten des Insolvenzverwalters von vorrangiger Bedeutung, da das Insolvenzgericht nur bei Verletzung einer solchen Pflicht gem. §§ 58 Abs. 2, 3 InsO Zwangsmaßnahmen gegen den Insolvenzverwalter anordnen kann. Das Insolvenzgericht hat dabei auf die Erfüllung der insolvenzrechtlichen Verwalterpflichten zu achten und einen ordentlichen Verfahrensablauf zur Erreichung der Insolvenzzwecke des § 1 InsO sicherzustellen.[771] Insoweit handelt es sich um eine massebezogene Aufsicht, so dass eine Sanktionierung von Handlungen des Insolvenzverwalters, die lediglich anlässlich seiner Insolvenzverwaltertätigkeit aber ohne konkreten Massebezug erfolgen, wie z.B. ein Verstoß gegen straßenverkehrsrechtliche Vorschriften auf dem Wege mit dem Auto zu einer Gläubigerversammlung, im Rahmen der Aufsicht (§ 58 InsO) unzulässig ist.

Eine Zweckmäßigkeitskontrolle von Einzelmaßnahmen des Insolvenzverwalters erfolgt nach der hier vertretenen Auffassung nur insoweit, als sie der Prüfung der Rechtmäßigkeit der Einzelmaßnahmen dient und damit Bestandteil des aufsichtsrechtlichen Erkenntnisverfahrens ist.[772] Das insolvenzgerichtliche Erkenntnisinstrumentarium wird im Wesentlichen durch den Amtsermittlungsgrundsatz (§ 5 Abs. 1 InsO) und die Auskunfts- und Berichterstattungspflicht des Insolvenzverwalters gem. §§ 58 Abs. 1 Satz 2, 66 Abs. 1, 3 InsO definiert.[773]

2. Die Person des Insolvenzverwalters

Die Auskunftsrechte des Insolvenzgerichts sind nach dem Wortlaut der §§ 5 Abs. 1, 58 Abs. 1 Satz 2 InsO auf das Insolvenzverfahren und die Geschäftstätigkeit des Insolvenzverwalters gerichtet. Von dieser verfahrensbezogenen Aufsicht ist die auf die Person des Insolvenzverwalters gerichtete Aufsicht zu unterscheiden. Die Frage nach der fachlichen Expertise, dem Leumund und der Bonität des Insolvenzverwalters gewinnt erstmals im Rahmen der Auswahl und Bestellung des Insolvenzverwalters nach §§ 56, 57 InsO[774] und später für die Abberufung aus wichtigem Grund nach § 59 InsO[775] an Bedeutung. Wird ersteres angesichts des unmittelbaren sachlichen Zusammenhangs zur Insolvenzverwaltertätigkeit als zulässiger Gegenstand der insolvenzgerichtlichen Aufsicht vernünftigen Bedenken nicht begegnen, so kann bei Fragen nach Leumund und Bonität des Insolvenzverwalters der Aufschrei inquisitorischer Ausforschung erwartet werden.[776] Ob zu Recht, soll im Folgenden untersucht werden.

---

770 Smid-*Smid*, § 58 InsO, Rdnr. 6.
771 Smid-*Smid*, § 58 InsO, Rdnr. 1.
772 Siehe Kap. C.I.4.
773 Ausführlich zu den Erkenntnisquellen des Insolvenzgerichts: Kap. E.II.
774 Siehe Kap. F.I.2.2.3.3.
775 Siehe Kap. F.XI.2.1.3.
776 Ein Vergleich mit der *inquisitio* des mittelalterlichen Gerichtsverfahrens ist jedoch fernliegend, da die Insolvenzgerichte nicht auf die damaligen Befragungsmethoden, insbesondere die peinliche Befragung durch Folter, zurückgreifen.

2.1. Persönliche Verhältnisse des Insolvenzverwalters

In der Person des Insolvenzverwalters ist in Bezug auf die Eignung i. S. d. §§ 56, 57, 59 InsO zwischen der fachlichen Qualifikation und den persönlichen und wirtschaftlichen Verhältnissen zu unterscheiden.

2.1.1. Die fachliche Qualifikation des Insolvenzverwalters

Die beruflichen Verhältnisse des Insolvenzverwalters beschreiben die Umstände, die einen sachlichen Bezug zu der Insolvenzverwaltertätigkeit haben, wie z. B. die fachliche Qualifikation (Ausbildung, Beruf, Fachanwaltschaft, Lehr- und Prüfungstätigkeit) und die Berufserfahrung, insbesondere die Art und Qualität der bisherigen Insolvenzverwaltertätigkeit, die aktuelle Arbeitsbelastung, Interessenschwerpunkte und besondere Erfahrungen.[777] Das Insolvenzgericht hat nach § 56 Abs. 1 Satz 1 InsO eine *geschäftskundige* Person zum Insolvenzverwalter zu bestellen, die aus dem Kreis aller zur Übernahme von Insolvenzverwaltungen bereiten Personen auszuwählen ist, und dem in der Gläubigerversammlung gewählten Insolvenzverwalter die Bestellung zu versagen, wenn *dieser für die Übernahme des Amtes nicht geeignet ist* (§ 57 Satz 3 InsO). Die Abwicklung von Insolvenzverfahren erfordert vom Insolvenzverwalter überdurchschnittliche rechtliche Kenntnisse, Verständnis für betriebswirtschaftliche Abläufe und Zusammenhänge sowie Verhandlungsgeschick und Standvermögen, wobei sich der Schwerpunkt der erforderlichen Fähigkeiten aus den Anforderungen des jeweiligen[778] Insolvenzverfahrens ergibt.[779]

Darüber hinaus zählen zu den beruflichen Verhältnissen die personelle und technische Ausstattung des Insolvenzverwalterbüros, insbesondere Zahl und fachliche Qualifikation der Mitarbeiter sowie die zur Verfahrensabwicklung verwandte Software, aber auch die Bürostruktur, wie Niederlassungen und Kooperationen, z. B. mit Steuerberatern und Unternehmensberatern. So lassen sich heute Insolvenzverfahren angesichts der Komplexität der Tabellenführung durch den Insolvenzverwalter und dessen umfassenden Rechnungslegungspflichten sachgerecht nur noch mit Hilfe spezieller EDV-Programme abwickeln.[780]

Zur fachlichen Qualifikation des Insolvenzverwalters gehört aber auch, ob und in welchem Umfang Maßnahmen zur Qualitätssicherung, wie bspw. die Fortbildung des Insolvenzverwalters und seiner Mitarbeiter, ergriffen werden.[781]

---

777 Siehe Kap. F.I.2.2.1.
778 Nach § 56 Abs. 1 InsO ist eine für den *jeweiligen Einzelfall* geeignete Person zu bestellen.
779 Vgl. HK-*Eickmann*, § 56 InsO, Rdnr. 11; *Mönning*, Die Auswahl des Insolvenzverwalters als Problem der Qualitätssicherung, KS-InsO, 2. A., S. 375, 387; *Stapper*, Neue Anforderungen an den Insolvenzverwalter, NJW 1999, 3441 ff.
780 Vgl. HK-*Eickmann*, § 56 InsO, Rdnr. 11; *Mönning*, Die Auswahl des Insolvenzverwalters als Problem der Qualitätssicherung, KS-InsO, 2. A., S. 375, 399.
781 Allgemeingültige Anforderungen an das Qualitätsmanagement gibt es bislang nicht, jedoch wird dieses im Schrifttum diskutiert und verschiedene Vorschläge gemacht. Vgl. Graf-Schlicker-

Folglich ist Gegenstand der insolvenzgerichtlichen Aufsicht nicht nur das Vorliegen der für die Insolvenzverwaltertätigkeit erforderlichen beruflichen Qualifikation, sondern auch die ausreichende personelle und organisatorische Ausstattung des Insolvenzverwalterbüros sowie die Maßnahmen der beruflichen Fortbildung aller in der Insolvenzverwaltung tätigen Mitarbeiter.

2.1.2. Persönliche und wirtschaftliche Verhältnisse

Neben der fachlichen Qualifikation und der beruflichen Ausstattung können auch der Leumund, die strafrechtliche Unbescholtenheit und die Bonität des Insolvenzverwalters als bedeutsam für die Eignung zur Ausübung der Insolvenzverwaltertätigkeit angesehen werden. So sah bereits Art. 8 der Hamburger Falliten-Ordnung von 1753 vor, dass die Auswahl des *„Curatorum bonorum"* auf *„geschickte, in gutem Gerüchte stehende, und, so viel möglich, wohlhabende Personen"* fallen soll.[782] Ein historischer Rückblick in die 20-iger Jahre des letzten Jahrhunderts zeigt einen Zusammenhang zwischen der Weltwirtschaftskrise und Veruntreuungen bei Konkursverwaltern auf. So hatte sich auch das Reichsgericht im Jahre 1934 mit dem Fall eines die liquiden Massebestände veruntreuenden und deswegen rechtskräftig verurteilten Konkursverwalters zu befassen.[783] Die mit der Dauer der Weltwirtschaftskrise zunehmenden Fälle ungetreuer Konkursverwalter führten zu einer gewissen Beunruhigung der interessierten Kreise, die in einer Entschließung des preußischen Landtages mündeten, mit der die Regierung veranlasst werden sollte, Maßnahmen gegen Missstände im Konkurswesen zu treffen.[784] In einer Mitteilung des Justizministeriums aus dem Jahre 1931 wird ausdrücklich die Ermittlung der persönlichen Zuverlässigkeit des Verwalters für erforderlich gehalten und empfohlen, hierzu Auskunft *„bei der Polizei, dem Strafregister oder früheren Dienststellen"* einzuholen.[785]

2.1.2.1. Stand der Diskussion

Seriosität und Bonität des Bewerbers um das Insolvenzverwalteramt wird generell von *Andres* verlangt.[786] Nach Auffassung von *Smid* und *Graeber* muss der Insolvenzverwalter, über die in § 56 Abs. 1 InsO normierten Eignungskriterien hinaus, auch in wirtschaftlich geordneten Verhältnissen leben, darf nicht nach § 6 GmbHG von der Ausübung eines Geschäftsführeramtes ausgeschlossen sein und muss die bürgerlichen Ehrenrechte und die Eignung, Vormund oder Pfleger zu sein, haben.[787] Der (potentielle) Insolvenzverwalter darf sich nicht in Vermögensverfall oder in

---

Graf-Schlicker, § 56 InsO, Rdnr. 23 ff.; *Mönning*, Die Auswahl des Insolvenzverwalters als Problem der Qualitätssicherung, KS-InsO, 2. A., S. 375, 399 ff.

782 Zit. nach: *Uhlenbruck*, Aus- und Abwahl des Insolvenzverwalters, KTS 1989, 229, 241 (Fn. 40).

783 *RG*, Urt. v. 30. 1. 1934 – VII 294/33 – RGZ 143, 263 ff.

784 *Levy*, Mehr Aufsicht, KuT 1928, 74.

785 Mitteilung des Justizministeriums vom 25. 6. 1931, Pr. JMBl., S. 223.

786 Andres/Leithaus-*Andres*, § 56 InsO, Rdnr. 5.

787 *Graeber*, Die Wahl des Insolvenzverwalters durch die Gläubigerversammlung nach § 57 InsO, ZIP 2000, 1465, 1471 f.; MK-*Graeber*, § 56 InsO, Rdnr. 46 sowie § 57 InsO, Rdnr. 35; *ders.*, Wie viele Insolvenzverwalter verträgt das Insolvenzverfahren, ZInsO 2006, 851, 854; Smid-*Smid*, § 56 InsO, Rdnr. 7.

ungeordneten wirtschaftlichen Verhältnissen befinden.[788] Dabei soll die Anhängigkeit eines Verfahrens zur Abgabe der eidesstattlichen Versicherung ausreichen, um den (potentiellen) Verwalter zu disqualifizieren.[789]

Die Veruntreuungsfälle unter Insolvenzverwaltern der jüngsten Zeit einerseits und die rechtliche Auseinandersetzung um die (Vor-)Auswahl des Insolvenzverwalters andererseits hatten zur Folge, dass die Insolvenzgerichte begannen, Auskünfte über die außerhalb der eigentlichen Verfahrensabwicklung und der persönlichen Befähigung liegenden Verhältnisse des Insolvenzverwalters bzw. des Bewerbers einzuholen.[790] So fragt das *AG Hannover* den Prätendenten vor einer Aufnahme in die Vorauswahlliste in einem Fragebogen nicht nur nach der fachlichen Qualifikation und Berufserfahrung, nach einer ausreichenden Vermögensschadenshaftpflichtversicherung sowie nach der personellen und technischen Ausstattung des Verwalterbüros, sondern verlangt auch eine Versicherung, dass – abgesehen von zu benennenden – keine staatsanwaltlichen und steuerbehördlichen Ermittlungsverfahren geführt werden und keine Zwangsvollstreckungen gegen den Bewerber betrieben werden.[791] Das *AG Dresden* fordert weitergehend in einem Formular für die Bewerbung zur Vorauswahlliste die Vorlage eines polizeilichen Führungszeugnisses gem. § 42 BZRG, eine Versicherung geordneter Vermögens- und Einkommensverhältnisse, die Vorlage einer Negativerklärung des für den Bewerber zuständigen Vollstreckungs- und Insolvenzgerichts sowie eine Negativerklärung des Bewerbers hinsichtlich einer früheren Stasi-Mitarbeit. Teilweise wird gefordert, dass keine Eintragungen im BZRG vorhanden sein dürfen.[792] Nach Ansicht von *Frind* haben sich die Insolvenzgerichte über etwaige Vorstrafen der Bewerber um das Insolvenzverwalteramt zu informieren.[793] Das *LG Flensburg* hat eine Verpflichtung des Konkursverwalters zur Offenbarung von strafbaren Handlungen abgelehnt, weil diese Auskunft nicht der Erreichung des Verfahrenszieles dient.[794] Das *OLG Stuttgart* hat in dem Fall eines wegen eines Bankrottdelikts vorbestraften Insolvenzverwalters entschieden, dass aus Vorstrafen kein absoluter Ausschließungsgrund hergeleitet werden kann, sondern in jedem Einzelfall zu prüfen ist, ob aus der Vorstrafe auf die Ungeeignetheit oder Unzuverlässigkeit geschlossen werden kann.[795] Auf die Nichtzulassungsbeschwerde des Amtshaftungsklägers hat der *BGH* mit Beschluss vom 31. 1. 2008 festgestellt, dass eine Vorstrafe wegen Insolvenzvergehen auch bei fehlendem Zusammenhang mit einer beruflichen Tätigkeit als Rechtsanwalt oder Insolvenzverwalter im Allgemeinen Zweifel an der Zu-

788 Graf-Schlicker-*Graf-Schlicker,* § 56 InsO, Rdnr. 13; *Hess,* § 56 InsO, Rdnr. 38.
789 *Hess,* § 56 InsO, Rdnr. 38.
790 Die Frage nach etwaigen Vorstrafen gehört mittlerweile zu den Standardfragen der Insolvenzgerichte an die Bewerber für das Insolvenzverwalteramt, vgl. *Frind,* Vorbestrafte als Insolvenzverwalter?, ZInsO 2008, 18, 19.
791 Fragebogen des AG Hannover, „*AG Hannover-Fragebogen Verwalter-EDV Fassung – 20050727.doc-27. 7. 2005*“; vergleichbare Fragenkataloge sind dem Verfasser vom AG Hildesheim bekannt.
792 Vgl. Graf-Schlicker-*Graf-Schlicker,* § 56 InsO, Rdnr. 13.
793 *Frind,* Vorbestrafte als Insolvenzverwalter?, ZInsO 2008, 18, 20.
794 *LG Flensburg,* Beschl. v. 28. 10. 1971 – 5 T 189/71 – KTS 1972, 200, 201.
795 *OLG Stuttgart,* Urt. v. 9. 5. 2007 – 4 U 204/06 – ZIP 2007, 1822, 1823.

verlässigkeit des potentiellen Verwalters begründen und daher Anlass sein kann, von dessen Ernennung abzusehen, mindestens aber nachträglich eine erheblich gesteigerte Überwachung erfordern.[796]

2.1.2.2. Persönliche und wirtschaftlichen Verhältnisse als Zulassungskriterien für die Kammerberufe

Die Bonität und die strafrechtliche Unbescholtenheit als Voraussetzungen für die Berufszugehörigkeit sind unserer Rechtsordnung nicht unbekannt. So normieren die Berufsordnungen der Kammerberufe die strafgerichtliche Verurteilung und die ungeordneten wirtschaftlichen Verhältnisse als einen die Zulassung versagenden oder deren Widerruf rechtfertigenden Grund.

2.1.2.2.1. Wirtschaftliche Verhältnisse als Zulassungskriterium

Der Gesetzgeber geht davon aus, dass die Interessen der Mandanten gefährdet sind, wenn sich der Berufsträger in Vermögensverfall befindet.[797] Der Widerruf der Zulassung bzw. Bestellung kann nur unterbleiben, wenn der Berufsträger darlegt und beweist, dass ausnahmsweise eine Gefährdung der Interessen der Mandanten ausgeschlossen ist.[798]

Nach § 46 Abs. 2 Nr. 4 StBerG ist die Bestellung eines Steuerberaters zu widerrufen[799], wenn dieser in Vermögensverfall geraten ist, es sei denn, dass die Interessen der Auftraggeber nicht gefährdet sind.[800] Ein Vermögensverfall wird – widerlegbar[801] – vermutet, wenn ein Insolvenzverfahren über das Vermögen des Steuerberaters eröffnet oder dieser nach Abweisung eines Insolvenzantrages mangels Masse (§ 26 Abs. 1 InsO) in die Verzeichnisse gem. § 26 Abs. 2 InsO, § 915 ZPO eingetragen worden ist.[802] Ein Vermögensverfall liegt vor, wenn sich der Steuerberater in

796 *BGH*, Beschl. v. 31. 1. 2007 – III ZR 161/07 – BeckRS 2008 02875. Die Abweisung der Nichtzulassungsbeschwerde ist damit begründet worden, dass im Streitfall die Vorinstanzen auf der Grundlage der vom Landgericht durchgeführten Beweisaufnahme unangegriffen festgestellt haben, dass weder der Insolvenzrichter noch der zuständige Rechtspfleger von den Vorstrafen des zum Insolvenzverwalter bestellten Rechtsanwalts Kenntnis hatten, und der BGH an diese tatsächlichen Feststellungen gebunden ist.

797 § 50 Abs. 1 Nr. 6 BNotO; § 21 Abs. 2 Nr. 8 PatAnwO; § 14 Abs. 2 Nr. 7 BRAO; § 46 Abs. 2 Nr. 4 StBerG; §§ 16 Abs. 1, 10 Abs. 1 Nr. 4, 20 Abs. 2 Nr. 5 WPO.

798 *Schmittmann*, Vermögensverfall, Insolvenzplan und Notaramt, ZinsO 2006, 419 f.

799 Für ein Rechtsmittel ist nicht das Einspruchsverfahren (§ 348 Nr. 5 AO) sondern nur das Klageverfahren vor dem Finanzgericht (§ 33 Abs. 1 Nr. 3 FGO) eröffnet.

800 Nach *BFH*, Beschl. v. 24. 1. 2006 – VII B 141/05 – BeckRS 2006 25009565, liegt der Widerruf der Bestellung nicht im Ermessen der Steuerberaterkammer.

801 *BFH*, Beschl. v. 11. 6. 2004 – VII B 272/03 – BeckRS 2004 25006849 (st. Rspr.). Nach *BVerfG*, Beschl. v. 31. 8. 2005 – 1 BvR 912/04 – NJW 2005, 3057, 3058 (im Fall der Amtsentlassung eines Notars), gebietet das Grundrecht der Berufswahlfreiheit aus Art. 12 Abs. 1 GG eine sorgfältige Prüfung, ob auf Grund der Umstände des Einzelfalls die Vermutung des Vermögensverfalls als widerlegt angesehen werden kann.

802 Nach *BGH*, Beschl. v. 27. 3. 2003 – IX ZB 366/02 – ZVI 2003, 289, ist das Insolvenzgericht in einem Eröffnungsverfahren über das Vermögen eines Steuerberaters/Wirtschaftsprüfers wegen möglicher berufsrechtlicher Konsequenzen nicht an der Bestellung eines vorläufigen Insolvenzungeordneten, schlechten finanziellen Verhältnissen befindet, die er in absehbarer Zeit nicht ordnen kann, und er außerstande ist, seinen Verpflichtungen nachzukommen.[803] Der Vermögensverfall ist beseitigt, wenn der Steuerberater mit seinen Gläubigern eine Vereinbarung getroffen hat, die Vollstreckungsmaßnahmen nicht erwarten lässt. Hierzu zählt auch ein von der Gläubigerversammlung angenommener und vom Insolvenzgericht gem. § 235 InsO bestätigter Insolvenzplan.[804]

Unter den gleichen Voraussetzungen ist gem. § 14 Abs. 2 Nr. 7 BRAO einem Rechtsanwalt und gem. § 21 Abs. 2 Nr. 8 PatAnwO einem Patentanwalt die Zulassung zu widerrufen. Nach dieser Vorschrift geht der Gesetzgeber grundsätzlich von einer Gefährdung der Rechtssuchenden bei einem Vermögensverfall des Rechtsanwalts aus, die auch nach Eröffnung des Insolvenzverfahrens fortbesteht.[805] Anders als beim Steuerberater können nach der Rechtsprechung des *BGH* die Vermögensverhältnisse eines Rechtsanwalts mit der Aufhebung des Insolvenzverfahrens und mit der Ankündigung der Restschuldbefreiung (§ 291 Abs. 1 InsO) wieder als geordnet angesehen werden.[806]

Die Bestellung eines Wirtschaftsprüfers ist nicht erst bei einem Vermögensverfall, sondern gem. § 20 Abs. 2 Nr. 5 WPO bereits dann zu widerrufen, wenn sich jener nicht in geordneten wirtschaftlichen Verhältnissen befindet, es sei denn, dass dadurch die Interessen der Auftraggeber oder anderer Personen nicht gefährdet sind.[807] Nach der Rechtsprechung des *BGH* kommt es für dieses Tatbestandsmerkmal nicht darauf an, dass die wirtschaftlichen Verhältnisse ungeordnet sind, sondern dass sich der Wirtschaftsprüfer nicht in geordneten wirtschaftlichen Verhältnissen befindet. Geordnete wirtschaftliche Verhältnisse liegen vor, wenn die regelmäßigen Ausgaben die regelmäßigen Einnahmen jedenfalls nicht auf Dauer übersteigen. Soweit Schulden vorhanden sind, denen keine realisierbaren Vermö-

---

verwalters gehindert; ebenso bei Rechtsanwälten: *BGH*, Beschl. v. 16. 10. 2003 – IX ZB 133/03 – ZVI 2003, 590 f.

803 *BFH*, Beschl. v. 23. 1. 2004 – VII B 126/03 – BeckRS 2004 25003364; die Vermutungswirkung des § 46 Abs. 2 Nr. 4 StBerG besteht fort, wenn sich der Steuerberater nach Aufhebung des Insolvenzverfahrens bereits in der Wohlverhaltensperiode befindet; a. A. *Mutschler*, Steuerberater in der Insolvenz, KSI 2996, 177, 180.

804 *BFH*, Beschl. v. 24. 1. 2006 – VII B 141/05 – BeckRS 2006 25009565.

805 *BGH*, Beschl. v. 25. 6. 2007 – AnwZ (B) 101/05 – NZI 2007, 678, 679 (Tz. 8, 12); Beschl. v. 16. 4. 2007 – AnwZ(B) 6/06 NZI 2007, 678, 679; Beschl. v. 18. 10. 2004 – AnwZ (B) 43/03 – NJW 2005, 511; der bei einem in ein Anstellungsverhältnis in einer Sozietät „geflüchteten" Rechtsanwalt durch die besonderen arbeitsvertraglichen Beschränkungen und aufgrund einer Gesamtwürdigung des Falles die Vermutungswirkung des § 14 Abs. 2 Nr. 7 BRAO ausnahmsweise als widerlegt ansah; anders dagegen für die Anstellung in einer Einzelsozietät: *BGH*, Beschl. v. 5. 12. 2005 – AnwZ (B) 13/05 – NJW-RR 2005, 559, 560.

806 *BGH*, Beschl. v. 25. 6. 2007 – AnwZ (B) 101/05 – NZI 2007, 678, 679 (Tz. 12); Beschl. v. 16. 4. 2007 – AnwZ(B) 6/06 NZI 2007, 678, 679, wenn nicht bereits vorher aufgrund geeigneter arbeitsvertraglicher Regelungen mit einem angestellten Rechtsanwalt eine Gefährdung der Interessen der Rechtsuchenden durch den Vermögensverfall nicht mehr zu befürchten ist; Beschl. v. 5. 12. 2005 – AnwZ (B) 13/05 – NJW-RR 2005, 559.

807 *Fölsing*, Der Widerruf der Bestellung des Wirtschaftsprüfers wegen nicht geordneter wirtschaftlicher Verhältnisse, DStR 2006, 1427. § 20 Abs. 2 Nr. 5 WPO normiert eine Umkehr der Darlegungs- und Beweislast zu Lasten des Wirtschaftsprüfers.

genswerte gegenüberstehen, ist von geordneten finanziellen Verhältnissen nur dann auszugehen, wenn der Schuldendienst nach Maßgabe mit den Gläubigern getroffener Vereinbarungen bedient wird und die Verbindlichkeiten zudem nach Art und Höhe in Ansehung der gesamten wirtschaftlichen Verhältnisse in einem überschaubaren Zeitraum getilgt werden können. Genügen die wirtschaftlichen Verhältnisse diesen Anforderungen nicht, so befindet sich der Wirtschaftsprüfer in der Regel in nicht geordneten wirtschaftlichen Verhältnissen, und zwar auch dann, wenn der Grad des Vermögensverfalles noch nicht erreicht ist.[808] Die Durchführung eines Insolvenzverfahrens mit der späteren Möglichkeit der Restschuldbefreiung führt noch nicht zu geordneten Verhältnissen, diese treten erst mit der Bewilligung der Restschuldbefreiung wieder ein.[809]

Der Notar ist nicht nur bei einem Vermögensverfall (§ 50 Abs. 1 Nr. 6 BNotO) sondern bereits dann seines Amtes zu entheben, wenn seine wirtschaftlichen Verhältnisse, die Art seiner Wirtschaftsführung oder der Durchführung von Verwahrungsgeschäften die Interessen der Rechtssuchenden gefährden (§ 50 Abs. 1 Nr. 8 BNotO). Der Vermögensverfall i.S.d. § 50 Abs. 1 Nr. 6 BNotO setzt über den Eintritt ungeordneter schlechter finanzieller Verhältnisse, die sich in absehbarer Zeit nicht beheben lassen (wirtschaftliche Verhältnisse i.S.d. § 50 Abs. 1 Nr. 8 BNotO), voraus, dass der Notar nicht in der Lage ist, seinen laufenden Verpflichtungen nachzukommen.[810] Nach der Rechtsprechung des *BGH* ist eine Wirtschaftsführung des Notars, die Gläubiger dazu zwingt, wegen berechtigter Forderungen Zwangsmaßnahmen zu ergreifen, schon als solche nicht hinnehmbar, so dass es nicht darauf ankommt, dass die Zwangsmaßnahmen nicht auf schlechte wirtschaftliche Verhältnisse zurückzuführen sind.[811] Das *BVerfG* hat im Fall der Amtsentlassung eines im Insolvenzverfahren befindlichen Notars entschieden, dass im Lichte des Grundrechts aus Art. 12 Abs. 1 GG die Beauftragung des Insolvenzverwalters mit der Erstellung eines Insolvenzplanes (§ 218 Abs. 2 InsO) neben den sonstigen Umständen des Einzelfalls geeignet ist, die Vermutung des Vermögensfalls zu widerlegen.[812] Damit dürfte auch für die anderen kammergebundenen freien Berufe ein Weg zur Wiederherstellung geordneter wirtschaftlicher Verhältnisse vorgezeigt sein.[813]

Mit dem Grundrecht der Berufsfreiheit (Art. 12 Abs. 1 GG) könnten verfassungsrechtliche Bedenken gegen den Widerruf der Berufszulassung oder die Amtsentlassung bei wirtschaftlich ungeordneten Verhältnissen oder Vermögensverfall des Berufsträgers begründet werden. Jedoch hat das *BVerfG* diese in einer Entscheidung über die Amtsentlassung eines Notars als nicht durchgreifend angesehen, weil durch § 50 Abs. 1 Nr. 6 BNotO wichtige Gemeinwohlbelange geschützt wer-

---

808 *BVerwG*, Urt. v. 17. 8. 2005 – 6 C 15/04 – NJW 2005, 3795, 3796.
809 *BVerwG*, Urt. v. 17. 8. 2005 – 6 C 15/04 – NJW 2005, 3795, 3797.
810 *BGH*, Beschl. v. 20. 11. 2006 – NotZ 26/06 – BeckRS 2006 15327 (Tz. 4).
811 *BGH*, Beschl. v. 20. 11. 2000 – NotZ 17/00 – NJW-RR, 2001, 1212.
812 *BVerfG*, Beschl. v. 31. 8. 2005 – 1 BvR 912/04 – NJW 2005, 3057, 3058; ebenso: *BGH*, Beschl. v. 20. 11. 2006 – NotZ 26/06 – BeckRS 2006 15327 (Tz. 5).
813 *Schmittmann*, Vermögensverfall, Insolvenzplan und Notaramt, ZInsO 2006, 419, 423.

den und der Vermögensverfall eines Notars geeignet ist, das besondere Vertrauen, das in seine Person gesetzt wird, zu erschüttern. Außerdem dient die Vorschrift dem Schutz der Rechtsuchenden vor Gefahren, die in der wirtschaftlichen Lage eines Notars begründet sind.[814]

2.1.2.2.2. Vorstrafe als negatives Zulassungskriterium

Die Berufszulassung eines Rechtsanwalts, Steuerberaters oder Wirtschaftsprüfers ist nach den gleichlautenden Vorschriften der § 14 Abs. 2 Nr. 2 BRAO, § 46 Abs. 2 Nr. 2 StBerG; § 20 Abs. 2 Nr. 2 WPO zu widerrufen, wenn der Berufsträger infolge strafgerichtlicher Verurteilung die Fähigkeit zur Bekleidung öffentlicher Ämter verloren hat. Voraussetzung hierfür ist gem. § 45 Abs. 1 StGB die Verurteilung wegen eines Verbrechens zu einer Freiheitsstrafe von mindestens einem Jahr. Beim Notar führt gem. § 49 BNotO i. V. m. § 24 Abs. 1 BRRG eine solche strafrechtliche Verurteilung zum Verlust der Amtsstellung. Mit dieser Rechtsfolge wird der Stellung des Notars als eines Trägers eines vom Staat verliehenen öffentlichen Amtes (§ 1 BNotO) entsprochen.[815]

2.1.2.2.3. Zwischenergebnis

Die Berufsordnungen der Kammerberufe enthalten gesetzliche Regelungen, die ausdrücklich die strafrechtliche Verurteilung oder die fehlende Bonität als Grund für die Versagung der Zulassung oder deren Entzug regeln. Vergleichbare Zulassungskriterien hat der Gesetzgeber der InsO in den Vorschriften der §§ 56 Abs. 1, 57 Satz 3, 59 Abs. 1 InsO, die sich mit der Eignung des Insolvenzverwalters befassen, nicht vorgesehen.

2.2. Vereinbarkeit mit den Grundrechten?

Hier gewinnt die Frage an Bedeutung, wie weit sich die insolvenzgerichtliche Aufsicht aus verfassungsrechtlicher Sicht auf die Ermittlung der fachlichen Qualifikation, einschließlich der personellen und sachlichen Büroausstattung, und die persönlichen Verhältnisse des Insolvenzverwalters, wie dessen strafrechtliche Unbescholtenheit und Bonität, erstrecken darf. Bedenken gegen eine weitgehende Ausforschung der Insolvenzverwalter durch die Insolvenzgerichte könnten auf das aus Art. 2 Abs. 1 GG abgeleitete Recht der informationellen Selbstbestimmung und auf den Grundrechtschutz des Art. 12 Abs. 1 GG gestützt werden. Zwar kann ein Bewerber um das Insolvenzverwalteramt Fragen nach seinen Vermögensverhältnissen und seiner Unbescholtenheit unbeantwortet lassen, jedoch um den Preis, nicht in die Vorauswahlliste aufgenommen oder bei der Auswahl eines Insolvenzverwalters gem. § 56 Abs. 1 InsO nicht berücksichtigt zu werden. Es stellt sich daher die Frage, ob dem auf die persönlichen Verhältnisse des Insolvenzver-

---

814 *BVerfG*, Beschl. v. 31. 8. 2005 – 1 BvR 912/04 – NJW 2005, 3057.
815 *Schippel/Bracker-Püls*, § 49 BnotO, Rdnr. 1.

walters gerichteten Auskunftsbedürfnis auf Seiten des Insolvenzgerichts verfassungsrechtliche Grenzen gezogen sind.

2.2.1. Verletzung des Grundrechts der Berufsfreiheit?

Eingriffe in das Grundrecht der Berufsfreiheit können sowohl durch Regelungen mit Berufsbezug, d.h. durch Regelungen, die sich unmittelbar auf einen oder mehrere Berufe beziehen, sowie durch sonstige Regelungen mit objektiv berufsregelnder Tendenz und Realakte erfolgen.[816] Eine sonstige Regelung mit objektiv berufsregelnder Tendenz liegt vor, wenn die Regelung nach Entstehungsgeschichte und Inhalt im Schwerpunkt Tätigkeiten betrifft, die typischerweise beruflich ausgeübt werden.[817] Ein Eingriff in die Berufsfreiheit des Art. 12 GG kann verschiedene Qualitäten haben und die Berufsfreiheit auf unterschiedlichen Ebenen treffen. Für die Rechtfertigung eines Eingriffes muss unterschieden werden, ob der Eingriff die Berufsausübungsfreiheit oder die Berufswahlfreiheit betrifft.[818] Im letzteren Fall muss ferner unterschieden werden zwischen subjektiven und objektiven Zulassungsvoraussetzungen.[819]

2.2.1.1. Eingriff durch das Erfordernis insolvenzgerichtlicher Bestellung?

Der Zugang zum Amt des Insolvenzverwalters wird durch einen hoheitlichen Bestellungsakt aufgrund der §§ 56, 57 InsO eröffnet. Damit liegt wenigstens auf den ersten Blick eine (zumindest faktische) Zugangsbeschränkung vor, bei der es sich um einen Eingriff in die Berufsfreiheit handeln könnte.[820] Dies wäre insbesondere der Fall, wenn das Erfordernis der staatlichen Bestellung einem Genehmigungsvorbehalt entspräche.[821] Der Gesetzgeber hat mit seiner Entscheidung für eine Verfahrensabwicklung nicht durch staatliche Behörden, sondern durch einen unter gerichtlicher Aufsicht stehenden Insolvenzverwalter mit weitgehenden Beteiligungsrechten der Gläubiger von seiner gesetzgeberischen Gestaltungsfreiheit Gebrauch gemacht.[822] Erst dadurch hat er die Möglichkeit zur Betätigung als Insolvenzverwalter eröffnet. Mit der Bestellung zum Insolvenzverwalter gehen die Verwaltungs- und Verfügungsrechte über das Vermögen des Insolvenzschuldners auf den Insolvenzverwalter über (§§ 80 Abs. 1, 148 InsO). Darüber hinaus erhält der Verwalter diverse Befugnisse, Rechte gegen aber auch für die Gläubiger bzw.

816 Jarass/Pieroth-*Jarass*, Art. 12 GG, Rdnr. 11 f.
817 Jarass/Pieroth-*Jarass*, Art. 12 GG, Rdnr. 12.
818 *Pieroth/Schlink*, Rdnr. 825.
819 *Pieroth/Schlink*, Rdnr. 825.
820 Ob man diesen als Eingriff in die Berufsausübungs- oder Berufswahlfreiheit verstünde, hängt davon ab, ob darauf abgestellt wird, dass die Bestellung bzw. vielmehr die Nichtbestellung immer nur für ein Verfahren erfolgt, so dass in diesem Fall nur die Berufsausübungsfreiheit betroffen wäre, oder man umfassend auf die generelle Erforderlichkeit einer Bestellung durch Hoheitsakt abstellt und in den einzelnen Entscheidungen nur eine Konkretisierung sieht.
821 Jarass/Pieroth-*Jarass*, Art. 2 GG, Rdnr. 11.
822 Anders bspw. die Regelung in der Schweiz und in England, in der das Verfahren zunächst in die Hände eines Konkursamtes gelegt ist, anschließend entweder als amtliches Verfahren oder durch eine außeramtliche Konkursverwaltung durchgeführt zu werden, vgl. dazu *Henssler*, Das Berufsbild des Insolvenzverwalters im Wandel der Zeit, ZIP 2002, 1053, 1058 f.

die Insolvenzmasse geltend machen zu können.[823] Es ist aus der Rechtsordnung heraus nicht möglich, dass eine Person solche einschneidenden Rechte über das Vermögen anderer ohne staatliche Verleihung wahrnimmt, so dass diese Rechte dem Verwalter nur auf Grund hoheitlicher Bestellung übertragen werden können. Diese Rechte und Möglichkeiten, die dem Insolvenzverwalter eingeräumt werden, um eine bestmögliche Verwertung der Masse zu erreichen, prägen das Bild des Insolvenzverwalters. Nur der mit diesen Befugnissen ausgestattete Verwalter ist Verwalter im Sinne des oben definierten Berufsbildes. Daraus ergibt sich aber, dass das Erfordernis der staatlichen Bestellung gerade erst die Betätigung als Insolvenzverwalter in der gegenwärtigen Form ermöglicht. Es wäre deshalb ein Zirkelschluss anzunehmen, dass das generelle Erfordernis einer staatlichen Bestellung, einen Eingriff in die Rechte des (potentiellen) Insolvenzverwalters aus Art. 12 GG darstellen könnte. Damit stellt das generelle Erfordernis der Bestellung durch Hoheitsakt keinen Eingriff in den Schutzbereich des Art. 12 GG dar, sondern prägt diesen nur.

2.2.1.2. Eingriff durch die Eignungsprüfung gem. §§ 56, 57, 59 InsO?

Ein Eingriff in den Grundrechtsbereich des Art. 12 GG könnte allerdings in den durch §§ 56, 57, 59 InsO normierten Kriterien für die Bestellung bzw. die Amtsentlassung liegen. Mit der Frage der Vereinbarkeit der Eignungskriterien des § 56 InsO mit Art. 12 GG hat sich das *BVerfG* in jüngerer Zeit in zwei Entscheidungen auseinandergesetzt.[824]

Nach § 56 Abs. 1 InsO hat das Insolvenzgericht eine für den jeweiligen Einzelfall geeignete, insbesondere geschäftskundige und von den Gläubigern und Schuldnern unabhängige natürliche Person zu bestellen. Mit dem Gesetz zur Vereinfachung des Insolvenzverfahrens vom 13.4. 2007[825] ist die Vorschrift des § 56 Abs. 1 Satz 1 InsO dahingehend ergänzt worden, dass die zum Insolvenzverwalter zu bestellende Person aus dem Kreis aller zur Übernahme von Insolvenzverwaltungen bereiten Personen auszuwählen ist. Diese Gesetzesergänzung darf als Reaktion auf die Rechtsprechung des *BVerfG* zum (Vor-)Auswahlverfahren[826] angesehen werden. Das *BVerfG* hat ein subjektives Recht auf Bestellung zum Insolvenzverwalter abgelehnt, da § 56 Abs. 1 InsO allein der sachgerechten Durchführung des Insolvenzverfahrens und damit der Wahrung der Gläubiger- und Schuldnerrechte diene, und nicht dafür geschaffen sei, Insolvenzverwaltern die berufliche Betätigung zu ermöglichen.[827] Das

823 Vgl. bspw. §§ 85, 93, 103ff. InsO.
824 *BVerfG*, Beschl. v. 23.5.2006 – 1 BvR 2530/04 – ZInsO 2006, 765; Beschl. v. 3.8.2004 – 1 BvR 135/00, 1 BvR 1086/01 – ZInsO 2004, 913.
825 Gesetz zur Vereinfachung des Insolvenzverfahrens vom 13.4. 2007, BGBl. I 2007, Nr. 13, S. 509ff.
826 Siehe Kap. F.I.1.
827 *BVerfG*, Beschl. v. 23.5. 2006 – 1 BvR 2530/04 – NZI 2006, 453, 454 (Tz. 30); vgl. zu dieser Problematik auch bereits: *BVerfG*, Urt. v. 8.4. 1975 – 2 BvR 207/75 – NJW 1975, 1015, 1016: ein Pflichtverteidiger hat kein Recht darauf, als Pflichtverteidiger bestellt zu werden, da es nicht Sinn der Pflichtverteidigung sei, dem Anwalt zu seinem eigenen Nutzen und Vorteil eine zusätzliche berufliche Betätigung zu schaffen, sondern in schwierigen Verfahren einen ordnungsgemäßen Ver-

(Vor-)Auswahlverfahren berührt das Grundrecht der Berufsfreiheit (Art. 12 Abs. 1 GG) schon deshalb, weil der Beruf des Insolvenzverwalters nur aufgrund der Zuteilung durch einen Träger öffentlicher Gewalt wahrgenommen werden kann und sich die Insolvenzverwaltertätigkeit von der bloßen Nebentätigkeit von Rechtsanwälten oder Kaufleuten zu einem eigenständigen Beruf entwickelt hat.[828] Dieser Berufsbezug muss auch für die Vorschriften der §§ 59 Abs. 1, 57 Satz 3 InsO über die Amtsentlassung und die Bestellungsversagung gelten.

2.2.1.3. Verfassungsrechtliche Rechtfertigung dieses Eingriffs

Der soeben festgestellte Grundrechtseingriff durch die in §§ 56, 57, 59 InsO normierten Eignungskriterien könnte jedoch verfassungsrechtlich gerechtfertigt sein.

2.2.1.3.1. Formelle Verfassungsmäßigkeit

Art. 12 Abs. 1 Satz 2 GG erlaubt Eingriffe sowohl in die Berufswahlfreiheit als auch in die Berufsausübungsfreiheit nur durch Gesetz oder auf Grund eines Gesetzes. Das bedeutet, dass der Gesetzgeber die grundlegenden Eignungsanforderungen und Auswahlgesichtspunkte selbst regeln muss.[829] Es handelt sich entgegen dem Wortlaut um ein einheitliches Grundrecht, das insgesamt dem Gesetzesvorbehalt des Art. 12 Abs. 1 Satz 2 GG unterliegt.[830] Der Gesetzesvorbehalt gilt auch für staatlich gebundene Berufe.[831]

Fraglich ist, ob mit § 56 Abs. 1 InsO dem in Art. 20 Abs. 3 GG begründeten Prinzip vom Vorbehalt des Gesetzes hinreichend Rechnung getragen worden ist. Dieses verpflichtet den parlamentarischen Gesetzgeber in allen grundlegenden normativen Bereichen, die wesentlichen Entscheidungen selbst zu treffen (sog. Parlamentsvorbehalt).[832] Eine wesentliche Maßnahme liegt nach der Rechtsprechung des *BVerfG* insbesondere bei grundrechtsrelevanten Maßnahmen vor.[833] Ein Normgeber hat die Entscheidung über die wesentlichen Fragen aus der Hand gegeben, wenn er den Umfang künftiger Verweisungsnormen nicht mehr vorhersehen kann; wenn er nicht mehr beurteilen kann, ob die Regelungen des fremden Rechtsetzers eine sachgerechte Regelung enthalten werden.[834] Der Gesetzgeber muss

---

fahrensablauf zu garantieren. Vgl. *Beutler u.a.*, Gutachterliche Gegenstellungnahme von dreizehn Mitgliedern des Gravenbrucher Kreises zur Frage der Bestellung des Insolvenzverwalters, ZInsO 2001, 730, 731 f.; Graf-Schlicker-*Graf-Schlicker*, § 56 InsO, Rdnr. 1.

828 *BVerfG*, Beschl. v. 3. 8. 2004 – 1 BvR 135/00, 1 BvR 1086/01 – NJW 2004, 2725, 2727; ausführlich zur Rspr. des *BVerfG*: Kap. F.I.1.

829 *BVerfG*, Beschl. v. 18. 6. 1986 – 1 BvR 787/80 – NJW 1986, 887, 888.

830 *BVerfG*, Urt. v. 1. 7. 1980 – 1 BvR 247/75 – NJW 1980, 2123.

831 *BVerfG*, Beschl. v. 18. 6. 1986 – 1 BvR 787/80 – NJW 1986, 887, 888; Jarass/Pieroth-*Jarass*, Art. 12 GG, Rdnr. 20.

832 St. Rspr.: *BVerfG*, Urt. v. 8. 4. 1997 – 1 BvR 48/94 – NJW 1997, 1975, 1977; Beschl. v. 27. 11. 1990 – 1 BvR 402/87 – NJW 1991, 1471, 1472.

833 Vgl. z.B. zur Einschränkung der Berufsfreiheit durch anwaltliche Standesregeln: *BVerfG*, Beschl. v. 14. 7. 1987 – 1 BvR 537/81, 1 BvR 195/87 – NJW 1988, 191.

834 Vgl. *BVerfG*, Beschl. v. 16. 2. 1965 – 1 BvL 15/62 – NJW 1965, 741, 742; *BVerwG*, Urt. v. 25. 11. 1993 – 3 C 38/91 – NJW 1995, 707, 708.

staatlichen Stellen, die Positionen im beruflichen Wettbewerb vergeben und zuteilen, die Auswahlkriterien und Verfahren vorgeben.[835] Die Regelung wesentlicher Fragen in Verwaltungsvorschriften sowie Standesrichtlinien genügt dem Gesetzesvorbehalt nicht. Diese können auch nicht zur Konkretisierung gesetzlicher Vorgaben herangezogen werden.[836] Es genügt allerdings, wenn sich die wesentlichen Fragen mit Hilfe allgemeiner Auslegungsregeln erschließen lassen, insbesondere aus Zweck, Sinnzusammenhang und Vorgeschichte der Norm.[837] Mit dem Wesentlichkeitserfordernis korrespondierend muss das einschränkende Gesetz hinreichend bestimmt sein, das heißt Umfang und Grenzen des Eingriffs deutlich erkennen lassen.[838]

Die Vorschrift des § 56 Abs. 1 InsO bestimmt, dass für das Insolvenzverwalteramt eine geeignete, insbesondere geschäftskundige und von Schuldner und Gläubigern unabhängige Person, aus dem Kreis aller zur Übernahme von Insolvenzverwaltungen bereiten Personen auszuwählen ist. Nach Ansicht von *Holzer/Kleine-Cosack/Prütting* ist in dieser Regelung ein Verstoß gegen die Wesentlichkeitstheorie des *BVerfG* zu erblicken. Der Gesetzgeber müsse die Insolvenzverwalterbestellung an besondere Zulassungsvoraussetzungen knüpfen. Hierzu gehöre etwa die gesetzliche Normierung bestimmter Sachkundenachweise, wie etwa ein absolviertes Hochschulstudium im rechtswissenschaftlichen oder wirtschaftswissenschaftlichen Bereich oder einer Mindestzeit an praktischer Erfahrung im Insolvenzbereich.[839] § 56 Abs. 1 InsO enthalte indes mit den Kriterien der Eignung und Geschäftskunde nur äußerst allgemeine Anforderungen, die die gerichtliche Entscheidung über die Auswahl des Insolvenzverwalters undurchsichtig und letztlich nur ausnahmsweise überprüfbar mache. Dies sei aufgrund der Wesentlichkeit des Regelungsgegenstandes verfassungsrechtlich nicht hinnehmbar.[840]

Diese Ansicht ist im Schrifttum auf überwiegende Ablehnung gestoßen[841] und findet auch in den Entscheidungen des *BVerfG* zur Insolvenzverwalterbestellung keinerlei Entsprechung.[842] Eine verfassungsrechtliche Bewertung des § 56 Abs. 1 InsO hat zu berücksichtigen, dass die gerichtliche Bestellung des Insolvenzverwalters nicht den einmaligen Zugang zu einem Beruf betrifft, sondern es sich vielmehr um eine in die Berufsausübung eingreifende Einzelfallentscheidung handelt.[843] Je

---

835 *BVerfG*, Beschl. v. 18. 6. 1986 – 1 BvR 787/80 – NJW 1986, 887, 888; *Pieroth/Schlink*, Rdnr. 845.
836 Vgl. *BVerfG*, Beschl. v. 14. 7. 1987 – 1 BvR 537/81, u. a. – NJW 1988, 191, 192 f.; Jarass/Pieroth-*Jarass*, Art. 12 GG, Rdnr. 21.
837 v. Münch/Kunig-*Gubelt*, Art. 12 GG, Rdnr. 74.
838 Jarass/Pieroth-*Jarass*, Art. 12 GG, Rdnr. 22.
839 Vgl. *Holzer/Kleine-Cosack/Prütting*, Die Bestellung des Insolvenzverwalters, S. 25 f., S. 61 ff.; ebenso: *Römermann*, Die Bestellung des Insolvenzverwalter, NJW 2002, 3729, 3731.
840 Vgl. *Holzer/Kleine-Cosack/Prütting*, Die Bestellung des Insolvenzverwalters, S. 25 f.
841 Vgl. *Graf-Schlicker*, Schwachstellenanalyse und Änderungsvorschläge zum Regelinsolvenzverfahren, ZIP 2002, 1166; *Henssler*, Das Berufsbild des Insolvenzverwalters im Wandel der Zeit, ZIP 2002, 1053, 1055; Uhlenbruck-*Uhlenbruck*, § 56 InsO, Rdnr. 6.
842 *BVerfG*, Beschl. v. 3. 8. 2004 – 1 BvR 135/00, 1 BvR 1086/01 – NJW 2004, 2725; Beschl. v. 23. 5. 2006 – 1 BvR 2530/04 – NZI 2006, 453.
843 Vgl. *Henssler*, Das Berufsbild des Insolvenzverwalters im Wandel der Zeit, ZIP 2002, 1053, 1055.

nach Ausgestaltung des konkreten Insolvenzverfahrens bestehen völlig unterschiedliche Anforderungsprofile für den zu bestellenden Insolvenzverwalter. So sind etwa bei einer Verbraucherinsolvenz völlig andere Anforderungen an den Insolvenzverwalter und dessen Bürostruktur zu stellen, als bei einer Unternehmensinsolvenz.[844] Folge dieser Vielgestaltigkeit ist, dass es schlichtweg nicht möglich ist, von vornherein konkrete Kriterien zur Auswahl zwischen mehreren geeigneten Bewerbern aufzustellen.[845]

Mit den Eignungsanforderungen der §§ 56 Abs. 1, 57 Satz 3, 59 Abs. 1 InsO hat der Gesetzgeber daher dem Prinzip des Vorbehalt des Gesetzes hinreichend Rechnung getragen.

2.2.1.3.2. Materielle Verfassungsmäßigkeit

Weiterhin müsste die auf § 56 Abs. 1 InsO gestützte Bestellung des Insolvenzverwalters materiell verfassungsgemäß sein. Zu prüfen ist insbesondere, ob der durch die gerichtliche Bestellung des Insolvenzverwalters nach § 56 InsO stattfindende Eingriff in die Berufsfreiheit der nicht berücksichtigten Bewerber dem aus dem Rechtsstaatgebot abgeleiteten Verhältnismäßigkeitsgrundsatz genügt. Dazu müsste eine auf § 56 InsO gestützte Bestellungsentscheidung geeignet, erforderlich und zumutbar sein.

Die Normierung von Eignungskriterien ist geeignet, die mit dem Eingriff verfolgten Ziele der Wahrung der Gläubiger- und Schuldnerrechte zu erreichen. Auch ist kein milderes Mittel zur Erreichung des gesetzgeberischen Zieles ersichtlich. Aufgrund der Begrenztheit der zu vergebenen Insolvenzverwaltungen, hat eine Auswahl zwischen den Bewerbern zu erfolgen. Diese richtet sich nach den objektiven Kriterien der Geeignetheit, Geschäftskunde und Unabhängigkeit. Eine genauere Ausdifferenzierung der Bestellungskriterien muss nach der Rspr. des *BVerfG*[846] den einzelnen Insolvenzgerichten überlassen bleiben, da es sich bei § 56 InsO um eine Einzelfallentscheidung handelt, die je nach konkreter Ausgestaltung des jeweiligen Insolvenzverfahrens unterschiedliche Anforderungen an den zu bestellenden Insolvenzverwalter stellt.

Letztlich müsste die Regelung des § 56 InsO auch zumutbar sein. Dies ist dann der Fall, wenn das durch die Regelung geschützte Interesse das beeinträchtigte Interesse wesentlich überwiegt.

Bei der Festlegung von Eignungskriterien für den Insolvenzverwalter kollidieren die durch Art. 14 GG geschützten Vermögensinteressen von Gläubigern und Insolvenzschuldner mit dem durch Art. 12 Abs. 1 GG geschützten Interesse der Insolvenzverwalter an einer Berufsausübung durch Bestellung. Das Insolvenzverfahren dient der Gläubigerbefriedigung, sowie dem Interesse des Insolvenzschuldners an einer Schuldbefreiung (§ 1 InsO). Der Insolvenzverwalter ist damit nur Beteiligter

---

844 Vgl. *BVerfG*, Beschl. v. 3. 8. 2004 – 1 BvR 135/00, 1 BvR 1086/01 – NJW, 2004, 2725, 2728.
845 *Jacoby*, Das private Amt, S. 506.
846 Siehe Kap. F.I.1.1.

eines Verfahrens, das der Verwirklichung anderer Ziele dient. Auch das *BVerfG* betont, dass § 56 InsO nicht zu dem Zweck geschaffen sei, dem Insolvenzverwalter die berufliche Betätigung zu ermöglichen.[847] Das Insolvenzgericht hat daher seine Bestellungsentscheidung allein an den insolvenzrechtlichen Verfahrenszielen auszurichten und muss zügig über die Bestellung eines Insolvenzverwalters entscheiden. Es muss bei der Suche nach einem geeigneten Insolvenzverwalter insbesondere keine Bestenauslese betreiben.[848] Das Interesse der nicht berücksichtigten Bewerber an beruflicher Betätigung als Insolvenzverwalter hat daher grundsätzlich hinter den Interessen der Gläubiger und des Insolvenzschuldners zurückzustehen, soweit das Insolvenzgericht pflichtgemäß von seinem Auswahlermessen Gebrauch gemacht hat.

Ein Verstoß gegen den verfassungsrechtlichen Verhältnismäßigkeitsgrundsatz kann somit nicht angenommen werden. Ein Verstoß gegen andere Verfassungsgrundsätze kommt nicht in Betracht. Eine auf § 56 Abs. 1 InsO gestützte Bestellungsentscheidung ist daher grundsätzlich auch als materiell verfassungsgemäß anzusehen.

2.2.1.4. Zwischenergebnis

Da das Erfordernis der Bestellung durch staatlichen Hoheitsakt gerade erst die Betätigung als Insolvenzverwalter ermöglicht, stellt dieses keinen Eingriff in den Schutzbereich des Art. 12 GG dar, sondern prägt diesen nur. Zwar berühren das Vorauswahlverfahren, die Auswahlentscheidung gem. § 56 Abs. 1 InsO, die Amtsentlassung gem. § 59 Abs. 1 InsO und die Bestellungsversagung gem. § 57 Satz 3 InsO das Grundrecht der Berufsfreiheit (Art. 12 Abs. 1 GG), jedoch hat der Gesetzgeber mit den Regelungen in §§ 56 Abs. 1, 57 Satz 3, 59 Abs. 1 InsO dem Prinzip des Vorbehalt des Gesetzes und dem verfassungsrechtlichen Verhältnismäßigkeitsgrundsatz hinreichend Rechnung getragen.

2.2.2. Verletzung des Rechts auf informationelle Selbstbestimmung?

Die Ausübung der insolvenzgerichtlichen Aufsicht im Zusammenhang mit der Bestellung und Entlassung des Insolvenzverwalters muss auch in Einklang mit dem aus dem allgemeinen Persönlichkeitsrecht gem. Art. 2 Abs. 1, Art. 1 Abs. 1 GG abgeleiteten Recht auf informationelle Selbstbestimmung stehen.

2.2.2.1. Grundrechtsgehalt

Das Grundrecht der informationellen Selbstbestimmung gewährleistet dem Einzelnen die Befugnis „selbst über die Preisgabe und Verwendung persönlicher Daten zu bestimmen".[849] Geschützt wird die Befugnis des Einzelnen grundsätzlich

847 *BVerfG*, Beschl. v. 23. 5. 2006 – 1 BvR 2530/04 – ZInsO 2006, 2613, 2614.
848 *BVerfG*, Beschl. v. 23. 5. 2006 – 1 BvR 2530/04 – ZInsO 2006, 2613, 2615.
849 *BVerfG*, Beschl. v. 23. 2. 2007 – 1 BvR 2368/06 – NVwZ 2007, 688, 690 (Videoüberwachung); Urt. v. 8. 7. 1997 – 1 BvR 2111/94, 1 BvR 195/95 u. 1 BvR 2189/95 – NJW 1997, 2307, 2308; Beschl.

selbst zu entscheiden, wann und innerhalb welcher Grenzen persönliche Lebenssachverhalte, gleichviel ob aus der Privat- und Intimsphäre oder aus dem öffentlichen Verhalten, offenbart werden.[850] Zu den geschützten Daten gehören grundsätzlich alle personenbezogenen Daten[851] und somit auch Angaben über die fachliche Qualifikation, sowie Informationen über die persönlichen wirtschaftlichen Verhältnisse. Das Grundrecht auf informationelle Selbstbestimmung ist als Abwehrrecht gegen staatliche Eingriffe ausgestaltet.[852] Leistungsansprüche können aus diesem Grundrecht nicht hergeleitet werden.[853] Allerdings trifft den Staat die objektive Verpflichtung, den Einzelnen vor Persönlichkeitsgefährdungen durch Dritte zu schützen.[854] Eine Beschränkung dieses Rechts bedarf nach Art. 2 Abs. 1 GG einer verfassungsmäßigen gesetzlichen Grundlage, aus der sich die Voraussetzungen und der Umfang der Beschränkungen klar und für den Bürger erkennbar ergeben und die damit dem rechtsstaatlichen Gebot der Normenklarheit entspricht.[855] Zudem ist auch bei der Anwendung privatrechtlicher Vorschriften die weitreichende Ausstrahlungswirkung des Persönlichkeitsrechts zu beachten. Der Richter hat kraft Verfassungsgebot zu prüfen, ob von der Anwendung zivilrechtlicher Vorschriften im Einzelfall Grundrechte berührt werden.[856]

2.2.2.2. Eingriffswirkung der Befragung durch das Insolvenzgericht

Vorliegend ergibt sich ein Eingriff in das Recht auf informationelle Selbstbestimmung insbesondere daraus, dass die Insolvenzgerichte für die Vorauswahl geeigneter Insolvenzverwalter Auskunft über eine Vielzahl personenbezogener Daten verlangen, insbesondere zu sensiblen Bereichen wie den Vermögensverhältnissen oder der strafrechtlichen Unbescholtenheit. Den Bewerbern um das Insolvenzverwalteramt ist es zwar unbenommen, Fragen nach ihren Vermögensverhältnissen und ihrer strafrechtlichen Unbescholtenheit unbeantwortet zu lassen, jedoch um den Preis einer Nichtaufnahme in die Vorauswahlliste oder Nichtberücksichtigung bei der Auswahlentscheidung gem. § 56 Abs. 1 InsO. Damit werden die Bewerber einem Zwang zur Angabe personenbezogener Daten ausgesetzt, der sie in ihrem Recht beeinträchtigt, grundsätzlich frei darüber zu entscheiden, wann und innerhalb welcher Grenzen sie persönliche Sachverhalte offenbaren wollen.[857]

---

v. 11. 6. 1991 – 1 BvR 239/90 – NJW 1991, 2411; Beschl. v. 9. 3. 1988 – 1 BvL 49/86 – NJW 1988, 2031; Urt. v. 15. 12. 1983 – 1 BvR 209, 269, 362, 420, 440, 484/83 – NJW 1984, 419, 422.

850 *BVerfG*, Beschl. v. 23. 2. 2007 – 1 BvR 2368/06 – NVwZ 2007, 688, 690 (Videoüberwachung); Urt. v. 15. 12. 1983 – 1 BvR 1 BvR 209, 269, 362, 420, 440, 484/83 – NJW 1984, 419, 422.

851 *Ipsen*, Staatsrecht II, S. 80, Rdnr. 301.

852 v. Münch/Kunig-*Kunig*, Art. 2 GG, Rdnr. 40.

853 Vgl. *Ipsen*, Staatsrecht II, S. 80, Rdnr. 301.

854 *BVerfG*, Beschl. v. 8. 5. 2007 – 1 BvR 193/05 – NJW 2008, 358; Beschl. v. 10. 11. 1998 – 1 BvR 1531/96 – NJW 1999, 1322. 1323.

855 *BVerfG*, Urt. v. 15. 12. 1983 – 1 BvR 209, 269, 362, 420, 440, 484/83 – NJW 1984, 419.

856 *BVerfG*, Beschl. v. 11. 6. 1991 – 1 BvR 239/90 – NJW 1991, 2411, 2412; Jarass/Pieroth-*Jarass*, Art. 2 GG, Rdnr. 58.

857 Einen solchen Zwang zur Angabe personenbezogener Daten und entsprechenden Eingriff in das Recht auf informationelle Selbstbestimmung hat das *BVerfG* beispielsweise bei der Frage eines

2.2.2.3. Verfassungsrechtliche Rechtfertigung?

Der Eingriff in das Recht auf informationelle Selbstbestimmung stellt jedoch dann keine Grundrechtsverletzung dar, wenn er verfassungsrechtlich gerechtfertigt ist.

Für die Rechtfertigung von Eingriffen in das Recht auf informationelle Selbstbestimmung gelten die Schranken des Art. 2 Abs. 1 GG.[858] Wichtig ist allein die Schranke der verfassungsmäßigen Ordnung.[859] Die Rechtsprechung versteht diesen Begriff als einfachen Gesetzesvorbehalt.[860] Als gesetzliche Grundlage für das Auskunftsverlangen des Insolvenzgerichts kann hier § 5 Abs. 1 InsO (Amtsermittlungsgrundsatz) bzw. § 58 Abs. 1 Satz 2 InsO (insolvenzgerichtliche Auskunftsanspruch) herangezogen werden.

In materieller Hinsicht müsste der Grundrechtseingriff im Einklang mit dem Verhältnismäßigkeitsgrundsatz stehen, insbesondere dem Betroffenen auch zumutbar sein.[861] Dazu hat eine Abwägung zwischen den durch den Eingriff beeinträchtigten Interessen des Bewerbers um das Insolvenzverwalteramt und den geschützten Interessen der Insolvenzgläubiger und des Insolvenzschuldners zu erfolgen. Bei einer Erstreckung der insolvenzgerichtlichen Aufsicht auf die persönlichen Verhältnisse des Prätendenten kollidieren das Recht des Bewerbers auf informationelle Selbstbestimmung mit den Eigentumsrechten von Insolvenzgläubigern und Insolvenzschuldner. Im Rahmen der Abwägung ist insbesondere die Intensität des Eingriffs von Bedeutung.[862] Vorliegend ist nach dem Gegenstand des Auskunftsersuchens zu differenzieren. Soweit sich das gerichtliche Auskunftsersuchen auf die fachliche Qualifikation des Insolvenzverwalters bezieht, handelt es sich um persönliche Angaben, die zum einen gesetzlich normierte Voraussetzung (§ 59 Abs. 1 InsO) für eine spätere Bestellungsentscheidung sind und zum anderen ohnehin einer breiteren Öffentlichkeit bekannt sein dürften und daher grundsätzlich hinter den im Rahmen des Insolvenzverfahrens besondere Bedeutung zukommenden Eigentumsrechten von Insolvenzgläubigern und Insolvenzschuldner zurückzustehen haben. Aber auch die Frage nach einer strafrechtlichen Verurteilung des Bewerbers oder der Anhängigkeit eines strafrechtlichen Ermittlungsverfahrens ist grundsätzlich dann ein zumutbarer Eingriff, wenn diese Vermögensdelikte zum Gegenstand hat. Denn Insolvenzverwaltung ist im wesentlichen Vermögensverwaltung (§§ 80, 148 InsO). Das damit notwendig einhergehende Vertrauensverhältnis zwischen den Verfahrensbeteiligten und dem Insolvenzverwalter kann bei dessen Verurteilung wegen eines Vermögensdeliktes nicht entstehen. Fraglich erscheint jedoch, inwieweit sich das gerichtliche Auskunftsersuchen auch auf Verurteilungen oder staatsanwaltliche Ermittlungsverfahren wegen anderer Delikte beziehen darf. Hier ist insbeson-

---

Arbeitgebers an seine Arbeitnehmer nach früheren Tätigkeiten in der SED oder Stasi angenommen: *BVerfG*, Urt. v. 8. 7. 1997 – 1 BvR 2111/94, 1 BvR 195/95 u. 1 BvR 2189/95 – NJW 1997, 2307, 2308.

858 Jarass/Pieroth-*Jarass*, Art. 2 GG, Rdnr. 59.

859 *Pieroth/Schlink*, § 8, Rdnr. 382.

860 *BVerfG*, Beschl. v. 6. 6. 1989 – 1 BvR 921/85 – NJW 1989, 2525.

861 *BVerfG*, Urt. v. 8. 7. 1997 – 1 BvR 2111/94, 1 BvR 195/95 u. 1 BvR 2189/95 – NJW 1997, 2307, 2308.

862 Jarass-Pieroth-*Jarass*, Art. 2 GG, Rdnr. 60.

dere das Recht des Bewerbers zu berücksichtigen, bestimmte Sachverhalte, die dem Bereich der Privatsphäre zuzuordnen sind, zu verschweigen. Eine Pflicht zur Vorlage eines Auszuges aus dem Bundeszentralregister besteht deshalb nicht, weil dort sämtliche Vorstrafen aufgeführt werden. Dem Bewerber muss grundsätzlich das Recht zugestanden werden, alle Vorstrafen zu verschweigen, die nicht zumindest in das polizeiliche Führungszeugnis eingetragen werden (Geldstrafen bis zu 90 Tagessätzen bzw. Freiheitsstrafen bis zu drei Monaten) oder die bereits wegen Zeitablaufs gestrichen worden sind.

Fragen nach den persönlichen wirtschaftlichen Verhältnissen müssen hingegen als grundsätzlich zumutbar eingeordnet werden. Dies ergibt sich insbesondere aus einem Vergleich mit den Berufsordnungen der Kammerberufe und der dazu ergangenen Rechtsprechung des *BVerfG*. Das Berufsrecht der Kammerberufe geht davon aus, dass die Interessen der Mandanten gefährdet sind, wenn sich der Berufsträger in Vermögensverfall befindet und verlangen deshalb, ohne Einräumung eines Ermessens, den Widerruf der Zulassung im Falle des Vermögensverfalls des Berufsträgers.[863] In der Insolvenzpraxis haben sich immer wieder Fälle ereignet, in denen der Insolvenzverwalter seine persönlichen wirtschaftlichen Schwierigkeiten durch einen „Griff in die Masseschatulle“ zu lösen suchte. Auch gewinnt eine ausreichende Bonität des Bewerbers für die Verwirklichung der persönlichen Haftung des Insolvenzverwalters nach § 60 InsO Bedeutung, insbesondere da diese vom Gesetzgeber dafür angeführt worden ist, dass juristische Personen, anders als noch im Regierungsentwurf zur InsO vorgesehen, nicht zum Insolvenzverwalter bestellt werden können.[864]

Folglich können im Rahmen der insolvenzgerichtlichen Aufsicht die persönlichen und wirtschaftlichen Verhältnisse des Insolvenzverwalters nicht unberücksichtigt bleiben. Nur der in geordneten wirtschaftlichen Verhältnissen lebende Insolvenzverwalter ist gem. § 56 Abs. 1 InsO geeignet, fremdes Vermögen in Gestalt der Insolvenzmasse zu verwalten. Die Erfüllung dieses Eignungskriteriums im Verlaufe des Insolvenzverfahrens hat das Insolvenzgericht im Rahmen der Generalklausel des § 58 Abs. 1 Satz 1 InsO zu überwachen. Dieses kann nur geschehen, indem das Insolvenzgericht im Vorauswahlverfahren von jedem Prätendenten die Abgabe einer Versicherung der Geordnetheit der wirtschaftlichen Verhältnisse fordert, deren Fortgeltung in regelmäßigen Abständen bestätigt werden muss.

2.3. Ergebnis

Die Eignungskriterien der §§ 56, 57 InsO sind in verfassungsrechtlicher Hinsicht nicht zu beanstanden. Das Insolvenzgericht darf seine Ermittlungen zur Feststellung der Eignung eines Bewerbers auch auf dessen persönliche und wirtschaftliche Verhältnisse sowie dessen strafrechtliche Unbescholtenheit erstrecken. Die Tätig-

---

863 Siehe Kap. D.II.2.1.2.2.1.
864 Bericht d. BT-RechtsA zu § 56 InsO, zit. n. *Balz/Landfermann*, Die neuen Insolvenzgesetze, S. 135.

keit des Insolvenzverwalters ist auf die Verwaltung fremder Vermögen gerichtet[865], die je nach Zahl der anvertrauten Insolvenzverfahren und der Größe der Insolvenzmassen einen bedeutenden Umfang erreichen kann. Die schwerwiegenden Untreuefälle der letzten Jahre zeigen, dass diese häufig von selbst in finanzielle Schwierigkeiten geratenen Insolvenzverwalter begangen wurden.[866] Folglich können im Rahmen der insolvenzgerichtlichen Aufsicht die persönlichen und wirtschaftlichen Verhältnisse des Insolvenzverwalters nicht unberücksichtigt bleiben. Dies ergibt sich auch aus einer Entscheidung des *BVerfG* vom 31. 8. 2005 zur Amtsenthebung eines Notars gem. § 50 Abs. 1 Nr. 6 BNotO wegen Vermögensverfalls. Das *BVerfG* hat das Vertrauen in die wirtschaftliche Zuverlässigkeit und den Schutz vor den in den wirtschaftlichen Verhältnissen eines Notars begründeten Gefahren als die Berufsfreiheit verfassungsrechtlich zulässig beschränkende Rechtsgüter anerkannt.[867] Diese Interessenlage besteht gleichermaßen beim Insolvenzverwalter. Während der Rechtssuchende die Rechtsbeziehung zum Notar oder einem Berufsträger aufgrund privatautonomen Handels aufnimmt, wird der Insolvenzverwalter den Verfahrensbeteiligten durch das Insolvenzgericht – jedenfalls bis zur ersten Gläubigerversammlung (§ 57 InsO) – oktroyiert. Eine unrichtige Auswahlentscheidung oder eine nicht ausreichende Aufsicht (§ 58 Abs. 1 InsO) durch das Insolvenzgericht birgt das Risiko der Staatshaftung in sich.[868] Eine der Risikovermeidung dienende Nichtbestellung oder Amtsentlassung eines in ungeordneten wirtschaftlichen Verhältnissen lebenden Insolvenzverwalters schränkt das Grundrecht der freien Berufswahl (Art. 12 Abs. 1 GG) daher in zulässiger Weise ein. Gleiches muss für Fragen des Insolvenzgerichts zu Vorstrafen und zu den wirtschaftlichen Verhältnissen der Prätendenten gelten. Hier hat das Recht der Bewerber auf informationelle Selbstbestimmung grundsätzlich hinter den Interessen der Gläubiger und des Insolvenzschuldners an einem wirtschaftlich in geordneten Verhältnissen lebenden Verwalter zurückzustehen. Dieses kann aber nicht für die Einholung von Auskünften bei Banken und Finanzämtern durch das Insolvenzgericht zur Feststellung der persönlichen und wirtschaftlichen Verhältnisse des Insolvenzverwalters gelten.

III. Umfang der insolvenzgerichtlichen Aufsicht in formaler Hinsicht

Nachdem der Umfang der insolvenzgerichtlichen Aufsicht hinsichtlich des unterworfenen Personenkreises und des Gegenstandes bestimmt worden ist, soll nachfolgend deren Umfang in formaler Hinsicht, also das Einsetzen und das Ende der

865 Nach *BGH*, Urt. v. 12. 10. 2004 – WpSt (R) 1/04 – NJW 2005, 1057, 1058, ist die Insolvenzverwaltung treuhänderische Tätigkeit und das Amt des Insolvenzverwalters daher als Unterfall der treuhänderischen Verwaltung gem. § 2 Abs. 3 Nr. 3 WPO zu werten.

866 MK-*Haarmeyer*, § 22 InsO, Rdnr. 213; *Pape*, Stärkung der Gläubigerrechte und Verschärfung der Aufsicht im Insolvenzverfahren, ZVI 2008, 89, 96.

867 *BVerfG*, Beschl. v. 31. 8. 2005 – 1 BvR 912/04 – NJW 2005, 3057.

868 Siehe Kap. G.I.2.

Aufsicht, ermittelt werden. Hierbei soll der Frage nachgegangen werden, ob die Aufsicht des Insolvenzgerichts erst mit der Beauftragung eines Sachverständigen gem. § 5 Abs. 1 Satz 2 InsO bzw. der Bestellung eines Funktionsträgers des Insolvenzverfahrens beginnt, oder schon vor diesem Zeitpunkt gefordert ist.

1. Einsetzen der insolvenzgerichtlichen Aufsicht

Grundsätzlich steht am Anfang eines Insolvenzverfahrens der Insolvenzantrag (§§ 13 ff. InsO).[869] Die Vorschrift des § 58 Abs. 1 Satz 1 InsO setzt nach ihrem Wortlaut die Existenz eines Funktionsträger des Insolvenzverfahrens voraus. Diese wird aber erst durch den insolvenzgerichtlichen Bestellungsakt gem. §§ 22 Abs. 2 Nr. 1, 27 Abs. 1 S. 1, 270 Abs. 3 S. 1, 291 Abs. 2, 313 Abs. 1 S. 2 begründet. Damit wird zugleich der gesetzliche Rechts- und Pflichtenkreis des bestellten Funktionsträgers begründet.[870] Die wirksame Bestellung des Insolvenzverwalters setzt neben der Ernennung auch die ausdrückliche oder stillschweigende Übernahme des Amtes durch den Ernannten voraus.[871] Dieser Umstand spricht dafür, dass die Aufsicht des Insolvenzgerichts gem. § 58 Abs. 1 InsO erst mit der Bestellung des Insolvenzverwalters und der Annahme des Amtes durch diesen beginnt.[872] Auf der anderen Seite geht der Bestellung des Insolvenzverwalters ein vom *BVerfG* vorge-

869 Im Gesetzgebungsverfahren wurde die amtswegige Insolvenzeröffnung als mit der bestehenden Wirtschafts- und Privatrechtsordnung nicht vereinbar abgelehnt, vgl. Begrd.RegE zu § 13 InsO, zit. n. *Balz/Landfermann*, Die neuen Insolvenzgesetze, S. 172. Schon die Kommission für Insolvenzrecht hatte ein Verfahrenseinleitung von Amts wegen oder ein Antragsrecht der Staatsanwaltschaft abgelehnt, vgl. Erster Bericht der Kommission für Insolvenzrecht, Leitsatz 1.2.1, S. 98 f.; ebenso bereits die Begrd. zu § 103 KO, abgedr. bei *Hahn*, Die gesamten Materialien zu den Reichsjustizgesetzen, Bd. IV, 1881, S. 296. Dagegen sahen das Gemeine Konkursrecht in Deutschland des 16. Jahrhunderts (vgl. *Meier*, Die Geschichte des deutschen Konkursrechts insbesondere die Entstehung der Reichskonkursordnung von 1877, S. 62) und § 118 preuß.KO v. 1855 eine amtswegige Verfahrenseinleitung vor. Eine amtswegige Verfahrenseröffnung wird auch nicht mit der im RegE eines Gesetzes zur Entschuldung völlig mittelloser Personen, zur Stärkung der Gläubigerrechte sowie zur Regelung der Insolvenzfestigkeit von Lizenzen vom 22. 8. 2007 (abgedruckt in: ZVI 2007, Beilage 2) vorgesehenen Ergänzung des § 14 Abs. 1 InsO zulässig, weil nach der Entwurfsbegründung nicht die amtswegige Ermittlung der Solvenz des Insolvenzschuldners ermöglicht werden soll, sondern dem antragstellenden Gläubiger die Glaubhaftmachung der trotz Tilgung der Antragsforderung fortbestehenden Insolvenz des Insolvenzschuldners (vgl. ZVI 2007, Beilage 2, S. 34; ebenso: *Holzer*, Regierungsentwurf zur Entschuldung mittelloser Personen, ZVI 2007, 393, 397). Eine Verfahrenseinleitung ohne einen entsprechenden Antrag kann Staatshaftungsansprüche nach sich ziehen, vgl. *Häsemeyer*, InsR, Rdnr. 7.01.

870 Für die Bestellung des Insolvenzverwalters: Jaeger-*Gerhardt*, § 56 InsO, Rdnr. 25.

871 N/R-*Delhaes*, § 56 InsO, Rdnr. 15; Jaeger-*Gerhardt*, § 56 InsO, Rdnr. 30; Kübler/Prütting-*Lüke*, § 56 InsO, Rdnr. 22. Über gesetzliche Verweisungsnormen gilt dieses auch für den vorläufigen Insolvenzverwalter (§ 21 Abs. 2 Satz 1 Nr. 1 InsO), den Sachwalter (§ 274 Abs. 1 InsO) und den Treuhänder im vereinfachten Insolvenzverfahren (§ 313 Abs. 1 Satz 3 InsO). Ebenso wird auch für die Bestellung des Treuhänders der Wohlverhaltensperiode eine Annahme des Amtes gefordert, Fn. 902.

872 *BGH*, Beschl. v. 14. 4. 2005 – IX ZB 76/04 – zit. n. BGH-Free RWS Verlag; N/R-*Delhaes*, § 58 InsO, Rdnr. 4; MK-*Graeber*, § 58 InsO, Rdnr. 10.

zeichnetes Vorauswahlverfahren voraus,[873] so dass möglicherweise von einem früheren Einsetzen der insolvenzgerichtlichen Aufsicht ausgegangen werden können.

1.1. Die Aufsicht des Insolvenzgerichts bereits vor Insolvenzantragstellung?

Das *BVerfG* hat in seiner jüngsten Rechtsprechung zur Auswahl des Insolvenzverwalters ein zweistufiges Auswahlverfahren aufgezeigt hat, das mit einem Vorauswahlverfahren beginnt, in dem der Kreis der grundsätzlich gem. § 56 Abs. 1 InsO geeigneten Prätendenten ohne Verbindung zu einem konkreten Insolvenzverfahren bestimmt wird. Die Aufnahme eines Prätendenten in die „Vorauswahlliste" (auch „Listing" genannt) soll maßgebend für die konkrete Bestellungsentscheidung nach § 56 Abs. 1 InsO sein.[874]

Die Bestellung eines Insolvenzverwalters ist als antizipierende Maßnahme der Aufsicht des Insolvenzgerichts (§ 58 InsO) zu verstehen, weil der Insolvenzrichter mit der Bestellung des Insolvenzverwalters dessen Geeignetheit i.S.d. § 56 Abs. 1 InsO zur Abwicklung des konkreten Insolvenzverfahrens festlegt und dadurch das Maß der im eröffneten Insolvenzverfahren vom Rechtspfleger auszuübenden Aufsicht bestimmt. Wenn aber diese Auswahlentscheidung nach der Rechtsprechung des *BVerfG* maßgeblich unter den Prätendenten aus der Vorauswahlliste zu treffen ist, dann muss das die Zusammensetzung der Vorauswahlliste bestimmende Vorauswahlverfahren in den Bereich der insolvenzgerichtlichen Aufsicht (§ 58 InsO) verortet werden.[875]

1.2. Einsetzen der Aufsicht im Eröffnungsverfahren

Der formale Beginn der insolvenzgerichtlichen Aufsicht gem. § 58 Abs. 1 InsO wird durch die Einleitung des Insolvenzverfahrens gem. § 13 Abs. 1 InsO, nämlich die Insolvenzantragstellung, definiert. Das Antragsprinzip dient der Wahrung der privatrechtlichen Dispositionsfreiheit von Insolvenzgläubiger und Insolvenzschuldner.[876] Als Folge der Insolvenzantragstellung konkretisiert sich die Aufsicht des Insolvenzgerichts durch die Bestellung eines Sachverständigen gem. § 5 Abs. 1 Satz 2 InsO oder eines vorläufigen Insolvenzverwalters gem. § 21 Abs. 2 Nr. 1 InsO in personaler Hinsicht.

---

873 Siehe Kap. F.I.1.
874 Siehe Kap. F.I.1.
875 Diese Implikation des Vorauswahlverfahrens für die insolvenzgerichtliche Aufsicht hat *Trömp* in seiner Kritik an dem „GAVI-Gesetzentwurf" übersehen (*Trömp,* Der „GAVI-Gesetzentwurf" – Sind die geplanten Maßnahmen machbar und effektiv?, ZInsO 2007, 234).
876 *Prütting,* Verfahrensgrundsätze der Insolvenzordnung, KS-InsO, 2. A., Rdnr. 39; *Smid,* Verlust der Parteifähigkeit durch den Antragsteller vor Erlass des Eröffnungsbeschlusses, InVo 2003, 1, 2. Die Dispositionsfreiheit in Bezug auf die Verfahrenseröffnung endet mit dem Eröffnungsbeschluss (§ 13 Abs. 2 InsO). Hiernach ist nur noch eine vorzeitige Verfahrensbeendigung nach §§ 212 ff. InsO möglich.

1.2.1. Prüfung der Antragsvoraussetzungen

Die Insolvenzantragstellung verpflichtet den im Eröffnungsverfahren nach § 18 Abs. 1 Nr. 1 RPflG funktionell zuständigen Insolvenzrichter gem. § 5 Abs. 1 InsO[877] hinsichtlich der Zulässigkeit[878] und Begründetheit des Insolvenzantrages zur umfassenden Amtsermittlung (Amtsermittlungsgrundsatz).[879] Im Rahmen der vom Insolvenzrichter[880] durchzuführenden Zulässigkeitsprüfung ist bei einem Gläubigerantrag der Insolvenzschuldner zu hören (§ 14 Abs. 2 InsO). Die Zulässigkeitsvoraussetzungen des Insolvenzantrages eines Gläubigers sind gem. § 14 Abs. 1 InsO ein Rechtsschutzinteresse an der Durchführung des Insolvenzverfahrens und die Glaubhaftmachung von Forderung und Eröffnungsgrund.[881] Für den Eigenantrag stellt das Gesetz in Übereinstimmung mit dem früheren Konkursrecht (§ 104 KO) keine besonderen Zulässigkeitsvoraussetzungen auf.[882] Soweit zur Prüfung der Zulässigkeit weitere Angaben erforderlich sind, hat das Insolvenzgericht im Rahmen seiner Amtsermittlungspflicht den Insolvenzschuldner auf eine Ergänzung seines Insolvenzantrages hinzuwirken.[883]

---

877 Die Vorschrift des § 5 Abs. 1 InsO entspricht § 75 KO (vgl. *MK-Ganter*, § 5 InsO, Rdnr. 2). Die Kann-Regelung in § 75 KO wurde nach h.M. als Pflicht verstanden (vgl. *Kuhn-Uhlenbruck*, § 75 KO, Rdnr. 1).

878 Die Zulässigkeit ist auch im weiteren Verlauf des Eröffnungsverfahrens vom Insolvenzgericht zu prüfen, *BGH*, Beschl. v. 13. 6. 2006 – IX ZB 214/05 – DZWiR 2006, 476. Zum Umfang der Amtsermittlung im Hinblick auf die Zuständigkeit des Insolvenzgerichtes: *OLG Karlsruhe*, Beschl. v. 16. 10. 2003 – 15 AR 35/03 – ZInsO 2004, 511, 512.

879 Nach der Rspr. d. *BGH*, Beschl. v. 13. 4. 2006 – IX ZB 118/04 – ZVI 2006, 237, 238 trifft die Amtsermittlungspflicht auch das Beschwerdegericht, wenn gegen die Entscheidung des Insolvenzgerichts über den Insolvenzantrag gem. §§ 6, 34 InsO Beschwerde erhoben worden ist.

880 Für *Bollig*, Aufgaben, Befugnisse und Entschädigung des gerichtlichen Sachverständigen im Konkurseröffnungsverfahren, KTS 1990, 599, 605, gehört die Zulässigkeitsprüfung regelmäßig nicht zum Gutachtenauftrag eines gem. § 5 Abs. 1 Satz 1 InsO bestellten Sachverständigen, jedoch ist dieser verpflichtet, das Insolvenzgericht über Zweifel an der Zulässigkeit des Insolvenzantrages oder deren Wegfall durch Tilgung der Antragsforderung zu informieren. Einschränkend für den Fall der rechtlichen Einordnung der dem Insolvenzantrag zugrunde liegenden Forderung als kapitalersetzend, *Rendels*, Probleme der Gutachtertätigkeit im Insolvenzeröffnungsverfahren, NZG 1998, 839.

881 Vgl. hierzu allgemein: *BGH*, Beschl. v. 8. 11. 2007 – IX ZB 201/03 – BeckRS 2007 18807 (Soll der Insolvenzgrund allein aus einer Forderung des antragstellenden Gläubigers hergeleitet werden, reicht ihre Glaubhaftmachung nicht aus. Das Insolvenzverfahren darf in diesem Fall nur dann eröffnet werden, wenn die Forderung zur Überzeugung des Insolvenzgerichts feststeht); Beschl. v. 29. 6. 2006 – IX ZB 245/05 – ZVI 2006, 334f. (Rechtsschutzbedürfnis trotz des Wahlrechtes gem. § 103 InsO); Beschl. v. 13. 6. 2006 – IX ZB 88/05 – BeckRS 2006 08243; Beschl. v. 22. 9. 2005 – IX ZB 205/04 – NZI 2006, 34f.; Urt. v. 5. 11. 1956 – III ZR 139/55 – WM 1957, 67, 69 (kein Rechtsschutzbedürfnis bei einem bloßen Druckantrag); *Rendels*, Probleme der Gutachtertätigkeit im Insolvenzeröffnungsverfahren, NZG 1998, 839.

882 Bedenken dagegen, dass sich das Insolvenzgericht für die Zulassung eines Eigenantrages auf die Aussage des Insolvenzschuldners verlassen muss, hat Jaeger-*Gerhardt*, § 13 InsO, Rdnr. 25. Eine Begründung des Eigenantrages zur Darlegung des Rechtsschutzbedürfnisses und der Ernsthaftigkeit des Antrages hält *Schmahl* für erforderlich, vgl. MK-*Schmahl*, § 13 InsO, Rdnr. 105. Das *LG Koblenz*, Beschl. v. 25. 4. 2003 – 2 T 91/03 – ZVI 2003, 669, hat mit fragwürdiger Begründung die Einleitung eines Insolvenzverfahrens, mit der eine natürliche Person mit nur einem Gläubiger die Restschuldbefreiung verfolgt, als unzulässig angesehen.

883 *BGH*, Beschl. v. 22. 4. 2004 – IX ZB 64/03 – ZVI 2004, 281, 282: diese Pflicht gilt auch für das Verbraucherinsolvenzverfahren und den Stundungsantrag gem. § 4a InsO. Nach einer Entschei-

Ebenso hat das Insolvenzgericht die Begründetheit des Insolvenzantrages von Amts wegen zu prüfen.[884] Diese ist gegeben, wenn ein Eröffnungsgrund i.S.d. §§ 16ff. InsO vorliegt.[885] Das Insolvenzgericht darf nach § 4 InsO i.V.m. § 286 ZPO das Insolvenzverfahren – auch bei einem Eigenantrag[886] – nur eröffnen, wenn es die volle Überzeugung gewonnen hat, dass ein Eröffnungsgrund gegeben ist.[887] Zugleich hat das Insolvenzgericht von Amts wegen zu prüfen, ob eine kostendeckende Masse und – bei natürlichen Personen – ob die Voraussetzungen des § 304 InsO für das vereinfachte Insolvenzverfahren gem. §§ 311ff. InsO gegeben sind.[888] Zur Aufklärung des Sachverhaltes kann sich das Insolvenzgericht gem. § 5 Abs. 1 InsO aller gesetzlich zulässigen Beweismittel bedienen.[889] Wegen der wirtschaftlichen Auswirkungen der Eröffnung des Insolvenzverfahrens für alle Beteiligten hat das Insolvenzgericht die Ermittlungen zum Eröffnungsgrund mit besonderer Sorgfalt zu führen. Eine Verletzung dieser Ermittlungspflicht kann Amtshaftungsansprüche (§ 839 BGB i.V.m. Art. 34 GG) nach sich ziehen.[890]

---

dung des *AG Dresden,* Beschl. v. 13.2.2002 – 530 IN 2190/01 – ZIP 2002, 862f., besteht eine Amtsermittlungspflicht erst bei einem zulässigen Eigenantrag, der jedoch mangels Rechtsschutzbedürfnis nicht gegeben ist, wenn dem Insolvenzgericht die zur Beurteilung des Vorliegens der Insolvenzgründe und der Verfahrenskostendeckung erforderlichen Auskünfte nicht erteilt werden. Die Ausschöpfung von Zwangsmaßnahmen nach §§ 20 Abs. 1 Satz 2, 98 InsO ist nicht erforderlich, da diese nach Auffassung des AG einen zulässigen Eigenantrag voraussetzen.

884 Der Insolvenzantrag ist zurückzuweisen, wenn nach Ausschöpfung aller sachgerechten Ermittlungsmöglichkeiten das Vorliegen des Eröffnungsgrundes zweifelhaft geblieben ist (HK-*Kirchhof,* § 16 InsO, Rdnr. 18; MK-*Schmahl,* § 16 InsO, Rdnr. 40).

885 Diese müssen im Zeitpunkt der Verfahrenseröffnung vorgelegen haben, *BGH,* Beschl. v. 27.7.2006 – IX ZB 204/04 – NZI 2006, 693 (Tz. 8).

886 Jaeger-*Gerhardt,* § 13 InsO, Rdnr. 26; MK-*Schmahl,* § 16 InsO, Rdnr. 7, unter Hinweis auf die Missbrauchsmöglichkeiten bei der Sanierung durch einen Insolvenzplan oder durch die Restschuldbefreiung.

887 *BGH,* Beschl. v. 13.4.2006 – IX ZB 118/04 – ZVI 2006, 237, 239 hält ein für das praktische Leben brauchbaren Grad an Gewissheit für ausreichend; *BGH,* Urt. v. 5.11.1956 – III ZR 139/55 – WM 1957, 67, 68, zur Staatshaftung wegen fehlerhafter Eröffnungsentscheidung; *LG Wuppertal,* Beschl. v. 19.4.1999 – 6 T 176/99 – ZIP 1999, 720, zum Umfang der Amtsermittlungspflicht zur Feststellung der Zahlungsunfähigkeit; Jaeger-*Müller,* § 16 InsO, Rdnr. 6; *Rendels,* Probleme der Gutachtertätigkeit im Insolvenzeröffnungsverfahren, NZG 1998, 839, 840; MK-*Schmahl,* § 16 InsO, Rdnr. 7.

888 MK-*Schmahl,* § 16 InsO, Rdnr. 8, 9; *OLG Hamm,* Beschl. v. 2.11.2004 – 27 W 44/04 – ZIP 2005, 361, 362: die Frage der Verfahrenskostendeckung ist unter Einbeziehung auch der Forderungen aus Insolvenzanfechtung zu beantworten. Die Ermächtigung des vorläufigen Insolvenzverwalters zur gerichtlichen Geltendmachung von Anfechtungsansprüchen, um so eine Verfahrenskostendeckung zu erreichen und die Voraussetzungen für eine Verfahrenseröffnung zu schaffen, ist gesetzeswidrig. Nach *AG Köln,* Beschl. v. 7.3.2007 – 71 IN 609/06 – NZI 2007, 666, muss das Insolvenzgericht bei der Eröffnung des Insolvenzverfahrens vom Bestehen der Forderung überzeugt sein, wenn die dem Insolvenzantrag des Gläubigers zu Grunde liegende Forderung die einzige ist, aus der sich für den Fall ihres Bestehens der Insolvenzgrund ergeben würde.

889 MK-*Schmahl,* § 16 InsO, Rdnr. 17; Jaeger-*Müller,* § 10 InsO, Rdnr. 10, 12, nach dessen Auffassung das Insolvenzgericht nicht durch ein Geständnis des Insolvenzschuldners gem. §§ 288ff. ZPO gebunden wird. Nach Jaeger-*Gerhardt,* § 5 InsO, Rdnr. 12, ist die Aufzählung in § 5 Abs. 1 InsO nicht als abschließend anzusehen, vielmehr kann das Insolvenzgericht im Wege des Freibeweisverfahrens alle für erforderlich gehaltenen Ermittlungen anordnen und anstellen.

890 *BGH,* Urt. v. 5.11.1956 – III ZR 139/55 – WM 1957, 67ff.; Jaeger-*Müller,* § 16 InsO, Rdnr. 10. Siehe auch Kap. G.I.2.

Ein Rechtsmittel gegen Maßnahmen des Insolvenzgerichts im Rahmen der Amtsermittlungspflicht gem. § 5 InsO ist nach den Vorschriften der InsO nicht eröffnet.[891]

1.2.2. Der Sachverständige gem. § 5 Abs. 1 InsO

Nach allgemeiner Meinung hat sich das Insolvenzgericht bei der Sachverhaltsaufklärung der erforderlichen Sachkunde eines Sachverständigen zu bedienen.[892] Dieser unterliegt – wie bereits festgestellt worden ist – grundsätzlich der Aufsicht durch das Insolvenzgericht.[893] Dieser wird gem. § 5 Abs. 1 Satz 2 InsO damit beauftragt, die wirtschaftlichen Verhältnisse des Insolvenzschuldners zu ermitteln und ein Insolvenzgutachten zum Vorliegen der Insolvenzgründe und der Massekostendeckung zu erstellen. Gem. § 22 Abs. 1 Satz 2 Nr. 3 InsO kann der starke vorläufige Insolvenzverwalter zusätzlich beauftragt werden, eine Prognose der Fortführungsaussichten des Schuldnerunternehmens anzustellen. Die Insolvenzpraxis zeigt, dass der Sachverständige regelmäßig zum vorläufigen Insolvenzverwalter oder bei Verfahrenseröffnung zum Insolvenzverwalter bestellt wird.[894] Für diese Übung sprechen gute Gründe, denn bereits der Sachverständige verschafft sich die für die Insolvenzabwicklung erforderlichen Kontakte zu den beteiligten Kreditinstituten und Hauptgläubigern und initiiert die Weichenstellung für den weiteren Verfahrensablauf. Zugleich kann sich der Sachverständige umfangreiches Hintergrundwissen verschafft haben, das nicht Eingang in das Insolvenzgutachten findet und somit bei der Bestellung einer anderen Person zum Insolvenzverwalter Gefahr läuft, diesem nicht vermittelt zu werden.

1.2.3. Der vorläufige Insolvenzverwalter

Das Insolvenzgericht hat gem. § 21 Abs. 1 Satz 1 InsO alle zur Sicherung der Insolvenzmasse erforderlichen Maßnahmen zu treffen. Hierzu zählt die Bestellung eines vorläufigen Insolvenzverwalters, der aufgrund der gesetzlichen Verweisung in § 21 Abs. 2 Nr. 1 InsO auf §§ 58, 59 InsO in gleicher Weise wie der Insolvenzverwalter der Aufsicht des Insolvenzgerichts unterliegt. In der Insolvenzpraxis wird regelmäßig, jedoch nicht zwingend, eine Vorentscheidung über die Person des späteren Insolvenzverwalters getroffen, da der vorläufige Insolvenzverwalter in Erfüllung der ihm obliegenden Aufgaben für das eröffnete Insolvenzverfahren nutzbare

---

891 St. Rspr. des *BGH*, Beschl. v. 13. 6. 2006 – IX ZB 214/05 – DZWiR 2006, 476; Beschl. v. 4. 3. 2004 – IX ZB 133/03 – ZVI 2004, 240, mit der Ausnahme bei Anordnungen des Insolvenzgerichtes, die die Unverletzlichkeit der Wohnung betreffen; Beschl. v. 16. 10. 2003 – IX LB 133/03 – in: ZVI 2003, 590, 591.

892 Fn. 734.

893 Siehe Kap. D.I.2.

894 *BVerfG*, Beschl. v. 23. 5. 2006 – 1 BvR 2530/04 – NZI 2006, 453, 455 (Tz. 39); *Busch*, Die Bestellung des Insolvenzverwalters nach dem „Detmolder Modell“, DZWiR 2004, 353, 357; *Frind*, Brauchen wir die „automatisierte“ Verwalterauswahl?, ZInsO 2001, 481, 482; *Neubert*, Auswahl der (vorläufigen) Insolvenzverwalter/-walterinnen durch das Gericht, ZInsO 2002, 309, 313.

Kenntnisse erwerben kann.[895] Hieraus folgert, dass das Insolvenzgericht im Rahmen der vor der Bestellung des vorläufigen Insolvenzverwalters gem. §§ 21 Abs. 2 Nr. 1, 56 Abs. 1 InsO anzustellenden Eignungsprüfung zu berücksichtigen hat, dass dieser auch als Insolvenzverwalter geeignet ist.[896]

1.3. Die Aufsicht im eröffneten Insolvenzverfahren

Die Eröffnung des Insolvenzverfahrens und die Bestellung eines Insolvenzverwalters (§ 27 Abs. 1 InsO) definiert den formalen Beginn der Aufsicht gem. § 58 Abs. 1 InsO über den Insolvenzverwalter. Das Amt des Insolvenzverwalters bedarf der Annahme, die ausdrücklich oder konkludent erklärt werden kann.[897]

1.4. Die Aufsicht in der Wohlverhaltensperiode

Der Treuhänder in der Wohlverhaltensperiode steht aufgrund der Verweisung in § 293 Abs. 3 Satz 2 InsO ebenso wie der Insolvenzverwalter unter der Aufsicht des Insolvenzgerichts. Die wirksame Bestellung eines Treuhänders erfordert neben dem eigentlichen Bestellungsakt des Insolvenzgerichts (§ 291 Abs. 2 InsO) auch die Annahme des Amtes durch den ernannten Treuhänder.[898] Die Vorschriften der §§ 291 Abs. 2, 289 Abs. 1 InsO lassen den Schluss zu, dass die Bestellung des Treuhänders im Schlusstermin gem. § 197 InsO durch Beschluss erfolgt.[899] Wird nicht eine andere Person zum Treuhänder gem. § 291 Abs. 2 InsO bestimmt, so wirkt die Bestellung des Treuhänders gem. § 313 Abs. 1 InsO für die Wohlverhaltensperiode mit den Aufgaben des § 292 InsO fort.[900]

Bei der Bestimmung des Beginns der Aufsicht über den Treuhänder ist zu berücksichtigen, dass im Zeitpunkt der Bestimmung des Treuhänders das Insolvenzverfahren noch nicht beendet ist und der in diesem Verfahren bestellte Insolvenzverwalter weiter die Verwaltungs- und Verfügungsbefugnis über die bereits nach

---

895 *BVerfG*, Beschl. v. 23. 5. 2006 – 1 BvR 2530/04 – NZI 2006, 453, 455 (Tz. 39); *OLG Köln*, Beschl. v. 11. 9. 1986 – 2 W 224/86 – ZIP 1986, 1261.

896 *Schmittmann*, Rechtsprechungsübersicht zur Entlassung des (vorläufigen) Insolvenzverwalters von Amts wegen, NZI 2004, 239.

897 Andres/Leithaus-*Andres*, § 56 InsO, Rdnr. 11; HK-*Eickmann*, § 56 InsO, Rdnr. 29; MK-*Graeber*, § 56 InsO, Rdnr. 139; Uhlenbruck/*Uhlenbruck*, § 56 InsO, Rdnr. 89.

898 H.M. vgl. MK-*Ehricke*, § 292 InsO, Rdnr. 11; N/R-*Römermann*, § 292 InsO, Rdnr. 24; Uhlenbruck-*Vallender*, § 291 InsO, Rdnr. 13; ebenso der Gesetzgeber, wenn die Wirksamkeit der Abtretungserklärung ausdrücklich von der Ernennung des Treuhänder und dessen Erklärung, zur Amtsübernahme bereit zu sein, abhängig gemacht wird, vgl. Begrd.RegE zu § 287 InsO, zit. n. *Balz/Landfermann*, Die neuen Insolvenzgesetze, S. 405; a.A. Kübler/Prütting-*Wenzel*, § 291 InsO, Rdnr. 2.

899 Uhlenbruck-*Vallender*, § 291 InsO, Rdnr. 20. Dieses gilt ausnahmsweise auch bei der Verfahrenseinstellung nach § 211 InsO (Masseunzulänglichkeit), für die gesetzlich ein Schlusstermin nicht vorgeschrieben, jedoch – anders als bei einer Verfahrenseinstellung nach § 207 InsO (Masselosigkeit) – die Restschuldbefreiung eröffnet ist(§ 289 Abs. 3 InsO), vgl. HK-*Landfermann*, § 289 InsO, Rdnr. 10; MK-*Stephan*, § 289 InsO, Rdnr. 25 f.

900 *BGH*, Beschl. v. 17. 6. 2007 – IX ZB 92/03 – BeckRS 2004, 06410.

§§ 35, 36 InsO vom Insolvenzbeschlag erfassten pfändbaren Bezüge des Insolvenzschuldners hat. Bei Personenidentität zwischen dem Insolvenzverwalter und dem Treuhänder macht es für die Aufsicht des Insolvenzgerichts keinen Unterschied, ob diese unmittelbar aus § 58 Abs. 1 InsO oder durch die Verweisung in § 292 Abs. 3 Satz 2 InsO begründet wird. Bei fehlender Personenidentität kann die Überschneidung zwischen der (Rest-)Laufzeit des Insolvenzverfahrens und dem Beginn der Laufzeit der Abtretung gem. § 287 Abs. 2 InsO sinnvoll nur dahin aufgelöst werden, dass die Tätigkeit des Treuhänders der Wohlverhaltensperiode erst mit der Aufhebung bzw. Einstellung des Insolvenzverfahrens beginnt.[901]

Von dem Beginn der Tätigkeit des Treuhänders ist die Wirksamkeit der Abtretungserklärung gem. § 287 Abs. 2 InsO zu unterscheiden. Eine wirksame Forderungsabtretung bedarf als zweiseitiger Vertrag zweier übereinstimmender Willenserklärungen – Angebot und Annahme –. Das Abtretungsangebot ist vom Insolvenzschuldner gem. § 287 Abs. 2 Satz 1 InsO schriftlich zu erklären. Die Annahme dieses Angebotes durch den nach § 291 Abs. 2 InsO benannten Treuhänder erfolgt nach dem Willen des Gesetzgebers konkludent durch dessen Bereitschaft zur Übernahme des Treuhänderamts.[902] Ungeachtet dessen ergibt sich die Massezugehörigkeit der pfändbaren Einkünfte des Insolvenzschuldners bis zur Beendigung des Insolvenzverfahrens unmittelbar aus dem Gesetz (§§ 35, 36 InsO) und nicht aus der Abtretungserklärung.

2. Formale Beendigung der insolvenzgerichtlichen Aufsicht

Das Ende der insolvenzgerichtlichen Aufsicht wird verfahrensrechtlich durch die Beendigung des Insolvenzverfahrens, entweder durch Einstellung nach §§ 207 Abs. 1 Satz 1, 211 Abs. 1, 212, 213 InsO oder durch Aufhebung nach §§ 200 Abs. 1, 258 Abs. 1 InsO, in Bezug auf die beaufsichtigte Person durch die Beendigung der Amtsstellung definiert.[903] Die insolvenzrechtlichen Vorschriften normieren aber für den Insolvenzverwalter Handlungspflichten, die, wie z.B. die Schlussrechnungslegungspflicht (§ 66 Abs. 1 InsO), die Herausgabe eines nach Verteilung verbleibenden Überschusses an den Insolvenzschuldner (§ 199 InsO) und die Pflicht zur Rückgabe der Bestallungsurkunde (§ 56 Abs. 2 Satz 2 InsO), über das Verfahrensende und die formale Beendigung der Amtsstellung hinauswirken.

2.1. Beendigung der Aufsicht über den Sachverständigen

Die Aufsicht des Insolvenzgerichts über den gem. § 5 Abs. 1 Satz 1 InsO bestellten Sachverständigen endet mit der Erstellung und Einreichung eines Insolvenzgut-

---

901 MK-*Ehricke*, § 292 InsO, Rdnr. 11; N/R-*Römermann*, § 292 InsO, Rdnr. 15.
902 MK-*Stephan*, § 287 InsO, Rdnr. 54; zu den damit verbundenen rechtlichen Schwierigkeiten, z.B. bei einem Wechsel in der Person des Treuhänders, siehe nur: HK-*Landfermann*, § 287 InsO, Rdnr. 16.
903 Jaeger-*Gerhardt*, § 56 InsO, Rdnr. 75.

achtens. Das Insolvenzgericht kann gem. § 4 InsO i.V.m. § 412 Abs. 1 ZPO von diesem eine Ergänzung des Gutachtens oder die Erstellung eines neuen Insolvenzgutachtens verlangen. In diesem Fall endet die Aufsicht über den Sachverständigen mit der Erstellung eines Insolvenzgutachtens, das dem Insolvenzgericht eine sichere Grundlage für die Beurteilung des Vorliegens der Eröffnungsvoraussetzungen bietet. Gem. § 4 InsO i.V.m. § 412 Abs. 2 ZPO kann das Insolvenzgericht auch einen anderen Sachverständigen mit der Erstellung eines Insolvenzgutachtens beauftragen, wenn sich das Insolvenzgutachten des zunächst bestellten Sachverständigen als ungenügend erweist und eine Nachbesserung für nicht aussichtsreich angesehen wird. In diesem Fall endet die Aufsicht über den Sachverständigen mit dessen Entbindung von der Erstellung des Insolvenzgutachtens.

2.2. Ende der Aufsicht über den vorläufigen Insolvenzverwalter

Die Aufsicht des Insolvenzgerichts über den vorläufigen Insolvenzverwalter endet formell mit der Beendigung der vorläufigen Insolvenzverwaltung, d.h. mit der Rücknahme des Insolvenzantrages gem. § 13 Abs. 2 InsO, der Abweisung des Insolvenzantrages mangels Masse (§ 26 Abs. 1 InsO) oder mit der Eröffnung des Insolvenzverfahrens (§ 27 Abs. 1 InsO). Das Insolvenzgericht hat ferner – auch vor der Entscheidung über den Insolvenzantrag – von Amts wegen die gem. §§ 21, 22 InsO angeordneten Sicherungsmaßnahmen, insbesondere die Bestellung eines vorläufigen Insolvenzverwalters, aufzuheben, wenn deren Beibehaltung nicht mehr erforderlich ist, weil eine nachteilige Änderung der Vermögenslage des Insolvenzschuldners bzw. der Insolvenzmasse nicht mehr zu besorgen ist.[904] Anders als in den Fällen der Antragserledigung oder Antragsrücknahme,[905] bedarf es bei der Eröffnung des Insolvenzverfahrens keiner gesonderten Aufhebung der gem. §§ 21, 22 InsO angeordneten Sicherungsmaßnahmen, da diese durch den umfassenden Insolvenzbeschlag des § 80 Abs. 1 InsO ersetzt werden.[906]

Fraglich ist, ob sich der vorläufige Insolvenzverwalter gegen eine Aufhebung der Sicherungsmaßnahmen mit der sofortigen Beschwerde wenden kann. Der Gesetzgeber hat für diesen Fall ein Rechtsmittel nicht vorgesehen (§§ 6, 25, 34 InsO). Ein Rechtsschutzbedürfnis könnte sich jedoch daraus ergeben, dass der vorläufige Insolvenzverwalter nach § 25 Abs. 2 InsO vor der Aufhebung seiner Bestellung die

---

904 Jaeger-*Gerhardt*, § 25 InsO, Rdnr. 1; MK-*Haarmeyer*, § 25 InsO, Rdnr. 10ff.; Kübler/Prütting-*Pape*, § 25 InsO, Rdnr. 4, ausdrücklich den Fall der sich abzeichnenden Abweisung des Insolvenzantrages nennend; *Prager/Thiemann*, Die Aufhebung der vorläufigen Verwaltung und sonstiger Sicherungsmaßnahmen, NZI 2001, 634, 635; HambK-*Schröder*, § 25 InsO, Rdnr. 5; Smid-*Smid/Thiemann*, § 25 InsO, Rdnr. 5; Uhlenbruck-*Uhlenbruck*, § 25 InsO, Rdnr. 2, 4. Die in § 29 Abs. 1 RegE hierzu vorgesehene Regelung wurde im Gesetzgebungsverfahren gestrichen, weil es sich auch ohne ausdrückliche Regelung ergibt, dass die Sicherungsmaßnahmen bei Wegfall des Sicherungsbedürfnisses aufzuheben sind (Bericht. d. RechtsA zu § 25 InsO, zit. n. *Balz/Landfermann*, Die neuen Insolvenzgesetze, S. 102).

905 HK-*Kirchhof*, § 21 InsO, Rdnr. 56; offengelassen von *BGH*, Beschl. v. 20. 9. 2007 – IX ZB 37/07 – NZI 2008, 100 (Tz. 7).

906 Uhlenbruck-*Uhlenbruck*, § 25 InsO, Rdnr. 2.

entstandenen Kosten und die von ihm begründeten Verbindlichkeiten zu erfüllen hat.[907] Voraussetzung ist jedoch, dass die Verbindlichkeiten von einem vorläufigen Insolvenzverwalter mit Verwaltungs- und Verfügungsbefugnis (§ 22 Abs. 1 InsO) oder im Rahmen der diesem nach § 22 Abs. 2 InsO erteilten Ermächtigung begründet worden sind.[908] In der Literatur wird aus § 59 Abs. 2 hergeleitet, dass dem vorläufigen Verwalter vor der Aufhebung von Sicherungsmaßnahmen gem. § 21 InsO rechtliches Gehör zu gewähren ist.[909]

Der *BGH* hat eine Beschwerdebefugnis des vorläufigen Insolvenzverwalters gegen die Aufhebung von Sicherungsmaßnahmen nach §§ 21, 22 InsO abgelehnt.[910]

Zur Begründung hat der *BGH* darauf verwiesen, dass der Gesetzgeber für diesen Fall die sofortige Beschwerde nicht eröffnet hat (§ 6 Abs. 1 InsO).[911] Eine analoge Anwendung des § 59 Abs. 2 InsO scheidet aus, weil die Entlassung aus wichtigem Grund nicht mit der Aufhebung von Sicherungsmaßnahmen gem. § 21 InsO oder der Beendigung des Amtes des vorläufigen Insolvenzverwaltung bei Verfahrenseröffnung oder Abweisung mangels Masse (§ 26 InsO) vergleichbar ist.[912] Schließlich lässt sich eine Beschwerdemöglichkeit nicht mit Art 19 Abs. 4 GG begründen, da diese Vorschrift nur demjenigen Rechtsschutz gewährt, der durch die öffentliche Gewalt in seinen subjektiven Rechten verletzt wird. Die Vorschrift des § 25 Abs. 2 InsO dient aber nur der sachgerechten Beendigung der vorläufigen Insolvenzverwaltung, ohne jedoch Ansprüche der genannten Gläubiger oder des vorläufigen Insolvenzverwalters mit seinem Vergütungsanspruch zu begründen.[913]

Diese Entscheidung überzeugt. Der Insolvenzrichter hat somit die Vorschrift des § 25 Abs. 2 InsO im Rahmen seiner Verfahrensleitung bei der Aufhebung von Sicherungsmaßnahmen oder der Abweisung des Eröffnungsantrages mangels Masse zu beachten.[914] Der Einräumung einer „Wartefrist“ bedarf es nicht bei der Verfahrenseröffnung unter den Voraussetzungen des § 55 Abs. 2 InsO.

Das Amt des vorläufigen Insolvenzverwalters endet nicht nur mit der Aufhebung der Anordnung der vorläufigen Insolvenzverwaltung (actus contrarius zum Anordnungsbeschluss) oder mit der Eröffnung des Insolvenzverfahrens sondern auch mit dessen Amtsentlassung gem. §§ 21 Abs. 2 Nr. 1, 59 Abs. 1 InsO, dessen Tod oder bei Eintritt von dessen Geschäftsunfähigkeit. Zwar verliert der vorläufige Insolvenzverwalter in diesen Fällen alle materiell-rechtlichen und prozessualen Befugnisse, jedoch folgt daraus nicht, dass er sich jedweder Tätigkeit enthalten muss

---

907 Zu der vergleichbaren Regelung für den Fall der Aufhebung des Eröffnungsbeschlusses in §§ 116 Satz 2, 191 KO: *Uhlenbruck*, Rechtsfolgen der Beendigung des Konkursverfahrens, ZIP 1993, 241, 243.
908 MK-*Haarmeyer*, § 25 Inso, Rdnr. 6f.
909 Jaeger-*Gerhardt*, § 25 InsO, Rdnr. 7.
910 *BGH*, Beschl. v. 17. 1. 2008 – IX ZB 20/07 – ZInsO 2008, 203, 204 (Tz. 6); Beschl. v. 26. 10. 2006 – IX ZB 163/05 – NZI 2007, 99ff.
911 *BGH*, Beschl. v. 26. 10. 2006 – IX ZB 163/05 – NZI 2007, 99, 100 (Tz. 6).
912 *BGH*, Beschl. v. 26. 10. 2006 – IX ZB 163/05 – NZI 2007, 99, 100 (Tz. 10).
913 *BGH*, Beschl. v. 26. 10. 2006 – IX ZB 163/05 – NZI 2007, 99, 100 (Tz. 13).
914 MK-*Haarmeyer*, § 25 InsO, Rdnr. 16.

(darf). Vielmehr ergeben sich dem Amte nachlaufende Handlungspflichten für den vorläufigen Insolvenzverwalter. Es bedarf hier deshalb – im Hinblick auf die insolvenzgerichtliche Aufsicht aber auch zur Sicherheit des Rechtsverkehrs – eine Bestimmung der (noch) zulässigen Abwicklungstätigkeiten des vorläufigen Insolvenzverwalters.[915]

Nach §§ 21 Abs. 2 Satz 1, 66 Abs. 1 InsO hat der vorläufige Insolvenzverwalter nach Beendigung seines Amtes über seine Tätigkeit Schlussrechnung zu legen, die das Insolvenzgericht zu prüfen hat (§ 66 Abs. 2 Satz 1 InsO). Aufgrund der Verweisung in § 21 Abs. 2 Satz 1 InsO kann die Erfüllung dieser Rechnungslegungspflicht auch nach Beendigung des Amtes mit den Zwangsmaßnahmen des § 58 Abs. 2 InsO durchgesetzt werden. Weiter hat der vorläufige Insolvenzverwalter im Rahmen der vorläufigen Insolvenzverwaltung vereinnahmte, dem Vermögen des Insolvenzschuldners zuzuordnende Geldbeträge[916] oder in Besitz genommene (Geschäfts-)Unterlagen an den Insolvenzschuldner (bei einer Erledigung bzw. Rücknahme des Insolvenzantrages oder eine Abweisung des Insolvenzantrages gem. § 26 Abs. 1 InsO) oder – im Fall der Verfahrenseröffnung – an den bestellten Insolvenzverwalter herauszugeben. Die Erfüllung dieser Herausgabepflicht kann das Insolvenzgericht gem. §§ 21 Abs. 2 Nr. 1, 58 Abs. 3 InsO mit den Zwangsmitteln des § 58 Abs. 2 InsO durchsetzen.

Eine weitergehende Kompetenzzuweisung folgt aus § 25 Abs. 2 InsO für den Fall, dass nach Anordnung der „starken" vorläufigen Insolvenzverwaltung – *„Ist die Verfügungsbefugnis (...) auf einen vorläufigen Insolvenzverwalter übergegangen"*[917] – die nach

---

915 MK-*Haarmeyer*, § 25 InsO, Rdnr. 16.

916 So bereits zur KO: *Uhlenbruck*, Rechtsfolgen der Beendigung des Konkursverfahrens, ZIP 1993, 241, 242.

917 Eine analoge Anwendung auf den „schwachen" vorläufigen Insolvenzverwalter wird von der h.M. abgelehnt: *BGH*, Urt. v. 22.2.2007 – IX ZR 2/06 – NZI 2008, 338, 339 (Tz. 16) – *„im Regelfall"* –; *OLG Celle*, Beschl. v. 4.4.2001 – 2 W 36/01 – NZI 2001, 306; Jaeger-*Gerhardt*, § 25 InsO, Rdnr. 4; MK-*Haarmeyer*, § 25 InsO, Rdnr. 8; Braun-*Kind*, § 25 InsO, Rdnr. 11; *Prager/Thiemann*, Die Aufhebung der vorläufigen Verwaltung und sonstiger Sicherungsmaßnahmen, NZI 2001, 634, 636; HambK-*Schröder*, § 25 InsO, Rdnr. 10; Smid *Smid/Thiemann*, § 25 InsO, Rdnr. 10; Uhlenbruck-*Uhlenbruck*, § 25 InsO, Rdnr. 25. Gegen eine solche Analogie spricht der Wortlaut des § 25 Abs. 2 InsO und die mangels Übergangs der Verwaltungs- und Verfügungsbefugnis gem. § 22 Abs. 1 InsO fehlende Rechtsmacht des „schwachen" vorläufigen Insolvenzverwalters, wirksam Verbindlichkeiten der Insolvenzmasse begründen zu können. Etwas anderes muss für Verbindlichkeiten gelten, die der „schwache" vorläufige Insolvenzverwalter in Ausübung der ihm über einzelne Massegegenstände zugewiesenen Verfügungsbefugnis oder einer Einzelermächtigung gem. § 22 Abs. 2 InsO begründet, vgl. Braun-*Kind*, § 25 InsO, Rdnr. 11; MK-*Haarmeyer*, § 25 InsO, Rdnr. 8; N/R-*Mönning*, § 25 InsO, Rdnr. 5; HambK-*Schröder*, § 25 InsO, Rdnr. 10; Uhlenbruck-*Uhlenbruck*, § 25 InsO, Rdnr. 25; oder wenn der vorhandene Kassenbestand für die Kosten der vorläufigen Insolvenzverwaltung verwandt werden soll, vgl. *BGH*, Urt. v. 22.2.2007 – IX ZR 2/06 – NZI 2008, 338, 339 (Tz. 16); *OLG Celle*, Beschl. v. 4.4.2001 – 2 W 36/01 – NZI 2001, 306; a.A. HambK-*Schröder*, § 25 InsO, Rdnr. 10. Eine analoge Anwendung hat der *BGH*, Urt. v. 22.2.2007 – IX ZR 2/06 – NZI 2008, 338, 339 (Tz. 17), auch für den Fall angenommen, dass ein „schwacher" vorläufiger Insolvenzverwalter ohne ausdrückliche Einzelermächtigung nach § 22 Abs. 2 InsO sicherungszedierte Forderungen einzieht und es nicht zu einer Insolvenzeröffnung kommt. Eine entsprechende Anwendung des § 25 Abs. 2 InsO scheidet jedoch aus, wenn Druck auf den Insolvenzschuldner ausgeübt werden soll, z.B. um

§ 22 Abs. 1 InsO angeordnete Verfügungsbeschränkung aufgehoben[918], der Insolvenzantrag zurückgenommen oder mangels Masse (§ 26 Abs. 1 InsO) abgewiesen wird.[919] § 25 Abs. 2 InsO ist entsprechend anzuwenden, wenn ein Eröffnungsbeschluss im Beschwerdeverfahren aufgehoben wird.[920] Dagegen werden mit der Eröffnung des Insolvenzverfahrens die vom „starken" vorläufigen Insolvenzverwalter begründeten Verbindlichkeiten nach § 55 Abs. 2 InsO in den Rang von Masseverbindlichkeiten erhoben, so dass es insoweit der Regelung des § 25 Abs. 2 InsO nicht bedarf.[921] Diese Vorschrift verpflichtet den Insolvenzrichter nach Ansicht von *Haarmeyer,* trotz des Eintritts eines Aufhebungsgrundes keinen unpassenden, die Sicherungsmaßnahmen und die vorläufige Verwaltung gänzlich aufhebenden Beschluss zu fassen, wenn nicht feststeht, dass einer Beendigung des Verfahrens keine schützenswerten Interessen des Insolvenzverwalters bzw. der mit ihm kontrahierenden Gläubiger entgegenstehen.[922] Normzweck des § 25 Abs. 2 InsO ist, Auseinandersetzungen um die Erfüllung der von einem vorläufigen Insolvenzverwalter begründeten Verbindlichkeiten zu vermeiden und den Vergütungs- und Auslagenerstattungsanspruch des vorläufigen Insolvenzverwalters zu sichern.[923] Das Insolvenzgericht hat deshalb nach dem Willen des Gesetzgebers dem vorläufigen Insolvenzverwalter vor der Amtsentlassung Gelegenheit zu geben, die in § 25 Abs. 2 InsO genannten Kosten und Verbindlichkeiten der vorläufigen Insolvenzverwaltung zu begleichen.[924] Für die Umsetzung dieses gesetzgeberischen Willens in der Insolvenzpraxis werden in der Literatur verschiedene Lösungsmöglichkeiten angeboten. *Mönning* schlägt die Anordnung einer Nachtragsliquidation analog § 211 Abs. 3 InsO im Zusammenhang mit der Aufhebung der Sicherungsmaßnahmen vor.[925] Nach Auffassung von *Pape* hat der vorläufige Insolvenzverwalter sofort nach Erkennbarwerden der Abweisungsreife seinen Vergütungs- und Auslagenersatzan-

---

diesen zur Bezahlung der Vergütung des vorläufigen Insolvenzverwalters zu bewegen, vgl. *OLG Celle,* Beschl. v. 4. 4. 2001 – 2 W 36/01 – NZI 2001, 306.

918 Braun-*Kind,* § 25 InsO, Rdnr. 8; HK-*Kirchhof,* § 25 InsO, Rdnr. 4; *Prager/Thiemann,* Die Aufhebung der vorläufigen Verwaltung und sonstiger Sicherungsmaßnahmen, NZI 2001, 634, 636.

919 Andres/Leithaus-*Leithaus,* § 25 InsO, Rdnr. 3; *Prager/Thiemann,* Die Aufhebung der vorläufigen Verwaltung und sonstiger Sicherungsmaßnahmen, NZI 2001, 634, 636.

920 HK-*Kirchhof,* § 25 InsO, Rdnr. 4; *Prager/Thiemann,* Die Aufhebung der vorläufigen Verwaltung und sonstiger Sicherungsmaßnahmen, NZI 2001, 634, 636. Die vom Insolvenzverwalter bis zur Aufhebung des Eröffnungsbeschlusses vorgenommenen Rechtshandlungen bleiben wirksam, § 34 Abs. 3 Satz 3 InsO.

921 Jaeger-*Gerhardt,* § 25 InsO, Rdnr. 10; Braun-*Kind,* § 25 InsO, Rdnr. 7; Kübler/Prüttting-*Pape,* § 25 InsO, Rdnr. 6a; *Pohlmann,* Befugnisse, Rdnr. 367; *Prager/Thiemann,* Die Aufhebung der vorläufigen Verwaltung und sonstiger Sicherungsmaßnahmen, NZI 2001, 634, 635; Smid-*Smid/Thiemann,* § 25 InsO, Rdnr. 6.

922 MK-*Haarmeyer,* § 25 InsO, Rdnr. 16.

923 Begrd.RegE zu § 25 InsO, zit. n. *Balz/Landfermann,* Die neuen Insolvenzgesetze, S. 102; MK-*Haarmeyer,* § 25 InsO, Rdnr. 1; *Prager/Thiemann,* Die Aufhebung der vorläufigen Verwaltung und sonstiger Sicherungsmaßnahmen, NZI 2001, 634, 635. Für *Uhlenbruck,* Rechtsfolgen der Beendigung des Konkursverfahrens, ZIP 1993, 241, 242, war der KO-Sequester berechtigt, mit seinem festgesetzten Vergütungsanspruch gegen den Herausgabeanspruch des Schuldners am Treuhandguthaben aufzurechnen.

924 Begrd.RegE zu § 25 InsO, zit. n. *Balz/Landfermann,* Die neuen Insolvenzgesetze, S. 102.

925 N/R-*Mönning,* § 25 InsO, Rdnr. 28.

trag zu stellen und die anderen Forderungen bzw. Verbindlichkeiten schnellstmöglich zu erfüllen.[926] *Schmerbach* fordert, dass das Insolvenzgericht die Aufhebung der Sicherungsmaßnahmen so lange zurückstellt, bis die Verbindlichkeiten und die Kosten der vorläufigen Insolvenzverwaltung beglichen sind, oder der vorläufige Insolvenzverwalter den hierzu erforderlichen Betrag unter Verzicht auf das Recht zur Rücknahme hinterlegt hat.[927] *Smid*, u.a. empfehlen die Hinterlegung des für die Erfüllung der Verbindlichkeiten erforderlichen Betrages auf einem Treuhandkonto des vorläufigen Insolvenzverwalters.[928] Eine andere, u.a. von *Kirchhof* und *Haarmeyer* vertretene Ansicht, unterscheidet zwischen der Aufhebung der nicht mehr erforderlichen Sicherungsmaßnahmen und der Abberufung des vorläufigen Insolvenzverwalters. Während erstere die Rückübertragung der Verwaltungs- und Verfügungsbefugnis auf den Insolvenzschuldner bewirkt, wird der vorläufige Insolvenzverwalter nach § 22 Abs. 2 InsO ermächtigt, die Verbindlichkeiten und Kosten der vorläufigen Insolvenzverwaltung zu bestreiten, und erst abberufen, wenn er den Nachweis der Erfüllung der Restbefugnisse aus § 25 Abs. 2 InsO geführt hat.[929] Diese Auffassung bietet ohne die Notwendigkeit eines Analogieschlusses zu § 211 Abs. 3 InsO einen sinnvollen Ausgleich zwischen dem Gebot zur Aufhebung der nach dem verfassungsrechtlichen Verhältnismäßigkeitsgrundsatz nicht mehr zulässigen Sicherungsmaßnahme gem. §§ 21, 22 InsO[930] und der notwendigen Rechtssicherheit hinsichtlich der Erfüllung der Restbefugnisse des § 25 Abs. 2 InsO. Reicht das vom vorläufigen Insolvenzverwalter mit der ihm nach § 22 Abs. 2 InsO erteilten Ermächtigung verwaltete Schuldnervermögen nicht aus, um die in § 25

---

926 Kübler/Prütting-*Pape*, § 25 InsO, Rdnr. 9ff.

927 FK-*Schmerbach*, § 29 InsO, Rdnr. 20f.; ebenso: *Braun/Uhlenbruck*, Unternehmensinsolvenz, S. 267; Jaeger-*Gerhardt*, § 25 InsO, Rdnr. 15f.. Verfassungsrechtliche Bedenken gegen diese Vorgehensweise hat *Pohlmann*, Befugnisse, Rdnr. 398.

928 *Smid*, Praxishandbuch Insolvenzrecht, § 4 Rdnr. 123; der beim „schwachen" vorläufigen Insolvenzverwalter hierfür eine Einzelermächtigung gem. § 22 Abs. 2 InsO für erforderlich hält. Siehe auch *AG Hamburg*, Beschl. v. 22. 4. 2004 – 67 c IN 46/04 – NZI 2004, 386ff., zur Einzelermächtigung zur Einrichtung eines Treuhandkontos zum Zwecke der Befriedigung bestimmter, während der von einem „schwachen" vorläufigen Insolvenzverwalter begründeten Verbindlichkeiten.

929 MK-*Haarmeyer*, § 25 InsO, Rdnr. 19ff., der ein dreistufiges Aufhebungsverfahren; Braun-*Kind*, § 25 InsO, Rdnr. 10; HK-*Kirchhof*, § 25 InsO, Rdnr. 5; *Prager/Thiemann*, Die Aufhebung der vorläufigen Verwaltung und sonstiger Sicherungsmaßnahmen, NZI 2001, 634, 637; Smid-*Smid/Thiemann*, § 25 InsO, Rdnr. 15f.; wohl auch Uhlenbruck-*Uhlenbruck*, § 25 InsO, Rdnr. 11, 12, der zwar das dreistufige Aufhebungsverfahren von Haarmeyer ablehnt, im Ergebnis aber wohl ebenso verfahren will.

930 *BGH*, Urt. v. 18. 7. 2002 – IX ZR 195/01 – NZI 2002, 543, 545; Beschl. v. 20. 3. 1986 – III ZR 55/85 – NJW-RR 1986, 1188, 1189; *Grit/Prager*, Keine Begründung von Masseverbindlichkeiten durch vorläufigen schwachen Verwalter – Kann ein Betrieb nur noch von vorläufigen starken Verwaltern fortgeführt werden?, NZI 2002, 653, 654; *Haarmeyer*, Verfahrensrechtliche Voraussetzungen für die Anordnung von Sicherungsmaßnahmen, ZInsO 2001, 203, 206, jedoch mit der verfassungsrechtlich bedenklichen Einschränkung, dass bei einem „lebenden" Unternehmen die Anordnung der „starken" vorläufigen Insolvenzverwaltung *„zwangsläufig"* sei; *Prager/Thiemann*, Die Aufhebung der vorläufigen Verwaltung und sonstiger Sicherungsmaßnahmen, NZI 2001, 634, 635; *Smid*, Gesetzlich zulässige Reichweite der Entmachtung von Schuldner und schuldnerischen Gesellschaftsorganen und der Ermächtigung des vorläufigen Insolvenzverwalters durch insolvenzgerichtliche Anordnung nach §§ 21, 22 InsO, DZWiR 2002, 444, 445.

Abs. 2 InsO genannten Verbindlichkeiten gänzlich zu erfüllen, hat er dieses nach der Rangordnung des § 209 Abs. 1 InsO entsprechend zu verteilen.[931]

Für die Aufsicht des Insolvenzgerichts ist zu unterscheiden, ob das Insolvenzverfahren eröffnet wird oder nicht. Im ersten Fall untersteht der vorläufige Insolvenzverwalter weiter der Aufsicht des Insolvenzgerichts, wenn er denn zum Insolvenzverwalter bestellt worden ist. Andernfalls richtet sich die Aufsicht auf die Überwachung der Erfüllung der der formellen Beendigung der Amtsstellung nachwirkenden Handlungspflichten. Dieses gilt auch für den Fall, dass das Insolvenzverfahren – gleichviel aus welchem Grunde – überhaupt nicht eröffnet wird. In diesen Fällen hat der funktionell zuständige Insolvenzrichter die Kostenberechnung des vorläufigen Insolvenzverwalters und die Bezahlung der Verbindlichkeiten i. S. d. § 25 Abs. 2 InsO zu überwachen.[932] Er ist aber nicht berechtigt, hierbei Handlungsanweisungen an den vorläufigen Insolvenzverwalter, z. B. zur Bezahlung bestimmter Verbindlichkeiten oder zur Rückzahlung von Masseentnahmen, zu geben.[933] Das Insolvenzgericht ist demgegenüber verpflichtet, dem vorläufigen Insolvenzverwalter die Möglichkeit zur Erfüllung der Verbindlichkeiten i. S. d. § 25 Abs. 2 InsO zu geben, indem dieser trotz verfahrensbeendender Beschlussfassung und (Teil-)Aufhebung der Sicherungsmaßnahmen hierzu ermächtigt bleibt. Erst wenn die ordnungsgemäße Erfüllung auch dieser Restaufgaben vom vorläufigen Insolvenzverwalter nachgewiesen und vom Insolvenzgericht festgestellt worden ist, kann auch diese letzte Sicherungsmaßnahme aufgehoben werden. Die Aufsicht des Insolvenzgericht (§ 58 Abs. 1 InsO) über den vorläufigen Insolvenzverwalter endet hier.

2.3. Ende der Aufsicht über den Insolvenzverwalter

Auch bei der insolvenzgerichtlichen Aufsicht über den Insolvenzverwalter ist zwischen deren formellen und materiellen Ende zu unterscheiden.

In formeller Hinsicht endet die Aufsichtspflicht des Insolvenzgerichts entweder mit der Beendigung der Amtsstellung des Insolvenzverwalters oder mit der Beendigung des Insolvenzverfahrens. Das Amt des Insolvenzverwalters endet mit der Wahl eines anderen Insolvenzverwalters durch die Gläubigerversammlung gem. § 57 InsO und dessen Bestätigung durch das Insolvenzgericht, oder mit dessen Entlassung gem. § 56 Abs. 1 InsO. Im Fall der Einstellung des Insolvenzverfahrens gem. §§ 207, 211 bis 213 InsO sowie der Aufhebung des Insolvenzverfahrens nach Durchführung der Schlußverteilung gem. § 200 InsO endet das Amt des Insolvenzverwalters automatisch mit der Rechtskraft des Aufhebungsbeschlusses. Diese Rechtsfolge hat der Gesetzgeber für die Aufhebung des Insolvenzverfahrens nach Rechtskraft des den Insolvenzplan bestätigenden Beschlusses (§ 258 Abs. 1 InsO)

---

931 MK-*Haarmeyer*, § 25 InsO, Rdnr. 23; Braun-*Kind*, § 25 InsO, Rdnr. 10; HK-*Kirchhof*, § 25 InsO, Rdnr. 7; Kübler/Prütting-*Pape*, § 25 InsO, Rdnr. 16; Uhlenbruck-*Uhlenbruck*, § 25 InsO, Rdnr. 16.
932 Jaeger-*Gerhardt*, § 25 InsO, Rdnr. 15.
933 Siehe Kap. F.V.1.

ausdrücklich in § 259 Abs. 1 InsO geregelt. In Insolvenzverfahren über das Vermögen natürlicher Personen endet das Amt des (bisherigen) Insolvenzverwalters bzw. Treuhänders gem. § 313 Abs. 1 InsO mit der Bestellung einer anderen Person zum Treuhänder gem. § 291 Abs. 2 InsO.[934] Eine Amtsniederlegung durch den Insolvenzverwalter ist nicht möglich. Dieser muss deshalb für seine Amtsentlassung einen wichtigen Grund anführen.[935] Schließlich endet das Amt des Insolvenzverwalters mit dessen Tod oder mit Eintritt von dessen Geschäftsunfähigkeit.[936]

Hiervon zu unterscheiden ist der Fall einer Geschäftsunfähigkeit des Insolvenzverwalters bereits im Zeitpunkt der Bestellung des Insolvenzverwalters gem. § 56 Abs. 1 InsO oder der Wahl durch die Gläubigerversammlung gem. § 57 InsO. Nach allg. M. ist in diesem Fall die Ernennung oder Wahl unwirksam.[937] *Eickmann* hält zum Schutze des Rechtsverkehrs einen öffentlich bekanntzumachenden amtswegigen oder beantragten Entlassungsbeschluss gem. § 56 Abs. 1 InsO für erforderlich.[938]

Nach allg. Ansicht dauert die Aufsicht des Insolvenzgerichts über die Beendigung des Amtes des Insolvenzverwalters fort, bis dieser sämtliche ihm auch im Hinblick auf die Verfahrensbeendigung auferlegten Pflichten vollständig erfüllt hat (nachwirkende Aufsicht).[939] Dieses folgt aus der Vorschrift des § 58 Abs. 3 InsO, die nach ihrem Wortlaut die Durchsetzung der Herausgabepflichten des entlassenen Insolvenzverwalters regelt, deren Bestehen nach formaler Beendigung der Amtsstellung somit vorausgesetzt wird. Zu diesen nachwirkenden Pflichten des Insolvenzverwalters zählen insbesondere die Schlussrechnungslegungspflicht (§ 66 Abs. 1 InsO), die Herausgabe eines nach Verteilung verbleibenden Überschusses an den Insolvenzschuldner (§ 199 InsO) und die Rückgabe der Bestallungsurkunde (§ 56 Abs. 2 Satz 2 InsO). Die durch § 66 Abs. 1 InsO begründete Verpflichtung zur Schlussrechnungslegung gegenüber der Gläubigerversammlung trifft den Insolvenzverwalter nicht nur bei normaler Verfahrensbeendigung sondern auch bei dessen Entlassung aus seinem Amt (§ 59 Abs. 1 InsO) oder bei Neuwahl gem. § 57 InsO. Gem. § 56 Abs. 2 Satz 2 InsO hat der Insolvenzverwalter bei Beendigung seines Amtes die Bestallungsurkunde zurückzugeben. Bei einer Verfahrenseinstellung nach §§ 212, 213 InsO hat der Insolvenzverwalter die nicht verwerteten Mas-

---

934 Nach der Rspr. des *BGH*, Beschl. v. 15. 11. 2007 – IX ZB 237/06 – BeckRS 2007, 19965; Beschl. v. 15. 11. 2007 – IX ZB 8/07 – BeckRS 2007, 19966, ist in der Bestellung eines neuen Treuhänders die schlüssige Entlassung des zuvor bestellten Treuhänders enthalten, da für die Dauer der Wohlverhaltensperiode vom Amtsgericht gem. § 291 Abs. 2 InsO nur ein Treuhänder bestellt werden kann.

935 Siehe Kap. F.XI.3.2.

936 HK-*Eickmann*, § 56 InsO, Rdnr. 30, 31; Jaeger-*Gerhardt*, § 56 InsO, Rdnr. 75; MK-*Graeber*, § 56 InsO, Rdnr. 125; Kübler/Prütting-*Lüke*, § 56 InsO, Rdnr. 23; Uhlenbruck-*Uhlenbruck*, § 56 InsO, Rdnr. 90.

937 N/R-*Delhaes*, § 56 InsO, Rdnr. 13; HK-*Eickmann*, § 56 InsO, Rdnr. 31; zum Konkursrecht: *Kuhn-Uhlenbruck*, § 78 KO, Rdnr. 4.

938 HK-*Eickmann*, § 56 InsO, Rdnr. 31.

939 *BGH*, Beschl. v. 14. 4. 2005 – IX ZB 76/04 – NZI 2005, 391; Jaeger-*Gerhardt*, § 58 InsO, Rdnr. 22; MK-*Graeber*, § 58 InsO, Rdnr. 57; Uhlenbruck-*Uhlenbruck*, § 57 InsO, Rdnr. 21 sowie § 58 InsO Rdnr. 34.

segegenstände und eine nicht für die Befriedigung bzw. Sicherstellung von Masseansprüchen gem. § 214 Abs. 3 InsO benötigte Barmasse oder die sonstigen Massegegenstände aufgrund eines gesetzlichen Abwicklungsverhältnisses an den Insolvenzschuldner herauszugeben, da das Amt des Insolvenzverwalters und dessen Verwaltungs- und Verfügungsbefugnis über das Schuldnervermögen (§ 80 InsO) endet und der Schuldner gem. § 215 Abs. 2 Satz 1 InsO das Recht zurückerhält, über die Insolvenzmasse frei zu verfügen.[940]

2.4. Ende der Aufsicht bei der Nachtragsverteilung

Der Insolvenzverwalter verliert mit der Beendigung des Insolvenzverfahrens (§§ 200, 207, 211 bis 213, 258 Abs. 1 InsO) seine Verwaltungs- und Verfügungsbefugnis über die Insolvenzmasse (§§ 80, 148 InsO), soweit ihm diese nicht aufgrund der Anordnung der Nachtragsverteilung belassen bleibt oder wieder eingeräumt wird.

Unter den Voraussetzungen des § 203 Abs. 1 InsO[941] ordnet das Insolvenzgericht auf Antrag des Insolvenzverwalters, eines Insolvenzgläubigers oder von Amts wegen die Nachtragsverteilung an. Funktionell zuständig, auch für die Bestellung des Nachtragsinsolvenzverwalters, ist der Rechtspfleger.[942] Die Nachtragsverteilung ermöglicht den Gläubigern den Zugriff auf Vermögensteile des Schuldners, die der Insolvenzmasse zuzuordnen sind, aber aus rechtlichen oder tatsächlichen Gründen in die Schlussverteilung nicht eingehen konnten.[943] Eine Nachtragsverteilung scheidet aus, wenn die Schlussverteilung mit einem Überschuss geendet hat, das Insolvenzverfahren wegen Wegfall des Eröffnungsgrundes (§ 212 InsO) eingestellt oder nach rechtskräftiger Bestätigung des Insolvenzplanes gem. § 258 InsO aufgehoben worden ist.[944] Für den Fall der Einstellung nach Anzeige der Masseunzulänglichkeit ist die Nachtragsverteilung nach § 211 Abs. 3 InsO ausdrücklich zugelassen worden. Wegen der vergleichbaren Interessenlage wird die Zulässigkeit der Nachtragsverteilung auch für den Fall der Einstellung nach § 207 Abs. 1 InsO bejaht, obwohl der Gesetzgeber eine § 211 Abs. 3 InsO vergleichbare Regelung nicht getroffen hat.[945]

Ein typischer Fall der Nachtragsverteilung nach § 203 Abs. 1 Nr. 1 InsO ist, dass gem. § 198 InsO hinterlegte Beträge für die Verteilung frei werden, nachdem fest-

---

940 Kübler/Prüffing-*Pape*, § 215 InsO, Rdnr. 10; Smid-*Smid*, § 215 InsO, Rdnr. 4; Uhlenbruck-*Uhlenbruck*, § 215 InsO, Rdnr. 6; HambK-*Weitzmann*, § 215 InsO, Rdnr. 5.

941 Die Anordnung der Nachtragsverteilung ist zulässig, wenn zurückbehaltene Beträge für die Verteilung frei werden (§ 203 Abs. 1 Nr. 1 InsO), sonstige Beträge zur Insolvenzmasse zurückfließen (§ 203 Abs. 1 Nr. 2 InsO) oder Gegenstände der Insolvenzmasse ermittelt werden (§ 203 Abs. 1 Nr. 3 InsO).

942 MK-*Hintzen*, § 203 InsO, Rdnr. 10; Braun-*Kießner*, § 203 InsO, Rdnr. 17; Uhlenbruck-*Uhlenbruck*, § 203 InsO, Rdnr. 19.

943 Braun-*Kießner*, § 203 InsO, Rdnr. 1.

944 HambK-*Preß/Henningsmeier*, § 203 InsO, Rdnr. 5; Braun-*Kießner*, § 203 InsO, Rdnr. 4.

945 MK-*Hintzen*, § 203 InsO, Rdnr. 29; Braun-*Kießner*, § 203 InsO, Rdnr. 27.

steht, dass diese nicht an den anmeldenden Gläubiger ausgezahlt werden müssen,[946] so z.B. wenn ein Insolvenzgläubiger, für dessen Forderung die Quote hinterlegt wurde, auf seine Forderung verzichtet oder sich herausstellt, dass eine im Wege der Rückstellung abgesicherte Masseverbindlichkeit nicht oder nicht in der angenommenen Höhe besteht.[947] Ein Betrag oder ein Vermögensgegenstand ist auch dann als zurückbehalten anzusehen, wenn er durch insolvenzgerichtlichen Beschluss ausdrücklich einer Nachtragsverteilung vorbehalten worden ist.[948]

Zu den nach § 203 Abs. 1 Nr. 2 InsO aus der Masse ausgezahlten und nach dem Schlusstermin an die Masse zurückfließenden Beträgen gehören insbesondere Fälle, in denen irrtümlich auf eine Forderung eine Quote oder zu hohe Quote ausbezahlt wurde.

Bei den nachträglich ermittelten Massegegenständen nach § 203 Abs. 1 Nr. 3 InsO handelt es sich vor allem um Gegenstände, die bis dahin dem Insolvenzverwalter unbekannt geblieben waren, etwa weil sie der Schuldner verheimlicht oder ins Ausland verbracht hatte[949]. In diese Fallgruppe gehören aber auch Gegenstände, die der Insolvenzverwalter zunächst nicht für verwertbar hielt und deswegen nicht zur Masse gezogen hat,[950] und Schadensersatzansprüche gegen den Insolvenzverwalter, z.B. aus der Veruntreuung von Massegegenständen.[951]

Die Nachtragsverteilung kann ungeachtet einer Verfahrensaufhebung angeordnet werden (§ 203 Abs. 2 InsO). Erfolgt diese vorher, so hat der bisherige Insolvenzverwalter die Nachtragsverteilung auf der Grundlage des Schlussverzeichnisses (§ 197 Abs. 1 Nr. 2 InsO) zu vollziehen (§ 205 InsO). Bei einer Anordnung der Nachtragsverteilung nach Verfahrenseröffnung trifft diese Pflicht den zugleich zu bestellenden (Nachtrags-)Insolvenzverwalter.

Der Insolvenzverwalter hat gem. § 205 Satz 2 InsO dem Insolvenzgericht über die Nachtragsverteilung Rechnung zu legen. Die Prüfung dieser Rechnungslegung obliegt allein dem Insolvenzgericht, da mit der Verfahrensaufhebung die Prüfungspflicht des Gläubigerausschusses aus der Gläubigerselbstverwaltung herausgenommen und ausschließlich in die Verantwortung des Insolvenzgerichts gelegt worden ist.[952] Wegen der ausschließlichen Gerichtszuständigkeit ist die Rechnungslegung mit besonderer Sorgfalt zu prüfen.[953] Dabei kann mit Einschränkungen auf die Rechnungslegungsgrundsätze des § 66 InsO zurückgegriffen werden. Der Insolvenzverwalter hat sowohl einen Tätigkeitsbericht, aus dem sich die der Nachtragsverteilung unterliegenden Vermögensgegenstände und die durch deren

946 Uhlenbruck-*Uhlenbruck*, § 203 InsO, Rdnr. 5.
947 HK-*Irschlinger*, § 203 InsO, Rdnr. 3.
948 HambK-*Preß/Henningsmeier*, § 203 InsO, Rdnr. 7; Braun-*Kießner*, § 203 InsO, Rdnr. 3; Uhlenbruck-*Uhlenbruck*, § 203 InsO, Rdnr. 5.
949 MK-*Hintzen*, § 203 InsO, Rdnr. 15; Uhlenbruck-*Uhlenbruck*, § 203 InsO, Rdnr. 8.
950 BGH, Beschl. v. 6. 12. 2007 – IX ZB 229/06 – WM 2008, 305, 306 (Tz. 6).
951 Siehe Kap. F.X.5.
952 HK-*Irschlinger*, § 205 InsO, Rdnr. 5; Uhlenbruck-*Uhlenbruck*, § 205 InsO, Rdnr. 5.
953 MK-*Hintzen*, § 205 InsO, Rdnr. 10; Uhlenbruck-*Uhlenbruck*, § 205 InsO, Rdnr. 5.

Verwertung erzielten Erlöse ergeben, als auch eine Einnahmen- und Ausgabenrechnung vorzulegen.[954]

Im Fall der Nachtragsverteilung endet die Aufsicht des Insolvenzgerichts mit deren Vollzug und der Prüfung der Rechnungslegung des (Nachtrags-)Insolvenzverwalters.

2.5. Ende der Aufsicht bei der Überwachung des Insolvenzplanes

Das Insolvenzgericht hat nach Bestätigung des Insolvenzplanes das Insolvenzverfahren aufzuheben (§ 258 Abs. 1 InsO). Rechtsfolge der Verfahrensaufhebung ist, dass die Ämter des Insolvenzverwalters und eines Gläubigerausschusses erlöschen und der Insolvenzschuldner die Verwaltungs- und Verfügungsmacht über sein Vermögen zurückerhält (§ 259 Abs. 1 InsO). Im gestaltenden Teil des Insolvenzplanes kann jedoch vorgesehen werden, dass die Erfüllung des Plans überwacht werden soll (§ 260 Abs. 1 InsO). Nach § 261 Abs. 1 Satz 1 InsO ist dieses Aufgabe des (bisherigen) Insolvenzverwalters. Dessen Amt und die insolvenzgerichtliche Aufsicht besteht insoweit nach § 261 Abs. 1 Satz 2 InsO fort. Erst mit der Aufhebung der Überwachung gem. § 268 InsO endet die Pflicht des Insolvenzverwalters zur Überwachung der Planerfüllung. Während der Planüberwachung untersteht der Insolvenzverwalter weiterhin der Aufsicht durch das Insolvenzgericht.[955] Diese endet mit der vollständigen Erfüllung der Berichtspflichten aus §§ 261, 261 InsO.

Aufsichtsrelevant ist, ob der Insolvenzverwalter im gestaltenden Teil des Insolvenzplans zu einzelnen Masseverwaltungsaufgaben ermächtigt werden kann. Teilweise wird dieses für zulässig erachtet.[956] Jedoch normiert die Vorschrift des § 259 Abs. 1 InsO nach allgemeiner Meinung zwingendes Recht, so dass das Insolvenzgericht dem Insolvenzverwalter im Aufhebungsbeschluss nicht die teilweise Ausübung der Verwaltungs- und Verfügungsbefugnis während der Planüberwachung gem. § 260 InsO vorbehalten darf.[957] Die Ausnahmen sind abschließend in § 259 Abs. 2 und Abs. 3 InsO geregelt. Eine hiernach unzulässige Sonderermächtigung im Insolvenzplan für den Sachwalter zur Erledigung von Masseverwaltungsaufgaben wird jedoch nach Auffassung von *Smid* durch die Rechtskraft des Bestätigungsbeschlusses gem. § 248 InsO geheilt, so dass die im gestaltenden Teil des Insolvenzplans festgelegten Wirkungen gem. § 254 Abs. 1 InsO für und gegen alle Verfahrensbeteiligten eintreten.[958] In diesem Fall erstreckt sich die Aufsicht des In-

---

954 HambK-*Preß/Henningsmeyer*, § 205 InsO, Rdnr. 7.
955 Uhlenbruck-*Uhlenbruck*, § 59 InsO, Rdnr. 5.
956 *OLG Düsseldorf*, Urt. v. 22. 12. 2005 – 7 U 148/05 – NZI 2006, 240.
957 *OLG Celle*, Beschl. v. 20. 11. 2006 – 4 U 166/06 – BeckRS 2006, 14330; N/R-*Braun*, § 259 InsO, Rdnr. 4; HK-*Flessner*, § 259 InsO, Rdnr. 2; MK-*Huber*, § 259 InsO, Rdnr. 10; Uhlenbruck-*Lüer*, § 259 InsO, Rdnr. 4; Kübler/Prütting-*Otte*, § 259 InsO, Rdnr. 4; *Smid*, Grund und Grenzen einer Prozessstandschaft des Sachwalters im Planerfüllungsverfahren, NZI 2006, 201, 202; HambK-*Thies*, § 259 InsO, Rdnr. 2.
958 *Smid*, Grund und Grenzen einer Prozessstandschaft des Sachwalters im Planerfüllungsverfahren, NZI 2006, 201, 202.

solvenzgerichts (§ 58 InsO) auch auf die Erfüllung der im Insolvenzplan in unzulässiger Weise vorbehaltenen Masseverwaltungsaufgaben.

2.6. Ende der Aufsicht über den Treuhänder der Wohlverhaltensperiode

Die Tätigkeit des Treuhänders der Wohlverhaltensperiode unterliegt aufgrund der gesetzlichen Verweisung in § 292 Abs. 3 Satz 2 InsO ebenfalls der Aufsicht durch das Insolvenzgericht (§ 58 InsO).

Der Zeitpunkt, zu dem die Aufsicht des Insolvenzgerichts endet, ist umstritten. Nach Auffassung von *Ehricke* endet das Amt des Treuhänders mit dem Ende der Laufzeit der Abtretungserklärung gem. § 287 Abs. 2 InsO und der Rechtskraft des Beschlusses über die Erteilung der Restschuldbefreiung gem. § 300 Abs. 1 InsO.[959] Die Gegenansicht von *Römermann* verweist darauf, dass mit dem Ablauf der Abtretungswirkung gem. § 287 Abs. 2 Satz 1 InsO die Hauptaufgabe endet und der Gesetzgeber lediglich noch eine Rechnungslegungspflicht (§ 292 Abs. 3 Satz 1 InsO) und die Teilnahme an der Anhörung gem. § 300 Abs. 1 InsO normiert hat.[960] Dieser Ansicht ist zu folgen, da der Eintritt der Rechtskraft des Beschlusses über die Restschuldbefreiung außerhalb des Verantwortungsbereichs des Treuhänders liegt, dessen wesentliche Aufgabe mit dem Ablauf der Wohlverhaltensperiode und der Verteilung der nach § 292 Abs. 1 InsO vereinnahmten Beträge erfüllt ist.

Das Amt des Treuhänders, und damit die Aufsicht über diesen, endet mit dessen Amtsentlassung gem. §§ 92 Abs. 3 Satz 2, 59 Abs. 1 InsO, dessen Tod oder dem Tod des Insolvenzschuldners.[961] Die Möglichkeit zur Neuwahl eines Treuhänders entsprechend § 57 InsO durch die Insolvenzgläubiger besteht aufgrund der eingeschränkten Verweisung in § 292 Abs. 3 Satz 2 InsO nicht.[962]

Der Treuhänder der Wohlverhaltensperiode hat gem. § 292 Abs. 3 Satz 1 InsO gegenüber dem Insolvenzgericht bei Beendigung seines Amtes über seine Geschäftstätigkeit Rechnung zulegen. Diese Rechnungslegungspflicht kann aufgrund der Verweisung in § 292 Abs. 3 Satz 2 InsO mit den Zwangsmitteln des § 58 Abs. 2 InsO durchgesetzt werden. Den Insolvenzgläubigern ist ein Einsichtsrecht zu gewähren.[963] Diese der Schlussrechnung gem. § 66 Abs. 1 InsO vergleichbare[964] Rechnungslegung ist der formale Abschluss der Tätigkeit des Treuhänders.[965]

Aufgrund der Abtretungserklärung gem. § 287 Abs. 2 InsO vereinnahmte und nicht bereits gem. § 292 Abs. 1 Satz 2 InsO verteilte Geldbeträge hat der aus seinem

---

959 MK-*Ehricke*, § 292 InsO, Rdnr. 12.
960 N/R-*Römermann*, § 292 InsO, Rdnr. 26.
961 Uhlenbruck-*Vallender*, § 292 InsO, Rdnr. 9, hält in diesem Fall noch eine verfahrensabschließende Entscheidung des Insolvenzgerichtes für erforderlich.
962 Kübler/Prütting-*Lüke*, § 292 InsO, Rdnr. 15.
963 HK-*Landfermann*, § 292 InsO, Rdnr. 19.
964 Im Unterschied zur Rechnungslegung nach § 66 Abs. 1 InsO besteht diejenige des Treuhänders angesichts des Fehlens einer Gläubigerversammlung nur gegenüber dem Insolvenzgericht.
965 MK-*Ehricke*, § 292 InsO, Rdnr. 57.

Amt entlassene oder ausgeschiedene Treuhänder an den neu bestellten Treuhänder herauszugeben (§§ 292 Abs. 3 Satz 2, 58 Abs. 3 InsO). Auch diese Herausgabepflicht kann mit den Zwangsmitteln des § 58 Abs. 2 InsO durchgesetzt werden.

E. Die Aufsicht des Insolvenzgerichts als Erkenntnisprozess

Das Insolvenzgericht kann die Aufsicht über den Insolvenzverwalter nur ausüben, wenn es Kenntnis von einem aufsichtsrelevanten Sachverhalt, wie z.B. einer Masseveruntreuung oder einer Missachtung der Gläubigerautonomie durch einen Unternehmensverkauf ohne die nach § 160 Abs. 2 Nr. 1 InsO erforderliche Zustimmung, erhält. Wie bei der Frage nach der Rechts- oder Fachaufsicht festgestellt worden ist, besteht die Aufsicht (§ 58 InsO) zunächst aus der Verarbeitung von Informationen, d.h. deren Aufnahme und Auswertung, und kann deshalb zunächst einmal als ein Erkenntnisprozess zur Prüfung der Notwendigkeit aufsichtsrechtlicher Maßnahmen angesehen werden.[966]

Jedem Wissen geht jedoch ein Vorgang des Erkennens voraus, so dass diese Untersuchung sich zunächst mit den Instrumenten zu befassen hat, die dem Insolvenzgericht die Feststellung der aufsichtsrelevanten Umstände der Insolvenzverwaltertätigkeit ermöglicht. Jede Erkenntnis setzt die Möglichkeit zur Wahrnehmung von Tatsachen, auf deren Grundlage eine Erkenntnis gewonnen werden kann, voraus. Die Ausübung der Aufsicht (§ 58 InsO) verlangt deshalb, jederzeit eine vollständige und verlässliche Kenntnis von den Verhältnissen der Insolvenzmasse und von der Abwicklung des Insolvenzverfahrens durch den Insolvenzverwalter. Erforderlich ist zudem, dass die funktional zuständigen Organe des Insolvenzgerichts in der Lage sind, die ihnen vorliegenden Informationen auszuwerten, d.h. deren Bedeutungsgehalt und einen noch bestehenden Informationsbedarf zu erkennen. *„Denn es ist nicht genug, einen guten Kopf zu haben; die Hauptsache ist, ihn richtig anzuwenden.“*[967] So kann die interne Berichterstattung des Insolvenzverwalters durch Verwalterberichte, Gutachten oder Sachstandsmitteilungen keine Bedeutung für die Zwecke der insolvenzgerichtlichen Aufsicht gewinnen, wenn diese vom Insolvenzrichter oder Insolvenzrechtspfleger nicht sorgfältig durchgearbeitet und ausgewertet wird.[968]

Im Folgenden sollen die dem Insolvenzgericht zur Verfügung stehenden Instrumente aufgezeigt werden, mit denen eine Erkenntnisgewinnung über die Tätigkeit des Insolvenzverwalters und den jeweiligen Stand des Insolvenzverfahrens möglich ist.

---

966 Siehe Kap. C.I.4.
967 *Descartes*, Discours de la Méthode, S. 9.
968 MK-*Haarmeyer*, § 22 InsO, Rdnr. 214.

I. Voraussetzungen der Erkenntnisgewinnung

Die insolvenzgerichtliche Aufsicht gründet auf der Verarbeitung von Informationen und bedarf daher neben der erforderlichen fachlichen Qualifikation der Organe der Insolvenzgerichte einer ausreichenden technischen und organisatorischen Ausstattung, um die Entgegennahme und die Verfügbarkeit von aufsichtsrelevanten Informationen zu gewährleisten. Denn die Leitung des Insolvenzverfahrens und die Aufsicht über den Insolvenzverwalter verlangt von den Organen des Insolvenzgerichts nicht nur eine Kenntnis der formellen und materiellen Vorschriften des Insolvenzrechts, die z.B. im Insolvenzplanverfahren gem. §§ 217ff. InsO komplexe Abstimmungsprozesse vorsehen, sondern auch der betriebswirtschaftlichen Zusammenhängen, wie z.B. bei den Entscheidungen gem. §§ 22 Abs. 1 Nr. 2, 158 Abs. 2 Satz 2 InsO, und der Grundsätze einer ordnungsgemäßen Buchführung (GoB), wie z.B. bei der Prüfung der Schlussrechnung gem. § 66 Abs. 2 Satz 1 InsO.

Im Folgenden soll daher versucht werden, die organisatorischen und personellen Voraussetzungen zu bestimmen, die auf Seiten des aufsichtsführenden Insolvenzgerichts für eine effiziente Aufsicht über den Insolvenzverwalter erfüllt sein müssen.

1. Zuständigkeitskonzentration am Amtsgericht

Der Gesetzgeber hat durch die Normierung einer Zuständigkeitskonzentration der Insolvenzgerichte bei den Amtsgerichten im Bezirk des Landgerichtes (§ 2 Abs. 1 InsO) eine Rahmenbedingung für eine ausreichenden Qualifikation der Organe des Insolvenzgerichts geschaffen, von der die Länder aufgrund der Ermächtigung in § 2 Abs. 2 InsO durch Rechtsverordnung abweichen können, wenn eine andere Zuständigkeitsaufteilung zur sachdienlichen Förderung oder schnelleren Erledigung der Verfahren zweckmäßiger ist.[969] In der Begründung des Regierungsentwurfes zu § 2 InsO heißt es: *„(...) Das Festhalten an der Zuständigkeit des Amtsgerichts ermöglicht es darüber hinaus, in Insolvenzsachen das bewährte Zusammenwirkung von Richter am Amtsgericht und Rechtspfleger im wesentlichen unverändert beizubehalten. (...) Durch diese Konzentration der Insolvenzverfahren wird dazu beigetragen, dass die Richter und Rechtspfleger an den Insolvenzgerichten besondere Erfahrungen und Sachkunde auf diesem Gebiet erwerben und damit auch den zum Teil erhöhten Anforderungen des neuen Insolvenzverfahrens gewachsen sind; ihnen können leichter die technischen Hilfsmittel zur Verfügung gestellt werden, die insbesondere für die Abwicklung großer Verfahren erforderlich sind.“*[970] Durch die Zuständigkeitskonzentration soll eine qualitativ bessere Ausübung der insolvenzgerichtlichen Aufsicht gewährleistet werden, indem die Sachkompetenz von Insolvenzrichter und -rechtspfleger durch intensive Ausbildung

969 Von dieser Ausnahmeregelung haben bis auf Brandenburg, Hamburg, Mecklenburg-Vorpommern, Nordrhein-Westfalen, Saarland, Sachsen-Anhalt und Thüringen alle Bundesländer Gebrauch gemacht, vgl. Andres/Leithaus-*Andres*, § 2 InsO, Rdnr. 1.

970 Begr.RegE zu § 2 InsO, zit. n. *Balz/Landfermann*, Die neuen Insolvenzgesetze, S. 72f.

im Insolvenz- und Wirtschaftsrecht und eine auf Dauer angelegte Tätigkeit beim Insolvenzgericht verbessert wird.[971]

2. Kompetenzverteilung innerhalb des Insolvenzgerichts

Nach den Vorschriften der §§ 3 Abs. 2 lit. e, 4, 18 RPflG zur funktionellen Zuständigkeit in Insolvenzsachen liegt der Schwerpunkt der Leitungstätigkeit des Insolvenzgerichts im eröffneten Insolvenzverfahren beim Rechtspfleger. Damit fallen für das Insolvenzverfahren bedeutsame Aufgaben, wie die Betreuung des Planverfahrens (§§ 217ff. InsO), die Abwicklung und Kontrolle der Eigenverwaltung (§§ 270ff. InsO) und die Prüfung der Schlussrechnung (§ 66 Abs. 2 InsO)[972], in dessen Verantwortungsbereich. Diesen trifft daher in besonderer Weise die Notwendigkeit, sich die für die Leitung eines Insolvenzverfahrens erforderlichen Fachkenntnisse anzueignen.[973] Zusätzlich wird durch den Einsatz spezieller Software zur Insolvenzabwicklung und -rechnungslegung die insolvenzrechtliche Rechnungslegung der Insolvenzverwalter zunehmend komplexer und umfangreicher, so dass für deren Verständnis, insbesondere für eine ordnungsgemäße Schlussrechnungsprüfung (§ 66 Abs. 2 Satz 1 InsO), gerade auch Kenntnisse der Buchführung und der Grundsätze ordnungsgemäßer Buchhaltung erforderlich sind.

Diesen besonderen Anforderungen an Sachkunde und Erfahrung hat der Gesetzgeber Rechnung zu tragen versucht, indem er durch § 22 Abs. 6 GVG, § 18 Abs. 4 RPflG die Wahrnehmung von Geschäften in Insolvenzsachen durch einen Richter oder Rechtspfleger auf Probe im ersten Jahr nach Ernennung ausgeschlossen hat.[974] Dagegen begegnet die bei „kleineren“ Insolvenzgerichten zu beobachtende Praxis, junge und unerfahrene Richter immer nur für einen kurzen Zeitraum als Insolvenzrichter einzusetzen, insbesondere im Hinblick auf das Vorauswahlverfahren und die nach § 56 InsO zu treffende Auswahlentscheidung, erheblichen Bedenken. Angesichts der bei einer Verletzung der insolvenzgerichtlichen Aufsichts-

---

971 *Naumann,* Die Aufsichtspflicht des Insolvenzgerichtes über den Insolvenzverwalter, KS-InsO, 2. A., Rdnr. 8. Ebenso bereits: *Höver,* Zentralisierung des Konkurs- und Vergleichsverfahrens, KuT 1933, 177. In der Diskussion des GAVI (Fn. 27) wird eine weitergehende Zuständigkeitskonzentration als Maßnahme zur Effizienzsteigerung in Insolvenzverfahren vorgeschlagen, vgl. *Hirte,* Stellunnahme zum „Entwurf eines Gesetzes zur Verbesserung und Vereinfachung der Aufsicht in Insolvenzverfahren (GAVI)“, (BT-Drucksache 16/7251) des Deutschen Bundesrates für den Deutschen Bundestag, Sitzungen des Rechtsausschusses am 9. und 23. April 2008, S. 11.

972 Der Gesetzgeber hat zur Begründung der Prüfungspflicht des Insolvenzgerichtes angeführt, dass die Gläubigerversammlung zur Prüfung der Schlussrechnung sachkundiger Hilfe durch das Insolvenzgericht bedarf (Begrd.RegE zu § 66 InsO, zit. n. *Balz/Landfermann,* Die neuen Insolvenzgesetze, S. 146).

973 Vgl. *Mönning,* Die Auswahl des Insolvenzverwalters als Problem der Qualitätssicherung, KS-InsO, 2. A., S. 375, 401.

974 Kritisch dazu *Bernsen,* Probleme der Insolvenzrechtsreform aus der Sicht des Rechtspflegers, KS-InsO, 2. A., S. 1843, 1846f. (Rdnr. 7). In der Begründung des Regierungsentwurfes eines „Gesetzes zur Einführung der Insolvenzordnung (EGInsO)“ zu § 18 Abs. 4 RPflG heißt es, dass die Insolvenzverfahren nur erfahrenen Rechtspflegern übertragen werden sollen (Begrd.RegE EGInsO, BR-Drucks. 511/92, S. 66).

pflicht drohenden Staatshaftung ist eine solche Übung der Justizverwaltung abzulehnen.[975]

3. Subjektive Anforderungen an die Organe des Insolvenzgerichts

Der Gesetzgeber hat den Rahmen für eine Konzentration von Knowhow und Erfahrung im Insolvenzrecht und mit der Abwicklung von Insolvenzverfahren an den Insolvenzgerichten geschaffen. Denn die bloße Kenntnis des Insolvenzrechts reicht nicht, um eine wirksame Aufsicht über den Insolvenzverwalter zu gewährleisten. Das Insolvenzgericht erhält im Verlaufe eines Insolvenzverfahrens von den Verfahrensbeteiligten und Dritten eine Vielzahl von Informationen über die Insolvenzmasse und die Geschäftstätigkeit des Insolvenzverwalters. Diese reichen von konkreten Informationen über die Verhältnisse der Insolvenzmasse und die Verwaltungs- und Verwertungstätigkeit des Insolvenzverwalters bis zu anonymen Anschuldigungen gegen den Insolvenzverwalter, jeweils mit einem für die Aufsichtstätigkeit des Insolvenzgerichts mehr oder weniger bedeutsamen objektiven Erkenntnisgehalt. Die richtige Erfassung des jeweiligen Erkenntnisgehaltes durch das Insolvenzgericht stellt an die Qualifikation der Organe besondere Anforderungen, nämlich neben Fachkenntnis und Erfahrung auch Unabhängigkeit und Integrität und nicht zuletzt kommunikative Kompetenzen. *„Circa illa tantum objetca oportet versari, ad quorum certam et indubitatum cognitionem nostra ingenia videntur sufficere.“*[976]

3.1. Fachliche Qualifikation

Notwendige Bedingung für eine effiziente Aufsicht über den Insolvenzverwalter (§ 58 Abs. 1 InsO) ist eine auf die rechtlichen und tatsächlichen Anforderungen der Insolvenzabwicklung ausgerichtete, fachliche Qualifikation der Insolvenzrichter und der Insolvenzrechtspfleger. Dabei darf die aktuelle Diskussion über die (Vor-) Auswahl des Insolvenzverwalters durch den Insolvenzrichter nicht den Blick darüber verstellen, dass der Insolvenzrechtspfleger aufgrund seiner funktionalen Zuständigkeit für das eröffnete Insolvenzverfahren die Hauptlast der Aufsicht über den Insolvenzverwalter zu tragen hat.[977] Deswegen hat die Kommission für Insolvenzrecht die Auswahl fähiger und erfahrener Rechtspfleger als „Schicksalsfrage“ der Insolvenzrechtspflege bezeichnet.[978] *Heyrath* hat aus eigener Insolvenzpraxis festgestellt, dass erst die Erfahrungen einer mehrjährigen engagierten Tätigkeit als Insolvenzrechtspfleger eine ordnungsgemäße Ausübung der Aufsicht

---

975 MK-*Haarmeyer*, § 22 InsO, Rdnr. 213.
976 *„Nur mit solchen Gegenständen darf man umgehen, zu deren zuverlässiger und unzweifelhafter Erkenntnis unsere Erkenntniskraft offenbar ausreicht.“* Descartes, Regulae ad directionem ingenii, Regula II.
977 Jüngst wieder bestätigt durch *Uhlenbruck/Mönning*, Listing, Delistung und Bestellung von Insolvenzverwaltern, ZIP 2008, 157, 160 (Ziff. IV.1.).
978 Zweiter Bericht der Kommission für Insolvenzrecht, Vorbemerkung zu Leitsatz 2.1, S. 68.

über den Insolvenzverwalter ermöglicht.[979] *Haarmeyer* hat im Rahmen der Diskussion über einer Zertifizierung der Insolvenzverwalter gefordert, dass auch die Insolvenzrichter und -rechtspfleger bereit sein müssen, sich einer Diskussion um die eigene Qualifikation und die Qualität der eigenen Arbeit zu stellen.[980] Die Organe des Insolvenzgerichts bedürfen einer besonderen Befähigung zur Beurteilung wirtschaftlicher und unternehmerischer Fragestellungen[981], insbesondere im Rahmen des Insolvenzplanverfahrens.[982] Die hierzu erforderlichen betriebswirtschaftlichen Kenntnisse, insbesondere hinsichtlich des kaufmännischen Rechnungswesens wie Buchführung und Bilanzierung, sollten Voraussetzung für die Tätigkeit eines Insolvenzrichters oder Insolvenzrechtspflegers innerhalb des Insolvenzgerichts sein.[983] Dieser Bedingungszusammenhang ergibt sich aus der einfachen Überlegung, dass nur derjenige das Handeln eines anderen beaufsichtigen kann, der das Handeln versteht und die das Handeln bestimmenden Gesetzmäßigkeiten kennt. Aus diesem Grunde empfahl die Reformkommission, dass die Insolvenzverfahren auf der Gerichtsebene nur von besonders erfahrenen und wirtschaftlich sachverständigen Personen bearbeitet werden sollen.[984] Nach Ansicht von *Graf-Schlicker* wird die Verbesserung der Qualifikation der Insolvenzrichter und -rechtspfleger das „Topthema" der nächsten Zeit sein.[985] Diese Einschätzung leuchtet ein. Denn wenn nur qualifizierte Insolvenzverwalter einen Anspruch auf Aufnahme in die Vorauswahlliste und auf Bestellung im Einzelfall haben und aktuell intensiv geeignete Maßnahmen zur Ermittlung dieser Qualifikation diskutiert werden, dann ist hierfür notwendige Voraussetzung eine ausreichende Qualifikation der Insolvenzrichter und Insolvenzrechtspfleger.

3.2. Unabhängigkeit und Integrität

Wird gem. § 56 Abs. 1 InsO die Unabhängigkeit des zu bestellenden Insolvenzverwalters von den Insolvenzgläubigern und dem Insolvenzschuldner gefordert,[986] so muss diese Voraussetzung im Interesse einer wirksamen Aufsicht gleichermaßen im Verhältnis der Organe des Insolvenzgerichts zum Insolvenzverwalter erfüllt

---

979 *Heyrath*, Die Prüfung der Schlussrechnung (Teil 2), ZInsO 2006, 1196, 1198; ebenso: Zweiter Bericht der Kommission für Insolvenzrecht, Vorbemerkung zu Leitsatz 2.1, S. 68.

980 *Haarmeyer*, Der „Erfolg" der Insolvenzabwicklung als Maßstab für Auswahl und Bestellung des Unternehmensinsolvenzverwalters, ZInsO 2005, 337, 340 (Ziff. 11).

981 *Baade*, Zur Auswahl der Konkurs- und Vergleichsverwalter, KTS 1959, 40; *Schneider*, Konkursrichter und Konkurs, KuT 1931, 98, 99; ebenso: Zweiter Bericht der Kommission für Insolvenzrecht, Vorbemerkung zu Leitsatz 2.1, S. 86.

982 *Wimmer*, Der Rechtspfleger im neuen Insolvenzrecht, InVo 1997, 316, 318f.

983 *Heyrath*, Die Prüfung der Schlussrechnung (Teil 1), ZInsO 2005, 1092, 1097; *Uhlenbruck*, Aus- und Abwahl des Insolvenzverwalters, KTS 1989, 229, 244; *Uhlenbruck/Mönning*, Listing, Delistung und Bestellung von Insolvenzverwaltern, ZIP 2008, 157, 166.

984 Zweiter Bericht der Kommission für Insolvenzrecht, S. 5.

985 So anlässlich eines workshop im Rahmen des 4. Deutschen Insolvenzrechtstags am 21.3. 2007 in Berlin. Ebenso auch *Heyrath*, Die Prüfung der Schlussrechnung (Teil 2), ZInsO 2006, 1196, 1199.

986 Siehe Kap. F.I.2.2.5 und F.I.3.1.2.

sein.[987] Insbesondere muss gewährleistet sein, dass die Bestellung des Insolvenzverwalters auf Grund dessen objektiver Eignung erfolgt und nicht auf Grund subjektiver Wertschätzung durch den Insolvenzrichter. Neben der im Einzelfall schwierig zu bestimmenden Eignung des Insolvenzverwalters setzt eine erfolgreiche Abwicklung des Insolvenzverfahrens eine vertrauensvolle[988] Zusammenarbeit zwischen Insolvenzgericht und Insolvenzverwalter voraus, denn weder ist dem Insolvenzgericht eine umfassende Überwachung des Insolvenzverwalters möglich noch ist eine solche von der Insolvenzordnung vorgesehen. Dadurch befindet sich der Insolvenzrichter bei der Zusammenarbeit mit dem Insolvenzverwalter in einem Spannungsfeld zwischen der Verpflichtung zur Unabhängigkeit und Objektivität und der Notwendigkeit in die Integrität des Insolvenzverwalters vertrauen zu können. Wann die Grenzen einer vertrauensvollen Zusammenarbeit, sachlicher Kommunikation und Erfahrungsaustausch überschritten und es zu einer unsachlichen subjektiven Haltung gegenüber dem Insolvenzverwalter und einer damit möglicherweise verbundenen unzulässigen Beeinflussung des Insolvenzgerichts kommt, kann nur im Einzelfall entschieden werden.[989] So verstößt ein Insolvenzrichter, der für einen Insolvenzverwalter ein bezahltes Rechtsgutachten erstellt, nicht nur gegen § 41 Abs. 1 DRiG, sondern verletzt auch das Unabhängigkeitspostulat.[990] Das Insolvenzgericht ist aber nicht nur bei der Auswahlentscheidung gem. § 56 Abs. 1 InsO[991] immer wieder dem Versuch einer Einflussnahme, insbesondere im Hinblick auf die Qualität des Insolvenzverwalters und seiner Abwicklungstätigkeit, durch die Verfahrensbeteiligten ausgesetzt, die von den Insolvenzrichtern und Insolvenzrechtspflegern ein hohes Maß an Integrität und Unabhängigkeit erfordern.

3.3. Kommunikative Kompetenzen

Im Rahmen eines Insolvenzverfahrens ergeben sich in vielfältiger Weise Kontakte zwischen dem Insolvenzgericht und den Verfahrensbeteiligten. Je nach Komplexität und Bedeutung des Insolvenzverfahrens versuchen der Insolvenzschuldner oder beteiligte Insolvenzgläubiger, wie Kreditinstitute oder Arbeitnehmer, Einfluss auf die Entscheidung des Insolvenzrichters über die Auswahl des Sachver-

---

987 Die durch wenige „schwarze“ Schafe verursachten Defizite haben auch Eingang in die Judikatur gefunden: vgl. nur *BGH*, Urt. v. 25. 2. 2004 – 4 StR 475/03 – ZVI 2004, 298 ff. über einen Magdeburger Insolvenzrichter, der sich in einem langwierigen, die wirtschaftliche und berufliche Existenz zerstörenden Strafverfahren, dem Vorteil der Bestechlichkeit und Vorteilsnahme zu erwehren hatte. Da geschützte Rechtsgüter der §§ 331, 332 StGB die Lauterkeit des öffentlichen Dienstes und das Vertrauen der Allgemeinheit in diese Lauterkeit sind (*Tröndle/Fischer*, § 331 StGB, Rdnr. 3, m. w. N.), sollten in der Vorweihnachtszeit auf den Fluren der Insolvenzgerichte wandelnde, Weihnachtspräsente verteilende Insolvenzverwalter der Vergangenheit angehören.

988 Zu der Frage, ob das „Vertrauen“ ein zulässiges Vorauswahlkriterium ist: Kap. F.I.2.2.11.

989 Siehe *Mönning*, Die Auswahl des Insolvenzverwalters als Problem der Qualitätssicherung, KS-InsO, 2. A., S. 375, 388.

990 So geschehen im Jahre 1993 beim Amtsgericht Halle, vgl. *Focus*, Heft Nr. 42/1993.

991 Vgl. nur: *AG Duisburg*, Eröffnungsbeschluss v. 1. 9. 2002 – 62 IN 167/02 – NZI 2002, 556 ff., in der Babcock-Borsig Insolvenz.

ständigen gem. § 5 Abs. 1 Satz 1 InsO oder des vorläufigen Insolvenzverwalters gem. § 21 Abs. 2 Nr. 1 InsO zu nehmen.

Im eröffneten Insolvenzverfahren hat der zuständige Rechtspfleger gem. § 76 Abs. 1 InsO die Gläubigerversammlungen, insbesondere den Berichtstermin gem. § 156 InsO zu leiten. Schließlich wenden sich Verfahrensbeteiligte in allen Phasen eines Insolvenzverfahrens an das Insolvenzgericht, um Auskunft zu erhalten oder Einfluss auf das Insolvenzverfahren, z. B. durch Beschwerden über den Insolvenzverwalter, auszuüben. Wird das Insolvenzverfahren von einem besonderen öffentlichen Interesse begleitet, hat sich das Insolvenzgericht zusätzlich mit der öffentlichen Berichterstattung und diversen Einflussgrößen aus Wirtschaft und Politik auseinander zu setzen.[992] Bei allen diesen Kontakten muss das Insolvenzgericht nicht nur sachkundig agieren, sondern auch der Bedeutung des Insolvenzverfahrens für den jeweiligen Kommunikationspartners Rechnung tragen.

Darüber hinaus kann nur durch einen umfassenden Erfahrungsaustausch und dementsprechende Kommunikation zwischen den Organen des Insolvenzgerichts und dem Insolvenzverwalter die für die Zusammenarbeit notwendige Vertrauensbasis geschaffen werden.[993]

Die kompetente, sachliche und umsichtige Kommunikation des Insolvenzgerichts mit den Verfahrensbeteiligten stärkt nicht nur das Vertrauen in eine unter Aufsicht des Insolvenzgerichts erfolgende, ordnungsgemäße Verfahrensabwicklung, sondern signalisiert den Verfahrensbeteiligten darüber hinaus, in dem Insolvenzgericht einen kompetenten Gesprächspartner für alle die Ordnungsmäßigkeit des Verfahrens und damit die Aufsicht über den Insolvenzverwalter betreffenden Angelegenheiten zu haben. Diese zumeist als selbstverständlich vorausgesetzten Kompetenzen können sich entscheidend auf den Verfahrensablauf und damit auf die rechtsfriedenstiftende Funktion des Insolvenzverfahrens auswirken.

4. Bedeutung der Ausstattung des Insolvenzgerichts für die Aufsicht

Neben diesen Anforderungen an die persönliche Qualifikation der Organe des Insolvenzgerichts ist eine ausreichende personelle und technische Ausstattung der Insolvenzgerichte und eine die Erfassung und Auswertung der eingehenden Informationen sowie die rechtzeitige Einleitung von aufsichtsrechtlichen Maßnahmen gewährleistende Ablauforganisation innerhalb der Insolvenzabteilung erforderlich. Denn eine ordnungsgemäße Aufsicht über den Insolvenzverwalter ist nicht mehr gewährleistet, wenn die Insolvenzgerichte wegen der nicht ausreichenden personellen und sachlichen Ausstattung Kontrollen, wie z. B. Geldbestandkontrollen, nicht mehr durchführen können. Beim Insolvenzgericht Hannover sollen auf diese Weise Unterschlagungen im zweistelligen Millionenbereich

992 So war der in der Babcock-Borsig-Insolvenz zuständige Insolvenzrichter einem erheblichen öffentlichen und politischem Druck ausgesetzt, vgl. *AG Duisburg*, Eröffnungsbeschluss v. 1. 9. 2002 – 62 IN 167/02 – NZI 2002, 556 ff.

993 Zu den Problemen der Kommunikation innerhalb des Insolvenzgerichts: Kapitel E.I.5.

durch einen einzigen Verwalter erst aufgrund dessen Selbstanzeige erkannt worden sein.[994] Die nicht ausreichende Ausstattung der Insolvenzgerichte birgt auch das Risiko der Amtshaftung in sich.[995]

4.1. Personelle Ausstattung

Die Insolvenzgerichte sind auf Grund einer unzureichenden Personalausstattung überlastet und teilweise nicht mehr in der Lage eine zügige Verfahrensabwicklung zu gewährleisten.[996] Obwohl bereits im Gesetzesentwurf zur Insolvenzordnung von einer erheblichen Mehrbelastung der Insolvenzgerichte, insbesondere durch die Verbraucherinsolvenzverfahren, ausgegangen wurde,[997] ist auf Grund der Erhöhung der Fallzahlen durch PEBB§Y[998] für die Zukunft eher mit einer Reduktion der Planstellen an den Insolvenzgerichten zu rechnen.[999] Die Überlastung wirkt sich negativ auf die tatsächliche Aufsicht und Kontrolle der Insolvenzverwalter aus, so dass eine Erhöhung des Personalbestands wünschenswert wäre, aber wohl nicht erwartet werden kann. Für die Wirksamkeit der insolvenzgerichtlichen Aufsicht folgt hieraus die Notwendigkeit zur Optimierung ohne zusätzliche Arbeitsbelastung für Insolvenzrichter und -rechtspfleger. Neben einer Verbesserung der fachlichen Qualifikation kann dieses nur durch eine Modernisierung der technischen Ausstattung sowie eine Optimierung der Arbeitsabläufe (Ablauforganisation) geschehen.

4.2. Ausstattung mit Sachmitteln

Mit der durch § 2 InsO normierten Zuständigkeitskonzentration sollte neben der Kompetenzbündelung auch eine optimale Allokation der finanziellen Ressourcen

---

994 *Klaas*, Offene Bewerberlisten contra professionelle Insolvenzverwaltung, AnwBl. 2006, 404.
995 Zur Amthaftung wegen eines Organisationsmangels: Kap. G.I.5.
996 *Mäusezahl*, Alltag am Insolvenzgericht – Auswirkung des InsOÄndG 2004 und des Pensenschlüssels auf die Arbeitsbelastung, ZVI 2004, 577, 580 ff.; *Pape/Schmidt*, Kreditvergaben und Gläubigerausschuss, ZInsO 2004, 955, 959. Die Überlastung äußerte sich 2002 in einem „Aufruf deutscher Insolvenzrichter und -rechtspfleger zur Wiederherstellung der Funktionsfähigkeit der Insolvenzgerichte und der Insolvenzordnung", ZInsO 2000, 949 f.
997 Allg.Begrd.RegE zur InsO, zit. n. *Balz/Landfermann*, Die neuen Insolvenzgesetze, S. 55. So auch *Bernsen*, Probleme der Insolvenzrechtsreform aus der Sicht des Rechtspflegers, Kölner Schrift zur InsO, 2. A., S. 1843, 1844.
998 Das Akronym *PEBB§Y* ist die Kurzbezeichnung für ein System zur Personalbedarfsberechnung für die deutschen Justizbehörden. Die offizielle Bezeichnung lautet: Erarbeitung eines Systems der Personalbedarfsberechnung für den richterlichen, staatsanwaltlichen und Rechtspflegerdienst in der ordentlichen Gerichtsbarkeit.
999 Siehe dazu *Mäusezahl*, Alltag am Insolvenzgericht – Auswirkung des InsOÄndG 2004 und des Pensenschlüssels auf die Arbeitsbelastung, ZVI 2004, 577, 580 ff.; FK-*Schmerbach*, § 5 InsO, Rdnr. 4. Die Erwartung einer Reduktion der Stellen an den Insolvenzgerichten wird durch die ersten Ergebnisse eines von der Justizministerkonferenz zur Erarbeitung in Auftrag gegebenes System zur Ermittlung der Personalbedarfsberechnung (PEBB§Y) gestützt, http://www.mj.niedersachsen.de/master/C3066004_N3065775_L20_D0_I693.html, gem. Zugriff vom 26. 3. 2007. Ausführlich zu PEBB§Y: *Heyrath/Schmerbach*, PEBB§Y – der Zweck heiligt die Mittel?!, ZInsO 2004, 372–379. Ebenfalls eine Reduktion der Pensen fordernd: *Heyrath*, Prüfung der Schlussrechnung (Teil 1), ZInsO 2005, 1092, 1097.

der öffentlichen Haushalte bei der technischen und sachlichen Ausstattung der Insolvenzgerichte erreicht werden. Die Bearbeitung der Insolvenzverfahren durch die Insolvenzgerichte erfolgt wie bei den Insolvenzverwaltern durch spezielle Software, die die Stammdaten des Insolvenzverfahrens für jeden Benutzer zugänglich macht, die EDV-gestützte Verwaltung der Insolvenztabelle und die vereinfachte Erstellung von Beschlüssen und Verfügungen ermöglicht.[1000] Ein Zugang zum Internet bietet den Organen des Insolvenzgerichts nicht nur vielfältige Informationsmöglichkeiten, sondern vereinfacht und beschleunigt durch die Nutzung von E-Mails die Kommunikation mit den Insolvenzverwaltern. Zusätzlich ist ein Datenaustausch per E-Mail, z.B. der Daten der Tabelle gem. § 175 InsO, möglich, sofern eine Kompatibilität der Computersysteme von Insolvenzverwalter und Insolvenzgericht besteht. Schließlich stellt sich die Frage, wie die Aufsicht wirksam ausgeübt werden soll, wenn nicht einmal die wichtigsten Fachzeitschriften und aktuellen Kommentare Zugang zu den Insolvenzgerichten finden, weil diese fiskalischen Sparmaßnahmen zum Opfer gefallen sind.[1001]

Inzwischen sind die meisten Gerichte der Länder mit Computern, einem Internetanschluss und den entsprechenden Softwareprogrammen ausgestattet, so dass eine EDV-gestützte Verwaltung der Insolvenzverfahren die Regel ist und die Grundlagen für einen vereinfachten Datenaustausch insbesondere zwischen den Insolvenzverwaltern und den Gerichten geschaffen wurde.[1002] Der Umfang des tatsächlich ermöglichten und genutzten Datenaustausches sowie die dafür genutzte Software variieren zwischen den Insolvenzgerichten, jedoch werden in allen Ländern die Entwicklung und Nutzung der entsprechenden Programme vorangetrieben, so dass kurz- und mittelfristig der Datenaustausch über das Internet die Regel sein wird.[1003] In den Bundesländern werden darüber hinaus die Bemühungen vorangetrieben, die Ausstattung der Insolvenzgerichte mit spezieller Software weiter zu verbessern, um dadurch den Datenaustausch sowie die Bearbeitung zu vereinheitlichen und zu vereinfachen.[1004] In § 5a GAVI-InsO[1005] ist eine Verordnungsermächtigung zur Erleichterung des elektronischen Rechtsverkehrs mit den Insol-

1000 § 5 Abs. 3 InsO stellt klar, dass die Tabellen und Verzeichnisse maschinell erstellt werden können. Aus den Gesetzesmaterialien ergibt sich, dass ein darüber hinausgehender Einsatz moderner Bürotechnik möglich und erwünscht ist. Siehe dazu die Stellungnahmen des Bundesrates zu § 5 Abs. 3 InsO, Anl. 2 zu BT-Drucks. 12/2443, 248 und der Bundesregierung, Anl. 3 zu BT-Drucks. 12/2443, 261. Dazu siehe auch Andres/Leithaus-*Andres* § 5 InsO. Rdnr. 22; N/R-*Becker,* § 5 InsO, Rdnr. 51; MK-*Ganter*, § 5 InsO, Rdnr. 90ff.; *Uhlenbruck*, Das Bild des Insolvenzverwalters – Der Versuch einer Orientierung im Widerstreit vielfältiger Interessen-, NZI 1998, 1, 3.

1001 *Uhlenbruck/Mönning*, Listing, Delistung und Bestellung von Insolvenzverwaltern, ZIP 2008, 157, 166.

1002 Vgl. EDV-Länderberichte, abrufbar auf der Homepage des Justizportals des Bundes und der Länder unter http://www.justiz.de/BLK/laenderberichte/gem. Zugriff vom 12. 3. 2007.

1003 Vgl. dazu die EDV-Berichte der Länder, abrufbar auf der Homepage des Justizportals des Bundes und der Länder unter http://www.justiz.de/BLK/laenderberichte/gem. Zugriff vom 12. 3. 2007.

1004 Vgl. zu der Problematik der Erforderlichkeit der Verkörperung von Entscheidungen in einem Schriftstück: N/R-*Becker*, § 5 InsO, Rdnr. 53.

1005 Entwurf eines „Gesetzes zur Verbesserung und Vereinfachung der Aufsicht in Insolvenzverfahren (GAVI)“, Fn. 27.

venzgerichten vorgesehen. Es bleibt abzuwarten, ob diese von den Bundesländern nach Inkrafttreten des GAVI genutzt wird. Diese sehr begrüßenswerte Tendenz lässt hoffen, dass sie, sofern sie konsequent umgesetzt wird, mittel- und langfristig sowohl zu einer Reduktion der Kosten des Insolvenzverfahrens als auch zu einer größeren Transparenz führen wird, wodurch dem Gericht unter anderem die Ausübung seiner Aufsicht über den Insolvenzverwalter erleichtert würde.[1006]

Ein weiterer Schritt zur Vereinfachung des Insolvenzverfahrens, auf den in diesem Zusammenhang hinzuweisen ist, ist die Möglichkeit zur Bekanntmachung von Veröffentlichungen des Insolvenzgerichts in einem elektronischen Informations- und Kommunikationssystem gem. § 9 Abs. 1 Satz 1 InsO i.V.m. § 1 InsIntBekV.[1007] Dadurch sollen sowohl die Informationsmöglichkeiten der Gläubiger verbessert, als auch der Verfahrensablauf vereinfacht sowie die Verfahrenskosten reduziert werden.[1008] Von dieser Möglichkeit machen die Insolvenzgerichte aller Bundesländer inzwischen in einem gemeinsamen Internetportal unter *„www.insolvenzbekanntmachungen.de“* Gebrauch.[1009]

5. Ablauforganisation des Insolvenzgerichts

Die Ablauforganisation[1010] innerhalb der Insolvenzabteilung eines Insolvenzgerichts kann sicherstellen, dass aufsichtsrelevante Informationen als solche identifiziert und sofort dem zuständigen Insolvenzrichter oder Insolvenzrechtspfleger zugänglich gemacht werden.

Die in § 18 RPflG geregelte Zuständigkeitsverteilung zwischen Insolvenzrichter und -rechtspfleger schafft viele Berührungspunkte, die ein koordiniertes Handeln zwischen diesen Organen erforderlich machen.[1011] Insbesondere bei der Beurteilung der Qualität der Verfahrensabwicklung durch einen Insolvenzverwalter und

---

1006 Vgl. *Mönning*, Die Auswahl des Insolvenzverwalters als Problem der Qualitätssicherung, KS-InsO, 2. A., S. 375, 401; kritisch: *Bernsen*, Probleme der Insolvenzrechtsreform aus der Sicht des Rechtspflegers, KS-InsO, 2. A., S. 1843, 1844f.

1007 Verordnung zu öffentlichen Bekanntmachungen in Insolvenzverfahren im Internet vom 12. 2. 2002, BGBl. 2002 I S. 677.

1008 Vgl. Begrd.RegE InsOÄndG, BT-Drcks 14/5680, S. 15f.; *Keller*, Die öffentliche Bekanntmachung im Insolvenzverfahren, ZIP 2003, 149, 149f., 153f.

1009 Als letztes Bundesland hat sich Sachsen-Anhalt am 1. 9. 2005 den Veröffentlichungen unter www.insolvenzbekanntmachungen.de angeschlossen. Eine Übersicht über die veröffentlichenden Länder findet sich unter https://www.insolvenzbekanntmachungen.de/laenderuebersicht.html gem. Zugriff vom 12. 3. 2007. Noch weitergehend sieht der RegE vom 2. 11. 2006 zum Entwurf eines *„Gesetzes zur Vereinfachung der Insolvenzordnung“* eine grundsätzliche Veröffentlichung ausschließlich im Internet vor, RegE BT-Drucks. 16/3227, 1, 5.

1010 Unter Ablauforganisation versteht die Organisationstheorie ein Instrument zur Beherrschung von Handlungskomplexität mittels Standardisierung und Routinisierung und verfolgt sowohl erfolgsbezogene, zeitliche als auch qualitative Ziele. (zit. n. Wikipedia, „Ablauforganisation“, Ziff. 1.1). Auch verstanden als der raumzeitliche Aspekt einer Organisation (zit. n. *Gabler*, Wirtschaftslexikon, „Ablauforganisation“).

1011 Vgl. *Heyrath*, Die Prüfung der Schlussrechnung (Teil 1), ZInsO 2005, 1092, 1096f.; *Pape/Uhlenbruck*, Insolvenzrecht, Rdnr. 146.

bei der Entscheidung über eine erneute Bestellung kann die gesetzliche Aufgabentrennung zwischen Insolvenzrichter und -rechtspfleger zu Informationsverlusten führen, wenn diese in der Gerichtspraxis auch „gelebt" wird.[1012] Während der Richter die Auswahlentscheidung trifft, ist der Rechtspfleger gem. § 3 Abs. 2e) RPflG grundsätzlich mit der weiteren Abwicklung des Verfahrens betraut. Dies hat zur Folge, dass der Richter die Abwicklung des Verfahrens durch den Insolvenzverwalter nur beurteilen kann, wenn er vom Rechtspfleger mit den entsprechenden Informationen versorgt wird. Ein regelmäßiger und institutionalisierter Erfahrungsaustausch zwischen Richtern und Rechtspflegern, z.B. in Form von „Runden Tischen", findet an den Insolvenzgerichten im Allgemeinen nicht statt, so dass für die Aufsicht gem. § 58 Abs. 1 InsO bedeutsame Informationsverluste eintreten können.[1013] In der Literatur wird vertreten, dass eine Anweisung des Insolvenzrichters an den Rechtspfleger, ihn fortlaufend über das Insolvenzverfahren zu informieren, damit dieser die Ausübung des Evokationsrechts aus § 18 Abs. 2 RPflG prüfen kann, unzulässig ist.[1014] Empfehlenswert ist es daher, regelmäßige Treffen („jour fixe") zwischen den Insolvenzrichtern und Insolvenzrechtspflegern eines Insolvenzgerichts einzuführen, in denen nicht nur über die Erfahrungen mit der Verfahrensabwicklung der an dem Insolvenzgericht tätigen Insolvenzverwalter und etwaige Probleme mit diesen berichtet werden kann, sondern auch neuere Entwicklungen auf dem Gebiet des Insolvenzrechts und Fragen zur Verfahrensleitung diskutiert werden können.[1015]

Darüber hinaus kann durch eine Optimierung der Zusammenarbeit zwischen den Organen des Insolvenzgerichts der Verfahrensablauf weiter verbessert werden und dadurch eine Reduktion der subjektiven Arbeitsbelastung erreicht werden. Empfehlenswert ist es, hier auf die in der Betriebswirtschaft entwickelten Grundsätze des Projektmanagement zurückzugreifen und mit deren Hilfe die Organisation der Insolvenzgerichte zu verbessern. Aber auch für den Fall des urlaubs- oder krankheitsbedingten Ausfalls des Insolvenzrichters oder des Insolvenzrechtspflegers muss Vorsorge getroffen werden. Das Insolvenzgericht wird seiner Aufsichtspflicht nicht gerecht, wenn eine Aufsicht wegen Urlaub oder Krankheit des zuständigen Insolvenzrechtspflegers einfach nicht mehr stattfindet oder Personen ohne grundlegende Kenntnis vom Insolvenzrecht und der Insolvenzabwicklung mit dessen Vertretung betraut werden. Es können hier keine geringeren Anforde-

---

1012 *Römermann*, Die Bestellung des Insolvenzverwalters, NJW 2002, 3729, 3730; *Uhlenbruck/Mönning*, Listing, Delistung und Bestellung von Insolvenzverwaltern, ZIP 2008, 157, 160 (Ziff. IV.1.) berichten von dem Fall eines Insolvenzrechtspflegers, der dem Insolvenzrichter angedroht haben soll, bei nochmaliger Bestellung eines bestimmten Insolvenzverwalters das Verfahren wegen rechtlicher Schwierigkeiten gem. § 5 RPflG dem Richter zurückzugeben.

1013 Vgl. *Heyrath*, Die Prüfung der Schlussrechnung (Teil 2), ZInsO 2006, 1196, 1198; *Mönning*, Die Auswahl des Insolvenzverwalters als Problem der Qualitätssicherung, KS-InsO, 2. A., S. 375, 388; zum Spannungsverhältnis zwischen Richter und Rechtspfleger auch *Holzer*, Die Entscheidungsträger im Insolvenzverfahren, Rdnr. 19ff.; *Uhlenbruck*, Das Bild des Insolvenzverwalters – Der Versuch einer Orientierung im Widerstreit vielfältiger Interessen, KTS 1998, 1, 22f.

1014 Uhlenbruck-*Uhlenbruck*, § 2 InsO, Rdnr. 6.

1015 Der Verfasser hat mit der Einrichtung eines solchen „jour fixe" in der eigenen Kanzlei sehr gute Erfahrungen gemacht.

rungen als an einen Sonderverwalter gestellt werden, der die Aufgaben des bestellten Insolvenzverwalters bei dessen (vorübergehender) Abwesenheit wahrnehmen soll.

6. Zusammenfassung

Es ist dargestellt worden, wie die Aufsicht über den Insolvenzverwalter durch Maßnahmen zur Steigerung der Qualifikation und Optimierung der Ablauforganisation auf Seiten der Insolvenzgerichte effizienter gestaltet werden kann.

Neben den erforderlichen verfahrens- und materiellrechtlichen Kenntnissen erfordert die Beaufsichtigung der Insolvenzverfahren zumindest Grundkenntnisse betriebswirtschaftlicher Zusammenhänge und einer ordnungsgemäßen Buchhaltung. Diese Qualifikation muss unter regelmäßiger Teilnahme an Fortbildungen erlangt werden. Sparmaßnahmen des Justizfiskus an dieser Stelle erhöhen das Amtshaftungsrisiko wegen eines Organisationsmangels.

Zusätzlich zu den fachlichen Kompetenzen können die Arbeitsabläufe innerhalb des Insolvenzgerichts mit Hilfe des betriebswirtschaftlichen Projektmanagements verbessert werden und dadurch der Verfahrensablauf vereinfacht werden. Insbesondere angesichts der Verordnungsermächtigung in § 5a GAVI-InsO besteht Hoffnung, dass in den Ländern die IT-technische Ausstattung der Insolvenzgerichte voranschreitet. Auf diese Weise kann die nicht ausreichende Personalausstattung der Insolvenzgerichte teilweise kompensiert werden.

Schließlich bedarf es zur Verbesserung der Aufsicht einer institutionalisierten Kommunikation zwischen den Organen des Insolvenzgerichts. Man kann nicht Qualitätsverbesserungen von der Insolvenzverwalterschaft verlangen, wenn diese mangels Kommunikation innerhalb des Insolvenzgerichts im Einzelfall nicht bemerkt wird. Das Qualitätsmanagement des Insolvenzverwalters hängt deshalb – wie *Uhlenbruck* und *Mönning* zutreffend festgestellt haben – quasi in der Luft.[1016]

II. Erkenntnisquellen des Insolvenzgerichts

Das Insolvenzgericht kann die aufsichtrelevanten Informationen über den Insolvenzverwalter und dessen Amtsführung aus unterschiedlichen Quellen, wie z.B. die Berichterstattung des Insolvenzverwalters, die Schlussrechnung gem. § 66 InsO sowie Eingaben von Verfahrensbeteiligten und Dritten, gewinnen. Eine umfassende Erkenntnis über aufsichtsrelevante Umstände setzt voraus, dass das Insolvenzgericht nicht nur passiv darauf angewiesen bleibt, hierüber im Rahmen der

1016 *Uhlenbruck/Mönning*, Listing, Delistung und Bestellung von Insolvenzverwaltern, ZIP 2008, 157, 161.

Berichterstattung und Rechnungslegung des Insolvenzverwalters, durch den Gläubigerausschuss, die Insolvenzgläubiger oder sonstige Dritte informiert zu werden, sondern darüber hinaus aktiv zur eigenen Sachverhaltsermittlung ermächtigt ist.

1. Amtsermittlungen im Rahmen der insolvenzgerichtlichen Aufsicht

Sedes materiae für eine eigene Ermittlungskompetenz des Insolvenzgerichts ist § 5 Abs. 1 Satz 1 InsO. Hiernach kann das Insolvenzgericht von Amts wegen alle Umstände ermitteln, die für das Insolvenzverfahren von Bedeutung sind.

1.1. Reichweite des Amtsermittlungsgrundsatzes

Nach § 5 Abs. 1 InsO ist das Insolvenzgericht berechtigt und verpflichtet, zur Aufklärung aller das Insolvenzverfahren betreffenden Verhältnisse diejenigen Ermittlungen anzustellen, die es für erforderlich hält (Amtsermittlungsgrundsatz).[1017] Keiner Ermittlungen bedarf es gem. § 4 InsO i. V. m. § 291 ZPO bei offenkundigen Tatsachen[1018] und wenn das Insolvenzgericht nach den insolvenzrechtlichen Vorschriften, wie z. B. §§ 4a, 13, 173 Abs. 2 InsO, nur auf Antrag tätig wird.[1019]

1.1.1. Geltungsbereich

Aus der weiten Formulierung des § 5 Abs. 1 InsO kann eine umfassende Ermittlungspflicht des Insolvenzgerichts hergeleitet werden, die sich auf alle für das Verfahren bedeutsamen Umstände, einschließlich der Verfahrensabwicklung durch den Insolvenzverwalter, bezieht.[1020] Diese Vorschrift entspricht § 75 KO, dessen Gesetzgeber als vorrangigen Normzweck die *„Information der Verwaltungsorgane"* nannte. Die Gesetzesmaterialien zu § 75 KO besagen: *„Für alle Betheiligten muß es wünschenswerth sein, bei der Behandlung schwebender Rechtsgeschäfte, bei der Erhebung von Aussonderungs- und Absonderungsansprüchen, bei der Ausübung des Anfechtungsrechts, bei der Prüfung von Konkursforderungen und bei Entschließungen über die Verwerthung der Masse nicht ausschließlich auf die unzuverlässige oder nicht zu erlangende Auskunft des Gemeinschuldners oder auf unsichere Privaterkundigungen sich angewiesen zu sehen."*[1021] Folglich wurde der Vorschrift des § 75 KO ein Geltungsbereich in der *„denkbar weitesten Fassung"* zugemessen.[1022]

1017 MK-*Ganter,* § 5 InsO, Rdnr. 21; *Prütting,* Allgemeine Verfahrensgrundsätze der Insolvenzordnung, KS-InsO, 2. A., S. 221, 235; Uhlenbruck-*Uhlenbruck,* § 5 InsO, Rdnr. 1; vgl. auch zu § 75 KO: *Jaeger,* (6./7. Aufl.), § 75 KO, Anm. 3.
1018 MK-*Ganter,* § 5 InsO, Rdnr. 18; HambK-*Rüther,* § 5 InsO, Rdnr. 9.
1019 HK-*Kirchhof,* § 5 InsO, Rdnr. 6.
1020 Jaeger-*Gerhardt,* § 5 InsO, Rdnr. 7; MK-*Ganter,* § 5 InsO, Rdnr. 12.
1021 Motive II., S. 299, zit. n. *Hahn,* Die gesamten Materialien zu den Reichs-Justizgesetzen, Bd. 4 Materialien zur Konkursordnung, Bd. 4., S. 275 f.
1022 *Jaeger,* (6./7. Aufl.), § 75 KO, Anm. 2; vgl. auch *Kuhn-Uhlenbruck,* § 74 KO Rdnr. 1.

Ein weiter Anwendungsbereich für § 5 Abs. 1 InsO lässt sich auch aus der Gesetzessystematik ableiten: diese Vorschrift findet sich in dem mit „Allgemeine Vorschriften" überschriebenen 1. Teil der InsO. Ausweislich der Gesetzesmaterialien hat die Vorschrift des § 5 Abs. 1 InsO ihre Vorbilder in § 75 KO, § 117 VglO und § 2 Abs. 2 Satz 2 GesO.[1023]. Der Amtsermittlungsgrundsatz gilt daher für die gesamte Dauer des Insolvenzverfahrens und in allen Verfahrensabschnitten[1024] sowie auch zur Ermittlung eines für Verwaltungs- oder Verwertungsmaßnahmen des Insolvenzverwalters bedeutsamen Sachverhalts.[1025]

1.1.2. Amtsermittlung und pflichtgemäßes Ermessen

Zu § 75 KO wurde von *Jaeger* vertreten, dass die Vorschrift *„in der denkbar weitesten Fassung dem Gericht die Aufklärung aller das Verfahren (den Konkurs) betreffenden Verhältnisse zur Pflicht"* macht.[1026] Dieses Normverständnis hat der Gesetzgeber der InsO durch die Verwendung des Wortes *„hat"* – statt *„kann"* in § 75 KO – sprachlich zum Ausdruck gebracht, und eine Amtsermittlungspflicht begründet, deren Verletzung einen Anspruch gem. § 839 BGB i. V. m. Art. 34 GG auslösen kann.[1027]

Dem Insolvenzgericht ist aber ein Beurteilungsspielraum bei der Beantwortung der Frage, ob ein für das Insolvenzverfahren bedeutsamer Umstand der Aufklärung bedarf, eingeräumt.[1028] So darf der Insolvenzrichter angesichts des Amtshaftungsrisikos das Insolvenzverfahren nicht eröffnen, ohne vom Vorliegen eines Insolvenzgrundes voll überzeugt zu sein.[1029] Verweigert z. B. der Insolvenzschuldner die Erteilung einer Auskunft über seine Vermögensverhältnisse, dann darf der Insolvenzrichter das Vorliegen eines Insolvenzgrundes nicht unterstellen, sondern hat den Sachverhalt vollständig, ggfls. unter Einsatz eines Insolvenzgutachters, aufzuklären.[1030] Auch haben die Verfahrensbeteiligten – wie bereits ausgeführt – keinen Rechtsanspruch auf die Einleitung von Amtsermittlungsmaßnahmen. Ein hierauf gerichtetes Ersuchen oder eine Beschwerde über den Insolvenzverwalter ist deshalb lediglich als Anregung zu Amtsermittlungen zu verstehen, die das Insolvenzgericht im Rahmen seines Beurteilungsspielraums prüfen sollte.[1031]

1023 Begrd.RegE zu § 5 InsO, zit. n. *Balz/Landfermann*, Die neuen Insolvenzgesetze, S. 74.

1024 N/R-*Becker*, § 5 InsO, Rdnr. 5; HK-*Kirchhof*, § 5 InsO, Rdnr. 5; Uhlenbruck-*Uhlenbruck*, § 5 InsO, Rdnr. 7; zur Amtsermittlungspflicht bei Antrag auf Versagung der Restschuldbefreiung: *BGH*, Beschl. v. 11. 9. 2003 – IX ZB 37/03 – ZVI 2003, 538 ff.

1025 *LG Hildesheim*, Beschl. v. 2. 2. 2983 – 5 T 10/83 – ZIP 1983, 598, 599; *Jaeger*, (6./7. Aufl.), § 75 KO Anm. 2; Smid-*Smid*, § 58 InsO, Rdnr. 10.

1026 *Jaeger*, (6./7. Aufl.), § 75 KO, Anm. 2.

1027 HK-*Kirchhof*, § 5 InsO, Rdnr. 4; FK-*Schmerbach*, § 5 InsO, Rdnr. 4; zustimmend: Andres/Leithaus-*Andres*, § 5 InsO, Rdnr. 5. Das Spruchrichterprivileg gilt für die Tätigkeit des Insolvenzverwalters gerade nicht, Uhlenbruck-*Uhlenbruck*, § 58 InsO, Rdnr. 1.

1028 *OLG Hamm*, Beschl. v. 17. 9. 1971 – 15b W 155/71 – KTS 1972, 105, 106; MK-*Ganter*, § 5 InsO, Rdnr. 20; a. A. eine Amtsermittlungspflicht annehmend: *LG Hildesheim*, Beschl. v. 2. 2. 1983 – 5 T 10/83 – ZIP 1983, 598, 599.

1029 *BGH*, Urt. v. 5. 11. 1956 – III ZR 139/56 – WM 1957, 67, 68.

1030 *BGH*, Urt. v. 5. 11. 1956 – III ZR 139/56 – WM 1957, 67, 69.

1031 Siehe Kap. C.III.4.

Dagegen ist dem Insolvenzgericht für die Bestimmung von Art und Umfang der Amtsermittlung ein Ermessensspielraum eingeräumt.[1032] Art und Umfang des im Einzelfall geeigneten und ihm zur Verfügung stehenden Aufklärungsmittels bestimmt das Insolvenzgericht deshalb nach pflichtgemäßem Ermessen. Dieses ist an den Insolvenzzwecken (§ 1 InsO), insbesondere an dem Interesse der Gläubiger an einer gleichmäßigen Befriedigung sowie an einer zügigen und rechtmäßigen Verfahrensabwicklung durch den Insolvenzverwalter, auszurichten.[1033] Das Auswahlermessen des Insolvenzgerichts ist auf Null reduziert,[1034] wenn nur eine Ermittlungsmaßnahme in Betracht kommt, um die als bedeutsam erkannten Umstände aufzuklären. So ist es bei der Prüfung des Vorwurfes einer pflichtwidrigen Prozessführung durch den Insolvenzverwalter nicht ausreichend, von diesem gem. § 58 Abs. 1 Satz 2 InsO eine Stellungnahme einzuholen, sondern es bedarf der Einholung eines Sachverständigengutachtens gem. § 5 Abs. 1 Satz 2 InsO, wenn sich das Insolvenzgericht nicht zu einer eigenen rechtlichen Beurteilung in der Lage sieht.

1.2. Instrumente der Amtsermittlung

Im Rahmen der Amtsermittlungsbefugnis stehen dem Insolvenzgericht, neben der in § 5 Abs. 1 Satz 2 InsO beispielhaft genannten Zeugen- und Sachverständigenvernehmung über die Verweisung in § 4 InsO die Beweismittel der ZPO zur Verfügung.[1035] Die Auswahl der konkreten Ermittlungsmaßnahme im Einzelfall liegt im pflichtgemäßen Ermessen des Insolvenzgerichts.[1036] Das Insolvenzgericht kann bspw. die Erteilung amtlicher Auskünfte und die Mitteilung von Urkunden verlangen (§ 4 InsO i.V.m. §§ 273 Abs. 2 Nr. 2 ZPO)[1037] sowie Informationen von auskunftsbereiten Privatpersonen einholen[1038] oder sich Urkunden durch Dritte vorlegen lassen (§ 4 InsO i.V.m. § 142 ZPO).[1039] Wichtige Erkenntnisquelle kann ferner die Vernehmung des Insolvenzschuldners nach §§ 20, 97, 98, 101 InsO bzw. die Vernehmung der Angestellten nach §§ 101 Abs. 2, 97 Abs. 1 Satz 1, 20 Abs. 1 InsO sein.[1040]

1032 BGH, Urt. v. 5. 11. 1956 – III ZR 139/56 – WM 1957, 67, 68; MK-*Ganter*, § 5 InsO, Rdnr. 21; HK-*Kirchhof*, § 5 InsO, Rdnr. 8; Jaeger-*Gerhardt*, § 5 InsO, Rdnr. 3; Smid-*Smid*, § 5 InsO, Rdnr. 12.

1033 Uhlenbruck-*Uhlenbruck*, § 5 InsO, Rdnr. 22.

1034 Siehe Kap. C.III.2.2.

1035 Andres/Leithaus-*Anders*, § 5 InsO, Rdnr. 13; N/R-*Becker*, § 5 InsO, Rdnr. 7.

1036 HK-*Kirchhof*, § 5 InsO, Rdnr. 9; MK-*Ganter*, § 5 InsO, Rdnr. 23; Uhlenbruck-*Uhlenbruck*, § 5 InsO, Rdnr. 8.

1037 Das Insolvenzgericht kann von der Staatsanwaltschaft beschlagnahmte Unterlagen des Insolvenzschuldners anfordern, um den (vorläufigen) Insolvenzverwalter Einsicht in diese nehmen zu lassen, so MK-*Ganter*, § 5 InsO, Rdnr. 49 unter Berufung auf §§ 20, 22 Abs. 3, 97 Abs. 1 InsO.

1038 HK-*Kirchhof*, § 5 InsO, Rdnr. 10.

1039 *LG Köln*, Beschl. v. 5. 7. 2004 – 19 T 81/04 – NZI 2004, 671, 672, für die Vorlage der Unterlagen des Schuldners im Besitz des Steuerberaters während der „schwachen" vorläufigen Insolvenzverwaltung; N/R-*Becker*, § 5 InsO, Rdnr. 7 ff.

1040 Der Schuldner kann nicht nach den Regeln der §§ 445 ff. ZPO als Partei vernommen werden, MK-*Ganter*, § 5 InsO, Rdnr. 40; HK-*Kirchhof*, § 5 InsO, Rdnr. 11; FK-*Schmerbach* § 5 InsO, Rdnr. 9;

Im Rahmen der Aufsicht ist das Gericht nicht auf bestimmte Kontrollhandlungen beschränkt.[1041] So kommt neben der Prüfung der Rechnungslegung des Insolvenzverwalters auch die Geltendmachung des in § 58 Abs. 1 Satz 2 InsO geregelten Auskunftsanspruchs in Betracht, wonach das Insolvenzgericht jederzeit einzelne Auskünfte oder einen Bericht über den Sachstand und die Geschäftsführung vom Insolvenzverwalter verlangen kann.[1042] Das Gericht kann aber auch das persönliche Erscheinen des Insolvenzverwalters nach § 4 InsO i.V.m. §§ 141, 273 Abs. 2 Nr. 3 ZPO anordnen, wenn dieses erforderlich ist.[1043]

Im Rahmen der Überwachung des Insolvenzverwalters, bei Bestellung und Entlassung sowie bei der Prüfung der Rechnungslegung und der sonstigen Berichte, Auskünfte und Belege des Insolvenzverwalters kann sich das Gericht gem. § 5 Abs. 1 Satz 2 InsO eines Sachverständigen bedienen, sofern es die relevanten Umstände nicht selber bewerten kann.[1044]

1.3. Formerfordernisse

Fraglich ist, ob das Insolvenzgericht bei der Durchführung der Amtsermittlung an Förmlichkeiten gebunden ist. Die Vorschrift des § 5 Abs. 1 InsO normiert hierfür keine Formerfordernisse vor. Es wird daher vertreten, dass die Amtsermittlungen gem. § 5 Abs. 1 InsO vom Insolvenzgericht grundsätzlich formlos angestellt werden können.[1045] Eine Einschränkung wird für die Einschaltung eines Sachverständigen angenommen, in dem ein dessen Aufgaben beschreibender gerichtlicher Beschluss gefordert wird.[1046] Auch für die Vernehmung von Zeugen wird unter Hinweis auf die Vorschriften der § 4 InsO i.V.m. § 377 Abs. 2 Nr. 2 ZPO empfohlen, einen förmlichen Beweisbeschluss zu erlassen, jedenfalls aber das Beweisthema schriftlich zu benennen.[1047] *Smid* empfiehlt bei Amtsermittlungen gegen den Insolvenzverwalter angesichts der potentiellen Konfliktträchtigkeit einen förmlichen Beweisbeschluss zu erlassen.[1048] Ebenso wie die Art und Weise liegt auch die Form der Amtsermittlung des Insolvenzgerichts im Rahmen der Aufsicht in dessen pflichtgemäßem Ermessen. Bei dessen Ausübung sollte dem Anlass, z.B. der

---

Smid-*Smid*, § 5 InsO, Rdnr. 19 (bereits die Parteistellung des Schuldners in Bezug auf die (pfändbare) Vermögensmasse ablehnend).

1041 Vgl. N/R-*Delhaes*, § 58 InsO, Rdnr. 6.

1042 Nach MK-*Ganter*, § 5 InsO, Rdnr. 15 e, ist das Insolvenzgericht bei Anhaltspunkten für Unregelmäßigkeiten des Insolvenzverwalters erst zu Amtsermittlungen gem. § 5 Abs. 1 InsO berechtigt, wenn das Instrumentarium des § 58 Abs. 1 InsO nicht die erforderliche Aufklärung bewirkt hat.

1043 Vgl. N/R-*Becker*, § 5 InsO, Rdnr. 7.

1044 MK-*Graeber*, § 58 InsO, Rdnr. 13, 28; Uhlenbruck-*Uhlenbruck*, § 5 InsO, Rdnr. 14; a.A.: *LG Frankfurt/Oder*, Beschl. v. 16. 4. 1999 – 6 (a) T 137/99 – DZWiR 1999, 514 f.

1045 MK-*Ganter*, § 5 InsO, Rdnr. 51; Uhlenbruck-*Uhlenbruck*, § 5 InsO, Rdnr. 5.

1046 Uhlenbruck-*Uhlenbruck*, § 5 InsO, Rdnr. 5.

1047 Vgl. Andres/Leithaus-*Andres*, § 5 InsO, Rdnr. 14; MK-*Ganter*, § 5 InsO, Rdnr. 51; Jaeger-*Gerhardt*, § 5 InsO, Rdnr. 18; HK-*Kirchhof*, § 5 InsO, Rdnr. 18; FK-*Schmerbach*, § 5 InsO, Rdnr. 13; Smid-*Smid*, § 5 InsO, Rdnr. 17.

1048 Smid-*Smid*, § 5 InsO, Rdnr. 14.

Schwere und Konkretisierung der Verdachtsmomente gegen den Insolvenzverwalter, wie auch der Qualität der bisherigen Insolvenzverwaltertätigkeit und der Zusammenarbeit mit dem Insolvenzverwalter Rechnung getragen werden.

1.4. Rechtsmittel

Nach allgemeiner Meinung sind Anordnungen des Insolvenzgerichts im Rahmen der Amtsermittlung und die Ablehnung von Ermittlungen nicht rechtsmittelfähig.[1049] Dies folgt aus § 6 Abs. 1 InsO, wonach nur die Entscheidungen des Insolvenzgerichts einem Rechtsmittel unterliegen, für die nach der InsO ein solches vorgesehen ist. Die Vorschrift des § 5 InsO sieht ein Rechtsmittel gegen Maßnahmen des Insolvenzgerichts im Rahmen der Amtsermittlung nicht vor. Insofern kommt es auch nicht mehr auf die unter Geltung der Konkursordnung diskutierte Frage an, ob es sich bei den Anordnungen des Insolvenzgerichts im Rahmen der Amtsermittlung um eine gerichtliche Entscheidung oder um eine nur vorbereitende Tätigkeit handelte.[1050] Möglich ist bei einer Entscheidung des Insolvenzrechtspflegers die Erinnerung nach § 11 Abs. 2 Satz 1 RPflG.[1051]

Dem Insolvenzverwalter ist gegen Amtsermittlungen des Insolvenzgerichts mangels entsprechender gesetzlicher Regelung (§ 6 Abs. 1 InsO) ein Rechtsmittel nicht eröffnet. Statthaft ist aber die Rechtspflegererinnerung gem. § 12 Abs. 2 InsO.

1.5. Grenzen der Amtsermittlung

Der weite Geltungsbereich des § 5 Abs. 1 InsO besagt nicht, dass der Amtsermittlungsgrundsatz unbeschränkt gilt. Die Amtsermittlungen des Insolvenzgerichts müssen rechtmäßig sein und dürfen den Insolvenzverwalter nicht in seinen Grundrechten verletzen (Art. 1 Abs. 3 GG). So wird Fragen nach den persönlichen und wirtschaftlichen Verhältnissen durch das aus dem allgemeinen Persönlichkeitsrecht gem. Art. 2 Abs. 1, Art. 1 Abs. 1 GG abgeleitete Recht auf informationelle Selbstbestimmung eine Zulässigkeitsgrenze gezogen.[1052]

In tatsächlicher Hinsicht findet die Amtsermittlung ihre Grenze in den zur Aufklärung des Sachverhalts im konkreten Einzelfall zur Verfügung stehenden Ermittlungsinstrumenten und in der jeweiligen Haushaltslage des Justizfiskus. So verursacht die Beauftragung eines Sachverständigen mit der Prüfung der gem. § 66

1049 *BGH*, Beschl. v. 4. 3. 2004 – IX ZB 133/03 – ZVI 2004, 240, jedoch mit der Ausnahme bei einem Eingriff der insolvenzgerichtlichen Anordnung in das Grundrecht des Betroffenen aus Art. 13 GG; *LG Düsseldorf*, Beschl. v. 11. 1. 2006 – 25 T 8/06 – NJOZ 2006, 2775 f.; HK-*Kirchhof*, § 5 InsO, Rdnr. 22; Uhlenbruck-*Uhlenbruck*, § 5 InsO, Rdnr. 26 sowie § 58 InsO, Rdnr. 14; Jaeger-*Gerhardt*, § 5 InsO, Rdnr. 5, der gegen Anordnungen des Rechtspflegers die Erinnerung gem. § 11 RPflG eröffnet sieht.

1050 Kuhn-*Uhlenbruck*, § 73 KO, Rdnr. 11.

1051 Begrd.RegE zu § 6 InsO, zit. n. *Balz/Landfermann*, Die neuen Insolvenzgesetze, S. 75; N/R-*Becker*, § 5 InsO, Rdnr. 47.

1052 Siehe Kap. D.II.2.3.

Abs. 1 InsO vom Insolvenzverwalter zu legenden Schlussrechnung je nach Prüfungsumfang erhebliche Kosten, die zwar gem. § 3 Abs. 2 GKG i.V.m. Nr. 9005 KV als Massekosten gem. § 54 Nr. 1 InsO letztlich von der Insolvenzmasse getragen werden, jedoch nur dann, wenn eine verteilbare Masse vorhanden und nicht Masselosigkeit mit der Verteilungsrangfolge des § 207 Abs. 3 InsO gegeben ist.

1.5.1. Beschränkung durch den Insolvenzzweck

Nach dem Wortlaut des § 5 Abs. 1 Satz 1 InsO ist der Gegenstand des Amtsermittlungsgrundsatzes auf Umstände beschränkt, *„die für das Insolvenzverfahren von Bedeutung sind"*. *Ganter* versteht daher die Vorschrift des § 5 InsO als Ergänzung der übergeordneten Verfahrensziele des § 1 InsO.[1053] Folglich darf das Insolvenzgericht seine Amtsermittlungen im Rahmen der Aufsicht nur auf Handlungen des Insolvenzverwalters richten, die der Haftungsverwirklichung zu Gunsten der Gläubiger widersprechen oder schutzwürdigen Interessen Dritter zuwiderlaufen, die also insolvenzzweckwidrig sind.[1054]

1.5.2. Kollision zwischen Amtsermittlung und Aufsicht (§ 58 InsO)?

Angesichts des weiten Geltungsbereichs des Amtsermittlungsgrundsatzes des § 5 Abs. 1 InsO stellt sich die Frage nach dem Verhältnis zum Auskunftsanspruch des Insolvenzgerichts aus § 58 Abs. 1 Satz 2 InsO.

In der Literatur wird vertreten, dass § 58 InsO in seinem Geltungsbereich den allgemeinen Amtsermittlungsgrundsatz des § 5 Abs. 1 InsO verdrängt, so dass die Ermittlungsbefugnisse des Insolvenzgerichts in Bezug auf die Verfahrensabwicklung durch den Insolvenzverwalter abschließend in § 58 InsO geregelt sind.[1055] Dieses soll z.B. für die Forderungsprüfung nach §§ 174ff. InsO gelten, die allein dem Insolvenzverwalter bzw. den Gläubigern obliegt.[1056] Nach Ansicht von *Kirchhof* wird der Amtsermittlungsgrundsatz des § 5 Abs. 1 InsO ganz allgemein durch den Bereich eigenverantwortlicher Befugnisse des Insolvenzverwalters beschränkt.[1057] Dagegen hält *Smid* über den Auskunftsanspruch des § 58 Abs. 1 Satz 2 InsO hinausgehende Amtsermittlungen des Insolvenzgerichts für zulässig, wenn diese sich auf entscheidungserhebliche Tatsachen beziehen, und für geboten, wenn diese erforderlich sind.[1058]

Dieser Auffassung ist beizupflichten. Der Vorschrift des § 58 Abs. 1 Satz 2 InsO kann eine Beschränkung des allgemeinen Amtsermittlungsgrundsatzes (§ 5 Abs. 1

1053 MK-*Ganter*, § 5 InsO, Rdnr. 4.
1054 Uhlenbruck-*Uhlenbruck*, § 5 InsO, Rdnr. 22.
1055 MK-*Ganter*, § 5 InsO, Rdnr. 15e; Jaeger-*Gerhardt*, § 5 InsO, Rdnr. 8; HK-*Kirchhof*, § 5 InsO, Rdnr. 6; Uhlenbruck-*Uhlenbruck*, § 5 InsO, Rdnr. 22.
1056 *OLG Koblenz*, Beschl. v. 12. 10. 1970 – 4 W 228/70 – KTS 1971, 220, 221; MK-*Ganter*, § 5 InsO Rdnr. 15e; Jaeger-*Gerhardt*, § 5 InsO, Rdnr. 11; HK-*Kirchhof*, § 5 InsO, Rdnr. 6; HambK-*Rüther*, § 5 InsO, Rdnr. 3; Smid-*Smid*, § 5 InsO, Rdnr. 23; Uhlenbruck-*Uhlenbruck*, § 5 InsO, Rdnr. 1.
1057 HK-*Kirchhof*, § 5 InsO, Rdnr. 6.
1058 Smid-*Smid*, § 58 InsO, Rdnr. 10.

InsO) nicht entnommen werden. § 58 Abs. 1 Satz 2 InsO regelt den allgemeinen, verfahrensbezogenen Auskunftsanspruch des Insolvenzgerichts gegenüber dem Insolvenzverwalter. Würden sich darin die Ermittlungsbefugnisse des Insolvenzgerichts im Rahmen der Aufsicht erschöpfen, dann wäre es dem Insolvenzverwalter ein leichtes, die Aufdeckung eines aufsichtsrelevanten Sachverhaltes zu verhindern, indem er die eingeforderten Auskünfte nicht oder unrichtig erteilt. Einer Beschränkung der Amtsermittungsbefugnis des Insolvenzgerichts in Bezug auf die Tätigkeit des Insolvenzverwalters steht auch die Gesetzessystematik entgegen[1059], denn die Vorschrift des § 5 Abs. 1 InsO findet sich in dem mit „Allgemeine Vorschriften" überschriebenen 1. Teil der InsO, woraus geschlussfolgert werden kann, dass der Amtsermittlungsgrundsatz die Aufsichtsbefugnisse des Insolvenzgerichts gem. § 58 InsO ergänzt.

1.5.3. Amtsermittlungen im eigenen Verantwortungsbereich des Insolvenzverwalters

Die Rechtsstellung des Insolvenzverwalters ist wesentlich durch das Postulat der Unabhängigkeit von allen Verfahrensbeteiligten gekennzeichnet. Grundsätzlich ist die gesamte wirtschaftliche Abwicklung des Insolvenzverfahrens, die Erfassung und Verwertung der Insolvenzmasse und die Erfassung und Befriedigung der Insolvenzforderungen, Aufgabe des Insolvenzverwalters und nicht eine solche des Insolvenzgerichts.[1060] Es stellt sich daher die Frage, ob Amtsermittlungen in diesem eigenverantwortlichen Tätigkeitsbereich des Insolvenzverwalters zulässig sind.

Die Eigenverantwortlichkeit des Insolvenzverwalters findet dort ihre Grenze, wo dessen eigene Verantwortlichkeit für eine pflichtgemäße Insolvenzabwicklung in Frage steht. Wäre auch in diesem Fall das Insolvenzgericht lediglich auf den Auskunftsanspruch gem. § 58 Abs. 1 Satz 2 InsO verwiesen und dürfte keine eigenen Ermittlungen nach § 5 Abs. 1 InsO anstellen, dann würde hierdurch die Aufsicht des Insolvenzgerichts erheblich eingeschränkt werden. Eine wirksame Aufsicht des Insolvenzgerichts setzt hingegen voraus, dass dem Insolvenzgericht über diesen Auskunftsanspruch hinaus und unabhängig von Verdachtsmomenten weitergehende Ermittlungsmöglichkeiten zur Verfügung stehen. Gerade wenn der Staat einen Verwalter über fremdes Vermögen unter Ausschluss des Vermögensträgers und dessen Gläubiger einsetzt, ist eine vorbeugende Überwachung des Insolvenzverwalters notwendig.[1061] Es ist bereits festgestellt worden, dass auch Zweckmäßigkeitsentscheidungen des Insolvenzverwalters der Aufsicht durch das Insolvenzgericht unterliegen, soweit es der Feststellung der Rechtmäßigkeit und Insolvenzzweckmäßigkeit der Entscheidungen dient.[1062]

1059 *Larenz*, Methodenlehre, S. 200 f.
1060 Siehe Kap. C.I.5.2.
1061 Fn. 255.
1062 Siehe Kap. C.I.4.

Auf § 5 Abs. 1 InsO gestützte Amtsermittlungen sind daher auch zulässig, wenn diese der Aufklärung von Pflichtwidrigkeiten des Insolvenzverwalters und damit auch der Erfüllung der Aufsichtspflicht gem. § 58 Abs. 1 InsO dienen.[1063]

1.5.4. Ergebnis

Der Amtsermittlungsgrundsatz des § 5 Abs. 1 InsO wird nicht durch die Regelung der Aufsicht in § 58 Abs. 1 InsO verdrängt oder durch den Grundsatz der Eigenverantwortlichkeit der Insolvenzverwaltertätigkeit beschränkt. Die Amtsermittlungen des Insolvenzgerichts müssen aber selbst rechtmäßig sein und dürfen nicht die Grundrechtsgarantien der Berufsfreiheit (Art. 12 Abs. 1 InsO) und der informationellen Selbstbestimmung (Art. 2 Abs. 1, Art. 1 Abs. 1 GG) verletzen.

1.6. Exkurs: Sachverhaltsaufklärung im Auftrag des Insolvenzverwalters

In der Insolvenzpraxis stehen der Sachverständige im Eröffnungsverfahren oder der Insolvenzverwalter mit ihren Ermittlungsbemühungen immer wieder vor unüberwindbaren Hürden. So verweigert die Finanzbehörde eine Auskunft zu den steuerlichen Verhältnissen oder der Sozialversicherungsträger den Nachweis über die Verrechnung der eingetriebenen Teilzahlungen des Insolvenzschuldners, jeweils aus Sorge vor der drohenden Insolvenzanfechtung (§§ 129 ff. InsO). Fraglich ist, ob das Insolvenzgericht in diesem Fall Amtsermittlungen auch zur Vorbereitung oder Unterstützung von Verwaltungs- und Verwertungsmaßnahmen anstellen darf. Aus dem Amtsermittlungsgrundsatz des § 5 Abs. 1 InsO folgt, dass das Insolvenzgericht zur Aufklärung aller das Verfahren betreffenden Verhältnisse die erforderlichen Ermittlungen anstellen kann, insbesondere auch Zeugen einvernehmen kann.[1064]

Dieses wird in Rechtsprechung und Literatur bejaht, soweit sich die Aufklärung auf die für das Insolvenzverfahren bedeutsamen Umstände beschränkt, wie z.B. die Entscheidung über die Führung eines Rechtsstreites auf Kosten der Insolvenzmasse oder die Ausübung des Wahlrechtes gem. § 103 InsO.[1065] Der Gesetzgeber hat in der Begründung zu § 75 KO eine weite Amtsermittlungsbefugnis auch gegenüber Dritten wie folgt begründet: „*Für alle Betheiligten muß es wünschenswerth sein, bei der Behandlung schwebender Rechtsgeschäfte, bei der Erhebung von Aussonderungs- und Absonderungsansprüchen, bei der Ausübung des Anfechtungsrechts, bei der Prüfung von Konkursforderungen und bei Entschließungen über die Verwerthung der Masse nicht ausschließlich auf die unzuverlässige oder nicht zu erlangende Auskunft des Gemeinschuldners*

1063 MK-*Ganter*, § 5 InsO, Rdnr. 15 e; Jaeger-*Gerhardt*, § 5 InsO, Rdnr. 8; HambK-*Rüther*, § 5 InsO, Rdnr. 7; Uhlenbruck-*Uhlenbruck*, § 5 InsO, Rdnr. 22; zum Konkursrecht: *Jaeger*, (6./7. Aufl.), § 75 KO, Anm. 2.

1064 Siehe Kap. E.II.1.1.

1065 *OLG Hamm*, Beschl. v. 17. 9. 1971 – 15b W 155/71 – KTS 1972, 105, 106; *LG Hildesheim*, Beschl. v. 2. 2. 1983 – 5 T 10/83 – ZIP 1983, 598, 599; *LG Hannover*, Beschl. v. 14. 11. 1951 – 10 T 537/51 – KTS 1955, 190, 191; *AG Mönchengladbach*, Beschl. v. 6. 12. 2002 – 32 IN 11/02 – ZVI 2002, 469; HK-*Kirchhof*, § 5 InsO, Rdnr. 7.

oder auf unsichere Privaterkundigungen sich angewiesen zu sehen.“[1066] Insoweit kann die Amtsermittlung durch das Insolvenzgericht dem Insolvenzverwalter auch zur Verfahrensbeschleunigung dienen.[1067]

Über das Erfordernis von Ermittlungen zur Sachverhaltsaufklärung hat das Insolvenzgericht nach pflichtgemäßem Ermessen zu entscheiden.[1068] Hilfreich kann der Untersuchungsgrundsatz des § 5 Abs. 1 InsO für die Vorbereitung von Anfechtungsklagen wirken, wenn es gilt, die frühere Zugehörigkeit des anfechtbar weggegebenen Gegenstandes zum Vermögen des Insolvenzschuldners festzustellen.[1069] Andererseits darf die Amtsermittlung durch das Insolvenzgericht nicht so weit gehen, dass der Zivilprozess mit seinem Erkenntnisverfahren ersetzt wird.[1070] So hat der *BGH* eine Pflicht des antragstellenden Gläubigers zur Auskunftserteilung über die tatsächlichen Voraussetzungen eines Anfechtungsanspruchs abgelehnt, weil dadurch der zivilprozessuale Beibringungsgrundsatz in unzulässiger Weise umgangen würde.[1071] Auch das *AG Mönchengladbach* hat einen Insolvenzverwalter, der sich wegen der Vorlage von Urkunden durch ein verfahrensbeteiligtes Kreditinstitut zum Zwecke der Prüfung etwaiger Ansprüche der Insolvenzmasse an das Insolvenzgericht gewandt hatte, unter Berufung auf den Grundsatz der Waffengleichheit auf das Verfahren nach §§ 421, 422, 424 ZPO verwiesen.[1072]

2. Informationen durch Verfahrensbeteiligte oder Dritte

Neben der aktiven Informationsbeschaffung durch den Insolvenzrichter oder den Insolvenzrechtspfleger erhält das Insolvenzgericht auch aus anderen Quellen, wie z. B. die Insolvenzgläubiger, der Insolvenzschuldner oder nicht verfahrensbeteiligte Dritte, Informationen über aufsichtsrelevante Sachverhalte, die wiederum Anlass für Amtsermittlungen nach § 5 Abs. 1, 58 Abs. 1 Satz 2 InsO geben können.[1073]

2.1. Intergerichtlicher Informationsaustausch

Neben dem Informationsaustausch innerhalb des jeweiligen Insolvenzgerichts,[1074] können sich aufsichtsrelevante Informationen auch aus einem Informationsaustausch zwischen den Insolvenzgerichten ergeben. Ein solcher findet bislang in verbindlicher und institutionalisierter Form nicht statt, obwohl dieses von verein-

---

1066 Motive II, S. 299, zit. n. *Hahn*, Die gesamten Materialien zu den Reichs-Justizgesetzen, Bd. 4 Materialien zur Konkursordnung, Bd. 4., S. 275 f.
1067 *LG Hildesheim*, Beschl. v. 2. 2. 1983 – 5 T 10/83 – ZIP 1983, 598, 599.
1068 Siehe Kap. E.II.1.1.2.
1069 MK-*Ganter*, § 5 InsO, Rdnr. 17, ablehnend hinsichtlich der Prüfung der Begründetheit einer beabsichtigten Anfechtungsklage.
1070 *LG Hildesheim*, Beschl. v. 2. 2. 1983 – 5 T 10/83 – ZIP 1983, 598, 599.
1071 *BGH*, Beschl. v. 7. 2. 2008 – IX ZB 137/07 – ZVI 2008, 112, 113.
1072 *AG Mönchengladbach*, Beschl. v. 6. 12. 2002 – 32 IN 11/02 – ZVI 2002, 469.
1073 Uhlenbruck-*Uhlenbruck*, § 58 InsO, Rdnr. 13.
1074 Siehe Kap. E.I.5.

zelten Stimmen gefordert wird.[1075] Dem intergerichtlichen Informationsaustausch hat sich der am 5. und 6. März 2007 von Insolvenzrichtern und -rechtspflegern gegründete *„Bundesarbeitskreis Insolvenzrecht (BAKInsO)“* in einem ersten Beschluss gewidmet und gefordert, dass für den Fall eines Delistings eines Insolvenzverwalters das betreffende Insolvenzgericht unverzüglich alle anderen Gerichte, bei denen der betreffende Verwalter bestellt ist, benachrichtigt.[1076]

Die Zulässigkeit einer solchen Übermittlung personenbezogener Daten zwischen den Insolvenzgerichten ist gesetzlich nicht normiert worden. Die §§ 12ff. EGGVG sehen einen solchen Informationsaustausch nicht vor. Bedenken gegen dieses Vorhaben werden von der *Uhlenbruck-Kommission* mit dem Risiko einer unberechtigten wirtschaftlichen Vernichtung eines Insolvenzverwalters begründet.[1077] Fraglich ist, ob einem intergerichtlichen Informationsaustausch zwischen den Insolvenzgerichten auch die Verfassungsgarantien der Berufsfreiheit (Art. 12 Abs. 1 GG)[1078] und des Rechts auf informationelle Selbstbestimmung (Art. 2 Abs. 1, Art. 1 Abs. 1 GG)[1079] entgegenstehen.

Das *BVerfG* hat in der Glykol-Entscheidung vom 26. 6. 2002 festgestellt, dass Art. 12 Abs. 1 GG einen Marktteilnehmer nicht vor der Verbreitung zutreffender und sachlich gehaltener Informationen am Markt, die für das wettbewerbliche Verhalten der Marktteilnehmer von Bedeutung sein können, schützt und nicht das Recht begründet, nur so von anderen dargestellt zu werden, wie man gesehen werden möchte oder wie man sich und seine Produkte selber sieht.[1080] Vom Staat gegebene Marktinformationen sind verfassungsrechtlich nur zulässig, wenn diese nicht den Wettbewerb verzerren, richtig sind und sachlich vorgetragen werden und die Informationsverbreitung von der gesetzlich definierten Aufgabe der mitteilenden Stelle gedeckt und in deren gesetzlichem Zuständigkeitsbereich liegen.[1081] Es ist nicht eine gesetzlich normierte Aufgabe der Insolvenzgerichte, andere Insolvenzgerichte über „delistete“ oder nicht in die Vorauswahlliste aufgenommene Insolvenzverwalter zu informieren. Da das „Delisting“ häufig auf einer subjektiven Ein-

---

1075 Siehe *Heyrath*, Die Prüfung der Schlussrechnung (Teil 2), ZInsO 2006, 1166, 1199; *Vallender*, Gerichtliche Kommunikation und Kooperation bei grenzüberschreitenden Insolvenzverfahren im Anwendungsbereich der EuInsVO – eine neue Herausforderung für Insolvenzgerichte, KTS 2008, 59ff.

1076 Der Beschluss steht auf der Seite des Bund deutscher Rechtspfleger e.V. gem. Zugriff vom 19. 4. 2007 zum download unter http://www.bdr-online.de/base/bin/download.php?ID=471&pro=bereit. Weitere Informationen können in Zukunft unter www.bakinso.de abgerufen werden. So auch *Frind*, „GAVI-Gesetzentwurf“ – Überregulierung gerichtlicher Verwalteraufsicht oder sinnvolle Verfahrenssicherung, ZInsO 2006, 1035, 1038.

1077 Zusammenfassung der Empfehlungen der Uhlenbruck-Kommission, in: ZVI 2007, 388, 390.

1078 Ausführlich: Kap. D.II.2.2.1.

1079 Ausführlich: Kap. D.II.2.2.2.

1080 *BVerfG*, Beschl. v. 26. 6. 2002 – 1 BvR 558/91 – NJW 2002, 2621, 2622. Gegenstand dieser Entscheidung war eine in Ansehung des „Glykol-Skandals“ vom Bundesminister für Jugend, Familie und Gesundheit herausgegebene und veröffentlichte Liste über Weine und andere Erzeugnisse, in denen Diethylenglykol (im Folgenden: DEG) festgestellt worden war.

1081 *BVerfG*, Beschl. v. 26. 6. 2002 – 1 BvR 558/91 – NJW 2002, 2621, 2622f.

schätzung des beurteilenden Insolvenzrichters beruht – man denke nur daran, dass bei Insolvenzgerichten mit mehreren Dezernaten unterschiedliche und nicht deckungsgleiche Vorauswahllisten geführt werden – dann kann die intergerichtliche Information nur zu einer Wettbewerbsverzehrung führen. Der intergerichtliche Informationsaustausch verstößt ohne eine gesetzliche Regelung gegen die Berufsfreiheit (Art. 12 Abs. 1 GG).

Des Weiteren sind bei der Einrichtung eines Systems des intergerichtlichen Informationsaustausches auch das aus dem allgemeinen Persönlichkeitsrecht des Art. 2 Abs. 1, Art. 1 Abs. 1 GG abgeleitete Recht des Insolvenzverwalters auf informationelle Selbstbestimmung zu beachten. Dieses schützt den Insolvenzverwalter gegen unbegrenzte Erhebungen, Speicherung, Verwendung und Weitergabe seiner persönlichen Daten.[1082] Durch den Austausch von personenbezogenen Daten des Insolvenzverwalters zwischen den einzelnen Insolvenzgerichten wird in dieses Recht des Insolvenzverwalters auf informationelle Selbstbestimmung eingegriffen. Ein solcher Eingriff kann nur innerhalb der Schranken des Art. 2 Abs. 1 GG, also insbesondere nur aufgrund einer spezifischen gesetzlichen Grundlage gerechtfertigt werden. Ein System des intergerichtlichen Informationsaustausches ist daher zwingend auf eine gesetzliche Grundlage zu stellen. Zudem müsste diese gesetzliche Grundlage dem verfassungsrechtlichen Verhältnismäßigkeitsgrundsatz genügen. Da das Recht auf informationelle Selbstbestimmungen dem Einzelnen die Befugnis erteilt, grundsätzlich selbst über die Weitergabe seiner persönlichen Daten zu entscheiden, sollte der intergerichtliche Informationsaustausch sich auf solche Informationen beschränken, die nicht ebenso effektiv und zeitnah vom Insolvenzverwalter selbst zu erhalten sind. Ein Informationsaustausch zwischen den Insolvenzgerichten kommt vor allem bei schwerwiegenden gesetzlichen Verstößen des Insolvenzverwalters in Betracht, die eine Nichtbestellung bzw. Entlassung des Insolvenzverwalters nach § 59 InsO rechtfertigen. In diesen Fällen überwiegen die Eigentumsinteressen des Schuldners und der Gläubiger an einem ordnungsgemäß durchgeführten Insolvenzverfahren gegenüber dem Interesse des Insolvenzverwalters an einem Ausschluss der Verbreitung seiner Daten.

Zusammenfassend ist festzustellen, dass ein Informationsaustausch zwischen den Insolvenzgerichten über das „Delisting" eines Bewerbers oder die Amtsentlassung (§ 59 Abs. 1 InsO) ohne eine ausdrückliche gesetzliche Ermächtigung, z.B. in den §§ 12ff. EGGVG, rechtswidrig ist.[1083]

2.2. Mitteilungen von Amts wegen in Straf-, Zivil- und Vollstreckungssachen

Eine Verbesserung der insolvenzgerichtlichen Aufsicht könnte auch dadurch erreicht werden, dass das Insolvenzgericht von Amts wegen Kenntnis von Zivil-

1082 *BVerfG*, Urt. v. 15. 12. 1983 – 1 BvR 209, 269, 362, 420, 440, 484/83 – BVerfGE 65, 1, 43.
1083 Ebenso für die Information der Strafabteilung eines Amtsgerichtes an dessen Insolvenzabteilung über die Verurteilung eines dort gelisteten bzw. tätigen Insolvenzverwalter: *BGH*, Beschl. v. 31. 1. 2007 – III ZR 161/07 – BeckRS 2008 02875.

Straf- und Vollstreckungsverfahren gegen Insolvenzverwalter erhält. De lege lata ist eine solche Mitteilungspflicht nicht normiert, weshalb ein intergerichtlicher Informationsaustausch über Straftaten des Insolvenzverwalters oder dessen Amtsentlassung (§ 59 Abs. 1 InsO) – wie soeben festgestellt[1084] – rechtswidrig ist.[1085]

Nach einem Vorschlag von *Eckert* und *Berner*[1086] könnten die Anordnungen über Mitteilungen in Zivilsachen (MiZi)[1087] zukünftig dahingehend eine Ergänzung erfahren, dass dem zuständigen Insolvenzgericht Mitteilung zu machen ist, wenn der Insolvenzverwalter die eidesstattliche Versicherung nach § 807 ZPO abgegeben hat, wenn gegen ihn ein Haftbefehl nach § 901 ZPO erlassen wurde oder Zwangsvollstreckungsversuche anhängig sind. In die Anordnungen über Mitteilungen in Strafsachen (MiStra)[1088] könnte neu aufgenommen werden, dass das zuständige Insolvenzgericht zu informieren ist, wenn gegenüber dem Insolvenzverwalter ein Haft- oder Unterbringungsbefehl erlassen oder vollzogen wird, ein vorläufiges Berufsverbot angeordnet oder ein solches aufgehoben wird, die Staatsanwaltschaft öffentlich Klage erhebt oder ein rechtskräftiges Strafurteil besteht.

Dieses Bedürfnis hat auch der Gesetzgeber erkannt und in § 58 Abs. 3 GAVI-InsO[1089] de lege ferenda eine Ermächtigung dahingehend vorgesehen, dass Gerichte und Behörden personenbezogene Informationen, die für Aufsichtsmaßnahmen des Insolvenzgerichts und die Amtsentlassung für erforderlich gehalten werden, an das Insolvenzgericht des Kanzleisitzes des Insolvenzverwalters übermittelt werden. Damit werden die Mitteilungspflichten nach MiZi und MiStra erweitert. Welche Mitteilungen im Einzelnen den in § 58 Abs. 3 GAVI-InsO normierten Voraussetzungen entsprechen, soll dabei erst durch eine entsprechende Ergänzung der MiZi bzw. MiStra konkretisiert werden.[1090]

Eine solche Ergänzung der genannten Verwaltungsvorschriften würde einen verhältnismäßigen Eingriff in das Recht des Insolvenzverwalters auf informationelle Selbstbestimmung darstellen. Die Interessen der Insolvenzgläubiger an einer

---

1084 Siehe Kap. E.II.2.1.

1085 Ebenso: *Eckardt*, Anm. zu BGH, Beschl. v. 31. 1. 2008 – III ZR 161/07 –, in: EWiR § 56 InsO 3/08.

1086 Vgl. *Berner/Eckert*, Der ungetreue Verwalter, ZInsO 2005, 1130, 1134 f.

1087 Die Anordnung über Mitteilungen in Zivilsachen (MiZi) gem. §§ 12, 13 EGGVG. Die MiZi legt für bestimmte Verfahren der streitigen Zivilgerichtsbarkeit und der freiwilligen Gerichtsbarkeit Pflichten bezüglich der Mitteilung personenbezogener Daten an öffentliche Stellen für andere Zwecke als die des Verfahrens, für die die Daten erhoben wurden, fest (vgl. Nr. 1 1. Teil MiZi). Mitteilungspflichtige Stelle ist nach Nr. 3 des 1. Teils der MiZi das jeweilige mit dem Verfahren befasste Gericht. Die einzelnen Mitteilungspflichten werden im besonderen Teil der MiZi festgelegt und beziehen sich auf eine Vielzahl von Fällen, in denen auch unter Beachtung des Grundsatzes der Verhältnismäßigkeit zweifelsfrei eine Mitteilung geboten ist, Zöller-*Gummer*, § 12 EGGVG, Rdnr. 7.

1088 Die Anordnung über Mitteilungen in Strafsachen (MiStra) gem. §§ 12, 13 EGGVG. Für Strafsachen legt die MiStra Pflichten zur Mitteilung personenbezogener Daten fest. Mitteilungspflichtige Stelle ist nach Nr. 4 des 1. Teils der MiStra die Staatsanwaltschaft für Mitteilungen bis zur Erhebung der öffentlichen Klage, das Strafgericht für Mitteilungen nach Anklageerhebung und die Vollstreckungsbehörde für Mitteilungen nach Rechtskraft der Entscheidung.

1089 Fn. 26. Ausführlich hierzu: Kap. H.I.2.2.

1090 Begrd.RegE zu § 58 Abs. 3 GAVI-InsO, BT-Drucks. 16/7251 S. 12.

gleichmäßigen Verteilung des Schuldnervermögens sowie das Interesse des Insolvenzschuldners an einer entsprechenden Verbindlichkeitsbefreiung überwiegen gegenüber dem Interesse des Insolvenzverwalters an einem Ausschluss der Datenübermittlung. Zudem könnte eine erhebliche Verbesserung der Information der Insolvenzgerichte erreicht werden. Die Insolvenzgerichte wären künftig in der Lage wesentlich frühzeitiger zu erkennen, wann Gefahr besteht, dass durch einen Insolvenzverwalter Vermögensinteressen der Verfahrensbeteiligten beeinträchtigt werden. Vor dem Hintergrund, dass bereits für viele andere Berufe des Wirtschaftlebens wie etwa Rechtsanwälte (§ 36a Abs. 3 BRAO), Wirtschaftsprüfer, vereidigte Buchprüfer oder Steuerberater, entsprechende Mitteilungspflichten gegenüber den Berufskammern und den für die Bestellung zuständigen Stellen bestehen[1091] und diese Mitteilungspflichten sich in der Vergangenheit als effektiv zur Qualitätssicherung und zum Schutze vor kriminellen Handlungen erwiesen haben, leistet die in § 58 Abs. 3 GAVI-InsO vorgesehene Regelung einen Beitrag zur Verbesserung der Aufsicht. Auf diese Weise kann – anders als in dem Streitfall des *OLG Stuttgart*[1092] – vermieden werden, dass ein Insolvenzgericht einen – sich später als „ungetreu" erweisenden – Insolvenzverwalter bestellt, der von demselben Amtsgericht gerade mal drei Jahre zuvor wegen eines Bankrottdeliktes in einer eigenen Geschäftsführungsangelegenheit rechtskräftig verurteilt wurde, und die Amtshaftungsklage des Kläger – so die Begründung des Beschlusses des *BGH* über die Zurückweisung der Nichtzulassungsbeschwerde des Amtshaftungsklägers – nur deswegen keinen Erfolg hatte, weil im Streitfall die Vorinstanzen auf der Grundlage der vom Landgericht durchgeführten Beweisaufnahme unangegriffen und damit für das Revisionsgericht bindend festgestellt haben, dass weder der Insolvenzrichter noch der zuständige Rechtspfleger von den Vorstrafen des zum Insolvenzverwalter bestellten Rechtsanwalts Kenntnis hatte.[1093]

2.3. Auskünfte von Dritten

Eine Erkenntnisquelle für das Insolvenzgericht sind Informationen durch nicht verfahrensbeteiligte Dritte, mit denen nicht selten Einfluss auf das Insolvenzgericht genommen werden soll, aufsichtsrechtlich gegen den Insolvenzverwalter tätig zu werden. Auch und gerade auf die Auswahl und Bestellung des Insolvenzverwalters wird immer wieder von interessierter Seite Einfluss genommen. Soweit hier Sachargumente vorgetragen werden, hat das Insolvenzgericht diese im Rahmen seiner Aufsichtspflicht zur Kenntnis zu nehmen und zu würdigen. Entsprechendes gilt für Informationen, die von anderen Insolvenzverwaltern an das Insolvenzgericht herangetragen werden. Bei deren Würdigung muss das Gericht berücksichtigen, dass die Informationen von einem (potenziellen) Wettbewerber stammen.

1091 Vgl. etwa die Mitteilungspflichten im zweiten Teil, 2. Abschnitt, Nr. 24 der MiStra bzgl. „Strafsachen gegen Angehörige bestimmter Berufe des Wirtschaftslebens und Sachverständige".
1092 *OLG Stuttgart*, Urt. v. 9. 5. 2007 – 4 U 204/06 – ZIP 2007, 1822, 1825.
1093 *BGH*, Beschl. v. 31. 1. 2007 – III ZR 161/07 – BeckRS 2008 02875.

Besondere Vorsicht sollte das Insolvenzgericht bei anonym gegebenen Informationen über den Insolvenzverwalter und seine Geschäftstätigkeit walten lassen. Es wird seinen Grund haben, warum der Informant nicht mit „offenem Visier" auftritt. Denn für die Denunziation, verstanden als Beschuldigung oder Anzeige einer Person aus niederen Beweggründen, gilt immer noch: *„Der größte Lump im ganzen Land, das ist und bleibt der Denunziant."*(August Heinrich von Fallersleben).

2.4. Information durch den Insolvenzschuldner

Das Insolvenzgericht kann Auskünfte über das Insolvenzverfahren, wie z.B. die Verhältnisse der Insolvenzmasse bei Verfahrenseröffnung, unmittelbar beim Insolvenzschuldner bzw. dessen gesetzlichem Vertreter einholen, da dieser Personenkreis gem. §§ 20, 97, 98, 101 InsO im Eröffnungsverfahren und im eröffneten Insolvenzverfahren jederzeit zur umfassenden Auskunftserteilung gegenüber dem Insolvenzgericht verpflichtet ist. In der Insolvenzpraxis beschränkt sich der Informationsaustausch zwischen Insolvenzgericht und Insolvenzschuldner regelmäßig auf die für die Aufsicht gem. § 58 Abs. 1 InsO nicht relevanten Anfangsermittlungen des Insolvenzgerichts, z.B. nach Eingang eines Gläubigerantrages, zu dem der Insolvenzschuldner gem. § 14 Abs. 2 InsO zu hören ist, nachdem das Insolvenzgericht die Zulässigkeit des Antrages festgestellt hat, oder bei der nach § 305 Abs. 3 InsO vorzunehmenden Aufforderung an den Insolvenzschuldner, die in § 305 Abs. 1 InsO aufgeführten Erklärungen und Unterlagen vollständig abzugeben.

Häufiger wendet sich der Insolvenzschuldner mit Beschwerden über die Person des Insolvenzverwalters oder dessen Geschäftsführung an das Insolvenzgericht, um Einfluss auf die Abwicklung des Insolvenzverfahrens zu nehmen. Das Insolvenzgericht ist im Rahmen seiner Aufsicht über den Insolvenzverwalter (§ 58 Abs. 1 InsO) verpflichtet, den Beschwerden nachzugehen und zu prüfen, ob der Insolvenzverwalter Pflichtwidrigkeiten begangen hat.[1094] Regelmäßig ist dem Insolvenzverwalter Gelegenheit zur Stellungnahme zum Gegenstand der Beschwerde zu geben, die das Insolvenzgericht gem. § 58 Abs. 1 Satz 2 jederzeit vom Insolvenzverwalter einfordern kann.

2.5. Abwehranspruch des Insolvenzverwalters?

Werden unsachlich oder unbegründete Beschwerden gegen den Insolvenzverwalter erhoben, um – mit der Erkenntnis *„audacter calumniare, semper aliquid haeret"*[1095] – einen für die Interessen des beschwerdeführenden Verfahrensbeteiligten unbequemen Insolvenzverwalter zu disziplinieren, stellt sich angesichts der zu besor-

1094 Siehe Kap. C.III.4.
1095 „Verleumde nur dreist, etwas bleibt immer hängen." Dieses Zitat geht nach Büchmanns Vermutung auf eine Stelle bei Plutarch, *Die Unterscheidung des Schmeichlers vom Freunde* 24 zurück und wurde zuerst wohl von Francis Bacon zitiert (www.lateinforum.de).

genden Rufschädigung die Frage, ob Ehrkränkungen und Rufschädigungen vom Insolvenzverwalter unterbunden werden können.

Das *OLG Koblenz* hat hierzu entschieden, dass der Konkursverwalter grundsätzlich auch Ehrkränkungen und Rufschädigungen hinzunehmen hat, wenn diese Äußerungen nicht die Grenze zur diffamierenden Schmähkritik überschreiten.[1096] In dem zu entscheidenden Fall hatte sich der Insolvenzschuldner mit dem Vorwurf der unzulässigen Delegation von Konkursverwaltertätigkeiten zu Lasten der Masse an das Konkursgericht seines Konkursverfahrens sowie an weitere Konkursgerichte, in deren Geschäftsbereichen der Konkursverwalter Konkursverfahren abwickelte, gewandt. Hiergegen wehrte sich der Konkursverwalter erfolglos mit einer Unterlassungsklage, weil nach Auffassung des Gerichts die Grenze zur diffamierenden Schmähkritik nicht überschritten war und die Aufsicht des Insolvenzgerichts unzulässig beschnitten wird, wenn der Insolvenzverwalter Eingaben und Rügen gegen seine Geschäftstätigkeit mit der Begründung unterbinden kann, dass in diesen ein irriges negatives Werturteil liege.[1097]

Dieser Rechtsprechung ist beizupflichten. Das Insolvenzgericht kann seine Aufsicht über den Insolvenzverwalter nur ausüben, wenn es über (möglicherweise) aufsichtsrechtlich relevante Sachverhalte informiert wird. Die Differenzierung zwischen sachlicher und begründeter Kritik an der Geschäftstätigkeit des Insolvenzverwalters einerseits und unbegründete, sachfremden Bestrebungen dienender Kritik hat das Insolvenzgericht bei der Prüfung der Eingaben und Rügen vorzunehmen.

3. Informationspflicht des Insolvenzverwalters gem. § 58 Abs. 1 Satz 2 InsO

Eine wichtige Erkenntnisquelle für das Insolvenzgericht sind Auskünfte des Insolvenzverwalters über den Verfahrensablauf und seine Amtsstellung betreffende Umstände, die außerhalb der insolvenzrechtlichen Rechnungslegung – freiwillig oder aufgrund einer rechtlichen Informationspflicht – gegeben werden. So ist der Insolvenzverwalter verpflichtet, dem Insolvenzgericht rechtzeitig eine mögliche oder bestehende Interessenkollision anzuzeigen.[1098]

Das Insolvenzgericht kann gem. § 58 Abs. 1 Satz 2 InsO vom Insolvenzverwalter jederzeit einzelne Auskünfte oder einen Bericht über Verfahrensstand und -verlauf verlangen. In der Regel kann die Geschäftstätigkeit des Insolvenzverwalters durch die Prüfung der von diesem vorgelegten Gutachten, Zwischenrechnungen, Sachstandsmitteilungen, Berichte und der Schlussrechnung hinreichend überwacht werden. Ergeben sich hier jedoch Unklarheiten kann das Insolvenzgericht nach § 58 Abs. 1 Satz 2 InsO ergänzende Auskünfte verlangen.

1096 *OLG Koblenz*, Urt. v. 13. 2. 1997 – 5 U 686/96 – KTS 1997, 672, 675.
1097 *OLG Koblenz*, Urt. v. 13. 2. 1997 – 5 U 686/96 – KTS 1997, 672, 674.
1098 *BGH*, Urt. v. 24. 1. 1991 – IX ZR 250/89 – ZIP 1991, 324, 325; einschränkend als haftungsrechtliche Anzeigeobliegenheit: *Lüke*, Der Sonderinsolvenzverwalter, ZIP 2004, 1693, 1695.

Art und Umfang des Auskunftsverlangens stehen im pflichtgemäßen Ermessen des Insolvenzgerichtes.[1099] Dieses kann Auskünfte in allen erdenklichen Formen verlangen, wie etwa Berichte, Dokumentenvorlagen und Kassenprüfungen, und zwar bezüglich einzelner oder mehrerer Verfahren, in denen der Verwalter bestellt worden ist.[1100] Das Insolvenzgericht kann sich Unterlagen vorlegen lassen, wie z.B. die Kontoauszüge und Belege des Massekontos bzw. der Massekonten,[1101] oder den Insolvenzverwalter mündlich anhören.[1102] Das Insolvenzgericht ist bei der Ausübung des Auskunftsrechts nicht an die von der Gläubigerversammlung gem. § 66 Abs. 3 InsO dem Insolvenzverwalter zur Zwischenrechnungslegung aufgegebenen Zeitpunkte gebunden. So kann es auch dann eine Zwischenrechnung vom Verwalter verlangen, wenn diese von der Gläubigerversammlung nicht verlangt wurde, sofern eine entsprechende Notwendigkeit besteht.[1103] Es existiert keine allgemeine Pflicht zu einer regelmäßigen Rechnungs- und Kassenprüfung, jedoch kann sie je nach Besonderheiten, Dauer und Umfang eines oder mehrerer Verfahren geboten sein und steht insofern im pflichtgemäßen Ermessen des Insolvenzgerichts.[1104] Die Bewertung der vom Insolvenzverwalter erteilten Auskunft obliegt dem Insolvenzgericht.[1105] Dieses ist nach dem Amtsermittlungsgrundsatz des § 5 Abs. 1 Satz 2 InsO berechtigt, einen Sachverständigen hinzuziehen.[1106]

Das Auskunftsverlangen und die Anforderung von Unterlagen nach § 58 Abs. 1 InsO erfolgt formlos und ist nicht rechtsmittelfähig.[1107] Allerdings hat das Insolvenzgericht die Zielrichtung des Auskunftsverlangens dem Insolvenzverwalter genau mitzuteilen.[1108] Dieser kann sich nicht auf ein Auskunftsverweigerungsrecht berufen.[1109] Dieses gilt auch dann, wenn das Auskunftsverlangen des Insolvenzgerichts dem Zweck dient, einem bestellten Sonderinsolvenzverwalter die zur Prüfung der Pflichtwidrigkeit der Verwaltertätigkeit und der Schadensersatzpflicht des Insolvenzverwalters erforderlichen Informationen zu beschaffen.[1110] Nach § 58 Abs. 2 InsO kann der Auskunftsanspruch gegen den Insolvenzverwalter im Zwangsgeldverfahren durchgesetzt werden. Auskunftsempfänger des Verlangens nach § 58 Abs. 1 Satz 2 InsO ist allein das Insolvenzgericht, so dass die nach

---

1099 Uhlenbruck-*Uhlenbruck*, § 58 InsO, Rdnr. 5; zum Konkursrecht: *LG Koblenz*, Beschl. v. 6. 12. 1988 – 4 T 501/88 – ZIP 1989, 179.

1100 N/R-*Delhaes*, § 58 InsO, Rdnr. 6, 9; FK-*Kind*, § 58 InsO, Rdnr. 9; Smid-*Smid*, § 58 InsO, Rdnr. 12; Uhlenbruck-*Uhlenbruck*, § 58 InsO, Rdnr. 6.

1101 MK-*Graeber*, § 58 InsO Rdnr. 26.

1102 *LG Göttingen*, Beschl. v. 20. 11. 2008 – 10 T 106/08 – BeckRS 2008 24105.

1103 Uhlenbruck-*Uhlenbruck*, § 58 InsO, Rdnr. 6.

1104 MK-*Graeber*, § 58 InsO, Rdnr. 21; Uhlenbruck-*Uhlenbruck*, § 58 InsO, Rdnr. 5.

1105 MK-*Graeber*, § 58 InsO, Rdnr. 28.

1106 N/R-*Delhaes*, § 58 InsO, Rdnr. 7; MK-*Graeber*, § 58 InsO, Rdnr. 13; Smid-*Smid*, § 58 InsO, Rdnr. 12; ablehnend für das Gesamtvollstreckungsrecht: *LG Frankfurt/O.*, Beschl. v. 16. 4. 1999 – 6 (a) 137/99 – DZWiR 1999, 514. 515.

1107 HmbK-*Frind*, § 58 InsO, Rdnr. 12.

1108 MK-*Graeber*, § 58 InsO, Rdnr. 25.

1109 *LG Koblenz*, Beschl. v. 6. 12. 1988 – 4 T 501/88 – ZIP 1989, 179 (zum Konkursrecht).

1110 *LG Göttingen*, Beschl. v. 20. 11. 2008 – 10 T 106/08 – BeckRS 2008 24105.

§ 58 Abs. 1 Satz 2 InsO erteilten Auskünfte des Insolvenzverwalters Dritten nicht zugänglich zu machen sind.[1111]

Der Auskunftsanspruch aus § 58 Abs. 1 Satz 2 InsO gehört somit zu den wichtigen und effektiven Aufsichtsinstrumenten des Insolvenzgerichts.[1112] Er wird durch den Amtsermittlungsgrundsatz des § 5 Abs. 1 InsO ergänzt.[1113]

4. Interne Rechnungslegung des Insolvenzverwalters

Neben der allgemeinen Auskunftspflicht aus § 58 Abs. 1 Satz 2 InsO hat der Gesetzgeber für den Insolvenzverwalter umfassende Rechnungslegungs- und Berichterstattungspflichten normiert. Bei der Rechnungslegung durch den Insolvenzverwalter ist zwischen den unabhängig von einander zu erfüllenden[1114], internen und den externen Rechnungslegungen zu differenzieren. Diese dienen der Information der Verfahrensbeteiligten über die Verhältnisse der Insolvenzmasse und die Geschäftsabwicklung durch den Insolvenzverwalter und lassen sich auf den allgemeinen Rechtsgedanken zurückführen, dass derjenige, der entgeltlich oder unentgeltlich fremde Geschäfte besorgt, über deren Ausführung Rechenschaft abzulegen hat.[1115]

Zu den internen Rechnungslegungs- und Berichtspflichten zählen die Vorlage der Verzeichnisse gem. §§ 151 bis 153 InsO (§ 154 InsO), die Berichterstattung im Berichtstermin gem. § 156 Abs. 1 InsO, die Zwischenrechnungslegung gem. § 66 Abs. 3 InsO, die Schlussrechnungslegung gem. § 66 InsO und die Informationspflicht gem. § 58 Abs. 1 Satz 2 InsO. Die interne Rechnungslegung ist eine rein insolvenzrechtliche Rechnungslegung, deren Anforderungen sich allein aus den insolvenzrechtlichen Vorschriften ergeben und die der Information der Verfahrensbeteiligten dient.[1116] Daneben hat der Insolvenzverwalter gem. § 155 InsO[1117]

1111 MK-*Graeber*, § 58 InsO, Rdnr. 23, 24, der die Verfahrensbeteiligten auf die Gläubigerversammlungen, den Gläubigerausschuss oder die Akteneinsicht nach § 4 InsO i. V. m. § 299 ZPO verweist.

1112 *BGH*, Beschl. v. 14. 4. 2005 – IX ZB 76/04 – NZI 2005, 391, 392; MK-*Graeber*, § 58 InsO, Rdnr. 3; *Locher*, InsolNet – Erfüllung der Berichtspflicht mittels Internet; ZInsO 1999, 82, 83 (mit dem Hinweis, dass der Kommunikations- und Informationsaustausch zwischen Insolvenzgericht und Insolvenzverwalter durch die Vorschrift des § 58 Abs. 1 InsO einen *„anderen Stellenwert"* erhalten hat.).

1113 Siehe Kap. E.II.1.5.2.

1114 HK-*Irschlinger*, § 155 InsO, Rdnr. 2; *Weisang*, Zur Rechnungslegung nach der neuen Insolvenzordnung, BB 1998, 1149; *Uhlenbruck*, Die Prüfung der Rechnungslegung des Konkursverwalters, ZIP 1982, 125, 130.

1115 Vgl. die entsprechenden Regelungen in den §§ 666, 1698 Abs. 1, 1890, 1915 Abs. 1 i. V. m. 1890, 2215 i. V. m. 666 BGB, § 154 ZVG.

1116 N/R-*Delhaes*, § 66 InsO, Rdnr. 3; MK-*Füchsl/Weishäupl*, vor §§ 151 bis 155 InsO, Rdnr. 2; *Pink*, Rechnungslegungspflichten in der Insolvenz der Kapitalgesellschaft; ZIP 1997, 177, 178.

1117 Eine vergleichbare Vorschrift gab es im Konkursrecht nicht, vgl. MK-*Füchsl/Weishäupl*, § 155 InsO, Rdnr. 1.

die allgemeinen handels- und steuerrechtlichen Rechnungslegungspflichten des Insolvenzschuldners, die sogen. externe Rechnungslegung, zu erfüllen.[1118]

4.1. Zweck der internen Rechnungslegung

Die interne Rechnungslegung des Insolvenzverwalters dient vorrangig der Information der Verfahrensbeteiligten, um diesen eine Prüfung der gesamten Abwicklungstätigkeit des Insolvenzverwalters zu ermöglichen.[1119] Insoweit muss die Rechnungslegung neben der Darstellung des Verwertungserfolges auch Aufschluss über die Berücksichtigung von Aus- und Absonderungsrechten, über freigegebene Vermögensgegenstände, über die Abwicklung von schwebenden Geschäften und Prozessen sowie über die Erlöse aus insolvenzrechtlicher Anfechtung geben.[1120] Neben dieser allgemeinen Informations- und Kontrollfunktion soll die interne Rechnungslegung die Insolvenzgläubiger über die Quotenaussichten informieren, um diesen die Grundlage für die Entscheidung über die Beteiligung am Insolvenzverfahren, insbesondere die Zahlung eines Massekostenvorschusses und die Bewertung ihrer Insolvenzforderung im Rahmen der eigenen Rechnungslegung[1121], sowie für die Bestimmung des Verfahrensziels und für die Entscheidung über eine Unternehmensfortführung zu geben.[1122] Dem Insolvenzgericht dient die interne Rechnungslegung nicht nur der Erfüllung der Aufsichtspflicht (§ 58 InsO), sondern auch im Hinblick auf § 207 Abs. 1 InsO der Einschätzung der Finanzierbarkeit der Verfahrenskosten.[1123] Vor allem die Schlussrechnung ist für das Insolvenzgericht die Grundlage der Prüfung der ordnungsgemäßen Verfahrensabwicklung durch den Insolvenzverwalter oder dessen Haftung bei Verletzung seiner insolvenzspezifischen Pflichten (§ 60 InsO).[1124] Schließlich ermöglicht die interne Rechnungslegung dem Insolvenzverwalter jederzeit einen Überblick über die jeweils noch vorhandene Masse sowie die Finanzierbarkeit der Massekosten und der Masseverbindlichkeiten (Selbstinformation).[1125] Zugleich kann er sich mit seiner Rechnungslegung Entlastung verschaffen, da diese als prozessuales Beweismittel dient und den Nachweis ordnungsgemäßer Geschäftstätigkeit ermöglicht.[1126]

1118 Siehe Kap. E.II.5. Den Versuch einer Harmonisierung der internen mit der externen Rechnungslegung zur Vermeidung von Doppelarbeit und Kosten unternimmt *Pink*, Rechnungslegungspflichten in der Insolvenz der Kapitalgesellschaft, ZIP 1997, 177, 185 ff. Dagegen: *Förster*, Entmündigung der Rechtspfleger, ZIP 1997, 344.

1119 N/R-*Delhaes*, § 66 InsO, Rdnr. 4; *Liévre/Stahl/Ems*, Die Anforderungen an die Aufstellung und Prüfung der Schlussrechnung im Insolvenzverfahren; KTS 1999, 1, 2; MK-*Nowak*, § 66 InsO, Rdnr. 1; *Pink*, Rechnungslegungspflichten in der Insolvenz der Kapitalgesellschaft, ZIP 1997, 177, 178; Uhlenbruck-*Uhlenbruck*, § 66 InsO, Rdnr. 8.

1120 *Bähner/Berger/Braun*, Die Schlussrechnung des Konkursverwalters, ZIP 1993, 1283, 1284; *Uhlenbruck*, Die Prüfung der Rechnungslegung des Konkursverwalters, ZIP 1982, 125, 130.

1121 MK-*Füchsl/Weishäupl*, vor §§ 151 bis 155 InsO, Rdnr. 4.

1122 MK-*Füchsl/Weishäupl*, vor §§ 151 bis 155 InsO, Rdnr. 5.

1123 MK-*Füchsl/Weishäupl*, vor §§ 151 bis 155 InsO, Rdnr. 8.

1124 Uhlenbruck-*Uhlenbruck*, § 66 InsO, Rdnr. 8.

1125 MK-*Füchsl/Weishäupl*, vor §§ 151 bis 155 InsO, Rdnr. 9.

1126 *Liévre/Stahl/Ems*, Die Anforderungen an die Aufstellung und Prüfung der Schlussrechnung im Insolvenzverfahren, KTS 1999, 1, 2; Uhlenbruck-*Uhlenbruck*, § 66 InsO, Rdnr. 9.

4.2. Adressat der internen Rechnungslegung

Adressat der internen Rechnungslegung ist zunächst das Insolvenzgericht als Aufsichtsorgan (§§ 58 Abs. 1 Satz 2, 66 Abs. 2 InsO).[1127]

Darüber hinaus ist der Personenkreis Adressat der internen Rechnungslegung des Insolvenzverwalters, demgegenüber dieser für die Erfüllung seiner Pflichten verantwortlich ist.[1128] Hierzu zählen in erster Linie die beteiligten Gläubiger, da der Gesetzgeber mit Blick auf das dem Insolvenzverfahren zugrunde liegende Prinzip der Gläubigerautonomie eine Rechnungslegung des Verwalters den Gläubigern gegenüber für angemessen gehalten[1129] und deshalb in §§ 66 Abs. 1, Abs. 3, 151ff. InsO ausdrücklich normiert hat.[1130] Daneben ist der Insolvenzverwalter auch dem Insolvenzschuldner gegenüber zur Rechnungslegung verpflichtet, da durch den Übergang der Vermögensverwaltung und der Verfügungsrechte gem. § 80 Abs. 1 InsO zwischen dem Insolvenzverwalter und dem Insolvenzschuldner ein gesetzliches Geschäftsbesorgungsverhältnis begründet wird.[1131].

Ein abweichende Adressierung ergibt sich für die Rechnungslegung des vorläufigen Insolvenzverwalters. Sind die Gläubiger in erster Linie die Adressaten der Rechnungslegung des Insolvenzverwalters, so richtet sich die Rechnungslegung des vorläufigen Verwalters allein an das Insolvenzgericht. Für den Fall, dass das Insolvenzverfahren nicht eröffnet wird, folgt dieses aus dem Nichtzustandekommen einer Gläubigerversammlung als potentiellen Adressaten. Ein unter Umständen vom Insolvenzgericht bestellter vorläufiger Gläubigerausschuss taugt im Falle der Nichteröffnung des Insolvenzverfahrens ebenfalls nicht als Adressat, da er vom Insolvenzgericht eingesetzt ist und deshalb nicht als repräsentatives Organ der Gläubiger angesehen werden kann.[1132]

4.3. Rechnungslegung in den Verfahrensabschnitten

Es werden in den Verfahrensstadien – vorläufige Insolvenzverwaltung, (eröffnetes) Insolvenzverfahren, Wohlverhaltensperiode – teilweise unterschiedliche Anforderungen an die interne Rechnungslegung gestellt

1127 Jaeger-*Gerhardt*, § 66 InsO, Rdnr. 22; *Hess/Weiss*, Die Schlussrechnung des Insolvenzverwalters, NZI 1999, 260, sehen die rechtliche Grundlage hierfür in dem durch die Amtseinsetzung begründeten öffentlich-rechtlichen Schuldverhältnis zwischen Insolvenzverwalter und Insolvenzgericht.

1128 *Bähner/Berger/Braun*, Die Schlussrechnung des Konkursverwalters, ZIP 1993, 1283, 1284.

1129 Begrd.RegE zu § 66 InsO, zit. n. *Balz/Landfermann*, Die neuen Insolvenzgesetze, S. 146; Jaeger-*Gerhardt*, § 66 InsO, Rdnr. 22.

1130 Vgl. zu den dogmatischen Grundlagen der insolvenzrechtlichen Rechnungslegungspflicht: Hess/Weiss, Die Schlussrechnung des Insolvenzverwalters, NZI 1999, 260.

1131 *Hess/Weiss*, Die Schlussrechnung des Insolvenzverwalters, NZI 1999, 260; Uhlenbruck-*Uhlenbruck*, § 80 InsO, Rdnr. 51.

1132 Jaeger-*Gerhardt*, § 66 InsO, Rdnr. 23; N/R-*Mönning*, § 22 InsO, Rdnr. 242; *Uhlenbruck*, Die Rechnungslegungspflicht des vorläufigen Insolvenzverwalters, NZI 1999, 289, 292; einschränkend für den Fall der Verfahrenseröffnung: Kübler/Prütting-*Pape*, § 22 InsO, Rdnr. 51.

4.3.1. Rechnungslegung im Insolvenzeröffnungsverfahren

Eine Rechnungslegungspflicht des gem. § 5 Abs. 1 InsO bestellten Sachverständigen ist gesetzlich nicht normiert und auch nicht begründbar, da dieser weder über das Vermögen des Schuldners verfügen kann noch dieses verwaltet. Dagegen ergibt sich für den vorläufigen Insolvenzverwalter durch die Verweisung in § 21 Abs. 2 Nr. 1 InsO auf § 66 InsO eine Schlussrechnungslegungspflicht.[1133] Eine Differenzierung zwischen dem „schwachen" und dem „starken" vorläufigen Insolvenzverwalter nimmt das Gesetz nicht vor.[1134] Diese besteht nicht nur im Fall der Verfahrenseröffnung[1135] sondern auch bei Rücknahme oder Erledigung des Insolvenzantrages oder bei dessen Abweisung mangels Masse (§ 26 Abs. 1 InsO).[1136]

4.3.2. Rechnungslegung im Insolvenzverfahren

Für den Insolvenzverwalter im eröffneten Insolvenzverfahren sind umfangreiche Rechnungslegungspflichten normiert worden. Neben der in § 66 Abs. 1 InsO begründeten Schlussrechnungslegungspflicht sind dieses die Zwischenrechnungslegungspflicht gem. § 66 Abs. 3 InsO und die Vorlagepflichten gem. §§ 151ff. InsO.

4.3.3. Rechnungslegung in der Wohlverhaltensperiode

Eine Verpflichtung des Treuhänders zur Rechnungslegung gegenüber dem Insolvenzgericht ist nach dem Wortlaut des § 292 Abs. 3 Satz 1 InsO nur für den Fall der Beendigung des Amtes vorgesehen. Durch die Verweisung in § 292 Abs. 3 Satz 2 InsO auf die Vorschriften der §§ 58, 59 InsO ist klargestellt worden, dass der Treuhänder der Aufsicht des Insolvenzgerichts untersteht und dieses darüber hinaus gem. § 58 Abs. 1 Satz 2 InsO jederzeit einzelne Auskunft oder einen Sachstandsbericht einfordern kann.

4.3.3.1. Berichtsfrequenz

Manche Insolvenzgerichte fordern dagegen vom Treuhänder eine jährliche Rechnungslegung, dieses auch dann, wenn Beträge gem. § 292 Abs. 1 Satz 2 InsO nicht

---

1133 Nach überkommenen Recht war eine Schlussrechnungslegungspflicht des Sequesters gesetzlich nicht normiert und wurde aus der Vorschrift des § 86 Satz 1 KO abgeleitet, vgl. *Bähner*, Die Prüfung der Schlußrechnung des Konkursverwalters, KTS 1991, 347, 357; *Uhlenbruck*, Die Rechnungslegungspflicht des vorläufigen Insolvenzverwalters, NZI 1999, 289. Zum Inhalt der Schlussrechnung des vorläufigen Insolvenzverwalters: Kap.E.II.4.5.3.5.

1134 Jaeger-*Gerhardt*, § 66 InsO, Rdnr. 10.

1135 Nach Auffassung von Uhlenbruck-*Uhlenbruck*, § 66 InsO, Rdnr. 11, hat der vorläufige Insolvenzverwalter auch dann eine Schlussrechnung zu legen, wenn er mit dem Insolvenzverwalter personenidentisch ist, weil mit der Verfahrenseröffnung ein neues Stadium der Verwaltertätigkeit eintritt, das nicht als eine bloße Fortsetzung der vorläufigen Insolvenzverwaltung angesehen werden kann. Ebenso *Heyrath*, Die Prüfung der Schlussrechnung (Teil 1), ZInsO 2005, 1092, 1093; N/R-*Mönning*, § 22 InsO Rdnr. 246. Einschränkend, Kübler/Prütting-*Pape*, § 22 InsO, Rdnr. 51.

1136 Jaeger-*Gerhardt*, § 66 InsO, Rdnr. 12; *Naumann*, Die Aufsicht des Insolvenzgerichtes über den Insolvenzverwalter, KS-InsO, 2. A., S. 431, 441, Rdnr. 22; *Uhlenbruck*, Die Rechnungslegungspflicht des vorläufigen Insolvenzverwalters, NZI 1999, 289, 290f.; Uhlenbruck-*Uhlenbruck*, § 66 InsO, Rdnr. 12.

vereinnahmt worden sind. Fraglich ist, ob der Treuhänder – abweichend von der Regelung in § 292 Abs. 3 Satz 1 InsO – zur Rechnungslegung in kürzeren Abständen gegenüber dem Insolvenzgericht verpflichtet ist.

Müller vertritt die Ansicht, dass das Insolvenzgericht seiner Aufsichtspflicht nur nachkommt, wenn es sich wenigstens einmal jährlich vom Treuhänder über den Stand des Verfahrens unterrichten lässt.[1137] Eine solche Berichtsfrequenz geht einher mit der durch § 292 Abs. 1 Satz 2 InsO begründeten Verpflichtung des Treuhänders zur jährlichen Verteilung der vereinnahmten Beträge, von deren Erfüllung sich das Insolvenzgericht im Rahmen seiner Aufsicht über den Treuhänder (§§ 292 Abs. 3 Satz 2, 58 Abs. 1 Satz 1 InsO) zu überzeugen hat.

Gegen diese Auffassung spricht der Gesetzeswortlaut des § 292 Abs. 3 Satz 1 InsO, wonach eine Verpflichtung des Treuhänders zur Rechnungslegung gegenüber dem Insolvenzgericht ausdrücklich nur für den Fall der Beendigung seines Amtes begründet worden ist. Aus den Gesetzesmaterialien lässt sich hierfür nichts entnehmen. *Vallender* hat sich daher gegen eine Pflicht des Insolvenzgerichts zur regelmäßigen Rechnungsprüfung des Treuhänders ausgesprochen.[1138]

Dieser Ansicht ist zuzustimmen. Denn die Aufsicht des Insolvenzgerichts ist darauf gerichtet, die Erfüllung der in § 292 InsO geregelten Pflichten des Treuhänders zu überwachen. Sind Beträge aus der Abtretung nicht gem. § 292 Abs. 1 Satz 2 InsO zu vereinnahmen, dann besteht für eine jährliche Rechnungslegung des Treuhänders kein Bedürfnis. Etwas anderes gilt auch dann nicht, wenn dem Treuhänder ein Überwachungsauftrag gem. § 292 Abs. 2 InsO erteilt worden ist. In diesem Fall hat der Treuhänder die Insolvenzgläubiger unverzüglich über einen festgestellten Obliegenheitsverstoß zu informieren. Eine Informationspflicht gegenüber dem Insolvenzgericht ist gesetzlich nicht normiert. Hierfür besteht auch kein Bedürfnis, da ein Versagungsantrag bei einem Obliegenheitsverstoß gem. § 296 Abs. 1 Satz 1 InsO nur von einem Insolvenzgläubiger gestellt werden kann. Das Insolvenzgericht ist gesetzlich weder ermächtigt noch verpflichtet, die Insolvenzgläubiger über eine Obliegenheitsverletzung des Insolvenzschuldners zu informieren. In diesem Zusammenhang verdient das Interesse der Treuhänder berücksichtigt zu werden, angesichts der geringen Höhe der Mindestvergütung gem. § 14 Abs. 3 Satz 1 InsO die betriebswirtschaftlichen Kosten der Treuhänderschaft, insbesondere im Zusammenhang mit Rechnungslegungsanforderungen, gering zu halten. Bisher bestand auf Seiten der Insolvenzgerichte keine Notwendigkeit, ein Kostenbewusstsein im Hinblick auf die Notwendigkeit von Verwaltungsmaßnahmen zu entwickeln, jedoch dürfte ein Interesse daran bestehen, die eigenen für die Ausübung der insolvenzgerichtlichen Aufsicht zur Verfügung stehenden personellen Kapazitäten nicht darauf zu verwenden, eingeforderte aber notwendigerweise keinen Informationsgehalt aufweisende Treuhänderberichte zu bearbeiten. Zur Erfüllung der Aufsichtspflicht des Insolvenzgerichts während des

1137 *Müller*, Die Aufgaben des Insolvenztreuhänders bei der vom Schuldner beantragten Restschuldbefreiung, ZInsO 1999, 335, 337.
1138 Uhlenbruck-*Vallender*, § 292 InsO, Rdnr. 73.

Verlaufes der Wohlverhaltensperiode reicht es daher aus, eine Berichtspflicht des Treuhänders nur für den Fall zu begründen, dass Beträge aus der Abtretung vereinnahmt und verteilt wurden. Zu einer solchen Berichtsauflage ist das Insolvenzgericht gem. §§ 292 Abs. 3 Satz 2, 58 Abs. 1 Satz 2 InsO ermächtigt.

4.3.3.2. Berichtsinhalt

Für den Berichtsinhalt ist zwischen der jährlichen Zwischenrechnungslegung und der Schlussrechnung bei Beendigung des Amtes gem. § 293 Abs. 3 Satz 1 InsO zu unterscheiden.

Ist eine jährliche Zwischenrechnung erforderlich, weil Beträge aus der Abtretung gem. § 287 Abs. 2 InsO oder sonstige Leistungen gem. § 292 Abs. 1 Satz 2 InsO vereinnahmt wurden und eine Verteilung an die Insolvenzgläubiger stattgefunden hat, dann genügt das Insolvenzgericht seiner Aufsichtspflicht, indem es sich vom Treuhänder mindestens eine Aufstellung der Einnahmen und Ausgaben des Berichtszeitraumes, einen Verteilungsbericht und den aktuellen Auszug zum Treuhandkonto vorlegen lässt. Eine weitergehende Rechnungslegungspflicht, z.B. die Vorlage der Belege des Treuhandkontos, kann das Insolvenzgericht im Rahmen seiner Aufsicht gem. §§ 292 Abs. 3 Satz 2, 58 Abs. 1 InsO vom Treuhänder einfordern. Angesichts der im Rahmen der Prüfung der Schlussrechnung des Treuhänders gem. § 292 Abs. 3 Satz 1 InsO erforderlichen Belegprüfung ist eine solche im Rahmen der Zwischenrechnungslegung nach pflichtgemäßem Ermessen nur geboten, wenn dem Insolvenzgericht Anhaltspunkte für Unregelmäßigkeiten oder Pflichtwidrigkeiten vorliegen.[1139]

Der Inhalt der Schlussrechnung des Treuhänders gem. § 292 Abs. 3 Satz 1 InsO ist gesetzlich nicht geregelt. Aus der Verknüpfung mit dem Amt des Treuhänders in zeitlicher Hinsicht ist zu folgern, dass diese dem Insolvenzgericht als Grundlage für die Prüfung der ordnungsgemäßen Erfüllung des Treuhänderamtes dienen soll.[1140] Folglich muss die Schlussrechnungslegung des Treuhänders einen allgemeinen Bericht über die Treuhandschaft (Schlussbericht)[1141], einen Nachweis über die Information des aus der Abtretung zur Zahlung Verpflichteten gem. § 292 Abs. 1 Satz 1 InsO[1142], eine geordnete und nachvollziehbare Aufstellung sämtlicher Einnahmen aus der Abtretung gem. § 287 Abs. 2 InsO und sonstiger Leistungen gem. § 292 Abs. 1 Satz 2 InsO[1143] sowie der Ausgaben der Treuhandschaft (Ein-

---

1139 Für eine automatische Belegprüfung im Rahmen der Zwischenrechnungslegung: *Müller*, Die Aufgaben des Insolvenztreuhänders bei der vom Schuldner beantragten Restschuldbefreiung, ZInsO 1999, 335, 339.

1140 MK-*Ehricke*, § 292 InsO, Rdnr. 57.

1141 Uhlenbruck-*Vallender*, § 292 InsO, Rdnr. 68.

1142 Für eine Unterrichtungspflicht des Treuhänders: N/R-*Römermann*, § 292 InsO, Rdnr. 36. Für MK-*Ehricke*, § 292 InsO, Rdnr. 16, stellt die Verletzung dieser Unterrichtungspflicht einen Sorgfaltsverstoß des Treuhänders dar.

1143 Hierzu zählen die Zahlungen aus einer Erbschaft gem. § 295 Abs. 1 Nr. 2 InsO und die Zahlungen zur Deckung der Mindestvergütung des Treuhänders gem. § 298 Abs. 1 InsO, MK-*Ehricke*, § 292 InsO, Rdnr. 22; N/R-*Römermann*, § 292 InsO, Rdnr. 39.

nahmenüberschussrechnung)[1144] nebst den zugehörigen Belegen des Treuhandkontos[1145] enthalten. Der Treuhänder hat auch den Nachweis über die ordnungsgemäße Berechnung der pfändbaren Bezüge zu führen, da er sich nicht auf die bloße Entgegennahme der eingehenden Beträge beschränken darf, sondern zur Prüfung der richtigen Berechnung der pfändbaren Bezüge durch den Drittschuldner verpflichtet ist.[1146] Als eine Hauptaufgabe des Treuhänders wird angesehen, die Ansprüche aus der Abtretungserklärung – notfalls auch klageweise[1147] – durchzusetzen[1148]. Auf der Grundlage des Schlussverzeichnisses hat der Treuhänder den bei Beendigung der Wohlverhaltensperiode bestehenden Tilgungsstand der von der Restschuldbefreiung erfassten Forderungen der Insolvenzgläubiger darzulegen (Endabrechnung)[1149] und – bei entsprechender Beauftragung durch die Gläubigerversammlung – einen Nachweis über die Erfüllung einer Überwachungs- und Benachrichtigungspflicht gem. § 292 Abs. 2 InsO zu führen.

4.3.3.3. Prüfungsumfang

Eine Verpflichtung des Insolvenzgerichts zur Prüfung der Rechnungslegung des Treuhänders ist gesetzlich nicht normiert, jedoch ist diese aus dem Zweck der Rechnungslegungspflicht gem. § 292 Abs. 3 Satz 1 InsO zu folgern. Das Insolvenzgericht hat daher den belegmäßigen Nachweis der einzelnen Einnahmen- und Ausgabenpositionen und die rechnerische Richtigkeit der Rechnungslegung zu prüfen. Ist der Treuhänder als zuverlässig bekannt und erscheint die Rechnungslegung bei summarischer Prüfung schlüssig und nachvollziehbar, kann sich die Rechnungsprüfung auf Stichproben beschränken.[1150]

Fraglich ist, ob den Insolvenzgläubigern Gelegenheit zur Prüfung der Schlussrechnungslegung des Treuhänders gegeben werden muss.[1151] Dagegen spricht, dass auf die Vorschrift des § 66 Abs. 2 InsO über die Gläubigerbeteiligung bei der Prüfung der Schlussrechnung des Insolvenzverwalters in § 292 Abs. 3 Satz 2 InsO gerade nicht verwiesen wird. Nach h. M. ist die Rechnungslegung des Treuhänders

---

1144 MK-*Ehricke*, § 292 InsO, Rdnr. 60.

1145 Nach allg. Ansicht hat der Treuhänder für jede Treuhandschaft ein gesondertes Treuhandkonto zu führen: MK-*Ehricke*, § 292 InsO, Rdnr. 24; *Müller*, Die Aufgaben des Insolvenztreuhänders bei der vom Schuldner beantragten Restschuldbefreiung, ZInsO 1999, 335, 336; N/R-*Römermann*, § 292 InsO, Rdnr. 40; vgl. zur Unzulässigkeit der Verwaltung der Treuhändereinnahmen auf Sammelkonten: Kap. H.I.2.6.

1146 MK-*Ehricke*, § 292 InsO, Rdnr. 19; *Müller*, Die Aufgaben des Insolvenztreuhänders bei der vom Schuldner beantragten Restschuldbefreiung, ZInsO 1999, 335, 336.

1147 Eine Klagebefugnis hat ausschließlich der Treuhänder als Inhaber der Lohn- und Gehaltsforderungen. Bei einer Ermächtigung des Insolvenzschuldners ist ein Fall der Prozessstandschaft gegeben. (vgl. *Müller*, Die Aufgaben des Insolvenztreuhänders bei der vom Schuldner beantragten Restschuldbefreiung, ZInsO 1999, 335, 336).

1148 MK-*Ehricke*, § 292 InsO, Rdnr. 18.

1149 MK-*Ehricke*, § 292 InsO, Rdnr. 61.

1150 *Müller*, Die Aufgaben des Insolvenztreuhänders bei der vom Schuldner beantragten Restschuldbefreiung, ZInsO 1999, 335, 339.

1151 *Müller*, Die Aufgaben des Insolvenztreuhänders bei der vom Schuldner beantragten Restschuldbefreiung, ZInsO 1999, 335, 339.

eine interne Rechnungslegung gegenüber dem Insolvenzgericht und nicht eine solche gegenüber den Insolvenzgläubigern.[1152] Den Insolvenzgläubigern ist jedoch Akteneinsicht zu gewähren.[1153]

4.4. Die Arten der internen Rechnungslegung des Insolvenzverwalters

Nach der Art der Rechnungslegung sind zunächst die Verzeichnisse gem. §§ 151ff. InsO, die Zwischenrechnungslegung gem. § 66 Abs. 3 InsO und die Schlussrechnung gem. § 66 Abs. 1 InsO zu unterscheiden. Die internen Rechnungslegungspflichten werden darüber hinaus durch das Auskunftsrecht des Insolvenzgerichts gem. § 58 Abs. 1 Satz 2 InsO, das Überwachungsrecht des Gläubigerausschusses gem. § 69 InsO und das Auskunftsrecht der Gläubigerversammlung gem. § 79 InsO definiert. Die dem Insolvenzverwalter gem. § 175 InsO auferlegte Tabellenführung ist nicht Bestandteil der internen Rechnungslegung, da jene nicht der Dokumentation der Geschäftsabwicklung des Insolvenzverwalters dient.

4.4.1. Verzeichnisse gem. §§ 151ff. InsO

Gem. § 154 InsO hat der Insolvenzverwalter spätestens eine Woche vor dem Berichtstermin (§ 156 InsO) ein Verzeichnis der Massegegenstände (§ 151 Abs. 1 InsO), der Gläubiger (§ 152 Abs. 1 InsO) und eine Vermögensübersicht (§ 153 Abs. 1 InsO) auf der Geschäftsstelle des Insolvenzgerichts niederzulegen.[1154] Die rechtzeitige Niederlegung dient der Vorbereitung der Meinungsbildung im Berichtstermin.[1155] In das Verzeichnis gem. § 151 InsO[1156] sind die einzelnen Gegenstände der Insolvenzmasse mit Wertangabe aufzunehmen, d.h. nicht nur alle beweglichen und unbeweglichen Gegenstände, sondern auch Forderungen und Rechte sowie Anfechtungsansprüche gem. §§ 129ff. InsO.[1157] Nach dem Willen des Gesetzgebers sollen alle Gegenstände der Masse genau bezeichnet werden.[1158] De lege ferenda soll durch § 151 Abs. 1 Satz 3 GAVI-InsO[1159] in dem Masseverzeichnis jeder Massegegenstand so gekennzeichnet werden, dass dessen Verbleib über den gesamten Verlauf des Insolvenzverfahrens nachvollziehbar ist. Das Verzeichnis gem. § 151

1152 MK-*Ehricke*, § 292 InsO, Rdnr. 58; HK-*Landfermann*, § 292 InsO, Rdnr. 19; N/R-*Römermann*, § 292 InsO, Rdnr. 60.

1153 HK-*Landfermann*, § 292 InsO, Rdnr. 19.

1154 Die Auffassung von *Naumann*, in: Die Aufsicht des Insolvenzgerichtes über den Insolvenzverwalter, 2. A., Rdnr. 22, wonach bereits der „starke" vorläufige Insolvenzverwalter – insbesondere bei einer Unternehmensfortführung – zur Erstellung dieser Verzeichnisse verpflichtet ist, findet in den gesetzlichen Vorschriften keine Grundlage. Die Vorschriften der §§ 151 bis 154 InsO verpflichten nach ihrem Wortlaut nur den Insolvenzverwalter und werden nicht von der Verweisungsnorm des § 21 Abs. 2 Nr. 1 InsO erfasst.

1155 HK-*Irschlinger*, § 154 InsO, Rdnr. 2; HambK-*Jarchow*, § 154 InsO, Rdnr. 1.

1156 Diese Vorschrift entspricht § 123 KO. Es wird aber darauf verzichtet, dass bei der Aufzeichnung der Massegegenstände eine obrigkeitliche oder eine Urkundsperson zugegen ist.

1157 *Andres/Leithaus-Leithaus*, § 151 InsO, Rdnr. 4; *HK-Irschlinger*, § 151 InsO, Rdnr. 2

1158 Begrd.RegE zu § 151 InsO, zit. n. *Balz/Landfermann*, Die neuen Insolvenzgesetze, S. 259.

1159 Fn. 26, siehe Kap. H.I.2.5.

InsO ist der aktivische Teil der Vermögensübersicht gem. § 153 InsO[1160], das seiner Form und seinem Inhalt nach einer Bilanz entspricht[1161]. Das Vermögensverzeichnis ist nicht aus der Handelsbilanz des Insolvenzschuldners abzuleiten und darf deshalb keine Buchwerte enthalten, sondern ist vom Insolvenzverwalter autonom aus den Verzeichnissen gem. §§ 151, 152 InsO zu erstellen.[1162] Jedoch kann sich der Insolvenzverwalter an das Gliederungsschema der Bilanz gem. § 266 HGB halten, da dieses den Vorteil in sich trägt, an die vollständige Erfassung von Vermögensgegenständen und Schulden zu erinnern.[1163] Auch für das Vermögensverzeichnis soll de lege ferenda durch § 153 Abs. 1 Satz 3, 4 GAVI-InsO[1164] gelten, dass jeder Massegegenstand so gekennzeichnet wird, dass dessen Verbleib über den gesamten Verlauf des Insolvenzverfahrens nachvollziehbar ist.

4.4.2. Der Verwalterbericht zum Berichtstermin

Erstmals im Berichtstermin gem. § 156 InsO hat der Insolvenzverwalter der Gläubigerversammlung über die wirtschaftliche Lage des Insolvenzschuldners, über die Aussichten eines Erhaltes des Schuldnerunternehmens, über die Möglichkeiten eines Insolvenzplanes und über die Befriedigungsaussichten für die Insolvenzgläubiger zu berichten (§ 156 Abs. 1 InsO). Der Berichtstermin ist angesichts der gem. §§ 57, 68, 157, 160ff. InsO von den Insolvenzgläubigern, insbesondere zum Verfahrensziel, zu treffenden Beschlüsse das zentrale Forum der Gläubigerautonomie.[1165] Grundlage dieser Entscheidungen ist der Bericht des Insolvenzverwalters, der von diesem persönlich zu halten[1166] und zugleich schriftlich[1167] vorzulegen ist. Das Insolvenzgericht kann den Insolvenzverwalter zur Vorlage eines schriftlichen Verwalterberichtes noch vor dem Berichtstermin auffordern.[1168] Diese

---

1160 HK-*Irschlinger*, § 151 InsO, Rdnr. 2; Begrd.RegE zu § 151 InsO, zit. n. *Balz/Landfermann*, Die neuen Insolvenzgesetze, S. 259.

1161 Die Vorschrift des § 153 InsO geht auf die §§ 124, 125 KO zurück (Andres/Leithaus-*Leithaus*, § 153 InsO, Rdnr. 1). In § 124 KO wurde ausdrücklich der Begriff „Bilanz" genannt. Ebenso die Begrd.RegE zu § 153 InsO, zit. n. *Balz/Landfermann*, Die neuen Insolvenzgesetze, S. 261.

1162 Begrd.RegE zu § 153 InsO, zit. n. *Balz/Landfermann*, Die neuen Insolvenzgesetze, S. 261f.; MK-*Füchsl/Weishäupl*, § 153 InsO, Rdnr. 1.

1163 Uhlenbruck-*Maus*, § 153 InsO, Rdnr. 1.

1164 Fn. 1159.

1165 MK-*Görg*, § 156 InsO, Rdnr. 3; *Pape*, Die Gläubigerautonomie in der Insolvenzordnung, ZInsO 1999, 305, 310. N/R-*Balthasar*, § 156 InsO, Rdnr. 9, beschreibt die Bedeutung des Berichtstermins für die Gläubigerautonomie und den Verfahrensverlauf zutreffend so: *„Der Insolvenzverwalter ist bis zum Berichtstermin Sachwalter der Gläubiger in der Entscheidungsvorbereitung. Mit der Entscheidung der Gläubiger über das konkrete Ziel des Insolvenzverfahrens wird der Insolvenzverwalter dann zum exekutierenden Organ der Gläubigerschaft."*.

1166 HK-*Flessner*, § 156 InsO, Rdnr. 5; MK-*Görg*, § 156 InsO, Rdnr. 23. Der historische Gesetzgeber sah in dem mündlichen Bericht das bessere Mittel zur Gläubigerinformation und zur Verbesserung der Gläubigerbeteiligung, *Hahn*, Die gesamten Materialien zu den Reichs-Justizgesetzen, Bd. 4 Materialien zur Konkursordnung, S. 317. Vergleich allgemein zur Höchstpersönlichkeit der Insolvenzverwaltertätigkeit: Kap. F.I.2.2.2.1.

1167 MK-*Görg*, § 156 InsO, Rdnr. 25.

1168 HK-*Flessner*, § 156 InsO, Rdnr. 5; Uhlenbruck-*Uhlenbruck*, § 156 InsO. Rdnr. 4; a.A. N/R-*Balthasar*, § 156 InsO, Rdnr. 30, unter Hinweis auf die Protokollierungspflicht des Insolvenzgerichtes gem. § 4 InsO i.V.m. §§ 159ff. InsO. Die Gegenansicht ist abzulehnen, da diese der Insolvenznicht in § 156 InsO geregelte Befugnis wird aus § 4 InsO i.V.m. § 411 Abs. 1 ZPO analog[1169] bzw. aus § 58 Abs. 1 Satz 1 InsO[1170] abgeleitet.

4.4.3. Zwischenrechnungslegung

Die insolvenzrechtlichen Vorschriften normieren für den Treuhänder in der Wohlverhaltensperiode gem. § 292 Abs. 1 Satz 2 InsO lediglich eine Pflicht zur regelmäßigen Rechnungslegung. Anders als nach § 1840 Abs. 2 und 3 BGB, der den Vormund zur jährlichen Rechnungslegung über seine Vermögensverwaltung gegenüber dem Vormundschaftsgericht verpflichtet, ist eine vergleichbare Zwischenrechnungslegungspflicht für den Insolvenzverwalter gesetzlich nicht vorgesehen.

Die Gläubigerversammlung kann jedoch dem Insolvenzverwalter gem. § 66 Abs. 3 Satz 1 InsO eine solche Rechnungslegungspflicht auferlegen. Diese hat, wie aus der Verweisung in § 66 Abs. 3 Satz 2 InsO zu folgern ist, den Anforderungen einer Schlussrechnung zu genügen und ist den Gläubigern nach Prüfung durch das Insolvenzgericht vorzulegen.[1171] Auf diese Weise soll dem Umstand Rechnung getragen werden, dass gerade bei längeren und bei komplexeren Verfahren eine Prüfung der Schlussrechnungslegung mit einem unzumutbaren Aufwand für die Gläubiger verbunden wäre.[1172] Teilweise wird eine Zwischenrechnung außerhalb der gesetzlich geregelten Fälle für erforderlich gehalten, wenn ein Unternehmen in der Insolvenz fortgeführt wird, die Liquidierung eines größeren Unternehmens über einen längeren Zeitraum betrieben wird oder wenn besondere Ereignisse im Verfahren eintreten, über die zu berichten ist.[1173] Von dieser Zwischenrechnungslegung unberührt bleibt die Pflicht des Insolvenzverwalters, der Gläubigerversammlung jederzeit einen Bericht über den Sachstand und die Geschäftsführung zu geben (§ 79 Satz 1 InsO).

In der Insolvenzpraxis fordert das Insolvenzgericht vom Insolvenzverwalter eine Zwischenrechnungslegung, regelmäßig in einer reduzierten Form durch turnusmäßige Vorlage eines kurzen Tätigkeitsberichtes, einer Einnahmen-Ausgaben-Rechnung und eines Massebestandsnachweises. Sedes materiae hierfür ist die Vorschrift des § 58 Abs. 1 Satz 2 InsO. De lege ferenda soll der Insolvenzverwalter gem. § 58 Abs. 1a GAVI-InsO[1174] zur Zwischenrechnungslegung im 6-Monatsabstand, beginnend ab dem Berichtstermin (§ 156 InsO) verpflichtet werden. Der Inhalt die-

---

praxis und den vielfältigen Informationsbedürfnissen der Verfahrensbeteiligten nicht gerecht wird.

1169 HK-*Flessner*, § 156 InsO, Rdnr. 5.

1170 Uhlenbruck-*Uhlenbruck*, § 156 InsO, Rdnr. 4.

1171 Uhlenbruck-*Uhlenbruck*, § 79 InsO, Rdnr. 5.

1172 *Dreyer/Dreyer*, Bestandteile der Schlussrechnung des Insolvenzverwalters und ihre Prüfung, KSI 2006, 144.

1173 *Pink*, Rechnungslegungspflichten in der Insolvenz der Kapitalgesellschaft, ZIP 1997, 177, 178f.

1174 Fn. 26.

ser Zwischenrechnung soll ausdrücklich durch § 58a GAVI-InsO normiert werden.[1175]

4.5. Die Schlussrechnungslegung durch den Insolvenzverwalter

Bei Abschluss des Verfahrens oder bei Beendigung des Amtes – gleichviel aus welchem Grunde – hat der Insolvenzverwalter gem. § 66 Abs. 1 InsO Schlussrechnung[1176] zu legen. Diese ist gem. § 66 Abs. 2 Satz 2 InsO nach Prüfung durch das Insolvenzgericht (§ 66 Abs. 2 Satz 1 InsO)[1177] zur Einsicht der Beteiligten auszulegen, wobei gem. § 66 Abs. 2 Satz 3 InsO zwischen Auslegung und Schlusstermin eine Frist von mindestens einer Woche liegen soll.

4.5.1. Zweck der Schlussrechnung

Der Vorschrift des § 66 Abs. 1 InsO liegt der gesetzgeberische Wille zu Grunde, den Insolvenzgläubigern im Rahmen der Gläubigerautonomie die Gelegenheit zur Erörterung der Schlussrechnung des Insolvenzverwalters zu geben.[1178] Gegenüber dem eigenverantwortlich und selbstständig handelnden Insolvenzverwalter soll die Gläubigerversammlung ihren Anspruch auf Information über die Geschäftstätigkeit des Insolvenzverwalters verwirklichen können und das Verwalterhandeln transparent gemacht werden.[1179] Der Schlussrechnung kommt im Rahmen der Rechnungslegungspflicht des Insolvenzverwalters besondere Bedeutung zu, da sie das gesamte Ergebnis der Insolvenzabwicklung in Zahlen wiedergeben und dem Adressaten die Prüfung der Ordnungsmäßigkeit der Geschäftstätigkeit des Insolvenzverwalters ermöglichen soll.[1180] Neben der Transparenz-, Dokumentations- und Beweisfunktion kommt ihr eine Entlastungsfunktion und eine haftungsrecht-

---

1175 Siehe Kap. H.I.2.5.

1176 Dieser Begriff wird zutreffend von *Bähner*, Die Prüfung der Schlussrechnung des Konkursverwalters, KTS 1991, 347, 349, als irreführend bezeichnet, da dieser nicht nur die zahlenmäßige Rechnungslegung des Insolvenzverwalters umfasst.

1177 Die Prüfung durch das Insolvenzgericht ist in § 66 Abs. 2 Satz 1 InsO ausdrücklich als Pflicht normiert worden, während diese nach früherem Konkursrecht noch aus der allgemeinen Aufsichtspflicht gem. § 83 KO abgeleitet wurde, *Lièvre/Stahl/Ems*, Die Anforderungen an die Aufstellung und Prüfung der Schlussrechnung im Insolvenzverfahren, KTS 1999, 1. Zur Prüfung der Schlussrechnung nach Konkursrecht, vgl. *Uhlenbruck*, Die Prüfung der Rechnungslegung des Konkursverwalters, ZIP 1982, 125 ff.

1178 Begrd.RegE zu § 66 InsO, zit. n. *Balz/Landfermann*, Die neuen Insolvenzgesetze, S. 146.

1179 *Heyrath*, Die Prüfung der Schlussrechnung (Teil 1), ZInsO 2005, 1092, 1053; MK-*Nowak*, § 66 InsO, Rdnr. 1.

1180 Der Streit darüber, ob es sich bei der Schlussrechnung um einen reinen Tätigkeitsbericht (so: *Bähner/Berger/Braun*, Die Schlussrechnung des Konkursverwalters, ZIP 1993, 1283, 1284, 1289; *Hess/Weis*, Die Schlussrechnung des Insolvenzverwalters, NZI 1999, 260, 261; Uhlenbruck-*Uhlenbruck*, § 66 InsO, Rdnr. 10.) oder um einen Rechenschaftsbericht (so: *Heyrath*, Die Prüfung der Schlussrechnung (Teil 1), ZInsO 2005, 1092, 1053; *Lièvre/Stahl/Ems*, Die Anforderungen an die Aufstellung und Prüfung der Schlussrechnung im Insolvenzverfahren, KTS 1999, 1, 2 f.) handelt, kann hier dahingestellt bleiben, da dieser für die Aufsicht des Insolvenzgerichtes, insbesondere die Geeignetheit des Schlussberichtes als Erkenntnisquelle für die Kontrolle der Geschäftsabwicklung des Insolvenzverwalters, nicht bedeutsam ist.

liche Funktion sowie eine Grundlagenfunktion für die Vergütungsbemessung zu.[1181]

4.5.2. Erstellungspflichtiger

Es stellt sich nun die Frage, ob die Schlussrechnungslegungspflicht nach § 66 Abs. 1 InsO jeden Akteur des Insolvenzverfahrens in gleichem Masse trifft.

4.5.2.1. Der Insolvenzverwalter

Nach dem Wortlaut des § 66 Abs. 1 InsO hat der Insolvenzverwalter bei Beendigung seines Amtes eine Schlussrechnungslegung zu legen. Über die Verweisung in § 313 Abs. 1 Satz 3 InsO trifft diese Verpflichtung auch den Treuhänder im vereinfachten Insolvenzverfahren. Eine Differenzierung nach der Art der Verfahrensbeendigung wird durch § 66 Abs. 1 InsO nicht normiert, so dass die Schlussrechnungslegungspflicht grundsätzlich bei jeder Art der Verfahrensbeendigung besteht.[1182] Im Fall der Amtsentlassung ist daher eine Teilschlussrechnung zu legen.[1183] Über die Verweisung in § 21 Abs. 2 Nr. 1 InsO auf § 66 InsO ist eine Schlussrechnungslegungspflicht auch für den vorläufigen Insolvenzverwalter begründet.[1184] Die Schlussrechnungslegung gehört zu den ureigenen Pflichten des Insolvenzverwalters und kann daher nicht delegiert werden. Dieses schließt eine Mitwirkung von Hilfskräften bei der Schlussrechnungserstellung nicht aus.[1185]

Das Amt des Insolvenzverwalters endet mit der Wahl und Bestellung eines anderen Insolvenzverwalters gem. § 57 InsO, mit der Entlassung gem. § 59 Abs. 1 InsO, mit der Aufhebung des Insolvenzverfahrens nach §§ 200, 258 InsO oder mit der Verfahrenseinstellung gem. §§ 207 Abs. 1, 211 Abs. 1, 214 Abs. 2 InsO. Im Fall der Verfahrensaufhebung nach § 200 Abs. 1 InsO geht die Schlussrechnungslegung der Amtsbeendigung zeitlich voraus, was aus § 197 Abs. 1 Satz 2 Nr. 1 InsO folgt, da die Erörterung der Schlussrechnung gesetzlich vorgeschriebener Tagesordnungspunkt des Schlusstermins ist.

4.5.2.1.1. Besonderheiten im Insolvenzplanverfahren

Der im Abstimmungstermin nach § 235 InsO angenommene Insolvenzplan bedarf der Bestätigung durch das Insolvenzgericht (§§ 248 Abs. 1 InsO). Nach Rechtskraft des Bestätigungsbeschlusses beschließt das Insolvenzgericht gem. § 258 Abs. 1 InsO die Verfahrensaufhebung. Nach h.M. hat der Insolvenzverwalter zuvor Schluss-

---

1181 *Dreyer/Dreyer*, Bestandteile der Schlussrechnung des Insolvenzverwalters und ihre Prüfung, KSI 2006, 144 f.; Jaeger-*Gerhardt*, § 66 InsO. Rdnr. 24.
1182 *OLG Brandenburg*, Beschl. v. 11. 10. 2001 – 8 W 231/91 – ZInsO 2001, 1148, 1149; *Heyrath*, Die Prüfung der Schlussrechnung (Teil 1), ZInsO 2005, 1092, 1053; Jaeger-*Gerhardt*, § 66 InsO, Rdnr. 9.
1183 *BGH*, Beschl. v. 14. 4. 2005 – IX ZB 76/04 – NZI 2005, 391; HK-*Eickmann*, § 66 InsO, Rdnr. 2; Kübler/Prütting-*Onusseit*, § 66 InsO, Rdnr. 5; Jaeger-*Gerhardt*, § 56 InsO, Rdnr. 75; Smid-*Smid*, § 66 InsO, Rdnr. 4; Uhlenbruck-*Uhlenbruck*, § 66 InsO, Rdnr. 17.
1184 Siehe Kap. E.II.4.3.1.
1185 Jaeger-*Gerhardt*, § 66 InsO, Rdnr. 18.

rechnung zu legen.[1186] Dieser Auffassung ist beizupflichten, da mit der Aufhebung des Insolvenzverfahrens gem. § 258 Abs. 1 InsO das Amt des Insolvenzverwalters erlischt (§ 259 Abs. 1 InsO). Für diesen Fall sieht aber § 66 Abs. 1 InsO ausdrücklich eine Schlussrechnungslegungspflicht des Insolvenzverwalters vor. Zudem darf das Insolvenzgericht die Verfahrensaufhebung erst beschließen, wenn der Insolvenzverwalter die unstreitigen Masseansprüche berichtigt und für die streitigen Sicherheit geleistet hat (§ 258 Abs. 2 InsO). Hierzu ist aber eine Rechnungslegung des Insolvenzverwalters, die Aufschluss über die noch bestehenden Masseverbindlichkeiten (§§ 53 ff. InsO) gibt, erforderlich.

Von dem Erfordernis der Prüfung der Schlussrechnung durch die Gläubigerversammlung (§ 66 Abs. 2 InsO) ist für das Insolvenzplanverfahren gesetzlich eine Ausnahme nicht geregelt. Da eine weitere Gläubigerversammlung zum Zwecke der Prüfung und Erörterung der Schlussrechnung die Verfahrensaufhebung nur unnötig verzögern würde, hat der Insolvenzverwalter seine Schlussrechnung zum Abstimmungstermin gem. § 235 InsO vorzulegen.

Eine Besonderheit ergibt sich in dem Fall, dass gem. § 260 Abs. 1 InsO die Überwachung der Planerfüllung im gestaltenden Teil des Insolvenzplans vorgesehen ist. Diese ist gem. § 261 Abs. 1 InsO Aufgabe des Insolvenzverwalters. Während dieser Zeit hat der Insolvenzverwalter einem bestellten Gläubigerausschuss und dem Insolvenzgericht jährlich über den Stand der Planerfüllung und deren weiteren Aussichten zu berichten (§ 261 Abs. 2 InsO). Ebenso besteht gem. § 262 InsO eine Anzeigepflicht des Insolvenzverwalters bei Plannichterfüllung. Eine weitergehende Mitwirkung des Insolvenzverwalters wird für die Aufhebung der Überwachung durch Beschluss des Insolvenzgerichts gem. § 268 InsO nicht gefordert. Demgemäß wird eine Schlussrechnungslegungspflicht des Insolvenzverwalters für den Zeitraum der Planüberwachung für nicht erforderlich gehalten.[1187]

4.5.2.1.2. Besonderheiten bei Masselosigkeit (§ 207 InsO)

Nach § 207 Abs. 1 InsO hat das Insolvenzgericht von Amts wegen[1188] das Insolvenzverfahren einzustellen, wenn die Insolvenzmasse zur Deckung der Verfahrenskosten i. S. d. § 54 InsO nicht ausreicht.

Fraglich ist, ob der Insolvenzverwalter in diesem Fall eine Schlussrechnung zu legen hat. Hiergegen könnte angeführt werden, dass der Insolvenzverwalter bei Masselosigkeit keine Vergütung für eine weitergehende Verwaltungstätigkeit zu erwarten hat, weshalb ihm eine weitere Tätigkeit nicht zugemutet werden kann. Demgemäß ist in § 207 Abs. 3 Satz 2 InsO ausdrücklich normiert, dass der Insol-

1186 Braun-*Braun*, § 258 InsO, Rdnr. 3; HK-*Flessner*, § 258 InsO, Rdnr. 3; *Heyrath*, Die Prüfung der Schlussrechnung (Teil 1), ZInsO 2005, 1092, 1053; *Keller*, Vergütung und Kosten im Insolvenzverfahren, Rdnr. 391; Uhlenbruck-*Lüer*, § 258 InsO, Rdnr. 9; Kübler/Prütting-*Onusseit*, § 66 InsO, Rdnr. 9, Smid-*Smid/Rattunde*, § 258 InsO, Rdnr. 3; Uhlenbruck-*Uhlenbruck*, § 66 InsO, Rdnr. 18.

1187 Jaeger-*Gerhardt*, § 66 InsO, Rdnr. 16; Kübler/Prütting-*Onusseit*, § 66 InsO, Rdnr. 9.

1188 HK-*Landfermann*, § 207 InsO, Rdnr. 16; Kübler/Prütting-*Pape*, § 207 InsO, Rdnr. 9; N/R-*Westphal*, § 207 InsO, Rdnr. 17; Smid-*Smid*, § 207 InsO, Rdnr. 4.

venzverwalter bei Masselosigkeit nicht zur Fortsetzung der Masseverwertung verpflichtet.[1189] Die h.M. verlangt dagegen, dass der Insolvenzverwalter noch vor Verfahrenseinstellung die Schlussrechnung i.S.d. § 66 Abs. 1 InsO zu legen hat,[1190] da die Insolvenzgläubiger auch bei Verfahrenseinstellung nach § 207 InsO ein schutzwürdiges Interesse daran haben, Einzelheiten über die Geschäftstätigkeit des Insolvenzverwalters zu erfahren und diese beurteilen zu können, weil das Insolvenzverfahren schon längere Zeit betrieben worden ist.[1191] Der h.M. ist beizupflichten, da die Schlussrechnung auch bei Verfahrenseinstellung nach § 207 Abs. 1 InsO ihre Transparenz-, Dokumentations-, Beweis- und Entlastungsfunktion erfüllen kann und muss. Teilweise wird vertreten, dass es hierbei eines Schlussverzeichnisses nicht bedarf, da es nach § 207 Abs. 3 InsO nicht zu einer Schlussverteilung kommt.[1192]

Fraglich ist aber, ob der Gläubigerversammlung Gelegenheit zur Erörterung der Schlussrechnung des Insolvenzverwalters gegeben werden muss. Für den Fall der Verfahrensbeendigung nach Schlussverteilung ist dieses ausdrücklich durch § 197 Abs. 1 Satz 2 Nr. 1 InsO normiert worden. Für den Fall der Masselosigkeit sieht § 207 Abs. 2 InsO lediglich eine vorherige Anhörung des Insolvenzverwalters und der Gläubiger vor.[1193] In der Literatur wird vertreten, dass es einer Abnahme der Schlussrechnung durch die Gläubigerversammlung bedarf, die auch im Anhörungstermin nach § 207 Abs. 2 InsO erfolgen kann.[1194] Hierfür spricht der Wortlaut des § 66 Abs. 2 InsO, der ohne Einschränkung im Hinblick auf die Art der Verfahrensbeendigung eine Prüfung und Abnahme der Schlussrechnung durch die Gläubigerversammlung vorsieht. Diese Auslegung entspricht auch dem gesetzgeberischen Willen[1195] und wird durch § 314 Abs. 2 InsO bestätigt. Nach dieser Vorschrift kann im vereinfachten Insolvenzverfahren zur Verfahrensvereinfachung der Schlusstermin im schriftlichen Verfahren durchgeführt werden, wenn die Vermögensverhältnisse überschaubar sind und die Zahl der Gläubiger oder die

---

1189 Begrd.RegE zu § 207 InsO, zit. n. *Balz/Landfermann*, Die neuen Insolvenzgesetze, S. 309; Kübler/Prütting-*Pape*, § 207 InsO, Rdnr. 20.

1190 N/R-*Delhaes*, § 66 InsO, Rdnr. 7; *Keller*, Vergütung und Kosten im Insolvenzverfahren, Rdnr. 391; MK-*Nowak*, § 66 InsO, Rdnr. 36; Kübler/Prütting-*Pape*, § 207 InsO, Rdnr. 20; Uhlenbruck-*Uhlenbruck*, § 207 InsO, Rdnr. 9; HambK-*Weitzmann*, § 207 InsO, Rdnr. 23. So bereits zu § 204 KO: *Bähner*, Die Prüfung der Schlussrechnung des Konkursverwalters, KTS 1991, 347, 359; *Kuhn/Uhlenbruck*, § 204 KO, Rdnr. 4b. Hiervon ist auch der Gesetzgeber ausgegangen, wenn in der Begrd.RegE zu § 207 InsO (zit. n. *Balz/Landfermann*, Die neuen Insolvenzgesetze, S. 309) ausgeführt wird, dass die Anhörung nach § 207 Abs. 2 InsO mit der Abnahme der Schlussrechnung verbunden werden kann.

1191 Uhlenbruck-*Uhlenbruck*, § 66 InsO, Rdnr. 19; a.A. Kübler/Prütting-*Pape*, § 207 InsO, Rdnr. 20.

1192 *Bähner*, Die Prüfung der Schlussrechnung des Konkursverwalters, KTS 1991, 347, 359.

1193 In der Insolvenzpraxis wird angesichts der regelmäßig geringen Gläubigerbeteiligung und zur Verfahrensvereinfachung die Anhörung nach § 207 Abs. 2 InsO vorsorglich bereits im Berichtstermin nach § 156 InsO durchgeführt, so dass das Verfahren bei Vorliegen der gesetzlichen Voraussetzungen gem. § 207 Abs. 1 InsO ohne weitere Gläubigeranhörung eingestellt werden kann. Dieses Verfahren wird von N/R-*Westphal*, § 207 InsO, Rdnr. 32; Braun/*Kießner*, § 207 InsO, Rdnr. 16; für zulässig gehalten. Dagegen aber MK-InsO/*Hefermehl*, § 207 InsO, Rdnr. 42; Kübler/Prütting-*Pape*, § 207 InsO, Rdnr. 21; Uhlenbruck-*Uhlenbruck*, § 207 InsO, Rdnr. 9.

1194 MK-*Hefermehl*, § 207 InsO, Rdnr. 44 f.: HambK-*Weitzmann*, § 207 InsO, Rdnr. 23.

1195 Begrd.RegE zu § 66 InsO, zit. n. *Balz/Landfermann*, Die neuen Insolvenzgesetze, S. 146.

Höhe der Verbindlichkeiten gering ist. Hieraus folgt, dass auch im Fall der Verfahrenseinstellung nach § 207 Abs. 1 InsO zur Wahrung der Gläubigerautonomie den Gläubigern grundsätzlich Gelegenheit gegeben werden muss, die Schlussrechnung des Insolvenzverwalters abzunehmen.

4.5.2.1.3. Besonderheiten bei Masseunzulänglichkeit (§§ 208ff. InsO)

Vor Einstellung des Verfahrens gem. § 211 Abs. 1 InsO hat der Insolvenzverwalter gem. § 66 Abs. 1 InsO Schlussrechnung zu legen.[1196] Hiervon geht das Gesetz in § 211 Abs. 2 InsO aus, weil es keinen Sinn macht, den Insolvenzverwalter nur für den Zeitraum der Masseunzulänglichkeit als rechnungslegungspflichtig anzusehen. *Uhlenbruck* hat zu Recht darauf hingewiesen, dass ein Verzicht auf Schlussrechnungslegung und Schlusstermin in den Fällen der Verfahrenseinstellung im Hinblick auf die mögliche Haftung des Konkursverwalters nicht unbedenklich sei.[1197] Der Vorlage eines Schlussverzeichnisses bedarf es nicht, jedoch, z.B. im Hinblick auf eine Nachtragsverteilung (§ 211 Abs. 3 InsO) eines Verzeichnisses der Massegläubiger.[1198]

Die Regelungen zur Masseunzulänglichkeit weisen für die interne Rechnungslegung die Besonderheit auf, dass für die Tätigkeit nach der Anzeige gem. § 208 InsO eine gesonderte Rechnungslegung erforderlich ist (§ 211 Abs. 2 InsO). Hiermit soll den Massegläubigern die Möglichkeit gegeben werden, die Einhaltung der Verteilungsregeln in § 209 InsO durch den Insolvenzverwalter zu prüfen. Die Altmassegläubiger sollen zusätzlich beurteilen können, ob der Insolvenzverwalter die Masseunzulänglichkeit rechtzeitig oder auch verspätet angezeigt hat.[1199]

Die Schlussrechnung des Insolvenzverwalters ist auch bei einer Verfahrensbeendigung nach § 211 Abs. 1 InsO vom Insolvenzgericht zu prüfen (§ 66 Abs. 2 InsO).[1200]

4.5.2.1.4. Besonderheiten bei Verfahrenseinstellung nach (§§ 212ff. InsO)

Bei nachträglichen Wegfall des Insolvenzgrundes (§ 212 InsO) und mit Zustimmung aller Gläubiger (§ 213 InsO) kann das Insolvenzverfahren nach § 214 InsO vorzeitig eingestellt werden. Die Schlussrechnungslegungspflicht des Insolvenzverwalters in diesen Fällen der Verfahrensbeendigung wird damit begründet, dass die Verfahrenseinstellung zur Beendigung des Amtes des Insolvenzverwalters führt, so dass dieser gem. § 66 Abs. 1 InsO zur Schlussrechnungslegung gegenüber dem Insolvenzgericht verpflichtet ist.[1201] Diese hat das Insolvenzgericht gem. § 66 Abs. 2 Satz 1 InsO zu prüfen. Eine Prüfung durch die Gläubigerversammlung

---

1196 N/R-*Delhaes*, § 66 InsO, Rdnr. 7; MK-*Hefermehl*, § 211 InsO, Rdnr. 15; *Keller*, Vergütung und Kosten im Insolvenzverfahren, Rdnr. 391; *HK-Landfermann*, § 211 InsO, Rdnr. 5.
1197 *Uhlenbruck*, Die Prüfung der Rechnungslegung des Konkursverwalters, ZIP 1982, 125, 127.
1198 MK-*Hefermehl*, § 211 InsO, Rdnr. 16.
1199 MK-*Hefermehl*, § 211 InsO, Rdnr. 15.
1200 MK-*Hefermehl*, § 211 InsO, Rdnr. 17.
1201 HK-*Landfermann*, § 214 InsO, Rdnr. 3.

scheidet aus, da eine solche für die Verfahrenseinstellung nach §§ 212, 213 InsO nicht vorgesehen ist.[1202] Bei der Verfahrenseinstellung nach § 214 InsO folgt die Notwendigkeit einer Schlussrechnungslegung weniger aus dem Gedanken der Gläubigerautonomie, da die Interessen der Insolvenzgläubiger angesichts des Wegfalles des Eröffnungsgrundes (§ 212 InsO) oder deren Zustimmung zur Verfahrenseinstellung (§ 213 InsO) nicht mehr schützenswert sind, als im Interesse des Insolvenzschuldners, da dieser mit der Einstellung des Insolvenzverfahrens gem. § 215 Abs. 2 Satz 1 InsO das Recht zur Verfügung über die Insolvenzmasse wieder zurückerhält.

4.5.2.2. Rechnungslegungspflichten des entlassenen Insolvenzverwalter

Gem. § 66 Abs. 1 InsO hat der Insolvenzverwalter bei Beendigung seines Amtes Rechnung zu legen. Diese Verpflichtung gilt nicht nur für den nach § 57 InsO „abgewählten“, sondern auch für den nach § 56 Abs. 1 InsO entlassenen Insolvenzverwalter, der für seine Amtsführung eine Teilschlussrechnung zu legen hat.[1203] Inhalt und Umfang der Rechnungslegungspflicht ergeben sich aus der früheren Amtsstellung des Insolvenzverwalters, insbesondere aus der Vorschrift des § 66 Abs. 1 InsO.[1204] Diese beinhaltet aber nicht ein Schlussverzeichnis[1205], da dieses gem. § 196 Abs. 1 InsO erst nach Abschluss der Masseverwertung aufzustellen ist. Für die Prüfungspflicht des Insolvenzgerichts gilt § 66 Abs. 2 Satz 1 InsO.[1206] Zugleich hat der Amtsnachfolger nicht nur auf die Erfüllung der Rechnungslegungspflicht seines Amtsvorgängers zu drängen, sondern ebenso dessen gesamte Geschäftsführung zu überprüfen.[1207]

4.5.2.3. Rechnungslegung bei Tod oder Geschäftsunfähigkeit des Insolvenzverwalters

Im Falle des Todes oder der Geschäftsunfähigkeit des Insolvenzverwalters stellt sich die besondere Frage, wer die Schlussrechnungslegungspflicht aus § 66 Abs. 1 InsO für den (ehemaligen) Insolvenzverwalter zu erfüllen hat.

4.5.2.3.1. Stand der Diskussion

Nach h. M.[1208] ist die Schlussrechnungslegungspflicht im Fall des Todes des Insolvenzverwalters von den Erben und bei Geschäftsunfähigkeit vom gesetzlichen Ver-

---

1202 MK-*Hefermehl*, § 214 InsO, Rdnr. 13; HK-*Landfermann*, § 214 InsO, Rdnr. 3.
1203 *BGH*, Beschl. v. 14. 4. 2005 – IX ZB 76/04 – NZI 2005, 391; N/R-*Delhaes*, § 66 InsO, Rdnr. 13; Jaeger-*Gerhardt*, § 66 InsO, Rdnr. 9; MK-*Nowak*, § 66 InsO, Rdnr. 35; Kübler/Prütting-*Onusseit*, § 66 InsO, Rdnr. 10; Uhlenbruck-*Uhlenbruck*, § 66 InsO, Rdnr. 17.
1204 Vgl. zur KO: *OLG Nürnberg*, Urt. v. 2. 7. 1965 – 1 U 20/65 – KTS 1966, 62, 63.
1205 *Bähner*, Die Prüfung der Schlußrechnung des Konkursverwalters, KTS 1991, 347, 358.
1206 MK-*Nowak*, § 66 InsO, Rdnr. 35 a.E.
1207 *Levy*, Fragen und Antworten, KuT 1932, 31.
1208 N/R-*Delhaes*, § 66 InsO, Rdnr. 13; HK-*Eickmann*, § 66 InsO, Rdnr. 16; Jaeger-*Gerhardt*, § 66 InsO, Rdnr. 13; MK-*Nowak*, § 66 InsO, Rdnr. 35; Kübler/Prütting-*Onusseit*, § 66 InsO, Rdnr. 5; zum Konkursrecht: *Bähner*, Die Prüfung der Schlußrechnung des Konkursverwalters, KTS 1991, 347, 359; *Kuhn-Uhlenbruck*, § 86 KO, Rdnr. 2.

treter zu erfüllen[1209], wobei zum Umfang der Rechnungslegungspflicht unterschiedliche Auffassungen bestehen. Teilweise wird eine mit Belegen versehene Einnahmen- und Ausgabenrechnung als ausreichend angesehen, wenn der Erbe oder der gesetzliche Vertreter zu mehr nicht im Stande ist. Zur Begründung wird dabei das Zumutbarkeitskriterium angeführt.[1210] Nach anderer, weitergehender Auffassung ist neben einer Einnahmen- und Ausgabenrechnung auch ein Bericht über die Insolvenzabwicklung zu erstellen. Dabei hat sich der Erbe bzw. der gesetzliche Vertreter das erforderliche Wissen aus den ihm zugänglichen Unterlagen zu verschaffen.[1211] Einhellig wird die Durchsetzung der Rechnungslegungspflicht der Erben bzw. des gesetzlichen Vertreters durch die Zwangsmittel des § 58 Abs. 2 InsO abgelehnt. Vielmehr ist der neu bestellte Insolvenzverwalter auf den Klageweg verwiesen.[1212] Die Rechnungslegung des Erben oder des gesetzlichen Vertreters ist gem. § 66 Abs. 2 Satz 1 InsO vom Insolvenzgericht zu prüfen.

Dagegen lehnt *Uhlenbruck* eine Schlussrechnungslegungspflicht des Erben ab.[1213] Die Schlussrechnung über die Geschäftstätigkeit des früheren Insolvenzverwalters ist vielmehr von dem neu bestellten Insolvenzverwalter zu erstellen. Der damit verbundene Mehraufwand ist im Rahmen der Vergütungsfestsetzung für den Amtsvorgänger zu berücksichtigen.

4.5.2.3.2. Stellungnahme

Den Erben oder dem gesetzlichen Vertreter wird es regelmäßig mangels eigener Fachkunde und Sachkenntnis[1214] nicht gelingen, eine verwertbare Schlussrechnung zu erstellen. Zudem wird der Amtsnachfolger – auch im Hinblick auf die Haftungsgefahren aus §§ 60, 61 InsO – nicht auf die Schlussrechnung des Erben oder gesetzlichen Vertreters warten können, sondern umgehend sämtliche Verfahrensunterlagen übernehmen wollen[1215], um sich schnellstmöglich in den Verfahrensstand einarbeiten und unverzüglich die anstehenden Verwaltungs- und Verwertungsmaßnahmen treffen zu können. Diesem wird ebenso daran gelegen sein, den Verfahrensstand zum Zeitpunkt der Amtsübernahme unverzüglich feststellen zu können, um eine eindeutige Abgrenzung zu möglichen Verfahrensfehlern und

---

1209 Gesetzlicher Vertreter bei Geschäftsunfähigkeit ist der gem. §§ 1896, 1897, 1902 BGB vom Vormundschaftsgericht bestellte Betreuer.

1210 N/R-*Delhaes*, § 66 InsO, Rdnr. 13; Jaeger-*Gerhardt*, § 66 InsO, Rdnr. 13; Kübler/Prütting-*Onusseit*, § 66 InsO, Rdnr. 5.

1211 HK-*Eickmann*, § 66 InsO, Rdnr. 16; MK-*Nowak*, § 66 InsO, Rdnr. 35.

1212 N/R-*Delhaes*, § 66 InsO, Rdnr. 13; HK-*Eickmann*, § 66 InsO, Rdnr. 16; MK-*Nowak*, § 66 InsO, Rdnr. 35; Kübler/Prütting-*Onusseit*, § 66 InsO, Rdnr. 10; zum Konkursrecht: *Kuhn-Uhlenbruck*, § 86 KO, Rdnr. 2.

1213 Uhlenbruck-*Uhlenbruck*, § 56 InsO, Rdnr. 90 ohne Begründung; anders noch in der Kommentierung zum Konkursrecht: *Kuhn-Uhlenbruck*, § 86 KO, Rdnr. 2.

1214 Man stelle sich nur die Witwe des verstorbenen Insolvenzverwalters vor, die von ganz anderen Sorgen getrieben wird, als der Aufforderung zur Erstellung einer Schlussrechnung über die Geschäftstätigkeit ihres verstorbenen Mannes genügen zu können.

1215 Im Fall des Todes des Insolvenzverwalters geht der unmittelbare Besitz an der Insolvenzmasse auf die Erben über, so dass der nachfolgende Insolvenzverwalter die Masse nach § 148 Abs. 1 InsO in Besitz zu nehmen hat, MK-*Füchsl/Weishäupl*, § 148 InsO, Rdnr. 32.

Verwertungsmängeln des Vorgängers vornehmen zu können. Letztendlich wird es daher nur um die Frage gehen, ob der Erbe oder der gesetzliche Vertreter des Vorgängers in der Insolvenzverwaltung die Kosten der Erstellung der Schlussrechnung zu tragen hat.

4.5.2.4. Der Sachwalter in der Eigenverwaltung

Für den Sachwalter im Rahmen der Eigenverwaltung ist ausweislich der eingeschränkten Verweisung in § 274 Abs. 1 InsO eine Rechnungslegungspflicht nicht vorgesehen. Eine Rechtfertigung hierfür kann darin gesehen werden, dass dem Sachwalter gem. § 274 Abs. 2 InsO nur die Prüfung der wirtschaftlichen Lage des Schuldners, die Überwachung der Geschäftsführung und der Ausgaben für die persönliche Lebensführung des Schuldners obliegt.[1216] Adressat der Rechnungslegungspflicht im Rahmen der Eigenverwaltung ist der Schuldner (§§ 270 Abs. 1 Satz 2, 281 Abs. 3, 66, 155 InsO). Dieser hat die Schlussrechnung zum Schlusstermin vor Aufhebung der Eigenverwaltung bzw. des Insolvenzverfahrens zu legen,[1217] um den Gläubigern die Gelegenheit zur Erörterung und Erhebung von Einwendungen zu geben (§§ 270 Abs. 1 Satz 2, 197 Abs. 1 Satz 2 InsO).[1218] Die Gläubigerversammlung kann nach §§ 281 Abs. 3, 66 Abs. 3 InsO vom Insolvenzschuldner auch eine Zwischenrechnungslegung verlangen.[1219] Dem Sachwalter fällt lediglich die Aufgabe zu, die Schlussrechnungslegung des Insolvenzschuldners zu prüfen und zu dieser Stellung zu nehmen (§ 281 Abs. 3 Satz 2, Abs. 1 Satz 2 InsO).[1220] Es handelt sich hierbei um eine insolvenzspezifische Pflicht, für deren ordnungsgemäße Erfüllung der Sachwalter gem. §§ 274 Abs. 1, 60 InsO haftet.[1221]

In der Literatur wird eine Rechenschaftspflicht im Sinne von § 259 BGB des Sachwalters in dem Fall angenommen, dass dieser gem. § 275 Abs. 2 InsO die Übertragung der Kassenführung auf sich verlangt hat.[1222]

4.5.2.5. Der Treuhänder gem. § 292 InsO

Für den Treuhänder der Wohlverhaltensperiode ist gem. § 292 Abs. 3 Satz 1 InsO eine Verpflichtung zur Schlussrechnungslegung gegenüber dem Insolvenzgericht nur für den Fall der Beendigung seines Amtes gesetzlich geregelt.[1223]

1216 Uhlenbruck-*Uhlenbruck*, § 66 InsO, Rdnr. 4.
1217 *AG Duisburg*, Beschl. v. 4. 10. 2005 – 60 IN 136/02 – NZI 2006, 112, 113; MK-*Wittig*, § 281 InsO, Rdnr. 26.
1218 Über Einwendungen, z.B. gegen die Vergütung des Insolvenzschuldners, entscheidet nicht das Insolvenzgericht, sondern die Prozessgerichte, *AG Duisburg*, Beschl. v. 4. 10. 2005 – 60 IN 136/02 – NZI 2006, 112, 113.
1219 HK-*Landfermann*, § 281 InsO, Rdnr. 5; MK-*Wittig*, § 281 InsO, Rdnr. 26.
1220 MK-*Wittig*, § 281 InsO, Rdnr. 26.
1221 MK-*Wittig*, § 281 InsO, Rdnr. 29.
1222 Kübler/Prütting-*Onusseit*, § 66 InsO, Rdnr. 9; Uhlenbruck-*Uhlenbruck*, § 66 InsO, Rdnr. 5.
1223 Siehe Kap. E.II.4.3.3.

4.5.2.6. Der Sonderinsolvenzverwalter

In der Literatur wird eine Schlussrechnungslegungspflicht des Sonderinsolvenzverwalters bejaht.[1224] Maßgebend hierfür ist der dem Sonderverwalter erteilte Auftrag. Eine Rechnungslegungspflicht entfällt z.B. im Falle der Führung eines Prozesses für die Insolvenzmasse.[1225]

4.5.3. Inhalt der Schlussrechnung

Der Gesetzgeber hat den Inhalt der Schlussrechnung bisher[1226] nicht normiert und hierzu ausweislich der Gesetzesmaterialien Vorstellungen nicht formuliert, so dass nach Auffassung von *Uhlenbruck* auf die zum Konkursrecht entwickelten Grundsätze der Schlussrechnungslegung und -prüfung abgestellt werden kann[1227]. Der notwendige Inhalt der Schlussrechnung lässt sich von deren Zweck her bestimmen, nämlich ein möglichst vollständiges Bild der gesamten Geschäftsführung des Insolvenzverwalters und eine Übersicht über den Verbleib aller Massegegenstände zu vermitteln.[1228] Ein Maßstab für die zu stellenden formellen Anforderungen wird in § 259 BGB formuliert. Die Schlussrechnung hat daher nach den Grundsätzen einer gewissenhaften und getreuen Rechnungslegung ein vollständiges Bild der gesamten Geschäftsführung des Insolvenzverwalters zu vermitteln, das einem sachverständigen Dritten innerhalb angemessener Zeit einen Überblick über die Rechtshandlungen und -geschäfte des Insolvenzverwalters und den Ablauf des Insolvenzverfahrens vermittelt.[1229] Deshalb umfasst die Schlussrechnung nach allgemeiner Auffassung neben einer Einnahmen-Ausgaben-Rechnung, eine Schlussbilanz, einen Schlussbericht und ein Schlussverzeichnis.[1230] Gegen formalistische Standardisierungsbemühungen ist eingewandt worden, dass für eine zweckentsprechende Rechnungslegung die Gestaltungsfreiheit des Insolvenzverwalters er-

1224 Kübler/Prütting-*Onusseit*, § 66 InsO, Rdnr. 9; Smid-*Smid*, § 66 InsO. Rdnr. 6; Uhlenbruck-*Uhlenbruck*, § 66 InsO, Rdnr. 18.

1225 Uhlenbruck-*Uhlenbruck*, § 66 InsO, Rdnr. 18.

1226 Dieses Normierungsdefizit soll nach der nicht nachvollziehbaren Auffassung von *Dreyer/Dreyer*, in: Bestandteile der Schlussrechnung des Insolvenzverwalters und ihre Prüfung, KSI 2006, 144, 147, zu effektiv nicht prüfbaren Schlussrechnungen und weitergehend zu *„bemerkenswerten Insolvenzen von Verwaltern"* geführt haben. Zur nicht ausreichenden gesetzlichen Regelung im Konkursrecht: *Uhlenbruck*, ZIP 1982, 125. De lege ferenda soll durch § 66 GAVI-InsO der Inhalt der Schlussrechnung detalliert normiert werden (siehe Kap. H.I.2.5.).

1227 *Uhlenbruck*, Die Rechnungslegungspflicht des vorläufigen Insolvenzverwalters, NZI 1999, 289, 290.

1228 *Bähner*, Die Prüfung der Schlussrechnung des Konkursverwalters, KTS 1991, 347, 353; N/R-*Delhaes*, § 66 InsO, Rdnr. 7; *Hess/Weis*, Die Schlussrechnung des Insolvenzverwalters, NZI 1999, 260, 261; *Uhlenbruck*, Die Prüfung der Rechnungslegung des Konkursverwalters, ZIP 1982, 125, 130.

1229 *Liévre/Stahl/Ems*, Die Anforderungen an die Aufstellung und Prüfung der Schlussrechnung im Insolvenzverfahren, KTS 1999, 1, 3.

1230 *OLG Brandenburg*, Beschl. v. 11. 10. 2001 – 8 W 231/91 – ZInsO 2001, 1148, 1149, *Bähner*, Die Prüfung der Schlussrechnung des Konkursverwalters, KTS 1991, 347, 348; *Bähner/Berger/Braun*, Die Schlussrechnung des Konkursverwalters, ZIP 1993, 1283, 1285; N/R-*Delhaes*, § 66 InsO, Rdnr. 7; Jaeger-*Gerhardt*, § 66 InsO, Rdnr. 25 ff.; *Hess/Weis*, Die Schlussrechnung des Insolvenzverwalters, NZI 1999, 260, 261; *Liévre/Stahl/Ems*, Die Anforderungen an die Aufstellung und Prüfung der Schlussrechnung im Insolvenzverfahren, KTS 1999, 1, 3 f. (mit Einschränkung für die Schlussbilanz); MK-*Nowak*, § 66 InsO, Rdnr. 9.

forderlich ist.[1231] Grundsätzlich ist der Inhalt der Schlussrechnung abhängig von dem konkreten Einzelfall.[1232]

4.5.3.1. Einnahmen-Ausgaben-Rechnung

Die Einnahmen-Ausgaben-Rechnung gibt Aufschluss über die Zahlungsströme, indem die Einnahmen und Ausgaben in chronologischer Reihenfolge und nach sachlichen Kriterien geordnet verbucht werden.[1233] Für den Fall der Betriebsfortführung wird im Interesse der Transparenz eine Trennung der Zahlungsvorgänge der Betriebsfortführung von denjenigen der sonstigen Masseverwertung für erforderlich gehalten.[1234] Die Einnahmen-Ausgaben-Rechnung muss die Erlöse aus der Verwertung der mit Absonderungsrechten belasteten Massegegenstände auch dann ausweisen, wenn lediglich ein Überschuss an die Insolvenzmasse ausgekehrt worden ist.[1235] Diese Forderung ist nicht nur im Hinblick auf den Zweck der Schlussrechnung, nämlich das Ergebnis der Masseverwertung und der Befriedigung von Aus- und Absonderungsrechten darzustellen, sondern auch im Hinblick auf die Berechnungsgrundlage der Verwaltervergütung gem. § 1 Abs. 2 Nr. 1 InsVV zu stellen. Durch die laufende und zeitnahe Erfassung der Einnahmen und Ausgaben wird dem Insolvenzverwalter die jederzeitige Erstellung einer Einnahmen-Ausgaben-Rechnung, z.B. für die Zwischenrechnungslegung gem. § 66 Abs. 3 InsO oder für Auskünfte gegenüber dem Insolvenzgericht gem. § 58 Abs. 1 Satz 2 InsO, möglich.

4.5.3.2. Schlussbilanz

Über das Erfordernis einer Schlussbilanz und deren Inhalt werden unterschiedliche Auffassungen vertreten. Nach handelsrechtlichem Verständnis[1236] weist die Schlussbilanz des Insolvenzverwalters auf der Aktivseite den Bestand des Massekontos und die noch nicht verwerteten Vermögensgegenstände und auf der Passivseite die zur Tabelle festgestellten Insolvenzforderungen sowie die noch nicht

---

1231 *Bähner*, Die Prüfung der Schlußrechnung des Konkursverwalters, KTS 1991, 347, 356; *Bähner/Berger/Braun*, Die Schlussrechnung des Konkursverwalters, ZIP 1993, 1283, 1285.

1232 *Fürst*, Prüfungs- und Überwachungspflichten, DZWiR 2006, 499, 500.

1233 *Bähner/Berger/Braun*, Die Schlussrechnung des Konkursverwalters, ZIP 1993, 1283, 1286; N/R-*Delhaes*, § 66 InsO, Rdnr. 9; *Hess/Weis*, Die Schlussrechnung des Insolvenzverwalters, NZI 1999, 260, 261; *Heyrath*, Die Prüfung der Schlussrechnung (Teil 1), ZInsO 2005, 1092, 1093; *Liévre/Stahl/Ems*, Die Anforderungen an die Aufstellung und Prüfung der Schlussrechnung im Insolvenzverfahren, KTS 1999, 1, 4 („Kernstück der Schlussrechnung"). Zur Zusammenführung der handelsrechtlichen und der insolvenzrechtlichen Buchführung zur sogen. „harmonisierten Buchführung": *Bähner/Berger/Braun*, Die Schlussrechnung des Konkursverwalters, ZIP 1993, 1283, 1285; *Pink*, Rechnungslegungspflichten in der Insolvenz der Kapitalgesellschaft, ZIP 1997, 177, 185 ff.

1234 *Dreyer/Dreyer*, Bestandteile der Schlussrechnung des Insolvenzverwalters und ihre Prüfung, KSI 2006, 144, 146.

1235 *Dreyer/Dreyer*, Bestandteile der Schlussrechnung des Insolvenzverwalters und ihre Prüfung, KSI 2006, 144, 146; *Bähner/Berger/Braun*, Die Schlussrechnung des Konkursverwalters, ZIP 1993, 1283, 1286, und zwar auch dann, wenn der Erlöszufluss unmittelbar beim Absonderungsberechtigten erfolgte.

1236 Nach der Legaldefinition des § 242 Abs. 1 Satz 1 HGB ist die Bilanz eine stichtagsbezogene Darstellung des Verhältnisses zwischen (Aktiv-)Vermögen und Schulden.

bezahlten Masseverbindlichkeiten gem. §§ 53ff. InsO aus.[1237] Nach anderer Auffassung soll die Schlussbilanz der insolvenzrechtlichen Schlussrechnungslegung in Form einer bilanzierenden Gegenüberstellung, die an die Insolvenzeröffnungsbilanz bzw. das Vermögensverzeichnis gem. § 153 InsO anschließt, das zahlenmäßige Ergebnis der gesamten Verwertungs- und Abwicklungstätigkeit des Insolvenzverwalters aufzeigen.[1238] Diese Gegenüberstellung muss jedoch nicht zwangsläufig in einer Schlussbilanz erfolgen, sie kann auch in einer entsprechend erweiterten Einnahmen-Ausgaben-Rechnung oder in einer gesonderten Darstellung innerhalb des Schlussberichtes erfolgen.[1239]

Nach eigener Auffassung ist der Begriff „Bilanz“[1240] durch das Handelsrecht (§ 242 Abs. 1 HGB) für die stichtagsbezogene Gegenüberstellung des Aktivvermögens und der Schulden reserviert und kann – für sich genommen – nur die Vermögenslage und nicht die Vermögensentwicklung bezeichnen. Das Ergebnis der Masseverwertung und der Masseverwaltung ist jedoch aus der Einnahme-Ausgaben-Rechnung des Insolvenzverwalters abzulesen und findet in der Schlussbilanz nur in dem Bestand des Massekontos einen Ausdruck. Die Masseverwertung sollte daher gesondert im Schlussbericht erläutert werden.

4.5.3.3. Schlussbericht

Der Schlussbericht ist anders als die Schlussbilanz zwingender Bestandteil der Schlussrechnung.[1241] Er soll die verschiedenen zahlenmäßigen Darstellungen in der Einnahmen-Ausgaben-Rechnung, der Schlussbilanz und dem Schlussverzeichnis erläuternd miteinander verbinden und hat die gesamte Tätigkeit des Verwalters in verständlicher und nachvollziehbarer Form darzulegen.[1242] Dazu ist der Verfahrensverlauf darzustellen, wobei auf die Situation bei Verfahrenseröffnung, die Abwicklungsmaßnahmen nach Verfahrenseröffnung, die zur Sicherung der Insolvenzmasse ergriffenen Maßnahmen, die Erfüllung der sonstigen Rechnungslegungsvorschriften, den Verlauf des Prüfungstermins, das Ergebnis anhängiger Prozesse zur Feststellung von Forderungsrechten zur Tabelle, die Beschlüsse der Gläubigerversammlung im Berichtstermin und deren Umsetzung in die Praxis

---

1237 *Bähner*, Die Prüfung der Schlußrechnung des Konkursverwalters, KTS 1991, 347, 356; *Dreyer/Dreyer*, Bestandteile der Schlussrechnung des Insolvenzverwalters und ihre Prüfung, KSI 2006, 144, 145

1238 *Bähner/Berger/Braun*, Die Schlussrechnung des Konkursverwalters, ZIP 1993, 1283, 1287; N/R-*Delhaes*, § 66 InsO, Rdnr. 10; Jaeger-*Gerhardt*, § 66 InsO, Rdnr. 31; *Hess/Weis*, Die Schlussrechnung des Insolvenzverwalters, NZI 1999, 260, 261; Uhlenbruck-*Uhlenbruck*, § 66 InsO, Rdnr. 24.

1239 *Bähner/Berger/Braun*, Die Schlussrechnung des Konkursverwalters, ZIP 1993, 1283, 1287.

1240 Ital. *bilancia* = Waage; lat. *bilanx* = Doppelwaage.

1241 Uhlenbruck-*Uhlenbruck*, § 66 InsO, Rdnr. 26.

1242 *Bähner/Berger/Braun*, Die Schlussrechnung des Konkursverwalters, ZIP 1993, 1283, 1288; N/R-*Delhaes*, § 66 InsO, Rdnr. 11; Jaeger-*Gerhardt*, § 66 InsO, Rdnr. 35; *Hess/Weis*, Die Schlussrechnung des Insolvenzverwalters, NZI 1999, 260, 261; *Heyrath*, Die Prüfung der Schlussrechnung (Teil 1), ZInsO 2005, 1092, 1093; *Lièvre/Stahl/Ems*, Die Anforderungen an die Aufstellung und Prüfung der Schlussrechnung im Insolvenzverfahren, KTS 1999, 1, 9.

einzugehen ist. Schließlich hat der Verwalter auch zu berichten, ob und in welchem Umfang die Gläubiger befriedigt worden sind.[1243]

4.5.3.4. Schlussverzeichnis

Das Schlussverzeichnis enthält auf Grundlage der Tabelle gem. § 175 InsO eine Auflistung der bei der Schlussverteilung zu berücksichtigenden Gläubiger und Forderungen (§ 188 InsO).[1244] Neben den zur Tabelle festgestellten Forderungen sind in das Verzeichnis ferner die streitig gebliebenen Forderungen unter der Voraussetzung des § 189 InsO, die Forderungen Absonderungsberechtigter in Höhe eines nachgewiesenen oder eines zu erwartenden, glaubhaft gemachten Ausfalls sowie aufschiebend bedingte Forderungen (§ 191 Abs. 1 InsO) oder auflösend bedingte Forderungen, deren Bedingung noch nicht eingetreten ist, aufzunehmen.[1245] Inhaltlich ist die Darstellung im Schlussverzeichnis nach Abteilungen zu gliedern und an den Feststellungen der Tabelle auszurichten, das Schlussverzeichnis muss mit den Forderungen zur Tabelle und den im Schlussbericht dargelegten Forderungen übereinstimmen. Es ist im engeren Sinne kein direkter Bestandteil der Schlussrechnung, sondern ergänzt diese nur für den Fall eines Verteilungsverfahrens.[1246] Dabei ist das Schlussverzeichnis auch zu erstellen, wenn auf die Gläubiger keine Quote entfällt.

4.5.3.5. Besonderheiten für den vorläufigen Insolvenzverwalter

Ebenso wie beim endgültigen Insolvenzverwalter umfasst die Schlussrechnungslegung des vorläufigen Insolvenzverwalters eine geordnete Zusammenstellung der Einnahmen und Ausgaben nebst Belegen (§ 259 Abs. 1 BGB) und einen Tätigkeitsbericht. Dabei wird eine Differenzierung der Anforderungen an die Rechnungslegung in Abhängigkeit vom Ausgang des Eröffnungsverfahrens und von Art und Umfang der vorläufigen Insolvenzverwaltung als zulässig angesehen.[1247] So soll bei einer Unternehmensfortführung die Rechnungslegung des vorläufigen Insolvenzverwalters derjenigen des eröffneten Verfahrens entsprechen und die Auswirkungen der Unternehmensfortführung auf die Insolvenzmasse erläutern.[1248] Der vorläufige Insolvenzverwalter mit Zustimmungsvorbehalt kann mangels Verwaltungs- und Verfügungsbefugnis seine Rechnungslegung auf einen Bericht über die

---

1243 Uhlenbruck-*Uhlenbruck*, § 66 InsO, Rdnr. 26.

1244 N/R-*Delhaes*, § 66 InsO, Rdnr. 12; *Hess/Weis*, Die Schlussrechnung des Insolvenzverwalters, NZI 1999, 260, 261; MK-*Nowak*, § 66 InsO, Rdnr. 13; Uhlenbruck-*Uhlenbruck*, § 66 InsO, Rdnr. 27.

1245 *Heyrath*, Die Prüfung der Schlussrechnung (Teil 1), ZInsO 2005, 1092, 1094; MK-*Nowak*, § 66 InsO, Rdnr. 13.

1246 *Bähner/Berger/Braun*, Die Schlussrechnung des Konkursverwalters, ZIP 1993, 1283, 1288.

1247 N/R-*Mönning*, § 22 InsO, Rdnr. 244 ff.; *Uhlenbruck*, Die Rechnungslegungspflicht des vorläufigen Insolvenzverwalters, NZI 1999, 289, 293; Uhlenbruck-*Uhlenbruck*, § 22 InsO, Rdnr. 216.

1248 *Uhlenbruck*, Die Rechnungslegungspflicht des vorläufigen Insolvenzverwalters, NZI 1999, 289, 290, der den vorläufigen Insolvenzverwalter bei einer Masseschmälerung durch die Betriebsfortführung für verpflichtet hält, zu erläutern, warum die Zustimmung nach § 22 Abs. 1 Satz 2 InsO nicht eingeholt worden ist.

mit seiner Zustimmung vom Insolvenzschuldner vorgenommenen Verfügungen beschränken.[1249]

4.5.4. Prüfung durch das Insolvenzgericht

Im Gegensatz zum früheren Recht normiert § 66 Abs. 2 Satz 1 InsO ausdrücklich eine Pflicht des Insolvenzgerichts zur Prüfung der Schlussrechnung[1250], die als Ausfluss der allgemeinen Aufsichtspflicht des Gerichtes gem. § 58 Abs. 1 InsO anzusehen ist.[1251] Der Gesetzgeber begründete diese Prüfungspflicht mit der Erwägung, dass die einzelnen Gläubiger zu einer sachgerechten Prüfung selbst nicht in der Lage sind und der sachkundigen Hilfe durch das Gericht bedürfen.[1252] Inhalt und Umfang der Schlussrechnungsprüfung hat der Gesetzgeber bisher[1253] nicht normiert.

4.5.4.1. Funktionelle Zuständigkeit

Für die Prüfung der Schlussrechnung des Insolvenzverwalters ist funktionell der Insolvenzrechtspfleger zuständig (§ 3 Abs. 2 e) RPflG). Wird das Insolvenzverfahren nicht eröffnet, weil der Insolvenzantrag zurückgenommen oder mangels Masse abgewiesen worden ist, hat dagegen der Insolvenzrichter die Schlussrechnung des vorläufigen Insolvenzverwalters zu prüfen, weil die funktionale Zuständigkeit des Insolvenzrechtspflegers gem. §§ 3 Nr. 2 e), 18 Abs. 1 RPflG die Verfahrenseröffnung voraussetzt.[1254]

Die Prüfungszuständigkeit des Insolvenzrichters im Hinblick auf die Schlussrechnung des vorläufigen Insolvenzverwalters wird von *Uhlenbruck* auch für den Fall der Verfahrenseröffnung angenommen, weil die Rechnungsprüfung in unmittelbarem Zusammenhang zu der gem. § 18 Abs. 1 RPflG dem Insolvenzrichter obliegenden Leitung des Eröffnungsverfahrens steht.[1255] Dagegen spricht, dass der vorläufige Insolvenzverwalter über seine Tätigkeit – von dem Fall einer vorzeitigen

---

1249 *Uhlenbruck*, Die Rechnungslegungspflicht des vorläufigen Insolvenzverwalters, NZI 1999, 289, 291, in praxi vereinnahmt der „schwache" vorläufige Insolvenzverwalter Gelder und bestreitet hieraus zum Erhalt der Insolvenzmasse notwendige Ausgaben, z.B. für Versicherungen, und ist daher zur umfassenderen Rechnungslegung verpflichtet.

1250 *Fürst*, Prüfungs- und Überwachungspflichten, DZWiR 2006, 499, 500; *Liévre/Stahl/Ems*, Die Anforderungen an die Aufstellung und Prüfung der Schlussrechnung im Insolvenzverfahren, KTS 1999, 1, 15. Zum Konkursrecht wurde eine Prüfungspflicht des Konkursgerichts aus der allgemeinen Aufsichtspflicht gem. § 83 KO abgeleitet: *Bähner*, Die Prüfung der Schlußrechnung des Konkursverwalters, KTS 1991, 347, 351; *Uhlenbruck*, Die Prüfung der Rechnungslegung des Konkursverwalters, ZIP 1982, 125, 132 – „Amtspflicht"-.

1251 MK-*Nowak*, § 66 InsO, Rdnr. 3.

1252 Begrd.RegE zu § 66 InsO, zit. n. *Balz/Landfermann*, Die neuen Insolvenzgesetze, S. 146.

1253 De lege ferenda soll durch eine Ergänzung des § 66 Abs. 1 InsO durch § 66 GAVI-InsO der Umfang der Schlussrechnungsprüfung durch das Insolvenzgericht konkretisiert werden, siehe Kap.H.I.2.5.

1254 Ebenso auch Uhlenbruck-*Uhlenbruck*, § 22 InsO, Rdnr. 219.

1255 *Uhlenbruck*, Die Rechnungslegungspflicht des vorläufigen Insolvenzverwalters, NZI 1999, 289, 292; Uhlenbruck-*Uhlenbruck*, § 22 InsO, Rdnr. 219; ebenso: Kübler/Prütting-*Onusseit*, § 66 InsO, Rdnr. 18.

Amtsbeendigung einmal abgesehen – erst nach Abschluss der vorläufigen Insolvenzverwaltung, mithin nach Eröffnung des Insolvenzverfahrens, Rechnung legen kann. Im eröffneten Insolvenzverfahren jedoch liegt die Aufsicht über den Insolvenzverwalter in der Zuständigkeit des Insolvenzrechtspflegers (§§ 3 Abs. 2 e), 18 RPflG). Deshalb wird zu Recht in der Literatur vertreten, dass im Fall der Verfahrenseröffnung die Schlussrechnung des vorläufigen Insolvenzverwalters ebenfalls vom Insolvenzrechtspfleger zu prüfen ist.[1256]

4.5.4.2. Prüfungsinhalt

Über den Prüfungsinhalt werden in Rechtsprechung und Literatur unterschiedliche Auffassungen vertreten[1257], wobei Zweifel berechtigt sind, ob den jeweils gewählten Begrifflichkeiten das richtige Verständnis zugrunde liegt. So wird das Insolvenzgericht für verpflichtet angesehen, die Schlussrechnung in formeller und materieller Hinsicht zu prüfen.[1258] Andere unterscheiden zwischen der Ordnungsmäßigkeit der Rechnungslegung und der pflichtgemäßen Verfahrensabwicklung als Prüfungsgegenstand.[1259] Bedenkt man, dass die Prüfung der Rechnungslegung des Insolvenzverwalters die pflichtgemäße Verfahrensabwicklung zum Gegenstand hat und die Rechnungslegung nur deren zahlen- und datenmäßige Manifestation ist, dann kann sich eine formelle Prüfung nur auf die Ordnungsmäßigkeit der Rechnungslegung und die materielle Prüfung nur auf die Pflichtgemäßheit der Geschäftsabwicklung erstrecken.

Die formelle Prüfung oder Ordnungsmäßigkeitsprüfung der Schlussrechnung ist auf die vollständige und ordnungsgemäße Erfassung aller Geschäftsvorfälle und deren lückenlose belegmäßige Dokumentation in der Konkursbuchführung, ferner auf die richtige Verarbeitung des Zahlenmaterials in der Buchführung und die Beachtung der formalen Buchführungsregeln gerichtet.[1260] Wichtigster Bestandteil dieses Prüfungsabschnittes ist die rechnerische Prüfung und die Belegprüfung.[1261] Darüber hinaus umfasst die formelle Schlussrechnungsprüfung auch die Prüfung der inhaltlichen Richtigkeit der Schlussrechnung, d.h. dass die Ge-

---

1256 N/R-*Delhaes*, § 66 InsO, Rdnr. 15 f.; N/R-*Mönning*, § 22 InsO, Rdnr. 242; Smid/*Smid*, § 66 InsO, Rdnr 16.

1257 Vgl. Übersicht über den Meinungsstand zum Konkursrecht: *Uhlenbruck*, Die Prüfung der Rechnungslegung des Konkursverwalters, ZIP 1982, 125–127.

1258 *LG München* I, Beschl. v. 29. 9. 1964 – 13 T 314/64 – KTS 1965, 243, 244; *Bähner*, Die Prüfung der Schlußrechnung des Konkursverwalters, KTS 1991, 347, 353; *Fürst*, Prüfungs- und Überwachungspflichten, DZWiR 2006, 499, 500; Jaeger-*Gerhardt*, § 66 InsO, Rdnr. 40; *Uhlenbruck*, Die Prüfung der Rechnungslegung des Konkursverwalters, ZIP 1982, 125, 132.

1259 *Lièvre/Stahl/Ems*, Die Anforderungen an die Aufstellung und Prüfung der Schlussrechnung im Insolvenzverfahren, KTS 1999, 1, 17.

1260 *Bähner*, Die Prüfung der Schlußrechnung des Konkursverwalters, KTS 1991, 347, 353 f.; *Fürst*, Prüfungs- und Überwachungspflichten, DZWiR 2006, 499, 500; Jaeger-*Gerhardt*, § 66 InsO, Rdnr. 40; *Lièvre/Stahl/Ems*, Die Anforderungen an die Aufstellung und Prüfung der Schlussrechnung im Insolvenzverfahren, KTS 1999, 1, 17; *Uhlenbruck*, Die Prüfung der Rechnungslegung des Konkursverwalters, ZIP 1982, 125, 132.

1261 *Uhlenbruck*, Die Prüfung der Rechnungslegung des Konkursverwalters, ZIP 1982, 125, 132.

schäftsvorfälle tatsächlich mit dem angegebenen Grund und in der angegebenen Höhe stattgefunden haben.[1262]

Die materielle Prüfung ist auf die Feststellung der pflichtgemäßen Verfahrensabwicklung gerichtet, wobei die Frage aufgeworfen wird, ob über die Gesetz- und Pflichtmäßigkeit hinaus auch die Zweckmäßigkeit des Verwaltungs- und Verwertungshandelns Prüfungsgegenstand ist. Nach einer Auffassung wird die Prüfungspflicht des Insolvenzgerichts generell auf die formelle Prüfung der Schlussrechnung beschränkt und die Prüfung der Pflichtmäßigkeit der Verfahrensabwicklung und der Zweckmäßigkeit der Ausgaben in die Zuständigkeit der Gläubigerversammlung gegeben.[1263] *Uhlenbruck* lehnte bereits zum Konkursrecht unter Hinweis auf die begrenzten Prüfungskapazitäten und die einer Verbürokratisierung entgegenstehende Gläubigerautonomie eine Pflicht zur Prüfung der Zweckmäßigkeit und Angemessenheit der Einnahmen- und Ausgabenpositionen der Schlussrechnung ab.[1264] Für *Lièvre/Stahl/Ems* ist die Schlussrechnungsprüfung im Rahmen der materiellen Prüfung vorrangig eine Gesetz- und Ordnungsmäßigkeitsprüfung. Der Aspekt der Angemessenheit erlangt erst bei wesentlichen Verwertungshandlungen und dort Bedeutung, wo die Unangemessenheit offensichtlich ist oder wo im Rahmen der Schlussrechnungsprüfung Anhaltspunkte für eine solche bekannt werden.[1265]

4.5.4.3. Prüfungsumfang

Nach allgemeiner Ansicht ist die Schlussrechnungsprüfung keine Vollprüfung, sondern nach eigenverantwortlichem prüferischen Ermessen grundsätzlich in Stichproben durchführbar und auf wesentliche Geschäftsvorfälle beschränkbar, wenn nicht Zweifel an der Richtigkeit der Schlussrechnung oder Anhaltspunkte für Pflichtwidrigkeiten des Insolvenzverwalters eine vertiefte Prüfung erforderlich

---

1262 *Lièvre/Stahl/Ems,* Die Anforderungen an die Aufstellung und Prüfung der Schlussrechnung im Insolvenzverfahren, KTS 1999, 1, 17; *Uhlenbruck,* Die Prüfung der Rechnungslegung des Konkursverwalters, ZIP 1982, 125, 132, der hierunter wohl die materielle Prüfung versteht.

1263 *LG München* I, Beschl. v. 29. 9. 1964 – 13 T 314/64 – KTS 1965, 243, 244; *Bernsen,* Probleme der Insolvenzrechtsreform aus der Sicht des Rechtspflegers, KS-InsO, 2. A., S. 1843 ff., Rdnr. 21; Jaeger-*Gerhardt,* § 66 InsO. Rdnr. 40, 42.

1264 *Uhlenbruck,* Die Prüfung der Rechnungslegung des Konkursverwalters, ZIP 1982, 125, 133.

1265 *Lièvre/Stahl/Ems,* Die Anforderungen an die Aufstellung und Prüfung der Schlussrechnung im Insolvenzverfahren, KTS 1999, 1, 17 f. Interessant ist in diesem Zusammenhang der Hinweis auf die in § 321 HGB geregelte sogen. Redepflicht des Abschlussprüfers in seinem Prüfungsbericht. In § 321 Abs. 1 Satz 3 und Abs. 2 HGB werden. Nach § 321 Abs. 1 Satz 3 HGB hat der Abschlussprüfer über bei Durchführung der Prüfung festgestellte Unrichtigkeiten oder Verstöße gegen gesetzliche Vorschriften sowie Tatsachen zu berichten, die den Bestand des geprüften Unternehmens oder des Konzerns gefährden oder seine Entwicklung wesentlich beeinträchtigen können oder die schwerwiegende Verstöße der gesetzlichen Vertreter oder von Arbeitnehmern gegen Gesetz, Gesellschaftsvertrag oder die Satzung erkennen lassen. Diese Vorschrift wird als Teil eines gesetzlichen Frühwarnsystems mit über die Kapitalgesellschaft hinausgehenden Schutzzielen verstanden (Baumbach/Hopt-*Hopt/Merkt,* § 321 HGB, Rdnr. 2). Vom Abschlussprüfer ist gem. § 321 Abs. 2 HGB weiter die Gesetz- und Ordnungsmäßigkeit der Buchführung und Bilanzierung festzustellen.

machen.[1266] Als nicht ausreichend wird die bloße Kassenprüfung angesehen. Im Rahmen der formellen Prüfung ist mindestens eine Prüfung der rechnerischen Richtigkeit und Stimmigkeit der Schlussrechnung sowie eine Prüfung, ob die Schlussrechnung mit dem tatsächlichen Verfahrensverlauf im Einklang steht, erforderlich. Die materielle Prüfung hat auf Konformität der im Schlussbericht aufgeführten Sachverhalte und Verwalterhandlungen mit den insolvenzrechtlichen Vorschriften zu achten.[1267] Teilweise wird auch noch eine Abstimmung der Schlussrechnung mit der handelsrechtlichen (externen) Rechnungslegung für erforderlich gehalten.[1268] Die Prüfungspflicht des Insolvenzgerichts besteht uneingeschränkt auch dann, wenn ein Gläubigerausschuss bestellt ist.[1269]

Aus § 66 Abs. 2 Satz 2 InsO folgt, dass das Insolvenzgericht über das Ergebnis seiner Prüfung einen Prüfungsvermerk zu verfassen hat, der auch als Beschluss gefasst sein kann.[1270] Aus diesem müssen sich neben Art und Umfang der Prüfung auch das Prüfungsergebnis und eine Auflistung etwaiger Beanstandungen, mit Angaben zu den Abhilfebemühungen, ergeben.[1271]

4.5.4.4. Prüfung der Schlussrechnung durch Sachverständigen

Die Insolvenzpraxis geht unter Hinweis auf die allgemeine Arbeitsbelastung der Insolvenzgerichte immer mehr dazu über, die Prüfung der Schlussrechnungen, teilweise ohne Ansehung des Einzelfalles, durch externe Sachverständige vornehmen zu lassen. Als Folge hat sich bereits ein „Berufsstand der Schlussrechnungsprüfer" entwickelt, der teilweise selbst „Überlastungserscheinungen" zeigt.[1272]

1266 *Fürst,* Prüfungs- und Überwachungspflichten, DZWiR 2006, 499, 501; Jaeger-*Gerhardt,* § 66 InsO, Rdnr. 41; *Heyrath,* Die Prüfung der Schlussrechnung (Teil 1), ZInsO 2005, 1092, 1094; *Lièvre/Stahl/Ems,* Die Anforderungen an die Aufstellung und Prüfung der Schlussrechnung im Insolvenzverfahren, KTS 1999, 1, 18f.; *Uhlenbruck,* Die Prüfung der Rechnungslegung des Konkursverwalters, ZIP 1982, 125, 133.

1267 *Lièvre/Stahl/Ems,* Die Anforderungen an die Aufstellung und Prüfung der Schlussrechnung im Insolvenzverfahren, KTS 1999, 1, 18f.

1268 *Lièvre/Stahl/Ems,* Die Anforderungen an die Aufstellung und Prüfung der Schlussrechnung im Insolvenzverfahren, KTS 1999, 1, 19; einschränkend: *Uhlenbruck,* Die Prüfung der Rechnungslegung des Konkursverwalters, ZIP 1982, 125, 133.

1269 *Heyrath,* Die Prüfung der Schlussrechnung (Teil 1), ZInsO 2005, 1092, 1096. Zum Konkursrecht stellte *Uhlenbruck,* Die Prüfung der Rechnungslegung des Konkursverwalters, ZIP 1982, 125, 133, fest, dass die Prüfung durch den Gläubigerausschuss angesichts der sich in der Praxis erweisenden Mängel keine Entlastung für das Konkursgericht schafft.

1270 *Lièvre/Stahl/Ems,* Die Anforderungen an die Aufstellung und Prüfung der Schlussrechnung im Insolvenzverfahren, KTS 1999, 1, 20 (mit einem Textvorschlag); Jaeger-*Gerhardt,* § 66 InsO, Rdnr. 44; Kübler/Prütting-*Onusseit,* § 66 InsO, Rdnr. 24; Uhlenbruck-*Uhlenbruck,* § 66 InsO, Rdnr. 37.

1271 Jaeger-*Gerhardt,* § 66 InsO, Rdnr. 44; MK-*Nowak,* § 66 InsO, Rdnr. 24.

1272 Mit Beispielen: Schreiben des BMJ vom 1. 3. 2007 an den VID, Verband Insolvenzverwalter Deutschlands e.V., NZI 2007 Heft 7, XII; Stellungnahme des VID im Schreiben vom 17. 4. 2007, NZI 2007 Heft 7, XII. Das AG Wolfsburg wählt die Schlussrechnungsprüfer in einem der (Vor-) Auswahl des Insolvenzverwalters vergleichbaren Verfahren aus. Die Prüfberichte werden dem Insolvenzrichter vorgelegt. In regelmäßigen Treffen der Insolvenzabteilung werden die Ergebnisse der Schlussrechnungsprüfung und die Qualität der Insolvenzverwaltertätigkeit erörtert. Das AG Hamburg beschäftigt eine Mitarbeiterin für die Prüfung umfangreicherer Rechnungslegung.

4.5.4.4.1. Zulässigkeit

Bedenken bestehen gegen eine uneingeschränkte Übertragung der Schlussrechnungsprüfung auf einen Sachverständigen ohne Ansehung des konkreten Falles. Dieses wird von *Mönning* damit begründet, dass die insolvenzgerichtliche Rechnungsprüfung ein notwendiges Mittel zur Qualitätssicherung der Insolvenzabwicklung ist.[1273]

Dagegen entspricht es den Vorstellungen des Gesetzgebers[1274] und der allgemeinen Meinung, dass sich das Insolvenzgericht bei der Prüfung der Schlussrechnung der Hilfe eines Sachverständigen (Schlussrechnungsprüfers) bedienen kann.[1275]

Für diese Auffassung spricht der allgemeine Amtsermittlungsgrundsatz des § 5 Abs. 1 InsO, der das Insolvenzgericht ermächtigt, alle für das Insolvenzverfahren bedeutsamen Umstände – auch im Rahmen der Schlussrechnungsprüfung – von Amts wegen zu ermitteln und sich hierzu auch eines Sachverständigen zu bedienen. Die durch die Einschaltung eines Sachverständigen entstehenden Kosten sind als Auslagen des Insolvenzgerichts aus der Insolvenzmasse zu zahlen (§ 54 Nr. 1 InsO). Jedoch kann die fehlende Zeit für eine Prüfungstätigkeit alleine die Einschaltung eines Sachverständigen nicht rechtfertigen[1276], da es nicht eine Angelegenheit der Insolvenzgläubiger ist, über die Kosten des Insolvenzverfahrens (§ 54 Nr. 1 InsO) die unzureichende personelle Ausstattung der Insolvenzgerichte zu substituieren. Es bedarf daher in dem Prüfungsgegenstand selbst liegende Gründe, wie z.B. der Umfang des Rechenwerkes oder die Komplexität der Insolvenzabwicklung, die eine Schlussrechnungsprüfung durch einen Sachverständigen rechtfertigen.[1277]

Die Insolvenzpraxis zeigt, dass die Schlussrechnungsprüfung durch einen Sachverständigen durch eine kleinliche und die Prüfungskompetenz des Insolvenzgerichts übersteigende Fehlersuche gekennzeichnet ist.[1278] Der Insolvenzrechtspfleger hat dem Sachverständigen daher den Grund, Inhalt und Zweck des Gutachtenauftrages vollständig und unmissverständlich mitzuteilen (§ 4 InsO i.V.m. § 404a Abs. 1 und 2 ZPO). Auch bei Bestellung eines Sachverständigen bleibt das Insolvenzgericht somit Herr des Verfahrens, während letzterer nur weisungsgebundener Gehilfe des Gerichtes ist.[1279]

1273 N/R-*Mönning*, § 22 InsO, Rdnr. 247.

1274 Begrd.RegE zu § 66 InsO, zit. n. *Balz/Landfermann*, Die neuen Insolvenzgesetze, S. 146.

1275 *LG München* I, Beschl. v. 29. 9. 1964 – 13 T 314/64 – KTS 1965, 243, 244; *OLG Köln*, Beschl. v. 6. 12. 1989 – 2 W 173/89 – ZIP 1990, 58 (inzident); *OLG Hamm*, Beschl. v. 9. 12. 1985 – 15 W 441/85 – ZIP 1986, 724; *Bähner*, Die Prüfung der Schlussrechnung des Konkursverwalters, KTS 1991, 347, 352; *Fürst*, Prüfungs- und Überwachungspflichten, DZWiR 2006, 499, 501; Jaeger-*Gerhardt*, § 66 InsO, Rdnr. 39; Smid-*Smid*, § 66 InsO, Rdnr. 18; *Uhlenbruck*, Die Prüfung der Rechnungslegung des Konkursverwalters, ZIP 1982, 125, 133.

1276 *Heyrath*, Die Prüfung der Schlussrechnung (Teil 1), ZInsO 2005, 1092, 1095.

1277 So die Stellungnahme des AG Hamburg zur Anfrage des BMJ vom 1. 3. 2007.

1278 Anfrage des BMJ vom 1. 3. 2007 an den VID, Verband Insolvenzverwalter Deutschlands e. V., NZI 2007 Heft 7, XII.

1279 Siehe Kap. D.I.2.3.

Auf keinen Fall kann sich das Insolvenzgericht dadurch eines eigenen Urteils über die Ordnungsmäßigkeit der Schlussrechnung und der Verfahrensabwicklung durch den Insolvenzverwalter entziehen.[1280] Denn für den Sachverständigenbeweis nach den §§ 402ff. ZPO, die über die Verweisung in § 4 InsO auf den Sachverständigen gem. § 5 Abs. 1 Satz 2 InsO entsprechend anwendbar sind, ist anerkannt, dass der Tatrichter das Gutachten eines gerichtlich bestellten Sachverständigen sorgfältig und kritisch zu würdigen hat.[1281]

4.5.4.4.2. Anfechtbarkeit der Sachverständigenbestellung

Gegen die Bestellung eines Schlussrechnungsprüfers könnte der Insolvenzverwalter einwenden, dass durch die Auswahl eines „Wettbewerbers" keine objektive und sachgerechte Prüfung zu erwarten ist. Die Insolvenzgläubiger oder der Insolvenzschuldner könnten sich gegen die Belastung der Insolvenzmasse gem. § 54 InsO mit den Kosten des Sachverständigen wenden.

Die sofortige Beschwerde scheidet gem. § 6 Abs. 1 InsO aus, da diese in § 66 Abs. 2 InsO nicht vorgesehen ist. Nach allgemeiner Meinung sind Anordnungen des Insolvenzgerichts im Rahmen der Amtsermittlung und die Ablehnung von Ermittlungen nicht rechtsmittelfähig.[1282] Die Bestellung eines Sachverständigen ist daher unanfechtbar.[1283].

Den Verfahrensbeteiligten könnte jedoch gem. § 4 InsO i.V.m. §§ 406 Abs. 1, 42 ZPO die Befangenheitsrüge gegenüber dem bestellten Schlussrechnungsprüfer eröffnet sein.[1284] Das *OLG Köln* gab einem Konkursverwalter Recht, der sich mit der Befangenheitsrüge gegen die Bestellung eines im gleichen Gerichtsbezirk tätigen „Wettbewerbers" zum Schlussrechnungsprüfer wandte, weil angesichts der Konkurrenzsituation – die objektive Gefahr einer Befangenheit wurde ausdrücklich als ausreichend angesehen – eine objektive Schlussrechnungsprüfung gefährdet sein könnte.[1285] Die Bestellung eines „Wettbewerbers" zum Schlussrechnungsprüfer ist somit generell der Gefahr einer Befangenheitsrüge ausgesetzt, insbesondere angesichts der festzustellenden, den Wettbewerbsdruck erhöhenden Tendenz zum überregional tätig werdenden Insolvenzverwalter. Andererseits lässt die Fachkunde einen Insolvenzverwalter in besonderer Weise zur Prüfung der Schlussrech-

---

1280 *Heyrath*, Die Prüfung der Schlussrechnung (Teil 1), ZInsO 2005, 1092, 1095; *Smid*, Der Kernbereich der Insolvenzverwaltung, DZWiR 2002, 265, 272.
1281 Siehe Kap. D.I.2.3.
1282 Fn. 1049.
1283 So bereits zum Konkursrecht: *OLG Hamm*, Beschl. v. 9. 12. 1985 – 15 W 441/85 – ZIP 1986, 724.
1284 So zum Konkursrecht: *OLG Hamm*, Beschl. v. 9. 12. 1985 – 15 W 441/85 – ZIP 1986, 724, 725; *OLG Köln*, Beschl. v. 6. 12. 1989 – 2 W 173/89 – ZIP 1990, 58, 60.
1285 *OLG Köln*, Beschl. v. 6. 12. 1989 – 2 W 173/89 – ZIP 1990, 58, 60; ebenso: Jaeger-*Gerhardt*, § 66 InsO, Rdnr. 39; a.A. *Bähner*, Die Prüfung der Schlußrechnung des Konkursverwalters, KTS 1991, 347, 352. Das AG Wolfsburg schließt aus diesem Grunde Konkurrenten des Insolvenzverwalters von der Bestellung zum Schlussrechnungsprüfer aus.

nung geeignet erscheinen.[1286] Das Insolvenzgericht sollte daher bereits bei der Auswahl des Sachverständigen einer möglichen Wettbewerbssituation Rechnung tragen und den Insolvenzverwalter vor der Auswahl eines Insolvenzverwalters als Sachverständigen anhören.[1287] Aus der Sicht der Insolvenzgläubiger kann sich die Besorgnis der Befangenheit bei der Bestellung eines insolvenzverwalternahen Wirtschaftsprüfers oder eines Verwalterkollegen aus einer überregionalen Insolvenzverwaltersozietät ergeben.

4.5.4.4.3. Berichtspflicht des Sachverständigen

Fraglich ist, ob und in welchem Umfang der nur mit der formalen Prüfung der Schlussrechnung betraute Sachverständige berechtigt ist, das Insolvenzgericht über anlässlich der Prüfungstätigkeit festgestellte Pflichtverletzungen des Insolvenzverwalters zu informieren.

Uhlenbruck hat dieses – noch zum Konkursrecht – mit dem Argument in Frage gestellt, dass der Schadensersatzanspruch nicht in die Masse falle, sondern den einzelnen Verfahrensbeteiligten zustehe.[1288] Diese dem Zweck der Schlussrechnungsprüfung zuwiderlaufende Auffassung ist durch § 92 Satz 2 InsO obsolet geworden. Diese Vorschrift ermächtigt den (neuen) Insolvenzverwalter, den der Gläubigergesamtheit zustehenden Anspruch auf Ersatz des Gesamtschadens gegen den schädigenden Insolvenzverwalter geltend zu machen.[1289] Es kann somit kein Zweifel darüber bestehen, dass der Schlussrechnungsprüfer eine Redepflicht über festgestellte Anhaltspunkte für Pflichtverletzungen des Insolvenzverwalters hat.

4.5.5. Exkurs: Prüfung der Schlussrechnung durch die Gläubiger

Die Vorschrift des § 66 Abs. 1 InsO begründet einen Rechnungslegungsanspruch der Gläubigerversammlung gegen den Insolvenzverwalter bei Beendigung des Amtes. Dieser besteht, wie § 66 Abs. 2 InsO zeigt, ungeachtet der Bestellung eines Gläubigerausschusses.

4.5.5.1. Prüfung durch den Gläubigerausschuss?

Gem. § 66 Abs. 2 Satz 2 InsO hat das Insolvenzgericht die Schlussrechnung mit den Belegen und seinem Prüfungsvermerk einem bestellten Gläubigerausschuss vorzulegen. Die Frage, ob der Gläubigerausschuss zur Prüfung der Schlussrechnung verpflichtet ist, wird in der Literatur unterschiedlich beantwortet. *Lièvre/Stahl/Ems* ver-

---

1286 Möglicherweise sind angesichts der im Verhältnis zur Verwaltertätigkeit geringen Entlohnung des Sachverständigen nach dem JVEG Zweifel daran angebracht, dass sich wirklich die erfahrenen Insolvenzverwalter zur Schlussrechnungsprüfung bereit finden werden.
1287 Eine Pflicht zur Anhörung des Insolvenzverwalters ist in § 66 Abs. 2 InsO nicht normiert, jedoch folgt aus § 4 InsO i.V.m. § 404 Abs. 3 ZPO, dass eine solche Anhörung im pflichtgemäßen Ermessen des Insolvenzgerichtes liegt.
1288 *Uhlenbruck*, Die Prüfung der Rechnungslegung des Konkursverwalters; ZIP 1982, 125, 134.
1289 MK-*Brandes*, § 92 InsO, Rdnr. 5; Andres/Leithaus-*Leithaus*, § 92 InsO, Rdnr. 3; Uhlenbruck-*Uhlenbruck*, § 92 InsO, Rdnr. 2.

neint dieses unter Berufung auf den Gesetzeswortlaut und die Gesetzesmaterialien.[1290] Demgegenüber leitet *Uhlenbruck* eine Prüfungspflicht des Gläubigerausschusses aus § 69 Satz 1 InsO ab, wonach der Gläubigerausschuss den Insolvenzverwalter in seiner Geschäftsführung nicht nur zu unterstützen, sondern auch zu überwachen hat.[1291] Dieser Auffassung ist zu folgen.[1292] Denn für eine Prüfungspflicht des Gläubigerausschusses spricht die Regelung in § 66 Abs. 2 Satz 2 InsO, dass die Schlussrechnung mit einem Vermerk über die Prüfung (gemeint ist: durch das Insolvenzgericht) und den Bemerkungen des bestellten Gläubigerausschusses zur Einsicht der Beteiligten auszulegen ist. Welchen Erkenntnisgehalt sollen solche Bemerkungen im Lichte der durch § 69 InsO normierten Überwachungspflicht anderes haben, als etwaige Beanstandungen der Schlussrechnung den Gläubigern und dem Insolvenzgericht mitzuteilen. Dieses setzt logisch eine Prüfung der Schlussrechnung voraus. Auch hat der Gesetzgeber erkannt, dass der einzelne Insolvenzgläubiger bei der Prüfung der Schlussrechnung fachkundiger Hilfe bedarf,[1293] die durch das Insolvenzgericht (§ 66 Abs. 2 Satz 1 InsO) und einen bestellten Gläubigerausschuss (§§ 66 Abs. 2 Satz 2, 69 InsO) gewährt werden soll. Dabei kann sich der Gläubigerausschuss ebenfalls – wie aus § 69 Satz 2 InsO („*Bücher und Geschäftspapiere [...] prüfen zu lassen*“) zu folgern ist[1294] – eines Sachverständigen zur Prüfung der Schlussrechnung bedienen.[1295]

4.5.5.2. Prüfung durch die Insolvenzgläubiger

Das Prüfungsrecht aller Insolvenzgläubiger folgt aus § 66 Abs. 2 Satz 2 InsO, wonach der Schlussbericht zur Einsicht aller Beteiligten auszulegen ist.[1296] Mit der Auslegung soll allen Verfahrensbeteiligten die Möglichkeit gegeben werden, sich durch Einsicht in die Schlussrechnungsunterlagen auf die abschließende Gläubigerversammlung im Schlusstermin vorzubereiten.[1297] Denn dieser Termin dient gem. § 197 Abs. 1 Nr. 1 InsO der Erörterung der Schlussrechnung des Insolvenzverwalters.

4.5.6. Exkurs: hat der Schlusstermin Präklusionswirkung in Bezug auf eine Schadensersatzpflicht des Insolvenzverwalters?

Im Zusammenhang mit der Bedeutung der Schlussrechnung des Insolvenzverwalters als Erkenntnisquelle für das Insolvenzgericht stellt sich die Frage, ob das

---

1290 *Lièvre/Stahl/Ems*, Die Anforderungen an die Aufstellung und Prüfung der Schlussrechnung im Insolvenzverfahren, KTS 1999, 1, 16.
1291 Uhlenbruck-*Uhlenbruck*, § 66 InsO, Rdnr. 38; mit gleicher Begründung für das Konkursrecht: *Bähner*, Die Prüfung der Schlußrechnung des Konkursverwalters, KTS 1991, 347, 352.
1292 Ebenso *Fürst*, Prüfungs- und Überwachungspflichten, DZWiR 2006, 499, 501; Jaeger-*Gerhardt*, § 66 InsO, Rdnr. 45; MK-*Nowak*, § 66 InsO, Rdnr. 25.
1293 Begrd.RegE zu § 66 InsO, zit. n. *Balz/Landfermann*, S. 146.
1294 Begrd.RegE zu § 69 InsO, zit. n. *Balz/Landfermann*, S. 151.
1295 *Fürst*, Prüfungs- und Überwachungspflichten, DZWiR 2006, 499, 501; zum Konkursrecht: *Bähner*, Die Prüfung der Schlußrechnung des Konkursverwalters, KTS 1991, 347, 353.
1296 Jaeger-*Gerhardt*, § 66 InsO, Rdnr. 48. Ebenso zu § 86 KO: *Bähner*, Die Prüfung der Schlußrechnung des Konkursverwalters, KTS 1991, 347, 352.
1297 MK-*Nowak*, § 66 InsO, Rdnr. 27.

Ergebnis der Erörterung der Schlussrechnung im Schlusstermin (§ 197 InsO) später festgestellte Schadensersatzansprüche gegen den Insolvenzverwalter präkludiert.

Für das Konkursrecht normierte § 86 Satz 4 KO, dass die Schlussrechnung des Konkursverwalters als anerkannt galt, wenn im Schlusstermin Gläubiger nicht anwesend waren oder von diesen Einwendungen nicht erhoben wurden. Dieses Anerkenntnis zog einen Ausschluss von Haftungsansprüchen gegen den Konkursverwalter nach sich.[1298]

Die insolvenzrechtlichen Vorschriften enthalten keine vergleichbare Regelung. Der Gesetzgeber der InsO hat die Gläubiger als überfordert angesehen, in kurzer Frist die Ordnungsmäßigkeit der Schlussrechnung festzustellen, und hält das Interesse des Insolvenzverwalters an Rechtssicherheit hinsichtlich einer möglichen Schadensersatzpflicht ausreichend durch die Verjährungsregelung in § 62 InsO berücksichtigt.[1299] Dieses Ergebnis ist interessengerecht, da Gegenstand des Schlusstermins nach § 197 Abs. 1 Nr. 1 InsO die „*Erörterung*" der Schlussrechnung ist, nicht aber eine Pflichtwidrigkeitsprüfung. Dieses wird an einem Vergleich mit der Vorschrift des § 46 Nr. 5 GmbHG zur Entlastung des Geschäftsführers deutlich. Die Entlastung im Recht der GmbH hat zur Folge, dass Ersatzansprüche und Kündigungsgründe der Gesellschaft gegen den Geschäftsführer ausgeschlossen sind, die der Gesellschafterversammlung bei sorgfältiger Prüfung aller Vorlagen und Berichte erkennbar sind, oder von denen alle Gesellschafter privat Kenntnis haben.[1300] Die Entlastung setzt aber angesichts ihres Charakters als einseitige körperschaftsrechtliche Vertrauensbekundung einen entsprechenden Gesellschafterbeschluss voraus.[1301] § 197 Abs. 1 InsO sieht eine solche Erklärung der Gläubigerversammlung für den Schlusstermin gerade nicht vor. Das Ergebnis der Erörterung der Schlussrechnung im Schlusstermin präkludiert daher Schadensersatzansprüche gegen den Insolvenzverwalter nicht.

Einwendungen der Verfahrensbeteiligten gegen die Schlussrechnung des Insolvenzverwalters können nicht gegenüber dem Insolvenzgericht geltend gemacht werden, sondern nur im Prozesswege geklärt werden.[1302] Nach § 197 Abs. 1 Satz 2 Nr. 2 InsO ist eine Beteiligung des Insolvenzgerichts nur für Einwendungen gegen das Schlussverzeichnis vorgesehen.

1298 *LG München* I, Beschl. v. 29. 9. 1964 – 13 T 314/64 – KTS 1965, 243, 244; *BGH*, Urt. v. 29. 5. 1979 – VI ZR 104/98 – BGHZ 74, 316, 321, der die Präklusionswirkung auf die Sachverhalte beschränkt, die im Schlussbericht zur Sprache gekommen sind; *Jaeger/Weber*, 6./7. A., § 86 KO, Anm. 6; dagegen: *Werner*, Zur Änderung der Konkursordnung, DJ 1938, 107, 109.

1299 Begrd.RegE zu § 66 InsO, zit. n. *Balz/Landfermann*, S. 146.

1300 *BGH*, Urt. v. 21. 4. 1986 – II ZR 165/85 – NJW 1986, 2250 (die Entlastungswirkung erstrecht sich auch auf im Rahmen der Geschäftsführung begründete Bereichungsansprüche).

1301 Baumbach/Hueck-*Zöllner*, § 46 GmbHG, Rdnr. 41.

1302 Jaeger-*Gerhardt*, § 66 InsO, Rdnr. 53; Münch/Komm-Nowak, § 66 InsO, Rdnr. 34.

5. Externe Rechnungslegung des Insolvenzverwalters

Nach § 155 Abs. 1 InsO[1303] hat der Insolvenzverwalter[1304] die allgemeinen handels- und steuerrechtlichen Rechnungslegungspflichten des Insolvenzschuldners aus §§ 238ff. HGB, §§ 140ff. AO (sogen. externe Rechnungslegung) *„in Bezug auf die Insolvenzmasse"* zu erfüllen.[1305] Deren Zweck ist die Information des interessierten Publikums über das Vermögen des Unternehmens und dessen Entwicklung. Zum Kreis der Interessierten zählen insbesondere der Fiskus, der Informationen zu Steuerbemessungsgrundlagen benötigt, Kreditinstitute als potentielle Kreditgeber, Unternehmen, die an einer Übernahme des insolventen Unternehmens interessiert sind und schließlich die Arbeitnehmer des Unternehmens.[1306] Aber auch der Insolvenzschuldner kommt als Begünstigter der externen Rechnungslegungspflicht des Insolvenzverwalters in Betracht.[1307]

5.1. Handelsrechtliche Rechnungslegung

Handelsrechtliche Rechnungslegungspflichten des Insolvenzverwalters setzen voraus, dass bereits der Insolvenzschuldner gem. §§ 238ff. HGB zur Führung von Handelsbüchern und zur Bilanzaufstellung verpflichtet war. Unter dieser Voraussetzung hat der Insolvenzverwalter[1308] für eine ordnungsgemäße Buchführung für den Zeitraum bis zur Verfahrenseröffnung, einschließlich der Erstellung rückständiger Jahresabschlüsse, Sorge zu tragen.[1309] Weiter hat er die handelsrechtliche Schlussbilanz, mit Gewinn- und Verlustrechnung, Anhang und Lagebericht, zum Zeitpunkt der Verfahrenseröffnung, die die bisherige Rechnungslegung des Insolvenzschuldners abschließt, sowie eine handelsrechtliche Eröffnungsbilanz auf den Zeitpunkt der Verfahrenseröffnung (§ 155 Abs. 1 InsO i.V.m. § 270 Abs. 1 AktG, § 71 Abs. 1 GmbHG) zu erstellen. Für den Zeitraum ab Verfahrenseröffnung hat er

---

1303 Eine vergleichbare Vorschrift gab es im Konkursrecht nicht, vgl. MK-*Füchsl/Weishäupl*, § 155 InsO, Rdnr. 1

1304 Für den Treuhänder der Wohlverhaltensperiode bestehen keine externen Rechnungslegungspflichten, Smid-*Haarmeyer*, § 292 InsO, Rdnr. 3.

1305 *Weisang*, Zur Rechnungslegung nach der neuen Insolvenzordnung, BB 1998, 1149; *Heyrath*, Die Prüfung der Schlussrechnung (Teil 1), ZInsO 2005, 1092, 1093, weist zutreffend auf die damit verbundene Doppelarbeit und die Mehrkosten für die Insolvenzmasse hin. *Uhlenbruck*, Aus- und Abwahl des Insolvenzverwalters, KTS 1989, 229, 231, kritisiert zu Recht die *„vielfach hypertrophen und wirtschaftlich teilweise unsinnigen bürokratischen Erschwernisse der heutigen Abwicklung von Insolvenzverfahren"*. Nach *BVerwG*, Urt. v. 13. 4. 2005 – 6 C 4/04 – NZI 2005, 510ff., besteht keine Verpflichtung des Insolvenzverwalters einer börsennotierten AG zu Pflichtmitteilungen nach § 25 Abs. 1 WpHG.

1306 Jaeger-*Gerhardt*, § 66 InsO, Rdnr. 3; *Pink*, Rechnungslegungspflichten in der Insolvenz der Kapitalgesellschaft, ZIP 1997, 177, 178

1307 *BGH*, Urt. v. 29. 5. 1979 – VI ZR 104/78 – BGHZ 74, 316ff. = ZIP 1980, 25, 26, zur Haftung des Konkursverwalters gem. § 82 KO gegenüber dem Gemeinschuldner im Fall der Nichterfüllung der steuerlichen Erklärungspflichten. Dagegen: *Kilger*, Anmerkung zu BGH, Urt. v. 29. 5. 1979 – VI ZR 104/78, ZIP 1980, 26, 27.

1308 MK-*Füchsl/Weishäupl*, § 155 InsO, Rdnr. 4ff.; HK-*Irschlinger*, § 155 InsO, Rdnr. 3ff.; *Pink*, Rechnungslegungspflichten in der Insolvenz der Kapitalgesellschaft, ZIP 1997, 177, 180.

1309 *LG Frankfurt*, Beschl. v. 4. 9. 2006 – 32 T 12/05 – NZI 2007, 294, 295, zugleich diese Verpflichtung auch auf die Offenlegungspflichten gem. §§ 324a ff. HGB ausdehnend.

eine ordnungsgemäße Buchführung, eine Zwischenrechnungslegung, mit Gewinn- und Verlustrechnung, Anhang und Lagebericht, zum Ende eines jeden mit der Verfahrenseröffnung beginnenden (§ 155 Abs. 2 Satz 1 InsO) Geschäftsjahrs zu erstellen. Zu den handelsrechtlichen Rechnungslegungspflichten des Insolvenzverwalters zählen auch die Offenlegung von Jahres- und Konzernabschlüssen sowie anderen offenlegungspflichtigen Unterlagen nach dem EHUG.[1310]

Die handelsrechtliche Rechnungslegungspflicht des Insolvenzverwalters endet mit dem Verfahrensabschluss.

In der Insolvenzpraxis bedeutet die Nachholung des handelsrechtlichen Rechenwerks regelmäßig die Schaffung von Zahlenfriedhöfen, deren einzige Wirkung die Kostenbelastung der Insolvenzmasse ist. Es wird daher zu Recht diskutiert, die handelsrechtlichen Rechnungslegungspflichten des Insolvenzverwalters im Hinblick auf die verfügbare Masseliquidität und den Erkenntniswert im Insolvenzverfahren einzuschränken.[1311] Rechtliche Anknüpfungspunkte hierfür bieten der Wortlaut des § 155 Abs. 1 Satz 2 InsO – *„in Bezug auf die Insolvenzmasse"* – sowie das Primat des Insolvenzrechts.[1312]

5.2. Steuerrechtliche Rechnungslegung

Auf den Insolvenzverwalter geht gem. § 80 Abs. 1 InsO mit der Verfahrenseröffnung die Verwaltungs- und Verfügungsbefugnis über das Vermögen des Insolvenzschuldners über, so dass jener als Vermögensverwalter gem. § 34 Abs. 3 AO i.V.m. § 155 Abs. 1 InsO die steuerlichen Buchführungs- und Erklärungspflichten des Insolvenzschuldners (§§ 140ff. AO) – auch für den Zeitraum vor Verfahrenseröffnung[1313] – zu erfüllen hat. In der Insolvenzpraxis sieht sich der Insolvenzverwalter häufig Anforderungen der Finanzbehörden ausgesetzt, deren Rechtmäßigkeit im Allgemeinen oder Sinnhaftigkeit im konkreten Fall angesichts nicht ausreichender Masseliquidität nicht erkennbar ist. Auch hier stellt sich – wie bei der handelsrechtlichen Rechnungslegung – die Frage, ob der Insolvenzverwalter die Erfüllung der Steuererklärungspflicht zurückstellen darf, wenn und solange die liquide Insolvenzmasse nicht ausreicht, die Kosten notwendiger Buchhaltungs- und Steuererklärungsarbeiten zu bestreiten.[1314]

1310 *Maus*, Offenlegungspflichten des Insolvenzverwalters nach dem „Gesetz über elektronische Handelsregister und Genossenschaftsregister sowie das Unternehmensregister" (EHUG), ZInsO 2008, 5, 9; *Pink/Fluhme*, Handelsrechtliche Offenlegungspflichten des Insolvenzverwalters und Sanktionsmaßnahmen bei deren Verletzung, ZInsO 2008, 817ff.

1311 *Smid*, Praxishandbuch Insolvenzrecht, § 9 Rdnr. 77f.; ablehnend: *LG Frankfurt*, Beschl. v. 4.9.2006 – 32 T 12/05 – NZI 2007, 294, 295.

1312 *Maus*, Offenlegungspflichten des Insolvenzverwalters nach dem „Gesetz über elektronische Handelsregister und Genossenschaftsregister sowie das Unternehmensregister" (EHUG), ZInsO 2008, 5, 7; *Smid*, Praxishandbuch Insolvenzrecht, § 9 Rdnr. 77.

1313 Vgl. MK-*Füchsl/Weishäupl*, § 155 InsO, Rdnr. 25ff.; *Pink*, Rechnungslegungspflichten in der Insolvenz der Kapitalgesellschaft, ZIP 1997, 177, 181

1314 Vgl. hierzu: *AG Hamburg*, Beschl. v. 2.2.2000 – 67c IN 157/99 – NZI 2000, 140, 141; *Pink*, Rechnungslegungspflichten in der Insolvenz der Kapitalgesellschaft, ZIP 1997, 177, 182ff.

5.3. Adressat der externen Rechnungslegungspflicht

Die externen Rechnungslegungspflichten treffen zunächst den Insolvenzverwalter und den Treuhänder im vereinfachten Insolvenzverfahren. Die Vorschrift des § 155 InsO ist jedoch nach einhelliger Auffassung nicht auf den vorläufigen Insolvenzverwalter anzuwenden.[1315] Lediglich der „starke" vorläufige Insolvenzverwalter ist aufgrund des Übergangs der Verwaltungs- und Verfügungsbefugnis (§ 22 Abs. 1 Satz 1 InsO) Vermögensverwalter i. S. d. § 34 Abs. 3 AO und hat deshalb die Buchführungspflichten des Insolvenzschuldners zu erfüllen. Der Sachwalter unterliegt keiner externen Rechnungslegungspflicht (§ 281 Abs. 3 Satz 1 InsO).[1316] Dieses gilt ebenso für den Treuhänder in der Wohlverhaltensperiode, da dieser keine Verwaltungs- und Verfügungsbefugnis über das Schuldnervermögen hat.

5.4. Verwertbarkeit für die insolvenzgerichtliche Aufsicht

Die handelsrechtliche Rechnungslegung des Insolvenzschuldners hat für die Aufsicht des Insolvenzgerichts nur dann einen Erkenntniswert, wenn diese bis zur Verfahrenseröffnung vorliegt oder zeitnah nach Verfahrenseröffnung vom Insolvenzverwalter nachgeholt worden ist. In vielen Fällen bestehen bei Insolvenzantragstellung bereits erhebliche Rückstände bei der Buchführung und Bilanzierung, die nach Verfahrenseröffnung angesichts nicht ausreichender Masseliquidität vom Insolvenzverwalter nicht aufgeholt werden können,[1317] so dass die handelsrechtliche Rechnungslegung nur einen eingeschränkten Erkenntniswert aufweist. Mit diesen Einschränkungen ermöglicht das handelsrechtliche Rechenwerk, insbesondere die auf den Zeitpunkt der Verfahrenseröffnung zu erstellende Abschlussbilanz, dem Insolvenzgericht eine Plausibilitätskontrolle dahingehend, ob die in der handelsrechtlichen Buchhaltung erfassten aktivischen Vermögenswerte in der internen Rechnungslegung des Insolvenzverwalters, insbesondere in dem Verzeichnis der Massegegenstände gem. § 151 InsO, vollständig Aufnahme gefunden haben. Gegenständliche Abweichungen oder Differenzen zwischen den Buchwerten und den prognostischen Wertansätzen können für das Insolvenzgericht Anlass sein, vom Insolvenzverwalter ergänzende Erläuterungen einzuholen (§ 58 Abs. 1 Satz 2 InsO).[1318]

1315 MK-*Haarmeyer*, § 22 InsO, Rdnr. 202; MK-*Füchsl/Weishäupl*, § 155 InsO, Rdnr. 3; *Uhlenbruck*, Die Rechnungslegungspflicht des vorläufigen Insolvenzverwalters, NZI 1999, 289, 291.
1316 MK-*Wittig*, § 281 InsO, Rdnr. 27.
1317 *Dreyer/Dreyer*, Bestandteile der Schlussrechnung des Insolvenzverwalters und ihre Prüfung, KSI 2006, 144, 147; das *AG Hamburg*, Beschl. v. 2. 2. 2000 – 67c IN 157/99 – NZI 2000, 140, 141, hat für die Steuererklärungspflichten des Insolvenzverwalters festgestellt, dass der Insolvenzverwalter wegen § 61 InsO keine Masseverbindlichkeiten begründen darf, die er nicht aus der liquiden Insolvenzmasse bestreiten kann, und dass das Finanzamt mit seiner Forderung nach erstellten Steuererklärungen nicht einmal in den Bereich der drohenden Masseunzulänglichkeit bringen darf.
1318 Ein Rückgriff auf Schlussbilanz und das Anlagenverzeichnis könnte offenbaren, dass ein ungetreuer Insolvenzverwalter Massegegenstände außerhalb des Insolvenzverfahrens für sich verwertet und es tunlichst unterlassen hat, diese in das Verzeichnis gem. § 151 InsO aufzunehmen. Gewissheit kann diese Plausibilitätskontrolle jedoch nicht verschaffen, wenn die unterschlagenen

Der Erkenntniswert der steuerlichen Rechnungslegung für die Aufsicht des Insolvenzgerichts ist auf die Feststellung der Erfüllung der steuerlichen Erklärungspflichten des Insolvenzschuldners durch den Insolvenzverwalter und die Grundlagen der Anmeldung von Steuerforderungen zur Tabelle durch die Finanzbehörden[1319] beschränkt.

6. Die Organe der Gläubigergesamtheit

Eine wichtige Informationsquelle des Insolvenzgerichts im Hinblick auf die Geschäftstätigkeit des Insolvenzverwalters sind die verfahrensbeteiligten Gläubiger, einzelnd oder in ihrer insolvenzrechtlichen Verfasstheit. So wenden sich in der Insolvenzpraxis immer wieder einzelne Insolvenzgläubiger mit Eingaben und Beschwerden über den Insolvenzverwalter an das Insolvenzgericht.

6.1. Gläubigerversammlung

Dient die Gläubigerversammlung vorrangig als Institution der Interessenwahrung innerhalb der insolvenzrechtlichen Selbstverwaltung (Gläubigerautonomie), in der das Insolvenzgericht nur eine begleitende und regulierende Funktion (formelle Leitungsfunktion) hat[1320], bietet diese zugleich dem Insolvenzgericht Gelegenheit zur Information über den Stand und den Verlauf des Insolvenzverfahrens. Der Berichtstermin gem. § 156 InsO[1321] ist als Erkenntnisquelle für die insolvenzgerichtliche Aufsicht von besonderem Gewicht, da in dieser ersten (regulären) Gläubigerversammlung nach der Verfahrenseröffnung nicht nur der Insolvenzverwalter umfassend über die wirtschaftliche Lage des Insolvenzschuldners und die Verfahrensaussichten zu berichten hat, sondern die Insolvenzgläubiger auch die Verfahrensziele definieren können. Den in § 156 Abs. 2 InsO genannten Personen und Interessenvertretern ist die Möglichkeit zur Stellungnahme eingeräumt, um die Entscheidungsbasis der Gläubiger über den Bericht des Insolvenzverwalters hinaus zu erweitern.[1322] Darüber hinaus ist die Gläubigerversammlung nach § 79

---

bzw. veruntreuten Massegegenstände bereits bei Erstellung der handelsrechtlichen Schlussbilanz „ausgebucht“ wurden.

1319 Beruht die Forderungsanmeldung auf Schätzung, weil der Zeitraum vor Verfahrenseröffnung mangels Abgabe der Steuererklärungen steuerlich nicht veranlagt wurde, kann die Feststellung sachlich nicht begründeter Steuerforderungen zur Tabelle zu einer Quotenminderung für die übrigen Insolvenzgläubiger führen. In der Praxis wird zwischen den aus der Insolvenzmasse zu bestreitenden Kosten der Aufbereitung der Buchhaltung und der Erstellung der Steuererklärungen einerseits und der Höhe der voraussichtlichen Verteilungsmasse abzuwägen sein. Diese Kosten stehen gerade bei geringen Verteilungsmassen in keinem angemessenen Verhältnis zu dem Risiko der Quotenminderung durch die Feststellung einer sachlich überhöhten Steuerforderung zur Tabelle.

1320 MK-*Ehricke*, § 74 InsO, Rdnr. 2, die formelle Leitungsfunktion ist von der materiellen, durch § 78 Abs. 1 InsO begründeten Leitungsfunktion zu unterscheiden.

1321 Siehe Kap. E.II.4.4.2.

1322 Begrd.RegE zu § 156 InsO, zit. n. *Balz/Landfermann*, S. 265.

Satz 1 InsO berechtigt, vom Insolvenzverwalter auch einzelne Auskünfte zu verlangen.[1323]

Im Berichtstermin hat das Insolvenzgericht Gelegenheit, sich umfassend über Stand und Verlauf des Insolvenzverfahrens zu informieren und den Insolvenzverwalter zu seinen Verwalterbericht ergänzenden Auskünften aufzufordern. Die Stellungnahmen der Verfahrensbeteiligten gem. § 156 Abs. 2 InsO können Aufschluss über die Art und Weise der bisherigen Verfahrensabwicklung durch den Insolvenzverwalter geben. Schließlich bestimmt die von der Gläubigerversammlung gem. § 157 InsO zum Verfahrensziel getroffene Entscheidung zukünftig das Maß der insolvenzgerichtlichen Aufsicht. Denn pflichtgemäße Aufsicht erfordert etwas anderes, wenn das Schuldnerunternehmen ganz oder teilweise fortgeführt werden soll, als wenn sich an den Berichtstermin ein reines Liquidationsverfahren anschließt.

6.2. Gläubigerausschuss

Der Gläubigerausschuss hat gem. § 69 InsO eine weitreichende Überwachungsfunktion gegenüber dem Insolvenzverwalter. Folglich kann dieser dem Insolvenzgericht im Rahmen der Aufsicht über den Insolvenzverwalter als Erkenntnisquelle dienen. Hier ist zu differenzieren zwischen der Pflicht des Gläubigerausschusses, das Insolvenzgericht über Fehlverhalten des Insolvenzverwalters zu informieren, und dem Recht des Insolvenzgerichts, Auskünfte über die Geschäftstätigkeit des Insolvenzverwalters vom Gläubigerausschuss zu verlangen.

6.2.1. Informationspflicht gegenüber dem Insolvenzgericht

Fraglich ist, ob die Mitglieder des Gläubigerausschusses zur Weitergabe von aufsichtsrelevanten Informationen über den Insolvenzverwalter an das Insolvenzgericht verpflichtet sind. Kehrseite der Unterstützungspflicht und der Informationsrechte der Ausschussmitglieder ist die Verschwiegenheitspflicht hinsichtlich aller im Rahmen ihrer Tätigkeit erlangten Informationen.[1324] Diese Informationen dürfen nur zur Verfolgung der Verfahrensziele und zum Wohl aller Gläubiger verwandt werden.[1325] Die Verschwiegenheitspflicht der Gläubigerausschussmitglieder besteht nicht gegenüber den beteiligten Gläubigern, da der Gläubigerausschuss als

---

1323 Außerhalb der Gläubigerversammlung besteht dieses Auskunftsrecht nur in den gesetzlich, z.B. in 167 InsO vorgesehenen Fällen (vgl. MK-*Görg*, § 156 InsO, Rdnr. 26ff.).

1324 *Eicke*, Informationspflichten der Mitglieder des Gläubigerausschusses, ZInsO 2006, 798, 799; Kübler/Prütting-*Kübler*, § 69 InsO, Rdnr. 20; MK-*Schmid-Burgk*, § 69 InsO, Rdnr. 7; Uhlenbruck-*Uhlenbruck*, § 69 InsO, Rdnr. 19; einschränkend für das Recht eines Arbeitnehmers als Ausschussmitglied seinen Arbeitgeber zu informieren: *BGH*, Urt. v. 22. 4. 1981 – VIII ZR 34/80 – ZIP 1981, 1001, 1002; hiergegen zu Recht: Kübler/Prütting-*Kübler*, § 69 InsO, Rdnr. 20; *Uhlenbruck*, ZIP 2002, 1373, 1378, auch mit dem Hinweis auf die Möglichkeit einer Strafbarkeit der Informationsweitergabe nach §§ 203, 204 StGB. Zur Strafbewehrtheit der Verschwiegenheitspflicht vgl. auch: *Eicke*, Informationspflichten der Mitglieder des Gläubigerausschusses, ZInsO 2006, 798, 802f.

1325 *Eicke*, Informationspflichten der Mitglieder des Gläubigerausschusses, ZInsO 2006, 798, 799.

Exekutivorgan der Gläubigerversammlung deren Einfluss auf den Insolvenzverwalter und die Verfahrensabwicklung sicherstellen. Hierzu ist der Gläubigerausschuss durch § 69 InsO mit umfassenden Informationsrechten ausgestattet worden, die nicht Selbstzweck sind, sondern den Gläubigerausschuss zur Information der Gläubigerversammlung über das Insolvenzverfahren und die Geschäftsabwicklung durch den Insolvenzverwalter ermächtigen, deren Einberufung der Gläubigerausschuss gem. § 75 Abs. 1 Nr. 2 InsO beantragen kann.

Der Gläubigerausschuss ist aber auch zur Weitergabe von Informationen über die Tätigkeit des Insolvenzverwalters an das Insolvenzgericht ermächtigt,[1326] da diese bereits Gegenstand der Aufsichtspflicht des Insolvenzgerichts (§ 58 Abs. 1 InsO) sind. Weiter umfasst das gem. § 59 Abs. 1 Satz 2 InsO begründete Recht des Gläubigerausschusses, die Entlassung des Insolvenzverwalters aus wichtigem Grund zu beantragen, selbstverständlich auch das Recht zur Information des Insolvenzgerichts über den Anlass des Entlassungsantrages. Aus der Überwachungsfunktion des Gläubigerausschusses (§ 69 InsO) folgt eine Informationspflicht über Fehlverhalten, insbesondere Veruntreuungen, des Insolvenzverwalters, weil die Überwachung ohne eine Handlungspflicht keinen Sinn ergibt.[1327] Diese Informationspflicht besteht nicht nur gegenüber den übrigen Ausschussmitgliedern[1328] oder der Gläubigerversammlung[1329] sondern auch gegenüber dem Insolvenzgericht als Aufsichtsorgan gem. § 58 Abs. 1 InsO[1330].

6.2.2. Kein Auskunftsanspruch des Insolvenzgerichts

Für die Aufsicht des Insolvenzgerichts gem. § 58 InsO ist eine Informationsweitergabeverpflichtung als Erkenntnisquelle nur dann hilfreich, wenn diese vom Gläubigerausschuss auch erfüllt wird. Es stellt sich daher die Frage, ob das Insolvenzgericht gegenüber dem Gläubigerausschuss einen durchsetzbaren Auskunftsanspruch hat. Ein solcher ist gesetzlich nicht normiert worden, ließe sich jedoch möglicherweise aus einem Aufsichtsrecht des Insolvenzgerichts ableiten.

Umstritten ist, ob der Gläubigerausschuss der Aufsicht des Insolvenzgerichts untersteht.[1331] Der Gesetzgeber hat – anders als in § 58 Abs. 1 InsO für den Insolvenz-

---

1326 Uhlenbruck-*Uhlenbruck*, § 69 InsO, Rdnr. 4, dieses nur als Informationsrecht, nicht als Informationspflicht formulierend.
1327 N/R-*Delhaes*, § 69 InsO, Rdnr. 28; *Eicke*, Informationspflichten der Mitglieder des Gläubigerausschusses, ZInsO 2006, 798, 799 u. 800.
1328 N/R-*Delhaes*, § 69 InsO, Rdnr. 28; *Eicke*, Informationspflichten der Mitglieder des Gläubigerausschusses, ZInsO 2006, 798, 801.
1329 N/R-*Delhaes*, § 69 InsO, Rdnr. 28, bei schwerwiegenden Verstößen; *Eicke*, ZIP 2006, 798, 801, mit der Einschränkung, dass hierdurch nicht die Verfahrensabwicklung und das Erreichen des Verfahrensziels gefährdet wird, denn die Gläubigerversammlung unterliegt keiner Verschwiegenheitspflicht.
1330 N/R-*Delhaes*, § 69 InsO, Rdnr. 28.
1331 Befürwortend: MK-*Schmid-Burgk*, § 69 InsO, Rdnr. 12; Kübler/Prütting-*Kübler*, § 69 InsO, Rdnr. 9; *Smid*, Praxishandbuch Insolvenzrecht, § 13 Rdnr. 46. Ablehnend: HK-*Eickmann*, § 72 InsO, Rdnr. 6 (nur Rechtsaufsicht). Ein Recht zur Aufhebung von Beschlüssen des Gläubigerausschusses

verwalter – ein Aufsichtsrecht des Insolvenzgerichts gegenüber dem Gläubigerausschuss nicht normiert. Gegen ein solches Aufsichtsrecht könnte die Funktion des Gläubigerausschusses als ein gegenüber dem Insolvenzgericht autonomes und nicht weisungsgebundenes Organ, in dem sich der Grundsatz der Gläubigerautonomie manifestiert, sprechen.[1332] Dagegen wird eine Teilnahme des Insolvenzgerichts als Gast, d.h. ohne Leitungsfunktion, an Sitzungen des Gläubigerausschusses für zulässig erachtet.[1333] Durch eine solche Teilnahme kann sich das Insolvenzgericht einerseits über den Stand und Verlauf des Insolvenzverfahrens und die Geschäftsführung durch den Insolvenzverwalter informieren, andererseits auch den Gläubigerausschuss für – aus Sicht des Insolvenzgerichts – aufsichtsrelevante Umstände sensibilisieren. Teilweise wird auch das Recht des Insolvenzgerichts anerkannt, die Ausschussprotokolle zur Gerichtsakte einzufordern.[1334]

Als Ergebnis bleibt festzuhalten, dass ein Aufsichtsrecht des Insolvenzgerichts gegenüber dem Gläubigerausschuss nicht besteht. Das Insolvenzgericht ist deshalb darauf angewiesen, dass der Gläubigerausschuss seiner Informationsweitergabepflicht nachkommt. Gerade bei größeren Unternehmensinsolvenzen[1335] kann sich das Insolvenzgericht durch seine Teilnahme an den Gläubigerausschusssitzungen eine Erkenntnisquelle für die Wahrnehmung seiner Aufsicht gem. § 58 Abs. 1 InsO erschließen. Kommt das Insolvenzgericht zu der Erkenntnis, dass der Gläubigerausschuss seine Aufgaben nicht erfüllt, kann es diesen nach § 70 InsO von Amts wegen entlassen und gem. § 74 Abs. 1 Satz 1 InsO eine Gläubigerversammlung zum Zwecke der Wahl eines anderen Gläubigerausschusses einberufen.

III. Ergebnis

Eine wirksame Aufsicht des Insolvenzgerichts über den Insolvenzverwalter erfordert, dass das Insolvenzgericht Kenntnis von einem aufsichtsrelevanten Sachverhalt, der in den Verhältnissen des Insolvenzverwalters und in den Umständen seiner Geschäftstätigkeit liegt, erhält. Die insolvenzgerichtliche Aufsicht ist daher nichts anderes als ein Erkenntnisprozess zur Prüfung der Notwendigkeit aufsichtsrechtlicher Maßnahmen. Während für eine Erfassung der aufsichtsrelevanten Daten eine ausreichende sachliche Ausstattung des Insolvenzgerichts erforderlich ist, bedarf deren Auswertung und Umsetzung in Aufsichtsmaßnahmen eine ausreichende fachliche Qualifikation der Organe des Insolvenzgerichts.

---

analog § 78 InsO wird abgelehnt: MK-*Schmid-Burgk*, § 69 InsO, Rdnr. 12; Uhlenbruck-*Uhlenbruck*, § 69 InsO, Rdnr. 3.

1332 MK-*Schmid-Burgk*, § 69 InsO, Rdnr. 12.

1333 MK-*Schmid-Burgk*, § 69 InsO, Rdnr. 12; Kübler/Prütting-*Kübler*, § 69 InsO, Rdnr. 9; Uhlenbruck-*Uhlenbruck*, § 69 InsO, Rdnr. 3. Nach Smid-*Smid*, § 70 InsO, Rdnr. 8, kann der Insolvenzrichter oder Insolvenzrechtspfleger die Teilnahme an der Ausschusssitzung verlangen.

1334 Uhlenbruck-*Uhlenbruck*, § 69 InsO, Rdnr. 3.

1335 Uhlenbruck-*Uhlenbruck*, § 69 InsO, Rdnr. 3.

Das Insolvenzgericht verfügt über vielfältige Instrumente, die ihm eine umfassende Information über Person und Geschäftstätigkeit des Insolvenzverwalters in einem konkreten Insolvenzverfahren ermöglichen. Aber auch bei Ausschöpfung der bestehenden Erkenntnisquellen muss das Insolvenzgericht der Begrenztheit der Erkenntnisgewinnung Rechnung tragen. So ist der Insolvenzrichter bei der Beurteilung der fachlichen Geeignetheit im Rahmen des § 56 Abs. 1 InsO hinsichtlich der persönlichen Verhältnisse des Insolvenzverwalters, wie z.B. der beruflichen Qualifikation oder den wirtschaftlichen Verhältnissen, auf dessen wahrheitsgemäßen Angaben angewiesen. Zeigt der Insolvenzverwalter pflichtwidrig die Möglichkeit einer Interessenkollision nicht an, kann das Insolvenzgericht diesen Umstand im Rahmen seiner Aufsicht nicht berücksichtigen, wenn es nicht auf andere Weise Kenntnis erlangt. Der Amtsermittlungsgrundsatz des § 5 InsO findet hier seine Grenze an den objektiven Erkenntnismöglichkeiten des Insolvenzgerichts. Jede Aufsicht ist auf Informationen angewiesen, um ausgeübt zu werden.

Diese Umstände sind bedeutsam sowohl für die Bestimmung des Umfanges der Aufsichtspflicht und der Rechtsfolgen einer Aufsichtspflichtverletzung als auch für die Frage, ob eine verbleibende „Aufsichtslücke“, in der das Insolvenzgericht auf sein Vertrauen in die Person des Insolvenzverwalters angewiesen ist, durch den Gesetzgeber geschlossen werden kann.

F. Die Aufsichtsmaßnahme als Aufsichtsvollzug

Erkenntnis bezeichnet den Prozess und das Ergebnis des Erkennens. Dieses Vermögen kann jedoch für sich noch keine pflichtgemäße Ausübung der Aufsicht sicherstellen, es bedarf darüber hinaus auch eines Instrumentariums zur Umsetzung der sich aus der gewonnenen Erkenntnis ergebenden Schlussfolgerungen. Dieses muss dem Insolvenzgericht bei einer Pflichtwidrigkeit eine den Erfordernissen des Einzelfalles und dem verfassungsrechtlichen Verhältnismäßigkeitsgrundsatz gerecht werdende, aufsichtsrechtliche Sanktionierung des Insolvenzverwalters ermöglichen. Es liegt dabei im pflichtgemäßen Ermessen des Insolvenzgerichts, ob und mit welchen Maßnahmen es im Rahmen seiner Aufsicht tätig wird. Dieses Ermessen kann im Einzelfall reduziert sein, wenn sich die Verdachtsmomente für Pflichtverletzungen des Insolvenzverwalters verdichtet haben.[1336]

Nach der Diskussion der für das Insolvenzverfahren so bedeutsamen Auswahl des Insolvenzverwalters werden die in Betracht zu ziehenden Aufsichtsmaßnahmen dargestellt. Die gewählte Reihenfolge orientiert sich an der zunehmenden Eingriffsintensität der einzelnen Maßnahmen und soll dem Insolvenzgericht eine Orientierungshilfe für die im Einzelfall verhältnismäßige, d.h. nur in dem zur Zweckerreichung geeigneten und erforderlichen Umfang in die, insbesondere durch Art. 12 Abs. 1 GG geschützte Rechtsposition des Insolvenzverwalters eingreifende Aufsichtsmaßnahme geben.

I. Die Auswahl des Insolvenzverwalters

Der Erfolg des Insolvenzverfahrens für die Insolvenzgläubiger und die Erreichung der Insolvenzzwecke hängt maßgebend vom Geschick und den Fähigkeiten des Insolvenzverwalters ab.[1337] Zutreffend bezeichnet *Jaeger* die Auswahl des Insolvenzverwalters als „die Schicksalsfrage des Konkurses".[1338] Der Gesetzgeber hat dieser Bedeutung Rechnung getragen und die Bestellung des Insolvenzverwalters gem. § 18 Abs. 1 Nr. 1 RPflG in die Verantwortung des Insolvenzrichters gelegt.[1339] Die-

1336 Siehe Kap. C.III.2.2.
1337 MK-*Graeber*, § 56 InsO, Rdnr. 1; ebenso: Allgemeine Verfügung des Preußischen Justizministers vom 25. 6. 1931, JMBl., S. 223, wörtlich: *„Größte Sorgfalt ist daher auf seine Auswahl zu verwenden, wobei der Gesichtspunkt sachlicher Eignung ausschlaggebend sein muss."*
1338 *Jaeger* (6./7. Aufl.) § 78 KO, Anm. 7; ebenso auch: *Schneider*, Konkursrichter und Konkurs, KuT 1931, 98, 99; *Uhlenbruck*, Aus- und Abwahl des Insolvenzverwalters, KTS 1989, 229f.; *ders.*, Hohe Qualitätsanforderungen an Insolvenzverwalter, KSI 2007, 268.
1339 Die funktionale Zuständigkeit für die Bestellung und Auswahl des Insolvenzverwalters war eines der umstrittenen Themen im Rahmen des Reformprozesses (Uhlenbruck-*Uhlenbruck*, § 57 InsO, Rdnr. 1 f.).

ser hat nach § 56 Abs. 1 InsO eine im Einzelfall geeignete, insbesondere geschäftskundige und von den Gläubigern und dem Schuldner unabhängige natürliche Person zum Insolvenzverwalter zu bestellen.[1340] Mit der Normierung von Eignungskriterien ist der Gesetzgeber der InsO über den Regelungsgehalt des § 78 KO hinausgegangen.[1341] Dabei ist die Auswahlentscheidung unter zeitlichem Druck und, je nach Größe und Bedeutung des Insolvenzunternehmens, auch unter Beobachtung der interessierten Öffentlichkeit zu treffen, weshalb *Uhlenbruck* von der „Qual" der Auswahl spricht.[1342]

Die Auswahl des Insolvenzverwalters kann deswegen im Rahmen dieser Untersuchung nicht außer Acht gelassen werden, weil das Insolvenzgericht mit der Bestellung des Insolvenzverwalters dessen Geeignetheit i. S. d. § 56 Abs. 1 InsO zur Abwicklung des konkreten Insolvenzverfahrens festlegt und dadurch das Maß der im eröffneten Insolvenzverfahren vom Rechtspfleger auszuübenden Aufsicht bestimmt, folglich auch eine antizipierende Maßnahme der Aufsicht des Insolvenzgerichts (§ 58 InsO) anordnet.[1343]

1. Das (Vor-)Auswahlverfahren in der Rechtsprechung des BVerfG

Die Diskussion um die Auswahl des Konkursverwalters konzentrierte sich in ihren Ursprüngen auf die Frage nach der Bevorzugung einzelner Berufsgruppen.[1344] Seit Mitte der 80-er Jahre setzte eine Entwicklung zur vollprofessionellen Insolvenzverwaltung ein, die einen Wettbewerb um die massereichsten und prestigeträchtigsten Konkurs- bzw. Insolvenzverfahren eröffnete. Deshalb gerieten die Öffnung des Verwaltermonopols (closed shop) und der Marktzugang in den Mittelpunkt des Interesses der Diskutanten. Der seit den 90-er Jahren zu verzeichnende stetige Anstieg der Bewerber um das Insolvenzverwalteramt trifft auf einen seit 2004 festzustellenden Rückgang der eröffneten, insbesondere massereichen und für den Insolvenzverwalter lukrativen Unternehmensinsolvenzverfahren.[1345] Die Auswahl des Insolvenzverwalters ist deshalb zunehmend auch von existentieller Bedeutung für die Prätendenten um das Insolvenzverwalteramt geworden. Es kann daher nicht überraschen, dass die Vorschrift des § 56 Abs. 1 InsO in den letzten Jahren

---

1340 Diese Anforderungen gelten nicht für den Treuhänder in der Wohlverhaltensperiode, § 292 Abs. 3 Satz 2 InsO; HK-*Landfermann*, § 291 InsO, Rdnr. 3; siehe Kap. C.III.3.3. Einen rechtsvergleichenden Überblick hat *Busch*, Die Bestellung des Insolvenzverwalters nach dem „Detmolder Modell", DZWiR 2004, 353, 355 ff., gegeben.

1341 Im Gegensatz dazu enthielt § 38 VerglO eine dem § 56 Abs. 1 InsO vergleichbare Regelung der Auswahlkriterien.

1342 *Uhlenbruck*, Das Bild des Insolvenzverwalters, KTS 1998, 1, 2.

1343 Siehe Kap. D.III.1.1.

1344 *Hahn/Mugdan*, Materialien zur Konkursordnung, S. 279; *Baade*, Zur Auswahl der Konkurs- und Vergleichsverwalter, KTS 1959, 40. Das *RG*, Urt. v. 23. 12. 1932 – III.143/32 – KuT 1933, 40, 41, warf die Frage auf, ob zu Vermeidung von Amtspflichtverletzungen es Sache der Justizverwaltung ist, in Großstädten mit größeren Gerichten und häufig wechselnden Richtern einen Kreis von ohne Bedenken zu bestellenden Zwangs- oder Konkursverwaltern zu bestimmen.

1345 Fn. 4, 5.

große Bedeutung in der Literatur und Judikatur[1346] erlangt und zu einer Diskussion geführt hat[1347], die *Smid* angesichts rechtsdogmatisch zweifelhafter Äußerungen und Begehrlichkeiten in einem enger werdenden Markt zutreffend als *„hochgradig verwirrt"* bezeichnet hat.[1348] *Pape* befürchtet zu Recht, dass das eigentliche Verfahren auf der Strecke bleibt, wenn vornehmlich um die Ausgestaltung des (Vor-)Auswahlverfahrens gestritten wird.[1349]

Einer näheren Befassung mit den zur Verwalterauswahl vertretenen Auffassungen bedarf es zur Bestimmung des Inhalts der insolvenzgerichtlichen Aufsicht nicht mehr, nachdem der Gesetzgeber insoweit einen Regelungsbedarf verneint[1350] und das *BVerfG* in zwei, die Insolvenzgerichte bindenden[1351] Grundsatzentscheidungen die Auswahl des Insolvenzverwalters nach § 56 Abs. 1 InsO als ein zweistufiges Auswahlverfahren[1352] geregelt hat[1353].

1.1. Die Judikatur des BVerfG

Das *BVerfG* hat in der ersten Grundsatzentscheidung vom 3. 8. 2004 festgestellt, dass die Entscheidung des Insolvenzrichters über die Aufnahme eines Prätendenten in die „Vorauswahlliste", d.h. den ohne Verbindung zu einem konkreten Insolvenzverfahren festgelegten Kreis der nach § 56 Abs. 1 InsO für ein Insolvenzverwalteramt in Frage kommenden Personen, nicht der gerichtlichen Kontrolle entzogen ist, weil der Insolvenzrichter insoweit nicht eine Aufgabe der Rechtsprechung i.S.v. Art. 92 GG wahrnimmt, sondern öffentliche Gewalt i.S.v. Art. 19 Abs. 4 GG ausübt. Der Insolvenzrichter wird dabei zwar in richterlicher Unabhängigkeit aber nicht in seiner Funktion als Instanz der unbeteiligten Streitbeilegung

---

1346 *Gaier*, Verfassungsrechtliche Aspekte der Auswahl und der Abwahl des Insolvenzverwalters, ZInsO 2006, 1177, weist darauf hin, dass bis zu der Entscheidung des BVerfG vom 3. 8. 2004 über 50 Jahre keine Entscheidung des BVerfG zur Auswahl des Konkursverwalters ergangen sei.

1347 Vgl. nur die kritische Stellungnahme von *Kesseler*, Das Grundrecht auf Bestellung zum Insolvenzverwalter, ZInsO 2002, 21 ff., zum Gutachten von *Holzer/Kleine-Cosack/Prütting*, Die Bestellung des Insolvenzverwalters; *Römermann*, Die Bestellung des Insolvenzverwalters, NJW 2002, 3729 ff. Siehe bereits auch: *Häberlin*, Zulassungsscheine für Konkursverwalter und Vertrauenspersonen?, KuT 1928, 116 ff.

1348 *Smid*, Kein Rechtsmittel des bei der Auswahl nach § 56 Abs. 1 InsO unberücksichtigt gebliebenen Bewerbers, DZWiR 2006, 353, 355.

1349 *Pape*, Entwicklung der Rechtsprechung zur Eröffnung des Regelinsolvenzverfahrens im Jahre 2007/2008, Teil I, ZInsO 2008, 985.

1350 Siehe Kap. H.II.1.

1351 Die Entscheidung des *BVerfG* vom 23. 5. 2006 (Beschl. v. 23. 5. 2006 – 1 BvR 2530/04 – NZI 2006, 453 ff.) bindet als Senatsentscheidung gem. § 31 Abs. 1 BVerfGG die Insolvenzgerichte bei zukünftigen Auswahlentscheidungen und damit die Ausübung der insolvenzgerichtlichen Aufsicht an die aus dem Tenor und den tragenden Gründen der Entscheidung sich ergebenden Grundsätze für die Auslegung der Verfassung (vgl. zur Bindungswirkung: *BVerfG*, Beschl. v. 10. 6. 1975 – 2 BvR 1018/74 – NJW 1975, 1355, 1356).

1352 *BVerfG*, Beschl. v. 3. 8. 2004 – 1 BvR 135/00, 1 BvR 1086/01 – ZInsO 2004, 913, 915, stehen Vorauswahl und die Auswahlentscheidung gem. § 56 Abs. 1 InsO rechtlich nebeneinander.

1353 *BVerfG*, Beschl. v. 3. 8. 2004 – 1 BvR 135/00, 1 BvR 1086/01 – ZInsO 2004, 913 ff.; Beschl. v. 23. 5. 2006 – 1 BvR 2530/04 – NZI 2006, 453 ff..

tätig.[1354] Im Vorauswahlverfahren verschafft sich der Insolvenzrichter hinreichende Informationen über die Eignung eines Prätendenten und macht diese zugleich für die im Einzelfall gem. § 56 Abs. 1 InsO zu treffende Auswahlentscheidung verfügbar. Folglich eröffnet die Aufnahme in die Vorauswahlliste dem Prätendenten die Chance, im Rahmen zukünftiger Insolvenzverfahren als (vorläufiger) Insolvenzverwalter berücksichtigt zu werden. Das Ergebnis des Vorauswahlverfahrens bereitet somit die Auswahlentscheidung gem. § 56 Abs. 1 InsO maßgeblich vor und hat deshalb einen erheblichen Einfluss auf die durch Art. 12 Abs. 1 GG geschützte berufliche Betätigungsmöglichkeit des Bewerbers.[1355] Dem steht nicht entgegen, dass der Insolvenzrichter nach § 56 Abs. 1 InsO eine geeignete Person zu bestellen und ihm bei der Auswahlentscheidung ein weites Auswahlermessen zugestanden wird, weil das Auswahlermessen an Art. 3 Abs. 1 GG gebunden ist. Die Verwirklichung der Grundrechte verlangt eine dem Grundrechtsschutz angemessene Verfahrensgestaltung (Komplementärfunktion des Verfahrensrechts). Folglich muss das Vorauswahlverfahren sicherstellen, dass jeder Bewerber eine faire Chance erhält, entsprechend seiner Eignung i.S.d. § 56 Abs. 1 InsO und willkürfrei, bei der konkreten Auswahlentscheidung berücksichtigt zu werden. Dabei ist die Chancengleichheit gerichtlich überprüfbar, d.h. ein justiziables Vorauswahlverfahren ist verfassungsrechtlich geboten.[1356] Die Verfassungsgemäßheit der in der Praxis angewandten Vorauswahlkriterien hatte das *BVerfG* bisher in drei Nichtannahmebeschlüssen zu beurteilen.[1357]

In der Grundsatzentscheidung vom 23. 5. 2006 hat das *BVerfG* festgestellt, dass auch die nach § 18 Abs. 1 Nr. 1 RPflG dem Insolvenzrichter vorbehaltene Verwalterbestellung gem. § 56 Abs. 1 InsO[1358] nicht in Ausübung rechtsprechender Gewalt geschieht, sondern funktional vollziehende Gewalt i.S.d. Art. 19 Abs. 4 GG ist, da der Insolvenzrichter keinen Rechtsstreit entscheidet, sondern selbst ein Rechtsverhältnis gestaltet.[1359] Bei der Ausübung dieses Gestaltungsrecht hat der Insolvenzrichter

---

1354 *BVerfG*, Beschl. v. 3. 8. 2004 – 1 BvR 135/00, 1 BvR 1086/01 – ZInsO 2004, 913, 915, dabei noch ausdrücklich offen lassend, ob dieses auch für die konkrete Auswahlentscheidung gilt.

1355 *BVerfG*, Beschl. v. 23. 5. 2006 – 1 BvR 2530/04 – NZI 2006, 453, 455 (Tz. 43); Beschl. v. 3. 8. 2004 – 1 BvR 135/00, 1 BvR 1086/01 – ZInsO 2004, 913, 915, 916, dabei offenlassend, ob die Berufswahl tangiert wird, wenn einem Bewerber durch die Handhabung des Insolvenzgerichtes die Berufstätigkeit gänzlich versperrt wird. Die Freiheit der Berufswahl darf nur eingeschränkt werden, soweit der Schutz besonders wichtiger Gemeinschaftsgüter es zwingend erfordert, *BVerfG*, Urt. v. 11. 6. 1958 – 1 BvR 596/56 – NJW 1958, 1035, 1037.

1356 *BVerfG*, Beschl. v. 3. 8. 2004 – 1 BvR 135/00, 1 BvR 1086/01 – ZInsO 2004, 913, 916.

1357 *BVerfG*, Beschl. v. 12. 7. 2006 – 1 BvR 1469/05 – ZInsO 2006, 1101 f. (gleichmäßige Berücksichtigung, Ortsnähe); Beschl. v. 12. 7. 2006 – 1 BvR 1493/05 – ZInsO 2006, 1102 f. (Zweifel an der generellen Unabhängigkeit); Beschl. v. 19. 7. 2006 – 1 BvR 1351/06 – ZInsO 2006, 869 f. (Nachweis der Eignung durch praktische Erfahrung).

1358 Gleiches gilt durch die Verweisung auf § 56 Abs. 1 InsO für den vorläufigen Insolvenzverwalter (§ 21 Abs. 2 Nr. 1 InsO), für den Treuhänder im vereinfachten Insolvenzverfahren (§ 313 Abs. 1 Satz 3 InsO) und für den Sachwalter (§ 274 Abs. 1 InsO).

1359 *BVerfG*, Beschl. v. 23. 5. 2006 – 1 BvR 2530/04 – NZI 2006, 453, 454 (Tz. 23 f.); offengelassen noch im Beschl. v. 9. 2. 2005 – 1 BvR 2719/04 – ZVI 2005, 132, 133; a.A. *OLG Hamm*, Beschl. v. 14. 10. 2004 – 15 VA 11/04 – ZVI 2005, 87, 88, gegen das sich die Verfassungsbeschwerde richtete. Nach Auffassung von *Smid* handelt es sich hierbei um den Bereich materieller Verwaltungstätigkeit keine Bestenauslese vorzunehmen, weil eine solche den Zielen des Insolvenzverfahrens und den Interessen der Verfahrensbeteiligten entgegensteht. Insbesondere der Schutz der Gläubigerrechte erfordert keine Bestenauslese, sondern eine zügige Entscheidung über die Bestellung eines geeigneten Insolvenzverwalters.[1360] Folglich kann es im Einzelfall mehrere geeignete Prätendenten geben, unter denen der Insolvenzrichter in Ausübung seines weiten Auswahlermessens seine Auswahlentscheidung treffen muss und kann, ohne dabei den Gleichheitssatz gegenüber der übergangenen Prätendenten zu verletzen.[1361] Der bei der Auswahlentscheidung übergangene Bewerber kann sich nicht auf die Verletzung eines subjektiven Rechts auf Bestellung zum Insolvenzverwalter berufen, weil die Vorschrift des § 56 Abs. 1 InsO ein solches nicht begründet.[1362] Verfassungsrechtlichen Schutz genießt jedoch das durch Art. 1 Abs. 3, Art. 3 Abs. 1 GG begründete Recht des Bewerbers auf pflichtgemäße Ausübung des Auswahlermessens in einer Weise, die ihm eine willkürfreie und faire Chance auf Berücksichtigung bei der Auswahlentscheidung entsprechend seiner Eignung i. S. d. § 56 Abs. 1 InsO gewährt.[1363] Folglich bedarf es eines Vorauswahlverfahrens, das sich nicht nur mit dem Erstellen einer Liste der interessierten Bewerber begnügt, sondern auch die Erhebung und Strukturierung der Daten gewährleistet, die der Insolvenzrichter als maßgeblich für eine sachgerechte Ermessensausübung im Rahmen der Auswahlentscheidung ansieht.[1364] Die multipolare Konfliktlage zwischen dem Interesse des Prätendenten auf Rechtsschutz gegen die insolvenzgerichtliche Auswahlentscheidung einerseits und dem auf Art. 14 Abs. 1 GG gestützten Interesse der Gläubiger und des Insolvenzschuldners an einem reibungslosen und zügigen Fortgang des Insolvenzverfahrens löst das *BVerfG* auf, indem die Konkurrentenschutzklage und ein vorläufiger Rechtsschutz gegen die Insolvenzverwalterbestellung ausgeschlossen ist[1365] und der Prätendent auf die Feststellung der Rechtswidrigkeit der Insolvenzverwalterbestellung wegen fehlerhafter Ausübung des Auswahlermessens nach §§ 23 ff. EGGVG zur Vorbereitung der Geltendmachung von Amtshaftungsansprüchen (Art. 34 GG, § 839 BGB) verwiesen wird.[1366] Diese Beschränkung des Rechtsschutzes für den übergangenen Prätendenten ist nach Auffassung des *BVerfG* hinnehmbar, weil der Auswahlentscheidung gem. § 56 Abs. 1 InsO ein Rechtsschutz gewährendes Vorauswahlverfahren vorausgeht, das dem Insolvenzrichter hinreichende Informationen für eine pflichtgemäße Ausübung des Auswahlermessens verschafft und ver-

---

der Insolvenzgerichte, in: Kein Rechtsmittel des bei der Auswahl nach § 56 Abs. 1 InsO unberücksichtigt gebliebenen Bewerbers, DZWiR 2006, 353.

1360 *BVerfG*, Beschl. v. 23. 5. 2006 – 1 BvR 2530/04 – NZI 2006, 453, 454 (Tz. 41).

1361 *BVerfG*, Beschl. v. 23. 5. 2006 – 1 BvR 2530/04 – NZI 2006, 453, 454 (Tz. 32); Beschl. v. 3. 8. 2004 – 1 BvR 135/00, 1 BvR 1086/01 – ZInsO 2004, 913, 916.

1362 *BVerfG*, Beschl. v. 23. 5. 2006 – 1 BvR 2530/04 – NZI 2006, 453, 454 (Tz. 29 f.); Beschl. v. 12. 7. 2006 – 1 BvR 1469/05 – ZInsO 2006, 1101 (Tz. 10).

1363 *BVerfG*, Beschl. v. 23. 5. 2006 – 1 BvR 2530/04 – NZI 2006, 453, 454 (Tz. 31); Beschl. v. 12. 7. 2006 – 1 BvR 1469/05 – ZInsO 2006, 1101 (Tz. 10).

1364 *BVerfG*, Beschl. v. 23. 5. 2006 – 1 BvR 2530/04 – NZI 2006, 453, 455 (Tz. 44).

1365 *BVerfG*, Beschl. v. 23. 5. 2006 – 1 BvR 2530/04 – NZI 2006, 453, 456 (Tz. 48), 457 (Tz. 56).

1366 *BVerfG*, Beschl. v. 23. 5. 2006 – 1 BvR 2530/04 – NZI 2006, 453, 457 (Tz. 57).

fügbar macht,[1367] und die Ermessensausübung im Rahmen der Vorauswahl in der Verantwortung des Insolvenzrichters liegt (§ 18 Abs. 1 Nr. 1 RPflG), der sich durch eine persönliche und richterliche Unabhängigkeit und eine strikte Gesetzesbindung auszeichnet.[1368]

1.2. Resonanz in Literatur und Rechtsprechung

In der Literatur hat die bundesverfassungsgerichtliche Judikatur kein einheitliches Echo hervorgerufen. *Graeber* kritisiert, dass durch die Verpflichtung zur Aufnahme eines grundsätzlich geeigneten Bewerbers in die Vorauswahlliste, die Vorauswahllisten umfangreicher und unüberschaubarer werden und sich damit selbst entwerten.[1369] *Pape* nennt das zweistufige Auswahlverfahren ein „Justizmonster", das um seiner selbst betrieben werde,[1370] weil dem Prätendenten die Aufnahme in die Vorauswahlliste angesichts des für die konkrete Bestellungsentscheidung dem Insolvenzgericht eingeräumten weiten Auswahlermessens und der einer Bestenauslese erteilten Absage letztendlich nichts bringe.[1371] Die Selektion erfolgt nicht mehr durch die Führung einer geschlossenen Liste, sondern durch die Nichtberücksichtigung bei der konkreten Vergabeentscheidung, gegen die es praktisch keinen Rechtsschutz gibt. *Pape* kritisiert auch, dass das *BVerfG* – mit Ausnahme eines Verbotes für geschlossene Listen und des Hinweises auf das weite Auswahlermessen – keine Anhaltspunkte für eine zulässige Ausgestaltung der Vorauswahllisten und des Vorauswahlverfahrens durch die Insolvenzgerichte gegeben hat.[1372] Die Vorauswahlliste macht nur einen Sinn, wenn diese auf den konkreten Bedarf des Insolvenzgerichts zugeschnitten ist, damit derjenige, der auf dieser verzeichnet ist, eine faire Chance auf Bestellung in einem konkreten Insolvenzverfahren hat.[1373] Die Vorschriften der §§ 23 ff. EGGVG bieten nach Ansicht von *Pape* nicht den zutreffenden Rechtsbehelf gegen Entscheidungen im Vorauswahlverfahren.[1374] *Römermann* wirft dem *BVerfG* vor, mit der Entscheidung vom 23. 5. 2006 die Gelegenheit zur Einflussnahme auf die zukünftige Struktur des Auswahlverfahrens ungenutzt gelassen zu haben. Die Aussagen zum Vorauswahlverfahren, insbesondere zur Erhebung, Verifizierung und Strukturierung der Bewerberdaten, seien „*kryptisch*".[1375] Mit der im Interesse der Verfahrensbeschleunigung einer Besten-

1367 *BVerfG*, Beschl. v. 23. 5. 2006 – 1 BvR 2530/04 – NZI 2006, 453, 455 (Tz. 43).
1368 *BVerfG*, Beschl. v. 23. 5. 2006 – 1 BvR 2530/04 – NZI 2006, 453, 455 (Tz. 42).
1369 *Graeber*, Auswirkungen der Entscheidung des BVerfG zur Vorauswahl des Insolvenzverwalters auf die Insolvenzgerichte, NZI 2004, 546, 547. Ebenso die Entschließung des BAK*inso e. V.* auf seiner Herbsttagung am 20./21. 11. 2008 bestätigt, vgl. ZInsO 2008, 1260, 1261 (Ziff. 2 f.).
1370 *Pape*, Die Qual der Insolvenzverwalterauswahl: Viel Lärm um wenig, NZI 2006, 665, 670.
1371 *Pape*, Die Qual der Insolvenzverwalterauswahl: Viel Lärm um wenig, NZI 2006, 665, 668; ebenso *Laws*, Ist die „Schicksalsfrage des Insolvenzverfahrens" tatsächlich justiziabel?, ZInsO 2006, 847, 850.
1372 *Pape*, Die Qual der Insolvenzverwalterauswahl: Viel Lärm um wenig, NZI 2006, 665, 669.
1373 *Pape*, Die Qual der Insolvenzverwalterauswahl: Viel Lärm um wenig, NZI 2006, 665, 670.
1374 *Pape*, Stärkung der Gläubigerrechte und Verschärfung der Aufsicht im Insolvenzverfahren, ZVI 2008, 89, 97 f.
1375 *Römermann*, Bestellung von Insolvenzverwaltern: Die verpasste Chance des BVerfG, ZIP 2006, 1332.

auslese erteilten Absage hat das *BVerfG* eine Auswahl des *„Erstbesten"* zugelassen, wodurch ein viel größerer Schaden droht, weil *„in der Praxis häufig minderbegabte Verwalter"* bestellt werden. Er kritisiert, dass das *BVerfG* dem Schutzbereich des Art. 12 Abs. 1 GG nicht Rechnung getragen hat.[1376] Auch die Beschränkung des Rechtsschutzes des übergangenen Bewerbers auf die nachträgliche Feststellungsklage und die Amtshaftung kann nicht mit dem Überwiegen des Beschleunigungsinteresses der Insolvenzgläubiger und der Unabhängigkeit des Insolvenzverwalters begründet werden, da noch § 73 Abs. 3 KO die isolierte Anfechtung der Verwalterbestellung durch einen Konkursgläubiger vorsah und auch nach neuem Recht durch §§ 57, 56 Abs. 1 InsO die Konsequenzen eines Verwalterwechsels für die Abwicklung des Insolvenzverfahrens und die Befriedigungsaussichten der Insolvenzgläubiger hingenommen werden, sowie angesichts der durch § 57 InsO eröffneten Einflussnahmemöglichkeit von Großgläubigern die Unabhängigkeit des Insolvenzverwalters faktisch nicht gegeben ist.[1377]

Gegen die Begründung des BVerfG, dass dem Insolvenzrichter ein Auswahlermessen eingeräumt sei, wendet sich *Würschinger* mit dem Argument, dass nach dem Wortlaut des § 56 Abs. 1 Satz 1 InsO (*„... ist ... zu bestellen."*) die Auswahlentscheidung an unbestimmte Rechtsbegriffe gebunden ist.[1378] Die Anwendung eines unbestimmten Rechtsbegriffes unterliegt grundsätzlich einer uneingeschränkten gerichtlichen Kontrolle, jedoch kann dem verfassungsrechtlichen Gebot einer schnellen und rechtskräftigen Bestellungsentscheidung durch die Einräumung eines Beurteilungsspielraums Rechnung getragen werden. In diesem Fall ist die Bestellungsentscheidung nur darauf gerichtlich überprüfbar, ob diese auf Beurteilungsfehlern, wie z.B. der Verletzung der Regeln des Vorauswahlverfahrens, der unzureichenden Ermittlung der Eignung des bestellten Prätendenten oder der Missachtung allgemein anerkannter Bewertungsmaßstäbe, beruht.[1379]

Nach Auffassung von *Leithaus* hat das *BVerfG* zu Recht im Interesse der Funktionsfähigkeit des Insolvenzverfahrens entschieden. Das nunmehr vorgegebene Auswahlverfahren mit dem weiten Auswahlermessen des Insolvenzrichters ist jedoch unzuträglich, weshalb der Gesetzgeber tätig werden muss[1380]. *Holzer* sieht in dem zweistufigen Auswahlverfahren des *BVerfG* eine wesentliche Arbeitshilfe und Erleichterung bei der konkreten Auswahlentscheidung gem. § 56 Abs. 1 InsO.[1381] Für *Gerhardt* ist das *BVerfG* zu einer für die Praxis aktzeptablen Regelung gelangt.[1382] Nach Ansicht von *Smid* ging es dem *BVerfG* hierbei auch darum, den Rechtsschutz gegen Administrativentscheidungen von Richtern zu erweitern.[1383]

1376 *Römermann,* Bestellung von Insolvenzverwaltern: Die verpasste Chance des BVerfG, ZIP 2006, 1332, 1333.

1377 *Römermann,* Bestellung von Insolvenzverwaltern: Die verpasste Chance des BVerfG, ZIP 2006, 1332, 1333, 1335 f.

1378 *Würschinger,* Anm. zu BVerfG, Beschl. v. 23. 5. 2006 – 1 BvR 2530/04 – KTS 2007, 91, 97.

1379 *Würschinger,* Anm. zu BVerfG, Beschl. v. 23. 5. 2006 – 1 BvR 2530/04 – KTS 2007, 91, 98.

1380 *Leithaus,* Deutliche Worte aus Karlsruhe, NZI 2006, Heft 8, VI.

1381 *Holzer,* Die Auswahl des Insolvenzverwalters als Justizverwaltungsakt, ZIP 2006, 2208.

1382 Jaeger-*Gerhardt,* § 56 InsO, Rdnr. 71.

1383 *Smid,* „Rechtsschutz" gegen Insolvenzrichter, DZWiR 2004, 359.

Die Fachgerichte haben sich der Rechtsprechung des *BVerfG* – soweit ersichtlich – angeschlossen.[1384]

1.3. Stellungnahme

Die Kritik von *Pape* und *Römermann* richtet sich mehr gegen die praktischen Konsequenzen der Rechtsprechung des *BVerfG*, als gegen deren rechtliche Begründung. Die Forderung nach einer näheren Bestimmung der Vorauswahlkriterien und des (Vor-)Auswahlverfahrens übersieht das verfassungsrechtliche Gewaltenteilungsprinzip, das die Aufgabe des *BVerfG* darauf beschränkt, die vorhandenen Gesetze auf ihre Vereinbarkeit mit dem Grundgesetz zu überprüfen.[1385]

Die bundesverfassungsgerichtliche Judikatur zur (Vor-)Auswahl des Insolvenzverwalters ist letztlich die Konsequenz des in den letzten Jahren wachsenden erheblichen Konkurrenzdrucks unter der Insolvenzverwalterschaft. Das Angebot an Insolvenzverwaltungsleistungen ist größer als die Nachfrage nach diesen geworden. Die Zahl der, insbesondere aus Sicht des Insolvenzverwalters lukrativen Unternehmensinsolvenzverfahren kann jedoch nicht beliebig erhöht werden.[1386] In der Volkswirtschaftslehre gilt, dass der Preis der Indikator für die Knappheit eines Gutes ist, d.h. je knapper ein Gut, umso höher sein Preis, und je weniger knapp ein Gut, umso niedriger sein Preis.[1387] Eine Regulierung des Missverhältnisses zwischen der Zahl der lukrativen Unternehmensinsolvenzverfahren und dem Angebot an Insolvenzverwaltungsleistung über den Preis – die Verwaltervergütung – ist jedoch ausgeschlossen, weil die Verwaltervergütung gesetzlich in den §§ 63 bis 65 InsO, §§ 1ff. InsVV geregelt ist und sich die Einräumung einer Angebotsfrist für die Abgabe von Preisangeboten bei der Vergabe von Insolvenzverfahren nicht mit der Eilbedürftigkeit der Eröffnungsentscheidung vertragen würde. Das *BVerfG* konnte demnach nur ein Allokationsverfahren für knappe Ressourcen aufzeigen. Angesichts einer in der Vorschrift des § 56 Abs. 1 InsO zum Ausdruck kommenden gesetzgeberischen Zurückhaltung bei der Regelung des Auswahlverfahren und der Ablehnung einer weitergehenden gesetzlichen Regelung hat das *BVerfG* versucht, ein Verteilungssystem aufzuzeigen, das auf einen rechtlich gebundenen und willkürfrei auszuübenden Beurteilungsspielraum des Insolvenzrichters bei der Vorauswahl und auf die pflichtgemäße Ausübung des Auswahlermessens bei der

---

1384 *BGH*, Beschl. v. 19. 12. 2007 – IV AR(VZ) 6/07 – BeckRS 2008 01255 (Tz. 17ff.); *OLG Schleswig*, Beschl. v. 28. 11. 2006 – 12 VA 3/06 – BeckRS 2007 00768; *OLG Köln*, Beschl. v. 27. 9. 2006 – 7 VA 9/05 – NZI 2007, 105ff; *OLG Düsseldorf*, Beschl. v. 27. 10. 2006 – I-3 VA 9/06 – NZI 2007, 48ff. Das *OLG Koblenz*, Beschl. v. 27. 6. 2005 – 12 VA 1/05 – ZVI 2005, 607, 608, hat kein allgemeines Erfordernis zur Anwendung der Rechtsprechung des BVerfG auf die Auswahl des Zwangsverwalters festgestellt; hat jedoch eine Selbstbindung des Amtsgerichtes angenommen, wenn dieses ein Auswahlverfahren entsprechend der Rechtsprechung zur Insolvenzverwalterbestellung praktiziert.
1385 Vgl. hierzu *Gaier*, Verfassungsrechtliche Aspekte der Auswahl und Abwahl des Insolvenzverwalters, ZInsO 2006, 1177, 1178.
1386 Ein Weg, der zu einer weiter steigenden Nachfrage und zu einer wieder eintretenden Angebotsknappheit führen würde.
1387 *Siebert*, Einführung in die Volkswirtschaftslehre, S. 66.

Auswahlentscheidung gestützt ist, und als Korrektiv dem übergangenen Prätendenten einen zweistufig ausgestalteten Rechtsschutz eröffnet.

Die Kritik von *Würschinger* über die nicht zutreffende Unterscheidung zwischen Auswahlermessen und unbestimmten Rechtsbegriffen folgt dem verwaltungsrechtlichen Verständnis dieser Termini, wonach das Ermessen an die Rechtsfolgenseite einer Rechtsnorm anknüpft, während der unbestimmte Rechtsbegriff und der Beurteilungsspielraum die Tatbestandsseite einer Rechtsnorm betreffen.[1388] Die Struktur der Vorschrift des § 56 Abs. 1 Satz 1 InsO weist ebenfalls eine Tatbestands- und eine Rechtsfolgenseite auf. Auf der Tatbestandsebene sind die Eignungskriterien für den Insolvenzverwalter – *„für den Einzelfall geeignet"*, *„geschäftskundige und (...) unabhängige Person"* – als unbestimmte Rechtsbegriffe definiert, auf der Rechtsfolgenseite wird der Insolvenzrichter verpflichtet – *„ist (...) zu bestellen"* – einen geeigneten Bewerber zu bestellen. Folglich geht es bei der Feststellung der Eignung eines Bewerbers um die zutreffende Bestimmung des Inhalts der in § 56 Abs. 1 Satz 1 InsO normierten Eignungskriterien durch Auslegung und deren richtige Anwendung auf den Bewerber, also um die Frage nach einem Beurteilungsspielraum und nicht nach einem Auswahlermessen des Insolvenzrichters.[1389] Die Eignung eines Bewerbers liegt nicht im Ermessen des Insolvenzgerichts, sondern unterliegt dessen Beurteilung. Der Gesetzeswortlaut – *„ist (...) zu bestellen"* – auf der Rechtsfolgenseite des § 56 Abs. 1 InsO könnte gegen ein Auswahlermessen des Insolvenzrichters sprechen. Jedoch lässt es der durch die Eignungskriterien des § 56 Abs. 1 InsO definierte Beurteilungsspielraum angesichts der Absage des *BVerfG* an eine Bestenauslese i. S. d. Art 33 Abs. 2 GG[1390] zu, dass bei zutreffender Auslegung der Eignungskriterien sich mehrere Prätendenten als für das konkrete Insolvenzverfahren geeignet erweisen. Die Auswahl unter diesen kann der Insolvenzrichter nur in Ausübung eines ihm eingeräumten Auswahlermessens rechtsfehlerfrei treffen.[1391] Der Beurteilungsspielraum auf der Tatbestandsseite erzwingt somit ein Auswahlermessen auf der Rechtsfolgenseite des § 56 Abs. 1 InsO.

Die aus der Einordnung der (Vor-)Auswahlentscheidung des Insolvenzrichters als ein Akt öffentlicher Gewalt i. S. d. Art. 14 Abs. 4 GG in richterlicher Unabhängigkeit folgende Ausdehnung der Rechtsschutzgarantie des Art. 19 Abs. 4 GG durch das *BVerfG* ist nicht unbestritten,[1392] aber konsequent, hat doch das *BVerfG* in der Plenumsentscheidung vom 30. 4. 2003 deutlich gemacht, dass die Rechtsschutzgarantie nicht auf Rechtsschutz gegen Akte der vollziehenden Gewalt beschränkt ist, sondern als Teil eines umfassenden allgemeinen Justizgewährungsanspruches zu

---

1388 Siehe Kap. C.II.1.
1389 *BGH*, Beschl. v. 19. 12. 2007 – IV AR(VZ) 6/07 – NZI 2008, 161, 162 (Tz. 20, 21); *OLG Düsseldorf*, Beschl. v. 15. 8. 2008 – 3 VA 4/07 – BeckRS 2008 19429, II.3.b) aa).
1390 *BVerfG*, Beschl. v. 23. 5. 2006 – 1 BvR 2530/04 – NZI 2006, 453, 454 (Tz. 41).
1391 *BGH*, Beschl. v. 19. 12. 2007 – IV AR(VZ) 6/07 – NZI 2008, 161, 162 (Tz. 20); *OLG Düsseldorf*, Beschl. v. 15. 8. 2008 – 3 VA 4/07 – BeckRS 2008 19429, II.3.b) aa).
1392 *Höfling*, Insolvenzverwalterbestellung – Rechtsschutz durch Konkurrentenklage?, NJW 2005, 2341, 2343.

verstehen ist.[1393] Die Anwendung der unbestimmten Rechtsbegriffe gem. § 56 Abs. 1 InsO im Vorauswahlverfahren unterliegt einer uneingeschränkten gerichtlichen Kontrolle, um durch eine Aufnahme in die Vorauswahlliste das verfassungsrechtlich begründete Recht des Bewerbers, willkürfrei und chancengleich im Rahmen seiner Eignung bei konkreten Auswahlentscheidungen berücksichtigt zu werden, zu wahren. Demgegenüber kann nur die Einräumung eines Auswahlermessens bei der konkreten Auswahlentscheidung des Insolvenzrichters gem. § 56 Abs. 1 InsO einerseits der Eilbedürftigkeit des Insolvenzeröffnungsverfahrens und andererseits dem verfassungsrechtlich geschützten Gläubigerinteresse (Art. 14 Abs. 1 GG) an einer nicht durch Konkurrentenschutzklagen gehinderten Erreichung der Insolvenzzwecke (§ 1 InsO) gerecht werden. Aus diesem Grunde ist die Beschränkung des Rechtsschutzes des übergangenen Prätendenten auf die nachträgliche Feststellung der Rechtswidrigkeit der Auswahlentscheidung und die Geltendmachung eines Amtshaftungsanspruches zur Wahrung der Rechtsschutzgarantie des Art. 19 Abs. 4 GG als verhältnismäßig und ausreichend anzusehen. Dabei ist zweifelhaft, ob die Konkurrentenschutzklage dem übergangenen Prätendenten überhaupt einen ausreichenden Rechtsschutz verschaffen kann. Denn der Erfolg der Konkurrentenschutzklage kann angesichts des Wahlrechts der Gläubiger (§ 57 InsO) nur von kurzer Dauer sein. Auch kann die einstweilige Einstellung des Insolvenzverfahrens (§§ 23 Abs. 1, 29 Abs. 2 EGGVG i. V. m. § 24 Abs. 3 FGG) eine Schadensersatzpflicht des Konkurrentenschutzklägers begründen, wenn dieser später unterliegt. Zutreffend weist *Gaier* darauf hin, dass das Grundgesetz dem Einzelnen nicht schrankenlosen Rechtsschutz gewährt, sondern auch insoweit Ausgleich zwischen verfassungsrechtlich fundierten Interessen zulässt.[1394]

2. Das Vorauswahlverfahren als Teil der insolvenzgerichtlichen Aufsicht

Nach der Rechtsprechung des *BVerfG* soll das Vorauswahlverfahren dem Insolvenzrichter hinreichende Informationen über die grundsätzliche Eignung i. S. d. § 56 Abs. 1 InsO eines Prätendenten verschaffen, um diese dann bei der Bestellung des Insolvenzverwalters für die im Einzelfall zu treffende Auswahlentscheidung verfügbar zu machen. Mit der Festlegung von die generelle Eignung i. S. d. § 56 Abs. 1 InsO konkretisierender Vorauswahlkriterien wird die Vorauswahl zu einer antizpierenden, vorgreifenden Aufsicht über den Insolvenzverwalter, in dem für das Insolvenzverwalteramt ungeeignete Prätendenten von vorneherein ausgeschlossen bleiben. Es sollen daher die bisher diskutierten Vorauswahlkriterien auf ihre Ver-

---

1393 *BVerfG*, Beschl. v. 30. 4. 2003 – 1 PBvU 1/02 –, Absatz-Nr. 1–69, http://www.bverfg.de/entschei-dungen, Abs. 14–16, 21. *Würschinger*, Anm. zu BVerfG, Beschl. v. 23. 5. 2006 – 1 BvR 2530/04 – KTS 2007, 91, 95, kritisiert, dass das BVerfG es versäumt hat, in seiner Entscheidung vom 23. 5. 2006 das Verhältnis des Schutzbereichs des Art. 19 Abs. 4 GG zum allgemeinen Justizgewährungsanspruch aus Art. 20 Abs. 3 GG zu klären.

1394 *Gaier*, Verfassungsrechtliche Aspekte der Auswahl und Abwahl des Insolvenzverwalters, ZInsO 2006, 1177, 1179.

einbarkeit mit der bundesverfassungsgerichtlichen Judikatur untersucht werden.[1395] *Pape* ist darin Recht zu geben, dass nunmehr in der Insolvenzpraxis um jedes Vorauswahlkriterium – auch unter Einbindung des *BVerfG* – gestritten werden wird.[1396] Dieses jedenfalls so lange, bis sich eine gefestigte Judikatur entwickelt hat.[1397] Bis dahin bleibt es die verantwortungsvolle Aufgabe der Insolvenzrichter, durch die Bestimmung sachgerechter Vorauswahlkriterien und deren Anwendung dem verfassungsrechtlich begründeten Anspruch eines jeden Bewerbers auf eine faire Chance, bei der konkreten Auswahlentscheidung entsprechend seiner Eignung i. S. d. § 56 Abs. 1 InsO berücksichtigt zu werden, Geltung zu verschaffen. Ein Gewinner des vom *BVerfG* judizierten (Vor-)Auswahlverfahrens kann bereits heute ausgemacht werden: die Anbieter der vielfältigsten Dienstleistungen zur Erlangung eines Wettbewerbsvorteils, wie z. B. die Zertifizierung, die Organisationsberatung, die Mitarbeiterschulung oder die Schlussrechnungserstellung.

2.1. Zuständigkeit für die Festlegung von Vorauswahlkriterien

Zuvor ist aber die Frage nach der Zuständigkeit für die Festlegung der Vorauswahlkriterien für das Vorauswahlverfahren zu beantworten, wobei neben dem gem. § 18 Abs. 1 Nr. 1 RPflG für das Eröffnungsverfahren bis zur Verwalterbestellung zuständigen Insolvenzrichter auch eine Zuständigkeit der Justizverwaltung in Betracht gezogen werden kann.

Das *RG* hat in einer Entscheidung aus dem Jahre 1932 die Frage aufgeworfen, ob nicht die Justizverwaltung dem Konkursrichter einen Kreis von Personen benennen soll, aus dem dieser bedenkenlos seine Auswahlentscheidung treffen kann.[1398] In diesem Sinne ist die Frage vom *OLG Düsseldorf* in einem Beschluss vom 27. 10. 2006 beantwortet worden, wonach bis zu einer gesetzlichen Regelung grundsätzlich die Vorauswahlkriterien von der Justizverwaltung festzulegen sind, die jedoch wiederum diese Aufgabe an die Insolvenzrichter delegieren kann, ohne sich dadurch jedoch der eigenen Verantwortlichkeit entziehen zu können.[1399]

1395 Es sind viele Versuche einer Bestimmung der in Betracht zu ziehenden (Vor-)Auswahlkriterien unternommen worden (vgl. nur: *Uhlenbruck*, Das Bild des Insolvenzverwalters, KTS 1998, 1, 10 f.).

1396 *Pape*, Die Qual der Insolvenzverwalterauswahl: Viel Lärm um wenig, NZI 2006, 665, 667.

1397 Im Rahmen einer Veranstaltung der „ARGE Insolvenzrecht und Sanierung im DAV" am 18. 5. 2006 wurde eine „Kommission zur Erarbeitung von Auswahl- und Kontrollkriterien für Insolvenzverwalter" unter Leitung von Prof. Uhlenbruck ins Leben gerufen, deren Ziel es ist, auf größtmögliche Verbindlichkeit der Arbeitsergebnisse hinzuwirken. Die *„Uhlenbruck-Kommission"* hat ihre Arbeit am 7. 7. 2007 (auch) mit Empfehlungen zu den Qualitätsanforderungen an den Insolvenzverwalter abgeschlossen, vgl. ZInsO 2007, 760 ff. Kritisch zur Zusammensetzung und Arbeit dieser Kommission hat sich *Frind*, in: Wenn der Schwanz versucht, mit dem Hund zu wedeln, ZInsO 2006, 1250 ff., geäußert, der zutreffend darauf hinweist, dass es für eine „Durchführungsverordnung zu § 56 InsO" an der erforderlichen Rechtsgrundlage fehlt.

1398 *RG*, Urt. v. 23. 12. 1932 – III.143/32 – KuT 1933, 40, 41.

1399 *OLG Düsseldorf*, Beschl. v. 27. 10. 2006 – I-3 VA 9/06 – ZInsO 2006, 1221, 1233 f.; ebenso *Winterlich* auf der Herbsttagung 2004 des VID e. V.; zit. n. *Graeber*, Richterliche Praxis der Verwalterbe-

Gegen diese Ansicht spricht die allgemeine Zuständigkeitsregelung in § 18 Abs. 1 Nr. 1 RPflG, durch die eine funktionale Zuständigkeit des Insolvenzrichters für die Bestellung des Insolvenzverwalters begründet. Wenn der Insolvenzrichter die Auswahlentscheidung gem. § 56 Abs. 1 InsO nach pflichtgemäßem Ermessen zu treffen hat, dann umfasst dieses auch die Definition des Personenkreises, aus dem die Auswahlentscheidung getroffen wird. *Baade* wies bereits im Jahre 1959 darauf hin, dass die Amtspflicht zur Heranziehung und sorgfältigen Auswahl geeigneter Verwalter dem Konkursrichter nicht abgenommen werden kann.[1400] Von dieser Überlegung ist auch das *BVerfG* – *„nach Einschätzung des jeweiligen Insolvenzrichters"* – ausgegangen und hat die Bestimmung der geeigneten und rechtmäßigen Vorauswahlkriterien als Frage des einfachen Rechts den Insolvenzrichtern und den Fachgerichten als Rechtsmittelinstanz[1401] zugewiesen.[1402] Diese wiederum unterliegen hinsichtlich der Beurteilung von Reichweite und Wirkung der Grundrechte der Kontrolle durch das BVerfG.[1403]

Die besseren Argumente streiten für die funktionale Zuständigkeit des Insolvenzrichters, da dieser gem. § 18 Abs. 1 Nr. 1 RPflG die Auswahlentscheidung gem. § 56 Abs. 1 InsO zu treffen hat. Fraglich ist, ob sich die Insolvenzrichter bei Insolvenzgerichten mit mehreren Dezernaten auf eine einheitliche Liste verständigen müssen[1404] oder ob jeder Insolvenzrichter seine eigene Vorauswahlliste führen darf.[1405] Letzteres hätte zur Folge, dass die von den Insolvenzrichtern jeweils angewandten Vorauswahlkriterien voneinander abweichen und bei ein und demselben Prätendenten zu unterschiedlichen Entscheidungen über dessen Aufnahme in die Vorauswahlliste führen können. Ein solches Ergebnis trägt aber den Zweifel nicht ausreichender Berücksichtigung des verfassungsrechtlichen Gleichbehandlungsgrundsatzes in sich. Warum soll bei unterschiedlicher Einschätzung der Bedeutung beispielsweise der „Ortsnähe" als Vorauswahlkriterium die Entscheidung über die Aufnahme in die Vorauswahlliste von den „Vorlieben" des jeweiligen Insolvenzrichters abhängen. Die verfassungsrechtlichen Vorgaben zur Gewährleistung eines fairen Vorauswahlverfahrens und eines chancengleichen Zugangs zum Insolvenzverwalteramt erfordern deshalb bei Insolvenzgerichten mit mehreren

---

stellung nach dem Beschluss des BVerfG v. 3. 8. 2004, ZInsO 2004, 1190; dagegen *Frind*, „Die Waffen nieder!", ZInsO 2006, 1183, 1185.

1400 *Baade*, Zur Auswahl der Konkurs- und Vergleichsverwalter, KTS 1959, 40, 41.

1401 Wenn man den Rechtsweg nach §§ 23 ff. EGGVG als eröffnet ansieht, dann sind als Fachgerichte die OLG angesprochen (§ 25 EGGVG).

1402 *BVerfG*, Beschl. v. 23. 5. 2006 – 1 BvR 2530/04 – NZI 2006, 453, 455 (Tz. 44). Diesem folgend: *OLG Köln*, Beschl. v. 27. 9. 2006 – 7 VA 9/05 – NZI 2007, 105, 106; *Gaier*, Verfassungsrechtliche Aspekte der Auswahl und Abwahl des Insolvenzverwalters, ZInsO 2006, 1177, 1182; *Frind/Schmidt*, Insolvenzverwalterbestellung: Auswahlkriterien und Grenzen der Justiziabilität in der Praxis, NZI 2004, 533, 536.

1403 *Gaier*, Verfassungsrechtliche Aspekte der Auswahl und Abwahl des Insolvenzverwalters, ZInsO 2006, 1177, 1181.

1404 So die Übung des AG Köln, vgl. *OLG Köln*, Beschl. v. 27. 9. 2006 – 7 VA 9/05 – NZI 2007, 105.

1405 *AG Hamburg*, Bescheid gem. §§ 23 ff. EGGVG v. 14. 12. 2006 – 376.OE 2-67c 2/06 – ZInsO 2006, 1342; Beschluss des Bundesarbeitskreises Insolvenzgerichte vom 6. 3. 2007, Heft 4 der NZI, S. XI.; *Frind/Schmidt*, Insolvenzverwalterbestellung: Auswahlkriterien und Grenzen der Justiziabilität in der Praxis, NZI 2004, 533, 536.

Dezernaten, dass sich die Insolvenzrichter auf einheitliche Vorauswahlkriterien einigen.

2.2. Die Vorauswahlkriterien als antizipierende Aufsicht

Das *BVerfG* hat es den Insolvenzgerichten überlassen, die Kriterien zu entwickeln, die die Feststellung der von der Typizität des einzelnen Insolvenzverfahrens losgelösten Eignung i.S.d. § 56 Abs. 1 InsO und eine sachgerechte Ausübung des Vorauswahlermessens sicherstellen.[1406] Nach der Rspr. des *BVerfG* soll das Vorauswahlverfahren nicht der Bestenauslese dienen.[1407] Dieser bundesverfassungsgerichtlichen Vorgabe widerspricht die Entschließung des BAK*InsO*, wonach im Vorauswahlverfahren eine „vorgezogene Bestenauslese" erfolgen soll.[1408]

Die Vorauswahlkriterien müssen sich an der grundrechtlichen Verbürgung des Art. 12 Abs. 1 GG und an dem allgemeinen Gleichheitssatz des Art. 3 Abs. 1 GG messen lassen können (Art. 1 Abs. 3 GG), d.h. sie müssen jedem Bewerber die faire und gleiche Chance auf Aufnahme in die Vorauswahlliste gewähren und nicht selbst willkürlich, d.h. sachlich nicht gerechtfertigt, sein. Willkürlich ist eine gerichtliche Maßnahme nur dann, wenn sie unter keinem denkbaren Aspekt rechtlich vertretbar ist und sich daher der Schluss aufdrängt, dass sie auf sachfremden Erwägungen beruht, was anhand objektiver Kriterien festzustellen ist.[1409] Das *BVerfG* hat zum berufsbezogenen Prüfungsverfahren festgestellt, dass Vorschriften, die für die Aufnahme des Berufs eine bestimmte Vor- und Ausbildung sowie den Nachweis erworbener Fähigkeiten in Form einer Prüfung verlangen, in die Freiheit der Berufswahl eingreifen und deshalb den Anforderungen des Art. 12 Abs. 1 GG genügen müssen. Dabei bedürfen die Leistungsanforderungen einer gesetzlichen Grundlage und dürfen nach Art und Höhe nicht ungeeignet, unnötig oder unzumutbar sein.[1410] Der Beurteilungsspielraum hat im Hinblick auf Art. 19 Abs. 4 GG gerichtlich nachprüfbare Grenzen. Die den Gerichten verbleibende Kontrolle muss bei berufsbezogenen Prüfungen für einen wirkungsvollen Schutz der Berufsfreiheit zweckgerichtet, geeignet und angemessen sein.[1411] Folglich kann es für die rechtliche Zulässigkeit eines Vorauswahlkriteriums nur darauf ankommen, ob das durch dieses definierte Anforderungsprofil im Hinblick auf den Grund-

---

1406 *BVerfG*, Beschl. v. 23. 5. 2006 – 1 BvR 2530/04 – NZI 2006, 453, 455 (Tz. 45).

1407 *BVerfG*, Beschl. v. 23. 5. 2006 – 1 BvR 2530/04 – NZI 2006, 453, 454 (Tz. 41).

1408 So die Entschließung des BAK*inso e.V.* auf seiner Herbsttagung am 20./21. 11. 2008, vgl. ZInsO 2008, 1260, 1261 (Ziff. 2).

1409 *BVerfG*, Beschl. v. 3. 11. 1992 – 1 BvR 1243/88 – NJW 1992, 996, 997; das *OLG Koblenz*, Beschl. v. 12. 5. 2005 – 12 VA 1/04 – ZVI 2005, 376, 379, nennt als Beispiel für Willkür im vorliegenden Kontext die Bestrafung eines Bewerbers durch dessen Nichtberücksichtigung, weil dieser erfolgreich das Verfassungsbeschwerdeverfahren gegen die Ablehnung der Aufnahme in die Vorauswahlliste eines anderen Insolvenzgerichtes betrieben hat. *BVerfG*, Beschl. v. 17. 4. 1991 – 1 BvR 419/81, 1 BvR 213/83 – NJW 1991, 2005, 2006, zur Geltung des Prinzips der Chancengleichheit für die Zweite Juristische Staatsprüfung.

1410 *BVerfG*, Beschl. v. 17. 4. 1991 – 1 BvR 419/81, 1 BvR 213/83 – NJW 1991, 2005, für die Zweite Juristische Staatsprüfung.

1411 *BVerfG*, Beschl. v. 17. 4. 1991 – 1 BvR 419/81, 1 BvR 213/83 – NJW 1991, 2005, 2007.

rechtsschutz des Art. 12 Abs. 1 GG vertretbar ist.[1412] Darüber hinaus müssen die Vorauswahlkriterien auch die Anforderungen berücksichtigen, die die zunehmenden rechtlichen und tatsächlichen Schwierigkeiten der Insolvenzabwicklung an die Qualifikation eines Insolvenzverwalters stellen.[1413]

Die Willkürfreiheit der Vorauswahlkriterien, aber auch die Justitiabilität der Entscheidung des Insolvenzrichters über die Aufnahme eines Bewerbers in die Vorauswahlliste, erfordern es, dass sich der Insolvenzrichter zuvor auf „seine" Vorauswahlkriterien festgelegt[1414] und ein Anforderungsprofil definiert hat.[1415] Vorauswahlkriterien und Anforderungsprofil müssen transparent gemacht werden.[1416] Dabei genügt eine bloße Auflistung aller Bewerber den verfassungsrechtlichen Anforderungen an ein Vorauswahlverfahren nicht.[1417] Es bedarf vielmehr der Erhebung, Verifizierung und Strukturierung der Daten der gelisteten Bewerber, auf die dann bei der Auswahlentscheidung nach § 56 Abs. 1 InsO ohne grundsätzliche Eignungsprüfung, sondern nur mit einer einzelfallbezogenen sachgerechten Auswahlentscheidung zurückgegriffen werden kann.[1418] Das Bewertungsverfahren muss im Hinblick auf den Grundrechtsschutz des Art. 12 Abs. 1 GG im Rahmen des Möglichen Objektivität und Neutralität gewährleisten.[1419] Unterlässt ein Insolvenzrichter die erforderliche Aufstellung sachgerechter Kriterien und einer nach diesen Kriterien geführten Vorauswahlliste dann ist nach einer Entscheidung des *OLG Düsseldorf* die Justizverwaltung hierzu nach § 28 Abs. 2 Satz 2 EGGVG zu verpflichten.[1420]

Nach der Judikatur des *BVerfG* steht dem Insolvenzrichter bei der Entscheidung über die Aufnahme eines Bewerbers in die Vorauswahlliste ein weites Auswahlermessen[1421], nach hier vertretener Auffassung[1422] ein Beurteilungsspielraum zu. In die Vorauswahlliste muss daher jeder Bewerber eingetragen werden, der die grundsätzlich zu stellenden Anforderungen an eine generelle, von den Anforderungen

---

1412 *OLG Köln*, Beschl. v. 27. 9. 2006 – 7 VA 9/05 – NZI 2007, 105.
1413 *Uhlenbruck*, Hohe Qualitätsanforderungen an Insolvenzverwalter, KSI 2007, 268.
1414 *KG*, Beschl. v. 11. 1. 2006 – 16 VA 5/05 – ZIP 2005, 294, 296; *Frind*, „Die Waffen nieder!", ZInsO 2006, 1183, 1185.
1415 *OLG Frankfurt/M.*, Beschl. v. 4. 2. 2008 – 20 VA 5/06 – ZVI 2008, 426, 428.
1416 *Frind*, Insolvenzverwalterbestellung: Auswahlkriterien und Grenzen der Justiziabilität in der Praxis, NZI 2004, 533; *ders.*, „Die Waffen nieder!", ZInsO 2006, 1183, 1185.
1417 *BVerfG*, Beschl. v. 23. 5. 2006 – 1 BvR 2530/04 – NZI 2006, 453, 455 (Tz. 44). Mit einer solchen versuchte das AG Charlottenburg die Umsetzung der Entscheidung des BVerfG zur Vorauswahlliste (Beschl. v. 3. 8. 2004 – 1 BvR 135/00, 1 BvR 1086/01 – ZInsO 2004, 913 ff.) zu umgehen, wie die Beschwerdeentscheidung des *KG*, Beschl. v. 11. 1. 2006 – 16 VA 5/05 – ZIP 2006, 294, 295, zeigt.
1418 *BVerfG*, Beschl. v. 23. 5. 2006 – 1 BvR 2530/04 – NZI 2006, 453, 455 (Tz. 44).
1419 *BVerfG*, Beschl. v. 17. 4. 1991 – 1 BvR 419/81, 1 BvR 213/83 – NJW 1991, 2005, 2006, für die Zweite Juristische Staatsprüfung.
1420 *OLG Düsseldorf*, Beschl. v. 27. 10. 2006 – 3 VA 9/06 – NJW-RR 2007, 630, 632.
1421 *BVerfG*, Beschl. v. 3. 8. 2004 – 1 BvR 135/00, 1 BvR 1086/01 – ZInsO 2004, 913, 916; *OLG Dresden*, Beschl. v. 26. 7. 2007 – 13 VA 1/07 – ZIP 2007, 2182, 2183; *OLG Hamburg*, Beschl. v. 19. 10. 2005 – 2 Va 2/05 – NZI 2006, 35; *KG*, Beschl. v. 11. 1. 2006 – 16 VA 5/05 – ZIP 2005, 294, 295.
1422 Siehe Kap. F.I.1.3.

des einzelnen Insolvenzverfahrens unabhängige Eignung für ein Amt im Rahmen des Insolvenzverfahrens erfüllt.[1423]

2.2.1. Geschäftskunde des Bewerbers

Durch § 56 Abs. 1 InsO wird ausdrücklich die Geschäftskunde als Eignungskriterium eines Insolvenzverwalters definiert. Der Gesetzgeber versteht hierunter allgemein die zur Erfüllung seiner Aufgaben erforderlichen Kenntnisse und Erfahrungen.[1424] Konkrete gesetzliche Anforderungen an die berufliche Ausbildung und Erfahrung sind jedoch nicht normiert worden.[1425]

2.2.1.1. Fachkenntnis

Die Abwicklung von Insolvenzverfahren erfordert neben einer umfassenden Kenntnis des Insolvenzrechts, auch die Kenntnis von den angrenzenden Rechtsgebieten wie z.B. des Gesellschafts-, Arbeits-, Steuer- und Bilanzrechts.[1426] Dieses ist wohl der Grund dafür, dass in der Insolvenzpraxis überwiegend Angehörige der kammergebundenen freien Berufe, bevorzugt Rechtsanwälte, zum Insolvenzverwalter bestellt werden. Innerhalb dieser Berufsgruppen ist das Vorhandensein der beiden Kernkompetenzen eines Verwalters, nämlich wirtschaftliche und juristische Kenntnisse, am ehesten zu vermuten.[1427] Die bloße Zugehörigkeit zu einem Kammerberuf kann jedoch nicht den Nachweis der fachlichen Eignung ersetzen und ist deshalb als ausreichendes Auswahlkriterium nicht geeignet.[1428] Etwas anderes nimmt das *OLG Hamburg* für den Fachanwalt für Insolvenzrecht an[1429], wobei zu be-

---

1423 *BVerfG*, Beschl. v. 23. 5. 2006 – 1 BvR 2530/04 – NZI 2006, 453, 454 (Tz. 43, 44); Beschl. v. 19. 7. 2006 – 1 BvR 1351/06 – ZInsO 2006, 869 (Tz. 8).

1424 Begrd.RegE § 56 InsO, zit. n. Balz/Landfermann, S. 134.

1425 Vgl. HK-*Eickmann*, § 56 InsO, Rdnr. 11.

1426 *Baade*, Zur Auswahl der Konkurs- und Vergleichsverwalter, KTS 1959, 40, 42, der anfügte, dass der für Abwicklung eines Konkursverfahren erforderliche „*Allroundmen*" wohl meist in auskömmlicheren und weniger risikoträchtigen Berufen tätig sei (!).

1427 Begrd.RegE zum Gesetz zur Vereinfachung der InsO, BT-Drucks. 549/06, S. 32f.; Jaeger-*Gerhardt*, § 56 InsO, Rdnr. 52; *Hess*, § 56 InsO, Rdnr. 42; *Mönning*, Die Auswahl des Insolvenzverwalters als Problem der Qualitätssicherung, KS-InsO, 2. A., S. 375, 390. Die Bevorzugung der Rechtsanwälte blickt auf eine lange Tradition zurück, wie *Baade*, Zur Auswahl der Konkurs- und Vergleichsverwalter, KTS 1959, 40, 41, festgestellt hat, und war für das *OLG Stuttgart*, Beschl. v. 5. 12. 2005 – 19 VA 4/05 – ZInsO 2006, 331, 332, Anlass zu der ausdrücklichen Feststellung, dass ein Wirtschaftsprüfer zur Ausübung des Insolvenzverwalteramtes nicht ungeeignet, zumindest nicht weniger als ein Rechtsanwalt geeignet ist. Für *Uhlenbruck* ist die Insolvenzverwaltertätigkeit kein Juristenmonopol, in: Hohe Qualitätsanforderungen an Insolvenzverwalter, KSI 2007, 268.

1428 Jaeger-*Gerhardt*, § 56 InsO, Rdnr. 39, 53.

1429 *OLG Hamburg*, Beschl. v. 19. 10. 2005 – 2 Va 2/05 – NZI 2006, 35, 36; zweifelnd *Smid*, Auswahl und Bestellung des Insolvenzverwalters durch das Insolvenzgericht als Rechtsfrage betrachtet, DZWIR 2007, 485, 487; a.A. *Stapper*, Neue Anforderungen an den Insolvenzverwalter, NJW 1999, 3441, 3443. Eine Befragung von Insolvenzgerichten und Kreditinstituten im Jahre 2001 hat ergeben, dass (zumindest damals) die Fachanwaltschaft als unwichtig angesehen wurde, vgl. *Degenhart/Borchers*, Das Anforderungsprofil des Insolvenzverwalters – Ergebnisse einer Befragung von Insolvenzgerichten und Kreditinstituten, ZInsO 2001, 337, 338. Der Fachanwalt für Insolvenzrecht wird vom AG Karlsruhe als notwendiger, aber nicht hinreichender „*Aspekt*" der Vorauswahl gefordert, vgl. *Anstatt*, Zur Auswahl der Insolvenzverwalter beim AG Karlsruhe, ZInsO 2006, 78, 79.

denken ist, dass durch diese Qualifikation allein z. B. nicht die Fachkenntnis für die Abwicklung von Unternehmensinsolvenzen nachgewiesen werden muss.[1430] Gerade bei diesen Insolvenzverfahren werden neben Rechtskenntnissen in besonderem Umfang betriebswirtschaftliche Kenntnisse des Bewerbers für erforderlich gehalten[1431], deren Gewicht gegenüber der juristischen Kompetenz nach einer Befragung aus dem Jahre 2001 zurückbleibt.[1432] Ein professioneller Insolvenzverwalter ist meist durch alle Branchen und in jeder Größenordnung tätig, jedoch kann eine Branchenorientierung Ineffizienzen bei der notwendigen Einarbeitung des Insolvenzverwalters vermeiden helfen.[1433]

2.2.1.2. Erfahrung

Bestandteil der Geschäftskunde i. S. d. § 56 Abs. 1 InsO ist nach dem Willen des Gesetzgebers auch die praktische Insolvenz- und Sanierungserfahrung des Prätendenten. Als ausreichend geschäftskundig kann in der Regel nur eine solche Person angesehen werden, die über mehrjährige, in der Praxis erworbene betriebswirtschaftliche Kenntnisse und Erfahrungen in der Abwicklung von Insolvenzen verfügt.[1434] Diese Eigenschaft wird von Kreditinstituten und Insolvenzgerichten[1435] gerade bei großen Verfahren als sehr wichtig angesehen.[1436]

Das *BVerfG* und – diesem folgend – die spätere instanzgerichtliche Rechtsprechung[1437] hat die spezifische Berufserfahrung als ein den verfassungsrechtlichen Anforderungen gerecht werdendes Auswahlkriterium anerkannt.[1438] Dabei wird den Berufsanfängern nicht unter Verletzung des Art. 3 Abs. 1 GG der chancengleiche Zugang zum Insolvenzverwalteramt verstellt oder in unzumutbarer Weise erschwert,[1439] weil die notwendigen praktischen Erfahrungen auch in Zusammenar-

---

1430 Nach einer Entscheidung des *BGH*, Beschl. v. 16. 4. 2007 – AnwZ (B) 31/06 – ZVI 2007, 373, 374 (Tz. 6), kann der Nachweis praktischer Erfahrung gem. § 5 Satz 1 Buchst. g Nr. 1 FAO nicht durch eine Tätigkeit als „Grauverwalter" geführt werden.

1431 *Uhlenbruck*, Hohe Qualitätsanforderungen an Insolvenzverwalter, KSI 2007, 268.

1432 *Degenhart/Borchers*, Das Anforderungsprofil des Insolvenzverwalters – Ergebnisse einer Befragung von Insolvenzgerichten und Kreditinstituten, ZInsO 2001, 337, 339.

1433 *Stapper*, Neue Anforderungen an den Insolvenzverwalter, NJW 1999, 3441, 3443.

1434 *Stapper*, Neue Anforderungen an den Insolvenzverwalter, NJW 1999, 3441, 3443.

1435 Z. B. fordert das *AG Köln* vom Prätendenten, dass dieser in den letzten drei Jahren mindestens 15 eröffnete Regelinsolvenz- bzw. 20 Verbraucherinsolvenzverfahren federführend als Insolvenzverwalter oder Sachwalter begleitet hat, zit. n. *OLG Köln*, Beschl. v. 27. 9. 2006 – 7 VA 9/05 – NZI 2007, 105.

1436 *Degenhart/Borchers*, Das Anforderungsprofil des Insolvenzverwalters – Ergebnisse einer Befragung von Insolvenzgerichten und Kreditinstituten, ZInsO 2001, 337, 341.

1437 *OLG Nürnberg*, Beschl. v. 5. 9. 2006 – 4 VA 276/06 – ZIP 2007, 80, 81; *OLG Köln*, Beschl. v. 27. 9. 2006 – 7 VA 9/05 – NZI 2007, 105, 107; *OLG Düsseldorf*, Beschl. v. 15. 8. 2008 – 3 VA 4/07 – BeckRS 2008 19429, II.3.b) cc).

1438 *BVerfG*, Beschl. v. 19. 7. 2006 – 1 BvR 1351/06 – ZInsO 2006, 869 (Tz. 10). Ebenso für die Versagung der Bestellung des von der Gläubigerversammlung gewählten Verwalters *LG Neuruppin*, Beschl. v. 19. 10. 2005 – 5 T 165/05 – DZWiR 2006, 258, 259; *OLG Hamm*, Beschl. v. 24. 2. 1987 – 15 W 66/87 – ZIP 1987, 1333.

1439 *BVerfG*, Beschl. v. 19. 7. 2006 – 1 BvR 1351/06 – ZInsO 2006, 869 (Tz. 10).

beit mit einem Insolvenzverwalter erworben[1440] oder in Ausnahmefällen auch durch eine langjährige Arbeit im wirtschafts- und gesellschaftlichen, insbesondere insolvenzrechtlichen Bereich, ohne praktische Erfahrung in der Insolvenzverwaltung nachgewiesen werden können.[1441] Der Erfahrungsnachweis soll nach den Empfehlungen der *Uhlenbruck-Kommission* auch von einem Prätendenten geführt werden, der Bezeichnung „Fachanwalt für Insolvenzrecht" führt.[1442]

Dagegen könnte eingewandt werden, dass einem Bewerber, der nicht bei einem Insolvenzverwalter „in die Lehre" gegangen ist, der Zugang zum Insolvenzverwalteramt praktisch verstellt ist.[1443] Andererseits ist zu bedenken, dass mit der Eröffnung des Insolvenzverfahrens die Verwaltungs- und Verfügungsbefugnis über die Insolvenzmasse gem. §§ 80, 148 InsO auf den Insolvenzverwalter übergeht, der nach §§ 103ff. InsO eigenverantwortlich über das Schicksal der vom Insolvenzschuldner begründeten Rechtsbeziehungen zu entscheiden hat, so dass die Tätigkeit des Insolvenzverwalters von einer Komplexität und Verantwortlichkeit ist, die nicht nur theoretische Kenntnisse, sondern auch praktische Erfahrungen voraussetzt. Ausdrücklich gesetzlich geregelt ist die praktische Erfahrung als berufliches Eignungskriterium in § 43c Abs. 1 Satz 1 BRAO, wonach für die Führung einer Fachanwaltsbezeichnung besondere Kenntnisse und Erfahrungen in einem Rechtsgebiet gefordert werden. Die Erlangung dieser praktischen Erfahrungen ist nicht nur dem bei einem erfahrenen Insolvenzverwalter „in die Lehre gehenden" Prätendenten, sondern auch dem bereits selbständig Tätigen möglich, indem dieser durch die Zusammenarbeit mit einem Insolvenzverwalter die erforderlichen praktischen Erfahrungen erwirbt.[1444] Ist also die ausreichende praktische Erfahrung eines Prätendenten als sachlich gerechtfertigtes Eignungskriterium für die Vorauswahl eines Prätendenten anzuerkennen, so ist die Entscheidung des *AG Hamburg* vom 14. 12. 2006 abzulehnen, in der einem Bewerber, der seine Erfahrungen in der Abwicklung von Insolvenzverfahren als – nach eigenen Angaben – „größtenteils nicht persönlich bestellter Insolvenzverwalter" erworben hat, wegen der darin angeblich begründeten Erledigung der zum Kernbereich des vom (eigentlich) bestellten Insolvenzverwalter selbst zu erfüllenden Aufgabenkreises das „angemessene Verständnis der Insolvenzverwaltertätigkeit" abgesprochen und

---

1440 *BVerfG*, Beschl. v. 19. 7. 2006 – 1 BvR 1351/06 – ZInsO 2006, 869 (Tz. 10); *Frind/Schmidt*, Insolvenzverwalterbestellung: Auswahlkriterien und Grenzen der Justiziabilität in der Praxis, NZI 2004, 533, 534; *Uhlenbruck-Kommission*, Zusammenfassung der Empfehlungen der Uhlenbruck-Kommission, NZI 2007, 507, 508.

1441 *OLG Köln*, Beschl. v. 27. 9. 2006 – 7 VA 9/05 – NZI 2007, 105, 106.

1442 *Uhlenbruck-Kommission*, Zusammenfassung der Empfehlungen der Uhlenbruck-Kommission, NZI 2007, 507, 508.

1443 *OLG Köln*, Beschl. v. 27. 9. 2006 – 7 VA 9/05 – NZI 2007, 105, 106; *Römermann*, Die Bestellung des Insolvenzverwalters, NJW 2002, 3729, 3730.

1444 *BVerfG*, Beschl. v. 19. 7. 2006 – 1 BvR 1351/06 – ZInsO 2006, 869 (Tz. 10); *OLG Düsseldorf*, Beschl. v. 15. 8. 2008 – 3 VA 4/07 – BeckRS 2008 19429, II.3.b) cc), das eine 5-jährige Erfahrung in der selbständigen Abwicklung von Insolvenzverfahren als Vorauswahlkriterium für nicht sachgerecht hält.

dessen Aufnahme in die Vorauswahlliste deshalb abgelehnt wurde.[1445] Denn die Verpflichtung zur eigenverantwortlichen Aufgabenerfüllung trifft allein den „persönlich" bestellten Insolvenzverwalter als „Lehrherrn" und nicht dessen „Lehrjungen".[1446] Die „Erfahrung in der Insolvenzabwicklung" ist aber nur dann ein sachlich gerechtfertigtes und geeignetes Vorauswahlkriterium, wenn die Prätendenten überhaupt die Möglichkeit haben, eine ausreichende Erfahrung in der Insolvenzabwicklung zu erlangen. Ein Prätendent kann die erforderliche Erfahrung nur aufgrund einer ausreichenden Bestellung in Insolvenzverfahren erlangen und bewahren. Wird ein Prätendent in die Vorauswahlliste aufgenommen, dann aber bei konkreten Auswahlentscheidungen nicht berücksichtigt, dann droht ihm – vergleichbar einem Fußballspieler auf der Reservebank – eine Minderung seines „Marktwertes" durch Erfahrungsverlust oder gar ein schleichendes „Delisting".[1447] Damit wird aber die Frage aufgeworfen, ob das Insolvenzgericht nicht zu einer ausreichenden „Versorgung" seiner gelisteten Insolvenzverwalter verpflichtet ist, um einem Erfahrungsverlust vorzubeugen.

2.2.1.3. Erfolgspotentiale

Die Geschäftskunde eines Bewerbers manifestiert sich in dessen Erfolg bei der Abwicklung eines Insolvenzverfahrens und der Verwertung der Insolvenzmasse. Teilweise wird deshalb vertreten, dass dieser Erfolg z. B. an den für die Insolvenzgläubiger erzielten Quoten, an den Sanierungserfolgen, aber auch an dem Erhalt von Arbeitsplätzen gemessen werden kann.[1448]

Befriedigungsquote, der Sanierungserfolg oder die erhaltenen Arbeitsplätze stellen nach der Rechtsprechung des *BVerfG* nur dann ein geeignetes Differenzierungskriterium dar, wenn die der Beurteilung zu Grunde gelegten Verfahrensergebnisse von den Bewerbern in Insolvenzverfahren mit gleichen Anforderungen und Schwierigkeitsgraden erzielt worden sind. Denn der allgemeine Gleichheitssatz (Art. 3 Abs. 1 GG) verpflichtet das Insolvenzgericht, gleiches nicht wesentlich ungleich und ungleiches nicht wesentlich gleich zu behandeln. Angesichts der Vielfalt der möglichen Gestaltungen, der Anforderungen und Schwierigkeitsgraden eines Insolvenzverfahrens bestehen erhebliche Zweifel, dass die Feststellung des Gleichen beziehungsweise Ungleichen objektiv möglich ist. Der Insolvenzrichter kennt bei Eingang eines Insolvenzantrages regelmäßig nicht das Anforderungsprofil und den Schwierigkeitsgrad des Insolvenzverfahrens, so dass die Verfahrensverteilung an die Bewerber im Hinblick auf Anforderungen und

1445 *AG Hamburg*, Bescheid gem. §§ 23 ff. EGGVG v. 14. 12. 2006 – 376.OE 2-67c 2/06 – ZInsO 2006, 1342.

1446 Man kann sich leicht vorstellen, wie schnell die Ausbildung beendet sein dürfte, wenn der „Lehrjunge" gegenüber seinem „Lehrherrn" erklärt, dass er eine ihm übertragene Aufgabe nicht erfüllen kann, weil diese zum Kernbereich der Insolvenzverwaltertätigkeit gehöre und er sich für eine spätere Bewerbung um die Aufnahme in eine Vorauswahlliste nicht von vorneherein exkludieren wolle.

1447 Ein ausschließlich hierauf gestützter „Delisting"-Beschluss dürfte wohl rechtswidrig sein, da das Insolvenzgericht den Erfahrungsverlust selbst verursacht hat.

1448 Beschluss des Bundesarbeitskreises Insolvenzgerichte, in Heft 4 der NZI, S. XI.

Schwierigkeitsgrad des Einzelfalls notwendigerweise willkürlich erfolgen muss. Diese Ausgangslage ist daher ungeeignet, eine dem verfassungsrechtlichen Gleichheitssatz gerecht werdende Vergleichbarkeit der Verfahrensergebnisse herzustellen. Eine schematische, den jeweiligen Einzelfall unberücksichtigt lassende Anwendung dieser Eignungskriterien dürfte daher vor dem *BVerfG* keinen Bestand haben.[1449]

Bedenken gegen die Zulässigkeit des „Erfolgspotentials" als Vorauswahlkriterium lassen sich auch daraus herleiten, dass durch § 1 InsO als Zweck des Regelinsolvenzverfahrens die bestmögliche Befriedigung der Insolvenzgläubiger durch die Verwertung der Insolvenzmasse definiert ist, während der Erhalt von Arbeitsplätzen oder die Sanierung des Schuldnerunternehmens nur wünschenswerte Folge der auf die Insolvenzweckerreichung gerichteten Geschäftstätigkeit des Insolvenzverwalters sein kann.[1450] An diese gesetzgeberische Zwecksetzung ist der Insolvenzrichter bei der Auswahl des Insolvenzverwalters strikt gebunden (Art. 20 Abs. 3 GG), so dass die Anwendung der Auswahlkriterien „Sanierungserfolg" oder „Arbeitsplatzerhalt" eine willkürliche und damit rechtswidrige Ausübung des Auswahlermessens darstellt.

2.2.2. Arbeitsweise des Bewerbers

Die Insolvenzpraxis erkennt auch in der Arbeitsweise eines Prätendenten ein zulässiges und wirksames Vorauswahlkriterium. Im Blickpunkt steht dabei die Frage nach der höchstpersönlichen Verfahrensbearbeitung.

2.2.2.1. Persönliche Verfahrensbearbeitung

In der Literatur und der insolvenzgerichtlichen Auswahlpraxis wird gefordert, dass der Bewerber die Gewähr dafür bieten muss, dass er die wesentlichen Verwaltungs- und Verwertungsmaßnahmen im Rahmen eines Insolvenzverfahrens selbst trifft.[1451] Diese Anforderung kann mit der auf die Einzelfallgeeignetheit des Insolvenzverwalters gerichteten Auswahlentscheidung gem. § 56 Abs. 1 InsO und mit

---

1449 Das *BVerfG* hat bereits in seinem Beschl. v. 12. 7. 2006 – 1 BvR 1469/05 – ZInsO 2006, 1101 (Tz. 14), der schematischen Anwendung des Kriteriums „Ortsnähe" eine Absage erteilt.

1450 Siehe Kap. I.IV.1.

1451 *OLG Hamburg*, Beschl. v. 19. 10. 2005 – 2 Va 2/05 – NZI 2006, 35, 36; *AG Hamburg*, Bescheid gem. §§ 23 ff. EGGVG v. 14. 12. 2006 – 376.OE 2-67c 2/06 – ZInsO 2006, 1342; Jaeger-*Gerhardt*, § 56 InsO, Rdnr. 84; grundlegend: *Graeber*, Die Aufgaben des Insolvenzverwalters im Spannungsfeld zwischen Delegationsbedürfnis und Höchstpersönlichkeit, NZI 2003, 569, 572, der zwischen der zulässigen Heranziehung von Hilfskräften und Spezialisten bei der Erfüllung der Aufgaben sowie der unzulässigen Substitution des Amtes auf eine andere Person unterscheidet; *Frind/Schmidt*, Insolvenzverwalterbestellung: Auswahlkriterien und Grenzen der Justiziabilität in der Praxis, NZI 2004, 533, 534, mit einer deutlichen Absage an das sogen. „Grauverwaltertum". Eine Konsequenz dieses Phänomens ist, dass sich „abtrünnige" Mitarbeiter von sogen. „Grauverwaltern" um eine Aufnahme in die Vorauswahlliste bewerben und den Erfahrungsnachweis mit der Abwicklung von Insolvenzverfahren als „größtenteils nicht persönlich bestellter Insolvenzverwalter" führen, so der Fall vom *AG Hamburg*, Bescheid gem. §§ 23 ff. EGGVG v. 14. 12. 2006 – 376.OE 2-67c 2/06 – ZInsO 2006, 1342, zu entscheidende Fall.

der allgemeinen Unzulässigkeit der Substitution bei gerichtlich bestellten Vermögensverwaltern, wie dies z.B. für den Testamentsvollstrecker in §§ 2218 Abs. 1, 664 BGB bestimmt ist, begründet werden.[1452] Aus diesem Grunde wird die Insolvenzverwaltertätigkeit nach allgemeiner Meinung als höchstpersönliches Amt verstanden.[1453]

Es ist nachvollziehbar, dass ein Insolvenzverwalter ab einer bestimmten Zahl laufend zu bearbeitender Insolvenzverfahren[1454] nicht mehr in der Lage ist, seine Tätigkeit persönlich zu erbringen. Andererseits ist die Anzahl der Regelinsolvenzverfahren, in denen ein Bewerber zum Insolvenzverwalter bestellt worden ist, weder eine notwendige noch eine hinreichende Bedingung dafür, dass der Bewerber diese wie auch weitere Verfahren nicht – zumindest im Kernbereich – selbst abwickeln kann. So ist ein Insolvenzverfahren über ein Unternehmen mit mehreren 1000 Mitarbeitern, einer Vielzahl von Tochterunternehmen im In- und Ausland sowie erheblichen Vermögenswerten denkbar[1455], das die Kapazitäten eines Insolvenzverwalters über einen Zeitraum bis zu mehreren Jahren so in Anspruch nimmt, dass dieser nicht in der Lage ist, andere Insolvenzverfahren maßgeblich selbst und persönlich abzuwickeln. Auf der anderen Seite kann mit einer großen Zahl von Regelinsolvenzen eine reine Abwicklungstätigkeit verbunden sein, die sich in der Geltendmachung von Schadensersatz- und Anfechtungsansprüchen oder Forderungen aus Warenlieferungen und Leistungen erschöpft und in der Hauptsache die Prozessabteilung des Insolvenzverwalters in Anspruch nimmt.

Die Höchstpersönlichkeit der Insolvenzverwaltertätigkeit kann jedoch nur dann ein geeignetes Vorauswahlkriterium sein, wenn der Insolvenzverwalter gesetzlich hierzu verpflichtet ist. Teilweise wird dieses unter Verweis auf § 4 InsO i.V.m. § 407a Abs. 2 Satz 1 ZPO angenommen.[1456] Nach dieser Vorschrift ist der gerichtliche Sachverständige nicht befugt, den ihm erteilten Auftrag auf einen anderen zu übertragen. Jedoch scheitert eine analoge Anwendung dieser Vorschrift auf den Insolvenzverwalter bereits daran, dass dessen Tätigkeit – was keiner weiteren Erläuterung bedarf – mit derjenigen eines Sachverständigen nicht vergleichbar ist und

---

1452 *Graeber*, Die Aufgaben des Insolvenzverwalters im Spannungsfeld zwischen Delegationsbedürfnis und Höchstpersönlichkeit, NZI 2003, 569, 572.

1453 *Graeber*, Die Aufgaben des Insolvenzverwalters im Spannungsfeld zwischen Delegationsbedürfnis und Höchstpersönlichkeit, NZI 2003, 569, 572, mit einem Versuch, eine Abgrenzung zwischen den höchstpersönlichen und den in zulässiger Weise delegierbaren Aufgabenteilen vorzunehmen; *Häsemeyer*, InsR, Rdnr. 6.28; Kübler/Prütting-*Lüke*, § 56 InsO, Rdnr. 71; *Smid*, Der Kernbereich der Insolvenzverwaltung, DZWiR 2002, 265, 266; Uhlenbruck-*Uhlenbruck*, § 56 InsO, Rdnr. 24.

1454 Nach *Frind/Schmidt*, Insolvenzverwalterbestellung: Auswahlkriterien und Grenzen der Justiziabilität in der Praxis, NZI 2004, 533, 534, ist dieses bei einer Bestellung zum Insolvenzverwalter in über 70 Unternehmensinsolvenzen pro Jahr der Fall. Für *Graeber*, Die Aufgaben des Insolvenzverwalters im Spannungsfeld zwischen Delegationsbedürfnis und Höchstpersönlichkeit, NZI 2003, 569, 578, sollte der Insolvenzrichter bei 74 Unternehmensinsolvenzen pro Jahr die Aus- oder Überlastung des Bewerbers überdenken.

1455 Man denke an die Insolvenz der Philip Holzmann AG oder der BenQ Deutschland GmbH.

1456 *Frind/Schmidt*, Insolvenzverwalterbestellung: Auswahlkriterien und Grenzen der Justiziabilität in der Praxis, NZI 2004, 533, 534.

auch nicht dadurch vergleichbar wird, dass der gem. § 5 Abs. 1 Satz 2 InsO im Eröffnungsverfahren bestellte Sachverständige regelmäßig auch zum Insolvenzverwalter im Falle der Verfahrenseröffnung bestellt wird.[1457]

Die Vorschriften der InsO enthalten keine dem § 407a Abs. 2 Satz 1 InsO vergleichbare Regelung. Aus § 56 Abs. 1 InsO folgt, dass zum Insolvenzverwalter nur eine natürliche Person bestellt werden kann. Der Regierungsentwurf zu § 56 InsO (§ 65 InsO des RegE) sah eine Beschränkung auf natürliche Personen nicht vor und erklärte in der Entwurfsbegründung ausdrücklich die Bestellung von Steuerberatungs-, Wirtschaftsprüfungs- und Buchprüfungsgesellschaften zum Insolvenzverwalter für zulässig.[1458] Eine juristische Person kann die Insolvenzverwaltertätigkeit naturgemäß nur durch ihre Mitarbeiter erbringen, so dass in diesem Fall das Kriterium der Höchstpersönlichkeit allenfalls den Einsatz von Subunternehmern bei der Insolvenzabwicklung ausschließen würde. Auf die Kritik des Rechtsausschusses, dass man Haftungs- und Aufsichtsprobleme angesichts der bei juristischen Personen austauschbar Handelnden sowie Interessenkollisionen befürchte,[1459] wurde die Einbeziehung von juristischen Personen als Insolvenzverwalter aufgegeben. Diese Diskussion im Gesetzgebungsverfahren belegt, dass die Beschränkung der Insolvenzverwalterschaft auf natürliche Personen in der Erwartung einer höchstpersönlichen Insolvenzverwaltertätigkeit erfolgt ist.[1460]

Der Grundsatz der Höchstpersönlichkeit der Insolvenzverwaltertätigkeit kann deshalb als zulässiges Vorauswahlkriterium angesehen werden. Wie die Frage nach der richtigen Differenzierung zwischen den persönlich zu erfüllenden und den delegierbaren Aufgaben des Insolvenzverwalters zu beantworten ist, wird die Insolvenzpraxis zeigen.

2.2.2.2. Arbeitsweise

Aber auch die allgemeine Arbeitsweise kann als Vorauswahlkriterium in Betracht kommen. Da diese dem Insolvenzrichter bei einer erstmaligen Bewerbung regelmäßig nicht bekannt ist, liegt die Bedeutung dieses Kriteriums eher in dem Verbleib eines Prätendenten in der Vorauswahlliste („Delisting").

Es ist gerechtfertigt, von einem Insolvenzverwalter jederzeitige Erreichbarkeit – auch während der Urlaubsabwesenheit – für Fragen des Insolvenzgerichts zu fordern.[1461] Ein gut organisiertes Verwalterbüro und die modernen Kommunikationsmöglichkeiten können die Erfüllung dieser Anforderung in zumutbarer Weise sicherstellen. Auf der anderen Seite kann eine „umständliche, langwierige, auf-

---

1457 So aber *Frind/Schmidt*, Insolvenzverwalterbestellung: Auswahlkriterien und Grenzen der Justiziabilität in der Praxis, NZI 2004, 533, 534.
1458 *Balz/Landfermann*, Die neuen Insolvenzgesetze, S. 134.
1459 *Balz/Landfermann*, Die neuen Insolvenzgesetze, S. 135.
1460 Siehe hierzu: Jaeger-*Gerhardt*, § 56 InsO. Rdnr. 34f.
1461 *AG Göttingen*, Beschl. v. 11. 3. 2003 – 74 IN 137/02 – NZI 2003, 267 (für die Ablehnung der Bestellung eines nach § 57 InsO gewählten Insolvenzverwalters); *Frind/Schmidt*, Insolvenzverwalterbestellung: Auswahlkriterien und Grenzen der Justiziabilität in der Praxis, NZI 2004, 533, 534.

wändige und wenig effektive Arbeitsweise" kein Kriterium sein, die Aufnahme eines Bewerbers in die Vorauswahlliste abzulehnen[1462], zumal die Abgrenzung zur sorgfältigen Verfahrensbearbeitung im Einzelfall schwierig sein wird.

Teilweise wird gefordert, dass sich der Bewerber durch Abgabe einer Konformitätserklärung zur Einhaltung der Verhaltenskodizes der Insolvenzverwalterverbände und der generellen Abwicklungsrichtlinien des Insolvenzgerichts verpflichtet.[1463] Zweck der Konformitätserklärung kann sicherlich nicht sein, den Bewerber zu veranlassen, seine Zuverlässigkeit und persönliche Integrität zu garantieren und die Aufsicht des Insolvenzgerichts gem. § 58 InsO zu akzeptieren[1464], da bei Fehlen entsprechender Zuverlässigkeit und persönlicher Integrität eine Aufnahme in die Vorauswahlliste ausscheidet und der Insolvenzverwalter kraft Gesetz und nicht erst aufgrund einer Selbstverpflichtung der insolvenzgerichtlichen Aufsicht unterworfen ist. Nach hier vertretener Auffassung haben die *„Abwicklungsrichtlinien der Insolvenzgerichte"* für die Insolvenzverwalter keine verbindliche Wirkung, sondern können allenfalls das Insolvenzgericht in der Ausübung seines Aufsichtsermessens binden (Selbstbindung).[1465]

2.2.3. Persönlichen Verhältnisse des Bewerbers

Neben der Geschäftskunde und der Unabhängigkeit des Bewerbers können auch die persönlichen Verhältnisse des Prätendenten für die Vorauswahl herangezogen werden, wenn diese – wie von der Rechtsprechung des BVerfG gefordert – in Bezug auf die Insolvenzverwaltertätigkeit sachlich gerechtfertigt sind.

2.2.3.1. „soft skills"

Unter „soft skills" werden gemeinhin menschliche Eigenschaften, Fähigkeiten und Persönlichkeitszüge, die für die erfolgreiche Berufsausübung im Verhältnis zu Mitarbeitern und Kunden nötig oder förderlich sind, verstanden. Hierzu zählen Disziplin, Umgangsformen, Höflichkeit, Verhandlungsgeschick, Durchsetzungsvermögen, sprachliche Kompetenz und Motivation.[1466] Nach Auffassung von *Mönning* wird es mittlerweile als selbstverständlich erachtet, dass der Beruf des Insolvenzverwalters auch persönliche Charaktereigenschaften verlangt.[1467] Eine im Jahr 2001 bei Insolvenzgerichten und Kreditinstituten durchgeführte Befragung zur Bedeutung von Verhandlungsgeschick, Führungsqualität, Teamfähigkeit und

---

1462 *OLG München*, Beschl. v. 7. 12. 2004 – 9 VA 4-6/04 – ZVI 2005, 318, 319.

1463 *Frind/Schmidt*, Insolvenzverwalterbestellung: Auswahlkriterien und Grenzen der Justiziabilität in der Praxis, NZI 2004, 533, 535; *Mönning*, Die Auswahl des Verwalters als Problem der Qualitätssicherung, KS-InsO, 2. A., S. 375, 395 (Rdnr. 67 f.); a. A. im Hinblick auf eine Negativerklärung zu Interessenkollisionen im Einzelfall, *Kuhn/Uhlenbruck*, § 78 KO Rdnr. 2c.

1464 So aber *Frind/Schmidt*, Insolvenzverwalterbestellung: Auswahlkriterien und Grenzen der Justiziabilität in der Praxis, NZI 2004, 533, 535.

1465 Siehe Kap. C.III.2.4.

1466 *Baade*, Zur Auswahl der Konkurs- und Vergleichsverwalter, KTS 1959, 40, 42; *Uhlenbruck/Mönning*, Listing, Delistung und Bestellung von Insolvenzverwaltern, ZIP 2008, 157, 165.

1467 *Mönning*, Die Auswahl des Verwalters als Problem der Qualitätssicherung, KS-InsO, 2. A., S. 375, 398, Rdnr. 81.

Konfliktmanagement beim Insolvenzverwalter hat ergeben, dass deren Bedeutung – insbesondere hinsichtlich Verhandlungsgeschick und Konfliktmanagement – grundsätzlich hoch eingeschätzt wurde, wobei die Insolvenzgerichte eine höhere Einstufung als die Kreditinstitute vorgenommen hatten.[1468] Hierzu gehört die Wahrung des Sachlichkeitsgebotes, das als Berufspflicht für Rechtsanwälte gesetzlich normiert worden ist (§ 43 a Abs. 3 Satz 1 BRAO).[1469] Die in diesem Zusammenhang von der Insolvenzpraxis zu beantwortende Frage ist, wie die „soft skills" gemessen werden können, so dass ein Vergleich unter den verschiedenen Bewerbern möglich ist.

2.2.3.2. Strafrechtliche Verurteilung

Gegenstand der Insolvenzverwaltung ist die Verwaltung fremden Vermögens (§§ 80, 148 InsO) von teilweise erheblichem Umfang und setzt deshalb das Vertrauen aller Verfahrensbeteiligten in die Ordnungsmäßigkeit der Tätigkeit des Insolvenzverwalters voraus. Die rechtskräftige Verurteilung wegen der Begehung von Straftaten und die Anhängigkeit eines staatsanwaltlichen Ermittlungsverfahrens oder Strafverfahren könnten deshalb die Aufnahme in die Vorauswahlliste hindern. Wie bereits festgestellt worden ist, ist Gegenstand der insolvenzgerichtlichen Aufsicht nicht nur die Tätigkeit des Insolvenzverwalters, sondern auch dessen Leumund.[1470] Folglich ist das Insolvenzgericht berechtigt, vom Bewerber um das Insolvenzverwalteramt Auskunft über etwaige Vorstrafen einzuholen.

Kein Zweifel dürfte darin bestehen, dass ein strafrechtliches Ermittlungsverfahren gegen einen Bewerber oder dessen strafrechtliche Verurteilung wegen eines Vermögensdeliktes, insbesondere nach §§ 246, 266 StGB, diesen von der vermögensverwaltenden Insolvenzverwaltertätigkeit gänzlich ausschließt.[1471] Aber auch die Verurteilung wegen anderer Straftaten kann die Eignung des Bewerbers in Frage stellen, da sich darin eine Einstellung zur Rechtsordnung manifestieren kann, die mit der eigenverantwortlichen Verwaltung fremden Vermögens unter der Aufsicht eines staatlichen Organs nicht in Einklang zu bringen ist.[1472]

Das *OLG Stuttgart* hat über die Amtshaftungsklage eines durch Veruntreuungen des Insolvenzverwalters, der bei seiner Bestellung bereits von der Strafabteilung des Insolvenzgerichts wegen eines Bankrottdelikts verurteilt worden war, geschädigten Verfahrensbeteiligten entschieden, dass aus Vorstrafen kein absoluter Aus-

---

1468 *Degenhart/Borchers*, Das Anforderungsprofil des Insolvenzverwalters – Ergebnisse einer Befragung von Insolvenzgerichten und Kreditinstituten, ZInsO 2001, 337, 340.

1469 Der Insolvenzverwalter kann sich wegen ehrkränkender Äußerungen gegenüber den Verfahrensbeteiligten nicht auf den für das Gerichtsverfahren anerkannten Ausschluss der Ehrenschutzklage berufen, *BGH*, Urt. v. 18. 10. 1994 – VI ZR 74/94 – NJW 1995, 397.

1470 Siehe Kap. D.II.2.3.

1471 *Frind*, Vorbestrafte als Insolvenzverwalter?, ZInsO 2008, 18, 20; *Förster*, Verwalterkontrolle durch „harte" Inhaltskriterien – oder geht es um ein Problem der Justiz, ZInsO 2006, 865.

1472 Man stelle sich nur einen nach §§ 86, 86 a StGB wegen Verbreitung oder Verwendung von Nazipropaganda oder § 176 StGB wegen sexuellen Missbrauchs von Kindern verurteilten Insolvenzverwalter vor. Ebenso: *Frind*, Vorbestrafte als Insolvenzverwalter?, ZInsO 2008, 18, 20.

schließungsgrund hergeleitet werden kann, sondern in jedem Einzelfall zu prüfen ist, ob aus der Vorstrafe auf die Ungeeignetheit oder Unzuverlässigkeit geschlossen werden kann.[1473] Auf die Nichtzulassungsbeschwerde des Amtshaftungsklägers hat der *BGH* mit Beschluss vom 31. 1. 2008 festgestellt, dass eine Vorstrafe wegen Insolvenzvergehen auch bei fehlendem Zusammenhang mit einer beruflichen Tätigkeit als Rechtsanwalt oder Insolvenzverwalter im Allgemeinen Zweifel an der Zuverlässigkeit des potentiellen Verwalters begründet und daher Anlass sein kann, von dessen Ernennung abzusehen, mindestens aber nachträglich eine erheblich gesteigerte Überwachung erfordert.[1474] Dieser Entscheidung ist zuzustimmen: die Verurteilung wegen eines Bankrottdelikts kennzeichnet nach der gesetzlichen Wertung in §§ 1 Satz 2, 290 Abs. 1 Nr. 1 InsO einen unredlichen Schuldner. Ein unredlicher Schuldner kann aber kein zuverlässiger Insolvenzverwalter sein. Für eine Einzelfallbeurteilung spricht auch die Bedeutung einer ablehnenden Vorauswahlentscheidung für die durch Art. 12 Abs. 1 GG geschützte berufliche Betätigungsmöglichkeit des Bewerbers.

2.2.3.3. Geordnete wirtschaftliche Verhältnisse

Die Veruntreuungsfälle unter den Insolvenzverwaltern zeigen, dass die wirtschaftlichen Verhältnisse des Bewerbers für die ordnungsgemäße Insolvenzabwicklung und Masseverwaltung von großer Bedeutung sein können. *Graeber* hat in diesem Kontext auf den zunehmenden Wettbewerbsdruck hingewiesen, der von der in den letzten Jahren abnehmenden Anzahl der unter Vergütungsgesichtspunkten lukrativen Unternehmensinsolvenzen und der insbesondere angesichts der bundesverfassungsgerichtlichen Rechtsprechung zunehmenden Bewerberzahl ausgeht.[1475] Es stellt sich daher die Frage, ob die wirtschaftliche Situation des Bewerbers ein zulässiges Auswahlkriterium sein kann.

Es ist bereits festgestellt worden, dass zulässiger Gegenstand der insolvenzgerichtlichen Aufsicht die persönlichen, wirtschaftlichen Verhältnisse eines Insolvenzverwalters sind, soweit diese für die Insolvenzverwaltertätigkeit von Bedeutung sind.[1476]

Die Berufsordnungen der Kammerberufe gehen davon aus, dass die Interessen der Mandanten gefährdet sind, wenn sich der Berufsträger in Vermögensverfall befindet, und sehen deshalb, ohne Einräumung eines Ermessens, den Widerruf der Zu-

---

1473 *OLG Stuttgart*, Urt. v. 9. 5. 2007 – 4 U 204/06 – ZIP 2007, 1822, 1823.
1474 *BGH*, Beschl. v. 31. 1. 2007 – III ZR 161/07 – BeckRS 2008 02875. Die Abweisung der Nichtzulassungsbeschwerde ist damit begründet worden, dass im Streitfall die Vorinstanzen auf der Grundlage der vom Landgericht durchgeführten Beweisaufnahme unangegriffen festgestellt haben, dass weder der Insolvenzrichter noch der zuständige Rechtspfleger von den Vorstrafen des zum Insolvenzverwalter bestellten Rechtsanwalts Kenntnis hatten, und der BGH an diese tatsächlichen Feststellungen gebunden ist.
1475 *Graeber*, Wie viele Insolvenzverwalter verträgt das Insolvenzverfahren?, ZInsO 2006, 851 ff., 854.
1476 Siehe Kap. D.II.2.3.

lassung bei Vermögensverfall des Berufsträgers vor.[1477] Angesichts der überwiegenden Zugehörigkeit der Insolvenzverwalter zu einem Kammerberuf läge ein nicht vertretbarer Wertungswiderspruch darin, einen Insolvenzverwalter für geeignet i.S.d. § 56 Abs. 1 InsO zu halten, dem seine Berufszulassung wegen ungeordneter wirtschaftlicher Verhältnisse entzogen worden ist oder werden kann.

2.2.3.4. Seriosität

Die durch z.B. §§ 80, 148, 103ff. InsO dem Insolvenzverwalter an fremden Vermögen eingeräumten weiten Machtbefugnisse bedingen eine besondere Vertrauensstellung, die mit besonderen Erwartungen der Verfahrensbeteiligten an die persönliche Integrität, an die Redlichkeit und Zuverlässigkeit des Insolvenzverwalters einhergeht[1478], die z.B. dadurch enttäuscht werden können, dass ein Bewerber eine besondere Qualifikation vorgibt, die er tatsächlich nicht hat. Die Vortäuschung der Eignung zum Insolvenzverwalteramt offenbart deshalb die Ungeeignetheit des Bewerbers i.S.d. § 56 Abs. 1 InsO, weil die hierfür erforderliche persönliche Integrität fehlt.[1479]

2.2.4. Das Alter des Bewerbers

In der Insolvenzpraxis wird immer wieder das Alter des Prätendenten als geeignetes Vorauswahlkriterium angesehen.[1480] Diese Auswahlpraxis könnte als Diskriminierung wegen des Alters gegen §§ 1, 7 Abs. 1 des am 18. 8. 2006 in Kraft getretenen Allgemeinen Gleichstellungsgesetz (AGG) verstoßen. Dieses Gesetz dient der Umsetzung von vier europäischen Richtlinien: der Richtlinie zur Anwendung des Gleichbehandlungsgrundsatzes ohne Unterschied der Rasse oder der ethnischen Herkunft[1481], der Richtlinie zur Festlegung eines allgemeinen Rahmens für die Verwirklichung der Gleichbehandlung in Beschäftigung und Beruf[1482], der Richt-

---

1477 Siehe Kap. D.II.2.1.2.2.

1478 Eine im Jahre 2001 durchgeführte Befragung ergab, dass auch Vertrauenswürdigkeit, Integrität und Zuverlässigkeit als Qualitätsmerkmale eines Insolvenzverwalters angesehen wurden, *Degenhart/Borchers*, Das Anforderungsprofil des Insolvenzverwalters – Ergebnisse einer Befragung von Insolvenzgerichten und Kreditinstituten, ZInsO 2001, 337, 342.

1479 BGH, Beschl. v. 6. 5. 2004 – IX ZB 349/02 – ZVI 2004, 367, 368, für den Fall eines Insolvenzverwalters, der in strafbarer Weise dem Insolvenzgericht einen Hochschulabschluss vorgetäuscht hatte.

1480 So soll das AG Hamburg die Aufnahme von Bewerbern in die Vorauswahlliste ablehnen, die das sechzigste Lebensjahr überschritten haben, und langjährig tätige und erfahrene Insolvenzverwalter ab dieser Altersgrenze nicht mehr in Insolvenzverfahren bestellen. Beim AG Charlottenburg liegt diese Altersgrenze beim 62-sten und beim AG Paderborn beim 65. Lebensjahr.

1481 Richtlinie 2000/43/EG vom 29. 6. 2000, ABlEG Nr. L 180, S. 22.

1482 Richtlinie 2000/78/EG vom 27. 11. 2000, ABlEG Nr. L 303, S. 16. Der *EuGH*, Urt. v. 16. 10. 2007 – C-411/05 (Félix Palacios de la Villa/Cortefiel Servicios SA) – NJW 2008, 3339, hat diese Richtlinie als allgemeinen Rahmen angesehen, der gewährleisten soll, dass jeder „in Beschäftigung und Beruf“ gleichbehandelt wird, indem sie dem Betroffenen einen wirksamen Schutz vor Diskriminierungen aus einem der in ihrem Art. 1 genannten Gründe – darunter auch das Alter – bietet (Tz. 42). Zwar soll die Richtlinie nicht die einzelstaatlichen Bestimmungen über die Festsetzung der Altersgrenzen für den Eintritt in den Ruhestand berühren, schließt aber die Anwendung auf nationale Maßnahmen, mit denen die Bedingungen geregelt werden, nicht aus (Tz. 44).

linie zur Änderung der Richtlinie 76/207/EWG des Rates zur Verwirklichung des Grundsatzes der Gleichbehandlung von Männern und Frauen hinsichtlich des Zugangs zur Beschäftigung, zur Berufsbildung und zum beruflichen Aufstieg sowie in Bezug auf die Arbeitsbedingungen[1483] sowie der Richtlinie zur Verwirklichung des Grundsatzes der Gleichbehandlung von Männern und Frauen beim Zugang zu und bei der Versorgung mit Gütern und Dienstleistungen[1484].

Hauptanliegen der vorgenannten Richtlinien ist, neben der Schaffung zusätzlicher Rechte gegen Diskriminierung vor allem die effektive Rechtsdurchsetzung von Diskriminierungsverboten.[1485] Durch Art. 3 Abs. 3 GG bestand auch vor Inkrafttreten des AGG bereits ein umfangreicher Schutz vor Diskriminierungen. § 1 AGG wiederholt diese Diskriminierungsverbote daher lediglich weitgehend. Zu einer Ergänzung kommt es nur insoweit, als dass die in Art. 3 Abs. 3 GG unerwähnt gebliebenen Diskriminierungen wegen des Alters oder der sexuellen Identität ausdrücklich verboten werden. Über den verfassungsrechtlichen Schutz des Art. 3 GG vor Ungleichbehandlung und Diskriminierung hinaus, wurde zudem durch die Schaffung des AGG der Anspruch auf Gleichbehandlung einfachgesetzlich auf das Privatrechtsverhältnis, insbesondere auf das Verhältnis zwischen Arbeitgebern und Beschäftigten im Bereich Beschäftigung und Beruf, ausgedehnt[1486].

2.2.4.1. Geltung des AGG im Vorauswahlverfahren

Zunächst ist zu prüfen, ob die Vorschriften des AGG überhaupt auf das insolvenzgerichtliche Vor- und Auswahlverfahren im Rahmen der Insolvenzverwalterbestellung anwendbar sind.

2.2.4.1.1. Persönlicher Anwendungsbereich

Gem. § 6 Abs. 3 AGG werden auch Selbstständige und Organmitglieder vom Anwendungsbereich des 2. Abschnittes des AGG erfasst, soweit Bedingungen für den Zugang zur Erwerbstätigkeit oder den beruflichen Aufstieg betroffen sind.

Zu einer weiteren Konkretisierung des Anwendungsbereichs des AGG gelangt man mit einem Blick auf die europarechtlichen Vorgaben. Durch § 6 Abs. 3 AGG soll jeweils Art. 3 Abs. 1 Nr. 1 a RL 2000/43/EG, 2000/78/EG und 76/207/EWG umgesetzt werden.[1487] Diese Vorschrift besagt, dass diese Richtlinien für alle Personen in öffentlichen und privaten Bereichen, einschließlich öffentlicher Stellen, in Bezug auf die Bedingungen – einschließlich Auswahlkriterien und Einstellungsbedingungen – für den Zugang zu unselbständiger und selbständiger Erwerbstätigkeit, unabhängig von Tätigkeitsfeld und beruflicher Position, sowie für den beruflichen Aufstieg gelten. In persönlicher Hinsicht müsste es sich also bei der

1483 Richtlinie 2002/73/EG vom 23. 9. 2002, ABlEG Nr. L 269, S. 15.
1484 Richtlinie 2004/113/EG vom 13. 12. 2004, ABlEU Nr. 373, S. 37.
1485 *Mahlmann*, Gleichheitsschutz und Privatautonomie, ZEuS 2002, 407, 410.
1486 *Eßer/Baluch*, Bedeutung des allgemeinen Gleichbehandlungsgesetzes für Organmitglieder, NZG 2007, 321.
1487 ErfK-*Schlachter*, § 6 AGG, Rdnr. 3.

Tätigkeit des Insolvenzverwalters um eine selbstständige Erwerbstätigkeit handeln. Selbstständig ist ein Tätigwerden außerhalb einer Anstellung und ohne Weisungsgebundenheit. Die durch Art. 12 Abs. 1 GG geschützte „Erwerbstätigkeit" erfasst jede Tätigkeit, die auf gewisse Dauer angelegt ist und der Schaffung und Erhaltung einer Lebensgrundlage dient.[1488]

Der Insolvenzverwalter übt die Verwaltungs- und Verfügungsbefugnis über das Schuldnervermögen kraft eines privaten[1489] Amtes aus, das ihm durch hoheitlichen Bestellungsbeschluss übertragen wird.[1490] Dabei steht der Insolvenzverwalter in keinem Beschäftigungsverhältnis zum Insolvenzgericht oder zu anderen Verfahrensbeteiligten, sondern handelt weisungsfrei und eigenverantwortlich. Zudem handelt dieser regelmäßig auch zum Zwecke der Schaffung und Erhaltung seiner Lebensgrundlage. Bei der Tätigkeit des Insolvenzverwalters handelt es sich damit um eine selbstständige Erwerbstätigkeit.

2.2.4.1.2. Sachlicher Anwendungsbereich

Außerdem ist in sachlicher Hinsicht für eine Berufung auf das AGG erforderlich, dass es sich bei den in Frage stehenden Bedingungen, um solche handelt, die den Zugang zur Erwerbstätigkeit oder den beruflichen Aufstieg betreffen. Die Festlegung einer starren Altersgrenze für die Aufnahme in die insolvenzgerichtliche Vorauswahlliste bzw. für die Bestellung des Insolvenzverwalters durch das Insolvenzgericht betrifft unmittelbar den Zugang zu einer selbstständigen Erwerbstätigkeit. Damit ist auch der sachliche Anwendungsbereich des § 6 Abs. 3 AGG eröffnet.

2.2.4.2. Benachteiligungsverbot i.S.d. §§ 1, 7 Abs. 1 AGG

Weitere Voraussetzung ist ein Verstoß gegen ein Benachteiligungsverbot des AGG. Nach § 1, 7 Abs. 1 AGG sind unter anderem Benachteiligungen wegen des Alters unzulässig. Das Verbot von Benachteiligungen erfasst dabei sowohl Mindest- als auch Höchstaltersgrenzen.[1491] Auch ist unter dem Begriff des Alters kein besonders hohes oder niedriges Alter zu verstehen, sondern vielmehr jedes Lebensalter.[1492]

Die Festlegung eines Höchstalters von 60 Jahren für die Auswahl und Bestellung des Insolvenzverwalter benachteiligt ältere Bewerber gegenüber jüngeren und fällt damit grundsätzlich unter das Benachteiligungsverbot der §§ 1, 7 Abs. 1 AGG.

1488 *BVerfG*, Urt. v. 1. 3. 1979 – 1 BvR 532, 533/77, 419/78, 1 BvL 21/78 – NJW 1979, 699, 707; Urt. v. 11. 6. 1958 – 1 BvR 596/56 – NJW 1958, 1035, 1036.
1489 Da der Insolvenzverwalter kein öffentliches Amt ausübt, scheidet die Anwendbarkeit des Art. 33 Abs. 2 GG aus, *BVerfG*, Beschl. v. 23. 5. 2006 – 1 BvR 2530/04 – NZI 453, 454 (Tz. 32).
1490 So die herrschende Amtstheorie, *Häsemeyer*, InsR, Rdnr. 15.06.
1491 *Thüsing*, Arbeitsrechtlicher Diskriminierungsschutz, Rdnr. 212.
1492 ErfK-*Schlachter*, § 1 AGG, Rdnr. 9.

2.2.4.2.1. Rechtfertigung der Benachteiligung

Dieser Verstoß gegen das Benachteiligungsverbot der §§ 1, 7 Abs. 1 AGG könnte jedoch gerechtfertigt sein. In Betracht kommen die durch §§ 8 Abs. 1, 10 AGG normierten Rechtfertigungsgründe.

2.2.4.2.1.1. Rechtfertigung nach § 8 Abs. 1 AGG

Der allgemeine Rechtfertigungsgrund des § 8 Abs. 1 AGG bestimmt einheitlich für alle Diskriminierungsmerkmale des AGG, dass eine Benachteiligung zulässig ist, wenn der Grund für die Diskriminierung wegen der Art der auszuübenden Tätigkeit oder der Bedingungen ihrer Ausübung eine wesentliche und entscheidende berufliche Anforderung darstellt, sofern der Zweck rechtmäßig und die Anforderung angemessen ist.

Zunächst müsste es sich bei der Altershöchstgrenze von 60 Jahren für die Auswahl und die Bestellung des Insolvenzverwalters um eine wesentliche und entscheidende berufliche Anforderung handeln. Eine Anforderung ist dann für eine bestimmte berufliche Tätigkeit wesentlich und entscheidend, wenn die Tätigkeit ohne sie nicht oder nicht ordnungsgemäß durchgeführt werden kann.[1493] Für die Tätigkeit des Insolvenzverwalters kann nicht angenommen werden, dass eine feste Altersgrenze von 60 Jahren erforderlich ist, um sicherzustellen, dass diese berufliche Tätigkeit ordnungsgemäß durchgeführt werden kann. Ob Bewerber die Anforderungen eines Arbeitsplatzes erfüllen können, ist grundsätzlich individuell festzustellen und darf nicht wegen der Geschlechtszugehörigkeit oder des Alters vermutet werden.[1494] Eine feste allgemein gültige Altershöchstgrenze kommt daher als wesentliche und entscheidende Anforderung regelmäßig nur bei Berufen in Betracht, in denen die körperliche Belastbarkeit wesentlicher Teil des Berufes ist und das Alter als eine legitime Vertypung der Belastbarkeitsgrenze erscheint.[1495] Dieses ist beispielsweise für Feuerwehrmänner, Fluglotsen oder Busfahrer anzunehmen. Bei der Tätigkeit als Insolvenzverwalter kann hingegen regelmäßig davon ausgegangen werden, dass auch Personen über 60 Jahren eine entsprechende physische und psychische Konstitution aufweisen, um das Amt des Insolvenzverwalters auszuüben. Die Höchstaltersgrenze von 60 Jahren ist daher für die Insolvenzverwaltung keine wesentliche und entscheidende Anforderung i.S.d. § 8 Abs. 1 AGG.

Eine Rechtfertigung durch den allgemeinen Rechtfertigungsgrund des § 8 Abs. 1 AGG scheidet folglich aus.

1493 ErfK-*Schlachter*, § 8 AGG, Rdnr. 4; *Thüsing*, Arbeitsrechtlicher Diskriminierungsschutz, Rdnr. 326.
1494 *LAG Köln*, Urt. v. 8. 11. 2000 – 3 Sa 974/00 – NZA-RR 2001, 232, 233.
1495 *Bauer/Göpfert/Krieger*, § 8 AGG, Rdnr. 36; *Thüsing*, Arbeitsrechtlicher Diskriminierungsschutz, Rdnr. 345.

2.2.4.2.1.2. Rechtfertigung nach § 10 AGG

Gem. § 10 Satz 1 AGG ist eine unterschiedliche Behandlung wegen des Alters jedoch dann zulässig, wenn sie durch ein legitimes Ziel gerechtfertigt ist und die Mittel zur Erreichung d ieses Ziels angemessen und erforderlich sind.

Die Legitimität eines Zieles ist dabei unter Berücksichtigung der fachlich-beruflichen Zusammenhänge aus Sicht des Arbeitgebers zu beurteilen. Dies können nach dem Willen des Gesetzgebers auch Ziele sein, die über die Situation eines einzelnen Unternehmens oder einer Branche hinausgehen und von allgemeinem Interesse sind, wie etwa Beschäftigungspolitik, Arbeitsmarkt oder berufliche Bildung.[1496] Zur Konkretisierung des nach § 10 Satz 1 AGG erforderlichen legitimen Zieles dienen die in § 10 Satz 2 Nr. 1–8 AGG aufgeführten Regelbeispiele. Gem. § 10 Satz 2 Nr. 3 AGG können etwa unterschiedliche Behandlungen wegen des Alters die Festsetzung eines Höchstalters auf Grund der spezifischen Ausbildungsanforderungen eines bestimmten Arbeitsplatzes oder auf Grund der Notwendigkeit einer angemessenen Beschäftigungszeit vor dem Eintritt in den Ruhestand einschließen. Dem liegt die Überlegung zugrunde, dass bei älteren Beschäftigten, deren Rentenalter bereits absehbar ist, einer aufwendigen Einarbeitung am Arbeitsplatz auch eine betriebswirtschaftlich sinnvolle Mindestdauer einer produktiven Arbeitsleistung gegenüberstehen muss.[1497]

Diese auf das Verhältnis zwischen Arbeitgeber und Arbeitnehmer abzielenden Konkretisierungen des nach § 10 Satz 1 AGG erforderlichen legitimen Zieles einer unterschiedlichen Behandlung wegen des Alters können nur schwerlich auf das Verhältnis zwischen Insolvenzgericht und Prätendent um das Insolvenzverwalteramt übertragen werden. Das Kernargument für die in § 10 Satz 2 Nr. 3 AGG angesprochene unterschiedlichen Behandlung wegen des Alters – die zu aufwendige Einarbeitung eines ohnehin vor Eintritt in den Ruhestand befindlichen Bewerbers – kann kaum als Rechtfertigung für eine Altersgrenze von 60 Jahren für das insolvenzgerichtliche (Vor-)Auswahlverfahren herangezogen werden, insbesondere nicht für solche älteren Bewerber, die bereits jahrelang als Insolvenzverwalter tätig waren.

Die Gefahr des Eintritts in den Ruhestand vor Beendigung des Insolvenzverfahrens kann pauschal für jeden Insolvenzverwalter, der das sechzigste Lebensjahr überschritten hat, nicht vermutet werden. Anders als bei abhängig Beschäftigten besteht für den Insolvenzverwalter als Selbstständigen kein festes Renteneintrittsalter und damit auch eine wesentlich geringere Gefahr des Eintritts in den Ruhestand vor Beendigung des Insolvenzverfahrens. Wie bereits bei einer Rechtfertigung nach § 8 AGG gilt zudem auch im Rahmen des Rechtfertigungsgrundes des § 10 AGG, dass ungesicherte Erfahrungssätze zur Rechtfertigung einer Altersbenachteiligung nicht ausreichen. Starre Altersgrenzen sind auch hier nur in Aus-

---

1496 BT-Drucks. 16/1780 S. 36. Siehe auch: *EuGH*, Urt. v. 16. 10. 2007 – C-411/05 (Félix Palacios de la Villa/Cortefiel Servicios SA) – NJW 2008, 3339, 3341 (Tz. 64).
1497 BT-Drucks. 16/1780 S. 36.

nahmesituationen zulässig. Zumeist kann allein eine individuelle Beurteilung des Bewerbers und der zu vergebenden Stelle ein angemessenes Ergebnis zeitigen.[1498]

Weiterhin könnten die in der Gesetzesbegründung als legitime Ziele angesprochenen Interessen der Allgemeinheit bei der Festlegung einer Altershöchstgrenze für die Aufnahme in die Vorauswahlliste des Insolvenzgerichts eine Rolle spielen. Hier kommen insbesondere die Interessen der Verfahrensbeteiligten an einer ordnungsgemäßen Ausübung der Insolvenzverwaltertätigkeit in Betracht. Jedoch kann, wie bereits ausgeführt, für die Tätigkeit als Insolvenzverwalter, anders als bei Berufen, bei denen die körperliche Belastung einen Hauptteil der zu verrichtenden Arbeit ausmacht, grundsätzlich nicht davon ausgegangen werden, dass Insolvenzverwalter, die das sechzigste Lebensjahr bereits überschritten haben, nicht mehr in der Lage sind, das Amt des Insolvenzverwalters auszuüben. Hierfür spricht auch eine Entscheidung des *BVerfG*, bei der es um eine Altershöchstgrenze von 70 Jahren für Prüfingenieure im Bauwesen ging.[1499] Hier war die Altershöchstgrenze nur deshalb gerechtfertigt, weil ab einem Alter von 70 Jahren von einem Abbau der allgemeinen Leistungsfähigkeit ausgegangen werden kann und es sich zudem um eine Tätigkeit handelte, bei der jedes Versagen zu erheblichen Gefährdungen von Leben und Gesundheit der Bevölkerung hätte führen können.

Eine starre Alterhöchstgrenze von 60 Jahren für die Auswahl und Bestellung des Insolvenzverwalters, erscheint im Vergleich zur zehn Jahre höher liegenden Altersgrenze für Prüfingenieure nicht gerechtfertigt, da das mit der Insolvenzverwaltertätigkeit verbundene Gefährdungspotential weit geringer ist und die Verfahrensbeteiligten durch die Aufsicht des Insolvenzgerichts und die – versicherbare – persönliche Haftung des Insolvenzverwalters geschützt sind.

2.2.4.2.2. Ergebnis

Die Geltung einer starren Altersgrenze für die Aufnahme in die Vorauswahlliste bzw. Bestellung zum Insolvenzverwalter stellt eine ungerechtfertigte Diskriminierung wegen des Alters i.S.d. §§ 1, 7 Abs. 1 AGG dar und ist daher unzulässig. Eine starre Altersgrenze genügt deshalb auch nicht den Anforderungen des *BVerfG* an eine faire und gleiche Chance auf Aufnahme in die Vorauswahlliste aufgrund sachlich gerechtfertigter Kriterien.[1500] Das *OLG Hamm* und das *KG* stützen ihre eine starre Altersgrenze ablehnenden Entscheidungen auf die Nichtbeachtung des Gesetzesvorbehaltes des Art. 12 Abs. 1 GG.[1501] Damit gehen diese Judikate über den vom *BVerfG* für das Vorauswahlverfahren gesteckten Rahmen hinaus. Denn das

---

1498 *Thüsing*, Arbeitsrechtlicher Diskriminierungsschutz, Rdnr. 444.

1499 *BVerfG*, Beschl. v. 4. 5. 1983 – 1 BvL 46/80, 1 BvL 47/80 – NJW 1983, 2869.

1500 Ebenso: *KG*, Beschl. v. 14. 1. 2008 – 1 VA 8/07 – BeckRS 2008, 0213, mit zustimmendem Kurzkommentar von *Römermann*, EWiR § 56 InsO 1/08, S. 146; *OLG Hamm*, Beschl. v. 2. 8. 2007 – 27 VA 1/07 – NZI 2007, 659, 660, mit zustimmendem Kurzkommentar von *Römermann*, EWiR § 56 InsO 1/08, S. 27 f.; *Uhlenbruck/Mönning*, Listing, Delistung und Bestellung von Insolvenzverwaltern, ZIP 2008, 157, 159.

1501 *KG*, Beschl. v. 14. 1. 2008 – 1 VA 8/07 – BeckRS 2008, 02130; *OLG Hamm*, Beschl. v. 2. 8. 2007 – 27 VA 1/07 – NZI 2007, 659, 660.

BVerfG hat es den Insolvenzgerichten überlassen, die Kriterien zu entwickeln, die die Feststellung der von der Typizität des einzelnen Insolvenzverfahrens losgelösten Eignung i. S. d. § 56 Abs. 1 InsO und eine sachgerechte Ausübung des Vorauswahlermessens sicherstellen.[1502] Eine starre Altersgrenze verkennt überdies, dass Berufsträger auch in einem biblischen Alter noch zu Höchstleistungen in der Lage sein.[1503] Unter deren Geltung hätte Konrad Adenauer 1949 im Alter von 73 zwar Bundeskanzler, nicht aber Konkursverwalter werden können. Es bedarf deshalb einer individuellen Prüfung im Einzelfall, ob das Lebensalter des Bewerbers zu dessen persönlicher Ungeeignetheit i. S. d. § 56 Abs. 1 InsO führt.

2.2.5. Unabhängigkeit

Der Insolvenzverwalter hat vom Insolvenzschuldner und den Gläubigern unabhängig zu sein (§ 56 Abs. 1 InsO).[1504] Im Zeitpunkt der Entscheidung über die Aufnahme in die Vorauswahlliste stehen die Verfahrensbeteiligten, denen gegenüber der Bewerber unabhängig zu sein hat, noch nicht fest. Es stellt sich daher die Frage, ob die Unabhängigkeit des Bewerbers überhaupt ein geeignetes Vorauswahlkriterium sein kann.

Nach Auffassung von *Frind* und *Schmidt* soll der *„begründete Anlass"* für Zweifel an der Unabhängigkeit eines Bewerbers gegenüber Verfahrensbeteiligten, der zum *„konkretisierten Anlass"* wird, wenn es sich bei den Verfahrensbeteiligten um *„wiederkehrende Beteiligtengruppen"* handelt, den Bewerber von einer Aufnahme in die Vorauswahlliste ausschließen.[1505] Aus diesem Grunde hat der Bewerber glaubhaft zu machen, dass die Möglichkeit einer Interessenkollision aufgrund eines „conflict check" sofort erkannt wird und er bzw. seine Sozien nicht dauerhafte Mandatsverhältnisse zu regelmäßigen Gläubigern unterhalten.[1506] In diesem Kontext steht auch die von *Frind* vertretene Ansicht, dass die sich in den letzten Jahren ausbreitenden Insolvenzverwalter-Großkanzleien eine Gefahr für die Unabhängigkeit des Insolvenzverwalters darstellen, da diese Gefahr laufen, in ein unüberschaubares Verantwortungs- und Konfliktfeld hineingezogen zu werden.[1507] Er statuiert deshalb das Postulat der „Selbstbearbeitung der Aufträge", bei dessen Nichtbeachtung die Entlassung (§ 56 Abs. 1 InsO) und der Verlust des Vergütungsanspruches droht. Dieses Postulat wirkt zudem der Verfahrenskonzentration bei wenigen

---

1502 *BVerfG*, Beschl. v. 23. 5. 2006 – 1 BvR 2530/04 – NZI 2006, 453, 455 (Tz. 45).

1503 *Römermann*, Kurzkommentar zu OLG Hamm, Beschl. v. 2. 8. 2007, EWiR § 56 InsO 1/08, S. 28.

1504 Wenn *Römermann, (in:* Bestellung von Insolvenzverwaltern: Die verpasste Chance des BVerfG, ZIP 2006, 1332, 1333, 1336) die Auffassung vertritt, dass die Unabhängigkeit des Insolvenzverwalters angesichts der Majorisierung des Insolvenzverfahrens durch Mehrheits-(Banken-)gläubiger faktisch nicht besteht, kann man nur hoffen, dass die übrige Insolvenzverwalterschaft ein den gesetzlichen Anforderungen des § 56 Abs. 1 InsO genügendes Amtsverständnis hat.

1505 *Frind/Schmidt*, Insolvenzverwalterbestellung: Auswahlkriterien und Grenzen der Justiziabilität in der Praxis, NZI 2004, 533, 535.

1506 *Frind/Schmidt*, Insolvenzverwalterbestellung: Auswahlkriterien und Grenzen der Justiziabilität in der Praxis, NZI 2004, 533, 535.

1507 *Frind*, Neue Gefahren für die Unabhängigkeit des Insolvenzverwalters, ZInsO 2002, 745, 747.

Verwaltern entgegen und macht das Insolvenzgericht unabhängiger von den „Großverwaltern“.[1508]

Aber auch die mehrfache Verletzung des Unabhängigkeitsgebotes in anderen Verfahren könnte einen grundsätzlichen Zweifel an der Unabhängigkeit eines Prätendenten begründen und dessen Nichtaufnahme in die Vorauswahlliste oder ein Delisting rechtfertigen. In diesem Sinne hat das *OLG Hamburg* entschieden und bei einem Bewerber, der sich als Insolvenzverwalter in anderen Insolvenzverfahren von beteiligten Insolvenzgläubigern bevollmächtigen lassen und in Ausübung dieser Vollmacht auch gegen die Wahl eines anderen Verwalters (§ 57 InsO) gestimmt hatte, fehlende Unabhängigkeit und fehlende persönliche Eignung attestiert.[1509] Bedenken gegen diese Rechtsprechung lassen sich mit dem Fehlen einer Gesetzmäßigkeit oder eines allgemeinen Erfahrungssatzes, dass wer einmal den Grundsatz der unabhängigen Amtsausführung verletzt hat, dieses wiederholen wird, begründen.[1510] Auf der anderen Seite ist mit dem Insolvenzverwalteramt eine besondere Vertrauensstellung des Insolvenzverwalters verbunden, die schwerwiegende Zweifel an dessen beruflicher Zuverlässigkeit und Redlichkeit nicht zulässt.[1511]

Die Unabhängigkeit des Prätendenten kann nur insoweit ein sachgerechtes Vorauskriterium sein, als Zweifeln an der generellen Unabhängigkeit des Prätendenten aufgrund einer Würdigung der Umstände des Einzelfalles begründet sind. Die eigentliche Bedeutung entfaltet dieses Kriteriums bei der konkreten Auswahlentscheidung gem. § 56 Abs. 1 InsO[1512], da erst dann die Verfahrensbeteiligten, denen gegenüber der Insolvenzverwalter unabhängig zu sein hat, bestimmbar sind und den bestellten Insolvenzverwalter die Pflicht zur Anzeige einer (möglichen) Interessenkollision trifft.

2.2.6. Ortsnähe

Die Diskussion der Zulässigkeit der Ortsnähe als Auswahlkriterium ist inzwischen sehr umfangreich geworden.[1513] Nach einer verbreiteten Ansicht in Rechtsprechung[1514] und Literatur[1515] ist die Ortsnähe ein zulässiges Kriterium für die Auf-

---

1508 *Frind*, Neue Gefahren für die Unabhängigkeit des Insolvenzverwalters, ZInsO 2002, 745, 748.

1509 *OLG Hamburg*, Beschl. v. 19. 10. 2005 – 2 Va 2/05 – NZI 2006, 35, 36.

1510 In dem zu entscheidenden Fall hatte der nach § 3 Abs. 2 e) RPflG ausschließlich funktionell zuständige Rechtspfleger wohl keine Einwendungen erhoben, so dass die Anführung dieses Sachverhaltes zur Begründung für die Nichtaufnahme in die Vorauswahlliste willkürlich erscheint.

1511 *BGH*, Beschl. v. 6. 5. 2004 – IX ZB 349/02 – ZVI 2004, 367, 369, zur Entlassung eines Insolvenzverwalters, der sich mittels eines falschen Diplomtitels seine Bestellung zum Insolvenzverwalter erschlichen hatte.

1512 Siehe Kap. F.I.3.1.2.

1513 Siehe den Überblick bei *Uhlenbruck/Mönning*, Listing, Delistung und Bestellung von Insolvenzverwaltern, ZIP 2008, 157, 163 ff.

1514 *OLG Bamberg*, Beschl. v. 3. 12. 2007 – VA 11/07 – ZIP 2008, 82, 84 (Büro im Umkreis von 100 km zum Insolvenzgericht); *OLG Schleswig*, Beschl. v. 28. 2. 2005 – 12 VA 3/04 – NZI 2005, 333, 334; *OLG Koblenz*, Beschl. v. 12. 5. 2005 – 12 VA 1/04 – ZVI 2005, 376, 380; *AG Hamburg*, Bescheid gem.

nahme eines Prätendenten in die Vorauswahlliste. Das *BVerfG* hat keine verfassungsrechtlichen Bedenken, wenn dieses Auswahlkriterium nicht schematisch und nicht ohne Ansehen des Einzelfalles angewandt wird.[1516] Auch in der historischen Betrachtung ist die Ortsnähe als Auswahlkriterium anerkannt gewesen. So verlangte Art. 8 der Hamburger Fallitenordnung von 1753 für die Auswahl des *„Curatorum bonorum“*, dass *„Fremde, die dieser Stadt mit Eid und Pflichten nicht verwandt, (sind) gänzlich ausgeschlossen“* sind.[1517] Das Reichsjustizministerium wies im Jahre 1931 darauf hin, dass die Aufsicht über einen nicht ortsansässigen Verwalter erschwert sein kann, weshalb solche nur ausnahmsweise zu bestellen sind.[1518]

Zur Begründung wird angeführt, dass eine örtliche Anlaufstelle – nicht nur in kleineren und mittleren Insolvenzverfahren – für den Insolvenzschuldner und die Insolvenzgläubiger wichtig ist, um z.B. Unterlagen abgeben oder Erläuterungen zum Verfahrensgang erhalten zu können. Zugleich kennt ein ortsnah tätiger Verwalter im Regelfall die Strukturen an Ort und Stelle besser und verfügt über den „kurzen Draht“ zu Institutionen und Banken.[1519] Die Ortsnähe sichert auch ein schnell erforderliches Tätigwerden des Insolvenzverwalters vor Ort.[1520] Im gleichen Sinne hat das *AG Hamburg* entschieden, dass wesentliche Funktionen der Insolvenzverwaltung wirklich vor Ort verankert sein müssen, damit eine ortsansässige Insolvenzverwalterkanzlei aus sich selbst heraus funktionsfähig ist.[1521] Das *AG Hannover* hat für die Eignung i.S.d. § 56 Abs. 1 InsO gefordert, dass die Telefonnummer des Verwalters allgemein bekannt ist und zumindest das Büropersonal zu den üblichen Geschäftszeiten erreichbar ist.[1522]

Die Ortsnähe ist sicherlich für die Schuldner in Verbraucherinsolvenzverfahren bedeutsam[1523], weil bei diesem das Bedürfnis nach persönlicher Information durch den Insolvenzverwalter bzw. den Treuhänder höher ist. Auf der anderen Seite

---

§§ 23 ff. EGGVG v. 14. 12. 2006 – 376.OE 2-67c 2/06 – ZInsO 2006, 1342; *AG Göttingen*, Beschl. v. 20. 7. 2006 – 74 IK 211/04 – BeckRS 2006 08705 (II.2)b)); *AG Göttingen*, Beschl. v. 11. 3. 2003 – 74 IN 137/02 – NZI 2003, 267. Zum Konkursrecht: *LG Köln*, Beschl. v. 15. 3. 1988 – 19 T 69/88 – KTS 1988, 801. Ebenso bei einem Vorauswahlverfahren bei Zwangsverwaltern: *OLG Koblenz*, Beschl. v. 27. 6. 2005 – 12 VA 1/05 – ZVI 2005, 607, 608.

1515 *Frind/Schmidt*, Insolvenzverwalterbestellung: Auswahlkriterien und Grenzen der Justiziabilität in der Praxis, NZI 2004, 533, 534; a.A. Kübler/Prütting-*Lüke*, § 56 InsO, Rdnr. 13 mit Einschränkung nach den Erfordernissen des Einzelfalls; *Mönning*, Die Auswahl des Verwalters als Problem der Qualitätssicherung, KS-InsO, 2. A., S. 375 ff., Rdnr. 45; *Uhlenbruck*, Aus- und Abwahl des Insolvenzverwalters, KTS 1989, 229, 242.

1516 *BVerfG*, Beschl. v. 12. 7. 2006 – 1 BvR 1469/05 – ZInsO 2006, 1101 (Tz. 14).

1517 Zit. n. *Uhlenbruck*, Aus- und Abwahl des Insolvenzverwalters, KTS 1989, 229, 241 (Fn. 40).

1518 Mitteilung des Justizministeriums vom 25. 6. 1931, Pr. JMBl., S. 223, Ziff. I.3.

1519 *OLG Schleswig*, Beschl. v. 28. 2. 2005 – 12 VA 3/04 – NZI 2005, 333, 334; *Frind/Schmidt*, Insolvenzverwalterbestellung: Auswahlkriterien und Grenzen der Justiziabilität in der Praxis, NZI 2004, 533, 534.

1520 *OLG Bamberg*, Beschl. v. 3. 12. 2007 – VA 11/07 – ZIP 2008, 82, 85.

1521 *AG Hamburg*, Bescheid gem. §§ 23 ff. EGGVG v. 14. 12. 2006 – 376.OE 2-67c 2/06 – ZInsO 2006, 1342; ähnlich auch der Beschluss des Bundesarbeitskreises Insolvenzgerichte, in Heft 4 der NZI, S. XI.

1522 *AG Göttingen*, Beschl. v. 11. 3. 2003 – 74 IN 137/02 – NZI 2003, 267.

1523 *OLG Koblenz*, Beschl. v. 12. 5. 2005 – 12 VA 1/04 – ZVI 2005, 376, 380.

zeichnet sich die Praxis der Verbraucherinsolvenzverfahren durch eine sehr geringe bis gar nicht gegebene Gläubigerbeteiligung aus, so dass viele Insolvenzgerichte dazu übergegangen sind, das gesamte Verfahren gem. § 312 Abs. 2 InsO schriftlich durchzuführen. Dann ist aber die Ortsnähe des Treuhänders von untergeordneter Bedeutung. Weiter ist zu bedenken, dass die als Vorteil der Ortsnähe genannte größere „Vernetztheit" des Insolvenzverwalters das Risiko nicht ausreichender Unabhängigkeit in sich trägt. Gänzlich unbedeutend wird dieses Kriterium in der Insolvenz eines Unternehmens, das über national oder international verteilte Betriebsstätten verfügt oder überörtliche Geschäftsbeziehungen pflegt. Diese Überlegungen werden durch das Ergebnis einer Befragung aus dem Jahre 2001 bestätigt. Hiernach wird die Regionalität bei kleineren Verfahren hoch eingeschätzt, während deren Bedeutung mit der Größe des Verfahrens abnimmt. Von den Kreditinstituten wird die Regionalität insgesamt geringer als von den Insolvenzgerichten eingeschätzt.[1524] Es geht also nicht um die Ortsnähe, sondern die Erreichbarkeit des Insolvenzverwalters entsprechend den Anforderungen eines Insolvenzverfahrens[1525], wobei das Bild des „in Dubai sitzenden Insolvenzverwalters", mit dem per Internet-Video-Konferenz kommuniziert werden kann, mangels Realitätsbezug kein überzeugendes Gegenargument sein kann. Dieses gilt angesichts der von privaten Dienstleistern per Internet angebotenen Insolvenzverwalterstatistiken auch für das Argument, dass ein Insolvenzgericht den Auslastungsgrad eines bundesweit tätigen Bewerbers nicht überprüfen kann.[1526]

Als allgemeines Vorauswahlkriterium dürfte die Ortsnähe des Bewerbers nicht die bundesverfassungsgerichtlichen Anforderungen erfüllen. In diesem Stadium des Auswahlverfahrens kann es nur um die Gewährleistung eines ausreichenden Grades der Erreichbarkeit eines Bewerbers für alle Verfahrensbeteiligten gehen. Dieser kann aber auch mit den vielfältigen Mitteln moderner Bürokommunikation gewährleistet werden[1527], die ein Bewerber darzulegen hat. Etwas anderes gilt für die Auswahlentscheidung gem. § 56 Abs. 1 InsO, die nach den Erfordernissen des konkreten Insolvenzverfahrens zu treffen ist, die nur im Einzelfall eine ausreichende Ortsnähe des bestellten Insolvenzverwalters erforderlich machen kann.

2.2.7. Organisation und Ausstattung des Insolvenzverwalterbüros

Wie bereits dargestellt, bedarf der Insolvenzverwalter eines personell und sachlich ausreichend ausgestatteten Abwicklungsbüros, das den Anforderungen einer professionellen Insolvenzabwicklung gerecht wird.[1528] Dabei kann eine bestimmte

1524 *Degenhart/Borchers*, Das Anforderungsprofil des Insolvenzverwalters – Ergebnisse einer Befragung von Insolvenzgerichten und Kreditinstituten, ZInsO 2001, 337, 341.
1525 Ausdrücklich dagegen: *OLG Bamberg*, Beschl. v. 3. 12. 2007 – VA 11/07 – ZIP 2008, 82, 85.
1526 *OLG Bamberg*, Beschl. v. 3. 12. 2007 – VA 11/07 – ZIP 2008, 82, 85.
1527 *Mönning*, Die Auswahl des Verwalters als Problem der Qualitätssicherung, Rdnr. 81.
1528 Siehe Kap. D.II.2.1.1. Ebenso: *AG Hamburg*, Bescheid gem. §§ 23 ff. EGGVG v. 14. 12. 2006 – 376.OE 2-67 c 2/06 – ZInsO 2006, 1342; *Baade*, Zur Auswahl der Konkurs- und Vergleichsverwalter, KTS 1959, 40, 42; *Frind/Schmidt*, Insolvenzverwalterbestellung: Auswahlkriterien und Grenzen der Justiziabilität in der Praxis, NZI 2004, 533, 534.

Größe des Insolvenzverwalterbüros nicht als notwendige Voraussetzung für die Befähigung des Insolvenzverwalters zur Abwicklung größerer Unternehmensinsolvenzen angesehen werden. *Uhlenbruck* weist zutreffend darauf hin, dass im Schuldnerunternehmen häufig noch ein intaktes Management und Personal vorhanden ist, das eine kostspielige Einschaltung eigener Mitarbeiter des Insolvenzverwalters entbehrlich macht.[1529] Auf der anderen Seite muss angesichts der komplexen rechtlichen und wirtschaftlichen Anforderungen an die moderne Insolvenzabwicklung ernsthaft bezweifelt werden, dass diese noch von einem Insolvenzverwalter ordnungsgemäß bewältigt werden können, der nur gelegentlich mit der Insolvenzabwicklung befasst ist und in der Hauptsache z.B. seine Rechtsanwalts- oder Steuerberaterkanzlei betreibt.[1530] Dieser muss sich zugleich fragen, wie bei einer nur gelegentlichen Bestellung die erheblichen, notwendigen Investitionen in die technische und personelle Ausstattung amortisiert werden können.[1531]

Der Bewerber sollte daher in seiner Bewerbung die Aufbauorganisation[1532] und die Ablauforganisation[1533] seines Büros, dessen technische Ausstattung und die Qualifikation seiner Mitarbeiter darstellen. Einen Anhaltspunkt für eine den Anforderungen der Insolvenzverwaltung genügende Büroorganisation des Bewerbers kann dessen Zertifizierung nach der DIN EN ISO 9001:2000 liefern.[1534] Der allgemeine Amtsermittlungsgrundsatz des § 5 Abs. 1 Satz 1 InsO ermächtigt den Insolvenzrichter und den Insolvenzrechtspfleger, sich einen persönlichen Eindruck von der Ausstattung und der Funktionsfähigkeit des Insolvenzverwalterbüros zu verschaffen.

2.2.8. Ausreichender Versicherungsschutz

Der Insolvenzverwalter hat nach den insolvenzrechtlichen Vorschriften den Abschluss einer allgemeinen Berufshaftpflichtversicherung nicht, auch nicht als Eignungskriterium i.S.d. § 56 Abs. 1 InsO, nachzuweisen. In Anlehnung an § 78 Abs. 2 KO sah § 65 Abs. 2 RegE-InsO vor, dass das Insolvenzgericht aus besonderen Gründen dem Insolvenzverwalter die Leistung einer Sicherheit auferlegen kann, um den besonderen Haftungsrisiken Rechnung zu tragen[1535]. Diese Vorschrift wurde dann vom Rechtsausschuss gestrichen, da man deren praktische Bedeutung als gering einschätzte.[1536] Die Zurückhaltung des Gesetzgebers überrascht, ist doch

---

1529 *Uhlenbruck*, Aus- und Abwahl des Insolvenzverwalters, KTS 1989, 229, 241.
1530 *Baade*, Zur Auswahl der Konkurs- und Vergleichsverwalter, KTS 1959, 40, 42.
1531 *Mönning*, Die Auswahl des Insolvenzverwalters als Problem der Qualitätssicherung, KS-InsO, 2. A., S. 375, 400.
1532 Hierunter wird das statische System der organisatorischen Einheiten einer Unternehmung, das die Zuständigkeiten für die Erfüllung der Unternehmensaufgabe regelt, verstanden; *Gabler*, Wirtschaftslexikon, „Aufbauorganisation".
1533 Hierunter wird die Darstellung der Arbeitsabläufe innerhalb der Organisation sowie der beteiligten Handlungsträger und eingesetzten Sachmittel verstanden; *Gabler*, Wirtschaftslexikon, „Ablauforganisation".
1534 Siehe F.I.2.3.4.
1535 Begrd.RegE zu § 56 InsO, zit. n. *Balz/Landfermann*, Die neuen Insolvenzgesetze, S. 135.
1536 Bericht RechtsA zu § 56 InsO, zit. n. *Balz/Landfermann*, Die neuen Insolvenzgesetze, S. 135.

die Insolvenzverwaltertätigkeit allgemein und nicht nur bei Unternehmensfortführungen in besonderem Maße haftungsträchtig.[1537] Denn der Insolvenzverwalter hat für die Sorgfalt eines ordentlichen und gewissenhaften Geschäftsleiters einzustehen.[1538] De lege ferenda soll der Insolvenzverwalter durch § 60a GAVI-InsO verpflichtet werden, für die Dauer seiner Insolvenzverwaltertätigkeit eine allgemeine Berufshaftpflichtversicherung abzuschließen und gegenüber dem Insolvenzgericht nachzuweisen.[1539] Damit ist aber noch nicht geklärt, ob der Versicherungsschutz ein geeignetes Auswahlkriterium sein kann.

In der Literatur werden für die allgemeine Berufshaftpflichtversicherung des Insolvenzverwalters Deckungssummen von mindestens € 1,5 Mio.[1540] bis mindestens € 2,5 Mio.[1541] für notwendig angesehen. In der Insolvenzpraxis wird von vielen Insolvenzgerichten der Nachweis eines ausreichenden Versicherungsschutzes als Voraussetzung für die Aufnahme in die Vorauswahlliste gefordert.[1542] Für andere Berufsgruppen ist eine ausreichende Vermögensschadenshaftpflichtversicherung als Zulassungsvoraussetzung gesetzlich geregelt worden: für die Rechtsanwälte ein Mindestversicherungsschutz in Höhe von € 250.000,– (§ 51 Abs. 5 BRAO), für die Notare in Höhe von € 500.000,– (§ 19a Abs. 3 BNotO) und für die Wirtschaftsprüfer in Höhe von € 1.000.000,– (§ 52 Abs. 2 Satz 1 WPO i.V.m. § 139 WPO, § 323 Abs. 2 Satz 1 HGB).[1543] Auch der Zwangsverwalter ist nach § 1 Abs. 4 ZwVwV zum Abschluss einer Vermögensschadenshaftpflichtversicherung mit einer Mindestdeckung von € 500.000,–, die durch Anordnung des Vollstreckungsgerichts im Einzelfall erhöht werden kann, verpflichtet. Demgemäß hat das *OLG Koblenz* den Nachweis des vom Verordnungsgeber vorgeschriebenen Versicherungsschutzes als sachgerechtes Auswahlkriterium in einem Vorauswahlverfahren für Zwangsverwalter anerkannt.[1544]

1537 Sedes materiae für die Haftung des Insolvenzverwalters sind die §§ 60, 61 InsO. Gerade die Beweislastumkehr in § 61 Satz 2 InsO erweist sich in der Insolvenzpraxis als besonders haftungsträchtig.

1538 HK-*Eickmann*, § 60 InsO, Rdnr. 11; Braun-*Kind*, § 60 InsO, Rdnr. 15. Dieser Haftungsmaßstab gilt gem. § 21 Abs. 2 Nr. 1 InsO auch für vorläufige Insolvenzverwalter, gem. § 313 Abs. 1 Satz 3 InsO für den Treuhänder im vereinfachten Verfahren und gem. § 274 Abs. 1 InsO für den Sachwalter in der Eigenverwaltung. *Zimmermann*, in: Haftung und Versicherung im Insolvenzverfahren, NZI 2006, 386, 387, weist zutreffend darauf hin, dass dieser Haftungsmaßstab über den gem. § 93 Abs. 1 Satz 2 AktG einem Vorstand zugestandenen weiten Ermessensspielraum („business judgement rule") hinausgeht.

1539 Siehe Kap. H.I.2.3.

1540 *HK-Irschlinger*, § 4 InsVV, Rdnr. 10.

1541 *Haarmeyer/Wutzke/Förster*, § 4 InsVV, Rdnr. 55; *van Bühren*, Die Berufshaftpflichtversicherung des Insolvenzverwalters, NZI 2003, 465, 467.

1542 Die Anforderungen der Insolvenzgerichte an den Versicherungsschutz divergieren. Das AG Karlsruhe verlangt eine Mindestversicherungssumme von € 1,5 Mio. pro Schadenfall, vgl. *Anstatt*, Zur Auswahl der Insolvenzverwalter beim AG Karlsruhe, ZInsO 2006, 78, 79.

1543 Die Steuerberater sind nur zum Abschluss einer angemessenen Berufshaftpflichtversicherung verpflichtet, eine Mindestversicherungssumme ist nicht normiert (§ 67 StBerG). Für den Zwangsverwalter bestimmt § 1 ZwVwV eine Pflichtversicherungssumme von € 500.000,–.

1544 *OLG Koblenz*, Beschl. v. 27. 6. 2005 – 12 VA 1/05 – ZVI 2005, 607, 609.

Zwar werden die Insolvenzverwalter regelmäßig aus den gesetzlich zum Abschluss einer Berufshaftpflichtversicherung verpflichteten Berufsgruppen der Rechtsanwälte, Wirtschaftsprüfer und Steuerberater rekrutiert, deren gesetzlich vorgeschriebener Versicherungsschutz grundsätzlich die Tätigkeit als Insolvenzverwalter nicht umfasst,[1545] die jedoch von den Versicherern standardmäßig in den Versicherungsschutz einbezogen wird.[1546] Damit besteht bei Bewerbern aus diesen Berufsgruppen Versicherungsschutz zumindest in Höhe der gesetzlichen Mindestversicherungssumme.

Angesichts der Haftungsträchtigkeit der Insolvenzverwaltertätigkeit wird das Insolvenzgericht im Vorauswahlverfahren auf den Nachweis eines angemessen Versicherungsschutzes eines Bewerbers nicht verzichten können, um bei Auswahl eines nicht- oder unterversicherten Bewerbers nicht das Risiko einer Amtshaftung (§ 839 Abs. 1 BGB i. V. m. Art. 34 GG) zu laufen.

2.2.9. Selbstverpflichtung zur Einhaltung von Berufsgrundsätzen

Überwiegend wird die Tätigkeit des Insolvenzverwalters mittlerweile als eigenständiger Beruf angesehen.[1547] Anders als die beratenden Kammerberufen verfügt der „Berufsstand" der Insolvenzverwalter (noch)[1548] nicht über eine eigene Berufsordnung.[1549] Die freiwilligen Zusammenschlüsse der Insolvenzverwalter bemühen sich, durch die Festlegung von für die Mitglieder verbindlichen Berufsgrundsätzen („*best practice*") die Qualifikation der Mitglieder und die Qualität der Insolvenzabwicklung zu verbessern.[1550] Grundlage der Verbindlichkeit dieser Berufsgrundsätze für die Mitglieder ist die satzungsmäßige Selbstverpflichtung (commitment). So enthalten die auf einer Mitgliederversammlung am 4. 11. 2006 beschlossenen „Berufsgrundsätze der Insolvenzverwalter" des VID Verband Insolvenzverwalter Deutschlands e. V. nicht nur eine Beschreibung der allgemeinen und besonderen Berufspflichten und der Eignung eines Insolvenzverwalters, sondern auch eine Anzeigepflicht des Insolvenzverwalters gegenüber dem Insolvenzgericht bei Zweifeln an der Eignung, der Unabhängigkeit oder Leistungsfähigkeit (§ 7 der Berufsgrundsätze). Zum Zwecke der „Verbandshygiene" können Verstöße gegen die

---

1545 *Van Bühren*, Die Berufshaftpflichtversicherung des Insolvenzverwalters, NZI 2003, 465, 467 für den Versicherungsschutz nach § 51 BRAO.

1546 Soweit ersichtlich ist der gerade für die Betriebsfortführung bedeutsame Versicherungsschutz für kaufmännische Risiken von der allgemeinen Vermögensschadenshaftpflichtversicherung ausgenommen.

1547 Siehe C.III.1.2.

1548 So hat der Vorsitzende des VID e. V. auf der Jahrestagung am 4. 11. 2006 das Ziel formuliert, dass die „Berufsgrundsätze" des VID langfristig zu einer eigenen Berufsordnung der Insolvenzverwalter werden sollen. Eine eigene berufsständische Verfassung („Insolvenzverwalterkammer") erscheint mir geeignet zu sein, einen Weg zur Verbesserung der Qualifikation der Insolvenzverwalter zu weisen.

1549 Anders dagegen nach englischem Recht der *insolvency practitioner*, vgl. *Andres/Grund*, Die Flucht vor deutschen Insolvenzgerichten nach England – Die Entscheidungen in dem Insolvenzverfahren Hans Brochier Holdings Ltd., NZI 2007, 137, 142.

1550 So die „Berufsgrundsätze der Insolvenzverwalter" des VID e. V. vom 4. 11. 2006 (www.vid.de).

Berufsgrundsätze mit einer Warnung, mit einem Verweis oder mit einem Vereinsausschluss geahndet werden (§ 11 der Berufsgrundsätze). Eine Verletzung dieser Berufsgrundsätze ist dann für die Aufsicht (§ 58 InsO) relevant, wenn darin zugleich ein Verstoß gegen insolvenzrechtliche Vorschriften begründet ist.

Die Selbstverpflichtung eines Bewerbers zur Einhaltung der Verhaltensrichtlinien seines Berufsverbandes ist als Vorauswahlkriterium nur geeignet, wenn die Beachtung der Berufsgrundsätze vom Berufsverband regelmäßig und nachdrücklich überwacht wird.[1551] Die zu einem best practice verpflichtende Verbandszugehörigkeit eines Prätendenten kann deshalb eine eigene Eignungsprüfung durch den Insolvenzrichter nicht entbehrlich machen. Die insolvenzgerichtliche Aufsicht (§ 58 InsO) wird lediglich in dem Sinne erleichtert, dass es gegenüber einem Verbandsmitglied nicht mehr um die Frage gehen kann, ob das Zuwiderhandeln gegen die Berufsgrundsätze des Verbandes zugleich als Pflichtverletzung des Insolvenzverwalters zu qualifizieren ist, sondern welche aufsichtsrechtliche Sanktion angemessen ist.

2.2.10. „Listing“/„Delisting“ nach Bedarf?

Fraglich ist, ob die Zusammensetzung der Vorauswahlliste an dem Bedarf des jeweiligen Insolvenzgerichts an Insolvenzverwaltern bzw. des Bedarfs der gelisteten Insolvenzverwalter an betreuten Verfahren zum Zwecke der Einkommenssicherung orientiert werden darf.

Das *OLG Köln* hat judiziert, dass die Vorauswahlliste nur dann ihren Zweck erfüllen kann, wenn diese überschaubar bleibt und nicht jeder aufgenommen wird, der gerade so die Minimalanforderungen an die Eignung i.S.d. § 56 Abs. 1 InsO erfüllt.[1552] In der Literatur wird in der Kontingentierung ein Weg gesehen, dem gelisteten Bewerber nicht nur theoretisch, sondern auch in der Praxis eine faire Chance auf Bestellung in einem konkreten Insolvenzverfahren zu geben.[1553] Für diese Auffassung spricht die damit einhergehende Planungssicherheit, da die Insolvenzverwalter erhebliche sachliche und personelle Mittel bereithalten müssen, um eine Insolvenzverwaltertätigkeit von ausreichender Qualität erbringen zu können. Nach Auffassung von *Graeber* zwingen die Notwendigkeit eines wirtschaftlichen Auskommens des Insolvenzverwalters sowie der Bedarf an hochspezialisierten Insolvenzverwaltern geradezu dazu, auf ein angemessenes Verhältnis

---

1551 Anlässlich des Deutschen Insolvenzverwalterkongresses 2007 am 2. 11. 2007 in München hat der Vorsitzende des VID Verband Insolvenzverwalter Deutschlands e. V., Dr. Siegfried Beck, die Überwachung der Einhaltung der Berufsgrundsätze als eine wichtige Aufgabe der zukünftigen Verbandsarbeit bezeichnet.

1552 *OLG Köln*, Beschl. v. 27. 9. 2006 – 7 VA 9/05 – NZI 2007, 105, 107.

1553 *Frind*, „Die Waffen nieder!“, ZInsO 2006, 1183, 1186; *Frind*, Wenn der Schwanz versucht, mit dem Hund zu wedeln, ZInsO 2006, 1250, 1253; *Graeber*, Wie viele Insolvenzverwalter verträgt das Insolvenzverfahren?, ZInsO 2006, 854; *Pape*, Die Qual der Insolvenzverwalterauswahl: Viel Lärm um wenig, NZI 2006, 665, 669; *Frind/Schmidt*, Insolvenzverwalterbestellung: Auswahlkriterien und Grenzen der Justiziabilität in der Praxis, NZI 2004, 533, 537; a. A. *Römermann*, Die Bestellung des Insolvenzverwalters, NJW 2002, 3729, 3730.

zwischen Insolvenzverfahren und Insolvenzverwalter zu achten.[1554] Die *„Uhlenbruck-Kommission“*[1555] hat einen Appell an den Gesetzgeber formuliert, eine Beschränkung der Vorauswahlliste zuzulassen, damit die Qualität der Verwaltertätigkeit erhalten bleibt.[1556] In einem Beschluss des im März 2007 neu gegründeten Bundesarbeitskreises Insolvenzgerichte e. V. (BAK*inso*) heißt es zu diesem Vorauswahlkriterium: *„Die Begrenzung der Aufnahme von Verwaltern auf die Vorauswahllisten ist eine wichtige Voraussetzung zur Sicherung einer qualitätsvollen und höchstpersönlichen Verfahrensabwicklung.“*[1557]

Verfassungsrechtlich wird durch Art. 12 Abs. 1 GG lediglich die Teilhabe am Wettbewerb nach Maßgabe seiner Funktionsbedingungen gewährleistet, jedoch kein Anspruch auf Bereitstellung und auf Erhalt eines Arbeitsplatzes oder – für einen selbstständig Berufstätigen – auf Sicherung seiner Erwerbsmöglichkeiten begründet.[1558] Der Bewerber um das Insolvenzverwalteramt wie auch die alteingesessenen Insolvenzverwalter müssen daher auf der starken Nachfrage nach der Insolvenzverwaltertätigkeit und auf dem zahlenmäßigen Rückgang der lukrativen Unternehmensinsolvenzverfahren beruhende Veränderungen ihrer Wettbewerbssituation sowie der Umsatz- und Ertragslage hinnehmen.[1559] Aus der Sicht des Bewerbers um die Aufnahme in die Vorauswahlliste („Listing“) führt eine Kontingentierung zum Zwecke der Bedarfsdeckung im Ergebnis zu einer Beschränkung der Berufszulassung und bedarf deshalb als Berufszulassungsverfahren nach Art. 12 Abs. 1 Satz 2 GG einer gesetzlichen Ermächtigung, die nicht besteht.[1560] Ein Grundrechtseingriff ist aber auch beim „Delisting“ zur Anpassung der Vorauswahlliste an einen sich verringernden Bedarf gegeben, da dem Betroffenen die Möglichkeit verstellt wird, im Rahmen zukünftiger Insolvenzverfahren als (vorläufiger) Insolvenzverwalter berücksichtigt zu werden.[1561] Schließlich ist zu bedenken, dass das Vorauswahlverfahren der Feststellung der grundsätzlichen Geeignetheit eines Bewerbers i. S. d. § 56 Abs. 1 InsO dient. Die Bedarfsdeckung ist aber kein Kriterium, das die Eignung eines Bewerbers beschreiben kann.

1554 Vgl. hierzu *Graeber,* Wie viele Insolvenzverwalter verträgt das Insolvenzverfahren?, ZInsO 2006, 854.

1555 Richtig: „Kommission zur Vorauswahl und Bestellung Insolvenzverwalter sowie Aufsicht, Transparenz und Kontrolle im Insolvenzverfahren“. Zur deren Konstituierung und Arbeit: *Uhlenbruck/Mönning,* Listing, Delistung und Bestellung von Insolvenzverwaltern, ZIP 2008, 157, 158.

1556 Zustimmend: *Frind,* in: Wenn der Schwanz versucht, mit dem Hund zu wedeln, ZInsO 2006, 1250, 1252; HambK-*Frind,* § 58 InsO, Rdnr. 23.

1557 Wörtlich wiedergegeben in Heft 4 der NZI, S. XI. Ebenso die Entschließung des BAK*inso e. V.* auf seiner Herbsttagung am 20./21. 11. 2008, vgl. ZInsO 2008, 1260, 1261 (Ziff. 6, 10).

1558 Fn. 508.

1559 Fn. 509. Hierdurch wird aber nicht der verfassungsrechtlich durch Art. 12 Abs. 1 GG begründete Anspruch des Insolvenzverwalters auf eine angemessene Entschädigung für seine Tätigkeit berührt, vgl. *BVerfG,* Urt. v. 1. 7. 1980 – 1 BvR 349/75, 378/76 – NJW 1980, 2179, 2180, für den Berufsvormund.

1560 Ebenso: *Laws,* Gelistet, aber doch nie bestellt – was ist zu tun?, ZInsO 2006. 1123, 1125; *Uhlenbruck,* Hohe Qualitätsanforderungen an Insolvenzverwalter, KSI 2007, 268, 269. Dieses war auch die überwiegende Auffassung der Mitglieder der *„Uhlenbruck-Kommission“.*

1561 Siehe Kap. F.I.1.1.

Die Zulässigkeit einer sogen. „atmenden Liste“ begegnet daher erheblichen verfassungsrechtlichen Bedenken.[1562] Das gilt auch für die Führung sogen. „geschlossener Listen“ zum Zwecke der Bedarfssicherung.[1563]

Allgemeine Zweckmäßigkeitserwägungen sind dem Insolvenzrichter angesichts der an § 56 Abs. 1 InsO gebundenen Auswahlentscheidung versagt.[1564] Eine weitere Gesetzesänderung ist nicht zu erwarten, nachdem der Gesetzgeber die Vorschrift des § 56 Abs. 1 InsO zur Verhinderung sogen. „geschlossener Verwalterlisten“ um den Satz *„die aus dem Kreis aller zur Übernahme von Insolvenzverwaltungen bereiten Personen auszuwählen ist.“* ergänzt hat.[1565] Ohne ein gesetzlich geregeltes Zulassungsverfahren kann daher das Vorauswahlverfahren nicht an dem Kriterium der Bedarfsdeckung ausgerichtet werden.

2.2.11. Ungeeignete Kriterien

Da das *BVerfG* es den Insolvenz- und Fachgerichten überlassen hat, Kriterien für die Feststellung der Eignung und für eine sachgerechte Ausübung des Vorauswahlermessens zu entwickeln[1566], müssen sich die Prätendenten in der Insolvenzpraxis immer wieder mit Vorauswahlkriterien auseinandersetzen, die teilweise auch von eigenen voluntativen Elementen des Insolvenzrichters geprägt sind und deren sachliche Rechtfertigung auch bei wohlwollender Betrachtung nicht mehr erkennbar ist.

So ist die Art und Weise und die Form der Bewerbung, z.B. durch „Vermittlung“ des Amtsgerichtspräsidenten, in keiner Weise ein Ausdruck der Eignung oder Nichteignung i.S.d. § 56 Abs. 1 InsO.[1567]

Auch die regelmäßige Beratung von Schuldnern im Rahmen der außergerichtlichen und gerichtlichen Schuldenbereinigung oder im Insolvenzstrafrecht durch den Bewerber oder dessen Sozien kann die Ablehnung der Aufnahme in die Vorauswahlliste nicht rechtfertigen, da sich die Frage der fehlenden Unabhängigkeit des Insolvenzverwalters erst bei der Auswahlentscheidung gem. § 56 Abs. 1 InsO stellt.

Teilweise wird vertreten, dass das Vertrauen des Insolvenzrichters in die Person des Bewerbers ein Auswahlkriterium ist.[1568] Das bloße Vertrauen ist jedoch ein

---

1562 *Graeber*, Auswirkungen der Entscheidung des BVerfG zur Vorauswahl des Insolvenzverwalters auf die Insolvenzgerichte, NZI 2004, 546, 547; *Uhlenbruck/Mönning*, Listing, Delistung und Bestellung von Insolvenzverwaltern, ZIP 2008, 157, 159.

1563 *BVerfG*, Beschl. v. 23. 5. 2006 – 1 BvR 2530/04 – NZI 2006, 453, 455; *OLG Düsseldorf*, Beschl. v. 27. 10. 2006 – I-3 VA 9/06 – ZInsO 2006, 1221, 1224; *OLG Düsseldorf*, Beschl. v. 15. 8. 2008 – 3 VA 4/07 – BeckRS 2008 19429, II.3.c).

1564 *Würschinger*, Anm. zu BVerfG, Beschl. v. 23. 5. 2006 – 1 BvR 2530/04 – KTS 2007, 91, 97.

1565 Siehe Kap. H.II.1.1. Nach Auffassung von *Pape*, Die Qual der Insolvenzverwalterauswahl: Viel Lärm um wenig, NZI 2006, 665, hat sich damit der Gesetzgeber *„praktisch verabschiedet.“*

1566 *BVerfG*, Beschl. v. 23. 5. 2006 – 1 BvR 2530/04 – NZI 2006, 453, 455 (Tz. 45).

1567 *OLG München*, Beschl. v. 7. 12. 2004 – 9 VA 4-6/04 – ZVI 2005, 318, 319.

Sentiment, auf das eine ablehnende Vorauswahlentscheidung nicht gestützt werden kann, ohne willkürlich zu sein. Etwas anderes gilt, wenn das fehlende Vertrauen die Folge des Nichtvorliegens anderer Eignungskriterien i. S. d. § 56 Abs. 1 InsO ist. In diesem Fall wird die ablehnende Vorauswahlentscheidung auf die fehlende Eignung i. S. d. § 56 Abs. 1 InsO gestützt, deren Folge und nicht Begründung das fehlende Vertrauen in den Bewerber ist.[1569]

Geschlechtsmerkmale[1570] oder die Herkunft eines Bewerbers sind keine geeigneten Vorauswahlkriterien (Art. 3 Abs. 1 GG).

2.3. Feststellung der Geeignetheit

Die Feststellung der Geeignetheit eines Prätendenten für die Aufnahme in die Vorauswahlliste unterfällt als Erkenntnisprozess ebenfalls der insolvenzgerichtlichen Aufsicht. Der Insolvenzrichter ist verpflichtet, sich die für die Beurteilung der grundsätzlichen Eignung eines Bewerbers erforderlichen Informationen zu beschaffen. Er ist dabei trotz Geltung des Amtsermittlungsgrundsatzes (§ 5 Abs. 1 InsO), insbesondere im Hinblick auf die persönlichen Verhältnisse, auf die Auskünfte des Bewerbers angewiesen.[1571] Teilweise wird bezweifelt, dass es den Insolvenzgerichten angesichts der allseits beklagten, nicht ausreichenden personellen und sachlichen Ausstattung gelingt, ein den Vorgaben des BVerfG genügendes Vorauswahlverfahren zu betreiben.[1572]

2.3.1. Bewerbungsunterlagen

Ausgangspunkt einer Geeignetheitsprüfung sind die eingereichten Bewerbungsunterlagen. Deren Aussagekraft hängt entscheidend davon ab, ob der Insolvenzrichter die von ihm angewandten Auswahlkriterien transparent gemacht hat und der Bewerber hierauf eingegangen ist. Viele Insolvenzgerichte haben hierzu umfangreiche Fragenkataloge vorbereitet, die von den Bewerbern schriftlich zu beantworten sind.[1573]

2.3.2. Persönliches Gespräch

Liegen aussagefähige Bewerbungsunterlagen vor und geben diese dem Insolvenzrichter ein positives Bild von den Fähigkeiten und Erfahrungen des Bewerbers, sollte sich jener in einem Gespräch mit dem Bewerber einen persönlichen Ein-

---

1568 *Frind/Schmidt*, Insolvenzverwalterbestellung: Auswahlkriterien und Grenzen der Justiziabilität in der Praxis, NZI 2004, 533, 537; kritisch: *Uhlenbruck/Mönning*, Listing, Delistung und Bestellung von Insolvenzverwaltern, ZIP 2008, 157, 160.

1569 Ebenso auch *Frind/Schmidt*, Insolvenzverwalterbestellung: Auswahlkriterien und Grenzen der Justiziabilität in der Praxis, NZI 2004, 533, 537.

1570 Siehe colorandi causa: *v. Kunitzki-Neu*, Warum wird die Konkursverwaltung nicht Frauen übertragen?, KuT 1929, 5 f.

1571 *BGH*, Beschl. v. 6. 5. 2004 – IX ZB 349/02 – ZVI 2004, 367, 368.

1572 *Klaas*, Offene Bewerberlisten contra professionelle Insolvenzverwaltung, AnwBl. 2006, 404.

1573 So beispielsweise das AG Hamburg, das AG Hannover, das AG Hildesheim, das AG Dresden.

druck verschaffen.[1574] Das *KG* hat in diesem Zusammenhang festgestellt, dass die fehlerhafte Beantwortung einer Fachfrage bzw. deren Beantwortung auf der Grundlage einer von der herrschenden Meinung abweichenden Auffassung, die Ablehnung der Aufnahme in die Vorauswahlliste nicht rechtfertigen kann.[1575] Dieser Entscheidung ist beizupflichten, denn der Grundrechtsschutz des Art. 12 Abs. 1 GG gebietet es in diesem Fall, weitere Fachfragen zu stellen, um die fachliche Eignung sicherer prüfen zu können.[1576]

2.3.3. Erfahrungswerte

Das *BVerfG* hat keine verfassungsrechtlichen Bedenken dagegen erhoben, dass für die Prüfung der Geeignetheit eines Prätendenten auf die Erfahrungen in anderen Insolvenzverfahren zurückgegriffen wird.[1577] *Laws* ist jedoch darin beizupflichten, dass die Qualität der Informationen aus anderen Verfahren im Hinblick auf die Eignung im Einzelfall zu prüfen ist und zu Gunsten des Bewerbers streitet, dass dieser über einen längeren Zeitraum beanstandungsfrei als Insolvenzverwalter tätig war.[1578]

Auch die Beurteilung der Eignung eines Bewerbers in dienstlichen Äußerungen anderer Organen desselben Insolvenzgerichts kann herangezogen werden. Das Gebot des fairen und rechtsstaatlichen Verfahrens gebietet es jedoch, dass die dort genannten Umstände hinreichend konkret belegt sind.[1579] Ein Fehlverhalten in einem früheren Insolvenzverfahren kann die Nichtaufnahme in Bewerberlisten nur dann rechtfertigen, wenn sich daraus generell die Befürchtung begründet, der Bewerber werde in Zukunft für jede denkbare Art von Insolvenzverwaltungen nie die Voraussetzungen für eine Auswahlentscheidung nach § 56 Abs. 1 InsO erfüllen können.[1580]

Obwohl es Insolvenzgerichte geben soll, bei denen Insolvenzrichter und Insolvenzrechtspfleger nicht miteinander kommunizieren, können die von einem Insolvenzrichter mit einem Insolvenzverwalter bereits gesammelten Erfahrungen hilfreich sein, wenn sich dieser um die Aufnahme in die Vorauswahlliste eines an-

---

1574 *Frind/Schmidt*, Insolvenzverwalterbestellung: Auswahlkriterien und Grenzen der Justiziabilität in der Praxis, NZI 2004, 533, 536;

1575 *KG*, Beschl. v. 11. 1. 2006 – 16 VA 5/05 – ZIP 2005, 294, 295: der abgelehnte Prätendent hatte gegenüber dem AG Charlottenburg (zunächst) die Vorschrift des § 64 Abs. 1 GmbHG nicht mit der herrschenden Meinung ausgelegt.

1576 Die Befähigung zum Richteramt wird in der zweiten juristischen Staatsprüfung auch nicht wegen fehlerhafter oder auf einer Mindermeinung gestützter Beantwortung einer Fachfrage verweigert.

1577 *BVerfG*, Beschl. v. 12. 7. 2006 – 1 BvR 1493/05 – ZInsO 2006, 1102, 1103 (Tz. 12).

1578 *Laws*, Gelistet, aber doch nie bestellt – was ist zu tun?, ZInsO 2006. 1123, 1124.

1579 *OLG Frankfurt/M.*, Beschl. v. 4. 2. 2008 – 20 VA 5/06 – ZVI 2008, 426, 428; *OLG Stuttgart*, Beschl. v. 5. 12. 2005 – 19 VA 4/05 – ZInsO 2006, 331, 332.

1580 *OLG Schleswig*, Beschl. v. 28. 11. 2006 – 12 VA 3/06 – BeckRS 2007 00768; dahingestellt lassend: *OLG Frankfurt/M.*, Beschl. v. 4. 2. 2008 – 20 VA 5/06 – ZVI 2008, 426, 429.

deren Insolvenzrichters desselben Insolvenzgerichts bewirbt.[1581] Ein Informationsaustausch zwischen den Insolvenzgerichten über Erfahrungen mit einem Bewerber kann trotz aller Subjektivität für die Beurteilung der Geeignetheit i.S.d. § 56 Abs. 1 InsO hilfreich sein. Nach der hier vertretenen Auffassung ist jedoch ein intergerichtlicher Austausch von Informationen über einen Bewerber ohne eine ausdrückliche gesetzliche Ermächtigung unzulässig.[1582]

2.3.4. Zertifizierung

Als Instrument zur Feststellung der Eignung des Insolvenzverwalters i.S.d. § 56 Abs. 1 InsO wird derzeit die Zertifizierung des Insolvenzverwalters und seines Verwalterbüros diskutiert.[1583]

Haarmeyer hält ein solches Verfahren für erforderlich, damit das Insolvenzgericht anhand von messbaren Qualitätskriterien eine objektive und an den Zielen des Insolvenzverfahrens orientierte Basis hat, um die Auswahlentscheidung gem. § 56 Abs. 1 InsO im Sinne einer Bestenauslese treffen zu können.[1584] Das DIAI[1585] bietet seit Ende 2006 eine kostenpflichtige Zertifizierung für Unternehmensinsolvenzverwalter an, die auf 40 objektiven und redundanzfreien Kriterien basiert, die eine fundierte Aussage über Qualität und den Erfolg einer Unternehmensinsolvenzverwaltung zulassen sollen. Auf diese Weise soll der gute und leistungsstarke Insolvenzverwalter die Möglichkeit zur Herausstellung seiner Qualitäten bekommen und den Insolvenzgerichten zuverlässige, an den Insolvenzzwecken orientierte Auswahlkriterien an die Hand gegeben werden, um – mit dem Ziel einer Bestenauslese *„die Spreu vom Weizen zu trennen“*.[1586]

Dieses Zertifizierungsverfahren ist in der Literatur auf Kritik gestoßen. So stellt *Hess* dessen wissenschaftlichen Grundlagen und dessen Aussagekraft im Hinblick

---

1581 Siehe Kap. E.I.5. Der BAK*inso e.V.* hat dieses Abstimmungserfordernis auf seiner Herbsttagung am 20./21.11.2008 bestätigt, vgl. ZInsO 2008, 1260.

1582 Siehe Kap. E.II.2.1.

1583 *Haarmeyer*, Der „Erfolg“ der Insolvenzabwicklung als Maßstab für Auswahl und Bestellung des Unternehmensinsolvenzverwalters, ZInsO 2005, 337 ff.; *Haarmeyer/Schaprian*, Zertifizierung des Insolvenzverwalters, Verschwiegenheit und Akteneinsicht, ZIP 2007, 952 f.; *Kurz*, Qualitätsmanagement für Insolvenzverwalter, NZI, Heft 6 VI f.; *Rhode/Calic*, Auswahlkriterien der Insolvenzgerichte – DIN EN ISO 9001:2000 als Qualitätsmerkmal, ZInsO 2006, 1247 ff.; *Schaprian*, Das Zertifizierungsverfahren des DIAI für Unternehmensinsolvenzverwalter, ZInsO 2007, 234 ff., mit einer Übersicht über das Zertifizierungsverfahren und einem Fallbeispiel; hiergegen: *Bork*, Die Verschwiegenheitspflicht des Insolvenzverwalters im Zertifizierungsverfahren, ZIP 2007, 793 ff.; *ders.*, Nochmals: Zertifizierung des Insolvenzverwalters, Verschwiegenheit und Akteneinsicht, ZIP 2007, 953 f.; *Hess*, Die Thesen des DIAI zur Zertifizierung des Unternehmens-Insolvenzverwalters durch Rating: „Junk Science“, ZIP 2007, 1042 ff. So die Entschließung des BAK*inso e.V.* auf seiner Herbsttagung am 20./21.11.2008, vgl. ZInsO 2008, 1260, 1261 (Ziff. 8).

1584 *Haarmeyer*, Der „Erfolg“ der Insolvenzabwicklung als Maßstab für Auswahl und Bestellung des Unternehmensinsolvenzverwalters, ZInsO 2005, 337.

1585 Deutsche Institut für angewandtes Insolvenzrecht e.V., leitender Direktor ist Prof. an der Fachhochschule Koblenz Dr. Hans Haarmeyer.

1586 *Schaprian*, Das Zertifizierungsverfahren des DIAI für Unternehmensinsolvenzverwalter, ZInsO 2007, 234. Weitere Informationen zum Zertifizierungsverfahren, insbesondere einen umfassenden Fragebogen, kann der Interessierte über www.zertrate.de beziehen.

auf die Qualität des Insolvenzverwalters und seiner Infrastruktur in Frage.[1587] *Bork* kritisiert, dass die Zertifizierung die Verletzung der Verschwiegenheitspflicht der Insolvenzverwalter hinsichtlich der Daten aus den Insolvenzverfahren erfordert, die zur Messung der Qualität herangezogen werden sollen.[1588]

Es kann im Rahmen dieser Untersuchung nicht der Frage nachgegangen werden, ob die Grundlagen dieses Zertifizierungsverfahrens wissenschaftlich fundiert sind und ob anhand der verwandten Kriterien die Qualität der Insolvenzverwaltertätigkeit und die Qualifikation des Insolvenzverwalters und seiner Infrastruktur objektiv gemessen werden können. Es bestehen aber im Hinblick auf die Verschwiegenheitspflicht des Insolvenzverwalters erhebliche Zweifel an der rechtlichen Zulässigkeit der Erhebung der eine Erfolgsmessung ermöglichenden Verfahrensdaten, die nur vordergründig anonymisiert werden, da eine – wenn auch stichprobenhafte – Verifizierung der vom Probanden angegebenen Daten in dessen Büro erfolgen soll.[1589] Gegen die rechtliche Zulässigkeit des Zertifizierungsverfahrens des DIAI spricht ferner, dass dieses der Bestenauslese und der Förderung einer Marktbereinigung dienen soll und damit die bundesverfassungsgerichtlichen Vorgaben, dass das (Vor-)Auswahlverfahren nicht der Bestenauslese dienen soll,[1590] ignoriert. Die Zielsetzung der Marktbereinigung[1591] bedarf wegen ihrer Eingriffswirkung in die Berufsausübungsfreiheit (Art. 12 Abs. 1 GG) einer gesetzlichen Grundlage, die in der Vorschrift des § 56 Abs. 1 InsO aber nicht zu finden ist.[1592] Schließlich folgt aus der über § 4 InsO anwendbaren Vorschrift des § 286 Abs. 1 ZPO, dass der Insolvenzrichter im Rahmen der (Vor-)Auswahlentscheidung die Eignung eines Prätendenten aufgrund einer eigenen freien Würdigung der Tatsachengrundlagen zu treffen hat. Diese Vorschrift entbindet den Richter weitgehend von Beweisregeln, die für bestimmte Beweismittel einen festen Beweiswert vorgeben oder ausschließen.[1593] Das BVerfG hat hervorgehoben, dass die persönliche und richterliche Unabhängigkeit und die strikte Gesetzesbindung des Insol-

---

1587 *Hess*, Die Thesen des DIAI zur Zertifizierung des Unternehmens-Insolvenzverwalters durch Rating: „Junk Science", ZIP 2007, 1042, 1043 ff.

1588 *Bork*, Die Verschwiegenheitspflicht des Insolvenzverwalters im Zertifizierungsverfahren, ZIP 2007, 793, 798; hiergegen: *Haarmeyer/Schaprian*, Zertifizierung des Insolvenzverwalters, Verschwiegenheit und Akteneinsicht, ZIP 2007, 952 f.; erwidernd: *Bork*, Nochmals: Zertifizierung des Insolvenzverwalters, Verschwiegenheit und Akteneinsicht, ZIP 2007, 953 f.

1589 Ausweislich der Schlusserklärung des „Fragebogen Zertifizierung DIAI Version 1.1", Stand 1. 5. 2007, hat der Proband zu erklären, dass er *„der ZertRate Forschungsgruppe bzw. den von dieser beauftragten Mitarbeitern freien Zugang zu allen relevanten Daten zur Überprüfung meiner Angaben gewähre."* Ohne eine stichprobenweise Prüfung der vom Bewerber angegebenen Daten hätte die Zertifizierung nicht den gewünschten Erkenntniswert.

1590 *BVerfG*, Beschl. v. 23. 5. 2006 – 1 BvR 2530/04 – NZI 2006, 453, 454 (Tz. 41).

1591 *Haarmeyer*, Der „Erfolg" der Insolvenzabwicklung als Maßstab für Auswahl und Bestellung des Unternehmensinsolvenzverwalters, ZInsO 2005, 337, 338, Ziff. I.5., (*„Voraussetzung ... auch der etablierte Verwalter regelmäßig einer ... umfassenden Qualitätskontrolle ..., ist i.S.d. Bestenauslese ein entsprechendes Delisting unvermeidlich."*); *Schaprian*, Das Zertifizierungsverfahren des DIAI für Unternehmensinsolvenzverwalter, ZInsO 2007, 234, 247 (*„Dass dies i.E. auch zu einem seit langer Zeit notwendigen Ausleseprozess unter den Insolvenzverwaltern führt, ist notwendiger und auch wünschenswerter Effekt ..."*).

1592 *Hess*, Die Thesen des DIAI zur Zertifizierung des Unternehmens-Insolvenzverwalters durch Rating: „Junk Science", ZIP 2007, 1042, 1047.

1593 Musielak-*Foerste*, § 286 ZPO Rdnr. 6.

venzrichters dem Anspruch eines Prätendenten auf einen chancengleichen Zugang zum Insolvenzverwalteramt am besten und sichersten Rechnung tragen.[1594] Der Insolvenzrichter hat deshalb sachgerechte Auswahlkriterien zu entwickeln, zu erheben und zu verifizieren.[1595] Folglich kann und darf die Zertifizierung nach dem DIAI-Standard eine eigene und unabhängige Eignungsprüfung durch den Insolvenzrichter nicht ersetzen.[1596] Da die DIAI-Zertifizierung nur die generelle Eignung eines Prätendenten bewertet, ist sie für die Auswahlentscheidung gem. § 56 Abs. 1 InsO ungeeignet, weil hier der Insolvenzrichter eine für den „jeweiligen Einzelfall geeignete" Person auszuwählen hat.[1597]

Zusammenfassend ist festzustellen, dass eine Vorauswahlentscheidung, die auf die DIAI-Zertifizierung gestützt oder mit deren Fehlen begründet wird, rechtswidrig ist. Es soll aber ein positiver Effekt einer Zertifizierung – sei es durch den DIAI oder nach ISO 9001 – nicht verschwiegen werden: der Insolvenzverwalter wird sich der Organisation seines Büros und der dortigen Verfahrensabläufe bewusst und kann hierbei festgestellte Fehlerquellen korrigieren.[1598] Entscheidend für die Feststellung der Eignung eines Bewerbers sollte aber sein, dass dieser ein Qualitätsmanagement betreibt.[1599]

2.3.5. Regelmäßige Verifizierung

Eine wirksame Aufsicht des Insolvenzgerichts erfordert es, die Eignung eines „gelisteten" Bewerbers in regelmäßigen Abständen zu überprüfen und diesen nach dem Ergebnis der Prüfung ggfls. von der Vorauswahlliste zu nehmen („delisting").[1600] Dieses setzt einen ausreichenden und regelmäßigen Informationsaustausch zwischen den Insolvenzrichtern und den Rechtspflegern voraus. Während der Insolvenzrichter die Tätigkeit des Insolvenzverwalters mit dem Eröffnungsbeschluss und dessen Bestellung nicht weiter verfolgt (§ 18 Abs. 1 RPflG), kann diese der im eröffneten Insolvenzverfahren funktionell alleinzuständige Rechtspfleger (§ 3 Abs. 2 e) RPflG) umfassend beurteilen. Er kann dabei die Tätigkeit des Insolvenzverwalters nicht nur anhand des Auftretens des Insolvenzverwalters in der Gläubigerversammlung, sondern vor allem anhand der insolvenzrechtlichen Berichterstattung, insbesondere der vom Insolvenzverwalter gem. § 66 Abs. 1 InsO

1594 *BVerfG*, Beschl. v. 23. 5. 2006 – 1 BvR 2530/04 – NZI 2006, 453, 455 (Tz. 42).

1595 *BVerfG*, Beschl. v. 23. 5. 2006 – 1 BvR 2530/04 – NZI 2006, 453, 455 (Tz. 44, 45).

1596 *Uhlenbruck/Mönning*, Listing, Delistung und Bestellung von Insolvenzverwaltern, ZIP 2008, 157, 1636. Um es pointiert auszudrücken: wenn sich der Insolvenzverwalter Wellensiek einer Zertifizierung durch das DIAI verweigert, wozu angesichts seiner langen und erfolgreichen Verwaltertätigkeit aller Anlass gegeben wäre, dann würde wohl kaum ein verständiger Insolvenzrichter dessen Delisting betreiben können.

1597 *Uhlenbruck/Mönning*, Listing, Delistung und Bestellung von Insolvenzverwaltern, ZIP 2008, 157, 166.

1598 *Kurz*, Qualitätsmanagement für Insolvenzverwalter, NZI, Heft 6 VI, VII; ähnlich: *Rhode/Calic*, Auswahlkriterien der Insolvenzgerichte – DIN EN ISO 9001:2000 als Qualitätsmerkmal, ZInsO 2006, 1247, 1250.

1599 Vgl. hierzu: *Uhlenbruck/Mönning*, Listing, Delistung und Bestellung von Insolvenzverwaltern, ZIP 2008, 157, 160–162.

1600 *Frind*, Verwalterbestellung: Weder einklagen noch einschleichen, ZInsO 2006, 729, 731.

zu erstellenden Schlussrechnung, die nach § 66 Abs. 2 Satz 1 InsO vom Insolvenzgericht in Person des Rechtspflegers (§ 3 Abs. 2 e) RPflG) zu prüfen ist, beurteilen.[1601] Zusätzlich kommt – der Erkenntnis *„If you can't measure, you can't control it."* folgend – eine Auswertung der Verfahrensergebnisse der tätigen Insolvenzverwalter durch das Insolvenzgericht in Betracht. Als Maßstab einer Bewertung des Erfolgs eines Insolvenzverwalters kommt die durchschnittliche Befriedigungsquote für ungesicherte und gesicherte Gläubiger, die durchschnittliche Massemehrung aufgrund der Durchsetzung von Anfechtungsansprüchen und gesellschaftsrechtlichen Haftungsansprüchen, die durchschnittliche Beitreibungsquote bei vor Verfahrenseröffnung begründeten Forderungen des Insolvenzschuldners, der Anteil der Verwaltungs- und Verwertungskosten an der Gesamtmasse, der Fortführungserfolg und die Insolvenzplanhäufigkeit in Betracht.[1602] Anhand dieser Kriterien kann der Durchschnittserfolg der an einem Insolvenzgericht tätigen Insolvenzverwalter ermittelt werden, der zugleich als Benchmark[1603] für die Beurteilung von Bewerbungen um die Aufnahme in die Vorauswahlliste oder den Verbleib in dieser herangezogen werden kann.[1604]

Ein solches vergleichendes Auswahlverfahren ist aber bedenklich, da dieses eine vergleichbare Ausgangssituation bei den ausgewerteten Insolvenzverfahren voraussetzt.[1605] Außerdem führt es im Ergebnis zu einer Bestenauslese, die jedoch nach der Rechtsprechung des *BVerfG* ohne eine gesetzliche Regelung unzulässig ist.[1606]

2.4. Die Vorauswahlentscheidung als Aufsichtsvollzug

Ist die Festlegung der Vorauswahlkriterien und die Prüfung der Geeignetheit eines Prätendenten Teil der erkennenden Aufsicht des Insolvenzgerichts, so ist die Entscheidung über die Aufnahme oder Nichtaufnahme eines Prätendenten in die Vor-

---

1601 *Schneider*, Konkursrichter und Konkurs, KuT 1931, 98, 99, stellt zutreffend zur Bedeutung der Schlussrechnung fest: *„Hier kann sich der Konkursverwalter nicht mit Redensarten heraushelfen, hier muß er über seine Tätigkeit mit nackten Worten und Zahlen Rechenschaft geben. Ohne große Mühe kann der Richter feststellen, ob der Verwalter so gearbeitet hat, dass ihm ein anderer Konkurs übertragen werden kann."*

1602 *Frind*, Gerichtserhobene Verfahrenskennzahlen als Mittel und Möglichkeit gerichtlicher Bewertung des Insolvenzverwaltererfolgs und gesteigerter Aufsicht im Insolvenzverfahren, ZInsO 2008, 126, 128 ff.

1603 Engl. „Maßstab".

1604 *Frind*, Gerichtserhobene Verfahrenskennzahlen als Mittel und Möglichkeit gerichtlicher Bewertung des Insolvenzverwaltererfolgs und gesteigerter Aufsicht im Insolvenzverfahren, ZInsO 2008, 126, 131.

1605 Vgl. *Beck*, Stellungnahme zu den Themen Verbraucherinsolvenzverfahren, Aufsicht im Insolvenzverfahren, Effizienzsteigerung im Insolvenzverfahren (Verwalterauswahl), in der öffentlichen Anhörung des Rechtsausschusses des Deutschen Bundestages am 9. 4. 2008, S. 13 ff. Ist es ein Indiz für fehlende Qualifikation des vorläufigen Insolvenzverwalters der PIN-Gruppe, wenn dieser am 3. 4. 2008 (*Financial Times Deutschland*, „PIN-Insolvenz kostet 5800 Jobs") verkünden muss, dass bereits die Hälfte der Mitarbeiter ihren Arbeitsplatz verloren haben und bisher nur für 10% der Mitarbeiter ein dauerhafter Arbeitsplatz gefunden werden konnte?

1606 *BVerfG*, Beschl. v. 23. 5. 2006 – 1 BvR 2530/04 – NZI 2006, 453, 454 (Tz. 41).

auswahlliste als präventive Maßnahme des Aufsichtsvollzugs anzusehen.[1607] Nach der Rspr. des *BGH* ist ein Bewerber in die Vorauswahlliste einzutragen, wenn er als generell geeignet angesehen wird, zum Insolvenzverwalter bestellt zu werden. Ein weitergehendes Auswahlermessen besteht für den Insolvenzrichter dabei nicht.[1608] Für den Bewerber im Zusammenhang mit Vorauswahlentscheidungen bedeutsame Fragestellungen sind die Begründungspflicht, die Zulässigkeit des „Delisting" und der Rechtsschutz.

2.4.1. Begründung der Vorauswahlentscheidung

Der Bewerber ist über die Aufnahme oder Nichtaufnahme in die Vorauswahlliste zu informieren.

Es kann eine Begründung der Vorauswahlentscheidung weder für notwendig noch für erforderlich gehalten werden. Dem steht aber entgegen, dass nach der Rechtsprechung des *BVerfG* ein justiziables Vorauswahlverfahren verfassungsrechtlich geboten ist.[1609] Diesem Gebot effektiven Rechtsschutzes wird aber eine Handhabung der Insolvenzgerichte nicht gerecht, die mangels Begründung der Vorauswahlentscheidung eine gerichtliche Überprüfung der chancengleichen und willkürfreien Ausübung des Vorauswahlermessens erschwert.

2.4.2. Das sogen. „Delisting"

Als „Delisting" wird der Vorgang bezeichnet, dass ein Prätendent von der Vorauswahlliste gestrichen wird. Dem ausdrücklichen „Delisting" wird die mehr als ein Jahr andauernde Nichtbeschäftigung eines gelisteten Bewerbers gleichgestellt.[1610] *Römermann* spricht in diesem Fall zutreffend von einem „Kaltstellen" eines Bewerbers.[1611] Auch auf diese Weise wird nach Auffassung von *Laws* das Recht auf eine faire Chance auf Zugang zum Insolvenzverwalteramt verletzt.[1612] Voraussetzung eines „Delisting" ist, dass der Bewerber nicht mehr als grundsätzlich geeignet i. S. d. § 56 Abs. 1 InsO angesehen werden kann.

Teilweise wird vertreten, dass hierfür eine Entlassung gem. § 59 InsO oder ein rechtskräftig entschiedener Haftungsfall gem. §§ 60, 61 InsO genügen kann.[1613] Die Entlassung eines Insolvenzverwalters gem. § 59 Abs. 1 InsO kann für sich ge-

---

1607 Siehe Kap. D.III.1.1.
1608 *BGH*, Beschl. v. 19. 12. 2007 – IV AR(VZ) 6/07 – NZI 2008, 161, 163 (Tz. 20); *OLG Frankfurt*, Beschl. v. 4. 2. 2008 – 20 VA 5/06 – ZVI 2008, 426, 428.
1609 *BVerfG*, Beschl. v. 3. 8. 2004 – 1 BvR 135/00, 1 BvR 1086/01 – ZInsO 2004, 913, 916; ebenso: *Laws*, Gelistet, aber doch nie bestellt – was ist zu tun?, ZInsO 2006. 1123, 1124.
1610 Beschluss des Bundesarbeitskreises Insolvenzgerichte, in Heft 4 der NZI, S. XI. *Uhlenbruck/Mönning*, Listing, Delistung und Bestellung von Insolvenzverwaltern, ZIP 2008, 157, 160 diskutieren eine Zeitspanne von 6 Monaten bis zu 2 Jahren.
1611 *Römermann*, Kurzkommentar zu OLG Hamm, Beschl. v. 2. 8. 2007, EWiR § 56 InsO 1/08, S. 28.
1612 *Laws*, Ist die „Schicksalsfrage des Insolvenzverfahrens" tatsächlich justiziabel?, ZInsO 2006, 847, 849.
1613 *Frind/Schmidt*, Insolvenzverwalterbestellung: Auswahlkriterien und Grenzen der Justiziabilität in der Praxis, NZI 2004, 533, 538.

nommen dessen Delisting nicht rechtfertigen, da der die Entlassung stützende wichtige Grund eine verfahrensbezogene Ursache haben kann, ohne die generelle Eignung des Entlassenen für die Insolvenzverwaltertätigkeit in Frage zu stellen.

Der Insolvenzrechtspfleger ist in die Entscheidung über ein „Delisting" einzubinden, da er die Hauptlast der Aufsicht über den Insolvenzverwalter trägt.[1614] Ein „Delisting" ist willkürlich und damit rechtswidrig, wenn die dafür angeführten Gründe dem Insolvenzrichter beim „Listing" bereits bekannt waren.[1615]

Teilweise wird vertreten, dass dem „Delisting" eine erfolglose Abmahnung, in der auf die Umstände hingewiesen wird, die nach Beurteilung des Insolvenzrichters die grundsätzliche Eignung gem. § 56 Abs. 1 InsO infrage stellen, vorausgegangen sein muss.[1616] Eine gesetzliche Regelung für dieses Erfordernis besteht nicht, jedoch kann der Umkehrschluss aus § 58 Abs. 2 Satz 1 InsO helfen. Wenn es zulässig ist, den bestellten Insolvenzverwalter bei einer Nichterfüllung seiner Pflichten nicht sogleich zu entlassen, sondern nach vorheriger Androhung im Zwangsgeldverfahren zur Erfüllung der Verwalterpflichten zu veranlassen, dann muss dieses erst recht für den gelisteten Bewerber gelten, dessen Verbleib auf der Vorauswahlliste in Frage steht. Schließlich verpflichtet das verfassungsrechtliche Gebot des rechtlichen Gehörs (Art. 103 Abs. 1 GG) den Insolvenzrichter zur vorherigen Anhörung des Bewerbers zu den Gründen des beabsichtigten „Delisting".

2.4.3. Rechtsmittel gegen die Vorauswahlentscheidung

Dem Rechtsschutz des Prätendenten kommt im Vorauswahlverfahren besondere Bedeutung zu, da die Verfahrensgestaltung der Verwirklichung der grundrechtlichen Gewährleistungen aus Art. 12 Abs. 1 GG und Art. 3 Abs. 1 GG dient. Nach der Rechtsprechung des *BVerfG* hat das Vorauswahlverfahren dem Prätendenten einen chancengleichen Zugang im Rahmen einer zügigen Eignungsprüfung durch den Insolvenzrichter zu gewährleisten.[1617] Art. 19 Abs. 4 GG begründet einen Anspruch des Bürgers auf eine tatsächlich wirksame gerichtliche Kontrolle und die grundsätzliche Pflicht der Gerichte, die angefochtenen Verwaltungsakte in rechtlicher und tatsächlicher Hinsicht vollständig nachzuprüfen. Als funktionaler Akt der vollziehenden Gewalt ist daher die Vorauswahlentscheidung des Insolvenzrichters der Rechtsweggarantie des Art. 19 Abs. 4 GG unterstellt und so dem übergangenen Prätendenten die Rechtsschutzmöglichkeit nach §§ 23 ff. EGGVG eröffnet.[1618]

1614 *Uhlenbruck/Mönning*, Listing, Delistung und Bestellung von Insolvenzverwaltern, ZIP 2008, 157, 160.
1615 *Laws*, Gelistet, aber doch nie bestellt – was ist zu tun?, ZInsO 2006. 1123, 1124.
1616 *Frind/Schmidt*, Insolvenzverwalterbestellung: Auswahlkriterien und Grenzen der Justiziabilität in der Praxis, NZI 2004, 533, 538.
1617 Siehe Kap. F.I.1.1.
1618 *BVerfG*, Beschl. v. 3. 8. 2004 – 1 BvR 135/00, 1 BvR 1086/01 – ZInsO 2004, 913 ff. (Vorauswahlliste); Beschl. v. 23. 5. 2006 – 1 BvR 2530/04 – NZI 2006, 453 ff. (Bestellungsentscheidung). Dieser Rechtsprechung haben sich angeschlossen: *OLG Köln*, Beschl. v. 27. 9. 2006 – 7 VA 9/05 – NZI 2007, 105 ff.; *OLG Düsseldorf*, Beschl. v. 27. 10. 2006 – 3 VA 9/06 – NJW-RR 2006, 630, 631.

2.4.3.1. Rechtsweg

Die Vorauswahlentscheidung wird vom Insolvenzrichter getroffen. Nach § 23 Abs. 1 Satz 1 EGGVG ist der Rechtsweg gegen Maßnahmen der „Justizbehörde" eröffnet. Dieser Begriff ist gesetzlich nicht definiert, jedoch nach einhelliger Auffassung im funktionellen Sinne zu verstehen.[1619] Entscheidend ist demnach, ob die jeweils in Rede stehende Amtshandlung in Wahrnehmung einer Aufgabe vorgenommen worden ist, die der jeweiligen Behörde als ihre spezifische Aufgabe in einem der in § 23 EGGVG genannten Rechtsgebiete zugewiesen ist.[1620] Die Entscheidungen des Insolvenzrichters über die Vorauswahl des Prätendenten sind nach der Rechtsprechung des *BVerfG* funktional vollziehende Gewalt, die jedoch im Interesse eines besonderen rechtsstaatlichen Schutzes nicht der Exekutive überlassen werden soll.[1621] Als Justizbehörde i. S. d. § 23 Abs. 1 EGGVG ist bei der Vorauswahlentscheidung der Insolvenzrichter anzusehen.[1622] Gegen dessen Entscheidung ist der Rechtsweg nach §§ 23 ff. EGVG eröffnet.[1623]

2.4.3.2. Rechtsschutzinteresse

Weitere Zulässigkeitsvoraussetzung ist ein Rechtsschutzbedürfnis des übergangenen Prätendenten. Dieser muss nach § 24 Abs. 1 EGGVG geltend machen, durch die Nichtaufnahme in die Vorauswahlliste oder durch die Nichtberücksichtigung bei der Bestellungsentscheidung in seinen Rechten verletzt zu sein. Das Rechtsschutzbedürfnis bei der Nichtaufnahme in die Vorauswahlliste oder bei einem „Delisting" ist darin begründet, die Aufnahme in die oder den Verbleib in der Vorauswahlliste zu erreichen, um bei zukünftigen Auswahlentscheidungen willkürfrei berücksichtigt zu werden. Ein Vorschaltverfahren i. S. d. § 24 Abs. 2 EGGVG ist hier nicht zu beachten, da nach anderen Vorschriften eine Beschwerdemöglichkeit gegen die Entscheidung des Insolvenzrichters über die Vorauswahl des Prätendenten nicht gegeben ist (§ 6 Abs. 1 InsO).

2.4.3.3. Antragserfordernis

Über den Antrag nach § 23 EGGVG entscheidet ein Zivilsenat des Oberlandesgerichtes, in dessen Bezirk das Insolvenzgericht seinen Sitz hat (§ 25 Abs. 1 Satz 1 EGGVG). Die Entscheidung des Oberlandesgerichts ist endgültig (§ 29 Abs. 1 Satz 1 EGGVG). Der Antrag ist fristgebunden. Wird die Aufnahme in die Vorauswahlliste durch einen Bescheid des Insolvenzgerichts abgelehnt, so ist der Antrag nach § 23 Abs. 1 EGGVG innerhalb einer Frist von einem Monat nach Zustellung oder schriftlicher Bekanntgabe des ablehnenden Bescheids beim für die Entschei-

1619 *BGH*, Beschl. v. 19. 12. 2007 – IV AR(VZ) 6/07 – BeckRS 2008 01255 (Tz. 11); Beschl. v. 16. 5. 2007 – IV AR(VZ) 5/07 – ZIP 2007, 1379, 1380 (Tz. 12); *OLG Koblenz*, Beschl. v. 12. 5. 2005 – 12 VA 1/04 – ZVI 2005, 376; Karls.Kom.(StPO)-*Schoreit*, § 23 EGGVG, Rdnr. 10.
1620 *BGH*, Beschl. v. 16. 5. 2007 – IV AR(VZ) 5/07 – ZIP 2007, 1379, 1380 (Tz. 12).
1621 *BVerfG*, Beschl. v. 23. 5. 2006 – 1 BvR 2530/04 – NZI 2006, 453 (Tz. 23).
1622 *BGH*, Beschl. v. 16. 5. 2007 – IV AR(VZ) 5/07 – ZIP 2007, 1379, 1380 (Tz. 12).
1623 Ausdrücklich, *BVerfG*, Beschl. v. 3. 8. 2004 – 1 BvR 135/00, 1 BvR 1086/01 – ZInsO 2004, 913, 915; *OLG Düsseldorf*, Beschl. v. 27. 10. 2006 – I-3 VA 9/96 – ZInsO 2006, 1221, 1222.

dung zuständigen Oberlandesgericht oder einem Amtsgericht zu stellen (§ 26 Abs. 1 EGGVG). Wird innerhalb von drei Monaten nicht über den Antrag auf Aufnahme in eine Vorauswahlliste entschieden, dann kann ebenfalls ein Antrag auf gerichtliche Entscheidung gestellt werden (§ 27 Abs. 1 EGGVG), jedoch nicht später als ein Jahr nach Stellung des Antrages auf Aufnahme in die Vorauswahlliste (§ 27 Abs. 3 EGGVG).

2.4.3.4. Antragsgegner

Der sich gegen die ablehnende Entscheidung über die Aufnahme in die Vorauswahlliste richtende Anfechtungsantrag gem. § 23 Abs. 1 EGGVG ist grundsätzlich gegen die den Ablehnungsbescheid erlassende Justizbehörde zu richten.[1624] Der Antragsgegner muss in dem Antrag zutreffend bezeichnet werden, um nicht als unzulässig abgewiesen zu werden.[1625] Der Insolvenzrichter ist zwar Justizbehörde im funktionellen Sinne des § 23 Abs. 1 Satz 1 EGGVG, fraglich ist jedoch, ob dieser auch Beteiligter in dem Verfahren nach § 23 EGGVG eines abgelehnten Prätendenten sein kann.

Diese Frage hat der *BGH* jüngst zugunsten des Rechtsträgerprinzips entschieden. Hiernach kommen nur rechtsfähige Rechtsträger als Verfahrensbeteiligte in Betracht, nicht jedoch Behörden, die keine eigene Rechtspersönlichkeit besitzen und denen nicht aufgrund einer gesetzlichen Regelung (vgl. §§ 61 Nr. 1, 3, 78 Abs. 1 Nr. 1 VwGO) Parteifähigkeit verliehen worden ist.[1626] Der Insolvenzrichter als Behörde scheidet somit als Antragsgegner aus.[1627]

2.4.3.5. Rechtsschutz gegen Nichtaufnahme in die Vorauswahlliste

Der Prätendent, dessen Aufnahme in die Vorauswahlliste abgelehnt worden ist, kann mit einem Verpflichtungsantrag nach § 23 Abs. 2 EGGVG die Aufnahme in die Vorauswahlliste beantragen.[1628] Der Beurteilungsspielraum des Insolvenzrichters bei der Prüfung des Vorliegens der Eignung i.S.d. § 56 Abs. 1 InsO ist nicht frei, sondern nach Art. 1 Abs. 3 GG an den allgemeinen Gleichheitssatz des Art. 3 Abs. 1 GG gebunden, so dass jeder Prätendent eine willkürfreie und faire Chance auf Aufnahme in die Vorauswahlliste haben muss.[1629] Deshalb kann sich die recht-

---

1624 *Kissel/Mayer*, § 29 EGGVG, Rdnr. 16.

1625 Karls.Kom.(StPO)-*Schoreit*, § 23 EGGVG, Rdnr. 43.

1626 *BGH*, Beschl. v. 19. 12. 2007 – IV AR(VZ) 6/07 – BeckRS 2008 01255 (Tz. 14); diesem folgend: *OLG Frankfurt a.M.*, Beschl. v. 28. 3. 2007 – 20 VA 11/05 – NZI 2007, 524 (Land Hessen, vertreten durch die StA beim OLG); *OLG Düsseldorf*, Beschl. v. 27. 10. 2006 – 3 Va 9/06 – NJW-RR 2007, 630, 631 (wegen § 5 AGVwGO NRW der Direktor des AG); a. A. *OLG Bamberg*, Beschl. v. 3. 12. 2007 – VA 11/07 – ZIP 2008, 82, 84; *OLG Köln*, Beschl. v. 27. 9. 2006 – 7 VA 9/05 – NZI 2007, 105, mit dem Argument, dass die in richterlicher Unabhängigkeit zu treffende Vorauswahlentscheidung nicht dem Einfluss und daher auch nicht der Verantwortung des Behördenleiters unterliegt.

1627 So auch: *OLG Bamberg*, Beschl. v. 3. 12. 2007 – VA 11/07 – ZIP 2008, 82, 84; a.A. *OLG Hamm*, Beschl. v. 2. 8. 2007 – 27 VA 1/07 – NZI 2007, 659; *OLG Düsseldorf*, Beschl. v. 15. 8. 2008 – 3 VA 4/07 – BeckRS 2008 19429, II.2., unter Aufgabe seiner bisherigen Rspr.

1628 *BVerfG*, Beschl. v. 3. 8. 2004 – 1 BvR 135/00, 1 BvR 1086/01 – ZInsO 2004, 913 ff.

1629 *BVerfG*, Beschl. v. 3. 8. 2004 – 1 BvR 135/00, 1 BvR 1086/01 – ZInsO 2004, 913, 916.

liche Überprüfung der Vorauswahlentscheidung nicht darauf beschränken, lediglich die von den Insolvenzrichtern allgemein aufgestellten Vorauswahlkriterien zu überprüfen und deren Anwendung auf den konkreten Bewerber gänzlich auszusparen.[1630]

Die nach § 24 Abs. 1 EGGVG erforderliche Beschwer kann daher in einer fehlerhaften, den Gleichheitsgrundsatz des Art. 3 Abs. 1 GG verletzenden Vorauswahlentscheidung des Insolvenzrichters liegen, wie z.B. durch die Führung sogen. „geschlossener Listen“. Die eine pflichtwidrige Ermessenausübung begründenden Umstände sind vom Antragsteller darzulegen.

2.4.3.6. Der ewig unbestellte Bewerber

Hat ein Bewerber die Hürde der Aufnahme in die Vorauswahlliste bewältigt, wird aber über einen längeren Zeitraum bei Bestellungsentscheidungen nicht berücksichtigt, stellt sich die Frage nach dessen Rechtsschutzmöglichkeiten gegen ein solches „faktisches Delisting“.

Nach § 24 Abs. 1 EGGVG setzt das Verfahren nach §§ 23ff. EGGVG eine Beschwer des Antragstellers voraus. Durch die Aufnahme in die Vorauswahlliste wird ein Bewerber jedoch nicht beschwert. Zwar begründet die Aufnahme in die Vorauswahlliste nach der Rechtsprechung des *BVerfG* kein subjektives Recht auf Bestellung zum Insolvenzverwalter, sondern nur auf eine faire und willkürfreie Chance, bei zukünftigen Bestellungsentscheidungen entsprechend der Eignung berücksichtigt zu werden,[1631] jedoch wird dieses Recht verletzt, wenn ein Delisting auf „kaltem Wege“ erfolgt.[1632]

Die Schwierigkeit für den betroffenen Bewerber liegt darin, dass er die Darlegungs- und Beweislast für ein „faktisches Delisting“ trägt. Hier kann nicht das Argument helfen, dass dem von einem faktischen Delisting Betroffenen Rechtsschutz gewährt werden müsse, weil dieser sonst rechtsschutzlos bliebe. Einen Ausweg bietet die von *Laws* vorgeschlagene Anwendung der Grundsätze zur gestuften Darlegungslast. Der Antragsteller hat zunächst die Umstände darzulegen, aus denen sich auf ein faktisches Delisting schließen lässt.[1633] Die Bestellungspraxis des Insolvenzrichters lässt sich ohne weiteres über das Internet recherchieren und ermöglicht die schlüssige Darlegung der Nichtberücksichtigung des Antragstellers über einen längeren Zeitraum. Nach Auffassung von *Laws* lassen sich hieraus zwei Ansätze entwickeln: entweder hat der Insolvenzrichter offensichtlich seine Vorauswahlkriterien verschärft, ohne dem Antragsteller seine nunmehrige Ungeeignetheit zu bescheiden, oder – wenn der Antragsteller das Schicksal der dauerhaften Nichtberücksichtigung mit anderen Bewerbern teilen muss – der Insolvenzrichter führt eine den verfassungsrechtlichen Anforderungen nicht genügende geschlos-

1630 *OLG Frankfurt*, Beschl. v. 4. 2. 2008 – 20 VA 5/06 – ZVI 2008, 426, 428.
1631 *BVerfG*, Beschl. v. 23. 5. 2006 – 1 BvR 2530/04 – NZI 2006, 453, 454 (Tz. 29f.); Beschl. v. 12. 7. 2006 – 1 BvR 1469/05 – ZInsO 2006, 1101 (Tz. 10).
1632 *Laws*, Gelistet, aber doch nie bestellt – was ist zu tun?, ZInsO 2006. 1123, 1125.
1633 *Laws*, Gelistet, aber doch nie bestellt – was ist zu tun?, ZInsO 2006. 1123, 1125.

sene Liste („closed shop"). In beiden Fällen obliegt es dem Insolvenzrichter nach den Grundsätzen zur abgestuften Darlegungslast die Gründe für seine Auswahl- und Bestellungspraxis offenzulegen.[1634] Diese unterliegen sodann der gerichtlichen Überprüfung.

Wird festgestellt, dass das praktizierte Vorauswahlverfahren nicht den Anforderungen der Rechtsprechung des *BVerfG* genügt und der Antragsteller in rechtswidriger Weise bei Bestellungsentscheidungen nicht berücksichtigt wurde, dann bedarf es für die erfolgreiche Durchsetzung eines Amtshaftungsanspruchs u.a. der Feststellung, dass ein offizielles Delisting nicht erfolgreich gewesen wäre.[1635]

3. Die Bestellung des Insolvenzverwalters als Aufsichtsvollzug

Nach § 27 Abs. 1 Satz 1 InsO hat der Insolvenzrichter mit der Eröffnung des Insolvenzverfahrens einen Insolvenzverwalter zu bestellen, der die Voraussetzungen des § 56 Abs. 1 InsO[1636] erfüllt. Dabei ist dem Insolvenzgericht nach der Rechtsprechung des *BVerfG* ein weites Auswahlermessen eingeräumt, so dass der Prätendent nicht einen Anspruch auf Bestellung[1637], sondern nur auf pflichtgemäße Ermessensausübung hat.[1638] Ist die Tätigkeit des Insolvenzrichters im Vorauswahlverfahren noch als präventive Aufsichtstätigkeit anzusehen, so konkretisiert sich diese mit der Bestellung des Insolvenzverwalters auf eine Person und dessen Abwicklungstätigkeit in einem konkreten Insolvenzverfahren. Der Auswahlentscheidung ist ein Erkenntnisprozess des Insolvenzrichters im Hinblick auf die Eignung des Ausgewählten gem. § 56 Abs. 1 InsO vorausgegangen. Zugleich bestimmt die Auswahlentscheidung, nämlich ob eine allgemein und für das konkrete Insolvenzverfahren geeignete Person zum Insolvenzverwalter bestellt worden ist, die Intensität und das Maß der auszuübenden Aufsicht und auch das Staatshaftungsrisiko. Die Auswahl des Insolvenzverwalters ist also nicht nur „die Schicksalsfrage des Konkurses"[1639], sondern auch diejenige der insolvenzgerichtlichen Aufsicht (§ 58 InsO).

3.1. Auswahlkriterien

Der Insolvenzrichter kann die grundsätzliche Geeignetheit i.S.d. § 56 Abs. 1 InsO des bestellten Insolvenzverwalters unterstellen, wenn er diesen aus einer Vorauswahlliste, die den bundesverfassungsgerichtlichen Anforderungen genügt, aus-

1634 *Laws*, Gelistet, aber doch nie bestellt – was ist zu tun?, ZInsO 2006. 1123, 1126.
1635 *Laws*, Gelistet, aber doch nie bestellt – was ist zu tun?, ZInsO 2006. 1123, 1126.
1636 Im Rahmen der Insolvenzrechtsreform hat man von einer weitergehenden gesetzlichen Regelung der notwendigen Eigenschaften eines Insolvenzverwalters abgesehen, da derartige Klauseln nur Leerformeln sein würden, vgl. *Uhlenbruck*, Das Bild des Insolvenzverwalters, KTS 1998, 1, 8.
1637 Gleichviel, *ob „er „global player", Träger von Orden und Ehrenzeichen oder einfach ein netter Kerl ist"* (*Smid*, „Rechtsschutz" gegen Insolvenzrichter, DZWiR 2004, 359, 360).
1638 *BVerfG*, Beschl. v. 23. 5. 2006 – 1 BvR 2530/04 – NZI 2006, 453, 454 (Tz. 30); Beschl. v. 12. 7. 2006 – 1 BvR 1469/05 – ZInsO 2006, 1101 (Tz. 10); Beschl. v. 19. 7. 2006 – 1 BvR 1351/06 – ZInsO 2006, 869 (Tz. 6).
1639 *Jaeger* (6./7. Aufl.) § 78 KO, Anm. 7.

gewählt hat.[1640] Er hat dann nur noch die Geeignetheit des Ausgewählten in Bezug auf das konkrete Insolvenzverfahren, aber auch dessen Unabhängigkeit zu prüfen. Nach Ansicht von *Gerhardt* ist eine „Direktbestellung" ohne vorherige Auswahlprüfung und Aufnahme in eine Vorauswahlliste unzulässig.[1641] Fraglich ist, ob die Auswahlentscheidung auch weitere Aspekte, wie z. B. die gleichmäßige Verteilung der Insolvenzverfahren, zu berücksichtigen hat.

3.1.1. Die Eignung im „jeweiligen Einzelfall", § 56 Abs. 1 InsO

Das Insolvenzgericht hat gem. § 56 Abs. 1 InsO eine *„für den jeweiligen Einzelfall geeignete"* Person zum Insolvenzverwalter zu bestellen. Mit dieser durch den Rechtsausschuss in den Regierungsentwurf eingebrachten Ergänzung hat der Gesetzgeber eine schematische Auswahl abgelehnt.[1642] Dabei liegt die Schwierigkeit für den Insolvenzrichter darin, die Anforderungen des konkreten Insolvenzfalles zu identifizieren. Hierzu bedarf es ausreichender Informationen über die wirtschaftlichen und rechtlichen Verhältnisse des Insolvenzschuldners, die sich der Insolvenzrichter vor seiner Auswahlentscheidung von Amts wegen verschaffen muss. Der Insolvenzantrag bietet regelmäßig nicht die erforderlichen Informationen, gerade wenn es sich um eine Unternehmensinsolvenz oder einen besondere rechtliche Schwierigkeiten aufbietenden Insolvenzfall handelt. Denn in jenem müssen nur das Vorliegen eines Eröffnungsgrundes gem. §§ 16ff. InsO und – bei einem Gläubigerantrag – gem. § 14 Abs. 1 InsO auch die Forderung und das Rechtsschutzinteresse glaubhaft gemacht sein. Hilfreich kann hier die Verwendung eines standardisierten Antragsformulars sein, das differenzierte Angaben über die Verhältnisse des Insolvenzschuldners verlangt.[1643] Jedoch gilt dieses nur für den Eigenantrag, da der Insolvenzgläubiger regelmäßig nicht über die erforderlichen Informationen verfügt, und auch nur dann, wenn der antragstellende Insolvenzschuldner auskunftsbereit ist. In der Insolvenzpraxis wird der Insolvenzrichter deshalb regelmäßig ein Insolvenzgutachten gem. § 5 Abs. 1 Satz 2 InsO einholen, das auch Aufschluss über die Anforderungen und Schwierigkeiten des konkreten Insolvenzverfahrens gibt.

Die Eignung des Insolvenzverwalters im Einzelfall wird aber auch durch dessen allgemeine Arbeitsbelastung durch andere Insolvenzverwaltungen bestimmt.[1644] Diese kann der bestellende Insolvenzrichter aus eigener Anschauung nur im Hin-

1640 Zu den Kriterien der im Vorauswahlverfahren festzustellenden, grundsätzlichen Eignung eines Bewerbers um das Insolvenzverwalteramt: Kap. F.I.2.2.

1641 Jaeger-*Gerhardt*, § 56 InsO, Rdnr. 64.

1642 Bericht des Rechtsausschusses zu § 56 InsO, zit. n. *Balz/Landfermann*, Die neuen Insolvenzgesetze, S. 135. Zu den praktischen Schwierigkeiten bei der Auswahl des geeigneten Insolvenzverwalters: *Uhlenbruck*, Das Bild des Insolvenzverwalters, KTS 1998, 1, 18–20.

1643 *Neubert*, Auswahl der (vorläufigen) Insolvenzverwalter/-walterinnen durch das Gericht, ZInsO 2002, 309, 312.

1644 Eine Modellrechnung der möglichen Arbeitsbelastung versucht *Graeber*, Die Aufgaben des Insolvenzverwalters im Spannungsfeld zwischen Delegationsbedürfnis und Höchstpersönlichkeit, NZI 2003, 569, 577; hiergegen: *Uhlenbruck/Mönning*, Listing, Delistung und Bestellung von Insolvenzverwaltern, ZIP 2008, 157, 165.

blick auf die von ihm bisher getroffenen Bestellungsentscheidungen ermessen. Ist der in Aussicht genommene Insolvenzverwalter aber überregional auch in anderen Gerichtsbezirken als Insolvenzverwalter tätig, dann ist der Insolvenzrichter auf die „Überlastungsanzeige“ des Insolvenzverwalters angewiesen. Dieser ist deshalb verpflichtet, jeden Zweifel an seiner Eignung im konkreten Insolvenzverfahren wegen einer allgemeinen Arbeitsüberlastung dem Insolvenzrichter anzuzeigen.[1645] Diese Anzeige ist das Qualifikationsmerkmal und nicht die Arbeitsbelastung selbst.[1646]

3.1.2. Die Unabhängigkeit im Einzelfall

Nach § 56 Abs. 1 InsO muss der Insolvenzverwalter von den Verfahrensbeteiligten unabhängig sein. Anders als im Vorauswahlverfahren kann der Insolvenzrichter das Vorliegen dieser Voraussetzung bei Bestellung des Insolvenzverwalters konkret prüfen, da nunmehr die Verfahrensbeteiligten bestimmbar sind. Die Unabhängigkeit des Insolvenzverwalters von den Verfahrensbeteiligten ist ein hohes Gut und Voraussetzung dafür, dass der Staat jemandem fremdes Vermögen anvertraut.[1647] Die Bedeutung dieses Auswahlkriteriums offenbart sich an den vielfältigen Interessenkonflikten, die in der Insolvenz zwischen allen Beteiligten zu Tage treten können und innerhalb derer sich der Insolvenzverwalter mit dem Ziel der Haftungsverwirklichung zu Gunsten der Insolvenzgläubiger bewegen muss. *Uhlenbruck* spricht hier zu Recht von den „Mühlsteinen zahlloser Interessenkonflikte“.[1648] Da erst mit der Insolvenzantragstellung das konkrete Insolvenzverfahren mit seinen Verfahrensbeteiligten bestimmt wird, bedarf die Feststellung der Unabhängigkeit des Insolvenzverwalters einer Prüfung im Einzelfall.[1649] Die notwendige Prüfung im Einzelfall kann sich an den gesetzgeberischen Wertungen in §§ 41, 42 ZPO, §§ 45 f. BRAO und § 319 Abs. 2 HGB,[1650] aber auch an den Verhaltenskodizes der Insolvenzverwalterverbände orientieren. So fehlt es an der Unabhängigkeit bei einem Prätendenten, der den Insolvenzschuldner im Vorfeld zur

---

1645 So bereits *Deutsch*, Über die Eignung des Konkursverwalters für sein verantwortungsvolles Amt, KuT 1931, 129.

1646 *Uhlenbruck/Mönning*, Listing, Delistung und Bestellung von Insolvenzverwaltern, ZIP 2008, 157, 165.

1647 *Bork*, Die Unabhängigkeit des Insolvenzverwalters – ein hohes Gut, ZIP 2006, 58, 59; Jaeger-*Gerhardt*, § 56 InsO, Rdnr. 42; *Jaeger*, Anm. zu OLG Dresden, Beschl. v. 20. 3. 1928, KuT 1928, 174, im Fall der Abhängigkeit eines Konkursverwalters von einem Gläubigerschutzverein.

1648 *Uhlenbruck*, Das Bild des Insolvenzverwalters, KTS 1998, 1, 2; vgl. auch *Uhlenbruck*, Aus- und Abwahl des Insolvenzverwalters, KTS 1989, 229, 230.

1649 *Bork*, Die Unabhängigkeit des Insolvenzverwalters – ein hohes Gut, ZIP 2006, 58, 59.

1650 *Bork*, Die Unabhängigkeit des Insolvenzverwalters – ein hohes Gut, ZIP 2006, 58, 59; Jaeger-*Gerhardt*, § 56 InsO, Rdnr. 43; *Graeber*, Die Unabhängigkeit des Insolvenzverwalters gegenüber Gläubigern und Schuldner – Eine „fundamentale“ Anforderung an den Verwalter fremden Vermögens, NZI 2002, 345, 347; *Lüke*, Unabhängigkeit oder „Kernunabhängigkeit“ des Insolvenzverwalters?, ZIP 2003, 557, 560; a. A. *Graf-Schlicker*, Gefährdet die Eigenverwaltung die Unabhängigkeit des Insolvenzverwalters, FS-Kirchhof, S. 135, 142 f. Für die analoge Anwendung von § 41 ZPO, *BGH*, Beschl. v. 22. 4. 2004 – IX ZB 154/03 – ZVI 2004, 351, 352; für die analoge Anwendung von § 45 BRAO, *OLG Celle*, Beschl. v. 23. 7. 2001 – 2 W 41/01 – ZinsO 2001, 755, 757.

Insolvenz, insbesondere bei der Erstellung eines Sanierungskonzeptes, beraten hat.[1651]

Eine Besonderheit ergibt sich bei der Eigenverwaltung aus der Trennung zwischen der beim Insolvenzschuldner verbleibenden Verwaltungs- und Verfügungsbefugnis von der Funktion des an die Stelle des Insolvenzverwalters tretenden Sachwalters.[1652] Die Verpflichtung zur Unabhängigkeit trifft aufgrund der Verweisung in § 274 Abs. 1 InsO auf § 56 Abs. 1 InsO nur den Sachwalter und nicht den Insolvenzschuldner.[1653] Letzterer kann jedoch versuchen, durch die Bestellung eines „Insolvenzverwalters" für den Bereich seiner Geschäftsleitung, sich oder einzelnen Gläubigern einen ungerechtfertigten Vorteil zu verschaffen. Ein solcher Fall, flankiert noch durch den Versuch einer politischen Einflussnahme durch den Ministerpräsidenten, liegt der Anordnung der Eigenverwaltung in dem Insolvenzverfahren Babcock Borsig AG durch den Beschluss des *AG Duisburg* vom 1. 9. 2002[1654] zugrunde.[1655] Die hiergegen geäußerten Bedenken werden damit begründet, dass dieses Vorgehen zur Selbstauswahl des Insolvenzverwalters unter Umgehung des Insolvenzrichters (§ 56 Abs. 1 InsO) und der Gläubigerautonomie (§ 57 InsO) führt und Gefahren für die Reputation des zum Geschäftsführungsorgan bestellten Insolvenzverwalters befürchten lässt.[1656] Aus diesem Grunde lehnt *Frind* die Eigenverwaltung bereits bei geringen Zweifeln an deren Sinnhaftigkeit ab.[1657] Nach Ansicht des *AG Köln* stellt diese Konstruktion nur dann eine unzulässige Umgehung des Grundsatzes der Unabhängigkeit des Insolvenzverwalters gem. § 56 Abs. 1 InsO dar, wenn der Insolvenzschuldner das Rechtsinstitut der Eigenverwaltung nutzt, um sich oder einzelnen Gläubigern ungerechtfertigte Vorteile zu verschaffen.[1658] Im übrigen versetzen die umfangreichen Zustimmungs- und Überwachungsbefugnisse einen zum Sachverwalter bestellten erfahrenen Insolvenzverwalter problemlos in die Lage, die geeigneten Maßnahmen zu treffen, um einen Missbrauch zu verhindern.[1659] Gegen die Kritik der Selbstauswahl des Insolvenzverwalters spricht auch das Argument von *Wehdeking*, dass der zum Geschäftsführungsorgan der insolvenzschuldnerischen Gesellschaft bestellte „Insolvenzverwalter" im Rahmen der Eigenverwaltung – anders als beim englischen Rechtsinstitut des receivership – weiterhin den gesellschaftsrechtlichen Bindungen dieser Organ-

---

1651 *Bork*, Die Unabhängigkeit des Insolvenzverwalters – ein hohes Gut, ZIP 2006, 58; Jaeger-*Gerhardt*, § 56 InsO, Rdnr. 45.

1652 Siehe Kap.B.II.2.4.

1653 *Prütting*, Insolvenzabwicklung durch Eigenverwaltung, FS-Kirchhof, S. 433, 437.

1654 *AG Duisburg*, Eröffnungsbeschluss v. 1. 9. 2002 – 62 IN 167/02 – NZI 2002, 556 ff.

1655 Ausführlich zu den Hintergründen und der Diskussion: *Wehdeking*, Masseverwaltung durch den insolventen Schuldner, S. 121 ff.

1656 *AG Duisburg*, Eröffnungsbeschluss v. 1. 9. 2002 – 62 IN 167/02 – NZI 2002, 556, 559; *Frind*, Neue Gefahren für die Unabhängigkeit des Insolvenzverwalters, ZInsO 2002, 745, 751 f.; a. A. *Prütting*, Insolvenzabwicklung durch Eigenverwaltung, FS-Kirchhof, S. 433, 436, 437, weil § 56 InsO nicht für den Insolvenzschuldner gelte.

1657 *Frind*, Neue Gefahren für die Unabhängigkeit des Insolvenzverwalters, ZInsO 2002, 745, 752.

1658 *AG Köln*, Beschl. v. 22. 8. 2005 – 71 IN 426/05 – ZVI 2005, 611, 613.

1659 *AG Köln*, Beschl. v. 22. 8. 2005 – 71 IN 426/05 – ZVI 2005, 611, 614.

stellung unterliegt. Folglich ist eigenverwaltender Schuldner die Gesellschaft und nicht der gesellschaftsrechtliche Organträger.[1660] Nach zutreffender Ansicht ist daher die Problematik der „Selbstauswahl des Insolvenzverwalters" nicht nach § 56 Abs. 1 InsO, sondern mit der Vorschrift des § 270 Abs. 2 Nr. 3 InsO zu lösen.[1661]

Eine Einschränkung von dem Unabhängigkeitspostulat wird von *Vallender* für den Treuhänder gem. § 292 InsO vertreten, indem dieser die Bestellung des (rechtsanwaltlichen) Vertreters eines Gläubigers als zulässig ansieht.[1662] Für diese Auffassung kann angeführt werden, dass der Gläubiger(vertreter) als Treuhänder ein originäres, von einem Überwachungsauftrag nach § 292 Abs. 2 Satz 1 InsO unabhängiges Interesse daran hat, die Erfüllung der Obliegenheiten durch den Insolvenzschuldner zu beobachten und so dem Befriedigungsinteresse der Gesamtgläubigerschaft zu entsprechen. Jedoch sind damit im Verhältnis zu den übrigen Insolvenzgläubigern Zweifel an seiner Neutralität bei der Überwachung der Obliegenheit aus § 295 Abs. 1 Nr. 4 InsO – einzelnen Insolvenzgläubiger keinen Sondervorteil zu verschaffen – begründet.[1663] Fraglich ist auch, ob der Gläubigervertreter als Treuhänder die angemessene Beratungs- und Unterstützungsfunktion für den Insolvenzschuldner leisten kann. Schließlich können bei der Bestellung einer ungeeigneten, weil nicht von den Insolvenzgläubigern unabhängigen Person zum Treuhänder Amtshaftungsansprüche begründet sein. Gute Argumente sprechen deshalb dafür, den Insolvenzgläubiger oder dessen Vertreter für das Amt des Treuhänders im Restschuldbefreiungsverfahren als ungeeignet anzusehen.[1664]

Auch bei der Prüfung der Unabhängigkeit ist das Insolvenzgericht im Wesentlichen auf die rechtzeitige Information durch den bestellten Insolvenzverwalter angewiesen.[1665] Die bereits kraft Gesetz bestehende Verpflichtung des Insolvenzverwalters, Interessenkollisionen zu vermeiden oder diesen durch geeignete Maßnahmen, wie die Bestellung eines Sonderinsolvenzverwalters oder die Amtsniederlegung, zu begegnen, kann durch Konformitätserklärungen unterstrichen

---

1660 *Wehdeking*, Masseverwaltung durch den insolventen Schuldner, S. 121 ff., 147 Rdnr. 6.

1661 *Bähr/Landry*, Anm. zu AG Köln, Beschl. v. 22. 8. 2005 – 71 IN 426/05, EWiR § 270 InsO 1/06, 154; *Graf-Schlicker*, Gefährdet die Eigenverwaltung die Unabhängigkeit des Insolvenzverwalters, FS-Kirchhof, S. 135, 147 f.; *Wehdeking*, Masseverwaltung durch den insolventen Schuldner, S. 129 Rdnr. 24.

1662 Uhlenbruck-*Vallender*, § 288 InsO, Rdnr. 12.

1663 Der rechtsanwaltliche Gläubigervertreter geriete zudem in einen Interessenkonflikt zwischen seinen Aufgaben als Treuhänder und der in dem rechtsanwaltlichen Beratungsvertrag mit dem Insolvenzgläubiger begründeten Interessenwahrnehmungspflicht. Würde der Insolvenzschuldner einem Insolvenzgläubiger, der zugleich der Mandant des Treuhänders ist, einen Sondervorteil verschaffen, geriete der Treuhänder auch in Konflikt mit seiner rechtsanwaltlichen Verschwiegenheitspflicht.

1664 *AG Göttingen*, Beschl. v. 22. 11. 2004 – 74 IN 137/02 – NZI 2005, 117, das insoweit auf den Maßstab des § 56 Abs. 1 InsO abstellt; MK-*Ehricke*, § 288 InsO, Rdnr. 32; N/R-*Römermann*, § 288 InsO, Rdnr. 21.

1665 *Frind/Schmidt*, Insolvenzverwalterbestellung: Auswahlkriterien und Grenzen der Justiziabilität in der Praxis, NZI 2004, 533, 535 f.

werden. Zumindest werden auf diese Weise die vom Insolvenzgericht vorgesehenen Konsequenzen für den Fall der Nichtanzeige einer Interessenkollision oder die Falschauskunft hierüber, wie z.B. das Delisting aus der Vorauswahlliste, für den Bewerber transparent.

3.1.3. Beschränkung des Auswahlermessens durch Vortätigkeit im Insolvenzverfahren?

Der Sachverständige gem. § 5 Abs. 1 Satz 2 InsO bzw. der vorläufige Insolvenzverwalter werden in der Insolvenzpraxis regelmäßig zum vorläufigen Insolvenzverwalter oder bei Verfahrenseröffnung zum Insolvenzverwalter bestellt.[1666] Auch bei der Bestellung des Treuhänders der Wohlverhaltensperiode gem. § 291 Abs. 1 InsO zeigt die Insolvenzpraxis, dass in dieses Amt regelmäßig der bisherige Insolvenzverwalter bzw. Treuhänder gem. § 313 Abs. 1 InsO berufen wird.[1667] Es liegt daher nahe, aus dieser Usance eine Beschränkung des Auswahlermessens des Insolvenzgerichts bei der konkreten Auswahlentscheidung herzuleiten.

Ich habe bereits erörtert, dass das Auswahlermessen des Insolvenzgerichts durch das Vorschlagsrecht gem. § 288 InsO nur insoweit beschränkt wird, als dem Insolvenzgericht bei der Bestellung des Treuhänders die Möglichkeit genommen ist, den Vorgeschlagenen nicht in seine Erwägungen einzubeziehen, und die Auswahlentscheidung in dem Bestellungsbeschluss gem. § 291 Abs. 2 InsO zu begründen ist, wenn von dem Vorschlag gem. § 288 InsO abgewichen wird.[1668]

Eine Beschränkung des Auswahlermessens könnte jedoch auf § 313 Abs. 1 Satz 2 InsO gestützt werden, in dessen Wortlaut – „wird *abweichend von § 291 Abs. 2*" – der gesetzgeberische Wille zum Ausdruck kommt, dass die Treuhänder in beiden Verfahrensabschnitten personenidentisch sein sollen.[1669] Dieser Vorschrift ging aber im Gesetzgebungsverfahren ursprünglich die Regelung einer „Eigenverwaltung ohne Sachwalter bei Kleinverfahren" in §§ 347–357 RegE-InsO voraus, die jedoch aus verfahrensökonomischen Gründen nicht übernommen worden ist. Vielmehr entschied man sich bei Kleinverfahren für eine Verwaltung mit eingeschränkten Befugnissen durch einen Treuhänder, der für die Wohlverhaltensperiode nicht erst im Schlusstermin bestellt werden sollte.[1670] Auch ist zu bedenken, dass das Insolvenzverfahren, das vereinfachte Insolvenzverfahren gem. §§ 304ff. InsO und das Restschuldbefreiungsverfahren gem. §§ 286ff. InsO jeweils gesonderte Verfahrensabschnitte sind[1671] und die Aufgaben des Insolvenzverwalters bzw. des Treuhänders gem. § 313 Abs. 1 InsO bereits angesichts der weitergehenden Kompeten-

---

1666 Fn. 894.
1667 *AG Göttingen*, Beschl. v. 20. 7. 2006 – 74 IK 211/04 – BeckRS 2006 08705 (II.2)a)); Smid-*Haarmeyer*, § 288 InsO, Rdnr. 3; *Häsemeyer*, InsR, Rdnr. 26.30.
1668 Siehe Kap. C.III.3.3.2.
1669 Bericht des RA-BRat zu § 313 InsO, zit. n. *Balz/Landfermann*, Die neuen Insolvenzgesetze, S. 436.
1670 HK-*Landfermann*, § 313 InsO, Rdnr. 1.
1671 *BGH*, Beschl. v. 18. 12. 2003 – IX ZB 60/03 – NZI 2004, 156, 157; Beschl. v. 25. 9. 2003 – IX ZB 60/03 – NZI 2003, 665, 666.

zen (§§ 80, 148 InsO) gänzlich andere als die des Treuhänders der Wohlverhaltensperiode sind. Überwiegend wird daher angenommen, dass das Insolvenzgericht nach § 291 Abs. 2 InsO auch eine andere Person als den bisherigen Insolvenzverwalter/Treuhänder gem. § 313 Abs. 1 InsO zum Treuhänder der Wohlverhaltensperiode bestimmen kann.[1672]

In gleicher Weise kann das Insolvenzgericht bei der Bestellung des Insolvenzverwalters auch eine andere Person als den bisherigen Insolvenzgutachter oder vorläufigen Insolvenzverwalter auswählen und ist dabei nur an die durch § 56 Abs. 1 InsO geforderte Eignung gebunden.

3.1.4. Das Verteilungsargument

Zeigt sich das „Verteilungsargument" im Vorauswahlverfahren im Gewand der bedarfsorientierten Kontingentierung, so findet es bei der konkreten Bestellungsentscheidung Gestalt in der Frage, ob die gelisteten Prätendenten gleichmäßig bei der konkreten Auswahlentscheidung zu berücksichtigen sind.

Hierfür könnte angeführt werden, dass die gegenwärtige Wettbewerbssituation unter den Insolvenzverwaltern, die durch eine abnehmende Zahl von lukrativen Unternehmensinsolvenzverfahren bei gleichzeitig zunehmender Bewerberzahl gekennzeichnet ist, der Entwicklung zu wenigen, überregional tätigen Großverwalterbüros und zu einer Abhängigkeit der Insolvenzgerichte von diesen Vorschub leistet.[1673] Auch kann die Frage gestellt werden, wie ein gelisteter Prätendent sich die erforderliche Erfahrung in der Insolvenzabwicklung erhalten kann, wenn er nicht oder in nicht ausreichendem Umfang bei der konkreten Auswahlentscheidung Berücksichtigung findet.[1674]

Auf der anderen Seite hat das Insolvenzgericht nach § 56 Abs. 1 InsO eine *„für den jeweiligen Einzelfall geeignete"* Person zum Insolvenzverwalter zu bestellen. Maßgebend für die Auswahlentscheidung sind daher allein die Besonderheiten und die Interessen des Insolvenzschuldners und der Insolvenzgläubiger im konkreten Insolvenzverfahren. Das *BVerfG* hat deshalb einer gleichmäßigen Bestellung aller in der Vorauswahlliste aufgeführten Prätendenten, von der nur aus Sachgründen abgewichen werden darf, nicht als pflichtgemäße Ausübung des Auswahlermessens angesehen.[1675] *Jaeger* sieht in einem schablonenhaften, auf gleichmäßige Versor-

---

1672 *BGH*, Beschl. v. 18. 12. 2003 – IX ZB 60/03 – NZI 2004, 156, 157 (*„jedenfalls für das Regelinsolvenzverfahren"*); *AG Göttingen*, Beschl. v. 20. 7. 2006 – 74 IK 211/04 – BeckRS 2006 08705 (II.2)a)); MK-*Ehricke*, § 288 InsO, Rdnr. 5; HK-*Landfermann*, § 291 InsO, Rdnr. 7; MK-*Stephan*, § 291 InsO, Rdnr. 26; HambK-*Streck*, § 291 InsO, Rdnr. 5; Uhlenbruck-*Vallender*, § 291 InsO, Rdnr. 12; Kübler/Prütting-*Wenzel*, § 291 InsO, Rdnr. 3 (unter Aufgabe der in der Vorauflage vertretenen Gegenansicht); a. A. wohl Smid-*Haarmeyer*, § 291 InsO, Rdnr. 1.

1673 Vor dieser Entwicklung hat bereits *Uhlenbruck*, Aus- und Abwahl des Insolvenzverwalters, KTS 1989, 229, 251, gewarnt.

1674 Siehe Kap. F.I.2.2.1.2.

1675 *BVerfG*, Beschl. v. 12. 7. 2006 – 1 BvR 1469/05 – ZInsO 2006, 1101, 1102 (Tz. 12); Beschl. v. 12. 7. 2006 – 1 BvR 1493/05 – ZInsO 2006, 1102, 1103 (Tz. 14).

gung ausgerichteten Auswahlverfahren das größte Übel.[1676] *Gaier* hat auf die absurde Konsequenz eines solchen Verteilungsmodells hingewiesen, dass nämlich dann jeder generell geeignete Bewerber von jedem Insolvenzrichter in Deutschland seine anteilige Berücksichtigung bei Bestellungsentscheidungen verlangen könnte. Nach dieser Auffassung kann der Gesichtspunkt der gleichmäßigen Berücksichtigung nur dann bedacht werden, wenn die Auswahl zwischen mehreren für das konkrete Insolvenzverfahren gleichermaßen geeigneten Bewerbern zu treffen ist.[1677] Eine insolvenzgerichtliche Auswahlpraxis, die in diesem Fall immer nur einen oder wenige Prätendenten berücksichtigt, sieht sich dem Vorwurf eines Ermessensnichtgebrauchs oder eines Ermessensfehlgebrauchs durch Auswahl nur nach der persönlichen Präferenz, mithin nach einem nicht sachgerechten sondern willkürlichen Auswahlkriterium, ausgesetzt. Auch besteht keine staatliche Fürsorgepflicht zur Existenzsicherung.[1678] Denn Art. 12 Abs. 1 GG sichert lediglich die Teilhabe am Wettbewerb nach Maßgabe seiner Funktionsbedingungen, begründet jedoch für einen selbstständig Berufstätigen keinen Anspruch auf Sicherung seiner Erwerbsmöglichkeiten.[1679]

Die Bedarfsdeckung ist daher auch bei der konkreten Auswahlentscheidung gem. §§ 27 Abs. 1, 56 Abs. 1 InsO kein zulässiges Auswahlkriterium.[1680] Das Spiegelbild der Bedarfsdeckung ist die Frage nach der allgemeinen Arbeitsbelastung des ausgewählten Insolvenzverwalters durch die Tätigkeit in anderen Insolvenzverfahren, die jedoch bei der Prüfung der Eignung des Insolvenzverwalters im Einzelfall gem. § 56 Abs. 1 InsO zu beantworten ist.[1681]

3.2. Auswahlentscheidung

Das zweistufige Auswahlverfahren verlangt vom Insolvenzgericht nicht, vor der konkreten Auswahlentscheidung gem. § 56 Abs. 1 InsO noch einmal zu prüfen, ob der für die Bestellung zum Insolvenzverwalter vorgesehene Kandidat noch die Vorauswahlkriterien erfüllt. Denn durch die Aufnahme in die Vorauswahlliste ist die generelle Geeignetheit des Prätendenten festgestellt worden.

1676 *Jaeger/Weber*, Lehrbuch des Konkursrechtes, 8. Aufl. 1932/1937, S. 81; Jaeger-*Gerhardt*, § 56 InsO, Rdnr. 57.

1677 *Gaier*, Verfassungsrechtliche Aspekte der Auswahl und Abwahl des Insolvenzverwalters, ZInsO 2006, 1177, 1181.

1678 *Bales*, Einflussmöglichkeiten von Banken bei der Auswahl des Insolvenzverwalters, BKR 2003, 967, 968.

1679 *BVerfG*, Beschl. v. 4. 12. 2006 – 1 BvR 1198/06 – NZI 2007, 181, zur Verfassungsmäßigkeit des Ausschlusses von Betreibern einer „geeigneten Stelle" i. S. d. § 305 Abs. 1 Nr. 1 InsO, die nicht Rechtsanwälte oder Kammerrechtsbeistände sind, von der Beratungshilfe (§ 3 BerHG); *BVerfG*, Beschl. v. 13. 6. 2006 – 1 BvR 1160/01 – NJW 2006, 3701, 3702 (Tz. 60); Beschl. v. 26. 6. 2002 – 1 BvR 558/91 – NJW 2002, 2621, 2622.

1680 Ebenso: *Bales*, Einflussmöglichkeiten von Banken bei der Auswahl des Insolvenzverwalters, BKR 2003, 967, 968; *Römermann*, Die Bestellung des Insolvenzverwalters, NJW 2002, 3729, 3730.

1681 Siehe Kap. F. I. 3.1.1.

3.2.1. Auswahlermessen

Entgegen dem Gesetzeswortlaut des § 56 Abs. 1 InsO – *„ist (...) zu bestellen"* – ist dem Insolvenzrichter bei der Auswahlentscheidung ein Auswahlermessen eingeräumt, dessen gerichtliche Kontrolle sich auf die Einhaltung der Grenzen des Ermessens beschränkt.[1682]

Erheblichen verfassungsrechtlichen Bedenken begegnet die sogen. „doppelte Listenführung" bzw. die pro forma geführte offene Liste. Hier führt der Insolvenzrichter zum Schein eine offizielle Vorauswahlliste, auf die jeder Bewerber nach einer mehr oder weniger intensiven Eignungsprüfung aufgenommen wird. Die Auswahlentscheidung wird aber aus dem Bewerberkreis einer zweiten, nicht offiziellen und geschlossenen Liste getroffen. Dieses System ist nach der Rechtsprechung des *BVerfG* verfassungswidrig, da die Bewerber auf der offiziellen Vorauswahlliste überhaupt nicht in die Auswahlüberlegungen einbezogen werden.[1683]

Die Tätigkeit als Sachverständiger gem. § 5 Abs. 1 Satz 2 InsO oder vorläufiger Insolvenzverwalter begründet keinen Anspruch auf Bestellung zum Insolvenzverwalter und beschränkt das Auswahlermessen bei der Bestellungsentscheidung gem. § 56 Abs. 1 InsO nicht.

Die in der Insolvenzpraxis immer wieder festzustellenden Versuche von Verfahrensbeteiligten, Einfluss auf die Auswahlentscheidung des Insolvenzrichters zu nehmen, dürfen, wie bereits dargelegt worden ist, die Auswahlentscheidung nicht beeinflussen.[1684]

3.2.2. Bedarf die Auswahlentscheidung der Begründung?

Eine formale Begründung der sich im Eröffnungsbeschluss manifestierenden Auswahlentscheidung ist gesetzlich nicht vorgesehen (§§ 27 bis 29 InsO) und in der Insolvenzpraxis auch nicht üblich, so dass die Verfahrensgeschichte und die der Eröffnungsentscheidung zugrunde liegende Reflexion des Insolvenzrichters ein Arkanum der Verfahrensbeteiligten bleibt.[1685] Das *BVerfG* hat sich zur Begründungspflicht nicht geäußert, weil diese Frage nicht entscheidungserheblich war.[1686]

In der Literatur wird teilweise eine Pflicht des Insolvenzgerichts zur Begründung der Auswahlentscheidung angenommen[1687], weil der übergangene Bewerber die Gründe seiner Nichtberücksichtigung erfahren muss, um die nach der Rechtspre-

---

1682 Siehe Kap. F.I.1.3.
1683 *BVerfG*, Beschl. v. 23. 5. 2006 – 1 BvR 2530/04 – NZI 2006, 453, 456 (Tz. 45); *OLG Düsseldorf*, Beschl. v. 27. 10. 2006- I-3 VA 9/06 – ZInsO 2006, 1221, 1224; *Holzer*, Die Auswahl des Insolvenzverwalters als Justizverwaltungsakt, ZIP 2006, 2208.
1684 Siehe Kap. C.III.3.1.
1685 *Smid*, Zu einigen Fragen der Eigenverwaltung, DZWiR 2002, 493, 494.
1686 *Gaier*, Verfassungsrechtliche Aspekte der Auswahl und Abwahl des Insolvenzverwalters, ZInsO 2006, 1177, 1180.
1687 Kübler/Prütting-*Lüke*, § 56 InsO, Rdnr. 20; *Römermann*, Bestellung von Insolvenzverwaltern: Die verpasste Chance des BVerfG, ZIP 2006, 1332, 1334.

chung des *BVerfG* eröffnete Amtshaftungsklage nicht „ins Blaue" hinein erheben zu müssen.[1688]

Die wohl überwiegende Gegenansicht lehnt eine Pflicht zur Begründung der konkreten Auswahlentscheidung ab.[1689] *Frind* begründet dieses mit der Furcht vor Ehrenschutzklagen des übergangenen Prätendenten und der angesichts der Eilsituation im Eröffnungsverfahren dem Insolvenzrichter fehlenden Eile und Muße.[1690] Nach *Laws* ist es ausreichend, wenn der Insolvenzrichter seine Gründe für die Nichtberücksichtigung eines Bewerbers im Verfahren nach §§ 23 ff. EGGVG darlegt.[1691]

Für die Gegenansicht spricht, dass eine Begründungspflicht in § 27 InsO nicht normiert ist.[1692] Auch dürfte eine ausführliche Begründung der Auswahlentscheidung gem. § 56 Abs. 1 InsO im Eröffnungsbeschluss letztlich nicht im Interesse des übergangenen Prätendenten liegen, weil diese dem Geschäftsverkehr seine Ungeeignetheit im konkreten Insolvenzverfahren dokumentiert. Auf der anderen Seite kann das für eine Begründungspflicht streitende Argument, dass ohne eine schriftliche Begründung die konkrete Auswahlentscheidung letztlich nicht justiziabel ist, nicht außer Acht gelassen werden. Das *BVerfG* hat den Ausschluss der Konkurrentenschutzklage und des vorläufigen Rechtsschutzes damit begründet, dass anders die multipolare Konfliktlage zwischen dem Rechtsschutzinteresse des Prätendenten einerseits und dem auf Art. 14 Abs. 1 GG gestützten Interesse der Gläubiger und des Insolvenzschuldners an einem reibungslosen und zügigen Fortgang des Insolvenzverfahrens andererseits nicht aufgelöst werden kann.[1693] Dann darf aber der dem übergangenen Bewerber verbleibende Rechtsschutz nicht zu einem stumpfen Schwert verkümmern. Ein Ausweg aus dieser Situation bietet eine Pflicht des Insolvenzrichters zur schriftlichen Niederlegung der der Auswahlentscheidung vorausgegangenen Einzelerwägungen in der Gerichtsakte.[1694] Nur so kann angesichts der Hektik des Eröffnungsverfahrens und der allgemeinen Arbeitsüberlastung der Insolvenzgerichte sichergestellt werden, dass sich der Insolvenzrichter auf Anfrage eines übergangenen Bewerbers nach den Gründen für die

---

1688 *Römermann*, Bestellung von Insolvenzverwaltern: Die verpasste Chance des BVerfG, ZIP 2006, 1332, 1334, der darauf hinweist, dass der übergangene Prätendent bei Geltendmachung eines Amtshaftungsanspruchs nicht nur das Substantiierungsrisiko sondern auch das Risiko trägt, beim zuständigen Insolvenzrichter endgültig in Ungnade zu fallen.

1689 *OLG Koblenz*, Beschl. v. 12. 5. 2005 – 12 VA 1/04 – ZVI 2005, 376, 380; *Frind*, Brauchen wir die „automatisierte" Verwalterauswahl?, ZInsO 2001, 481, 483; *ders.*, Verwalterbestellung: weder einklagen noch einschleichen, ZInsO 2006, 729, 730; Jaeger-*Gerhardt*, § 56 InsO, Rdnr. 72; MK-*Graeber*, § 56 InsO, Rdnr. 136; *Laws*, Ist die „Schicksalsfrage des Insolvenzverfahrens" tatsächlich justiziabel?, ZInsO 2006, 847, 850; *dies.*, Gelistet, aber doch nie bestellt – was ist zu tun?, ZInsO 2006. 1123, 1125; *Smid*, Zu einigen Fragen der Eigenverwaltung, DZWiR 2002, 493, 494; *Smid*, Auswahl und Bestellung des Insolvenzverwalters durch das Insolvenzgericht als Rechtsfrage betrachtet, DZWIR 2007, 485, 496.

1690 *Frind*, Brauchen wir die „automatisierte" Verwalterauswahl?, ZInsO 2001, 481, 483.

1691 *Laws*, Gelistet, aber doch nie bestellt – was ist zu tun?, ZInsO 2006, 1123, 1125.

1692 HambK-*Frind*, § 56 InsO, Rdnr. 32; MK-*Graeber*, § 56 InsO, Rdnr. 167.

1693 *BVerfG*, Beschl. v. 23. 5. 2006 – 1 BvR 2530/04 – NZI 2006, 453, 456 (Tz. 48), 457 (Tz. 56).

1694 Jaeger-*Gerhardt*, § 56 InsO, Rdnr. 72.

Auswahlentscheidung oder in einem späteren Feststellungsverfahren eines übergangenen Prätendenten an seine die Auswahl bedingenden Erwägungen erinnern und diese erläutern kann. Die Notwendigkeit einer schriftlichen Begründung der Auswahlentscheidung zumindest für die Gerichtsakte dient zugleich der Rationalisierung des Abwägungsvorgangs und der Sicherung der Richtigkeit des Entscheidungsergebnisses.

3.3. Rechtsmittel gegen die Auswahlentscheidung

Mit der Auswahl und Bestellung des Insolvenzverwalters nimmt das Insolvenzgericht eine Weichenstellung für das weitere Insolvenzverfahren vor, die in vielfältiger Weise auf Ablehnung stoßen kann. Es stellt sich daher die Frage nach den Rechtsschutzmöglichkeiten der Verfahrensbeteiligten und der übergangenen Bewerber.

3.3.1. Rechtsmittel der Verfahrensbeteiligten

Der vom Insolvenzrichter bestellte Insolvenzverwalter kann bei den Verfahrensbeteiligten aus unterschiedlichen, nicht unbedingt die Eignung betreffenden Gründen auf Ablehnung stoßen, so dass sich die Frage nach den Rechtsschutzmöglichkeiten stellt. In Betracht kommt neben den Rechtsmittel nach den insolvenzrechtlichen Vorschriften (§§ 6f. InsO) auch die Befangenheitsrüge nach den allgemeinen Vorschriften der §§ 42ff., 406 ZPO.

3.3.1.1. Die sofortige Beschwerde (§ 6 InsO)

Das Rechtsmittel der sofortigen Beschwerde gegen die Auswahl und Bestellung des Insolvenzverwalters ist den Verfahrensbeteiligten, mit Ausnahme für den antragstellenden Insolvenzgläubiger im Fall der Abweisung seines Insolvenzantrages mangels Masse, nicht eröffnet (§§ 6 Abs. 1, 34 InsO).[1695] Angesichts dieser eindeutigen gesetzlichen Regelung kann es dahingestellt bleiben, ob die Verfahrenseröffnung und die Bestellung des Insolvenzverwalters in einer einheitlichen Entscheidung oder in zwei getrennten Entscheidungen erfolgen.[1696] Zwar überlagert die verfassungsrechtliche Rechtsschutzgarantie des Art. 19 Abs. 4 GG einfachgesetzliche Rechtswegbeschränkungen wie durch § 6 Abs. 1 InsO, jedoch ist hier ein weitergehendes Rechtsschutzbedürfnis der Insolvenzgläubiger nicht erkennbar, da deren Einflussmöglichkeit durch die Wahlmöglichkeit nach § 57 InsO gewahrt wird.

1695 *LG Münster*, Beschl. v. 2. 5. 2002 – 5 T 426/02 – ZVI 2002, 209; *OLG Koblenz*, Beschl. v. 12. 5. 2005 – 12 VA 1/04 – ZVI 2005, 376, 378; N/R-*Delhaes*, § 56 InsO, Rdnr. 16; MK-*Graeber*, § 56 InsO, Rdnr. 167; Kübler/Prütting-*Lüke*, § 56 InsO, Rdnr. 25 (mit der Forderung nach einer Beschwerdemöglichkeit de lege ferenda); Smid-*Smid*, § 56 InsO, Rdnr. 20.

1696 Nach Auffassung des *BVerfG*, Beschl. v. 23. 5. 2006 – 1 BvR 2530/04 – NZI 2006, 453 (Tz. 27), ist nach § 27 Abs. 1 InsO zwischen diesen beiden Entscheidungen des Insolvenzgerichtes zu unterscheiden; a. A. *Laws*, Ist die „Schicksalsfrage des Insolvenzverfahrens“ tatsächlich justiziabel?, ZInsO 2006, 847, 848f.

3.3.1.2. Befangenheitsrüge

Fraglich ist, ob sich die Verfahrensbeteiligten gegen die Auswahl des Insolvenzverwalters mit der Befangenheitsrüge wenden können. Als Rechtsgrundlage hierfür könnten sich die über § 4 InsO entsprechend anwendbaren Vorschriften der §§ 42ff., 406 ZPO anbieten.

Gegen diese Rechtsschutzmöglichkeit spricht, dass diese Vorschriften – wie bereits die Überschrift „Ausschließung und Ablehnung der Gerichtspersonen“ besagt – nur auf Gerichtspersonen anwendbar sind. Hierunter versteht das Gesetz den Richter (§§ 41, 42 ZPO) und den Urkundsbeamten der Geschäftsstelle (§ 49 ZPO). Über § 10 RPflG sind die Vorschriften der §§ 41 ff. ZPO auch auf die Ausschließung und Ablehnung des Rechtspflegers anwendbar. Der Insolvenzverwalter ist aber nach Funktionen und Rechtsstellung keine Gerichtsperson i.S.d. §§ 41, 49 ZPO.[1697] Ebensowenig ist die Rechtsstellung des Insolvenzverwalters der des Sachverständigen vergleichbar, so dass die Befangenheitsrüge auch nicht auf § 4 InsO i.V.m. § 406 ZPO gestützt werden kann. Auch der Normzweck der §§ 41ff. ZPO steht einer entsprechenden Anwendung dieser Vorschriften auf den Insolvenzverwalter entgegen. Durch die Unparteilichkeit des Richters soll eine ausschließlich an Recht und Gesetz gebundene Rechtserkenntnis garantiert werden.[1698] Die Vorschriften der §§ 41ff. ZPO dienen somit der Verwirklichung des verfassungsrechtlich in Art. 20 Abs. 3, 101 Abs. 1 Satz 2 GG verbrieften Rechts auf einen gesetzlichen, unparteiischen und neutralen Richter im konkreten Rechtstreit.[1699] *Lüke* weist zutreffend darauf hin, dass mangels Vergleichbarkeit zwischen richterlicher Tätigkeit und der Insolvenzverwaltung eine analoge Anwendung der §§ 41ff. ZPO ausgeschlossen ist.[1700]

Auch ist zu berücksichtigen, dass der Gesetzgeber in den §§ 56 bis 59 InsO die Bestellung und die Abberufung des Insolvenzverwalters abschließend geregelt hat. Der *BGH* hat deshalb festgestellt, dass angesichts dieser Sonderregelungen die allgemeinen Vorschriften zur Befangenheit nicht anwendbar sind, da andernfalls die Beschränkung der Anzahl der Antrags- und Rechtsmittelberechtigten durch § 59 InsO unterlaufen würde.[1701]

Es ist daher der Ansicht zu folgen, die die Möglichkeit zur Befangenheitsrüge entsprechend §§ 42ff., 406 ZPO gegen den Insolvenzverwalter für unzulässig erachtet.[1702] Dieses schließt jedoch nicht aus, die §§ 42ff., 406 ZPO bei der Ausfüllung

1697 *BGH*, Beschl. v. 25. 1. 2007 – IX ZB 240/05 – NZI 2007, 284, 285 (Tz. 20).
1698 Musielak-*Heinrich*, § 41 ZPO, Rdnr. 1.
1699 Zöllner-*Vollkommer*, Vor § 41 ZPO, Rdnr. 1.
1700 *Lüke*, Unabhängigkeit oder „Kernunabhängigkeit“ des Insolvenzverwalters?, ZIP 2003, 557, 560.
1701 *BGH*, Beschl. v. 25. 1. 2007 – IX ZB 240/05 – NZI 2007, 284, 285 (Tz. 21, 23).
1702 *BGH*, Beschl. v. 25. 1. 2007 – IX ZB 240/05 – NZI 2007, 284, 285 (Tz. 20); MK-*Ganter*, § 4 InsO, Rdnr. 42; Jaeger-*Gerhardt*, § 4 InsO, Rdnr. 9; HK-*Kirchhof*, § 4 InsO, Rdnr. 4.

des unbestimmten Rechtsbegriffes „Unabhängigkeit" i.S.d. § 56 Abs. 1 InsO heranzuziehen und insoweit als Richtlinie zu verwenden.[1703]

3.3.2. Rechtsschutz des übergangenen Bewerbers

Die InsO hat für den bei der Bestellung eines Insolvenzverwalters (§ 27 Abs. 1 Satz 1 InsO) übergangenen Prätendenten ein Rechtsmittel nicht eröffnet. Nach § 34 Abs. 2 InsO können sich nur der Antragsteller oder der Insolvenzschuldner mit der sofortigen Beschwerde gegen die Entscheidung des Insolvenzrichters über den Insolvenzantrag wenden. Das *BVerfG* hat die Konkurrentenschutzklage und den vorläufigen Rechtsschutz ausgeschlossen und den übergangenen Prätendenten auf die Amtshaftung (§ 839 BGB i.V.m. Art. 34 GG) und die Klage auf Feststellung der Rechtswidrigkeit der Insolvenzverwalterbestellung wegen fehlerhafter Ausübung des Auswahlermessens verwiesen.[1704]

3.3.2.1. Rechtsweg und Rechtsschutzinteresse

Der Insolvenzrichter trifft die Auswahlentscheidung gem. § 56 Abs. 1 InsO als Justizbehörde i.S.d. § 23 Abs. 1 EGGVG, so dass – ebenso wie bei der Vorauswahlentscheidung – der Rechtsweg nach §§ 23ff. EGVG eröffnet ist. Das Rechtsschutzbedürfnis kann in der Feststellung des diskriminierenden Charakters der Auswahlentscheidung gesehen werden[1705], um bei zukünftigen Auswahlentscheidungen willkürfrei berücksichtigt zu werden und insoweit einer Wiederholungsgefahr zu begegnen[1706], oder in der Vorbereitung einer Amtshaftungsklage.[1707] Für *Gaier* gilt hier der Grundsatz: *„Dulde in diesem einen Fall und stelle für die Zukunft ab."*[1708]

Für den Antrag des bei der Bestellung eines Insolvenzverwalters übergangenen Prätendenten auf gerichtliche Überprüfung der Auswahlentscheidung ist die Fristenregelung des § 26 Abs. 1 EGGVG nach deren Wortlaut nicht einschlägig, da der Eröffnungsbeschluss gem. § 30 Abs. 2 InsO nicht dem übergangenen Prätendenten zuzustellen ist und die öffentliche Bekanntmachung gem. §§ 30 Abs. 1, 9 InsO nicht das Erfordernis einer schriftlichen Bekanntgabe i.S.d. § 26 Abs. 1 EGGVG erfüllt. Dieses bedeutet nicht, dass der Antrag jederzeit gestellt werden kann. Vielmehr kann das Antragsrecht nach längerem Zuwarten verwirken.[1709]

1703 *Lüke*, Unabhängigkeit oder „Kernunabhängigkeit" des Insolvenzverwalters?, ZIP 2003, 557, 560.
1704 *BVerfG*, Beschl. v. 23. 5. 2006 – 1 BvR 2530/04 – NZI 2006, 453, 457 (Tz. 57).
1705 Nach *BVerfG*, Beschl. v. 23. 5. 2006 – 1 BvR 2530/04 – NZI 2006, 453, 457 (Tz. 57) soll die Prüfung des Feststellungsinteresses im Einzelfall den Fachgerichten überlassen bleiben.
1706 *Holzer*, Die Auswahl des Insolvenzverwalters als Justizverwaltungsakt, ZIP 2006, 2208, 2209.
1707 *BVerfG*, Beschl. v. 23. 5. 2006 – 1 BvR 2530/04 – NZI 2006, 453, 457 (Tz. 57); *OLG Stuttgart*, Beschl. v. 5. 12. 2005 – 19 VA 4/05 – ZInsO 2006, 331.
1708 *Gaier*, Verfassungsrechtliche Aspekte der Auswahl und Abwahl des Insolvenzverwalters, ZInsO 2006, 1177, 1180.
1709 Karls.Kom.(StPO)-*Schoreit*, § 26 EGGVG, Rdnr. 5.

3.3.2.2. Zulässigkeit der Fortsetzungsfeststellungsklage

Ein Verpflichtungsantrag nach § 23 Abs. 2 EGGVG auf Bestellung zum Insolvenzverwalter in einem bestimmten Insolvenzverfahren ist mangels Rechtsschutzbedürfnis nicht zulässig. Nach der Rechtsprechung des *BVerfG* lässt sich ein subjektives Recht auf Bestellung weder aus § 56 Abs. 1 InsO noch aus dem Grundgesetz, insbesondere aus Art. 3 Abs. 1, 19 Abs. 4 GG herleiten.[1710]

Gegen die Zulässigkeit der Klage auf Feststellung der Rechtswidrigkeit der Insolvenzverwalterbestellung nach §§ 23 ff. EGGVG könnte sprechen, dass nach allgemeiner Auffassung der Anfechtungsantrag nach § 23 Abs. 1 Satz 1 EGGVG auf die Aufhebung des angegriffenen Justizverwaltungsaktes gerichtet ist und einen allgemeinen Feststellungsantrag ausschließt.[1711] Der Fortsetzungsfeststellungsantrag nach § 28 Abs. 1 Satz 4 EGGVG betrifft nach dem Gesetzeswortlaut nur die Feststellung der Rechtswidrigkeit einer bereits erledigten Maßnahme, weshalb teilweise eine Ausdehnung auf den allgemeinen Feststellungsantrag abgelehnt wird.[1712] Dieser den Rechtsschutz beschränkenden Auffassung kann jedoch die Rechtsweggarantie des Art. 19 Abs. 4 GG als Spezialregelung eines allgemeinen verfassungsrechtlichen Justizgewährungsanspruches[1713] entgegengehalten werden. Die Zulässigkeit eines Feststellungsantrag wird gem. § 28 Abs. 1 Satz 4 EGGVG für den Fall der Zurücknahme oder anderweitigen Erledigung der justizbehördlichen Maßnahme ausdrücklich geregelt, jeweils unter der Voraussetzung, dass hieran der Antragsteller noch ein berechtigtes Interesse hat. Ein sachlicher Grund für diese Beschränkung der Zulässigkeit eines Feststellungsantrages ist nicht erkennbar. Die Rechtsweggarantie des Art. 19 Abs. 4 GG gebietet es, den Rechtsweg durch Auslegung und Anwendung einfachgesetzlichen Prozessrechts nicht unzumutbar und sachlich nicht gerechtfertigt zu erschweren.[1714] Im Lichte der Rechtsweggarantie des Art. 19 Abs. 4 GG ist deshalb der Anwendungsbereich des § 28 Abs. 1 Satz 4 EGGVG auf den Fall der nachträglichen Feststellung der Rechtswidrigkeit einer Auswahlentscheidung gem. § 56 Abs. 1 InsO auszudehnen.[1715]

Soweit in der Literatur zwischen der „generellen Fortsetzungsfeststellungsklage"[1716] und der „konkreten Fortsetzungsfeststellungsklage" differenziert wird[1717],

---

1710 Siehe Kap. F.I.1.1.

1711 Zöller-*Gummer*, § 23 EGGVG, Rdnr. 29; Karls.Kom.(StPO)-*Schoreit*, § 23 EGGVG, Rdnr. 41.

1712 Karls.Kom.(StPO)-*Schoreit*, § 28 EGGVG, Rdnr. 13.

1713 Vgl. hierzu *BVerfG*, Beschl. v. 30. 4. 2003 – 1 PBvU 1/02 –, Absatz-Nr. 14–16, 21, http://www.bverfg. de/entscheidungen.

1714 *BVerfG*, Beschl. v. 4. 5. 2004 – 1 BvR 1892/03 – Absatz-Nr. 11, http://www.bverfg.de/entscheidungen.

1715 *OLG Koblenz*, Beschl. v. 12. 5. 2005 – 12 VA 1/04 – ZVI 2005, 376, 379 (ohne Begründung); OLG Stuttgart, Beschl. v. 5. 12. 2005 – 19 VA 4/05 – ZInsO 2006, 331 (ohne Begründung); *Gaier*, Verfassungsrechtliche Aspekte der Auswahl und Abwahl des Insolvenzverwalters, ZInsO 2006, 1177, 1183, der ein Tätigwerden des Gesetzgebers für den Fall fordert, dass die OLG den Rechtsschutz des Prätendenten nach §§ 23 ff. EGGVG einschränken sollten; *Laws*, Gelistet, aber doch nie bestellt – was ist zu tun?, ZInsO 2006. 1123, 1125.

1716 Damit ist wohl die eine „abstrakte Fortsetzungsfeststellungsklage" gemeint.

1717 *Frind*, Verwalterbestellung: Weder einklagen noch einschleichen, ZInsO 2006, 729, 730.

ist dem zu entgegnen, dass eine Fortsetzungsfeststellungsklage zwingend konkret ist, weil diese auf die Feststellung der Rechtswidrigkeit einer bereits erledigten Maßnahme gerichtet ist. Demgemäß ist die Fortsetzungsfeststellungsklage gesetzlich im Kontext zu den gerichtlichen Entscheidungen und nicht zu den statthaften Rechtsbehelfen geregelt (vgl. § 113 Abs. 1 Satz 4 VwGO; § 28 Abs. 1 Satz 4 EGGVG; § 100 Abs. 1 Satz 4 FGO). Eine „generelle Fortsetzungsfeststellungsklage" kann nur auf die gerichtliche Feststellung gerichtet sein, dass das Insolvenzgericht bei zukünftigen Bestellungsentscheidungen das Auswahlermessen pflichtgemäß ausübt. Hierfür fehlt es aber mangels Vorliegens einer konkreten Auswahlentscheidung an einer Beschwer des Beschwerdeführers.

II. Die Nichtberücksichtigung bei zukünftigen Bestellungen

„Die Auslese des Verwalters ist die Schicksalsfrage des Konkurses."[1718] Ein wirksames Instrument der insolvenzgerichtlichen Aufsicht zur Sanktionierung eines sich pflichtwidrig verhaltenden Insolvenzverwalters ist dessen vorübergehende Nichtberücksichtigung bei zukünftigen Bestellungen oder sogar ein „Delisting". Denn der Insolvenzverwalter hat ein technisch und personell in zur Abwicklung von Insolvenzverfahren ausreichendem Umfang ausgestattetes Abwicklungsbüro zu unterhalten und ist daher wirtschaftlich darauf angewiesen, regelmäßig mit der Abwicklung von Insolvenzverfahren betraut zu werden. So hat *Römermann* dieses Instrument als probate Reaktion auf einen Insolvenzverwalter angesehen, der hartnäckig seine Pflicht zur zeitnahen Rechnungslegung und Berichterstattung verletzte.[1719]

Voraussetzung für eine zielführende Ausübung dieses Aufsichtsinstruments ist aber der regelmäßige Informationsaustausch zwischen dem den Insolvenzverwalter bestellenden Insolvenzrichter und dem die Verfahrensabwicklung nach Verfahrenseröffnung zu beaufsichtigenden Rechtspfleger.[1720] Insoweit sind die Erfahrungen des Rechtspflegers mit den Insolvenzverwaltern eine wesentliche Erkenntnisquelle für die vom Insolvenzrichter im Eröffnungsverfahren gem. § 56 Abs. 1 InsO zu treffende Auswahl des (vorläufigen) Insolvenzverwalters.[1721]

In diesem Zusammenhang ist nach den Grenzen der Nichtberücksichtigung eines Prätendenten im Vorauswahlverfahren und bei der Auswahlentscheidung nach § 56 Abs. 1 InsO wegen eines früheren Fehlverhaltens in einem anderen Insolvenzverfahren zu fragen. Das *OLG Schleswig* hat im Hinblick auf das verfassungsrechtliche Erfordernis der Willkürfreiheit und Chancengleichheit der Einbeziehung eines Bewerbers festgestellt, dass ein Fehlverhalten in einem früheren Insolvenzverfahren nur dann die Nichtaufnahme in die Vorauswahlliste rechtfertigen kann,

---

1718 Jaeger-*Weber*, § 78 KO, Rdnr. 7.
1719 *Römermann*, Anm. zu BGH, Beschl. v. 8. 12. 2005 – IX ZB 308/04 –, EWiR 2006, 315, 316.
1720 Siehe Kap. E.I.5.
1721 *Naumann*, Die Aufsichtspflicht des Insolvenzgerichtes über den Insolvenzverwalter, KS-InsO, 2. A., S. 431 ff., Rdnr. 15.

wenn dieses die generelle Befürchtung begründet, der Bewerber werde in Zukunft für jede denkbare Art von Insolvenzverwaltungen nie die Voraussetzungen für eine Auswahlentscheidung nach § 56 Abs. 1 InsO haben können.[1722] Gegen die Verpflichtung des Insolvenzrichters, im Hinblick auf ein früheres Fehlverhalten eine Prognose zu treffen, wendet sich der Vorlagebeschluss des *OLG Dresden* vom 26. 7. 2007.[1723] Dessen Begründung überzeugt nicht, denn bereits der Beurteilung, ob ein Bewerber für die Vorauswahlliste dem Anforderungsprofil an die persönliche und fachliche Eignung entspricht, ist ein prognostisches Element immanent.[1724]

III. Die Steigerung der Berichtspflicht

Erhält das Insolvenzgericht Kenntnis von Anhaltspunkten für Pflichtwidrigkeiten oder Unregelmäßigkeiten des Insolvenzverwalters, die nicht bereits aufgrund der vorhandenen Verfahrenskenntnis des Insolvenzgerichts oder aus rechtlichen Gründen von vorneherein unbegründet sind, wird jenes im Rahmen der Aufsicht (§ 58 InsO) und zur Vermeidung einer Amtshaftung gehalten sein, den Verdachtsmomenten nachzugehen. Hierzu kann das Insolvenzgericht nicht nur den Insolvenzverwalter nach § 58 Abs. 1 Satz 2 InsO zur gesonderten Berichterstattung auffordern, sondern auch selbst nach § 5 Abs. 1 InsO Amtsermittlungen durchführen.[1725]

1. Gesteigerte Berichtspflicht nach § 58 Abs. 1 Satz 2 InsO

Wie bereits dargelegt[1726], kann das Insolvenzgericht gem. § 58 Abs. 1 Satz 2 InsO vom Insolvenzverwalter jederzeit neben einzelnen Auskünften oder einem Bericht über Verfahrensstand und -verlauf auch die Vorlage von Belegen, wie z.B. die Auszüge zum Massekonto, verlangen. Es ist dabei nicht an die von der Gläubigerversammlung gem. § 66 Abs. 3 InsO festgelegten Berichtsintervalle gebunden. Das Insolvenzgericht ist daher berechtigt, zu einzelnen Angelegenheiten des Insolvenzverfahrens – einmalig oder regelmäßig – umfassende, ggfls. durch Belege gestützte Auskunft zu fordern.

1722 *OLG Schleswig*, Beschl. v. 28. 11. 2006 – 12 VA 3/06 – BeckRS 2007 00768, über den erfolgreichen Antrag gem. § 23 EGGVG eines Bewerbers, der über eine 25-jährige Berufserfahrung verfügt und der von den Insolvenzrichtern des AG Kiel deshalb als ungeeignet angesehen wurde, weil er als Insolvenzverwalter im Rahmen der „Hagenuk"-Insolvenz Materialeinkäufe für die Betriebsführung der einen Insolvenzmasse über eine andere, über die erforderlichen Lieferantenbeziehungen verfügende Insolvenzmasse abgewickelt hatte (masseübergreifende Geschäftsführung), ohne dass den Insolvenzmassen dabei ein Schaden entstanden war.

1723 *OLG Dresden*, Beschl. v. 26. 7. 2007 – 13 VA 1/07 – ZIP 2007, 2182ff.. Dieser ist als unzulässig zur weiteren Behandlung und Entscheidung zurückgegeben worden, *BGH*, Beschl. v. 19. 12. 2007 – IV AR (VZ) 6/07 – BeckRS 2008 01255.

1724 *BGH*, Beschl. v. 19. 12. 2007 – IV AR (VZ) 6/07 – BeckRS 2008 01255 (Tz. 21).

1725 Nach Auffassung des Verfassers erfährt der Amtsermittlungsgrundsatz keine Einschränkung durch § 58 Abs. 1 InsO (Kap. E.II.1.5.2).

1726 Siehe Kap. E.II.3.

Eine gesteigerte Berichtspflicht ist ein geeignetes Mittel der insolvenzgerichtlichen Aufsicht bei noch unerfahrenen Insolvenzverwaltern, bei einem Anfangsverdacht auf Unregelmäßigkeiten oder Pflichtwidrigkeiten des Insolvenzverwalters oder bei Beschwerden der Verfahrensbeteiligten gegen die Art und Weise der Geschäftstätigkeit des Insolvenzverwalters. Wird z.B. dem Insolvenzverwalter von Insolvenzgläubigern vorgehalten, die Insolvenzmasse insgesamt oder einzelne Massegegenstände entgegen der Verpflichtung aus § 159 InsO nicht unverzüglich zu verwerten, kann das Insolvenzgericht gem. § 58 Abs. 1 Satz 2 InsO vom Insolvenzverwalter regelmäßige Berichterstattung über den Verwertungsstand und die Verwertungsbemühungen sowie eine Erläuterung der Verwertungsverzögerung verlangen.

Bei dem Verdacht von Unregelmäßigkeiten empfiehlt es sich, den Insolvenzverwalter in allen bei dem Insolvenzgericht betreuten Insolvenzverfahren zur Berichterstattung zu veranlassen, und zwar nicht nur über die Sachverhalte, die den Verdachtsmomenten zugrunde liegen, sondern ganz allgemein auch über den aktuellen Massebestand und die bisherige Verwendung der Insolvenzmasse.[1727]

2. Sonderprüfung

Das Insolvenzgericht ist durch § 5 Abs. 1 Satz 2 InsO ermächtigt, im Rahmen seiner Amtsermittlungen auch Sachverständige einzuschalten. Fraglich ist, ob dieses Recht auch die Veranlassung einer Sonderprüfung der Geschäftstätigkeit des Insolvenzverwalters, allgemein oder in Bezug auf Teilaufgaben, umfasst.

Nach § 5 Abs. 1 InsO ist das Insolvenzgericht berechtigt und verpflichtet, zur Aufklärung aller das Insolvenzverfahren betreffenden Verhältnisse diejenigen Ermittlungen anzustellen, die es für erforderlich hält (Amtsermittlungsgrundsatz).[1728] Eine Beschränkung des Amtsermittlungsrechts des Insolvenzgerichts kann nur im eigenen Verantwortungsbereich des Insolvenzverwalters oder in dessem persönlichen Bereich angenommen werden.[1729]

Hieraus folgt, dass das Insolvenzgericht im Rahmen seiner Aufsicht (§ 58 Abs. 1 InsO) berechtigt ist, gem. § 5 Abs. 1 Satz 2 InsO einen Sachverständigen damit zu beauftragen, die Ordnungsmäßigkeit der Geschäftstätigkeit eines Insolvenzverwalters insgesamt oder in Teilaspekten prüfen zu lassen. Ein Vorteil der Sonderprüfung als Aufsichtsinstrument ist, dass diese – anders als die Bestellung eines Sonderverwalters – in geringerer Intensität in die Rechtsstellung des Insolvenzverwalters eingreift. Im Hinblick auf den verfassungsrechtlichen Verhältnismäßigkeitsgrundsatz sollte das Insolvenzgericht vor der Bestellung eines Sonderin-

1727 In diesem Sinne bereits. Mitteilung des Justizministeriums vom 25. 6. 1931, Pr. JMBl., S. 223, 224, Ziff. II.3.
1728 Siehe Kap. E.II.1.1.
1729 Siehe Kap. E.II.1.5.4.

solvenzverwalters prüfen, ob nicht eine Sonderprüfung für die Zwecke der Aufsicht ebenso geeignet ist.[1730]

IV. Die Einberufung einer Gläubigerversammlung

Die insolvenzrechtlichen Vorschriften sehen die Einberufung der Gläubigerversammlung durch das Insolvenzgericht im Rahmen der Aufsicht (§ 58 InsO) zwingend im Fall der einstweiligen Untersagung einer nach § 160 InsO zustimmungspflichtigen Verwertungshandlung (§ 161 Satz 2 InsO) und der Prüfung und Erörterung der Schlussrechnung des Insolvenzverwalters im Schlusstermin (§§ 66 Abs. 2, 197 Abs. 1 Nr. 1 InsO) vor. Darüber hinaus ist die Einberufung einer Gläubigerversammlung von Amts wegen in Betracht zu ziehen, wenn das Insolvenzgericht die Insolvenzgläubiger über aufsichtsrelevante Umstände der Verwaltungs- und Verwertungstätigkeit des Insolvenzverwalters unterrichten, dem Insolvenzverwalter Gelegenheit zur Berichterstattung und Stellungnahme gegenüber der Gläubigerversammlung (§ 79 InsO) sowie den Insolvenzgläubigern zur Einflussnahme auf die Verfahrensabwicklung durch den Insolvenzverwalter geben will.

1. Einberufung

Die Gläubigerversammlung kann nur durch das Insolvenzgericht einberufen werden[1731], d.h. es besteht kein Recht zur Selbstkonstitution. Soweit nicht die Abhaltung einer Gläubigerversammlung gesetzlich vorgeschrieben ist[1732] oder diese nach § 75 InsO vom Insolvenzverwalter, dem Gläubigerausschuss oder einem Gläubigerquorum beantragt wird, entscheidet das Insolvenzgericht gem. § 74 Abs. 1 Satz 1 InsO nach pflichtgemäßem Ermessen über die Einberufung einer Gläubigerversammlung.[1733] Der Insolvenzrichter ist funktional zuständig für die Einberufung der gem. § 29 Abs. 1 InsO vorgesehenen Gläubigerversammlungen zur Abhaltung des Berichts- und Prüfungstermins[1734], für alle übrigen der Rechtspfleger.[1735] Teil-

---

1730 Siehe Kap. F.X.3.3.

1731 Allg.M. N/R-*Delhaes*, § 74 InsO, Rdnr. 1; MK-*Ehricke*, § 74 InsO, Rdnr. 20 (der eine durch den Insolvenzverwalter oder die Gläubiger einberufene Gläubigerversammlung nicht als Gläubigerversammlung iSd. der InsO ansieht, und diese daher keine rechtlich wirksamen Beschlüsse fassen kann.); Kübler/Prütting-*Kübler*, § 74 InsO, Rdnr. 7; Smid-*Smid*, § 74 InsO, Rdnr. 2.

1732 Neben den Fällen des § 75 InsO, der Berichtstermin (§§ 29 Abs. 1 Nr. 1, 156ff. InsO), der Prüfungstermin (§§ 29 Abs. 1 Nr. 2, 176ff. InsO), der Zustimmungstermin (§§ 160ff. InsO), der Schlusstermin (§§ 197, 66 InsO), der Erörterungs- und Abstimmungstermin (§ 235 InsO), der besondere Abstimmungstermin (§ 241 InsO), Besonderheiten gelten gem. § 312 InsO für das vereinfachte Insolvenzverfahren.

1733 BerlKo-*Blersch*, § 75 InsO, Rdnr. 4; HK-*Eickmann*, § 74 InsO, Rdnr. 3; MK-*Ehricke*, § 74 InsO, Rdnr. 22; *Pape*, Die Gläubigerautonomie in der Insolvenzordnung, ZInsO 1999, 305, 309; Smid-*Smid*, § 74 InsO, Rdnr. 3; Uhlenbruck-*Uhlenbruck*, § 74 InsO, Rdnr. 13; bereits zur KO: *LG Stuttgart*, Beschl. v. 8. 9. 1989 – 2 T 859/89 – ZIP 1989, 1595, 1596.

1734 Diese können gem. § 29 Abs. 2 InsO zusammengelegt werden.

1735 MK-*Ehricke*, § 74 InsO, Rdnr. 23.

nahmeberechtigt sind gem. § 74 Abs. 1 Satz 2 InsO alle absonderungsberechtigten Gläubiger, alle Insolvenzgläubiger, die Mitglieder des Gläubigerausschusses, der Insolvenzverwalter und der Insolvenzschuldner. Das Teilnahmerecht der Massegläubiger ist umstritten.[1736] Die Leitung der Gläubigerversammlung obliegt gem. § 76 Abs. 1 InsO dem Insolvenzgericht. Gem. § 74 Abs. 2 Satz 1 InsO ist die Einberufung der Gläubigerversammlung mit Zeit, Ort und Tagesordnung nach Maßgabe des § 9 InsO öffentlich bekannt zu machen. Zwischen dem Wirksamwerden der öffentlichen Bekanntmachung (§ 9 Abs. 1 Satz 3 InsO) und dem Terminstag müssen mindestens drei Tage liegen (§ 4 InsO i. V. m. §§ 217, 222 ZPO).[1737]

Die Tagesordnung muss in einer für die Beteiligten eindeutigen, auch für Rechtsunkundige verständlichen Weise in dem zu veröffentlichenden Anordnungsbeschluss aufgeführt werden und insbesondere die Gegenstände einer Beschlussfassung enthalten, damit sich die Gläubiger auf die einzelnen Tagesordnungspunkte vorbereiten können.[1738] Soll die Gläubigerversammlung beispielsweise über die Entlassung des Insolvenzverwalters abstimmen, dann wird eine Veröffentlichung *„Beschlußfassung gem. § 59 InsO“* nicht als eine ausreichende Bestimmung des Tagesordnungspunktes angesehen.[1739] Dieser Auffassung ist zuzustimmen, da die Beschlussfassung über einen Entlassungsantrag gem. § 56 Abs. 1 Satz 2 InsO für die weitere Verfahrensabwicklung und damit für die Interessen der beteiligten Gläubiger so bedeutsam ist, dass die veröffentlichte Tagesordnung keinen Zweifel am Gegenstand der Gläubigerversammlung lassen darf. Der Wahrung des Gläubigerinteresses dient es auch, die Erweiterung der Tagesordnung im Verlaufe der Gläubigerversammlung als nicht zulässig und die Beschlussfassung über einen nicht veröffentlichten Tagesordnungspunkt als nichtig anzusehen.[1740]

2. Einberufungsgrund

Fraglich ist, ob das Insolvenzgericht berechtigt ist, jederzeit eine Gläubigerversammlung zum Zwecke der Unterrichtung über den Stand des Verfahrens und die Geschäftsführung des Insolvenzverwalters von Amts wegen einzuberufen, oder ob es hierzu eines Anlasses bedarf.

Nach allgemeiner Meinung steht die Einberufung der Gläubigerversammlung aufgrund eines zulässigen Antrages gem. § 75 Abs. 1 InsO nicht im Ermessen des

1736 Ablehnend: MK-*Ehricke*, § 74 InsO, Rdnr. 30; Braun-*Kind*, § 74 InsO, Rdnr. 10; *Pape*, Die Gläubigerautonomie in der Insolvenzordnung, ZInsO 1999, 305, 308. Befürwortend: Smid-*Smid*, § 74 InsO, Rdnr. 5; *ders.*, Praxishandbuch Insolvenzrecht, § 13 Rdnr. 1 (jedoch ohne Stimmrecht).
1737 Sonderregelungen gelten für die Pflichttermine gem. §§ 29 Abs. 1, 197 Abs. 2, 235 Abs. 1 Satz 2 InsO.
1738 Andres/Leithaus-*Andres*, §§ 74, 75 InsO, Rdnr. 7; N/R-*Delhaes*, § 74 InsO, Rdnr. 7; HK-*Eickmann*, § 74 InsO, Rdnr. 7.
1739 MK-*Ehricke*, § 74 InsO, Rdnr. 36; Uhlenbruck-*Uhlenbruck*, § 74 InsO, Rdnr. 14.
1740 *RG*, Urt. v. 30. 1. 1934 – VII 294/33 – RGZ 143, 263, 265 f. zu § 98 KO. Die Nichtigkeit des Beschlusses führt aber nach Auffassung des RG nicht automatisch zu dessen Rechtsunwirksamkeit, sondern diese muss im Rechtsmittelverfahren festgestellt werden.

Insolvenzgerichts.[1741] Dieses folgt bereits aus dem Gesetzeswortlaut – *„ist einzuberufen“* –. Das Insolvenzgericht darf mithin den Grund für die Einberufung der Gläubigerversammlung nur ermitteln, um die Tagesordnung ordnungsgemäß bekanntzumachen.[1742] Der Gläubigerschaft steht aus § 79 InsO ein allgemeines Informationsrecht zu, in der Gläubigerversammlung vom Insolvenzverwalter Auskünfte und einen Bericht über den Sachstand und die Geschäftsführung zu erhalten. Dieses Informationsrecht umfasst bei Nichtbestehen eines Gläubigerausschusses auch die Prüfung des Geldverkehrs und -bestandes des Insolvenzverwalters (§ 79 Satz 2 InsO). Kommt der Insolvenzverwalter diesem Auskunftsanspruch nicht nach oder ergeben sich bei der Kassenprüfung Anhaltspunkte für Pflichtwidrigkeiten, kann die Gläubigerversammlung das Insolvenzgericht auffordern, aufsichtsrechtliche Maßnahmen gegen den Insolvenzverwalter zu verhängen. Ein eigenes Recht der Gläubigerversammlung zur zwangsweisen Durchsetzung des Informationsrechtes gegenüber dem Insolvenzverwalter besteht nicht.[1743]

Demgegenüber hat das Insolvenzgericht das eigene Initiativrecht zur Einberufung einer Gläubigerversammlung gem. § 74 Abs. 1 InsO nach pflichtgemäßem Ermessen auszuüben.[1744] Dieses hat sich an dem gemeinsamen Interesse der Insolvenzgläubiger auszurichten[1745] sowie dem Umstand Rechnung zu tragen, dass das Insolvenzverfahren wesentlich von dem Prinzip der Gläubigerautonomie beherrscht wird und deshalb die Gläubigerversammlung als das wichtigste Organ des Insolvenzverfahrens anzusehen ist. Dieser Maßstab lässt sich aus der Vorschrift des § 78 Abs. 1 InsO herleiten.[1746] Widerspricht die vorgesehene Beschlussfassung durch die Gläubigerversammlung dem gemeinsamen Interesse der Insolvenzgläubiger, dann gilt dieses erst Recht für die Einberufung zu einer solchen Gläubigerversammlung. In diesem Fall wären die Grenzen des Einberufungsermessens des Insolvenzgerichts überschritten.[1747] Als Beispiel für eine solche Ermessensüberschreitung kann die amtswegige Einberufung der Gläubigerversammlung ohne einen konkreten Anlass, wie zum Beispiel einer langen Verfahrensdauer[1748], sondern lediglich zum Zwecke der Sachstandsinformation, obgleich der Insolvenzverwalter pflichtgemäß entsprechend der Auflage in der Gläubigerversammlung

---

1741 *OLG Celle*, Beschl. v. 25. 3. 2002 – 2 W 9/02 – NJW RR 2002, 989, 990; Andres/Leithaus-*Andres*, §§ 74, 75 InsO, Rdnr. 4; N/R-*Delhaes*, § 75 InsO, Rdnr. 1; HK-*Eickmann*, § 75 InsO, Rdnr. 1; MK-*Ehricke*, § 75 InsO, Rdnr. 4: Kübler/Prütting-*Kübler*, § 75 InsO, Rdnr. 7; *Pape*, Die Gläubigerautonomie in der Insolvenzordnung, ZInsO 1999, 305, 309.

1742 *OLG Celle*, Beschl. v. 25. 3. 2002 – 2 W 9/02 – NJW-RR 2002, 989, 990: bei Unklarheiten hat das Insolvenzgericht durch Nachfrage den Gegenstand der Gläubigerversammlung aufzuklären. *„Das Insolvenzgericht ist gehalten, sich insoweit an dem deutlich erkennbaren Willen des Bf.* (d.i. der Antragsteller, der Verf.) *zu orientieren, statt den Gläubiger an seiner Wortwahl festzuhalten.“*

1743 MK-*Ehricke*, § 79 InsO, Rdnr. 13; HambK-*Preß*, § 79 InsO, Rdnr. 10.

1744 Fn. 1733.

1745 *LG Stuttgart*, Beschl. v. 8. 9. 1989 – 2 T 859/89 – ZIP 1989, 1595, 1596, HK-*Eickmann*, § 74 InsO, Rdnr. 3; MK-*Ehricke*, § 74 InsO, Rdnr. 22; Kübler/Prütting-*Kübler*, § 74 InsO, Rdnr. 7; *Pape*, Die Gläubigerautonomie in der Insolvenzordnung, ZInsO 1999, 305, 309.

1746 *Pape*, Die Gläubigerautonomie in der Insolvenzordnung, ZInsO 1999, 305, 309.

1747 So bereits für das Konkursrecht: *LG Stuttgart*, Beschl. v. 8. 9. 1989 – 2 T 859/89 – ZIP 1989, 1595, 1596.

1748 Siehe den Fall des *LG Stuttgart*, Beschl. v. 8. 9. 1989 – 2 T 859/89 – ZIP 1989, 1595, 1596.

gem. § 66 Abs. 3 InsO oder aufgrund einer nach § 58 Abs. 1 Satz 2 InsO ergangenen Aufforderung des Insolvenzgerichts Zwischenrechnung legt. Das Informationsbedürfnis der Gläubiger kann in diesem Fall durch Einsichtnahme in die Verwalterberichterstattung gestillt werden.

Mit der Frage eines Ermessensfehlgebrauchs im Zusammenhang mit der Einberufung einer Gläubigerversammlung hatte sich auch das *LG Stuttgart* zu beschäftigen: ein Konkursverwalter wandte sich mit seiner Beschwerde gegen den Beschluss des Konkursgerichtes zur Einberufung einer Gläubigerversammlung 7 Jahre nach der ersten Gläubigerversammlung mit der Begründung, dass die Einberufung der Gläubigerversammlung ermessensfehlerhaft sei, da keine Situation vorliege, in der das Konkursgericht eine Einberufung vornehmen muss. Das Landgericht wies die Beschwerde des Konkursverwalters mit der Begründung ab, dass das Konkursgericht von Amts wegen eine Gläubigerversammlung bereits dann einberufen könne, wenn ihm dies zweckdienlich erscheint. Dieses Recht sei ein verfahrensrechtliches Gestaltungsmittel, mit dem das Konkursgericht im Rahmen seiner Aufsicht (§ 83 KO) auf den Verlauf des Konkursverfahrens Einfluss nehmen könne, insbesondere auch, um die Gläubigerversammlung als oberstes Organ im Rahmen der Gläubigerselbstverwaltung in die Verantwortung mit einzubeziehen und sich insoweit Selbstentlastung zu verschaffen. Ein fehlerhafter Ermessensgebrauch liegt nach der auf § 99 KO gestützten Auffassung des Landgerichts erst vor, wenn konkrete Anhaltspunkte dafür vorliegen, dass die Durchführung der Gläubigerversammlung dem gemeinsamen Interesse der Konkursgläubiger abträglich ist. Die vom Konkursverwalter befürchtete „Rufschädigung" durch die Einberufung der Gläubigerversammlung reiche zur Annahme einer solchen Abträglichkeit nicht aus. Die Einberufung der Gläubigerversammlung 7 Jahre nach der ersten Gläubigerversammlung ist an sich bereits ein Indiz für deren Zweckdienlichkeit und Ermessensfehlerfreiheit.[1749]

Auf der anderen Seite kann eine Verpflichtung zur Einberufung in dem Fall der Ermessensreduktion begründet sein. Verbindliche Regeln lassen sich hierfür nicht aufstellen.[1750] Jedoch ist eine Ermessensreduktion dann anzunehmen, wenn es gilt, die Gläubigergesamtheit über Umstände der Geschäftstätigkeit des Insolvenzverwalters zu informieren, die das Insolvenzgericht erkannt hat, um so die Beteiligungsrechte der Gläubiger zu wahren oder Schaden von der Gläubigergesamtheit abzuwenden.[1751]

3. Rechtsmittel

Gegen die Ablehnung eines Antrags auf Einberufung der Gläubigerversammlung ist die sofortige Beschwerde eröffnet (§ 75 Abs 3 InsO).[1752] Dagegen sieht die InsO

1749 *LG Stuttgart*, Beschl. v. 8. 9. 1989 – 2 T 859/89 – ZIP 1989, 1595, 1596.
1750 MK-*Ehricke*, § 74 InsO, Rdnr. 22.
1751 MK-*Ehricke*, § 74 InsO, Rdnr. 22.
1752 Nach *BGH*, Beschl. v. 21. 12. 2006 – IX ZB 138/06 – ZVI 2007, 382, steht dem Gläubiger die Beschwerde auch dann zu, wenn die Ablehnung der Einberufung einer Gläubigerversammlung auf das Verfehlen des Quorums gestützt worden ist.

ein Rechtsmittel gegen die Einberufung der Gläubigerversammlung und deren Tagesordnung nicht vor (§ 6 Abs. 1 InsO). Erfolgt die Einberufung der Gläubigerversammlung nach Eröffnung des Insolvenzverfahrens durch den funktionell zuständigen Rechtspfleger ist die sofortige Erinnerung gem. § 11 Abs. 2 Satz 1 RPflG eröffnet.[1753] Wird dieser durch den Rechtspfleger nicht abgeholfen, hat er die Erinnerung dem Insolvenzrichter zur Entscheidung vorzulegen (§ 11 Abs. 2 Satz 3 RPflG). Gegen eine Zurückweisung der Erinnerung durch den Insolvenzrichter ist eine Beschwerdemöglichkeit nicht eröffnet, da es sich in den Fällen des § 11 Abs. 2 RPflG nicht um einen nach § 6 Abs. 1 InsO beschwerdefähigen Gegenstand handelt. Das gleiche gilt für den Verfahrensbeteiligten, der durch eine vom Insolvenzrichter – ganz oder teilweise – der Erinnerung stattgebenden Entscheidung beschwert wird.[1754]

V. Die Handlungsanweisung durch das Insolvenzgericht

Ist das Insolvenzgericht bemüht, die eigenen Vorstellungen von einer ordnungsgemäßen Verfahrensabwicklung durch Anweisungen an den Insolvenzverwalter durchzusetzen, gerät es in Konflikt zur grundsätzlichen Eigenverantwortlichkeit[1755] des Insolvenzverwalters. Für *Frind* ist die Nichtbefolgung solcher Handlungsweisungen sogar ein wichtiger Grund i.S.d. § 59 Abs. 1 InsO, der zur Amtsentlassung des Insolvenzverwalters berechtigt.[1756] In der Insolvenzpraxis wird überwiegend eine Verständigung zwischen Insolvenzgericht und Insolvenzverwalter über das „richtige" Vorgehen möglich sein. Andernfalls stellt sich die Frage, ob das Insolvenzgericht im Rahmen der Aufsicht gem. § 58 Abs. 1 InsO zu Handlungsanweisungen an den Insolvenzverwalter befugt ist.

1. Zulässigkeit von Handlungsanweisungen

Der Gesetzgeber hat das Insolvenzgericht ausdrücklich nur in den Fällen der §§ 58 Abs. 1 Satz 2, 158 Abs. 2 Satz 2, 161 Satz 2, 163 Abs. 1 InsO ermächtigt, durch Weisungen auf die Geschäftstätigkeit des Insolvenzverwalters einzuwirken. Als sedes materiae eines allgemeinen Weisungsrechts des Insolvenzgerichts kommt daher nur die allgemeine Anordnung der Aufsicht in § 58 Abs. 1 Satz 1 InsO in Betracht.

1.1. Stand der Diskussion

Zum Bestehen eines aufsichtsrechtlichen Weisungsrechts des Insolvenzgerichts gegenüber dem Insolvenzverwalter werden in Rechtsprechung und Literatur unterschiedliche Ansichten vertreten.

1753 Kübler/Prütting-*Kübler*, § 74 InsO, Rdnr. 8.
1754 MK-*Ganter*, § 6 InsO, Rdnr. 61.
1755 Zu diesem Grundsatz: Kap. C.I.5.2.
1756 HambK-*Frind*, § 59 InsO, Rdnr. 5.

Das *LG Kaiserslautern* hat in einer Entscheidung aus dem Jahre 1959 über die Beschwerde eines Konkursgläubigers, der ein Einschreiten des Konkursgerichtes gegen eine als unzweckmäßig angesehene Prozessführung durch den Konkursverwalter gefordert hatte, zwar eine inzidente Zweckmäßigkeitskontrolle für zulässig gehalten, jedoch ein Weisungsrecht des Konkursgerichtes abgelehnt, weil dieses nur in gesetzlich geregelten Fällen besteht.[1757] Dagegen ist das Insolvenzgericht nach einer Entscheidung des *AG Duisburg* vom 30. 4. 2003 ermächtigt, den Insolvenzverwalter im Rahmen der Aufsicht gem. § 58 InsO anzuweisen, bei der Schlussverteilung eine hinreichende Rückstellung für die Kosten der Wohlverhaltensperiode zu bilden. Obwohl die Entscheidung in einem Insolvenzverfahren ergangen ist, hat das Gericht im Hinblick auf andere Verfahren desselben Insolvenzverwalters ausgeführt: „*Künftig wird er in gleichartigen Fällen auch ohne ausdrückliche Anweisung entsprechend der Rechtsauffassung des Gerichts zu verfahren haben.*“[1758]

Eine Antwort auf die Frage nach einem Weisungsrecht des Insolvenzgerichts soll anhand einer Untersuchung praxisrelevanter Fallgruppen gefunden.

1.1.1. Erstattung von Masseentnahmen

Bereits zum Konkursrecht wurde zur Entnahme von gesonderter Vergütung für eine rechtsanwaltliche Tätigkeit des Konkursverwalters vertreten, dass die Aufsicht gem. § 83 KO die Pflicht zur Prüfung der Entnahmen des Konkursverwalters aus der Masse, insbesondere nach Einwendungen der Konkursbeteiligten begründe und das nach pflichtgemäßem Ermessen auszuübende Recht des Konkursgerichtes umfasse, den Konkursverwalter zur Rückzahlung von pflichtwidrig entnommenen Beträgen an die Masse anzuweisen.[1759] Diese Auffassung wurde auf die praktische Erwägung gestützt, dass ohne ein solches Weisungsrecht der Konkursverwalter möglicherweise über Jahre ohne Beanstandung beträchtliche Beträge aus der Masse entnehmen könne, während die Berechtigung der Entnahme erst nach Prüfung der Schlussrechnung aufgrund von Gläubigereinwendungen durch das Prozessgericht erfolge.[1760] Einen Rechtsnachteil erleide der Konkursverwalter hierdurch nicht, weil durch die Rückzahlungsanordnung sein Vergütungsanspruch nicht versagt werde, sondern er dessen Bestehen im Wege der Feststellungsklage nach § 256 ZPO erreichen könne.[1761] Unter Geltung der InsO hat das *LG Dortmund* ein auf § 58 Abs. 1 InsO gestütztes Weisungsrecht des Insolvenzgerichts an den Insolvenzverwalter zur Unterhaltsleistung an den Insolvenzschuldner aus der Insolvenzmasse anerkannt.[1762] Das *AG Köln* hat dieses – jedenfalls dann, wenn der Insolvenzverwalter schlüssig das Bestehen von Gegenansprüchen der Insolvenzmasse

---

1757 *LG Kaiserslautern*, Beschl. v. 23. 1. 1959 – 1 T 174/58 – KTS 1960, 45, 46.
1758 *AG Duisburg*, Beschl. v. 30. 4. 2003 – 62 IN 91/00 – NZI 2003, 508.
1759 *OLG Köln*, Beschl. v. 21. 4. 1976 – 2 W 46/76 – KTS 1977, 56, 61; *LG Aachen*, Beschl. v. 23. 11. 1977 – 3 T 49/76 – RPfleger 1978, 380.
1760 Fn. 1768.
1761 *OLG Köln*, Beschl. v. 21. 4. 1976 – 2 W 46/76 – KTS 1977, 56, 62.
1762 *LG Dortmund*, Beschl. v. 6. 1. 2000 – 9 T 1397/99 – NZI 2000, 182, 183; dahingestellt lassend: *AG Köln*, Beschl. v. 28. 2. 2005 – 71 IN 25/02 – ZVI 2005, 139, 140.

vorträgt – abgelehnt und zur Begründung angeführt, dass das Insolvenzgericht im Rahmen der Aufsicht gem. § 58 Abs. 1 InsO zur Entscheidung von materiellrechtlichen Fragen in einem Insolvenzverfahren nicht befugt ist.[1763] Der *BGH* hat sich nicht explizit zu dieser Frage geäußert, sondern lediglich in einer zu § 4 Abs. 1 Satz 3 InsVV ergangenen Entscheidung ausgeführt, dass das Insolvenzgericht im Rahmen des Vergütungsfestsetzungsverfahrens berechtigt ist, die Verwaltervergütung um nicht nach § 4 Abs. 1 Satz 3 InsVV gerechtfertigte Zahlungen aus der Insolvenzmasse für den Einsatz von Hilfskräften zu kürzen.[1764]

Die Gegenauffassung wird im wesentlichen damit begründet, dass es nicht mehr mit der Kompetenzverteilung zwischen Konkursgericht und Konkursverwalter vereinbar ist, wenn ersteres wegen Zweifeln an der materiell-rechtlichen Begründetheit von aus der Masse bezahlten Masseschulden (der Entscheidung lag die Zahlung der Gebührenrechnung eines Rechtsanwalts zugrunde) letzteren anweisen darf, den gezahlten Betrag zu erstatten. Eine entsprechende Anweisung des Konkursgerichtes sah das LG Freiburg als nicht mehr vom Aufsichtsrecht gem. § 83 KO gedeckt an.[1765] Mit der gleichen Begründung hat das LG Göttingen ein Weisungsrecht des Konkursgerichts vom (ehemaligen) Sequester einen zu Unrecht vereinnahmten Betrag an einen Gläubiger herauszugeben, abgelehnt.[1766] In einem vom LG Köln zu entscheidenden Fall, wurde der Konkursverwalter vom Konkursgericht angewiesen, die nach Verfahrenseröffnung in Höhe von DM 954.233,27 auf im Rahmen einer Betriebsfortführung während der Sequestration begründeten Verbindlichkeiten geleisteten Zahlungen zu erstatten. Das Landgericht hob die Anordnung bereits mit der Begründung auf, dass die für ein aufsichtsrechtliches Einschreiten des Konkursgerichts erforderliche Verletzung verfahrensspezifischer Pflichten oder eine konkurszweckwidrige Handlung nicht gegeben sei. Das Bestehen eines auf § 83 KO gestützten Weisungsrechts hielt das Landgericht für zweifelhaft, da die Klärung zivilrechtlicher Rückgewähr- oder Schadensersatzansprüche dem gerichtlichen Erkenntnisverfahren vorbehalten sei.[1767] Das LG Berlin hat im Fall eines Konkursgläubigers, der die Einsicht in die Geschäftsunterlagen des Gemeinschuldners begehrte, ein entsprechendes Weisungsrecht des Konkursgerichtes gegenüber dem Konkursverwalter abgelehnt, weil es die Erteilung von Auskünften an Gläubiger als in das Ermessen des Konkursverwalters gestellt sah.[1768]

Nach Auffassung von Uhlenbruck ist die Berechtigung von Entnahmen allein von der ordentlichen Gerichtsbarkeit zu entscheiden, um der Gefahr divergierender

---

1763 *AG Köln*, Beschl. v. 28. 2. 2005 – 71 IN 25/02 – ZVI 2005, 139, 140. Der Insolvenzschuldner weigerte sich unter Berufung auf die ärztliche Verschwiegenheitspflicht, Rechnung über die von ihm aus privatärztlicher Behandlung vereinnahmten Honorare zu legen und diese als Neuerwerb an die Insolvenzmasse abzuführen.

1764 *BGH*, Beschl. v. 11. 11. 2004 – IX ZB 48/04 – ZVI 2005, 152, 153.

1765 *LG Freiburg*, Beschl. v. 20. 3. 1980 – 9 T 22/80 – ZIP 1980, 938.

1766 *LG Göttingen*, Beschl. v. 16. 2. 1995 – 6 T 84/94 – ZIP 1995, 858, 859; zustimmend: Jaeger-*Gerhardt*, § 25 InsO, Rdnr. 15.

1767 *LG Köln*, Beschl. v. 20. 12. 2000 – 19 T 148/00 – NZI 2001, 157, 158.

1768 *LG Berlin*, Beschl. v. 26. 6. 1957 – 82 T 128/57 – NJW 1957, 1563.

Entscheidungen zu entgehen.[1769] Nowak lehnt ein Weisungsrecht des Insolvenzgerichts mangels gesetzlicher Grundlage ab.[1770] Für Leithaus ist das Insolvenzgericht hinsichtlich der Durchsetzung von durch pflichtwidrige Zahlungen des Insolvenzverwalters begründeten Schadensersatzansprüchen nicht „Anwalt" der Gläubiger.[1771]

1.1.2. Erfüllung des Auskunftsanspruchs nach §§ 167, 168 InsO

Dem Insolvenzverwalter sind durch §§ 167, 168 InsO im Verhältnis zu Absonderungsgläubigern Informations- und Auskunftspflichten auferlegt worden. In der Literatur wird die Ansicht vertreten, dass die Erfüllung dieser Pflichten im Aufsichtswege durchgesetzt werden kann, weil es sich dabei um verfahrensrechtliche Pflichten handelt.[1772] Nach der von *Graeber* vertretenen Gegenansicht können Verfahrensbeteiligte oder Dritte ihre Auskunftsansprüche gegen den Insolvenzverwalter nicht über § 58 InsO durchsetzen, da Auskunftsempfänger nach § 58 Abs. 1 Satz 2 InsO allein das Insolvenzgericht ist und die Auskunftsrechte der Gläubiger in der Gläubigerversammlung, im Gläubigerausschuss oder durch Akteneinsicht gewahrt werden können.[1773]

1.1.3. Die Missachtung der Zustimmungserfordernisse nach §§ 160ff. InsO

Ein Verstoß des Insolvenzverwalters gegen die Zustimmungserfordernisse der §§ 160–163 InsO oder die Unterrichtungspflicht nach § 161 Abs. 1 Satz 1 InsO bleibt für die Wirksamkeit des Verwertungsgeschäftes ohne Bedeutung (§ 164 InsO). Ein guter Glaube des Geschäftpartners hinsichtlich der internen Handlungskompetenz des Insolvenzverwalters ist nicht erforderlich. Selbst bei positiver Kenntnis von der fehlenden Zustimmung ist das Veräußerungsgeschäft wirksam.[1774] Darüber hinaus kommt eine Haftung des Insolvenzverwalters nach § 60 Abs. 1 InsO in Betracht.[1775]

Nachfolgend soll untersucht werden, ob das Insolvenzgericht im Rahmen der Aufsicht (§ 58 InsO) dem Insolvenzverwalter eine Verwertungsmaßnahme untersagen kann, wenn die nach §§ 160ff. InsO erforderliche Zustimmung nicht vorliegt.

Der Gesetzgeber hat ein Recht des Insolvenzgerichts zur Untersagung der zustimmungspflichtigen Rechtshandlung bis zur Entscheidung durch die Gläubiger-

1769 *Kuhn/Uhlenbruck*, § 85 KO, Rdnr. 12c; ebenso: Jaeger-*Gerhardt*, § 25 InsO, Rdnr. 15; *Leithaus*, Zu den Aufsichtsbefugnissen des Insolvenzgerichts nach § 83 KO/§ 58 I InsO, NZI 2001, 124, 127.
1770 MK-*Nowak*, § 5 InsVV, Rdnr. 3.
1771 *Leithaus*, Zu den Aufsichtsbefugnissen des Insolvenzgerichts nach § 83 KO/§ 58 I InsO, NZI 2001, 124, 126; ebenso: *Häsemeyer*, InsR, Rdnr. 6.32; wohl auch: *LG Köln*, Beschl. v. 20. 12. 2000 – 19 T 148/00 – NZI 2001, 157, 158.
1772 *Naumann*, Die Aufsichtspflicht des Insolvenzgerichtes über den Insolvenzverwalter, KS-InsO, 2. A., S. 431ff., Rdnr. 39; Uhlenbruck-*Uhlenbruck*, § 58 InsO, Rdnr. 13.
1773 MK-*Graeber*, § 58 InsO, Rdnr. 23.
1774 HambK-*Decker*, § 164 InsO, Rdnr. 3; HK-*Flessner*, § 164 InsO, Rdnr. 1; Smid-*Smid*, § 164 InsO, Rdnr. 1; Uhlenbruck-*Uhlenbruck*, § 164 InsO, Rdnr. 2.
1775 Uhlenbruck-*Uhlenbruck*, § 160 InsO, Rdnr. 25.

schaft nur unter den Voraussetzungen der §§ 161, 163 InsO normiert. Es bedarf daher eines Untersagungsantrages des Insolvenzschuldners oder des Gläubigerquorums gem. § 75 Abs. 1 Nr. 3 InsO. Anders als in § 161 InsO ist bei der Betriebsveräußerung unter Wert deren einstweilige Untersagung in § 163 Abs. 1 InsO nicht ausdrücklich normiert worden, so dass unterschiedliche Auffassungen dazu bestehen, ob der Insolvenzverwalter daran gehindert ist, die Veräußerung gleichwohl vorzunehmen.[1776] Da aber eine Betriebsveräußerung immer bereits nach § 160 Abs. 2 Nr. 1 InsO zustimmungspflichtig ist, kann der Antrag nach § 163 Abs. 1 InsO zugleich mit einem Untersagungsantrag nach § 161 InsO verbunden werden.[1777]

Mangels einer gesetzlichen Regelung kann das Insolvenzgericht den Insolvenzverwalter bei einer Missachtung der Zustimmungserfordernisse der §§ 160–163 InsO nicht von Amts wegen anweisen, die beabsichtigte Verwertungsmaßnahme zu unterlassen und die nach §§ 160ff. InsO erforderliche Zustimmung einzuholen.

Das Insolvenzgericht könnte aber berechtigt sein, von Amts wegen eine nach §§ 160ff. InsO erforderliche Zustimmungsentscheidung der Gläubiger herbeizuführen. Jedoch wird in der Literatur die Ansicht vertreten, dass das Insolvenzgericht nicht befugt ist, eine Sitzung des bestellten Gläubigerausschusses einzuberufen, damit dieser die Zustimmungsentscheidung trifft. Zur Begründung wird angeführt, dass der Gläubigerausschuss ein gegenüber dem Insolvenzgericht unabhängiges Gläubigerorgan ist, das deshalb keinen Weisungen des Insolvenzgerichts unterliegt.[1778] So wird eine entsprechende Anwendung des § 78 InsO auf Beschlüsse des Gläubigerausschusses abgelehnt.[1779] Das Insolvenzgericht ist jedoch berechtigt, den Gläubigerausschuss über bevorstehende zustimmungspflichtige Rechtshandlungen zu informieren, insbesondere wenn zu besorgen ist, dass diese vom Insolvenzverwalter ohne dessen Einbindung vorgenommen werden. Die Einberufung der Gläubigerversammlung zum Zwecke der Zustimmung zu bedeutsamen Rechtshandlungen durch das Insolvenzgericht sieht die InsO ausdrücklich nur für den Fall des Untersagungsantrages gem. § 161 InsO oder des Antrages nach § 163 InsO vor. In diesem Fall ist das Insolvenzgericht sogar zur Einberufung der Gläubigerversammlung verpflichtet.[1780] Angesichts des normierten Antragserfordernisses ist ein Tätigwerden des Insolvenzgerichts von Amts wegen in diesen Fällen ausgeschlossen.[1781] Dagegen wird teilweise für den Fall der Betriebsveräußerung an besonders Interessierte, die gem. § 162 Abs. 1 InsO nur mit Zustimmung

---

1776 Bejahend: HK-*Landfermann*, § 163 InsO, Rdnr. 5; Kübler/Prütting-*Onusseit*, § 162 InsO, Rdnr. 6; ablehnend: N/R-*Balthasar*, § 163 InsO, Rdnr. 18.
1777 N/R-*Balthasar*, § 163 InsO, Rdnr. 18; vgl. auch den Hinweis in der Begrd.RegE zu § 163 InsO, zit. n. *Balz/Landfermann*, Die neuen Insolvenzgesetze, S. 272.
1778 HK-*Eickmann*, § 69 InsO, Rdnr. 8; *Frege*, Die Rechtsstellung des Gläubigerausschusses nach der Insolvenzordnung (InsO), NZG 1999, 578, 580; Kübler/Prütting-*Kübler*, § 69 InsO, Rdnr. 9; MK-*Schmid-Burgk*, § 69 InsO, Rdnr. 12.
1779 *Frege*, Die Rechtsstellung des Gläubigerausschusses nach der Insolvenzordnung (InsO), NZG 1999, 578, 580; MK-*Schmid-Burgk*, § 69 InsO, Rdnr. 12.
1780 HK-*Flessner*, § 161 InsO, Rdnr. 4; MK-*Görg*, § 161 InsO, Rdnr. 17, der unter Berufung auf § 75 Abs. 2 InsO die Beachtung einer Ladungsfrist von höchstens drei Wochen für geboten hält.
1781 Für die Betriebsveräußerung unter Wert: Uhlenbruck-*Uhlenbruck*, § 163 InsO, Rdnr. 4.

der Gläubigerversammlung zulässig ist[1782], eine auf § 58 InsO gestützte Amtspflicht des Insolvenzgerichts zur Einberufung einer Gläubigerversammlung angenommen, wenn der Insolvenzverwalter einen entsprechenden Antrag nicht stellt.[1783] Ungeachtet dessen kann das Insolvenzgericht gem. § 74 Abs. 1 Satz 1 InsO nach pflichtgemäßem Ermessen von Amts wegen eine Gläubigerversammlung einberufen,[1784] um den Insolvenzverwalter gem. § 79 InsO nicht nur zu einem Bericht über den Sachstand der Geschäftsführung, sondern auch über bevorstehende, zustimmungspflichtige Rechtshandlungen zu veranlassen. Den Gläubigern wird auf diese Weise die Möglichkeit eröffnet, eine Untersagungsentscheidung nach §§ 161, 163 InsO herbeizuführen. Die Einberufung einer Gläubigerversammlung durch das Insolvenzgericht kann jedoch die Beteiligungsrechte der Gläubigerschaft nicht wahren, wenn der Insolvenzverwalter vorher die zustimmungspflichtige Verwertungsmaßnahme vornimmt.

Dem Insolvenzgericht bleiben in diesem Fall nur die allgemeinen aufsichtsrechtlichen Sanktionen. So kommt zunächst die Festsetzung eines Zwangsgelds gem. § 58 Abs. 2 InsO in Betracht. Kann der Insolvenzverwalter durch diese Aufsichtsmaßnahme nicht zur Beachtung der gesetzlichen Zustimmungserfordernisse angehalten werden, bleibt als ultima ratio nur dessen Entlassung aus wichtigem Grund gem. § 59 Abs. 1 InsO.[1785] Kann der Insolvenzverwalter im Einzelfall nicht die Missachtung des Zustimmungserfordernisses rechtfertigende Gründe vorbringen, hat er sich mit seinem Verhalten über die Interessen der Gesamtgläubigerschaft hinweggesetzt und die Rechtmäßigkeit der Verfahrensabwicklung objektiv nachteilig beeinträchtigt. Dieses Verhalten begründet Zweifel daran, dass zukünftig vom Insolvenzverwalter eine zweckmäßige und gesetzesmäßige Verfahrensdurchführung gewährleistet werden kann, so dass ein wichtiger Grund zu Entlassung gem. § 59 Abs. 1 Satz 1 InsO vorliegt.[1786]

1.1.4. Die Wahrung der Rechte der Aus- und Absonderungsgläubiger

Bei einem Streit über die Begründetheit und den Umfang eines an der Insolvenzmasse geltend gemachten Aus- oder Absonderungsrechts zwischen dem Insolvenzverwalter und dem Aus- oder Absonderungsgläubiger stellt sich die Frage, ob dem Insolvenzgericht im Rahmen seiner Aufsicht (§ 58 InsO) eine Entscheidungs- und Weisungskompetenz eingeräumt ist.

Nach § 47 Satz 2 InsO bestimmt sich der „Anspruch auf Aussonderung" nach den Gesetzen, die außerhalb des Insolvenzverfahrens gelten. Dies bedeutet, dass die

---

1782 Durch § 162 InsO wird die nach § 160 InsO erforderliche Zustimmung auch dann auf die Gläubigerversammlung verlagert, wenn ein Gläubigerausschuss bestellt worden ist.

1783 Kübler/Prütting-*Onusseit*, § 162 InsO, Rdnr. 7; Uhlenbruck-*Uhlenbruck*, § 162 InsO, Rdnr. 7; a. A. MK-*Görg*, § 162 InsO, Rdnr. 17.

1784 Siehe Kap. F.IV.1.

1785 Vgl. *LG Mainz*, Beschl. v. 9. 6. 1986 – 8 T 85/86 – Rpfleger 1986, 490; MK-*Görg*, § 160 InsO, Rdnr. 37; Uhlenbruck-*Uhlenbruck*, § 160 InsO, Rdnr. 10.

1786 *Haarmeyer/Wutzke/Förster*, Kap. 5, Rdnr. 47 ff.; HambK-*Frind*, § 59 InsO, Rdnr. 5; Smid-*Smid*, § 164 InsO, Rdnr. 3.

Durchsetzung der Aussonderung im streitigen Verfahren vor dem Prozessgericht erfolgt.[1787] Dieses gilt auch bei einem Streit über das Bestehen eines Absonderungsrechtes oder den Auskehranspruch nach §§ 170, 171 InsO.[1788] Das Insolvenzgericht ist seiner Stellung und Aufgabe nach zur endgültigen und verbindlichen Klärung solcher Fragen nicht berufen und insbesondere als Aufsichtsbehörde (§ 58 InsO) kein zur Entscheidung von Sachrechtsstreitigkeiten berufenes Prozessgericht.[1789] Das Insolvenzgericht kann und darf über einen Aussonderungsstreit nicht entscheiden.[1790] Es hat sich daher auch aller Aufsichtsmaßnahmen zu enthalten, die die Entscheidung über das Bestehen oder den Umfang eines Aussonderungsrechtes vorwegnehmen könnten. Somit liegt es auch nicht in der Kompetenz des Insolvenzgerichts, im Aufsichtswege den Verwalter zur Erfüllung einer von ihm bestrittenen Verpflichtung zur Herausgabe des Aussonderungsgutes anzuhalten.[1791] Aufsichtsmaßnahmen darf das Insolvenzgericht jedoch dann ergreifen, wenn der Verwalter einen Aussonderungsanspruch, den er als berechtigt erkannt und anerkannt hat, schuldhaft nicht erfüllt.[1792] In diesem Fall greift das Insolvenzgericht nicht kompetenzwidrig in einen Aussonderungsstreit ein, sondern hält den Verwalter nur zu der von ihm übernommenen Verpflichtung zur Aussonderung an. Wendet sich ein Aussonderungsgläubiger indes mit der Bitte an das Insolvenzgericht im Aufsichtswege wegen einer bestrittenen Herausgabepflicht einzuschreiten, ist der Aussonderungsgläubiger auf den ordentlichen Rechtsweg zu verweisen.

1.1.5. Unterhaltsgewährung an den Insolvenzschuldner

Wenn der Insolvenzschuldner keine oder keine zur Existenzsicherung ausreichenden Einkünfte erzielt, eröffnet § 100 InsO die Möglichkeit zur Unterhaltsgewährung aus der Insolvenzmasse an den Insolvenzschuldner und seine Familie. Grundsätzlich soll die Gläubigerversammlung hierüber entscheiden (§ 100 Abs. 1 InsO). Bis zur Entscheidung der Gläubigerversammlung ist der Insolvenzverwalter, ggfls. mit der Zustimmung eines bestellten Gläubigerausschusses, zur Unterhaltsgewährung ermächtigt. Verweigert der Insolvenzverwalter die Gewährung des notwendigen Unterhalts aus der Insolvenzmasse bis zur Entscheidung der Gläubigerversammlung, stellt sich die Frage, ob das Insolvenzgericht den Insolvenzverwalter im Rahmen der Aufsicht gem. § 58 InsO zur Unterhaltsgewährung anweisen kann.

Das *LG Dortmund* hat dieses für Unterhaltszahlungen an den Insolvenzschuldner in dem Fall angenommen, dass sich Treuhänder und Gläubiger einer Erhöhung des Unterhaltsbetrages verweigern.[1793] Ebenso hat *Kohte* unter Berufung auf den schuldnerschützenden Zweck des Insolvenzverfahrens (§ 1 Satz 2 InsO) und unter

---

1787 MK-*Ganter*, § 47 InsO, Rdnr. 473.
1788 *Häsemeyer*, InsR, Rdnr. 18.73.
1789 Jaeger-*Henkel*, § 35 InsO, Rdnr. 129; Vor §§ 49–52 InsO, Rdnr. 24.
1790 HambK-*Büchler*, § 47 InsO, Rdnr. 77; Jaeger-*Henkel*, § 47 InsO, Rdnr. 161.
1791 MK-*Ganter*, § 47 InsO, Rdnr. 466.
1792 Jaeger-*Henkel*, § 47 InsO, Rdnr. 161.
1793 *LG Dortmund*, Beschl. v. 6. 1. 2000 – 9 T 1397/99 – NZI 2000, 182, 183.

Bezugnahme auf § 1837 BGB das Insolvenzgericht im Rahmen seiner Aufsicht (§ 58 InsO) als berechtigt angesehen, den Insolvenzverwalter zur Zahlung des notwendigen Unterhalts i. S. d. § 100 Abs. 2 InsO aus der Insolvenzmasse zu veranlassen.[1794] In instanzgerichtlichen Entscheidungen, die vor der Einführung der die Anwendbarkeit des § 850f Abs. 1 ZPO klarstellenden Vorschrift des § 36 Abs. 1 Satz 2 InsO ergangen sind, ist das Insolvenzgericht als berechtigt angesehen worden, den Insolvenzverwalter anzuweisen, zur Sicherung des Existenzminimums des Insolvenzschuldners einen in entsprechender Anwendung des § 850f Abs. 1 ZPO sich errechnenden Unterhalt aus der Insolvenzmasse zu zahlen.[1795] Ob dieses aufsichtsrechtliche Weisungsrecht des Insolvenzgerichts auch in den Fällen gelten soll, dass der Insolvenzschuldner keine oder nicht ausreichende Einkünfte erzielt oder die Gläubigerversammlung eine Unterhaltsgewährung gem. § 100 InsO ablehnt, war in diesen Beschlüssen nicht zu entscheiden gewesen.

Gegen diese Auffassung spricht zunächst der Wortlaut des § 100 InsO und der gesetzgeberische Wille. Sah § 114 Abs. 1 Satz 1 RegE-InsO noch eine Verpflichtung zur Gewährung des notwendigen Unterhalts aus der Insolvenzmasse vor, soweit der Insolvenzschuldner diesen nicht aus sonstigem Vermögen bestreiten kann, ist diese Unterhaltsgewährungspflicht im Gesetzgebungsverfahren – unter ausdrücklicher Hinnahme etwaiger Nachteile für die Unterhaltsberechtigten[1796] – zu einer Unterhaltsgewährung im Ermessen von Insolvenzverwalter und Gläubiger abgeschwächt worden. Durch die Verweisung in § 36 Abs. 1 Satz 2 InsO[1797] wird sichergestellt, dass sich die insolvenzrechtliche Inanspruchnahme der Schuldnereinkünfte an den zivilprozessualen Pfändungsschutzvorschriften orientiert. Dieses gilt insbesondere für den Fall, dass die Tabellenwerte zu § 850c ZPO nicht den konkreten, notwendigen Unterhaltsbedarf decken und der Erhöhung gem. § 850f ZPO bedürfen, wofür gem. § 36 Abs. 4 Satz 1 InsO die Sonderzuständigkeit des Insolvenzgerichts begründet ist. Nach Auffassung von *Pape* ist die insolvenzgerichtliche Aufsicht nicht geeignet, das Existenzminimum besser zu sichern, als die durch § 36 Abs. 1 Satz 2 InsO eröffnete entsprechende Anwendung der §§ 850ff. ZPO, da ein Rechtsanspruch auf Vornahme von Aufsichtsmaßnahmen zur Erzwingung bestimmter Verhaltensweisen nicht besteht.[1798]

1.1.6. Die Forderungsprüfung durch den Insolvenzverwalter

Im Rahmen der Tabellenführung und der Forderungsprüfung kann die Forderung nach einer aufsichtsrechtlichen Anweisung durch das Insolvenzgericht an den In-

1794 *Kohte*, Unterhaltsansprüche in der Insolvenzordnung, Kölner Schrift, S. 781, 807 f.
1795 *OLG Köln*, Beschl. v. 18. 8. 2000 – 2 W 155/00 – NZI 2000, 529, 530; *OLG Frankfurt*, Beschl. v. 29. 8. 2000 – 26 W 61/00 – NZI 2001, 189, 190.
1796 Ausschussbericht zu § 100 InsO, zit. n. *Balz/Landfermann*, Die neuen Insolvenzgesetze, S. 189.
1797 Diese Vorschrift ist erst durch Gesetz vom 26. 10. 2001 (BGBl. I, 2710, 2711) eingeführt und durch Gesetz vom 26. 3. 2007 (BGBl. I. S. 368) auf den Pfändungsschutz durch §§ 851 c, 851 d ZPO für Altersrenten und Altersvorsorgevermögen erweitert worden.
1798 *Pape*, Besprechung von „Unterhaltshaltsansprüche in der Insolvenz" von Sandra Rohleder, FPR 2006, 105, 106.

solvenzverwalter sowohl im Fall der Nichtaufnahme einer angemeldeten Forderung in die Tabelle als auch beim Bestreiten der in die Tabelle aufgenommenen Forderung im Prüfungstermin erhoben werden.

Während nach dem Konkursrecht die Tabellenführung Aufgabe des Konkursgerichts war (§ 140 KO), hat nach § 175 Abs. 1 Satz 1 InsO der Insolvenzverwalter bis zur Niederlegung beim Insolvenzgericht (§ 175 Abs. 1 Satz 2 InsO) die Tabelle zu führen.[1799] Gem. § 5 Abs. 4 Satz 1 InsO kann die Tabelle maschinell hergestellt und bearbeitet werden.[1800] Der Inhalt der Tabelle wird durch § 174 Abs. 2, 3 InsO geregelt.[1801] Die Insolvenzgläubiger können ihre Forderungen schriftlich[1802] nur beim Insolvenzverwalter[1803] anmelden[1804], der diese mit den in § 174 Abs. 2 und 3 InsO genannten Angaben in die Tabelle einzutragen hat (§ 175 Abs. 1 Satz 1 InsO).[1805] Der Inhalt der vom Insolvenzverwalter vorzunehmenden Tabelleneintragung wird durch § 174 Abs. 2 InsO bestimmt. Insoweit trifft ihn eine Beurkundungspflicht.[1806] Für nachrangige Insolvenzgläubiger (§ 39 InsO) gilt dieses nur bei entsprechender Aufforderung durch das Insolvenzgericht (§ 174 Abs. 3 InsO).[1807] Der Insolvenzverwalter hat die Tabelle mit den Anmeldungsunterlagen innerhalb der Frist des § 175 Abs. 1 Satz 2 InsO auf der Geschäftsstelle des Insolvenzgerichts niederzulegen. Eine Niederlegung an einem anderen Ort ist unzulässig. Bei verspäteter Niederlegung kann sich der Insolvenzverwalter gegenüber der Insolvenzmasse schadensersatzpflichtig machen (§ 60 InsO).[1808] Im Prüfungster-

---

1799 Diese Regelung ist aus der GesO (§ 5 Nr. 3 GesO) übernommen worden.

1800 Die Verordnungsermächtigung des § 5 Abs. 4 Satz 2–4 InsO eröffnet eine gesetzliche Ausgestaltung der elektronischen Tabellenführung zum Zwecke der Verfahrensvereinfachung. Durch § 5a Abs. 1 GAVI-InsO soll die elektronische Tabellenführung bundeseinheitlich durch Verordnung geregelt werden können, vgl. Kap. H.I.2.1.

1801 Vgl. hierzu: MK-*Nowak*, § 175 InsO, Rdnr. 2 ff.

1802 Die durch Gesetz vom 22. 3. 2005 eingeführte Vorschrift des § 174 Abs. 4 InsO ist die Rechtsgrundlage für die Forderungsanmeldung über das Internet geschaffen worden.

1803 Nach §§ 138, 139 KO waren die Konkursforderungen beim Konkursgericht anzumelden. Demgegenüber war in § 5 Nr. 3 GesO vorgesehen, dass die Gesamtvollstreckungsforderungen beim Verwalter anzumelden waren, der die Tabelle („Verzeichnis der Verpflichtungen des Schuldners") zu führen hatte (§ 11 Abs. 1 und 2 GesO).

1804 Vgl. zu den Anforderungen an die Forderungsanmeldung, insbesondere der Sozialversicherungsträger: *BGH*, Beschl. v. 8. 12. 2005 – IX ZB 38/05 – ZIP 2006, 141 f. Angesichts der verjährungshemmenden Wirkung der Forderungsanmeldung (§ 204 Abs. 1 Nr. 10 BGB) hat der Insolvenzverwalter dafür Sorge zu tragen, dass eingehende Forderungsanmeldungen sogleich als solche identifiziert und taggenau mit einem Eingangsstempel versehen werden.

1805 Diese Vorschrift unterscheidet sich von der Vorgängerregelung in § 140 KO dadurch, dass zur Entlastung der Insolvenzgerichte die Eintragungen in die Tabelle nicht mehr vom Urkundsbeamten der Geschäftsstelle sondern vom Insolvenzverwalter vorzunehmen sind. Durch § 5 Abs. 3 InsO ist die Tabellenführung mittels EDV zugelassen.

1806 *BGH*, Urt. v. 17. 1. 2008 – IX ZR 220/06 – BeckRS 2008 03433 (Tz. 10); HK-*Irschlinger*, § 175 InsO, Rdnr. 5; MK-*Nowak*, § 174 InsO, Rdnr. 29.

1807 Die Aufforderung nach § 174 Abs. 3 InsO soll nach dem Willen des Gesetzgebers erst ergehen, wenn sich im Verlaufe des Insolvenzverfahrens herausstellt, dass eine Verteilungsmasse für die nachrangigen Gläubiger zur Verfügung steht. Die Prüfung erfolgt dann in einem besonderen Prüfungstermin, der mit dem Schlusstermin verbunden werden kann (Begr.RegE. zu § 174 InsO, zit. n. *Balz/Landfermann*, Die neuen Insolvenzgesetze, S. 290).

1808 MK-*Nowak*, § 175 InsO, Rdnr. 11.

min werden die angemeldeten Forderungen ihrem Betrag und Rang nach geprüft (§ 176 Satz 1 InsO). Durch eine Erörterung der bestrittenen Forderungen sollen Streitfragen geklärt und Feststellungsprozesse vermieden werden.[1809] Das Insolvenzgericht trägt für jede angemeldete Forderung das Prüfungsergebnis in die Tabelle ein (§ 178 Abs. 2 InsO). Das Insolvenzgericht wird insoweit nur beurkundend tätig und trifft keine materielle Entscheidung über den Bestand der Forderung.[1810] Diese Eintragung wirkt für die festgestellten Forderungen ihrem Betrag und Rang nach wie ein rechtskräftiges Urteil (§ 178 Abs. 3 InsO).[1811] Die Richtigkeit des Tabelleneintrages liegt im Verantwortungsbereich des Insolvenzgerichts und nicht des Insolvenzverwalters.[1812]

1.1.6.1. Die Nichtaufnahme einer Forderung in die Tabelle

§ 175 Satz 1 InsO begründet eine Beurkundungspflicht des Insolvenzverwalters, die angemeldeten Forderungen mit den in § 174 Abs. 2, 3 InsO benannten Angaben in die Insolvenztabelle einzutragen. Dieses ist auch bedeutsam für die Verjährungshemmung (§§ 204 Abs. 1 Nr. 10, 209 InsO. Lehnt der Insolvenzverwalter die Eintragung ab, z.B. weil diese als nachrangige Insolvenzforderung mangels Aufforderung gem. § 174 Abs. 3 InsO nicht zu berücksichtigen ist,[1813] weil die Forderungsanmeldung nicht den formellen und inhaltlichen Anforderungen des § 174 InsO genügt oder weil eine Masseforderung als Insolvenzforderung angemeldet wird, stellt sich die Frage, ob das Insolvenzgericht im Rahmen seiner Aufsicht (§ 58 InsO) den Insolvenzverwalter anweisen kann, die angemeldete Forderung in die Tabelle aufzunehmen.

1.1.6.1.1. Besteht ein formales Vorprüfungsrecht des Insolvenzverwalters?

Die Weigerung des Insolvenzverwalters, die angemeldete Forderung in die Tabelle aufzunehmen ist zulässig, wenn diesem insoweit ein formelles Vorprüfungsrecht zusteht.

Ein Vorprüfungsrecht des Insolvenzverwalters wird von *Eckhardt* – mit Ausnahme der Anmeldung eines Aus- bzw. Absonderungsrechtes oder einer Masseforderung – mit der Begründung abgelehnt, dass der Insolvenzverwalter mit der Übernahme der Tabellenführung nur eine rein beurkundende Tätigkeit ohne eigene Entscheidungskompetenz ausübt. Die Kompetenz zur Zurückweisung unzulässiger Forderungsanmeldungen liege beim Insolvenzgericht und sei im Wege der Vorprüfung durch einen mit der Rechtspflegererinnerung (§ 11 Abs. 2 RPflG) an-

---

1809 MK-*Nowak*, § 176 InsO, Rdnr. 1.
1810 MK-*Nowak*, § 176 InsO, Rdnr. 26; § 178 InsO, Rdnr. 47; Kübler/Prütting-*Pape*, § 178 InsO, Rdnr. 3.
1811 Zur Berichtigung von Unrichtigkeiten der Eintragung: MK-*Nowak*, § 178 InsO, Rdnr. 51.
1812 *RG*, Urt. v. 6. 7. 1928 – III 19/28 – KuT 1928, 150ff., zur Amtshaftung des (damals funktionell zuständigen Konkursrichter) für die Richtigkeit der Tabelleneinträge.
1813 So der vom *LG Waldshut-Tiengen*, Beschl. v. 26. 1. 2005 – 1 T 172/03 – NZI 2005, 396ff., zu entscheidende Fall.

fechtbaren Beschluss zu treffen.[1814] Dagegen sei jede Forderungsanmeldung mit der Rechtsbehauptung, es handele sich um eine Insolvenzforderung, zulässig und in die Tabelle aufzunehmen, auch wenn diese rechtlich als nachrangige Insolvenzforderung zu qualifizieren ist und keine Aufforderung zur Forderungsanmeldung gem. § 174 Abs. 3 InsO ergangen ist.[1815]

Dagegen übt der Insolvenzverwalter nach h.M. mit der Führung der Insolvenztabelle keine allein beurkundende Tätigkeit aus.[1816] Ein formales Vorprüfungsrecht des Insolvenzverwalters wird teilweise aus der Kompetenz zur Tabellenführung abgeleitet.[1817] *Uhlenbruck* führt Gründe der Prozessökonomie an, da so mangelhafte oder unzulässige Forderungsanmeldungen von vorneherein nicht in die Tabelle eingetragen werden und somit formale Mängel nicht erst zum Gegenstand der Prüfungsverhandlung im Prüfungstermin gemacht werden.[1818] Nach dieser Auffassung obliegt dem Insolvenzverwalter auch eine inhaltliche Vorprüfung auf evidente Mängel, wie z.B. der Anmeldung einer nachrangigen Insolvenzforderung (§ 39 InsO) oder einer Masseverbindlichkeit als Insolvenzforderung (§ 38 InsO).[1819] Für *Uhlenbruck* und *Eickmann* liegt ein evidenter inhaltlicher Mangel, der den Insolvenzverwalter zur Verweigerung der Forderungseintragung berechtigt, unter anderem dann vor, wenn eine erkennbare Masseschuld angemeldet wird.[1820] Der Insolvenzverwalter hat also die inhaltliche Richtigkeit des geltend gemachten Anspruches nur auf Zulässigkeit und Plausibilität hin zu überprüfen.[1821] In jedem Fall soll der Insolvenzverwalter erst nach einer erfolglosen Beanstandung der mangelhaften oder unzulässigen Forderungsanmeldung zu deren Zurückweisung berechtigt sein.[1822] Dagegen besteht kein Zurückweisungsrecht des Insolvenzverwalters, wenn eine materiell-rechtlich nachrangige Insolvenzforderung als Insolvenzforderung gem. § 38 InsO angemeldet wird und der Nachrang nicht, wie z.B. bei Zinsen für die Zeit nach Verfahrenseröffnung (§ 39 Abs. 1 Nr. 1 InsO), offensichtlich, sondern zwischen dem anmeldenden Gläubiger und dem Insolvenzverwalter streitig ist, wie z.B. bei kapitalersetzenden Leistungen (§ 39 Abs. 1 Nr. 5 InsO) oder Forderungen mit vereinbartem Rangrücktritt (§ 39 Abs. 2 InsO). In die-

---

1814 *Eckhardt*, Die Feststellung und Befriedigung des Insolvenzgläubigerrechtes, KS-InsO, 2. A., S. 743 ff., Rdnr. 18, 23. Der *BGH*, Beschl. v. 17. 1. 2008 – IX ZR 220/06 – ZVI 2008, 116, 117, hat ein Recht des Insolvenzverwalters zur Verweigerung der Aufnahme eines nachträglich geltend gemachten Deliktsattributs abgelehnt.

1815 *Eckhardt*, Die Feststellung und Befriedigung des Insolvenzgläubigerrechtes, KS-InsO, 2. A., S. 743 ff., Rdnr. 23.

1816 BerlK-*Breutigam*, § 175 InsO, Rdnr. 6; *Gottwald-Eickmann*, § 63, Rdnr. 15; HambK-*Preß/Henningsmeier*, § 174 InsO, Rdnr. 21; HK-*Irschlinger*, § 175 InsO, Rdnr. 5; *Haarmeyer/Wutzke/Förster*, Kap. 7 Rdnr. 32; Uhlenbruck-*Uhlenbruck*, § 175 InsO, Rdnr. 3.

1817 *Delhaes*, Im Überblick: Der Insolvenzverwalter im eröffneten Insolvenzverfahren, NZI 1999, 47, 48; Graf-Schlicker-*Graf-Schlicker*, § 175 InsO, Rdnr. 5; *Wellensiek*, Die Aufgaben des Insolvenzverwalters nach der Insolvenzordnung, Kölner Schrift, 2. A., S. 403, 406 Rdnr. 10.

1818 Uhlenbruck-*Uhlenbruck*, § 175 InsO, Rdnr. 3; ebenso: *Gottwald-Eickmann*, § 63, Rdnr. 15; HK-*Irschlinger*, § 175 InsO, Rdnr. 6.

1819 Uhlenbruck-*Uhlenbruck*, § 175 InsO, Rdnr. 3.

1820 *Gottwald-Eickmann*, § 63 Rdnr. 15; Uhlenbruck-*Uhlenbruck*, § 175 InsO, Rdnr. 3.

1821 HambK-*Preß/Henningsmeier*, § 174 InsO, Rdnr. 21.

1822 Uhlenbruck-*Uhlenbruck*, § 175 InsO, Rdnr. 5.

sen Fällen hat der Insolvenzverwalter die Forderung in die Tabelle aufzunehmen und im Prüfungstermin unter Berufung auf die Nachrangigkeit gem. § 39 InsO zu bestreiten.[1823]

Die Frage nach einem formellen Vorprüfungsrecht des Insolvenzverwalters bei nachrangigen Insolvenzforderungen (§ 39 InsO) kann sich nur stellen, wenn bei einer Aufforderung gem. § 174 Abs. 3 InsO eine rechtlich als nachrangig i.S.d. § 39 InsO zu qualifizierende Insolvenzforderung nicht mit dem nach § 174 Abs. 3 Satz 2 InsO erforderlichen Nachrangvermerk angemeldet wird oder bei Fehlen einer besonderen Aufforderung gem. § 174 Abs. 3 InsO eine vom Insolvenzgläubiger als nachrangig i.S.d. § 39 InsO bezeichnete oder als solche rechtlich zu qualifizierende Insolvenzforderung angemeldet werden. Ist der Nachrang der angemeldeten Forderung unstreitig oder evident, wie es z.B. regelmäßig in den Fällen der § 39 Abs. 1 Nr. 1 bis 3 InsO sein wird, dann ist ein Zurückweisungsrecht des Insolvenzverwalters aus verfahrensökonomischen Überlegungen zu bejahen. Allerdings muss der Insolvenzverwalter vor Ausübung seines Zurückweisungsrechts auf eine Ergänzung der Anmeldung durch einen entsprechenden Nachrangvermerk hinwirken.[1824] Bei fehlender Evidenz des Nachranges oder Streit über diesen zwischen anmeldendem Gläubiger und Insolvenzverwalter sprechen dagegen die verfahrensökonomischen Überlegungen neben dem Gebot der Rechtsstaatlichkeit und der Waffengleichheit[1825] gegen ein Zurückweisungsrecht. Denn der Insolvenzgläubiger müsste im ersten Schritt gegen den Insolvenzverwalter auf Aufnahme der Forderungsanmeldung in die Tabelle klagen, um dann, wenn die in die Tabelle „eingeklagte" Forderung im Prüfungstermin vom Insolvenzverwalter oder einem anderen Insolvenzgläubiger bestritten wird, deren Feststellung gem. § 179 Abs. 1 InsO in einem weiteren Klageverfahren zu betreiben.

1.1.6.1.2. Rechtsschutz des Insolvenzgläubigers

Verweigert der Insolvenzverwalter die Aufnahme der angemeldeten Forderung in die Tabelle, obwohl ihm nach dem Vorstehenden ein formelles Vorprüfungsrecht nicht zusteht, stellt sich zunächst die Frage nach dem Rechtsschutz des anmeldenden Insolvenzgläubigers.

Das *LG Waldshut-Tiengen* hat in diesem Fall die (Leistungs-)Klage auf Aufnahme der Forderung in die Tabelle als statthaft angesehen.[1826] Die Passivlegitimation – Insolvenzverwalter oder das Insolvenzgericht – hängt in diesem Fall von der Verantwortlichkeit für die Tabellenführung ab. Gem. § 175 Abs. 1 Satz 1 InsO liegt zunächst die Verantwortlichkeit für die Tabellenführung beim Insolvenzverwalter, der die

1823 *LG Waldshut-Tiengen*, Beschl. v. 26. 1. 2005 – 1 T 172/03 – NZI 2005, 396, 397; Uhlenbruck-*Uhlenbruck*, § 174 InsO, Rdnr. 25.

1824 HK-*Irschlinger*, § 175 InsO, Rdnr. 5; HambK-*Preß-Henningsmeier*, § 174 InsO, Rdnr. 22.

1825 Uhlenbruck-*Uhlenbruck*, § 174 InsO, Rdnr. 25.

1826 *LG Waldshut-Tiengen*, Beschl. v. 26. 1. 2005 – 1 T 172/03 – NZI 2005, 396, 397, mit dem Hinweis, dass auf diese Klage die Ausschlussfrist des § 189 InsO weder direkt noch analog anwendbar ist.

Tabelle mit den Anmeldungen und den beigefügten Urkunden gem. § 175 Abs. 1 Satz 2 InsO innerhalb des dort genannten Zeitraums auf der Geschäftsstelle des Insolvenzgerichts niederzulegen zu hat. Damit geht auch die Verantwortung für die Tabellenführung vom Insolvenzverwalter auf das Insolvenzgericht über.[1827] Dies folgt aus der Beurkundungsfunktion des Insolvenzgerichts (§ 178 Abs. 3 InsO). Nachträgliche Änderungen der Insolvenztabelle, etwa aufgrund der Rücknahme eines Widerspruchs oder des Obsiegens einer Partei im Feststellungsprozess sind allein durch das Insolvenzgericht vorzunehmen. Für eine fortgeltende Befugnis des Insolvenzverwalters zur Führung der Tabelle wären insbesondere weitere gesetzliche Regelungen, unter anderem zur Erteilung von Tabellenauszügen und Aufbewahrungsvorschriften erforderlich gewesen. Deshalb bestimmt z. B. § 15a der Aktenordnung des Landes Nordrhein-Westfalen auch, dass ab dem Prüfungstermin die weitere Führung der Tabelle dem Urkundsbeamten der Geschäftsstelle obliegt.[1828] Eine (Leistungs-)Klage auf Aufnahme einer angemeldeten Forderung in die Tabelle ist daher bis zum Prüfungstermin gegen den Insolvenzverwalter, anschließend gegen das Insolvenzgericht zu erheben.

Dieser Judikatur kann indes nicht zugestimmt werden. Aus dem Fehlen einer entsprechenden Regelung muss vielmehr gefolgert werden, dass dem Anmeldegläubiger gegen die Ablehnung der Aufnahme seiner Forderung in die Tabelle kein Rechtsmittel zusteht (§ 6 Abs. 1 InsO).[1829] Auch wäre dem anmeldenden Gläubiger mit einer Klagemöglichkeit nur bedingt geholfen. Denn will der Insolvenzverwalter die Forderung letztendlich bestreiten, dann müsste der anmeldende Gläubiger in einem weiteren Klageverfahren die Forderungsfeststellung (§§ 179, 180 InsO) betreiben, ein Ergebnis, dass *Eckhardt* „denkbar prozessunökonomisch" bezeichnet.[1830] Einer Klagemöglichkeit des anmeldenden Gläubigers bedarf es auch deshalb nicht, weil das Insolvenzgericht an eine Entscheidung des Insolvenzverwalters nicht gebunden ist und eine wirksam angemeldete Forderung ebenso im Rahmen des Prüfungstermins zu prüfen hat.[1831] Der *BGH* hat im Fall eines nachträglich vom Insolvenzgläubiger geltend gemachten Deliktsattributs (§ 174 Abs. 2 2. Hs. InsO), dessen Eintragung in die Tabelle vom Insolvenzverwalter abgelehnt worden war, eine Pflicht des Insolvenzgerichts zur Ergänzung der Tabelle im Aufsichtswege anerkannt.[1832] Der Gläubiger muss daher beim Insolvenzgericht die Eintragung seiner Nachmeldung im Aufsichtswege beantragen. Gegen eine ableh-

1827 BerlK-*Breutigam*, § 175 InsO, Rdnr. 2; Uhlenbruck-*Uhlenbruck*, § 175 InsO, Rdnr. 3.
1828 Aus pragmatischen Erwägungen ist es sinnvoll, dass der Insolvenzverwalter auch nach Niederlegung der Tabelle in der Geschäftstelle des Insolvenzgerichts vom Insolvenzgericht damit betraut wird, nach dem Prüfungstermin bei ihm eingehende Forderungsanmeldungen in die Tabelle einzupflegen, vgl. HambK-*Preß-Henningsmeier*, § 175 InsO, Rdnr. 4. Dieses berührt aber die gesetzlich begründete Verantwortlichkeit für die Tabellenführung nicht.
1829 So auch: HK-*Irschlinger*, § 175 InsO, Rdnr. 7; Uhlenbruck-*Uhlenbruck*, § 175 InsO, Rdnr. 7.
1830 *Eckhardt*, Die Feststellung und Befriedigung des Insolvenzgläubigerrechtes, KS-InsO, 2. A., S. 743 ff., Rdnr. 18.
1831 Fn. 1830.
1832 *BGH*, Urt. v. 17. 1. 2008 – IX ZR 220/06 – BeckRS 2008 03433 (Tz. 10).

nende Entscheidung des Insolvenzrechtspflegers ist dann gem. § 11 Abs. 2 Satz 1 RPflG die sofortige Erinnerung statthaft.

1.1.6.1.3. Weisungsrecht des Insolvenzgerichts

Aufgrund der begrenzten Rechtsschutzmöglichkeiten des Gläubigers kommt bei einer unbegründeten Weigerung der Eintragung der Forderung in die Tabelle durch den Insolvenzverwalter der insolvenzgerichtlichen Aufsicht besondere Bedeutung zu. *Breutigam* schlägt daher vor, den Gläubiger auf einen Antrag an das Insolvenzgericht auf Einschreiten gegen den Insolvenzverwalter im Aufsichtswege (§ 58 InsO) zu verweisen. Verweigert das Insolvenzgericht ein Einschreiten im Aufsichtswege, sei dies zugleich „als Verweigerung der gerichtlichen Zulassung der Forderung im Rahmen der gerichtlichen Vorprüfung zu deuten" (§ 176 Abs. 1 Satz 1 InsO). Obgleich kein förmlicher Beschluss vorliege, stehe dem betroffenen Gläubiger hiergegen die sofortige Erinnerung nach § 11 Abs. 2 Satz 1 InsO zu.[1833]

Dagegen fehlt es für ein Weisungsrecht des Insolvenzgerichts gegenüber dem Insolvenzverwalter, eine angemeldete Forderung in die Tabelle aufzunehmen, an einer gesetzlichen Grundlage. Vielmehr obliegt die Entscheidung über die Aufnahme einer Forderung in die Tabelle allein dem Insolvenzgericht.

So hat der *BGH* in einem Fall, in dem der Gesamtvollstreckungsverwalter die Tabellenaufnahme einer unentschuldigt[1834] nach Ablauf der Anmeldefrist angemeldeten Forderung verweigerte, entschieden, dass die Entscheidung, ob eine Forderung überhaupt im Prüfungstermin zu berücksichtigen ist, allein dem Gesamtvollstreckungsgericht obliegt.[1835] Weigert sich der Gesamtvollstreckungsverwalter, die Entscheidung des Gerichts umzusetzen und die Forderung in die Tabelle aufzunehmen und widersetzt er sich auch den rechtlich gebotenen Aufsichtsmaßnahmen des Gesamtvollstreckungsrichters, wird der im Rahmen der Aufsicht gem. § 8 Abs. 3 GesO zur Verfügung stehende Ermessenspielraum so eingeschränkt, dass die Amtsentlassung des Gesamtvollstreckungsverwalters geboten ist.[1836]

Für das Insolvenzverfahren folgt hieraus, dass das Insolvenzgericht die Eintragung der Forderung in die Tabelle angesichts des verfassungsrechtlichen Verhältnismäßigkeitsgrundsatzes zunächst im Zwangsgeldverfahren gem. § 58 Abs. 2 InsO gegen den Insolvenzverwalter betreiben muss. Bleibt diese Aufsichtsmaßnahme erfolglos, liegt hierin eine erhebliche Störung des Ablaufs des Insolvenzverfahrens und eine schwere Pflichtverletzung durch den Insolvenzverwalter. Das Insolvenzgericht ist dann berechtigt, den Insolvenzverwalter nach § 59 Abs. 1 Satz 1 InsO aus seinem Amt zu entlassen.

1833 BerlK-*Breutigam*, § 175 InsO, Rdnr. 8.
1834 Nach § 14 Abs. 1 GesO hatte der Gesamtvollstreckungsverwalter eine nach Ablauf der Anmeldefrist angemeldete Forderung in die Tabelle aufzunehmen, wenn die Verspätung entschuldigt war und das Gesamtvollstreckungsgericht zustimmt.
1835 *BGH*, Urt. v. 27. 4. 1995 – IX ZR 102/94 – ZIP 1995, 932, 933.
1836 *BGH*, Urt. v. 27. 4. 1995 – IX ZR 102/94 – ZIP 1995, 932, 934.

1.1.6.2. Das Forderungsbestreiten des Insolvenzverwalters

Der Insolvenzverwalter kann durch seinen Widerspruch gegen die angemeldete Forderung deren Feststellung zur Tabelle verhindern (§ 178 Abs. 1 Satz 1 InsO). Hierdurch wird der anmeldende Gläubiger von einer Teilnahme an Verteilungen ausgeschlossen.[1837] Widerspruchsberechtigt sind im Regelinsolvenzverfahren die Insolvenzgläubiger (§ 178 Abs. 1 Satz 1 InsO) und in der Eigenverwaltung auch der Insolvenzschuldner (§ 283 Abs. 1 InsO). Fraglich ist, ob das Insolvenzgericht im Rahmen seiner Aufsicht (§ 58 InsO) den Insolvenzverwalter veranlassen kann, seinen Widerspruch zurückzunehmen oder von Amts wegen den Widerspruch in der Tabelle löschen kann.

Nach einer Entscheidung des *OLG Koblenz* vom 12. 10. 1972 ist die Forderungsprüfung allein eine Angelegenheit des Insolvenzverwalters. Der Insolvenzrichter ist nicht berechtigt, den materiell-rechtlichen Bestand einer Forderung nachzuprüfen. Zur Begründung dieser Ansicht wird angeführt, dass die Rechte des anmeldenden Gläubigers durch das Forderungsfeststellungsverfahren gewahrt werden und dass über die Begründetheit einer Forderung das Prozessgericht zu entscheiden hat.[1838] Die Richtigkeit dieser Entscheidung folgt auch aus der verfahrensrechtlichen Stellung des Insolvenzverwalters. Dieser ist als Amtswalter der Interessen aller Verfahrensbeteiligten zur ordnungsgemäßen Forderungsprüfung verpflichtet und macht sich schadensersatzpflichtig (§ 60 InsO), wenn er unter Verletzung seiner Prüfungspflicht gegen eine unbegründete Forderung keinen Widerspruch erhebt.[1839] Gegen ein aufsichtsrechtliches Weisungsrecht des Insolvenzgerichts aus § 58 Abs. 1 InsO spricht, dass das Insolvenzgericht gerade nicht Bestandteil des prozessrechtlichen Erkenntnisverfahrens ist.[1840] Es handelt vielmehr nur in den ihm durch die Insolvenzordnung zugewiesenen Insolvenzsachen[1841], zu denen die materiell-rechtliche Forderungsprüfung nicht zählt. Es werden also stets solche Bereiche vom Zuständigkeitsbereich des Insolvenzgerichts ausgeklammert, die nur aus Anlass des Insolvenzverfahrens zwischen den Parteien entstehen.[1842] Materiell-rechtliche Streitigkeiten, die außerhalb des Insolvenzverfahrens zu entscheiden sind, sind daher vor den allgemeinen Prozessgerichten geltend zu machen.[1843] Zu diesen außerhalb des Insolvenzverfahrens liegenden Streitigkeiten gehört auch die Frage des materiell-rechtlichen Bestandes einer zur Tabelle angemeldeten und vom Insolvenzverwalter bestrittenen Insolvenzforderung. Dies folgt unmittelbar aus § 180 InsO, nach dem die gerichtliche Feststellung einer bestrittenen Forderung allein im ordentlichen Gerichtsverfahren zu

1837 MK-*Schumacher*, § 178 InsO, Rdnr. 17.

1838 *OLG Koblenz*, Beschl. v. 12. 10. 1970 – 4 W 228/70 – KTS 1971, 220, 221; ebenso bereits *OLG Celle*, Beschl. v. 3. 6. 1929 – 2 F W 51/29 – JW 1929, 565.

1839 Kübler/Prütting-*Pape*, § 176 InsO, Rdnr. 9; MK-Schumacher, § 178 InsO, Rdnr. 18.

1840 Gottwald-*Klopp/Kluth*, § 17 Rdnr. 3.

1841 Braun-*Kießner*, § 2 InsO, Rdnr. 6.

1842 HK-*Kirchhof*, § 2 InsO, Rdnr. 6.

1843 Graf-Schlicker-*Graf-Schlicker*, § 176 InsO, Rdnr. 9; HambK-*Preß-Henningsmeier*, § 176 InsO, Rdnr. 9.

verfolgen ist. Dieses Verständnis hat seine Wurzeln in der *missio in bona* des Römischen Rechts, wonach die Gläubiger zur Teilnahme ihre Forderungen anmelden mussten, während Streitigkeiten über das Bestehen der Forderung nicht vom *Prätor*, sondern in einem Rechtsstreit zwischen dem Gläubiger und dem Erwerber des Schuldnervermögens zu klären waren.[1844]

Das Insolvenzgericht ist daher im Rahmen seiner Aufsicht nicht befugt den Insolvenzverwalter zu einer Rücknahme seines Widerspruches aufzufordern oder den Widerspruch von Amts wegen aus der Tabelle zu löschen. Eine Beseitigung des Widerspruches kann nur im Wege der Feststellungsklage erreicht werden.[1845]

1.1.7. Weisung zur Rückzahlung unberechtigter Vergütungsentnahmen

Der Insolvenzverwalter hat gem. § 63 Abs. 1 Satz 1 InsO einen Anspruch auf eine angemessene Vergütung für seine Geschäftsführung und auf Erstattung angemessener Auslagen. Nach allgemeiner Auffassung entsteht der Vergütungs- und Auslagenersatzanspruch des Insolvenzverwalters bereits mit der Erbringung der Arbeitsleistung. Die Vergütungsfestsetzung durch das Insolvenzgericht bestimmt verbindlich die Anspruchshöhe, ist aber im Übrigen nur von deklaratorischer Bedeutung. Der Vergütungs- und Auslagenerstattungsanspruch wird insgesamt mit der Beendigung der Tätigkeit des Insolvenzverwalters fällig.[1846] Der Insolvenzverwalter hat vor Rechtskraft des Festsetzungsbeschlusses aus der Insolvenzmasse entnommene Beträge zurückzuzahlen, wenn der Festsetzungsbeschluss im Rechtsbehelfsverfahren ganz oder teilweise aufgehoben wird.[1847] Die Rückzahlungspflicht gilt auch für Beträge, die ohne Festsetzung oder Zustimmung (§ 9 InsVV) aus der Insolvenzmasse entnommen worden sind, und für mit Zustimmung gem. § 9 InsVV entnommene Beträge, die die abschließende Verwaltervergütung übersteigen. Fraglich in diesem Zusammenhang ist, ob das Insolvenzgericht die Rückzahlungspflicht des Insolvenzverwalters im Rahmen der Aufsicht (§ 58 InsO) durchsetzen kann.

1.1.7.1. Stand der Diskussion

Für den Fall der Vorschussüberentnahme hat das *LG Konstanz* entschieden, dass das Insolvenzgericht den Rückzahlungsanspruch im Vergütungsfestsetzungsverfahren festzusetzen hat, weil es sich bei dem Vergütungsvorschuss gem. § 9 InsVV um eine Abschlagszahlung auf die abschließende Verwaltervergütung handelt.[1848]

1844 *Meier*, Die Geschichte des deutschen Konkursrechts insbesondere die Entstehung der Reichskonkursordnung von 1877, S. 8 f.

1845 HambK-*Preß/Henningsmeier*, § 176 InsO, Rdnr. 11.

1846 Siehe Kap. F.VI.1.

1847 *BGH*, Urt. v. 17. 11. 2005 – IX ZR 179/04 – ZIP 2006, 36, 37 (Tz. 23); *Haarmeyer/Wutzke/Förster*, § 8 InsVV, Rdnr. 29; Kübler/Prütting-*Eickmann*, § 8 InsVV, Rdnr. 26; MK-*Nowak*, § 64 InsO. Rdnr. 17; Uhlenbruck-*Uhlenbruck*, § 64 InsO, Rdnr. 14.

1848 *LG Konstanz*, Beschl. v. 15. 9. 1999 – 6 T 38/99 – ZinsO 199, 589, 591; ebenso: HK-*Eickmann*, § 64 InsO, Rdnr. 15; MK-*Nowak*, § 64 InsO, Rdnr. 17.

Der *BGH* hat mit Urteil vom 17. 11. 2005 – zum Konkursrecht – für den Fall der rechtskräftigen Aufhebung des Vergütungsbeschlusses in entsprechender Anwendung der Vorschrift des § 717 Abs. 2 ZPO einen prozessualen Erstattungsanspruch gegen den Konkursverwalter anerkannt[1849], jedoch die Frage nach der Durchsetzung des Erstattungsanspruchs mit den Mitteln der Aufsicht unbeantwortet gelassen.[1850]

Fraglich ist, ob das Insolvenzgericht im Rahmen des Festsetzungsverfahrens nach § 64 InsO den Insolvenzverwalter durch Beschluss zur Rückzahlung der erhaltenen Vorschüsse verpflichten kann. In der Literatur wird das Recht des Insolvenzgerichts zur Festsetzung einer Erstattungspflicht des Insolvenzverwalters aus einer entsprechenden Anwendung des § 717 Abs. 2 Satz 1 ZPO abgeleitet.[1851] Bei entsprechender Anwendung dieser Vorschrift auf das Festsetzungsverfahren nach § 64 InsO ergibt sich die Ermächtigung des Insolvenzgerichts, eine Verpflichtung des Insolvenzverwalters zur Rückzahlung erhaltener Vorschüsse durch Beschluss festzusetzen.

Teilweise wird auch vertreten, dass der Rückzahlungsanspruch analog § 104 Abs. 1 Satz 2 ZPO zu verzinsen ist.[1852]

1.1.7.2. Stellungnahme

Angesichts der Eingriffswirkung in die Grundrechte der Art. 12 Abs. 1, 14 Abs. 1 GG bedarf es zur Durchsetzung eines Rückzahlungsanspruchs der Insolvenzmasse gegen den Insolvenzverwalter durch das Insolvenzgericht einer gesetzlichen Ermächtigung, die in den insolvenzrechtlichen Vorschriften nicht enthalten ist. Bei zustimmungslosen Vorschussentnahmen bleibt dem Insolvenzgericht nur, den Insolvenzverwalter unter Androhung der Amtsentlassung (§ 59 Abs. 1 InsO) zu veranlassen, die Zustimmung nachträglich einzuholen oder den Vorschuss an die Insolvenzmasse zu erstatten. Erfährt das Insolvenzgericht hiervon im Rahmen der Schlussrechnungsprüfung, dann sind die entnommenen Vorschüsse im Rahmen des Festsetzungsverfahrens auf die endgültige Insolvenzverwaltervergütung anzurechnen. Die unberechtigte Vergütungsentnahme stellt angesichts der grundlegenden Verpflichtung des Insolvenzverwalters zur ordnungsgemäßen Vermögensverwaltung (§§ 80, 148 InsO), der eindeutigen und dem Insolvenzverwalter als bekannt zu unterstellenden gesetzlichen Regelungen in § 64 Abs. 1 InsO und § 9

1849 *BGH*, Urt. v. 17. 11. 2005 – IX ZR 179/04 – ZIP 2006, 29, 33, 34; ebenso die Vorinstanz: *OLG Hamburg*, Beschl. v. 13. 8. 2004 – 11 U 168/03 – ZIP 2994, 2150 ff..

1850 *BGH*, Urt. v. 17. 11. 2005 – IX ZR 179/04 – ZIP 2006, 36, 37 (Tz. 15 – 18), in dem zu entscheidenden Fall ging es um die Klage des Sonderkonkursverwalters gegen den Konkursverwalter auf Rückzahlung der überzahlten Vergütung, für die der *BGH* ein Rechtsschutzbedürfnis bejahte, weil dem Sonderkonkursverwalter in Gestalt einer Rückzahlungsanordnung durch das Konkursgericht kein einfacherer Weg zur Erlangung eines Vollstreckungstitels zur Verfügung stehen würde.

1851 HK-*Eickmann*, § 64 InsO, Rdnr. 15; MK-*Nowak*, § 64 InsO, Rdnr. 17.

1852 *OLG Hamburg*, Beschl. v. 13. 8. 2004 – 11 U 168/03 – ZIP 2994, 2150, 2151 (nicht analog § 717 Abs. 2 Satz 2 2. Hs. ZPO i. V. m. §§ 291, 288 BGB sondern nach allgemeinen Verzugsregeln); HK-*Eickmann* § 64 InsO, Rdnr. 16 (analog § 104 Abs. 1 Satz 2 ZPO); MK-*Nowak* § 64 InsO, Rdnr. 17 (analog § 291 BGB).

Abs. 1 InsVV sowie der strafrechtlichen Implikationen eine schwerwiegende Pflichtverletzung des Insolvenzverwalters dar, die aufsichtsrechtlich zu ahnden ist. Neben der Amtsentlassung ist auch der weitere Verbleib des Insolvenzverwalters auf der Vorauswahlliste zu prüfen. Auch sollte das Insolvenzgericht die Masseverwaltung des Insolvenzverwalters in anderen Insolvenzverfahren prüfen, um sicher zu gehen, dass die festgestellte Pflichtverletzung nur ein Einzelfall und nicht ein Symptom für wirtschaftliche Schwierigkeiten des Insolvenzverwalters darstellt.

Gegen eine auf die analoge Anwendung des § 104 Abs. 1 Satz 2 ZPO gestützte Verzinsungspflicht spricht, dass der Insolvenzverwalter den anderen Verfahrensbeteiligten nicht als Prozesspartei mit entgegengesetzten Interessen gegenübersteht.[1853] Eine Verzinsungspflicht kann nicht auf den Gesichtspunkt des Verzuges gestützt werden, da die Rückzahlungsverpflichtung des Insolvenzverwalters im Hinblick auf die bereits mit Zustimmung des Insolvenzgerichts entnommenen Vorschüsse erst mit der abschließenden Vergütungsfestsetzung begründet und fällig wird. Der Verzug setzt aber grundsätzlich die Fälligkeit der Leistungspflicht des Schuldners voraus (§ 286 Abs. 1 BGB).

Der in Anspruch genommene Insolvenzverwalter kann nur insoweit mit Gegenforderungen aufrechnen, als dieses mit Sinn und Zweck des § 717 Abs. 1 ZPO vereinbar ist; für den noch nicht festgesetzten Anspruch auf die Sequestervergütung gilt dieses nach der Rechtsprechung des *BGH* jedenfalls nicht.[1854]

1.2. Ergebnis: Kein Weisungsrecht des Insolvenzgerichts

Die untersuchten Fallgruppen zeigen, dass ein Weisungsrecht des Insolvenzgerichts gegenüber dem Insolvenzverwalter zur Vornahme von Verwaltungs- und Verwertungsmaßnahmen nicht besteht. Jede Handlungsanweisung an den Insolvenzverwalter greift in dessen verfassungsrechtlich geschützte Freiheit der Berufsausübung ein (Art. 12 Abs. 1 GG) ein und bedarf deshalb einer gesetzlichen Grundlage. Wird vom Insolvenzverwalter zugleich eine Zahlung aus eigenem Vermögen an die Insolvenzmasse oder an Gläubiger gefordert, ist damit zugleich ein Eingriff in die Eigentumsgarantie des Art. 14 Abs. 1 GG verbunden, der ebenfalls einer gesetzlichen Ermächtigungsgrundlage bedarf (Art. 14 Abs. 3 GG). Ein Weisungsrecht des Insolvenzgerichts ist zudem mit dem Grundsatz der eigenverantwortlichen Verfahrensabwicklung durch den Insolvenzverwalter nicht vereinbar.[1855]

Die insolvenzrechtlichen Vorschriften regeln als aufsichtsrechtliche Zwangsmaßnahmen gegen den Insolvenzverwalter nur das Zwangsgeld (§ 58 Abs. 2 InsO), die

---

1853 *BGH*, Beschl. v. 4. 12. 2003 – IX ZB 48/03 – ZIP 2004, 574, 575, gegen eine Verzinsungspflicht bei verspäteter Festsetzung der Vergütung des vorläufigen Insolvenzverwalters.
1854 *BGH*, Urt. v. 17. 11. 2005 – IX ZR 179/04 – ZIP 2006, 36, 39 (Tz. 35, 36).
1855 Jaeger-*Gerhardt*, § 58 InsO, Rdnr. 13.

zwangsweise Durchsetzung von Herausgabeansprüchen (§ 58 Abs. 3 InsO) und die Amtsentlassung (§ 59 InsO), nicht jedoch ein Weisungsrecht zur Vornahme von Erstattungszahlungen an die oder aus der Insolvenzmasse. Nach dem eindeutigen Wortlaut des § 58 Abs. 1 Satz 2 InsO kann das Insolvenzgericht nur Auskunft an sich und nicht an Dritte verlangen. Infolgedessen fehlt es an einer Ermächtigungsgrundlage, zur Durchsetzung von Auskunftsansprüchen Verfahrensbeteiligter im Aufsichtswege.

Ein Weisungsrecht lässt sich auch nicht aus der allgemeinen Anordnung der Aufsicht in § 58 Abs. 1 Satz 1 InsO ableiten. Denn im Verwaltungsrecht ist anerkannt, dass gesetzliche Ermächtigungen zur Vornahme belastender Verwaltungsakte den Grundsätzen der Normenklarheit, Justitiabilität und Gesetzmäßigkeit der Verwaltung entsprechen müssen. Hierzu müssen diese nach Inhalt, Gegenstand, Zweck und Ausmaß hinreichend bestimmt und begrenzt sein, so dass die Eingriffe messbar und in gewissem Umfang für den Staatsbürger voraussehbar und berechenbar werden.[1856] Durch § 58 Abs. 1 Satz 1 InsO wird jedoch nur allgemein die Verantwortlichkeit des Insolvenzgerichts als Aufsichtsorgan normiert.

2. Rechtsmittel gegen Weisungen des Insolvenzgerichts bzw. deren Ablehnung

Nicht nur bei den formalen aufsichtsrechtlichen Maßnahmen, wie z.B. der Zwangsgeldanordnung (§ 58 Abs. 2 InsO) oder der Amtsentlassung (§ 59 Abs. 1 InsO), sondern auch bei allgemeinen Handlungsanforderungen des Insolvenzgerichts an den Insolvenzverwalter, wie z.B. Auskunftsersuchen (§ 58 Abs. 1 Satz 2 InsO) oder konkreten Anweisungen zur Führung der Tabelle, stellt sich die Frage nach der Rechtsmittelfähigkeit. Gegen im Rahmen der Aufsicht (§ 58 InsO) ergangene allgemeine Weisungen des Insolvenzgerichts ist dem Insolvenzverwalter die sofortige Beschwerde mangels entsprechender gesetzlicher Regelung (§ 6 Abs. 1 InsO) nicht eröffnet. Gegen aufsichtsrechtliche Weisungen und Entscheidungen des Rechtspflegers kann der Insolvenzverwalter die Erinnerung gem. § 11 Abs. 2 InsO einlegen.[1857]

Hat ein Insolvenzgläubiger oder der Insolvenzschuldner beim Insolvenzgericht beantragt, dem Insolvenzverwalter die Vornahme einer bestimmten Verwaltungs- oder Verwertungshandlung anzuweisen und lehnt das Insolvenzgericht die beantragte Weisung ab, dann ist hiergegen ebenfalls das Rechtsmittel der sofortigen Beschwerde durch § 6 Abs. 1 InsO nicht statthaft.[1858] Gegen eine ablehnende Ent-

1856 *BVerfG*, Beschl. v. 12. 11. 1958 – 2 BvL 4, 26, 40/56, 1, 7/57 – NJW 59, 475 f.; Beschl. v. 16. 2. 1965 – 1 BvL 15/62 – NJW 1965, 741, 742; *BVerwG*, Urt. v. 7. 5. 1971 – VII C 51.70 – NJW 1971, 1956, 1958;

1857 *OLG Frankfurt*, Beschl. v. 29. 8. 2000 – 26 W 61/00 – NZI 2001, 189, 190.

1858 Allg.M., *BGH*, Beschl. v. 13. 6. 2006 – IX ZB 136/05 – NZI 2006, 593; *LG Göttingen*, Beschl. v. 15. 5. 2000 – 10 T 42/00 – NZI 2000, 591; N/R-*Delhaes*, § 58 InsO, Rdnr. 22; HambK-*Frind*, § 58 scheidung des Insolvenzrechtspflegers kann jedoch nach § 4 InsO i.V.m. § 11 Abs. 2 RPflG die Rechtspflegererinnerung erhoben werden.

3. Exkurs: Weisungsrecht der Insolvenzgläubiger

Im Kontext zur Problematik eines Weisungsrechts des Insolvenzgerichts gegenüber dem Insolvenzverwalter steht die weitergehende Frage, ob der Insolvenzverwalter von den Insolvenzgläubigern zu bestimmten Verwertungs- und Verwaltungsmaßnahmen, u.U. gegen seinen Willen, veranlasst werden kann. Die Vorstellungen des Gesetzgebers sind auf eine vertrauensvolle Verfahrensabwicklung durch den Insolvenzverwalter im weitgehenden Einvernehmen mit der Gläubigerschaft gerichtet.[1859] Tatsächlich kann es jedoch zu Konflikten zwischen dem Insolvenzverwalter und den Gläubigern kommen, wenn sich ersterer nicht den Weisungen der Gläubiger entsprechend verhält. In diesem Fall wird sich der Ruf an das Insolvenzgericht richten, im Rahmen seiner Aufsichtspflicht gegen den unbeugsamen oder uneinsichtigen Insolvenzverwalter einzuschreiten. Voraussetzung für ein aufsichtsrechtliches Einschreiten des Insolvenzgerichts ist jedoch ein Recht der Gläubiger, dem Insolvenzverwalter Handlungspflichten aufzuerlegen. Dieser Frage soll im Folgenden differenzierend für den einzelnen Insolvenzgläubiger, die Gläubigerversammlung und den Gläubigerausschuss nachgegangen werden.

3.1. Weisungsrecht des einzelnen Insolvenzgläubigers

Bereits das *RG* hat einen Anspruch einzelner Konkursgläubiger gegen den Konkursverwalter auf Vornahme bestimmter Verwaltungshandlungen abgelehnt, da dieser kraft seiner Stellung selbständig nach eigenem pflichtgemäßem Ermessen zu handeln berechtigt ist.[1860] Das *OLG Rostock* hat im Jahre 1898 mit gleicher Begründung die Klage einzelner Konkursgläubiger abgewiesen, die vom Konkursverwalter verlangt hatten, angeblich zur Konkursmasse gehörende Gegenstände zu derselben einzuziehen.[1861] Diese Rechtsprechung entsprach den Intentionen des Gesetzgebers der KO, der in der 12. Sitzung der Reichstagskommission am 3. 12. 1875 die Frage beraten und verneint hatte, ob der Gläubigerausschuss den Konkursverwalter gegen seinen Willen zur Führung eines Rechtsstreites zwingen kann.[1862]

InsO, Rdnr. 12; MK-*Graeber*, § 58 InsO, Rdnr. 59; Braun-*Kind*, § 58 InsO, Rdnr. 15; Uhlenbruck-*Uhlenbruck*, § 58 InsO, Rdnr. 29.

1859 *Pape*, Ungeschriebene Kompetenzen der Gläubigerversammlung versus Verantwortlichkeit des Insolvenzverwalters, NZI 2006, 65.

1860 *RG*, in Gruchot, Beiträge, Bd. 31 S. 1129f.

1861 *OLG Rostock*, Urt. v. 20. 10. 1898, Seufferts Archiv 55 Nr. 59, S. 126.

1862 Zit. n. *Hahn*, Die gesamten Materialien zu den Reichs-Justizgesetzen, Bd. 4 Materialien zur Konkursordnung, S. 586f.

An diesen Grundsätzen hat sich auch nach Einführung der Insolvenzordnung nichts geändert. Der Insolvenzordnung liegt zwar die Zielsetzung zugrunde, dass die Insolvenzgläubiger stärker als bisher autonom über die Form und die Art der Masseverwertung sowie den Gang des Verfahrens entscheiden können.[1863] Dabei werden indes keine Einzelbefugnisse der Insolvenzgläubiger normiert. Diese können ihre Interessen vielmehr nur in den Gläubigergremien – der Gläubigerversammlung sowie des fakultativ einsetzbaren Gläubigerausschusses (§ 67 Abs. 1 InsO) – wahrnehmen.[1864] Ein Recht eines einzelnen Insolvenzgläubigers, dem Insolvenzverwalter Handlungspflichten aufzuerlegen, ist nach der Gesetzeskonzeption nicht vorgesehen und daher abzulehnen.

3.2. Weisungsrecht des Gläubigerausschusses

Der Gläubigerausschuss ist ein eigenständiges Organ der insolvenzrechtlichen Gläubigerselbstverwaltung,[1865] dessen allgemeine Aufgabe – die Unterstützung und die Überwachung des Insolvenzverwalters – durch § 69 InsO normiert wird. Durch ihn wird der ständige Einfluss der beteiligten Gläubiger auf den Ablauf des Verfahrens sichergestellt. Während Zweckmäßigkeitsentscheidungen des Insolvenzverwalters nur insoweit der Aufsicht durch das Insolvenzgericht unterliegen, als es um die Prüfung der Rechtmäßigkeit und Insolvenzzweckmäßigkeit geht,[1866] handelt es sich bei der Überwachung durch den Gläubigerausschuss auch um eine Zweckmäßigkeitskontrolle.[1867]

Art und Umfang der Überwachungstätigkeit richtet sich jeweils nach den Verhältnissen und Besonderheiten des konkreten Insolvenzverfahrens sowie nach der bisherigen Geschäftsführung des Insolvenzverwalters, über die sich die Mitglieder des Gläubigerausschusses zu informieren haben. Aus der Überwachungspflicht können jedoch keine Weisungsbefugnisse gegenüber dem Insolvenzverwalter abgeleitet werden.[1868] Dies gilt auch für die in § 160 InsO geregelten Erfordernisse vorheriger Zustimmung des Gläubigerausschusses zu besonders bedeutsamen Rechtshandlungen des Insolvenzverwalters. Der Insolvenzverwalter ist weder im Außenverhältnis noch im Innenverhältnis an die Zustimmung des Gläubigerausschusses rechtlich gebunden. Für das Außenverhältnis wird dieses durch § 164 InsO ausdrücklich klargestellt. Aber auch im Innenverhältnis ist der Insolvenzverwalter nicht verpflichtet, das von den Gläubigern genehmigte Rechtsgeschäft auch tatsächlich durchzuführen. Da der Insolvenzverwalter nicht nur vollziehendes Organ der Gläubiger ist, sondern auch die Interessen des Schuldners zu wah-

1863 Allg. Begründung des RegE-InsO, zit. n. *Balz/Landfermann*, Die neuen Insolvenzgesetze, S. 44f. Siehe hierzu: Kap. C.I.5.1.
1864 MK-*Ganter*, § 1 InsO, Rdnr. 54ff.; Allg. Begründung des RegE-InsO, zit. n. *Balz/Landfermann*, Die neuen Insolvenzgesetze, S. 44.
1865 MK-*Schmid-Burgk*, § 69 InsO, Rdnr. 2. Ausführlicher zur Rechtsstellung des Gläubigerausschusses: Kap. C.III.5.1.1.
1866 Siehe Kap. C.I.4.
1867 MK-*Schmid-Burgk*, § 69 InsO, Rdnr. 11.
1868 Kübler/Prütting-*Kübler*, § 69 InsO, Rdnr. 21; *Vallender*, Rechtsstellung und Aufgaben des Gläubigerausschusses, WM 2002, 2040, 2046.

ren hat, muss es ihm möglich sein, trotz Zustimmung zu einer Rechtshandlung, diese nicht durchzuführen, wenn hierdurch in unzulässiger Weise in die Interessen des Schuldners eingegriffen würde.[1869] Deshalb können die Mitglieder des Gläubigerausschusses nicht etwa den Verwalter daran hindern, deren eigene Insolvenzforderungen oder Absonderungsrechte zu bestreiten. Die Grenzen der Überwachungspflicht liegen allgemein dort, wo die Aufsicht die Insolvenzabwicklung durch den Verwalter behindert.[1870] Die Überwachung des Insolvenzverwalters nach § 69 InsO bedeutet daher nur eine Pflicht zur Kontrolle des Insolvenzverwalters. Werden Pflichtverstöße des Insolvenzverwalters festgestellt, hat der Gläubigerausschuss lediglich die Möglichkeit, das Insolvenzgericht einzuschalten. Dieses kann dann im Wege der gerichtlichen Aufsicht gegen den Insolvenzverwalter vorgehen.[1871]

3.3. Weisungsrecht der Gläubigerversammlung

Die vom Gesetzgeber der InsO gewollte Stärkung der Gläubigerrechte in der Gläubigerversammlung als oberstes Organ der insolvenzrechtlichen Selbstverwaltung[1872] findet einen gesetzlichen Ausdruck in Zustimmungserfordernissen (z.B. §§ 158, 160, 162 InsO) und verfahrensleitenden Kompetenzen der Gläubigerversammlung zur Festlegung von konkreten Handlungspflichten des Insolvenzverwalters. Zu diesen zählen z.B. die Auskunfts- und Berichtspflicht (§§ 78 Satz 1, 156 Abs. 1 InsO), die Zwischenrechnungslegungspflicht (§ 66 Abs. 3 InsO), die abweichende Regelung der Hinterlegung (§ 149 Abs. 2 InsO), die Betriebsfortführung bzw. -stilllegung (§ 157 Satz 1 InsO), die Erstellung eines Insolvenzplanes (§§ 157 Satz 2, 284 Abs. 1 InsO) die Verpflichtung zur Unterhaltsgewährung aus der Insolvenzmasse (§ 100 Abs. 1 InsO), die Beauftragung des Treuhänders mit der Durchsetzung von Anfechtungsansprüchen (§ 313 Abs. 2 Satz 3 InsO) oder die Beauftragung des Treuhänders in der Wohlverhaltensperiode mit der Überwachung der Obliegenheiten des Insolvenzschuldners (§ 292 Abs. 2 InsO). Zur Umsetzung dieser Beschlüsse hat das Insolvenzgericht im Rahmen der Aufsicht (§ 58 InsO) den Insolvenzverwalter anzuhalten.[1873] Ein allgemeines Weisungsrecht der Gläubigerversammlung gegenüber dem Insolvenzverwalter ist gesetzlich nicht geregelt. Fraglich ist, ob der Gesetzgeber in den gesetzlich geregelten Fällen die Mitwirkungsrechte der Gläubiger abschließend beschrieben hat, oder ob die Gläubigerversammlung darüber hinaus – als *„ungeschriebene Kompetenz der Gläubigerversammlung“*[1874] – berechtigt ist, dem Insolvenzverwalter Handlungsanweisungen für die Verfahrensabwicklung und Masseverwertung erteilen kann.

1869 N/R-*Balthasar*, § 160 InsO, Rdnr. 12.
1870 Uhlenbruck-*Uhlenbruck*, § 69 InsO, Rdnr. 12.
1871 *Vallender*, Rechtstellung und Aufgaben des Gläubigerausschusses, WM 2002, 2040, 2046.
1872 Vgl. hierzu: Kübler/Prütting-*Kübler*, § 74 InsO, Rdnr. 3 f.
1873 So bereits zu § 83 KO: *RG*, Urt. v. 7. 4. 1937 – V 290/36 – KuT 1937, 143, 144.
1874 *Pape*, Ungeschriebene Kompetenzen der Gläubigerversammlung versus Verantwortlichkeit des Insolvenzverwalters, NZI 2006, 65, 66 li. Sp. unten.

Uhlenbruck bejaht dieses mit dem Hinweis auf die Vorschrift des § 160 Abs. 2 InsO, die die Zustimmungs- und Mitwirkungsbefugnisse der Gläubigerversammlung ausdrücklich („*insbesondere*") nicht abschließend regelt.[1875]

Nach der Gegenansicht besteht über die gesetzlich geregelten Fälle hinaus zwar ein Vorschlags- und Willensbekundungsrecht nicht aber ein Weisungsrecht der Gläubigerversammlung gegenüber dem Insolvenzverwalter.[1876] Gegen eine ungeschriebene Weisungskompetenz wird angeführt, dass diese das gesetzlich vorgesehene Gefüge zwischen der Gläubigerversammlung als Instrument der Interessenvertretung der Gläubiger und dem Insolvenzverwalter als dem tatsächlichen Verwalter missachten würde.[1877]

Der Gegenansicht ist zuzustimmen. Der Gesetzgeber hat aus gutem Grund ein allgemeines Weisungsrecht der Gläubigerversammlung nicht gesetzlich geregelt, sondern deren Verfahrensbeteiligung enumerativ festgelegt. Als Instrument einer intensiveren Zusammenarbeit mit dem Insolvenzverwalter hat der Gesetzgeber den Gläubigerausschuss vorgesehen. Etwas anderes folgt nicht aus § 160 Abs. 2 InsO, da mit dieser Vorschrift nur ein Zustimmungserfordernis nicht aber ein Initiativrecht zu Handlungsanweisungen an den Insolvenzverwalter normiert ist.[1878] Ein solches würde auch in einem Wertungswiderspruch zu den Vorschriften der §§ 164, 60, 61 InsO stehen, wonach den Insolvenzverwalter im Außenverhältnis allein die Verantwortung und die Haftung für die Ausführung von Weisungen der Gläubigerversammlung trifft. In der Insolvenzpraxis wird der Insolvenzverwalter gut daran tun, nicht bindende (Vorschlags-)Beschlüsse der Gläubigerversammlung sorgfältig zu prüfen und sich – ungeachtet der Willensbekundung der Gläubigerversammlung – pflichtgemäß zu verhalten[1879], um sich nicht mit Schadensersatzforderungen der Gläubigerversammlung, die im Hinblick auf § 92 InsO nur von einem neu bestellten Insolvenzverwalter[1880] oder einem Sonderinsolvenzverwalter geltend gemacht werden können, auseinandersetzen zu müssen. Auf jeden Fall darf der Insolvenzverwalter nicht Beschlüsse der Gläubigerversammlung ausführen, die mit den gesetzlichen Zielen des Insolvenzverfahrens nicht vereinbar sind oder ein gesetzeswidriges Handeln fordern. Andernfalls kann er sich nach § 60 InsO gegenüber den Verfahrensbeteiligten schadensersatzpflichtig machen. Der

---

1875 Uhlenbruck-*Uhlenbruck*, § 78 InsO, Rdnr. 10; gleicher Ansicht wohl auch *Smid*, Grundzüge des Insolvenzrechts, § 13 Rdnr. 5.

1876 MK-*Ehricke*, § 74 InsO, Rdnr. 14, 18; Kübler/Prütting-*Kübler*, § 74 InsO, Rdnr. 6; *Pape*, Die Qual der Insolvenzverwalterauswahl: Viel Lärm um wenig, NZI 2006, 65, 70, 72, der darauf hinweist, dass den Gläubiger eine entsprechende (nicht bindende) Willensbildung weder vom Insolvenzgericht noch vom Insolvenzverwalter unmöglich gemacht werden darf; ebenso zum Konkursrecht: *Jaeger*, (6. u. 7. Aufl.) § 93 KO, Anm. 2; *Schumann*, Gedanken über eine Reform der Konkursordnung, DJ 1935, 120, 1213.

1877 MK-*Ehricke*, § 74 InsO, Rdnr. 14.

1878 *Pape*, Ungeschriebene Kompetenzen der Gläubigerversammlung versus Verantwortlichkeit des Insolvenzverwalters, NZI 2006, 65, 69.

1879 MK-*Ehricke*, § 74 InsO, Rdnr. 14, weist zutreffend daraufhin, dass nicht die Nichtbeachtung von Beschlüssen der Gläubigerversammlung sondern die autonom festzustellende Unpflichtgemäßheit des Handelns des Insolvenzverwalters eine Schadensersatzpflicht begründen kann.

1880 Nach Amtsentlassung des bisherigen Insolvenzverwalters gem. § 59 Abs. 1 InsO.

Insolvenzverwalter kann sich dabei nicht mit dem Hinweis auf einen entsprechenden Beschluss der Gläubigerversammlung entschuldigen.[1881] Bei Zweifeln darüber, ob ein Beschluss der Gläubigerversammlung gegen die Verfahrenszwecke oder die gemeinsamen Gläubigerinteressen verstößt, kann und sollte der Insolvenzverwalter eine bindende Entscheidung des Insolvenzgerichts nach § 78 Abs. 1 InsO einholen[1882].

VI. Die Instrumentalisierung der Verwaltervergütung im Rahmen der Aufsicht

Es soll im Folgenden der Frage nachgegangen werden, ob die Verzögerung oder Versagung der Zustimmung zur Entnahme eines Vorschusses nach § 9 InsVV oder der Festsetzung des Vergütungs- und Auslagenerstattungsanspruchs gem. § 64 InsO für die insolvenzgerichtliche Aufsicht instrumentalisiert werden kann, z.B. um den Insolvenzverwalter zur pflichtgemäßen Verfahrensabwicklung zu veranlassen. Im Anschluss daran soll die weitergehende Frage geprüft werden, ob eine schlechte Amtsführung oder eine Pflichtverletzung neben einer persönlichen Schadensersatzpflicht nach §§ 60, 61 InsO auch die Verwirkung des Auslagenerstattungs- und Vergütungsanspruches des Insolvenzverwalters zur Folge haben können.

1. Rechtliche Grundlagen des Vergütungsanspruches

Der Insolvenzverwalter hat gem. § 63 Abs. 1 Satz 1 InsO einen Anspruch auf eine angemessene Vergütung für seine Geschäftsführung und auf Erstattung angemessener Auslagen. Mit dieser einfachgesetzlichen Regelung wird der verfassungsrechtlichen Verbürgung des Vergütungsanspruches des Insolvenzverwalters durch Art. 12 Abs. 1 GG[1883] Rechnung getragen. Nach allgemeiner Auffassung entsteht der Vergütungs- und Auslagenersatzanspruch des Insolvenzverwalters bereits mit der Erbringung der Arbeitsleistung.[1884] Die Vergütungsfestsetzung bestimmt ver-

1881 MK-*Brandes*, § 60 InsO, Rdnr. 99

1882 Insoweit übt das Insolvenzgericht eine mit Rechtsmitteln überprüfbare Letztkontrolle über die Beschlüsse der Gläubigerversammlung aus, MK-*Ehricke*, § 74 InsO, Rdnr. 15.

1883 *BVerfG*, Beschl. v. 30. 3. 1993 – 1 BvR 1045/89, 1 BvR 1381/90, 1 BvL 11/90 – NJW 1993, 2861; *BGH*, Beschl. v. 6. 5. 2004 – IX ZB 349/02 – ZVI 2004, 367, 370; Beschl. v. 15. 1. 2004 – IX ZB 96/03 – NJW 2004, 941, 942; Beschl. v. 4. 12. 2003 – IX ZB 48/03 – NZI 2004, 249, 250; *Haarmeyer*, Die einkommenssichernde Funktion vergütungsrechtlicher Regelungen, FS-Kirchhof, S. 165, 169. Die Ausgestaltung des Vergütungsanspruchs in der InsVV dürfte ebenso keine unzulässige Einschränkung der Berufsausübung enthalten wie die frühere VergVO, da insoweit die Erwägungen des *BVerfG* zur VergVO (Beschl. v. 9. 2. 1989 – 1 BvR 1165/87 – ZIP 1989, 382, 383) auch die InsVV tragen.

1884 *BGH*, Urt. v. 17. 11. 2005 – IX ZR 179/04 – ZIP 2006, 36, 37 (Tz. 22); Beschl. v. 1. 10. 2002 – IX ZB 53/02 – NZI 2003, 31; Beschl. v. 5. 12. 1991 – IX ZR 275/90 – NJW 1992, 692, 694 (zu § 85 KO); Andres/Leithaus-*Andres*, § 63 InsO, Rdnr. 2; Kübler/Prütting-*Eickmann/Prasser*, Vor § 1 InsVV, Rdnr. 4; *Keller*, Vorschussentnahme auf die Vergütung des Insolvenzverwalters, DZWIR 2003, 101, bindlich die Anspruchshöhe, ist aber im Übrigen nur von deklaratorischer Bedeutung.[1885] Der Vergütungs- und Auslagenerstattungsanspruch wird insgesamt mit der Beendigung der Tätigkeit des Insolvenzverwalters fällig.[1886] Ebenso entsteht auch der Vergütungsanspruch des vorläufigen Insolvenzverwalters bereits mit der Erbringung der Arbeitsleistung und wird mit deren Erledigung, spätestens mit der Beendigung des Amtes durch die Eröffnung des Insolvenzverfahrens, fällig.[1887]

Die Festsetzung der Vergütung und Auslagenerstattung ist in den besonderen Vorschriften der §§ 63–65 InsO i.V.m. §§ 1ff. InsVV geregelt. Die Vergütung nebst Umsatzsteuer und die zu erstattenden Auslagen setzt das Insolvenzgericht auf Antrag des Insolvenzverwalters durch Beschluss fest (§ 64 Abs. 1 InsO). Der Vergütungsantrag soll gem. § 8 Abs. 1 Satz 3 InsVV zusammen mit der Schlussrechnung, also nach Abschluss der Masseverwertung bzw. der Beendigung der Amtsstellung des Insolvenzverwalters, gestellt werden. Aus dieser Regelung wird gefolgert, dass ein vor diesem Zeitpunkt gestellter Vergütungsantrag mangels Prüfbarkeit unzulässig ist.[1888]

Der Vorschussanspruch ist nicht in der Insolvenzordnung geregelt. Gem. § 9 Satz 1 InsVV kann der Insolvenzverwalter mit Zustimmung des Insolvenzgerichts, die zu erteilen ist, wenn das Insolvenzverfahren länger als 6 Monate dauert oder besonders hohe Auslagen erforderlich werden (§ 9 Satz 2 InsVV), einen Vorschuss auf die Vergütung und Auslagen entnehmen.[1889] Die Zustimmung steht im pflichtgemäßen Ermessen des Insolvenzgerichts und darf nur versagt werden, wenn besondere Gründe vorliegen, die eine Versagung ausnahmsweise rechtfertigen.[1890] Die Zustimmung zur Vorschussentnahme ist in jedem Fall der Gefährdung berechtigter Interessen des Verwalters geboten.[1891] Ein solcher Fall ist auch dann gegeben, wenn der Insolvenzverwalter gegenüber dem Insolvenzgericht nachvollziehbar und begründet darlegt, dass der Zustand der vollen Sicherung seines Vergütungsanspru-

---

102; *ders.*, Vergütung und Kosten im Insolvenzverfahren, Rdnr. 420, MK-*Nowak*, § 63 InsO, Rdnr. 6; *Haarmeyer/Wutzke/Förster*, § 8 InsVV, Rdnr. 5; Uhlenbruck-*Uhlenbruck*, § 63 InsO, Rdnr. 20.

1885 *BGH*, Urt. v. 17. 11. 2005 – IX ZR 179/04 – ZIP 2006, 36, 37 (Tz. 22); Beschl. v. 1. 10. 2002 – IX ZB 53/02 – NZI 2003, 31.

1886 Andres/Leithaus-*Andres*, § 63 InsO, Rdnr. 2; Kübler/Prütting-*Eickmann/Prasser*, Vor § 1 InsVV, Rdnr. 5; *Haarmeyer/Wutzke/Förster*, § 8 InsVV, Rdnr. 5; *Keller*, Vergütung und Kosten im Insolvenzverfahren, Rdnr. 49; MK-*Nowak*, § 63 InsO, Rdnr. 7.

1887 *BGH*, Beschl. v. 1. 10. 2002 – IX ZB 53/02 – NZI 2003, 31; *LG Göttingen*, Beschl. v. 1. 2. 2001 – 10 T 1/01 – ZVI 2002, 433, 434; *Haarmeyer/Wutzke/Förster*, § 8 InsVV, Rdnr. 5.

1888 *Haarmeyer/Wutzke/Förster*, § 8 InsVV, Rdnr. 9; *Keller*, Vergütung und Kosten im Insolvenzverfahren, Rdnr. 391.

1889 Gegen den Vorschussanspruch des entlassenen Insolvenzverwalters: *OLG Zweibrücken*, Beschl. v. 16. 10. 2001 – 3 W 177/01 – NZI 2002, 43, 44.

1890 *BGH*, Beschl. v. 1. 10. 2002 – IX ZB 53/02 – ZIP 2002, 2223, 2224; *Haarmeyer/Wutzke/Förster*, § 9 InsVV, Rdnr. 14, 16; *HK-Irschlinger*, § 9 InsVV, Rdnr. 1; *Keller*, Vergütung und Kosten im Insolvenzverfahren, Rdnr. 423. Insolvenzgläubigern oder dem Insolvenzschuldner haben nach h.M. mangels Beschwer durch die Vorschussbewilligung keine Rechtsmittelbefugnis, *Haarmeyer*, Rechtsmittel im Rahmen der Vorschussentnahme, ZInsO 2001, 939, 941.

1891 *BGH*, Urt. v. 5. 12. 1991 – IX ZR 275/90 – NJW 1992, 692, 694; *Haarmeyer/Wutzke/Förster*, § 9 InsVV, Rdnr. 11; *Haarmeyer*, Rechtsmittel im Rahmen der Vorschussentnahme, ZInsO 2001, 939, 940.

ches nicht oder noch nicht gegeben ist.[1892] Denn der durch seine Tätigkeit für eine typischerweise vermögensarme Insolvenzmasse vorleistende Verwalter geht in besonderem Maße das Risiko ein, hinsichtlich seiner Vergütung leer auszugehen.[1893] Der Vorschuss soll die voraussichtliche Gesamtvergütung nicht übersteigen.[1894] Nach allgemeiner Meinung erfolgt mit der Entnahme des Vorschusses eine Vorwegbefriedigung, so dass der Insolvenzverwalter den erhaltenen Betrag später bei Eintritt der Masselosigkeit (§ 207 InsO) nicht zurückzuzahlen hat.[1895] Der Möglichkeit zur Vorschussentnahme gem. § 9 InsVV kommt damit eine besondere Bedeutung innerhalb des insolvenzrechtlichen Vergütungsrechts zu, da auf diese Weise die Vorfinanzierungslast des Insolvenzverwalters reduziert wird.[1896] *Keller* bezeichnet den Vorschussanspruch deshalb als einen „wichtigen Baustein im System der Verwaltervergütung".[1897]

Man kann das gerichtliche Vergütungsfestsetzungsverfahren auch als eine Spezialregelung der allgemeinen Aufsicht des Insolvenzgerichts über den Insolvenzverwalter ansehen[1898], indem die Zustimmung zur Entnahme eines Vergütungsvorschusses oder die Festsetzung der Höhe der Vergütung der Insolvenzverwaltertätigkeit und deren Entnahme aus der Insolvenzmasse nicht in das Ermessen des Insolvenzverwalters gestellt ist, sondern einer insolvenzgerichtlichen Kontrolle unterworfen wird.

2. Versagung des Vergütungsvorschusses (§ 9 InsVV)

Da die Festsetzung der Schlussvergütung erst mit der Schlussrechnungslegung beantragt werden kann und zu diesem Zeitpunkt die Masseverwertung bereits abgeschlossen ist, eignet sich eine Verzögerung des Festsetzungsverfahrens als Aufsichtsmaßnahme nicht, den Insolvenzverwalter zu einem pflichtgemäßen Handeln zu veranlassen. Ganz andere Wirkung kann aber die Verzögerung oder gar die Versagung der Zustimmungserteilung nach § 9 InsVV haben. Denn regelmäßig ist der Insolvenzverwalter auf die Vorschussentnahme angewiesen, um seine laufen-

---

1892 Amtliche Begründung zur Insolvenzrechtlichen Vergütungsverordnung zu § 9 InsVV, BGBl. I 1998. S. 2205; *BGH*, Beschl. v. 1. 10. 2002 – IX ZB 53/02 – NZI 2003, 31; Urt. v. 5. 12. 1991 – IX ZR 275/90 – NJW 1992, 692, 694; *Haarmeyer/Wutzke/Förster*, § 9 InsVV, Rdnr. 14, in diesem Fall eine Ermessensreduzierung auf Null annehmend; *Keller*, Vergütung und Kosten im Insolvenzverfahren, Rdnr. 422.
1893 *BGH*, Beschl. v. 1. 10. 2002 – IX ZB 53/02 – NZI 2003, 31; *Keller*, Vorschussentnahme auf die Vergütung des Insolvenzverwalters, DZWiR 2003, 101, 102.
1894 *Haarmeyer/Wutzke/Förster*, § 9 InsVV, Rdnr. 19; *Keller*, Vergütung und Kosten im Insolvenzverfahren, Rdnr. 430.
1895 *BGH*, Beschl. v. 5. 12. 1991 – IX ZR 275/90 – NJW 1992, 692, 694 (zu § 85 KO); *Haarmeyer/Wutzke/Förster*, § 9 InsVV, Rdnr. 23 – „Vorabentscheidung für die endgültige Vergütung" –; *Keller*, Vorschussentnahme auf die Vergütung des Insolvenzverwalters, DZWiR 2003, 101, 102.
1896 *Haarmeyer*, Rechtsmittel im Rahmen der Vorschussentnahme, ZInsO 2001, 939.
1897 *Keller*, Vergütung und Kosten im Insolvenzverfahren, Rdnr. 420.
1898 *BGH*, Beschl. v. 1. 10. 2002 – IX ZB 53/02 – ZIP 2002, 2223 (für die Zustimmung nach § 9 InsVV).

den Personal- und Bürokosten zu decken, und kann nicht bis zum Abschluss des möglicherweise mehrere Jahre dauernden Verfahrens warten.[1899]

2.1. Stand der Diskussion

Die Zulässigkeit eines solchen Vorgehens im Rahmen der insolvenzgerichtlichen Aufsicht ist umstritten.

Das *LG Magdeburg* hat unter der Geltung des Gesamtvollstreckungsrechts die Versagung eines Vorschussanspruchs unter der Voraussetzung als gerechtfertigt angesehen, dass eine Verfahrensbeendigung innerhalb eines Zeitraum von 3 bis 6 Monaten zu erwarten ist.[1900] Das *OLG Zweibrücken* hat es offen lassen, ob einem nach § 59 InsO entlassenen Insolvenzverwalter im Hinblick auf ein gegen diesen geführtes strafrechtliches Ermittlungsverfahren ein weiterer Vergütungsvorschuss versagt werden kann, weil der Vorschussanspruch mit der Beendigung der Amtstätigkeit erlischt.[1901]

Keller hat sich ausdrücklich dagegen ausgesprochen, dass die Vorschussentnahme von weiteren als in § 9 InsVV normierten Voraussetzungen, z.B. der Vorlage der fälligen Berichterstattung des Insolvenzverwalters, abhängig gemacht wird.[1902] Ausnahmsweise soll die Vorschussentnahme unbillig sein, wenn z.B. dadurch der Insolvenzmasse die für eine Unternehmensfortführung erforderliche Liquidität entzogen wird.[1903]

2.2. Zustimmungsversagung nach § 9 InsVV keine geeignete Sanktion

Der Insolvenzverwalter hat nach § 63 InsO einen gesetzlichen Anspruch auf eine angemessene Vergütung und Erstattung seiner Auslagen, der zudem verfassungsrechtlich durch Art. 12 Abs. 1 GG als Berufsausübungsregelung verbürgt ist.[1904] Denn die Tätigkeit als Insolvenzverwalter ist Berufsausübung i.S.d. Art. 12 Abs. 1 GG, weshalb die Vorschriften der §§ 63ff. InsO an Art. 12 Abs. 1 GG zu messen sind.[1905] Die Berufsausübung kann nur durch oder aufgrund eines Gesetzes geregelt werden (Art. 12 Abs. 1 Satz 2 GG). Eine gesetzliche Ermächtigung zu den Ver-

1899 *Haarmeyer*, Rechtsmittel im Rahmen der Vorschussentnahme, ZInsO 2001, 939.
1900 *LG Magdeburg*, Beschl. v. 27.7.1995 – 3 T 356/95 ZIP 1995, 1372, 1373.
1901 *OLG Zweibrücken*, Beschl. v. 16.10.2001 – 3 W 17701 – NZI 2002, 43, 44.
1902 *Keller*, Vergütung und Kosten im Konkursverfahren, Rdnr. 423; wohl auch *Haarmeyer/Wutzke/Förster*, § 9 InsVV, Rdnr. 16.
1903 *Keller*, Vergütung und Kosten im Konkursverfahren, Rdnr. 428.
1904 *BVerfG*, Beschl. v. 30.3.1993 – 1 BvR 1045/89, 1 BvR 1381/90, 1 BvL 11/90 – NJW 1993, 2861; Beschl. v. 9.2.1989 – 1 BvR 1165/87 – ZIP 89, 382; *BGH*, Beschl. v. 6.5.2004 – IX ZB 349/02 – ZVI 2004, 367, 370; Beschl. v. 15.1.2004 – IX ZB 96/03 – NJW 2004, 941, 942.
1905 *BVerfG*, Beschl. v. 30.3.1993 – 1 BvR 1045/89, u.a. – NJW 1993, 2861; Beschl. v. 9.2.1989 – 1 BvR 1165/87 – ZIP 89, 382; *BGH*, Beschl. v. 4.12.2003 – IX ZB 48/03 – NZI 2004, 249, 250; Beschl. v. 1.10.2002 – IX ZB 53/02 – NZI 2003, 31 (für den Vorschuss gem. § 9 InsVV); Beschl. v. 5.12.1991 – IX ZR 275/90 – NJW 1992, 692, 693 (zu § 85 KO); *Keller*, Vergütung und Kosten im Konkursverfahren, Rdnr. 27. Siehe Kap. C.III.1.3.

gütungs- und Auslagenerstattungsanspruch berührenden aufsichtsrechtlichen Maßnahmen gegen den Insolvenzverwalter sieht die Insolvenzordnung jedoch nicht vor. Auch handelt es sich nach allgemeiner Ansicht bei der Insolvenzverwaltervergütung um eine reine Tätigkeitsvergütung und nicht um ein Erfolgshonorar, so dass die Mangelhaftigkeit oder Erfolglosigkeit der Insolvenzverwaltertätigkeit keinen Einfluss auf den Vergütungsanspruch des Insolvenzverwalters haben kann.[1906] Nach Ansicht von *Smid* erhält der Insolvenzverwalter keinen Dienst- oder Werklohn für bestimmte Tätigkeiten im Rahmen der Insolvenzverwaltung, sondern wird für die Ausübung seines Amtes honoriert.[1907]

Ein wichtiger Baustein des Vergütungssystems ist der in § 9 InsVV geregelte Vorschussanspruch. Die Verweigerung der Zustimmung nach § 9 InsVV kann nicht auf § 320 Abs. 1 BGB (Einrede des nicht erfüllten Vertrages) gestützt werden, da die Rechtstellung des Insolvenzverwalters nicht derjenigen einer Partei in einem gegenseitigen Vertrag entspricht. Die Insolvenzverwaltertätigkeit und die Verwaltervergütung sind nicht in einem Vertrag definierte gegenseitige Pflichten von Insolvenzgericht und Insolvenzverwalter. Das Insolvenzgericht hat daher die Zustimmung zur Vorschussentnahme zu erteilen, wenn die Voraussetzungen des § 9 InsVV vorliegen. Es darf die Zustimmung nicht davon abhängig machen, dass der Insolvenzverwalter seine Pflichten erfüllt. Dagegen ist die Zustimmung nach § 9 InsVV zu versagen, wenn die Masseverwertung abgeschlossen und das Insolvenzverfahren somit abschlussreif (§ 196 Abs. 1 InsO) ist. In diesem kann der Zweck des Vergütungsvorschusses, nämlich den Insolvenzverwalter nicht vorleistungspflichtig werden zu lassen, bereits durch die abschließende Festsetzung des Vergütungs- und Auslagenerstattungsanspruches aufgrund der Schlussrechnung des Insolvenzverwalters erreicht werden.

Die Verzögerung oder die Versagung der Zustimmung nach § 9 InsVV ist daher kein zulässiges Aufsichtsinstrument, um den Insolvenzverwalter zur pflichtgemäßen Insolvenzabwicklung, wie z.B. zu einer zügigen Verfahrensabwicklung, zu veranlassen.

2.3. Exkurs: Rechtsmittel gegen Zustimmungsversagung?

Versagt das Insolvenzgericht die beantragte Zustimmung gem. § 9 InsVV, ist der Insolvenzverwalter an einer Vorschussentnahme aus der Insolvenzmasse gehindert, wenn er sich nicht dem strafrechtlichen Untreuevorwurf (§ 266 StGB) aussetzen will. In diesem Fall stellt sich daher die Frage nach der Anfechtbarkeit der abweisenden insolvenzgerichtlichen Entscheidung.

1906 *BGH*, Beschl. v. 6. 5. 2004 – IX ZB 349/02 – ZVI 2004, 367, 369; *LG Konstanz*, Beschl. v. 15. 9. 1999 – 6 T 38/99 – ZinsO 1999, 589, 590; HK-*Eickmann*, § 64 InsO, Rdnr. 24; *Haarmeyer*, Anm. zu AG Potsdam Beschl. v. 6. 4. 2005, ZInsO 2005, 504; *Haarmeyer/Wutzke/Förster*, Vor § 1 InsVV, Rdnr. 33; *Keller*, Vergütung und Kosten im Insolvenzverfahren, Rdnr. 42; Uhlenbruck-*Uhlenbruck*, § 63 InsO, Rdnr. 14.

1907 *Smid*, Der Kernbereich der Insolvenzverwaltung, DZWiR 2002, 265, 268.

Nach § 6 Abs. 1 InsO ist ein Rechtsmittel gegen insolvenzgerichtliche Entscheidungen nur in den gesetzlich geregelten Fällen eröffnet. § 9 InsVV enthält keine entsprechende Regelung. Möglicherweise kommt aber der Zustimmung gem. § 9 InsVV oder deren Versagung der Rechtscharakter einer gerichtlichen Entscheidung i. S. d. § 64 Abs. 1 InsO zu, die nach § 64 Abs. 3 InsO mit der sofortigen Beschwerde vom Insolvenzverwalter angefochten werden kann.

In Literatur und Rechtsprechung ist die sofortige Beschwerde in diesem Fall bis zur Entscheidung des BGH vom 1. 10. 2002 als zulässig angesehen worden.[1908] Der *BGH* hat die sofortige Beschwerde als unstatthaft angesehen und den Insolvenzverwalter auf die Rechtspflegererinnerung nach § 11 Abs. 2 RPflG verwiesen. Zur Begründung führt der *BGH* an, dass der Gesetzgeber dem Insolvenzverwalter gem. § 64 Abs. 3 InsO ein Rechtsmittel nur gegen die endgültige Vergütungsfestsetzung eröffnet hat. Eine entsprechende Anwendung dieser Vorschrift auf die Versagung der Zustimmung nach § 9 InsVV würde dem Zweck des § 6 Abs. 1 InsO, zur Beschleunigung des Insolvenzverfahrens die Rechtsmittelmöglichkeiten zu beschränken, zuwiderlaufen.[1909]

Dieser Rechtsprechung ist *Keller* mit den Argumenten entgegengetreten, dass es widersprüchlich sei, einerseits die Bedeutung des Vergütungsvorschusses zu betonen, andererseits die rechtlichen Möglichkeiten, diesen einzufordern, zu beschränken, sowie damit, dass es kein praktisches Bedürfnis für die Versagung der sofortigen Beschwerde gebe.[1910]

Die Kritik von *Keller* überzeugt nicht. Der *BGH* hat nicht widersprüchlich den Rechtsschutz beschränkt, sondern die Rechtspflegererinnerung auch im Lichte des Art. 19 Abs. 4 Satz 1 GG als für den Rechtsschutz des Insolvenzverwalters ausreichend angesehen. Ausnahmen von der in § 6 Abs. 1 InsO getroffenen gesetzgeberischen Entscheidung können nicht mit einem praktischen Bedürfnis begründet werden. Die Entscheidung des Insolvenzgerichts nach § 9 InsVV ist auch eine solche, die im Rahmen eines Insolvenzverfahrens auf der Grundlage zum eigentlichen Insolvenzrecht gehörenden Vorschriften getroffen wird, so dass nicht auf außerhalb der InsO vorgesehene Rechtsmittel ausgewichen werden kann.[1911] Für ein Abweichen von der Rechtsmittelbeschränkung des § 6 Abs. 1 InsO besteht angesichts der Möglichkeit der Rechtspflegererinnerung auch im Hinblick auf die

1908 *OLG Zweibrücken*, Beschl. v. 16. 10. 2001 – 3 W 177/01 – NZI 2002, 43; *LG Stuttgart*, Beschl. v. 15. 8. 2000 – 10 T 149/00 – NZI 2000, 547; N/R-*Delhaes*, § 64 InsO, Rdnr. 14; *Haarmeyer/Wutzke/Förster*, § 9 InsVV, Rdnr. 25; *Haarmeyer*, Rechtsmittel im Rahmen der Vorschussentnahme, ZInsO 2001, 939, 941; *Keller*, Vorschussentnahme auf die Vergütung des Insolvenzverwalters, DZWiR 2003, 110, 105; Smid-*Smid*, § 65 InsO, Anh. 2, § 9 InsVV.

1909 *BGH*, Beschl. v. 1. 10. 2002 – IX ZB 53/02 – NZI 2003, 31, 32; ebenso bereits: *OLG Köln*, Beschl. v. 7. 1. 2002 – 2 W 173/01 – ZIP 2002, 231, 233; *LG Münster*, Beschl. v. 26. 7. 2001 – 5 T 614/01 – NZI 2001, 604; nunmehr auch: *Haarmeyer/Wutzke/Förster* (4. Aufl.), § 9 InsVV, Rdnr. 25.

1910 *Keller*, Vergütung und Kosten im Konkursverfahren, Rdnr. 439 f.

1911 *BGH*, Beschl. v. 16. 3. 2000 – IX ZB 2/00 – NJW 2000, 1869, zum Geltungsbereich des Enumerationsprinzips des § 6 Abs. 1 InsO.

Rechtsweggarantie kein Anlass, da diese nicht die Eröffnung eines Rechtsmittelzuges gebietet[1912].

Der Insolvenzverwalter kann gegen die vollständige oder teilweise Versagung der Zustimmung die Rechtspflegererinnerung gem. § 11 Abs. 2 RPflG binnen der für die sofortige Beschwerde geltenden Frist einlegen. Hilft der Rechtspfleger der Erinnerung nicht ab, so hat er diese dem Insolvenzrichter vorzulegen (§ 11 Abs. 2 Satz 3 RPflG), der abschließend entscheidet.

2.4. Exkurs: „Ersatzvornahmerecht" des Insolvenzverwalters?

Verweigert der Insolvenzrechtspfleger die Zustimmung zur Vorschussentnahme und ist die hiergegen eingelegte Rechtspflegererinnerung erfolglos geblieben,[1913] könnte der Insolvenzverwalter sich für eine ungenehmigte Vorschussentnahme entscheiden, um seine Tätigkeit und die entstehenden Auslagen, u. U. über mehrere Jahre hinweg, bis zum Verfahrensabschluss vorfinanzieren zu müssen.

Blersch schlägt vor, dass der Insolvenzverwalter durch eine ungenehmigte Vorschussentnahme aufsichtsrechtliche Maßnahmen des Insolvenzgerichts bis zur Entlassung gem. § 59 InsO provoziert, um sich den Zugang zum Beschwerdeverfahren zu eröffnen, in dem inzident die Rechtswidrigkeit des Unterlassens der Zustimmungserteilung geprüft wird.[1914] Für diese Ansicht kann angeführt werden, dass – wie bereits dargelegt worden ist[1915] – der Insolvenzverwalter einen durch Art. 12 Abs. 1 GG geschützten Anspruch auf angemessene Vergütung hat, der bereits mit der Tätigkeit und nicht erst mit der Festsetzung entsteht und auf unverzügliche Erfüllung gerichtet ist. Zweck gerade des Vorschussanspruches gem. § 9 InsVV ist es, die Vorleistungspflicht des Insolvenzverwalters zu begrenzen. Auch der Rechtsgedanke des § 162 Abs. 1 BGB kann herangezogen werden. Die Vorschrift des § 162 BGB ist eine Konkretisierung des allgemeinen Grundsatzes der Verbindlichkeit von Treu und Glauben (§ 242 BGB)[1916], dessen Anwendungsbereich auch das Prozessrecht und das öffentliche Recht umfasst.[1917] Der *BGH* hat judiziert, dass das Insolvenzgericht in seiner Entscheidung über die Zustimmung gem. § 9 InsVV nicht frei, sondern in der Ermessensausübung dahin gebunden ist, dass die Entnahme eines Vorschusses auf die nach den Maßstäben der §§ 1 bis 3

1912 *BVerfG*, Beschl. v. 18. 1. 2000 – 1 BvR 321/96 – NJW 2000, 1709, 1710; Beschl. v. 27. 7. 1971 – 2 BvR 443/70 – BverfGE 31, 364, 368: Art. 19 Abs. 4 GG gewährleistet demjenigen, der durch die öffentliche Gewalt in seinen Rechten verletzt worden ist, die gerichtliche Überprüfung der ihn beeinträchtigenden Maßnahme nicht in einem bestimmten Rechtsweg sondern nur in irgendeinem gerichtlichen Verfahren; ebenso: Kübler/Prütting-*Eickmann*, § 9 InsVV, Rdnr. 19f.

1913 Diese Fallgestaltung dürfte in der Insolvenzpraxis nicht häufig auftreten. Im Normalfall wird es dem Insolvenzverwalter gelingen, das Insolvenzgericht von der Erforderlichkeit einer Vorschussentnahme zu überzeugen.

1914 *Blersch*, § 9 InsVV, Rdnr. 30.

1915 Siehe Kap. F.VI.1.

1916 MK-*Westermann*, § 162 BGB, Rdnr. 1.

1917 MK-*Westermann*, § 162 BGB, Rdnr. 8.

InsVV verdiente Vergütung nur unter besonderen Voraussetzungen abgelehnt werden darf.[1918]

Auf der anderen Seite ist zu berücksichtigen, dass der Insolvenzverwalter gem. §§ 80 Abs. 1, 148 Abs. 1, 159 InsO befugt ist, das verfassungsrechtlich durch Art. 14 GG geschützte Schuldnervermögen im Interesse der Gläubiger des Insolvenzschuldners zu verwalten und zu verwerten. Inhalt und Umfang der Verwaltungs- und Verfügungsbefugnis des Insolvenzverwalters bedürfen angesichts des Gesetzesvorbehaltes gem. Art. 14 Abs. 1 Satz 1 GG einer gesetzlichen Regelung, die der Gesetzgeber in den Vorschriften der InsO und der InsVV vorgenommen hat. Diese sehen jedoch vor, dass jede Entnahme von Massegeldern durch den Insolvenzverwalter zur Tilgung eigener Vergütungsansprüche einer vorherigen Beschlussfassung durch das Insolvenzgericht bedarf (§§ 64, 65 InsO i.V.m. §§ 8, 9 InsVV).[1919] Der Rechtsgedanke des § 162 Abs. 1 BGB kann zur Rechtfertigung einer „Ersatzvornahme“ letztlich nicht herangezogen werden, da dieser die Fiktion des Bedingungseintrittes zu Lasten desjenigen beinhaltet, der diesen treuwidrig verzögert oder vereitelt: Das ist im diskutierten Kontext jedoch nicht die Insolvenzmasse.

Der *BGH* hat in einem vergleichbaren Fall der Vergütungsentnahme durch einen GmbH-Liquidator entschieden, dass durch den Abzug liquider Geldmittel zur Begleichung nicht fälliger Forderungen der Liquidationsgesellschaft ein Nachteil i.S.v. § 266 StGB entsteht, weil ihr die wirtschaftliche Nutzung dieser Geldmittel zu Unrecht entzogen wurde.[1920] Die Zustimmung zur Vorschussentnahme gem. § 9 InsVV sowie die abschließende Festsetzung des Vergütungs- und Auslagenerstattungsanspruches sind Fälligkeitsvoraussetzung und berechtigen den Insolvenzverwalter zur Entnahme der festgesetzten Beträge aus der von diesem verwalteten Insolvenzmasse, so dass eine Untreue gem. § 266 StGB tatbestandlich ausgeschlossen ist.[1921] Folglich stellt die Entnahme der Vergütung aus der Insolvenzmasse ohne eine entsprechende Beschlussfassung des Insolvenzgerichts eine rechtswidrige und nach § 266 StGB strafbare[1922] Verletzung der Vermögensbetreuungspflicht des Insolvenzverwalters dar, mit der sich dieser der Gefahr nicht nur aufsichtsrechtlicher Maßnahmen des Insolvenzgerichts, sondern auch strafrechtlicher Ermittlungen wegen Untreue (§ 266 StGB) aussetzt.

3. Verwirkung des Vergütungsanspruchs?

Nach allgemeiner Ansicht handelt es sich bei der Insolvenzverwaltervergütung um eine reine Tätigkeitsvergütung und nicht um ein Erfolgshonorar, weshalb die

1918 *BGH*, Beschl. v. 1. 10. 2002 – IX ZB 53/02 – NZI 2003, 31.

1919 *Keller*, Vorschussentnahme auf die Vergütung des Insolvenzverwalters, DZWiR 2003, 101, 103; *Schulz*, Zur verfahrensökonomischen Behandlung von Anträgen der Insolvenzverwalter auf Zustimmung zur Entnahme eines Vorschusses auf die Vergütung, NZI 2006, 446, 448.

1920 *BGH*, Beschl. v. 13. 6. 2001 – 5 StR 78/01 – NStZ 2001, 542, 544, im Fall des Liquidators mehrerer Abwicklungsgesellschaften der Treuhandanstalt/BvS.

1921 *Haarmeyer/Wutzke/Förster*, § 9 InsVV, Rdnr. 23.

1922 *BGH*, Beschl. v. 13. 6. 2001 – 5 StR 78/01 – NStZ 2001, 542, 544; *Haarmeyer/Wutzke/Förster*, § 9 InsVV, Rdnr. 11.

Mangelhaftigkeit oder Erfolglosigkeit der Insolvenzverwaltertätigkeit keinen Einfluss auf den Vergütungsanspruch des Insolvenzverwalters haben kann.[1923] Auch eine die persönliche Haftung nach §§ 60, 61 InsO begründende Pflichtverletzung des Insolvenzverwalters kann nicht Anlass für die Festsetzung einer geringeren Vergütung sein.[1924]

3.1. Stand der Diskussion

Nach der Rechtsprechung des *RG* konnten Untreuehandlungen des Konkursverwalters zu Lasten der Insolvenzmasse die Verwirkung des Vergütungsanspruches nach sich ziehen.[1925] Unter der Geltung der InsO hat das *AG Hamburg* einem vorläufigen Insolvenzverwalter wegen Schlechtleistung den Vergütungsanspruch aberkannt, weil dieser die Antragserledigung durch Teilzahlung und Abschluss einer Zahlungsvereinbarung zwischen dem Insolvenzschuldner und dem Antragsteller nicht verhindert hatte. Nach Ansicht des Amtsgerichts war der vorläufige Insolvenzverwalter damit seiner Sicherungsaufgabe nicht nachgekommen, die darin bestand, Zahlungen des Insolvenzschuldners an den Antragsteller zu verhindern, um nicht Anfechtungsgründe für ein weiteres, zu erwartendes Insolvenzverfahren zu legen und um den Insolvenzschuldner vom weiteren Wirtschaftsleben auszuschließen, damit dieser nicht weitere Gläubiger durch die Begründung von neuen Verbindlichkeiten schädigen kann.[1926] In gleicher Weise hat das *AG Potsdam* über den Vergütungsanspruch eines vorläufigen Insolvenzverwalters entschieden, der (angeblich) eine mögliche Interessenkollision nicht angezeigt hatte. Zur Begründung hat das Gericht angeführt, dass die Nichterfüllung der Pflicht des (vorläufigen) Insolvenzverwalters zur Anzeige der eine Interessenkollision[1927] ernsthaft befürchten lassenden Umstände im Ergebnis als Vortäuschen der Eignung gem. § 56 Abs. 1 InsO und deshalb als ein Erschleichen der Bestellung anzusehen sei.[1928] Der

---

1923 *BGH*, Beschl. v. 6. 5. 2004 – IX ZB 349/02 – ZVI 2004, 367, 369; *LG Konstanz*, Beschl. v. 15. 9. 1999 – 6 T 38/99 – ZinsO 1999, 589, 590; HK-*Eickmann*, § 64 InsO, Rdnr. 24; Kübler/Prütting-*Eickmann/Prasser*, Vor § 1 InsVV, Rdnr. 16; *Haarmeyer*, Anm. zu AG Potsdam Beschl. v. 6. 4. 2005, ZInsO 2005, 504; *Haarmeyer/Wutzke/Förster*, Vor § 1 InsVV, Rdnr. 33; *Keller*, Vergütung und Kosten im Insolvenzverfahren, Rdnr. 42; Uhlenbruck-*Uhlenbruck*, § 63 InsO, Rdnr. 14.

1924 Kübler/Prütting-*Eickmann*, Vor § 1 InsVV, Rdnr. 16 f.; *Keller*, Vergütung und Kosten im Insolvenzverfahren, Rdnr. 43; Uhlenbruck-*Uhlenbruck*, § 63 InsO, Rdnr. 14.

1925 *RG*, Urt. v. 24. 4. 1926 – 208/25 III- – JW 1926, 2086 ff.; Urt. v. 24. 2. 1937 – V 168/36 – RGZ 154, 110, 117, für einen Nachlasspfleger.

1926 *AG Hamburg*, Beschl. v. 24. 10. 2000 – 67c IN 56/00 – ZInsO 2001, 69 f. (Vergütungsfestsetzung auf Null), mit krit. Anm. von *Förster*.

1927 Der vorläufige Insolvenzverwalter war zugleich Insolvenzverwalter im Verfahren einer gesellschaftsrechtlich mit der Insolvenzschuldnerin verbundenen Gesellschaft.

1928 *AG Potsdam*, Beschl. v. 6. 4. 2005 – 35 IN 686/01 – ZInsO 2005, 503, 504 (aufgehoben durch *LG Potsdam*, Beschl. v. 1. 8. 2005 – 5 T 252/05 – ZIP 2005, 1698); ablehnend: *Haarmeyer*, Anm. zu AG Potsdam Beschl. v. 6. 4. 2005, ZInsO 2005, 504; *Leithaus*, Verwirkung des Vergütungsanspruchs bei Verletzung von Nebenpflichten, NZI 2005, 382 f., die – wohl zu Recht – kritisieren, dass das Amtsgericht einen Anlass gesucht hat, um einen missliebig gewordenen Insolvenzverwalter zu disziplinieren.

BGH hat mit Beschluss vom 6. 5. 2004[1929] die Versagung des Vergütungsanspruches eines bereits wegen Titelmissbrauchs verurteilten Insolvenzverwalters, der dem Insolvenzgericht einen Hochschulabschluss vorgetäuscht hatte, bestätigt. Zur Begründung hat der *BGH* ausgeführt, dass angesichts der verfassungsrechtlichen Verbürgung des Vergütungsanspruchs des Insolvenzverwalters durch Art. 12 Abs. 1 GG die Ungeeignetheit für das Amt des Insolvenzverwalters allein eine Versagung der Vergütungsfestsetzung nicht rechtfertigt. Vielmehr ist nach dem Verhältnismäßigkeitsgrundsatz für eine Versagung ein gewichtiger, vorsätzlicher oder zumindest leicht fahrlässiger Pflichtverstoß, wie dieses bei einer strafbaren Täuschung über die Qualifikation gegeben sei, zu fordern.[1930] Der einen Hochschulabschluss vortäuschende Insolvenzverwalter ist nicht geeignet i. S. d. § 56 Abs. 1 InsO, da zu den persönlichen Anforderungen an den Insolvenzverwalter neben der fachlichen Qualifikation auch dessen persönliche Integrität, wie z.B. Ehrlichkeit, gehört.[1931] Unter Berufung auf den Grundgedanken aus § 654 BGB, wonach derjenige seinen Vergütungsanspruch verliert, der unter Verletzung wesentlicher Vertragspflichten den Interessen seines Vertragspartners zuwiderhandelt, ist der *BGH* zu dem Ergebnis gelangt, dass die strafbare Täuschung des Insolvenzgerichts über die Qualifikation einen gewichtigen und vorsätzlichen Pflichtverstoß darstellt, der die Versagung einer Vergütung rechtfertigt.[1932] Das *LG Konstanz*[1933] hat eine die Verwirkung des Vergütungsanspruches eines Konkursverwalters rechtfertigende schwere Pflichtverletzung bei einer rechtskräftigen Verurteilung des Konkursverwalters wegen Untreue zu Lasten der von diesem verwalteten Masse angenommen. Dieser Entscheidung lag der Fall eines wegen strafbarer Untreue verurteilten Konkursverwalter zugrunde, der – nicht nur in dem der Beschwerdeentscheidung zugrunde liegenden Konkursverfahren – durch einen externen Rechtsanwalt sachlich nicht erforderliche Rechtsgutachten auf Kosten der verwalteten Massen erstellen und sich persönlich 95% der aus der Masse gezahlten Vergütungen – gegen Rechnungsstellung – erstatten ließ. Das *LG Schwerin* hat im Beschwerdeverfahren einen Beschluss des Insolvenzgerichts bestätigt, mit dem einem Gesamtvollstreckungsverwalter die Vergütung auf 0 € festgesetzt und die Rückzahlung der entnommenen Voschüsse angeordnet worden ist, weil dieser die Masse durch die Gewährung eines risikobehafteten Darlehens an Dritte ohne Zustimmung der Gläubigerversammlung geschädigt hatte.[1934] Zur Begründung hat das Gericht auf den Grundgedanken des § 654 BGB verwiesen, wonach ein Vergütungsanspruch in einem besondere Treupflichten begründenden Dienstverhältnis verwirkt sein kann, wenn der

---

1929 *BGH*, Beschl. v. 6. 5. 2004 – IX ZB 349/02 – ZVI 2004, 367 ff.

1930 *BGH*, Beschl. v. 6. 5. 2004 – IX ZB 349/02 – ZVI 2004, 367, 370. Der BGH ließ offen, ob der Insolvenzverwalter seinen Vergütungsanspruch auf Bereicherungsrecht stützen kann, da ein solcher materiell-rechtlicher Anspruch nicht im Vergütungsfestsetzungsverfahren gem. § 64 InsO geltend gemacht werden kann.

1931 *BGH*, Beschl. v. 6. 5. 2004 – IX ZB 349/02 – ZVI 2004, 367, 369.

1932 *BGH*, Beschl. v. 6. 5. 2004 – IX ZB 349/02 – ZVI 2004, 367, 370.

1933 *LG Konstanz*, Beschl. v. 15. 9. 1999 – 6 T 38/99 – ZinsO 1999, 589 ff.; im Beschwerdeverfahren bestätigt durch *OLG Karlsruhe*, Beschl. v. 6. 4. 2000 – 9 W 87/99 – ZIP 2000, 2035 f.

1934 *LG Schwerin*, Beschl. v. 9. 7. 2008 – 5 T 31/06 – ZInsO 2008, 856 ff.

Dienstverpflichtete besonders schwerwiegende, insbesondere strafrechtlich relevante Pflichtenverstöße begeht.[1935]

Nach Ansicht von *Keller* setzt die Verwirkung des Vergütungsanspruchs eine strafbare Handlung des Insolvenzverwalters im Zusammenhang mit seiner Insolvenzverwaltertätigkeit voraus, die so schwerwiegend ist, dass es mit dem Rechtsgefühl aller billig und gerecht Denkenden nicht vereinbar ist, dem Insolvenzverwalter noch eine Vergütung zuzubilligen.[1936]

3.2. Verwirkung des Vergütungsanspruches nur im Ausnahmefall

Wenn die Alimentation des Insolvenzverwalters ihren Grund nicht in dessen Verwertungserfolg, sondern in der Insolvenzverwaltertätigkeit hat, dann folgt daraus, dass diese grundsätzlich auch bei Schlechtleistung oder einer Pflichtverletzung des Insolvenzverwalters zu vergüten ist. So kann ein ungetreuer Insolvenzverwalter bis zur Veruntreuung der liquiden Massemittel seine Insolvenzverwaltertätigkeit ordnungsgemäß erbracht haben. Lediglich dem Insolvenzverwalter, der überhaupt keine Abwicklungstätigkeit entfaltet hat, ist eine Vergütung zu versagen. Wird durch die Schlechtleistung oder die Pflichtverletzung der Insolvenzmasse oder den Gläubigern ein Schaden zugefügt, so ist der Insolvenzverwalter nach §§ 60, 61 InsO den Geschädigten persönlich zum Schadensersatz verpflichtet. Dann kann aber die Schlechtleistung oder Pflichtverletzung des Insolvenzverwalters nicht auch noch im Vergütungsfestsetzungsverfahren sanktioniert werden. So gibt es im Vertragsrecht keinen allgemeinen Grundsatz, dass der Vertragstreue sich unter Berufung auf die Vertragsverletzung durch den Vertragspartner von seinen vertraglichen Verpflichtungen lösen kann.[1937] Eine Ausnahme kann allenfalls im Fall der Schlechtleistung gemacht werden, in dem diese über Abschläge nach § 3 Abs. 2 InsVV Eingang in die Vergütungsfestsetzung findet.

Der vollständige Verlust des Vergütungsanspruches kann auf den das gesamte Rechtsleben beherrschenden Grundsatz des § 242 BGB gestützt werden. Hierdurch wird der Rückgriff auf außer- oder überrechtliche soziale Gebote und ethische Schranken, die der gesamten Rechtsordnung immanent sind, ermöglicht.[1938] Zu § 242 BGB existiert keine allgemein anerkannte Terminologie, sondern einige typische Fallgruppen der Beschränkung subjektiver Rechtsansprüche.[1939] Hiernach ist die Versagung des Vergütungsanspruches des Insolvenzverwalters richtigerweise nicht als Fall der Verwirkung, sondern als Fall der unzulässigen Rechtsausübung i.e.S. zu verorten. Das Rechtsinstitut der Verwirkung ist als Un-

---

1935 *LG Schwerin*, Beschl. v. 9. 7. 2008 – 5 T 31/06 – ZInsO 2008, 856, 857.

1936 *Keller*, Vergütung und Kosten im Insolvenzverfahren, Rdnr. 44; ebenso: *Nehrkorn*, Haben ungetreue Konkursverwalter und Vertrauenspersonen Anspruch auf Auslagenersatz und Vergütung ihrer Tätigkeit?, KuT 1931, 120, 121.

1937 *BGH*, Urt. v. 14. 7. 1971 – VIII ZR 49/70 – NJW 1971, 1747.

1938 Bamberger/Roth-*Grüneberg/Sutschet*, § 242 BGB, Rdnr. 57; MK-*Roth*, § 242 BGB, Rdnr. 2 ff.

1939 Bamberger/Roth-*Grüneberg/Sutschet*, § 242 BGB, Rdnr. 131.

terfall eines Verstoßes gegen Treu und Glauben (§ 242 BGB) durch eine widersprüchliche, weil verspätete Rechtsausübung entwickelt worden.[1940] Dagegen werden mit dem Institut der unzulässigen Rechtsausübung i.e.S. Fälle erheblicher Verletzung eigener Pflichten des Anspruchsberechtigten erfasst. Dieser Grundgedanke findet seinen Niederschlag in § 654 BGB. Aus dieser Vorschrift wird der Rechtsgedanke hergeleitet, dass die Dienstvergütung aus einem durch eine besondere Vertrauensstellung gekennzeichneten Dienstverhältnis bei besonders schwer wiegenden Pflichtverletzungen verwirkt sein kann.[1941]

Voraussetzung dieser exceptio doli praesentis ist eine erhebliche Pflichtverletzung des Insolvenzverwalters. So unterliegen Versorgungszusagen nach der Rechtsprechung des *BGH* nur dann dem durchgreifenden Rechtsmissbrauchseinwand, wenn der Pensionsberechtigte seine Pflichten in grober Weise verletzt und seinem Dienstherrn einen so schweren, seine Existenz bedrohenden Schaden zugefügt hat, das sich die in der Vergangenheit bewiesene Betriebstreue nachträglich als wertlos oder zumindest erheblich entwertet herausstellt.[1942] Pflichtverletzungen des Insolvenzverwalters, die einen wichtigen Grund i.S.d. § 59 Abs. 1 Satz 1 InsO darstellen, reichen hierfür nicht aus.[1943] So hat der *BGH* für die Versagung des Entschädigungsanspruches des gerichtlich bestellten Sachverständigen gefordert, dass dieser die Unverwertbarkeit seines Gutachtens nicht nur fahrlässig herbeigeführt hat.[1944]

Dem Insolvenzverwalter kann somit nur unter der Voraussetzung einer erheblichen und vorsätzlichen Pflichtverletzung, die eine solche Schädigung der Insolvenzmasse zur Folge hat, dass die bisherige Tätigkeit des Insolvenzverwalters entwertet wird, nach dem Grundsatz der unzulässigen Rechtsausübung i.e.S. (§ 242 BGB) eine Vergütung versagt werden. Nur unter dieser Voraussetzung wird die Versagung angesichts der verfassungsrechtlichen Verbürgung des Vergütungsanspruches[1945] dem Verhältnismäßigkeitsgrundsatz gerecht. Eine Verwirkung des Vergütungsanspruches kann daher nur ausnahmsweise und bei ganz besonderen Pflichtverletzungen des Insolvenzverwalters in Betracht gezogen werden.[1946]

Die Erfüllung dieser Bedingungen kann bei der Entscheidung des *AG Hamburg* vom 24. 10. 2000[1947], durch die einem vorläufigen Insolvenzverwalter wegen Schlechtleistung der Vergütungsanspruch aberkannt wurde, weil dieser die Antragserledi-

1940 Bamberger/Roth-*Grüneberg/Sutschet*, § 242 BGB, Rdnr. 131.
1941 *BGH*, Beschl. v. 6. 5. 2004 – IX ZB 349/02 – ZVI 2004, 367, 369 (für den Insolvenzverwalter); *BayObLG*, Beschl. v. 24. 3. 1988 – BReg. 3 Z 188/87 – NJW 1988, 1919 (für den Pfleger); *RG*, Urt. v. 24. 4. 1926 – 08/25 III – JW 1926, 2086, 2087 (für einen Rechtsanwalt).
1942 *BGH*, Urt. v. 13. 12. 1999 – II ZR 152/98 – NJW 2000, 1197, 1198; Urt. v. 19. 12. 1983 – II ZR 71/83 – NJW 1984, 1529, 1530.
1943 *BGH*, Urt. v. 19. 12. 1983 – II ZR 71/83 – NJW 1984, 1529, 1530, für den Grund zur fristlosen Kündigung eines Dienstverhältnisses nach § 626 BGB.
1944 *BGH*, Beschl. v. 15. 12. 1975 – X ZR 52/73 – NJW 1976, 1154, 1155.
1945 Fn. 1883.
1946 Ebenso: Kübler/Prütting-*Eickmann/Prasser*, Vor § 1 InsVV, Rdnr. 23.
1947 *AG Hamburg*, Beschl. v. 24. 10. 2000 – 67c IN 56/00 – ZInsO 2001, 69f. (Vergütungsfestsetzung auf Null), mit krit. Anm. von *Förster*.

gung durch Teilzahlung und Abschluss einer Zahlungsvereinbarung zwischen dem Insolvenzschuldner und dem Antragsteller nicht verhindert hatte, ernsthaft bezweifelt werden. Die vorläufige Insolvenzverwaltung gem. § 21 Abs. 1 Satz 1 InsO dient der Sicherung der Insolvenzmasse als Befriedigungssubstrat für die Gläubigergesamtheit, die durch die Tilgung der Forderung des antragstellenden Gläubigers gemindert wird.[1948] Diese Tilgungsleistung kann aber in einem späteren Insolvenzverfahren im Wege der insolvenzrechtlichen Anfechtung wieder zur Masse zurückgeführt werden, sollte der Insolvenzschuldner seine Liquiditätsschwäche nicht nachhaltig beseitigen. Folglich kann in der Duldung der Befriedigung der Antragsforderung durch den Insolvenzschuldner keine so gewichtige, die Verwirkung des verfassungsrechtlich geschützten Vergütungsanspruchs als verhältnismäßig erscheinen lassende Pflichtverletzung des vorläufigen Insolvenzverwalters erkannt werden.

Ebensowenig kann in der Nichtanzeige einer möglichen Interessenkollision für sich genommen eine so schwerwiegende Pflichtverletzung gesehen werden, dass deshalb die Versagung des verfassungsrechtlich geschützten Vergütungsanspruches des vorläufigen Insolvenzverwalters gerechtfertigt ist. Dem Insolvenzgericht stehen mit der Entlassung des inhabilen Insolvenzverwalters (§ 59 Abs. 1 InsO) oder der Bestellung eines Sonderverwalters verhältnismäßigere Mittel zur Verfügung, um der Befürchtung nachteiliger Wirkungen eines Interessenkonfliktes für die Insolvenzmasse begegnen zu können.[1949]

Dagegen stellt die Untreue zu Lasten der Insolvenzmasse angesichts der dem Insolvenzverwalter kraft Gesetzes (§ 80 Abs. 1 InsO) über eine fremde Vermögensmasse eingeräumte Rechtsstellung eine schwerwiegende Pflichtverletzung dar, die zudem gem. §§ 266, 15 StGB nur bei vorsätzlichem Handeln strafbar ist. Führt diese noch zu einer erheblichen Schädigung der Insolvenzmasse und mittelbar des Haftungsverwirklichungsanspruchs der Insolvenzgläubiger, dann wird dadurch die bisher entfaltete Insolvenzverwaltertätigkeit entwertet. In diesem Fall ist eine Vergütung nach dem Grundsatz der unzulässigen Rechtsausübung zu versagen.

3.3. Versagung des Vergütungsanspruches bei Straftaten des Insolvenzverwalters zu Lasten der Insolvenzmasse

Bei strafbaren Handlungen des Insolvenzverwalters zu Lasten der Insolvenzmasse stellt sich die Frage, ob die Überzeugung des Insolvenzgerichts von der Strafbar-

---

1948 Zwar ist die (Teil-)Befriedigung des antragstellenden Insolvenzgläubigers in der vorläufigen Insolvenzverwaltung nicht wirksam, sei es weil die Zustimmung des „schwachen" vorläufigen Insolvenzverwalters fehlt, sei es weil die Verwaltungs- und Verfügungsbefugnis gem. § 22 Abs. 1 InsO vom Insolvenzschuldner auf den vorläufigen Insolvenzverwalter übergegangen ist, jedoch ergeben sich hieraus keine rechtlichen Konsequenzen, wenn der Insolvenzantrag zurückgenommen oder für erledigt erklärt und damit der angeordneten Verfügungsbeschränkung die Legitimität entzogen wird.

1949 So auch *Keller*, Vergütung und Kosten im Insolvenzverfahren, Rdnr. 48.

keit ausreicht, um die Versagung einer Vergütung zu rechtfertigen, oder ob eine rechtskräftige Verurteilung des Insolvenzverwalters zu verlangen ist.

In der Instanzrechtsprechung ist judiziert worden, dass das Insolvenzgericht – vor einer rechtskräftigen Verurteilung des Insolvenzverwalters wegen Untreue oder Unterschlagung von Massegegenständen – bereits aufgrund eigener strafrechtlicher Wertungen im Rahmen des Vergütungsfestsetzungsverfahrens die Verwirkung des Vergütungsanspruches feststellen kann.[1950] *Keller* hält es für ausreichend, dass die Strafbarkeit feststeht, ohne dass eine strafrechtliche Verurteilung vorliegen muss.[1951]

Dagegen bestehen erhebliche, verfassungsrechtlich begründete Bedenken. Der Insolvenzverwalter hat einen durch Art. 12 Abs. 1 GG verfassungsrechtlich geschützten Anspruch auf eine seiner Qualifikation und Tätigkeit angemessene Vergütung, der nach dem Verhältnismäßigkeitsgrundsatz nur in eng begrenzten Fällen versagt werden kann.[1952] Nach Art. 101 Abs. 1 Satz 2 GG, § 16 Satz 2 GVG darf niemand seinem gesetzlichen Richter entzogen werden. Der gesetzliche Richter ist für die Beurteilung der Strafbarkeit eines Insolvenzverwalters der im Rahmen der ordentlichen Gerichtsbarkeit (§ 13 GVG) nach dem Geschäftsverteilungsplan zuständige Richter (§§ 24, 25 GVG). Demgegenüber ist Gegenstand des Festsetzungsverfahrens gem. § 64 InsO allein die Festsetzung einer dem Umfang und der Schwierigkeit der Geschäftsführung Rechnung tragenden Insolvenzverwaltervergütung und einer angemessenen Auslagenerstattung durch den gem. §§ 3 Abs. 2 e), 4 RPflG funktionell zuständigen Rechtspfleger. Wäre dieser befugt, aufgrund eigener strafrechtlicher Wertungen die Verwirkung des Vergütungsanspruches festzustellen, käme dieses – zumindest in der wirtschaftlichen Tragweite – einer Verurteilung des Insolvenzverwalters in einem verfassungswidrigen Verfahren gleich.

Die Begründung von *Keller*, dass auch bei einer Einstellung des Strafverfahrens nach §§ 153, 153a StPO die Pflichtverletzung des Insolvenzverwalters aus insolvenzrechtlicher Sicht so schwer sein kann, dass die Versagung der Vergütung gerechtfertigt ist[1953], stellt unter dem Gesichtspunkt der Einheit der Rechtsordnung[1954] einen Wertungswiderspruch dar. So erfolgt die Einstellung des Strafverfahrens nach § 153 a StPO nur, wenn die Schuld des Täters als gering anzusehen wäre und kein öffentliches Interesse an der Verfolgung besteht. Nach § 153 a StPO kann das Strafverfahren unter Auflagen oder Weisungen eingestellt werden,

1950 *AG Wolfratshausen*, Beschl. v. 3. 8. 2000 – N 19/92 – ZInsO 2000, 517 f.; *LG München II*, Beschl. v. 16. 7. 2003 – 7 T 5802/00 – ZVI 2003, 486 ff., das sogar von *„auf Grund unstreitiger Tatsachen erwiesene Untreue"* spricht, obwohl der Konkursverwalter verstorben und deshalb zu einem Bestreiten gar nicht mehr in der Lage war. Ganz zu schweigen, dass für das Bestreiten – eine Prozesshandlung des kontradiktorischen Zivilprozesses – im Festsetzungsverfahren gem. § 64 InsO unter Geltung des Amtsermittlungsgrundsatzes gem. § 5 InsO kein Raum ist.

1951 *Keller*, Vergütung und Kosten im Insolvenzverfahren, Rdnr. 44.

1952 Siehe Kap. F.VI.1.

1953 *Keller*, Vergütung und Kosten im Insolvenzverfahren, Rdnr. 44.

1954 *Larenz*, Methodenlehre, S. 124 f.

wenn diese geeignet sind, das öffentliche Interesse an der Strafverfolgung zu beseitigen, und die Schwere der Schuld nicht entgegensteht. Es scheint sehr zweifelhaft, ob bei nur geringer Schuld und nicht bestehendem öffentlichen Interesse an der weiteren Strafverfolgung eine so schwerwiegende Pflichtverletzung des Insolvenzverwalters gegeben ist, die eine Versagung der Verwaltervergütung rechtfertigt.

Es muss deshalb als Voraussetzung für die Versagung der Verwaltervergütung die rechtskräftige Verurteilung des Insolvenzverwalters wegen einer Straftat zu Lasten der Insolvenzmasse gefordert werden.

3.4. Versagung der Auslagenerstattung

Fraglich ist, ob sich die Verwirkung des Vergütungsanspruchs auch auf den Anspruch auf Auslagenerstattung gem. § 63 Abs. 1 InsO i.V.m. § 8 Abs. 3 InsVV erstreckt.

In der Rechtsprechung wird dieses ohne nähere Begründung verneint.[1955] Die Rechtswissenschaft hat sich – soweit ersichtlich – mit dieser Fragestellung bisher nicht auseinandergesetzt.

Gegen eine Gleichbehandlung von Vergütungs- und Auslagenerstattungsanspruch spricht, dass nach § 8 Abs. 1 Satz 2 InsVV beide Ansprüche gesondert festzustellen sind, folglich die Versagungsgründe jeweils gesondert zu beurteilen sind. Dabei ist zu berücksichtigen, dass im Gegensatz zur Vergütung der Auslagenerstattungsanspruch auf den Ersatz der dem Insolvenzverwalter tatsächlich entstandenen Aufwendungen gerichtet ist.[1956] Deshalb kann das in der Versagung der Vergütung zum Ausdruck kommende Urteil der angesichts der schweren Pflichtverletzung entwerteten Insolvenzverwaltertätigkeit nicht auf den Auslagenerstattungsanspruch erstreckt werden.

3.5. Verzögerung der Vergütungsfestsetzung

Die Insolvenzpraxis zeigt, dass die Entscheidung des Insolvenzgerichts über die beantragte Zustimmung zur Vorschussentnahme oder die Bescheidung des abschließenden Vergütungsantrages immer wieder verzögert wird. Teilweise wird eine Wartezeit von bis zu einem Jahr als dem Insolvenzverwalter zumutbar ansehen.[1957] Diese Auffassung übersieht, dass der Insolvenzverwalter einen erhebliche

---

1955 *AG Potsdam*, Beschl. v. 6. 4. 2005 – 35 IN 686/01 – ZInsO 2005, 503, 504; *AG Wolfratshausen*, Beschl. v. 3. 8. 2000 – N 19/92 – ZInsO 2000, 517, 518; dahingestellt lassend: *BGH*, Beschl. v. 6. 5. 2004 – IX ZB 349/02 – ZVI 2004, 367, 371.

1956 Die pauschale Auslagenberechnung gem. § 8 Abs. 3 InsVV dient lediglich der Verfahrensvereinfachung. Eine zusätzliche Vergütung der Verwaltertätigkeit kann darin nicht gesehen werden, da eine solche ohne Auslagen praktisch nicht denkbar ist.

1957 *Haarmeyer/Wutzke/Förster*, § 8 InsVV, Rdnr. 25.

Kosten verursachenden Büroapparat unterhalten muss, mithin jede Verzögerung der Zustimmung zur Vorschussentnahme oder der Vergütungsfestsetzung zumindest einen letztlich die Vergütung mindernden Zinsaufwand verursacht. Es stellt sich die Frage, ob der Insolvenzverwalter seinen Vorfinanzierungsaufwand bei nicht gerechtfertigter Verzögerung der Zustimmungserteilung oder Vergütungsfestsetzung im Wege der Amtshaftung (§ 839 BGB i.V.m. Art. 34 GG) erstattet verlangen kann. Die eigenmächtige Vergütungsentnahme scheidet als Ausweg aus, da hierin eine strafbare Untreue (§ 266 StGB) zu Lasten der Insolvenzmasse begründet ist.[1958]

3.5.1. Stand der Diskussion

Nach Ansicht von *Haarmeyer/Wutzke/Förster* besteht eine Amtspflicht des Insolvenzgerichts, einen entscheidungsreifen Antrag auf Zustimmung zur Vorschussentnahme oder Festsetzung der Vergütung unverzüglich, d.h. längstens innerhalb von 6 Wochen, zu bescheiden. Eine sachlich nicht begründete Verzögerung stellt eine Amtspflichtverletzung dar.[1959] Für *Keller* dagegen ist es zu einfach, jede länger als 6 Wochen dauernde Verzögerung als unzumutbar anzusehen.[1960] Die Amtshaftung ist nach dieser Auffassung grundsätzlich in Betracht zu ziehen, darf jedoch nicht als "Keule“ gegenüber dem Insolvenzgericht verwendet werden.[1961] Der *BGH* hat die Amtshaftung im Fall der schuldhaften Verzögerung oder Versagung eines Kostenvorschusses grundsätzlich in Betracht gezogen, ohne jedoch zu definieren, wann eine Verzögerung oder Versagung als schuldhaft anzusehen ist.[1962]

3.5.2. Stellungnahme

Eine Verzögerung der Beschlussfassung durch das Insolvenzgericht begründet wegen § 839 Abs. 1 Satz 2 BGB dann keinen Amtshaftungsanspruch des Insolvenzverwalters, wenn dieser einen Anspruch auf Verzinsung durch die Insolvenzmasse oder Regelsatzerhöhung (§ 3 Abs. 1 InsVV) hat.

3.5.2.1. Kein Zinsanspruch gegen die Insolvenzmasse

Die insolvenzrechtlichen Vergütungsvorschriften sehen einen Anspruch des Insolvenzverwalters auf Verzinsung seines Vergütungsanspruchs nicht vor. Ein allgemeiner Verzinsungsanspruch lässt sich auch nicht aus den Vorschriften des öffentlichen Rechts – der Vergütungsanspruch des Insolvenzverwalters ist öffentlich-rechtlicher Natur[1963] – ableiten, da ein solcher nur in Ausnahmefällen, z.B. nach § 62 VwVfG für den öffentlich-rechtlichen Vertrag, nach §§ 233 AO für Steuerer-

---

1958 Siehe Fn. 1922.
1959 *Haarmeyer/Wutzke/Förster*, § 8 InsVV, Rdnr. 25.
1960 *Keller*, Vergütung und Kosten im Insolvenzverfahren, Rdnr. 407.
1961 *Keller*, Vergütung und Kosten im Insolvenzverfahren, Rdnr. 409.
1962 *BGH*, Beschl. v. 4. 12. 2003 – IX ZB 48/03 – NZI 2004, 249, 251, unter gleichzeitiger Ablehnung einer Verzinsungspflicht zu Lasten der Insolvenzmasse.
1963 *Von Holdt*, Die Berechnung von Verzugszinsen auf Vergütungsanträge, ZInsO 2002, 1122.

stattungsansprüche und nach § 44 Abs. 1 SGB I für Ansprüche auf Geldleistungen, normiert worden ist.

In der Literatur wird die Verzinsungspflicht mit einer entsprechenden Anwendung des § 104 Abs. 1 Satz 2 ZPO[1964] oder der §§ 284ff. BGB[1965] begründet.

Demgegenüber hat der *BGH* einen Zinsanspruch gegen die Insolvenzmasse abgelehnt.[1966] Zur Begründung führt der *BGH* an, dass die Verzinsungsregelung in § 104 Abs. 1 Satz 2 ZPO nicht entsprechende Anwendung (§ 4 InsO) finden könne, weil die Vorschriften der ZPO über die Kostenerstattung im Insolvenzverfahren nur anwendbar sind, wenn sich Verfahrensbeteiligte mit entgegengesetzten Interessen gegenüberstehen. Das trifft aber für das Verhältnis zwischen Insolvenzverwalter und Insolvenzschuldner nicht zu. Da die Vergütung nicht vom Insolvenzgericht, sondern vom Insolvenzschuldner geschuldet wird und der Verzug voraussetzt, dass die Verbindlichkeit auch der Höhe nach feststeht, was im Insolvenzverfahren gerade die Festsetzung der Vergütung durch das Insolvenzgericht voraussetzt, scheidet eine entsprechende Anwendung der §§ 284ff. BGB aus.[1967] Der Insolvenzverwalter kann seine Vorfinanzierungslast nur durch die Entnahme von Vorschüssen auf die Vergütung (§ 9 InsVV) mindern.[1968]

Diese Rechtsprechung überzeugt. Eine Verzinsungspflicht bedarf zudem einer – derzeit nicht gegebenen – gesetzlichen Normierung, weil sie durch eine Belastung der Insolvenzmasse sowohl in das Vermögen des Insolvenzschuldners als auch – durch die Quotenminderung – in die Forderungsrechte der Insolvenzgläubiger eingreift. Diese Rechtsgüter unterliegen aber der verfassungsrechtlichen Eigentumsgarantie des Art. 14 GG, die nach Art. 14 Abs. 1 Satz 2 GG nur durch eine gesetzliche Regelung beschränkt werden darf.

3.5.2.2. Amtspflichtwidrigkeit der Verzögerung der Vergütungsfestsetzung

Eine anderweitige Ersatzmöglichkeit i.S.d. § 839 Abs. 1 Satz 2 BGB ist nicht gegeben, weil die Verzögerung der Vergütungsfestsetzung durch das Insolvenzgericht nicht durch einen Zinsanspruch des Insolvenzverwalters gegen die Insolvenzmasse kompensiert wird.

Es ist nunmehr zu untersuchen, ob das Insolvenzgericht durch die Verzögerung der Vergütungsfestsetzung eine Amtspflicht verletzt. Voraussetzung hierfür ist, dass überhaupt eine Amtspflicht des Insolvenzgerichts zur beschleunigten Zustimmung gem. § 9 InsVV oder Festsetzung gem. § 64 InsO besteht. Grundsätzlich gilt nach dem Rechtsstaatsprinzip, dass jede Behörde die Amtspflicht gegenüber einem Antragsteller hat, Anträge in angemessener Frist zu bescheiden, wenn die

---

1964 *Wasner,* Die Berechnung von Verzugszinsen auf Vergütungsanträge, ZInsO 2003, 16.
1965 *Holdt,* Die Berechnung von Verzugszinsen auf Vergütungsanträge, ZInsO 2002, 1122, 1126.
1966 *BGH,* Beschl. v. 4. 12. 2003 – IX ZB 48/03 – NZI 2004, 249, 250.
1967 *BGH,* Beschl. v. 4. 12. 2003 – IX ZB 48/03 – NZI 2004, 249, 250.
1968 *BGH,* Beschl. v. 4. 12. 2003 – IX ZB 48/03 – NZI 2004, 249, 251.

ordnungsgemäße Prüfung abgeschlossen ist.[1969] Der Vergütungsanspruch ist verfassungsrechtlich durch Art. 12 Abs. 1 GG verbürgt und auf unverzügliche Erfüllung gerichtet.[1970]

Folglich besteht eine Amtspflicht des Insolvenzgerichts zur beschleunigten Prüfung und Entscheidung über Anträge gem. § 9 InsVV oder gem. § 64 InsO, § 8 Abs. 1 Satz 1 InsVV. Als Maßstab kann § 121 Abs. 1 BGB – ohne schuldhaftes Zögern – herangezogen werden.

VII. Die Sicherheitsleistung durch Insolvenzverwalter als Aufsichtsmaßnahme?

§ 78 Abs. 2 KO sah noch eine Ermächtigung des Konkursgerichtes vor, dem Konkursverwalter nach freiem, pflichtgemäßem Ermessen[1971] eine Sicherheitsleistung aufzuerlegen, um etwaige Schadensersatzansprüche der Verfahrensbeteiligten gegen den Konkursverwalter aus § 82 KO zu sichern.[1972] Für die Anordnung der Sicherheitsleistung vor Bestellung des Konkursverwalters reichte es aus, dass Ansprüche gegen den Konkursverwalter als möglich erschienen; für die nachträgliche Anordnung einer Sicherheitsleistung wurde gefordert, dass konkrete Anhaltspunkte für eine Schadensersatzpflicht des Konkursverwalters bestanden.[1973] Den Konkursgläubigern stand ein Beschwerderecht bei Ablehnung eines Antrages auf Anordnung einer Sicherheitsleistung durch das Konkursgericht zu.[1974]

Eine vergleichbare Regelung findet sich in der InsO nicht. Zwar enthielt der § 65 Abs. 2 InsORegE eine dem § 78 Abs. 2 KO entsprechende Regelung, diese wurde jedoch im Gesetzgebungsverfahren aufgrund der geringen praktischen Bedeutung der Vorgängerregelung[1975] für nicht erforderlich gehalten und gestrichen.[1976]

Ein Recht des Insolvenzgerichts, vom Insolvenzverwalter eine Sicherheitsleistung einzufordern, lässt sich auch nicht aus der allgemeinen Anordnung der Aufsicht in

---

1969 *BGH*, Urt. v. 29. 6. 1979 – III ZR 112/78 – NJW 1979, 2041, 2042; Urt. v. 23. 3. 1959 – III ZR 207/57 – NJW 1959, 1219, 1220; Staudinger-*Wurm*, § 839 BGB, Rdnr. 134.

1970 *BGH*, Beschl. v. 4. 12. 2003 – IX ZB 48/03 – NZI 2004, 249, 251; Beschl. v. 1. 10. 2002 – IX ZB 53/02 – NZI 2003, 31; *Haarmeyer/Wutzke/Förster*, § 8 InsVV, Rdnr. 25, sehen in dieser Festsetzungspraxis ein Zeichen mangelnden Verständnisses dafür, dass der Insolvenzverwalter einen Kostenapparat zu bedienen hat und auf die zügige Vergütungsfestsetzung angewiesen ist.

1971 *Kuhn/Uhlenbruck*, § 78 KO, Rdnr. 11; *Jaeger/Weber*, 6./7. A., § 78 KO, Rdnr. 11.

1972 *Jaeger/Weber*, 6./7. A., § 78 KO, Rdnr. 14.

1973 *LG Freiburg*, Beschl. v. 29. 1. 1981 – 9 T 105/80 – ZIP 1981, 473, 477; *Eickmann*, Anm. zu LG Freiburg, Beschl. v. 29. 1. 1981 – 9 T 105/80 –, ZIP 1981, 478, 489; *Kuhn/Uhlenbruck*, § 78 KO, Rdnr. 11 b.

1974 *LG Freiburg*, Beschl. v. 11. 3. 1982 – 9 T 123/81 – ZIP 1982, 477, 478; *Kuhn/Uhlenbruck*, § 78 KO, Rdnr. 11 a.

1975 Vgl. auch: *Eickmann*, Anm. zu LG Freiburg, Beschl. v. 29. 1. 1981 – 9 T 105/80 –, ZIP 1981, 478.

1976 Begrd.RechtsA. zu § 65 InsORegE, zit. n. *Balz/Landfermann*, Die neuen Insolvenzgesetze, S. 135. Ein gesetzgeberischer Handlungsbedarf wird hier nicht gesehen (siehe Kap. H.II.2).

§ 58 Abs. 1 Satz 1 InsO ableiten.[1977] Diese Vorschrift enthält keine den Grundsätzen der Normenklarheit, Justitiabilität und Gesetzmäßigkeit der Verwaltung[1978] entsprechende Ermächtigung, sondern normiert nur allgemein die Verantwortlichkeit des Insolvenzgerichts für die Aufsicht über den Insolvenzverwalter.

VIII. Das Zwangsgeldverfahren gem. § 58 Abs. 2 InsO

Die Vorschrift des § 58 Abs. 2 InsO ermächtigt das Insolvenzgericht, den Insolvenzverwalter durch die Festsetzung eines Zwangsgeldes zur Erfüllung seiner Aufgaben und Pflichten zu veranlassen. Das Zwangsgeld kann auch gegen einen nach § 59 Abs. 1 InsO entlassenen Insolvenzverwalter verhängt werden.[1979] Bereits vom Insolvenzverwalter begangene Pflichtwidrigkeiten können nicht mit einem Zwangsgeld sanktioniert werden, da dieses keinen Strafcharakter hat.[1980] Das Zwangsgeld ist dem Insolvenzverwalter nach § 58 Abs. 2 Satz 1 InsO vorher anzudrohen und darf nach § 58 Abs. 2 Satz 2 InsO im Einzelfall den Betrag von € 25.000 nicht übersteigen. Gegenüber der Zwangsgeldfestsetzung ist dem Insolvenzverwalter gem. § 58 Abs. 2 Satz 3 InsO das Rechtsmittel der sofortigen Beschwerde gem. § 6 InsO eröffnet. Den im Zusammenhang mit dem Zwangsfeldverfahren diskutierten Fragestellungen, wie der Notwendigkeit einer nochmaligen Anhörung des Insolvenzverwalters vor der Festsetzung des Zwangsgeldes, der Zulässigkeit der Festsetzung eines weiteren Zwangsgeldes zur Bewirkung derselben Verwaltermaßnahme und ob hierzu der Insolvenzverwalter noch einmal angehört werden muss oder ob die Androhung ausreicht, zur Höhe des Zwangsgeldes und zu den Rechtsfolgen, wenn der Insolvenzverwalter im Verlaufe des Zwangsgeldverfahrens das von ihm Verlangte erbringt (sogen. „Zweckerreichung"), soll im Folgenden nachgegangen werden.

1. Entstehungsgeschichte

§ 58 Abs. 2 InsO geht auf die vergleichbaren Vorschriften der § 84 KO, § 41 VglO zurück. Demgegenüber sah die GesO ein Zwangsgeld gegen den Gesamtvollstreckungsverwalter nicht vor. Das Gesamtvollstreckungsgericht war lediglich gem. § 8 Abs. 3 GesO ermächtigt, bei Pflichtverletzungen den Verwalter aus wichtigem

---

1977 A. A. Jaeger-*Gerhardt*, § 58 InsO. Rdnr. 20.
1978 *BVerfG*, Beschl. v. 12. 11. 1958 – 2 BvL 4, 26, 40/56, 1, 7/57 – NJW 59, 475 f.; Beschl. v. 16. 2. 1965 – 1 BvL 15/62 – NJW 1965, 741, 742; *BVerwG*, Urt. v. 7. 5. 1971 – VII C 51.70 – NJW 1971, 1956, 1958.
1979 Begr.RegE zu § 58 InsO, zit. nach *Balz/Landfermann,* Die neuen Insolvenzgesetze, S. 138; *BGH*, Beschl. v. 14. 4. 2005 – IX ZB 76/04 – NZI 2005, 391, 392; HambK-*Frind*, § 58 InsO, Rdnr. 10; Kübler/Prütting-*Lüke*, § 58 InsO, Rdnr. 18.
1980 *BGH*, Beschl. v. 14. 4. 2005 – IX ZB 76/04 – NZI 2005, 391, 392; Jaeger-*Gerhardt*, § 58 InsO, Rdnr. 24. Braun-*Kind*, § 58 InsO, Rdnr. 10; Kübler/Prütting-*Lüke*, § 58 InsO, Rdnr. 17; Uhlenbruck-*Uhlenbruck,* § 58 InsO, Rdnr. 25.

Grund abzuberufen und einen anderen Verwalter einzusetzen.[1981] Der Regierungsentwurf sah noch vor, dass der Beschluss über die Festsetzung eines Zwangsgeldes gegen den Insolvenzverwalter nach §§ 883, 887, 888 ZPO vollstreckbar, mithin neben dem Zwangsgeld auch die Anordnung der Ersatzvornahme und der Zwangshaft möglich sein sollte. Auf diese vollstreckungsrechtlichen Zwangsmaßnahmen wurde jedoch in den Beratungen des Rechtsausschusses des Bundestages im Interesse der Verfahrensvereinfachung verzichtet.[1982] Zweifel an der Eignung der Zwangshaft als Instrument der insolvenzgerichtlichen Aufsicht lassen sich damit begründen, dass ein inhaftierter Insolvenzverwalter aus tatsächlichen Umständen an einer Pflichterfüllung gehindert ist. Zum Schutze der Gläubiger und des Insolvenzschuldners ist die Amtsentlassung (§ 59 Abs. 1 InsO) die wirksamere Aufsichtsmaßnahme.[1983] Das GAVI-InsO sieht keine Änderungen für das Zwangsgeldverfahren gem. § 58 Abs. 2 InsO vor.

2. Festsetzungsverfahren

Das Zwangsgeld wird vom Insolvenzgericht festgesetzt (§ 58 Abs. 2 Satz 1 InsO). Funktional zuständig ist im Eröffnungsverfahren, d.h. für die Zwangsmaßnahmen gegen den vorläufigen Insolvenzverwalter, der Insolvenzrichter und im eröffneten Insolvenzverfahren der Insolvenzrechtspfleger (§§ 3 Abs. 2 lit. e, 4, 18 RPflG).

2.1. Androhung des Zwangsgeldes

Die Festsetzung darf erst nach vorheriger Androhung, die schriftlich oder mündlich erfolgen kann,[1984] eines der Höhe nach bezifferten Zwangsgeldes und der Aufforderung an den Insolvenzverwalter zu einem bestimmten Verhalten unter Fristsetzung erfolgen.[1985] Eines förmlichen Beschlusses bedarf es nicht.[1986] Für *Eickmann* gilt es als „nobile officium" des Gerichts, dass der Insolvenzverwalter im Falle der Nichterfüllung seiner insolvenzrechtlichen Berichtspflichten vor Androhung des Zwangsgeldes noch einmal schriftlich unter angemessener Fristsetzung gemahnt wird.[1987] Mangels gesetzlicher Regelung ist diese Mahnung jedoch keine formelle Voraussetzung für die Rechtmäßigkeit der Zwangsgeldfestsetzung.[1988]

1981 Die entsprechende Anwendung des § 84 KO offen lassend: *BGH*, Urt. v. 27. 4. 1995 – IX ZR 102/94 – ZIP 1995, 932, 934.
1982 Begr.Rechtsausschuß zu § 58 InsO, zit. nach *Balz/Landfermann*, Die neuen Insolvenzgesetze, S. 138.
1983 N/R-*Delhaes*, § 58 InsO, Rdnr. 18.
1984 N/R-*Delhaes*, § 58 InsO, Rdnr. 15; Braun-*Kind*, § 58 InsO Rdnr. 11.
1985 HK-*Eickmann*, § 58 InsO, Rdnr. 9; MK-*Graeber*, § 58 InsO, Rdnr. 48; Kübler/Prütting-*Lüke*, § 58 InsO, Rdnr. 17.
1986 *LG Göttingen*, Beschl. v. 20. 11. 2008 – 10 T 106/08 – BeckRS 2008 24105.
1987 HK-*Eickmann*, § 58 InsO, Rdnr. 9; zustimmend: FK-*Kind*, § 58 InsO, Rdnr. 12; Uhlenbruck-*Uhlenbruck*, § 58 InsO, Rdnr. 27.
1988 Jaeger-*Gerhardt*, § 58 InsO, Rdnr. 26.

Fraglich ist, ob es vor der Festsetzung des Zwangsgeldes einer nochmaligen Anhörung des Insolvenzverwalters bedarf. Das *LG Coburg* hat dieses mit der Begründung bejaht, dass dem Insolvenzverwalter Gelegenheit gegeben werden muss, sich zur beabsichtigten Verhängung des Zwangsgeldes zu äußern und sich unter Umständen zu exkulpieren, und um die Höhe des Zwangsgeldes richtig bemessen zu können, da die angedrohte Höhe des Zwangsgeldes von der tatsächlich festzusetzenden Höhe abweichen kann.[1989] Auch *Gerhardt* hält eine Anhörung des Insolvenzverwalters vor der Festsetzung des Zwangsgeldes für erforderlich.[1990]

Die Gegenansicht geht davon aus, dass bereits mit der Androhung des Zwangsgeldes dem Anspruch auf rechtliches Gehör Genüge getan ist.[1991] Dieser Ansicht ist zuzustimmen. Der Gesetzgeber hat das Erfordernis einer weiteren Anhörung des Insolvenzverwalters vor der Zwangsgeldfestsetzung nicht normiert. Bereits mit der Zwangsgeldandrohung ist dem Insolvenzverwalter hinlänglich bekannt gemacht worden, was von ihm verlangt wird und welche Rechtsfolgen ihm aus § 58 Abs. 2 InsO drohen, wenn er dem gerichtlichen Verlangen nicht nachkommt. Eine besondere Schutzbedürftigkeit des Insolvenzverwalters, die eine erneute Anhörung erforderlich machen könnte, ist nicht zu erkennen, zumal in der Insolvenzpraxis bereits vor der Androhung eines Zwangsgeldes regelmäßig mehrere Mahnungen an den Insolvenzverwalter gerichtet worden sind.[1992]

2.2. Festsetzung des Zwangsgeldes

Bleibt die Androhung des Zwangsgeldes und die Fristsetzung zur Erfüllung der Berichtspflicht ergebnislos, ist das Insolvenzgericht ermächtigt, gegen den Insolvenzverwalter durch Beschluss ein Zwangsgeld festzusetzen. Dieser Beschluss ist ein Vollstreckungstitel im Sinne des § 794 Nr. 2 ZPO[1993] und dem Insolvenzverwalter zuzustellen. Als Justizverwaltungssache wird der Zwangsgeldbeschluss nach den Vorschriften der §§ 2ff. JustBeitrO vollstreckt.[1994]

Fraglich ist, ob das Insolvenzgericht ein weiteres Zwangsgeld festsetzen darf, wenn der Insolvenzverwalter nach Festsetzung und Vollstreckung des bereits festgesetzten Zwangsgeldes seinen Pflichten nicht nachkommt. Bedenken hiergegen könnten aus Art. 103 Abs. 3 GG[1995] hergeleitet werden. Dagegen spricht aber, dass

---

1989 *LG Coburg*, Beschl. v. 8. 2. 1990 – 2 T 10/90 – Rpfleger 1990, 383; mit ablehn. Anm. *Depré*, Rpfleger 1990, 384.
1990 Jaeger-*Gerhardt*, § 58 InsO, Rdnr. 26.
1991 BerlKo-*Blersch*, § 58 InsO, Rdnr. 12; MK-*Graeber*, § 58 InsO, Rdnr. 49; Braun-*Kind*, § 58 InsO, Rdnr. 11.
1992 Ein Beispiel für eine außerordentliche Geduld des Insolvenzrechtspflegers mit „seinem" Insolvenzverwalter zeigt der Tatbestand der Entscheidung des *LG Göttingen*, Beschl. v. 5. 7. 2006 – 10 T 57/06 – BeckRS 2006 08612. Das Verhalten des Insolvenzverwalters in diesem Fall hätte auch eine Amtsentlassung gem. § 59 Abs. 1 InsO gerechtfertigt.
1993 MK-Graeber, § 58 InsO, Rdnr. 53.
1994 Jaeger-*Gerhardt*, § 58 InsO, Rdnr. 29; Braun-*Kind*, § 58 InsO, Rdnr. 13.
1995 Art. 103 Abs. 3 GG: *„Niemand darf wegen derselben Tat auf Grund der allgemeinen Strafgesetze mehrmals bestraft werden."*

das Zwangsgeld gem. § 58 Abs. 2 InsO keinen Strafcharakter hat, sondern eine Beugemaßnahme ist, die auch zum wiederholten Male angewendet werden darf.[1996] Auch ist ein besonderes Schutzbedürfnis des in Anspruch genommenen Insolvenzverwalters nicht zu erkennen. Erfüllt der Insolvenzverwalter trotz Festsetzung eines Zwangsgeldes seine Pflichten weiterhin nicht oder nicht vollständig, dann kann nach h.M. ein weiteres Zwangsgeld gegen ihn festgesetzt werden.[1997] Dem Insolvenzverwalter ist das weitere Zwangsgeld vorher anzudrohen[1998], einer erneuten Anhörung bedarf es jedoch nicht, weil dieser bereits bei der ersten Androhung gehört wurde und über das von ihm Verlangte unterrichtet ist.[1999] Für *Graeber* ist im Fall einer nachhaltigen Verweigerung der Pflichterfüllung durch den Insolvenzverwalter eine tatsächliche Hinderung des Insolvenzverwalters gegeben, die die Bestellung eines Sonderinsolvenzverwalters rechtfertigt.[2000] Bei richtiger Betrachtung sollte die nachhaltige Verweigerung der Pflichterfüllung dem Insolvenzgericht Anlass sein, die Amtsentlassung nach § 59 Abs. 1 InsO zu prüfen.[2001] Denn der Insolvenzverwalter kann z.B. eine ordnungsgemäße Berichterstattung und Rechnungslegung auch deshalb verweigern, um die Entdeckung von Masseveruntreuungen zu verhindern. Deren Aufdeckung würde durch eine Duldung der Nichterfüllung der Berichts- und Rechnungslegungspflichten, wie sie z.B. in dem der Entscheidung des *LG Göttingen*[2002] zugrunde liegenden Fall vom Insolvenzgericht an den Tag gelegt worden ist, derart verzögert werden, dass sich die Frage nach einer Amtshaftung wegen Verletzung der Aufsichtspflicht (§ 58 Abs. 1 InsO) stellen kann. Auch ist eine zeitnahe und ordnungsgemäße Berichterstattung z.B. bei einer Betriebsfortführung dringend geboten.[2003]

Die Festlegung der Höhe des Zwangsgeldes liegt im Ermessen des Insolvenzgerichts.[2004] Für die Ermessensausübung ist die Bedeutung der zu erfüllenden Pflichten und die Wirkung des Zwangsgeldes auf den Insolvenzverwalter[2005], aber auch

---

1996 *BGH*, Beschl. v. 14. 4. 2005 – IX ZB 76/04 – NZI 2005, 391, 392; Kübler/Prütting-*Lüke*, § 58 InsO, Rdnr. 17; Uhlenbruck-*Uhlenbruck*, § 58 InsO, Rdnr. 25.

1997 *BGH*, Beschl. v. 14. 4. 2005 – IX ZB 76/04 – NZI 2005, 391, 392; *LG Göttingen*, Beschl. v. 5. 7. 2006 – 10 T 57/06 – BeckRS 2006 08612; HambK-*Frind*, § 58 InsO, Rdnr. 10; MK-*Graeber*, § 58 InsO, Rdnr. 54; Graf-Schlicker-*Mäusezahl*, § 58 InsO, Rdnr. 17; Uhlenbruck-*Uhlenbruck*, § 58 InsO, Rdnr. 25.

1998 N/R-*Delhaes*, § 58 InsO, Rdnr. 15; *MK-Graeber*, § 58 InsO, Rdnr. 47.

1999 N/R-*Delhaes*, § 58 InsO, Rdnr. 15; HK-*Eickmann*, § 58 InsO, Rdnr. 10; HambK-*Frind*, § 58 InsO, Rdnr. 10; Jaeger-*Gerhardt*, § 58 InsO, Rdnr. 26; MK-*Graeber*, § 58 InsO, Rdnr. 49; Kübler/Prütting-*Lüke*, § 58 InsO, Rdnr. 17; Graf-Schlicker-*Mäusezahl*, § 58 InsO, Rdnr. 17; Uhlenbruck-*Uhlenbruck*, § 58 InsO, Rdnr. 25; a.A. *LG Coburg*, Beschl. v. 8. 2. 1990 – 2 T 10/90 – Rpfleger 1990, 383, auch für den Fall der Ankündigung eines weiteren Zwangsgeldes im nach Androhung ergangenen Zwangsgeldbeschlusses; mit ablehn. Anm. v. *Depré*, Rpfleger 1990, 383f.

2000 MK-*Graeber*, § 56 InsO, Rdnr. 155.

2001 HambK-*Frind*, § 58 InsO, Rdnr. 10; MK-*Graeber*, § 58 InsO, Rdnr. 54; Graf-Schlicker-*Mäusezahl*, § 58 InsO, Rdnr. 17.

2002 *LG Göttingen*, Beschl. v. 5. 7. 2006 – 10 T 57/06 – BeckRS 2006 08612.

2003 *Frind*, in: HambK-*Frind*, § 58 InsO, Rdnr. 10, weist zutreffend darauf hin, dass in diesem Fall das Zwangsgeldverfahren ein „stumpfes Schwert“ ist, so dass gleich die Amtsentlassung (§ 59 Abs. 1 InsO) in Betracht zu ziehen ist.

2004 N/R-*Delhaes*, § 58 InsO, Rdnr. 14.

2005 *LG Göttingen*, Beschl. v. 5. 7. 2006 – 10 T 57/06 – BeckRS 2006 08612.

das vorhergehende Verhalten des Insolvenzverwalters[2006] zu berücksichtigen. Das Ermessen des Insolvenzgerichtes kann eingeschränkt sein, wenn der Insolvenzverwalter vorangegangene Zwangsgeldfestsetzungen wegen derselben Pflichtverletzung missachtet hat.[2007] In der Literatur wird teilweise vertreten, dass die für eine einheitliche Pflichtverletzung festgesetzten Zwangsgelder insgesamt nicht den Höchstbetrag von € 25.000,– gem. § 58 Abs. 2 Satz 2 InsO übersteigen dürfen.[2008] Diese Auffassung widerspricht aber dem eindeutigen Wortlaut des § 58 Abs. 2 Satz 2 InsO: *„das einzelne Zwangsgeld“*. Folglich können mehrere für dieselbe Pflichtverletzung verhängte Zwangsgelder insgesamt den Betrag von € 25.000,– übersteigen.[2009]

2.3. Verschulden der Pflichtverletzung

Fraglich ist, ob nur eine schuldhafte Pflichtverletzung mit einem Zwangsgeld sanktioniert werden kann. Dieses Erfordernis wird – soweit ersichtlich – nur von *Eickmann* aufgestellt.[2010] *Uhlenbruck*[2011] unterscheidet das Verschulden des Insolvenzverwalters von der Entschuldigung der eingetretenen Säumnis. Führt der Insolvenzverwalter einen triftigen Grund für die Säumnis an, sollen die Voraussetzungen für die Verhängung eines Zwangsgeldes entfallen. Auf ein Verschulden des Insolvenzverwalters als Voraussetzung für die Anordnung eines Zwangsgeldes gem. § 58 Abs. 2 InsO kann es aber angesichts des fehlenden Strafcharakters des Zwangsgeldes[2012] nicht ankommen. Vielmehr dient das Zwangsgeld als Beugemittel dazu, den Insolvenzverwalter zur Erfüllung seiner Amtspflichten zu veranlassen. Die Kenntnis der mit dem Insolvenzverwalteramt verbundenen Pflichten kann von einem Insolvenzverwalter erwartet werden, andernfalls sind Zweifel an dessen Geeignetheit i. S. d. § 56 Abs. 1 InsO begründet. Auch wird diese Kenntnis dem Insolvenzverwalter durch die Androhung des Zwangsgeldes vermittelt.

2.4. Rechtsmittel

Nach § 58 Abs. 2 Satz 3 InsO ist dem Insolvenzverwalter *„gegen den Beschluss“* das Rechtsmittel der sofortigen Beschwerde eröffnet (§ 6 InsO). Aus der Sicht des Insolvenzverwalters stellt sich die Frage nach der Statthaftigkeit eines Rechtsmittels in jeder Stufe – Androhung, Festsetzung, ggfls. erneute Festsetzung, Vollstreckung – des Zwangsgeldverfahrens. Die Androhung des Zwangsgeldes ist nach allgemeiner Ansicht als verfahrensleitende und vorbereitende Maßnahme nicht selbststän-

---

2006 *LG Göttingen*, Beschl. v. 20. 11. 2008 – 10 T 106/08 – BeckRS 2008 24105.
2007 *LG Göttingen*, Beschl. v. 5. 7. 2006 – 10 T 57/06 – BeckRS 2006 08612.
2008 BerlKo-*Blersch*, § 58 InsO, Rdnr. 14; *Haarmeyer/Wutzke/Förster*, Hdb. InsO, Kap. 5 Rdnr. 45.
2009 *BGH*, Beschl. v. 14. 4. 2005 – IX ZB 76/04 – NZI 2005, 391, 392; *N/R-Delhaes*, § 58 InsO, Rdnr. 14; HK-*Eickmann*, § 58 InsO, Rdnr. 10; Braun-*Kind*, § 58 InsO, Rdnr. 10.
2010 HK-*Eickmann*, § 58 InsO. Rdnr. 8.
2011 Uhlenbruck-*Uhlenbruck*, § 58 InsO, Rdnr. 27.
2012 Siehe Fn. 1996.

dig mit der sofortigen Beschwerde gem. § 58 Abs. 2 Satz 3 InsO anfechtbar.[2013] Dagegen kann sich der Insolvenzverwalter gegen die Androhung des Zwangsgeldes durch den Insolvenzrechtspfleger mit der Rechtspflegererinnerung nach § 11 Abs. 2 RPflG wenden.[2014]

Die Festsetzung des Zwangsgeldes nach § 58 Abs. 2 Satz 3 InsO kann der Insolvenzverwalter mit der sofortigen Beschwerde anfechten. Diese hat nach § 4 InsO i.V.m. § 570 Abs. 1 ZPO grundsätzlich aufschiebende Wirkung. Denn § 570 Abs. 1 ZPO ist eine Generalklausel, die sämtliche Beschwerden gegen Zwangs- oder Ordnungsmittel erfasst, die nach Bestimmungen der ZPO gegen Zeugen, Sachverständige, Dritte oder gegen eine Prozesspartei verhängt werden.[2015] Dieses gilt auch für das Zwangsgeld nach § 58 Abs. 2 InsO, da dieses keinen Strafcharakter hat, sondern nur ein auf die Erreichung eines pflichtgemäßen Handelns des Insolvenzverwalters gerichtetes Beugemittel ist.[2016]

Die Einstellung einer Zwangsvollstreckung aus dem Zwangsgeldbeschluss, der einen Vollstreckungstitel im Sinne des § 794 Nr. 2 ZPO darstellt, kann der Insolvenzverwalter nur nach § 775 ZPO erreichen, insbesondere wenn dieser eine Entscheidung des Beschwerdegerichtes gem. § 570 Abs. 2 ZPO über die Aussetzung der Vollziehung des Zwangsgeldbeschlusses nachweisen kann (§ 775 Nr. 2 ZPO).

In der Beschwerdeentscheidung trifft das Beschwerdegericht auch eine Entscheidung über die Kostentragung. Eine isolierte Anfechtung der Kostenentscheidung ist nach § 4 InsO i.V.m. § 99 Abs. 1 ZPO ausgeschlossen, um zu verhindern, dass ein Gericht bei der Überprüfung der Kostenentscheidung erneut die Hauptsache beurteilen muss.[2017]

3. Die späte Einsicht des Insolvenzverwalters (Zweckerreichung)

Fraglich ist, ob die Fortsetzung des Zwangsgeldverfahrens unzulässig wird, wenn der Insolvenzverwalter zuvor die geforderte Handlung vorgenommen hat (sogen. „Zweckerreichung"). Hierbei ist zwischen der Zweckerreichung im eigentlichen Festsetzungsverfahren bis zur Rechtskraft des Zwangsgeldbescheides und der Zweckerreichung im Beitreibungsverfahren nach rechtskräftiger Festsetzung zu unterscheiden.

2013 *OLG Zweibrücken*, Beschl. v. 23. 11. 2000 – 3 W 238/00 – InVo 2001, 57; N/R-*Delhaes*, § 58 InsO, Rdnr. 20; HK-*Eickmann*, § 58 InsO, Rdnr. 13; HambK-*Frind*, § 58 InsO, Rdnr. 10; MK-*Graeber*, § 58 InsO, Rdnr. 60; Graf-Schlicker-*Mäusezahl*, § 58 InsO, Rdnr. 17; Uhlenbruck-*Uhlenbruck*, § 58 InsO, Rdnr. 27.

2014 N/R-*Delhaes*, § 58 InsO, Rdnr. 20.

2015 Musielak-Ball, § 570 ZPO, Rdnr. 3; Jaeger-*Gerhardt*, § 58 InsO, Rdnr. 27.

2016 Siehe Fn. 1996.

2017 *OLG Brandenburg*, Beschl. v. 18. 4. 2000 – 8 W 52/00 – NZI 2001, 483; *OLG Köln*, Beschl. v. 14. 4. 2000 – 2 W 65/00 – NZI 2000, 374; offen gelassen: *OLG Zweibrücken*, Beschl. v. 11. 8. 2000 – 3 W 138/00 – ZInsO 2001, 87, 88.

Nach der wohl überwiegenden Auffassung ist die Fortsetzung des Zwangsmittelverfahrens gem. § 58 Abs. 2 InsO nach Zweckerreichung unzulässig, da dieses nicht auf die Bestrafung des Insolvenzverwalters, sondern auf die Herbeiführung einer erzwingbaren Handlung gerichtet ist.[2018] Demgemäß hat das *OLG Köln* die Beschwerde eines Konkursverwalters gegen die Zwangsgeldandrohung mangels Rechtsschutzbedürfnisses abgewiesen, weil nach Zweckerreichung – der Konkursverwalter hatte den angeforderten Bericht eingereicht – die Zwangsgeldandrohung keinerlei Wirkung mehr habe und den Konkursverwalter nicht in seinen Rechten verletze.[2019]

Für das Beitreibungsverfahren vertritt *Uhlenbruck* die abweichende Ansicht, dass die Vollstreckung eines rechtskräftigen Zwangsgeldbeschlusses auch bei Zweckerreichung zulässig ist. Zur Begründung führt er an, dass die Zwangsgeldfestsetzung zu einer „stumpfen Waffe" wird, wenn der Insolvenzverwalter bis zur Beitreibung des Zwangsgeldes warten kann, um dann unter Nachweis der Erfüllung seiner Verpflichtung die Aufhebung des Zwangsgeldbeschlusses zu erreichen. Zudem hindere die Rechtskraft die Aufhebung des Festsetzungsbeschlusses.[2020] Dieser Auffassung steht jedoch der Erzwingungscharakter des Zwangsgeldes entgegen.[2021] Der Insolvenzverwalter kann daher die Aufhebung des Zwangsgeldbeschlusses in einem Verfahren analog § 766 ZPO bei dem zuständigen Rechtspfleger beantragen.[2022] Dem beharrlich seine Pflichten verletzenden, jeweils das Beitreibungsverfahren abwartenden Insolvenzverwalter kann aber in geeigneter Weise durch die Amtsentlassung nach § 59 Abs. 1 InsO begegnet werden.

4. Exkurs: Zwangsgeld gegen den entlassenen Insolvenzverwalter

Kommt der nach § 57 InsO „abgewählte" oder der nach § 56 Abs. 1 InsO entlassene Insolvenzverwalter seiner in § 66 Abs. 1 InsO begründeten Pflicht zur (Teil-) Schlussrechnungslegung über seine Amtsführung nur unzureichend oder gar nicht nach, so stellt sich die Frage nach der zwangsweisen Durchsetzung der Schlussrechnungslegungspflicht. Der Entwurf eines „Gesetzes zur Verbesserung

---

2018 *LG Oldenburg*, Beschl. v. 29. 4. 1982 – 5 T 128/82 – ZIP 1982, 1233 (die Statthaftigkeit der Vollstreckungserinnerung analog § 766 ZPO gegen einen rechtskräftig gewordenen Zwangsgeldbeschluss annehmend); *OLG Köln*, Beschl. v. 31. 7. 1968 – KTS 1969, 59, 60; *LG Wuppertal*, Beschl. v. 29. 9. 1957 – 6 T 514 und 578/57 – KTS 1958, 45, 46 (unter Berufung auf Jaeger, § 84 KO, Rdnr. 1); N/R-*Delhaes*, § 58 InsO Rdnr. 16; HK-*Eickmann*, § 58 InsO Rdnr. 16; Jaeger-*Gerhardt*, § 58 InsO, Rdnr. 28; MK-*Graeber*, § 58 InsO, Rdnr. 46, 52; Kübler/Prütting-*Lüke*, § 58 InsO, Rdnr. 17; anders noch zu § 84 Satz 1 KO a. F. *LG Altona*, Beschl. v. 26. 7. 1935 – 7 T 740/35 – KuT 1935, 172; dagegen: *Jaeger*, 6.u. 7. Aufl., § 84 KO, Anm. 1.

2019 *OLG Köln*, Beschl. v. 31. 7. 1968 – 2 W 119/68 – KTS 1969, 59f.

2020 Uhlenbruck-*Uhlenbruck*, § 58 InsOl, Rdnr. 25.

2021 Ebenso das *LG Oldenburg*, Beschl. v. 29. 4. 1982 – 5 T 128/82 – ZIP 1982, 1233.

2022 *LG Oldenburg*, Beschl. v. 29. 4. 1982 – 5 T 128/82 – ZIP 1982, 1233; Jaeger-*Gerhardt*, § 58 InsO, Rdnr. 28; Braun-*Kind*, § 58 InsO, Rdnr. 14.

und Vereinfachung der Aufsicht in Insolvenzverfahren (GAVI)“[2023] sieht für diesen Fall keine Verstärkung des aufsichtsrechtlichen Instrumentariums vor.

Zunächst kann der nachfolgende Insolvenzverwalter den Auskunfts- und Rechnungslegungsanspruch außerhalb des Insolvenzverfahrens gerichtlich geltend machen. Damit geht aber regelmäßig eine zeitliche Verzögerung einher, die dem Interesse des nachfolgenden Insolvenzverwalters, kurzfristig vollständig über die bisherige Insolvenzabwicklung informiert zu sein, nicht gerecht wird. Es bietet sich daher an, die Schlussrechnungslegungspflicht des Vorgängers im Zwangsgeldverfahren gem. § 58 Abs. 2 InsO durchzusetzen.

4.1. Zulässigkeit der Zwangsgeldfestsetzung

In der Literatur wird vertreten, dass ein Zwangsmittel gem. § 58 Abs. 2 InsO gegen den entlassenen Insolvenzverwalter zur Durchsetzung der Rechnungslegungspflicht nicht festgesetzt werden kann, so dass dem Nachfolger nur die Geltendmachung des Rechnungslegungsanspruchs gegen den ehemaligen Insolvenzverwalter auf dem Zivilrechtsweg bleibt.[2024] Für diese Auffassung kann angeführt werden, dass die entsprechende Anwendbarkeit der Vorschrift des § 58 Abs. 2 InsO über das Zwangsgeldverfahren nach dem Wortlaut des § 58 Abs. 3 InsO nur für die Durchsetzung von Herausgabepflichten normiert ist.[2025]

Die Gegenansicht[2026] stützt die Zulässigkeit der Zwangsgeldfestsetzung gegen den ehemaligen Insolvenzverwalter zum Teil darauf, dass die Schlussrechnungslegungspflicht nach § 66 Abs. 1 InsO erst mit dem Ausscheiden aus dem Amt begründet und erst mit der Rechnungslegung vollständig erfüllt wird,[2027] zum Teil auf die Regelung der Herausgabevollstreckung in § 58 Abs. 3 InsO.[2028] Dieser Ansicht hat sich der *BGH* mit der Begründung angeschlossen, dass die Möglichkeit zur Zwangsgeldfestsetzung gem. § 58 Abs. 2 Satz 1 InsO Ausdruck der Aufsicht des Insolvenzgerichts über den Insolvenzverwalter ist, die bis zur vollständigen Erfüllung der über die Amtsbeendigung hinaus nachwirkenden Amtspflichten des entlassenen Insolvenzverwalters andauert.[2029] Die Vorschriften der §§ 58 Abs. 1 Satz 2, 58 Abs. 2 Satz 1, 66 Abs. 1 InsO stellen eine den verfassungsrechtlichen Anforderungen genügende Ermächtigungsgrundlage zur Zwangsgeldfestsetzung gegen

---

2023 Fn. 26.
2024 MK-*Nowak*, § 66 InsO, Rdnr. 35 a.E.; N/R-*Delhaes*, § 66 InsO, Rdnr. 13; BerlKo-*Blersch*, § 58 InsO, Rdnr. 18.
2025 Siehe Kap. F.IX.
2026 HK-*Eickmann*, § 58 InsO, Rdnr. 14; Jaeger-*Gerhardt*, § 66 InsO, Rdnr. 21; Kübler/Prütting-*Onusseit*, § 66 InsO, Rdnr. 10; Smid-*Smid*, § 58 InsO, Rdnr. 17; Uhlenbruck-*Uhlenbruck*, § 58 InsO, Rdnr. 34, § 66 InsO, Rdnr. 17.
2027 Kübler/Prütting-*Onusseit*, § 66 InsO, Rdnr. 10.
2028 HK-*Eickmann*, § 58 InsO, Rdnr. 14; Smid-*Smid*, § 58 InsO, Rdnr. 17.
2029 *BGH*, Beschl. v. 14.4.2005 – IX ZB 76/04 – NZI 2005, 391.

den die Vorlage der Teilschlussrechnung verweigernden, entlassenen Insolvenzverwalter dar.[2030]

Dieser Auffassung ist beizupflichten, denn die Vorschrift des § 58 Abs. 2 Satz 1 InsO stellt ganz allgemein auf die Nichterfüllung der Verwalterpflichten ab. Die Gesetzesmaterialien lassen nicht erkennen, dass der Gesetzgeber durch die Regelung in § 58 Abs. 3 InsO die Durchsetzbarkeit der Rechnungslegungspflichten des entlassenen Insolvenzverwalters mit den Zwangsmitteln des § 58 Abs. 2 InsO einschränken wollte.[2031]

4.2. Zulässigkeit des Zwangsgeldverfahrens vor Bestandskraft des Entlassungsbeschlusses?

Dem entlassenen Insolvenzverwalter, nicht dagegen dem gem. § 57 InsO abgewählten Insolvenzverwalter,[2032] ist gegen den Beschluss über die Amtsentlassung durch §§ 59 Abs. 2 Satz 1, 6 Abs. 1 InsO das Rechtsmittel der sofortigen Beschwerde eröffnet. Fraglich ist, ob bis zur Entscheidung über die sofortige Beschwerde die Pflicht zur Schlussrechnungslegung noch nach § 58 Abs. 2 InsO durchgesetzt werden kann, weil die Amtsentlassung noch nicht bestandskräftig ist und der entlassene Insolvenzverwalter im Zwangsgeldverfahren zu einer Rechnungslegung gezwungen würde, die er bei einer Aufhebung des Entlassungsbeschlusses (noch) nicht zu erbringen hätte.

Der *BGH* hat unter Berufung auf § 4 InsO i. V. m. § 570 Abs. 1 ZPO[2033] festgestellt, dass die Beschwerde gegen den Entlassungsbeschluss keine aufschiebende Wirkung hat und der Insolvenzverwalter daher zur Schlussrechnungslegung verpflichtet ist.[2034] Dem Insolvenzverwalter bleibt insoweit nur die Möglichkeit, die Aussetzung der Vollziehung des Entlassungsbeschlusses im Wege der einstweiligen Anordnung durch das Beschwerdegericht nach § 4 InsO i. V. m. § 570 Abs. 3 ZPO zu erreichen. Aber auch in dem Fall, dass die Vollziehung des Beschlusses über die Amtsentlassung einstweilen ausgesetzt worden ist und deshalb das Amt des Insolvenzverwalters noch andauert, kann das Insolvenzgericht auf der Grundlage des § 58 Abs. 1 Satz 2 InsO die Rechnungslegung über die bisherige Amtsführung des Insolvenzverwalters einfordern und diese Rechnungslegungspflicht mit dem Zwangsgeld (§ 58 Abs. 2 InsO) durchsetzen.

2030 *BGH*, Beschl. v. 14. 4. 2005 – IX ZB 76/04 – NZI 2005, 391, 392.
2031 Begrd.RegE zu § 58 InsO, zit. n. *Balz/Landfermann*, Die neuen Insolvenzgesetze, S. 137 f.
2032 Siehe Kap. C.III.3.2.3.5.
2033 § 570 Abs. 1 ZPO lautet: *„Die Beschwerde hat nur dann aufschiebende Wirkung, wenn sie die Festsetzung eines Ordnungs- oder Zwangsmittels zum Gegenstand hat.“*
2034 *BGH*, Beschl. v. 14. 4. 2005 – IX ZB 76/04 – NZI 2005, 391 ff.

IX. Die zwangsweise Durchsetzung von Herausgabeansprüchen

Nach § 58 Abs. 3 InsO kann das Insolvenzgericht mit dem Zwangsmittel des § 58 Abs. 2 InsO die Herausgabepflicht des entlassenen Insolvenzverwalters hinsichtlich der in seinem Besitz befindlichen Unterlagen und Massegegenstände, insbesondere des liquiden Massebestandes, durchsetzen. Wie bereits dargelegt[2035], unterliegt der entlassene Insolvenzverwalter auch nach Beendigung seiner Amtsstellung der Zwangsgewalt durch das Insolvenzgericht, soweit jenen noch nachwirkende Verwalterpflichten treffen. Dagegen kann der neu bestellte Insolvenzverwalter den der Insolvenzmasse gegen den Vorverwalter zustehenden Herausgabeanspruch[2036] nur klageweise vor dem Zivilgericht geltend machen oder das Insolvenzgericht veranlassen, die Herausgabe im Zwangsverfahren nach § 58 Abs. 3 InsO durchzusetzen.

1. Herausgabeverpflichteter

Der Wortlaut der Vorschrift des § 58 Abs. 3 InsO benennt nur den entlassenen Insolvenzverwalter als Herausgabeverpflichteten. Es stellt sich daher die Frage, ob diese Vorschrift über ihren Wortlaut hinaus auch auf andere Fälle der Beendigung der Amtsstellung eines Insolvenzverwalters anwendbar ist.

Aus der gesetzlichen Verweisung in § 21 Abs. 2 Nr. 1 InsO ergibt sich ohne weiteres die Anwendbarkeit der Vorschrift des § 58 Abs. 3 InsO auf den vorläufigen Insolvenzverwalter, der z.B. bei Verfahrenseröffnung nicht zum Insolvenzverwalter bestellt worden ist. Gleichermaßen ist diese Vorschrift entsprechend auf den Sachwalter (§ 274 Abs. 1 InsO) und den Treuhänder im vereinfachten Insolvenzverfahren (§ 313 Abs. 1 Satz 3 InsO) anwendbar. Die Herausgabepflicht trifft gleichermaßen auch den nach § 57 InsO „abgewählten" Verwalter.[2037]

Im Falle des Todes des Insolvenzverwalters sind die Erben als Gesamtrechtsnachfolger hinsichtlich der im Nachlass befindlichen Gegenstände der Insolvenzmasse zur Herausgabe verpflichtet. Im Falle einer Herausgabeverweigerung scheidet das Verfahren nach § 58 Abs. 3 InsO zur Durchsetzung des Herausgabeanspruches gegen die Erben aus, weil diese als nicht verfahrensbeteiligte Dritte nicht der Zwangsgewalt des Insolvenzgerichts unterliegen.[2038] Hier bleibt dem Amtsnachfolger nur der Gang vor die Zivilgerichte.

2035 Siehe Kap. D.III.2.3.

2036 Uhlenbruck-*Uhlenbruck*, § 58 InsO, Rdnr. 34; Rechtsgrundlage sind die Vorschriften der § 80 Abs. 1, § 35 InsO, §§ 675, 667 BGB, *Zimmer*, Herausgabepflichten eines ausgeschiedenen Verwalters – Stellungnahme zu § 59 InsO (GAVI), ZVI 2008, 277, 279.

2037 HmbK-*Frind*, § 58 InsO, Rdnr. 11; Jaeger-*Gerhardt*, § 58 InsO, Rdnr. 33.

2038 HK-*Eickmann*, § 58 InsO, Rdnr. 16; Jaeger-*Gerhardt*, § 58 InsO, Rdnr. 33; Uhlenbruck-*Uhlenbruck*, § 58 InsO, Rdnr. 34.

Fraglich ist die Anwendbarkeit des § 58 Abs. 3 InsO auf den Insolvenzverwalter bei regulärer Verfahrensbeendigung, z.B. weil dieser die in seinem Besitz befindlichen Geschäftsunterlagen nicht an den Insolvenzschuldner herausgibt. Dieses wird von *Mäusezahl* unter Berufung auf den Wortlaut – *„entlassenen Verwalter“* – der Vorschrift ausdrücklich abgelehnt.[2039] In der Literatur wird eine solche Erstreckung des Anwendungsbereichs des § 58 Abs. 3 InsO auf den Insolvenzverwalter bei regulärer Verfahrensbeendigung nicht vertreten. *Eickmann*, *Gerhardt* und *Uhlenbruck* wollen den Anwendungsbereich des § 58 Abs. 3 InsO zwar grundsätzlich auch auf den aus sonstigen Gründen aus dem Amt ausgeschiedenen Insolvenzverwalter erstrecken, haben dabei aber allein ein Ausscheiden vor regulärer Verfahrensbeendigung im Blick.[2040] Eine solche Begrenzung des Anwendungsbereichs erscheint angesichts des Regelungszwecks des § 58 Abs. 3 InsO sinnvoll. Mit der Erstreckung der gerichtlichen Zwangsgewalt auf den entlassenen Insolvenzverwalter soll sichergestellt werden, dass dem neu bestellten Insolvenzverwalter wichtige Dokumente zur Verfahrensfortführung zeitnah zur Verfügung gestellt werden. Diese Interessenslage besteht bei einem im Zuge regulärer Verfahrensbeendigung ausscheidenden Insolvenzverwalter gerade nicht. Zudem besteht bei der Verletzung solcher Pflichten, die bereits während des Insolvenzverfahrens bestanden haben, die Möglichkeit, auch nach Verfahrensbeendigung im Wege der gerichtlichen Aufsicht nach § 58 Abs. 1 InsO gegen den Insolvenzverwalter vorzugehen.[2041] Eines Rückgriffes auf § 58 Abs. 3 InsO bedarf es in diesem Fall daher nicht. Auch wäre eine solche Auslegung nicht mehr vom Wortlaut der Vorschrift gedeckt, die ausdrücklich von dem „entlassenen Verwalter“ spricht. Unter diese Formulierung können in weiter Auslegung auch sonstige Fälle des vorzeitigen Ausscheidens des Insolvenzverwalters subsumiert werden, nicht jedoch die Amtsbeendigung bei regulärer Verfahrensbeendigung. Die Erstreckung der insolvenzgerichtlichen Zwangsgewalt auf den Insolvenzverwalter bei regulärer Verfahrensbeendigung muss daher schon aufgrund einer den verfassungsrechtlichen Anforderungen nicht genügenden Ermächtigungsgrundlage ausscheiden. Verweigert der Insolvenzverwalter bei regulärer Verfahrensbeendigung dem Insolvenzschuldner die Herausgabe z.B. der Geschäftsunterlagen, so ist dieser auf den Zivilrechtsweg verwiesen.

2. Gegenstand der Herausgabepflicht

Die Vorschrift setzt das Bestehen von Herausgabepflichten des entlassenen Insolvenzverwalters voraus, ohne jedoch deren Gegenstand zu definieren. Nach allg. Ansicht hat der Insolvenzverwalter nach Beendigung seines Amtes alle in seinem Besitz befindlichen Unterlagen, die verwalteten Geldmittel, die in Ausübung des

2039 Graf-Schlicker-*Mäusezahl*, § 58 InsO, Rdnr. 20.

2040 HK-*Eickmann*, § 58 InsO, Rdnr. 14; Jaeger-*Gerhardt*, § 58 InsO, Rdnr. 33; Uhlenbruck-*Uhlenbruck*, § 58 InsO, Rdnr. 34.

2041 Jaeger-*Gerhardt*, § 58 InsO, Rdnr. 34; siehe auch: Kap. D.III.2.3.

Verwalteramtes erworbenen Gegenstände sowie die sonstigen Massegegenstände an den neu bestellten Insolvenzverwalter herauszugeben.[2042] Gleichzeitig hat der Insolvenzverwalter alle im Rahmen seiner Geschäftstätigkeit erworbenen und für die weitere Verfahrensabwicklung notwendigen Informationen dem Nachfolger zu geben und diesem – zumindest auf Anfrage – Auskunft zu verfahrensrelevanten Vorgängen während seiner Amtszeit zu erteilen.[2043]

Umstritten ist, ob sich die Herausgabepflicht auch auf die Hand- bzw. Verfahrensakten des Insolvenzverwalters erstreckt. Eine solche Herausgabepflicht wird von *Lüke* als zu weitgehend abgelehnt.[2044] Dagegen führt *Uhlenbruck* an, dass nur eine umfassende Herausgabeverpflichtung den Nachfolger im Verwalteramt in die Lage versetzen kann, die weitere Verfahrensabwicklung und Masseverwertung effektiv zu betreiben. Nach Ansicht von *Blersch* umfasst deshalb die Herausgabepflicht des entlassenen Verwalters alle bei ihm angefallenen Verfahrensakten, wie z. B. die bei der Führung von Rechtsstreitigkeiten angelegten Handakten, die Korrespondenz mit den Verfahrensbeteiligten und die Insolvenztabelle.[2045] Dieser Ansicht ist zuzustimmen. Die Erweiterung der Zwangsgewalt des Insolvenzgerichts auf den bereits ausgeschiedenen Verwalter soll gerade verhindern, dass dieser durch Zurückhaltung wichtiger Unterlagen den Fortgang des Insolvenzverfahrens verzögert. Wird nach der Entlassung des ursprünglichen Verwalters ein neuer Insolvenzverwalter bestellt, muss dieser sich umgehend und vollständig über den bisherigen Verfahrensablauf informieren können, um die Amtsgeschäfte effektiv und zeitnah fortführen zu können. Dies ist dem neuen Insolvenzverwalter nur dann möglich, wenn er sämtliche Verfahrensakten erhält. Ein Besitzrecht des ausgeschiedenen Insolvenzverwalters an den von ihm erstellten Dokumenten, um etwaige gegen ihn erhobene Schadensersatzansprüche abwehren zu können, hat grundsätzlich hinter den Zielen einer effektiven Verfahrensabwicklung zurückzutreten. Dem Interesse des ausgeschiedenen Insolvenzverwalters an einer entsprechenden Dokumentation seiner Tätigkeit kann dadurch genügt werden, dass diesem die Möglichkeit verschafft wird, sich entsprechende Kopien von den Verfahrensakten machen zu dürfen.[2046]

Gegenstand der Herausgabevollstreckung ist auch die Bestallungsurkunde, die der Insolvenzverwalter bei seiner Bestellung erhält (§ 56 Abs. 2 Satz 1 InsO) und die er bei Beendigung seines Amtes wieder zurückzugeben hat (§ 56 Abs. 2 Satz 2 InsO). Die Bestallungsurkunde ist ein gerichtliches Zeugnis darüber, dass die durch die Urkunde ausgewiesene Person als Verwalter bestellt ist.[2047] Auf die Rückgabe der Bestallungsurkunde hat das Insolvenzgericht im Rahmen der Aufsicht zu achten, um eine Schädigung des Rechtsverkehrs durch die missbräuchliche Verwendung

---

2042 *BGH*, Urt. v. 4. 12. 2003 – IX ZR 222/02 – ZVI 2004, 105, 107 f.; Kübler/Prütting-*Lüke*, § 58 InsO, Rdnr. 18; Smid-*Smid*, § 58 InsO, Rdnr. 17.
2043 *BGH*, Urt. v. 4. 12. 2003 – IX ZR 222/02 – ZVI 2004, 105, 108.
2044 Kübler/Prütting-*Lüke*, § 58 InsO, Rdnr. 18.
2045 BerlK-*Blersch*, § 58 InsO, Rdnr. 18.
2046 BerlK-*Blersch*, § 58 InsO, Rdnr. 18; Uhlenbruck-*Uhlenbruck*, § 58 InsO, Rdnr. 34.
2047 Jaeger-*Gerhardt*, § 56 InsO, Rdnr. 92.

einer durch die Verfahrensbeendigung rechtlich kraftlos gewordenen Bestallungsurkunde zu verhindern.[2048] Verweigert oder unterläßt es der Insolvenzverwalter, die Bestallungsurkunde zurückzugeben, dann kann die Rückgabe im Zwangsgeldverfahren gem. § 58 Abs. 2 InsO[2049] oder im Wege der Herausgabevollstreckung gem. § 58 Abs. 3 InsO[2050] erzwungen werden. Auch kann eine Strafbarkeit des Insolvenzverwalters wegen Urkundenunterdrückung oder wegen Unterschlagung gegeben sein.[2051]

3. Herausgabevollstreckung

Erfüllt der Insolvenzverwalter seine Herausgabepflicht nicht, ist über die Vorschrift des § 58 Abs. 3 InsO das Zwangsgeldverfahren gem. § 58 Abs. 2 InsO eröffnet.

Eine Vollstreckung des Herausgabeanspruchs ist gesetzlich nicht normiert. Die ursprünglich im Regierungsentwurf vorgesehene Anwendung der Vorschriften der §§ 883, 887, 888 ZPO ist im Gesetzgebungsverfahren aus Gründen der Verfahrensvereinfachung gestrichen worden.[2052] Die Vorschrift des § 148 Abs. 2 InsO kann nicht helfen, da diese nach ihrem Wortlaut voraussetzt, dass sich die Unterlagen oder Massegegenstände im Besitz des Insolvenzschuldners befinden.[2053]

Bei ergebnislosem Zwangsgeldverfahren bleibt dem Nachfolger im Amte nur die Erhebung der Herausgabeklage auf dem Zivilrechtsweg.[2054] Ein gegen die Entlassung eingelegtes Rechtsmittel ist keine zulässige Einwendung gegen den Herausgabeanspruch, da der sofortigen Beschwerde keine aufschiebende Wirkung zukommt.[2055] Da jedoch mit der Herausgabeklage auf dem Zivilrechtswege, anders als bei einer sofortigen Vollstreckbarkeit des Herausgabeanspruches, insbesondere die gezielte Suche nach den herauszugebenden Gegenständen erheblich erschwert werden kann, soll de lege ferenda durch § 59 Abs. 1 a) bis 1 c) GAVI-InsO die Herausgabevollstreckung nach der Zivilprozessordnung eingeführt und die herauszugebenden Unterlagen und Gegenstände gesetzlich definiert werden.[2056]

2048 Jaeger-*Gerhardt*, § 56 InsO, Rdnr. 92. In diesem Sinne bereits. Mitteilung des Justizministeriums vom 25. 6. 1931, Pr. JMBl., S. 223, 224, Ziff. II.6.
2049 Jaeger-*Gerhardt*, § 56 InsO, Rdnr. 93; Kübler/Prütting-*Lüke*, § 58 InsO, Rdnr. 18.
2050 Andres/Leithaus-*Andres*, § 56 InsO, Rdnr. 12.
2051 Braun-*Kind*, § 58 InsO, Rdnr. 18.
2052 Bericht des RechtsA zu § 58 InsO, zit. n. *Balz/Landfermann*, Die neuen Insolvenzgesetze, S. 138.
2053 HK-*Eickmann*, § 58 InsO, Rdnr. 15.
2054 MK-*Graeber*, § 58 InsO, Rdnr. 58; Uhlenbruck-*Uhlenbruck*, § 58 InsO, Rdnr. 34.
2055 Uhlenbruck-*Uhlenbruck*, § 58 InsO, Rdnr. 34.
2056 Siehe Kap. H.I.2.4.

X. Die Bestellung eines Sonderverwalters

Als „Sonderverwalter" wird eine Person bezeichnet, die an Stelle des „regulären" Insolvenzverwalters für einen Bereich tätig wird, in dem der „reguläre" Insolvenzverwalter rechtlich oder tatsächlich verhindert ist, ohne dass der Sonderverwalter die Gesamtzuständigkeit für das weitere Insolvenzverfahren hat.[2057] Dessen Bestellung ist in der InsO nicht ausdrücklich geregelt. Die in § 77 RegE InsO hierzu vorgesehene Regelung ist vom Rechtsausschuss als überflüssig gestrichen worden, da man angesichts der bisherigen Praxis im Konkursrecht davon ausging, dass die Bestellung eines Sonderverwalters auch ohne ausdrückliche Regelung möglich ist.[2058] Deshalb wird das Insolvenzgericht im Rahmen seiner Aufsicht nach allg. Meinung als ermächtigt angesehen, gem. § 56 InsO einen Sonderverwalter zu bestellen.[2059] Die Bestellung eines Sonderverwalters kommt auch im Rahmen der Eigenverwaltung in Betracht.[2060]

1. Gründe der Sonderverwaltung

Die Bestellung eines Sonderverwalters setzt voraus, dass der bestellte Insolvenzverwalter aus tatsächlichen Gründen (z.B. Krankheit) oder aus rechtlichen Gründen (z.B. Interessenkollision) an der Amtsausübung gehindert ist.[2061] Das Insolvenzgericht hat im Rahmen des Amtsermittlungsgrundsatzes (§ 5 Abs. 1 InsO) zu ermitteln, ob die Bestellung eines Sonderverwalters erforderlich ist.[2062]

1.1. Tatsächliche Gründe

Als tatsächlicher Grund für die Bestellung eines Sonderverwalters kommt die Verhinderung des bestellten Insolvenzverwalters wegen einer anderweitigen Ter-

---

2057 *Lüke*, Der Sonderinsolvenzverwalter, ZIP 2004, 1693, 1694.
2058 Zit. nach: *Kübler/Prütting*, Das neue Insolvenzrecht, Band I, S. 596.
2059 *BGH*, Beschl. v. 1.2. 2007 – IX ZB 45/05 – NZI 2007, 237, 238; Beschl. v. 25.1. 2007 – IX ZB 240/05 NZI 2007, 284, 285 (Tz. 22); Beschl. v. 2.3. 2006 – IX ZB 225/04 – NZI 2006, 474, 475 (Tz. 11); *OLG Celle*, Beschl. v. 23.7. 2001 – 2 W 41/01 – ZInsO 2001, 755, 756; N/R-*Delhaes*, § 56 InsO, Rdnr. 18; HK-*Eickmann*, § 56 InsO, Rdnr. 35; Jaeger-*Gerhardt*, § 56 InsO, Rdnr. 76; MK-*Graeber*, § 56 InsO, Rdnr. 153; *Graf/Wunsch*, Bestellung eines Sonderinsolvenzverwalters bei drohendem Interessenkonflikt des Insolvenzverwalters, DZWiR 2002, 177, 180; Kübler/Prütting-*Lüke*, § 56 InsO, Rdnr. 32; Smid-*Smid*, § 56 InsO, Rdnr. 30; *ders.*, Praxishandbuch Insolvenzrecht, § 9 Rdnr. 64; Uhlenbruck-*Uhlenbruck*, § 56 InsO, Rdnr. 31; ebenso zum Konkursrecht: *BGH*, Urt. v. 27.11. 2005 – IX ZR 179/04 – ZIP 2006, 36, 37; *OLG München*, Beschl. v. 20.1. 1987 – 25 W 3137/86 – ZIP 1987, 656, 657.
2060 *Dahl*, Die Bestellung eines Sonderinsolvenzverwalters nach der InsO, ZInsO 2004, 1014, 1015.
2061 *BGH*, Beschl. v. 2.3. 2006 – IX ZB 225/04 – NZI 2006, 474, 475 (Tz. 11); MK-*Graeber*, § 56 InsO, Rdnr. 153; *Graeber/Pape*, Der Sonderverwalter im Insolvenzverfahren, ZIP 2007, 991, 992; Kübler/Prütting-*Lüke*, § 56 InsO, Rdnr. 32; Uhlenbruck-*Uhlenbruck*, § 56 InsO, Rdnr. 31.
2062 Wegen der eingeschränkten Amtsermittlungsmöglichkeiten empfiehlt *Lüke* (in: Der Sonderinsolvenzverwalter, ZIP 2004, 1693, 1696) dem Antragsteller, sein Begehren so zu begründen und zu belegen, dass sich aus seinem Vortrag die Voraussetzungen für die Bestellung eines Sonderinsolvenzverwalters ergeben.

minsverpflichtung oder Krankheit in Betracht. In diesen Fällen ist die Bestellung eines Sonderverwalters nur gerechtfertigt, wenn diese für die Verfahrensabwicklung notwendig ist und nicht durch andere Maßnahmen, wie z.B. die Vertretung durch einen fachkundigen Mitarbeiter des Insolvenzverwalters oder die Verschiebung der Gläubigerversammlung, abgewendet werden kann. Die Bestellung eines Sonderverwalters muss sich an dem Verhältnismäßigkeitgrundsatz messen lassen,[2063] weil sie nicht nur die Insolvenzmasse mit einem weiteren Vergütungsanspruch belastet, sondern auch in die verfassungsrechtlich durch Art. 12 Abs. 1 GG geschützte Rechtsstellung des bestellten Insolvenzverwalters eingreift. Deshalb wird vertreten, dass die Urlaubsabwesenheit im Normalfall eine Sonderinsolvenzverwaltung nicht rechtfertigen kann, sondern es zu den Pflichten des Insolvenzverwalters gehört, mittels seines Verwalterbüros die notwendigen Vorkehrungen für die Verfahrensabwicklung und seine Erreichbarkeit zu treffen.[2064] Das Insolvenzgericht hat daher vor der Bestellung eines Sonderinsolvenzverwalters zu prüfen, ob der abwesende Insolvenzverwalter für eine ausreichende Vertretung gesorgt hat.[2065] In gleicher Weise ist bei einer Erkrankung des Insolvenzverwalters zu verfahren. Bei einer dauerhaften Erkrankung dürfte die Amtsentlassung gem. § 59 Abs. 1 InsO der Bestellung eines Sonderverwalters vorzuziehen sein.[2066] Für *Graeber* stellt auch die Nichtvornahme von Maßnahmen zur Förderung des Insolvenzverfahrens trotz Vollstreckung eines Zwangsgeldes nach § 58 Abs. 2 InsO einen Fall der tatsächlichen Verhinderung des Insolvenzverwalters dar.[2067]

1.2. Rechtliche Gründe

Bedeutsamster rechtlicher Grund für die Einsetzung eines Sonderverwalters ist die Gefahr einer Interessenkollision des bestellten Insolvenzverwalters. Voraussetzung ist, dass diese nur punktuell droht,[2068] da die Möglichkeit einer allgemeinen Interessenkollision entweder bereits bei der Bestellung gem. § 56 Abs. 1 InsO zu berücksichtigen ist oder – bei nachträglichem Eintritt – die Amtsentlassung des bestellten Insolvenzverwalters gem. § 59 Abs. 1 InsO rechtfertigt. Als Fälle einer punktuellen Interessenkollision sind denkbar:
- die Forderungsprüfung bei vom Insolvenzverwalter für eine andere Insolvenzmasse angemeldeten Forderungen,[2069]
- die Prüfung von Aus- oder Absonderungsrechten, die vom Insolvenzverwalter für eine andere Insolvenzmasse geltend gemacht werden,

---

2063 Siehe Kap. F.X.3.3.
2064 MK-*Graeber*, § 56 InsO, Rdnr. 154; *Graeber/Pape*, Der Sonderverwalter im Insolvenzverfahren, ZIP 2007, 991, 992; *Graf/Wunsch*, Bestellung eines Sonderinsolvenzverwalters bei drohendem Interessenkonflikt des Insolvenzverwalters, DZWiR 2002, 177, 179; *Smid*, Praxishandbuch Insolvenzrecht, § 9 Rdnr. 68.
2065 *Graeber/Pape*, Der Sonderverwalter im Insolvenzverfahren, ZIP 2007, 991, 992.
2066 *Graeber/Pape*, Der Sonderverwalter im Insolvenzverfahren, ZIP 2007, 991, 992.
2067 MK-*Graeber*, § 56 InsO, Rdnr. 155.
2068 *Graf/Wunsch*, Bestellung eines Sonderinsolvenzverwalters bei drohendem Interessenkonflikt des Insolvenzverwalters, DZWiR 2002, 177.
2069 *Graeber/Pape*, Der Sonderverwalter im Insolvenzverfahren, ZIP 2007, 991, 992.

- Notwendigkeit zur Bildung einer Sondermasse, z.B. nach § 32 Abs. 3 DepotG;
- Prüfung und Geltendmachung von Schadensersatzansprüchen der Insolvenzmasse gegen den Insolvenzverwalter,[2070] insbesondere auch den Anspruch auf Rückzahlung überzahlter Vergütung,[2071]
- Geltendmachung der Komplementärhaftung gem. § 93 InsO bei Personenidentität zwischen den Insolvenzverwaltern des Komplementärs und der KG,
- Insichgeschäfte nach § 181 BGB zwischen dem Insolvenzverwalter und der Insolvenzmasse, z. B. beim Erwerb von Massegegenständen,[2072]
- bei Rechtsgeschäften zwischen der Insolvenzmasse und mit dem Insolvenzverwalter nahe stehenden Personen,[2073]
- in der Konzerninsolvenz, wenn für mehrere selbständige Unternehmen nur ein Insolvenzverwalter bestellt worden ist,
- bei der Bestellung eines Insolvenzverwalters sowohl für die Besitz- als auch für die Betriebsgesellschaft im Rahmen einer Betriebsaufspaltung,[2074]
- die Geltendmachung von Ansprüchen gegen einen früheren Mandanten eines zum Insolvenzverwalter bestellten Rechtsanwalts.

Für die Feststellung des Vorliegens einer Interessenkollision werden überwiegend die Vorschriften der §§ 41ff. ZPO herangezogen.[2075] Dabei reicht entsprechend § 42 Abs. 2 ZPO die Besorgnis einer Interessenkollision aus.[2076] Zur Begründung kann aber auch auf die Vorschrift des § 56 Abs. 1 InsO abgestellt werden. Wenn die Unabhängigkeit ein Auswahlkriterium und deren Fehlen ein Grund ist, eine ansonsten geeignete Person nicht zum Insolvenzverwalter zu bestellen, dann bedarf es eines geeigneten aufsichtsrechtlichen Instruments, um einem späteren (partiellen) Wegfall der Unabhängigkeit begegnen zu können.

Das Verbot des Insichgeschäfts lässt sich auch aus dem auf den Insolvenzverwalter entsprechend anwendbaren § 181 BGB ableiten.[2077] Entgegen *Graeber/Pape* besteht

2070 *OLG München*, Beschl. v. 20. 1. 1987 – 25 W 3137/86 – in: ZIP 1987, 656f.; *AG Göttingen*, Beschl. v. 30. 12. 2005 – 74 IN 262/00 – ZinsO 2006, 50 (antragsberechtigt ist jeder Insolvenzgläubiger); *AG Karlsruhe*, Beschl. v. 25. 11. 1982 – N 243/74 – ZIP 1983, 101 (Verwahrung von Massegeldern über längere Zeit auf dem Geschäftskonto des Konkursverwalters); *Lüke*, Der Sonderinsolvenzverwalter, ZIP 2004, 1693, 1695.

2071 *BGH*, Urt. v. 17. 11. 2005 – IX ZR 179/04 – ZIP 2006, 36, 37.

2072 *Graeber/Pape*, Der Sonderverwalter im Insolvenzverfahren, ZIP 2007, 991, 992; *Graf/Wunsch*, Bestellung eines Sonderinsolvenzverwalters bei drohendem Interessenkonflikt des Insolvenzverwalters, DZWiR 2002, 177, 178.

2073 *Graf/Wunsch*, Bestellung eines Sonderinsolvenzverwalters bei drohendem Interessenkonflikt des Insolvenzverwalters, DZWiR 2002, 177, 179. Hiervon ausgenommen sind m.E. die nach § 4 Abs. 1 Satz 3 InsVV zulässigen Dienst- oder Werkverträge, z.B. mit einer Steuerberatungsgesellschaft, an der der Insolvenzverwalter beteiligt ist.

2074 *Graf/Wunsch*, Bestellung eines Sonderinsolvenzverwalters bei drohendem Interessenkonflikt des Insolvenzverwalters, DZWiR 2002, 177f.

2075 *Graeber/Pape*, Der Sonderverwalter im Insolvenzverfahren, ZIP 2007, 991, 992; *Graf/Wunsch*, Bestellung eines Sonderinsolvenzverwalters bei drohendem Interessenkonflikt des Insolvenzverwalters, DZWiR 2002, 177, 179.

2076 *Graeber/Pape*, Der Sonderverwalter im Insolvenzverfahren, ZIP 2007, 991, 992.

2077 *BGH*, Urt. v. 24. 1. 1991 – IX ZR 240/89 – ZIP 1991, 324, 326; *OLG Frankfurt*, Beschl. v. 2. 3. 1976 – 20 W 799/75 – BB 1976, 571.

kein fließender Übergang zwischen der Interessenkollision und dem Insichgeschäft[2078], vielmehr ist letzteres als Unterfall der Interessenkollision anzusehen, der erst mit dem Geschäftsabschluss entsteht und nicht schon bei Verhandlungsbeginn bestand.

Der Bestellung eines Sonderverwalters zur Abwendung einer Interessenkollision geht logisch voraus, dass das Insolvenzgericht Kenntnis von dem die Interessenkollision begründenden Sachverhalt erhält. Der Insolvenzverwalter wird daher als verpflichtet angesehen, einen solchen Sachverhalt anzuzeigen.[2079] Diese Anzeige soll schriftlich erfolgen und den konkreten Umstand, der die Besorgnis einer Befangenheit begründet, beschreiben.[2080]

2. Rechtsstellung

Die Rechtsstellung des Sonderverwalters ist in der InsO nicht geregelt. In § 77 Abs. 2 Satz 1 RegE zur InsO[2081] war vorgesehen, dass der Sonderverwalter für den Bereich, für den er bestellt worden ist, die Rechtsstellung des Insolvenzverwalters hat. Deshalb ist der Aufgabenbereich des Sonderverwalters im Bestellungsbeschluss vom Insolvenzgericht deutlich zu formulieren und zu begründen.[2082]

Nach überwiegender Auffassung gelten für den Sonderverwalter die Vorschriften für den Insolvenzverwalter, insbesondere die §§ 56 bis 66 InsO, entsprechend.[2083] Die Geeignetheit und Geschäftskunde gem. § 56 Abs. 1 InsO muss sich nur auf den besonderen Aufgabenkreis des Sonderverwalters und nicht auf die sonstigen Aufgaben eines Insolvenzverwalters beziehen.[2084] Hierfür spricht, dass der Sonderverwalter gegenüber dem „regulären“ Insolvenzverwalter ein minus und kein aliud darstellt. Es besteht jedoch insoweit Einigkeit, dass der Sonderverwalter nicht Vertreter des Insolvenzverwalters ist und nicht dessen Weisungen unterworfen ist.[2085]

2078 *Graeber/Pape*, Der Sonderverwalter im Insolvenzverfahren, ZIP 2007, 991, 993.
2079 *BGH*, Urt. v. 24. 1. 1991 – IX ZR 240/89 – ZIP 1991, 324; *OLG Frankfurt*, Beschl. v. 2. 3. 1976 – 20 W 799/75 – BB 1976, 571; *Graeber/Pape*, Der Sonderverwalter im Insolvenzverfahren, ZIP 2007, 991, 993.
2080 *Graeber/Pape*, Der Sonderverwalter im Insolvenzverfahren, ZIP 2007, 991, 993.
2081 Zit. nach: *Kübler/Prütting*, Das neue Insolvenzrecht, Band I, S. 596.
2082 MK-*Graeber*, § 56 InsO, Rdnr. 154; *Graeber/Pape*, Der Sonderverwalter im Insolvenzverfahren, ZIP 2007, 991, 996; *Lüke*, Der Sonderinsolvenzverwalter, ZIP 2004, 1693, 1697.
2083 *BGH*, Beschl. v. 25. 1. 2007 – IX ZB 240/05 – NZI 2007, 284, 285 (Tz. 21); N/R-*Delhaes*, § 56 InsO, Rdnr. 20; *Graf/Wunsch*, Bestellung eines Sonderinsolvenzverwalters bei drohendem Interessenkonflikt des Insolvenzverwalters, DZWiR 2002, 177, 181; *Lüke*, Der Sonderinsolvenzverwalter, ZIP 2004, 1693, 1697; *Smid*, Praxishandbuch Insolvenzrecht, § 9 Rdnr. 65; a. A. zum Konkursrecht: *LG Frankfurt*, Beschl. v. 9. 12. 1998 – 16 T 427/98 – ZInsO 1999, 45, das den Sonderinsolvenzverwalter nach Stellung und Funktion mit einem Pfleger gem. §§ 1909 ff. BGB für vergleichbar hält; ebenso wohl: *OLG München*, Beschl. v. 20. 1. 1987 – 25 W 3137/86 – ZIP 1987, 656, 657.
2084 *Graeber/Pape*, Der Sonderverwalter im Insolvenzverfahren, ZIP 2007, 991, 996.
2085 N/R-*Delhaes*, § 56 InsO, Rdnr. 20; Jaeger-*Gerhardt*, § 56 InsO, Rdnr. 79; MK-*Graeber*, § 56 InsO, Rdnr. 157; *Graf/Wunsch*, Bestellung eines Sonderinsolvenzverwalters bei drohendem Interessenkonflikt des Insolvenzverwalters, DZWiR 2002, 177, 181; *Lüke*, Der Sonderinsolvenzverwalter,

Für den Sonderverwalter gilt, dass dieser auch gegenüber dem bestellten Insolvenzverwalter unabhängig sein muss.[2086]

Der Sonderverwalter hat gegenüber dem Insolvenzschuldner die gleichen Rechte wie der Insolvenzverwalter. Der Insolvenzschuldner ist in dem für die Erfüllung der dem Sonderinsolvenzverwalter gestellten Aufgabe entsprechend § 97 InsO mitwirkungs- und auskunftsverpflichtet.[2087] Im gleichen Umfang bestehen aber auch Auskunfts- und Einsichtsrechte gegenüber dem bestellten Insolvenzverwalter, da andernfalls – insbesondere bei der Prüfung und Geltendmachung von Haftungsansprüchen – die Sonderverwaltung sinnlos wird.[2088] *Lüke* zieht als Rechtsgrundlage für die Auskunfts- und Mitwirkungspflichten des Insolvenzverwalters die §§ 66, 97 InsO heran.[2089] § 97 InsO dürfte bereits aus dem Grunde nicht in Betracht kommen, weil diese Vorschrift ausdrücklich nur den Insolvenzschuldner verpflichtet. Folglich scheidet die Anordnung von Haft gegen den amtierenden Insolvenzverwalter zur Erzwingung von Auskünften an den Sonderinsolvenzverwalter aus.[2090] Die Auskunfts- und Mitwirkungspflichten des Insolvenzverwalters gegenüber dem Sonderverwalter lassen sich jedoch ohne weiteres auf die Vorschriften der §§ 58 Abs. 1 Satz 2, 66 Abs. 1 InsO stützen, in dem das Insolvenzgericht den Sonderverwalter im Bestellungsbeschluss ermächtigt, diese Informationsrechte gegenüber dem Insolvenzverwalter wahrzunehmen. Ein Auskunftsverweigerungsrecht des Insolvenzverwalters, weil er sich durch die Auskunftserteilung selbst belasten könnte, existiert nicht.[2091] Das Insolvenzgericht ist berechtigt, durch Sachverhaltsaufklärung von Amts wegen die Tätigkeit des Sonderverwalters zu unterstützen.[2092]

Der Sonderverwalter hat über seine Tätigkeit einen Bericht abzugeben sowie über Einnahmen und Ausgaben der Sonderverwaltung Rechnung zu legen.[2093] Er ist – ebenso wie der Insolvenzverwalter nach § 56 Abs. 2 InsO – verpflichtet, die Bestallungsurkunde nach Beendigung seines Amtes zurückzugeben.[2094] Er kann für seine Tätigkeit eine Vergütung beanspruchen, wobei die Rechtsgrundlage des Vergütungsanspruches umstritten ist.[2095]

ZIP 2004, 1693, 1697; *Smid*, Praxishandbuch Insolvenzrecht, § 9 Rdnr. 65; Uhlenbruck-*Uhlenbruck*, § 56 InsO, Rdnr. 32.

2086 *Graeber/Pape*, Der Sonderverwalter im Insolvenzverfahren, ZIP 2007, 991, 996.

2087 *Lüke*, Der Sonderinsolvenzverwalter, ZIP 2004, 1693, 1697.

2088 *Lüke*, Der Sonderinsolvenzverwalter, ZIP 2004, 1693, 1697.

2089 *Lüke*, Der Sonderinsolvenzverwalter, ZIP 2004, 1693, 1697.

2090 *LG Göttingen*, Beschl. v. 3. 7. 2008 – 10 T 73/08 – BeckRS 2008, 13266.

2091 *LG Göttingen*, Beschl. v. 20. 11. 2008 – 10 T 106/08 – BeckRS 2008 24105.

2092 *LG Göttingen*, Beschl. v. 20. 11. 2008 – 10 T 106/08 – BeckRS 2008 24105.

2093 Rechtsgrundlage dieser Berichts- und Rechnungslegungspflicht ist – je nach Standpunkt – § 66 Abs. 1 InsO oder §§ 1909, 1915, 1890 BGB.

2094 Jaeger-*Gerhardt*, § 56 InsO, Rdnr. 95.

2095 Zum Streitstand: *Graf/Wunsch*, Bestellung eines Sonderinsolvenzverwalters bei drohendem Interessenkonflikt des Insolvenzverwalters, DZWiR 2002, 177, 181 f.; *Lüke*, ZIP 2004, 1693, 1698; Uhlenbruck-*Uhlenbruck*, § 56 InsO Rdnr. 33. Die Rspr. judiziert uneinheitlich, vgl. *BGH*, Beschl. v. 29. 5. 2008 – IX ZB 303/05 – ZIP 2008, 1294 (Tz. 11), Vergütung nach §§ 63 ff. InsO; § 1 ff. InsVO; *LG Frankfurt*, Beschl. v. 9. 12. 1998 – 16 T 427/98 – ZInsO 1999, 45 (grundsätzlich Vergütung wie der

3. Bestellung

Der Sonderverwalter wird nach § 56 Abs. 1 InsO vom Insolvenzgericht bestellt.[2096] Anlass hierzu kann die Anzeige des Insolvenzverwalters über eine mögliche oder bestehende Interessenkollision oder die Anregung des Gläubigerausschusses bzw. eines Insolvenzgläubigers geben. Da der Insolvenzverwalter unter der Aufsicht des Insolvenzgerichts steht (§ 58 InsO), ist dieses auch ermächtigt, von Amts wegen einen Sonderverwalter zu bestellen.[2097]

3.1. Funktionelle Zuständigkeit

Umstritten ist, ob der Insolvenzrichter oder der Rechtspfleger für die Bestellung des Sonderverwalters funktionell zuständig ist.

Die Zuständigkeit des Insolvenzrichters wird von *Smid* damit begründet, dass der Sonderverwalter im Rahmen seines Aufgabenkreises selbstständiger Insolvenzverwalter ist und deshalb in die Grundlinien der Insolvenzverwaltung eingreift.[2098] Die Bestellung des Insolvenzverwalters ist aber nach § 18 Abs. 1 Nr. 1 RPflG dem Insolvenzrichter zugewiesen, ohne dass dabei unterschieden wird, zu welchem Zeitpunkt und mit welchen Aufgaben die Bestellung erfolgt.[2099]

Die Gegenansicht verweist auf die Vorschrift des § 3 Abs. 2 e) RPflG, die die funktionelle Zuständigkeit für das eröffnete Insolvenzverfahren generell dem Rechtspfleger zuweist.[2100] Dieser Auffassung ist im Interesse einer klaren Abgrenzung der Verantwortlichkeiten für das Insolvenzverfahren zwischen Insolvenzrichter und Rechtspfleger beizupflichten. Der Insolvenzrichter kann im Bedarfsfall von seinem Evokationsrecht aus § 18 Abs. 2 RPflG Gebrauch machen oder bei Streit die funktionelle Zuständigkeit nach § 7 RPflG festlegen.

3.2. Besteht ein Antragsrecht der Verfahrensbeteiligten?

Die insolvenzrechtlichen Vorschriften sehen im Hinblick auf die Bestellung eines Sonderverwalters ein Antragsrecht der Beteiligten nicht vor. Zwar bedürfen An-

---

Pfleger gem. §§ 1909 ff. BGB, wenn nicht anwaltliche Tätigkeit Aufgabe des Sonderinsolvenzverwalters war, dann ist die BRAGO(RVG) Grundlage des Vergütungsanspruches); *LG Krefeld*, Beschl. v. 30. 11. 2005 – 6 T 253/05 – ZinsO 2006, 32 (Vergütung wie ein Rechtsanwalt, wenn Aufgabe lediglich Forderungsanmeldung oder Prozessführung).

2096 *BGH*, Beschl. v. 25. 1. 2007 – IX ZB 240/05 – NZI 2007, 284, 285 (Tz. 22); *N/R-Delhaes*, § 56 InsO, Rdnr. 20; *Smid*, Praxishandbuch Insolvenzrecht, § 9 Rdnr. 66.

2097 *Graeber/Pape*, Der Sonderverwalter im Insolvenzverfahren, ZIP 2007, 991, 995.

2098 *Smid*, Praxishandbuch Insolvenzrecht, § 9 Rdnr. 73.

2099 *Lüke*, Der Sonderinsolvenzverwalter, ZIP 2004, 1693, 1697

2100 *Graeber/Pape*, Der Sonderverwalter im Insolvenzverfahren, ZIP 2007, 991, 996 Der *BGH* (Beschl. v. 25. 1. 2007 – IX ZB 240/05 – NZI 2007, 284 ff.) hat die Frage der funktionellen Zuständigkeit nicht behandelt, obwohl der angefochtene Beschluss über die Bestellung eines Sonderinsolvenzverwalters vom Rechtspfleger erlassen wurde. Dahingestellt gelassen von *AG Göttingen*, Beschl. v. 30. 12. 2005 – 74 IN 262/00 – BeckRS 2006 00206.

regungen der Verfahrensbeteiligten an das Insolvenzgericht, im Rahmen der Aufsicht über den Insolvenzverwalter einen Sonderverwalter zu bestellen, keiner gesetzlichen Normierung, jedoch müssen diese – anders als bei gesetzlich begründeten Antragsrechten – vom Insolvenzgericht nicht beschieden werden.

3.2.1. Antragsrecht der Gläubiger

Die auf die Bestellung des Sonderverwalters entsprechend anwendbaren Vorschriften der §§ 27 Abs. 1 Satz 1, 56ff. InsO[2101] sehen ein Antragsrecht für die Gläubiger nicht vor. Diesen bleibt daher nur das Beteiligungsrecht aus § 57 InsO oder der Entlassungsantrag gem. § 59 Abs. 1 InsO.[2102]

Zweifelhaft ist, ob diese Rechtslage die rechtlichen Interessen der Gläubiger in dem Fall ausreichend wahrt, dass Anhaltspunkte für eine die Insolvenzmasse schädigende Pflichtverletzung des Insolvenzverwalters vorliegen.[2103] Ein Gesamtschaden i.S.d. § 92 Satz 1 InsO kann aber nur von einem neu bestellten Insolvenzverwalter oder von einem Sonderverwalter geltend gemacht werden kann.[2104] Die Feststellungsklage eines Insolvenzgläubigers ist mangels Prozessführungsbefugnis unzulässig.[2105] Das Insolvenzgericht ist zwar im Rahmen seiner Aufsicht (§ 58 Abs. 1 InsO) verpflichtet und nach §§ 5 Abs. 1, 58 Abs. 1 Satz 2 InsO ermächtigt, dem Vorwurf pflichtwidriger Geschäftstätigkeit des Insolvenzverwalters nachzugehen. Bleibt das Insolvenzgericht jedoch untätig, sind die Gläubiger trotz möglicher eigener Rechtsbetroffenheit daran gehindert, das Vorliegen einer Rechtsverletzung zu prüfen und einen Schadensersatzanspruch geltend zu machen. Nach zutreffender Auffassung kann dem Rechtsschutzinteresse der Gläubiger in diesem Fall nur Rechnung getragen werden, das jedem einzelnen sowie entsprechend § 59 Abs. 1 Satz 2 InsO dem Gläubigerausschuss und der Gläubigerversammlung ein Antragsrecht auf Bestellung eines Sonderverwalters eingeräumt wird.[2106] Kein Rechtsschutzbedürfnis besteht jedoch für nachrangige Insolvenzgläubiger (§ 39 InsO), die nicht gem. § 174 Abs. 3 InsO zur Anmeldung ihrer Forderungen aufgefordert worden sind.[2107]

2101 Fn. 2083.

2102 *LG Lüneburg*, Beschl. v. 20. 3. 2008 – 3 T 36/08 –, ZInsO 2008, 1158.

2103 Individualschadensersatzansprüche, z.B. durch die Verletzung eines Aussonderungsanspruches, können von den Gläubigern unter den Voraussetzungen der §§ 60ff. InsO unmittelbar gegenüber dem Insolvenzverwalter geltend gemacht werden. Die Bestellung eines Sonderinsolvenzverwalters bedarf es in diesem Fall nicht.

2104 *BGH*, Urt. v. 22. 4. 2004 – IX ZR 128/03 – ZIP 2004, 1218f. (noch zum Konkursrecht); *Delhaes*, Im Überblick: Der Insolvenzverwalter im eröffneten Insolvenzverfahren, NZI 1999, 47, 50; Kübler/Prütting-*Pape*, § 92 InsO, Rdnr. 59; *Smid*, Praxishandbuch Insolvenzrecht, § 9 Rdnr. 69; Uhlenbruck-*Hirte*, § 92 InsO, Rdnr. 29f.

2105 *Lüke*, Der Sonderinsolvenzverwalter, ZIP 2004, 1693, 1698.

2106 *AG Göttingen*, Beschl. v. 30. 12. 2005 – 74 IN 262/00 – BeckRS 2006 00206; *Graeber/Pape*, Der Sonderverwalter im Insolvenzverfahren, ZIP 2007, 991, 995; *Lüke*, Der Sonderinsolvenzverwalter, ZIP 2004, 1693, 1696; *Smid*, Praxishandbuch Insolvenzrecht, § 9 Rdnr. 72. Zum Rechtsschutz gegen eine ablehnende Entscheidung des Insolvenzgerichtes: Kap. F.X.4.1.

2107 *AG Göttingen*, Beschl. v. 30. 12. 2005 – 74 IN 262/00 – BeckRS 2006 00206.

Ein Antragsrecht der Gläubiger in anderen, eine Sonderverwaltung rechtfertigenden Fallgestaltungen, z. B. bei einer Interessenkollision, ist jedoch abzulehnen, da in diesen Fällen eine unmittelbare Rechtsbetroffenheit nicht erkennbar ist und deshalb das allgemeine Interesse an einer Beschränkung der Antragsbefugnis zum Zwecke der Verfahrensbeschleunigung Vorrang haben muss.[2108]

3.2.2. Antragsrecht des Insolvenzverwalters

Auch für den Insolvenzverwalter kann ein schutzwürdiges Interesse für ein eigenes Antragsrecht auf Bestellung eines Sonderverwalters streiten. So ist der Fall denkbar, dass der Insolvenzverwalter über das Vermögen der Komplementär-GmbH eine auf § 128 HGB gestützte Forderungsanmeldung zu prüfen hat, die er als Insolvenzverwalter über das Vermögen der KG angemeldet hat. Dieser klassische Fall einer Interessenkollision erfordert aus rechtlichen Gründen die Bestellung eines Sonderverwalters zum Zwecke der Forderungsprüfung. Lehnt das Insolvenzgericht dessen Bestellung ab, wird dadurch der Insolvenzverwalter nicht von seiner gesetzlichen Pflicht zur unabhängigen Masseverwaltung und Vermeidung von Interessenkollisionen befreit. Um nicht die Verfahrensabwicklung zu verzögern und einen Entlassungsgrund gem. § 59 Abs. 1 InsO zu verwirklichen, bleibt dem Insolvenzverwalter nur, sein Amt in einem der beiden Insolvenzverfahren niederzulegen. Diese Konsequenz würde dem Interesse der Gläubiger an einer zügigen und masseschonenden Verfahrensabwicklung zuwiderlaufen. Dem Insolvenzverwalter muss daher zur Vermeidung eines eigenen haftungsrechtlichen Risikos das Recht zugebilligt werden, die Bestellung eines Sonderverwalters zu beantragen.[2109]

3.2.3. Antragsrecht des Insolvenzschuldners

Graeber und *Pape* begründen ein Antragsrecht des Insolvenzschuldners mit dessen Vermögensträgerschaft und dessen Interesse an der bestmöglichen Gläubigerbefriedigung.[2110] Dagegen spricht, dass die insolvenzrechtlichen Vorschriften dem Insolvenzschuldner kein Initiativrecht zur Einflussnahme auf die Verfahrensabwicklung oder – vom nicht bindenden Vorschlagsrecht gem. § 288 InsO abgesehen – die Bestellung des Insolvenzverwalters einräumen. So ist der Insolvenzschuldner nicht berechtigt, die Einberufung einer Gläubigerversammlung (§ 75 InsO), oder die Amtsentlassung des Insolvenzverwalters (§ 59 Abs. 1 InsO) zu beantragen. Ein Antragsrecht des Insolvenzschuldners auf Bestellung eines Sonderverwalters ist daher abzulehnen.[2111]

2108 *Lüke*, Der Sonderinsolvenzverwalter, ZIP 2004, 1693, 1696.
2109 *Graeber/Pape*, Der Sonderverwalter im Insolvenzverfahren, ZIP 2007, 991, 995; *Lüke*, Der Sonderinsolvenzverwalter, ZIP 2004, 1693, 1698; Smid-*Smid*, § 56 InsO, Rdnr. 30.
2110 *Graeber/Pape*, Der Sonderverwalter im Insolvenzverfahren, ZIP 2007, 991, 995.
2111 *Lüke*, Der Sonderinsolvenzverwalter, ZIP 2004, 1693, 1696.

3.3. Verhältnismäßigkeit

Die Bestellung eines Sonderverwalters hat sich als insolvenzgerichtliches Aufsichtsinstrument grundsätzlich an dem verfassungsrechtlichen Verhältnismäßigkeitsgrundsatz zu orientieren. Denn diese führt nicht nur zu einer Verfahrensverzögerung und zu Mehrkosten für die Insolvenzmasse, weshalb mittelbar die durch Art. 14 Abs. 1 GG geschützten Forderungsrechte der Gläubiger betroffen sind, sondern greift auch in die durch Art. 12 Abs. 1 GG geschützte Rechtsstellung des Insolvenzverwalters ein und ist zudem geeignet, dessen Ansehen zu schaden. Deshalb hat das Insolvenzgericht vor Bestellung eines Sonderverwalters zu prüfen, ob nicht weniger intensive Aufsichtsmaßnahmen, wie die Auskunft nach § 58 Abs. 1 InsO oder die Begutachtung durch einen Sachverständigen, ebenso geeignet sind. So ist das Insolvenzgericht nach dem allgemeinen Amtsermittlungsgrundsatz (§ 5 Abs. 1 Satz 2 InsO) ermächtigt, in schwierigen Fällen zunächst das Vorliegen der Voraussetzungen für die Bestellung eines Sonderverwalters durch einen Sachverständigen prüfen lassen.[2112] Gerade in dem Fall, dass dem Insolvenzverwalter Pflichtwidrigkeiten vorgeworfen werden, würde es dem Interesse der Gläubiger an einer zügigen Verfahrensabwicklung zuwider laufen, wenn bereits zu einem Zeitpunkt ein Sonderverwalter bestellt wird, in dem sich das Insolvenzgericht noch keine Überzeugung von der Begründetheit des Vorwurfes gegen den Insolvenzverwalter verschafft hat. Gerade die Einholung eines Sachverständigengutachtens stellt das wichtigste Erkenntnisinstrument des Insolvenzgerichts dar.[2113] Ist dagegen die dem Insolvenzverwalter vorgeworfene Pflichtwidrigkeit von erheblichem Gewicht oder wirkt der Insolvenzverwalter nicht in einem ausreichenden Masse an der Entkräftung der Vorwürfe mit, kann das Insolvenzgericht auf vorhergehende Amtsermittlungen verzichten und gleich einen Sonderverwalter bestellen.

Das Insolvenzgericht hat daher in jedem Einzelfall vor der Bestellung eines Sonderverwalters die Geeignetheit, die Erforderlichkeit und die Verhältnismäßigkeit dieser Aufsichtsmaßnahme zu prüfen.

3.4. Beteiligung der Gläubiger

Die Bestellung eines Sonderverwalters wirft auch die Frage nach der Wahrung der Gläubigerautonomie auf. Hierzu geeignete Instrumente sind die vorherige Anhörung der Gläubiger durch das Insolvenzgericht oder die nachträgliche Wahlmöglichkeit nach § 57 InsO.

Teilweise wird eine Anhörung der Gläubiger vor der Bestellung des Sonderverwalters für erforderlich gehalten, wenn die Umstände des Einzelfalls nicht entgegen-

---

2112 *Graeber/Pape*, Der Sonderverwalter im Insolvenzverfahren, ZIP 2007, 991, 994. Anders zur GesO das *LG Frankfurt/Oder*, Beschl. v. 16. 4. 1999 – 6(a) T 137/99 – DZWiR 1999, 514f. Diese Entscheidung ist zu Recht von *Graeber* in seiner Urteilsbesprechung (in DZWiR 1999, 515 f.) als unhaltbar abgelehnt worden.

2113 *Smid*, Erste Erfahrungen mit dem Insolvenzeröffnungsverfahren, DZWiR 1999, 104, 106.

stehen.[2114] Darüber hinaus stellt sich die Frage, ob der Sonderverwalter wie der Insolvenzverwalter gem. § 57 InsO einer endgültigen Legitimation durch die Gläubigerversammlung bedarf, da er hinsichtlich seines Aufgabenkreises selbständiger Insolvenzverwalter ist. Der Gesetzgeber hat die Beteiligung der Gläubiger gem. § 57 InsO damit gerechtfertigt, dass in einem der Befriedigung der Gläubiger dienenden Vollstreckungsverfahren eine entscheidende Frage wie die Auswahl des Insolvenzverwalters der Gläubigerautonomie unterliegt.[2115] In § 77 Abs. 2 Satz 2 RegE InsO wurde ausdrücklich auf die dem § 57 InsO entsprechende Vorschrift des § 66 RegE InsO verwiesen. In der Literatur wird daher vertreten, dass für den Sonderverwalter keine Ausnahme von der gesetzgeberischen Grundentscheidung in § 57 InsO gemacht werden kann.[2116]

Es stellt sich in diesem Zusammenhang jedoch die Frage, ob jeder Fall der Bestellung eines Sonderverwalters, z.B. auch die Forderungsprüfung bei einer vom Insolvenzverwalter für eine andere Insolvenzmasse angemeldeten Forderung, es notwendig macht, zur Wahrung der Gläubigerautonomie eine Bestätigung des bestellten Insolvenzverwalters gem. § 57 InsO herbeizuführen.[2117] Es spricht vieles dafür, das Erfordernis einer Legitimation des bestellten Sonderverwalters durch die Gläubiger entsprechend § 57 InsO auf die Fälle besonderer Bedeutung für die Insolvenzmasse und die Gläubigerinteressen, wie diese z.B. bei der Prüfung und Geltendmachung von Schadensersatzansprüchen gegeben ist, zu beschränken.[2118]

4. Rechtsmittel

Die Frage nach der Statthaftigkeit eines Rechtsmittels stellt sich in unterschiedlicher Weise, je nachdem, ob das Insolvenzgericht die beantragte Bestellung eines Sonderinsolvenzverwalters vornimmt oder ablehnt.

4.1. Rechtsmittel gegen die Ablehnung der Bestellung eines Sonderverwalters

Die insolvenzrechtlichen Vorschriften sehen ein Rechtsmittel für den Fall einer ablehnenden Entscheidung über einen Antrag auf Bestellung eines Sonderverwalters

---

2114 *Graeber/Pape*, Der Sonderverwalter im Insolvenzverfahren, ZIP 2007, 991, 995.

2115 Siehe Begrd.RegE zu § 57 InsO, zit. n. *Balz/Landfermann*, Die neuen Insolvenzgesetze, S. 136.

2116 *Graeber/Pape*, Der Sonderverwalter im Insolvenzverfahren, ZIP 2007, 991, 997, die auch eine schriftliche Befragung der Gläubiger für zulässig erachten; *Kesseler*, Probleme der Verwalterwahl nach § 57 InsO; KTS 2000, 491, 494 f.; *Smid*, Praxishandbuch Insolvenzrecht, § 9 Rdnr. 74; nur wenn die vom Sonderverwalter zu erledigenden Aufgaben nicht von ganz untergeordneter Bedeutung sind.

2117 Angesichts der allgemein in der Insolvenzpraxis festzustellenden geringen Gläubigerbeteiligung kann nicht erwartet werden, dass dieser Fall von untergeordneter Bedeutung das Gläubigerinteresse plötzlich entfacht.

2118 *Dahl*, Die Bestellung eines Sonderinsolvenzverwalters nach der InsO, ZInsO 2004, 1014, 1016; *Graf/Wunsch*, Bestellung eines Sonderinsolvenzverwalters bei drohendem Interessenkonflikt des Insolvenzverwalters, DZWiR 2002, 177, 181, für den Fall einer Betriebsaufspaltung, wenn der Sonderinsolvenzverwalter dauerhaft mit der Verwaltung des Immobilienvermögens der Besitzgesellschaft betraut ist.

ebenso wenig vor wie ein entsprechendes Antragsrecht der Verfahrensbeteiligten. Soweit man den Verfahrensbeteiligten zum Zwecke der Wahrung eigener Rechtspositionen ein Antragsrecht einräumt,[2119] gebietet die verfassungsrechtliche Rechtsschutzgarantie des Art. 19 Abs. 4 GG die Gewährung effizienten Rechtsschutzes. Dieser ist durch die sofortige Beschwerde analog § 59 Abs. 2 InsO eröffnet.[2120]

Dieses gilt gleichermaßen für den Insolvenzverwalter, der die Einsetzung eines Sonderinsolvenzverwalters aus haftungsrechtlichen Erwägungen verfolgt.[2121]

Dagegen steht dem Insolvenzschuldner gegen die Ablehnung der Bestellung eines Sonderverwalters ein Rechtsmittel nach § 6 Abs. 1 InsO – auch bei analoger Anwendung des § 59 Abs. 2 InsO – nicht zu.[2122] Gegen die ablehnende Entscheidung des Rechtspflegers ist gem. § 11 Abs. 2 RPflG die Rechtspflegererinnerung statthaft.

4.2. Rechtsmittel gegen die Bestellung eines Sonderverwalters

Eine Beschwerdebefugnis des Insolvenzschuldners gegen die Bestellung eines Sonderverwalters wird nach allgemeiner Ansicht abgelehnt, da eine solche weder eine Stütze in § 56 Abs. 1 InsO findet noch in § 59 Abs. 2 InsO vorgesehen ist.[2123] Aus dem gleichen Grund steht auch dem Gläubiger ein Rechtsmittel gegen die Auswahl und die Bestellung des Sonderverwalters nicht zu. Ausgenommen hiervon ist die Rechtspflegererinnerung nach § 11 Abs. 2 RPflG bei Bestellung durch den Rechtspfleger.[2124]

Angesichts der Eingriffswirkung in seine Rechtsstellung stellt sich für den Insolvenzverwalter die Frage, ob er den Sonderverwalter widerspruchslos hinnehmen will. Als Rechtsschutzmöglichkeit kommen neben der Befangenheitsrüge (§ 4 InsO i. V. m. §§ 42ff., 406 ZPO) die durch insolvenzrechtliche Vorschriften geregelten Rechtsmittel (§§ 6ff. InsO) in Betracht.

4.2.1. Unzulässigkeit einer Befangenheitsrüge des Insolvenzverwalter

Wird zum Sonderverwalter ein Wettbewerber des Insolvenzverwalters mit der Aufgabe bestellt, die Rechtmäßigkeit und Pflichtgemäßheit der Geschäftstätigkeit

---

2119 Siehe Kap. F.X.3.2.

2120 *BGH*, Beschl. v. 2. 3. 2006 – IX ZB 225/04 – NZI 2006, 474, 475 (offengelassen für den Fall der Ablehnung eines Antrages des Insolvenzschuldners); *AG Göttingen*, Beschl. v. 30. 12. 2005 – 74 IN 262/00 – BeckRS 2006 00206; *Graeber/Pape*, Der Sonderverwalter im Insolvenzverfahren, ZIP 2007, 991, 998; *Lüke*, Der Sonderinsolvenzverwalter, ZIP 2004, 1693, 1697; *Smid*, Praxishandbuch Insolvenzrecht, § 9 Rdnr. 72.

2121 *Graeber/Pape*, Der Sonderverwalter im Insolvenzverfahren, ZIP 2007, 991, 998; *Lüke*, Der Sonderinsolvenzverwalter, ZIP 2004, 1693, 1698.

2122 *BGH*, Beschl. v. 2. 3. 2006 – IX ZB 225/04 – NZI 2006, 474, 475 (Tz. 12); *Graeber/Pape*, Der Sonderverwalter im Insolvenzverfahren, ZIP 2007, 991, 997.

2123 *BGH*, Beschl. v. 2. 3. 2006 – IX ZB 225/04 – NZI 2006, 474, 475; *Graeber/Pape*, Der Sonderverwalter im Insolvenzverfahren, ZIP 2007, 991, 998; *Lüke*, Der Sonderinsolvenzverwalter, ZIP 2004, 1693, 1698.

2124 *Graeber/Pape*, Der Sonderverwalter im Insolvenzverfahren, ZIP 2007, 991, 998.

des Insolvenzverwalters zu prüfen, wird dieser Zweifel an der Objektivität und Unvoreingenommenheit des Sonderverwalters haben können. Es stellt sich daher die Frage, ob der Insolvenzverwalter den Sonderverwalter wegen der Besorgnis der Befangenheit ablehnen kann. Als Rechtsgrundlage hierfür könnten sich die über § 4 InsO entsprechend anwendbaren Vorschriften der §§ 42ff., 406 ZPO anbieten.

In diesem Zusammenhang muss bezweifelt werden, dass sich der Insolvenzverwalter überhaupt auf eine fehlende Unabhängigkeit des Sonderverwalters, z. B. wegen dessen Konkurrenzsituation zum Insolvenzverwalter, berufen kann. Denn die Eignung des Sonderverwalter entsprechend § 56 Abs. 1 InsO ist allein im Hinblick auf die Interessen des Insolvenzschuldners und der beteiligten Insolvenzgläubiger zu beurteilen, da der Sonderverwalter allein im Interesse der Insolvenzmasse tätig wird.[2125] Sollte der Sonderverwalter seine Aufgabe in der Absicht erfüllen, sich einen Wettbewerbsvorteil zu verschaffen, so begründet diese Motivation keine Befangenheit gegenüber den Gläubigern, in deren Interesse der Sonderverwalter bestellt worden ist, sondern bietet die Gewähr dafür, dass begangene Pflichtwidrigkeiten des Insolvenzverwalters auch festgestellt werden.[2126]

Gegen die Statthaftigkeit der Befangenheitsrüge gegenüber dem Sonderverwalter spricht auch, dass diese bereits gegenüber dem Insolvenzverwalter ausgeschlossen ist.[2127] Die Rechtsstellung des Sonderverwalters geht über die eines Sachverständigen hinaus und kommt einem minus zur Rechtsstellung des Insolvenzverwalters gleich.[2128] Auf den Sonderverwalter sind deshalb die §§ 56 bis 59 InsO anwendbar, so dass dieser nur nach § 59 Abs. 1 InsO aus wichtigem Grund aus seinem Amt entlassen werden kann.[2129] Die Ablehnung eines Sonderverwalters nach den allgemeinen Vorschriften zur Befangenheit scheidet daher aus.[2130]

4.2.2. Unstatthaftigkeit der sofortigen Beschwerde

Nach § 6 Abs. 1 InsO unterliegen insolvenzgerichtlichen Entscheidungen nur in den gesetzlich geregelten Fällen einem Rechtsmittel. Die Sonderverwaltung ist gesetzlich nicht normiert worden, so dass eine analoge Anwendung der Vorschrift des § 59 Abs. 2 Satz 1 InsO in Betracht zu ziehen ist. Die Anwendbarkeit dieser Rechtsmittelvorschrift setzt voraus, dass der Fall der Bestellung eines Sonderverwalters mit der Situation der – zumindest teilweisen – Entlassung des Insolvenzverwalters vergleichbar ist.

2125 *Berg-Grünenwald*, Anm. zu LG Wuppertal, Beschl. v. 26. 8. 2005 – 6 T 508/05 –, EWiR 2006, 173, 174

2126 Dieses schließt jedoch nicht aus, dass das Insolvenzgericht im Interesse einer die Verfahrensabwicklung nicht unnötig verzögernden Tätigkeit des Sonderverwalters nicht einen Wettbewerber des Insolvenzverwalters bestellt.

2127 Siehe Kap. F.I.3.3.1.2.

2128 Siehe Kap. F.X.2.

2129 *BGH*, Beschl. v. 25. 1. 2007 – IX ZB 240/05 – NZI 2007, 284, 285 (Tz. 23).

2130 *BGH*, Beschl. v. 25. 1. 2007 – IX ZB 240/05 – NZI 2007, 284, 285 (Tz. 20); *LG Wuppertal*, Beschl. v. 26. 8. 2005 – 6 T 508/05 – ZVI 2005, 499, 500; HK-*Kirchhof*, § 4 InsO, Rdnr. 5; MK-*Ganter*, § 4 InsO, Rdnr. 42; Jaeger/*Gerhardt*, § 4 InsO, Rdnr. 9.

Teilweise wird dieses mit der Begründung bejaht, dass der Insolvenzverwalter durch die Bestellung eines Sonderverwalters in seiner Verwaltungs- und Verfügungsbefugnis (§ 80 Abs. 1 InsO) materiell beschwert wird.[2131]

Das Argument von der materiellen Beschwer überzeugt nicht, wird doch der Sonderverwalter nur für die Aufgaben bestellt, an deren ordnungsgemäßen Erfüllung der Insolvenzverwalter aus tatsächlichen oder rechtlichen Gründen gehindert ist. Der *BGH* hat deshalb für den Fall eines zum Zwecke der Prüfung von Schadensersatzansprüchen gegen den Insolvenzverwalter bestellten Sonderverwalters eine Einschränkung der Verwaltungstätigkeit des Insolvenzverwalters nicht feststellen können. Daher ist es gerechtfertigt, dem Interesse der Verfahrensbeteiligten an einer alsbaldigen Klärung der gegen den Insolvenzverwalter erhobenen Vorwürfe den Vorzug zu geben.[2132] In diesem Zusammenhang ist auch zu berücksichtigen, dass sich aus den Gesetzesmaterialien nichts für eine Beschwerdebefugnis des Insolvenzverwalters im Fall der Bestellung eines Sonderverwalters ergibt. In § 77 RegE InsO war eine solche Beschwerdebefugnis nicht vorgesehen.

Eine Beschwerdemöglichkeit des Insolvenzverwalters kann auch nicht auf § 59 Abs. 2 Satz 2 InsO mit der Begründung gestützt werden, dass die Beschwerde gegen die Bestellung des Sonderverwalters als Entlassungsantrag zu werten ist, bei dessen Ablehnung die sofortige Beschwerde nach § 59 Abs. 2 Satz 2 InsO statthaft wäre. Der *BGH* hat zutreffend festgestellt, dass sich diese Beschwerdemöglichkeit nur auf den Fall bezieht, dass der Insolvenzverwalter zuvor seine eigene Entlassung beantragt hatte.[2133] Gegen die Ablehnung des Entlassungsantrages durch den Rechtspfleger bleibt dem Insolvenzverwalter nur die Rechtspflegererinnerung gem. § 11 Abs. 2 RPflG.[2134]

Die sofortige Beschwerde des Insolvenzverwalters gegen die Bestellung eines Sonderverwalters ist deshalb unstatthaft.[2135]

4.3. Rechtsmittel gegen die Abberufung des Sonderinsolvenzverwalters

Fraglich ist, ob sich der bestellte Sonderinsolvenzverwalter gegen seine Abberufung mit dem Rechtsmittel der sofortigen Beschwerde wenden kann.

2131 *OLG München*, Beschl. v. 20. 1. 1987 – 25 W 3137/86 – ZIP 1987, 656 f.; *Graf/Wunsch*, Die Bestellung eines Sonderverwalters bei drohendem Interessenkonflikt des Insolvenzverwalters, DZWiR 2002, 177, 181; *Lüke*, Der Sonderinsolvenzverwalter, ZIP 2004, 1693, 1698; einschränkend, auf die Eingriffswirkung abstellend: *Graeber/Pape*, Der Sonderverwalter im Insolvenzverfahren, ZIP 2007, 991, 997 f.
2132 *BGH*, Beschl. v. 1. 2. 2007 – IX ZB 45/05 – NZI 2007, 237, 238 (Tz. 10).
2133 *BGH*, Beschl. v. 25. 1. 2007 – IX ZB 240/05 – NZI 2007, 284, 285 (Tz. 25 f.).
2134 *BGH*, Beschl. v. 25. 1. 2007 – IX ZB 240/05 – NZI 2007, 284, 285 (Tz. 27).
2135 *BGH*, Beschl. v. 1. 2. 2007 – IX ZB 45/05 – NZI 2007, 237, 238 (7 ff.); Beschl. v. 25. 1. 2007 – IX ZB 240/05 – NZI 2007, 284, 285 (24 ff.).

Graf/Wunsch bejahen dieses unter Hinweis auf eine entsprechende Anwendung des § 59 Abs. 2 Satz 1 InsO.[2136] Hiergegen spricht jedoch, dass die Rechtsstellung des Sonderinsolvenzverwalters aufgrund seines begrenzten Aufgabenbereichs nicht mit der durch eine umfassende Verwaltungs- und Verfügungsbefugnis (§ 80 Abs. 1 InsO) gekennzeichneten Rechtsstellung des Insolvenzverwalters vergleichbar ist, so dass fraglich erscheint, ob die Abberufung des Sonderinsolvenzverwalters – gleichermaßen wie beim Insolvenzverwalter – in die verfassungsrechtlich durch Art. 12 Abs. 1 GG geschützte Berufsfreiheit eingreift.

5. Exkurs: Schadensersatzpflicht des Insolvenzverwalters

Wird die Insolvenzmasse durch eine Pflichtverletzung des Insolvenzverwalters geschädigt, handelt es sich hierbei um einen Gesamtschaden i.S.d. § 92 Satz 1 InsO. Dieser Gesamtschadensersatzanspruch kann entgegen des Wortlauts des § 92 Satz 2 InsO – *„nur von einem neu bestellten Insolvenzverwalter"* – nicht nur von dem Nachfolger in der Insolvenzverwaltung, sondern nach allgemeiner Ansicht auch von einem Sonderverwalter geltend gemacht werden.[2137] Dieses Recht umfasst jedoch nicht Ansprüche wegen Nichterfüllung von Masseverbindlichkeiten gem. § 61 InsO gegen den Amtsvorgänger bzw. Insolvenzverwalter, da es sich insoweit um Individualansprüche der betroffenen Massegläubiger handelt.[2138]

5.1. „Eingriffschwelle"

Das Insolvenzgericht ist im Rahmen seiner Aufsicht gem. § 58 Abs. 1 InsO verpflichtet, Verdachtsmomenten für Pflichtverletzungen des Insolvenzverwalters zu Lasten der Insolvenzmasse nachzugehen. Grundsätzlich kann es hierzu nach dem Amtsermittlungsgrundsatz (§ 5 Abs. 1 InsO) eigene Ermittlungen anstellen oder sich gem. § 5 Abs. 1 Satz 2 InsO der Hilfe eines Sachverständigen bedienen.[2139] Fraglich ist, welcher Grad der Überzeugung von dem Bestehen von Schadensersatzansprüchen gegen den „regulären" Insolvenzverwalter erforderlich ist, um die Bestellung eines Sonderverwalters zu rechtfertigen („Eingriffsschwelle").

Teilweise wird es für ausreichend gehalten, dass das Bestehen von Schadensersatzansprüchen nicht von vorneherein ausgeschlossen erscheint oder nicht völlig fern liegt.[2140] Zur Begründung wird darauf verwiesen, dass die Schadensersatzdrohung des § 60 InsO eine Korrektivfunktion nur dann erfüllt, wenn der Insolvenzverwalter nicht darauf vertrauen kann, dass wegen strenger Anforderungen ein Sonderin-

---

2136 *Graf/Wunsch*, Bestellung eines Sonderinsolvenzverwalters bei drohendem Interessenkonflikt des Insolvenzverwalters, DZWiR 2002, 177, 181.
2137 *Graeber/Pape*, Der Sonderverwalter im Insolvenzverfahren, ZIP 2007, 991, 992; Graf-Schlicker-*Hofmann*, § 92 InsO, Rdnr. 14; *Lüke*, Der Sonderinsolvenzverwalter, ZIP 2004, 1693, 1694.
2138 *BGH*, Beschl. v. 9. 8. 2006 – IX ZB 200/05 – NZI 2006, 580.
2139 *Graeber/Pape*, Der Sonderverwalter im Insolvenzverfahren, ZIP 2007, 991, 994.
2140 *OLG München*, Beschl. v. 20. 1. 1987 – 25 W 3137/86 – in: ZIP 1987, 656, 657; *Lüke*, Der Sonderinsolvenzverwalter, ZIP 2004, 1693, 1696.

solvenzverwalter nicht bestellt wird.[2141] Gegen diese Ansicht spricht, dass eine geringe Eingriffsschwelle bei komplexen und schwierigen Insolvenzverfahren, wie z.B. bei Betriebsfortführungen, angesichts des mit diesen Insolvenzverfahren verbundenen höheren Fehlerrisikos das Insolvenzgericht dazu zwingen würde, regelmäßig einen Sonderinsolvenzverwalter zum Zwecke der Prüfung einer Schadensersatzpflicht des Insolvenzverwalters zu bestellen, und dadurch der Ruf des bestellten Insolvenzverwalters ungerechtfertigt beschädigt wird.[2142] Auch darf nicht außer Acht bleiben, dass die Bestellung eines Sonderinsolvenzverwalters die Insolvenzmasse mit zusätzlichen Kosten belastet und in die Rechtsstellung des bestellten Insolvenzverwalters eingreift. Es ist deshalb zu fordern, dass sich das Insolvenzgericht eine ausreichende Überzeugung von der Notwendigkeit der Bestellung eines Sonderinsolvenzverwalters verschafft, die wiederum ein Mindestmaß an Sicherheit über das Bestehen einer Schadensersatzpflicht voraussetzt.[2143] Außerhalb von klaren Fallgestaltungen hat das Insolvenzgericht das Bestehen von Schadensersatzansprüchen gegen den bestellten Insolvenzverwalter durch einen Sachverständigen gem. § 5 Abs. 1 Satz 2 InsO prüfen zu lassen.[2144] Verweigert der Insolvenzverwalter die für den Sachverständigen notwendige Mitwirkung, dann kann das Insolvenzgericht seinen Auskunftsanspruch gem. § 58 Abs. 1 Satz 2 InsO im Zwangsgeldverfahren des § 58 Abs. 2 InsO durchsetzen oder gleich einen Sonderinsolvenzverwalter mit den entsprechenden Befugnissen bestellen. Die Weigerung des Insolvenzverwalters bei der Prüfung einer Schadensersatzpflicht mitzuwirken kann auch Anlass für eine Amtsentlassung gem. § 59 Abs. 2 InsO sein.

Steht aber eine zum Schadensersatz verpflichtende Pflichtwidrigkeit des Insolvenzverwalters zur Überzeugung des Insolvenzgerichts fest, dann kann die Bestellung eines Sonderverwalters nicht mehr als geeignetes Aufsichtsmittel angesehen werden. Denn weder kann in diesem Fall davon ausgegangen werden, dass das Vertrauen der Verfahrensbeteiligten in eine ordnungsgemäße Insolvenzverwaltung fortbesteht, noch kann eine ordnungsgemäße Insolvenzverwaltung gewährleistet werden, wenn der bestellte Insolvenzverwalter gezwungen ist, sich gegen einen vom Sonderverwalter geltend gemachten Schadensersatzanspruch zu verteidigen. Die Feststellung einer zum Schadensersatz verpflichtenden Pflichtwidrigkeit des Insolvenzverwalters ist somit nicht ein Grund zur Bestellung eines Sonderverwalters, sondern zur Amtsentlassung des Insolvenzverwalters gem. § 56 Abs. 1 InsO.

5.2. Haftung nach Verfahrensbeendigung?

Erhält das Insolvenzgericht erst nach der Verfahrensbeendigung Kenntnis von einer im eröffneten Insolvenzverfahren begangenen Pflichtverletzung des Insolvenzverwalters, die zu einem Gesamtschaden geführt hat, so stellt sich die Frage nach einer Handlungspflicht des Insolvenzgerichts im Rahmen einer „nachsor-

2141 *Lüke*, Der Sonderinsolvenzverwalter, ZIP 2004, 1693, 1697.
2142 *Graeber/Pape*, Der Sonderverwalter im Insolvenzverfahren, ZIP 2007, 991, 994.
2143 *Graeber/Pape*, Der Sonderverwalter im Insolvenzverfahren, ZIP 2007, 991, 994.
2144 *Graeber/Pape*, Der Sonderverwalter im Insolvenzverfahren, ZIP 2007, 991, 994.

genden" Aufsicht, die z.B. durch die Anordnung der Nachtragsverteilung gem. § 203 InsO ausgeübt werden kann.

5.2.1. Sachlegitimation der Insolvenzmasse?

Angesichts der Massebezogenheit der insolvenzgerichtlichen Aufsicht (§ 58 InsO)[2145] ist zunächst zu prüfen, ob der Gesamtschadensersatzanspruch der durch §§ 35, 36 InsO definierten Insolvenzmasse zugerechnet werden kann.

Hiergegen spricht, dass der Insolvenzverwalter mit der Verfahrensbeendigung seine Verwaltungs- und Verfügungsbefugnis (§ 80 Abs. 1 InsO) wieder an den Insolvenzschuldner verliert und sich zugleich die Haftungsgemeinschaft der Gläubiger auflöst. Da die par conditio creditorum ratio legis des § 92 InsO ist, entfällt zugleich auch die Sperr- und Ermächtigungswirkung des § 92 InsO.[2146] Nach h.M. steht der Gesamtschadensersatzanspruch nicht der Gläubigergemeinschaft, sondern den Gläubigern selbst zu, weil die Masseverkürzung zwar alle Gläubiger trifft, aber den einzelnen nur in Höhe ihres durch die Masseverkürzung erlittenen Ausfalls.[2147] Nach Verfahrensbeendigung können daher die Gläubiger ihren Schadensersatzanspruch wegen schuldhafter Masseverkürzung durch den Insolvenzverwalter selbst und unmittelbar geltend machen.[2148]

5.2.2. Zulässigkeit der Nachtragsverteilung

Fraglich ist, ob das Insolvenzgericht berechtigt ist, durch die Anordnung der Nachtragsverteilung gem. § 203 Abs. 1 InsO und der Einsetzung eines (Nachtrags-) Sonderinsolvenzverwalters die Möglichkeit zur individuellen Schadensliquidation zu beenden. Die Verfahrensaufhebung steht nach § 203 Abs. 2 InsO der Nachtragsverteilung nicht entgegen.

Gegen die Zulässigkeit der Nachtragsverteilung in diesem Fall könnte sprechen, dass die abschließend[2149] vom Gesetzgeber in § 203 Abs. 1 InsO normierten Fallgruppen der Nachtragsverteilung den Quotenschadensersatzanspruch der Gläubiger ausdrücklich nicht nennt. Eine Ausnahme gilt für den Fall, dass das Insolvenzgericht die Geltendmachung von Schadensersatzansprüchen gegen den Insolvenzverwalter im Wege der Nachtragsverteilung im Schlusstermin ausdrücklich vorbehalten hat.[2150] Die Zulässigkeit der Nachtragsverteilung könnte auf § 203 Abs. 1 Nr. 3 InsO gestützt werden. Voraussetzung ist, dass der Gesamtschadensersatzanspruch gegen den Insolvenzverwalter als nachträglich ermittelter Gegen-

---

2145 Siehe Kap. D.II.1.
2146 *Laukemann*, Gesamtschuldnerische Haftung nach Verfahrensaufhebung, ZInsO 2006, 415, 416.
2147 *BGH*, Urt. v. 22. 2. 1973 – VI ZR 165/71- NJW 1973, 1198; MK-*Brandes*, § 92 InsO, Rdnr. 5.
2148 *BGH*, Urt. v. 22. 2. 1973 – VI ZR 165/71- NJW 1973, 1198, 1199; *Laukemann*, Gesamtschuldnerische Haftung nach Verfahrensaufhebung, ZInsO 2006, 415, 416.
2149 *BGH*, Urt. v. 22. 2. 1973 – VI ZR 165/71- NJW 1973, 1198, 1199 (zu §§ 168, 169 KO); Kübler/Prütting-*Holzer*, § 203 InsO, Rdnr. 1, 8; Braun-*Kießner*, § 203 InsO, Rdnr. 7; N/R-*Westphal*, § 203 InsO, Rdnr. 2.
2150 Uhlenbruck-*Uhlenbruck*, § 203 InsO, Rdnr. 6.

stand der Insolvenzmasse qualifiziert werden kann. Jedoch kann dem Insolvenzverwalter die Kenntnis seines pflichtwidrigen Handelns im Schlusstermin unterstellt werden, so dass man nicht mehr von einer nachträglichen Ermittlung von Massegegenständen i. S. d. § 203 Abs. 1 Nr. 3 InsO sprechen kann.[2151] Auf der anderen Seite dient die Nachtragsverteilung dem Interesse der Gläubiger, so dass hier auf deren Kenntnis abzustellen ist.[2152] Dementsprechend wird in der Literatur die Geltendmachung von Schadensersatzansprüchen gegen den Insolvenzverwalter als Fall des § 203 Abs. 1 Nr. 3 InsO angesehen.[2153] Auch der Gesetzgeber hat den nach Verfahrensbeendigung ermittelten Gesamtschadensersatzanspruch gegen den Insolvenzverwalter der Fallgruppe des § 203 Abs. 1 Nr. 3 InsO zugeordnet[2154] und dieses mit der Vorschrift des § 92 InsO begründet. Zum gleichen Ergebnis kommt man mit dem dogmatischen Ansatz, den bereits mit der masseschädigenden Pflichtverletzung begründeten Befreiungsanspruch[2155] des Insolvenzschuldners als originären Masseanspruch gem. § 35 InsO anzusehen.[2156]

Die Feststellung von masseschädigenden Pflichtverletzungen des Insolvenzverwalters nach Verfahrensbeendigung rechtfertigt daher gem. § 203 Abs. 1 Nr. 3 InsO die Anordnung der Nachtragsverteilung. Erhält das Insolvenzgericht Kenntnis von solchen Pflichtverletzungen, so wird es nach überwiegender Literaturmeinung als verpflichtet angesehen, die Nachtragsverteilung von Amts wegen anzuordnen.[2157] Ein Ermessen ist dem Insolvenzgericht nur im Rahmen des § 203 Abs. 3 InsO eingeräumt worden.

6. Die Nachtragsverteilung als Aufsichtsinstrument

Als ein Fall der Sonderverwaltung kann die Nachtragsverteilung nach §§ 203 ff. InsO[2158] durch einen anderen als den bisherigen Insolvenzverwalter angesehen werden.

2151 Auf diesen Umstand verweist N/R-*Westphal*, §§ 203, 204 InsO, Rdnr. 8.
2152 *Laukemann*, Gesamtschuldnerische Haftung nach Verfahrensaufhebung, ZInsO 2006, 415, 419.
2153 MK-*Hintzen*, § 203 InsO, Rdnr. 15; Braun-*Kießner*, § 203 InsO, Rdnr. 13; *Laukemann*, Gesamtschuldnerische Haftung nach Verfahrensaufhebung, ZInsO 2006, 415, 418; N/R-*Westphal*, §§ 203, 204 InsO, Rdnr. 8.
2154 Begrd.RegE zu § 92 InsO, zit. n. *Balz/Landfermann*, Die neuen Insolvenzgesetze, S. 174.
2155 Dieser ist darin begründet, dass sich durch die masseschädigende Handlung die Befriedigungsquote der im Schlussverzeichnis aufgeführten Insolvenzgläubiger verringert und dadurch der Nachforderungsanspruch gem. § 201 Abs. 1 InsO erhöht. Erst wenn ohne die schädigende Handlung des Insolvenzverwalters ein (höherer) Überschuss gem. § 199 InsO verblieben wäre, ist ein unmittelbarer Schadensersatzanspruch des Insolvenzschuldners begründet. Dann stellt sich angesichts der vollständigen Befriedigung der im Schlussverzeichnis aufgeführten Insolvenzgläubiger die Frage nach einer Nachtragsverteilung nicht mehr.
2156 *Laukemann*, Gesamtschuldnerische Haftung nach Verfahrensaufhebung, ZInsO 2006, 415, 418.
2157 Kübler/Prütting-*Holzer*, § 203 InsO, Rdnr. 3; Braun-*Kießner*, § 203 InsO, Rdnr. 15; *Laukemann*, Gesamtschuldnerische Haftung nach Verfahrensaufhebung, ZInsO 2006, 415, 418; Smid-*Smid*, § 203 InsO, Rdnr. 2; wohl auch Uhlenbruck-*Uhlenbruck*, § 203 InsO, Rdnr. 18; einschränkend: N/R-*Westphal*, §§ 203, 204 InsO, Rdnr. 10.
2158 Siehe Kap. D.III.2.4.

Zwar obliegt die Durchführung der Nachtragsverteilung grundsätzlich dem Insolvenzverwalter, der bereits für die Durchführung des Insolvenzverfahrens bestellt war.[2159] Eine Ausnahme von diesem Grundsatz wird in dem Fall angenommen, dass der bisherige Insolvenzverwalter aus persönlichen oder sonstigen Gründen zur Durchführung der Nachtragsverteilung nicht in der Lage ist.[2160] Es ist jedoch anerkannt, dass ein anderer Insolvenzverwalter zu bestellen ist, wenn die Nachtragsverteilung die Geltendmachung eines Schadensersatzanspruchs gegen den bisherigen Insolvenzverwalter zum Gegenstand hat.[2161]

Hat der Insolvenzverwalter die Insolvenzmasse nicht vollständig verwertet,[2162] dann muss das Insolvenzgericht im Einzelfall prüfen, ob jener noch geeignet i. S. d. § 56 Abs. 1 InsO ist, die Masseverwertung im Rahmen der Nachtragsverteilung nachzuholen. Dieses dürfte zu verneinen sein, wenn der Insolvenzverwalter pflichtwidrig die vollständige Verwertung der Insolvenzmasse unterlassen hat. Denn in diesem Fall kann auch ein Schadensersatzanspruch gegen den Insolvenzverwalter aus § 60 InsO begründet sein, weil die Insolvenzgläubiger durch die verzögerte Verteilung des Verwertungserlöses einen Zinsschaden und durch die Kosten der Nachtragsverteilung einen Quotenschaden erleiden.

Dem Insolvenzgericht steht somit auch die Nachtragsverteilung gem. §§ 203 ff. InsO durch einen anderen Insolvenzverwalter als Aufsichtsinstrument zur Verfügung.

XI. Die Amtsentlassung des Insolvenzverwalters

Die Vorschrift des § 59 Abs. 1 Satz 1 InsO ermächtigt das Insolvenzgericht von Amts wegen, auf Antrag des Insolvenzverwalters, des Gläubigerausschusses oder der Gläubigerversammlung, den Insolvenzverwalter bei Vorliegen eines wichtigen Grundes aus seinem Amt zu entlassen. Anders als nach § 84 Abs. 1 KO für den Konkursverwalter ist die amtswegige Entlassung des Insolvenzverwalters während der gesamten Verfahrensdauer zulässig und ermöglicht es dem Insolvenzgericht, auf eine fehlende Eignung oder begangene Pflichtwidrigkeiten des Insolvenzverwalters unverzüglich zu reagieren.[2163] Die Entlassung des Insolvenzverwalters stellt die Sanktion im Rahmen der Aufsicht gem. § 58 InsO mit den weitreichensten Wirkungen für den betroffenen Insolvenzverwalter und die Insolvenzgläubiger dar. Sie dient nicht der Disziplinierung oder Durchsetzung eines bestimmten Verhaltens, sondern der ordnungsgemäßen Verfahrensabwicklung, wenn die Zwangsmittel i. S. d. § 58 Abs. 2 und 3 InsO nicht zum Erfolg geführt ha-

2159 MK-*Hintzen*, § 203 InsO, Rdnr. 24, § 205 InsO, Rdnr. 6.
2160 MK-*Hintzen*, § 203 InsO, Rdnr. 24.
2161 MK-*Hintzen*, § 203 InsO, Rdnr. 24; Braun-Kießner, § 205 InsO, Rdnr. 4; Uhlenbruck-*Uhlenbruck*, § 203 InsO, Rdnr. 11; N/R-*Westphal*, § 205 InsO, Rdnr. 2.
2162 Zur Verwertungspflicht des Insolvenzverwalters: Kap. C.II.6.3.1.
2163 *Wimmer*, Der Rechtspfleger im neuen Insolvenzrecht, InVo 1997, 316, 317.

ben.[2164] Anders als z. B. bei der Pflichtverteidigung[2165] stellt die Amtsentlassung einen Eingriff in die Berufsausübungsfreiheit des Art. 12 Abs. 1 GG dar, der aber unter den Voraussetzungen des § 59 Abs. 1 InsO zulässig ist. Diese Vorschrift gilt über die gesetzlichen Verweisungen in §§ 21 Abs. 2 Nr. 1, 274 Abs. 1, 292 Abs. 3 Satz 2 InsO auch für den vorläufigen Insolvenzverwalter, den Sachwalter und den Treuhänder der Wohlverhaltensperiode. Die Möglichkeit zur Entlassung des Insolvenzverwalters im Rahmen der Planüberwachung folgt aus § 261 Abs. 1 Satz 2 InsO, wonach in dieser Zeit das Amt des Insolvenzverwalters und die Aufsicht des Insolvenzgerichts fortbesteht.[2166]

1. Funktionelle Zuständigkeit

Grundsätzlich liegt die funktionelle Zuständigkeit für die Aufsicht des Insolvenzgerichts im Eröffnungsverfahren einschließlich der Entscheidung über den Insolvenzantrag und die Bestellung des Insolvenzverwalters beim Insolvenzrichter (§ 18 Abs. 1 Nr. 1 RPflG) und im eröffneten Insolvenzverfahren – vorbehaltlich des Richtervorbehaltes gem. § 18 RPflG – beim Rechtspfleger (§ 3 Abs. 2 lit. e) RPflG). Dieses bedeutet, dass die Entlassung des vorläufigen Insolvenzverwalters vom Insolvenzrichter zu beschließen ist. Dagegen ist umstritten, ob sich die mit der Eröffnung des Insolvenzverfahrens einsetzende funktionelle Zuständigkeit des Rechtspflegers auch auf die Entlassung des Insolvenzverwalters nach § 59 Abs. 1 InsO und die Bestellung eines neuen Insolvenzverwalters erstreckt.

1.1. Stand der Diskussion

Das *AG Göttingen*[2167] hat unter Berufung auf die Zuständigkeitsregelungen der § 27 Abs. 1 Satz 1 InsO i. V. m. § 18 Abs. 1 Nr. 1 RPflG eine funktionelle Zuständigkeit des Insolvenzrichters angenommen. Die Alleinzuständigkeit des Insolvenzrichters für die Bestellung des Insolvenzverwalters im Zusammenhang mit der Verfahrenseröffnung wirke über die Eröffnung des Insolvenzverfahrens hinaus, da bei der Entlassung eines vom Insolvenzrichter bestellten Insolvenzverwalters spiegelbildlich eine negative Eignungsprüfung vorgenommen wird. Das *LG Göttingen*[2168] als Beschwerdegericht hat diese Zuständigkeitsfrage dahingestellt gelassen, weil die Entlassung eines Insolvenzverwalters gem. § 59 Abs. 1 InsO auch durch einen funktionell unzuständigen Insolvenzrichter nach § 8 Abs. 1 RPflG wirksam ist. *Frind* kommt im Rahmen einer Auslegung des § 18 Abs. 1 Nr. 1 RPflG ebenfalls

---

2164 MK-*Graeber*, § 59 InsO, Rdnr. 12; Uhlenbruck-*Uhlenbruck*, § 59 InsO, Rdnr. 2.
2165 Siehe hierzu *BVerfG*, Urt. v. 8. 4. 1975 – 2 BvR 207/75 – NJW 1975, 1015, 1016, mit dem Argument, dass der Widerruf der Beiordnung zum Pflichtverteidiger mangels subjektiven Rechts auf diese Tätigkeit nicht die Berufsausübungsfreiheit beschränkt, sondern von einer Beschränkung der Berufsausübungsfreiheit entpflichtet.
2166 Uhlenbruck-*Uhlenbruck*, § 59 InsO, Rdnr. 5.
2167 *AG Göttingen*, Beschl. v. 21. 2. 2003 – 74 IN 114/01 – ZInsO 2003, 289.
2168 *LG Göttingen*, Beschl. v. 4. 7. 2003 – 10 T 37/03 – NZI 2003, 499 ff.

zu einer Alleinzuständigkeit des Insolvenzrichters, indem er den Textteil *„bis zur Entscheidung über“* semantisch ausschließlich dem Eröffnungsverfahren zuordnet.[2169]

Das *LG Braunschweig* nimmt eine Ausnahme von der grundsätzlich gegebenen funktionalen Zuständigkeit des Rechtspflegers in dem Fall an, dass die Prüfung durch den Richter erforderlich ist, weil es ganz wesentlich um die Beurteilung der fachlichen Qualifikation des Insolvenzverwalters bei der Behandlung von Rechtsfragen geht. In diesem Fall ist der Rechtspfleger verpflichtet, dem Insolvenzrichter die Möglichkeit zu geben, das Verfahren nach § 18 Abs. 2 S. 1 RPflG an sich zu ziehen.[2170]

Für die Gegenansicht[2171] ist eine funktionelle Zuständigkeit des Insolvenzrichters für die Entlassung eines Insolvenzverwalters im eröffneten Insolvenzverfahren mit dem Gesetzeswortlaut nicht vereinbar und eine über den Wortlaut des § 18 Abs. 1 Nr. 1 RPflG hinausgehende und deshalb methodisch unzulässige Rechtsfortbildung. Das vom AG Göttingen für die Zuständigkeit des Insolvenzrichters angeführte Argument der spiegelbildlichen negativen Eignungsprüfung spricht gerade für die Zuständigkeit des Insolvenzrechtspflegers, denn nur dieser kann aufgrund der in seiner Verantwortung liegenden Leitung des eröffneten Insolvenzverfahrens erkennen, dass ein wichtiger Grund i.S.d. § 59 Abs. 1 InsO in der Person des bestellten Insolvenzverwalters eingetreten ist. Der Textauslegung von *Frind* ist entgegenzuhalten, dass durch die Konjunktion *„und“* die Satzglieder *„dieser Entscheidung“* und *„Ernennung des Insolvenzverwalters“* nebenordnend verbunden sind und in einen Bezug zum Eröffnungsverfahren gesetzt werden. Möglich ist aber, dass der Insolvenzrichter für den Entlassungsfall von dem Richtervorbehalt gem. § 18 Abs. 2 RPflG Gebrauch macht.[2172]

1.2. Zuständigkeit des Insolvenzrechtspflegers

Die besseren Argumente streiten für eine funktionale Zuständigkeit des Insolvenzrechtspflegers für die Amtsentlassung gem. § 59 Abs. 1 InsO. Die enumerative Aufzählung der einem Richtervorbehalt unterliegenden Maßnahmen in § 18 Abs. 1 Nr. 1 RPflG umfasst die Amtsentlassung gem. § 59 Abs. 1 InsO gerade nicht. Folglich soll nach dem gesetzgeberischen Willen für diese Maßnahme der Rechtspfleger funktionell zuständig sein. Dieser verfügt regelmäßig auch über eine größere Sachnähe als der Insolvenzrichter bei der Bewertung der Entlassungsgründe. Die funktionelle Zuständigkeit des Rechtspflegers für die Amtsentlassung im er-

---

2169 HambK-*Frind*, § 59 InsO, Rdnr. 7.
2170 *LG Braunschweig*, Beschl. v. 29. 4. 2008 – 6 T 924/07 – NZI 2008, 620.
2171 *LG Braunschweig*, Beschl. v. 29. 4. 2008 – 6 T 924/07 – NZI 2008, 620; HK-*Eickmann*, § 59 InsO, Rdnr. 13; Jaeger-*Gerhardt*, § 59 InsO, Rdnr. 14; MK-*Graeber*, § 59 InsO, Rdnr. 61; *Keller*, Anm. zum Beschl. des AG Göttingen, EWiR § 59 InsO 2/03, 935; Uhlenbruck-*Uhlenbruck*, § 59 InsO, Rdnr. 19; ebenso ohne Begründung und zu § 8 GesO: *LG Stendal*, Beschl. v. 2. 1. 1999 – 25 T 353/98 – ZInsO 1999, 233, 234.
2172 HambK-*Frind*, § 59 InsO, Rdnr. 7.

öffneten Insolvenzverwalter erstreckt sich auch auf die Bestellung des Nachfolgers im Amt.[2173]

Damit ist eine Beteiligung des Insolvenzrichters an der Entscheidung über die Entlassung des Insolvenzverwalters jedoch nicht ausgeschlossen. Arbeiten die Organe des Insolvenzgerichts konstruktiv zusammen, wird der Rechtspfleger die Entlassung des Insolvenzverwalters aus wichtigem Grund zuvor mit dem zuständigen Insolvenzrichter abstimmen. Dieser ist darüber hinaus in Ausübung seines Evokationsrechts aus § 18 Abs. 2 RPflG ermächtigt, die Entscheidung über die Entlassung des Insolvenzverwalters an sich zu ziehen, wenn er dieses für geboten erachtet.[2174]

2. Gesetzliche Voraussetzung der Amtsentlassung

Die Amtsentlassung setzt gem. § 59 Abs. 1 Satz 1 InsO einen wichtigen Grund voraus.[2175] Dieses Tatbestandsmerkmal soll im Folgenden näher bestimmt werden. Zwar ist das Insolvenzgericht grundsätzlich durch §§ 5 Abs. 1, 58 Abs. 1 Satz 2 InsO zur Sachverhaltsaufklärung ermächtigt, jedoch erfolgt dieses nicht in einem zivilprozessualen, mit einem Urteil abschließenden Erkenntnisverfahren, so dass auch untersucht werden soll, welcher Grad der Überzeugung vom Vorliegen eines wichtigen Grundes beim Insolvenzgericht für die Amtsentlassung erforderlich ist.

2.1. Entlassungsgrund

Der Gesetzgeber hat nicht normiert, was unter einem wichtigen Grund i.S.d. § 59 Abs. 1 InsO zu verstehen ist. Angesichts der Komplexität der Geschäftstätigkeit des Insolvenzverwalters sind eine Vielzahl unterschiedlicher Fallgestaltungen denkbar. Ein „wichtiger Grund“ kann in der Person des Insolvenzverwalters, wie z.B. einer erheblichen Krankheit oder einer offensichtliche Unfähigkeit, oder in dessen Verhalten, wie z.B. der schuldhaften Nichterfüllung von Verwalterpflichten, begründet sein.

2.1.1. Mangelnde Eignung

Grundsätzlich ist ein wichtiger Grund gegeben, wenn sich im Verlaufe des Verfahrens die Ungeeignetheit i.S.d. § 56 Abs. 1 InsO des Insolvenzverwalters erweist.[2176] Dieses folgt bereits aus der Überlegung, dass ein Insolvenzverwalter, der mangels

2173 MK-*Graeber*, § 59 InsO, Rdnr. 61.
2174 Gegen eine generelle Evokation durch den Insolvenzrichter: HK-*Eickmann*, § 59 InsO, Rdnr. 13.
2175 Dieser ist auch erforderlich, wenn der Insolvenzverwalter selbst seine Entlassung beantragt: *BGH*, Beschl. v. 17. 6. 2004 – IX ZB 92/03 – ZVI 2004, 544 (für den Treuhänder der Wohlverhaltensperiode); HK-*Eickmann*, § 59 InsO, Rdnr. 6.
2176 *LG Göttingen*, Beschl. v. 4. 7. 2003 – 10 T 37/03 – NZI 2003, 499, 500; Jaeger-*Gerhardt*, § 59 InsO, Rdnr. 4, 5; Braun-*Kind*, § 59 InsO, Rdnr. 5.

Eignung nicht bestellt worden wäre, auch nicht im Amt belassen bleiben kann. Der Gesetzgeber hat hierzu als Beispiel eine zur Amtsunfähigkeit führende Erkrankung des Insolvenzverwalters genannt.[2177] Die mangelnde Eignung kann sich auch aus pflichtwidrigem Verhalten des Insolvenzverwalters in anderen Insolvenzverfahren ergeben, wenn dieses auf die generelle Ungeeignetheit für das Insolvenzverwalteramt schließen lässt.[2178]

2.1.2. Verhalten des Insolvenzverwalters

Der Insolvenzverwalter kann sich in vielfältiger Weise pflichtwidrig verhalten, so dass eine Entlassung nach § 59 Abs. 1 InsO rechtfertigt ist. Eine solche Pflichtwidrigkeit hat der *BGH* im Vorspiegeln eines akademischen Titels erkannt.[2179] In der Instanzrechtsprechung ist ein wichtiger Grund i.S.d. § 59 Abs. 1 Satz 1 InsO bei Erstellung eines unrichtigen Insolvenzgutachtens durch den zugleich zum Sachverständigen bestellten vorläufigen Insolvenzverwalter[2180], bei Nichterfüllung der Auskunfts- und Rechnungslegungspflichten[2181], bei Nichtvorlage eines Insolvenzplans innerhalb von 18 Monaten nach Beauftragung gem. § 218 Abs. 2 InsO[2182], bei der Masseverwertung ohne Beachtung der Zustimmungserfordernisse gem. §§ 160ff. InsO[2183] und bei Unerreichbarkeit und Überlastung des Insolvenzverwalters[2184] angenommen worden. Das *LG Göttingen* hat festgestellt, dass die Haftung des Insolvenzverwalters nach § 61 InsO kein Entlassungsgrund darstellt, da es sich hierbei um dessen eigenes Risiko handele.[2185] Nach Auffassung von *Frind* ist die beabsichtigte Nichtbefolgung von „gerichtlichen Rechtsweisungen gem. §§ 22 Abs. 2, 58 Abs. 1 InsO“ ein wichtiger Grund, einen vorläufigen Insolvenzverwalter zu entlassen.[2186] Dagegen stellt eine Schadensersatzpflicht des Insolvenzverwalters nach § 60 InsO oder ein Streit über die Zweckmäßigkeit einer Entscheidung des Insolvenzverwalters für sich genommen keinen wichtigen Grund i.S.d. § 59 Abs. 1

2177 Begrd.RegE zu § 59 InsO, zit. n. *Balz/Landfermann*, Die neuen Insolvenzgesetze, S. 139.
2178 MK-*Graeber*, § 59 InsO, Rdnr. 36; Braun-*Kind*, § 59 InsO, Rdnr. 6.
2179 *BGH*, Beschl. v. 6. 5. 2004 – IX ZB 349/02 – ZVI 2004, 367ff.; ebenso: *Keller*, Insolvenzrecht, Rdnr. 90.
2180 *AG Halle-Saalkreis*, Beschl. v. 29. 6. 1993 – 27 N 63/93 – ZIP 1993, 1669 für die Abberufung eines Sequesters.
2181 Siehe Kap. E.II.4.
2182 *AG Göttingen*, Beschl. v. 21. 2. 2003 – 74 IN 114/01 – ZInsO 2003, 289; aufgehoben durch *LG Göttingen*, Beschl. v. 4. 7. 2003 – 10 T 37/03 – NZI 2003, 499, 500.
2183 *LG Mainz*, Beschl. v. 9. 6. 1986 – 8 T 85/86 – Rpfleger 1986, 490f. (zu § 134 KO), mit dem zutreffenden Hinweis, dass der Einwand fehlenden Schadens für die Insolvenzmasse nicht die Pflichtwidrigkeit der Verwertungshandlung entkräftet, sondern nur die Schadensersatzpflicht des Verwalters ausschließt.
2184 *LG Magdeburg*, Beschl. v. 21. 10. 1996 – 3 T 642/96 – ZIP 1996, 2116, 2118 (die Belastung eines Sequesters lässt sich nicht mit hinreichender Sicherheit aus der Verfahrenszahl ersehen); *AG Potsdam*, Beschl. v. 30. 11. 2001 – 35 IN 677/01 – NJW-RR 2002, 1201, 1202; *Schmittmann*, Rechtsprechungsübersicht zur Entlassung des (vorläufigen) Insolvenzverwalters von Amts wegen, NZI 2004, 239, 240. Ebenso für die Aiswahlentscheidung nach § 56 Abs. 1 InsO: *AG Göttingen*, Beschl. v. 11. 3. 2003 – 74 IN 137/02 – NZI 2003, 267.
2185 *LG Göttingen*, Beschl. v. 4. 7. 2003 – 10 T 37/03 – NZI 2003, 499, 500.
2186 HambK-*Frind*, § 59 InsO, Rdnr. 5.

InsO dar.[2187] Der Verstoß gegen Beschlüsse der Gläubigerversammlung stellt nach Ansicht von *Smid* einen eklatanten Pflichtenverstoß dar, der die Amtsentlassung notwendig macht.[2188] Bei rechtswidriges oder wirtschaftlich unsinniges Handeln erfordernden Beschlüssen kann der Insolvenzverwalter beim Insolvenzgericht gem. § 78 Abs. 1 InsO deren Aufhebung oder die Einberufung einer Gläubigerversammlung zu einer erneuten Beratung und Abstimmung beantragen. Handelt der Insolvenzverwalter entgegen der Beschlussfassung, ohne diese Korrekturmöglichkeiten wahrgenommen zu haben, zerstört er das erforderliche Vertrauensverhältnis zu den Gläubigern.[2189]

2.1.3. Persönliche Verhältnisse des Insolvenzverwalters

Ein wichtiger Grund i.S.d. § 59 Abs. 1 Satz 1 InsO kann nicht nur im Verhalten sondern auch in der Person des Insolvenzverwalters begründet sein. Dieses wird für den Eintritt der Geschäftsunfähigkeit nach § 104 Nr. 2 BGB oder die Unter-Betreuung-Stellung des Insolvenzverwalters,[2190] die mangelnde Befähigung[2191] oder auch bei fehlender Haftungsbonität[2192] angenommen.

2.1.4. Verletzung der Vermögensbetreuungspflicht

Die ordnungsgemäße Verwaltung und Verwertung der Insolvenzmasse gehört zu den wesentlichen Aufgaben und Pflichten des Insolvenzverwalters, auf den nach § 80 Abs. 1 InsO mit der Verfahrenseröffnung die Verwaltungs- und Verfügungsbefugnis über das Schuldnervermögen übergeht. Zugleich hat er gem. § 148 Abs. 1 InsO das gesamte zur Insolvenzmasse gehörende Vermögen in Besitz und Verwaltung zu nehmen. Diese weitreichenden Befugnisse begründen eine besondere Vertrauensstellung des Insolvenzverwalters, so dass eine strafbare Verletzung dieser gesetzlichen Vermögensbetreuungspflicht durch Untreue oder Unterschlagung ohne Zweifel als wichtiger Grund i.S.d. § 59 Abs. 1 Satz 1 InsO anzusehen ist,[2193]

2187 *BGH*, Beschl. v. 8.12. 2005 – IX ZB 308/04 – ZIP 2006, 247, 248 (Rdnr. 10); *LG Stendal*, Beschl. v. 20.1. 1999 – 25 T 353/98 – ZinsO 1999, 233, 235; HbFAInsO-*Bruder*, 2. Kap. Rdnr. 77; MK-*Graeber*, § 59 InsO, Rdnr. 30; *Haarmeyer/Wutzke/Forster*, Kap. 5 Rdnr. 55; einschränkend für Schadensersatzansprüche in ungewöhnlichem Umfang und ungewöhnlichen Ausmaß, Uhlenbruck-*Uhlenbruck*, § 59 InsO, Rdnr. 10.

2188 *Smid*, Anm. zu AG Bonn, Beschl. v. 19. 9. 2001 – 98 N 196/99 –, DZWiR 2002, 83, 84.

2189 *Smid*, Anm. zu AG Bonn, Beschl. v. 19. 9. 2001 – 98 N 196/99 –, DZWiR 2002, 83, 84.

2190 *Schmittmann*, Rechtsprechungsübersicht zur Entlassung des (vorläufigen) Insolvenzverwalters von Amts wegen, NZI 2004, 239, 241.

2191 *LG Halle*, Beschl. v. 22.10. 1993 – 2 T 247/93 – ZIP 1993, 1739; Uhlenbruck-*Uhlenbruck*, § 59 InsO Rdnr. 7.

2192 N/R-*Delhaes*, § 59 InsO Rdnr. 7; *Pohlmann*, Befugnisse und Funktionen des vorläufigen Insolvenzverwalters, Rdnr. 247; Uhlenbruck-*Uhlenbruck*, § 59 InsO Rdnr. 10; einschränkend in der Weise, dass dem Insolvenzverwalter zuvor die Gelegenheit zum Abschluss einer angemessenen Haftpflichtversicherung gegeben werden muss: *Schmittmann*, Rechtsprechungsübersicht zur Entlassung des (vorläufigen) Insolvenzverwalters von Amts wegen; NZI 2004, 239, 241; ablehnend: *Binz/Hess*, Der Insolvenzverwalter, Rdnr. 1032.

2193 *LG Göttingen*, Beschl. v. 4.7. 2003 – 10 T 37/03 – NZI 2003, 499, 500; HambK-*Frind*, § 59 InsO, Rdnr. 6; Uhlenbruck-*Uhlenbruck*, § 59 InsO, Rdnr. 8 (auch in dem Fall, dass die Straftaten in zumal die Verwirklichung dieser Strafdelikte ein vorsätzliches Handeln des Insolvenzverwalters erfordert.

Aber auch unterhalb der Vorsatztat sind Fallgestaltungen der pflichtwidrigen Verletzung der Vermögensbetreuungspflicht denkbar, die als wichtiger Grund i.S.d. § 59 Abs. 1 Satz 1 InsO anzusehen sind. Dieses ist in der Judikatur für die Verwaltung der Massegelder auf dem allgemeinen Geschäftskonto des Insolvenzverwalters,[2194] bei einer Betriebsfortführung entgegen der Vorgabe der Gläubigerversammlung im Berichtstermin und mit erheblichen Verlusten, die durch die Verwendung von mit Absonderungsrechten belasteten Gegenständen finanziert wurde,[2195] oder bei einer Betriebsfortführung nach Anzeige der Masseunzulänglichkeit ohne die Neumassegläubiger zu befriedigen,[2196] angenommen worden.

Schwierigkeiten bereitet im Einzelfall die Beurteilung, ob der Insolvenzverwalter durch übermäßige Führung von Prozessen versucht, neben der Insolvenzverwaltervergütung noch Gebühreneinnahmen zu Lasten der Insolvenzmasse zu generieren. In der Insolvenzpraxis wenden sich gerade die vom Insolvenzverwalter in Anspruch Genommenen immer wieder beschwerdeführend mit dem Vorwurf einer unsinnigen und erfolglosen Prozessführung durch den Insolvenzverwalter an das Insolvenzgericht.[2197] Hier ist zu beachten, dass grundsätzlich der Insolvenzverwalter die Art und Weise der Verwertung der Massegegenstände nach pflichtgemäßem Ermessen bestimmt. Eine schwere Pflichtverletzung und damit ein wichtiger Grund i.S.d. § 59 Abs. 1 Satz 1 InsO kann erst dann angenommen werden, wenn der Insolvenzverwalter unter Verletzung der anwaltlichen Sorgfalt und Risikoabwägung möglichst viele Prozesse für die Insolvenzmasse führt.[2198]

2.1.5. Unabhängigkeit und Interessenkollision

Neben der Verletzung der Vermögensbetreuungspflicht kommt dem Vorliegen einer Interessenkollision des Insolvenzverwalters im Zusammenhang mit § 59 Abs. 1 InsO ein besonderes Gewicht zu. In einer Vielzahl von Entscheidungen der Instanzgerichte waren Zweifel an der Unabhängigkeit des Insolvenzverwalters Anlass für dessen Amtsentlassung gem. § 59 Abs. 1 InsO.[2199] Nach Ansicht von *Frind*

---

einem anderen Insolvenzverfahren oder außerhalb der Tätigkeit als Insolvenzverwalter begangen wurde).

2194 *AG Karlsruhe*, Beschl. v. 25. 11. 1982 – N 243/74 – ZIP 1983, 101, 102.

2195 *AG Bonn*, Beschl. v. 5. 9. 2001 – 98 IN 196/99 – ZInsO 2002, 641 f.

2196 *AG Göttingen*, Beschl. v. 21. 2. 2003 – 74 IN 114/01 – ZInsO 2003, 289; aufgehoben durch *LG Göttingen*, Beschl. v. 4. 7. 2003 – 10 T 37/03 – NZI 2003, 499, 500.

2197 Der Verfasser durfte sich sogar einmal mit der Beschwerde eines OLG-Richters auseinandersetzen, der sich an das Insolvenzgericht mit dem Hinweis gewandt hatte, dass ein angesichts der Vermögenslosigkeit des Beklagten wirtschaftlich nicht durchsetzbarer Anspruch klageweise geltend gemacht worden sei. Der besorgte OLG-Richter hatte übersehen, dass der Rechtsstreit nach vierjähriger Dauer (sic!) vor dem Landgericht für die Insolvenzmasse gewonnen worden war und sich die Vermögenslosigkeit der beklagten GmbH erst im Berufungsverfahren einstellte.

2198 MK-*Graeber*, § 59 InsO, Rdnr. 29.

2199 *OLG Zweibrücken*, Beschl. v. 31. 5. 2000 – 3 W 94/00 – ZInsO 2000, 398; *AG Flensburg*, Beschl. v. 8. 4. 2003 – 56 IN 60/03 – ZIP 2003, 920 f., „Schmidt/Mobilcom“ (im Interesse eines zügigen Verstellt auch ein Verstoß gegen die Tätigkeitsverbote nach § 45 BRAO ein wichtiger Grund i. S. d. § 59 Abs. 1 InsO dar.[2200] Ganz allgemein ist die Nichtanzeige einer Interessenkollision als Entlassungsgrund anerkannt.[2201]

2.1.6. Strafverfahren

Der *BGH* hat in der Erhebung einer öffentlichen Klage wegen Untreue und Erpressung durch die Staatsanwaltschaft einen wichtigen Grund zur Amtsentlassung eines Zwangsverwalters erkannt, da diese gem. §§ 170 Abs. 1, 174 Abs. 1 StPO einen genügenden Anlass voraussetzt.[2202] Der Zwangsverwalter kann sich demgegenüber nicht auf die Unschuldsvermutung (Art. 6 Abs. 2 EMRK) berufen, weil diese nicht gegenüber Rechtsfolgen gilt, die – wie die Amtsentlassung – keinen Strafcharakter haben.[2203] Dagegen reicht ein strafrechtliches Ermittlungsverfahren nach einer Entscheidung des *LG Magdeburg* nicht zur Rechtfertigung einer Amtsentlassung aus, da jenes gerade der Prüfung dient, ob überhaupt ein hinreichender Tatverdacht besteht.[2204]

2.1.7. Zusammenfassung

Aus Aufbau und Wortlaut („*kann*“) der Vorschrift des § 59 Abs. 1 InsO ergibt sich, dass beim Vorliegen des Tatbestandsmerkmals „wichtiger Grund“ hinsichtlich der Rechtsfolge „Amtsentlassung“ dem Insolvenzgericht ein Entschließungsermessen eingeräumt ist. Für die Ausfüllung des unbestimmten Rechtsbegriffs „wichtiger Grund“ kommen daher nur Umstände in Betracht, die objektiv die Entlassung des Insolvenzverwalters rechtfertigen. Umgekehrt ist das Tatbestandsmerkmal „wich-

---

fahrensfortganges ist der vorläufige Insolvenzverwalter von Amts wegen aus seinem Amt zu entlassen, wenn die Großgläubiger aufgrund der Vorbefasstheit des Verwalters dessen Unabhängigkeit bezweifeln und ankündigen, nach § 57 InsO einen anderen Insolvenzverwalter zu wählen); *AG Hamburg*, Beschl. v. 23. 11. 2004 – 67c IN 1/02 – ZinsO 2004, 1324, 1325 (im Fall eines Insolvenzverwalters, der einen Antrag auf Versagung der Restschuldbefreiung nach § 290 Abs. 2 InsO initiiert hatte und deshalb nach Auffassung des Amtsgerichtes durch eine sachlich nicht gebotene Bevorzugung eines Gläubigers einen schwerwiegenden Verstoß gegen die Pflicht zur Unabhängigkeit begangen habe.); *LG Magdeburg*, Beschl. v. 21. 10. 1996 – 3 T 642/96 – ZIP 1996, 2116, 2118: „*Vom Standpunkt einer ruhigen* (sic!) *und vernünftigen Gläubigerin*“ besteht kein Anlass für Zweifel an der Unabhängigkeit eines Sequesters, wenn dieser in anderen Insolvenzverfahren Rechtsstreitigkeiten gegen die Gläubigerin (hier: die BvS, vormals: Treuhandanstalt) geführt hat.

2200 HambK-*Frind*, § 59 InsO, Rdnr. 5.

2201 *OLG Zweibrücken*, Beschl. v. 31. 5. 2000 – 3 W 94/00 – ZInsO 2000, 398; *BayObLG*, Beschl. v. 18. 12. 1987 – BReg. 1 Z 61/87 – FamRZ 1988, 543 (für den Nachlaßverwalter); *LG Potsdam*, Beschl. v. 6. 7. 2005 – 5 T 250/05 – ZinsO 2005, 293 f. (wenn nicht dem Insolvenzgericht der Sachverhalt aus den Berichten und Gutachten des Insolvenzverwalters bekannt ist); *LG Augsburg*, Beschl. v. 28. 2. 1996 – 4 T 214/95 – Rpfleger 1997, 78, 79 (Bestellung des Zwangsverwalters zum Konkursverwalter über das Vermögen der Grundstückseigentümerin ist untunlich, aber nicht verboten); *LG Halle*, Beschl. v. 28. 1. 1994 – 2 T 284/93 – ZIP 1994, 572, 576, 577 (jedenfalls im Zusammenhang mit weiteren schweren Pflichtverletzungen); *AG Halle-Saalkreis*, Beschl. v. 15. 11. 1993 – 50 N 18/91 – ZIP 1993, 1912; MK-*Graeber*, § 59 InsO, Rdnr. 34.

2202 *BGH*, Beschl. v. 5. 3. 1998 – IX ZB 13/98 – KTS 1998, 622, 623, der Zwangsverwalter war bereits als Konkursverwalter seiner Ämter enthoben worden.

2203 *BGH*, Beschl. v. 5. 3. 1998 – IX ZB 13/98 – KTS 1998, 622, 623.

2204 *LG Magdeburg*, Beschl. v. 21. 10. 1996 – 3 T 642/96 – ZIP 1996, 2116, 2118.

tiger Grund“ nicht deshalb gegeben, weil das Insolvenzgericht eine Entlassung als aufsichtsrechtliche Sanktion für erforderlich hält.

Angesichts der weitreichenden Folgen für das Insolvenzverfahren und den Insolvenzverwalter kommen als wichtiger Grund nur Sachverhalte in Betracht, die die Entlassung des Insolvenzverwalters im Interesse der Insolvenzgläubiger und der Rechtmäßigkeit der Verfahrensentwicklung objektiv notwendig machen und derentwegen eine weitere Belassung des Insolvenzverwalters im Amt sachlich nicht mehr zu rechtfertigen ist.[2205] Dabei hat das Insolvenzgericht immer den Grundsatz der Verhältnismäßigkeit zu berücksichtigen, so dass es stets einer Güterabwägung im Einzelfall bedarf.[2206] Die Entlassung ist daher nur als die ultima ratio anzusehen. Sind andere aufsichtsrechtliche Maßnahmen ebenfalls geeignet, so ist zunächst von diesen Gebrauch zu machen.[2207] Unverhältnismäßig wäre es, auf eine vorübergehende Erkrankung oder Amtsunfähigkeit des Insolvenzverwalters mit dessen Amtsentlassung zu reagieren, wenn die Verfahrensziele und die Gläubigerinteressen auch durch die Bestellung eines Sonderverwalters gewahrt werden können.[2208]

Hieraus folgt, dass eine bloße Störung des Vertrauensverhältnisses zwischen Insolvenzgericht und Insolvenzverwalter ohne Hinzutreten weiterer Umstände nicht den Tatbestand des § 59 Abs. 1 InsO erfüllt.[2209] Dasselbe gilt für Meinungsverschiedenheiten zwischen dem Insolvenzverwalter und sonstigen Verfahrensbeteiligten, da andernfalls einzelne Insolvenzgläubiger oder der Insolvenzschuldner einen ihnen unliebsamen, z.B. mit der Verfolgung von Anfechtungsansprüchen ausschließlich die Insolvenzzwecke verfolgenden Insolvenzverwalter, in den bloßen Verdacht einer Pflichtverletzung bringen könnten, um dessen Entlassung zu bewirken. *Kind* weist zutreffend darauf hin, dass nicht die Meinungsverschiedenheit an sich, sondern die Art des Streitens den Insolvenzverwalter diskreditieren kann.[2210]

Die Nichtbefolgung von insolvenzgerichtlichen Handlungsanweisungen für sich genommen, d.h. ohne eine schwerwiegende Verletzung einer insolvenzgesetzlich

---

2205 *BGH*, Beschl. v. 8. 12. 2005 – IX ZB 308/04 – ZIP 2006, 247, 248 (Tz. 10); *OLG Köln*, Beschl. v. 11. 9. 1986 – 2 W 224/86 – ZIP 1986, 1261 („*Pflichtverletzung gröberer Art*“); HK-*Eickmann*, § 59 InsO, Rdnr. 4.

2206 *LG Göttingen*, Beschl. v. 4. 7. 2003 – 10 T 37/03 – NZI 2003, 499, 500; Smid-*Smid*, § 59 InsO, Rdnr. 7; Uhlenbruck-*Uhlenbruck*, § 59 InsO, Rdnr. 10.

2207 *LG Göttingen*, Beschl. v. 4. 7. 2003 – 10 T 37/03 – NZI 2003, 499, 501; Braun-*Kind*, § 59 InsO, Rdnr. 9; Graf-Schlicker-*Mäusezahl*, § 59 InsO, Rdnr. 4; Uhlenbruck-*Uhlenbruck*, § 59 InsO, Rdnr. 2.

2208 HK-*Eickmann*, § 59 InsO, Rdnr. 3.

2209 *BGH*, Beschl. v. 8. 12. 2005 – IX ZB 308/04 – ZIP 2006, 247, 248 (Tz. 9); *LG Göttingen*, Beschl. v. 4. 7. 2003 – 10 T 37/03 – NZI 2003, 499, 501; *LG Stendal*, Beschl. v. 20. 1. 1999 – 25 T 353/98 – ZinsO 1999, 233 f.; *LG Magdeburg*, Beschl. v. 20. 7. 1999 – 3 T 556/99 – ZIP 1999, 1685. Dagegen: *OLG Zweibrücken*, Beschl. v. 25. 9. 2000 – 3 W 205/00 – ZinsO 2000, 611; Beschl. v. 31. 5. 2000 – 3 W 94/00 – ZInsO 2000, 398; *LG Göttingen*, Beschl. v. 4. 7. 2003 – 10 T 37/03 – NZI 2003, 499, 501; *LG Magdeburg*, Beschl. v. 21. 10. 1996 – 3 T 642/96 – ZIP 1996, 2116, 2118; N/R-*Delhaes*, § 59 InsO, Rdnr. 7; HambK-*Frind*, § 59 InsO, Rdnr. 6; Jaeger-*Gerhardt*, § 59 InsO, Rdnr. 5; MK-*Graeber*, § 59 InsO, Rdnr. 35.

2210 Braun-*Kind*, § 59 InsO, Rdnr. 7.

normierten Verwalterpflicht, kann die Entlassung nach § 59 Abs. 1 InsO nicht rechtfertigen.[2211] Wie bereits festgestellt worden ist, hat das Insolvenzgericht im Rahmen der Aufsicht keine „Normsetzungsbefugnis“[2212] und ist an die gesetzgeberische Grundentscheidung für eine Insolvenzabwicklung durch einen im Rahmen von autonomen Entscheidungen der Gläubiger eigenverantwortlich handelnden Insolvenzverwalter gebunden. Auch ist das Recht zur Amtsentlassung kein Disziplinierungs- und Zwangsmittel zur Durchsetzung eines bestimmten Verhaltens. Erst wenn die Zwangsmittel des § 58 Abs. 2 InsO keinen Erfolg haben, den Insolvenzverwalter zu einer rechtmäßigen und pflichtgemäßen Verfahrensabwicklung zu veranlassen, kommt die Amtsentlassung als ultima ratio in Betracht.[2213]

2.2. Amtsentlassung bereits bei Verdachtsmomenten?

Fraglich ist, ob die den Entlassungsgrund ausmachenden Tatsachen dem Insolvenzgericht zu dessen Überzeugung nachgewiesen sein müssen oder ob bereits Verdachtsmomente für das Vorliegen eines wichtigen Grundes i.S.d. § 59 Abs. 1 InsO für eine Amtsentlassung ausreichen.

2.2.1. Stand der Diskussion

Auf diese Frage werden in Rechtsprechung und Schrifttum unterschiedliche Antworten gegeben. Teilweise wird bereits die begründete Besorgnis der Parteilichkeit oder der Pflichtwidrigkeit als Entlassungsgrund sowie der von dem Vorwurf strafbarer Handlungen gegen das Vermögen ausgehende böse Schein für ausreichend angesehen, damit das Recht der Entlassung nicht zur stumpfen Waffe verkommt.[2214] Die Gegenmeinung verlangt die volle Überzeugung des Insolvenzgerichts vom Vorliegen der Umstände, die einen wichtigen Grund darstellen können.[2215] Nach vermittelnder Auffassung genügen ausnahmsweise konkrete Verdachtsgründe für schwerste Verfehlungen, wenn gleichzeitig die Gefahr größerer Ausfälle der Gläubiger droht oder der Verdacht von Straftaten gegen die Masse oder anlässlich der Verwaltung besteht.[2216]

Dieser vermittelnden Auffassung ist der BGH gefolgt.[2217] Wörtlich heißt es: „*Ein Insolvenzverwalter ist zu entlassen, wenn sein Verbleiben im Amt unter Berücksichtigung der*

2211 Dagegen: HambK-*Frind*, § 59 InsO, Rdnr. 5.
2212 Siehe Kap. C.III.2.4.
2213 Uhlenbruck-*Uhlenbruck*, § 59 InsO, Rdnr. 2.
2214 Smid-*Smid*, § 59 InsO, Rdnr. 4f.; Uhlenbruck-*Uhlenbruck*, § 59 InsO, Rdnr. 12.
2215 N/R-*Delhaes*, § 59 InsO, Rdnr. 7; HK-*Eickmann*, § 59 InsO, Rdnr. 10; HambK-*Frind*, § 59 InsO, Rdnr. 4; MK-*Graeber*, § 59 InsO, Rdnr. 14; Kübler/Prütting-*Lüke*, § 59 InsO, Rdnr. 5; so wohl auch: *LG Stendal*, Beschl. v. 2. 1. 1999 – 25 T 353/98 – ZInsO 1999, 233, 234.
2216 *LG Halle*, Beschl. v. 22. 10. 1993 – 2 T 247/93 – ZIP 1993, 1739ff.; Jaeger-*Gerhardt*, § 59 InsO, Rdnr. 6; Braun-*Kind*, § 59 InsO, Rdnr. 8; *Römermann*, Anm. zu BGH, Beschl. v. 8. 12. 2005 – IX ZB 308/04 –, EWiR 2006, 315, 316.
2217 *BGH*, Beschl. v. 8. 12. 2005 – IX ZB 308/04 – ZIP 2006, 247, 248 (Tz. 7). Dieser Fall beleuchtet in bedenkenswerter Weise die Willkürlichkeit des Handelns des Insolvenzrechtspflegers: der Folgeverwalter hat die vom Vorgänger angeblich pflichtwidrig unterlassene Geltendmachung von

schutzwürdigen Interessen des Verwalters[2218] *die Belange der Gesamtgläubigerschaft und die Rechtmäßigkeit der Verfahrensabwicklung objektiv nachhaltig beeinträchtigen würde. Diese Beeinträchtigung muss feststehen.*"[2219] Diese Abwägung ist auch bei Pflichtverletzungen des Insolvenzverwalters anzustellen.[2220] Ausnahmsweise genügen für die Entlassung des Insolvenzverwalters bloße konkrete Anhaltspunkte, wenn diese für die Verletzung einer wichtigen Verwalterpflicht sprechen, der Verdacht im Rahmen zumutbarer Amtsermittlung nicht ausgeräumt wird und nur dadurch die Gefahr größerer Schäden für die Masse abgewendet werden kann.[2221] Mit dieser Entscheidung hat sich der 9. Senat nur scheinbar in Widerspruch zu seiner Entscheidung vom 22. 4. 2004 gesetzt, mit der er die Versagung der Bestellung des nach § 57 InsO gewählten Insolvenzverwalters bei der bloßen Möglichkeit eines Interessenkonflikts auf der Grundlage objektiv gegebener Anhaltspunkte für rechtmäßig angesehen hat.[2222] Denn anders als der gewählte (und noch nicht bestellte) Insolvenzverwalter hat der bestellte Insolvenzverwalter bereits eine dem Schutz des Art. 12 GG unterstehende Rechtsposition inne, in die nur zum Schutze höherwertiger Interessen des gemeinen Wohls eingegriffen werden darf, wenn diese Maßnahme geeignet und erforderlich ist und den Grundsatz der Verhältnismäßigkeit wahrt.[2223]

2.2.2. Zwischenergebnis

Die höchstrichterliche Rechtsprechung überzeugt, da diese verhindert, dass der Insolvenzverwalter bei bloßem Verdacht einer Pflichtverletzung sogleich seine Amtsentlassung befürchten muss. So bietet die Insolvenzpraxis immer wieder Beispiele von „Disziplinierungsversuchen" der Verfahrensbeteiligten, die z.B. eine Inanspruchnahme im Rahmen der Masseverwertung dadurch abzuwenden suchen, dass dem Insolvenzverwalter eine überflüssige und deshalb pflichtwidrige Prozessführung vorgeworfen wird. Eine unabhängige, ausschließlich auf die Erreichung der Verfahrensziele des § 1 InsO ausgerichtete Insolvenzverwaltertätigkeit setzt voraus, dass die Pflichtverletzung feststehen muss, um die Amtsentlassung zu rechtfertigen. Auf der anderen Seite erfordern es die Interessen der Gläubiger und auch des Insolvenzschuldners, dass bei erheblichen Pflichtverletzungen, z.B. Masseveruntreuungen, bereits Verdachtsgründe, die vom Insolvenzverwalter nicht sogleich zur Überzeugung des Insolvenzgerichts ausgeräumt werden können, die Amtsentlassung zur Folge haben.

Stammeinlageansprüchen gegen die Gesellschafter der Insolvenzschuldnerin nachgeholt, mit dem Ergebnis, dass die Klagen abgewiesen wurden, und zugleich die Insolvenzmasse verbraucht war.

2218 Das ist die durch Art. 12 GG geschützte Ausübung des Insolvenzverwalteramtes und die auch vom Zivilgericht zu beachtende, durch Art. 6 Abs. 2 EMRK geschützte Unschuldsvermutung.

2219 *BGH*, Beschl. v. 1. 3. 2007 – IX ZB 47/06 – NZI 2007, 346 (Tz. 8); Beschl. v. 8. 12. 2005 – IX ZB 308/04 – ZIP 2006, 247, 248 (Tz. 8).

2220 *BGH*, Beschl. v. 8. 12. 2005 – IX ZB 308/04 – ZIP 2006, 247, 248 (Tz. 10).

2221 *BGH*, Beschl. v. 1. 3. 2007 – IX ZB 47/06 – NZI 2007, 346 (Tz. 8); Beschl. v. 8. 12. 2005 – IX ZB 308/04 – ZIP 2006, 247, 248 (Tz. 11).

2222 *BGH*, Beschl. v. 22. 4. 2004 – IX ZB 154/03 – ZVI 2004, 351, 352.

2223 *Römermann*, Anm. zu BGH, Beschl. v. 8. 12. 2005 – IX ZB 308/04 –, EWiR 2006, 315, 316.

3. Entlassungsverfahren

Die Entlassung des Insolvenzverwalters kann gem. § 59 Abs. 1 Satz 2 InsO von Amts wegen oder auf Antrag des Insolvenzverwalters, des Gläubigerausschusses oder der Gläubigerversammlung[2224] erfolgen. Kein Antragsrecht besteht für den Insolvenzschuldner[2225] oder – mit Ausnahme in der Wohlverhaltensperiode (§ 292 Abs. 3 Satz 2 InsO) – für den einzelnen Insolvenzgläubiger.[2226] Diese Verfahrensbeteiligten können jedoch dem Insolvenzgericht Anhaltspunkte vortragen, die eine amtswegige Prüfung der Voraussetzungen für eine Entlassung des Insolvenzverwalters – bei aller gebotenen Vorsicht[2227] – erforderlich machen.[2228] Denn im Rahmen der allgemeinen Aufsicht gem. § 58 InsO hat das Insolvenzgericht nach pflichtgemäßem Ermessen ihm bekannt werdende Sachverhalte darauf zu prüfen, ob und in welchem Umfang Aufsichtsmaßnahmen erforderlich sind. Insoweit folgt aus § 5 Abs. 1 InsO eine Amtsermittlungspflicht des Insolvenzgerichts.[2229]

3.1. Anhörung des Insolvenzverwalters

Der Insolvenzverwalter ist grundsätzlich vor der Entlassung zu hören (§ 59 Abs. 1 Satz 3 InsO)[2230], wenn nicht, wie z.B. bei Veruntreuungen zu Lasten der Insolvenzmasse, Gefahr in Verzug besteht.[2231] In diesem Fall dürfte die gleichzeitige Bestellung eines Sonderverwalters mit der Aufgabe, die Insolvenzmasse zu sichern, als pflichtgemäße Aufsichtsmaßnahme des Insolvenzgerichts geboten sein, um weiteren Veruntreuungen vorzubeugen. Fehlt es an der gebotenen Anhörung des Insolvenzverwalters, kann bereits aus diesem Grund der Entlassungsbeschluss aufgehoben werden.[2232] Eine vorherige Androhung der Entlassung ist indes nicht notwendig.[2233] Ein Anspruch des entlassenen Insolvenzverwalters auf Teilnahme

---

2224 In der Abstimmung über die Wahl eines anderen Verwalters gem. § 57 InsO kann nicht zugleich ein Antrag auf Entlassung des Verwalters nach § 59 Abs. 1 InsO gesehen werden, *BGH*, Beschl. v. 5. 4. 2006 – IX ZB 48/05 – NZI 2006, 529.

2225 *BGH*, Beschl. v. 2. 3. 2006 – IX ZB 225/04 – NZI 2006, 474 (Tz. 8); HK-*Eickmann*, § 59 InsO, Rdnr. 8; MK-*Ehricke*, § 292 InsO, Rdnr. 82 (für den Entlassungsantrag des Insolvenzschuldners in der Wohlverhaltensperiode); Jaeger-*Gerhardt*, § 59 InsO, Rdnr. 7; MK-*Graeber*, § 59 InsO, Rdnr. 54.

2226 HambK-*Frind*, § 59 InsO, Rdnr. 2; Jaeger-*Gerhardt*, § 59 InsO, Rdnr. 7; MK-*Graeber*, § 59 InsO, Rdnr. 53. Für die Entlassung des Nachlassverwalters wird ein Antragsrecht eines Nachlassgläubigers verneint von *OLG Frankfurt a.M.*, Beschl. v. 5. 1. 1998 – 20 W 431/96 und 456/96 – NJWE-FER 1998, 116, 117, und bejaht von *OLG Karlsruhe*, Beschl. v. 11. 4. 1989 – 4 W 128/88 – NJW-RR 1989, 1095.

2227 HK-*Eickmann*, § 59 InsO, Rdnr. 7.

2228 HambK-*Frind*, § 59 InsO, Rdnr. 2; MK-*Graeber*, § 59 InsO, Rdnr. 53, 54.

2229 HK-*Eickmann*, § 59 InsO, Rdnr. 10.

2230 Zur Heilung einer zu kurz bemessenen Stellungnahmefrist im Beschwerdeverfahren: *LG Göttingen*, Beschl. v. 4. 7. 2003 – 10 T 37/03 – NZI 2003, 499, 500.

2231 *AG Karlsruhe*, Beschl. v. 25. 11. 1982 – N 243/74 – ZIP 1983, 101, 102; N/R-*Delhaes*, § 59 InsO, Rdnr. 9 (mit der Maßgabe, dass die unterbliebene Anhörung nachzuholen ist); HK-*Eickmann*, § 59 InsO, Rdnr. 9; Jaeger-*Gerhardt*, § 59 InsO, Rdnr. 13; Uhlenbruck-*Uhlenbruck*, § 59 InsO, Rdnr. 14.

2232 Vgl. *LG Magdeburg*, Beschl. v. 20. 7. 1999 – 3 T 556/99 – ZIP 1999, 1685 (für das Gesamtvollstreckungsverfahren).

2233 Uhlenbruck-*Uhlenbruck*, § 59 InsO, Rdnr. 18.

an einer Gläubigerversammlung, um sich gegenüber den Insolvenzgläubigern zu den Entlassungsgründen erklären zu können, ist gesetzlich nicht begründet.[2234]

3.2. Entlassungsantrag des Insolvenzverwalters

Aus § 59 Abs. 1 InsO folgt, dass der Insolvenzverwalter nicht berechtigt ist, sein Amt niederzulegen, sondern nur bei Vorliegen eines wichtigen Grundes, wie z.B. einer Interessenkollision oder einer nicht nur vorübergehenden gesundheitliche Verhinderung, auf eigenen Antrag hin entlassen werden kann.[2235] Die Erklärung der Amtsniederlegung durch den Insolvenzverwalter kann daher nur als Antrag auf Amtsentlassung verstanden werden.[2236]

Für diesen Fall ist eine Anhörung der Insolvenzgläubiger gesetzlich nicht vorgesehen.[2237] *Graeber* vertritt die Auffassung, dass in diesem Fall der Gläubigerausschuss oder die Gläubigerversammlung anzuhören sind.[2238] Da ein Rechtsmittel gegen eine vom Insolvenzverwalter beantragte Entlassung nur durch diesen selbst eingelegt werden kann (§ 59 Abs. 2 Satz 1 InsO), bedarf es zur Wahrung des rechtlichen Gehörs keiner Anhörung der übrigen Verfahrensbeteiligten. Auch ist ein Erkenntniswert aus einer solchen Anhörung für das Insolvenzgericht nicht ersichtlich. Eine Abstimmung mit den Insolvenzgläubigern über die Person des Amtsnachfolgers bedarf keines förmlichen, vom Gesetzgeber nicht vorgesehenen Anhörungsverfahrens, zumal die Insolvenzgläubiger die Auswahlentscheidung des Insolvenzgerichts nach § 57 Satz 1 InsO korrigieren können, und zwar auch dann, wenn zuvor eine Abstimmung mit diesen stattgefunden hatte.[2239]

3.3. Bestellung eines neuen Insolvenzverwalters

Im Hinblick auf die gegen die Entlassung dem betroffenen Insolvenzverwalter gem. § 59 Abs. 2 Satz 1 InsO eröffnete Beschwerdemöglichkeit ist zu prüfen, ob das Insolvenzgericht sogleich mit der Amtsentlassung einen neuen Insolvenzverwalter bestellen kann.[2240]

2234 *BGH*, Urt. v. 17. 10. 1985 – III ZR 105/84 – NJW-RR 1986, 412, 414.
2235 Begrd.RegE zu § 59 InsO, zit. n. *Balz/Landfermann*, Die neuen Insolvenzgesetze, S. 139; *BGH*, Beschl. v. 13. 10. 2003 – IX ZB 67/03 – BeckRS 2003 09350; Beschl. v. 24. 7. 2003 – IX ZB 458/02 – ZInsO 2003, 750 (für den Treuhänder nach §§ 292, 313 InsO); N/R-*Delhaes*, § 59 InsO, Rdnr. 6; Jaeger-*Gerhardt*, § 56 InsO, Rdnr. 75; § 59 InsO, Rdnr. 11; Uhlenbruck-*Uhlenbruck*, § 59 InsO, Rdnr. 2.
2236 Jaeger-*Gerhardt*, § 59 InsO, Rdnr. 11.
2237 Nach Graf-Schlicker-*Mäusezahl*, § 59 InsO, Rdnr. 7, kann in diesem Fall auf eine Anhörung verzichtet werden. Unbeantwortet bleibt die Frage, welches Rechtsschutzinteresse mit einer Anhörung des Insolvenzverwalters zu seinem eigenen Insolvenzantrag gewahrt werden soll. Zutreffend verweist *Delhaes*, in: N/R-*Delhaes*, § 59 InsO, Rdnr. 10, auf die bereits in der Antragstellung liegenden Gewährung rechtlichen Gehörs.
2238 *MK-Graeber*, § 59 InsO, Rdnr. 56.
2239 Dagegen aber: MK-*Graeber*, § 59 InsO, Rdnr. 56.
2240 Zur funktionalen Zuständigkeit, siehe Kap. B.III.1.

Nach Ansicht von *Eickmann* soll das Insolvenzgericht vor der Bestellung eines neuen Insolvenzverwalters abwarten, ob Beschwerde eingelegt wird und ob das Beschwerdegericht nach § 4 InsO i.V.m. § 570 Abs. 2 ZPO eine aufschiebende Anordnung erlässt.[2241] Hierfür spricht, dass von einem neu bestellten Insolvenzverwalter keine maßgebenden Abwicklungsmaßnahmen zu erwarten sind, wenn dieser noch mit einer Beschwerdeeinlegung und einer einstweiligen Anordnung rechnen muss. Auf der anderen Seite widerspricht es den Interessen der Insolvenzgläubiger, ein Interregnum hinnehmen zu müssen, in dem nicht einmal die unaufschiebbaren Abwicklungsmaßnahmen getroffen werden können. Folglich ist mit der Entlassung des bisherigen Insolvenzverwalters ein neuer Insolvenzverwalter zu bestellen.[2242] Dessen Rechtshandlungen bleiben für und gegen die Insolvenzmasse wirksam, sollte dem Rechtsmittel des entlassenen Insolvenzverwalters Erfolg beschieden sein.

3.4. Rechtsmittel

Die Entlassung oder die Ablehnung eines Entlassungsantrages erfolgt durch Beschluss des Insolvenzgerichts, der zu begründen ist.[2243] Die Frage nach der Rechtsmittelfähigkeit dieser Entscheidung stellt sich sowohl für den von der Amtsentlassung betroffenen Insolvenzverwalter als auch für die Verfahrensbeteiligten, deren Entlassungsantrag abgewiesen worden ist.

3.4.1. Rechtsmittel des Insolvenzverwalters

Der Insolvenzverwalter kann sich gegen die Ablehnung seiner Entlassung oder seine Amtsentlassung mit der sofortigen Beschwerde wenden (§§ 59 Abs. 2 Satz 1, 6 Abs. 1 InsO). Die Beschwerde hat gem. § 4 InsO i.V.m. § 570 Abs. 1 ZPO keine aufschiebende Wirkung.[2244] Das Beschwerdegericht kann jedoch gem. § 570 Abs. 2 InsO durch gesonderte Anordnung die Vollziehung der Entlassungsentscheidung aussetzen.

Dem bei erfolgreicher Beschwerde zu entlassenden (Interims-)Insolvenzverwalter steht nach allgemeiner Meinung das Rechtsmittel des § 59 Abs. 2 Satz 1 InsO nicht zu, da dieser erst dann eine geschützte Rechtsposition erwirbt, wenn die Entlassung des bisherigen Insolvenzverwalters rechtlich bestandskräftig worden ist.[2245] Die Rechtsposition des neu bestellten Insolvenzverwalters ist mit derjenigen des gem. § 27 Abs. 1 Satz 1 InsO bei Verfahrenseröffnung bestellten Insolvenzverwalters vergleichbar. Auch diesem wird angesichts der durch § 57 Satz 1 InsO begrün-

---

2241 HK-*Eickmann*, § 59 InsO, Rdnr. 11; dagegen: Braun-*Kind*, § 59 InsO, Rdnr. 16.
2242 MK-*Graeber*, § 59 InsO, Rdnr. 61; Graf-Schlicker-*Mäusezahl*, § 59 InsO, Rdnr. 8.
2243 N/R-*Delhaes*, § 59 InsO, Rdnr. 10; HK-*Eickmann*, § 59 Abs. 1 InsO, Rdnr. 11; Graf-Schlicker-*Mäusezahl*, § 59 InsO, Rdnr. 8.
2244 *BGH*, Beschl. v. 14. 4. 2005 – IX ZB 76/04 – NZI 2005, 391, 392; Jaeger-*Gerhardt*, § 59 InsO, Rdnr. 20.
2245 *OLG Hamm*, Beschl. v. 19. 6. 1990 – 15 W 234/90 – ZIP 1990, 1145, 1146 (zur KO); *OLG Naumburg*, Beschl. v. 22. 12. 1993 – 4 W 173/93 – ZIP 1994, 162, 163 (zur GesO).

deten Vorläufigkeit der Amtsstellung eine Beschwerdemöglichkeit gegen die Entlassung nicht eingeräumt.[2246]

3.4.2. Rechtsmittel der übrigen Verfahrensbeteiligten

Gegen die Ablehnung des Antrages auf Entlassung des Insolvenzverwalters ist dem Gläubigerausschuss und – bei einer Antragstellung durch die Gläubigerversammlung[2247] – jedem Insolvenzgläubiger die sofortige Beschwerde gem. §§ 59 Abs. 2 Satz 2; 6 InsO eröffnet.[2248] Eine Beschwerdebefugnis der Gläubigerversammlung ist gesetzlich nicht normiert (§ 6 Abs. 1 InsO i. V. m. § 59 Abs. 2 InsO) und vom Gesetzgeber aus Praktikabilitätsgründen auch nicht gewollt worden.[2249]

Dieses Rechtsmittel kann jedoch nicht gegen die Auswahlentscheidung des Insolvenzgerichts bei Bestellung eines neuen Insolvenzverwalters gerichtet werden. Hier bleibt den Insolvenzgläubigern nur die Wahlmöglichkeit nach § 57 Satz 1 InsO in der ersten auf die Bestellung folgenden Gläubigerversammlung, die unter den Voraussetzungen des § 75 Abs. 1 InsO vom Insolvenzgericht einzuberufen ist.

Eine Beschwerdebefugnis des Insolvenzschuldners gegen die Ablehnung eines Entlassungsantrages ist mangels gesetzlicher Regelung nicht gegeben (§§ 6 Abs. 1, 59 Abs. 2 InsO).[2250]

3.4.3. Rechtsfolge der erfolgreichen Beschwerde gegen die Amtsentlassung

Die Rechtsfolge einer erfolgreichen Beschwerde gegen die Amtsentlassung ist umstritten. Das *OLG Naumburg* hat – für die GesO – aus der Verknüpfung zwischen Entlassungs- und (Neu-)Bestellungsbeschluss gefolgert, dass bei erfolgreicher Beschwerde gegen die Entlassung der entlassene Insolvenzverwalter sein Amt behält und die Amtsstellung des neu bestellten Insolvenzverwalters automatisch entfällt.[2251]

Hiergegen spricht das Bedürfnis des Rechtsverkehrs nach Rechtssicherheit hinsichtlich der Wirksamkeit der Verwaltungs- und Verwertungsmaßnahmen des „Interregnumverwalters". Außerdem hat die Beschwerde gegen den Entlassungsbeschluss keine aufschiebende Wirkung, so dass nicht nur die Entlassung, sondern auch die Bestellung des neuen Insolvenzverwalters (zunächst) rechtlich wirksam ist. Weiter ist zu berücksichtigen, dass die Rechtshandlungen des neu bestellten

2246 Siehe Kap. C.III.3.2.3.5.

2247 Der Entlassungsantrag der Gläubigerversammlung gem. § 59 Abs. 1 Satz 2 InsO ist notwendige Voraussetzung für die Beschwerdebefugnis eines einzelnen Insolvenzgläubigers, vgl. *BGH*, Beschl. v. 5. 4. 2006 – IX ZB 48/05 – NZI 2006, 529.

2248 Die Antragsberechtigung der Insolvenzgläubiger in der Wohlverhaltensperiode folgt aus § 292 Abs. 3 Satz 2 InsO.

2249 Begrd.RegE zu § 59 InsO, zit. n. *Balz/Landfermann*, Die neuen Insolvenzgesetze, S. 139.

2250 *BGH*, Beschl. v. 20. 12. 2007- IX ZB 76/07 – BeckRS 2008 01 (für den Treuhänder gem. § 313 Abs. 1 InsO); Beschl. v. 2. 3. 2006 – IX ZB 225/04 – NZI 2006, 474, 475 (Tz. 9); HK-*Eickmann*, § 59 InsO, Rdnr. 12; Uhlenbruck-*Uhlenbruck*, § 59 InsO, Rdnr. 22.

2251 *OLG Naumburg*, Beschl. v. 22. 12. 1993 – 4 W 173/93 – ZIP 1994, 162, 163; ebenso: Jaeger-*Gerhardt*, § 59 InsO, Rdnr. 20.

Insolvenzverwalters auch bei einem Erfolg der Beschwerde für und gegen die Insolvenzmasse wirken.[2252] Infolgedessen ist die der Beschwerde des entlassenen Insolvenzverwalters stattgebende Beschwerdeentscheidung vom Insolvenzgericht durch Entlassung des neu bestellten Insolvenzverwalters und Bestellung des bisherigen Insolvenzverwalters im Insolvenzverfahren umzusetzen.[2253]

4. Ergebnis

Die funktionelle Zuständigkeit für die Amtsentlassung des Insolvenzverwalters folgt der allgemeinen Zuständigkeitsverteilung der §§ 18 Abs. 1 Nr. 1, 3 Abs. 2 lit. e) RpflG. Da die Entlassung des Insolvenzverwalters einen Eingriff in die Garantie der Berufsfreiheit gem. Art. 12 Abs. 1 GG darstellt, ist diese nach dem verfassungsrechtlichen Verhältnismäßigkeitsgrundsatz nur ultima ratio der insolvenzgerichtlichen Aufsicht. Hieraus folgt auch, dass der hinsichtlich des Vorliegens eines wichtigen Grundes erforderliche Überzeugungsgrad beim Insolvenzgericht im Verhältnis zu dem vor einer möglichen Pflichtverletzung des Insolvenzverwalters zu schützenden rechtlichen Interesse stehen muss. Bei einer Masseveruntreuung rechtfertigen bereits konkrete Anhaltspunkte, die nicht im Rahmen zumutbarer Amtsermittlung vom Insolvenzverwalter ausgeräumt werden können, die Amtsentlassung.

XII. Zusammenfassung

Es hat sich gezeigt, dass dem Insolvenzgericht im Rahmen seiner Aufsicht über den Insolvenzverwalter ein umfangreiches Instrumentarium aufsichtsrechtlicher Sanktionen zur Verfügung steht. Das Insolvenzgericht ist in der Lage, in jedem Einzelfall eine der Pflichtwidrigkeit des Insolvenzverwalters angemessene und dem verfassungsrechtlichen Verhältnismäßigkeitsgrundsatz genügende Sanktionen gegen den Insolvenzverwalter zu verhängen und dadurch den Interessen der Gläubiger und des Insolvenzschuldners an einer ordnungsgemäßen, ausschließlich an der Erreichung des Insolvenzzwecks orientierten Insolvenzabwicklung gerecht zu werden. Zugleich befähigen die insolvenzrechtlichen Vorschriften das Insolvenzgericht, sich jederzeit umfassend über die Verhältnisse des Insolvenzverwalters und seine Insolvenzverwaltertätigkeit zu informieren.

Da dem Insolvenzverwalter das aufsichtsrechtliche „Waffenarsenal" bekannt ist (sein muss), wird im Regelfall eine Aufforderung durch das Insolvenzgericht genügen, um den Insolvenzverwalter zu einer pflichtgemäßen Insolvenzverwaltung zu veranlassen. Erst wenn diese „nobile officium" ohne Wirkung bleibt, kann das Insolvenzgericht aufsichtsrechtliche Sanktionen verhängen. Schwerwiegende

---

2252 N/R-*Delhaes*, § 59 InsO, Rdnr. 13; Uhlenbruck-*Uhlenbruck*, § 59 InsO, Rdnr. 23.
2253 HK-*Eickmann*, § 59 InsO, Rdnr. 11; Hambk-*Frind*, § 59 InsO, Rdnr. 11; MK-*Graeber*, § 59 InsO, Rdnr. 61; Braun-*Kind*, § 59 InsO, Rdnr. 16.

Pflichtverletzungen können mit der Amtsentlassung (§ 59 Abs. 1 InsO) geahndet werden.

Das Rechtschutzinteresse des Insolvenzverwalters ist gewahrt, da dieser sich gegen eine Aufsichtsmaßnahme mit der sofortigen Beschwerde, wenn dieser Rechtsweg gesetzlich eröffnet ist (§ 6 Abs. 1 InsO), oder mit der Rechtspflegererinnerung gem. § 11 Abs. 2 RPflG wenden kann. Grundsätzlich kann das Insolvenzgericht seine Beschlüsse, die mit der sofortigen Beschwerde angreifbar sind, bis zum Ablauf der Beschwerdefrist von Amts wegen ändern.[2254] Das Verbot der reformatio in peius (§ 4 InsO i.V.m. §§ 528 Satz 2, 557 Abs. 1, 577 Abs. 2 Satz 1 ZPO) hindert eine Änderung des Beschlusses binnen laufender Rechtsmittelfrist nicht.[2255]

2254 *BGH*, Beschl. v. 13.7.2006 – IX ZB 117/04 – ZInsO 2006, 871f., unter Berufung auf das überwiegende Schrifttum zum Zivilprozessrecht.
2255 *BGH*, Beschl. v. 13.7.2006 – IX ZB 117/04 – ZInsO 2006, 871.

G. Die Rechtsfolgen der Verletzung der Aufsichtspflicht

Die Aufsicht über den Insolvenzverwalter (§ 58 InsO) ist eine Aufsichtspflicht des Insolvenzgerichts, bei deren Verletzung sich die Frage nach einer Schadensersatzpflicht stellt. Als Rechtsgrundlage hierfür kommen die Staatshaftungsvorschriften der § 839 BGB i.V.m. Art. 34 GG in Betracht, durch die die Haftung des Beamten für eine schuldhafte Amtspflichtverletzung erschöpfend geregelt werden.

Eine Haftung nach den allgemeinen Vorschriften der §§ 823, 826 BGB kommt nur in Betracht, wenn ein bestimmtes Verhalten eines Beamten sich zugleich als eine in Ausübung eines öffentlichen Amtes begangene Amtspflichtverletzung und als unerlaubte Handlung innerhalb des bürgerlichrechtlichen Geschäftskreises des öffentlichen Dienstherrn darstellt.[2256] Das Insolvenzgericht, d.h. Insolvenzrichter und Rechtspfleger, handeln im Rahmen der Aufsicht über den Insolvenzverwalter ausschließlich hoheitlich. Eine privatrechtliche Beziehung zwischen dem Insolvenzgericht einerseits und dem Insolvenzschuldner sowie den Insolvenzgläubigern andererseits wird durch die Vorschriften der Insolvenzordnung nicht begründet. Eine Inanspruchnahme des Insolvenzgerichts über die Staatshaftungsnormen des BGB hinaus scheidet daher aus.

Im Folgenden sollen die Voraussetzungen für einen Amtshaftungsanspruch gem. § 839 BGB i.V.m. Art. 34 GG im Falle einer Aufsichtspflichtverletzung durch das Insolvenzgericht dargestellt werden.

I. Die Tatbestandsvoraussetzungen

Nach § 839 Abs. 1 BGB macht sich ein Beamter schadensersatzpflichtig, der vorsätzlich oder fahrlässig die ihm einem Dritten gegenüber obliegende Amtspflicht verletzt und hierdurch dem Dritten einen Schaden verursacht. Es handelt sich um eine persönliche Haftung des Beamten.[2257] Bei Fahrlässigkeit kommt eine Haftung des Beamten nur in Betracht, wenn der Geschädigte nicht auf andere Weise Ersatz zu erlangen vermag. Gerade wegen dieser Einschränkung hat die Amtshaftung des Insolvenzgerichtes in der Praxis bisher nur eine untergeordnete Rolle gespielt.[2258]

2256 *BGH*, Urt. v. 13. 6. 1996 – III ZR 40/95 – NJW 1996, 3208, 3209, 3210 (für die Verletzung der Gewässerunterhaltungs- und Verkehrssicherungspflicht).
2257 MK-*Papier*, § 839 BGB, Rdnr. 8.
2258 Jaeger-*Gerhardt*, § 56 InsO, Rdnr. 74.

G. Die Rechtsfolgen der Verletzung der Aufsichtspflicht

Handelt der Beamte in Ausübung öffentlicher Gewalt, so tritt gem. Art. 34 GG an Stelle der persönlichen Haftung des Beamten die Staatshaftung der staatlichen Körperschaft, bei der der Beamte beschäftigt ist. Diese richtet sich in ihren Voraussetzungen und ihrem Umfang nach der Vorschrift des § 839 BGB. Bei vorsätzlicher oder grob fahrlässiger Verletzung der Aufsichtspflicht bleibt dem Staat der Rückgriff gegen den Insolvenzrichter oder Insolvenzrechtspfleger vorbehalten (Art. 34 Satz 2 GG).

1. Beamtenbegriff

Eine Amtshaftung setzt voraus, dass die Insolvenzrichter und Insolvenzrechtspfleger im Rahmen der Aufsicht (§ 58 Abs. 1 InsO) vom Beamtenbegriff des § 839 BGB erfasst werden. Die Staatshaftung tritt an die Stelle einer Haftung des Beamten, wenn dieser in Ausübung öffentlicher Gewalt gehandelt hat.[2259] Das Fehlverhalten des Beamten wird dem Staat nicht zugerechnet, wenn es nur bei „Gelegenheit" der Amtstätigkeit begangen wurde.[2260] Für die Staatshaftung gilt ein haftungsrechtlicher Beamtenbegriff, für den die nach außen wahrgenommene Funktion und nicht das persönliche Rechtsverhältnis des schädigenden Amtsträgers zur öffentlich-rechtlichen Körperschaft maßgebend ist.[2261] Folglich wird auch der Nichtbeamte im staatsrechtlichen Sinne erfasst, sofern dieser mit hoheitsrechtlichen Aufgaben betraut ist.[2262]

Die Funktion und Stellung des Rechtspflegers ist abschließend durch das RPflG geregelt. Der Rechtspfleger ist dienstrechtlich Beamter des gehobenen Justizdienstes mit dem Eingangsamt in Besoldungsgruppe A 9. Er nimmt gem. § 1 RPflG die ihm durch dieses Gesetz übertragenen Aufgaben der Rechtspflege wahr und entscheidet insoweit sachlich unabhängig und nur an Recht und Gesetz gebunden (§ 9 RPflG) als „Gericht". Er ist aber weder im Sinne des Verfassungsrechts noch im Sinne des Gerichtsverfassungsrechts ein Richter, dem allein gem. Art. 92 GG die rechtsprechende Gewalt anvertraut ist.[2263] Die insolvenzgerichtliche Aufsichtstätigkeit in der funktionellen Zuständigkeit des Rechtspflegers ist daher allein administrativer Natur, d.h. Ausübung öffentlicher Gewalt im Sinne des Art. 34 GG.

Aufgabe des Richters ist gem. § 1 DRiG die Ausübung der rechtsprechenden Gewalt. Für den Insolvenzrichter gelten indes Besonderheiten, weil das Insolvenzverfahren nicht als prozessuales Erkenntnisverfahren ausgestaltet ist. Der In-

---

2259 Hat der Beamte innerhalb des privatrechtlichen Geschäftskreises des öffentlich-rechtlichen Dienstherrn gehandelt, so kommt eine Haftung des Staates für eine unerlaubte Handlung seines Beamten nur nach den Vorschriften der §§ 89, 30, 31, 831 BGB in Betracht.
2260 *BGH*, Urt. v. 16. 6. 1977 – III ZR 179/75 – NJW 1977, 1875, 1876.
2261 *BGH*, Urt. v. 30. 1. 1991 – III ZR 184/89 – NVwZ 1992, 298, 299; Urt. v. 16. 5. 1983 – III ZR 78/82 – BGHZ 87, 253, 256; Urt. v. 30. 11. 1967 – VII ZR 34/65 – BGHZ 49, 108, 111 f.; Urt. v. 16. 6. 1977 – III ZR 179/75 – NJW 1977, 1875; MK-*Papier*, § 839 BGB, Rdnr. 129.
2262 MK-*Papier*, § 839 BGB, Rdnr. 17, 127 ff.
2263 *BVerfG*, Beschl. v. 18. 1. 2000 – 1 BvR 321/96 – NJW 2000, 1709.

solvenzrichter fällt daher in den ihm durch § 18 Abs. 1 RPflG zugewiesenen Aufgabenbereiche keine Urteile, sondern entscheidet stets durch Beschluss, der keine urteilsvertretenden Erkenntnisse enthält.[2264] Die Beschlüsse in Insolvenzsachen können anders als Urteile lediglich formelle Rechtskraft entfalten, also für Endgültigkeit im laufenden Verfahrensgang sorgen. Materielle Rechtskraft kommt den Beschlüssen nicht zu.[2265] Die Aufgaben des Insolvenzrichters liegen daher nicht in der Ausübung rechtsprechender Gewalt, sondern vielmehr darin durch prozedurale Handlungen einen Rahmen für die Vermögensverwertung zu schaffen und die Aufsicht über den Insolvenzverwalter zu führen.[2266] Folglich handelt auch der Insolvenzrichter im Rahmen der Aufsicht (§ 58 InsO) in Ausübung eines öffentlichen Amtes und ist daher Beamter im haftungsrechtlichen Sinne.

2. Aufsichtspflicht als Amtspflicht i. S. d. Art. 34 GG

Weitere Voraussetzung für eine Staatshaftung ist die Verletzung einer Amtspflicht, d. h. einer persönlichen Verhaltenspflicht des Beamten im Zusammenhang mit dessen Amtsführung.[2267] Die öffentlich-rechtlichen Pflichten des Staates im Außenverhältnis gegenüber dem Bürger sind mit den Amtspflichten des Beamten nicht identisch oder notwendigerweise deckungsgleich.[2268] Dennoch wird es bei einer Verletzung bloßer Dienst- und Verwaltungsvorschriften in aller Regel an der erforderlichen Drittbezogenheit der Amtspflicht fehlen, soweit nicht durch Selbstbindung der Verwaltung im Rahmen von Art. 3 GG auch eine Bindung im Außenverhältnis besteht.

Wie bereits festgestellt worden ist, normiert § 58 Abs. 1 Satz 1 InsO eine Amtspflicht des Insolvenzgerichts zur Aufsicht über den Insolvenzverwalter.[2269] Die Verletzung dieser Pflicht zur Überwachung des Insolvenzverwalters kann eine Schadensersatzpflicht nach § 839 BGB begründen.[2270] In den Schutzbereich dieser Amtspflicht sind alle Verfahrensbeteiligte einschließlich des Insolvenzverwalters einbezogen.[2271] Zwar ist die Ausübung der gerichtlichen Aufsicht in das pflichtgemäße Ermessen des Insolvenzgerichts gestellt.[2272] Eine Amtspflichtverletzung ist aber dann gegeben, wenn das Aufsichtsermessen fehlerhaft ausgeübt wird. Dies ist der Fall, wenn entweder die gesetzlichen Grenzen des Ermessens überschritten worden sind oder wenn von dem Ermessen in einer dem Zweck des Gesetzes

---

2264 *BGH*, Urt. v. 5. 11. 1956 – III ZR 139/55 – WM 1957, 67, 68; Urt. v. 2. 4. 1959 – III ZR 25/58 – NJW 1959, 1085; Urt. v. 17. 10. 1985 – III ZR 105/84 – ZIP 1986, 319, 32.
2265 *BGH*, Urt. v. 2. 4. 1959 – III ZR 25/58 – NJW 1959, 1085; *Becker*, Insolvenzrecht, Rdnr. 523.
2266 *Bork*, Insolvenzrecht, § 6 Rdnr. 40.
2267 *BGH*, Urt. v. 10. 2. 1983 – III ZR 151/83 – NJW 1983, 2311, 2312; MK-*Papier*, § 839 BGB, Rdnr. 188.
2268 Palandt-*Sprau*, § 839 BGB, Rdnr. 32; a. A. MK-*Papier*, § 839 BGB, Rdnr. 189.
2269 Siehe Kap. C.II.2.
2270 *OLG Stuttgart*, Urt. v. 9. 5. 2007 – 4 U 204/06 – ZIP 2007, 1822, 1824; MK-*Graeber*, § 58 InsO, Rdnr. 62; Kübler/Prütting-*Lüke*, § 58 InsO, Rdnr. 15.
2271 *BGH*, Urt. v. 17. 10. 1985 – III ZR 105/84 – NJW-RR 1986, 412, 413.
2272 Siehe Kap. C.II.7.

widersprechenden Weise Gebrauch gemacht worden ist (vgl. § 40 VwvfG, § 114 VwGO). Des Weiteren stellt auch der Ermessensnichtgebrauch einen rechtswidrigen Ermessensfehler dar. So kann ein Amtshaftungsanspruch begründet sein, wenn der Insolvenzrichter die Zustimmung zur Betriebseinstellung nach § 22 Abs. 1 Satz 2 Nr. 2 InsO ohne ausreichende Sachverhaltsaufklärung, wozu es sich bei nicht ausreichender eigener Sachkunde eines Sachverständigen zu bedienen hat, ermessensfehlerhaft erteilt, obwohl eine erhebliche Vermögensminderung tatsächlich nicht zu erwarten ist.[2273] Zudem haben die Organe des Insolvenzgerichts die Amtspflicht, die Vorschriften über die Verteilung der funktionellen Zuständigkeit zwischen Insolvenzrichter und Rechtspfleger zu beachten[2274] sowie alle für das Insolvenzverfahren bedeutsamen Umstände zu ermitteln (§ 5 Abs. 1 InsO).[2275]

Weiterhin gibt es verschiedene Amtspflichten, die sich aus allgemeinen Grundsätzen begründen. Hierzu gehören die Pflicht zur Wahrung des Verhältnismäßigkeitsgrundsatzes[2276], die Schonung Dritter[2277], die Pflicht, keinen Amtsmissbrauch zu begehen[2278], die Beschleunigungspflicht[2279], Auskunfts- und Erklärungspflichten[2280], die Pflicht zu konsequentem Verhalten[2281] und die Selbstbindung der Verwaltung[2282]. Auch diesen Fallgruppen der Amtspflichtverletzung kann eine Verletzung der insolvenzgerichtlichen Aufsichtspflicht im Einzelfall zugeordnet werden.

In der Judikatur ist eine Amtspflichtverletzung des Insolvenzgerichts bei der Eröffnung des Konkursverfahrens trotz nicht gegebener Zahlungsunfähigkeit[2283]

2273 *BGH*, Urt. v. 22. 5. 1986 – III ZR 237/84 – NJW 1986, 2829, 2830, für eine Genehmigung des Vormundschaftsrichters nach § 1821 BGB.
2274 *BGH*, Urt. v. 17. 10. 1985 – III ZR 105/84 – NJW-RR 1986, 412, 413, im Fall der Schadensersatzklage eines Konkursverwalters, der von einem Rechtspfleger zum weiteren Insolvenzverwalter bestellt wurde.
2275 HK-*Kirchhof*, § 5 InsO, Rdnr. 4.
2276 *BGH*, Urt. v. 26. 3. 1973 – III ZR 43/71 – NJW 1973, 894; Urt. v. 27. 10. 1955 – II ZR 82/54 – BGHZ 18, 366.
2277 *BGH*, Urt. v. 16. 6. 1977 – III ZR 179/75 – NJW 1977, 1875, 1877; Urt. v. 3. 11. 1958 – III ZR 139/57 – NJW 1959, 334, 335; Urt. v. 10. 1. 1955 – III ZR 153/53 – NJW 1955, 458.
2278 *BGH*, Urt. v. 22. 5. 1984 – III ZR 18/83 – NJW 1984, 2216, 2218.
2279 *BGH*, Urt. v. 29. 6. 1979 – III ZR 112/78 – NJW 1979, 2041, 2042.
2280 *BGH*, Urt. v. 16. 1. 1992 – III ZR 18/90 – NJW 1992, 1230, 1231; Urt. v. 13. 6. 1991 – III ZR 76/90 – NJW 1991, 3027; Urt. v. 17. 4. 1980 – III ZR 167/78 – NJW 1980, 2576.
2281 *BGH*, Urt. v. 18. 12. 1997- III ZR 241/96 – NJW 1998, 1944, 1945; Urt. v. 10. 2. 1983 – III ZR 151/83 – NJW 1983, 2311, 2312.
2282 *BVerwG*, Urt. v. 10. 12. 1969 – VIII C 104/69 – NJW 1970, 675.
2283 *BGH*, Urt. v. 5. 11. 1956 – III ZR 139/55 – WM 1957, 67 ff., über einen Schadensersatzanspruch, den ein insolventer Bauunternehmer darauf gestützt hat, dass das Konkursverfahren über sein Vermögen durch Entscheidung eines Konkursrichters trotz nicht gegebener Zahlungsunfähigkeit eröffnet worden sei. Bemerkenswert an diesem Fall ist der Umstand, dass der Konkursrichter die wirtschaftlichen Verhältnisse des Schuldners in einem Gespräch mit diesem, einem Vertreter der antragstellenden Krankenkasse und dem zuständigen Gerichtsvollzieher erörtert und hiernach das Konkursverfahren eröffnet hatte, ohne den Sachverhalt durch Einholung eines Konkursgutachtens sachverständig aufzuklären. Der *BGH* stellt fest, dass der Konkursrichter das Konkursverfahren nur eröffnen darf, wenn er von der Zahlungsunfähigkeit des Schuldners voll überzeugt ist.

oder trotz nicht gegebener Verfahrenskostendeckung[2284], bei der Unwirksamkeit einer Verwalterbestellung durch eigenmächtige nachträgliche Abänderung des Bestellungsbeschlusses durch den Rechtspfleger[2285], bei der Missachtung der Vorschriften zur funktionellen Zuständigkeit der Organe des Insolvenzgerichts,[2286] bei der Verletzung der Pflicht zur Überwachung des Insolvenzverwalters[2287] sowie

---

Hierzu hat dieser durch Einschaltung eines Sachverständigen die wirtschaftlichen Verhältnisse des Schuldners aufzuklären. Eine Gefährdung der Gläubigerinteressen während der Sachverhaltsaufklärung hätte der Konkursrichter durch Sicherungsmaßnahmen gem. § 106 KO verhindern können. Hält sich der Konkursrichter zur sofortigen Entscheidung über den Konkursantrag verpflichtet, so ist darin ein Rechtsfehler bei der Ermessensausübung zu erkennen, der die Eröffnungsentscheidung *„so fehlsam erscheinen“* lässt, dass sie *„mit den an eine ordnungsgemäße Richtertätigkeit zu stellenden Anforderungen schlechterdings – d. h. jedem sachlich Beurteilenden ohne weiteres einleuchtend – unvereinbar ist.“*. Der *BGH*, Urt. v. 2. 4. 1959 – III ZR 25/58 – NJW 1959, 1085, hat in einem vergleichbaren Fall, in dem jedoch eine schuldhafte Amtspflichtverletzung des Konkursrichters nicht vorlag, einen auf die Grundsätze zum enteignungsgleichen Eingriff gestützten Entschädigungsanspruch des Gemeinschuldners abgelehnt. Der *BGH*, Beschl. v. 19. 12. 1991 – III ZR 9/91 – KTS 1992, 257 ff., hatte über die unrichtige Ablehnung der Verfahrenseröffnung aufgrund eines Antrages, dem eine erstinstanzlich, aber noch nicht rechtskräftig titulierte Forderung zugrunde lag, zu entscheiden und festgestellt, dass die unrichtige Gesetzesauslegung oder Rechtsanwendung einem Amtsträger nur dann vorwerfbar ist, wenn diese den eindeutigen Gesetzeswortlaut missachtet oder wenn bestehende Zweifelsfragen bereits durch höchstrichterliche Entscheidungen geklärt sind. Dem Richter kann bei richterlichen Entscheidungen außerhalb des Spruchrichterprivilegs gem. § 839 Abs. 2 BGB ein Schuldvorwurf nur bei besonders groben Verstößen gemacht werden. Für die Entscheidung über den Insolvenzantrag bedeutet dieses, dass der Insolvenzrichter die Einwendungen des Schuldners gegen die Antragsforderung nach freiem Ermessen zu würdigen hat und von dem Bestand der Forderung überzeugt sein muss. Weder die erstinstanzliche, aber noch nicht rechtskräftige Titulierung der Antragsforderung, noch deren vorläufige Vollstreckbarkeit schränken dieses Ermessen ein.

2284 Der *BGH*, Urt. v. 5. 2. 1981 – III ZR 66/80 – NJW 1981, 1726 f., hat eine Ausfallhaftung für den Vergleichsverwalter nach § 11 Abs. 1 VglO abgelehnt. Zur Begründung hat er zunächst angeführt, dass im konkreten Fall die mangelnde Kostendeckung aus den Antragsunterlagen nicht ohne weiteres erkennbar war, weshalb eine Amtspflichtverletzung des Vergleichsrichters ausschied. Darüber hinaus lehnte der BGH die Begründung einer Ausfallhaftung im Wege der Rechtsfortbildung ab, weil er weder eine ausfüllungsbedürftige Gesetzeslücke noch ein verfassungsrechtliches Erfordernis feststellen konnte.

2285 *BGH*, Urt. v. 17. 10. 1985 – III ZR 105/84 – ZIP 1986, 319 ff., über die Klage eines nicht wirksam bestellten, weiteren Konkursverwalters auf Ersatz des ihm entstandenen materiellen und immateriellen Schadens. Der Bestellungsbeschluss war unwirksam geworden, weil dieser amtspflichtwidrig vom Rechtspfleger nachträglich abgeändert worden war, ohne dass dieser sich die Abänderung vom Konkursrichter zuvor durch einen förmlichen Beschluss hat bestätigen lassen. Die Amtspflichtverletzung des Konkursrichters sah der BGH darin gegeben, dass dieser in Kenntnis von der nachträglichen Abänderung seines Bestellungsbeschlusses die förmliche Klarstellung unterlassen hatte, ob der ursprüngliche oder der geänderte Bestellungsbeschluss gelten sollte. Der Ersatzanspruch ist auf das negative Interesse gerichtet, nämlich die konkret entstandenen und erforderlichen Auslagen und der entgangene Gewinn in der Höhe, als es dem Kläger durch die notwendige Befassung mit dem Konkursverfahren bis zur Gewissheit über die unwirksame Bestellung verwehrt war, durch den Einsatz seiner Arbeitskraft Einnahmen zu erzielen. Im nachfolgenden Betragsverfahren hat der *BGH*, Urt. v. 30. 11. 1989 – III ZR 189/88 – ZIP 1990, 1141, einen Schmerzensgeldanspruch zurückgewiesen, weil die von der Rechtsprechung des BGH aufgestellten Voraussetzungen zur Zahlung einer angemessenen Geldentschädigung bei einer Verletzung des allgemeinen Persönlichkeitsrechtes nicht gegeben waren.

2286 *BGH*, Urt. v. 17. 10. 1985 – III ZR 105/84 – ZIP 1986, 319, 320.

2287 Das *OLG München*, Urt. v. 18. 7. 1991 – 1 U 2199/89 – ZIP 1991, 1367 f., hat dem Grunde nach eine Staatshaftung für einen Rechtspfleger angenommen, der es aufgrund einer Bestechung bei der falschen oder verunsichernden Information der Verfahrensbeteiligten oder der Presse über die Gründe der Amtsentlassung eines Insolvenzverwalters[2288] angenommen worden.

Der *BGH* hat in der Entscheidung vom 12. 7. 1965 über eine Amtshaftungsklage, die aufgrund einer Aufsichtspflichtverletzung durch den Konkursrichter bei einem ungetreuen Konkursverwalter erhoben wurde, festgestellt, dass zwar die Tätigkeit des Gläubigerausschusses selbständig neben der Aufsicht des Konkursgerichts über den Konkursverwalter steht und diese nicht mindert, sondern nur erleichtert. Das Konkursgericht könne die Beaufsichtigung des Konkursverwalters durch einen Gläubigerausschuss aber dann nicht mehr als ausreichend ansehen, wenn jener in mehreren Verfahren tätig ist, weil sich eine wirksame Kontrolle auf sämtliche Verfahren zugleich erstrecken muss.[2289]

Eine Amtspflichtverletzung kommt jedoch bei einer fehlerhaften Verwalterauswahl in Betracht, indem ein ungeeigneter Insolvenzverwalter bestellt wird,[2290] oder das Insolvenzgericht unter Verletzung seiner Aufsichtspflicht Hinweisen auf dessen fehlender persönlichen Zuverlässigkeit nicht nachgeht.[2291] Hat das Insolvenzgericht einen für das konkrete Insolvenzverfahren besser geeigneten Insolvenzverwalter nicht bestellt, hat dieser nach der Rechtsprechung des *BVerfG* nur die Möglichkeit im Wege der Feststellungsklage gerichtlich die Rechtswidrigkeit der Bestellungsentscheidung feststellen zu lassen.[2292] Die nachträgliche Feststellung der Rechtswidrigkeit der Auswahlentscheidung gem. §§ 23 Abs. 1, 28 Abs. 1 Satz 4 EGGVG kann aber der Vorbereitung einer Amtshaftungsklage dienen,[2293] die auf die Erstattung des durch die unterlassene Bestellung entgangenen Gewinnes gerichtet ist.[2294]

---

unterlassen hatte, masseschädigende Unregelmäßigkeiten des Konkursverwalters dem Konkursrichter anzuzeigen. Die Schadensersatzklage des neu bestellten Konkursverwalters wurde durch einen am 21. 3. 1997 vor dem LG Augsburg geschlossenen Vergleich erledigt, in dem sich der beklagte Freistaat Bayern zur Zahlung eines Betrages von DM 5,1 Mio. an die Konkursmasse verpflichtete. Der *BGH*, Urt. v. 12. 7. 1965 – III ZR 41/64 – BeckRS 1965 30400811, hat eine Amtshaftungsklage an das Berufungsgericht zurückverwiesen und diesem hierbei mitgegeben, das der *„festgestellte Umstand, dass der Konkursrichter mit dem Konkursverwalter sehr befreundet war und häufig mit ihm zechte, möglicherweise den Konkursrichter zu einer nicht mehr zu rechtfertigenden Nachsicht gegenüber dem Konkursverwalter veranlasste."* Grundsätzlich bereits: *RG*, Urt. v. 23. 12. 1932 – III 143/32 – KuT 1933, 40, 41.

2288 *BGH*, Urt. v. 17. 10. 1985 – III ZR 105/84 – ZIP 1986, 319ff.

2289 *BGH*, Urt. v. 12. 7. 1965 – III ZR 41/64 – BeckRS 30400811 (Ziff. 4.).

2290 Jaeger-*Gerhardt*, § 56 InsO, Rdnr. 74; Smid-*Smid*, § 56 InsO, Rdnr. 22; siehe auch: *RG*, Urt. v. 23. 12. 1932 – III 143/32 – KuT 1933, 40, 41, keine Amtspflichtverletzung bei Auswahl eines Zwangsverwalters, der in den letzten fünf Jahren unbeanstandet zahlreiche Zwangsverwaltungen geführt hat.

2291 *BGH*, Urt. v. 12. 7. 1965 – III ZR 41/64 – BeckRS 30400811 (Ziff. 5.).

2292 Siehe Kap. F.I.1.1.

2293 *BVerfG*, Beschl. v. 23. 5. 2006 – 1 BvR 2530/04 – NZI 2006, 453, 457 (Tz. 57); *OLG München*, Beschl. v. 12. 5. 2005 – 12 VA 1/04 – ZVI 2005, 376, 379; *Römermann*, Bestellung von Insolvenzverwaltern: Die verpasste Chance des BVerfG, ZIP 2006, 1332, 1337.

2294 *OLG München*, Beschl. v. 12. 5. 2005 – 12 VA 1/04 – ZVI 2005, 376, 379; Braun-*Kind*, § 56 InsO, Rdnr. 17.

Eine Amtspflichtverletzung liegt ebenfalls vor, wenn der Insolvenzrichter die Zustimmung gem. § 22 Abs. 1 Satz 2 Nr. 2 InsO zur vorzeitigen Betriebsstilllegung versagt, obwohl die „Opfergrenze“ überschritten worden ist.[2295]

Keine Amtspflichtverletzung des Insolvenzrichters hat der *BGH* bei der Nichtbestellung eines Bewerbers um das Konkursverwalteramt angenommen, obwohl diesem seine Bestellung vorher in Aussicht gestellt worden war, weil ein Anspruch auf Bestellung nicht begründet ist.[2296]

Das *OLG Stuttgart* hat eine Amtspflichtverletzung aufgrund mangelhafter Beaufsichtigung eines „ungetreuen“ Insolvenzverwalters, der von demselben Amtsgericht – dem AG Esslingen – bestellt worden war, das diesen erst drei Jahre vorher wegen eines Bankrottdeliktes in einer eigenen Geschäftsführungsangelegenheit rechtskräftig verurteilt hatte, abgelehnt, weil der Insolvenzverwalter aufgrund der langjährigen Zusammenarbeit von dem Insolvenzgericht als verlässlich eingestuft worden war.[2297] Die aufgetretenen Ungereimtheiten, wie z.B. unterschiedliche Angaben des Insolvenzverwalters zur Quotenerwartung und zum Wert der Insolvenzmasse und die Beanstandungen des Geschäftsführers der Insolvenzschuldnerin gaben nach der Urteilsbegründung dem Insolvenzrechtspfleger keinen Anlass zu einer Kassenprüfung.[2298] Die unterlassene Kassenprüfung stellt nach Ansicht des Gerichts auch deswegen keine Verletzung der Aufsichtspflicht dar, weil diese nur bei Einbeziehung auch der bei anderen Insolvenzgerichten geführten Insolvenzverfahren des Insolvenzverwalters Aufschluss über etwaige Quersubventionen zwischen den Insolvenzmassen gegeben hätte.[2299] Diese Entscheidung ist zu Recht kritisiert worden.[2300] Denn Masseveruntreuungen zu Lasten einer Insolvenzmasse lassen sich auch ohne eine Kassenprüfung aller, von dem Delinquenten betreuten Insolvenzmassen feststellen. Der damit verbundene Aufwand kann auch nicht als unverhältnismäßig angesehen werden.[2301] Schließlich dürfen Zweifel angemeldet werden, dass bei einem „kleinen“ Insolvenzgericht, wie dem AG Esslingen, die strafrechtliche Verurteilung eines Insolvenzverwalters wegen eines Bankrottdeliktes unbemerkt geblieben ist.[2302] Der *BGH* hat die Nichtzulassungsbeschwerde des Amtshaftungsklägers mit Beschluss vom 18. 1. 2007 zurückgewiesen. Zwar hat er festgestellt, dass eine Vorstrafe wegen Insolvenzvergehen auch bei fehlendem Zusammenhang mit einer beruflichen Tätigkeit als Rechtsanwalt oder

---

2295 Smid-*Smid*, § 22 InsO, Rdnr. 111, 112.
2296 *BGH*, Urt. v. 17. 10. 1985 – III ZR 105/84 – ZIP 1986, 319, 321 f.
2297 *OLG Stuttgart*, Urt. v. 9. 5. 2007 – 4 U 204/06 – ZIP 2007, 1822, 1825.
2298 *OLG Stuttgart*, Urt. v. 9. 5. 2007 – 4 U 204/06 – ZIP 2007, 1822, 1826.
2299 *OLG Stuttgart*, Urt. v. 9. 5. 2007 – 4 U 204/06 – ZIP 2007, 1822, 1824.
2300 *Brenner*, Anmerkung zu OLG Stuttgart, Urt. v. 9. 5. 2007 – 4 U 204/06 –, ZIP 2007, 1926 ff., „Dieses Urteil geht aber über eine reine Peinlichkeit weit hinaus“; *Eckardt*, Anm. zu BGH, Beschl. v. 31. 1. 2008 – III ZR 161/07 –, in: EWiR § 56 InsO 3/08.
2301 Nach Ansicht von *Brenner*, Anmerkung zu OLG Stuttgart, Urt. v. 9. 5. 2007 – 4 U 204/06 –, ZIP 2007, 1926, 1927, kann das Problem eher in einer Arbeitsüberlastung des Insolvenzrechtspflegers aufgrund einer Nebentätigkeit als Zwangsverwalter gelegen haben.
2302 *Brenner*, Anmerkung zu OLG Stuttgart, Urt. v. 9. 5. 2007 – 4 U 204/06 –, ZIP 2007, 1926, 1927.

Insolvenzverwalter im Allgemeinen Zweifel an der Zuverlässigkeit des potentiellen Verwalters begründet und daher Anlass sein kann, von dessen Ernennung abzusehen, mindestens aber nachträglich eine erheblich gesteigerte Überwachung erfordert. Die Nichtzulassungsbeschwerde war aber abzuweisen, weil im Streitfall die Vorinstanzen auf der Grundlage der vom Landgericht durchgeführten Beweisaufnahme unangegriffen festgestellt haben, dass weder der Insolvenzrichter noch der zuständige Rechtspfleger von den Vorstrafen des zum Insolvenzverwalter bestellten Rechtsanwalts Kenntnis hatte und das Revisionsgericht an diese tatsächlichen Feststellungen gebunden ist.[2303]

Eine Amtshaftung kann auch in dem Fall drohen, dass das Insolvenzgericht trotz erkennbarem erheblichen Fortschritt oder gar Abschluss der Masseverwertung den Insolvenzverwalter nicht dazu veranlasst, Abschlagsverteilungen vorzunehmen oder durch Schlussrechnungslegung den Verfahrensabschluss und die Schlussverteilung zu ermöglichen. In dem Fall des *RG* vom 24. 2. 1937 hatte ein Nachlassgericht die Aufhebung der Nachlasspflegschaft trotz Wegfall des Anlasses verzögert, weshalb die Unterschlagung von Nachlassgeldern durch den Nachlasspfleger so spät festgestellt wurde, dass dieser wegen Zahlungsunfähigkeit zu deren Erstattung nicht mehr in der Lage war. Das RG hat in der Verfahrensverzögerung eine fahrlässige Amtspflichtverletzung erkannt, die ursächlich für den eingetretenen Schaden war, da die unterschlagenen Gelder bei rechtzeitiger Verfahrensbeendigung noch vom Nachlasspfleger hätten erstattet werden können. Dem von den Erben geltend gemachten Amtshaftungsanspruch gem. § 839 Abs. 1 BGB wurde stattgegeben.[2304]

3. Drittbezogenheit der Aufsichtspflicht des Insolvenzgerichts

Weiter setzt die Amtshaftung voraus, dass die insolvenzgerichtliche Aufsicht (§ 58 InsO) als drittbezogene Amtspflicht angesehen werden kann.[2305] Dieses wird von Rechtsprechung und Lehre einheitlich, indes ohne nähere Begründung, angenommen.[2306]

Eine Amtspflicht ist als drittbezogen einzustufen, wenn sie nach dem Schutzzweck der sie begründenden Gesetzesvorschriften zumindest auch die Interessen Einzelner wahren soll und nicht nur der Aufrechterhaltung der öffentlichen Ord-

---

2303 *BGH*, Beschl. v. 31. 1. 2007 – III ZR 161/07 – BeckRS 2008 02875.
2304 *RG*, Urt. v. 24. 2. 1937 – V 168/36 – RGZ 154, 110 ff. Dem Verfasser ist aus dem „Fall Mühl" eine Fallgestaltung bekannt, bei der die Schlussrechnung des Gesamtvollstreckungsverwalters über zwei Jahre vom Gesamtvollstreckungsgericht unbearbeitet geblieben war, bevor der liquide Massebestand veruntreut wurde. Mit der Rechtsprechung des *RG* ist hier eine Amtshaftung des Insolvenzgerichtes nach § 839 Abs. 1 BGB begründet, wenn keine anderweitige Ersatzmöglichkeit besteht (§ 839 Abs. 1 Satz 2 BGB).
2305 *BGH*, Urt. v. 16. 6. 1977 – III ZR 179/75 – NJW 1977, 1875, 1877; Urt. v. 26. 3. 1973 – III ZR 43/71 – NJW 1973, 894; Urt. v. 3. 11. 1958 – III ZR 139/57 – NJW 1959, 334, 335.
2306 *OLG München*, Urt. v. 18. 7. 1991 – 1 U 2199/89 – ZIP 1991, 1367; Kübler/Prütting-*Lüke*, § 58 InsO, Rdnr. 15; *Kilger/Schmidt*, § 83 KO, Anm. 2; *Kuhn/Uhlenbruck*, § 83 KO, Rdnr. 7.

nung oder dem Schutze der Allgemeinheit zu dienen bestimmt ist.[2307] Es muss also eine besondere Beziehung zwischen der verletzten Amtspflicht und dem geschädigten „Dritten“ gegeben sein.[2308] Dritter i.S.d. Art. 34 GG ist jeder, dessem Interesse die Amtspflicht dient und in dessen Rechtskreis durch deren Verletzung eingegriffen wird, auch wenn er nur mittelbar oder unbeabsichtigt betroffen wird.[2309] In dem durch die §§ 21, 22 InsO sowie §§ 80, 148 InsO definierten Umfang wird die Verwaltungs- und Verfügungsbefugnis des Insolvenzschuldners über dessen Vermögen beschränkt und insoweit auf den bestellten (vorläufigen) Insolvenzverwalter übertragen. Wenn der Staat fremdes Vermögen durch eine von ihm bestellte Person verwalten lässt, so hat er diese auch zu überwachen.[2310] Dieser allgemeine Grundsatz wird durch die Vorschrift des § 58 InsO konkretisiert. Die Überwachungspflicht des Staates im Rahmen des Insolvenzverfahrens dient dem Schutze der am Insolvenzverfahren Beteiligten, nämlich dem Interesse des Insolvenzschuldners, in dessen Eigentumsrechte eingegriffen wird, und dem Interesse der beteiligten Gläubiger, deren Zugriff auf das Schuldnervermögen während der Dauer des Insolvenzverfahrens beschränkt wird.

Die Aufsicht des Insolvenzgerichts über den Insolvenzverwalter ist deshalb als drittbezogene Amtspflicht einzustufen.

4. Verursachung eines Schadens

Die Feststellung der Schadensverursachung erfolgt nach den allgemeinen zivilrechtlichen Regeln der Kausalität und Zurechnung. Es ist also insbesondere zu prüfen, ob der Schaden nicht auch bei pflichtgemäßem Alternativverhalten eingetreten wäre[2311] und ein sozialadäquater, d.h. nicht außerhalb jeglicher Lebenswahrscheinlichkeit liegender Zusammenhang zwischen Pflichtverletzung und Schaden besteht.[2312] Wird die pflichtwidrige Entscheidung des Insolvenzgerichts

---

2307 St. Rspr. d. *BGH*, Beschl. v. 26.7. 2001 – III ZR 243/00 – KTS 2002, 187, 188; Urt. v. 13.9. 2001 – III ZR 228/00 – KTS 2002, 189, 190; Urt. v. 9.10. 1997 – III ZR 4/97 – NJW 1998, 138, 139; Urt. v. 3.11. 1958 – III ZR 139/57 – NJW 1959, 334, 335.

2308 *BGH*, Urt. v. 9.10. 1997 – III ZR 4/97 – NJW 1998, 138, 139.

2309 Palandt-*Sprau*, § 839 BGB, Rdnr. 45.

2310 Uhlenbruck-*Uhlenbruck*, § 58 InsO, Rdnr. 1.

2311 *BGH*, Urt. v. 22.5. 1986 – III ZR 237/84 – NJW 1986, 2829, 2831; Urt. v. 24.10. 1985 – IX ZR 91/84 – NJW 1986, 576, 579: zur Feststellung des Ursachenzusammenhangs ist nur die pflichtwidrige Handlung hinwegzudenken.

2312 *BGH*, Urt. v. 9.10. 1997 – III ZR 4/97 – NJW 1998, 138, 140; Urt. v. 14.3. 1985 – IX ZR 26/84 – NJW 1986, 1329, 1331: der Schädiger haftet nicht für alle nachteiligen Folgen, die in einem logischen Ursachenzusammenhang mit seinem Verhalten stehen, sondern nur für „adäquate“ Folgen. Ein adäquater Zusammenhang besteht, wenn eine Tatsache im Allgemeinen und nicht nur unter besonders eigenartigen, ganz unwahrscheinlichen und nach dem regelmäßigen Verlauf der Dinge außer Betracht zu lassenden Umständen zur Herbeiführung eines Erfolges geeignet war. Dieser kann fehlen, wenn der Geschädigte oder ein Dritter in völlig ungewöhnlicher und unsachgemäßer Weise in den schadensträchtigen Geschehensablauf eingreift und eine weitere Ursache setzt, die den Schaden erst endgültig herbeiführt.

im Beschwerdeverfahren bestätigt[2313] und tritt deshalb der Schaden endgültig ein, so wird dadurch der adäquate Ursachenzusammenhang zwischen Pflichtverletzung und Schaden grundsätzlich nicht aufgehoben.[2314]

Für die Schadensverursachung trägt der Geschädigte die Beweislast, wobei ihm die Beweiserleichterungen des § 287 ZPO zugute kommen.[2315] Hiernach kann eine tatsächliche Vermutung für die Schadensursächlichkeit bei einer amtspflichtwidrigen Verletzung der Aufsichts- und Überwachungspflicht gem. § 58 Abs. 1 Satz 1 InsO über den Insolvenzverwalter angenommen worden, wenn eine ordnungsgemäße Aufsichtsführung an sich geeignet war, den Schaden zu verhindern.[2316]

Ein unwirksam bestellter Insolvenzverwalter kann nach der Rechtsprechung des *BGH* nicht Schadensersatz in Höhe der gesetzlichen Verwaltervergütung verlangen, da dieses dessen wirksame Verwalterbestellung voraussetzt, sondern nur Ersatz des negativen Interesses, d.h. den Ersatz der erforderlichen und entstandenen Auslagen sowie die Erstattung des entgangenen Gewinns, beanspruchen.[2317] Zwar ist gegen den ungetreuen Insolvenzverwalter immer ein Erstattungsanspruch der Insolvenzmasse begründet, doch liegt hier wirtschaftlich betrachtet ein Schaden vor, da der Erstattungsanspruch immer ein Weniger gegenüber dem Anspruch auf Herausgabe der treuhänderisch verwalteten Massegelder bedeutet.[2318]

5. Verschulden

Verschulden setzt auch im Amtshaftungsrecht Vorsatz bzw. Fahrlässigkeit im Hinblick auf die Amtspflichtverletzung voraus. Der Fahrlässigkeitsvorwurf wird objektiv verstanden, d.h. es wird auf einen pflichtgetreuen Durchschnittsbeamten bzw. Durchschnittsrichter im betreffenden Amt abgestellt.[2319] Es kommt also darauf an, welche Kenntnisse und Einsichten für die Führung des übernommenen Amtes im Durchschnitt erforderlich sind und nicht auf die Fähigkeiten, über die der Insolvenzrichter bzw. Insolvenzrechtspfleger tatsächlich verfügt.

2313 Der Geschädigte muss im Hinblick auf § 839 Abs. 3 InsO das gegen die inkriminierte Entscheidung des Insolvenzgerichts eröffnete Rechtsmittel erfolglos ausgeschöpft haben, um seinen nicht Schadensersatzanspruch nicht zu verlieren, siehe Kap. G.II.3.

2314 *BGH*, Urt. v. 9. 10. 1997 – III ZR 4/97 – NJW 1998, 138, 140, für den Fall der fehlerhaften Auskunft eines Rentenversicherungsträgers, die zu einer für den Kläger des Amtshaftungsprozesses ungünstigen familiengerichtlichen Entscheidung geführt hat, obwohl das FamG an diese Auskunft nicht gebunden ist, sondern seine Entscheidung in freier Beweiswürdigung zu treffen hat.

2315 *BGH*, Urt. v. 6. 4. 1995 – III ZR 183/94 – NJW 1995, 2344, 2345; Urt. v. 22. 5. 1986 – III ZR 237/84 – NJW 1986, 2829, 2831.

2316 *BGH*, Urt. v. 22. 5. 1986 – III ZR 237/84 – NJW 1986, 2829, 2832 (für den Vormundschaftsrichter); Jaeger-*Gerhardt*, § 58 InsO, Rdnr. 31.

2317 *BGH*, Urt. v. 17. 10. 1985 – III ZR 105/84 – NJW-RR 1986, 412, 414; Urt. v. 30. 11. 1989 – III ZR 189/88 – juris Nr.KORE525449015, Rdnr. 25 ff.

2318 *BGH*, Urt. v. 12. 7. 1965 – III ZR 41/64 – BeckRS 1965 30400811.

2319 *BGH*, Urt. v. 22. 5. 1986 – III ZR 237/84 – NJW 1986, 2829, 2831, für das Verschulden eines Vormundschaftsrichters.

Der *BGH* hat bei richterlichen Entscheidungen außerhalb des Spruchrichterprivilegs gem. § 839 Abs. 2 BGB – wie z. B. der Entscheidung des Insolvenzrichters über die Anordnung von Sicherungsmaßnahmen gem. §§ 21, 22 InsO oder den Insolvenzantrag – einen Schuldvorwurf nur bei besonders groben Verstößen[2320] oder bei unvertretbaren Entscheidungen[2321] für begründet erachtet. Dies folge aus dem bei richterlichen Entscheidungen stets zu beachtenden Verfassungsgrundsatz der richterlichen Unabhängigkeit.[2322] Im Ergebnis kann daher ein Verschulden des Insolvenzgerichts nur bei Vorsatz oder grober Fahrlässigkeit angenommen werden. Diese das Verschulden einschränkende Rechtsprechung hat der *BGH* in seinem Urteil vom 5. 10. 2006 auf den Insolvenzrechtspfleger erweitert, weil dieser nach § 9 RPflG in gleicher Weise wie der Insolvenzrichter sachlich unabhängig und nur an Recht und Gesetz gebunden ist. Ein Verschulden des Insolvenzrechtspflegers ist somit nur dann gegeben, wenn die seiner Entscheidung zugrunde gelegte Rechtsansicht objektiv nicht mehr vertretbar erscheint.[2323] Wenn es sich bei der Prüfung der wirtschaftlichen Situation des Schuldnerunternehmens um schwierige Fragen handelt, zu deren Beurteilung der Insolvenzrichter oder der Insolvenzrechtspfleger die erforderliche Sachkunde nicht besitzt, hat er vor einer Entscheidung sachkundigen Rat einzuholen (§ 5 Abs. 1 Satz 2 InsO).[2324] Ebenso ist der Insolvenzrichter verpflichtet, Zweifeln an der Eignung des Insolvenzverwalters nachzugehen.[2325]

Ausgeschlossen ist dabei eine Verantwortlichkeit des Insolvenzrichters für Amtshandlungen des nach Verfahrenseröffnung funktionell zuständigen Rechtspflegers, da eine Aufsichtspflicht des Insolvenzrichters über den Rechtspfleger nicht besteht.[2326] Etwas anderes ergibt sich auch nicht aus der Vorschrift des § 18 Abs. 2 RPflG, da diese lediglich ein Recht und keine Pflicht zur Evokation begründet. Die Rechtsstellung des Rechtspflegers schließt eine Beaufsichtigung durch den Insolvenzrichter aus. Nach § 9 RPflG ist der Rechtspfleger sachlich unabhängig und nur an Recht und Gesetz gebunden. Die dem Insolvenzrichter vom Rechtspfleger im

---

2320 *BGH*, Beschl. v. 19. 12. 1991 – III ZR 9/91 – KTS 1992, 257; *BGH*, Urt. v. 3. 7. 2003 – III ZR 326/02 – NJW 2003, 3053, für die einstweilige Anordnung in Unterbringungssachen nach § 70h FGG; diesem folgend: *OLG* Stuttgart, Urt. v. 5. 9. 2007 – 4 U 205/06 – ZIP 2007, 1822, 1823, für die fehlerhafter Auswahl und die unterlassene Aufsicht eines Insolvenzverwalters, der wegen eines Bankrottdelikts vorbestraft war.

2321 *BGH*, Urt. v. 5. 10. 2006 – III ZR 283/05 – NJW 2007, 224.

2322 *BGH*, Beschl. v. 19. 12. 1991 – III ZR 9/91 – KTS 1992, 257.

2323 *BGH*, Urt. v. 5. 10. 2006 – III ZR 283/05 – ZIP 2006, 2312, 2314; ebenso: *OLG* Stuttgart, Urt. v. 5. 9. 2007 – 4 U 205/06 – ZIP 2007, 1822, 1824f.

2324 *BGH*, Urt. v. 22. 5. 1986 – III ZR 237/84 – NJW 1986, 2829, 2831, für das Verschulden eines Vormundschaftsrichters bei der Genehmigungserteilung nach § 1821 InsO; Urt. v. 5. 11. 1956 – III ZR 139/55 – WM 1957, 67ff., über einen Schadensersatzanspruch, den ein insolventer Bauunternehmer darauf gestützt hat, dass das Konkursverfahren über sein Vermögen durch Entscheidung eines Konkursrichters trotz nicht gegebener Zahlungsunfähigkeit eröffnet worden sei, siehe Fn. 2295.

2325 *OLG* Stuttgart, Urt. v. 5. 9. 2007 – 4 U 205/06 – ZIP 2007, 1822, 1823; Jaeger-*Gerhardt*, § 58 InsO, Rdnr. 31.

2326 Uhlenbruck-*Uhlenbruck*, § 58 InsO, Rdnr. 30.

Rahmen seiner funktionellen Zuständigkeit vorzulegenden Geschäfte sind in § 5 Abs. 1 und Abs. 2 RPflG abschließend geregelt.

6. Ersatzverpflichteter

Gem. Art. 34 GG ist anstelle des nach § 839 Abs. 1 BGB haftenden Amtsträgers grundsätzlich der Staat oder diejenige Körperschaft, in deren Dienst der Amtsträger steht, ersatzpflichtig. Die Frage nach dem haftenden Dienstherrn beantwortet der *BGH* in ständiger Rechtsprechung danach, welche Körperschaft dem Amtsträger das Amt, bei dessen Ausübung er fehlsam gehandelt hat, anvertraut hat, wer – mit anderen Worten – dem Amtsträger die Aufgabe, bei deren Wahrnehmung die Amtspflichtverletzung vorgekommen ist, übertragen hat.[2327] Es haftet im Regelfall die Körperschaft, die den Amtsträger angestellt und ihm damit die Möglichkeit zur Amtsausübung eröffnet hat.[2328] Ob auch die konkrete Aufgabe, bei deren Erfüllung die Amtspflichtverletzung begangen wurde, in den Aufgabenkreis der Anstellungskörperschaft fällt, bleibt dagegen grundsätzlich unbeachtlich.[2329] Nach § 3 DRiG stehen die Richter im Dienst des Bundes oder Landes. Für Amtspflichtverletzungen des Insolvenzgerichts haftet demnach das Land, in dem sich das als Insolvenzgericht handelnde Amtsgericht befindet.

Grundsätzlich setzt der Amtshaftungsanspruch nach § 839 BGB ein individuelles Fehlverhalten eines einzelnen Beamten voraus. Eine Verletzung drittgerichteter Amtspflichten kommt aber auch unter dem Gesichtspunkt des Organisationsmangels in Betracht, weil der Staat aufgrund des aus dem Rechtsstaatsprinzip folgenden Justizgewährungsanspruchs verpflichtet ist, seine Gerichte so auszustatten, dass die anstehenden Verfahren ohne vermeidbare Verzögerung abgeschlossen werden können.[2330] Der Staat hat deshalb die Insolvenzgerichte personell und sachlich so auszustatten, dass die Tätigkeit der in den beim Insolvenzgericht anhängigen Insolvenzverfahren bestellten Insolvenzverwalter ausreichend und im erforderlichen Umfang überwacht werden kann. So kann die Einführung der Möglichkeit zur Online-Kontrolle[2331] der Massekonten durch das Insolvenzgericht amtshaftungsträchtig sein, wenn diese, z.B. bei Urlaubsabwesenheit des zuständigen Rechtspflegers, nicht genutzt wird und deshalb Masseveruntreuungen des Insolvenzverwalters zunächst unentdeckt bleiben.

2327 *BGH*, Urt. v. 15. 1. 1987 – III ZR 17/85 – NJW 1987, 2737, 2738; Urt. v. 28. 2. 1980 – III ZR 103/78 – NJW 1980, 1513, 1514; Urt. v. 12. 2. 1970 – III ZR 231/68 – NJW 1970, 750.

2328 *BGH*, Urt. v. 30. 1. 1991 – III ZR 184/89 – NVwZ 1992, 298; Urt. v. 15. 1. 1987 – III ZR 17/85 – NJW 1987, 2737, 2738.

2329 *BGH*, Urt. v. 15. 1. 1987 – III ZR 17/85 – NJW 1987, 2737, 2738.

2330 *BGH*, Urt. v. 11. 1. 2007 – III ZR 302/05 – ZIP 2007, 1220, 1221 f. (Tz. 19 f.), für die Amtshaftung bei unzumutbarer Verzögerung einer Grundbucheintragung infolge der Überlastung der Gerichte.

2331 Siehe hierzu ausführlich: Kap. H.II.4.

7. Begrenzung des Schadensersatzumfangs

Der Umfang des Schadensersatzes richtet sich nach den allgemeinen Regeln über die Schadensersatzverpflichtung bei unerlaubten Handlungen (§§ 249–255, 842–846 BGB). Anders als im allgemeinen Schadensersatzrecht ist der Ersatzanspruch aus Amtspflichtverletzung zumeist nicht auf Naturalrestitution, sondern auf Geldersatz gerichtet.

Da die Amtshaftung aus der persönlichen Haftung des Amtswalters abgeleitet wird und lediglich durch Art. 34 GG auf den Staat oder eine sonstige Körperschaft übergeleitet wird[2332], kann der vom Staat zu ersetzende Schaden sich nur nach dem richten, was der Amtsträger persönlich, d.h. als Privatperson und damit unabhängig von seiner Organwalterstellung, zu leisten vermag.[2333] Um solche amtsunabhängigen, vertretbaren Handlungen handelt es sich stets bei der Vornahme von Geldleistungen. Handlungen, die im Wege der Naturalrestitution zur Beseitigung des schädigenden Ereignisses vorzunehmen sind, stellen hingegen zumeist unvertretbare Amtshandlungen dar.

Eine weitere Begrenzung des Schadensersatzumfanges kann sich aus der Anwendung des § 254 BGB ergeben. Soweit eine Ersatzpflicht nicht ohnehin nach § 839 Abs. 3 BGB wegen unterlassener Rechtsmitteleinlegung ausgeschlossen ist, trifft den Geschädigten ein anspruchsminderndes Mitverschulden, wenn er es unterlässt das ihm zumutbare Maß an Aufmerksamkeit und Sorgfalt bei der Besorgung seiner eigenen Angelegenheiten aufzuwenden. Zwar kann der Geschädigte im Allgemeinen auf die Rechtmäßigkeit der Amtshandlung vertrauen. Er ist jedoch dennoch gehalten, im Rahmen des Zumutbaren alles zur Vermeidung von Schwierigkeiten zu tun und ist daher gegebenenfalls zu einem berichtigenden Hinweis verpflichtet.[2334]

8. Beweislast

Der Geschädigte hat die tatbestandlichen Voraussetzungen der rechtswidrig und schuldhaft begangenen Amtspflichtverletzung darzulegen und zu beweisen. Ihm stehen dabei jedoch verschiedene Beweiserleichterungen zur Verfügung. So hat der *BGH* entschieden, dass der Geschädigte, wenn Amtspflichtverletzung und ein zeitlich nachfolgender Schaden feststehen, einen entsprechenden Kausalzusammenhang zwischen Amtspflichtverletzung und Schaden nicht mehr zu beweisen

---

2332 Bamberger/Roth-*Reinert*, § 839 BGB, Rdnr. 103.

2333 MK-*Papier*, § 839 BGB, Rdnr. 298; *Stein/Itzel/Schwall*, Praxishandbuch des Amts- und Staatshaftungsrechts, S. 85 Rdnr. 170.

2334 *BGH*, Urt. v. 28. 10. 1963 – III ZR 153/62 – NJW 1964, 195, 196: „Denn wie der Beamte als „Helfer des Staatsbürgers" dem von ihm betreuten Personenkreis durch Belehrung und Aufklärung im Rahmen des Möglichen und Zulässigen behilflich sein soll, was er zu erreichen wünscht, zu erreichen (...), ist auch der Staatsbürger im Interesse eines gedeihlichen Zusammenlebens aller gehalten, im Rahmen des Zumutbaren das Seine zur Vermeidung von Schwierigkeiten zu tun".

hat, soweit nach der Lebenserfahrung eine tatsächliche Vermutung oder eine tatsächliche Wahrscheinlichkeit für einen ursächlichen Zusammenhang besteht.[2335] In dieselbe Richtung ging bereits eine Entscheidung des *RG*, die sich mit der Verletzung der Aufsichtspflicht des Insolvenzgerichts beschäftigte. Ist die Verletzung der Aufsichtspflicht durch das Insolvenzgericht grundsätzlich geeignet, der Insolvenzmasse einen Schaden zu verursachen, so ist zu vermuten, dass der Schaden auf der Aufsichtspflichtverletzung beruht, wenn nicht das Gegenteil bewiesen wird.[2336] Darüber hinaus kommen dem Geschädigten die Beweiserleichterungen des § 287 ZPO zugute, die auch die Anforderungen an die Darlegung verringern.[2337] Insbesondere muss der Anspruchsteller die Schädigung lediglich wahrscheinlich machen, indem er dem Gericht entsprechende Anknüpfungstatsachen darlegt[2338].

Bei der Geltendmachung des einem unwirksam bestellten Insolvenzverwalters entgangenen Gewinns muss dieser Tatsachen vortragen, die dem Gericht eine Schätzung des entgangenen Gewinnes gem. § 252 BGB ermöglichen, insbesondere muss er die nach Art und Umfang der getroffenen Vorkehrungen mit Wahrscheinlichkeit zu erwartenden Einnahmen konkretisieren.[2339]

II. Die Haftungsausschlüsse

Ein tatbestandlich begründeter Amtshaftungsanspruch kann ausgeschlossen sein, wenn für den Geschädigten eine anderweitige Ersatzmöglichkeit besteht (§ 839 Abs. 1 Satz 2 BGB), das Richterprivileg eingreift (§ 839 Abs. 2 BGB) oder der Geschädigte den Rechtsweg gegen die schädigende Amtspflichtverletzung nicht ausgeschöpft hat (§ 839 Abs. 3 BGB).

1. Anderweitige Ersatzmöglichkeit, § 839 Abs. 1 Satz 2 BGB

Nach § 839 Abs. 1 Satz 2 BGB ist eine Amtshaftung ausgeschlossen, wenn bei fahrlässiger Amtspflichtverletzung der Geschädigte auf andere Weise Ersatz zu erlangen vermag. Dabei können nicht nur deliktische, sondern auch vertragliche Ansprüche eine anderweitige Ersatzmöglichkeit begründen.[2340] Ursprünglicher

2335 *BGH*, Urt. v. 3. 3. 1983 – III ZR 34/82 – NJW 1983, 2241, 2242.
2336 *RG*, Urt. v. 7. 4. 1937 – V 290/36 – KuT 1937, 143, 144.
2337 *BGH*, Urt. v. 6. 4. 1995 – III ZR 183/94 – NJW 1995, 2344, 2345; Urt. v. 22. 5. 1986 – III ZR 237/84 – NJW 1986, 2829, 2831.
2338 Musielak-*Foerste*, § 287 ZPO, Rdnr. 7.
2339 *BGH*, Urt. v. 17. 10. 1985 – III ZR 105/84 – ZIP 1986, 319, 323; Urt. v. 30. 11. 1989 – III ZR 189/88 – juris Nr. KORE525449015 (Rdnr. 25 ff.).
2340 *BGH*, Urt. v. 14. 11. 2002 – III ZR 131/01 – NJW 2003, 348, 349 f. Zur Bankenhaftung bei Masseveruntreuungen des Insolvenzverwalters: *Smid*, Bankenhaftung aus der Führung von offenen Treuhandkonten und Anderkonten bei treuwidrigen Verfügungen des Insolvenzverwalters, ZIP 2006, 1973 ff.

Zweck dieser Subsidiaritätsklausel ist der Schutz des handelnden Amtsträgers.[2341] Da jedoch nach der Rechtsprechung des *BGH* die Subsidiaritätsklausel nicht nur für die Eigenhaftung des Beamten, sondern auch für die Staatshaftung nach Art. 34 GG gilt[2342], hat dieser ursprüngliche gesetzgeberische Zweck an Bedeutung verloren. Der *BGH* hat dennoch lange Zeit uneingeschränkt an der Anwendung der Subsidiaritätsklausel festgehalten und dieser zusätzlich den Zweck zugesprochen, dem Interesse der Allgemeinheit an einer möglichst weitgehenden finanziellen Entlastung der öffentlichen Hand zu dienen.[2343] Erst in neueren Entscheidungen hat der *BGH* versucht den Anwendungsbereich der Subsidiaritätsklausel zu begrenzen. Im Wege einer teleologischen Reduktion der Subsidiaritätsklausel stellt der *BGH* darauf ab, welche Zweckbestimmung anderweitigen Ersatzansprüchen innewohnt und zu welchem Ziel sie von der Rechtsordnung gewährt werden.[2344] So sind etwa Leistungen Dritter, die ihrer Natur nach nicht dem Schädiger zugute kommen sollen, nicht zu berücksichtigen.[2345] Eine Staatshaftung ist deshalb grundsätzlich nicht ausgeschlossen, wenn der Geschädigte über seine Versicherung entsprechenden Ausgleich verlangen kann. Die Subsidiaritätsklausel des § 839 Abs. 1 Satz 2 BGB bezweckt nicht den Schädiger zu Lasten einer durch Prämienzahlungen erkauften Versicherung und damit zu Lasten aller Versicherten zu entlasten.[2346] Auch greift die Subsidiaritätsklausel des § 839 Abs. 1 Satz 2 BGB nach der Rechtsprechung des *BGH* nicht ein, wenn der Schädiger zwar Ersatz von einem Dritten verlangen kann, es sich bei diesem jedoch ebenfalls um einen Hoheitsträger handelt. Eine solche Anspruchsverweisung würde gerade nicht eine Entlastung der öffentlichen Hand bewirken und ist daher von Sinn und Zweck der Subsidiaritätsklausel nicht erfasst.[2347]

Bei Amtspflichtverletzungen des Insolvenzgerichts wird die Frage nach einer subsidiären Haftung nach § 839 Abs. 1 Satz 2 BGB immer dann relevant, wenn die Haftung des Insolvenzgerichts mit einer Haftung des Insolvenzverwalters konkurriert. Dies wird regelmäßig der Fall sein, wenn die Pflichtverletzung des Insolvenzgerichts gerade in einer fehlerhaften Aufsicht des pflichtwidrig handelnden Insolvenzverwalters liegt. Fraglich ist, inwieweit hier die vom *BGH* aufgestellten Grundsätze zur Unanwendbarkeit der Subsidiaritätsklausel bei Haftung mehrerer Hoheitsträger entsprechende Anwendung finden können. Zwar ist der Insolvenzverwalter kein Hoheitsträger und auch nicht als Beamter im haftungsrechtlichen Sinne des § 839 BGB anzusehen, da er nicht in Ausübung eines öffentlichen Amtes

---

2341 MK-*Papier*, § 839 BGB, Rdnr. 300.
2342 *BGH*, Urt. v. 17. 5. 1973 – III ZR 68/71 – NJW 1973, 1741, 1743; Urt. v. 16. 4. 1964 – III ZR 182/63 – NJW 1964, 1895, 1897.
2343 *BGH*, Beschl. v. 12. 4. 1954 – GSZ 1/54 – NJW 1954, 993, 996.
2344 Vgl. Bamberger/Roth-*Reinert*, § 839 BGB, Rdnr. 81.
2345 *BGH*, Urt. v. 5. 4. 1984 – III ZR 19/83 – NJW 1984, 2097, 2098.
2346 *BGH*, Urt. v. 17. 3. 1983 – III ZR 170/81 – NJW 1983, 2191, 2192; Urt. v. 28. 10. 1982 – III ZR 89/81 – BGHZ 85, 230, 233; Urt. v. 20. 11. 1980 – III ZR 122/79 – BGHZ 79, 26, 30.
2347 *BGH*, Urt. v. 14. 11. 2002 – III ZR 131/01 – NJW 2003, 348, 350; Urt. v. 13. 6. 1996 – III ZR 40/95 – NJW 1996, 3208, 3209; Urt. v. 4. 7. 1974 – III ZR 63/72 – NJW 1974, 1769; Urt. v. 29. 1. 1968 – III ZR 111/66 – NJW 1968, 696, 698.

handelt[2348], dennoch ist zu beachten, dass zumindest die Bestellung des Insolvenzverwalters durch das Insolvenzgericht öffentlich-rechtlicher Natur ist und durch die Bestellung eine beachtliche Amtsnähe zum Amtsträger Insolvenzgericht hergestellt wird.[2349] Nach Ansicht von *Klopp/Kluth* spricht zudem ein Vergleich mit der Rechtsprechung des *BGH* zur Notarhaftung, für die Nichtanwendbarkeit der Subsidiaritätsklausel des § 839 Abs. 1 Satz 2 BGB bei der Haftung des Insolvenzverwalters.[2350] Für die Notarhaftung hat der *BGH* entschieden, dass die Subsidiaritätsklausel keine Anwendung findet, da es nicht Sinn und Zweck dieses Verweisungsprivilegs sei, die Haftung des einen Amtsträgers auf den anderen abzuwälzen.[2351] Zu beachten ist indes, dass der Notar anders als der Insolvenzverwalter gem. § 1 BNotO als unabhängiger Träger eines öffentlichen Amtes bestellt wird und sich damit wesentlich von dem privatrechtlich handelnden Insolvenzverwalter unterscheidet. Im Falle der Haftung des Insolvenzverwalters geht es also gerade nicht um die Abwälzung der Haftung eines öffentlichen Amtsträgers auf den anderen. Folglich ist ein Ausschluss der Anwendbarkeit der Subsidiaritätsklausel für die Haftung des Insolvenzverwalters abzulehnen.[2352]

Kommt neben der Haftung des Insolvenzgerichts auch eine Haftung des Insolvenzverwalters in Betracht, hat sich der Geschädigte somit gem. § 839 Abs. 1 Satz 2 BGB vorrangig an den Insolvenzverwalter zu halten, soweit er seinen Anspruch gegen diesen in absehbarer und angemessener Zeit durchsetzen kann. Hat neben dem Insolvenzgericht auch der Gläubigerausschuss seine Überwachungspflichten verletzt, kann der Geschädigte wahlweise den Insolvenzverwalter oder die Mitglieder des Gläubigerausschusses in Anspruch nehmen. Eine Haftung des Insolvenzgerichts ist auch in diesem Fall subsidiär.

2. Keine Geltung des Spruchrichterprivilegs, § 839 Abs. 2 BGB

Die Vorschrift des § 839 Abs. 2 BGB begründet das sog. Spruchrichterprivileg. Hiernach tritt eine Amtshaftung „bei dem Urteil in einer Rechtssache" nur ausnahmsweise dann ein, wenn die Pflichtverletzung in einer Straftat besteht. Für den Begriff „Urteil in einer Rechtssache" ist dabei nicht maßgebend, dass es sich formal um ein Urteil im Sinne der Prozessordnung handelt. Umfasst sind vielmehr alle richterlichen Entscheidungen, die ihrem Wesen nach Urteile sind oder urteilsvertretende Erkenntnisse wiedergeben[2353] und mit Rechtskraftwirkung ausgestattet sind.[2354] Nicht nur Urteile, sondern auch Beschlüsse fallen daher unter die Vor-

2348 Palandt-*Sprau*, § 839 BGB, Rdnr. 24; *Ossenbühl*, Staatshaftungsrecht, S. 14ff., 16.
2349 Gottwald-*Klopp/Kluth*, § 23 Rdnr. 41.
2350 Gottwald-*Kloop/Kluth*, § 23 Rdnr. 42.
2351 *BGH*, Urt. v. 13. 1. 1984 – V ZR 205/82 – NJW 1984, 1748, 1749.
2352 So auch: Uhlenbruck-*Uhlenbruck*, § 58 InsO, Rdnr. 30.
2353 *BGH*, Urt. v. 11. 3. 1968 – III ZR 72/65 – NJW 1968, 989; Urt. v. 19. 9. 1966 – III ZR 92/65 – NJW 1966, 2307, 2308.
2354 *BGH*, Urt. v. 28. 10. 1965 – III ZR 166/63 – NJW 1966, 246, 248; Urt. v. 19. 9. 1961 – III ZR 107/60 – NJW 1962, 36, 37.

schrift des § 839 Abs. 2 BGB, wenn es sich um eine richterliche Entscheidung in einem nach den für das Erkenntnisverfahren wesentlichen Verfahrensgrundsätzen geführten gerichtlichen Verfahren handelt, die einem Urteil vergleichbar die Instanz beendet.[2355] Diese Voraussetzungen sind für die Tätigkeit des Insolvenzrichters indes nicht gegeben. Das Insolvenzverfahren, in dem der Insolvenzrichter nur Teilaufgaben zu erfüllen hat, zielt, geprägt durch seinen eigenspezifischen Charakter, nicht auf eine „Rechtsstreitentscheidung" ab.[2356] Die insolvenzgerichtlichen Beschlüsse beinhalten keine Erkenntnisleistung. Sie sind allein verfahrenslenkender Art, materielle Rechtskraft kommt ihnen nicht zu.[2357]

Das Insolvenzgericht kann daher einer möglichen Amtshaftung nicht durch Berufung auf das Richterprivileg des § 839 Abs. 2 BGB entgehen.

3. Rechtsmittelversäumung, § 839 Abs. 3 BGB

Weiterhin ist nach § 839 Abs. 3 BGB eine Amtshaftung ausgeschlossen, wenn der Verletzte vorsätzlich oder fahrlässig unterlassen hat, den Schaden durch Gebrauch eines Rechtsmittels abzuwenden. § 839 Abs. 3 BGB ist eine Ausprägung des Mitverschuldensprinzips, das in seiner allgemeinen Form in § 254 BGB niedergelegt ist und insoweit für das gesamte private und öffentliche Haftungsrecht gilt.[2358] Anders als im Rahmen von § 254 BGB führt eine schuldhafte Rechtsmittelversäumung unabhängig vom damit verbundenen Umfang der Schadensverursachung stets zum völligen Anspruchsverlust.[2359] Dabei ist der Begriff des „Rechtsmittels" nicht im engeren technischen Sinne zu verstehen ist, sondern weit auszulegen. Rechtsmittel i. S. d. § 839 Abs. 3 BGB sind nach der Rechtsprechung des BGH alle Rechtsbehelfe, die sich unmittelbar gegen die schädigende Amtshandlung oder Unterlassung selbst richten und nach gesetzlicher Ordnung ihre Beseitigung oder Berichtigung bezwecken oder ermöglichen.[2360] Auch in den Fällen, in denen die

---

2355 MK-*Papier*, § 839 BGB, Rdnr. 325; Palandt-*Sprau*, § 839 BGB, Rdnr. 65.

2356 *BVerfG*, Beschl. v. 23. 5. 2006 – 1 BvR 2530/04 – NZI 2006, 453, 454 (Tz. 23 f.), für die Auswahlentscheidung gem. § 56 Abs. 1 InsO; *BVerfG*, Beschl. v. 3. 8. 2004 – 1 BvR 135/00, 1 BvR 1086/01 – ZInsO 2004, 913, 915, für die Entscheidung über die Aufnahme eines Bewerbers in die Vorauswahlliste; *Becker*, Insolvenzrecht, Rdnr. 527; MK-*Ganter*, Vorbem. vor §§ 2 bis 10 InsO, Rdnr. 10; Jaeger-*Gerhardt*, § 2 InsO, Rdnr. 63; Gottwald-*Klopp/Kluth*, § 23 Rdnr. 40; Smid-*Smid*, § 59 InsO, Rdnr. 22.

2357 Für den Eröffnungsbeschluss: *BGH*, Urt. v. 2. 4. 1959 – III ZR 25/58 – NJW 1959, 1085; Urt. v. 17. 10. 1985 – III ZR 105/84 – NJW-RR 1986, 412, 413; *Häsemeyer*, InsR, Rdnr. 6.08; *Smid*, Auswahl und Bestellung des Insolvenzverwalters durch das Insolvenzgericht als Rechtsfrage betrachtet, DZWIR 2007, 485, 486.

2358 MK-*Papier*, § 839 BGB, Rdnr. 329 m. w. N.

2359 *BGH*, Urt. v. 13. 5. 1997 – IX ZR 123/96 – NJW 1997, 2327. Nach *BGH*, Urt. v. 13. 1. 1984 – V ZR 205/82 – NJW 1984, 1748, gilt der Haftungsausschluss auch dann, wenn der gegen seine Amtspflichten verstoßende Beamte nicht selbst zum Schadensersatz verpflichtet ist, sondern seine Verantwortlichkeit gem. Art. 34 GG den Staat oder die Körperschaft trifft, in deren Dienst der Beamte steht.

2360 *BGH*, Urt. v. 9. 10. 1997 – III ZR 4/97 – NJW 1998, 138, 141; Urt. v. 13. 5. 1997 – IX ZR 123/96 – NJW 1997, 2327, 2328; Urt. v. 3. 6. 1993 – III ZR 104/92 – NJW 1993, 3061, 3063.

InsO bei haftungsrelevanten Entscheidungen des Gerichts förmliche Rechtsmittel nicht vorsieht (§ 6 InsO), hat der Geschädigte daher „Rechtsmittel" im Sinne allgemeiner Rechtsbehelfe einzulegen, will er seinen Amtshaftungsanspruch erhalten.[2361] Hierzu zählen formlose Gegenvorstellungen, Einwendungen gegen Entscheidungen des Rechtspflegers, formlose Beschwerden oder Dienstaufsichtsbeschwerden.[2362]

Bei der Feststellung des Verschuldens ist nach der Rspr. des *BGH* unter Berücksichtigung der Umstände des Einzelfalles auf die Verhältnisse des Verkehrskreises, dem der Verletzte angehört, mithin darauf abzustellen, welches Maß an Umsicht und Sorgfalt von Angehörigen dieses Kreises verlangt werden muss.[2363]

2361 Gottwald-*Klopp/Kluth*, § 23 Rdnr. 43.
2362 *BGH*, Urt. v. 9. 10. 1997 – III ZR 4/97 – NJW 1998, 138, 141; MK-*Papier*, § 839 BGB, Rdnr. 331; Palandt-*Sprau*, § 839 BGB, Rdnr. 69.
2363 *BGH*, Urt. v. 9. 10. 1997 – III ZR 4/97 – NJW 1998, 138, 141.

H. Besteht ein gesetzgeberischer Regelungsbedarf?

Pflichtverletzungen der Insolvenzverwalter und zuletzt die erheblichen Unterschlagungen im „Mühl-Fall" haben den Ruf nach dem Gesetzgeber laut werden lassen.[2364] Dies kann den erfahrenen Beobachter nicht überraschen, wird doch die friedensstiftende Funktion des verfassten Rechts[2365] von der Politik häufig, um des vordergründigen Effekts wegen, dazu missbraucht, durch eine gesetzgeberische Regelung den trügerischen Schein der Lösung eines gesellschaftlichen Problems zu erwecken. Der Umstand, dass aufsichtsrechtliche Maßnahmen der Insolvenzgerichte gegen die Insolvenzverwalter in der Insolvenzpraxis sehr selten sind,[2366] ist kein hinreichender Beleg dafür, dass die gesetzlichen Regelungen zur Aufsicht des Insolvenzgerichts (§ 58 InsO) der Reformierung bedürfen. Denn aus diesem Umstand kann ebenso auf die Wirksamkeit der Aufsicht des Insolvenzgerichts geschlossen werden. Die gesetzgeberische Konsequenz aus dem „Mühl-Fall" ist der Entwurf eines „Gesetzes zur Verbesserung und Vereinfachung der Aufsicht in Insolvenzverfahren (GAVI)"[2367], den der Bundesrat im November 2007 in den Bundestag eingebracht hat. Erkennbare dienstaufsichtsrechtliche Konsequenzen für die Organe der Insolvenzgerichte, die für die Aufsicht über den Verwalter Mühl verantwortlich waren, hat es jedoch nicht gegeben.

Dieser Gesetzesvorschlag soll im Folgenden kritisch gewürdigt werden, bevor der Frage nach einem weitergehenden gesetzgeberischen Regelungsbedarf nachgegangen wird.

I. „Gesetz zur Verbesserung und Vereinfachung der Aufsicht in Insolvenzverfahren" (GAVI)

Die Länder Nordrhein-Westfalen und Niedersachsen haben am 25. 8. 2007 als Gesetzesantrag den „Entwurf eines Gesetzes zur Verbesserung und Vereinfachung

---

2364 Vgl. *Pape/Schmidt*, Kreditvergaben und Gläubigerausschuss, ZInsO 2004, 955, 959f., im Zusammenhang mit Pflichtverletzungen unter der „Aufsicht" eines Gläubigerausschusses durch den Verwalter Lutz.

2365 Für *Smid*, Richterliche Rechtserkenntnis, S. 11, ist es Aufgabe der Rechtswissenschaft, der Frage nach der für die Friedensstiftung notwendigen Verfasstheit des Rechts nachzugehen.

2366 *Uhlenbruck*, Aus- und Abwahl des Insolvenzverwalters, KTS 1989, 229, 243f., unter Bezugnahme auf eine rechtssoziologische Untersuchung aus dem Jahre 1978.

2367 BT-Drucks. 16/7251 v. 21. 11. 2007.

der Aufsicht in Insolvenzverfahren (GAVI)“ in den Bundesrat eingebracht.[2368] Auf dessen Grundlage hat der Bundesrat in seiner 837. Sitzung am 12. 10. 2007 den Entwurf eines „Gesetzes zur Verbesserung und Vereinfachung der Aufsicht in Insolvenzverfahren (GAVI)“ beschlossen, der von der Bundesregierung am 21. 11. 2007 gem. Art. 76 Abs. 3 GG in den Bundestag eingebracht worden ist.[2369] Dieser ist in der ersten Beratung des Bundestages am 14. 2. 2008 zur weiteren Behandlung in den Rechtsausschuss überwiesen worden.

1. Allgemeine Zielsetzung des GAVI

Die Entwurfsverfasser nehmen die diversen Veruntreuungsfälle in den letzten Jahren zum Anlass, ein hinsichtlich der Verwaltung der Insolvenzmasse durch den Insolvenzverwalter und deren Überwachung durch das Insolvenzgericht erkanntes Regelungsdefizit auszufüllen. Dieses soll aber nicht durch repressive Regelungen, die den Insolvenzverwalter einer verschärften Kontrolle unterwerfen, sondern durch der Transparenz dienenden Verfahrensvorschriften, die kriminelle Handlungsweisen schneller erkennbar machen, geschehen. Zugleich soll für die Rechnungslegung des Insolvenzverwalters und deren Prüfung durch das Insolvenzgericht ein Mindeststandard normiert werden, um die Transparenz und die Verständlichkeit des Verfahrens für die Gläubiger zu erhöhen und die Wettbewerbsbedingungen für die Insolvenzverwalter anzugleichen.[2370] Eine stärkere Einbindung der Gläubiger in das Insolvenzverfahren und damit eine Kontrolle des Insolvenzverwalters soll durch eine Erhöhung der Gläubigerausschussvergütung erreicht werden.[2371]

2. Darstellung und kritische Bewertung der Entwurfsregelungen

Im Folgenden sollen die unmittelbar für die insolvenzgerichtliche Aufsicht über den Insolvenzverwalter relevanten Regelungsvorschläge des Gesetzesentwurfes[2372] darauf untersucht werden, ob diese wirklich einen Beitrag zur Verbesserung der Aufsicht des Insolvenzgerichts über den Insolvenzverwalter leisten können.

2368 BR-Drucks. 566/07. Dieser geht auf einen am 22. 8. 2006 von einer unter Beteiligung von Praktikern aller beteiligten Berufsgruppen eingerichteten Arbeitsgruppe des Justizministeriums des Landes Nordrhein-Westfalen vorgelegten Diskussionsentwurf zurück.

2369 BT-Drucks. 16/7251 v. 21. 11. 2007. Dieser Gesetzesentwurf ist auf den Diskussionsentwurf einer Arbeitsgruppe des Justizministeriums des Landes Nordrhein-Westfalen vom 22. 8. 2006 zurückzuführen, der von den Ländern Nordrhein-Westfalen und Niedersachsen am 25. 8. 2007 als Gesetzesantrag in den Bundesrat eingebracht worden ist (BR-Drucks. 566/07).

2370 Begrd. des Gesetzentwurfs des Bundestages, BT-Drucks. 16/7251, S. 9.

2371 Begrd. des Gesetzentwurfs des Bundestages, BT-Drucks. 16/7251, S. 10.

2372 Dieses gilt nicht für die Ermächtigung zur Bestellung eines vorläufigen Gläubigerausschusses im Eröffnungsverfahren gem. § 21 Abs. 1 Satz 2 Nr. 6 GAVI-InsO, die Reduzierung des Gläubigerquorums gem. § 75 Abs. 1 InsO, wenn seit der letzten Gläubigerversammlung mindestens 2 Jahre vergangen sind, gem. § 75 Abs. 1 Satz 2 GAVI-InsO.

2.1. Die Regelung der elektronischen Verfahrensführung (§ 5a GAVI-InsO)

In einem die bisherige Regelung in § 5 Abs. 4 InsO ersetzenden § 5a GAVI-InsO werden die Zulässigkeit einer „elektronischen Verfahrensführung“ und die notwendigen Verordnungsermächtigungen zu deren Einführung normiert. Das Bundesministerium der Justiz wird ermächtigt, durch Rechtsverordnung Inhalt und Gliederung der vom Insolvenzverwalter zu erstellenden und vorzulegenden Tabellen und Verzeichnisse bundeseinheitlich zu definieren (§ 5a Abs. 1 GAVI-InsO). Zusätzlich werden die Landesregierungen ermächtigt, durch Rechtsverordnung die elektronische Einreichung, Führung und Aufbewahrung der Tabellen, Verzeichnisse und der dazugehörigen Dokumente (§ 5a Abs. 2 GAVI-InsO) sowie den Online-Zugriff hierauf durch die Verfahrensbeteiligten (§ 5a Abs. 3 GAVI-InsO) zu regeln.

2.1.1. Gesetzgeberische Zielsetzung

Mit bundeseinheitlichen Standards für Inhalt und Gliederung der Tabellen und Verzeichnisse, der Verwalterberichte und der Schlussrechnung sollen die Insolvenzverwalter entlastet werden. Die Definition der Standards für die elektronische Einreichung der Verzeichnisse und Tabellen sowie für die weitere justizinterne Aktenführung soll wegen der nicht bundeseinheitlichen IT-Systeme Ländersache bleiben. Die auf Dokumente, in die nach den besonderen Vorschriften ein Einsichtsrecht besteht, beschränkte Online-Einsicht dient dem Informationsinteresse der Verfahrensbeteiligten und soll die Gerichte von Einsichtnahme- und Übersendungsersuchen entlasten.[2373]

2.1.2. Stellungnahme

Der Gesetzgeber hat für den Insolvenzverwalter neben den allgemeinen Auskunftspflichten in §§ 58 Abs. 1 Satz 2, 69 Satz 2, 79 Satz 1 InsO mit der Pflicht zur Vorlage der Verzeichnisse gem. §§ 151ff. InsO, der Zwischenrechnungslegung gem. § 66 Abs. 3 InsO, die Pflicht zur Führung der Tabelle gem. §§ 174ff. InsO und der Schlussrechnungslegung gem. § 66 Abs. 1 InsO besondere insolvenzrechtliche Rechnungslegungspflichten normiert.[2374] Hierzu gibt es bisher kein einheitliches Darstellungsformat und kein einheitliches Rechenwerk. Eine bundesweite Standardisierung dieser Rechnungslegung kann sowohl der Arbeitsentlastung und Verfahrensvereinfachung als auch der besseren Transparenz für die Gläubiger dienen. Zugleich bleibt zu hoffen (Dum spiro, spero!), dass hier nicht ein bürokratisches „Formularmonster“ entwickelt wird, dessen Erkenntnisgehalt in keinem Verhältnis mehr zu seinem Umfang steht. *Pape* befürchtet angesichts der bestehenden Neigung zum Perfektionismus die Entstehung von „Datenfriedhöfen“.[2375]

2373 Begrd. des Gesetzentwurfs des Bundestages, BT-Drucks. 16/7251, S. 11.
2374 Siehe Kap. E.II.4.
2375 *Pape*, Stärkung der Gläubigerrechte und Verschärfung der Aufsicht im Insolvenzverfahren, ZVI 2008, 89, 91.

Zweifelhaft ist, ob die Standardisierung der internen Rechnungslegung des Insolvenzverwalters zu einer Verbesserung der Aufsicht führt, da jene weder das Verständnis von dem Untersuchungsgegenstand noch die Bereitschaft zur Wahrnehmung der Aufsichtspflicht ersetzen kann.

Durch die Nutzung der Datenübertragung und des Datenzugriffs über das Internet ergeben sich vielfältige arbeitsentlastende und kostensparende Effekte. Die elektronische Übertragung der Verzeichnisse und Tabellen vom Insolvenzverwalterbüro an das Insolvenzgericht sollte eigentlich zum Standard gehören.

Der internet-gestützte Online-Zugriff auf die wesentlichen Verfahrensdaten durch die Verfahrensbeteiligten erhöht die Transparenz des Insolvenzverfahrens für die Verfahrensbeteiligten[2376] und ist zeitgemäß. Diese Möglichkeit wird von fortschrittlichen Insolvenzverwaltern bereits angeboten, mit der Folge einer erheblichen Reduzierung der schriftlichen Standardanfragen der Insolvenzgläubiger und deren Verfahrensbevollmächtigten beim Insolvenzgericht und beim Insolvenzverwalter.

2.2. Stärkung der Aufsicht durch Mitteilungspflichten gegenüber den Insolvenzgerichten (§ 58 Abs. 3 GAVI-InsO)

Durch § 58 Abs. 3 GAVI-InsO werden Mitteilungspflichten der Gerichte und Behörden hinsichtlich personenbezogener Informationen über den Insolvenzverwalter, die für die Aufsichtsmaßnahmen des Insolvenzgerichts und eine Amtsentlassung des Insolvenzverwalters aus der Sicht der übermittelnden Stelle erforderlich sind, begründet. Diese sind den für die Kanzleisitze des Insolvenzverwalters örtlich zuständigen Insolvenzgerichten zu übermitteln, wenn schutzwürdige Interessen nicht beeinträchtigt werden, das öffentliche Interesse das Geheimhaltungsinteresse des Betroffenen überwiegt oder besondere gesetzliche Verwendungsregelungen entgegenstehen.

2.2.1. Gesetzgeberische Zielsetzung

Durch § 58 Abs. 3 GAVI-InsO soll eine datenschutzrechtlich erforderliche gesetzliche Grundlage für die Erweiterung der Mitteilungspflichten nach MiZi[2377] und MiStra[2378] geschaffen werden,[2379] die der Konkretisierung durch die einschlägigen Verwaltungsvorschriften bedarf. Den Entwurfsverfassern war dabei bewusst, dass eine Information lediglich an das für den Kanzleisitz des Insolvenzverwalters zuständige Insolvenzgericht voraussetzt, dass die übermittelnden Stellen überhaupt die Insolvenzverwaltertätigkeit des Betroffenen erkennen können und dass diese

2376 *Pape*, Stärkung der Gläubigerrechte und Verschärfung der Aufsicht im Insolvenzverfahren, ZVI 2008, 89, 91, der zugleich vorschlägt, auch Akteneinsicht über das Internet zu gewähren (S. 92).
2377 Fn. 1087.
2378 Fn. 1088.
2379 Ein Eingriff in das Recht der informationellen Selbstbestimmung bedarf einer verfassungsmäßigen, gesetzlichen Regelung, siehe Kap. D.II.2.2.2.

Regelung keine lückenlose Information über überüberregional tätige Insolvenzverwalter gewährleistet.

2.2.2. Stellungnahme

Pape ist darin beizupflichten, dass die Regelung des § 58 Abs. 3 GAVI-InsO systematisch besser in § 56 InsO aufgehoben wäre, weil jene das Vorauswahlverfahren betrifft.[2380]

Die Regelung des § 58 Abs. 3 GAVI-InsO ist angesichts des Risikos einer Rufschädigung bei unzutreffender Strafanzeige und unbegründeten Ermittlungsverfahren auf Ablehnung gestoßen.[2381] Die Bundesregierung hat deshalb die weite Fassung dieser Regelung abgelehnt und eine Beschränkung der Mitteilungspflichten auf die rechtskräftige Verurteilung wegen eines Vermögensdeliktes vorgeschlagen.[2382]

Die Mitteilungspflichten auf der Grundlage der MiZi und der MiStra sind aber bereits geltendes Recht für die Kammerberufe der Rechtsanwälte, Steuerberater und Notare. So sieht § 23 Abs. 1 MiStra für Notare, Rechtsanwälte und Patentanwälte eine Mitteilungspflicht bei Erlaß eines Haft- oder Unterbringungsbefehls, bei Anordnung eines Berufsverbotes, bei Erhebung der öffentlichen Klage und bei der Verurteilung vor.[2383] Die Mitteilung über die Einleitung eines Ermittlungsverfahrens ist nach § 23 Abs. 2 MiStra nur in besonderen Fällen, wie die Veruntreung von Mandantengeldern, vorgesehen. Eine Information des Insolvenzgerichts auf der Grundlage der MiZi und der MiStra über gegen einen (vorläufigen) Insolvenzverwalter, Sachwalter oder Treuhänder anhängige Vollstreckungsmaßnahmen oder anhängige Strafverfahren ist sinnvoll,[2384] da ungeordnete wirtschaftliche Verhältnisse oder eine Strafbarkeit bei vermögensverwaltend tätigen Personen, wie dem Insolvenzverwalter und dem Treuhänder, das Risiko von Veruntreuungen erfahrungsgemäß erhöht und das Vertrauen der Verfahrensbeteiligten in die Ordnungsmäßigkeit der Insolvenzverwaltung verringert oder gar enttäuscht.[2385] In diesen Fällen wird das Insolvenzgericht seine Aufsichtstätigkeit intensivieren oder sogar den Insolvenzverwalter gem. § 59 Abs. 1 InsO von Amts wegen entlassen

---

2380 *Pape*, Stärkung der Gläubigerrechte und Verschärfung der Aufsicht im Insolvenzverfahren, ZVI 2008, 89, 93.

2381 *Beck*, Stellungnahme zu den Themen Verbraucherinsolvenzverfahren, Aufsicht im Insolvenzverfahren, Effizienzsteigerung im Insolvenzverfahren (Verwalterauswahl), in der öffentlichen Anhörung des Rechtsausschusses des Deutschen Bundestages am 9. 4. 2008, S. 5f.; *Vallender*, Stellungnahme zum Gesetzentwurf des Bundesrates Entwurf eines Gesetzes zur Verbesserung und Vereinfachung der Aufsicht im Insolvenzverfahren (GAVI) – BT-Drucks. 16/7251, S. 3.

2382 Stellungnahme der Bundesregierung zum BR-Entwurf eines GAVI, BT-Drucks. 16/7251, zit. n. ZVI 2008, 124, 125.

2383 § 24 Abs. 1 MiStra enthält eine vergleichbare Regelung für Wirtschaftsprüfer und Steuerberater.

2384 Ebenso: *Eckert/Berner*, Der ungetreue Verwalter – Möglichkeiten einer gerichtlichen Überprüfung der Insolvenzverwaltertätigkeit, ZInsO 2005, 1130, 1133; *Frind*, „GAVI-Gesetzentwurf" – Überregulierung gerichtlicher Verwalteraufsicht oder sinnvolle Verfahrenssicherung, ZInsO 2006, 1035, 1037f.

2385 Die ausreichende Bonität als Berufszulassungskriterium ist unserer Rechtsordnung nicht unbekannt, siehe Kap. D.II.2.1.2.2.

müssen. Ohne eine Information nach MiZi und MiStra können die Insolvenzgerichte kein sachgerechtes, den Anforderungen des BVerfG genügendes Vorauswahlverfahren betreiben und sich andernorts als ungeeignet erweisende Prätendenten nicht ausschließen.[2386]

Mitteilungen nach der MiZi und der MiStra verletzen den Insolvenzverwalter nicht in seinem Recht auf informationelle Selbstbestimmung, da dieses Rechtsgut gegenüber dem verfassungsrechtlich durch Art. 14 Abs. 1 GG geschützten Interesse der Insolvenzgläubiger an einer ordnungsgemäßen Verwertung, Verwaltung und Verteilung der Insolvenzmasse als Gesamthaftungssubstrat zurücktreten muss.[2387]

Durch die Beschränkung auf die Information des Insolvenzgerichts am Kanzleisitz des Insolvenzverwalters wird die Wirksamkeit dieses Aufsichtsinstrument eingeschränkt,[2388] da die informierten Insolvenzgerichte nach der hier vertretenen Auffassung[2389] nicht ermächtigt sind, andere Insolvenzgerichte ohne eine gesetzliche Grundlage über die Eignung i.S.d. § 56 Abs. 1 InsO eines Insolvenzverwalters betreffenden Umstände zu informieren.

2.3. Pflicht zum Abschluss einer allgemeinen Berufshaftpflichtversicherung (§ 60a GAVI-InsO)

Durch § 60a GAVI-InsO soll der Insolvenzverwalter verpflichtet werden, eine allgemeine Berufshaftpflichtversicherung für die Dauer des Insolvenzverfahrens zu unterhalten und dieses auf Verlangen dem Insolvenzgericht jederzeit und den Gläubigern in der ersten, auf seine Bestellung folgenden Gläubigerversammlung nachzuweisen (§ 60a Abs. 1 GAVI-InsO). In § 60a Abs. 2 bis 7 GAVI-InsO werden die Anforderungen an einen ausreichenden Versicherungsschutz normiert:

So soll dieser für jede Pflichtverletzung des Insolvenzverwalters bestehen (§ 60a Abs. 2 GAVI-InsO). Neben den in § 60a Abs. 3 GAVI-InsO zugelassenen Haftungsausschlüssen wird durch § 60a Abs. 4 GAVI-InsO eine Mindestversicherungssumme von € 1.500.000,– für jeden Versicherungsfall vorgeschrieben, die durch Rechtsverordnung an die sich ändernden wirtschaftlichen Verhältnisse angepasst werden kann (§ 60a Abs. 7 GAVI-InsO). Dieser Mindestversicherungsschutz reduziert sich auf € 500.000,–, wenn der Insolvenzverwalter sich auf die Übernahme von Verbraucherinsolvenzverfahren beschränkt (§ 60a Abs. 4 Satz 2 GAVI-InsO). Die Eintrittspflicht des Haftpflichtversicherers kann für alle innerhalb eines Versi-

---

2386 *Pape*, Stärkung der Gläubigerrechte und Verschärfung der Aufsicht im Insolvenzverfahren, ZVI 2008, 89, 94.

2387 *Eckert/Berner*, Der ungetreue Verwalter – Möglichkeiten einer gerichtlichen Überprüfung der Insolvenzverwaltertätigkeit, ZInsO 2005, 1130, 1134.

2388 *Frind*, „GAVI-Gesetzentwurf“ – Überregulierung gerichtlicher Verwalteraufsicht oder sinnvolle Verfahrenssicherung, ZInsO 2006, 1035, 1038, ist der Ansicht, dass eine Verpflichtung zur Information aller Insolvenzgerichte, an denen der Insolvenzverwalter tätig ist, angesichts der internetzugänglichen Datenbanken wie INDAT und INSOL.net für die informierende Stelle keine unverhältnismäßige Arbeitsbelastung darstellt.

2389 Siehe Kap. E.II.2.1.

cherungsjahres verursachten Schäden auf den vierfachen Betrag der Mindestversicherungssumme begrenzt werden (§ 60a Abs. 4 Satz 2 GAVI-InsO). Der zulässige Selbstbehalt wird auf 1% der gesetzlichen Mindestversicherungssumme begrenzt (§ 60a Abs. 5 GAVI-InsO). In dem Versicherungsvertrag ist der Versicherer zu verpflichten, das für den Kanzleisitz des Insolvenzverwalters zuständige Insolvenzgericht über jede Änderung des Versicherungsvertrages, insbesondere dessen Kündigung, zu informieren.

Durch § 4 Abs. 3 Satz 2 GAVI-InsVV soll klargestellt werden, dass die Kosten einer angemessenen zusätzlichen Berufshaftpflichtversicherung auch neben der Auslagenpauschale des § 8 Abs. 3 InsVV als Auslagen zu erstatten sind.

2.3.1. Gesetzgeberische Zielsetzung

Die Vorschrift des § 60a GAVI-InsO ist an § 51 BRAO angelehnt. Der Gesetzgeber hat den Mindestversicherungsschutz von € 1,5 Mio. bei der Übernahme von Regelinsolvenzen als angemessen und ausreichend angesehen. Ausdrücklich weist die Gesetzesbegründung darauf hin, dass die Versicherungspflicht über die Verweisung in § 21 Abs. 2 Satz 1 Nr. 1 InsO auch für den vorläufigen Insolvenzverwalter gelten soll. Die Anzeigepflicht des Versicherers soll es dem Insolvenzgericht ermöglichen, die Konsequenzen aus dem Wegfall des Versicherungsschutzes zu ziehen, insbesondere den Betroffenen von der Vorauswahlliste zu streichen.[2390]

2.3.2. Stellungnahme

Die Sinnhaftigkeit der Normierung einer Versicherungspflicht für Insolvenzverwalter unterliegt keinem Zweifel, zumal die insolvenzrechtlichen Vorschriften de lege lata den Insolvenzverwalter nicht zum Abschluss einer allgemeinen Berufshaftpflichtversicherung verpflichten.[2391]

Eine Mindestversicherungssumme von € 1.500.000,– übersteigt diejenigen der Berufsgruppen der Rechtsanwälte (€ 250.000,– gem. § 51 Abs. 5 BRAO), der Notare (€ 500.000,– gem. § 19a Abs. 3 BNotO) und der Wirtschaftsprüfer (€ 1.000.000,– gem. § 52 Abs. 2 Satz 1 WPO i.V.m. § 139 WPO, § 323 Abs. 2 Satz 1 HGB) deutlich[2392] und dürfte die allgemeinen Risiken im Zusammenhang mit der Insolvenzverwaltertätigkeit hinlänglich abdecken. Besondere Risiken des konkreten Insolvenzverfahrens lassen sich durch eine verfahrensbezogene Versicherung abdecken. Teilweise wird eingewandt, dass die Höhe der Mindestversicherungssumme die „kleinen“ und „mittleren“ Insolvenzverwalter überproportional belastet.[2393] Diese

2390 Begrd. des Gesetzentwurfs des Bundestages, BT-Drucks. 16/7251, S. 13.
2391 Der Abschluss einer Berufshaftpflichtversicherung wird von den meisten Insolvenzgerichten als Voraussetzung für die Aufnahme in die Vorauswahlliste gefordert, siehe Kap. F.I.2.2.8.
2392 Die Steuerberater sind nur zum Abschluss einer angemessenen Berufshaftpflichtversicherung verpflichtet, eine Mindestversicherungssumme ist nicht normiert (§ 67 StBerG). Für den Zwangsverwalter bestimmt § 1 ZwVwV eine Pflichtversicherungssumme von € 500.000,–.
2393 *Frind*, „GAVI-Gesetzentwurf“ – Überregulierung gerichtlicher Verwalteraufsicht oder sinnvolle Verfahrenssicherung,, ZInsO 2006, 1035, 1038.

Konsequenz ist aber hinzunehmen, da angesichts der mit der Insolvenzverwaltung einhergehenden vielfältigen Haftungsrisiken das Befriedigungsinteresse der verfahrensbeteiligten Gläubiger den vorgesehenen Mindestversicherungsschutz erforderlich macht.[2394] Angesichts der Ausnahmeregelung in § 60a Abs. 3 GAVI-InsO darf kein Zweifel darüber bestehen, dass eine allgemeine Berufshaftpflichtversicherung keinen Versicherungsschutz bei vorsätzlich begangenen Pflichtverletzungen, wie z.B. Unterschlagungen, bietet.[2395] Insoweit bleibt ein Restrisiko bestehen.[2396]

Eine Informationspflicht des Versicherers bei Wegfall des Versicherungsschutzes oder dessen Änderung gegenüber dem Insolvenzgericht am Kanzleisitz des Insolvenzverwalters ist sinnvoll, lässt aber die Fragen offen, wie bei einem Insolvenzverwalter zu verfahren ist, der nicht einem Kammerberuf angehört, mithin keinen „Kanzleisitz" unterhält, und wie die anderen Insolvenzgerichte informiert werden sollen, bei denen der Insolvenzverwalter auch tätig ist.

2.4. Verstärkung der Aufsicht gegenüber dem entlassenen Insolvenzverwalter (§ 59 Abs. 1a–1c, Abs. 2 GAVI-InsO)

Der Gesetzesentwurf enthält mit den § 59 Abs. 1a–1c, Abs. 2 GAVI-InsO Regelungen, die die Ausübung der insolvenzgerichtlichen Aufsicht gegenüber dem entlassenen Insolvenzverwalter verstärken.

Durch § 59 Abs. 1a GAVI-InsO wird klargestellt, dass der entlassene Insolvenzverwalter alle im Rahmen der Verwaltung in Besitz genommenen Gegenstände einschließlich der Geschäftsunterlagen an den neu bestellten Insolvenzverwalter herauszugeben und diesem Einsicht in seine Verfahrensakten zu gewähren hat. Die Erfüllung dieser Pflicht kann mit den Zwangsmitteln des § 58 Abs. 2 InsO durchgesetzt werden. Ergänzend kann das Insolvenzgericht gem. § 59 Abs. 1b GAVI-InsO die Herausgabevollstreckung nach den Vorschriften der §§ 883 bis 886 ZPO betreiben und gem. § 59 Abs. 1c GAVI-InsO in entsprechender Anwendung der §§ 829, 834 bis 836 ZPO anordnen, dass Guthaben auf Massekonten des entlasse-

---

2394 *Pape*, Stärkung der Gläubigerrechte und Verschärfung der Aufsicht im Insolvenzverfahren, ZVI 2008, 89, 94.

2395 Die Ergänzung des von einer Arbeitsgruppe des Justizministeriums des Landes Nordrhein-Westfalen am 22. 8. 2006 vorgelegten Diskussionsentwurfs zu einem „Gesetz zur Vereinfachung der Aufsicht in Insolvenzverfahren (GAVI)" sah noch in einem § 60a Abs. 1 Nr. 2 EG-GAVI-InsO die zusätzliche Verpflichtung des Insolvenzverwalters zum Abschluss einer verfahrensbezogenen Vertrauensschadenshaftpflichtversicherung für die nicht durch die allgemeine Berufshaftpflichtversicherung abgedeckten Gefahren, insbesondere aus wissentlicher Pflichtverletzung oder Veruntreuungen, vor. Diese Regelung ist wegen der erheblichen Bedenken im Hinblick auf die Versicherbarkeit dieser Risiken und der damit verbundenen, erheblichen Prämienbelastungen für die Insolvenzmassen nicht übernommen worden.

2396 *Pape*, Stärkung der Gläubigerrechte und Verschärfung der Aufsicht im Insolvenzverfahren, ZVI 2008, 89, 94; Stellungnahme der Bundesregierung zum BR-Entwurf eines GAVI, BT-Drucks. 16/7251, zit. n. ZVI 2008, 124, 126, die insoweit darauf hinweist, dass sich eine Vertrauensschadensversicherung bei Notaren bewährt habe.

nen Insolvenzverwalters an den neu bestellten Insolvenzverwalter ausgekehrt werden. Gegen diese Anordnungen kann sich der entlassene Insolvenzverwalter mit der sofortigen Beschwerde wenden (§ 59 Abs. 2 Satz 1 GAVI-InsO).

2.4.1. Gesetzgeberische Zielsetzung

Die für § 59 InsO vorgesehenen Ergänzungen normieren nach Ansicht der Entwurfsverfasser die elementaren Pflichten des entlassenen Insolvenzverwalters, deren Durchsetzbarkeit durch die zusätzlichen Vollstreckungsmöglichkeiten gem. § 59 Abs. 1b–1c GAVI-InsO verbessert werden soll. Durch die Verweisung auf §§ 883–886 ZPO sollen die Vollstreckungsmöglichkeiten gegen den (ehemaligen) Insolvenzverwalter verbessert werden, insbesondere die gezielte Suche nach herauszugebenden Gegenständen unmittelbar vor Ort ermöglicht werden. Angesichts der Eingriffswirkung der Herausgabevollstreckung in geschützte Rechtspositionen des entlassenen Insolvenzverwalters, bedarf diese eines Anordnungsbeschlusses des insoweit zuständigen Insolvenzgerichts. Durch die Anordnungsmöglichkeit in § 59 Abs. 1c GAVI-InsO soll dem Bedürfnis des neuen Insolvenzverwalters nach zügiger Übertragung der bisherigen Massebestände zur Erhaltung der für die weitere Insolvenzabwicklung erforderlichen Liquidität Rechnung getragen werden. Durch die Einziehung der Massebestände *„nur auf ein vom neuen Verwalter für das Verfahren angelegtes Anderkonto“* wird auf die in § 149a GAVI-InsO geregelten Pflichten zur Verwaltung der Masseliquidität Bezug genommen.[2397]

2.4.2. Stellungnahme

Endet das Amt des (vorläufigen) Insolvenzverwalters oder Treuhänders vor der ordentlichen Verfahrensbeendigung, z.B. aufgrund einer Entlassung gem. § 59 Abs. 1 InsO, dann ist es für den Amtsnachfolger von großer Wichtigkeit, schnellstmöglich die das Insolvenzverfahren betreffenden Unterlagen, z.B. die Auszüge und Belege des Massekontos und die Forderungsanmeldungsunterlagen, sowie die vorhandenen Massebestände übernehmen zu können, um die Ordnungsmäßigkeit der Abwicklung des übernommenen Insolvenzverfahrens zu gewährleisten. Nach geltendem Recht können Herausgabepflichten des entlassenen Insolvenzverwalters gem. § 58 Abs. 3 InsO nur im Zwangsgeldverfahren gem. § 58 Abs. 2 InsO und – wenn dieses nicht zum Erfolg führt – im Wege der Herausgabeklage durchgesetzt werden.[2398] Die Regelungen in § 59 Abs. 1a–1c GAVI-InsO sind daher zu begrüßen.[2399]

Es wäre wünschenswert gewesen, wenn der Gesetzgeber die Gelegenheit genutzt hätte, Rechtssicherheit für die Durchsetzung von Herausgabeansprüchen gegen die Erben des verstorbenen Insolvenzverwalters oder gegenüber dem Insolvenz-

---

2397 Begrd. des Gesetzentwurfs des Bundestages, BT-Drucks. 16/7251, S. 13.
2398 Siehe Kap. F.IX.
2399 Ebenso: *Pape*, Stärkung der Gläubigerrechte und Verschärfung der Aufsicht im Insolvenzverfahren, ZVI 2008, 89, 94; ablehnend: *Zimmer*, Herausgabepflichten eines ausgeschiedenen Verwalters – Stellungnahme zu § 59 InsO (GAVI), ZVI 2008, 277, 279f.

verwalter, dessen Amt durch Verfahrensbeendigung erloschen ist, zu schaffen, anstatt die Herausgabevollstreckung nach dem Wortlaut und der Stellung der §§ 59 Abs. 1a–1c GAVI-InsO auf den gem. § 59 Abs. 1 InsO entlassenen Insolvenzverwalter zu beschränken.

2.5. Regelungen zur Rechnungslegung des Insolvenzverwalters und deren Prüfung durch das Insolvenzgericht

Die geltenden insolvenzrechtlichen Vorschriften zur Berichterstattungs- und Rechnungslegungspflicht des Insolvenzverwalters[2400] werden durch die §§ 58 Abs. 1a, 58a, 66 Abs. 1 Satz 2, 3, Abs. 2 Satz 2, 3, 151 Abs. 1 Satz 3, 153 Abs. 1 Satz 3 GAVI-InsO ergänzt.

Nach § 58 Abs. 1a GAVI-InsO ist der Insolvenzverwalter zur regelmäßigen Berichterstattung über den Sachstand und seine Geschäftsführung in 6-Monats-Abständen, beginnend ab dem Datum der ersten Gläubigerversammlung, verpflichtet, wenn nicht das Insolvenzgericht eine anderweitige Anordnung trifft.[2401] Der notwendige Inhalt dieser Zwischenberichte wird durch § 58a GAVI-InsO normiert. Neben einem Bericht über den Sachstand und die Geschäftsführung, müssen die Zwischenberichte die fortgeschriebenen Verzeichnisse gem. §§ 151, 153 InsO und eine Übersicht über die Einnahmen und Ausgaben im Berichtszeitraum bzw. – bei einer Unternehmensfortführung – das vorläufige Ergebnis der Betriebsfortführung, sowie einen Nachweis der Kontenbestände enthalten. Nach § 58a Abs. 2 GAVI-InsO hat der Insolvenzverwalter einzelne Positionen seiner Rechnungslegung zu erläutern, wenn dieses erforderlich erscheint, und auf Anforderung des Insolvenzgerichts die Einnahmen und Ausgaben zu belegen.

Der Mindestinhalt der Schlussrechnung des Insolvenzverwalters wird durch § 66 Abs. 1 Satz 2, 3 GAVI-InsO konkretisiert. Neben dem Schlussbericht, der Schlussrechnung und einer auf den Zeitpunkt der Rechnungslegung zu erstellenden Vermögensübersicht hat der Insolvenzverwalter im Falle einer Betriebsfortführung deren Ergebnis gesondert mitzuteilen. Der Gegenstand und der Umfang der Schlussrechnungsprüfung durch das Insolvenzgericht wird durch § 66 Abs. 2 Satz 2–6 GAVI-InsO konkretisiert. Danach hat das Insolvenzgericht insbesondere die Vollständigkeit der eingereichten Unterlagen, die ordnungsgemäße Buchführung und die Verwaltung, Verwertung und Verwendung der Insolvenzmasse zu prüfen. Es kann sich dabei auf angemessene Stichproben beschränken. Die wirtschaftliche Zweckmäßigkeit des Verwalterhandelns soll nicht Gegenstand der Schlussrechnungsprüfung sein.

In dem Masseverzeichnis gem. § 151 InsO sind die Massegegenstände so zu bezeichnen, dass deren Verbleib über den gesamten Verlauf des Insolvenzverfahrens

---

2400 Siehe Kap. E.II.4.
2401 Einen vergleichbaren Regelungsvorschlag hat *Werner* bereits im Jahre 1938 zum Konkursrecht gemacht (vgl. Zur Änderung der Konkursordnung, DJ 1938, 107, 108).

nachvollzogen werden kann (§ 151 Abs. 1 Satz 3 GAVI-InsO). Das Gleiche gilt für das Vermögensverzeichnis gem. § 153 InsO (§ 153 Abs. 1 Satz 3 GAVI-InsO).

2.5.1. Gesetzgeberische Zielsetzung

Durch § 58 Abs. 1 GAVI-InsO sollen die Insolvenzgerichte von der Anforderung der Zwischenberichte beim Insolvenzverwalter entlastet werden, indem eine Regelberichtsfrist von 6 Monaten statuiert wird. Der Stärkung der insolvenzgerichtlichen Aufsicht dient die Festlegung des Mindestinhalts der Zwischenberichte (§ 58a GAVI-InsO). Diese sollen den Verbleib und die Verwertung der in den Verzeichnissen gem. §§ 151, 153 InsO aufgeführten Masse- bzw. Vermögensgegenstände durch Beibehaltung der bei Erstellung dieser Verzeichnisse verwendeten Ordnungskennzeichen transparent machen. Es wird ausdrücklich keine Zwischenabrechnung mit Belegen, sondern eine Übersicht über die Einnahmen und Ausgaben-Rechnung und der Nachweis der aktuellen Kontenstände gefordert. Hierdurch sollen die „Verwalterbüros“[2402] zur zeitnahen Verbuchung der Geschäftsvorfälle des Insolvenzverfahrens veranlasst werden, um Manipulationen zu erschweren. Die Entwurfsverfasser gehen davon aus, dass das Insolvenzgericht mit diesen Unterlagen und Angaben in der Regel befähigt ist, sich einen Überblick über den Verfahrensstand zu verschaffen und eine überschlägige Prüfung der bisherigen Insolvenzverwaltung vornehmen kann.[2403] Andernfalls ist das Insolvenzgericht berechtigt, die Vorlage weitergehender Nachweise zu fordern.

Ebenfalls der Standardisierung der internen Rechnungslegung dienen die Ergänzungen des § 66 InsO zur Schlussrechnungslegung und -prüfung, indem deren Mindestinhalt und Mindestumfang gesetzlich definiert wird.[2404] Klargestellt wird, dass das Insolvenzgericht nicht die wirtschaftliche Zweckmäßigkeit, sondern nur die Rechtmäßigkeit des Verwalterhandelns zu prüfen hat.

2.5.2. Stellungnahme

Einer gesonderten Normierung einer Pflicht zur regelmäßigen Rechnungslegung in § 58 Abs. 1a GAVI-InsO bedarf es eigentlich nicht, da das Insolvenzgericht bereits durch § 58 Abs. 1 Satz 2 InsO ermächtigt ist, jederzeit, z. B. im Eröffnungsbeschluss oder im Berichtstermin gem. § 156 InsO, eine regelmäßige Zwischenberichterstattung des Insolvenzverwalters ohne besonderen bürokratischen Aufwand anzuordnen.[2405] Jedoch wird der Gesetzgeber mit der Umkehr des de lege lata geltenden Regel-Ausnahme-Verhältnisses dem allgemeinen Grundsatz gerecht, dass er für eine ausreichende Aufsicht Sorge zu tragen hat, wenn er einen Verwalter über fremdes Vermögen einsetzt. Die Zulassung der Anordnung ander-

2402 Richtigerweise wohl: „die Insolvenzverwalter“, denn ein „Verwalterbüro“ ist (bisher) kein Rechtssubjekt, dass Träger einer gesetzlich begründeten Handlungspflicht sein kann.
2403 Begrd. des Gesetzentwurfs des Bundestages, BT-Drucks. 16/7251, S. 12.
2404 Begrd. des Gesetzentwurfs des Bundestages, BT-Drucks. 16/7251, S. 13.
2405 Die Entwurfsverfasser haben darauf hingewiesen, dass die Zwischenberichterstattung in 6-Monats-Abständen in der Praxis vielfach üblich sei.

weitiger Berichtsfristen kann jedoch nach Ansicht von *Pape* zu einer Entwertung der gesetzlichen Regelberichtsfrist führen.[2406] Masseveruntreuungen können indes weder durch eine regelmäßige Zwischenrechnungslegung noch durch den regelmäßigen Nachweis der Kontenbestände wirksam verhindert werden, sondern bleiben unentdeckt, wenn die Zwischenberichte des Insolvenzverwalters ohne sachkundige Prüfung in der Gerichtsakte „verschwinden".

Die gesetzliche Regelung des Mindestinhalts der Zwischenberichte normiert zwar Selbstverständlichkeiten, wird aber im Interesse der Verfahrenstransparenz zukünftig aussagelose Zwischenberichte verhindern.[2407]

Zwar mag es sinnvoll sein, den Verbleib jedes einzelnen bei Verfahrenseröffnung vorhandenen und in die Verzeichnisse gem. §§ 151, 153 InsO aufzunehmenden Gegenstandes des Schuldnervermögens nachvollziehbar zu machen. Nur stellt sich die Frage nach der Umsetzung dieser Anforderung. Soll der Insolvenzverwalter für jeden Vermögensgegenstand, den er in die Verzeichnisse gem. §§ 151, 153 InsO aufnimmt, eine Inventarnummer vergeben oder können bei (umfangreichen) Material- und Warenlagern gleichartige Gegenstände zusammengefasst werden? Wie ist mit Gegenständen zu verfahren, von denen der Insolvenzverwalter erst nach Einreichung der Verzeichnisse gem. §§ 151, 153 InsO beim Insolvenzgericht erfährt? Zu Recht bezweifelt daher *Frind*, dass die Entwurfsverfasser überhaupt eine Vorstellung von dem Normvollzug in der Insolvenzpraxis hatten.[2408] Bei einem Industrieunternehmen kann diese Art von Rechnungslegung dazu führen, dass die Verzeichnisse nach §§ 151ff. InsO mehrere Aktenordner ausmachen. Wird das Insolvenzgericht, in Gestalt des funktional zuständigen Rechtspflegers, dann in der Lage und willens sein, anhand der Zwischenrechnungslegung den Verbleib eines jeden einzelnen Massegegenstandes nachzuvollziehen? *Tömp* kritisiert, dass dieser Regelungsvorschlag keinen Spielraum im Einzelfall einräumt, wenn kein Unterschied zwischen der Auflistung einzelner Schraubzwingen in der Insolvenz einer Schreinerei und der Auflistung der Fahrzeuge in der Insolvenz einer Spedition gemacht wird.[2409] Nach Ansicht von *Pape* ist es nicht Aufgabe des Insolvenzverwalters, Statistiken über den Verbleib einzelner Vermögensgegenstände zu führen und täglich fortzuschreiben.[2410] Bei einer Betriebsfortführung werden die Aufzeichnungspflichten des GAVI zu einem höheren Personaleinsatz und zu höheren Kosten führen und damit die Betriebsfortführung erschweren.[2411] Es ist also zu be-

---

2406 *Pape*, Stärkung der Gläubigerrechte und Verschärfung der Aufsicht im Insolvenzverfahren, ZVI 2008, 89, 93.

2407 *Pape*, Stärkung der Gläubigerrechte und Verschärfung der Aufsicht im Insolvenzverfahren, ZVI 2008, 89, 93.

2408 *Frind*, „GAVI-Gesetzentwurf" – Überregulierung gerichtlicher Verwalteraufsicht oder sinnvolle Verfahrenssicherung, ZInsO 2006, 1035, 1037.

2409 *Tömp*, Der „GAVI-Gesetzentwurf" – Sind die geplanten Maßnahmen machbar und effektiv?, ZInsO 2007, 234, 236.

2410 *Pape*, Stärkung der Gläubigerrechte und Verschärfung der Aufsicht im Insolvenzverfahren, ZVI 2008, 89, 97.

2411 Stellungnahme der Bundesregierung zum BR-Entwurf eines GAVI, BT-Drucks. 16/7251, zit. n. ZVI 2008, 124, 128.

fürchten, dass diese Regelung nur den Berichterstattungsaufwand für den Insolvenzverwalter und den Kontrollaufwand für das Insolvenzgericht steigert, nicht aber die Aufsicht des Insolvenzgerichts verbessert.[2412] Denn ein ungetreuer Insolvenzverwalter wird wohl kaum den aus dem Schuldnervermögen veruntreuten Gegenstand in die Verzeichnisse gem. §§ 151, 153 InsO aufnehmen, um fortlaufend über dessen Verbleib berichten zu müssen.

Die im Entwurf vorgesehenen Regelungen zur Schlussrechnungslegung und -prüfung geben allgemeine Standards wieder. Die gesetzliche Standardisierung der Schlussrechnungslegung schafft zwar für Insolvenzverwalter und Insolvenzgericht Rechtssicherheit; die Aufsicht des Insolvenzgerichts wird dadurch jedoch nicht verstärkt. Denn auch nach geltendem Recht kann das Insolvenzgericht jederzeit vom Insolvenzverwalter alle für erforderlich gehaltenen Auskünfte anfordern (§ 58 Abs. 1 Satz 2 InsO). Bedauerlicherweise waren die Entwurfsverfasser nicht in der Lage, eine zweifelsfreie Regelung zu formulieren. So ist fraglich, welchen Informationsgehalt sich die Entwurfsverfasser mit einer *„auf den Zeitpunkt der Rechnungsstellung zu erstellenden Vermögensübersicht"* erhofft haben. Die Entwurfsbegründung gibt hierzu nichts her. Nach Ansicht von *Tömp* ist hierunter ein fortgeschriebenes Vermögensverzeichnis zu verstehen.[2413] Dagegen spricht, dass nach dem Entwurf zugleich auch ein *„fortgeschriebenes Verzeichnis der Massegegenstände"* – gemeint ist wohl das Verzeichnis gem. § 151 Abs. 1 InsO – vorzulegen ist. In der Terminologie der InsO dürfte die *„Vermögensübersicht"* i.S.d. § 66 Abs. 1 GAVI-InsO der Vermögensübersicht gem. § 153 Abs. 1 Satz 1 InsO entsprechen. Dann kann darunter aber nur die Schlussbilanz verstanden werden, die bei vollständiger Masseverwertung auf der Aktivseite nur den Bestand des Massekontos und auf der Passivseite die Salden der Masseverbindlichkeiten und der festgestellten Insolvenzforderungen ausweist. Zur Kenntnis dieser Daten bedarf es aber nicht einer *„auf den Zeitpunkt der Rechnungsstellung zu erstellenden Vermögensübersicht"*.

Unverständlich ist, warum im Falle einer Betriebsfortführung statt eines fortgeschriebenen Verzeichnisses der Massegegenstände und des Vermögensverzeichnisses nur das Ergebnis der Betriebsfortführung mitgeteilt werden muss, zumal der Entwurf nicht normiert, was hierunter zu verstehen ist. Das Ergebnis der Betriebsfortführung kann in einer zeitraumbezogenen Gewinn- und Verlustrechnung dargestellt werden. Diese ermöglicht aber nicht die mit dem Gesetzesentwurf gerade bezweckte Kontrolle des Verbleibs der bei Verfahrenseröffnung vorhandenen Massegegenstände.

Der ausdrücklich in § 66 Abs. 2 Satz 5 GAVI-InsO vorgesehene Ausschluss der Prüfung der wirtschaftlichen Zweckmäßigkeit des Verwalterhandelns hat nicht zur

---

2412 Ebenso: *Beck*, Stellungnahme zu den Themen Verbraucherinsolvenzverfahren, Aufsicht im Insolvenzverfahren, Effizienzsteigerung im Insolvenzverfahren (Verwalterauswahl), in der öffentlichen Anhörung des Rechtsausschusses des Deutschen Bundestages am 9. 4. 2008, S. 8.

2413 *Tömp*, Der „GAVI-Gesetzentwurf" – Sind die geplanten Maßnahmen machbar und effektiv?, ZInsO 2007, 234, 240.

Folge, dass diese Zweckmäßigkeitsentscheidungen völlig der insolvenzgerichtlichen Kontrolle entzogen sind. Das Insolvenzgericht hat im Rahmen der Aufsicht über den Insolvenzverwalter, wie bereits festgestellt worden ist,[2414] die Zweckmäßigkeit des Verwalterhandelns daraufhin zu überwachen, dass nicht die Grenze zur Rechtswidrigkeit oder Insolvenzzweckwidrigkeit überschritten ist. Die Kritik der Bundesregierung an dem Fehlen einer Regelung zur materiellen Schlussrechnungsprüfung[2415] geht deshalb ins Leere.

Die Entwurfsregelungen zur Rechnungslegung des Insolvenzverwalters schaffen einen Mindeststandard, der zu einer Arbeitsentlastung von Insolvenzverwaltern und Insolvenzgerichten führen kann. Eine Verbesserung der Aufsicht wird mit diesen Regelungen aber noch nicht erreicht, denn die Vorlage eines den gesetzlichen Anforderungen entsprechenden Rechenwerks gewährleistet noch nicht, dass die in diesem enthaltenen Informationen aufgenommen und zutreffend ausgewertet werden. Es kann bezweifelt werden, dass der durch die Rechnungslegungsvorschriften des GAVI bewirkte Prüfungsmehraufwand bei der heutigen Personalausstattung der Insolvenzgerichte überhaupt bewältigt werden kann.[2416] Bereits heute führt der Personalmangel zu einer schleppenden Bearbeitung der Schlussberichte durch die Insolvenzgerichte und zu einer Verzögerung der Verfahrensbeendigung.[2417] Jedenfalls können die Entwurfsregelungen für Rechtsklarheit im Hinblick auf das Amtshaftungsrisiko sorgen, indem durch die Normierung von Mindeststandards der Rechnungslegung des Insolvenzverwalters und deren Prüfung durch das Insolvenzgericht zugleich die Grenze zur Amtspflichtwidrigkeit der Ausübung der Aufsicht durch das Insolvenzgericht definiert wird.

2.6. Das „Massekonto" des Insolvenzverwalters

Durch § 149a Abs. 1 GAVI-InsO sollen Anforderungen an die Anderkontenführung und an Bargeschäfte des Insolvenzverwalters normiert werden.

Nach § 149a Abs. 1 GAVI-InsO wird der Insolvenzverwalter zur gesonderten und vom eigenen Vermögen getrennten Verwaltung der Insolvenzmasse und zur Verwahrung von Massegeldern auf einem Anderkonto verpflichtet. Zugleich hat der Insolvenzverwalter ein Verzeichnis der Kreditinstitute, bei denen er Anderkonten oder Anderdepots unterhält, zu führen und in diesem die Anschrift des Kreditinstituts, die Nummer des Anderkontos bzw. Anderdepots, das gerichtliche Geschäftszeichen des Insolvenzgerichts sowie den Zeitpunkt des Beginns und der Beendigung der Kontenführung einzutragen (§ 149a Abs. 2 GAVI-InsO). Nach

---

2414 Siehe Kap. C.I.4.
2415 Stellungnahme der Bundesregierung zum BR-Entwurf eines GAVI, BT-Drucks. 16/7251, zit. n. ZVI 2008, 124, 127.
2416 *Pape*, Stärkung der Gläubigerrechte und Verschärfung der Aufsicht im Insolvenzverfahren, ZVI 2008, 89, 93. Stellungnahme der Bundesregierung zum BR-Entwurf eines GAVI, BT-Drucks. 16/7251, zit. n. ZVI 2008, 124, 125.
2417 *Pape*, Stärkung der Gläubigerrechte und Verschärfung der Aufsicht im Insolvenzverfahren, ZVI 2008, 89, 93.

§ 149a Abs. 3 Satz 1 GAVI-InsO soll der Insolvenzverwalter Bargeschäfte nur vornehmen, wenn sie nach Anlass und Umfang einer ordentlichen und gewissenhaften Geschäftsführung entsprechen. Nimmt der Insolvenzverwalter entgegen dieser Handlungsanweisung Bargeschäfte vor, sind diese gem. § 149 Abs. 3 Satz 2 GAVI-InsO im nächsten Zwischenbericht nach § 58 Abs. 1a GAVI-InsO oder in der Schlussrechnung gesondert aufzuführen und zu begründen.

2.6.1. Gesetzgeberische Zielsetzung

Das Verbot von sog. Poolkonten sowie von Bargeschäften soll die Zahlungsflüsse transparent und nachvollziehbar machen. Wenn sich Bargeschäfte nicht vermeiden lassen, sollen diese in der Rechnungslegung des Insolvenzverwalters offen gelegt werden. Die Anderkontenliste soll die Kontrolle erleichtern.[2418]

2.6.2. Geltende Rechtslage

Nach § 149 InsO[2419] ist die Bestimmung der Hinterlegungsstelle in das pflichtgemäße Ermessen des Insolvenzverwalters gelegt, wenn nicht das Insolvenzgericht, der Gläubigerausschuss oder die Gläubigerversammlung von ihrem Bestimmungsrecht Gebrauch macht.

2.6.2.1. Konten des Insolvenzschuldners

Der Insolvenzverwalter muss auf Termin, Bank- und Sparkonten des Insolvenzschuldners bestehende Guthaben für die Insolvenzmasse sichern. Diese Verpflichtung gilt auch im Eröffnungsverfahren, um zu verhindern, dass das kontoführende Kreditinstitut in Unkenntnis der angeordneten Verfügungsbeschränkungen noch Überweisungsaufträge oder Abbuchungsermächtigungen[2420] ausführt oder der Insolvenzschuldner die vorhandenen Guthaben abhebt.[2421] Hierzu hat der vorläufige Insolvenzverwalter die kontoführenden Kreditinstitute des Insolvenzschuldners unverzüglich über die angeordnete Sicherungsmaßnahme zu informieren und be-

---

2418 Begrd. des Gesetzentwurfs des Bundestages, BT-Drucks. 16/7251, S. 14.

2419 Diese Vorschrift fasst die Regelungen der §§ 129 Abs. 2, 132 Abs. 1 KO zusammen (Begr.RegE zu § 149 InsO, zit. n. *Balz/Landfermann*, Die neuen Insolvenzgesetze, S. 257). Die § 137 KO entsprechende Vorschrift des § 149 Abs. 2 InsO über die Mitzeichnungspflicht des Gläubigerausschusses bei Zahlungen von der Hinterlegungsstelle ist durch Gesetz zur Vereinfachung des Insolvenzverfahrens vom 13. 4. 2007 (BGBl. I S. 509) mit Wirkung zum 1. 7. 2007 aufgehoben worden. Damit ist der Gesetzgeber einer Forderung der Insolvenzpraxis gefolgt, die die Vorschrift des § 149 Abs. 2 InsO zu Recht als unnötigen Formalismus und – wegen regelmäßig anderweitiger Regelung durch die Gläubigerversammlung nach § 149 Abs. 2 InsO n.F. – als unbedeutend kritisiert hat (Begrd.RegE, BT-Drucks. 16/3227, S. 20).

2420 Bei Lastschriften im Einzugsermächtigungsverfahren besteht ein Widerrufsrecht des Insolvenzverwalters, vgl. *BGH*, Urt. v. 21. 9. 2006 – IX ZR 173/02 – ZIP 2006, 2046f.; Urt. v. 4. 11. 2004 – IX ZR 82/03 – ZInsO 2005, 40ff.

2421 Bereits die Anfrage des gem. § 5 Abs. 1 Satz 2 InsO bestellten Sachverständigen bei den Schuldnerbanken nach dem Stand der Geschäftsverbindung führt in der Insolvenzpraxis häufig dazu, dass Verfügungen oder Abhebungen bankseitig nicht mehr zugelassen werden. Die Rechtmäßigkeit dieses Verhalten ist zweifelhaft.

stehende Guthaben zu sichern. Regelmäßig erfolgt dieses durch Einzug der Guthaben auf ein verfahrensbezogen eingerichtetes Treuhandkonto.[2422]

Mit der Eröffnung des Insolvenzverfahrens verliert die mit der Kontokorrentabrede vereinbarte antizipierte Verrechnung nach §§ 80 Abs. 1, 91 Abs. 1 InsO ihre Wirksamkeit.[2423] Zugleich erlischt gem. §§ 116, 115 Abs. 1 InsO auch das Girovertragsverhältnis.[2424] Die Verwaltungs- und Verfügungsmacht über Bankguthaben geht gem. § 80 Abs. 1 InsO auf den Insolvenzverwalter über, der die Bankguthaben gem. § 148 Abs. 1 InsO einzuziehen hat.[2425] Der Insolvenzverwalter ist bisher als berechtigt angesehen worden, die Geschäftskonten des Insolvenzschuldners beizubehalten, z.B. um im Rahmen einer Betriebsfortführung die sofortige Verfügbarkeit der Kundenzahlungen sicherzustellen.[2426]

2.6.2.2. Bestimmung der Hinterlegungsstelle, § 149 InsO

Nach dem Willen des Gesetzgebers soll der Insolvenzverwalter über Art und Ort der Hinterlegung der gem. § 148 InsO in Besitz genommenen Gelder, Wertgegenstände, etc. entscheiden, solange nicht das Insolvenzgericht (§ 149 Abs. 1 Satz 2 InsO), der Gläubigerausschuss (§ 149 Abs. 1 Satz 1 InsO) oder die Gläubigerversammlung etwas anderes bestimmen (§ 149 Abs. 2 InsO).[2427] Hinterlegungsfähige Gegenstände sind nach § 149 Abs. 1 Satz 1 InsO Geld[2428], Wertpapiere[2429] und Kostbarkeiten[2430]. Zwar gelten für die Hinterlegung nach § 149 InsO nicht die Anforderungen des § 1 HintO, so dass auch öffentliche und private Kreditinstitute als Hinterlegungsstelle in Betracht kommen.[2431] Offen bleibt hier jedoch, welche An-

---

2422 Die Ermächtigung des „starken" vorläufigen Insolvenzverwalters folgt aus § 22 Abs. 1 Satz 1 InsO, diejenige des schwachen" vorläufigen Insolvenzverwalters aus einer vom Insolvenzgericht zu beschließenden Einzelermächtigung gem. § 22 Abs. 2 InsO.

2423 HK-*Marotzke*, § 116 InsO, Rdnr. 5; MK-*Ott/Vuia*, § 116 InsO, Rdnr. 39;

2424 H.M.: *BGH*, Urt. v. 4. 5. 1979 – I ZR 127/77 – NJW 1979, 1658, 1659; Smid-*Meyer*, § 116 InsO, Rdnr. 15; MK-*Ott/Vuia*, § 116 InsO, Rdnr. 37; a. A. *Kießling*, Die Kontenführung im Insolvenzverfahren, vor allem durch Rechtsanwälte, NZI 2006, 440, 441; HK-*Marotzke*, § 115 InsO, Rdnr. 4, 6; die ein Wahlrecht des Insolvenzverwalters nach § 103 InsO annehmen.

2425 Es kann dahingestellt bleiben, ob sich die Inbesitznahme auf die Schuldnerkonten, so *Kießling*, Die Kontenführung im Insolvenzverfahren, vor allem durch Rechtsanwälte, NZI 2006, 440, oder auf die Forderung auf Auszahlung der Guthaben, so MK-*Füchsl/Weishäupl*, § 148 InsO, Rdnr. 11.

2426 Rechtliche Grundlage hierfür kann sowohl die Erfüllungswahl gem. § 103 Abs. 1 InsO als auch der Abschluss eines neuen Girovertrages sein, so z.B. *BGH*, Urt. v. 13. 11. 1990 – IX ZR 217/89 – NJW 1991, 1286, 1287.

2427 Begrd.RegE zu § 149 InsO, zit. n. *Balz/Landfermann*, Die neuen Insolvenzgesetze, S. 258; HK-*Irschlinger*, § 149 InsO, Rdnr. 5; Andres/Leithaus-*Leithaus*, § 149 InsO, Rdnr. 2. Der Gläubigerausschuss hat den ordnungsgemäßen Geschäftsverkehr zwischen Insolvenzverwalter und Hinterlegungsstelle zu überwachen, so bereits: *RG*, Urt. v. 7. 11. 1935 – VI 188/35 – KuT 1936, 936, 937.

2428 Hierunter wird Bar- und Giralgeld verstanden, d.h. auch Termin- und Sparguthaben sowie Festgeldkonten, siehe: MK-*Füchsl/Weishäupl*, § 149 InsO, Rdnr. 7.

2429 Der Begriff „Wertpapier" umfasst nach allgemeiner Ansicht auch Sparbücher, siehe: MK-*Füchsl/Weishäupl*, § 149 InsO, Rdnr. 8; Andres/Leithaus-*Leithaus*, § 149 InsO, Rdnr. 3.

2430 Diese Begriff ist wie in § 372 BGB, § 5 HinterlO zu verstehen, siehe: MK-*Füchsl/Weishäupl*, § 149 InsO, Rdnr. 9.

2431 MK-*Füchsl/Weishäupl*, § 149 InsO, Rdnr. 8; Braun-*Gerbers*, § 149 InsO, Rdnr. 6.

forderungen vernünftigerweise zu stellen sind. Nach Auffassung von *Gerbers* müssen die Kreditinstitute hinsichtlich Verzinsung und Sicherheit den vernünftigerweise zu stellenden Anforderungen entsprechen.[2432] Im Hinblick auf die Vorschrift des § 1807 Abs. 1 Nr. 5 BGB zur Anlage von Mündelgeld und die Rechtsprechung des *BGH* zu den Pflichten des Notars und des gewerblichen Treuhänders bei der Verwahrung von Fremdgeldern[2433] ist als Hinterlegungsstelle nur ein Kreditinstitut geeignet, das gem. § 2 ESAEG[2434] einem gesetzlichen Einlagensicherungssystem anzugehören hat.[2435] Hierauf hat der Insolvenzverwalter zur Haftungsvermeidung (§ 60 InsO) im Falle einer Insolvenz der Hinterlegungsstelle zu achten. Die Entscheidung über die Einrichtung und die Auswahl der Hinterlegungsstelle trifft letztendlich die Gläubigerversammlung (§ 149 Abs. 2 InsO). In der Insolvenzpraxis wird jedoch keine Hinterlegungsstelle i.S.d. § 149 InsO eingerichtet, vielmehr verwaltet der Insolvenzverwalter die Massegelder auf einem „Massekonto“.

2.6.2.3. „Massekonto“ des Insolvenzverwalters

In der Insolvenzpraxis richten die Insolvenzverwalter mehrheitlich verfahrensbezogene Massekonten ein. Diese ermöglichen eine größere Transparenz und bessere Abrechenbarkeit der Kontobewegungen sowie bei Betriebsfortführungen dem Insolvenzverwalter eine schnellere und sichere Entscheidung über die Abgabe einer Zahlungszusage an Lieferanten.[2436] Für die Auswahl des kontoführenden Kreditinstitutes gelten die gleichen Kriterien wie bei der Auswahl der Hinterlegungsstelle gem. § 149 InsO.

2.6.2.3.1. Rechtliche Ausgestaltung des „Massekontos“

Der Begriff „Konto“ bezeichnet juristisch die Rechtsstellung des Kunden gegenüber der Bank.[2437] In Betracht kommt die Einrichtung eines Sonderkontos als Fremdkonto, eines (offenen) Treuhandkontos oder eines Anderkontos. Das Sonderkonto ist ein Konto, das besonderen Zwecken dient und als Eigenkonto des Verfügungsberechtigten oder als Fremdkonto[2438] geführt werden kann.[2439] Das Fremdkonto unterscheidet sich vom Eigenkonto durch das Auseinanderfallen von Verfügungsmacht und Gläubigerstellung hinsichtlich der Guthabenforderung

---

2432 Braun-*Gerbers*, § 149 InsO, Rdnr. 6.

2433 *BGH*, Urt. v. 21. 12. 2005 – III ZR 9/05 – BB 2006, 291, 292 (gewerblicher Treuhänder); Urt. v. 8. 12. 2005 – III ZR 324/04 – ZIP 2006, 275, 277 (Notar).

2434 Einlagensicherungs- und Anlegerentschädigungsgesetz vom 16. 7. 1998, BGBl. I S. 1842. Nach § 4 Abs. 2 ESAG ist der Entschädigungsanspruch des Anlegers auf 90% der Einlagen und € 20.000,– beschränkt. Daneben gibt es in Deutschland eine freiwillige Einlagensicherung, die jedem Einleger eine Rückerstattung von bis zu 30% des haftenden Eigenkapitals einer Bank garantiert.

2435 Ebenso wohl: Uhlenbruck-*Uhlenbruck*, § 149 InsO, Rdnr. 15.

2436 *Kießling*, Die Kontenführung im Insolvenzverfahren, vor allem durch Rechtsanwälte, NZI 2006, 440, 441.

2437 *Kümpel*, Bank- und Kapitalmarktrecht, Rdnr. 3.105.

2438 Die Errichtung eines Kontos auf fremden Namen.

2439 *Kümpel*, Bank- und Kapitalmarktrecht, Rdnr. 3.137.

(Kontoinhaberschaft).[2440] Durch das offene Treuhandkonto wird der Bank verdeutlicht, dass Guthabenforderungen auf dem Konto dem Kontoinhaber nur als Treuhänder zustehen.[2441] Rechtlich ist es zwischen dem Eigen- und dem Fremdkonto einzuordnen, da der Kontoinhaber verfügungsberechtigt ist, während ein Dritter wirtschaftlich Berechtigter der Guthabenforderungen ist.[2442] Das Anderkonto ist eine Unterart des offenen Treuhandkontos, das bestimmten, eigenem Standesrecht und einer eigenen Standesaufsicht unterliegenden Berufsgruppen dazu dient, von Mandanten anvertraute Vermögenswerte für diese in Form von Bankguthaben aufgrund besonderer Anderkonto-Bedingungen aufzubewahren.[2443] Es handelt sich bei diesem um ein offenes Vollrechtstreuhandkonto.[2444]

In der Literatur wird die Zulässigkeit der Verwaltung von Massegeldern auf einem Anderkonto[2445] oder auf einem Vollrechtstreuhandkonto[2446] bejaht. Nach h.M. soll der Insolvenzverwalter das Massekonto als Fremdkonto (Sonderkonto) begründen, d.h. auf den Namen des Insolvenzverwalters als Partei kraft Amtes mit zusätzlicher Bezeichnung als Sonderkonto für die Insolvenzmasse.[2447] Zur Begründung wird angeführt, dass der Insolvenzverwalter nur Ermächtigungstreuhänder ist, dem das anvertraute Vermögen nicht zu vollem Recht, sondern nur zur gesetzlichen Verwaltung überlassen ist.[2448]

Für die h.M. spricht, dass bei einer Vollrechtstreuhand im Fall eines Verwalterwechsels der neue Insolvenzverwalter zur Inbesitznahme der Massegelder auf die Zustimmung des entlassenen Insolvenzverwalters angewiesen wäre. Für die Einrichtung eines Anderkontos fehlt dem Insolvenzverwalter aufgrund seiner Rechtsstellung als gesetzlicher Ermächtigungstreuhänder die Befugnis, da es sich bei einem Anderkonto um ein offenes Vollrechtstreuhandkonto handelt. Die Möglichkeit der Bank zur Geltendmachung von Einwendungen aus dem Deckungsverhältnis ist kein Differenzierungskriterium zwischen Vollrechtstreuhandkonto und Fremdkonto (Sonderkonto), da diese Möglichkeit bei beiden Gestaltungen gegeben ist.[2449]

2440 *Kümpel*, Bank- und Kapitalmarktrecht, Rdnr. 3.137.
2441 *Kümpel*, Bank- und Kapitalmarktrecht, Rdnr. 3.142.
2442 *Kümpel*, Bank- und Kapitalmarktrecht, Rdnr. 3.144.
2443 *Kümpel*, Bank- und Kapitalmarktrecht, Rdnr. 3.149ff.; *Smid*, Bankenhaftung aus der Führung offener Treuhandkonten und Anderkonten, ZIP 2006, 1973, 1977.
2444 *BGH*, Urt. v. 15. 12. 1994 – IX ZR 252/93 – NJW 1995, 1484.
2445 N/R-*Andres*, § 149 InsO, Rdnr. 13; MK-*Füchsl/Weishäupl*, § 149 InsO, Rdnr. 12; Braun/*Gerbers*, § 149 InsO, Rdnr. 5, 7; Kübler/Prütting-*Holzer*, § 149 InsO, Rdnr. 9; *Kilger/Schmidt*, § 129 KO, Anm. 4.
2446 *Kießling*, Die Kontenführung im Insolvenzverfahren, vor allem durch Rechtsanwälte, NZI 2006, 440, 442.
2447 *BGH*, Urt. v. 19. 5. 1988 – III ZR 38/87 – NJW-RR 1988, 1259, 1260; *OLG Köln*, Urt. v. 31. 5. 2006 – 13 U 97/05 – BeckRS 2007 00080; Graf-Schlicker/*Kalkmann*, § 149 InsO, Rdnr. 6; Uhlenbruck-*Uhlenbruck*, § 149 InsO, Rdnr. 11.
2448 *BGH*, Urt. v. 19. 5. 1988 – III ZR 38/87 – NJW-RR 1988, 1259, 1260; *OLG Köln*, Urt. v. 31. 5. 2006 – 13 U 97/05 – BeckRS 2007 00080; Graf-Schlicker/*Kalkmann*, § 149 InsO, Rdnr. 6; Uhlenbruck-*Uhlenbruck*, § 149 InsO, Rdnr. 11.
2449 *BGH*, Urt. v. 15. 12. 1994 – IX ZR 252/93 – NJW 1995, 1484, 1486.

2.6.2.3.2. Unzulässigkeit von Sammelkonten

Fraglich ist, ob der Insolvenzverwalter mehrere Insolvenzverfahren über ein Massekonto abwickeln darf. Hierfür besteht gerade in Verbraucherinsolvenzverfahren mit jeweils geringen oder unregelmäßigen Zahlungseingängen angesichts der Kontoführungskosten ein Bedürfnis. Teilweise wird dieses als zulässig angesehen.[2450]

In der Rechtsordnung ist der Grundsatz der Trennung von Kundengeldern und eigenem Vermögen des Verwalters für die Vermögensverwaltung anerkannt (§ 43 a Abs. 5 Satz 2 BRAO, § 54 b Abs. 1 Satz 3 BeurkG, § 34 a Abs. 1 Satz 1 WpHG; § 6 MaBV). Regelungszweck ist der Schutz des Kunden vor Insolvenz und Untreue. Der Grundsatz der getrennten Verwahrung von eigenem Vermögen wird nicht nur bei einer Vermischung von eigenen und fremden Geldern, sondern auch bei einer Verwendung von Fremdgeldkonten zur Besicherung persönlicher Darlehensverbindlichkeiten relevant.[2451] So sind die Notare nicht nur zur getrennten Vermögensverwaltung verpflichtet, sondern es ist ihnen durch § 54 Abs. 2 Satz 3 BeurkG auch untersagt, Sammelkonten zu führen. Nach der Rechtsprechung des *BGH* ist die peinliche Genauigkeit bei der Durchführung von Treuhandgeschäften eine grundlegende Amtspflicht des Notars, deren Missachtung die Amtsenthebung zur Folge haben kann, weil dadurch erhebliche Bedenken an der Zuverlässigkeit des Notars begründet sind.[2452]

Das Gebot zur getrennten und verfahrensbezogenen Vermögensverwaltung muss zum Zwecke der Transparenz der Vermögensverwaltung durch den Insolvenzverwalter auch für die Verwaltung der Massegelder im Insolvenzverfahren gelten. Durch § 292 Abs. 1 Satz 1 InsO wird diese Vermögenstrennungspflicht für den Treuhänder in der Wohlverhaltensperiode ausdrücklich geregelt. Die Führung von Sammelkonten durch den Insolvenzverwalter ist daher unzulässig.

2.6.3. Stellungnahme

Von besonderer Bedeutung für die Aufsicht des Insolvenzgerichts (§ 58 InsO) ist die Einrichtung und Unterhaltung einer Hinterlegungsstelle gem. § 149 InsO oder eines sogen. Massekontos durch den Insolvenzverwalter, weil die dort verwalteten Gelder für den „ungetreuen“ Insolvenzverwalter eine „leichte Beute“ darstellen. Denn die Insolvenzpraxis hat gezeigt, dass Insolvenzmassen nicht nur für „eigene Zwecke“ des Insolvenzverwalters, sondern auch zur Querfinanzierung zwischen

---

2450 *Kießling*, Die Kontenführung im Insolvenzverfahren, vor allem durch Rechtsanwälte, NZI 2006, 440, 441.

2451 Siehe hierzu sehr eindrucksvoll den Fall des *OLG Celle*, Urt. v. 14. 6. 2006 – 3 U 20/06 – ZIP 2006, 1364 ff., in dem ein Gesamtvollstreckungsverwalter die Massegelder zur Besicherung eines persönlichen Wertpapierdarlehens verwandt hatte. Der Klage des neuen Verwalters gegen die kontoführende Bank auf Zahlung der als Sicherheit in Anspruch genommenen Massegelder wurde aufgrund der objektiven und subjektiv erkennbaren Insolvenzzweckwidrigkeit stattgegeben. *Pape*, Stärkung der Gläubigerrechte und Verschärfung der Aufsicht im Insolvenzverfahren, ZVI 2008, 89, 96.

2452 *BGH*, Beschl. v. 3. 12. 2001 – NotZ 13/01 – DnotZ 2002, 236.

verschiedenen Insolvenzverfahren eines Insolvenzverwalters, für Darlehen an den Insolvenzschuldner oder für Spekulationsgeschäfte verwandt werden.[2453]

Zweck der Vorschrift des § 149 InsO ist nicht allein die Sicherung der Insolvenzmasse, sondern auch die Einschränkung der Entscheidungsbefugnis des Insolvenzverwalters zur Stärkung der Gläubigerautonomie im Interesse einer besseren Kontrolle des Insolvenzverwalters.[2454] In den Materialien zur Konkursordnung heißt es: *„Dagegen sind Vorkehrungen zu treffen, dass nicht die Geldbestände länger als nothwendig in den Händen des Verwalters bleiben oder von demselben zu fremdartigen Zwecken verwendet werden."*[2455]

In dem § 149a Abs. 1 GAVI-InsO ist jedoch die Verpflichtung des Insolvenzverwalters zur Verwaltung der Massegelder auf einem Anderkonto vorgesehen. Es ist daher fraglich, ob die Fortführung der Girokonten des Insolvenzschuldners de lege ferenda noch zulässig ist, auch wenn dieses zur Abwicklung der zahlreichen Geschäftsvorfälle im Rahmen einer Betriebsfortführung notwendig wäre.

Die Verpflichtung zur getrennten Verwaltung der Massegelder und das Verbot der Führung von Sammelkonten besteht bereits nach geltendem Recht.[2456] Durch § 149a Abs. 1 Satz 3, 4 GAVI-InsO wird jeder Zweifel hieran beseitigt. Die in der Stellungnahme der Bundesregierung[2457] vorgeschlagene Ausnahme für Kleinverfahren mit nur geringen Kontenbewegungen ist abzulehnen.[2458]

Das in § 149a Abs. 3 Satz 1 GAVI-InsO vorgesehene Verbot von Bargeschäften würde generell die Fortführung von lediglich Bargeschäfte tätigende Unternehmungen, wie z.B. Restaurants und Einzelhandelsgeschäfte, unmöglich machen.[2459] Wenn man bedenkt, dass ein Insolvenzverwalter der Insolvenzmasse zustehende Zahlungen auch dadurch veruntreuen kann, dass diese unmittelbar auf (s)ein anderes als das Massekonto „umgeleitet" werden, ist es wenig überzeugend, Bargeschäfte von vorneherein zu inkriminieren. Über bare wie unbare Geschäftsvorfälle hat der Insolvenzverwalter belegmäßig Rechnung zu legen. Die vom Insolvenzverwalter nach § 155 Abs. 1 InsO zu beachtenden handelsrechtlichen Rechnungslegungspflichten verlangen eine Buchführung unter Beachtung der Grundsätze ordnungsgemäßer Buchführung (§ 238 Abs. 1 HGB). Zu den hiernach zuführenden Handelsbüchern zählen auch die Grundbücher, wie das Kassenbuch und das

---

2453 *Pape*, Stärkung der Gläubigerrechte und Verschärfung der Aufsicht im Insolvenzverfahren, ZVI 2008, 89, 96.
2454 MK-*Füchsl/Weishäupl*, § 149 InsO, Rdnr. 1.
2455 *Hahn*, Die gesamten Materialien zu den Reichsjustizgesetzen, Vierter Band, Materialien zur Konkursordnung, S. 318.
2456 Siehe Kap. H.I.2.6.2.3.2.
2457 Stellungnahme der Bundesregierung zum BR-Entwurf eines GAVI, BT-Drucks. 16/7251, zit. n. ZVI 2008, 124, 127.
2458 Ebenso: *Pape*, Stärkung der Gläubigerrechte und Verschärfung der Aufsicht im Insolvenzverfahren, ZVI 2008, 89, 96.
2459 Ebenso: *Pape*, Stärkung der Gläubigerrechte und Verschärfung der Aufsicht im Insolvenzverfahren, ZVI 2008, 89, 96.

Bankbuch, in denen die baren und unbaren Geschäftsvorfälle chronologisch zu dokumentieren sind.[2460]

3. Zusammenfassende Stellungnahme

Die Regelungen des GAVI zur insolvenzgerichtlichen Aufsicht über den Insolvenzverwalter transformieren im Wesentlichen die bereits geltenden Standards professioneller Insolvenzverwaltung in Gesetzesform.[2461] Nach Ansicht von *Beck* ist dieses erforderlich, weil zahlreiche Insolvenzverwalter und Insolvenzgerichte diese Standards nicht kennen oder nicht anwenden würden.[2462] Durch die Normierung von Mindeststandards für die interne Rechnungslegung des Insolvenzverwalters und deren Prüfung durch das Insolvenzgericht schafft der Gesetzesentwurf weitgehende Rechtsklarheit und Einheitlichkeit. Eine Verstärkung des Aufsichtsinstrumentariums wird durch die Regelungen in den § 59 Abs. 1a–1c, Abs. 2 GAVI-InsO zur Herausgabevollstreckung gegen den (nur) entlassenen Insolvenzverwalter bewirkt. Durch die Mitteilungspflichten gem. § 58 Abs. 3 GAVI-InsO werden Fallgestaltungen, wie in der Entscheidung des *OLG Stuttgart,*[2463] bei der ein „ungetreuer“ Insolvenzverwalter von demselben Amtsgericht zum Insolvenzverwalter bestellt worden war, das diesen drei Jahre vorher wegen eines Bankrottdeliktes in einer eigenen Geschäftsführungsangelegenheit rechtskräftig verurteilt hatte, und eine Aufsichtspflichtverletzung verneint werden musste, weil die Insolvenzabteilung keine Kenntnis von der Vorurteilung der Strafabteilung desselben Insolvenzgerichts hatte, (hoffentlich) der Vergangenheit angehören.

Es wäre wünschenswert gewesen, wenn die Entwurfsverfasser des GAVI Anforderungen an die Qualifikation der aufsichtsführenden Organe und die Ausstattung der Insolvenzgerichte normiert hätten. Was nutzt das umfassende Rechenwerk, zu dessen Vorlage der Insolvenzverwalter z.B. durch § 66 Abs. 1 GAVI-InsO verpflichtet wird, wenn dessen Informationsgehalt vom aufsichtsführenden Insolvenzgericht nicht verstanden werden kann. Es kann jedoch bezweifelt werden, dass die Insolvenzgerichte bei der derzeitigen Personalausstattung in der Lage sein werden, dass aufgrund der Vorschriften des GAVI umfangreicher werdende Rechenwerk des Insolvenzverwalters im erforderlichem Umfang zu prüfen, zumal auch die erheblichen bürokratischen Auswirkungen des im Gesetzgebungsverfahren befindlichen „Entschuldungsgesetzes“[2464] verkraftet werden müssen.[2465]

2460 *Ebenroth/Boujong/Joost-Wiedmann,* Handelsgesetzbuch, § 238 HGB, Rdnr. 14.

2461 So auch *Pape,* Stellungnahme für die Anhörung des Rechtsausschusses des Deutschen Bundestages am 9. 4. 2008 in Berlin zu dem Entwurf eines Entschuldungsgesetzes und zu dem Entwurf eines Gesetzes zur Verbesserung und Vereinfachung der Aufsicht im Insolvenzverfahren, S. 10.

2462 *Beck,* Stellungnahme zu den Themen Verbraucherinsolvenzverfahren, Aufsicht im Insolvenzverfahren, Effizienzsteigerung im Insolvenzverfahren (Verwalterauswahl), in der öffentlichen Anhörung des Rechtsausschusses des Deutschen Bundestages am 9. 4. 2008, S. 4.

2463 *OLG Stuttgart,* Urt. v. 9. 5. 2007 – 4 U 204/06 – ZIP 2007, 1822, 1825.

2464 Regierungsentwurf zum „Gesetz zur Entschuldung mittelloser Personen, zur Stärkung der Gläubigerrechte sowie zur Regelung der Insolvenzfestigkeit von Lizenzen“, BT-Drucks. 16/7416.

2465 Vgl. hierzu: *Pianowski,* Ein Hilferuf aus der Praxis, ZInsO 2008, 308 ff.

H. Besteht ein gesetzgeberischer Regelungsbedarf?

Schließlich darf das GAVI die Beteiligten am Insolvenzverfahren nicht in der trügerischen Hoffnung wiegen, dass mit seinen Regelungen zukünftig der kriminelle Insolvenzverwalter der Vergangenheit angehören wird. Dieses Phänomen wird auch mit den Regelungen des GAVI nicht verhindert werden können. Jedoch kann eine ordnungsgemäß ausgeübte Aufsicht (§ 58 InsO) – wie bisher – masseschädigende Handlungen des Insolvenzverwalters rechtzeitiger feststellen und helfen, den Schaden für die Insolvenzgläubiger zu reduzieren.

II. Weitergehender gesetzgeberischer Regelungsbedarf?

Im Folgenden soll der Frage nachgegangen werden, ob angesichts der Regelungen des GAVI im Hinblick auf die Aufsicht des Insolvenzgerichts (§ 58 InsO) weitergehender gesetzgeberischer Handlungsbedarf ausgemacht werden kann.

1. Auswahl des Insolvenzverwalters

Die (Vor-)Auswahl des Insolvenzverwalters ist bereits als Bestandteil der Aufsicht des Insolvenzgerichts (§ 58 InsO) verortet worden.[2466] An dieser Stelle soll nur der Frage nach der verfassungsrechtlichen Erforderlichkeit einer weitergehenden gesetzlichen Regelung nachgegangen werden.

1.1. Erforderlichkeit einer gesetzlichen Regelung

Das *BVerfG* hat in zwei grundlegenden Entscheidungen[2467] zur Vorauswahlliste und Auswahl nach § 56 Abs. 1 InsO einen zweistufigen Rechtsschutz entwickelt.[2468] Nach der verfassungsgerichtlichen Judikatur erfordert die Verwirklichung des Grundrechtsschutzes eine angemessene Verfahrensgestaltung (Komplementärfunktion des Verfahrensrechts).[2469] Für den Prätendenten um das Insolvenzverwalteramt ist daher zur Wahrung des Grundrechtsschutzes aus Art. 12 Abs. 1 GG ein justiziables Vorauswahlverfahren zu fordern.[2470] Der dem Insolvenzrichter bei der Aufnahme eines Prätendenten in die Vorauswahlliste eingeräumte Beurteilungsspielraum unterliegt der Bindung an den allgemeinen Gleichheitssatz (Art. 1 Abs. 3, 3 Abs. 1 GG).[2471] Es stellt sich daher die Frage, ob der Gesetzgeber gefordert ist, ein diese Anforderungen erfüllendes Vorauswahlverfahren gesetzlich zu regeln.

2466 Siehe Kap. F.I.
2467 *BVerfG*, Beschl. v. 3. 8. 2004 – 1 BvR 135/00, 1 BvR 1086/01 – ZInsO 2004, 913 ff.; Beschl. v. 23. 5. 2006 – 1 BvR 2530/04 – NZI 2006, 453 ff.
2468 Siehe Kap. F.I.1.1.
2469 *BVerfG*, Beschl. v. 30. 4. 2003 – 1 PBvU 1/02 – Absatz-Nr. 1–69, http://www.bverfg.de/entscheidungen, Abs. 35; Beschl. v. 18. 6. 1986 – 1 BvR 787/80 – NJW 1988, 887, 888.
2470 *BVerfG*, Beschl. v. 3. 8. 2004 – 1 BvR 135/00, 1 BvR 1086/01 – ZInsO 2004, 913, 916.
2471 *BVerfG*, Beschl. v. 3. 8. 2004 – 1 BvR 135/00, 1 BvR 1086/01 – ZInsO 2004, 913, 916.; Beschl. v. 23. 5. 2006 – 1 BvR 2530/04 – NZI 2006, 453, 454.

So fordert das französische Recht eine besondere Zulassung zum Insolvenzverwalter, die eine mehrjährige Vorbereitungszeit und eine staatliche Prüfung voraussetzt.[2472]

In der Literatur wird eine gesetzliche Regelung der Verwalterauswahl für notwendig erachtet.[2473] Für *Römermann* sind die durch § 56 Abs. 1 InsO normierten Kriterien nichtssagend und unbestimmt. Die Wesentlichkeitstheorie verlangt, dass der Gesetzgeber und nicht die Fachgerichte die Grundsätze des Vorauswahlverfahrens festlegen.[2474] Nach Auffassung von *Uhlenbruck* macht das heutige Anforderungsprofil an die Insolvenzverwaltertätigkeit eine gesetzliche Regelung der Zulassungsvoraussetzungen erforderlich.[2475] *Beck* weist auf die angespannte Wettbewerbssituation für Insolvenzverwalter und die damit einhergehenden Risiken für die Qualität der Insolvenzverwaltung hin.[2476]

Dagegen hat das *BVerfG* einen gesetzgeberischen Handlungsbedarf nicht gesehen, weil es den Rechtsschutz gegen Vorauswahl- und Auswahlentscheidungen durch §§ 23ff. EGGVG als eröffnet ansieht und die Entwicklung der Kriterien für die Feststellung der Eignung eines Prätendenten und die sachgerechte Ausübung des Auswahlermessens den Fachgerichten als Aufgabe zugeschrieben hat.[2477] Der gleichen Auffassung ist *Gaier* mit dem Argument, dass gegenwärtig die Auswahl im pflichtgemäßen Ermessen des Insolvenzrichters getroffen wird, was eine bindende gesetzliche Normierung der Auswahlkriterien nicht zulässt. Erst ein – wie bei den Bewerbern für das Notaramt – an der Bestenauslese orientiertes Auswahlsystem bedarf einer gesetzlichen Regelung der Auswahlkriterien und des Auswahlverfahrens.[2478] Da das *BVerfG* einer Bestenauslese i.S.d. Art. 33 Abs. 2 GG eine Absage erteilt hat,[2479] ist nach Ansicht von *Frind* nicht erkennbar, welche Vorteile eine Verbürokratisierung des (Vor-)Auswahlverfahrens für Bewerber und Verfahrensbeteiligten haben soll.[2480]

Dieser, einen gesetzlichen Regelungsbedarf ablehnenden Ansicht, ist zu folgen. Der Rechtsschutz des Prätendenten ist durch das Verfahren nach §§ 23ff. EGGVG gewahrt und damit der verfassungsrechtlich begründeten Komplementärfunktion

---

2472 So *Holzer/Kleine-Cosack/Prütting* in ihrem Gutachten „Die Bestellung des Insolvenzverwalters".

2473 *Laws*, Ist die „Schicksalsfrage des Insolvenzverfahrens" tatsächlich justiziabel?, ZInsO 2006, 847, 850; *Leithaus*, Deutliche Worte aus Karlsruhe, NZI 2006, Heft 8, VI; *Römermann*, EWiR § 56 InsO 3/06, 599, 600; *Uhlenbruck*, Das Bild des Insolvenzverwalters, KTS 1998, 1, 28f.

2474 *Römermann*, EWiR § 56 InsO 3/06, 599, 600; *ders.*, Bestellung von Insolvenzverwaltern: Die verpasste Chance des BVerfG, ZIP 2006, 1332, 1333.

2475 *Uhlenbruck*, Das Bild des Insolvenzverwalters, KTS 1998, 1, 28.

2476 *Beck*, Stellungnahme zu den Themen Verbraucherinsolvenzverfahren, Aufsicht im Insolvenzverfahren, Effizienzsteigerung im Insolvenzverfahren (Verwalterauswahl), in der öffentlichen Anhörung des Rechtsausschusses des Deutschen Bundestages am 9. 4. 2008, S. 12.

2477 *BVerfG*, Beschl. v. 23. 5. 2006 – 1 BvR 2530/04 – NZI 2006, 453, 455 (Tz. 45); Beschl. v. 19. 7. 2006 – 1 BvR 1351/06 – ZInsO 2006, 869 (Tz. 6).

2478 *Gaier*, Verfassungsrechtliche Aspekte der Auswahl und Abwahl des Insolvenzverwalters, ZInsO 2006, 1177, 1183.

2479 *BVerfG*, Beschl. v. 23. 5. 2006 – 1 BvR 2530/04 – NZI 2006, 453, 454 (Tz. 41).

2480 *Frind*, Wenn der Schwanz versucht, mit dem Hund zu wedeln, ZInsO 2006, 1250, 1252.

des Verfahrensrechts Genüge getan. Eine weitergehende Normierung des Auswahlverfahrens kann nicht mit dem Reformziel der InsO, die Gläubigerautonomie gegenüber staatlicher Regulierung zu stärken, in Einklang gebracht werden. Ausdrücklich heißt es hierzu in der Allgemeinen Begründung des Regierungsentwurfes: *„Die marktwirtschaftliche Ordnung beruht auf der durch Erfahrung gewonnenen Einsicht, dass privatautonome Entscheidungen ein höheres Maß an wirtschaftlicher Effizienz verbürgen als die hoheitliche Regulierung wirtschaftlicher Abläufe.“*[2481] In Bezug auf die Auswahl des Insolvenzverwalters manifestiert sich dieses Reformziel in der Vorschrift des § 57 InsO und der durch diese den Gläubigern gegebenen Möglichkeit zur privatautonomen (Aus-)Wahl eines Insolvenzverwalters. Die Auswahl des Insolvenzverwalters soll nach dem Willen des Gesetzgebers letztlich bei den Gläubigern liegen.[2482] Ein von der Bestenauslese gekennzeichnetes Auswahlverfahren lässt eine gläubigerautonome Auswahlentscheidung nicht zu. Wenn das Insolvenzgericht bei Verfahrenseröffnung den in Bezug auf das konkrete Insolvenzverfahren „besten“ Insolvenzverwalter zu bestellen hat, kann begriffslogisch durch die Wahlmöglichkeit des § 57 InsO nur ein weniger geeigneter Insolvenzverwalter bestellt werden. In diesem Fall stellt sich dem Insolvenzgericht zwingend die Frage, ob die Bestellung des gewählten und weniger geeigneten Insolvenzverwalters nach § 57 Satz 3 InsO versagt werden muss. Eine ausreichende Berücksichtigung der Gläubigerinteressen im Auswahlverfahren ist aber nicht möglich, da die beteiligten Gläubiger dem Insolvenzgericht in diesem Verfahrensstadium nicht umfänglich bekannt sind und sein können. Schließlich muss bei einem Wechsel zu einem Auswahlverfahren mittels Bestenauslese auch die Frage beantwortet werden, ob und in welchem Umfang sich auch die bisher bestellten Insolvenzverwalter einem solchen Auswahlverfahren unterwerfen müssen, und welche Konsequenzen sich ergeben, wenn sich ein langjährig tätiger Insolvenzverwalter unter dem Gesichtspunkt der Bestenauslese als ungeeignet erweist.

1.2. Ausblick

Sieht man eine weitergehende Normierung des (Vor-)Auswahlverfahrens auch als nicht erforderlich an, kann eine solche dennoch nützlich sein. Fraglich ist jedoch, ob hier eine Gesetzesinitiative erwartet werden kann.

Der Gesetzgeber hatte sich im Rahmen der Bund-Länder-Arbeitsgruppe „Insolvenzrecht“ mit dieser Frage beschäftigt und hierzu ein vom „Gravenbrucher Kreis“[2483] in Auftrag gegebenes Gutachten diskutiert, das die Schaffung eines gesetzlich geregelten Zulassungsverfahrens mit strengen, an Qualifikation und Erfahrung orientierten Zulassungskriterien für die Aufnahme in bei den Insolvenz-

---

2481 Allg. Begrd. d. RegE, Ziff. A. 1. a) cc), zit. n. *Balz/Landfermann*, Die neuen Insolvenzgesetze, S. 12. *Smid*, Praxishandbuch Insolvenzrecht, § 1 Rdnr. 43, bezweifelt, dass der Gesetzgeber der InsO das Deregulierungsziel erreicht hat.

2482 *Smid*, Auswahl und Bestellung des Insolvenzverwalters durch das Insolvenzgericht als Rechtsfrage betrachtet, DZWiR 2001, 485, 492.

2483 Ein Zusammenschluss von Insolvenzverwaltern mit überregionalem Wirkungskreis.

gerichten zu führenden Listen vorsah. Die Aufnahme eines Bewerbers in diese Listen begründet einen Anspruch auf Berücksichtigung bei der Auswahl gem. § 56 Abs. 1 InsO. Die Insolvenzgerichte sollen die Listen der Reihenfolge nach abarbeiten und im Bestellungsbeschluss begründen, welche gewichtigen Gründe das Überspringen dieser Reihenfolge im konkreten Fall rechtfertigen.[2484] In dem Abschlussbericht zur 73. Justizministerkonferenz hat die Arbeitsgruppe festgestellt, dass die Schaffung eines gesetzlichen Zulassungsverfahrens für Insolvenzverwalter einen hohen regelungs- und verwaltungstechnischen Aufwand erfordert, der unter Verhältnismäßigkeitsgesichtspunkten nur gerechtfertigt ist, wenn es – wofür sich jedoch keine Anhaltspunkte ergeben haben sollen – in der Vergangenheit zu erheblichen Defiziten bei der Qualität der bestellten Verwalter gekommen ist. Nach Ansicht der Bund-Länder-Arbeitsgruppe „Insolvenzrecht" würde ein institutionalisiertes Auswahlverfahren angesichts der Prägung des deutschen Insolvenzverfahrens durch die Gläubigerautonomie, insbesondere der durch § 57 InsO eingeräumten Wahlmöglichkeit, nicht überzeugen können.[2485] Man sieht es als ausreichend an[2486], zur Verhinderung sogen. „geschlossener Verwalterlisten" die Vorschrift des § 56 Abs. 1 InsO (u. a.) um den Satz *„die aus dem Kreis aller zur Übernahme von Insolvenzverwaltungen bereiten Personen auszuwählen ist."* zu ergänzen.[2487] Dieser Ergänzungsvorschlag ist inzwischen mit Wirkung zum 1. 7. 2007 Gesetz geworden.[2488]

Die Bundesministerin der Justiz, *Brigitte Zypries*, hat auf dem 3. Deutschen Insolvenzrechtstag in Berlin eine gesetzlich geregelte Berufsordnung für Insolvenzverwalter abgelehnt und auf die Selbstorganisation der Insolvenzverwalterverbände vertraut.[2489] In diese Richtung geht die Empfehlung des 19. Deutschen Richter- und Staatsanwaltstages 2007 zur Übertragung der Berufszugangsentscheidung auf eine zentrale Insolvenzverwalterkammer.[2490] Die Abstinenz des Gesetzgebers im Hinblick auf Regelungen zur Verwalterauswahl zeigt sich auch darin, dass der Bundesrat in seinem im November 2007 in den Bundestag eingebrachten Entwurf eines „Gesetzes zur Verbesserung und Vereinfachung der Aufsicht in Insolvenzver-

2484 Hiergegen mit kritischen Anmerkungen: *Frind*, Brauchen wir die „automatisierte" Verwalterauswahl?, ZinsO 2001, 482 ff.

2485 Begrd. zu Art. 1 Ziff. 18 des Entwurfs eines Gesetzes zur Änderung der Insolvenzordnung, des Kreditwesengesetzes und anderer Gesetze, zit. aus NZI 2004, 549, 562.

2486 Für *Pape*, Die Qual der Insolvenzverwalterauswahl: Viel Lärm um wenig, NZI 2006, 665, hat sich damit der Gesetzgeber *„praktisch verabschiedet."*; *Römermann*, Die Bestellung des Insolvenzverwalters, NJW 2002, 3729, 3732, kritisiert den Ausschussbericht als letzten Pyrrhussieg derjenigen Verwalter, die nur noch ihre Pfründe verteidigen, anstatt sich auf den zukünftigen Leistungswettbewerb einzurichten.

2487 Art. 1 Ziff. 18 des Entwurfes, zit. aus NZI 2004, 549, 550.

2488 Gesetz zur Vereinfachung des Insolvenzverfahrens vom 13. 4. 2007 (BGBl. I S. 509). Die noch in einem Referentenentwurf aus September 2004 vorgesehene „Dumping-Insolvenzverwaltung" ist nicht übernommen worden.

2489 Ebenso zuletzt auf der Tagung des Verbands der Insolvenzverwalter Deutschlands (VID) am 7. 11. 2008 in Potsdam (Pressemitteilung der beck-aktuell-Redaktion, Verlag C.H. Beck, vom 10. 11. 2008).

2490 Vgl. *Uhlenbruck/Mönning*, Listing, Delistung und Bestellung von Insolvenzverwaltern, ZIP 2008, 157, 159. Ebenso auch die Präambel der Berufsgrundsätze des VID Verband Insolvenzverwalter Deutschlands e. V.

fahren (GAVI)“[2491] die noch von der Arbeitsgruppe des Justizministeriums des Landes Nordrhein-Westfalen im Entwurf vom 22. 8. 2006 vorgesehene Regelung des Vorauswahlverfahrens durch das Insolvenzgerichts nicht übernommen hat. Der Gesetzgeber hält wohl eine ausreichende Verrechtlichung des Auswahlverfahrens durch die Judikatur des *BVerfG* für gewährleistet.[2492]

Inzwischen diskutiert eine „Kommission zur Vorauswahl und Bestellung von Insolvenzverwalter sowie Aufsicht, Transparenz und Kontrolle im Insolvenzverfahren“ (sogen. „*Uhlenbruck-Kommission*“)[2493] darüber, dass ihre Arbeitsergebnisse durch eine vom Bundesministerium der Justiz (BMJ) zu erlassende „Durchführungsverordnung zu § 56 InsO“ verbindlich werden.[2494] Gegen dieses Vorhaben spricht das Fehlen einer nach Art. 20 Abs. 3, 80 Abs. 1 GG erforderlichen gesetzlichen Ermächtigung zum Erlass einer solchen Verordnung. Angesichts des Ergebnisses der Bund-Länder-Arbeitsgruppe „Insolvenzrecht“ ist nicht zu erwarten, dass der Gesetzgeber eine solche Ermächtigungsnorm schaffen wird. Zudem hat das *BVerfG* die Bestimmung der geeigneten und rechtmäßigen Vorauswahlkriterien als Frage des einfachen Rechts den Insolvenzrichtern – und den Fachgerichten als Rechtsmittelinstanz – zugewiesen.[2495] Diese sind bei der Erfüllung dieser Aufgabe gem. Art. 1 Abs. 3 GG an die Grundrechte, insbesondere den Grundrechtsschutz des Art. 12 Abs. 1 GG und den allgemeinen Gleichheitssatz des Art. 3 Abs. 1 GG, gebunden.[2496] Eine Vereinheitlichung der Kriterien für die Vorauswahl und die Auswahl könnte den Insolvenzgerichten und den Fachgerichten eine Hilfestellung bieten[2497] und dürfte am ehesten der Anforderung des BVerfG gerecht werden, dass jeder Bewerber um das Insolvenzverwalteramt einen Anspruch auf willkürfreie und faire Chance auf Berücksichtigung bei der Auswahlentscheidung entsprechend seiner Eignung i. S. d. § 56 Abs. 1 InsO haben muss.[2498]

Letztlich wird *Uhlenbruck* mit seiner Einschätzung Recht behalten, dass trotz aller Diskussion um die Qualifikation des Insolvenzverwalters am Ende das – nicht erlernbare – persönliche Vertrauen zwischen Insolvenzgericht und Insolvenzverwalter maßgebend bleiben wird.[2499]

2. Sicherheitsleistung

Der InsO-Gesetzgeber hat die Regelung des § 78 Abs. 2 KO, wonach das Konkursgericht ermächtigt war, dem Konkursverwalter eine Sicherheitsleistung aufzuer-

2491 Fn. 2368.
2492 Siehe Kap. F.I.1.1.
2493 Zur Konstituierung und Arbeit dieser Kommission: *Uhlenbruck/Mönning*, Listing, Delistung und Bestellung von Insolvenzverwaltern, ZIP 2008, 157, 158.
2494 *Frind*, Wenn der Schwanz versucht, mit dem Hund zu wedeln, ZInsO 2006, 1250, 1251.
2495 *BVerfG*, Beschl. v. 23. 5. 2006 – 1 BvR 2530/04 – NZI 2006, 453, 455 (Tz. 45).
2496 *BVerfG*, Beschl. v. 23. 5. 2006 – 1 BvR 2530/04 – NZI 2006, 453, 455 (Tz. 42).
2497 *Frind*, Wenn der Schwanz versucht, mit dem Hund zu wedeln, ZInsO 2006, 1250, 1252.
2498 *BVerfG*, Beschl. v. 23. 5. 2006 – 1 BvR 2530/04 – NZI 2006, 453, 454 (Tz. 31); Beschl. v. 12. 7. 2006 – 1 BvR 1469/05 – ZInsO 2006, 1101 (Tz. 10).
2499 *Uhlenbruck*, Das Bild des Insolvenzverwalters, KTS 1998, 1, 29.

legen, nicht übernommen, weil man dessen praktische Bedeutung als gering ansah. § 65 Abs. 2 RegE-InsO sah vor, dass das Insolvenzgericht *„aus besonderen Gründen“* dem Verwalter eine Sicherheitsleistung auferlegen kann.[2500]

De lege ferenda kann für eine solche Regelung angeführt werden, dass die Vermögensschadenshaftpflichtversicherung nicht bei einer vorsätzlichen Pflichtverletzung des Insolvenzverwalters, z.B. bei Masseveruntreuungen, eintritt und bei der Bestellung von „neuen“ Insolvenzverwaltern ein besonderes Sicherheitsbedürfnis für die Dauer der „Erprobung“ anzuerkennen ist. Aber auch bei bereits bekannten und erprobten Insolvenzverwaltern kann eine Ermächtigung zur Anordnung einer Sicherheitsleistung hilfreich sein, wenn erste Verdachtsmomente für eine schwerwiegende Pflichtverletzung bestehen, aber das Insolvenzgericht die für eine Entscheidung über aufsichtsrechtliche Sanktionen notwendige Sachverhaltsaufklärung noch nicht abgeschlossen hat. Hier kann das Insolvenzgericht durch die Anordnung einer Sicherheitsleistung dem Vorwurf einer Amtspflichtverletzung im Rahmen der Aufsicht gem. § 58 Abs. 1 InsO vorbeugen.

Gegen die Einführung eines Rechts zur Anordnung einer Sicherheitsleistung spricht, dass dieses von den Gläubigern auch dazu missbraucht werden kann, einen missliebigen Insolvenzverwalter zur Aufgabe seines Amtes zu zwingen,[2501] indem Pflichtverletzungen behauptet werden, um das Insolvenzgericht zur vorsorglichen Anordnung einer Sicherheitsleistung zu veranlassen. Auch als vorläufige aufsichtsrechtliche Sicherungsmaßnahme ist die Anordnung einer Sicherheitsleistung letztlich ungeeignet, da deren Vollzug durch Rechtsmittel des betroffenen Insolvenzverwalters verzögert werden kann, so dass das Insolvenzgericht seine Aufsichtspflicht wirksamer dadurch genügt, dass es den für die Annahme einer Pflichtverletzung Anlass gebenden Verdachtsmomenten nachgeht (§§ 5 Abs. 1, 58 Abs. 2 InsO) und kurzfristig die dem Gewicht der Pflichtverletzung und der hierfür bestehenden Anhaltspunkte angemessenen aufsichtsrechtlichen Maßnahmen, wie die Bestellung eines Sonderinsolvenzverwalters oder die Amtsentlassung (§ 59 Abs. 1 InsO), trifft. Schließlich ist zu bedenken, dass bei präventiver Anordnung einer Sicherheitsleistung bei „neuen“ Insolvenzverwaltern die finanzielle Potenz zum letztendlichen Auswahlkriterium wird. Diese Konsequenz begegnet erheblichen verfassungsrechtlichen Bedenken, weil dadurch grundsätzlich nach § 56 Abs. 1 InsO geeignete Bewerber von der Bestellung zum Insolvenzverwalter ausgeschlossen bleiben.

Die Aufnahme einer § 65 Abs. 2 RegE-InsO entsprechenden Vorschrift zur Verbesserung der insolvenzgerichtlichen Aufsicht über den Insolvenzverwalter ist daher nicht sinnvoll.

2500 Siehe Kap. F. VII.
2501 *Eickmann*, Anm. zu LG Freiburg, Beschl. v. 29. 1. 1981 – 9 T 105/80 – ZIP 1981, 478, 479; *Kuhn/Uhlenbruck*, § 78 KO, Rdnr. 11 c.

3. Intergerichtlicher Informationsaustausch

Wie bereits festgestellt worden ist, ist ein solcher intergerichtlicher Informationsaustausch ohne eine ausdrückliche gesetzliche Ermächtigung rechtswidrig.[2502] Angesichts der zunehmend auch überregional ausgeübten Insolvenzverwaltertätigkeit ist das Bedürfnis nach einem Informationsaustausch zwischen den Insolvenzgerichten über etwaige Pflichtverletzungen eines Insolvenzverwalters oder dessen Delisting bzw. Amtsentlassung erwachsen. So ist es nicht zu vertreten, dass ein wegen einer erheblichen Pflichtverletzung, z. B. einer Masseveruntreuung, entlassener Insolvenzverwalter von anderen Insolvenzgerichten weiter bestellt wird, nur weil diese über die Pflichtverletzung nicht informiert werden dürfen. Auch kann es im Interesse der Verfahrensbeteiligten nicht hingenommen werden, dass ein von der Strafabteilung des Insolvenzgerichts wegen eines Bankrottdeliktes in einer eigenen Geschäftsführungsangelegenheit rechtskräftig Verurteilter drei Jahre später von der Insolvenzabteilung zum Insolvenzverwalter bestellt wird und ein durch dessen Masseveruntreuung geschädigter Insolvenzgläubiger mit seiner Amtshaftungsklage scheitert. Das *OLG Stuttgart* hat in einem solchen Fall eine Pflichtverletzung des Insolvenzgerichts aufgrund der guten langjährigen Zusammenarbeit nicht erkennen können.[2503] Der *BGH* hat bei der Entscheidung über die Nichtzulassungsbeschwerde des Amtshaftungsklägers zwar festgestellt, dass eine Vorstrafe wegen Insolvenzvergehen auch bei fehlendem Zusammenhang mit einer beruflichen Tätigkeit als Rechtsanwalt oder Insolvenzverwalter im Allgemeinen Zweifel an der Zuverlässigkeit des potentiellen Verwalters begründen kann und daher Anlass sein kann, von dessen Ernennung abzusehen, mindestens aber nachträglich eine erheblich gesteigerte Überwachung erfordern. Dennoch hat er die Nichtzulassungsbeschwerde abgewiesen, weil im Streitfall die Vorinstanzen auf der Grundlage der vom Landgericht durchgeführten Beweisaufnahme unangegriffen festgestellt haben, dass weder der Insolvenzrichter noch der zuständige Rechtspfleger von den Vorstrafen des zum Insolvenzverwalter bestellten Rechtsanwalts Kenntnis hatten, und das Revisionsgericht an diese tatsächlichen Feststellungen gebunden ist.[2504]

Es ist daher das Bedürfnis für eine gesetzliche Regelung des intergerichtlichen Informationsaustausches festzustellen.

4. Exkurs: Online-Kontrolle des Massekontos

Im Zusammenhang mit dem „Mühl-Fall“ ist die Einführung einer Online-Kontrolle der Massekontobestände und Kontenbewegungen durch das Insolvenzge-

---

2502 Siehe Kap. E.II.2.1.
2503 *OLG Stuttgart,* Urt. v. 9. 5. 2007 – 4 U 204/06 – ZIP 2007, 1822, 1825; ausführlich hierzu: Kap. G.I.2.
2504 *BGH,* Beschl. v. 31. 1. 2007 – III ZR 161/07 – BeckRS 2008 02875.

richt diskutiert worden[2505], um zukünftig wirksam und rechtzeitig Masseveruntreuungen zu verhindern.

4.1. Exkurs: Zulässigkeit einer internetgestützten Gläubigerinformation

Die Nutzung eines von privaten Dienstleistern angebotenen internetgestützten, elektronischen Informationssystems bietet dem Insolvenzverwalter Zeit- und Arbeitsersparnis und den auskunftsberechtigten Verfahrensbeteiligten die jederzeitige Informationsmöglichkeit. Hierzu wird den Verfahrensbeteiligten mittels eines individuell zugewiesenen Zugangscodes über die Homepage des Insolvenzverwalters die Möglichkeit eingeräumt, sich über die relevanten Verfahrensdaten, den Verfahrensstand und das Prüfungsergebnis zu informieren und die regelmäßigen Verwalterberichte einzusehen und herunterzuladen.[2506] Dieses internetgestützte, elektronische Informationssystem kann auch die Insolvenzgerichte entlasten, wenn diese die Anfragenden auf die Homepage des Insolvenzverwalters verweisen.[2507]

Fraglich ist, ob das Insolvenzgericht im Rahmen seiner Aufsicht gem. § 58 InsO berechtigt ist, dem Insolvenzverwalter die Verwendung eines internetgestützten, elektronischen Informationssystems zu untersagen. Diese Untersagung könnte damit begründet werden, dass bei einem Zugriff auf dieses Systems durch Verwendung eines Zugangscodes die Auskunftsberechtigung des Anfragenden gem. § 299 ZPO von dem System unterstellt und nicht noch einmal geprüft wird. Anderseits entspricht es der Eigenverantwortlichkeit und Unabhängigkeit des Amtes des Insolvenzverwalters, selbst zu entscheiden, ob und welche Auskünfte an die verfahrensbeteiligten Gläubiger erteilt werden. Ebensowenig wie bei der telefonischen oder schriftlichen Beantwortung von Anfragen kann das Insolvenzgericht die Berechtigung jeder einzelnen Auskunftserteilung durch den Insolvenzverwalter überwachen.[2508] Die zugangscodebeschränkte Information über das Internet bietet gegenüber der telefonischen oder schriftlichen Auskunftserteilung keine größere Gefahr, dass Informationen an nicht Verfahrensbeteiligte gelangen.

Das Insolvenzgericht ist nicht berechtigt, dem Insolvenzverwalter die Verwendung eines internetgestützten, elektronischen Informationssystems zu untersagen, wenn sichergestellt ist, dass über dieses Medium verfahrensbezogene Infor-

---

2505 Dieses Projekt wurde von der STP Informationstechnologie AG, Lorenzstraße 29, 76135 Karlsruhe, das mit den Softwareprodukten WINSOLVENZ 99 und die Weiterentwicklung WINSOLVENZ.NET zu den führenden Anbietern von Software zur Abwicklung von Insolvenzverfahren gehört und seit 1999 die Justizsoftware EUREKA WINSOLVENZ für Insolvenzgerichte anbietet, verschiedenen Insolvenzgerichten vorgestellt.

2506 Vgl. hierzu: *Keller*, Die Erstattungsfähigkeit der Kosten elektronischer Auskunfts- und Informationssysteme für den Insolvenzverwalter, NZI 2005, 493, 494, insbesondere auch zur Erstattungsfähigkeit der damit verbundenen Kosten als Auslagen gem. § 7 Abs. 2 InsVV.

2507 Einige Insolvenzgerichte fordern bereits eine entsprechende technische Ausstattung von den Insolvenzverwaltern als Geeignetheitsmerkmal gem. § 56 Abs. 1 InsO.

2508 *Keller*, Die Erstattungsfähigkeit der Kosten elektronischer Auskunfts- und Informationssysteme für den Insolvenzverwalter, NZI 2005, 493, 494.

mationen nur an Verfahrensbeteiligte gegeben werden. Der Gesetzgeber hat die Bedeutung des Internets zum Zwecke der Information der Verfahrensbeteiligten erkannt und will de lege ferenda durch § 5a Abs. 3 GAVI-InsO[2509] die Möglichkeit zur Internet-Einsicht auf dem Insolvenzgericht vorliegende Tabellen, Verzeichnisse und Verwalterberichte schaffen.

4.2. Darstellung des Systems einer Online-Kontrolle der Massekonten

Bei dem internet-gestützten Kontrollsystems der Massekonten erklärt der Insolvenzverwalter gegenüber dem das Massekonto führenden Kreditinstitut sein Einverständnis in eine Online-Abfrage der Kontostände und -bewegungen durch das Rechenzentrum des Betreibers. Dieses ruft die Daten in regelmäßigen Abständen online ab, um Sie nach einer Aufbereitung und Auswertung dem Insolvenzgericht über das Internet zur Verfügung zu stellen. Das Insolvenzgericht gewinnt somit die jederzeitige und von der internen Rechnungslegung des Insolvenzverwalters unabhängige Einsicht in die Kontenumsätze und -stände („Monitoring"). Zugleich werden die Daten nach bestimmten Parametern, z.B. nach dem Benfordschen-Gesetz[2510] oder mit dem Chi-Quadrat-Test[2511], ausgewertet und sich hieraus ergebende Auffälligkeiten dem Insolvenzgericht angezeigt („Alerting"). Auf diese Weise können beispielsweise Einmalüberweisungen erheblicher Beträge, Überweisungen zwischen den verschiedenen Massekonten desselben Insolvenzverwalters oder Mehrfach-Ansprachen ein und desselben Bankkontos unter Nennung unterschiedlicher Zahlungsempfänger sofort identifiziert und dem Insolvenzgericht gemeldet werden. Dieses ist dann zeitnah in der Lage, den Insolvenzverwalter gem. § 58 Abs. 1 Satz 2 InsO zur Rechenschaft über die als auffällig erkannten Geschäftsvorfälle auf dem Massekonto aufzufordern. Eine Arbeitsmehrbelastung für die Insolvenzgerichte soll mit diesem Kontrollsystem nicht verbunden sein, da dieses proaktiv arbeitet, d.h. eine Meldung („alert") nur bei Abweichungen von den vorgegebenen Prüfparametern erzeugt. Vorteilhaft ist, dass mit diesem System

---

2509 Siehe Kap. H.I.2.1.

2510 Das Benfordsche Gesetz weist nach, das es auf der Welt mehr Zahlen mit einer niedrigen Anfangsziffer gibt als solche mit einer hohen ersten Zahl. So kommt beispielsweise die Zahl 1 mit einer mathematischen Häufigkeit von rund 30,1 Prozent vor, die Zahl 9 hingegen lediglich mit knapp 4,6 Prozent. Eine manipulierte Buchhaltung wird dem Benfordschen Gesetz nicht folgen. Der Mensch gibt nämlich augenscheinlich den Zahlen 5 und 6, also denen in der Mitte, den Vorzug. Dann aber wird die Häufigkeitsverteilung der Zahlen von der Benford-Regel abweichen, so dass ein Verdachtsmoment für Unstimmigkeiten in der Buchhaltung entsteht.

2511 Der Chi-Quadrat-Test ist eine statistische Methode. Seine Anwendung in der Betriebsprüfung gründet auf die Erkenntnis, dass jeder Mensch unbewusst Sympathien und Antipathien gegenüber bestimmten Zahlen hat. Weist ein Unternehmer nun anstelle der tatsächlichen Zahlen frei erfundene aus, kommt dieser psychologische Faktor zum Tragen. Bei längeren, zufällig zustande gekommenen Zahlenkolonnen ist davon auszugehen, dass jede Ziffer in etwa den gleichen Anteil hat (zum Beispiel je 10 Prozent für die Ziffern 0 bis 9). Verglichen wird beispielsweise die letzte Ziffer vor dem Komma. Mit dem Test wird die Abweichung der tatsächlichen Häufigkeit der einzelnen Ziffern von der erwarteten Gleichverteilung ermittelt und analysiert. Die Lieblingszahlen sollten bei einer fingierten Buchhaltung nun deutlich häufiger als erwartet vorkommen, Zahlen, gegen die eine Abneigung besteht, eher seltener.

auch den Mitgliedern eines Gläubigerausschusses die Online-Kontrolle ermöglicht werden kann.

4.3. Praktische Bedenken

Gegen die Einführung eines solchen Kontrollsystems könnte angeführt werde, dass die personelle und organisatorische Kapazität der Insolvenzgerichte bereits heute nicht ausreicht, eine ordnungsgemäße Aufsicht in den laufenden Insolvenzverfahren zu gewährleisten.[2512] Das Kapazitätsargument ist jedoch nicht geeignet, eine gesetzlich begründete Aufsichtspflicht des Insolvenzgerichts einzuschränken und die Justizverwaltung vor Staatshaftungsansprüchen wegen einer Aufsichtspflichtverletzung zu bewahren. Gerade eine EDV-gestützte Kontrolle mit einem parametergestützten Alert-System kann dem Insolvenzgericht die für die Zwischenrechnungslegung gem. § 66 Abs. 3 InsO grundsätzlich vorgesehene und arbeitsaufwändige Belegprüfung bis zum Schlussbericht ersparen. Zudem kann einem Arbeitsmehraufwand der Insolvenzgerichte durch übermäßig viele Alert-Meldungen mit einer sinnvollen Begrenzung der Prüfungsparameter begegnet werden.

Auch der Einwand, dass dieses Kontrollsystem erst Alarm schlägt, wenn die Massegelder bereits veruntreut und der Insolvenzverwalter „über alle Berge" ist, spricht nicht gegen, sondern für die Einführung einer solchen Kontrollmöglichkeit, weil diese einerseits die Eintrittsschwelle für den von Veruntreuungsabsichten geleiteten Insolvenzverwalter erhöht und andererseits nur die frühzeitige Einleitung staatsanwaltlicher Ermittlungen die Wahrscheinlichkeit einer zumindest teilweisen Sicherstellung der veruntreuten Massegelder erhöht. Auf jeden Fall können durch ein solches System die Fälle der sich über einen längeren Zeitraum erstreckenden Veruntreuungen, der Querfinanzierung zwischen vom selben Insolvenzverwalter verwalteten Insolvenzmassen („Masse-zu-Masse-Darlehen") und der Anlage der Massegelder auf einem privaten Konto des Insolvenzverwalters oder einem sogen. „Pool-Konto" rechtzeitig erkannt und verhindert werden.

Schließlich darf die positive Wirkung auf das Ansehen der Insolvenzverwalter, die sich einer solchen Kontrolle freiwillig unterwerfen, nicht unterschätzt werden.

Zusammenfassend ist festzustellen, dass eine permanente Online-Kontrolle der Massekontoführung des Insolvenzverwalters durch das Insolvenzgericht einen

2512 Der Insolvenzrichter am AG Hamburg, *Herr Frind*, hat anlässlich eines Vortrages vor dem Norddeutschen Insolvenzforum am 20. 2. 2006 in Hamburg darauf hingewiesen, dass nach der geltenden Pensenvorgabe ein Insolvenzrichter 570 IN-Antragsverfahren oder 400 IK-Antragsverfahren und ein Rechtspfleger laufende 35 IN-Insolvenzverfahren oder 600 laufende IK-Insolvenzverfahren zu betreuen habe. Nach aktuellen Planungen der Justizverwaltung sollen die Pensen auf 1.043 IN-Antragsverfahren oder 601 IK-Antragsverfahren für den Insolvenzrichter und 142 laufende IN-Insolvenzverfahren oder 465 laufende IK-Insolvenzverfahren für den Rechtspfleger erhöht werden.

wichtigen Beitrag zur Transparenz der Masseverwaltung leisten kann und damit als ein Instrument zur Risikofrüherkennung und -vermeidung geeignet ist.

4.4. Rechtliche Bedenken

Rechtliche Bedenken gegen die Einführung und Anwendung dieses Online-Kontrollsystems können auf eine nicht ausreichende Datensicherheit, auf die Verletzung des Bankgeheimnisses oder die Frage nach der Kostentragung gestützt werden.

4.4.1. Bankgeheimnis und Datensicherheit

Die Frage nach der Wahrung des Bankgeheimnisses und der Konten- bzw. Datensicherheit wird nicht erst durch die Einführung eines Online-Kontrollsystems im Rahmen der insolvenzgerichtlichen Aufsicht aufgeworfen, sondern stellte sich bereits im Rahmen der in der Finanzwirtschaft in zunehmendem Maße praktizierten Auslagerung und Übertragung von ehemals intern organisierten Dienstleistungsbereichen der Kreditinstitute an firmenexterne Dienstleister („Outsourcing“ von Finanzdienstleistungen)[2513].

4.4.1.1. Outsourcing der Finanzinstitute in der Praxis

Die Auslagerung von bankbetrieblichen Funktionen erfolgt aus Gründen der Kostenersparnis, so dass vom Outsourcing in erster Linie Prozesse und Bereiche betroffen sind, die hohe Fixkosten generieren. Dies sind insbesondere die interne Revision, das operative Controlling, die elektronische Datenverarbeitung, die Wertpapier- und Zahlungsverkehrsabwicklung, das Mahnwesen und das Inkasso. Das Outsourcing dieser Bereiche ermöglicht es den Finanzinstituten, durch Kostensenkung dem zunehmenden Preisdruck zu begegnen, der sich aus dem Unwillen der Kunden ergibt, die Kosten ineffizienter Organisationsabläufe zu tragen.[2514] Dabei kann hinsichtlich der Reichweite zwischen dem internen Outsourcing[2515],

---

2513 Einer Studie des Center for Market-Oriented Product and Production Management der Johannes-Gutenberg-Universität Mainz von November/Dezember 1998 zufolge haben bei einer Befragung von 157 Führungskräften der Finanzdienstleistungsbranche zum Thema Outsourcing 78,2 Prozent der Institute angegeben, bereits Erfahrungen im Outsourcing von Leistungen gemacht zu haben, (vgl. Herrmann/Vollmer, ZGesKred 1999, 1258). Von 1990 bis 2004 haben sich im Outsourcing im Finanzdienstleistungsbereich Wachstumsraten von durchschnittlich 45 Prozent pro Jahr ergeben, (vgl. FTK – Financial Outsourcing weiterhin gefragt, Artikel vom 12. 2. 2004). Als aktuellstes Beispiel kann die Auslagerung der Wertpapierabwicklung im Privatkundengeschäft der Hypover-einsbank AG (HVB) an die IST, einem Gemeinschaftsunternehmen der T-Systems und der Bank HSBC Trinkhaus & Burkhardt, sowie die beabsichtigte Auslagerung des Zahlungsverkehrs der HVB an die Postbank herangezogen werden (vgl. IDG, HVB lagert Wertpapierabwicklung an ITS aus, Artikel vom 20. 3. 2006).

2514 *Eyles*, Funktionsauslagerung (Outsourcing) bei Kredit- und Finanzdienstleistungsinstituten, WM 2000, 1217.

2515 Hier wird lediglich eine interne Neuorganisation der Dienstleistungsabläufe in Form einer Konzen-tration auf eine Organisationseinheit vorgenommen. Die Dienstleistung wird weiterhin von einer dem Unternehmen zuzuordnenden, weisungsabhängigen Stelle erbracht.

der Inhouse-Partnerschaft[2516] und der Dienstleistungspartnerschaft[2517] unterschieden werden.[2518] Wenn das Outsourcing der IT-Aktivitäten der Kreditinstitute zu einer Verarbeitung von Kontendaten durch ein externes Rechenzentrum führt, stellt sich die Frage nach der Wahrung des Bankgeheimnisses und des Datenschutzes sowie der Kontrolle der externen Verarbeitung von Kontendaten.

4.4.1.2. Bankgeheimnis

Das Bankgeheimnis verpflichtet das Kreditinstitut, über alle kundenbezogenen Tatsachen und Wertungen, von denen es im Rahmen der Geschäftsbeziehung Kenntnis erlangt, Verschwiegenheit zu wahren. Es folgt aus der vertraglichen Rechtsbeziehung zwischen Kunde und Bank und ist in Nr. 2 Abs. 1 der AGB der Banken niedergelegt[2519]. Eine ausdrückliche gesetzliche Normierung des Bankgeheimnisses fehlt, jedoch ist diese zumindest gesetzlich anerkannt.[2520] Darüber hinaus ist das Bankgeheimnis durch das allgemeine Persönlichkeitsrecht bzw. Art. 2 Abs. 1 GG verfassungsrechtlich gegen Eingriffe des Staates geschützt.[2521]

Dem Bankgeheimnis unterfallen als kundenbezogene Tatsachen und Wahrnehmungen neben den reinen Vermögensangelegenheiten einschließlich des Bestehens der Bankverbindung auch die Privatverhältnisse des Kunden. Geschützt sind nicht nur die Tatsachen und Wahrnehmungen, die dem Kreditinstitut durch Bankgeschäfte oder durch Mitteilungen des Kunden oder eines Dritten bekannt geworden sind, sondern auch Einsichten, Eindrücke und Werturteile, zu denen das Institut selbst gelangt ist.[2522] Das Bankgeheimnis gilt gegenüber jedermann einschließlich der Angestellten und Mitglieder von Aufsichtsorganen des Kreditinstitutes. Auch diese sind Dritte im Sinne des Bankgeheimnisses, sofern sie nicht unmittelbar mit dem jeweiligen Geschäftsvorfall befasst oder zu einer Überwachung des ordnungsgemäßen Bankbetriebes berufen sind (sogen. „inneres Bankgeheimnis").[2523] Daraus folgt, dass eine Weitergabe von Kundendaten an selbständige Konzerntöchter und verbundene Unternehmen sowie andere Abteilungen der Bank ohne Zustimmung des Kunden unzulässig ist, wenn die Weitergabe überwiegend dem Kosten- und Akquisitionsinteresse der Bank und nicht einer Op-

2516 Hier wird ein Funktionsbereich verselbstständigt und aus dem Unternehmen ausgegliedert, um durch Spezialisierung die Leistung zu optimieren und gleichzeitig neue Märkte zu erschließen. Die Dienstleistung wird dann von einem verbundenen Tochterunternehmen erbracht.

2517 Es handelt sich hierbei um eine weitreichende und überwiegend praktizierte Form des Outsourcing, bei der ein unabhängiges externes Unternehmen mit der Dienstleistungserbringung in eigener Verantwortung beauftragt wird.

2518 *Herrmann/Vollmer*, Outsourcing von Finanzdienstleistungen II – eine empirische Untersuchung, ZGesKred 1999, 1255, 1256.

2519 Hellner/Steuer-*Weber*, Bankrecht und Bankpraxis, Band 1; Rdnr. 2/840; *Huber*, Das Bankgeheimnis in der Insolvenz des Kunden. ZInsO 2001, 289.

2520 *Deutsch*, Datenschutz und Funktionsauslagerung, S. 135; siehe § 383 Abs. 1 Nr. 6 ZPO; *Huber*, Das Bankgeheimnis in der Insolvenz des Kunden, ZInsO 2001, 289.

2521 *Höpfner/Seibl*, Bankvertragliche Loyalitätspflicht und Haftung für kreditschädigende Äußerungen nach dem Kirch-Urteil, BB 2006, 673.

2522 Hellner/Steuer-*Weber*, Bankrecht und Bankpraxis, Band 1, Rdnr. 2/844.

2523 Hellner/Steuer-*Weber*, Bankrecht und Bankpraxis, Band 1, Rdnr. 1/40.

timierung der Geschäftsbeziehung dient.[2524] Entgegen einer früher vertretenen Auffassung, dass nur solche Tatsachen und Wahrnehmungen der Geheimhaltungspflicht unterliegen, die der Kunde nach seinem tatsächlichen oder mutmaßlichen Willen geheimzuhalten wünscht, erstreckt sich nach aktueller Fassung der AGB-Banken die Geheimhaltungspflicht vorbehaltlos auf sämtliche Tatsachen.[2525] Aus diesem Verständnis von Inhalt und Reichweite des Bankgeheimnisses folgt, dass es den Kreditinstituten grundsätzlich nicht möglich ist, ohne Zustimmung des Kunden dessen Daten an externe Datenverarbeiter weiterzugeben. Eine Ausgliederung der IT-Abteilung wäre unter dem Gesichtspunkt des Bankgeheimnisses somit unzulässig.[2526] Damit würde jedoch der wirtschaftlichen und gesellschaftlichen Realität und der Praxis der Globalisierung und Funktionsauslagerung nicht Rechnung getragen und die Finanzinstitute in ganz erheblichem Maße in ihrer autonomen Geschäftsführung beeinträchtigt werden. Deshalb ist das in den AGB der Banken niedergelegte Verbot der Weitergabe von Kundendaten, Tatsachen und Wahrnehmungen an Dritte einschränkend dahingehend zu interpretieren, dass Dritte i.S.d. AGB nur solche sind, die mit der Abwicklung des Bankgeschäfts und der Erfüllung bankmäßiger Funktionen nichts zu tun haben.[2527]

Mithin fällt die Weitergabe von Kundendaten an externe Datenverarbeiter zur Geschäftsabwicklung nicht unter das Bankgeheimnis. Jedoch hat das auslagernde Kreditinstitut die Wahrung der Verschwiegenheit und Vertraulichkeit auf Seiten des verarbeitenden Rechenzentrums durch entsprechende vertragliche Vereinbarungen sicherzustellen.[2528] Unter diesen Voraussetzungen verstößt auch die Anwendung des Online-Kontrollsystems nicht gegen das Bankgeheimnis. Rechtliche Unsicherheiten können mit der Einverständniserklärung des Insolvenzverwalters beseitigt werden.

4.4.1.3. Datenschutz

Insoweit die Auslagerung der Datenverarbeitung dazu führt, dass das auslagernde bzw. outsourcende Kreditinstitut Kundendaten an das externe Rechenzentrum, den Insourcer, übermittelt und die Daten dort verarbeitet werden, ergibt sich eine datenschutzrechtliche Relevanz des Outsourcing. Der Datenschutz beruht, anders als das Bankgeheimnis, nicht auf der vertraglichen Abrede zwischen Kunde und Kreditinstitut, sondern ist gesetzlich, z.B. im BDSG[2529], verankert. Für das Verhältnis von Bankgeheimnis zu gesetzlichem Datenschutz ist festzustellen, dass beide nebeneinander gelten und das Bankgeheimnis nicht etwa durch die gesetzlichen Datenschutzregelungen verdrängt wird. Die Finanzinstitute haben bei der

---

2524 Hellner/Steuer-*Weber*, Bankrecht und Bankpraxis, Band 1, Rdnr. 2/852.
2525 Hellner/Steuer-*Weber*, Bankrecht und Bankpraxis, Band 1, Rdnr. 1/37 und 2/844.
2526 *Deutsch*, Datenschutz und Funktionsauslagerung, S. 136.
2527 *Deutsch*, Datenschutz und Funktionsauslagerung, S. 137.
2528 Hellner/Steuer-*Weber*, Bankrecht und Bankpraxis, Band 1, Rdnr. 2/855
2529 Bundesdatenschutzgesetz, in der Fassung vom 14. 1. 2003, BGBl. 2003, 66.

Weitergabe von Daten an Dritte, so bei der externen Datenverarbeitung, das Bankgeheimnis und das Datenschutzrecht gleichermaßen zu beachten.[2530]

§ 11 BDSG regelt die Erhebung, Verarbeitung oder Nutzung von Daten im Auftrag eines Dritten („Auftragsdatenverarbeitung") und schreibt die Verantwortung für die Rechtmäßigkeit der Datenverarbeitung dem Auftraggeber zu.[2531] Diese Vorschrift ist somit die datenschutzrechtliche Zentralnorm für das Outsourcing der betrieblichen Datenverarbeitung im Finanzwesen.[2532] Für die datenschutzrechtliche Bewertung des Outsourcing der IT-Abteilung ist zunächst im Einzelfall festzustellen, ob die Weitergabe von Daten an das externe Rechenzentrum eine Übermittlung im Sinne von § 3 Abs. 4 Satz 2 Nr. 3 BDSG darstellt, wofür die Einwilligung der Kunden nach §§ 4 Abs. 1, 4a Abs. 1 BDSG erforderlich ist, oder ob es sich um eine Auftragsdatenverarbeitung nach § 11 BDSG handelt, die nach § 3 Abs. 8 Satz 3 BDSG keine Übermittlung darstellt und somit auch keiner Einwilligung des Kunden bedarf.[2533] Die Auftragsdatenverarbeitung zeichnet sich dadurch aus, dass der zugrunde liegende Geschäftsvorfall vom Auftraggeber – dem outsourcenden Institut – erledigt wird und der Auftragnehmer – das externe Rechenzentrum – nur gewisse Hilfs- und Unterstützungsfunktionen im Sinne einer technischen Tätigkeit ausführt.[2534] Das outsourcende Institut muss „Herr der Daten" bleiben und die Entscheidungsbefugnis über die Art und Weise der Verarbeitung innehaben.[2535] Dem externen Rechenzentrum darf mithin nur eine Hilfsfunktion zukommen.[2536] Keine von § 11 BDSG gedeckte Auftragsdatenverarbeitung, sondern eine sog. Funktionsübertragung liegt vor, wenn dem externen Rechenzentrum die rechtliche Verantwortung der Gesamtaufgabe, zu deren Erfüllung die Datenverarbeitung dient, übertragen würde und die Datenverarbeitung selbständig, eigenverantwortlich und weisungsunabhängig erfolgte.[2537] In diesem Fall unterfällt die Weitergabe von Daten an das Rechenzentrum als Übermittlung im Sinne von § 3 Abs. 8 Satz 3 BDSG dem Einwilligungsvorbehalt nach § 4 Abs. 1 BDSG. Dann aber wäre entweder mangels praktikabler Einholung der Einwilligung oder im Falle der Verweigerung einzelner Kunden eine Vielzahl von Funktionsauslagerungen an externe Dienstleister unzulässig und das Outsourcing der Datenverarbeitung rechtlich unmöglich.[2538]

Tatsächlich handelt es sich beim Outsourcing an ein externes Rechenzentrum technisch und organisatorisch in der Regel um eine Auftragsdatenverarbeitung im

2530 Hellner/Steuer-*Hartmann*, Bankrecht und Bankpraxis, Band 6, Rdnr. 17/5.
2531 *Bergmann/Möhrle/Herb*, § 11 BDSG, Rdnr. 7.
2532 *von Westphalen*, Ausgewählte arbeits- und datenschutzrechtliche Fragen beim „Outsourcing" im Rahmen von § 25a Abs. 2 KWG, WM 1999, 1810, 1814.
2533 *Bergmann/Möhrle/Herb*, § 11 BDSG, Rdnr. 12.
2534 *Bergmann/Möhrle/Herb*, § 11 BDSG, Rdnr. 8.
2535 *Bergmann/Möhrle/Herb*, § 11 BDSG, Rdnr. 12.
2536 *von Westphalen*, Ausgewählte arbeits- und datenschutzrechtliche Fragen beim „Outsourcing" im Rahmen von § 25a Abs. 2 KWG, WM 1999, 1810, 1815.
2537 *Bergmann/Möhrle/Herb*, § 11 BDSG, Rdnr. 11; *Gola/Schomerus*, § 11 BDSG, Rdnr. 9.
2538 *Deutsch*, Datenschutz und Funktionsauslagerung, S. 140.

Sinne von § 11 BDSG.[2539] Dem entspricht auch die Intention des § 11 BDSG, der gerade für den Sonderfall einer Datenverarbeitung durch ein externes Rechenzentrum die datenschutzrechtliche Verantwortung für die Rechtmäßigkeit der Datenverarbeitung beim outsourcenden Institut als Auftraggeber belassen will, damit dieses sich durch die Auslagerung der Datenverarbeitung nicht seiner Verantwortung entziehen kann.[2540] So hat das outsourcende Kreditinstitut nach § 11 Abs. 1 BDSG die datenschutzrechtliche Verantwortung für die Wahrung der Rechte der Betroffenen und für die Einhaltung der Zulässigkeitsvoraussetzungen der Datenerhebung, -verarbeitung und -nutzung.[2541] Darüber hinaus trifft es nach § 11 Abs. 2 Satz 1 BDSG eine Sorgfaltspflicht hinsichtlich der Auswahl des verarbeitenden Rechenzentrums.

Aus Gründen des Datenschutzes ist die Einverständniserklärung des Insolvenzverwalters in die Anwendung des Online-Kontrollsystems für die Massekonten erforderlich.

4.4.1.4. Genehmigung nach § 25 a Abs. 2 KWG?

Der Gesetzgeber hat in § 25 a Abs. 2 KWG Grundsätze einer ordnungsgemäßen Geschäftsführung in Bezug auf das Outsourcing gesetzlich fixiert und präzisiert.[2542] Die Zulässigkeit einer Funktionsauslagerung richtet sich zunächst danach, ob es sich überhaupt um eine auslagerungsfähige Tätigkeit oder Funktion handelt. Grundsätzlich ist nach dem Rundschreiben 11/2001 der BaFin[2543] die Auslagerung jedes Tätigkeitsbereiches möglich, sofern dadurch nicht die Steuerungs-, Kontroll- und Aufsichtsmöglichkeiten eingeschränkt werden[2544]. Das ist der Fall bei einer Auslagerung zentraler Leitungsfunktionen oder bei der vollständigen Auslagerung der laufenden internen Kontrollen.[2545] Die Funktionsübertragung der Datenverarbeitung an externe Rechenzentren ist unter Beachtung dieser Voraussetzungen und Einschränkungen grundsätzlich möglich.

Für die Anwendbarkeit des § 25 a Abs. 2 KWG auf die Beurteilung der Zulässigkeit des Outsourcing an ein externes Rechenzentrum ist ferner erforderlich, dass es sich bei der auszulagernden Funktion oder Tätigkeit um einen für die Durchführung der Bankgeschäfte oder Finanzdienstleistungen wesentlichen Bereich handelt.[2546] Von § 25 a Abs. 2 KWG werden dabei allerdings auch wesentliche Hilfsfunktionen der Bank- und Finanzdienstleistungsgeschäfte erfasst[2547], zu denen neben der In-

---

2539 Hellner/Steuer-*Hartmann*, Bankrecht und Bankpraxis, Band 6, Rdnr. 17/223, 17/227–17/228; *von Westphalen*, Ausgewählte arbeits- und datenschutzrechtliche Fragen beim „Outsourcing" im Rahmen von § 25 a Abs. 2 KWG, WM 1999, 1810, 1816.
2540 Hellner/Steuer-*Hartmann*, Bankrecht und Bankpraxis, Band 6, Rdnr. 17/218 und 17/222.
2541 *Bergmann/Möhrle/Herb*, § 11 BDSG, Rdnr. 16–18.
2542 Boos/Fischer/Schulte-Mattler-*Braun*, § 25 a KWG, Rdnr. 2, 550.
2543 Bundesanstalt für Finanzdienstleistungsaufsicht.
2544 Rundschreiben 11/2001 BaFin, in: *Consbruch/Möller/Bähre/Schneider*, KWG Nr. 4.339, Punkt 12.
2545 Rundschreiben 11/2001 BaFin, in: *Consbruch/Möller/Bähre/Schneider*, KWG Nr. 4.339, Punkte 13, 20.
2546 Boos/Fischer/Schulte-Mattler-*Braun*, § 25 a KWG, Rdnr. 598.
2547 Beck/Samm-*Samm*, § 25 KWG, Rdnr. 21 a.

nenrevision und der Controllingfunktion auch die elektronische Datenverarbeitung gehört[2548].

Für die Kontroll- und Aufsichtszuständigkeit der BaFin über den privaten Anbieter einer Online-Kontrolle der Massenkonten im Insolvenzverfahren kommt es auf dessen Qualifizierung als Institut im Sinne des KWG oder auf den geschäftsmäßigen Rahmen, in welchem die Online-Kontrolle durchgeführt wird, an. Die Aufsicht und Kontrolle der BaFin nach dem KWG erstreckt sich in erster Linie auf Institute (§ 6 Abs. 1 KWG). § 1b KWG definiert als Institute im Sinne des KWG Kreditinstitute und Finanzdienstleistungsinstitute. Kreditinstitute sind Unternehmen, die Bankgeschäfte gewerbsmäßig oder in einem Umfang, der einen in kaufmännischer Weise eingerichteten Geschäftsbetrieb erfordert, betreiben, § 1 Abs. 1 Satz 1 KWG. Die einzelnen Bankgeschäfte werden in § 1 Abs. 1 Satz 2 KWG abschließend aufgezählt.[2549] Dabei genügt es für die Qualifizierung als Kreditinstitut, dass eines der dort genannten Bankgeschäfte betrieben, d.h. in gleicher Weise geschäftsmäßig wiederholt wird.[2550] Finanzdienstleistungsinstitute sind nach § 1 Abs. 1a Satz 1 KWG Unternehmen, die für andere gewerbsmäßig oder in einem Umfang, der einen in kaufmännischer Weise eingerichteten Geschäftsbetrieb erfordert, Finanzdienstleistungen erbringen und keine Kreditinstitute sind. Einen abschließenden Katalog der Finanzdienstleistungen enthält § 1 Abs. 1a Satz 2 KWG.[2551] Von den Instituten im Sinne des KWG sind insbesondere die Finanzunternehmen, § 1 Abs. 3 KWG, und die Unternehmen mit bankbezogenen Hilfsdiensten (§ 1 Abs. 3c KWG) abzugrenzen.

Der private Anbieter einer Online-Kontrolle von Massekonten im Insolvenzverfahren ist jedoch kein Kredit- oder Finanzdienstleistungsinstitut im Sinne von § 1 Abs. 1, 1a KWG und untersteht deshalb nicht der Aufsicht der BaFin nach § 6 Abs. 1 KWG. Auch eine Aufsichts- und Kontrollkompetenz der BaFin nach § 44 Abs. 1 Satz 2 KWG scheidet aus, da der private Anbieter des Online-Kontrollsystems seine Tätigkeit nicht als Outsourcing-Nehmer, d.h. im Rahmen der Funktionsauslagerung eines Kredit- oder Finanzinstitutes im Sinne von § 1 Abs. 1, 1a KWG, sondern als Instrument der insolvenzgerichtlichen Aufsicht (§ 58 Abs. 1 InsO) erbringt.

4.4.1.5. Beachtliche Geheimhaltungsinteressen des Insolvenzschuldners

Die Übertragung der Online-Kontrolle des Massekontos auf einen privaten Dienstleister als einen im Verhältnis zum Insolvenzverwalter, zum kontoführenden Kreditinstitut und zum Insolvenzschuldner außenstehenden Dritten wirft die Frage nach der Beachtlichkeit von Geheimhaltungsinteressen des Insolvenzschuldners

2548 *Hofmann*, Outsourcing und Bankenaufsicht, § 25a Abs. 2 KWG, S. 49; Beck/Samm-*Samm*, § 25 KWG, Rdnr. 21a.
2549 Boos/Fischer/Schulte-Mattler-*Fülbier*, § 1 KWG, Rdnr. 27.
2550 Boos/Fischer/Schulte-Mattler-*Fülbier*, § 1 KWG, Rdnr. 24–25.
2551 Boos/Fischer/Schulte-Mattler-*Fülbier*, § 1 KWG, Rdnr. 119.

hinsichtlich der von der Online-Kontrolle erfassten Bank- und Kontodaten auf, die einer Online-Kontrolle durch Dritte entgegenstehen könnten.

Der Insolvenzverwalter hat die Insolvenzmasse getrennt von seinem Vermögen und von anderen Insolvenzmassen zu verwalten und hierzu ein verfahrensbezogenes Anderkonto („Massekonto“) – üblicherweise als eine Unterform des offenen Treuhandkontos – einzurichten.[2552] Das dem Massekonto zugrunde liegende Bankvertragsverhältnis zwischen dem Insolvenzverwalter und dem kontoführenden Kreditinstitut verpflichtet letzteres zur Wahrung des Bankgeheimnisses nur gegenüber dem Insolvenzverwalter, nicht jedoch gegenüber dem nicht vertragsbeteiligten Insolvenzschuldner. Das Massekonto dient der Verwahrung der massezugehörigen Geldbestände, die nach § 80 Abs. 1 InsO dem alleinigen Verwaltungs- und Verfügungsrecht des Insolvenzverwalters unterliegen. Ein Recht des Insolvenzschuldners an Guthaben auf dem Massekonto besteht nicht (vgl. nur § 81 Abs. 1 InsO). Da die Online-Kontrolle ausschließlich die Kontendaten des Massekontos erfasst, ist die Entbindung des kontoführenden Kreditinstituts von der Wahrung des Bankgeheimnisses durch den Insolvenzverwalter notwendig und ausreichend.[2553] Dieses gilt gleichermaßen für das von einem „starken“ vorläufigen Insolvenzverwalter eingerichtete Massekonto, da auf diesen gem. § 22 Abs. 1 InsO die Verwaltungs- und Verfügungsbefugnis über das Vermögen des Insolvenzschuldners übergeht.

Schließlich spricht gegen das Erfordernis einer Zustimmung des Insolvenzschuldners zur Durchführung der Online-Kontrolle, dass dieses Kontrollsystem dem Insolvenzgericht in einem vereinfachten technischen Verfahren nur die Kenntnis von den Geschäftsvorfällen auf dem Massekonto verschafft, die es im Rahmen der insolvenzgerichtlichen Aufsicht gem. §§ 58 Abs. 1, 66 InsO jederzeit vom Insolvenzverwalter einfordern kann.

4.4.2. Kostentragung des Kontrollsystems

Die Einrichtung eines Online-Kontrollsystems und die laufende Datenaufnahme und -verarbeitung wird nicht unentgeltlich erfolgen. Zwar hat der Anbieter die Möglichkeit, durch eine attraktive Preisgestaltung die Akzeptanz eines solchen Kontrollsystems bei Insolvenzgerichten und Insolvenzverwaltern zu erhöhen, gleichwohl stellt sich die Frage nach der Kostentragungslast.

4.4.2.1. Allgemeine Geschäftskosten?

Eine Kostentragungslast des Insolvenzverwalters könnte auf § 4 Abs. 1 Satz 1 InsVV gestützt werden. Voraussetzung hierfür ist, dass die Kosten der Einrichtung und der laufenden Datenverarbeitung zu den allgemeinen Geschäftskosten zu zählen sind, die gem. § 4 Abs. 1 Satz 1 InsVV mit der Verwaltervergütung abgegol-

---

2552 Siehe Kap. H.I.2.6.2. De lege ferenda soll das Massekonto nur als Sonderkonto für fremde Gelder (Anderkonto) geführt werden, vgl. Kap. H.I.2.6.1.

2553 MK-*Füchsl/Weishäupl*, § 149 InsO, Rdnr. 56.

ten werden und nicht gesondert als Auslagen aus der Insolvenzmasse erstattungsfähig sind. Zu den allgemeinen Geschäftskosten gehören der Büroaufwand des Insolvenzverwalters einschließlich der Gehälter seiner Angestellten, auch soweit diese anlässlich des Insolvenzverfahrens eingestellt worden sind (§ 4 Abs. 1 Satz 1 InsVV). Der Büroaufwand erfasst sämtliche Kosten der Insolvenzverwalterkanzlei, wie Raum- und Gerätemieten, Leasinggebühren, Fachliteratur, EDV und technische Ausstattung oder Versicherungsprämien.[2554]

Für eine Behandlung der Kosten als allgemeine Geschäftskosten gem. § 4 Abs. 1 Satz 1 InsVV kann ein Verständnis des Online-Kontrollsystems als Bestandteil der vom Insolvenzverwalter zur Führung der Tabelle und zur Darstellung der Masseverwertung und -verwaltung verwandten Software sprechen, deren Kosten als allgemeine Geschäftskosten gem. § 4 Abs. 1 Satz 1 InsVV vom Insolvenzverwalter zu tragen sind. Andererseits sind unter allgemeinen Geschäftskosten i.S.d. § 4 Abs. 1 Satz 1 InsVV die fortlaufend für die Unterhaltung eines Verwaltungsbüros anfallenden Kosten zu verstehen, ohne dass diese bestimmten Tätigkeiten oder Verfahren konkret zuzuordnen sind.[2555] Die Online-Kontrolle der Massekonten erfolgt dagegen in Erfüllung der Aufsichtspflicht des Insolvenzgerichts, insbesondere durch Amtsermittlungen gem. § 5 Abs. 1 InsO. Die mit Amtsermittlungsmaßnahmen verbundenen Kosten, wie z.B. die Vergütung des zur Prüfung der Zwischen- oder Schlussrechnungslegung des Insolvenzverwalters bestellten Sachverständigen, sind Kosten oder Auslagen des Gerichtes gem. § 3 Abs. 2 GKG und nicht allgemeine Geschäftskosten des Insolvenzverwalters.

4.4.2.2. Masseschuld gem. § 55 Abs. 1 Nr. 1 InsO?

Eine (unmittelbare) Kostentragungslast der Insolvenzmasse setzt die Einstufung der Kosten des Online-Kontrollsystems als sonstige Masseverbindlichkeiten gem. § 55 InsO voraus. In Betracht kommt hier lediglich eine Masseverbindlichkeit gem. § 55 Abs. 1 Nr. 1 InsO. Hiernach sind als sonstige Masseverbindlichkeiten die durch Handlungen des Insolvenzverwalters oder in anderer Weise durch die Verwaltung, Verwertung und Verteilung der Insolvenzmasse begründeten Verbindlichkeiten zu behandeln, wenn diese nicht bereits zu den Massekosten gem. § 54 InsO gehören.

Das Tatbestandsmerkmal *„durch Handlungen des Insolvenzverwalters"* setzt den Abschluss eines Rechtsgeschäftes durch den Insolvenzverwalter für die Insolvenzmasse voraus.[2556] Das Online-Kontrollsystem wird aber vom Insolvenzgericht im Rahmen der Aufsichtsausübung in Anspruch genommen. Das Einverständnis des Insolvenzverwalters in eine Online-Abfrage der Kontendaten des Massekontos kann nicht als Rechtsgeschäft des Insolvenzverwalters für die Insolvenzmasse gewertet werden.

2554 MK-*Nowak*, § 4 InsVV, Rdnr. 2; *Haarmeyer/Wutzke/Förster*, § 4 InsVV, Rdnr. 5.
2555 *Haarmeyer/Wutzke/Förster*, § 4 InsVV, Rdnr. 3.
2556 MK-*Hefermehl*, § 55 InsO, Rdnr. 21.

Eine Behandlung der Kosten des Online-Kontrollsystems als Verwaltungs-, Verwertungs- und Verteilungskosten der Insolvenzmasse scheidet aus dem gleichen Grunde aus. Solche Masseverbindlichkeiten entstehen aus Rechtsgeschäften, die der Insolvenzverwalter zum Zwecke der Verwaltung, Verwertung und Verteilung der Insolvenzmasse eingeht.[2557] Das wesentliche Merkmal einer Masseverbindlichkeit gem. § 55 InsO liegt darin, dass der von der Insolvenzmasse aufzubringende Leistung ein angemessenes Äquivalent gegenübersteht[2558] und sich das Handeln des Insolvenzverwalters auf Geschäfte bezieht, die der gemeinschaftlichen Gläubigerbefriedigung und der Verwirklichung der Ziele des Insolvenzverfahrens gem. § 1 InsO dienen[2559]. Demgegenüber stehen die Kosten der insolvenzgerichtlichen Aufsicht nicht in einem originären Zusammenhang mit der Verwaltung, Verwertung und Verteilung der Insolvenzmasse, weshalb sich eine Einordnung als sonstige Masseverbindlichkeit gem. § 55 InsO nicht begründen lässt.

Etwas anderes könnte möglicherweise in dem Fall angenommen werden, dass die Gläubigerversammlung im Berichtstermin entsprechend § 66 Abs. 3 InsO oder ein bestellter Gläubigerausschuss gem. § 69 InsO dem Insolvenzverwalter den Auftrag erteilt, die Geschäftsvorfälle auf dem Massekonto der Online-Kontrolle durch das Insolvenzgericht zu unterziehen. Hiergegen spricht jedoch, dass durch Beschluss der Gläubigergesamtheit nicht Masseverbindlichkeiten begründet werden können, die nicht die Voraussetzungen des § 55 InsO erfüllen. Denn die Aufzählung der Masseverbindlichkeiten in § 55 InsO ist eine abschließende.[2560] Auch blieben die vorläufige Insolvenzverwaltung, das vereinfachte Insolvenzverfahren nach §§ 311ff. InsO und die Wohlverhaltensperiode kontrollfrei, wenn man die Möglichkeit zur Online-Kontrolle durch das Insolvenzgericht mit einer entsprechenden Beschlussfassung der Organe der Gläubigergesamtheit verknüpft.

Die Kosten eines Online-Kontrollsystems des Massekontos können daher nicht als Masseschulden (§ 55 InsO) qualifiziert werden.

4.4.2.3. Massekosten gem. § 54 Nr. 1 InsO

Ordnet man die Kosten des Online-Kontrollsystems zutreffend dem Verantwortungsbereich des Insolvenzgerichts zu, könnte eine Kostentragungslast des Justizfiskus gem. § 54 Nr. 1 InsO begründet sein. Kosten des Insolvenzverfahrens sind nur solche Gebühren und Auslagen, die den Schuldner als Träger der Insolvenzmasse treffen, d.h. nicht die Kosten, die vom Schuldner persönlich oder von einem Gläubiger zu tragen sind.[2561] Die gesetzliche Grundlage für die Kostenerhebung ist durch § 3 Abs. 2 GKG geschaffen, der auf das Kostenverzeichnis (Anlage 1 zu § 3 Abs. 2 GKG) verweist. Die Gebührentatbestände sind in Nr. 2310 bis 2364 und die Auslagen in Nr. 9000ff. des Kostenverzeichnisses geregelt. Die Aufzählung der

2557 MK-*Hefermehl*, § 55 InsO, Rdnr. 18.
2558 MK-*Hefermehl*, § 55 InsO, Rdnr. 15.
2559 MK-*Hefermehl*, § 55 InsO, Rdnr. 14; Uhlenbruck-*Berscheid*, § 55 InsO, Rdnr. 7.
2560 MK-*Hefermehl*, § 55 InsO, Rdnr. 20.
2561 MK-Hefermehl, § 54 InsO, Rdnr. 8; Uhlenbruck-*Berscheid*, § 54 InsO, Rdnr. 2.

Auslagen in Nr. 9000ff. des Kostenverzeichnisses erfasst die Kosten eines Online-Kontrollsystems nicht.

Da diese Aufzählung als abschließend anzusehen ist[2562], scheidet eine Behandlung dieser Kosten als Gerichtskosten gem. § 54 Nr. 1 InsO aus. Es bedarf somit einer entsprechenden Anpassung des Kostenverzeichnisses durch den Gesetzgeber, die durch eine Ergänzung der Nr. 9009 des Kostenverzeichnisses wie folgt umgesetzt werden könnte:

> *„An Dritte zu zahlende Beträge für*
> 1. *(...)*
>
> *(...)*
> 5. *die Inanspruchnahme eines elektronischen Informations- und Kommunikationssystems durch das Insolvenzgericht.*
>
> *in voller Höhe."*

Da die Massekosten gem. § 54 Nr. 1 InsO vorweg aus der Insolvenzmasse zu befriedigen sind (§ 53 InsO), kann auf diese Weise eine letztendliche Kostenlast der Insolvenzmasse erreicht werden, wenn nicht Masselosigkeit gem. § 207 InsO[2563] gegeben ist oder wenn nicht die Verfahrenskosten gem. § 4a InsO gestundet worden sind. Diese Mehrbelastung des Staatshaushaltes ist angesichts der durch das Online-Kontrollsystem eröffneten Verbesserung der insolvenzgerichtlichen Aufsicht und Reduzierung des Staatshaftungsrisikos vertretbar.

4.5. Ergebnis und Stellungnahme

Die Kontrolle der Kontenstände und -bewegungen auf dem Massekonto durch das Insolvenzgericht kann der Risikofrüherkennung und -vermeidung dienen. In Abhängigkeit von der technischen Konfiguration können mit dem Kontrollsystem auch Arbeitserleichterungen für das Insolvenzgericht und den Insolvenzverwalter, z.B. bei der Zwischen- und Schlussrechnungslegung gem. § 66 InsO, verbunden sein. Die Aufnahme, Ver- und Bearbeitung von Kontendaten durch Externe gehört inzwischen zur allgemeinen Praxis im Finanzdienstleistungsbereich, so dass hier die Einführung eines Online-Kontrollsystems aus technischer Sicht kein Novum darstellt.

Ein Online-Kontrollsystem erfasst dem Bankgeheimnis unterliegende Daten und unterliegt daher dem AGB-rechtlichen Bankgeheimnis. Da es sich bei dem Betreiber des Online-Kontrollsystems nicht um einen, von dem das Massekonto führenden Kreditinstitut im Rahmen des Outsourcing von IT-Leistungen verpflichteten, externen Dienstleister handelt, fällt die Weitergabe von Kontendaten an diesen ebenfalls unter das Bankgeheimnis. Das massekontoführende Kreditinstitut kann von seiner Verschwiegenheitsverpflichtung durch eine Einwilligungserklärung des In-

---

2562 *Meyer*, § 3 GKG, Rdnr. 28.
2563 Nach § 207 Abs. 3 InsO wären dann die Auslagen des Insolvenzgerichtes vor den Gerichtsgebühren quotal zu befriedigen.

solvenzverwalters in die Aufnahme und Verarbeitung der Kontendaten durch den Anbieter des Online-Kontrollsystems entbunden werden. Eine solche Einwilligungserklärung des Insolvenzverwalters ist auch aus datenschutzrechtlicher Sicht erforderlich, da die Tätigkeit des Online-Kontrollsystems nicht für das massekontoführende Kreditinstitut erfolgt und folglich nicht als Auftragsdatenverarbeitung gem. § 11 BDSG, die nach § 3 Abs. 8 Satz 3 BDSG keine datenschutzrechtlich geschützte Übermittlung darstellt, angesehen werden kann. Die datenschutzrechtliche Zulässigkeit der Weitergabe von Kontendaten durch das Kreditinstitut an den Betreiber des Online-Kontrollsystems ist daher von der Einwilligung des betroffenen Insolvenzverwalters abhängig (§§ 4 Abs. 1, 4 a BDSG). Der private Anbieter einer Online-Kontrolle von Massekonten im Insolvenzverfahren untersteht nicht der Aufsicht durch die BaFin, da er nicht als Kredit- oder Finanzdienstleistungsinstitut im Sinne von § 1 Abs. 1, 1 a KWG zu qualifizieren ist und seine Tätigkeit keine Funktionsauslagerung eines Kredit- oder Finanzinstitutes im Sinne von § 1 Abs. 1, 1 a KWG darstellt. Eine Zustimmung des Insolvenzschuldners zur Durchführung der Online-Kontrolle ist nicht erforderlich.

Die Online-Kontrolle der Massekonten kann zwar nicht verhindern, dass ein ungetreuer Insolvenzverwalter mit einem Schlag die von ihm geführten Massekonten „leerräumt“ und sich dem zivil- und strafrechtlichen Zugriff durch eine Flucht ins Ausland entzieht, es kann jedoch eine solche Untreuehandlung frühzeitig aufdecken.[2564] Andererseits darf man nicht den Arbeitsmehraufwand, den dieses System bei den Insolvenzgerichten und den Insolvenzverwaltern verursachen wird, außer Acht lassen. Insbesondere die Rechtspfleger werden aus Sorge vor der Amtshaftung[2565] regelmäßig die Online-Kontrolle ausüben und sich Kontobewegungen, die erhebliche Beträge umfassen oder aus dem Buchungstext nicht sofort erklärbar sind, vom Insolvenzverwalter erläutern lassen, was wiederum bei diesem zu einem Berichtsmehraufwand führt.

Die Allgemeinverbindlichkeit eines Online-Kontrollsystems bedarf der gesetzlichen Regelung, die auch die Kostentragungslast umfassen muss.

2564 Der sich über mehrere Jahre erstreckende Verbrauch von Massegeldern für private Zwecke des Insolvenzverwalters, wie im Fall „Mühl“, würde ausgeschlossen werden.
2565 Siehe Kap. G.I.5.

I. Risikomanagement der insolvenzgerichtlichen Aufsicht

Die insolvenzgerichtliche Aufsicht über den Insolvenzverwalter kann, wie der Fall „Mühl“ zeigt, nur dann wirksam sein, wenn sie präventiv auf die Schadensvermeidung und nicht nur repressiv auf die Schadensbeseitigung ausgerichtet ist. Eine wirksame Aufsicht ist aber notwendige Bedingung für das Vertrauen der beteiligten Insolvenzgläubiger und die interessierte Öffentlichkeit in die Ordnungsmäßigkeit der Insolvenzabwicklung. Ein Anhaltspunkt für ein auch die präventive Ausrichtung umfassendes Verständnis von der insolvenzgerichtlichen Aufsicht lässt sich aus § 56 Abs. 1 InsO ableiten. Durch die Auswahl eines für den Einzelfall geeigneten, geschäftskundigen und unabhängigen Insolvenzverwalters soll das Risiko fehlerhafter Verfahrensabwicklung gering gehalten werden. Ihr kommt zugleich eine grundlegende Bedeutung für das Insolvenzverfahren zu, wie sich auch in der Beschränkung der Gläubigerautonomie durch § 57 Satz 3 InsO zeigt.

Einer präventiven Aufsicht sind aber insbesondere in tatsächlicher Hinsicht Grenzen gesetzt. Ein Mehr an Aufsicht birgt das Risiko einer Bürokratisierung der Verfahrensabwicklung in sich und gefährdet dann die Erreichung der Insolvenzzwecke in einem zügig abgewickelten Insolvenzverfahren. Von Seiten der Insolvenzrichter und -rechtspfleger wird eingewandt werden, dass die allgemeine Arbeitsbelastung eine weitergehende und intensivere Aufsicht nicht zulässt. Das Kapazitätsargument ist jedoch bei einer Verletzung der Aufsichtspflicht nicht geeignet, die Insolvenzgerichte in Bezug auf die Amtshaftung zu exkulpieren. Die Insolvenzgerichte können sich auch wegen der negativen Auswirkung auf das Vertrauen der Beteiligten in die Wahrung ihrer Interessen durch das Insolvenzverfahren ihrer Aufsichtspflicht nicht entziehen, sondern müssen eine bestmögliche Aufsicht über den Insolvenzverwalter bei beschränkten personellen und sachlichen Kapazitäten gewährleisten.

Es soll nachfolgend ein Weg aufgezeigt werden, wie unter Zuhilfenahme der Erkenntnisse der zur Unternehmensführung gehörenden Grundsätze des Risikomanagements die insolvenzgerichtliche Aufsicht über den Insolvenzverwalter bei begrenzter personeller und sachlicher Ausstattung der Insolvenzgerichte bereits präventiv effizient wirken kann, ohne zugleich eine „Verbürokratisierung“ des Insolvenzverfahrens und eine unvertretbare Arbeitsmehrbelastung für die Insolvenzrichter und die Insolvenzrechtspfleger nach sich zu ziehen. Hat dagegen der Insolvenzverwalter bereits eine Pflichtverletzung begangen, so stellt sich für das Insolvenzgericht lediglich die Frage nach der richtigen Aufsichtsmaßnahme.

I. Risikomanagement und Aufsicht des Insolvenzgerichts

Die effektive und effiziente Überwachung von Prozessen bei gleichzeitig begrenzten Ressourcen ist Bestandteil der Unternehmensführung. Auch der Gesetzgeber hat der grundsätzlichen Bedeutung der Grundsätze des Risikomanagements (risk management) in verschiedenen gesetzlichen Regelungen Rechnung getragen. Es liegt daher nahe, sich die Erkenntnisse des unternehmerischen Risikomanagements auch für die insolvenzgerichtliche Aufsicht nutzbar zu machen.

1. Exkurs: Gesetzliche Regelungen des Risikomanagements

Mit der Einführung des Gesetzes zur Kontrolle und Transparenz im Unternehmensbereich (KonTraG)[2566] und der Novellierung des Europäischen Zollrechts[2567] hat der Gesetzgeber die Anwendung eines Risikomanagements für bestimmte Bereiche als Pflicht normiert.

1.1. KonTraG

Mit dem KonTraG hat der Gesetzgeber auf die durch die Unternehmenskrisen der 90-iger Jahre[2568] einsetzende corporate-governance-Diskussion und die oft kritisierte Kontrollschwäche in deutschen Unternehmen reagiert.[2569] Ziele des KonTraG sind u.a. die Verbesserung der Qualität der handelsrechtlichen Jahresabschlussprüfung, der Kontrollmöglichkeiten durch den Aufsichtsrat und die Verbesserung der Information der Entscheidungsträger im Unternehmen. Zu diesem Zweck ändert das KonTraG eine Reihe von Vorschriften insbesondere im AktG und im HGB.

Der Vorstand der Aktiengesellschaft ist mit der Einführung der Vorschrift des § 91 Abs. 2 AktG durch das KonTraG verpflichtet, im Interesse einer Verbesserung der Transparenz geeignete Maßnahmen zu treffen, insbesondere ein effektives Überwachungs- und Kontrollsystem einzuführen, damit den Fortbestand der Gesellschaft gefährdende Entwicklungen, wie z.B. risikobehaftete Geschäfte, Unrichtigkeiten der Rechnungslegung und Verstöße gegen gesetzliche Vorschriften, vermieden werden. Die Maßnahmen interner Überwachung sollen so eingerichtet sein, dass Fehlentwicklungen frühzeitig, also zu einem Zeitpunkt erkannt werden, in dem noch geeignete Maßnahmen zur Sicherung des Fortbestandes der Gesellschaft ergriffen werden können.[2570] Die Einrichtung eines solchen Überwachungs-

2566 BT-Drucks. 13/9712.
2567 Verordnung (EWG) Nr. 2913/92 des Rates vom 12. 10. 1992 zur Festlegung des Zollkodex der Gemeinschaften, geändert durch VO (EG) Nr. 648/2005 vom 13. 4. 2005, ABl.I. 117, 13 ff.
2568 Z.B. die Fälle der Balsam AG, des Herrn Schneider oder der Metallgesellschaft AG.
2569 MK-*Hefermehl/Spindler*, § 91 AktG, Rdnr. 14; *Spannagl/Häßler*, Ein Ansatz zur Implementierung eines Risikomanagement-Prozesses, DStR 1999, 1826.
2570 Begrd. des RegE vom 6. 11. 1997 BR-Drucks. 872/97, S. 36.

systems konkretisiert die allgemeine Leitungsaufgabe des Vorstands (§ 76 Abs. 1 AktG) und die Anforderungen an dessen Sorgfaltspflichten (§ 93 Abs. 1 AktG).

Unterschiedlich beurteilt wird, ob diese Vorschrift zur Einrichtung eines „risk management" im Sinne der Betriebswirtschaftslehre, verstanden als präventiv ausgerichtetes System zur Überwachung von risikoträchtigen Entwicklungen,[2571] oder nur eines Systems zur Überwachung der Einhaltung der vom Vorstand eingeleiteten Maßnahmen[2572] verpflichtet.

Mit der Vorschrift des § 91 Abs. 2 AktG korrespondiert die Erweiterung des Prüfungsrahmens für Gesellschaften mit amtlicher Börsennotiz durch die Vorschrift des § 317 Abs. 4 HGB, nach der der Jahresabschlussprüfer zu beurteilen hat, ob der Vorstand die ihm nach § 91 Abs. 2 AktG obliegenden Maßnahmen in einer geeigneten Form getroffen hat und ob das danach einzurichtende Überwachungssystem seine Aufgaben erfüllen kann. Das Ergebnis dieser Beurteilung und zur Verbesserung des internen Überwachungssystems erforderliche Maßnahmen müssen in einem besonderen Teil des Prüfungsberichtes dargestellt werden (§ 321 Abs. 4 HGB). Der Aufsichtsrat hat gem. § 111 Abs. 1 AktG die Geschäftsführung durch den Vorstand zu überwachen, insbesondere auch die Erfüllung der Verpflichtungen aus § 91 Abs. 2 AktG, und gem. § 111 Abs. 3 AktG eine Hauptversammlung einzuberufen, wenn es das Wohl der Gesellschaft erfordert.

1.2. Novellierung des Zollrechts

Das Europäische Zollrecht wurde im Frühjahr 2005 durch die Einführung eines Risikomangements und eines zugelassenen Wirtschaftsbeteiligten novelliert, um ein gleichwertiges Zollkontrollniveau in der Europäischen Union zu gewährleisten.[2573] Risikomanagement wird dabei gesetzlich definiert als systematisches Ermitteln des Risikos durch Sammlung von Daten, die Analyse und Bewertung von Risiken, die Durchführung aller zur Risikobegrenzung erforderlichen Maßnahmen sowie die Überwachung und Überarbeitung dieses Prozesses auf der Basis internationaler, gemeinschaftlicher und einzelstaatlicher Quellen und Strategien.[2574]

Neben dem Konzept des Risikomanagements wird der Status des von allen Zollbehörden der EU-Mitgliedstaaten anerkannten „zugelassenen Wirtschaftsbeteiligten" eingeführt, dessen Verleihung die Einhaltung bestimmter Zuverlässigkeitskriterien erfordert, was mindestens jedes dritte Jahr geprüft werden soll.[2575]

2571 MK-*Hefermehl/Spindler*, § 91 AktG, Rdnr. 16, 22.
2572 Hüffer-*Hüffer*, § 91 AktG, Rdnr. 8; *Sommerfeld*, Konzeption eines einheitlichen integrierten Risikomanagements, KSI 2008, 18, 19.
2573 VO (EG) Nr. 648/2005 v. 13. 4. 2005, Abl.I.17, 13 ff.; *Hölscher*, Novellierung des Zollrechts durch Einführung des Risikomangements, BB 2005, 2444 ff.
2574 *Hölscher*, Novellierung des Zollrechts durch Einführung des Risikomangements, BB 2005, 2444, 2445.
2575 Art. 5 a VO(EG) Nr. 648/2005 v. 13. 4. 2005; *Hölscher*, Novellierung des Zollrechts durch Einführung des Risikomangements, BB 2005, 2444, 2445.

1.3. Implikationen für die insolvenzgerichtliche Aufsicht

Die Unternehmensverfassung der Aktiengesellschaften lässt an das in der InsO geregelte Verhältnis zwischen Insolvenzgläubigern, Gläubigerausschuss und Insolvenzverwalter denken. So ist die Aufgabenverteilung zwischen dem Aufsichtsrat und dem Vorstand einer Aktiengesellschaft auf den ersten Blick mit derjenigen zwischen dem Gläubigerausschuss und dem Insolvenzverwalter vergleichbar.[2576] Die Mitglieder des Aufsichtsrats werden gem. § 101 Abs. 1 AktG von der Hauptversammlung gewählt. Die Hauptversammlung ist das Willensbildungsorgan der Aktionäre[2577], die in ihrer Gesamtheit wirtschaftlich Eigentümer der Aktiengesellschaft sind. Die Einsetzung eines Gläubigerausschusses und dessen Zusammensetzung gem. § 68 Abs. 1 InsO wird von der Gläubigerversammlung beschlossen, auch wenn das Insolvenzgericht vor der ersten Gläubigerversammlung gem. § 67 Abs. 1 InsO einen Gläubigerausschuss eingesetzt hat (§ 68 Abs. 1 Satz 2 InsO). Da die Insolvenzmasse das Haftungssubstrat für die Befriedigung der Forderungen der Gläubiger ist, kann deren Gesamtheit wie die Aktionäre bei der AG als wirtschaftlicher Eigentümer der Insolvenzmasse bezeichnet werden. Ebenso wie der Aufsichtsrat gem. § 111 Abs. 1 AktG die Geschäftsführung durch den Vorstand zu überwachen hat, hat der Gläubigerausschuss gem. § 69 InsO die Geschäftsabwicklung durch den Insolvenzverwalter zu überwachen. Anders als der Vorstand durch den Aufsichtsrat (§ 84 Abs. 1 AktG) wird der Insolvenzverwalter jedoch nicht vom Gläubigerausschuss bestellt. Aus § 120 Abs. 2 Satz 1 AktG folgt, dass der Aufsichtsrat Teil der Verwaltung der AG ist[2578] und dem Vorstand gegenüber gleichberechtigt ist.[2579] Demgegenüber liegt die Abwicklung des Insolvenzverfahrens, auch wenn ein Gläubigerausschuss bestellt ist, allein in der Verantwortung des Insolvenzverwalters. Nach § 197 Abs. 1 InsO ist Gegenstand des Schlusstermins die Erörterung der gem. § 66 Abs. 2 InsO vom Insolvenzgericht und einem Gläubigerausschuss geprüften Schlussrechnung des Insolvenzverwalters, nicht dagegen die Tätigkeit des Gläubigerausschusses oder gar dessen „Entlastung".

Für die insolvenzgerichtliche Aufsicht lässt sich hieraus ableiten, dass eine Intensivierung der Aufsicht über den Insolvenzverwalter durch Bestellung eines Gläubigerausschuss erreicht werden kann. Jedoch wird durch diesen – wie bereits festgestellt worden ist[2580] – das Maß und die Intensität der insolvenzgerichtlichen Aufsicht durch die Existenz eines Gläubigerausschusses nicht gemindert. Der Insolvenzrichter kann anhand der gutachterlichen Feststellungen des Sachverständigen im Eröffnungsverfahren beurteilen, ob nach den besonderen Verhältnissen des Insolvenzschuldners eine intensivere Aufsicht über die Abwicklung des Insolvenzverfahrens durch einen Gläubigerausschuss erforderlich ist, und gegebenen-

2576 Ebenso *Fürst,* Prüfungs- und Überwachungspflichten, DZWiR 2006, 499, 501; Kübler/Prütting-*Kübler,* § 69 InsO, Rdnr. 2.
2577 Hüffer-*Hüffer,* § 101 AktG, Rdnr. 3.
2578 MK-*Semler/Spindler,* Vor § 76 AktG, Rdnr. 52.
2579 MK-*Semler/Spindler,* Vor § 76 AktG, Rdnr. 53.
2580 Siehe Kap. C.III.5.1.2.

falls mit der Eröffnung des Insolvenzverfahrens neben dem Insolvenzverwalter gem. § 67 Abs. 1 InsO auch einen vorläufigen Gläubigerausschuss bestellen.[2581] Da der Sachverständige gem. § 5 Abs. 1 InsO in der Insolvenzpraxis regelmäßig auch zum Insolvenzverwalter bestellt wird, kann dieser veranlasst werden, auch eine Empfehlung für die Zusammensetzung des vorläufigen Gläubigerausschusses zu geben. Gegen die häufigere Bestellung eines vorläufigen Gläubigerausschusses kann nicht mit Erfolg eingewandt werden, dass diese zu einer Beschränkung der Gläubigerautonomie durch das Insolvenzgericht führt, denn diese wird durch die Wahlmöglichkeit gem. § 68 InsO in der ersten, auf die Verfahrenseröffnung folgenden Gläubigerversammlung gewahrt. Auch die Belastung der Insolvenzmasse mit der Vergütung der Mitglieder des Gläubigerausschusses ist kein Argument gegen den vermehrten Einsatz des Gläubigerausschusses zur Verbesserung der Aufsicht über den Insolvenzverwalter. Denn Kosten der Aufsicht über den Vermögensverwalter sind nach einem allgemeinen, aus §§ 667ff. BGB folgenden zivilrechtlichen Grundsatz von demjenigen zu tragen, in dessen Interesse die staatlich organisierte Vermögensverwaltung und -verwertung erfolgt.

Die mit dem KonTraG eingeführten Vorschriften der § 91 Abs. 2 AktG und § 317 Abs. 4 HGB ergeben für die Aufsicht des Insolvenzgerichts gem. § 58 InsO die Verpflichtung, in Wahrnehmung der Aufsicht ein System zur Kontrolle und Überwachung der Insolvenzverwaltung einzuführen, mit dem negativ auf die Insolvenzmasse wirkende Pflichtverstöße des Insolvenzverwalters frühzeitig erkannt werden können, um diesen mit den geeigneten aufsichtsrechtlichen Maßnahmen zu begegnen.

2. Die Grundsätze des Risikomanagements

In der modernen betriebswirtschaftlichen Diskussion und Unternehmenspraxis wird das Risikomanagement generell als Bestandteil der Unternehmensführung behandelt[2582]. Denn unternehmerische Verantwortung impliziert Entscheidungen, bei denen die zukünftige Entwicklung nicht genau vorhergesehen werden kann.[2583] Ein einheitlicher Begriff des Risikomanagements ist nicht erkennbar.[2584] Grundsätzlich besteht dessen Aufgabe darin, Risiken zu erkennen und strategisch zu steuern. Dabei sind Risiken ganz allgemein Gefahren, die einen Prozess der Zielsetzung und Zielerreichung begleiten und negativ beeinflussen können.[2585]

2581 De lege ferenda soll das Insolvenzgericht durch § 21 Abs. 2 Satz 1 Nr. 6 GAVI-InsO (Fn. 27) ermächtigt werden, bereits im Eröffnungsverfahren einen vorläufigen Gläubigerausschuss zu bestellen und damit die Überwachung des vorläufigen Insolvenzverwalters zu intensivieren.

2582 *Gabler*, „Risk-Management" Ziff. III.; *Weber, et al.*, Ausgestaltung eines unternehmerischen Chancen- und Risikomanagements nach dem KonTraG, DStR 1999, 1710, 1711.

2583 *Weber, et al.*, Ausgestaltung eines unternehmerischen Chancen- und Risikomanagements nach dem KonTraG, DStR 1999, 1710, 1711.

2584 *Sommerfeld*, Konzeption eines einheitlichen integrierten Risikomanagements, KSI 2008, 18.

2585 *Gabler*, „Risk-Management" Ziff. I.

I. Risikomanagement der insolvenzgerichtlichen Aufsicht

2.1. Risikobegriff

In der betriebswirtschaftlichen Literatur wird der Begriff Risiko unterschiedlich definiert.[2586] Wohl gängig ist die Unterteilung zwischen dem Risiko im engeren Sinne, als Schadensgefahr verstanden, und dem Risiko im weiteren Sinne, als Verlustgefahr bzw. als verpasste Chance in Verbindung mit dem unternehmerischen Handeln verstanden.[2587] Eine allumfassende Risikodefinition könnte lauten: *„Unter Risiko werden alle unternehmensinternen und unternehmensexternen Vorgänge verstanden, die die Erreichung der geschäftlichen Ziele bzw. Strategien in einem festgelegten Betrachtungszeitraum (z.B. Planungszeitraum der operativen Planung) negativ beeinflussen können."*[2588]

2.2. Risikomanagementsystem

Das Risikomanagementsystem wird häufig in drei organisatorisch selbständige Subsysteme – das interne Überwachungssystem, das Controlling und ein Frühwarnsystem – gegliedert.[2589] Das interne Überwachungssystem umfasst die organisatorischen Sicherungsmaßnahmen und alle Überwachungsmaßnahmen, wie die internen Prüfungen und Kontrollen, die durch nicht in den Arbeitsablauf einbezogene, unternehmensinterne Subjekte ausgeführt werden.[2590] Das Controlling ist ein bereichsübergreifendes Führungs- und Informationssystem für die Koordination von Kontrolle, Steuerung, Planung und Informationsversorgung.[2591] Durch das Frühwarnsystem soll die Reaktionszeit des Managements auf Risiken reduziert werden.[2592] Es geht hierbei um das Beschreiben und das Erkennen von Mustern, die den Eintritt eines Risikos begründen.[2593] Das Risikomanagementsystem hat sämtliche Risiken aus unternehmerischem Handeln zu berücksichtigen[2594] und einen Prozess zu definieren, der sicherstellt, dass das Risikomanagement ein fester Bestandteil im Unternehmen wird und eine eigene Ablauforganisation hat.[2595] Be-

---

2586 Vgl. *Spannagl/Häßler*, Ein Ansatz zur Implementierung eines Risikomanagement-Prozesses, DStR 1999, 1826, 1827; *Wolf/Runzheimer*, S. 29 ff.

2587 *Bungartz*, Risk Reporting, S. 40; *Spannagl/Häßler*, Ein Ansatz zur Implementierung eines Risikomanagement-Prozesses, DStR 1999, 1826, 1827; *Weber, et al.*, Ausgestaltung eines unternehmerischen Chancen- und Risikomanagements nach dem KonTraG, DStR 1999, 1710, 1711.

2588 *Spannagl/Häßler*, Ein Ansatz zur Implementierung eines Risikomanagement-Prozesses, DStR 1999, 1826, 1827.

2589 *Bungartz*, Risk Reporting, S. 41; *Spannagl/Häßler*, Ein Ansatz zur Implementierung eines Risikomanagement-Prozesses, DStR 1999, 1826, 1828. *Sommerfeld* unterscheidet zwischen Risiko-, Gefährdungs- und Krisenmanagement als Bestandteile eines integrierten Risikomanagements, in: Konzeption eines einheitlichen integrierten Risikomanagements, KSI 2008, 18 ff.

2590 *Bungartz*, Risk Reporting, S. 41.

2591 *Bungartz*, Risk Reporting, S. 42.

2592 *Bungartz*, Risk Reporting, S. 42; *Sommerfeld* spricht hier von „Gefährdungsmanagement", in: Konzeption eines einheitlichen integrierten Risikomanagements, KSI 2008, 18, 19.

2593 *Sommerfeld*, Konzeption eines einheitlichen integrierten Risikomanagements, KSI 2008, 18, 19.

2594 *Bungartz*, Risk Reporting, S. 44.

2595 *Spannagl/Häßler*, Ein Ansatz zur Implementierung eines Risikomanagement-Prozesses, DStR 1999, 1826.

standteil eines Risikomanagementsystems ist aber auch die Festlegung von Handlungs- und Prozessabläufen bei der Verwirklichung eines Risikos mit dem Ziel der Schadensreduzierung und Wiederherstellung der operativen Handlungsfähigkeit (Krisenmanagement).[2596]

2.3. Risikomanagementprozess

Während das Risikomanagementsystem der organisatorische Rahmen für das Risikomanagement in einem Unternehmen ist, umfasst der Risikomanagementprozess sämtliche Maßnahmen zum systematischen Umgang mit unternehmerischen Risiken[2597], insbesondere die Definition und Kommunikation aller geschäftlichen Ziele[2598], die systematische Identifizierung von Risiken (Risikoinventur) und die Festlegung der für die Risikobewertung notwendigen Risikotoleranzen bzw. Grenzwerte (Wesentlichkeitsgrenzen). Es ist also ein bewertetes Chancen-Risiko-Profil für alle relevanten Aktivitäten eines Unternehmens zu erstellen, auf Unternehmensebene zu aggregieren und mit der Risikotragfähigkeit des Unternehmens abzugleichen.[2599] Die festgestellte Art der Risiken bestimmt die geeignete Risikomanagementstrategie, d.h. die Maßnahmen, die grundsätzlich geeignet sind, die vorhandenen Risiken auszugleichen, zu vermeiden, zu übertragen (z.B. durch Versicherung der Risiken), zu reduzieren oder bewusst zu akzeptieren.[2600] Der Risikomanagementprozess und die Umsetzung aller Maßnahmen zur Risikohandhabung werden regelmäßig (z.B. durch die interne Revision) überprüft, weiterentwickelt und optimiert.[2601] Eine Risikodokumentation bedeutet die Beschreibung des gesamten Risikomanagementprozesses, idealer Weise in Form eines Handbuches.[2602] Damit dient sie der Sicherstellung der personenunabhängigen und dauerhaften Funktion des Risikomanagements und dem Nachweis der Erfüllung der gesetzlichen Organisations- und Sorgfaltspflichten.[2603] Schließlich muss der Risikomanagementprozess in einem *„Enterprise Wide Risk Management"* enden, dass zu einem risikobewussten Denken und Handeln aller Mitarbeiter im Unternehmen führt.[2604] Die betriebswirtschaftliche Praxis zeigt, dass es kein für jeden Fall einsetzbares Risikomanagementsystem gibt und dieses vielmehr individuell auf das jeweilige Unternehmen zugeschnitten werden muss.[2605]

2596 *Sommerfeld*, Konzeption eines einheitlichen integrierten Risikomanagements, KSI 2008, 18, 20.
2597 *Bungartz*, Risk Reporting, S. 44.
2598 *Wolf/Runzheimer*, S. 35
2599 *Sommerfeld*, Konzeption eines einheitlichen integrierten Risikomanagements, KSI 2008, 18.
2600 *Spannagl/Häßler*, Ein Ansatz zur Implementierung eines Risikomanagement-Prozesses, DStR 1999, 1826, 1827f.
2601 *Bungartz*, Risk Reporting, S. 44, spricht von einem permanenten Regelkreislauf; *Spannagl/Häßler*, Ein Ansatz zur Implementierung eines Risikomanagement-Prozesses, DStR 1999, 1826, 1828.
2602 Memento, Bilanzrecht für die Praxis, 2005/2006, Rdnr. 36.090.
2603 Memento, Bilanzrecht für die Praxis, 2005/2006, Rdnr. 36.090.
2604 *Spannagl/Häßler*, Ein Ansatz zur Implementierung eines Risikomanagement-Prozesses, DStR 1999, 1826f.
2605 *Spannagl/Häßler*, Ein Ansatz zur Implementierung eines Risikomanagement-Prozesses, DStR 1999, 1826, 1829, mit einer Darstellung der einzelnen Schritte zur Implementierung eines Risikomanagementsystems in einem Unternehmen.

3. Übertragbarkeit auf die insolvenzgerichtliche Aufsicht

Die dargestellten Grundsätze des betriebswirtschaftlichen Risikomanagements lassen sich ohne weiteres für die insolvenzgerichtliche Aufsicht gem. § 58 Abs. 1 InsO nutzbar machen, weil diese ebenfalls die Beobachtung und die Steuerung (Controlling) eines Prozesses (die Insolvenzabwicklung) zum Gegenstand hat, der Risiken für die Erreichung des Prozesszieles (die Insolvenzzwecke des § 1 InsO) in sich birgt. Gesetzlich ist die Einführung und Einhaltung eines Risikomanagementprozesses als Leitungsaufgabe des Vorstands der AG normiert (§ 91 Abs. 2 AktG) worden, deren Erfüllung der Aufsichtsrat zu überwachen hat (§ 111 Abs. 1 AktG). Im Mittelpunkt dieser Untersuchung steht aber nicht die der Leitungsaufgabe des Vorstandes einer AG vergleichbare Verantwortlichkeit des Insolvenzverwalters für die Abwicklung eines Insolvenzverfahrens, sondern die Aufsicht des Insolvenzgerichts über die Geschäftstätigkeit des Insolvenzverwalters. Folglich müssen die betriebswirtschaftlichen Grundsätze des Risikomanagements entsprechend den besonderen Anforderungen der insolvenzgerichtlichen Aufsicht angepasst werden.

II. Risikobegriff der insolvenzgerichtlichen Aufsicht

Alle Maßnahmen zur Implementierung eines Risikomanagementsystems setzen eine auf die Verhältnisse eines Insolvenzverfahrens ausgerichtete Definition des Begriffes „Risiko" voraus.[2606] Das Insolvenzgericht hat gem. § 58 Abs. 1 InsO die gesamte Geschäftstätigkeit des Insolvenzverwalters zu überwachen. Diese Aufgabe ist nicht vergleichbar mit der komplexen, dynamischen und vielfältigen Anforderungen ausgesetzten Unternehmensleitung. Es ist daher gerechtfertigt, aus dem betriebswirtschaftlichen Risikobegriff einen den Anforderungen der insolvenzgerichtlichen Aufsicht angepassten Risikobegriff abzuleiten.

Der Risikobegriff der insolvenzgerichtlichen Aufsicht gem. § 58 Abs. 1 Satz 1 InsO kann definiert werden, als *alle Verhältnisse in der Person des Insolvenzverwalters sowie alle Handlungen des Insolvenzverwalters im Rahmen der Insolvenzabwicklung sowie alle Umstände des Insolvenzverfahrens, die den Bestand der Insolvenzmasse und die Erreichung der Insolvenzzwecke gem. § 1 InsO in einem festgelegten Betrachtungszeitraum negativ beeinflussen können.*

Dieser Risikobegriff geht über bloße Pflichtverletzungen des Insolvenzverwalters hinaus. Mit der Einbeziehung der persönlichen Verhältnisse wird die Bedeutung des (Vor-)Auswahlverfahrens für die Aufsicht des Insolvenzgerichts unterstrichen. So können z.B. ungeordnete wirtschaftliche Verhältnisse eines Insolvenzverwalters das Risiko der Begehung von Masseveruntreuungen erhöhen. Wohlgemerkt, es geht hier nur um die Bewertung von Risiken und Eintrittswahrscheinlichkeiten,

---

2606 *Spannagl/Häßler*, Ein Ansatz zur Implementierung eines Risikomanagement-Prozesses, DStR 1999, 1826, 1827.

nicht um die Feststellung einer Gesetzmäßigkeit.[2607] Als *Umstände des Insolvenzverfahrens* ist z.B. die im konkreten Verfahren vorhandene, nicht für die Befriedigung bestehender und zukünftiger Masseverbindlichkeiten benötigte Masseliquidität anzuführen. Diese ist für die Aufsicht des Insolvenzgerichts nicht erst im Hinblick auf einen ungetreuen Insolvenzverwaltern relevant, sondern bereits im Hinblick auf den Zinsschaden, der den Insolvenzgläubigern bei unterlassenen oder verzögerten Abschlagsverteilungen (§ 187 Abs. 2 Satz 1 InsO) entstehen kann.

III. Insolvenzgerichtliches Risikomanagementsystem

Anders als beim unternehmerischen Risikomanagement kann die insolvenzgerichtliche Aufsicht nicht in selbständige organisatorische Subsysteme für interne Überwachung, für Controlling und für Frühwarnungen gegliedert werden, da diese lediglich durch eine Person, den Insolvenzrichter oder den Insolvenzrechtspfleger wahrgenommen wird. Dieses gilt auch für den Fall der Ausübung des Evokationsrechts gem. § 18 Abs. 2 RPflG.

Als Subsystem eines insolvenzgerichtlichen Risikomanagementsystems kann vorrangig der Gläubigerausschuss angesehen werden. Dieser hat nach der allgemeinen Aufgabenzuweisung in § 69 InsO den Insolvenzverwalter bei seiner Geschäftsführung zu unterstützen und zu überwachen, sich über den Gang der Geschäfte zu unterrichten, die Bücher und Geschäftspapiere einzusehen und den Geldverkehr und -bestand prüfen zu lassen.[2608] Ihm kommt im Rahmen eines insolvenzgerichtlichen Risikomanagementsystems die Bedeutung eines Frühwarnsystems für die Prüfung und Einleitung von aufsichtsrechtlichen Gegenmaßnahmen zu. Zugleich nimmt der Gläubigerausschuss Aufgaben eines internen Überwachungssystems wahr, indem er z.B. in Ausübung der Ermächtigung aus § 69 Satz 2 InsO die Bücher und Geschäftspapiere einsieht und den Geldverkehr und -bestand prüft. Aber auch der zur Prüfung der Ordnungsmäßigkeit der Insolvenzverwaltung bestellte Sachverständige oder der Sonderverwalter können als Subsysteme eines insolvenzgerichtlichen Risikomanagementsystems nicht außer Acht gelassen werden. Vergleichbar der Einzelprüfung im Rahmen eines internen Überwachungssystems kann das Insolvenzgericht von Amts wegen einen Sachverständigen oder Sonderverwalter zum Zwecke der themenbezogenen Prüfung der Insolvenzverwaltertätigkeit bestellen.[2609]

Als gerichtsinterne Maßnahme eines Risikomanagementsystems kommt der intragerichtliche Informationsaustausch zwischen Insolvenzrichter und Insolvenzrechtspfleger in Betracht. Der regelmäßige und institutionalisierte Informationsaustausch zwischen den Organen des Insolvenzgerichts über die Geschäftstä-

---

2607 Bestünde eine solche in diesem Beispielsfall, dann gäbe es nur eine rechtmäßige Aufsichtsmaßnahme, nämlich die Nichtberücksichtigung eines Bewerbers bzw. die Amtsentlassung eines bereits bestellten Insolvenzverwalters.

2608 Siehe Kap. C.III.5.1.

2609 Siehe Kap. E.II.1.2.

tigkeit der bestellten Insolvenzverwalter ist notwendige Voraussetzung dafür, dass die sich in der konkreten Insolvenzabwicklung dem Insolvenzrechtspfleger zeigende Eignung oder Nichteignung eines Insolvenzverwalters vom Insolvenzrichter bei der Auswahlentscheidung gem. § 56 Abs. 1 InsO berücksichtigt werden kann. Dieses kann durch ein vollständiges „Delisting" von der Vorauswahlliste durch rechtsmittelfähigen Bescheid oder durch eine Berücksichtigung nur bei Verfahren bestimmter Qualität und Quantität, entsprechend der festgestellten Eignung, geschehen.

Bestandteil eines insolvenzgerichtlichen Risikomanagementsystems kann auch ein intergerichtlicher Informationsaustausch sein. Die Tätigkeit eines Insolvenzverwalters beschränkt sich angesichts der Verschärfung des Wettbewerbes zunehmend nicht nur auf ein Insolvenzgericht, so dass bei den Insolvenzgerichten das Bedürfnis erwachsen ist, in Bezug auf „eigene" Insolvenzverwalter frühzeitig von einem Delisting, von aufsichtsrechtlichen Maßnahmen oder von Anhaltspunkten für Pflichtwidrigkeiten in Insolvenzverfahren bei anderen Insolvenzgerichten zu erfahren.[2610]

Bei der Übertragung der Grundsätze des Risikomanagements auf die insolvenzgerichtliche Aufsicht steht daher nicht die organisatorische Zuordnung der einzelnen Aufgaben des Risikomanagements im Vordergrund, sondern das Verständnis eines insolvenzgerichtlichen Risikomanagements als permanenten Prozess der Identifikation und Bewertung von aufsichtsrelevanten Risiken und der Festlegung von Maßnahmen zur Risikovermeidung oder Schadensreduzierung.

IV. Insolvenzgerichtlicher Risikomanagementprozess

Ein Risikomanagementprozess der Aufsicht des Insolvenzgerichts (§ 58 InsO) hat die Bestimmung des Risikomanagementziels, die systematische Identifizierung der Risiken, die Festlegung von Risikotoleranzen und die Entwicklung einer geeigneten Risikomanagementstrategie zum Gegenstand.

1. Risikomanagementziel der Aufsicht (§ 58 InsO)

Der Gesetzgeber der InsO hat die Insolvenzzwecke in § 1 InsO wie folgt normiert: *„Das Insolvenzverfahren dient dazu, die Gläubiger eines Schuldners gemeinschaftlich zu befriedigen, indem das Vermögen des Schuldners verwertet und der Erlös verteilt oder in einem Insolvenzplan eine abweichende Regelung insbesondere zum Erhalt des Unternehmens getroffen wird. Dem redlichen Schuldner wird Gelegenheit gegeben, sich von seinen restlichen Verbindlichkeiten zu befreien."*

2610 Zum Erfordernis einer gesetzlichen Regelung des intergerichtlichen Informationsaustausches: Kap. E.II.2.1.

Das vorrangige Ziel des Insolvenzverfahrens ist die gemeinschaftliche[2611] und bestmögliche Befriedigung der Forderungen der Insolvenzgläubiger.[2612] Die Bedeutung dieses Insolvenzzwecks für das Insolvenzverfahren hat der Gesetzgeber unterstrichen: „Dennoch liegt dem neuen Verfahren ein einheitliches Hauptziel zugrunde; die bestmögliche Befriedigung der Gläubiger. Dieses Ziel ist in erster Linie maßgeblich für die Entscheidungen, die innerhalb des Verfahrens zu treffen sind. (...) Aber auch die Tätigkeit des Insolvenzverwalters und die Aufsichts- und Eingriffsbefugnisse des Gerichts sind in erster Linie an diesem Ziel auszurichten."[2613]

Demgegenüber ist die Erhaltung der Arbeitsplätze kein primäres Ziel des Insolvenzverfahrens, da Arbeitsplätze nicht auf Kosten der Gläubiger Bestand haben können, die doch über kurz oder lang verloren gehen.[2614] Die Verwertung des Schuldnervermögens zur gemeinschaftlichen Befriedigung der Gläubiger muss dabei nicht notwendig in Form einer Einzelverwertung erfolgen, sondern kann auch durch die Veräußerung des Unternehmens im Ganzen oder in funktionsfähigen Teilen geschehen. Die Erhaltung des Schuldnerunternehmens ist daher auch außerhalb eines Insolvenzplanverfahrens insolvenzzweckgemäß.[2615] Die Liquidation des Schuldnerunternehmens soll vermieden werden, wenn sie den Gläubigern weniger bringt als auf andere Weise, etwa durch Fortführung und Sanierung des Schuldnerunternehmens oder durch dessen Veräußerung erzielt werden könnte.[2616] Dagegen ist die Erhaltung des Schuldnerunternehmens kein eigenständiges Ziel des Insolvenzverfahrens.[2617] Ausgeschlossen ist daher die Sanierung eines insolventen Unternehmens auf Kosten der Gläubiger.[2618] Die Wahl des angemessenen Mittels zur gemeinschaftlichen Befriedigung der Gläubiger muss sich daher am Ergebnis der zur Verfügung stehenden Abwicklungsvarianten orientieren, das

---

2611 Das Ziel der gemeinschaftlichen Gläubigerbefriedigung schließt die Einräumung von Gläubigervorrechten aus, vgl. *Bauer*, Ungleichbehandlung der Gläubiger im geltenden Insolvenzrecht, S. 63ff, 128, der das Gebot der Gleichbehandlung der Gläubiger aus der zivilrechtlichen Haftungsanordnung, der wechselseitigen Ausgleichshaftung der Gläubiger und der Eigentumsgarantie des Art. 14 Abs. 1 GG ableitet. Gegen das Gebot der Gläubigergleichbehandlung hat der Gesetzgeber jüngst durch den mit Gesetz zur Änderung des vierten Buches Sozialgesetzbuch und anderer Gesetze (BGBl. I 2007 v. 22. 12. 2007, S. 3024ff., 3027) eingeführten § 28c Abs. 1 Satz 2 SGB IV verstoßen, vgl. *Bauer*, Die schleichende Wiedereinführung von Insolvenzvorrechten zugunsten des Fiskus und der Sozialkassen schreitet voran – § 28c Abs. 1 Satz 2 SGB IV n.F. als jüngstes Beispiel für Verstöße gegen den Gleichbehandlungsgrundsatz, ZInsO 2008, 119ff.

2612 *BVerfG*, Beschl. v. 9. 2. 2005 – 1 BvR 2719/04 – ZVI 2005, 132, 133; Beschl. v. 23. 5. 2006 – 1 BvR 2530/04 – NZI 2006, 453, 454.

2613 Bgrd.RegE zu § 1 InsO, zit. n. *Balz/Landfermann*, Die neuen Insolvenzgesetze, S. 70f..

2614 Jaeger-*Henckel*, § 1 InsO, Rdnr. 5; dieses Ergebnis ergibt sich mittelbar auch aus der Begrd. des RegE, wenn die Erhaltung des Schuldnerunternehmens nicht als eigenständiges Ziel des Insolvenzverfahrens angesehen wird. Die Interessen der Arbeitnehmer sind nach den Vorstellungen des Gesetzgebers ausreichend dadurch berücksichtigt, dass diese ihre Rechte nach dem Kündigungsschutzgesetz, nach § 613a BGB und nach dem Betriebsverfassungsgesetz behalten, vgl. Bgrd.RegE zu § 1 InsO, zit. n. *Balz/Landfermann*, Die neuen Insolvenzgesetze, S. 71.

2615 Jaeger-*Henckel*, § 1 InsO, Rdnr. 3.

2616 Jaeger-*Henckel*, § 1 InsO, Rdnr. 4.

2617 Bgrd.RegE zu § 1 InsO, zit. n. *Balz/Landfermann*, Die neuen Insolvenzgesetze, S. 72.

2618 Jaeger-*Henckel*, § 1 InsO, Rdnr. 8.

dem Hauptziel des Insolvenzverfahrens, nämlich die bestmögliche Befriedigung der Gläubiger,[2619] gerecht werden muss.

Die gemeinschaftliche Befriedigung der Gläubiger, zu denen auch die Gläubiger der sonstigen Masseverbindlichkeiten gem. § 55 InsO zu zählen sind[2620], ist nicht gleichzusetzen mit gleichmäßiger Befriedigung, sondern verlangt eine Befriedigung der Insolvenzgläubiger nach der Rangordnung der §§ 38, 39 InsO, nachdem zuvor die Massegläubiger gem. §§ 53 ff. InsO berücksichtigt wurden. Eine gemeinschaftliche Befriedigung der Massegläubiger erfolgt gem. § 209 InsO erst bei Masseunzulänglichkeit.[2621]

Neben dem Insolvenzzweck der bestmöglichen und gleichmäßigen Gläubigerbefriedigung wird durch § 1 Satz 1 InsO auch die Gläubigerautonomie zum Insolvenzzweck erhoben, indem die Gläubiger ermächtigt werden, mit dem Instrument des Insolvenzplanes[2622] andere Ziele des Insolvenzverfahrens zu beschließen, als vom Gesetzgeber für das Regelverfahren vorgegeben worden sind. In diesem Fall ist die Dispositionsfreiheit der Gläubiger weitgehend (§ 217 InsO) und nur durch die Vorgaben des § 245 InsO beschränkt.[2623]

Schließlich nennt § 1 InsO als Ziel des Insolvenzverfahrens die Restschuldbefreiung für den redlichen Insolvenzschuldner.[2624] Die Begründung des Regierungsentwurfes bezeichnet die Restschuldbefreiung als „wichtige Neuerung".[2625] In der rechtspolitischen Diskussion wurde diese als vordringliches Anliegen der Insolvenzrechtsreform ausgegeben.[2626]

Für einen Risikomanagementprozess der insolvenzgerichtlichen Aufsicht gem. § 58 InsO folgt aus diesen Feststellungen, dass im Regelinsolvenzverfahren die optimale und gemeinschaftliche Gläubigerbefriedigung (§ 1 Satz 1 InsO) als Risikomanagementziel anzusehen ist. Dieses Ziel kann im Insolvenzplanverfahren durch autonome Gläubigerentscheidung erweitert werden. Zugleich erhebt der in § 1 Satz 1 InsO zum Ausdruck kommende Vorrang der privatautonomen Verfahrenszielbestimmung auch den Grundsatz der Gläubigerautonomie zum allgemeinen Risikomanagementziel.

Ein insolvenzgerichtliches Risikomanagement ist daher auf die Bewältigung von Risiken für die die optimale und gemeinschaftliche Gläubigerbefriedigung sowie die Gläubigerautonomie auszurichten.

2619 Bgrd.RegE zu § 1 InsO, zit. n. *Balz/Landfermann*, Die neuen Insolvenzgesetze, S. 71.
2620 Jaeger-*Henckel*, § 1 InsO, Rdnr. 4.
2621 Jaeger-*Henckel*, § 1 InsO, Rdnr. 6.
2622 Bgrd.RegE zu § 1 InsO, zit. n. *Balz/Landfermann*, Die neuen Insolvenzgesetze, S. 70.
2623 Zur Stärkung der Gläubigerautonomie durch die InsO: Kap. C.I.5.1.
2624 Eine Entschuldung natürlicher Personen sah bereits das „Gesetz über eine Bereinigung alter Schulden" vom 17. 8. 1938 (RGBl I, Nr. 130, 1033) vor (vgl. hierzu den Hinweis von *Göttler* in: NZI 2006, VII f.). Selbstredend hat der InsO-Gesetzgeber einen rechtshistorischen Bezug unterlassen.
2625 Bgrd.RegE zu § 1 InsO, zit. n. *Balz/Landfermann*, Die neuen Insolvenzgesetze, S. 71.
2626 Jaeger-*Henckel*, § 1 InsO, Rdnr. 22.

2. Risikoinventur

Unabdingbare Voraussetzung für eine wirksame und effiziente Aufsicht gem. § 58 InsO ist die Vornahme einer Risikoinventur. Diese soll der (möglichst) vollständigen, strukturierten und detaillierten Erfassung der Risiken dienen, die sich ungünstig auf die Erreichung der soeben definierten Risikomanagementziele auswirken können. Aus der Sicht der insolvenzgerichtlichen Aufsicht (§ 58 InsO) ist der Schwerpunkt einer Risikoinventur auf die möglichen Pflichtverletzungen des Insolvenzverwalters zu legen, weil ein insolvenzzweckwidriges Handeln des Insolvenzverwalters eine Pflichtwidrigkeit bedeutet. Aber nicht jede Pflichtverletzung des Insolvenzverwalters gefährdet die Erreichung der Insolvenzzwecke gleichermaßen. So begeht der Insolvenzverwalter eine Pflichtverletzung, der ein Grundstück ohne die gem. § 160 Abs. 2 Nr. 1 InsO erforderliche Zustimmung der Gläubigerversammlung verwertet. Ist ihm dieses aber zu einem optimalen Preis gelungen, so wird nicht das Risikomanagementziel der optimalen Gläubigerbefriedigung, sondern das Risikomanagementziel der Gläubigerautonomie gefährdet. Eine unterschiedliche Gewichtung der möglichen Pflichtverletzungen des Insolvenzverwalters und eine Festlegung der jeweiligen Wesentlichkeitsgrenze sind deshalb im Interesse einer effizienten Aufsicht erforderlich. Es ist daher eine bewertende Ordnung der Risikoinventur, die sich an der jeweiligen Auswirkung der potentiellen Risiken auf die Risikomanagementziele orientiert, vorzunehmen.[2627] Angewendet auf die insolvenzgerichtliche Aufsicht sollen die Risiken für die optimale Gläubigerbefriedigung höher als die Risiken für die Gläubigerautonomie bewertet werden. Dagegen scheidet eine Ordnung der Risiken nach der Eintrittswahrscheinlichkeit oder der Häufigkeit aus, da es hierfür an einem ausreichenden, empirisch ermittelten Datenmaterial fehlt. Auch gibt es keinen allgemeinen Erfahrungssatz, dass z.B. eine Veruntreuung von Massegeldern durch den Insolvenzverwalter häufiger als eine Betriebsstilllegung durch den vorläufigen Insolvenzverwalter ohne die gem. § 22 Abs. 1 Satz 2 Nr. 2 InsO erforderliche Zustimmung eintritt. Eine Risikoinventur darf auch nicht die Quellen möglicher Risiken außer Acht lassen, wie z.B. die nicht ausreichende Ausstattung des Insolvenzgerichts.[2628] Auch bedarf die Ordnung der Risiken in der Praxis des insolvenzgerichtlichen Risikomanagements der regelmäßigen Überprüfung und Weiterentwicklung. Deshalb erhebt die nachfolgende Aufzählung potentieller, für die insolvenzgerichtliche Aufsicht (§ 58 Abs. 1 InsO) bedeutsamer Risiken nicht den Anspruch auf Vollständigkeit.

2.1. Allgemeine Risiken für die Insolvenzabwicklung

Allgemeine Risiken für die Qualität der Insolvenzabwicklung und das Ergebnis eines Insolvenzverfahrens sind nicht nur in der Eignung des Insolvenzverwalters und der Ausstattung seines Insolvenzverwalterbüros, sondern auch in der Qualität der Aufsicht durch das Insolvenzgericht begründet.

2627 *Wolf/Runzheimer*, Risikomanagement und KonTraG, Konzeption und Implementierung, S. 58.
2628 Siehe Kap. E.I.

2.1.1. Risiken im Verantwortungsbereich des Insolvenzverwalters

Als allgemeine Risiken für die Qualität eines Insolvenzverfahrens im Verantwortungsbereich des Insolvenzverwalters lassen sich identifizieren:
- die nicht ausreichende Qualifikation des Insolvenzverwalters und seiner Mitarbeiter;
- die nicht ausreichende personelle und sachliche Ausstattung des Büros des Insolvenzverwalters;
- keine oder eine nicht ausreichende Ablauforganisation im Insolvenzverwalterbüro für die ordnungsgemäße Abwicklung der Insolvenzverfahren, einschließlich eines eigenen Risikomanagements;
- die (temporäre) Überlastung des Insolvenzverwalters durch gehäufte Beauftragung;
- die wirtschaftlich ungeordneten Verhältnisse des Insolvenzverwalters.

2.1.2. Risiken im Verantwortungsbereich des Insolvenzgerichts

Im Verantwortungsbereich des Insolvenzgerichts sind folgende allgemeine Risiken zu erkennen:
- eine nicht ausreichende Qualifikation der Organe des Insolvenzgerichts;
- eine nicht ausreichende sachliche und personelle Ausstattung der Insolvenzgerichte;
- ein temporärer Ausfall oder die Arbeitsüberlastung des zuständigen Insolvenzrichters und Rechtspflegers;
- die verfahrenszweckfremde Beeinflussung insolvenzgerichtlicher Entscheidungen, z.B. durch Bestechung oder Vorteilsgewährung;
- der fehlende oder nicht ausreichende intragerichtliche Informationsaustausch zwischen den Organen des Insolvenzgerichts;
- Sicherstellung der Auswertung und Umsetzung von beim Insolvenzgericht eingehenden, aufsichtsrelevanten Informationen.

2.2. Risiken für die optimale Gläubigerbefriedigung

Die Risiken für die optimale und gleichmäßige Gläubigerbefriedigung können in der Zweckentfremdung der Insolvenzmasse, in der Art und Weise der Masseverwertung oder in einer pflichtwidrigen Verteilung der Insolvenzmasse durch den Insolvenzverwalter begründet sein.

2.2.1. Veruntreuungen oder Unterschlagungen

Veruntreuungen oder Unterschlagungen von Massegegenständen oder Massegeldern durch den Insolvenzverwalter sind nicht nur von besonderer Tragweite für die Interessen der Gläubiger in dem konkreten Insolvenzverfahren, sondern auch allgemein für das Vertrauen des Rechtsverkehrs in die Funktionsfähigkeit des Insolvenzverfahrens. Nicht jede Zweckentfremdung von Massegegenständen ist zugleich eine strafbare Untreue, da diese ein vorsätzliches Handeln des Insolvenzverwalters erfordert (§§ 266, 15 StGB).

Ein Insolvenzverwalter kann je nach Zahl der laufenden Insolvenzverfahren über erhebliche Geldmittel verfügen.[2629] Die ordnungsgemäße Verwahrung und Verwaltung der Massegelder muss daher ein Schwerpunkt der insolvenzgerichtlichen Aufsicht sein. Der Insolvenzverwalter darf nicht unter Verstoß gegen den Grundsatz der Vermögenstrennung die Massegelder auf eigenen Konten verwalten.[2630] Denn der Insolvenzverwalter handelt nicht nur pflichtwidrig,[2631] sondern verwirklicht unter dem Gesichtspunkt der Vermögensgefährdung auch den Straftatbestand der Untreue (§ 266 StGB), wenn er die Insolvenzmasse dem Zugriff seiner privaten Gläubiger aussetzt.[2632] Das Insolvenzgericht hat deshalb aufsichtsrechtlich einzuschreiten, wenn der Insolvenzverwalter die Massegelder auf seinem persönlichen Konto verwaltet.[2633] Das Insolvenzgericht muss sich daher vergewissern, dass der Insolvenzverwalter die Massegelder auf einem verfahrensbezogenen, offenen Treuhandkonto verwahrt.[2634] De lege ferenda werden die Überwachungspflichten des Insolvenzgerichts hinsichtlich der Verwaltung der Massegelder durch § 149a GAVI-InsO[2635] konkretisiert und erweitert.[2636]

In Bezug auf die Insolvenzmasse können daher insbesondere folgende, für die Aufsicht (§ 58 InsO) relevante Risiken ausgemacht werden:

- die eigennützige Veruntreuung von Massegegenständen, wie z.B. das „Abräumen“[2637] der Massegelder durch den Insolvenzverwalter oder dessen Mitarbeiter;

2629 Die vom BAKInsO veröffentlichte Größenordnung der von den Insolvenzverwaltern im Jahre 2006 verwalteten Massegelder – € 33.000.000.000,–! – (NZI 2007, Heft 6, S. XI) ist nicht nachvollziehbar, da die Ermittlungsgrundlagen nicht angegeben worden sind. Die Sensibilität der Insolvenzgerichte für die Massegelder ist bereits geschärft.

2630 Der BGH, Urt. v. 12. 7. 1965 – III ZR 41/64 – BeckRS 1965, 30400811, hat dieses wie folgt begründet: *„Es liegt auf der Hand, dass bei Anlegung der Gelder auf einem Sonderkonto einerseits der Konkursverwalter im Hinblick auf Veruntreuung gehemmter gewesen wäre als bei einer Vermischung der eingehenden Gelder mit seinem Vermögen, und dass andererseits die Aufdeckung der Veruntreuungen sich viel leichter hätte bewerkstelligen lassen.“*; *Smid,* Bankenhaftung aus der Führung von offenen Treuhandkonten und Anderkonten bei treuwidrigen Verfügungen des Insolvenzverwalters, ZIP 2006, 1973.

2631 Nicht weitgehend genug das *AG Karlsruhe*, Beschl. v. 25. 11. 1982 – N 243/74 – ZIP 1983, 101, 102, das eine Pflichtwidrigkeit erst bei Belassen der Massegelder auf dem Geschäftskonto des Verwalters über einen längeren Zeitraum annimmt.

2632 *Smid,* Bankenhaftung aus der Führung von offenen Treuhandkonten und Anderkonten bei treuwidrigen Verfügungen des Insolvenzverwalters, ZIP 2006, 1973; *Tröndle/Fischer,* § 266 StGB, Rdnr. 61; *Weyand,* Anm. zu LG Magdeburg, Beschl. v. 28. 11. 1994 – 24 Qs 18/01 – ZinsO 2002, 543.

2633 Jaeger-*Gerhardt,* § 58 InsO, Rdnr. 10.

2634 Bedenkliches hat sich im „Mühl“-Fall gezeigt: der Insolvenzverwalter konnte den Massebestandsnachweis – über mehrere Jahre unbeanstandet durch die Insolvenzrechtspfleger – mit selbstgefertigten, den Auszügen eines großen deutschen Kreditinstituts angelehnten „Kontoauszüge“ führen.

2635 Fn. 26.

2636 Siehe Kap. H.I.2.6.

2637 Das „Abräumen“ der liquiden Massebestände mit anschließender Flucht ins (vermeintlich) unerreichbare Ausland dürfte zu den spektakulärsten Fällen der strafbaren Untreue durch den Insolvenzverwalter zählen. Aber auch die unentgeltliche Überlassung eines massezugehörigen Com-

- der Verkauf von Massegegenständen an den Insolvenzverwalter selbst oder ihm nahestehende bzw. rechtlich verbundene Dritte ohne angemessene, d.h. marktübliche, Gegenleistung;[2638]
- Masseentnahmen unter Täuschung über das Vorliegen der Voraussetzungen der §§ 4 Abs. 1 Satz 3, 5 InsVV;
- (regelmäßige) Beauftragung von Dritten auf Rechnung der Insolvenzmasse mit Rückvergütungsvereinbarung („kick-back“[2639]) zugunsten des Insolvenzverwalters;[2640]
- die uneigennützige Veruntreuung von Massegegenständen, wie z.B. die Erbringung von Dienstleistungen zwischen den vom Insolvenzverwalter verwalteten Insolvenzmassen ohne angemessene, d.h. marktübliche Gegenleistung;
- die Querfinanzierung anderer Insolvenzmassen, z.B. zum Ausgleich von Betriebsfortführungsverlusten;
- die Entnahme der Vergütung oder Auslagenerstattung ohne Zustimmung des Insolvenzgerichts gem. § 9 Satz 1 InsVV (Vorschuss) oder ohne Festsetzungsbeschluss gem. §§ 64 Abs. 1, 65 InsO i.V.m. § 8 InsVV.[2641]

2.2.2. Verletzung der Vermögensbetreuungspflicht

Auch jenseits der Untreue sind Fälle der Verletzung der Vermögensbetreuungspflicht durch den Insolvenzverwalter denkbar, die zugleich die Erreichung des Insolvenzzwecks der optimalen Gläubigerbefriedigung gefährden oder unmöglich machen:
- die Nichtanzeige einer Interessenkollision im Zusammenhang mit der Amtsführung durch den Insolvenzverwalter;
- die nicht ausreichende Versicherung der Massegegenstände;
- die Verletzung der Pflicht zur ordnungsgemäßen Verwaltung der Massegelder, durch Anlage bei einem Kreditinstitut mit nicht ausreichender Einlagensicherung,[2642] durch Verletzung des Gebotes der getrennten Vermögensverwaltung oder durch die Unterhaltung von Sammelfremdkonten bzw. -anderkonten;[2643]

---

puters an den Insolvenzrichter, wie dieses bei einem Magdeburger Richter der Fall gewesen sein soll, oder die unentgeltliche Benutzung des massezugehörigen Fahrzeuges gehobener Kategorie durch den Insolvenzverwalter ist nach § 266 StGB strafbar.

2638 Die Verwertung von Massegegenständen an den Insolvenzverwalter oder diesem nahe stehende Personen auch zum Verkehrswert wird zu Recht durch § 8 Ziff. 4 der Berufsgrundsätze des VID e.V. untersagt.

2639 Engl.: *geheime Lohnrückzahlung, Schmiergeld*; laut www.wikipedia.org die *„bedeutendste Korruptionsform“*.

2640 Diese Untreuehandlung kann auch die Verwirkung des Vergütungsanspruches zur Folge haben, vgl. *LG Konstanz*, Beschl. v. 15.9.1999 – 6 T 38/99 – ZinsO 1999, 589ff.; im Beschwerdeverfahren bestätigt durch *OLG Karlsruhe*, Beschl. v. 6.4.2000 – 9 W 87/99 – ZIP 2000, 2035f.

2641 Siehe Kap. F.VI.2.

2642 Siehe Kap. H.I.2.6.2.2.

2643 Siehe Kap. H.I.2.6.2.3.2. De lege ferenda soll der Insolvenzverwalter durch § 149a Abs. 1 GAVI-InsO zur gesonderten und vom eigenen Vermögen getrennten Verwaltung der Insolvenzmasse und zur Verwahrung von Massegeldern auf einem Anderkonto verpflichtet werden, siehe Kap. H.I.2.6.

- die verzögerte oder unterlassene Freigabe von wirtschaftlich nicht verwertbaren Massegegenständen (z.B. mit Altlasten belastete oder über den Verkehrswert dinglich belastete Grundstücke);
- die Führung von nicht erfolgversprechenden und unwirtschaftlichen Prozessen im Rahmen der Masseverwertung;
- die unsachgemäße Organisation einer Betriebsfortführung, durch die der Insolvenzmasse Schadensersatzverpflichtungen entstehen[2644] sowie die verlustreiche Betriebsfortführung[2645];
- die Verletzung der Pflicht zur unverzüglichen[2646] Masseverwertung im Anschluss an den Berichtstermin nach Maßgabe der Beschlüsse der Gläubigerversammlung gem. § 159 InsO;
- die Verletzung der Pflicht zur Behandlung der Gesamtschadensersatzansprüche gem. § 92 InsO als Sondermasse oder die Verwendung von Verwertungserlösen aus der Gesellschafterhaftung gem. § 93 InsO zur Befriedigung von Masseverbindlichkeiten;
- die Verursachung nicht erforderlicher Abwicklungsausgaben[2647];
- die Befriedigung von unbegründeten Masseverbindlichkeiten;
- kein Bestreiten von unbegründeten Insolvenzforderungen im Prüfungstermin[2648] und die Führung von vermeidbaren Rechtsstreitigkeiten zur Forderungsfeststellung (§§ 179ff. InsO);
- die nicht ordnungsgemäße Verteilung, wie z.B. die Nichtvornahme von Abschlagsverteilungen gem. §§ 187 Abs. 1, 188 InsO bei ausreichender Masseliquidität;
- die Vornahme der Verteilung unter Missachtung der §§ 187 Abs. 1, 188 InsO oder – bei Schlussverteilung – ohne Zustimmung des Insolvenzgerichts gem. § 196 Abs. 2 InsO,
- die Verletzung der Pflicht zur gleichmäßigen Verteilung,
- die Verletzung der Pflicht zur Zurückbehaltung und Hinterlegung gem. §§ 189 Abs. 2, 190 Abs. 2 Satz 2, 191 Abs. 1 Satz 2, 198 InsO;
- die Verletzung der Unterrichtungspflicht gem. § 292 Abs. 1 Satz 1 InsO durch den Treuhänder;
- die Verletzung der Pflicht zur Auszahlung eines Überschusses an den Insolvenzschuldner gem. § 199 InsO.

2644 MK-*Brandes*, §§ 60, 61 InsO, Rdnr. 19.
2645 MK-*Brandes*, §§ 60, 61 InsO, Rdnr. 29.
2646 Unverzüglich i.S.d. § 159 InsO bedeutet „ohne schuldhaftes Zögern“ (§ 121 Abs. 1 Satz 1 BGB. Es liegt im pflichtgemäßen Ermessen des Insolvenzverwalters, ob er von einer schnellen oder ausgedehnten Verwertung den besseren Erlös erwartet, MK-*Görg*, § 159 InsO, Rdnr. 6.
2647 MK-*Brandes*, §§ 60, 61 InsO, Rdnr. 22, verweist beispielhaft auf die Erstellung der Steuererklärungen für den Zeitraum vor Verfahrenseröffnung, nur um dem Insolvenzschuldner finanzielle Vorteile zu verschaffen.
2648 MK-*Brandes*, §§ 60, 61 InsO, Rdnr. 18.

2.3. Verletzung der Gläubigerautonomie

Der Insolvenzverwalter hat im Rahmen seiner Verwaltungs- und Verwertungstätigkeit die in den §§ 160ff. InsO[2649] geregelten Zustimmungserfordernisse zu beachten. Diese Zustimmungserfordernisse sichern neben der durch § 157 InsO hinsichtlich der Fortführung des Schuldnerunternehmens eingeräumten Entscheidungskompetenz die Gläubigerautonomie im Hinblick auf die zentrale Pflicht des Insolvenzverwalters zur bestmöglichen Verwertung der Insolvenzmasse.[2650] Nach der gesetzgeberischen Wertung sollen die Gläubiger die Entscheidungskompetenz über die Masseverwertung haben, da diese auch die wirtschaftlichen Konsequenzen der Art der Verwertung und der Gestaltung des Insolvenzverfahrens zu tragen haben.[2651] Angesichts dieser Bedeutung der Zustimmungserfordernisse nach §§ 160ff. InsO für die Gläubigerautonomie, wird bei deren Missachtung durch den Insolvenzverwalter die Frage nach der Aufsicht des Insolvenzgerichts aufgeworfen.

Für die Erreichung des Risikomanagementziels der Wahrung der Gläubigerautonomie lassen sich folgende Risiken definieren:
- Die Missachtung von Zustimmungserfordernissen, nämlich bei Stilllegung des Schuldnerunternehmens (§§ 22 Abs. 1 Satz 2 Nr. 2; 157f. InsO) oder bei Verwertungsmaßnahmen gem. §§ 160ff. InsO;
- die Verletzung der Berichtspflichten, nämlich der Berichtspflicht im Berichtstermin (§ 156 Abs. 1 InsO), der Pflicht zur fristgemäßen Vorlage der Verzeichnisse gem. §§ 151ff. InsO, der regelmäßigen Berichtspflicht gem. § 66 Abs. 3 InsO, der Pflicht zur besonderen Rechnungslegung gem. § 211 Abs. 2 InsO, der Schlussrechnungslegungspflicht gem. § 66 Abs. 1 InsO oder der Rechnungslegungspflicht nach Vollzug der Nachtragsverteilung (§ 205 Satz 2 InsO).

2.4. Verletzung von Verfahrensvorschriften

Aufsichtsrelevante Risiken können auch in der Verletzung von Verfahrensvorschriften liegen, die Handlungspflichten des Insolvenzverwalters begründen. Folgende Handlungspflichten kommen aus der Sicht des aufsichtsführenden Insolvenzgerichts in Betracht:
- die Pflicht zur Tabellenführung (§§ 174, 175 Abs. 1 Satz 1 InsO) und zur Niederlegung gem. § 175 Abs. 1 Satz 2 InsO;
- die Anzeigepflicht gem. § 208 Abs. 1 InsO (Masseunzulänglichkeit);
- die Pflicht zur Erstellung eines Insolvenzplanes gem. § 218 Abs. 2 InsO[2652];

2649 Diese Vorschriften gehen auf die §§ 133ff. KO zurück und sind durch die Verwendung einer Generalklausel (§ 160 Abs. 1 InsO) bewusst flexibel gestaltet worden (Begrd.RegE zu § 160 InsO, zit. n. *Balz/Landfermann*, Die neuen Insolvenzgesetzes, S. 268.)
2650 MK-*Görg*, § 160 InsO, Rdnr. 1.
2651 Begrd.RegE zu § 160 InsO, zit. n. *Balz/Landfermann*, Die neuen Insolvenzgesetzes, S. 268.
2652 MK-*Brandes*, §§ 60, 61 InsO, Rdnr. 32.

- die Prüfungs- und Anzeigepflichten des Sachwalters im Rahmen der Eigenverwaltung (§§ 274 Abs. 3, 281 Abs. 1 Satz 2, Abs. 2 Satz 2 und Abs. 3 Satz 2 InsO).

3. Risikomanagementstrategie

Die vorstehend vorgenommene Risikoinventur hat trotz der Beschränkung auf die Relevanz für die insolvenzgerichtliche Aufsicht zahlreiche und vielfältige potentielle Risiken ergeben. Gleichwohl kann diese Risikoinventur keinen Anspruch auf Vollständigkeit erheben, sondern bedarf der fortlaufenden Überwachung und Aktualisierung, um die Risikomanagementstrategie an sich ändernde Risiken anzupassen.

Die Risikomanagementstrategie soll Steuerungsmaßnahmen bestimmen, die grundsätzlich geeignet sind, die vorhandenen Risiken zu vermeiden und zu reduzieren (ursachenbezogene Maßnahmen) sowie zu übertragen (z.B. durch Versicherung der Risiken) oder deren Folgen zu reduzieren (wirkungsbezogene Maßnahmen).[2653] Ob bezogen auf das jeweilige Risiko oder die jeweilige Risikogruppe ursachen- oder wirkungsbezogene Maßnahmen ergriffen werden, richtet sich nach einer Kosten-Nutzen-Analyse, d.h. die Erfolgsaussichten einer Maßnahme müssen in ein Verhältnis zu dem jeweiligen Aufwand und der Bedeutung des Risikos für die Erreichung der Verfahrenszwecke gesetzt werden. Die Kontrollmöglichkeiten des Insolvenzgerichts gegenüber dem Insolvenzverwalter sind sowohl ursachen- als auch wirkungsbezogen. Durch eine präventiv verstandene Aufsicht lassen sich einerseits Beeinträchtigungen der Verfahrensziele frühzeitig erkennen und andererseits eine Abschreckungswirkung erzielen.

3.1. Ursachenbezogene Maßnahmen

Ursachenbezogene Maßnahmen sollen die Realisierung von Risiken vermeiden bzw. deren Eintrittswahrscheinlichkeit vermindern.[2654] Im Rahmen der Unternehmensführung bedeutet dies, dass bspw. risikobehaftete Geschäfte nicht eingegangen werden (Risikovermeidung) oder z.B. Richtlinien entwickelt werden, die festlegen, welcher Risikograd akzeptabel ist und/oder welche risikoausgleichenden Maßnahmen ergriffen werden (Risikoverminderung).[2655]

Im Rahmen der insolvenzgerichtlichen Aufsicht können ursachenbezogene Steuerungsmaßnahmen zur Bewältigung von Risken die Ausstattung der Insolvenzgerichte und die Auswahl des Insolvenzverwalters betreffen.

2653 *Wolf/Runzheimer*, Risikomanagement und KonTraG, Konzeption und Implementierung, S. 86f.
2654 Memento Bilanzrecht für die Praxis 2005/2006, Rdnr. 36.071.
2655 Memento Bilanzrecht für die Praxis 2005/2006, Rdnr. 36.073f.

3.1.1. Ausstattung des Aufsichtsorgans

Der Umfang und die Qualität der insolvenzgerichtlichen Aufsicht und damit auch deren Wirksamkeit zur Risikovermeidung oder -verminderung sind wiederum abhängig von der sachlichen und personellen Ausstattung des Insolvenzgerichts. Eine wirksame Aufsicht erfordert zunächst eine ausreichende Qualifikation der Organe des Insolvenzgerichts, insbesondere die besondere Befähigung zur Beurteilung wirtschaftlicher und unternehmerischer Fragestellungen.[2656] Daneben ist aber auch ein Bewusstsein von der Aufsicht gem. § 58 InsO als Prozess und ein Verständnis für die Notwendigkeit eines effizienten Einsatzes der gesetzlich geregelten Aufsichtsinstrumente erforderlich. So ist es im Hinblick auf den Zweck der Aufsicht ineffizient, vom Treuhänder in Verfahren mit keinen oder nur sehr geringen Einnahmen nach § 292 Abs. 1 Satz 2 InsO jährlich eine Berichterstattung unter Vorlage der Belege zum Massekonto zu verlangen,[2657] während die Schlussberichte in Regelinsolvenzverfahren mit erheblicher Masseliquidität teilweise bis zu 2 Jahre auf eine Prüfung durch das Insolvenzgericht (§ 66 Abs. 2 Satz 1 InsO) warten.[2658] In der betriebswirtschaftlichen Praxis soll der Risikomanagementprozess in einem *„Enterprise Wide Risk Management"* enden, dass zu einem risikobewussten Denken und Handeln aller Mitarbeiter im Unternehmen führt.[2659]

Schließlich muss sichergestellt sein, dass der Insolvenzrichter oder Insolvenzrechtspfleger die erforderlichen Aufsichtsmaßnahmen auch trifft, wenn er von aufsichtsrelevanten Umständen oder Verhalten des Insolvenzverwalters erfährt.[2660]
Auf der Ebene der Insolvenzgerichte sollte eine Risikomanagementstrategie der Aufsicht (§ 58 InsO) folgende Ziele verfolgen:

- Die Verbesserung der Qualifikation der insolvenzgerichtlichen Organe durch
  - höhere Anforderungen an die Eingangsqualifikation eines Insolvenzrichters oder -rechtspflegers bei Aufnahme einer Tätigkeit am Insolvenzgericht,
  - regelmäßige Teilnahme an Fortbildungsmaßnahmen oder
  - ausreichende Ausstattung der Insolvenzgerichte mit Fachliteratur und Fachzeitschriften, z.B. auch die Nutzung von Online-Datenbanken.[2661]
- Die Verbesserung der Nutzung vorhandener Informationsmöglichkeiten über die Verhältnisse und Geschäftstätigkeit des Insolvenzverwalters, z.B.

2656 Siehe Kap. E.I.3.1

2657 Der Gesetzgeber hat in weiser Voraussicht eine Rechnungslegungspflicht nur einmal, bei Beendigung der Wohlverhaltensperiode normiert (§ 292 Abs. 3 Satz 1 InsO).

2658 Denn die Früherkennung von Unterschlagungen in Höhe weniger hundert Euro steht in keinem vernünftigen Verhältnis zu in Höhe von mehreren hunderttausenden Euro begangenen Unterschlagungen, die erst im Rahmen einer Jahre nach Einreichung der Schlussrechnung begonnenen Prüfung entdeckt werden.

2659 Siehe Kap. I.I.2.3.

2660 So dürfte es eine Verletzung der insolvenzgerichtlichen Aufsichtspflicht darstellen, wenn der Schlussrechnungsprüfer dem Insolvenzgericht mitteilt, dass der sich aus der Schlussrechnung ergebende Massebestand vom Insolvenzverwalter trotz Aufforderung nicht nachgewiesen worden ist, und der Insolvenzrechtspfleger die Verfahrensakte solange unbearbeitet lässt, bis der Insolvenzverwalter angesichts seiner Veruntreuung der Masseliquidität sein Amt fast zwei Jahre später niederlegt.

2661 Wie z.B. Juris oder beck-online.

  - durch die Institutionalisierung eines intragerichtlichen Informationsaustausches zwischen den Insolvenzrichtern und Insolvenzrechtspflegern eines Insolvenzgerichts,
  - durch die persönliche Wahrnehmung der Ausstattung und Funktionsweise der Insolvenzverwalterbüros („Ortstermin"),
  - durch die Verbesserung der technischen Ausstattung der Insolvenzgerichte.
- Die Erweiterung der aufsichtsrechtlichen Informationsmöglichkeiten der Insolvenzgerichte de lege ferenda durch
  - die Einbeziehung der Insolvenzgerichte in die Informationspflichten nach dem MiStra und MiZi bei Vollstreckungs- und Strafverfahren gegen einen Insolvenzverwalter,[2662]
  - einen organisierten Informationsaustausch auf Bundesebene zwischen Insolvenzrichtern und Insolvenzrechtspflegern, der nach der hier vertretenen Auffassung einer gesetzlichen Grundlage bedarf.[2663]

Schließlich darf nicht außer Acht gelassen werden, dass auch ein kritischer Austausch mit den Insolvenzverwaltern über die Art und Weise der Ausübung der Aufsicht dem Insolvenzgericht wichtige Hinweise zur Verbesserung der Effizienz der Aufsicht geben kann, wenn die befragten Insolvenzverwalter die Bereitschaft zu ehrlicher Kritik an den Tag legen.

3.1.2. Eignung des Insolvenzverwalters

Seit jeher heißt es, dass die Auswahl des Verwalters die Schicksalsfrage des Konkurses ist.[2664] Eine ursachenbezogene Risikomanagementstrategie der insolvenzgerichtlichen Aufsicht muss nicht nur Qualitätsanforderungen an die Bewerber um das Insolvenzverwalteramt entwickeln, die den zunehmenden rechtlichen und tatsächlichen Schwierigkeiten der Insolvenzabwicklung gerecht werden,[2665] sondern auch auf eine Steigerung der Qualität der Insolvenzverwaltertätigkeit gerichtet sein, wofür die Verbesserung der Eignung der Insolvenzverwalter als notwendige Voraussetzung angesehen wird. Ein Risikomanagement der insolvenzgerichtlichen Aufsicht ist hier auf die ausschließlich eignungsbezogene Auslese im (Vor-)Auswahlverfahren und das Einschreiten mit den aufsichtsrechtlichen Maßnahmen der §§ 58, 59 InsO bei im Verfahrensverlauf aufkommenden Zweifel an der Eignung des Insolvenzverwalters beschränkt. So kann das Insolvenzgericht z.B. für das Verbleiben in der Vorauswahlliste vom Prätendenten Fortbildungsnachweise oder von dem bestellten Insolvenzverwalter eingehende Erläuterungen zu sich nach der Verwalterberichterstattung als schwierig erweisenden Maßnahmen der Insolvenzabwicklung fordern.

2662 De lege ferenda vorgesehen durch § 58 Abs. 3 GAVI-InsO, siehe Kap. H.I.2.2.
2663 Siehe Kap. E.II.2.1.
2664 *Jaeger*, 6. u. 7. Aufl., § 78 KO, Anm. 7; *Uhlenbruck*, Hohe Qualitätsanforderungen an Insolvenzverwalter, KSI 2007, 268.
2665 *Uhlenbruck*, Hohe Qualitätsanforderungen an Insolvenzverwalter, KSI 2007, 268.

I. Risikomanagement der insolvenzgerichtlichen Aufsicht

Die Insolvenzverwalterschaft kann zur Steigerung der Qualität der Insolvenzverwaltung durch eine gesetzlich oktroyierte berufsständische Verfasstheit oder aber durch eine an § 161 AktG und den „Deutschen Corporate Governance Kodex"[2666] angelehnte Selbstverpflichtung der Insolvenzverwalter beitragen. So ist den Mitgliedern des VID-Verbands der Insolvenzverwalter Deutschland e.V. nach § 4 der von diesen beschlossenen Berufsgrundsätzen[2667] die Verwaltertätigkeit untersagt, wenn die Unabhängigkeit durch eine mittelbare oder unmittelbare berufliche Beziehung zum Insolvenzschuldner oder zu beteiligten Gläubigern gefährdet erscheint. § 8 der Berufsgrundsätze untersagt den Mitgliedern, unmittelbar oder mittelbar mit der Insolvenzmasse zu kontrahieren, Gegenstände der Insolvenzmasse zu erwerben oder Vergütungen für Leistungen, die nicht in die Insolvenzmasse fließen, zu beziehen. Nach der allgemeinen Definition in § 1 der VID-Berufsgrundsätze ist der Insolvenzverwalter der *„unabhängige, objektive, zur Sachlichkeit verpflichtete, geschäftskundige und leistungsbereite Wahrer der Interessen aller am Insolvenzverfahren Beteiligten"*.

3.1.3. Die Rechnungslegung des Insolvenzverwalters

Ungeachtet der vom Gesetzgeber beabsichtigten Normierung einer Zwischenrechnungslegungspflicht des Insolvenzverwalters (§ 58 Abs. 1a GAVI-InsO)[2668] kann das Insolvenzgericht eine solche im Eröffnungsbeschluss oder im Berichtstermin anordnen (§ 58 Abs. 1 Satz 2 InsO), auch wenn diese nicht gem. § 66 Abs. 3 InsO von der Gläubigerversammlung beschlossen wird. Das Insolvenzgericht sollte von dieser Möglichkeit Gebrauch machen, da die insolvenzgerichtliche Aufsicht, insbesondere im Hinblick auf Masseveruntreuungen, wirksamer präventiv als repressiv ausgeübt wird.[2669]

Die interne oder insolvenzrechtliche Rechnungslegung des Insolvenzverwalters muss als Rechenschaftsbericht umfassende Auskunft über die Geschäftstätigkeit des Insolvenzverwalters, die verwalteten Massegegenstände, deren Verwertung und die Verwendung der Insolvenzmasse geben. Die Insolvenzgerichte sollten hierzu den Insolvenzverwaltern Standards vorgeben, um die Prüfung der Rechnungslegung wie auch deren Erstellung zu vereinfachen.

Die Ergebnisse der Schlussrechnungsprüfung, sei diese durch den Rechtspfleger oder einen Sachverständigen vorgenommen worden, sollten in regelmäßigen Zusammenkünften zwischen Insolvenzrichtern und Rechtspflegern besprochen werden, um unter den festgestellten Beanstandungen die aufsichtsrelevanten Fehlerquellen (Risiken) identifizieren und die Aufsichtstätigkeit entsprechend aus-

2666 „Deutscher Corporate Governance Kodex"(DCGK), am 20. 8. 2002 vom Bundesministerium der Justiz im amtlichen Teil des elektronischen Bundesanzeigers bekannt gemacht worden. Zur Rechtswirkung des DCGK siehe MK-*Semler*, § 161 AktG, Rdnr. 29–31.
2667 Berufsgrundsätze des VID vom 4. 11. 2006; Download über www.vid.de.
2668 Siehe Kap. H.I.2.5.
2669 So schon: *Werner*, Zur Änderung der Konkursordnung, DJ 1938, 107, 108.

richten zu können. Zugleich kann die durch die Aufnahme in die Vorauswahlliste festgestellte grundsätzliche Eignung i. S. d. § 56 Abs. 1 InsO verifiziert werden.

3.2. Wirkungsbezogene Maßnahmen

Wirkungsbezogene Maßnahmen sollen das Schadensausmaß eingetretener Risiken vermindern.[2670] In der Betriebswirtschaft ist darunter die Risikoüberwälzung auf Dritte, bspw. Versicherungen oder Lieferanten und Kunden, und die Risikoakzeptanz zu verstehen. Ein Risiko ist akzeptabel, wenn es sich nur gering auf das Unternehmensergebnis auswirkt.[2671]

Eine Risikoüberwälzung auf Dritte erscheint im Rahmen des Insolvenzverfahrens problematisch. Das Insolvenzverfahren dient der gleichmäßigen Befriedigung der Gläubiger, so dass eine Abwälzung von Verfahrensrisiken auf die Gläubiger der grundsätzlichen Konzeption der InsO widerspricht. Etwas anderes kann allenfalls dann gelten, wenn sich die Gläubigergesamtheit auf der Grundlage eines Insolvenzplans dazu entschließt, von den dispositiven gesetzlichen Vorschriften abzuweichen und dadurch dem Insolvenzverwalter ein entsprechendes Vertrauen entgegenbringt.

In Betracht kommt jedoch eine Risikoüberwälzung auf die Vermögensschadenshaftpflichtversicherung des Insolvenzverwalters. Die Risikomanagementstrategie der insolvenzgerichtlichen Aufsicht muss daher darauf ausgerichtet sein, einen ausreichenden Versicherungsschutz gegen vom Insolvenzverwalter verursachte Schäden zu gewährleisten. Hierunter fällt nicht nur der allgemeine Versicherungsschutz, sondern auch der Versicherungsschutz für die besonderen Risiken des konkreten Insolvenzverfahrens, wie z. B. diejenigen aus einer Betriebsfortführung.[2672] Der Insolvenzverwalter hat den ausreichenden allgemeinen Versicherungsschutz nach allgemeiner Insolvenzpraxis bereits im Vorauswahlverfahren[2673] und den im konkreten Insolvenzverfahren erforderlichen besonderen Versicherungsschutz auf Anforderung des Insolvenzgerichts (§ 58 Abs. 1 Satz 2 InsO) oder im Rahmen der Zwischenrechnungslegung nachzuweisen.

Ist eine Masseschädigung bereits eingetreten, hat die Aufsicht des Insolvenzgerichts sicherzustellen, dass ein Schadensersatzanspruch gegen den (früheren) Insolvenzverwalter durch einen Sonderverwalter oder einen neu bestellten Insolvenzverwalter unverzüglich geprüft und geltend gemacht wird.

2670 Memento Bilanzrecht für die Praxis 2005/2006, Rdnr. 36.071.

2671 Memento Bilanzrecht für die Praxis 2005/2006, Rdnr. 36.075 f.

2672 Gem. § 4 Abs. 3 Satz 2 InsVV sind in diesem Fall die Kosten einer angemessenen Versicherung dem Insolvenzverwalter als Auslagen zu erstatten.

2673 Siehe Kap. F.I.2.2.8.

4. Risikocontrolling

Wichtiger Bestandteil des betriebswirtschaftlichen Risikomanagementprozesses ist die regelmäßige Überprüfung der Risikoinventur und die Weiterentwicklung und Optimierung aller Maßnahmen zur Risikoerkennung und -handhabung.

Übertragen auf die Aufsicht des Insolvenzgerichts über den Insolvenzverwalter und dessen Geschäftstätigkeit bedeutet dies, dass die insolvenzgerichtliche Risikomanagementstrategie, z.B. im Hinblick auf die Identifikation neuer Risiken, fortlaufend überdacht und verbessert werden muss. Dies korrespondiert mit dem Risikocontrolling. Risikocontrolling bedeutet die Information und Koordination im Rahmen des Risikomanagementprozesses.[2674]. Konkret erfasst es die Entwicklung von Methoden und Handlungsabläufen und überwacht alle relevanten Risiken und deren Veränderung.[2675] Ein Risikomanagement der insolvenzgerichtlichen Aufsicht muss daher auch das Risikocontrolling in seiner Funktion als zusammenfassende Berichterstattung über die sich aus der Insolvenzverwaltertätigkeit ergebenden Risikofaktoren zum Zwecke der Informationsversorgung der Organe des Insolvenzgerichts umfassen.

V. Zusammenfassung

Für die Aufsicht des Insolvenzgerichts lässt sich aus dem unternehmerischen Risikomanagement ableiten, dass die Abwicklung eines Insolvenzverfahrens als generell mit Risiken verhafteter Prozess angesehen werden muss und die insolvenzgerichtliche Aufsicht eine Bewusstmachung dieses Risikophänomens sowie das Bereithalten möglicher Abwehrstrategien voraussetzt. Dieses verlangt aber die Einrichtung eines Risikomanagementsystems und die Einhaltung eines Risikomanagementprozesses. Auf diese Weise wird deutlich, dass sich die Aufsicht des Insolvenzgerichtes nicht in der Entgegennahme des umfänglicher werdenden (vgl. §§ 58 Abs. 1a, 66 Abs. 1 Satz 2, 3, 151 Abs. 1 Satz 3, 153 Abs. 1 Satz 3 GAVI-InsO)[2676] Rechenwerks des Insolvenzverwalters erschöpft, sondern ein fortlaufender Prozess ist, in dem bisher unbekannte Risiken der Insolvenzabwicklung ermittelt, auf ihre Relevanz für die insolvenzgerichtliche Aufsicht überprüft und Abwehrstrategien entwickelt und umgesetzt werden. Dem damit verbundenen Mehraufwand für die Insolvenzgerichte steht eine Steigerung von Effektivität[2677] und Effizienz[2678] der

---

2674 Memento, Bilanzrecht für die Praxis, 2005/2006, Rdnr. 36.085. In der betriebswirtschaftlichen Diskussion wird das Risikocontrolling nicht als Bestandteil des Risikomanagements im eigentlichen Sinne verstanden, weil dieses innerhalb eines Unternehmens als laufender Steuerungsprozess funktional und organisatorisch den einzelnen Unternehmensbereichen zugeordnet ist, *Wolf/Runzheimer*, Risikomanagement und KonTraG, Konzeption und Implementierung, S. 97f.

2675 Memento, Bilanzrecht für die Praxis, 2005/2006, Rdnr. 36.085.

2676 Siehe Kap. H.I.2.5.

2677 Effektivität ist ein Maß für die Zielerreichung unabhängig vom zur Zielerreichung notwendigen Aufwand.

2678 Effizienz ist ein Maß für die Wirtschaftlichkeit der Zielerreichung und bedeutet die Zielerreichung mit geringstem Aufwand.

insolvenzgerichtlichen Aufsicht gegenüber, die das Vertrauen der Verfahrensbeteiligten und der interessierten Öffentlichkeit in die Ordnungs- und Gesetzmäßigkeit der Verfahrensabwicklung stützt, das Staatshaftungsrisiko im Fall der schuldhaften Verletzung der Aufsichtspflicht reduziert und – last, but not least – eine Überfrachtung der insolvenzgerichtlichen Aufsicht durch ineffektive gesetzgeberische Neuregelungen verhindert.

J. Zusammenfassung der Ergebnisse

Mit dieser Arbeit sollte eine literarische Bewältigung aller Facetten der Aufsicht des Insolvenzgerichts über den Insolvenzverwalter (§ 58 InsO) versucht werden, die aber angesichts der Komplexität und Vielfältigkeit der Insolvenzverwaltertätigkeit nicht erschöpfend sein kann. Vor dem Hintergrund der aktuellen Diskussion über die Auswahl des Insolvenzverwalters und die Qualität der Insolvenzverwaltertätigkeit, die im Lichte spektakulärer Fälle ungetreuer Insolvenzverwalter wieder entfacht worden ist, sollte überprüft werden, ob die geltenden Vorschriften zur insolvenzgerichtlichen Aufsicht über den Insolvenzverwalter eine wirksame und effiziente Aufsicht ermöglichen oder ein gesetzgeberischer Handlungsbedarf zur Verbesserung der Aufsicht besteht. Die gefundenen Ergebnisse sollen nachfolgend zusammengefasst werden.

1.

Der Insolvenzverwalter steht nach der allgemeinen Anordnung der Aufsicht in § 58 Abs. 1 S. 1 InsO unter der Aufsicht des Insolvenzgerichts. Deren Wirksamkeit ist in den letzten Jahren zunehmend in den Blickpunkt der Diskussion geraten. Dieses nicht nur, weil spektakuläre Fälle der Masseveruntreuung durch ungetreue Insolvenzverwalter den Ruf nach einer Verbesserung und Intensivierung der Aufsicht über den Insolvenzverwalter ertönen ließen, sondern auch weil der zunehmende Wettbewerbsdruck unter den Insolvenzverwaltern das Auswahl- und Bestellungsverfahren in den Mittelpunkt des allgemeinen Interesses in Rechtsprechung und Literatur gerückt hat. In Relation zu der Zahl der eröffneten Insolvenzverfahren sind die bekannt gewordenen Fälle strafbaren und pflichtwidrigen Handelns der Insolvenzverwalter und der Insolvenzgerichte nicht bedeutend, jedoch ermöglichen diese eine öffentliche Berichterstattung, die geeignet ist, die bestehenden Vorurteile gegenüber Insolvenzverwalter zu verstärken und deren Arbeit zukünftig zu erschweren.[2679]

2.

Die Verteilung der funktionalen Zuständigkeit zwischen Insolvenzrichter und Insolvenzrechtspfleger, abschließend geregelt in den Vorschriften der §§ 3 Abs. 2 lit. e, 4, 18 RPflG, ist gekennzeichnet durch eine Alleinzuständigkeit des Insol-

2679 Kap. A.I.

venzrichters für das Insolvenzeröffnungsverfahren bis zur Entscheidung über den Insolvenzantrag und die Bestellung des Insolvenzverwalters sowie durch eine Alleinzuständigkeit des Insolvenzrechtspflegers für das eröffnete Insolvenzverfahren, die jedoch durch das Evokationsrecht des Insolvenzrichters aus § 18 Abs. 2 RPflG beschränkt werden kann.[2680] Anders als beim Insolvenzrechtspfleger ist eine Entscheidung des Insolvenzrichters außerhalb seines funktionalen Zuständigkeitsbereiches gem. § 8 Abs. 1 RPflG wirksam.[2681]

3.

Eine Inhaltsbestimmung hat zunächst die Frage zu beantworten, ob nur die Rechtmäßigkeit der Insolvenzverwaltertätigkeit oder auch Zweckmäßigkeitserwägungen des Insolvenzverwalters im Rahmen der Masseverwaltung und -verwertung der insolvenzgerichtlichen Aufsicht unterliegen.

Dabei steht außer Zweifel, dass der Insolvenzverwalter hinsichtlich seines Verwaltungs- und Verwertungshandelns einer Rechtmäßigkeitskontrolle durch das Insolvenzgericht unterliegt (Rechtsaufsicht). Diese ist gegenüber dem früheren Konkurs- und Gesamtvollstreckungsrecht erweitert worden, indem der Gesetzgeber der InsO den Handlungs- und Ermessensspielraum des Insolvenzverwalters durch eine umfassendere Regelung seiner Aufgaben und Pflichten sowie der von ihm zu beachtenden Zustimmungserfordernisse stärker reglementiert hat.[2682]

Der Insolvenzverwalter hat aber im Rahmen der Insolvenzabwicklung regelmäßig eine Vielzahl von Zweckmäßigkeitserwägungen anzustellen, z.B. bei der Entscheidung über die Erfüllung oder Nichterfüllung der vom Insolvenzschuldner begründeten Vertragsverhältnisse (§§ 103ff. InsO), bei der Begründung und Befriedigung von Masseverbindlichkeiten (§ 55 InsO), bei der Freigabe eines Massegegenstandes zur Vermeidung einer Kostenbelastung der Insolvenzmasse gem. § 55 Abs. 1 Nr. 1 InsO, bei der Bestimmung des günstigsten Verwertungszeitpunktes für ein Massegrundstück oder bei der Entscheidung, ob das Ratenzahlungsangebot eines Schuldners der Insolvenzmasse angenommen oder die Masseforderung tituliert werden soll. Hier steht dem Insolvenzverwalter nach allgemeiner Ansicht grundsätzlich ein weiter Ermessensspielraum zu.[2683] Ein Recht des Insolvenzgerichts zur Überwachung des Insolvenzverwalters im Rahmen seines eigenverantwortlichen Entscheidungsbereich (Fachaufsicht) lässt sich weder aus dem Wortlaut der Vorschrift des § 58 Abs. 1 InsO noch aus deren systematischen Stellung oder deren Normkontext herleiten.[2684] Während bei der der Insolvenzverwaltung vergleichbaren Tätigkeit eines Nachlassverwalters und Vormunds die Aufsicht als reine Rechtmäßigkeitskontrolle verstanden wird, zeigen die Regelungen

2680 Kap. B.III.1 und B.III.2.
2681 Kap. B.III.3.
2682 Kap. C.I.3.3.
2683 Kap. C.I.5.2.
2684 Kap. C.I.1.4.

zur Staatsaufsicht über kommunale Selbstverwaltungsträger, dass diese in den Bereichen der Selbstverwaltung oder eigenverantwortlichen Aufgabenerfüllung nur als Rechtsaufsicht ausgestaltet ist und lediglich bei der Wahrnehmung staatlich übertragener Aufgaben auch die Fachaufsicht umfasst.[2685]

In Rechtsprechung und Literatur hat sich keine einheitliche Auffassung zu der Frage einer Fachaufsicht des Insolvenzgerichts herausgebildet. Teilweise wird die Aufsicht des Insolvenzgerichts auf eine reine Rechtsaufsicht beschränkt, teilweise wird eine Zweckmäßigkeitskontrolle als Bestandteil der Aufsicht des Insolvenzgerichts angesehen. Eine vermittelnde Ansicht lässt Aufsichtsmaßnahmen des Insolvenzgerichts auch im eigenverantwortlichen Entscheidungsbereich des Insolvenzverwalters zu, wenn das auf Zweckmäßigkeitserwägungen beruhende Verwalterhandeln rechtswidrig oder insolvenzzweckwidrig ist. Bei genauerer Betrachtung weist die Diskussion über Rechts- oder Fachaufsicht des Insolvenzgerichts nur vordergründig auf einen Gegensatz hin. Denn die Prüfung von Zweckmäßigkeitsentscheidungen des Insolvenzverwalters ist von deren Beeinflussung durch das Insolvenzgericht im Rahmen seiner Aufsicht zu unterscheiden. Erstere ist Bestandteil eines aufsichtsrechtlichen Erkenntnisprozesses mit dem Ziel, festzustellen, ob eine Verwaltungs- oder Verwertungsmaßnahme des Insolvenzverwalters so unzweckmäßig ist, dass diese als rechtswidrig angesehen werden muss. In diesem Fall übt das Insolvenzgericht jedoch eine Rechtsaufsicht auf. Da sich auch Zweckmäßigkeitserwägungen des Insolvenzverwalters an ihrer Geeignetheit zur Erreichung der Insolvenzziele des § 1 InsO messen lassen müssen, geht es bei der Bestimmung des Inhalts der Aufsicht darum, im Rahmen eines aufsichtsrechtlichen Erkenntnisprozesses die Grenze zwischen der zulässigen und der rechtswidrigen Ausnutzung eines dem Insolvenzverwalter eingeräumten Ermessens- und Entscheidungsspielraums bei einer konkreten Verwaltungs- oder Verwertungsmaßnahme zu bestimmen. Erst bei deren Überschreiten wird die Frage nach dem erforderlichen und geeigneten Aufsichtsvollzug aufgeworfen. Folglich kann die Aufsicht des Insolvenzgerichts im Hinblick auf Zweckmäßigkeitsentscheidungen des Insolvenzverwalters nur als ein Erkenntnisprozess zur Prüfung der Notwendigkeit aufsichtsrechtlicher Maßnahmen verstanden werden, der sich erst bei Erreichen der Rechtswidrigkeits- bzw. Zweckwidrigkeitsschwelle zu einem der Rechtsaufsicht zu verortenden Aufsichtsvollzug wandelt. Daraus folgt aber, dass das Insolvenzgericht nicht mit Aufsichtsmaßnahmen seinen eigenen Zweckmäßigkeitsvorstellungen gegenüber dem Insolvenzverwalter Geltung verschaffen kann, wenn dessen im Rahmen seines eigenverantwortlichen Entscheidungsspielraums getroffene Abwicklungsmaßnahme der Erreichung der Insolvenzzwecke dient und auch nicht aus anderen Gründen als rechtswidrig anzusehen ist.[2686] Dieses Ergebnis wird durch einen Rückblick auf die historische Entwicklung des Insolvenzrechts in Deutschland und die Reformziele des Gesetzgebers der InsO bestätigt.[2687] Ebenso zeigt eine Untersuchung der insolvenzgerichtlichen Aufsicht bei

2685 Kap. C.I.2.1.
2686 Kap. C.I.4.
2687 Kap. C.I.5.3.

der Stilllegung oder Veräußerung des Schuldnerunternehmens (§§ 22 Abs. 1 Satz 2 Nr. 2, 158 Abs. 2 Satz 2, 163 Abs. 1 InsO) und im Insolvenzplanverfahren (§ 231 Abs. 1 InsO), dass die Kontrolle der Zweckmäßigkeitsentscheidungen des Insolvenzverwalters durch das Insolvenzgericht nur der Feststellung deren Rechtswidrigkeit oder Insolvenzzweckwidrigkeit dient.[2688]

4.

Die Aufsicht des Insolvenzgerichts (§ 58 Abs. 1 InsO) ist nach allg.M. als Amtspflicht ausgestaltet, weil der Staat durch die Anordnung der Verwaltung fremden Vermögens durch eine von ihm bestellte Person in die verfassungsmäßigen Rechte des Vermögensträgers eingreift und diese nach einem allgemeinen Rechtsgrundsatz dann auch zu überwachen hat.[2689]

Die Auslegung der Vorschriften zur insolvenzgerichtlichen Aufsicht in §§ 56 Abs. 1, 58, 59 Abs. 1 InsO ergibt, dass dem Insolvenzgericht bei der Bestellung des Insolvenzverwalters oder bei der Auswahl der aufsichtsrechtlichen Sanktion gegenüber einem rechtswidrig oder insolvenzzweckwidrig handelnden Insolvenzverwalter ein Auswahlermessen eingeräumt ist.[2690] Dieses Auslegungsergebnis entspricht auch der allgemeinen Auffassung in Rechtsprechung und Literatur.[2691]

Ein Vergleich der Systeme der Aufsicht bei den Kammerberufen einerseits und den staatlich bestellten Organen wie die Notare und Vormünder andererseits lässt erkennen, dass die Ausübung der Aufsicht in das pflichtgemäße Ermessen der Aufsichtsbehörde gestellt ist.[2692]

Kein Entschließungsermessen besteht bei der Anordnung der vorläufigen Insolvenzverwaltung und die Bestellung eines vorläufigen Insolvenzverwalters. Die Entscheidung des Insolvenzrichters über die Anordnung oder Aufhebung einer Sicherungsmaßnahme nach §§ 21, 22 InsO hat sich daran zu orientieren, ob diese überhaupt zur Erreichung des Gläubigerschutzes erforderlich, geeignet und verhältnismäßig (i.e.S.) ist.[2693] Eine Ausnahmen von dem Grundsatz des Aufsichtsermessens des Insolvenzgerichts hat der Gesetzgeber auch in den Fällen der Zustimmungserteilung gem. § 22 Abs. 1 Satz 2 Nr. 2 InsO, der Untersagungsentscheidung gem. § 161 InsO, der Schlussrechnungsprüfung gem. § 66 Abs. 2 InsO und der Amtsentlassung gem. § 59 Abs. 1 InsO geregelt.[2694]

Aus dem Allgemeinen Gleichheitsgrundsatz des Art. 3 Abs. 1 GG folgt, dass das Aufsichtsermessen des Insolvenzgerichts nicht ungebunden ist (vgl. nur § 40

2688 Kap. C.I.6.5.
2689 Kap. C.II.2.
2690 Kap. C.II.3.4.
2691 Kap. C.II.5.
2692 Kap. C.II.4.5.
2693 Kap. C.II.6.1.
2694 Kap. C.II.6.6.

VwVfG). So hat das Insolvenzgericht im Rahmen der Ausübung der Aufsicht zu beachten, dass die Tätigkeit des Insolvenzverwalters von der Grundrechtsgarantie der Berufsfreiheit (Art. 12 Abs. 1 GG) erfasst wird. Diese verfassungsrechtliche Garantie begründet zwar kein subjektives Recht auf Bestellung zum Insolvenzverwalter, verpflichtet jedoch das Insolvenzgericht, vor Anwendung einer Aufsichtsmaßnahme deren Eingriffswirkung in die verfassungsrechtlich geschützte Berufsausübungsfreiheit des Insolvenzverwalters in ein Verhältnis zu Zweck und Ziel der Aufsichtsmaßnahme zu setzen, mithin den aus dem Rechtsstaatsprinzip abgeleiteten Grundsatz der Verhältnismäßigkeit zu beachten.[2695]

Neben dieser verfassungsrechtlich begründeten Ermessensbeschränkung darf eine Aufsichtsmaßnahme auch nicht ermessensfehlerhaft sein, wie dieses z.B. bei einer Ermessensüberschreitung, bei einer Ermessensunterschreitung, bei einem Ermessensfehlgebrauch oder bei Nichtbeachtung einer Ermessensreduktion gegeben ist.[2696] So können sogen. „Richtlinien" der Insolvenzgerichte den Insolvenzverwalter rechtlich nicht zu einem bestimmten Verwalterhandeln verpflichten, da diese ihre Legitimation nicht durch die Verfasstheit in einer „Richtlinie", sondern aus der Übereinstimmung mit den gesetzlichen Vorschriften erhalten. Jedoch ist das Insolvenzgericht nach dem aus Art. 3 Abs. 1 GG abgeleiteten Grundsatz der Selbstbindung der Verwaltung im Rahmen der Ausübung der Aufsicht an „seine" Richtlinie gebunden. Eine Abkehr von den in der Richtlinie festgelegten Grundsätzen im Einzelfall ohne einen sachlichen Grund verstößt somit gegen Art. 3 Abs. 1 GG und stellt eine Ermessensüberschreitung dar.[2697] Von den Ermessensfehlern ist die fehlerhafte Auslegung und Anwendung unbestimmter Rechtsbegriffe bei der Gesetzesanwendung, wie z.B. die Feststellung der grundsätzlichen Eignung gem. § 56 Abs. 1 Satz 1 InsO für das Insolvenzverwalteramt im Vorauswahlverfahren,[2698] zu unterscheiden. Denn bei der Anwendung eines unbestimmten Rechtsbegriffs ist dem Insolvenzgericht kein Ermessen, sondern ein Beurteilungsspielraum eingeräumt.[2699]

Das Auswahlermessen des Insolvenzgerichts bei der Bestellung des Insolvenzverwalters kann nicht durch eine Einflussnahme der Verfahrensbeteiligten auf die Auswahlentscheidung[2700], sondern nur nachträglich durch das Wahlrecht nach § 57 InsO im Interesse der Gläubigerautonomie beschränkt werden.[2701] Demgegenüber ist das Insolvenzgericht nicht an einen Vorschlag zur Person des Treuhänders in der Wohlverhaltensperiode (§ 288 InsO) gebunden, sondern zur Begründung seiner Auswahlentscheidung in dem Bestellungsbeschluss gem. § 291 Abs. 2 InsO verpflichtet, wenn von dem Vorschlag gem. § 288 InsO abgewichen wird.[2702]

2695 Kap. C.III.1.3.
2696 Kap. C.III.2.5.
2697 Kap. C.III.2.4.
2698 Kap. F.I.1.3.
2699 Kap. C.III.2.3.
2700 Kap. C.III.3.1.
2701 Kap. C.III.3.2.5.
2702 Kap. C.III.3.3.2.

Das Aufsichtsermessen des Insolvenzgerichts wird nicht durch den Antrag eines Verfahrensbeteiligten auf aufsichtsrechtliches Einschreiten auf Null reduziert. Ein Rechtsmittel gegen eine ablehnende Entscheidung des Insolvenzgerichts ist nur für den Fall der Ablehnung der Amtsentlassung vorgesehen (§ 59 Abs. 2 Satz 2 InsO).[2703]

Aus der Existenz eines Gläubigerausschusses folgt keine Reduzierung des Maßes oder der Intensität der insolvenzgerichtlichen Aufsicht. Die Aufsichtspflicht des Insolvenzgerichts (§ 58 InsO) folgt aus dem allgemeinen Grundsatz, dass der Staat, wenn er fremdes Vermögen durch eine von ihm bestellte Person verwalten lässt, diese auch zu überwachen hat, und nicht aus dem Fehlen eines Gläubigerausschusses. Zudem sind Zweifel angebracht, ob die Mitglieder eines Gläubigerausschusses, angesichts einer eigenen Gläubigerstellung ihre Tätigkeit ausschließlich auf das Gesamtinteresse der Gläubigerschaft ausrichten. Aus diesem Grunde entbinden auch Beschlüsse der Gläubigerversammlung das Insolvenzgericht nicht von seiner Aufsichtspflicht.[2704] Noch weniger als im Verhältnis zu einem Gläubigerausschuss kann eine Reduzierung der insolvenzgerichtlichen Aufsicht im Hinblick auf Verwaltungs- und Verwertungsmaßnahmen des Insolvenzverwalters, die einen Beschluss der Gläubigerversammlung umsetzen oder die mit Zustimmung der Gläubigerversammlung erfolgen, angenommen werden. Denn die Gläubigersammlung hat kein dem Aufsichtsrecht des Gläubigerausschusses gem. § 69 InsO vergleichbares Einsichts- und Auskunftsrecht und kann nur unter den Voraussetzungen der §§ 74, 75 InsO die Einberufung einer Gläubigerversammlung beantragen, in der der Insolvenzverwalter über seine Geschäftstätigkeit Bericht zu erstatten hat (§ 79 InsO).[2705]

Keine Beschränkung der insolvenzgerichtlichen Aufsicht ergibt sich aus einer Kammerzugehörigkeit des Insolvenzverwalters. Denn die berufsständische Aufsicht ist ganz allgemein auf die Erfüllung der dieser durch Gesetz übertragenen Aufgaben sowie auf die Einhaltung der berufsrechtlich geregelten Verhaltenspflichten gerichtet, während die insolvenzgerichtliche Aufsicht gem. § 58 Abs. 1 InsO zu gewährleisten hat, dass die Insolvenzzwecke gem. § 1 InsO im konkreten Insolvenzverfahren unter Einhaltung der insolvenzrechtlichen Verfahrensvorschriften erreicht werden.[2706]

5.

Die insolvenzgerichtliche Aufsicht (§ 58 Abs. 1 InsO) kann hinsichtlich des ihr unterworfenen Personenkreises auf den ausdrücklich in § 58 Abs. 1 InsO benannten Insolvenzverwalter und – kraft gesetzlicher Verweisungen – auf den vorläufigen

2703 Kap. C.III.4.
2704 Kap. C.III.5.1.2.2.
2705 Kap. C.III.5.2.
2706 Kap. C.III.6.2.

Insolvenzverwalter, den Sachwalter, den Treuhänder im vereinfachten Insolvenzverfahren und den Treuhänder der Wohlverhaltensperiode konkretisiert werden.[2707] Nach der hier vertretenen Ansicht ist auch der Sachverständige gem. § 5 Abs. 1 Satz 1 InsO der Aufsicht des Insolvenzgerichtes gem. § 58 Abs. 1 InsO unterstellt. Denn dieser unterliegt nach § 4 InsO i.V.m. § 404a Abs. 1 ZPO ebenfalls der insolvenzgerichtlichen Aufsicht und die gesetzlichen Anforderungen an die Eignung des Sachverständigen entsprechen im wesentlichen derjenigen an die Eignung des Insolvenzverwalters.[2708]

Das Insolvenzgericht ist im Rahmen der Aufsicht, insbesondere bei der Feststellung der Eignung eines Bewerbers um das Insolvenzverwalteramt, auch berechtigt, Ermittlungen über die persönlichen und wirtschaftlichen Verhältnisse sowie die strafrechtliche Unbescholtenheit eines Bewerbers für das Insolvenzverwalteramt oder eines Insolvenzverwalters anzustellen. Dieses erfolgt aus der Überlegung, dass die Tätigkeit des Insolvenzverwalters auf die Verwaltung fremder Vermögen gerichtet ist, die je nach Zahl der anvertrauten Insolvenzverfahren und der Größe der Insolvenzmassen einen bedeutenden Umfang erreichen kann. Bedenken hiergegen lassen sich weder auf das Grundrecht der Berufsfreiheit (Art. 12 Abs. 1 GG) noch auf das Recht der informationellen Selbstbestimmung (Art. 2 Abs. 1, Art. 1 Abs. 1 GG) stützen.[2709]

Der Umfang der Aufsicht des Insolvenzgerichts ist gegenständlich zunächst auf das gesamte Handeln des Insolvenzverwalters im Zusammenhang mit der Ausübung seiner insolvenzrechtlichen Pflichten bei der Verwaltung und Verwertung der Insolvenzmasse gerichtet.[2710]

In formaler Hinsicht setzt die Aufsicht des Insolvenzgerichts bereits mit der Durchführung des Vorauswahlverfahrens ein.[2711] Diese konkretisiert sich in personaler Hinsicht durch die Bestellung eines Sachverständigen gem. § 5 Abs. 1 Satz 2 InsO oder eines vorläufigen Insolvenzverwalters gem. § 21 Abs. 2 Nr. 1 InsO nach der Insolvenzantragstellung[2712] und später durch die Bestellung eines Insolvenzverwalters mit der Entscheidung über die Verfahrenseröffnung (§ 27 Abs. 1 Satz 1 InsO)[2713] und durch die Ernennung eines Treuhänders der Wohlverhaltensperiode mit der Ankündigung der Restschuldbefreiung (§ 291 InsO).[2714]

Das Ende der insolvenzgerichtlichen Aufsicht wird verfahrensrechtlich durch die Beendigung des Insolvenzverfahrens, entweder durch Einstellung nach §§ 207 Abs. 1 Satz 1, 211 Abs. 1, 212, 213 InsO oder durch Aufhebung nach §§ 200 Abs. 1, 258 Abs. 1 InsO, und in Bezug auf die beaufsichtigte Person durch die Beendigung

2707 Kap. D.I.1.
2708 Kap. D.I.2.4.
2709 Kap. D.II.2.3.
2710 Kap. D.II.1.
2711 Kap. D.III.1.1.
2712 Kap. D.III.1.2.
2713 Kap. D.III.1.3.
2714 Kap. D.III.1.4.

der Amtsstellung definiert. Die insolvenzrechtlichen Vorschriften normieren aber für den Insolvenzverwalter Handlungspflichten, die, wie z.B. die Schlussrechnungslegungspflicht (§ 66 Abs. 1 InsO), die Herausgabe eines nach Verteilung verbleibenden Überschusses an den Insolvenzschuldner (§ 199 InsO) und die Pflicht zur Rückgabe der Bestallungsurkunde (§ 56 Abs. 2 Satz 2 InsO), die über das formale Verfahrensende hinauswirken.[2715]

6.

Eine wirksame Aufsicht über den Insolvenzverwalter setzt voraus, dass Insolvenzrichter oder Insolvenzrechtspfleger nicht nur Kenntnis von einem aufsichtsrelevanten Sachverhalt erhalten, sondern auch zu den richtigen Schlussfolgerungen gelangen.

Der Gesetzgeber hat hierfür mit der Zuständigkeitskonzentration gem. § 2 Abs. 1 InsO[2716] und den besonderen Anforderungen an Sachkunde und Erfahrung der Insolvenzrichter und der Insolvenzrechtspfleger gem. § 22 Abs. 6 GVG, § 18 Abs. 4 RPflG[2717] den notwendigen Rahmen geschaffen. Dieser soll gewährleisten, dass Personen mit ausreichender fachlicher Qualifikation die Aufsicht über den Insolvenzverwalter führen. Die Verbesserung der Qualifikation der Insolvenzrichter und Insolvenzrechtspfleger wird zunehmend in den Mittelpunkt der Diskussion über die Qualität der Insolvenzverwaltung rücken. Insolvenzrichter und Insolvenzrechtspfleger müssen auch bei vertrauensvoller Zusammenarbeit mit dem Insolvenzverwalter im Interesse der übrigen Verfahrensbeteiligten ihre Unabhängigkeit und Objektivität bewahren. Das Vertrauen in die insolvenzgerichtliche Aufsicht verlangt eine kompetente, sachliche und umsichtige Kommunikation des Insolvenzgerichts mit den Verfahrensbeteiligten.[2718] Weitere Bedingung für eine wirksame Aufsicht ist eine ausreichende personelle und technische Ausstattung der Insolvenzgerichte und eine die Erfassung und Auswertung der eingehenden Informationen sowie die rechtzeitige Einleitung von aufsichtsrechtlichen Maßnahmen gewährleistende Ablauforganisation innerhalb der Insolvenzabteilung.[2719]

Das Insolvenzgericht verfügt über vielfältige Instrumente, die ihm eine umfassende Information über die Person des Insolvenzverwalters und dessen Tätigkeit in einem konkreten Insolvenzverfahren ermöglichen.

Von besonderer Bedeutung ist hierbei der Amtsermittlungsgrundsatz gem. § 5 Abs. 1 InsO, der das Insolvenzgericht zu Amtsermittlungen hinsichtlich aller für das Verfahren bedeutsamen Umstände, einschließlich der Verfahrensabwicklung

2715 Kap. D.III.2.
2716 Kap. E.I.1.
2717 Kap. E.I.2.
2718 Kap. E.I.3.
2719 Kap. E.I.4. und E.I.5.

durch den Insolvenzverwalter, verpflichtet.[2720] Der Amtsermittlungsgrundsatz wird weder durch die allgemeine Anordnung der Aufsicht in § 58 Abs. 1 InsO verdrängt, noch durch den Grundsatz der Eigenverantwortlichkeit der Insolvenzverwaltertätigkeit beschränkt. Die Amtsermittlungen des Insolvenzgerichts müssen aber selbst rechtmäßig sein und dürfen nicht die Grundrechtsgarantien der Berufsfreiheit (Art. 12 Abs. 1 InsO) und der informationellen Selbstbestimmung (Art. 2 Abs. 1, Art. 1 Abs. 1 GG) verletzen.[2721]

Die wohl wichtigste Informationsquelle des Insolvenzgerichts ist die interne Rechnungslegung des Insolvenzverwalters, bestehend aus den Verzeichnissen gem. §§ 151 ff. InsO und der Zwischen- und der Schlussrechnungslegung.[2722] Diese wird gem. § 58 Abs. 1 Satz 2 InsO durch einen umfassenden Auskunftsanspruch des Insolvenzgerichts gegenüber dem Insolvenzverwalter ergänzt.[2723] Der Schlussrechnung gem. § 66 Abs. 1 InsO kommt für die insolvenzgerichtliche Aufsicht besondere Bedeutung zu, da sie das gesamte Ergebnis der Insolvenzabwicklung in Zahlen wiedergibt und so dem Insolvenzgericht eine umfassende Prüfung der Ordnungsmäßigkeit der Verfahrensabwicklung ermöglicht (§ 66 Abs. 2 Satz 1 InsO). Das Insolvenzgericht kann sich dabei eines Sachverständigen bedienen (§ 5 Abs. 1 Satz 2 InsO), darf sich dadurch aber nicht eines eigenen Urteils über die Ordnungsmäßigkeit der Schlussrechnung und der Verfahrensabwicklung durch den Insolvenzverwalter entziehen.[2724] Das Insolvenzgericht sollte nach Möglichkeit die Bestellung eines „Wettbewerbers“ des Insolvenzverwalters zum Schlussrechnungsprüfer vermeiden, da diese zwar nicht anfechtbar, aber generell der Gefahr einer Befangenheitsrüge ausgesetzt ist.[2725]

Das Insolvenzgericht darf aber auch das handelsrechtliche Rechenwerk des Insolvenzschuldners nicht unberücksichtigt lassen, da dieses eine Plausibilitätskontrolle dahingehend zuläßt, ob die in der handelsrechtlichen Buchhaltung erfassten aktivischen Vermögenswerte in der internen Rechnungslegung des Insolvenzverwalters vollständig Aufnahme gefunden haben. Gegenständliche Abweichungen oder Differenzen zwischen den Buchwerten und den prognostizierten Wertansätzen können für das Insolvenzgericht Anlass sein, vom Insolvenzverwalter ergänzende Erläuterungen einzuholen (§ 58 Abs. 1 Satz 2 InsO).[2726]

Darüber hinaus kann das Insolvenzgericht Informationen über den Insolvenzverwalter und dessen Amtsführung von den Verfahrensbeteiligten oder von Dritten erhalten.[2727] Der Informationsaustausch zwischen den Insolvenzgerichten über das „Delisting“ eines Bewerbers, die Amtsentlassung (§ 59 Abs. 1 InsO) oder über eine strafrechtliche Verurteilung eines Insolvenzverwalters ist ohne eine ausdrück-

2720 Kap. E.II.1.1.
2721 Kap. E.II.1.5.
2722 Kap. E.II.4.
2723 Kap. E.II.3.
2724 Kap. E.II.4.5.4.4.1.
2725 Kap. E.II.4.5.4.4.2.
2726 Kap. E.II.5.4.
2727 Kap. E.II.2.

liche gesetzliche Ermächtigung unzulässig.[2728] De lege ferenda sollen durch § 58 Abs. 3 GAVI-InsO die Mitteilungspflichten nach MiZi und MiStra erweitert werden.[2729]

Der Gläubigerausschuss ist verpflichtet, das Insolvenzgericht über festgestellte Pflichtwidrigkeiten, insbesondere Veruntreuungen, des Insolvenzverwalters zu informieren.[2730] Diese Informationspflicht kann das Insolvenzgericht aber nicht durchsetzen, sondern ist darauf verwiesen, den Gläubigerausschuss nach § 70 InsO von Amts wegen zu entlassen und gem. § 74 Abs. 1 Satz 1 InsO eine Gläubigerversammlung zum Zwecke der Wahl eines anderen Gläubigerausschusses einzuberufen.[2731]

7.

Die Judikatur des *BVerfG*[2732] zur (Vor-)Auswahl des Insolvenzverwalters ist letztlich die Konsequenz des in den letzten Jahren wachsenden erheblichen Konkurrenzdrucks unter der Insolvenzverwalterschaft. Das *BVerfG* konnte angesichts einer in der Vorschrift des § 56 Abs. 1 InsO zum Ausdruck kommenden gesetzgeberischen Zurückhaltung bei der Regelung des Auswahlverfahren und der Ablehnung einer weitergehenden gesetzlichen Regelung nur versuchen, ein Allokationsverfahren für knappe Ressourcen aufzuzeigen, das auf einen rechtlich gebundenen und willkürfrei auszuübenden Beurteilungsspielraum des Insolvenzrichters bei der Vorauswahl und auf die pflichtgemäße Ausübung des Auswahlermessens bei der Auswahlentscheidung gestützt ist, und als Korrektiv dem übergangenen Prätendenten einen zweistufig ausgestalteten Rechtsschutz eröffnet.[2733]

Die Vorauswahl des Insolvenzverwalters ist nach Ansicht des Verfassers eine antizipierende Maßnahme der Aufsicht des Insolvenzgerichts (§ 58 InsO), weil das Insolvenzgericht mit der Festlegung der die generelle Eignung i.S.d. § 56 Abs. 1 InsO konkretisierenden Vorauswahlkriterien und mit der Vorauswahlentscheidung für das Insolvenzverwalteramt ungeeignete Prätendenten von vorneherein ausschließt.[2734] Aber auch die Bestellung des Insolvenzverwalters ist Bestandteil der insolvenzgerichtlichen Aufsicht, da mit der Auswahlentscheidung gem. § 56 Abs. 1 InsO die Eignung des Insolvenzverwalters zur Abwicklung des konkreten Insolvenzverfahrens festgestellt und das Maß der im eröffneten Insolvenzverfahren vom Rechtspfleger auszuübenden Aufsicht bestimmt wird.[2735]

2728 Kap. E.II.2.1.
2729 Kap. E.II.2.2.
2730 Kap. E.II.6.2.1.
2731 Kap. E.II.6.2.2.
2732 Kap. F.I.1.1.
2733 Kap. F.I.1.3.
2734 Kap. F.I.2.
2735 Kap. F.I.

Nach Auffassung des Verfassers geht es bei der Feststellung der Eignung eines Bewerbers im Vorauswahlverfahren um die zutreffende Bestimmung des Inhalts der in § 56 Abs. 1 Satz 1 InsO normierten Eignungskriterien durch Auslegung und deren richtige Anwendung auf den Bewerber, also um die Frage nach einem Beurteilungsspielraum und nicht nach einem Auswahlermessen des Insolvenzrichters. Die Anwendung der unbestimmten Rechtsbegriffe gem. § 56 Abs. 1 InsO im Vorauswahlverfahren unterliegt einer uneingeschränkten gerichtlichen Kontrolle.[2736] Die Festlegung der Vorauswahlkriterien und die Prüfung der Geeignetheit eines Prätendenten ist Teil der erkennenden Aufsicht des Insolvenzgerichts, während die Entscheidung über die Aufnahme oder Nichtaufnahme eines Prätendenten in die Vorauswahlliste als präventive Maßnahme des Aufsichtsvollzugs angesehen werden kann.[2737] Demgegenüber ist dem Insolvenzrichter bei der konkreten Auswahlentscheidung ein Auswahlermessen eingeräumt, weil sich angesichts der Absage des *BVerfG* an eine Bestenauslese i.S.d. Art 33 Abs. 2 GG bei zutreffender Auslegung der Eignungskriterien des § 56 Abs. 1 InsO mehrere Prätendenten als für das konkrete Insolvenzverfahren geeignet erweisen können. Der Beurteilungsspielraum auf der Tatbestandsseite erzwingt somit ein Auswahlermessen auf der Rechtsfolgenseite des § 56 Abs. 1 InsO.[2738]

Eine gesteigerte Berichtspflicht ist ein geeignetes Mittel der insolvenzgerichtlichen Aufsicht bei noch unerfahrenen Insolvenzverwaltern, bei einem Anfangsverdacht auf Unregelmäßigkeiten oder Pflichtwidrigkeiten des Insolvenzverwalters oder bei Beschwerden der Verfahrensbeteiligten gegen die Art und Weise der Geschäftstätigkeit des Insolvenzverwalters.[2739] Das Insolvenzgericht ist im Rahmen seiner Aufsicht (§ 58 Abs. 1 InsO) berechtigt, Sonderprüfungen durch einen Sachverständigen (§ 5 Abs. 1 Satz 2 InsO) zu beauftragen, um die Ordnungsmäßigkeit der Geschäftstätigkeit eines Insolvenzverwalters insgesamt oder in Teilaspekten prüfen zu lassen. Angesichts der geringeren Eingriffsintensität sollte im Hinblick auf den verfassungsrechtlichen Verhältnismäßigkeitsgrundsatzes im Einzelfall geprüft werden, ob eine Sonderprüfung nicht ebenso wie die Bestellung eines Sonderverwalters für die Zwecke der Aufsicht geeignet ist.[2740]

Die Einberufung einer Gläubigerversammlung von Amts ist außerhalb der gesetzlich geregelten Fälle (z.B. §§ 66 Abs. 2, 161 Satz 2, 197 Abs. 1 Nr. 1 InsO) als Aufsichtsmaßnahme in Betracht zu ziehen, wenn das Insolvenzgericht die Insolvenzgläubiger über aufsichtsrelevante Umstände der Verwaltungs- und Verwertungstätigkeit des Insolvenzverwalters unterrichten, dem Insolvenzverwalter Gelegenheit zur Berichterstattung und Stellungnahme gegenüber der Gläubigerversammlung (§ 79 InsO) sowie den Insolvenzgläubigern zur Einflussnahme auf die Verfahrensabwicklung durch den Insolvenzverwalter geben will.[2741]

2736 Kap. F.I.1.3.
2737 Kap. F.I.2.4.
2738 Kap. F.I.1.3.
2739 Kap. F.III.1.
2740 Kap. F.III.2.
2741 Kap. F.IV.

Mangels einer gesetzlichen Regelung ist das Insolvenzgericht nicht berechtigt, dem Insolvenzverwalter hinsichtlich seiner Verwaltungs- und Verwertungstätigkeit Handlungsanweisungen zu erteilen. Bei Pflichtwidrigkeiten des Insolvenzverwalters stehen dem Insolvenzgericht die aufsichtsrechtlichen Zwangsmaßnahmen nach §§ 58 Abs. 2, 58 Abs. 3, 59 InsO zur Verfügung.[2742]

Der gesetzliche Vergütungs- und Auslagenerstattungsanspruch des Insolvenzverwalters kann nicht, z.B. durch eine Verzögerung oder Versagung der Zustimmung nach § 9 InsVV, instrumentalisiert werden, um den Insolvenzverwalter zur pflichtgemäßen Insolvenzabwicklung, wie z.B. zu einer zügigen Verfahrensabwicklung, zu veranlassen.[2743] Dem Insolvenzverwalter bleibt gegen die vollständige oder teilweise Versagung der Zustimmung nur das Rechtsmittel der Rechtspflegererinnerung gem. § 11 Abs. 2 RPflG.[2744] Der Insolvenzverwalter ist nicht zu einer „Ersatzvornahme“ im Falle der unbegründeten Verweigerung oder Verzögerung der Zustimmung nach § 9 InsVV berechtigt.[2745] Eine Verwirkung des Vergütungsanspruchs des Insolvenzverwalters kann nach dem Grundsatz der unzulässigen Rechtsausübung i.e.S. (§ 242 BGB) nur bei einer erheblichen und vorsätzlichen Pflichtverletzung, die eine solche Schädigung der Insolvenzmasse zur Folge hat, dass die bisherige Tätigkeit des Insolvenzverwalters entwertet wird, angenommen werden.[2746]

Ein Recht des Insolvenzgerichts, wie noch in § 78 Abs. 2 KO vorgesehen, vom Insolvenzverwalter einer Sicherheitsleistung einzufordern, ist gesetzlich nicht geregelt und lässt sich auch nicht aus der allgemeinen Anordnung der Aufsicht in § 58 Abs. 1 Satz 1 InsO ableiten.[2747]

Besondere Bedeutung im Rahmen der Ausübung der insolvenzgerichtlichen Aufsicht kommt dem im Zwangsgeldverfahren nach § 58 Abs. 2 InsO zu. Nach der Androhung bedarf es keiner erneuten Anhörung vor der Festsetzung des Zwangsgeldes.[2748] Vor der Festsetzung eines weiteren Zwangsgelds ist dieses dem Insolvenzverwalter vorher anzudrohen. Einer erneuten Anhörung bedarf es jedoch nicht. Dabei können mehrere, für dieselbe Pflichtverletzung verhängte Zwangsgelder insgesamt den Betrag von € 25.000,– übersteigen. Bei beharrlicher Verweigerung der Pflichterfüllung durch den Insolvenzverwalter hat das Insolvenzgericht die Amtsentlassung gem. § 59 Abs. 1 InsO in Betracht zu ziehen.[2749] Die Fortsetzung des Zwangsmittelverfahrens gem. § 58 Abs. 2 InsO ist nach Zweckerreichung unzulässig.[2750]

2742 Kap. F.V.1.2.
2743 Kap. F.VI.2.2.
2744 Kap. F.VI.2.3.
2745 Kap. F.VI.2.4.
2746 Kap. F.VI.3.2.
2747 Kap. F.VII.
2748 Kap. F.VIII.2.1.
2749 Kap. F.VIII.2.2.
2750 Kap. F.VIII.3.

Die Herausgabevollstreckung gem. § 58 Abs. 3 InsO kann nicht nur gegen den entlassenen Insolvenzverwalter, sondern auch gegen den vorläufigen Insolvenzverwalter, der bei Verfahrenseröffnung nicht zum Insolvenzverwalter bestellt worden ist, gegen den Sachwalter, gegen den Treuhänder im vereinfachten Insolvenzverfahren und den nach § 57 InsO „abgewählten" Insolvenzverwalter betrieben werden. Ein Einsatz dieser Aufsichtsmaßnahme gegenüber den Erben des verstorbenen Insolvenzverwalters oder gegen den (ehemaligen) Insolvenzverwalter nach ordentlicher Verfahrensbeendigung ist unzulässig.[2751] Die Herausgabepflicht erstreckt sich auch auf die Hand- bzw. Verfahrensakten des Insolvenzverwalters.[2752] Bleibt das zum Zwecke der Herausgabevollstreckung betriebene Zwangsgeldverfahren erfolglos, kann der Herausgabeanspruch nur auf dem Zivilrechtswege durchgesetzt werden. Wegen der damit verbundenen Zeitverzögerung und der Schwierigkeiten bei der richtigen Bestimmung der herauszugebenden Unterlagen, soll de lege ferenda durch § 59 Abs. 1 a) bis 1 c) GAVI-InsO die Herausgabevollstreckung nach der Zivilprozessordnung eingeführt und die herauszugebenden Unterlagen und Gegenstände gesetzlich definiert werden.[2753]

Die Bestellung eines Sonderverwalters im Rahmen der insolvenzgerichtlichen Aufsicht ist gesetzlich nicht geregelt, wird jedoch nach allgemeiner Meinung als zulässig angesehen.[2754] Für den Sonderverwalter gelten die Vorschriften für den Insolvenzverwalter, insbesondere die §§ 56 bis 66 InsO, entsprechend. Die Geeignetheit und Geschäftskunde gem. § 56 Abs. 1 InsO muss sich aber nur auf den besonderen Aufgabenkreis des Sonderverwalters und nicht auf die sonstigen Aufgaben eines Insolvenzverwalters beziehen. Der Sonderverwalter ist gegenüber dem „regulären" Insolvenzverwalter ein minus und kein aliud und nicht den Weisungen des Insolvenzverwalters unterworfen.[2755] Für die Bestellung des Sonderverwalters funktionell zuständig ist der Rechtspfleger (§ 3 Abs. 2 e) RPflG).[2756] Hierbei hat der Rechtspfleger den verfassungsrechtlichen Verhältnismäßigkeitsgrundsatz zu beachten und zu prüfen, ob nicht weniger intensive Aufsichtsmaßnahmen, wie die Auskunft nach § 58 Abs. 1 InsO oder eine Sonderprüfung durch einen nach § 5 Abs. 1 Satz 2 InsO bestellten Sachverständigen, ebenso geeignet sind.[2757] Eine Legitimation des bestellten Sonderverwalters durch die Gläubiger entsprechend § 57 InsO ist nur in Fällen besonderer Bedeutung für die Insolvenzmasse und die Gläubigerinteressen, wie z.B. bei der Prüfung und Geltendmachung von Schadensersatzansprüchen gegen den Insolvenzverwalter, erforderlich.[2758] Dem Insolvenzgericht steht als Fall der Sonderverwaltung auch die Nachtragsverteilung gem. §§ 203ff. InsO durch einen anderen Insolvenzverwalter als Aufsichtsinstrument zur Verfügung.

2751 Kap. F.IX.1.
2752 Kap. F.IX.2.
2753 Kap. F.IX.3.
2754 Kap. F.X.
2755 Kap. F.X.2.
2756 Kap. F.X.3.1.
2757 Kap. F.X.3.3.
2758 Kap. F.X.3.4.

Die Amtsentlassung des Insolvenzverwalters nach § 59 Abs. 1 InsO, für die der Rechtspfleger nach § 3 Abs. 2 e) RPflG funktionell zuständig ist,[2759] stellt das Aufsichtsmittel mit der bedeutendsten Eingriffswirkung in die Rechtsstellung des Insolvenzverwalters dar. Die Amtsentlassung bedarf nicht bloßer Verdachtsmomente, sondern einer genauen Abwägung, ob ein Verbleiben des Insolvenzverwalters im Amt unter Berücksichtigung der schutzwürdigen Interessen des Verwalters die Belange der Gesamtgläubigerschaft und die Rechtmäßigkeit der Verfahrensabwicklung objektiv nachhaltig beeinträchtigen würde.[2760] Dieses bedeutet, dass bei einer Masseveruntreuung bereits konkrete Anhaltspunkte, die nicht im Rahmen zumutbarer Amtsermittlung vom Insolvenzverwalter ausgeräumt werden können, die Amtsentlassung rechtfertigen.[2761]

8.

Im Falle einer Verletzung der Aufsichtspflicht durch das Insolvenzgericht droht die Staatshaftung gem. § 839 BGB i.V.m. Art. 34 GG. Sowohl der Insolvenzrichter als auch der Insolvenzrechtspfleger werden im Rahmen ihrer Aufsichtstätigkeit (§ 58 InsO) vom haftungsrechtlichen Beamtenbegriff des § 839 BGB erfasst.[2762] Die Aufsicht des Insolvenzgerichts über den Insolvenzverwalter ist grundsätzlich als drittbezogene Amtspflicht einzustufen.[2763] Der Amtshaftungsanspruch verlangt eine schuldhafte Pflichtverletzung. Dabei ist eine Verantwortlichkeit des Insolvenzrichters für Amtshandlungen des nach Verfahrenseröffnung funktionell zuständigen Rechtspflegers ausgeschlossen.[2764] Für Amtspflichtverletzungen des Insolvenzgerichts haftet nach Art. 34 GG das Land, in dem sich das als Insolvenzgericht handelnde Amtsgericht befindet.[2765]

Für die Staatshaftung bei Aufsichtspflichtverletzungen durch das Insolvenzgericht kommt der Haftungsbeschränkung aus § 839 Abs. 1 Satz 2 BGB (anderweitiger Ersatzmöglichkeit) besondere Relevanz zu. Denn regelmäßig geht mit der Verletzung der Aufsichtspflicht eine Pflichtverletzung des Insolvenzverwalters einher, die einen Schadensersatzanspruch gegen diesen begründen kann. In diesem Fall hat sich der Geschädigte gem. § 839 Abs. 1 Satz 2 BGB vorrangig an den Insolvenzverwalter zu halten, soweit er seinen Anspruch gegen diesen in absehbarer und angemessener Zeit durchsetzen kann. Hat neben dem Insolvenzgericht auch der Gläubigerausschuss seine Überwachungspflichten verletzt, kann der Geschädigte wahlweise den Insolvenzverwalter oder die Mitglieder des Gläubigerausschusses in Anspruch nehmen. Eine Haftung des Insolvenzgerichts ist in diesem Fall subsidiär.[2766]

2759 Kap. F.XI.1.
2760 Kap. F.XI.2.2.2.
2761 Kap. F.XI.4.
2762 Kap. G.I.1.
2763 Kap. G.I.2.
2764 Kap. G.I.5.
2765 Kap. G.I.6.
2766 Kap. G.II.1.

Das Richterprivileg gem. § 839 Abs. 2 BGB ist auf Aufsichtsmaßnahmen des Insolvenzrichters nicht anwendbar, weil es sich dabei um Justizverwaltungsakte und nicht um eine richterliche Entscheidung in einem nach den für das Erkenntnisverfahren wesentlichen Verfahrensgrundsätzen geführten gerichtlichen Verfahren handelt.[2767]

9.

In Ansehung des „Mühl"-Falls hat der Bundesrat im November 2007 den Entwurf eines „Gesetzes zur Verbesserung und Vereinfachung der Aufsicht in Insolvenzverfahren (GAVI)" in den Bundestag eingebracht. Dessen Regelungen zur insolvenzgerichtlichen Aufsicht über den Insolvenzverwalter schaffen durch die Normierung von Mindeststandards für die interne Rechnungslegung des Insolvenzverwalters und deren Prüfung durch das Insolvenzgericht eine weitgehende Rechtsklarheit und Einheitlichkeit. Eine Verstärkung des Aufsichtsinstrumentariums wird durch die Regelungen in den § 59 Abs. 1a–1c, Abs. 2 GAVI-InsO zur Herausgabevollstreckung gegen den (nur) entlassenen Insolvenzverwalter bewirkt. Durch die Mitteilungspflichten gem. § 58 Abs. 3 GAVI-InsO soll das Insolvenzgericht frühzeitig über Zwangsvollstreckungsmaßnahmen oder Strafverfahren gegen die tätigen Insolvenzverwalter informiert werden. Es wäre wünschenswert gewesen, wenn die Entwurfsverfasser des GAVI Anforderungen an die Qualifikation der aufsichtführenden Organe und die Ausstattung der Insolvenzgerichte normiert hätten. Was nutzt das umfassende Rechenwerk, zu dessen Vorlage der Insolvenzverwalter z.B. durch § 66 Abs. 1 GAVI-InsO verpflichtet wird, wenn dessen Informationsgehalt vom aufsichtführenden Insolvenzgericht nicht verstanden werden kann. Das GAVI darf die Beteiligten am Insolvenzverfahren nicht in der trügerischen Hoffnung wiegen, dass mit seinen Regelungen zukünftig der kriminelle Insolvenzverwalter der Vergangenheit angehören wird. Dieses Phänomen wird auch mit den Regelungen des GAVI nicht verhindert werden können. Jedoch kann eine ordnungsgemäß ausgeübte Aufsicht (§ 58 InsO) – wie bisher – masseschädigende Handlungen des Insolvenzverwalters rechtzeitiger feststellen und helfen, den Schaden für die Insolvenzgläubiger zu reduzieren.[2768]

Eine gesetzliche Normierung des Auswahlverfahrens für die Insolvenzverwalter mag wünschenswert sein, ist jedoch angesichts eindeutiger Stellungnahmen des Gesetzgebers in absehbarer Zeit nicht zu erwarten.[2769]

Die Einführung eines Rechts zur Anordnung einer Sicherheitsleistung durch den Insolvenzverwalter ist nach Auffassung des Verfassers nicht sinnvoll.[2770]

2767 Kap. G.II.2.
2768 Kap. H.I.3.
2769 Kap. H.II.1.2.
2770 Kap. H.II.2.

Angesichts der verfassungsrechtlichen Garantie des Rechts auf informationelle Selbstbestimmung und der Tätigkeit des *„Bundesarbeitskreis Insolvenzrecht (BAK-InsO)“* besteht ein Bedürfnis nach einer gesetzlichen Regelung des intergerichtlichen Informationsaustausches, der andernfalls als rechtswidrig anzusehen ist.[2771]

Die Kontrolle der Kontenstände und -bewegungen auf dem Massekonto durch das Insolvenzgericht kann der Risikofrüherkennung und -vermeidung dienen. Die Allgemeinverbindlichkeit eines Online-Kontrollsystems bedarf der gesetzlichen Regelung, die auch die Kostentragungslast umfassen muss.[2772]

10.

Eine wirksame insolvenzgerichtliche Aufsicht über den Insolvenzverwalter muss präventiv auf die Schadensvermeidung ausgerichtet sein, weil sie sonst erst eingreift, wenn durch ein Fehlverhalten oder eine Pflichtwidrigkeit des Insolvenzverwalters die Insolvenzmasse bereits geschädigt ist. Eine Intensivierung der Aufsicht ist angesichts der beschränkten personellen und sachlichen Kapazitäten der Insolvenzgerichte nur eingeschränkt möglich und trägt außerdem das Risiko einer Bürokratisierung der Verfahrensabwicklung in sich. Aber die Effizienz der insolvenzgerichtlichen Aufsicht über den Insolvenzverwalter kann bei Anwendung der zur Unternehmensführung gehörenden Grundsätze des Risikomanagements gesteigert werden.

Die Grundsätze des betriebswirtschaftlichen Risikomanagements lassen sich ohne weiteres für die insolvenzgerichtliche Aufsicht gem. § 58 Abs. 1 InsO nutzbar machen.[2773]

Der Risikobegriff der insolvenzgerichtlichen Aufsicht gem. § 58 Abs. 1 Satz 1 InsO kann definiert werden, als *alle Verhältnisse in der Person des Insolvenzverwalters sowie alle Handlungen des Insolvenzverwalters im Rahmen der Insolvenzabwicklung sowie alle Umstände des Insolvenzverfahrens, die den Bestand der Insolvenzmasse und die Erreichung der Insolvenzzwecke gem. § 1 InsO in einem festgelegten Betrachtungszeitraum negativ beeinflussen können.*[2774]

Das insolvenzgerichtliche Risikomanagementsystem kann anders als in der Unternehmensführung nicht in selbständige organisatorische Subsysteme für interne Überwachung, für Controlling und für Frühwarnungen gegliedert werden, da die Aufsicht lediglich von einer Person, dem Insolvenzrichter oder dem Insolvenzrechtspfleger, wahrgenommen wird. Als Subsystem i. S. d. Risikomanagementlehre kann der Gläubigerausschuss angesehen werden. Weitere Bestandteile eines insolvenzgerichtlichen Risikomanagementsystems sind der intragerichtliche Informationsaustausch zwischen Insolvenzrichtern und Insolvenzrechtspflegern und – de

2771 Kap. H.II.3.
2772 Kap. H.II.4.5.
2773 Kap. I.I.3.
2774 Kap. I.II.

lege ferenda – der intergerichtliche Informationsaustausch zwischen den Insolvenzgerichten.[2775]

Ziel eines Risikomanagementprozesses der insolvenzgerichtlichen Aufsicht ist die Gewährleistung der optimalen und gemeinschaftlichen Gläubigerbefriedigung (§ 1 Satz 1 InsO). Dieses Risikomanagementziel kann im Insolvenzplanverfahren von den Gläubigern um weitere Ziele ergänzt werden. Zugleich erhebt der in § 1 Satz 1 InsO zum Ausdruck kommende Vorrang der privatautonomen Verfahrenszielbestimmung auch den Grundsatz der Gläubigerautonomie zum allgemeinen Risikomanagementziel.[2776]

Unabdingbarer Bestandteil eines insolvenzgerichtlichen Risikomanagementprozesses ist die Vornahme einer permanenten Risikoinventur. Diese soll der (möglichst) vollständigen, strukturierten und detaillierten Erfassung der Risiken dienen, die sich ungünstig auf die Erreichung der Risikomanagementziele auswirken können. Dabei kann zwischen allgemeinen Risiken für die Qualität der Insolvenzabwicklung und deren Ergebnis sowie den besonderen Risiken für die optimale und gleichmäßige Gläubigerbefriedigung unterschieden werden. Allgemeine Risiken für die Qualität der Insolvenzabwicklung und deren Ergebnis können etwa in der Eignung des Insolvenzverwalters und der Ausstattung seines Insolvenzverwalterbüros sowie in der Qualifikation der Organe des Insolvenzgerichts begründet sein. Besondere Risiken für die optimale und gleichmäßige Gläubigerbefriedigung können etwa durch Zweckentfremdung der Insolvenzmasse und durch die Art und Weise der Masseverwertung und Masseverteilung entstehen.[2777]

Die Risikoinventur ist Grundlage einer insolvenzgerichtlichen Risikomanagementstrategie, d.h. der Steuerungsmaßnahmen, die grundsätzlich geeignet sind, die vorhandenen Risiken zu vermeiden und zu reduzieren (ursachenbezogene Maßnahmen) sowie zu übertragen (z.B. durch Versicherung der Risiken) oder deren Folgen zu reduzieren (wirkungsbezogene Maßnahmen).[2778] Im Rahmen eines Risikocontrollings hat das Insolvenzgericht die einmal entwickelte, insolvenzgerichtliche Risikomanagementstrategie, z.B. im Hinblick auf die Identifikation neuer Risiken, fortlaufend zu überdenken und zu verbessern.[2779]

Aus der Risikomanagementlehre lässt sich für die insolvenzgerichtliche Aufsicht (§ 58 Abs. 1 InsO) ableiten, dass die Abwicklung eines Insolvenzverfahrens als generell mit Risiken verhafteter Prozess angesehen werden muss und die Aufsicht über den Insolvenzverwalter eine Bewusstmachung dieses Risikophänomens, der grundsätzlich mit dem Insolvenzverfahren verbundenen Risiken und der möglichen Abwehrstrategien voraussetzt. Dieses verlangt aber die Einrichtung eines Risikomanagementsystems und die Einhaltung eines Risikomanagementprozesses.[2780]

2775 Kap. I.III.
2776 Kap. I.IV.1.
2777 Kap. I.IV.2.
2778 Kap. I.IV.3.
2779 Kap. I.IV.4.
2780 Kap. I.V.

Literaturverzeichnis

Achterberg, Norbert/Püttner, Günter/Würtenberger, Thomas, Besonderes Verwaltungsrecht Band I/2, C.F. Müller Verlag, 2000, Heidelberg

Althammer, Christoph/Löhnig, Martin, Das Insolvenzgericht in der Rolle des Vollstreckungsgerichts, KTS 2004, S. 525 ff.

Ampferl, Hubert, Der „starke" vorläufige Insolvenzverwalter in der Unternehmensinsolvenz, RWS Verlag Kommunikationsforum GmbH, Köln 2002

Andres, Dirk; Grund, Andreas, Die Flucht vor deutschen Insolvenzgerichten nach England – Die Entscheidungen in dem Insolvenzverfahren Hans Brochier Holdings Ltd., NZI 2007, S. 137 ff.

Andres, Dirk/Leithaus, Rolf, Insolvenzordnung (InsO) Kommentar, Verlag C.H. Beck, München 2006

Anstatt, Bernd, Zur Auswahl der Insolvenzverwalter beim AG Karlsruhe, ZInsO 2006, S. 78 ff.

Arndt, Herbert/Lerch, Klaus/Sandkühler, Gerd, Bundesnotarordnung Kommentar, Carl Heymanns Verlag, 5. Auflage, Köln 2003

Baade, Rudolf, Zur Auswahl des Konkurs- und Vergleichsverwalters, KTS 1959, S. 40 ff.

Bähner, Eberhard, Die Prüfung der Schlußrechnung des Konkursverwalters, KTS 1991, S. 347 ff.

Bähner, Eberhard/Berger, Wolfgang/Braun, Karl Heinz, Die Schlussrechnung des Konkursverwalters, ZIP 1993, S. 283 ff.

Bähr, Biner/Landry, Johannes, Anmerkung zu AG Köln, Beschl. v. 22. 8. 2005 – 71 IN 426/05, EWiR, § 270 InsO 1/06

Bales, Klaus, Einflussmöglichkeiten von Banken bei der Auswahl des Insolvenzverwalters, BKR, 2003, S. 967 f.

Balz, Manfred/Landfermann, Hans-Georg, Die neuen Insolvenzgesetze, IDW-Verlag GmbH, Düsseldorf 1995

Bamberger, Christian, Behördliche Beurteilungsermächtigungen im Lichte der Bereichsspezifik des Verwaltungsrechts, VerwArch, 2002, S. 217 ff.

Bamberger, Heinz-Georg/Roth, Herbert, Beck'scher Online-Kommentar zum BGB, Verlag C.H. Beck, München, 7. Auflage, 1. 9. 2007

Barnert, Thomas, Insolvenzspezifische Pflichten des Insolvenzverwalters gegenüber Aussonderungsberechtigten, KTS 2005, S. 431 ff.

Bauer, Joachim, Ungleichbehandlung der Gläubiger im geltenden Insolvenzrecht, De Gruyter Recht, Berlin 2007

Bauer, Joachim, Die schleichende Wiedereinführung von Insolvenzvorrechten zugunsten des Fiskus und der Sozialkassen schreitet voran – § 28c Abs. 1 Satz 2 SGB IV n.F. als jüngstes Beispiel für Verstöße gegen den Gleichbehandlungsgrundsatz, ZInsO 2008, S. 119 ff.

Bauer, Jobst-Hubertus/Göpfert, Burkard/Krieger, Steffen, Allgemeines Gleichbehandlungsgesetz, Kommentar, Verlag C.H. Beck, München 2007

Baumbach, Adolf/Hopt, Klaus, Handelsgesetzbuch (Beck'sche Kurz-Kommentare Bd. 9), Verlag C.H. Beck, 32. Auflage, München 2006

Baumbach, Adolf/Hueck, Alfred, GmbH-Gesetz (Beck'sche Kurz-Kommentare Bd. 20), Verlag C.H. Beck, 18. Aufl., München 2006, *Beck, Rainer,* Auskunftsanspruch des Insolvenzverwalters gegenüber der Finanzverwaltung, ZIP 2006, S. 2009 ff.

Beck, Siegfried/Depré, Peter, Praxis der Insolvenz – Ein Handbuch für die Beteiligten und ihre Berater, Verlag Franz Vahlen, München 2003

Beck/Samm (Hrsg.), Gesetz über das Kreditwesen, Kommentar, Loseblattsammlung, Mai 2005

Literaturverzeichnis

Becker, Christoph, Insolvenzrecht, Carl Heymanns Verlag, Köln 2005

Berg-Grünenwald, Christine, Anm. zu LG Wuppertal, Beschl. v. 26. 8. 2005 – 6 T 508/05, EWiR 2006, S. 173

Bergmann/Möhrle/Herb, Datenschutzrecht, Kommentar – Loseblattsammlung, Stand: Februar 2006, Richard Boorberg Verlag, Stuttgart

Bernsen, Rolf, Probleme der Insolvenzrechtsreform aus der Sicht des Rechtspflegers, Kölner Schrift zur Insolvenzordnung, hrsg. vom Arbeitskreis für Insolvenz- und Schiedsgerichtswesen e.V., S. 1255 ff., Verlag für die Rechts- u. Anwaltspraxis, Herne, 1997

Beutler/u.a., Gutachterliche Gegenstellungnahme von dreizehn Mitgliedern des Gravenbrucher Kreises zur Frage der Bestellung des Insolvenzverwalters, ZInsO 2005, S. 730 ff.

Binder, Jens-Hinrich, Zur Insolvenzbeständigkeit masseschädigender Rechtshandlungen unter Mitwirkung des vorläufigen Insolvenzverwalters, KTS 2006, S. 1 ff.

Binz/Hess, Der Insolvenzverwalter: Rechtsstellung; Aufgaben; Haftung, C. F. Müller Verlag, Heidelberg

Blankenhorn, Cornelia, Die Neuregelung der Haftung des gerichtlichen Sachverständigen durch § 839 a BGB, Dissertation zur Erlangung des Doktorgrades der Juristischen Fakultät der Universität Regensburg, Regensburg 2005

Blersch, Jürgen, Insolvenzrechtliche Vergütungsverordnung, Kommentar, Luchterhand Verlag, 2000, Neuwied u.a.

BMJ, Textabdruck der Insolvenzrechtlichen Vergütungsverordnung (InsVV) mit amtlicher Begründung zu den einzelnen Paragraphen vom 19. 8. 1998 (BGBl. I S. 2205)

BMJ (Hrsg.), Zweiter Bericht der Kommission für Insolvenzrecht, RWS Verlag Kommunikationsforum GmbH, 1986, Köln

BMJ (Hrsg.), Erster Bericht der Kommission für Insolvenzrecht, RWS Verlag Kommunikationsforum GmbH, 1985, Köln

BMJ (Hrsg.), 1. Bericht der Kommission für Insolvenzrecht, RWS Verlag Kommunikationsforum GmbH, 1985, Köln

BMJ (Hrsg.), 2. Bericht der Kommission für Insolvenzrecht, RWS Verlag Kommunikationsforum GmbH, 1986, Köln

BMJ (Hrsg.), Referentenentwurf Gesetz zur Reform des Insolvenzrechts, RWS Verlag Kommunikationsforum GmbH, 1989, Köln

Bohrer, Michael, Das Berufsrecht der Notare, Verlag C.H. Beck, München 1991

Bollig, Klaus, Aufgaben, Befugnisse und Entschädigung des gerichtlichen Sachverständigen im Konkurseröffnungsverfahren, KTS 1990, S. 599 ff.

Boos/Fische/Schulte-Mattler (Hrsg.), Kreditwesengesetz, Kommentar, Verlag C.H. Beck, 2. Aufl., München 2004

Borges, Georg, Rechtsfragen des Phishing – ein Überblick, NJW 2005, S. 3313 ff.

Bork, Reinhard, Gesamt(schadens)liquidation im Insolvenzverfahren, Kölner Schrift zur Insolvenzordnung, hrsg. vom Arbeitskreis für Insolvenz- und Schiedsgerichtswesen e.V., S. 1333 ff., Verlag für die Rechts- u. Anwaltspraxis, 2. Aufl., Herne 2000

Bork, Reinhard, Die Verschwiegenheitspflicht des Insolvenzverwalters im Zertifizierungsverfahren, ZIP 2007, S. 793 ff.

Bork, Reinhard, Nochmals: Die Verschwiegenheitspflicht des Insolvenzverwalters im Zertifizierungsverfahren, ZIP 2007, S. 953 f.

Bork, Reinhard, Einführung in das Insolvenzrecht, Mohr Siebek Verlag, 4. Aufl., Tübingen 2005

Bork, Reinhard, Die Unabhängigkeit des Insolvenzverwalters – ein hohes Gut, ZIP 2006, S. 58 ff.

Bork, Reinhard, Verfolgungspflichten – Muss der Insolvenzverwalter alle Forderungen einziehen?, ZIP 2005, S. 1120 ff.

Brand, Christian/Wostry, Thomas, Der Insolvenzverwalter als tauglicher Täter des § 299 Abs. 1 StGB bei „Schmiergeldzahlungen“, ZInsO 2008, S. 64 ff.

Braun, Eberhard (Hrsg.), Insolvenzordnung, Verlag C.H. Beck, 2. Aufl., München 2004

Braun, Eberhard/Uhlenbruck, Wilhelm, Unternehmensinsolvenz, Grundlagen, Gestaltungsmöglichkeiten, Sanierung mit der Insolvenzordnung, IDW-Verlag GmbH, Düsseldorf 1997

Brenner, Barbara, Anmerkung zu OLG Stuttgart, Urt. v. 9. 5. 2007 – 4 U 204/06 –, ZIP 2007, S. 1826 ff.

Breutigam, Axel/Blersch, Jürgen/Goetsch, Hans-W., Berliner Kommentare zum Insolvenzrecht, Stand Dezember 2007, Rudolf Haufe Verlag

Brockhaus, Brockhaus Enzyklopädie, Band 17, Verlag F. A. Brockhaus, Leipzig 1973

Brückner, Sascha; Neumann, Lorenz, Die Haftung des Sachverständigen nach neuem Delikts- und Werkvertragsrecht, MDR 2003, S. 906 ff.

Bruder, Karl, Auskunftsrecht und Auskunftspflicht des Insolvenzverwalters und seiner Mitarbeiter, ZVI 2004, S. 332 ff.

Brüning, Janique, Die Strafbarkeit des Insolvenzverwalters wegen Geldwäsche gem. § 261 StGB, wistra 2006, S. 241 ff.

Bundesverband deutscher Banken e. V. (Hrsg.), Online-Banking: Der Zuwachs ist ungebrochen, http://www.bankenverband.de/channel/133810/art/1535/index.html, eingesehen am 30. 9. 2005

Bungartz, Oliver, Risk Reporting, Verlag Wissenschaft & Praxis Dr. Brauner GmbH, 2003, Sternenfels

Busch, Peter, Die Bestellung des Insolvenzverwalters nach dem „Detmolder Modell", DZWIR 2004, S. 353 ff.

Carl, Oliver, Die Abberufung des Gesamtvollstreckungsverwalters, DZWIR 1994, S. 78 ff.

Consbruch/Möller/Bähre/Schneider (Hrsg.), Kreditwesengesetz, Textsammlung, Verlag C. H. Beck, München 2005

Creifelds, Carl (Begr.), Rechtswörterbuch, Verlag C. H. Beck, 15. Aufl., München 1999

Dahl, Michael, Der neue § 28 e I 2 SGB IV und seine Auswirkung auf anhängige Verfahren, NZI 2008, S. 160

Dahl, Michael, Die Bestellung eines Sonderinsolvenzverwalters nach der InsO, ZInsO 2004, S. 1014 ff.

Deckenbrock, Christian/Fleckner, Andreas, Berufsgerichtliche Verfahren gegen mehrfach qualifizierte Berufsträger – Insolvenzverwaltung durch Wirtschaftsprüfer, NJW 2005, S. 1165 ff.

Deckenbrock, Christian/Fleckner, Andreas, Verschwiegenheitspflichten des Insolvenzverwalters?, ZIP 2005, S. 2290 ff.

Degenhart, Heinrich/Borchers, Sabine, Das Anforderungsprofil des Insolvenzverwalters – Ergebnis einer Befragung von Insolvenzgerichten und Kreditinstituten, ZInsO 2001, S. 337 ff.

Delhaes, Wolfgang, Im Überblick: Der Insolvenzverwalter im eröffneten Insolvenzverfahren, NZI 1999, S. 47 ff.

Depré, Peter, Anm. zum Beschl. des LG Coburg vom 8. 2. 1990, Rpfleger 1990, S. 383 f.

Descartes, Réne, Regulae ad directionem ingenii, Felix Meiner Verlag, Hamburg 1973

Descartes, Réne, Discours de la Méthode, Philipp Reclam jun. Verlag GmbH, Leipzig 2001

Detterbeck, Steffen/Windthorst, Kay/Sproll, Hans-Dieter, Staatshaftungsrecht, C. H. Becksche Verlagsbuchhandlung, München 1999

Deutsch, Fritz, Über die Eignung des Konkursverwalters für sein verantwortungsvolles Amt, KuT 1931, S. 129

Deutsch, Markus, Datenschutz und Funktionsauslagerung, in: Hadding, Walter; Hopt, Klaus J.; Schimansky, Herbert (Hrsg.), Funktionsauslagerung (Outsourcing) bei Kreditinstituten/Bankrechtstag 2000, S. 192 ff., Verlag Walter de Gruyter, Berlin 2001

Dieterich, Thomas/Müller-Glöge, Rüdi/Preis, Ulrich/Schaub, Günter, Erfurter Kommentar zum Arbeitsrecht, Verlag C. H. Beck, 7. Aufl., München 2007

Dodegge, Georg, Die Auswahl und Kontrolle des Betreuers, FÜR 2004, S. 665 ff.

Dreyer, Heinrich/Dreyer, Eva, Bestandteile der Schlussrechnung des Insolvenzverwalters und ihre Prüfung, KSI 2006, S. 144 ff.

Duden, Das große Wörterbuch der deutschen Sprache in 10 Bänden, aktualisierte Online-Ausgabe, Duden-Verlag, 1999–2004

Eckardt, Diederich, Die Feststellung und Befriedigung des Insolvenzgläubigerrechtes, Kölner Schrift zur Insolvenzordnung, hrsg. vom Arbeitskreis für Insolvenz- und Schiedsgerichtswesen e.V., S. 743 ff., Verlag für die Rechts- u. Anwaltspraxis, 2. Aufl., Herne 2000

Eckert, Rainer/Berner, Susanne, Der ungetreue Verwalter – Möglichkeiten einer gerichtlichen Überprüfung der Insolvenzverwaltertätigkeit, ZInsO 2005, S. 1130 ff.

Ehlers, Dirk/Lechleitner, Marc, Die Aufgaben der Rechtsanwaltskammern, AnwBl 2006, S. 361 ff.

Ehlers, Harald, Haftungsgefahren des zukünftigen Insolvenzverwalters, ZInsO 1998, S. 356 ff.

Ehricke, Ulrich, Beschlüsse einer Gläubigerversammlung bei mangelnder Teilnahme der Gläubiger, NZI 2000, S. 57 ff.

Ehricke, Ulrich, Die Umsetzung der Finanzsicherheitenrichtlinie (Richhtlinie 2002/47/EG) im Rahmen des Diskusionsentwurfs zur Änderung der Insolvenzordnung, ZIP 2003, S. 1065 ff.

Eicke, Christian, Informationspflichten der Mitglieder des Gläubigerausschusses, ZInsO 2006, S. 798 ff.

Eickmann, Dieter, Kommentar zur Vergütungsverordnung (VergVO), RWS Verlag Kommunikationsforum GmbH, 2. Aufl., Köln 1997

Eickmann, Dieter, Anm. zu LG Freiburg, Beschl. v. 29. 1. 1981 – 9 T 105/80 –, ZIP 1981, S. 478 ff.

Eickmann, Dieter, u.a. (Hrsg.), Heidelberger Kommentar zur Insolvenzordnung, C.F. Müller Verlag, 4. Aufl., München 2006

Eßer, Walter/Baluch, Christina, Bedeutung des allgemeinen Gleichbehandlungsgesetzes für Organmitglieder, NZG 2007, S. 321 ff.

Eyles, Uwe, Funktionsauslagerung (Outsourcing) bei Kredit- und Finanzdienstleistungsinstituten, WM 2000, S. 1217 ff.

Eylmann, Horst/Vaasen, Hans-Dieter, Bundesnotarordnung/Beurkundungsgesetz, Kommentar, Verlag C.H. Beck, 2000, München

Farr, Wolf-Michael/Niemann, Walter, Qualitätssicherung in der WP-/vBP-Praxis – Neue Anforderungen durch die Änderung der Berufssatzung und durch VO 1/2006 – Geltungsumfang für kleine und mittelgroße Praxen (Teil I und II), DStR 2006, S. 242 ff., S. 1295 ff.

Faßbender, Hermann J./Grauel, Walter/Kemp, Peter/Ohmen, Werner/Peter, Wolfgang/Roemer, Heiner, Notariatskunde, Merkur Verlag, 13. Aufl., Rinteln 2000

Fehling, Michael/Kastner, Berthold/Wahrendorf, Volker, Verwaltungsrecht VwVfG VwGO, Nomos Verlagsgesellschaft, 2006, Baden-Baden

Feuerborn, Sabine, Rechtliche Probleme der Unternehmensfortführung durch den Sequester und den vorläufigen Insolvenzverwalter, KTS 1997, S. 171 ff.

Fölsing, Philipp, Der Widerruf der Bestellung des Wirtschaftsprüfers wegen nicht geordneter wirtschaftlicher Verhältnisse, DStR 2006, 1427 ff.

Förster, Karsten, Das Ermessen des Insolvenzverwalters in Liquidation und Sanierung, ZInsO 2001, S. 391 ff.

Förster, Karsten, Entmündigung des Rechtspflegers?, ZIP 1997, S. 344

Förster, Karsten, Verwalterkontrolle durch „harte" Inhaltskriterien – oder geht es um ein Problem der Justiz?, ZInsO 2006, S. 865 ff.

Franke, Karl/Burger, Armin, Richter und Rechtspfleger im Insolvenzverfahren – Zur Zuständigkeitsabgrenzung insbesondere bei der Vergütungsfestsetzung, NZI 2001, S. 403 ff.

Franz, Thorsten, Die Staatsaufsicht über die Kommunen, JuS 2004, S. 937 ff.

Frege, Michael, Die Rechtsstellung des Gläubigerausschusses nach der Insolvenzordnung (InsO), NZG 1999, S. 478 ff.

Frind, Frank, Vorbestrafte als Insolvenzverwalter?, ZInsO 2008, S. 18 ff.

Frind, Frank, „Die Waffen nieder!", ZInsO 2006, S. 1183 ff.

Frind, Frank, „GAVI-Gesetzentwurf" – Überregulierung gerichtlicher Verwalteraufsicht oder sinnvolle Verfahrenssicherung, ZInsO 2006, S. 1035 ff.

Frind, Frank, Brauchen wir die „automatisierte" Verwalterauswahl?, ZInsO 2006, S. 481 ff.

Frind, Frank, Die Öffentlichkeitsarbeit des (vorläufigen) Insolvenzverwalters – Nutzen, Grenzen, Gefahren, NZI 2005, S. 654 ff.

Frind, Frank, Gültigkeit von thematischen Teil-Richtervorbehalten gem. § 18 Abs. 2 RPflG, ZInsO 2001, S. 993 ff.

Frind, Frank, Neue Gefahren für die Unabhängigkeit des Insolvenzverwalters, ZInsO 2002, S. 745 ff.

Frind, Frank, Stärkung der Gläubigerrechte in der InsO* – Bemerkungen zum Stand der Gesetzgebung, NZI 2007, S. 555

Frind, Frank, Gerichtserhobene Verfahrenskennzahlen als Mittel und Möglichkeit gerichtlicher Bewertung des Insolvenzverwaltererfolgs und gesteigerter Aufsicht im Insolvenzverfahren, ZInsO 2008, S. 126 ff.

Frind, Frank, Qualifizierte Verwalter-Vorauswahl: Die Spreu vom Weizen ..., ZInsO 2006, S. 841 ff.

Frind, Frank, Verwalterbestellung: Weder einklagen noch einschleichen, ZInsO 2006, S. 729 f.

Frind, Frank, Wenn der Schwanz versucht, mit dem Hund zu wedeln, ZInsO 2006, S. 1250 ff.

Frind, Frank/Schmidt, Andreas, Sozialversicherungsträger – Nassauer des Insolvenzverfahrens? (Teil I), ZInsO 2001, S. 1133 ff.

Frind, Frank/Schmidt, Andreas, Sozialversicherungsträger – Nassauer des Insolvenzverfahrens? (Teil II), ZInsO 2002, S. 8 ff.

Frind, Frank/Schmidt, Andreas, Insolvenzverwalterbestellung: Auswahlkriterien und Grenzen der Justiziabilität in der Praxis, NZI 2004, S. 533 ff.

FTK – Forschungsinstitut für Telekommunikation, Dortmund, Financial Outsourcing weiterhin gefragt, http://www.ecin.de/news/2004/02/12/06737/*Fuchs, Karlhans,* Die Zuständigkeitsverteilung zwischen Richter und Rechtspfleger im Insolvenzeröffnungs- und eröffneten Insolvenzverfahren, ZInsO 2001, S. 1033 ff.

Fuchs, Karlhans, Verbraucherinsolvenzverfahren und Restschuldbefreiung, Kölner Schrift zur Insolvenzordnung, hrsg. vom Arbeitskreis für Insolvenz- und Schiedsgerichtswesen e. V., S. 1679 ff., Verlag für die Rechts- u. Anwaltspraxis, 2. Aufl., Herne 2000

Fürst, Thomas, Prüfungs- und Überwachungspflichten im Insolvenzverfahren, DZWIR 2006, S. 499 ff.

Gabler, Gabler-Wirtschafts-Lexikon, Gabler Verlag, 14. Auflage, 1997, Wiesbaden

Gaier, Reinhard, Verfassungsrechtliche Aspekte der Auswahl und der Abwahl des Insolvenzverwalters, ZInsO 2006, S. 1177 ff.

Gerhardt, Walter, Auskunftspflicht des Konkursverwalters gegenüber dem Gemeinschuldner?, ZIP 1980, S. 941 ff.

Gern, Alfons, Deutsches Kommunalrecht, Nomos Verlagsgesellschaft, 3. Aufl., Baden-Baden 2003

Gola, Peter/Schomerus, Rudolf, Bundesdatenschutzgesetz, Kommentar, Verlag C.H. Beck, 7. Aufl., München 2002

Göttler, Schuldenbereinigung – ein alter Hut aus der Zeit des Nationalsozialismus?, NZI 2006, VII f.

Gottwald, Peter, Insolvenzrechts-Handbuch, Verlag C.H. Beck, 3. Aufl., München 2006

Graeber, Thorsten, Auswirkungen der Entscheidung des BVerfG zur Vorauswahl des Insolvenzverwalters auf die Insolvenzgerichte, NZI 2004, S. 546 ff.

Graeber, Thorsten, Die Aufgaben des Insolvenzverwalters im Spannungsfeld zwischen Delegationsbedürfnis und Höchstpersönlichkeit, NZI 2003, S. 569 ff.

Graeber, Thorsten, Die Unabhängigkeit des Insolvenzverwalters gegenüber Gläubigern und Schuldner – Eine „fundamentale" Anforderung an den Verwalter fremden Vermögens, NZI 2002, S. 345 ff.

Graeber, Thorsten, Die Wahl des Insolvenzverwalters durch die Gläubigerversammlung nach § 57 InsO, ZIP 2000, S. 1465 ff.

Graeber, Thorsten, Richterliche Praxis der Verwalterbestellung nach dem Beschluss des BVerfG v. 3. 8. 2004, ZInsO 2004, S. 1190 ff.

Graeber, Thorsten, Wie viele Insolvenzverwalter verträgt das Insolvenzverfahren, ZInsO 2006, S. 851 ff.

Graeber, Thorsten/Pape, Gerhard, Der Sonderverwalter im Insolvenzverfahren, ZIP 2007, S. 991 ff.

Graf, Ulrich/Wunsch, Irene, Bestellung eines Sonderinsolvenzverwalters bei drohendem Interessenkonflikt des Insolvenzverwalters, DZWIR 2002, S. 177 ff.

Graf-Schlicker, Marie-Luise, Gefährdet die Eigenverwaltung die Unabhängigkeit des Insolvenzverwalters, in: Festschrift für Hans-Peter Kirchhof zum 65. Geburtstag, S. 153 ff., Verlag für die Rechts- und Anwaltspraxis, Münster 2003
Graf-Schlicker, Marie-Luise, Schwachstellenanalyse und Änderungsvorschläge zum Regelinsolvenzverfahren, ZIP 2002, S. 1166 ff.
Graf-Schlicker, Marie-Luise (Hrsg.), Kommentar zur Insolvenzordnung, Kölner Schrift zur Insolvenzordnung, hrsg. vom Arbeitskreis für Insolvenz- und Schiedsgerichtswesen e. V., Verlag für die Rechts- u. Anwaltspraxis, Herne 2007
Grub, Volker, Überjustizialisierung und die Eigenverwaltung des Pleitiers, WM 1994, S. 880 f.
Gundlach, Ulf/Frenzel, Volkhard/Schmidt, Nikolaus, Das Auskunftsrecht des § 167 InsO, KTS 2001, S. 241 ff.

Haarmeyer, Hans, Anm. zu AG Potsdam, Beschl. v. 6. 4. 2005 – 35 IN 686/01 –, ZInsO 2005, S. 504
Haarmeyer, Hans, Berliner Sumpf oder: Wie das Insolvenzgericht Charlottenburg sich vor Arbeit „schützt" und die Rechte tausender Gläubiger dabei auf der Strecke bleiben, ZInsO 2006, S. 449 ff.
Haarmeyer, Hans, Der „Erfolg" der Insolvenzabwicklung als Maßstab für Auswahl und Bestellung des Unternehmensinsolvenzverwalters, ZInsO 2005, S. 337 ff.
Haarmeyer, Hans, Rechtsmittel im Rahmen der Vorschussentnahme, ZInsO 2001, S. 939 ff.
Haarmeyer, Hans, Die einkommenssichernde Funktion vergütungsrechtlicher Regelungen, in: Festschrift für Hans-Peter Kirchhof zum 65. Geburtstag, S. 165 ff., Verlag für die Rechts- und Anwaltspraxis, Münster 2003
Haarmeyer, Hans, Verfahrensrechtliche Voraussetzungen für die Anordnung von Sicherungsmaßnahmen, ZInsO 2001, S. 203 ff.
Haarmeyer, Hans, Die Abwahl des Insolvenzverwalters – actus contrarius zur Bestellung oder Gläubigerselbsthilfe, ZInsO 2000, S. 447 ff.
Haarmeyer, Hans/Pape, Gerhard, Das Ende des zu allen Rechtshandlungen ermächtigten „schwachen" Insolvenzverwalters, ZInsO 2002, S. 845 ff.
Haarmeyer, Hans/Schaprian, Steffen, Zertifizierung des Insolvenzverwalters, Verschwiegenheit und Akteneinsicht, ZIP 2007, S. 952 ff.
Haarmeyer, Hans/Förster, Karsten, Regelaufgaben und Sonderaufgaben des Insolvenzverwalters am Beispiel der Personalverwaltung und des Arbeitsrechtes, ZInsO 2001, S. 887 ff.
Haarmeyer, Hans/Wutzke, Wolfgang/Förster, Karsten, Gesamtvollstreckungsordnung, Kommentar, Verlag Kommunikationsforum GmbH, 3. Aufl., Köln 1995
Haarmeyer, Hans/Wutzke, Wolfgang/Förster, Karsten, Handbuch zur Insovenzordnung, InsO/EGInsO, Verlag C. H. Beck, 3. Aufl., München 2001
Haarmeyer, Hans/Wutzke, Wolfgang/Förster, Karsten, Insolvenzrechtliche Vergütung (InsVV), Verlag C. H. Beck, 4. Aufl., München 2007
Häberlin, K., Zulassungsscheine für Konkursverwalter und Vertrauenspersonen?, KuT 1928, S. 116 ff.
Hahn, Carl/Mugdan, Benno, Die gesamten Materialien zu den Reichs-Justizgesetzen, Bd. 4 Materialien zur Konkursordnung (Neudruck der Ausgabe Berlin 1881), Scientia Verlag, Aalen 1983
Hartmann, Peter, Kostengesetze, Kurz-Kommentar, Verlag C. H. Beck, 36. Aufl., München 2006
Häsemeyer, Ludwig, Insolvenzrecht, C. F. Müller Verlag, 4. Aufl., Heidelberg 2007
Heeseler, Markus, Auskunfts-/Akteneinsichtsrechte und weitere Informationsmöglichkeiten der Gläubiger im Regelinsolvenzverfahren, ZInsO 2001, S. 873 ff.
Heidrich, Grit/Prager, Martin, Keine Begründung von Masseverbindlichkeiten durch vorläufigen schwachen Verwalter – Kann ein Betrieb nur noch von vorläufigen starken Verwaltern, fortgeführt werden?, NZI 2002, S. 653 ff.
Heintschel-Heinegg, Bernd von (Hrsg.), Beck'scher Online-Kommentar zum StGB, Verlag C. H. Beck, München Edition 5, Stand: 1. 2. 2008
Hellner, Thorwald/Steuer, Stephan (Hrsg.), Bankrecht und Bankpraxis, Bankverlag, Köln 2003
Heni, Bernhard, Funktion und Konzeption von Planbilanzen, ZInsO 2006, S. 57 ff.

Henssler, Martin, Das Berufsbild des Insolvenzverwalters im Wandel der Zeit, ZIP 2002 S. 1053 ff.

Herrmann, Andreas/Vollmer, Ingrid, Outsourcing von Finanzdienstleistungen I – Chancen und Risiken, ZGesKred 1999, S. 1255 ff.

Herrmann, Andreas/Vollmer, Ingrid, Outsourcing von Finanzdienstleistungen II – eine empirische Untersuchung, ZGesKred 1999, S. 1258 ff.

Hess, Harald, Die Thesen des DIAI zur Zertifizierung des Unternehmens-Insolvenzverwalters durch Rating: „Junk Science", ZIP 2007, S. 1042 ff.

Hess, Harald, InsO Kommentar Zur Insolvenzordnung mit EGInsO, Bd. 1, C.F. Müller Verlag, Heidelberg 1999

Hess, Harald/Weis, Michaela, Die Schlussrechnung des Insolvenzverwalters, NZI 1999, S. 260 ff.

Hess, Harald/Ruppe, Nicole, Auswahl und Einsetzung des Insolvenzverwalters und die Justiziabilität des Nichtzugangs zur Insolvenzverwaltertätigkeit, NZI 2004, S. 641 ff.

Hess, Harald/Binz, Fritz/Wienberg, Rüdiger, Gesamtvollstreckungsordnung, Kommentar zum Konkursrecht, Luchterhand Verlag, 3. Aufl., Neuwied 1997

Hess, Harald/Obermüller, Manfred, Die Rechtsstellung der Verfahrensbeteiligten nach der Insolvenzordnung, C.F. Müller Verlag, Heidelberg 2003

Heyrath, Michael, Die Prüfung der Schlussrechnung (Teil 1), ZInsO 2005, S. 1092 ff.

Heyrath, Michael, Die Prüfung der Schlussrechnung (Teil 2), ZInsO 2006, S. 1196 ff.

Heyrath, Michael/Schmerbach, Ulrich, PEBB§Y – der Zweck heiligt die Mittel?!, ZInsO 2004, S. 372 ff.

Hirte, Heribert, Stellungnahme zum „Entwurf eines Gesetzes zur Verbesserung und Vereinfachung der Aufsicht in Insolvenzverfahren (GAVI)", (BT-Drucksache 16/7251) des Deutschen Bundesrates für den Deutschen Bundestag, Sitzungen des Rechtsausschusses am 9. und 23. April 2008

Höfling, Wolfram, Insolvenzverwalterbestellung – Rechtsschutz durch Konkurrentenklage?, in: NJW 2005, 2341 ff.

Hofmann, Gerhard, Outsourcing und Bankenaufsicht, § 25 a Abs. 2 KWG, in: Hadding, Walter; Hopt, Klaus J.; Schimansky, Herbert (Hrsg.), Funktionsauslagerung (Outsourcing) bei Kreditinstituten/Bankrechtstag 2000, S. 41 ff., Verlag Walter de Gruyter, Berlin 2001

Hofmann, Harald/Gerke, Jürgen, Allgemeines Verwaltungsrecht, Kohlhammer/Deutscher Gemeindeverlag, 8. Aufl., Stuttgart 2002

Hofmann, Mathias, Einsatz von Mitarbeitern durch den gerichtlich bestellten Insolvenzsachverständigen, ZIP 2006, S. 1080 ff.

Hölscher, Christoph, Novellierung des Zollrechts durch Einführung des Risikomanagements, BB 2005, S. 2444 ff.

Holzer, Johannes, Die Auswahl des Insolvenzverwalters als Justizverwaltungsakt, ZIP 2006, S. 2208 ff.

Holzer, Johannes, Regierungsentwurf zur Entschuldung mittelloser Personen, zur Stärkung der Gläubigerrechte sowie zur Regelung der Insolvenzfestigkeit von Lizenzen, ZVI 2007, S. 393 ff.

Holzer, Johannes, Die Entscheidungsträger im Insolvenzverfahren, Verlag Kommunikationsforum GmbH, 3. Aufl., Köln 2004

Holzer, Johannes/Kleine-Cosack, Michael/Prütting, Hanns, Die Bestellung des Insolvenzverwalters, RWS Verlag Kommunikationsforum GmbH, Köln 2000

Höpfner, Clemens/Seibl, Maximilian, Bankvertragliche Loyalitätspflicht und Haftung für kreditschädigende Äußerungen nach dem Kirch-Urteil, BB 2006, S. 673 ff.

Höver, Karl, Zentralisierung des Konkurs- und Vergleichsverfahrens, KuT 1933, S. 177 ff.

Huber, Herwart, Das Bankgeheimnis in der Insolvenz des Kunden, ZInsO 2001, S. 289 ff.

Huff, Martin W., Die Öffentlichkeitsarbeit des Insolvenzverwalters – eine Erwiderung, NZI 2005, S. 661 ff.

Hüffer, Uwe, Aktiengesetz, Verlag C.H. Beck, 7. Aufl., München 2006

IDG Business Verlag GmbH; München, HVB lagert Wertpapierabwicklung an ITS aus, http://www.cio.de/knowledgecenter/outsourcing/819829/index.html, eingesehen am 20. 3. 2006

IDW Institut der Wirtschaftsprüfer in Deutschland e.V. (Hrsg.), WP Handbuch, IDW-Verlag GmbH, 13. Auflage, 2006, Düsseldorf

Ipsen, Jörn, Staatsrecht II, Grundrechte, Luchterhand Verlag, 10. Aufl., Neuwied 2007
Isensee, Josef/Kirchhof, Paul (Hrsg), Handbuch des Staatsrechts der Bundesrepublik Deutschland, Bd. III, C.F. Müller Verlag, Heidelberg 1988

Jacoby, Florian, Das private Amt, Mohr-Siebeck Verlag, Tübingen 2007
Jacoby, Florian, Einschaltung der eigenen Sozietät durch den Insolvenzverwalter, ZIP 2005, S. 1060 ff.
Jaeger, Ernst, Aus der Praxis des Konkurs- und Vergleichsverfahrens, Fortbetrieb eines im Konkurse stehenden Handelsgewerbes durch den Konkursverwalter, KTS 1935, S. 17 ff.
Jaeger, Ernst, Anm. zu OLG Dresden, Beschl. v. 20. 3. 1928, KuT 1928, S. 174
Jaeger, Ernst, Insolvenzordnung, Großkommentar, Bd. 1 §§ 1–55 InsO, hrsg. v. Wolfram Henckel und Walter Gerhardt, Verlag Walter de Gruyter, Berlin 2007
Jaeger, Ernst, Insolvenzordnung, Großkommentar, Bd. 2 §§ 56–102 InsO, hrsg. v. Wolfram Henckel und Walter Gerhardt, Verlag Walter de Gruyter, Berlin 2004
Jaeger, Ernst, Kommentar zur Konkursordnung und den Einführungsgesetzen, Band 2, Verlag Walter de Gruyter, 6./7. Auflage, Berlin u. a. 1936
Jaeger, Ernst, Lehrbuch des Konkursrechts, Verlag Walter de Gruyter, 8. Aufl., Berlin und Leipzig 1932
Jaeger, Lothar; Luckey, Jan, Das neue Schadensersatzrecht, ZAP Verlag für die Rechts- und Anwaltspraxis GmbH & Co. KG, Münster 2002
Jähnke, Burkhard/Laufhütte, Heinrich Wilhelm/Odersky, Walter (Hrsg.), Strafgesetzbuch, Leipziger Kommentar, Siebenter Band, Verlag Walter de Gruyter, 11. Aufl., Berlin u. a. 2005
Jarass, Hans/Pieroth, Bodo, Grundgesetz für die Bundesrepublik Deutschland, Kommentar, Verlag C.H. Beck, 8. Aufl., München 2006
Joecks, Wolfgang/Miebach, Klaus, Münchener Kommentar zum Strafgesetzbuch, Band 4, §§ 263–358 StGB, §§ 1–8, 105, 106 JGG, Verlag C.H. Beck, München 2006
Jürgens, Andreas (Hrsg.), Betreuungsrecht, Kommentar zum materiellen Betreuungsrecht, zum Verfahrensrecht und zum Vormünder- und Betreuervergütungsgesetz, Verlag C.H. Beck, 3. Aufl., München 2005

Kahl, Wolfgang, Die Staatsaufsicht: Entstehung, Wandel und Neubestimmung unter besonderer Berücksichtigung der Aufsicht über Gemeinden, Mohr-Siebeck Verlag, Tübingen 2000
Kalter, Die Geschäftsbücher und Geschäftspapiere im Konkurs, insbesondere ihre Führung und Verwahrung, KTS 1960, S. 65 ff.
Kebekus, Frank, Altlasten in der Insolvenz – aus Verwaltersicht, NZI 2001, S. 63 ff.
Keller, Ulrich, Anm. zu AG Göttingen, Beschl. v. 21. 2. 2003 – 74 IN 114/01 –, EWiR § 59 InsO 2/03, S. 935 f.
Keller, Ulrich, Die Erstattungsfähigkeit der Kosten elektronischer Auskunfts- und Informationssysteme für den Insolvenzverwalter, NZI 2005, S. 493 ff.
Keller, Ulrich, Die öffentliche Bekanntmachung im Insolvenzverfahren, ZIP 2003, S. 149 ff.
Keller, Ulrich, Vergütung und Kosten im Insolvenzverfahren, RWS Verlag Kommunikationsforum GmbH, 2. Aufl., Köln 2007
Keller, Ulrich, Insolvenzrecht, Verlag Franz Vahlen, München 2006
Keller, Ulrich, Vorschussentnahme auf die Vergütung des Insolvenzverwalters, DZWIR 2003, S. 101 ff.
Kesseler, Christian, Das Grundrecht auf Bestellung zum Insolvenzverwalter, ZInsO 2002. S. 201 ff.
Kesseler, Christian, Probleme der Verwalterwahl nach § 57 InsO, KTS 2000, S. 491 ff.
Kesseler, Christian, Rechtsschutz des „übergangenen" Verwalters, ZIP 2000, S. 1565 ff.
Kießling, Erik, Die Kontenführung im Insolvenzverfahren, vor allem durch Rechtsanwälte, NZI 2006, S. 440 ff.
Kilger, Joachim, Anmerkung zu BGH, Urt. v. 29. 5. 1979 – VI ZR 104/78 –, ZIP 1980, S. 26 f.
Kilger/Schmidt, Karsten, Insolvenzgesetze KO/VglO/GesO, C.H. Beck'sche Verlagsbuchhandlung, 17. Aufl., München 1997
Kind, Thomas, Anmerkung zu BGH, Beschl. v. 21. 9. 2006 – IX ZB 128/05 –, FD-InsR 2006, 198181

Kind, Thomas/Heinrich, Jens, Die Insolvenzakten im Blickpunkt des Gläubigerinteresses, NZI 2006, S. 433 ff.

Kirchhof, Hans-Peter, Rechtsprobleme bei der vorläufigen Insolvenzverwaltung, ZInsO 1999, S. 365 ff.

Kirchhof, Hans-Peter, Begründung von Masseverbindlichkeiten im vorläufigen Insolvenzverfahren, ZInsO 2004, S. 57 ff.

Kirchhof, Hans-Peter, Masseverwertung durch den vorläufigen Insolvenzverwalter, ZInsO 1999, S. 436 ff.

Kirchhof, Hans-Peter/Lwowski, Hans-Jürgen/Stürner, Rolf (Hrsg.), Münchener Kommentar zur Insolvenzordnung in 3 Bänden, Verlag C.H. Beck, München, Bd. 1 (§§ 1–102 InsO) 2. Aufl. 2007, Bd. 2 (§§ 103–269 InsO) 2. Aufl. 2008; Bd. 3 (§§ 270–335 InsO) 1. Aufl. 2003

Klaas, Wilhelm, Offene Bewerbungslisten contra professionelle Insolvenzverwaltung, AnwBl 2006, S. 404 ff.

Kluth, Thomas, Die Rechtsstellung des Insolvenzverwalters oder die „Insolvenz" der Verwaltertheorien, NZI 2000, S. 351 ff.

Knack, Hans Joachim, Verwaltungsverfahrensgesetz (VwVfG), Carl Heymanns Verlag, 8. Aufl., Köln 2003

Knemeyer, Franz-Ludwig, in: Das „Staatslexikon" der Görres-Gesellschaft, Band I, Herder Verlag, 7. Aufl., Freiburg 1985–1993

Knemeyer, Franz-Ludwig, Staatsaufsicht über Kommunen, JuS 2000, S. 521 ff.

Kohte, Wolfhard, Die Behandlung von Unterhaltsansprüchen nach der Insolvenzordnung, Kölner Schrift zur Insolvenzordnung, hrsg. vom Arbeitskreis für Insolvenz- und Schiedsgerichtswesen e.V., S. 781 ff., Verlag für die Rechts- u. Anwaltspraxis, 2. Aufl., Herne 2000

Kopp, Ferdinand O./Ramsauer, Ulrich, Verwaltungsverfahrensgesetz, Kommentar, Verlag C.H. Beck, 8. Aufl., München 2005

Köster, Malte, Freier Zugang zur Tätigkeit des Insolvenzverwalters?, NZI 2007, S. 438 ff.

Kreuznacht, Frank, Massezulänglichkeit als ungeschriebene Zulässigkeitsvoraussetzung des Insolvenzplans oder Redaktionsversehen?, NZI 2007 S. 438 ff.

Kropff, Bruno/Semler, Johannes (Hrsg.), Münchner Kommentar zum Aktiengesetz, Bd. 4 §§ 118–147 AktG, Verlag C.H. Beck, 2. Aufl., München 2004

Kübler, Bruno/Prütting, Hans (Hrsg.), Kommentar zur Insolvenzordnung, RWS Verlag Kommunikationsforum GmbH, 30. Lfg., Köln 2007

Kübler, Bruno/Prütting, Hans (Hrsg.), Vergütungsrecht, Kommentar zur InsVV, RWS Verlag Kommunikationsforum GmbH, Köln 1999

Kübler, Bruno/Prütting, Hans (Hrsg.), Das neue Insolvenzrecht Band I, Verlag Kommunikationsforum GmbH, Köln 1994

Kuhn-Uhlenbruck, Konkursordnung, Kommentar, Verlag Franz Vahlen, 11. Aufl., München 1994

Kümpel, Siegfried, Bank- und Kapitalmarktrecht, Verlag Dr. Otto Schmidt, 3. Aufl., Köln 2004

Kurz, Stephan, Qualitätsmanagement für Insolvenzverwalter, NZI 2007, Heft 6 VI f.

Kutzner, Lars, Strafbarkeit wegen Vorenthaltens von Arbeitsentgelt – Höhen und Tiefen neuester BGH-Rechtsprechung, NJW 2006, S. 413 ff.

Lackner, Karl/Kühl, Kristian, Strafgesetzbuch, Kommentar, Verlag C.H. Beck, 26. Aufl., München 2007

Lamberti, H.-J., Mit IT-Sourcing zu einer neuen Stufe der Industrialisierung im Bankbetrieb, ZGesKred 2003, S. 307 ff.

Landmann/Rohmer, Gewebeordnung und ergänzende Vorschriften, Band I, Gewerbeordnung Kommentar, Verlag C.H. Beck, 49. Erg.Lief, München 2007

Larenz, Karl, Methodenlehre der Rechtswissenschaft Studienausgabe, Springer-Verlag, Berlin 1983

Laukemann, Björn, Gesamtschuldnerische Haftung nach Verfahrensaufhebung, ZinsO 2006, S. 415 ff.

Laws, Jutta, Gelistet, aber doch nie bestellt – was ist zu tun?, ZInsO 2006, S. 1123 ff.

Laws, Jutta, Ist die „Schicksalsfrage des Insolvenzverfahrens" tatsächlich justiziabel?, ZInsO 2006, S. 847 ff.

Leithaus, Rolf, Deutliche Worte aus Karlsruhe, NZI 2006, Heft 8 V
Leithaus, Rolf, Zu den Aufsichtsbefugnissen des Insolvenzgerichts nach § 83 KO/§ 58 I InsO, NZI 2001, S. 124ff.
Leithaus, Rolf, Haftungsfalle Verwalterbestellung?, NZI 2007, V
Leithaus, Rolf, Verwirkung des Vergütungsanspruchs bei Verletzung von Nebenpflichten?, NZI 2005, S. 382f.
Levy, Leopold, Der ungetreue Konkursverwalter, KuT 1927, S. 170f.
Levy, Leopold, Fragen und Antworten, KuT 1932, S. 31
Levy, Leopold, Die Aufsicht über den Konkursverwalter, KuT 1928, S. 149f.
Levy, Leopold, Umschau, KuT 1929, S. 176
Levy, Leopold, Umschau, KuT 1931, S. 142
Levy, Leopold, Umschau, KuT 1931, S. 15
Levy, Leopold, Die neuen Richtlinien des Amtsgerichts Berlin-Mitte für die Konkursverwalter, KuT 1929, S. 69ff.
Levy, Leopold, Die neuen Richtlinien des Amtsgerichts Berlin-Mitte für die Konkursverwalter (Besprechung), KuT 1929, S. 85ff.
Levy, Leopold, Mehr Aufsicht, KuT 1928, S. 74f.
Liévre, Bert/Stahl, Peter/Ems, Alexander, Die Anforderungen an die Aufstellung und Prüfung der Schlussrechnung im Insolvenzverfahren, KTS 1999, S. 1ff.
Locher, Christian, InsolNet – Erfüllung der Berichtspflicht mittels Internet, ZInsO 1999, S. 82ff.
Lüke, Wolfgang, Der Sonderinsolvenzverwalter, ZIP 2004, S. 1693ff.
Lüke, Wolfgang, Kein Bedarf an Insolvenzverwaltern (Anm. zu OLG Koblenz), ZIP 2000, S. 485ff.
Lüke, Wolfgang, Unabhängigkeit oder „Kernunabhängigkeit" des Insolvenzverwalters? – Zu Gehalt und Feststellung einer wesentlichen Verwalterqualifikation, ZIP 2003, S. 557ff.

Mahlmann, Matthias, Gleichheitsschutz und Privatautonomie, ZEus 2002, S. 407ff.
Marotzke, Wolfgang, Gläubigerautonomie – ein modernes Missverständnis, in: Festschrift für Hans-Peter Kirchhof zum 65. Geburtstag, S. 321ff., Verlag für die Rechts- und Anwaltspraxis, Münster 2003
Marotzke, Wolfgang, Unabhängiger Insolvenzverwalter, Gläubigerautonomie, Großgläubigerhypertrophie, ZIP 2001, S. 173f.
Maurer, Hartmut, Allgemeines Verwaltungsrecht, Verlag C.H. Beck, 16. Aufl., München 2006
Maus, Karl Heinz, Offenlegungspflichten des Insolvenzverwalters nach dem „Gesetz über elektronische Handelsregister und Genossenschaftsregister sowie das Unternehmensregister" (EHUG), ZInsO 2008, S. 5ff.
Mäusezahl, Uwe, Alltag am Insolvenzgericht – Auswirkung des InsOÄndG 2004 und des Pensenschlüssels auf die Arbeitsbelastung, ZVI 2004, S. 577ff.
Mäusezahl, Uwe, Schlussrechnungsprüfung – Perspektiven für die gerichtliche Praxis, ZInsO 2006, S. 580ff.
Meier, Jan-Phillip, Déjà-vu im Insolvenzrecht – Die Privilegierung der Sozialversicherungsträger durch die Neuregelung des § 28e I 2 SGB IV, NZI 2008, S. 140ff.
Meyer, Dieter, Gerichtskostengesetz, Kommentar, Verlag Walter de Gruyter Recht, 7. Aufl., Berlin 2005
Meyers, Meyers Enzyklopädisches Lexikon in 25 Bänden, Band 22, Bibliographisches Institut, Mannheim, 9. Aufl.
Molitor, Andreas, Sterbe-Hilfe, brand eins, Heft 4 2008, S. 127ff.
Mönning, Rolf-Dieter, Die Auswahl des Insolvenzverwalters als Problem der Qualitätssicherung, Kölner Schrift zur Insolvenzordnung, hrsg. vom Arbeitskreis für Insolvenz- und Schiedsgerichtswesen e.V., S. 375ff., Verlag für die Rechts- u. Anwaltspraxis, 2. Aufl., Münster 2000
Müller, Wigo, Die Aufgaben des Insolvenztreuhänders bei der vom Schuldner beantragten Restschuldbefreiung, ZInsO 1999, S. 335ff.
Müller-Gugenberger, Christian/Bieneck, Klaus, Wirtschaftsstrafrecht, Aschendorff Rechtsverlag, 3. Aufl., Münster 2000

Münzel, Stephan, Die lange vorläufige Insolvenzverwaltung- Gedanken zur Zulässigkeit der bewussten Verzögerung der Eröffnung des Insolvenzverfahrens, ZInsO 2006, S. 1238 ff.

Muscheler, Karlheinz/Bloch, Wolfgang E., Abwahl des vom Gericht bestellten Insolvenzverwalters, ZIP 2000, S. 1474 ff.

Musielak, Hans-Joachim (Hrsg.), Kommentar zur Zivilprozessordnung mit Gerichtsverfassungsgesetz, Verlag Franz Vahlen, 5. Aufl., München 2007

Müßig, Anke, Glaubwürdigkeit des Jahresabschlusses: Brauchen wir eine Kontrolle der Kontrolleure und wenn ja, welche?, NZG 2004, S. 796 ff.

Mutschler, Helge, Steuerberater in der Insolvenz, KSI 2006, S. 177 ff.

Naumann, Dieter, Die Aufsicht des Insolvenzgerichtes über den Insolvenzverwalter, in: Kölner Schrift zur Insolvenzordnung, S. 431 ff., Verlag für die Rechts- und Anwaltspraxis, 2. Aufl., Herne 2000

Nehrkorn, Haben ungetreue Konkursverwalter und Vertrauenspersonen Anspruch auf Auslagenersatz und Vergütung ihrer Tätigkeit?, KuT 1931, S. 120 f.

Nerlich, Jörg/Römermann, Volker (Hrsg.), Insolvenzordnung, Loseblatt-Kommentar, Verlag C.H. Beck, 13. Aufl., München 2007

Neubert, Klaus, Auswahl der (vorläufigen) Insolvenzverwalter/verwalterinnen durch das Gericht, ZInsO 2002, S. 309 ff.

Niesel, Klaus (Gesamtredaktion), Kasseler Kommentar zum Sozialversicherungsrecht, Verlag C.H. Beck, 52. Ergänzungslieferung, 1. 11. 2006, München

Obermüller, Manfred, Insolvenzrecht in der Bankpraxis, Verlag Dr. Otto Schmidt, 6. Aufl., Köln 2002

Onusseit, Dietmar, Die steuerrechtlichen Rechte und Pflichten des Insolvenzverwalters in den verschiedenen Verfahrensarten nach der InsO, ZInsO 2000, S. 363 ff.

Ossenbühl, Fritz, Staatshaftungsrecht, Verlag C.H. Beck, 5. Aufl., München 1998

Overmayer, Klaus, Kommentar zum Verwaltungsverfahrensgesetz, Luchterhand Verlag, 3. Aufl., Neuwied 1999

Pannen, Klaus, Auswirkungen der Entscheidung des BVerfG zur Vorauswahl des Insolvenzverwalters aus Verwaltersicht, NZI 2004, S. 548 ff.

Pape, Gerhard, Stellungnahme für die Anhörung des Rechtsausschusses des Deutschen Bundestages am 9. April 2008 in Berlin zu dem Entwurf eines Entschuldungsgesetzes und zu dem Entwurf eines Gesetzes zur Verbesserung und Vereinfachung der Aufsicht im Insolvenzverfahren.

Pape, Gerhard, Stärkung der Gläubigerrechte und Verschärfung der Aufsicht im Insolvenzverfahren, ZVI 2008, S. 89 ff.

Pape, Gerhard, Die Gläubigerautonomie in der Insolvenzordnung, ZInsO 1999, S. 305 ff.

Pape, Gerhard, Aufhebung von Beschlüssen der Gläubigerversammlung und Beurteilung des gemeinsamen Interesses nach § 78 InsO, ZInsO 2000, S. 448 f.

Pape, Gerhard, Besprechung von „Unterhaltshaltsansprüche in der Insolvenz" von Sadra Rohleder, FPR 2006, S. 105 ff.

Pape, Gerhard, Der Konkursverwalter mit beschränkter Haftung?, ZIP 1993, S. 737 ff.

Pape, Gerhard, Die Qual der Insolvenzverwalterauswahl: Viel Lärm um wenig, NZI 2006, S. 665 ff.

Pape, Gerhard, Die Verfahrensabwicklung und Verwalterhaftung bei Masselosigkeit und Massearmut (Masseunzulänglichkeit) der lege lata und de lege ferenda, KTS 1995, S. 189 ff.

Pape, Gerhard, Keine Verschärfung der Haftung aus § 61 InsO bei fehlerhafter Verteilung der Masse durch den Insolvenzverwalter, ZInsO 2004, S. 605 ff.

Pape, Gerhard, Ungeschriebene Kompetenzen der Gläubigerversammlung versus Verantwortlichkeit des Insolvenzverwalters, NZI 2006, S. 65 ff.

Pape, Gerhard, Verwalterbestellung wie gehabt- nichts verändert sich, ZInsO 2004, S. 1126 ff.

Pape, Gerhard, Zu den Problemen der Abberufung des Insolvenzverwalters aus wichtigem Grund gem. § 8 III 2 GesO, DtZ 1995, S. 40 ff.

Pape, Gerhard/Schmidt, Andreas, Kreditvergaben und Gläubigerausschuss, ZInsO 2004, S. 955f.
Pape, Gerhard/Uhlenbruck, Wilhelm, Insolvenzrecht, Verlag C.H. Beck, München 2002
Pfeifer, Wolfgang, Etymologisches Wörterbuch des Deutschen, Akademie Verlag, Berlin 1999
Pianowski, Andreas, Eine Hilferuf aus der Praxis, ZVI 2008, S. 308ff.
Pieroth, Bodo/Schlink, Bernhard, Grundrechte, Staatsrecht II, C.F. Müller Verlag, 22. Aufl., Heidelberg 2006
Pink, Andreas, Rechnungslegungspflichten in der Insolvenz der Kapitalgesellschaft, ZIP 1997, S. 177ff.
Pink, Andreas; Fluhme, Holger, Handelsrechtliche Offenlegungspflichten des Insolvenzverwalters und Sanktionsmaßnahmen bei deren Verletzung, ZInsO 2008, S. 817ff.
Pohlmann, Ulrich, Befugnisse und Funktionen des vorläufigen Insolvenzverwalters, RWS Verlag Kommunikationsforum GmbH, Köln 1998
Popp, Andreas, „Phishing", „Pharming" und das Strafrecht, MMR 2006, S. 84ff.
Popp, Andreas, Von „Datendieben" und „Betrügern" – Zur Strafbarkeit des so genannten „Phishing", NJW 2004, S. 3517f.
Prager, Martin/Thiemann, Stephan, Die Aufhebung der vorläufigen Verwaltung und sonstiger Sicherungsmaßnahmen, NZI 2001, S. 634ff.
Prütting, Hanns, Insolvenzabwicklung durch Eigenverwaltung, in: Festschrift für Hans-Peter Kirchhof zum 65. Geburtstag, S. 433ff., Verlag für die Rechts- und Anwaltspraxis, Münster 2003
Prütting, Hanns, Allgemeine Verfahrensgrundsätze der Insolvenzordnung, Kölner Schrift zur Insolvenzordnung, hrsg. vom Arbeitskreis für Insolvenz- und Schiedsgerichtswesen e.V., S. 221ff., Verlag für die Rechts- u. Anwaltspraxis, 2. Aufl., Herne 2000
Prütting, Hanns, Die Unabhängigkeit des Insolvenzverwalters, ZIP 2002, S. 1965ff.
Prütting, Hanns, Die Bestellung des Insolvenzverwalters und die geplante Änderung des § 56 InsO, ZIP 2005, S. 1097ff.
Prütting, Hanns/Stickelbrock, Barbara, Befugnisse des vorläufigen Insolvenzverwalters – aktuelle Entwicklungen in der Rechtsprechung, ZIP 2002, S. 1608ff.
Püttner, Günther (Hrsg.), Handbuch der kommunalen Wissenschaft und Praxis, Band 1, Springer-Verlag, 2. Aufl., Berlin 1981

Rebmann, Kurt; u.a.(Hrsg), Münchener Kommentar zum Bürgerlichen Gesetzbuch in 12 Bänden, Verlag C.H. Beck, 4. Aufl., München 2004
Rendels, Dietmar, Probleme der Gutachtertätigkeit im Insolvenzveröffnungsverfahren, NZG 1998, S. 839ff.
Rhode, Frank-Michael/Calic, David, Auswahlkriterien der Insolvenzgerichte – DIN EN ISO 9001:2000 als Qualitätsmerkmal, ZInsO 2006, S. 1247ff.
Richter, Hans Ernst, Strafbarkeit des Insolvenzverwalters, NZI 2002, S. 120ff.
Riggert, Rainer, Die Unabhängigkeit des Insolvenzverwalters gegenüber Gläubigern – Erwiderung auf Graeber, NZI 2002, S. 352ff.
Robra, Rainer/Meyer, Frank, Umweltstrafrechtliche Unterlassungshaftung des Konkursverwalters im Zusammenhang mit Altlasten, wistra 1996, S. 243ff.
Robrecht, Friedrich H., Zum klagbaren Anspruch des Rechtsanwalts auf Bestellung zum Konkursverwalters, KTS 1998, S. 63ff.
Röder-Persson, Claudia, Gläubigerrechte bei der Wahl eines neuen Insolvenzverwalters, DZWIR 2000, S. 489ff.
Rolfs, Christian/Giesen, Richard/Kreikebohm, Ralf/Udsching, Peter, Beck'scher Online-Kommentar zum Sozialrecht, Verlag C.H. Beck, München Edition, 1. 9. 2007
Römermann, Volker, Kurzkommentar zu KG, Beschl. v. 8. 1. 2008 – 1 VA 7/07 –, EWiR 2008, § 56 InsO 2/08, S. 145f.
Römermann, Volker, Kurzkommentar zu OLG Hamm, Beschl. v. 2.8. 2007, EWiR §56 InsO 1/08, S.120ff.
Römermann, Volker, Kurzkommentar zu BGH, Beschl. v. 8. 12. 2005 – IX ZB 308/04 –, EWiR 2006, S. 315ff.

Römermann, Volker, Kurzkommentar zu BVerfG, Beschl. v. 19.7. 2006 – 1 BvR 1351/06 –, EWiR 2006, S. 599f.

Römermann, Volker, Anwaltsgebühren bei Selbstbeauftragung – Neuregelung im RVG ab 1. 7. 2006, ZInsO 2006, S. 284ff.

Römermann, Volker, Bestellung von Insolvenzverwaltern: Die verpasste Chance des BVerfG, ZIP 2006, S. 1332ff.

Römermann, Volker, Die Bestellung des Insolvenzverwalters, NJW 2002, S. 3729ff.

Römermann, Volker, Die Zukunft der Insolvenzverwalterbestellung, ZInsO 2004, S. 937ff.

Runkel, Hans P., Anwalts-Handbuch Insolvenzrecht, Verlag Dr. Otto Schmidt, Köln 2005

Runkel, Hans P./Wältermann, Frank, Zur verfassungsmäßigen Auswahl und Ernennung eines Insolvenzverwalters, ZIP 2005, S. 1347ff.

Schäfferhoff, Werner/Gerster, Erwin, Die Strafbarkeit des vorläufigen Insolvenzverwalters mit Verfügungsbefugnis wegen Vorenthaltens von Arbeitnehmersozialbeiträgen, ZIP 2001, S. 905ff.

Schaprian, Steffen, Das Zertifizierungsverfahren des DIAI für Unternehmensinsolvenzverwalter, Zinso 2007, S. 243ff.

Scherer, Joachim, Korruptionsbekämpfung durch Selbstregulierung, RIW 2006, S. 363ff.

Schick, Walter, Der Konkursverwalter – berufsrechtliche und steuerrechtliche Aspekte, NJW 1991, S. 1328ff.

Schippel, Helmut, Aufsicht und Unabhängigkeit des Notars, Deutsche Notar-Zeitschrift 1965, S. 595ff.

Schippel, Helmut/Bracker, Ulrich, Bundesnotarordnung Kommentar, Verlag Franz Vahlen, 8. Aufl., München 2006

Schmahl, Hermannsjosef, Zur Darstellung und Glaubhaftmachung der Forderung eines öffentlichrechtlichen Gläubigers im Insolvenzeröffnungsantrag – Ein Vorschlag zur Vereinfachung: Die substanziierte Vollstreckbarkeitsbestätigung, NZI 2002, S. 20ff.

Schmahl, Hermannsjosef, Zur Praxis öffentlich-rechtlicher Gläubiger bei der Stellung und Rücknahme von Eröffnungsanträgen-Tatsachen und Anmerkungen am Beispiel des AG Duisburg, NZI 2002, S. 177ff.

Schmidt, Andreas (Hrsg.), Hamburger Kommentar zum Insolvenzrecht, Verlag für die Rechts- und Anwaltspraxis, 2. Aufl., Münster 2007

Schmidt, Herbert, Die Vergütung des Konkursverwalters, Rpfleger 1968, S. 251ff.

Schmidt-Assmann, Eberhard (Hrsg), Besonderes Verwaltungsrecht, Springer-Verlag, 11. Aufl., Berlin 1999

Schmidt-Bleibtreu, Bruno/Klein, Franz, Kommentar zum Grundgesetz, Carl Heymanns Verlag, 10. Aufl., Köln 2004

Schmittmann, Jens M., Rechtssprechungsübersicht zur Entlassung des (vorläufigen) Insolvenzverwalters von Amts wegen, NZI 2004, S. 239ff.

Schmittmann, Jens M., Vermögensverfall, Insolvenzplan und Notaramt, ZInsO 2006, S. 419ff.

Schneider, Helmut, Konkursrichter und Konkurs, KuT 1931, S. 98f.

Schönke/Schröder, Strafgesetzbuch, Verlag C.H. Beck, 27. Aufl., München 2006

Schramm, Edward, Untreue durch Insolvenzverwalter., NStZ 2000, S. 398ff.

Schulz, Hans-Werner, Zur verfahrensökonomischen Behandlung von Anträgen der Insolvenzverwalter auf Zustimmung zur Entnahme eines Vorschusses auf die Vergütung, NZI 2006, S. 446ff.

Siebert, Horst, Einführung in die Volkswirtschaftslehre, Verlag W. Kohlhammer, 12. Aufl., Stuttgart 1996

Skrotzki, Anm. zu LG Hannover, Beschl. v. 5. 7. 1972 – 23 T 2/72 –, KTS 1973, S. 192f.

Skrotzki, Interessenkollision beim Konkursverwalter, KTS 1955, S. 111ff.

Smid, Stefan, Verlust der Parteifähigkeit durch den Antragstelle vor Erlass des Eröffnungsbeschlusses, InVo 2003, S. 1ff.

Smid, Stefan, Gesetzlich zulässige Reichweite der Entmachtung von Schuldner und schuldnerischen Gesellschaftsorganen und der Ermächtigung des vorläufigen Insolvenzverwalters durch insolvenzgerichtliche Anordnung nach §§ 21, 22 InsO, DZWIR 2002, S. 444ff.

Smid, Stefan, Zu einigen Fragen der Eigenverwaltung, DZWIR 2002, S. 493ff.

Smid, Stefan, Anmerkung zu AG Bonn, Beschl. v. 19. 9. 2001 – 98 N 196/99, DZWIR 2001, S. 83 f.
Smid, Stefan, Anmerkungen zum Verhältnis der §§ 57 und 78 Abs. 1 InsO, InVo 2001, S. 81 ff.
Smid, Stefan, Auswahl und Bestellung des Insolvenzverwalters durch das Insolvenzgericht als Rechtsfrage betrachtet, DZWIR 2001, S. 485 ff.
Smid, Stefan, Der Kernbereich der Insolvenzverwaltung, DZWIR 2002, S. 265 ff.
Smid, Stefan, Erste Erfahrungen mit dem Insolvenzeröffnungsverfahren nach den §§ 21 ff. InsO, DZWIR 1999, S. 104 ff.
Smid, Stefan, Gesamtvollstreckungsordnung, Kommentar, Nomos Verlagsgesellschaft, 3. Aufl., Baden-Baden 1996/1997
Smid, Stefan, Grundzüge des Insolvenzrechts, Verlag C.H. Beck, 4. Aufl., München 2002
Smid, Stefan, Kein Rechtsmittel des bei der Auswahl nach § 56 Abs. 1 InsO unberücksichtigt gebliebenen Bewerbers, DZWIR 2006, S. 353 ff.
Smid, Stefan, „Rechtsschutz" gegen Insolvenzrichter, DZWIR 2004, S. 359 ff.
Smid, Stefan, Praxishandbuch Insolvenzrecht, Verlag Walter de Gruyter, 5. Aufl., Berlin 2007
Smid, Stefan, Richterliche Rechtserkenntnis, zum Zusammenhang von Recht, richtigem Urteil und Urteilsfolgen im pluralistischen Staat, Duncker & Humblot, Berlin 1989
Smid, Stefan, Bankenhaftung aus der Führung offener Treuhandkonten und Anderkonten, ZIP 2006, S. 1973 ff.
Smid, Stefan, Struktur und systematischer Gehalt des deutschen Insolvenzrechts in der Judikatur des IX. Zivilsenates des Bundesgerichtshofes (IV), DZWIR 2006, S. 1 ff.
Smid, Stefan, Grund und Grenzen einer Prozessstandschaft des Sachwalters im Planerfüllungsverfahren, NZI 2006, S. 201 ff.
Smid, Stefan (Hrsg), Insolvenzordnung (InsO) mit insolvenzrechtlicher Vergütungsverordnung (InsVV), Verlag W. Kohlhammer, 2. Aufl., Stuttgart 2001
Smollich, Thomas, Kommunalverfassungsrecht Niedersachsen – Kommentare (Loseblatt), Kommunal- und Schul-Verlag, Wiesbaden 1997
Soergel, H.T. (Hrsg.), Bürgerliches Gesetzbuch mit Einführungsgesetzen und Nebengesetzten, Band 12, Schuldrecht 10, §§ 823–853, ProdHG, UmweltHG, Verlag W. Kohlhammer, 13. Aufl., Stuttgart 2005
Sommerfeld, Holger, Konzeption eines einheitlichen integrierten Risikomanagements, KSI 2008, S. 18 ff.
Sonnen, Bernd-Rüdiger/Tetzlaff, Christian, Umweltstrafrechtliche Unterlassungshaftung des Insolvenzverwalters bei Umweltschäden in der Insolvenz, wistra 1999, S. 1 ff.
Spannagl. Thomas/Häßler, Armin, Ein Ansatz zur Implementierung eines Risikomanagement-Prozesses, DStR 1999, S. 1826 ff.
Spickhoff, Andreas, Insolvenzzweckwidrige Rechtshandlungen des Insolvenzverwalters, KTS 2000, S. 15 ff.
Spliedt, Jürgen D., Anm. zu AG Hamburg, Beschl. v. 1. 10. 2001 – 67g IN 195/01 –, EWiR § 27 InsO 1/01, S. 1099 f.
Stapper, Florian, Neue Anforderungen an den Insolvenzverwalter, NJW 1999, S. 3441 f.
Staudinger, Julius von, Kommentar zum Bürgerlichen Gesetzbuch, §§ 1773–1895 BGB, Verlag Selier/de Gruyter, Berlin 2004
Stein, Christoph/Itzel, Peter/Schwall, Karin, Praxishandbuch des Amts- und Staatshaftungsrechts, Springer-Verlag, Berlin 2004
Stein/Jonas, Kommentar zur Zivilprozeßordnung, J.C.B. Mohr (Paul Siebeck), 22. Aufl., Tübingen 2005
Steiner, Udo (Hrsg.), Besonderes Verwaltungsrecht, C.F. Müller Verlag, 6. Aufl., Heidelberg 1999
Stelkens, Paul/Bonk, Heinz Joachim/Sachs, Michael, Verwaltungsverfahrensgesetz, Kommentar, Verlag C.H. Beck, 6. Aufl., München 2001
Streit, Georg, Veröffentlichungspflichten gem. §§ 21, 25 WpHG bei der insolventen AG, Inanspruchnahme des Insolvenzverwalters und Kostenhaftung der Masse?., NZI 2005, S. 486 ff.

Tachau, Benjamin, Strafbarkeit des Insolvenzverwalters wegen Eigentumsdelikten?, Wistra 2005, S. 449 ff.

Thole, Christoph, Die Haftung des gerichtlichen Sachverständigen nach § 839 a BGB, Carl Heymanns Verlag, Köln 2004

Thüsing, Gregor, Arbeitsrechtlicher Diskriminierungsschutz, Verlag C. H. Beck, München 2007

Tilch, Horst (Hrsg.), Deutsches Rechts-Lexikon, Band 3, Verlag C. H. Beck, 2. Aufl., München 1992

Tömp, Jürgen, Der „GAVI-Gesetzentwurf" – Sind die geplanten Maßnahmen machbar und effektiv?, ZInsO 2007, S. 234 ff.

Tröndle/Fischer, Strafgesetzbuch und Nebengesetze, Verlag C. H. Beck, 53. Aufl., München 2006

Uhlenbruck, Wilhelm, Legitimation zur Geltendmachung von Neugläubigerschäden wegen Konkursverschleppung, ZIP 1994, S. 1153 ff.

Uhlenbruck, Wilhelm, Hohe Qualitätsanforderungen an Insolvenzverwalter, KSI 2007, S. 268 ff.

Uhlenbruck, Wilhelm, Grenzen der Mitwirkung von Gläubigerausschuss und Gläubigerbeirat im Insolvenzverfahren, BB 1976, S. 1198 ff.

Uhlenbruck, Wilhelm, Aus- und Abwahl des Insolvenzverwalters – Eine Schicksalsfrage der Insolvenzrechtsreform, KTS 1989, S. 229 ff.

Uhlenbruck, Wilhelm, Ausgewählte Pflichten und Befugnisse des Gläubigerausschusses in der Insolvenz, ZIP 2002, S. 1373 ff.

Uhlenbruck, Wilhelm, Das Bild des Insolvenzverwalters, KTS 1998, S. 1 ff.

Uhlenbruck, Wilhelm, Die Haftung des vorläufigen Insolvenzverwalters als gerichtlicher Sachverständiger, ZInsO 2002, S. 809 f.

Uhlenbruck, Wilhelm, Die Prüfung der Rechnungslegung des Konkursverwalters, ZIP 1982, S. 125 ff.

Uhlenbruck, Wilhelm, Die Rechnungslegungspflicht des vorläufigen Insolvenzverwalters, NZI 1999, S. 289 ff.

Uhlenbruck, Wilhelm, Das Bild des Insolvenzverwalters – Der Versuch einer Orientierung im Widerstreit vielfältiger Interessen-, KTS 1998, S. 1 ff.

Uhlenbruck, Wilhelm, Insolvenzordnung, Verlag Franz Vahlen, 12. Aufl., München 2003

Uhlenbruck, Wilhelm, Rechtsfolgen der Beendigung des Konkursverfahrens, ZIP 1993, S. 241 ff.

Uhlenbruck, Wilhelm, Vorauswahl und Bestellung des Insolvenzverwalters, NZI 2006, S. 489 ff.

Uhlenbruck, Wilhelm, Zur Geschichte des Konkurses, DZWIR 2007, S. 1 ff.

Uhlenbruck, Wilhelm, Zur Rechtsstellung des vorläufigen Insolvenzverwalters, NZI 2000, S. 289 ff.

Uhlenbruck, Wilhelm/Mönning, Rolf-Dieter, Listing, Delistung und Bestellung von Insolvenzverwaltern, ZIP 2008, S. 157 ff.

Uhlenbruck-Kommission, Zusammenfassung der Empfehlungen der Uhlenbruck-Kommission, NZI 2007, S. 507 ff.

Undritz, Sven-Holger, Der vorläufige „schwache" Insolvenzverwalter als Sanierungsbremse? – Zur Begründung von Masseverbindlichkeiten nach der Entscheidung des BGH vom 18. 7. 2002 und dem „UfA"-Beschluss des AG Hamburg, NZI 2003, S. 136 ff.

v. Kunitzki-Neu, Frigga, Warum wird die Konkursverwaltung nicht Frauen übertragen?, KuT 1929, S. 5 f.

v. Münch, Ingo/Kunig, Philipp (Hrsg.), Grundgesetz Kommentar, Band 1, Präambel – Art. 19, Verlag C. H. Beck, 5. Aufl., München 2000

Vaasen, Hans-Dieter/Starke, Timm, Zur Reform des notariellen Berufsrechts, DNotZ 1998, S. 661 ff.

Vallender, Heinz, Stellungnahme zum Gesetzentwurf des Bundesrates Entwurf eines Gesetzes zur Verbesserung und Vereinfachung der Aufsicht im Insolvenzverfahren (GAVI) – BT-Drucks. 16/7251

Vallender, Heinz, Die Anordnung der vorläufigen Insolvenzverwaltung, DZWIR 1999, S. 265 ff.

Vallender, Heinz, Gerichtliche Kommunikation und Kooperation bei grenzüberschreitenden Insolvenzverfahren im Anwendungsbereich der EuInsVO – eine neue Herausforderung für Insolvenzgerichte, KTS 2008, 59 ff.

Vallender, Heinz, Rechtsstellung und Aufgaben des Gläubigerausschusses, WM 2002, S. 2040 ff.

Vallender, Heinz, Die bevorstehenden Änderungen des Verbraucherinsolvenz- und Restschuldbefreiungsverfahrens auf Grund des InsOÄndG 2001 und ihre Auswirkungen auf die Praxis, NZI 2001, S. 561 ff.

Vallender, Heinz/Fuchs, Karlhans/Rey, Andreas, Der Eigenantrag und seine Behandlung bis zur Eröffnungsentscheidung, NZI 1999, S. 140 ff.

van Bühren, Martin, Die Berufshaftpflichtversicherung des Insolvenzverwalters, NZI 2003, S. 465 ff.

Vetter, Richard, Funktion und Entwicklung des notariellen Standesrechts, DNotZ 1986, S. 50 ff.

von Holdt, Morton, Die Berechnung von Verzugszinsen auf Vergütungsanträge, ZInsO 2002, S. 1122 ff.

von Westphalen, Friedrich Graf von, Ausgewählte arbeits- und datenschutzrechtliche Fragen beim „Outsourcing" im Rahmen von § 25 a Abs. 2 KWG, WM 1999, S. 1810 ff.

Vortmann, Jürgen, Die Haftung von Mitgliedern des Gläubigerausschusses, ZInsO 2006, S. 310 ff.

Voßkuhle, Andreas, Grundwissen – Öffentliches Recht: Der Grundsatz des Vorbehalts des Gesetzes, JuS 2007, S. 118 ff.

Wasner, Gert, Die Berechnung von Verzugszinsen auf Vergütungsanträge, ZInsO 2003, S. 16 ff.

Weber, Jürgen/Weißenberger, Barbara/Liekweg, Arnim, Ausgestaltung eines unternehmerischen Chancen- und Risikomanagements nach dem KonTraG, DStR 1999, S. 1710 ff.

Wehdeking, Silke, Behandlung „nachfolgender" Fremdanträge nach Eigenantrag des Schuldners und Antrag auf Anordnung der Eigenverwaltung, DZWIR 2005, S. 139 ff.

Wehdeking, Silke, Masseverwaltung durch den insolventen Schuldner, Duncker & Humblot GmbH, Berlin 2005

Weingärtner, Helmut/Schöttler, Harald, Dienstordnung für Notarinnen und Notare Kommentar, Carl Heymanns Verlag, 8. Aufl., Köln 2001

Weingärtner, Helmut/Wöstmann, Heinz, Richtlinienempfehlungen der BNotK, Richtlinien der Notarkammern Kommentar, Carl Heymanns Verlag, Köln 2004

Weisang, Andreas, Zur Rechnungslegung nach der neuen Insolvenzordnung, BB 1998, S. 1149 ff.

Wellensiek, Jobst, Die Aufgaben des Insolvenzverwalters nach der Insolvenzordnung, Kölner Schrift zur Insolvenzordnung, hrsg. vom Arbeitskreis für Insolvenz- und Schiedsgerichtswesen e. V., S. 403 ff., Verlag für die Rechts- u. Anwaltspraxis, 2. Aufl., Herne 2000

Werner, Wilhelm, Zur Änderung der Konkursordnung, DJ 1938, S. 107 ff.

Wessel, Wilhelm, Der Sachverständige im Insolvenzeröffnungsverfahren nach § 5 InsO, DZWIR 1999, S. 230 ff.

Wessel, Wilhelm, Der Sachverständige im Konkurseröffnungsverfahren, RWS Verlag Kommunikationsforum GmbH, Köln 1993

Wessing, Jürgen, Insolvenz und Strafrecht, NZI 2003, S. 1 ff.

Westhoff, André O., Glaubwürdigkeit des Jahresabschlusses, DStR 2003, S. 2086 ff., S. 2132 ff.

Weyand, Raimund, Anm. zu LG Magdeburg, Beschl. v. 28. 11. 1994 – 24 Qs 18/01 –, ZInsO 2002, S. 543 f.

Weyand, Raimund, Beitragsvorenthaltung und Insolvenz, ZInsO 1998, S. 195 ff.

Wild, Gerd-Rüdiger, Versagung der Ernennung des gewählten Konkursverwalters durch das Konkursgerict gem. § 80 KO, KTS 1982, S. 63 ff.

Wimmer, Klaus, Der Rechtspfleger im neuen Insolvenzrecht, InVo 1997, S. 316 ff.

Wimmer, Klaus (Hrsg.), Frankfurter Kommentar zur Insolvenzordnung, Luchterhand Verlag, 4. Aufl., Neuwied 2005

Wimmer/Dauernheim/Wagner/Weidekind, Handbuch des Fachanwalts für Insolvenzrecht, Luchterhand Verlag, 2. Aufl., Neuwied 2006

Winter, Ulrich, Verwertung eines Kraftfahrzeuges im Insolvenzverfahren, ZVI 2005, S. 569 ff.

Wolf, Klaus/Runzheimer, Bodo, Risikomanagement und KonTraG, Konzeption und Implementierung, Gabler Verlag, 4. Aufl., Wiesbaden 2003

Würschinger, Andreas, Anm. zu BVerfG, Beschl. v. 23. 5. 2006 – 1 BvR 2530/04, KTS 2007, S. 91 ff.

Zerwas, Herbert/Hanten, Mathias, Outsourcing bei Kredit- und Finanzdienstleistungsinstituten – zum neuen § 25 a Abs. 2 KWG –, WM 1998, S. 1110 ff.
Ziekow, Jan, Verwaltungsverfahrensgesetz, Kommentar, Verlag W. Kohlhammer, Stuttgart 2006
Zimmermann, Christian, Haftung und Versicherung im Insolvenzverfahren, NZI 2006, S. 386 ff.
Zimmer, Frank Thomas, Herausgabepflichten eines ausgeschiedenen Verwalters – Stellungnahme zu § 59 InsO (GAVI), ZVI 2008, 277 ff.
Zimmermann, Peter, Sachverständigenpflichten, DS 2006, S. 386 ff.
Zipperer, Helmut, Private und behördliche Einsicht in Insolvenzakten – eine systematische Bestandsaufnahme, NZI 2002, S. 244 ff.
Zöller, Richard, Zivilprozessordnung (Kommentar), Verlag Dr. Otto Schmidt, 26. Aufl., Köln 2007
Das schmutzige Geschäft mit der Pleite, Handelsblatt v. 3. 8. 2005
Griff in die Masse Die Flucht eines Hamburger Anwalts wirft Schatten auf die gesamte Branche: statt zu retten, was zu retten ist, schlachten einige Juristen Pleitefirmen aus und lotsen Millionen in die eigene Tasche., Spiegel 30/03 v. 21. 7. 2003
Arbeitshinweise des AG Duisburg für Insolvenzsachverständige im Eröffnungsverfahren, NZI 1999, S. 308 ff.
Hamburger Leitlinien zum Insolvenzeröffnungsverfahren, NZI 2004, S. 133 ff.

Sachregister

FSC
www.fsc.org
MIX
Papier | Fördert
gute Waldnutzung
FSC® C083411

Kolibri 360 GmbH
Ferdinand-Jühlke-Straße 7
99095 Erfurt, Deutschland
produktsicherheit@kolibri360.de